2008年公路桥梁设计施工养护管理论文集

人民交通出版社

内 容 简 介

本论文集为人民交通出版社培训中心在给学员培训过程中征集的论文,内容涉及公路与桥梁设计、施工、养护和管理等。本书作为公路与桥梁一线技术人员的技术总结,所收录的论文较系统地反映了公路建设领域应用技术的最新发展情况和经验总结。具有一定的实用性和参考价值。

图书在版编目(CIP)数据

2008年公路桥梁设计施工养护管理论文集/《2008年公路桥梁设计施工养护管理论文集》编委会编. —北京:人民交通出版社,2009.4

ISBN 978-7-114-07704-3

I.2… II.2… III.公路桥-桥梁工程-文集 IV.U488.14-53

中国版本图书馆CIP数据核字(2009)第053936号

书　　名:2008年公路桥梁设计施工养护管理论文集
著 作 者:《2008年公路桥梁设计施工养护管理论文集》编委会
责任编辑: 谢仁物　赵履榕
出版发行: 人民交通出版社
地　　址: (100011)北京市朝阳区安定门外外馆斜街3号
网　　址: http://www.ccpress.com.cn
销售电话: (010)59757969,59757973
总 经 销: 北京中交盛世书刊有限公司
经　　销: 各地新华书店
印　　刷: 北京市密东印刷有限公司
开　　本: 880×1230　1/16
印　　张: 37.5
字　　数: 958千
版　　次: 2009年4月第1版
印　　次: 2009年4月第1次印刷
书　　号: ISBN 978-7-114-07704-3
印　　数: 0001~2000册
定　　价: 90.00元

目　　录

沥青路面产生不平整的原因及综合提高的措施

张福喜[1]　马前进[1]　李　伟[2]

(1.郑州市公路勘察设计院　郑州　450006;2.贵州省交通科学研究院　贵阳　550003)

摘　要　沥青路面平整度是表征沥青路面使用性能的主要指标之一。本文对影响沥青路面平整度的因素进行了简要分析,并提出了相应的措施。

关键词　沥青路面　平整度　原因　措施

平整度是影响行车安全,行车舒适性以及运输效益等重要使用性能的因素之一。不平整的沥青路面会增大行车阻力,使车辆产生附加的振动作用,这种作用对路面施加冲击力,从而加剧路面和汽车机件的损坏和轮胎的磨损,并增大油料的消耗。因此,为了减少振动冲击力,提高行车速度和增进行车舒适性、安全性,应了解沥青路面产生不平整的原因并在施工中采取相应的处理措施。

1　产生不平整的原因主要有

(1)路基不均匀沉降。路基填料质量较差、半挖半填路基的接合部处理不当、路基的压实度不足、路基防护排水不完善等都会导致路基不均匀沉降。

(2)基层平整度不好。道路的路面结构是一个层状的结构体系,一般由面层、基层、底基层和垫层构成。在路面结构层中,下面一层的平整度直接影响着上面一层平整度的好坏,以往"基层不平面层调,下层不平上层找"的老方法,对平整度要求很高的高等级公路来说是根本行不通的。基层施工不平整,无论怎样使面层摊铺平整.因压实后虚铺厚度不同,仍会导致路面的不平整。

(3)沥青混合料的影响。沥青混合料的级配设计是沥青路面施工关键,级配不合理,骨料偏大稳定性虽好,但路面密度不能保证,会影响路面平整度;骨料偏小稳定性差。料温对路面平整度影响也很大,料温过高,沥青炭化,路面不规则拖落;料温过低,沥青有结块现象,造成路面凹凸不平。施工路面过宽,整幅摊铺,由于送料器距离太远,造成混合料离析影响平整度。

(4)桥梁涵洞两端及桥梁伸缩缝的跳车。桥梁、涵洞的台背回填,由于压实不到位,会引起路基的压缩沉降。台背填料与台身的刚度差别较大,造成沉降不均匀。桥梁伸缩缝在选型和施工时考虑不周和处理不当,产生跳车现象。

(5)施工工艺水平低及机械设备的落后。施工过程中,工序衔接不紧,摊铺、碾压温度控制不严,接缝处理不当等整体施工工艺水平低,加之从拌和、运料到摊铺、碾压机械化程度水平较低,而且机械化施工的匹配与组合欠佳,检测手段落后或不及时,这些均对路面平整度产生不利影响。

2　改善平整度应注意的几个环节

2.1　防止路基不均匀沉降

(1)路堤填筑前应对原地面处理。先将路基范围内的地表草皮、腐殖土全部清除,坡面坡度较大时,应将坡面挖台阶,让新填料与老路堤连成一体,以防止路堤的滑移。

(2)提高路堤填料质量。路堤填料一般应采用砂砾或塑性指数和含水量符合规范的土,不得使用含草皮土、有机土、生活垃圾及腐殖土等。并要控制最佳含水量,保证土料在最佳含水量下达到最佳压实度。

(3)填土路基压实。路基施工时,应严格按现行《公路路基施工技术规范》的要求进行,并应通过试验路段来确定不同机具压实不同填料的最佳含水量、适宜的松铺厚度和最佳的机械配套和施工组织。

2.2 严格控制路面基层施工

(1)严格控制基层高程和平整度。面层摊铺前认真清扫基层表面,确保基层表面整洁,没有松散浮料和杂质。认真抄平放线,确保基层高程和基准线高程准确无误。基层高程超过允许范围时,高处必须铲平,低处可用下面层补平。

(2)采取场拌摊铺施工,严格采用分料斗上料,保证成品混合料的水泥剂量、含水量、级配符合设计要求且一直不变,并保证有足够的拌和能力连续摊铺。

(3)水泥碎石铺装必须采用摊铺机作业。由于水泥稳定碎石压实厚度达 20cm,在摊铺机的选择上要满足以下要求:第一,摊铺机要有足够大的功率以保证摊铺的稳定性。第二,摊铺机的松铺厚度要达到 25cm 以上。第三,具有一定的夯实功能。

2.3 沥青混合料质量的控制

(1)沥青混合料的组合设计。沥青混合料的组合设计应根据公路等级和业主要求,经过目标配合比设计、生产配合比设计和生产配合比验证三个阶段调试后,确定各种骨料、粉料和沥青的最佳配合比。

(2)沥青混合料在拌和运输过程中质量控制。采用高性能拌和设备,确定拌和时间、精确控制沥青用量和混合料的加热温度,以消除花白料和离析料的产生。同时还应根据拌和能力、摊铺能力、运距和施工条件减小运输和摊铺过程中集料与温度离析造成的影响。施工环境温度低或运距较远时,应用篷布遮盖沥青混合料,保持混合料的温度。雨季施工时,运料车应有防雨篷布。

2.4 提高沥青路面机械摊铺工艺

(1)为尽量消除基层表面的不平整,下面层应采用固定弦线基准(俗称“走钢丝”)进行摊铺;中、上面层采用超声波平衡梁基准进行摊铺。

(2)合理确定拌和、运输能力,保证摊铺机缓慢、均匀、连续摊铺。摊铺机从起动到正常摊铺是一个渐变的过程,由于混合料阻力的影响,大约运行 3 ~8m 才能达到正常。因而减少停顿,并保持一个恒定的速度是保证摊铺平整的关键。

(3)严格控制螺旋分料器的转速。其两侧应保持有不少于送料器高度 2/3 的混合料,并保证在摊铺机全宽度断面上不发生离析。

(4)减少摊铺机停机次数和缩短停机时间。摊铺机停机频繁或停机时间偏长,都会使松铺层热混合料在熨平板装置的自重作用下下沉。尤其是在混合料油石比偏大、温度偏高、级配偏细时更为明显,使路面出现台阶,不平整。

(5)履带摊铺机两侧履带松紧应一致,应维持在 2.5 ~5cm 之间。过松或两侧松紧不等将导致摊铺机走偏,摊铺速度产生脉动,铺面出现搓板现象。

(6)被顶推的料车的制动太紧,使摊铺机负荷加大,发动机将因超载降速而影响摊铺机行驶速度的稳定性,造成摊铺机速度频繁地改变。另外,如料车因倒退而撞击了摊铺机,使机身行进中突然加载,造成铺面出现凸楞。

2.5 接缝的处理

(1)纵向接缝。两条摊铺带相接处,搭接的宽度应前后一致。接缝有冷接缝和热接缝两种,施工中尽可能采用热接缝。摊铺带的边缘都必须齐整,这就要求机械在直线上或弯道上行驶始终保持正确位置。为此,可沿摊铺带一侧敷设一根导向线,并在机械上安置一根带链条的悬杆,驾驶员只要注视所悬链条对准导向线行驶即可。对于宽度大于12m的路面施工,可采用两台摊铺机一前一后同步摊铺,以消除摊铺机过宽造成混合料离析现象。

(2)横向接缝。路面施工应尽量减少摊铺机停机现象,减少横向接缝。相邻两幅及上下层的横向接缝均应错位1m以上。横向接缝有斜接缝和平接缝两种。高速公路、一级公路的中下层的横向接缝可采用斜接缝,在上面层应采用垂直的平接缝,其他等级公路的各层均可采用斜接缝。

2.6 桥头、涵洞两端及伸缩缝的处理措施

(1)桥头设计过渡段。在一定长度范围内铺设过渡性路面或设置搭板,可以使在柔性结构路段产生的较大沉降通过过渡段至桥涵结构物上,车辆行驶就不至于产生跳车。

(2)台背填料的选择。在挖方地段的台背回填部位,因场地特别窄小,可选用当地的石渣、砂砾等优质填料;在高填方的拱涵及涵洞与侧墙的相接部位,尽量选用内摩擦角大的填料进行填筑,而且施工时应注意填料土压的平衡,不发生偏移,以免造成工程事故。

(3)设置排水设施。在靠近构筑物背后设置必要的地下排水设施,也可在桥台与填方结合处及过渡段的路面下设置垫层,防止路面下渗水进入填方,对中间为砂砾填料、两侧为土类填料的填方与加固地基的连接处做纵向集水管和横向排水管,以排泄填方与加固地基之间的下渗水。

2.7 提高碾压质量,减小碾压过程中的附加不平整。

在沥青混凝土路面的施工中,碾压质量的高低对平整度有直接影响。碾压过程中产生的附加不平整是指由于混合料推移和压路机操作不当而直接引起的路面隆起或凹陷。碾压推移则是碾压轮为克服滚动阻力而对混合料作用的切向推力。这种推力在从动轮上比驱动较大,而且主要表现在初压阶段,可以通过提高摊铺初密实度,采用双驱轮碾压和控制好碾压温度等措施来减小碾压推移。压路机操作必须采用阶梯形错轮碾压和过渡区重叠碾压模式。在碾压过程中禁止急剧地起步制动,同时应避免在热铺层上停机、漏压或过压,注意在变换方向时停止振动。

2.8 提高施工人员素质和责任心

外因是变化的条件,内因是变化的依据。任何科学的工艺和先进的设备都离不开人的主观因素。在沥青路面施工中,人为因素特别是施工人员素质和责任心对路面质量的影响也是至关重要的。现场技术人员、质检员、现场监理员要切实发挥出应有的作用,施工人员应具有高度的责任感,保证按施工规范施工,对混合料的拌和、运输、摊铺、碾压以及接缝处理等一系列环节,要层层把关,并成立质量管理小组,加强各施工人员及机械操作手的质量意识,并贯穿于整个施工过程。

3 结语

沥青路面平整度是施工机械、操作水平、人员素质的综合反映,路面平整度要达到行车舒适这一要求,必须从路基施工准备阶段就开始重视,控制好路基高程、压实度、平整度,逐层向上严格按照规范施工,并完善施工工艺和施工方法,提高施工质量,才能从源头上根本解决问题。总之,只有树立质量意识,树立品牌意识,有严密的组织体系,科学的管理手段,才能保证路面平整度,提高工程质量。

参考文献

[1] JTJ 034—2000 公路路面基层施工技术规范.北京:人民交通出版社,2000
[2] JTG F40—2004 公路沥青路面施工技术规范.北京:人民交通出版社,2004
[3] 邵明建.沥青路面机械化施工技术与质量控制.北京:人民交通出版社,2001
[4] 邓学钧.路基路面工程.北京:人民交通出版社,2004

天津海河保定桥桥型设计构思和关键技术新探索

李　伟　谢　斌　刘旭锴
（天津市市政工程设计研究院　天津　300051）

摘　要　保定桥是天津海河综合开发改造的重要工程，为独斜塔单索面稀索体系斜拉桥。本文介绍了该桥的设计构思以及对"独、斜塔单索面稀索体系斜拉桥"中关键技术问题的深入研究，并总结出适合城市斜拉桥的设计方法和施工工艺，取得了一定的经济效益和社会效益。本文通过介绍保定桥较好的设计理念和成功的技术创新，希望能为今后同类斜拉桥的设计开阔思路，提供帮助。

关键词　桥型设计构思　单索面稀索独斜塔斜拉桥　大墩位梁式锚箱　钢—混组合式桥塔

1　引言

海河系天津的母亲河，自三岔口起，横贯市内六区和东丽、津南区，向东于塘沽区汇入渤海，全长72km，是神话故事"哪吒闹海"的发源地，乾隆下江南路过三岔口得到"老龙头"美号的地方。它记载着天津的历史，孕育了天津的文明，发展并见证着天津的经济繁荣，是天津独一无二的标志。

2002年底天津市委、市政府通过了海河综合开发总体规划：用3～5年时间，将海河建成独具特色、国际一流的服务型经济带、景观带和文化带，使之不仅具有防洪、排沥、通航、景观功能，还具备旅游、休闲、发展三产服务业的功能。

保定桥位于海河总体规划的中心商务区内，是一座既满足交通功能和又具有独特景观效果的桥梁。作为海河开发重点工程，保定桥连接了海河开发的CBD核心节点——西岸和平区小白楼与东岸南站的交通，是构成天津市中心商业区的重要组成部分（图1、图2）。

图1　保定桥日景照片

图2　保定桥夜景照片

2　工程简介

该桥为独塔斜拉桥，一跨跨越海河以及规划的海河东路（地下隧道），桥梁全长231m，桥跨布置为（51m＋120m）＋2×30m，其中主桥长171m，为独斜塔单索面稀索斜拉桥，引桥为2×30m预应力连续箱梁。桥梁是机非混合桥，双向四车道，另在主桥两侧设有观光人行道，主桥宽30～27.5m，引桥宽28～26.1m。桥梁设计荷载为城－B；人群荷载为4.0kN/m^2；地震基本烈度为7度，按8度设防；主桥重要性系数为1.7。

主桥主梁与主塔固结，全桥为刚构体系（图3）。主梁采用钢与混凝土组合结构。即主跨采用钢箱梁结构，边跨采用预应力混凝土箱梁结构。其中主跨钢箱梁采用扁平闭口流线型，正交异性钢桥面。

主塔采用钢与混凝土结合的形式，塔高50m，塔柱向西侧倾斜75°（图4、图5）。

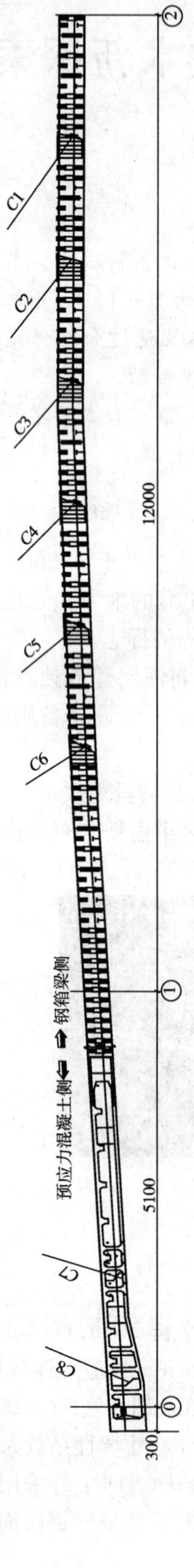

图3　主梁立面图

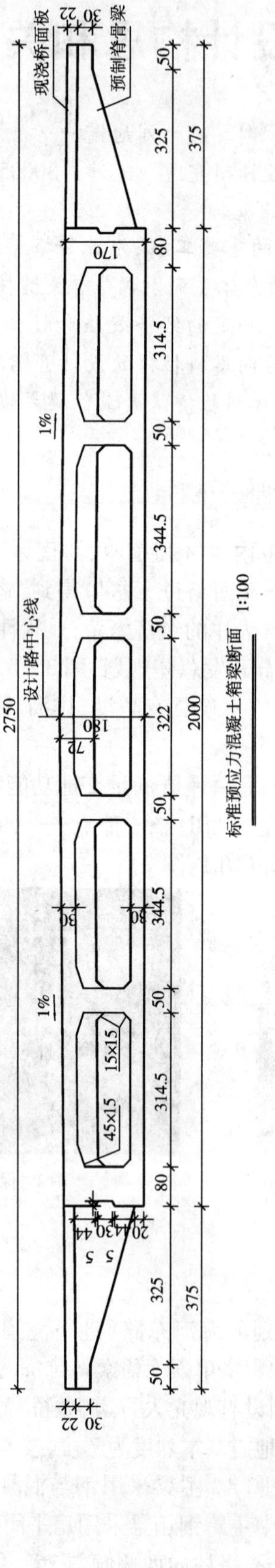

标准预应力混凝土箱梁断面　1:100

图4　预应力混凝土横断面图

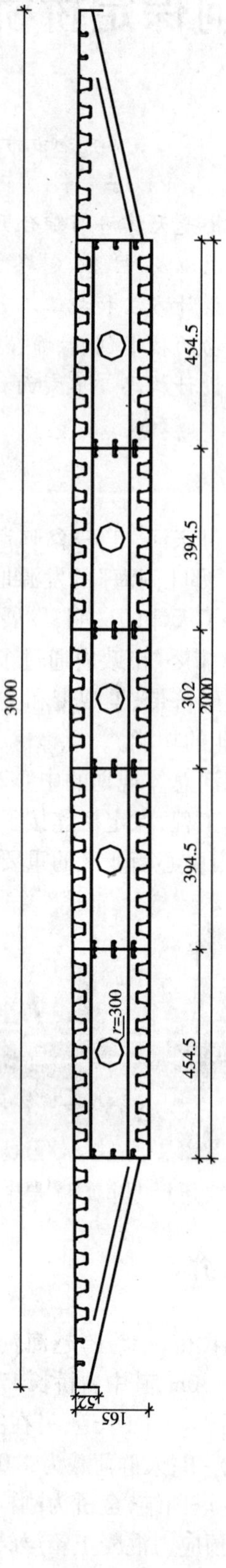

图5　钢箱梁横断面图

斜拉索采用稀索体系高强度平行钢丝，呈单索面布置。主跨共6根索，索距15m，边跨共2对索，索距13m。塔柱无索区为混凝土薄壁箱型断面，锚索区为钢箱梁结构，拉索与主塔之间采用钢锚箱连接。主塔塔形刚劲简约，一面设计了透光窗，塔身内安装了白色的亮度可控的发光板(图6、图7)。

3 设计构思

保定桥的设计构思力求体现出“力量之美，通达之美，流畅之美，和谐之美”。在桥型选择上采用源于环境的造型构思方法，通过对自然和人文环境的挖掘，提炼出具有当地代表性和象征意义的设计元素，形成既能满足结构受力又能满足景观要求的桥梁造型。

天津市历史悠久，文化底蕴深厚、源远流长。保定桥西岸为历史风貌区，东岸是现代化城区，也是未来的CBD核心区。考虑到周边的地理环境、中西文化、海河定位、结构受力等特定因素，如何将东西两岸完美融合在一起(即将历史与未来、远古与现代、中西方文化的联结)，显然是本桥桥型造型选择的难点和重点。

3.1 历史渊源

清末，八国联军入侵中国。天津作为京师之门户，既是对外政治军事外交经济各种冲突和对抗的前沿，也是古老帝国与外部世界对话和对接的窗口。因此在解放北路、小白楼、五大道附近形成了英、美、法、意等各国的租界地，建造了许多异国风格建筑物，传入了西方文化，在天津发展史中扮演了重要角色，现已列为天津市文物重点保护地区。本工程道路起点位置就是西岸小白楼、解放北路地区。

3.2 现代发展

现小白楼、解放北路地区还是天津市成熟的商业、金融区，各大银行天津分行的总部均设于此。今后还将大面积地整合土地建设金融城，在未来将焕发出新的活力。其东岸南站地区为旧城改造的现代化城区，也是即将诞生的新的城市中央商务金融区，为天津提供现代服务业的发展平台。本工程道路终点位置就是河东六纬路。

3.3 历史与现代的对话

保定桥的造型设计采取了光滑的流线型设计，充满现代气息。海河西岸桥头倾斜的“风帆”形斜拉桥主塔，强调了桥梁在城市建筑群中的方向性，寓意着把现代化进程的大船带到即将诞生的新兴城市中央商务金融区，寓意天津——这座国际化大都市，正乘风破浪、驶向繁荣的未来。其不同凡响的造型、如诗般的意境和进取(特别)的寓意，使得本桥成为海河上具有世界名桥特质的一道独特靓丽的风景线。该项目满足了天津海河综合改造的总体规划要求，体现了现代桥梁建设的先进技术和设计理念。

3.4 人文环境与生态环境并重

城市桥梁建造可以创造美丽的人文景观，但工程建设对自然生态的影响是不容忽视的问题。保定桥地处海河，如若建桥后由于水中设有桥墩，增大了阻水面积，如若不采取可行的措施，必然会影响海河泄洪能力，降低通航效果，故设计时采取了一跨过河，河中不设墩柱基础的方案。

3.5 力与美的结合

本桥采用了形如风帆的单索面独斜塔斜拉桥形式，倾斜的、刚劲简约的塔型设计，无论鸟瞰或侧视，均神似即将远洋的船舶风帆，在静态的受力体系和非常稳定的构筑物中隐含着运动的趋势，倾斜塔

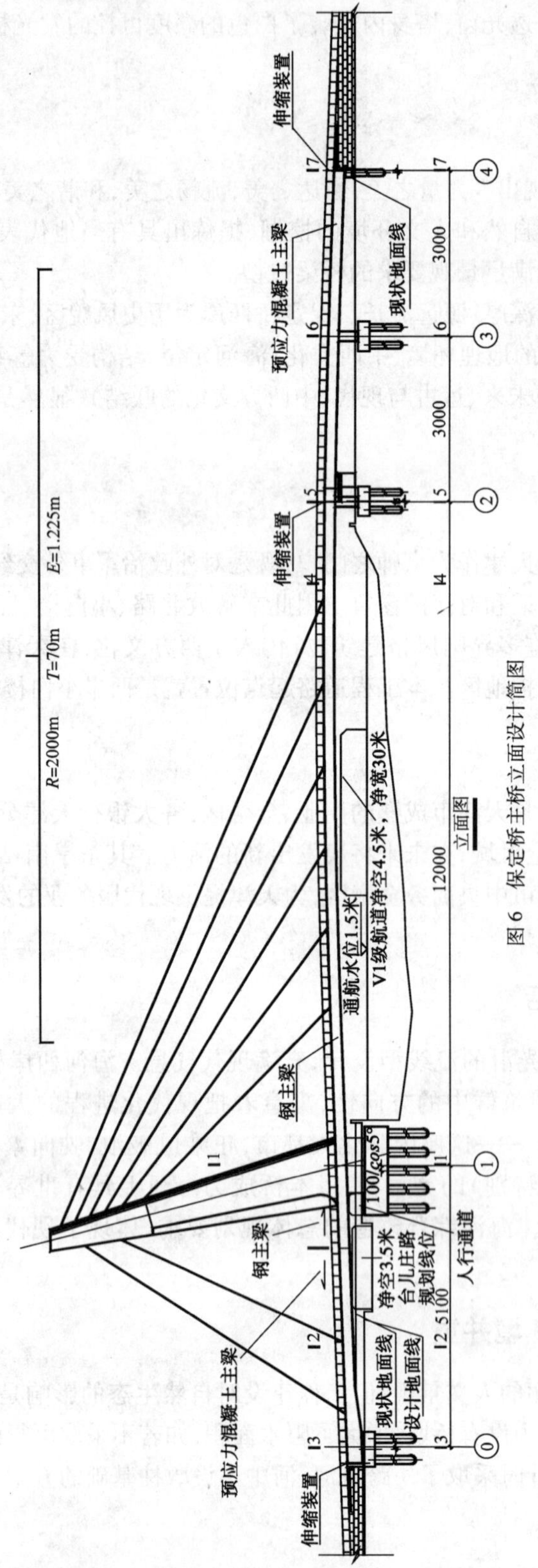

图6 保定桥主桥立面设计简图

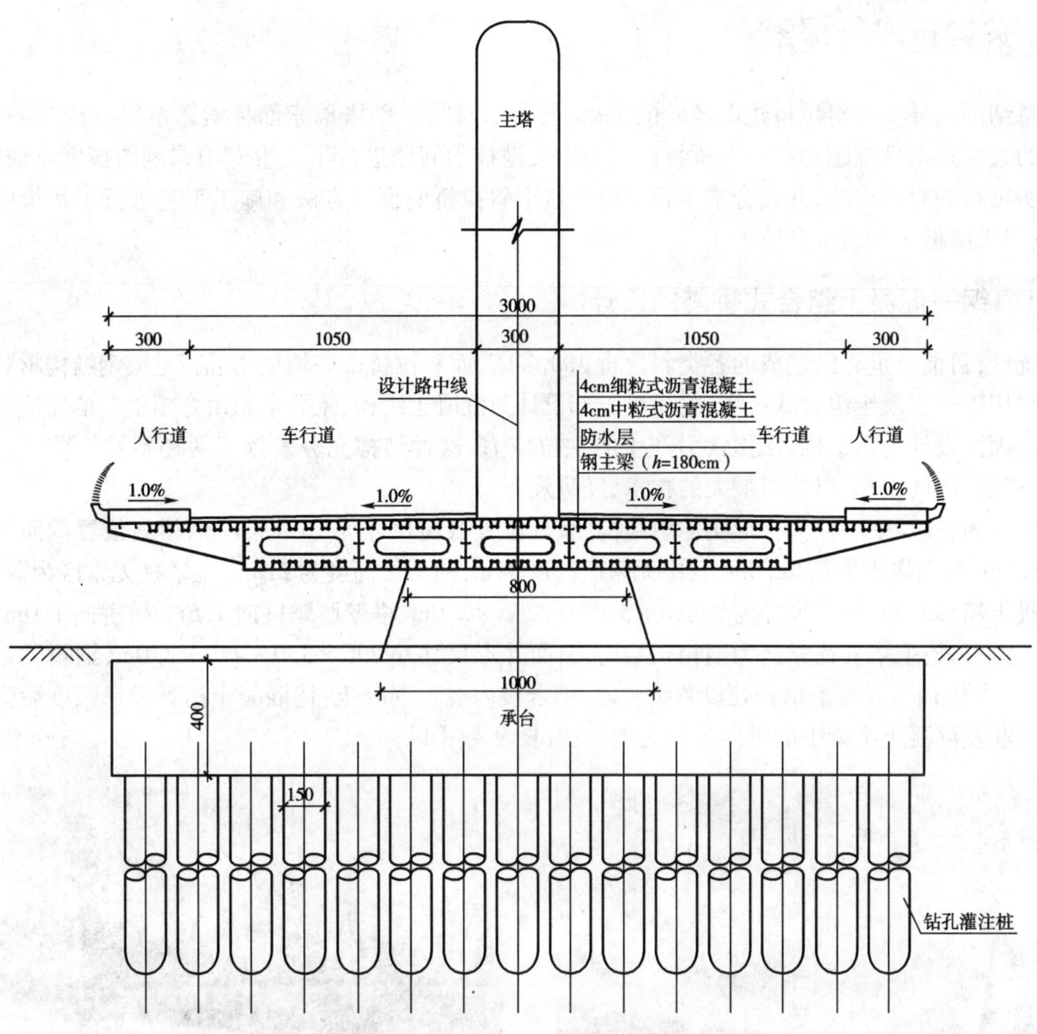

图7　保定桥主桥横断面设计简图

身自重与上构恒载及车辆荷载之间构成的动态平衡关系，充分展现了动静态相和谐的桥梁新景观，改变了传统审美观念，丰富了观赏者的审美意趣。此外，在不对称具有运动感的桥梁中充分利用结构自重作为荷载的平衡机制，营造出从动感而回归稳定平衡的氛围，体现了设计者深厚的力学、美学设计功底。

3.6　整体与局部的统一

根据地域环境特点，充分考虑色彩的协调、统一，选择了白—银灰—浅灰绿—深灰绿的色彩系列。用和谐的颜色和材料质感烘托和强调桥梁的整体造型。桥体外侧采用轻钢龙骨、银灰色铝塑板，桥体外侧光带采用高分子材料透光板，内装暖黄色 LED 发光板，桥梁钢拉索为柔性树脂加玻璃纤维基层，LED 发光体，外包柔性保护树脂。中等照度的白光照亮极具现代感的塔身，暖黄色的光带勾勒出桥梁和拉索的线条。简单的颜色和较低的面亮度，既符合周围大环境的现代化大都市氛围，又与休闲幽静的海河两岸带状公园呼应（图8）。

图8　保定桥夜景灯光照片

4 关键技术新探索

在总结国内外多座斜拉桥建设经验的基础上,我们对"独、斜塔单索面稀索体系斜拉桥"中长期困扰设计的共性技术性难题和具有本桥特色的个性关键技术问题进行了大量专项课题的探索与研究,提出了切实可行的对策措施,并结合本工程对适合城市斜拉桥的设计方法和施工工艺进行了积极的探索与研究,以求降低工程造价和节省工期。

4.1 钢—混凝土组合式桥塔的设计

据统计,目前全世界已建成的各类斜拉桥300多座,而斜拉桥桥塔均使用混凝土或钢结构材料。本桥首次采用钢—混凝土组合式桥塔,将桥塔下部设计为混凝土结构,主要承担由弯矩引起的压应力。桥塔上部锚固区设计为钢结构,承担索力产生的主拉应力,这种结构充分发挥了两种不同性质的材料特性,扬长避短、协同工作,以取得最大的技术、经济效益。

主塔分为三段:下塔柱为梯形实体墩结构,承台位置截面尺寸为10.1×10m,梁底位置截面尺寸为10.1×8.0m;桥面以上塔高52.0m,其中无索区高度31m,锚索区高度为21m。上塔柱无索区为薄臂柱,采用混凝土箱形断面,外形尺寸为9.868×3.0~6.296×3.0m,塔壁厚顺桥向1.6m,横桥向1.0m,主跨侧采用园弧形式;上塔柱锚索区为钢箱梁结构,断面外形尺寸6.296×3.0~4.0×3.0m,钢箱梁钢板厚度35mm。主塔钢与混凝土结合处设置结合段,结合段内浇筑混凝土,待混凝土达到设计强度后张拉预应力粗钢筋及混凝土主梁中的纵向预应力钢绞线(图9~图14)。

图9 钢—混组合式桥塔照片

图10 桥塔钢结构段施工照片

4.2 将大吨位梁式锚箱应用于独塔单索面钢箱梁斜拉桥中

桥梁拉索与主塔之间的索塔锚固区是整个桥传递索力的重要结构,索塔锚固区承受强大的集中荷载,构造和受力非常复杂,是设计的关键点之一。保定桥钢梁侧锚固的斜拉索最大设计索力为8 800kN,已大于苏通长江大桥、南京长江二桥和日本多多罗大桥的最大设计索力。其研究的主要意义不言而喻。虽然本桥跨度不大,但稀索体系等造成的大吨位索力节点设计,将为今后更大跨度大吨位索力的设计提供有价值的参考实例。

本桥主跨为单索面稀索钢箱梁斜拉桥。主跨共6根索,索距15m,边跨共2对索,索距13m。由于单索面斜拉桥拉索对主梁抗扭不起作用,横隔板设计较密,间距为1.25m,以增加主梁的抗扭刚度。主梁梁高仅1.8m,除去必要的构造空间,锚箱顺桥向尺寸很有限。综合考虑这些因素,在国内首次将梁式锚箱应用于独塔单索面钢箱梁斜拉桥中(图15、图16)。

保定桥拉索锚固结构采用有限元方法分析拉索锚固区受力状况,以有代表性的主梁节段为研究对象,建立三维有限元模型,并取各施工阶段和成桥阶段最不利索力为计算用索力,计算分析拉索锚固区

的最大应力、应力分布规律，找出拉索锚固区的最不利受力状态的关键构件和部位，根据计算分析结果对斜拉桥拉索锚固区的细部构造设计提出改进措施（图17～图20）。

由于钢锚盒的受力特性以局部受力为主，其应力分布状态十分复杂，在计算过程中边界条件的假定和模型简化，都会给计算带来一定误差。为确保结构安全，在采用有限元法反复计算、优化结构的基础上，采用1∶1模型对钢锚箱进行的模拟加载试验，以验证钢锚箱的设计合理性（图21～图25）。

同时，还采用非线性接触有限元方法，对拉索锚固区的构造形式、传力机理和应力集中现象进行了分析研究。通过数值分析和模型试验两种方法相互验证，以取得锚箱结构的合理形式，保证索力传递明确，应力幅度较小，应力集中区域较小。这些研究成果以及大吨位梁式锚固区的试验成功，使修建更大跨度斜拉桥成为可能。

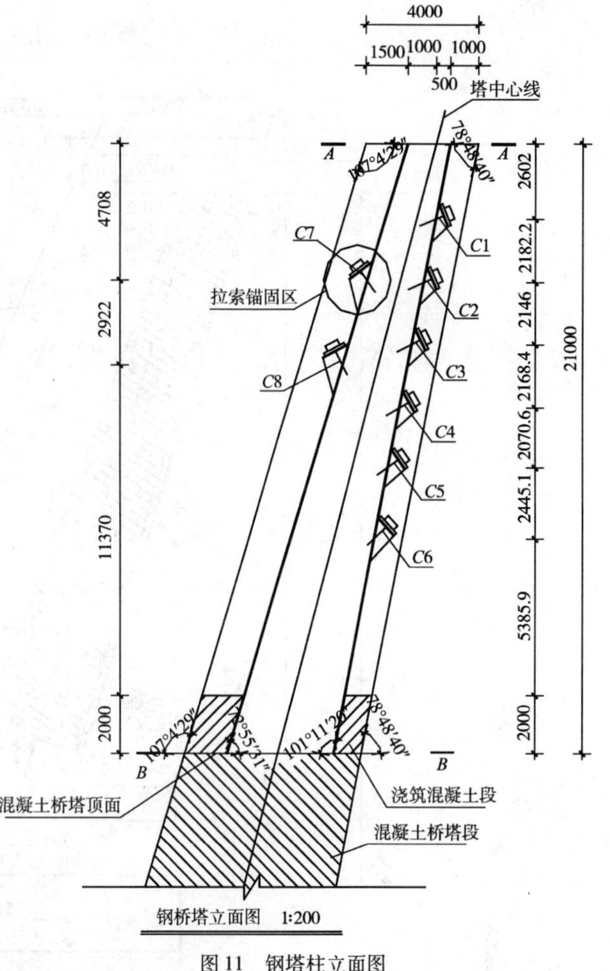

图11 钢塔柱立面图

4.3 边中跨比的突破

一般斜拉桥的边中跨比在0.25～0.5之间，多为0.4左右，本桥为适应海河两岸环境，避免加大边跨造成"破路建桥"现象，本桥取用了0.212 5。为解决边墩产生负反力问题，边跨采用了预应力混凝土箱梁，并加大断面，这样既提供桥梁刚度又提供了重量进行压重，并在最外侧的边跨孔进行压重，以满足连续梁状态（施工）及斜拉桥状态（运营）的受力需要。

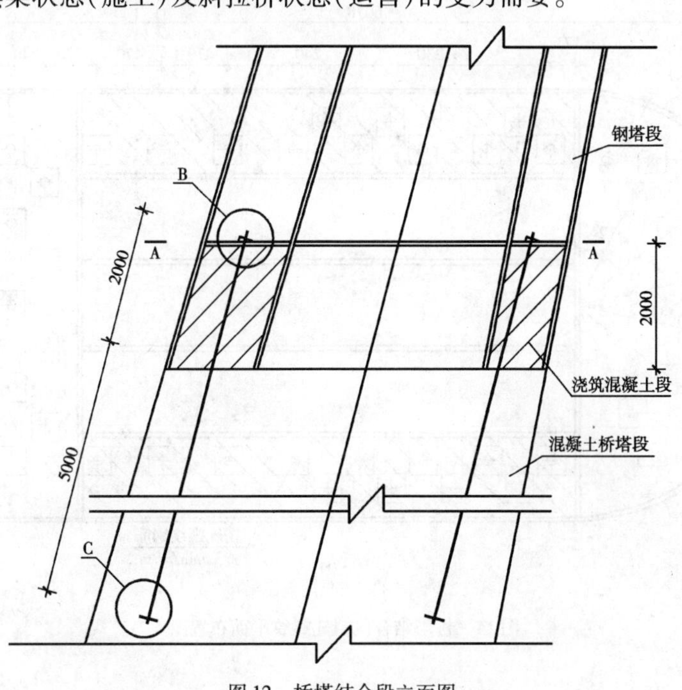

图12 桥塔结合段立面图

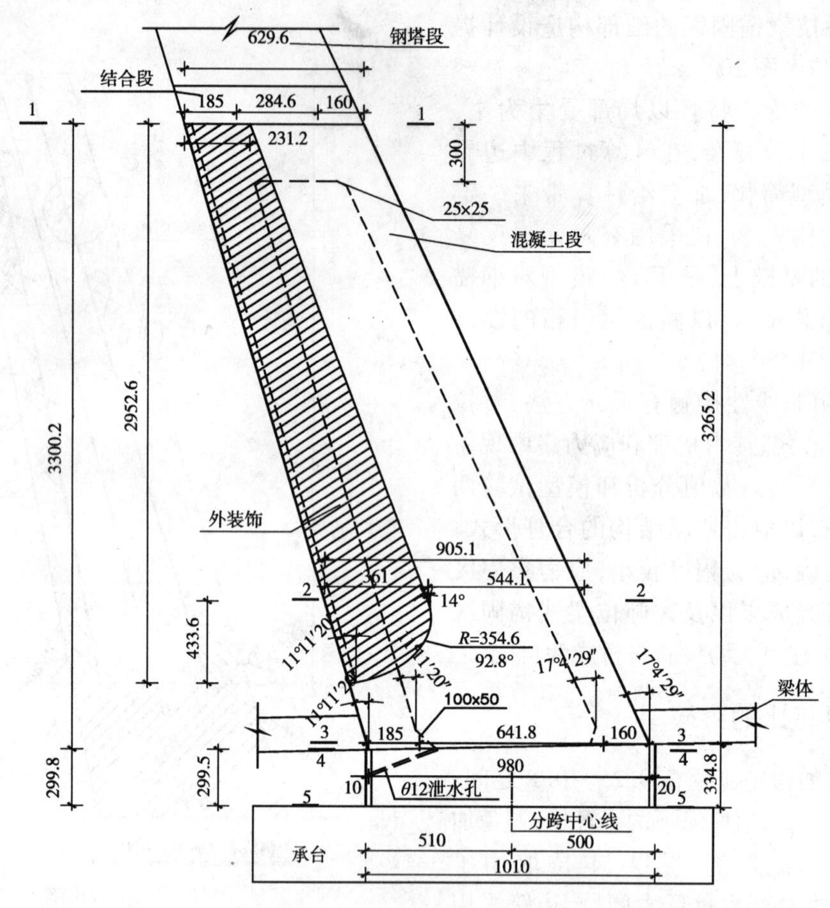

图13 混凝土塔柱立面图

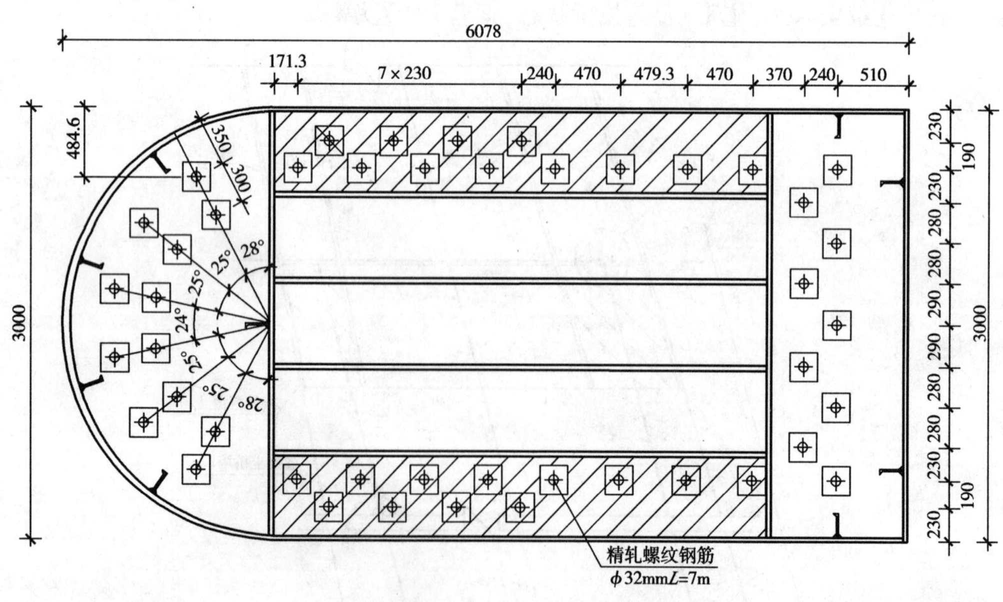

图14 桥塔结合段精轧螺纹平面布置图

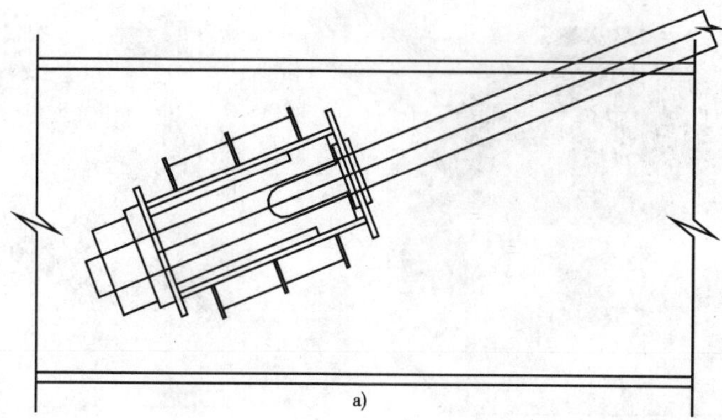

a)

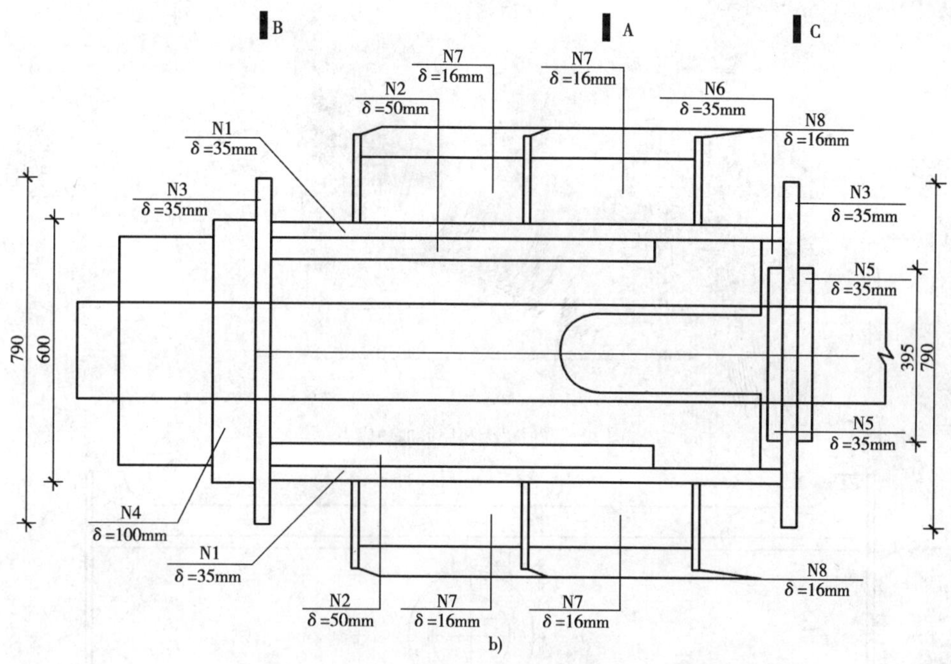

b)

图 15

a)保定桥拉索锚固区结构示意图;b)保定桥拉索锚固区结构示意图

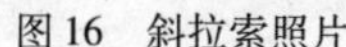

图16 斜拉索照片

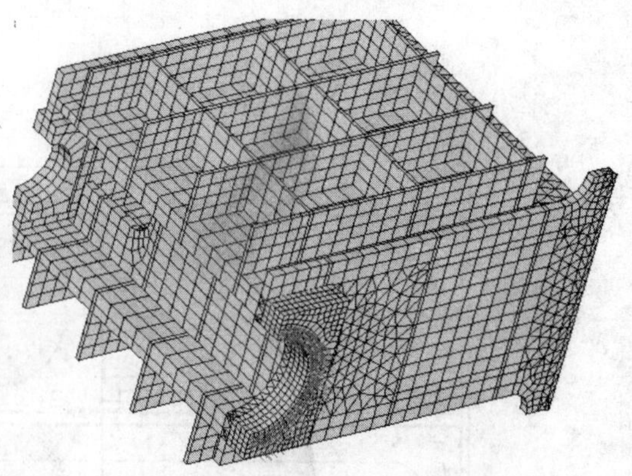

图17 索力加载图

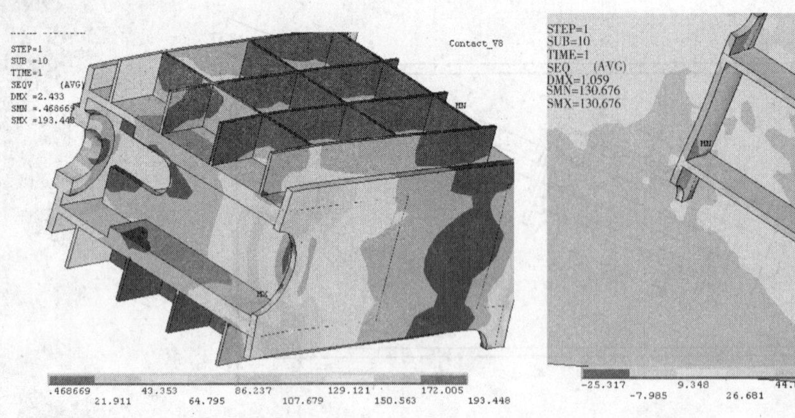

图18　锚箱等效应力　　　　图19　焊缝周围应力

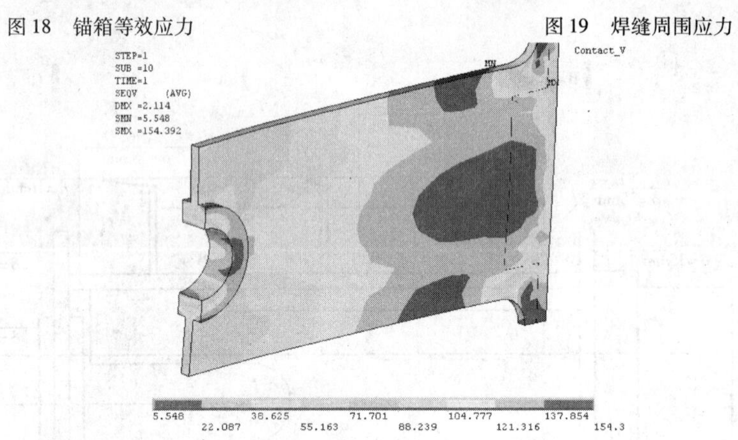

图20　锚后翼板和环形加劲应力

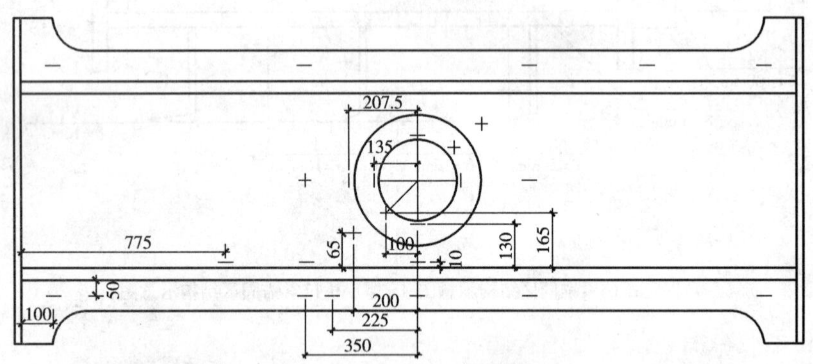

图21　钢锚盒顶板应力测点布置图

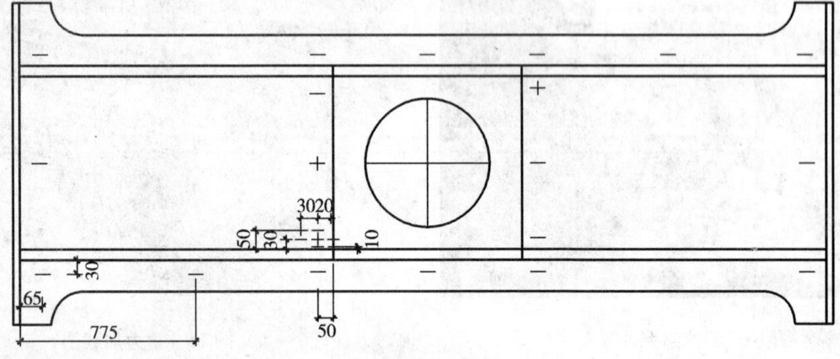

图22　钢锚盒底板应力测点布置图

a)

b)

图23 1∶1模型试验用钢锚箱模型照片

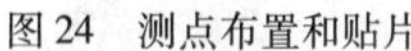

图24 测点布置和贴片

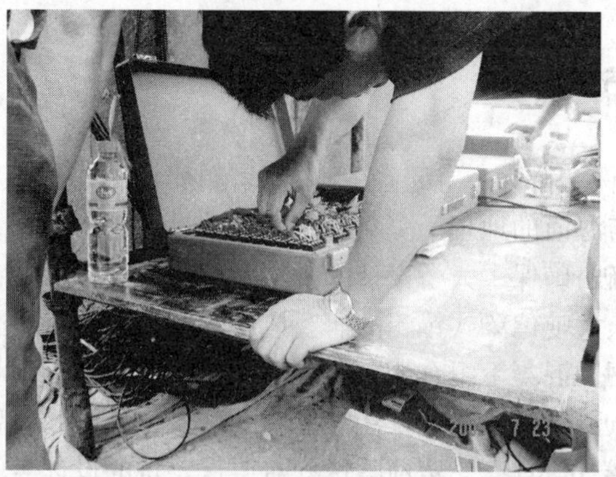

图25 现场数据采集

4.4 斜拉桥采用有限支架施工方法

斜拉桥一般采用挂篮施工。受支架在施工中的作用方式、受力特点的约束，斜拉桥均不采用支架法施工。因为受支架的干扰，造成施工阶段受力不明确，所以施工控制难度很大。

保定桥横跨海河两岸，主跨120m。根据海河的设计条件，拟采用有限支架法施工。即首先在支架上依次架设主塔、主梁，待主梁合拢后再进行斜拉索安装、张拉。该桥为单索面疏索斜拉桥，斜拉索布置在桥梁中线位置，两排支架位于箱梁边缘，第一次拉索时桥宽20m，桥梁宽度大、拉索跨度大，支架与拉索位置、数量均不对应，因此控制难度高。

桥梁施工前制定了详尽的施工监测方案：在全桥施工过程中的各关键施工阶段和体系转换阶段，对全桥结构的整体变形（主梁竖向挠度和桥塔塔顶位移）、主要受力构件的局部应力（主跨和桥塔箱梁梁体弯曲正应力）及斜拉索的索力值进行实时监测，并及时反馈给设计人员，以便监控。

经过与施工监测成果对比，施工控制数据与桥梁实际受力情况完全吻合，为有限支架法在同等跨径斜拉桥的施工应用提供了成功的实例，并对大跨径斜拉桥边跨的施工方式提供了更多的选择余地。主梁和主塔可同步施工，本桥有限支架法的应用大大降低了斜拉桥的施工难度，节省工程造价3 500万元，施工工期缩短了4个月（图26）。

图26 主梁和桥塔施工

4.5 钢桥面铺装层的选择

桥面铺装的主要作用是分散车轮荷载、保护桥面板及主梁、防止混凝土及钢筋的腐蚀、提高行车的舒适度。桥面铺装的破坏会影响桥梁的使用功能、降低桥梁使用寿命、改变桥梁的受力状态从而诱发交通事故。随着一些桥梁特别是大型桥梁(如江阴长江大桥、钱江三桥、厦门沧海大桥、重庆鹅公岩大桥等)的桥面铺装的损坏,桥面铺装的质量问题越来越多地受到桥梁界关注。桥面铺装的损坏已成为桥梁的一大病害。

而我国大跨径桥梁普遍采用的钢箱梁桥面铺装,这比国外普遍采用的桁架梁桥面受力更加复杂。高温季节桥面温度高,不利于钢箱梁桥面的铺装工作,加之我国交通组成中超重车比例大,使钢箱梁桥面铺装设计的难度更大。固而故设计中,充分考虑了我国国情和已建桥梁的实际情况,从铺装材料本身和钢桥面板的结构来改善铺装的工作状况,以便达到延长桥面铺装的作用。

保定桥钢桥面选用5cm改性浇注式沥青混凝土M-401+3cmSMA10的双层铺装体系;在钢桥面板厚度和横隔梁间距的设计上充分考虑对桥面铺装的影响,增大正交异性钢桥面板的局部刚度,从而最大限度地延长了桥面铺装的使用寿命。

5 结语

保定桥为中等跨径的独、斜塔单索面稀索体系斜拉桥。其结构新颖、造型独特、构思巧妙、受力复杂,与海河的地理历史文化相协调。设计中开展了多项关键技术课题的专项研究和试验,获得了诸多创新突破,确保了大桥设计的安全和可靠,同时取得了可观的经济效益和社会效益。其钢—混凝土组合式桥塔、大吨位梁式锚箱的研究应用均属国内首创;斜拉桥的有限支架施工法、桥面铺装也是国内首次应用,钢—混凝土组合式主梁,塔梁固结也颇具特色。

近年来,桥梁建设注入了新的理念,逐渐向新型、景观等多方面发展,天津海河保定桥进行了大胆探索和尝试,具有一定前瞻性。希望保定桥的设计经验和成功的创新技术,能够为其他工程提供借鉴和参考,取长补短,设计出更优质的工程。

参考文献

[1] 保定桥设计及施工技术的课题研究
[2] 林元培.斜拉桥.北京:人民交通出版社,1994
[3] 王伯惠.斜拉桥结构发展和中国经验.北京:人民交通出版社,2004
[4] 2006年全国桥梁学术会议论文集.北京:人民交通出版社,2006
[5] 中国土木工程学会桥梁及结构工程分会.第十八界全国桥梁学术会议论文集.北京:人民交通出版社,2008
[6] 周孟波.斜拉桥手册.北京:人民交通出版社,2004
[7] 邓文中.造桥的艺术.茅以升教育基金会桥梁会议论文集,2006

下承式钢坦拱桥的总体设计

李宏祥　唐　颖　刘旭锴
（天津市市政工程设计研究院　天津　300051）

摘　要　城市桥梁对景观的要求很高，天津市友谊路立交主桥采用的下承式无风撑坦拱钢拱桥结构新颖，桥式舒展优美，与周边环境和谐统一。结合该桥的工程特点和桥梁所处地理位置要求，阐述了本桥概念设计的过程，并着重介绍了主桥的桥型、结构设计、和受力分析，希望对国内同类桥梁设计有所帮助。

关键词　下承式　无风撑　坦拱　钢拱桥　桥梁设计

1　工程概况

伴随天津市城市快速路系统的建设，天津市的交通能力将会得到质的提高，为我市经济发展提速提供新的动力，赋予城市更多的大都市内涵。

交叉路口的通畅是确保快速干线高速运转的关键，东南环线（黑牛城道、纪庄子道）与友谊路的交口，就是其中重要的一环。

友谊路是天津的迎宾大道，为南北走向，规划断面宽60m，地下有规划地铁线通过。东西走向的黑牛城道规划断面宽74m。平面布置图见图1。

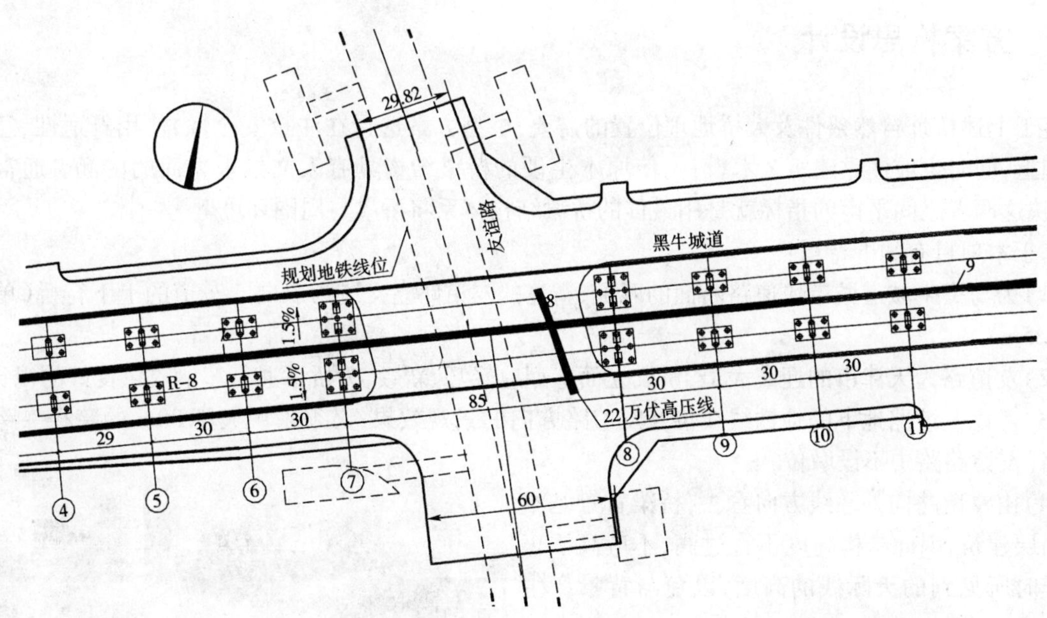

图1　友谊路立交桥平面布置图

随着黑牛城道的拓宽改造，车流量将大幅增加，要满足此处东西、南北两向交通的畅通无阻，修建立交桥是非常有意义、也是势在必行的，经过综合比选，本方案成为最终实施方案。本文重点介绍项目的总体布置，桥型、结构设计和受力分析。

2 桥位自然条件

本工程位于天津市市区中南部,介于中环线与外环线之间,该段道路原状表层土主要为杂填土,层厚0.5~2.5m之间,下层为黏土、粉质黏土,局部为素填土,层厚1.5~5.5m,属中压缩性或高压缩性,再下层为黏土和粉质黏土,属中压缩性或高压缩性土,该土层厚3.5~7.5m不等。地下水位较低,含水量较高,路基土质多处于潮湿、过湿状态。

天津属于暖温半湿润大陆季风型气候,季风显著,四季分明。春季多风沙,干旱少雨;夏季炎热,雨水集中;秋季寒暖适中,气爽宜人;冬季寒冷,干燥少雪。全年平均气温为11℃以上。1月份平均气温在-4~6℃,极低温值在-20℃以下,多出现于2月份。7月份平均气温在26℃上下。一年中,1月份与7月份温差一般在30℃以上。日温差为9.8℃。天津的风向有明显的季节变化。冬季多刮西北风、偏北风;夏季多东南风、南风;春秋两季多西南风。年平均风速为每秒2~5m。

3 主要技术标准

(1)道路等级:友谊路立交为快速路系统环线工程,计算车速 $V=80\text{km/h}$

(2)荷载标准:道路:BZZ—100kN;

桥梁:城—A 级

(3)桥梁路面横坡:1.5%

(4)桥梁净空:友谊路口 7m

(5)地震等级:地震动峰值加速度系数为 0.15g,按此加速度系数进行抗震设计。按地震动峰值加速度系数为0.2g进行抗震设防。

4 方案构思设计

鉴于上述桥址自然条件及大桥地理位置的需要,桥型方案选择在注重安全性,使用舒适性、经济性的基础上,同时也应注重建筑艺术设计,使原本生硬的桥梁结构具有人文景观方面的内涵。通常情况下,反映这两者之间平衡的指标就是用最佳的桥梁结构体系将桥梁与周围环境融为一体。

基于本项目有如下特点:

(1)为与黑牛城道城市快速路断面的匹配,新建的友谊路立交应为双向八车道的上下行桥(单幅桥宽16.25m)。

(2)友谊路为天津市的迎宾大道,桥梁立面造型应轻巧、新颖,为桥下通行车辆提供良好的视觉感。

(3)考虑友谊路地下的地铁线线位及友谊路方向的景观效果,必须采用大于80m的跨径一跨跨越友谊路(友谊路路中不设墩位)。

(4)由友谊路向外环线方向看去,桥梁背景基本没有高层建筑,因此结构高度不宜过高,不应高于正常行车时所见到的天际线的高度,以免与背景产生视觉冲突。

经过多方案比较后,决定主桥选用85m跨径下承式坦拱式钢拱桥,该方案结构新颖、桥式舒展优美,以白色为主色调,如同一道弯月悬挂半空,与周边环境融洽和谐。建筑效果见图2。

图2 友谊路立交建筑总体效果图

5 总体布置设计

本方案桥梁全长505m,两端引桥为7×30m连续梁桥,主桥选用85m跨径下承式坦拱式钢拱桥,一跨跨越友谊路,立面布置见图3。主桥横断面全宽34.4m,按一幅桥设计,横桥向共三片拱肋。横断面布置图见图4。由于采用坦拱的结构形式,因此拱间不设横向风撑,消除了桥上行车时低风撑带来的压抑感,桥下车辆通行宽度约为70m,桥下净空7m。

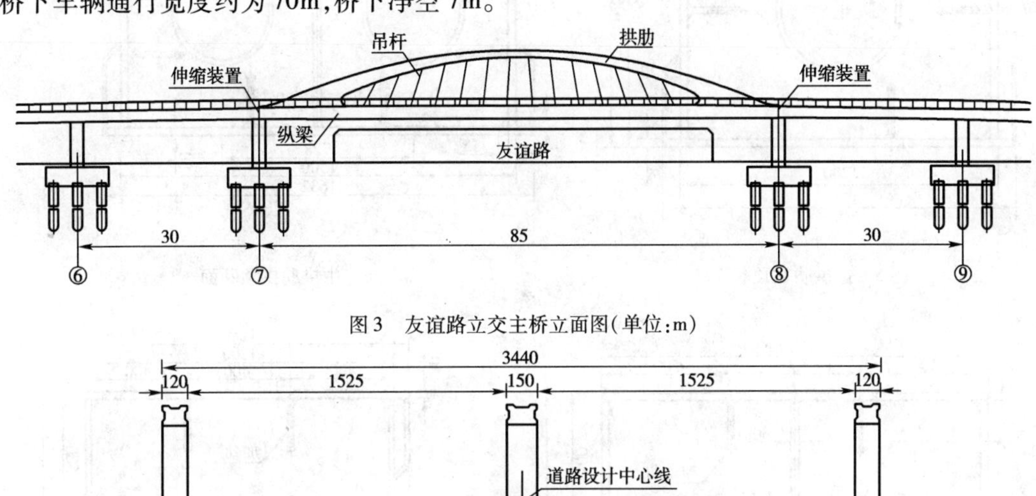

图3 友谊路立交主桥立面图(单位:m)

图4 友谊路立交主桥横断面图(单位:m)

6 主桥结构设计

6.1 拱肋

拱肋计算跨径84m,矢高9.1m,矢跨比1∶9.23。拱轴线采用二次抛物线。拱肋立面变高度,由拱脚处高度2.5m按二次抛物线渐变到拱顶处高度1.0m。横桥向共三片拱肋,中拱肋宽1.5m,为单箱双室钢箱梁结构;边拱肋宽1.2m,为单箱单室钢箱梁结构,拱肋顶底板、腹板均采用3mm厚钢板。拱肋四角设有6.6cm凸起装饰条。并且在每根吊杆位置及其他位置处设有加劲肋,以增强拱肋和全桥的稳定性(图5、图6)。

6.2 纵梁

拱桥纵梁设在桥梁外侧及桥中,共3根,为钢箱梁结构,梁高2.0m,中纵梁宽1.5m,边纵梁宽1.2m。

每根吊杆位置及其他位置处设有加劲肋，以增强纵梁的稳定性(图7、图8)。

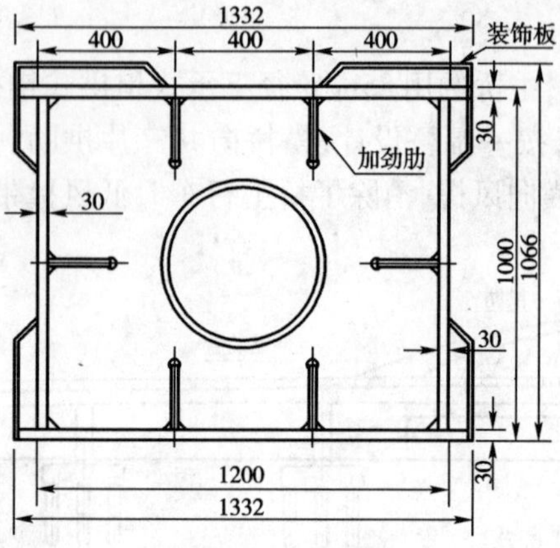

图5　边拱肋拱顶断面

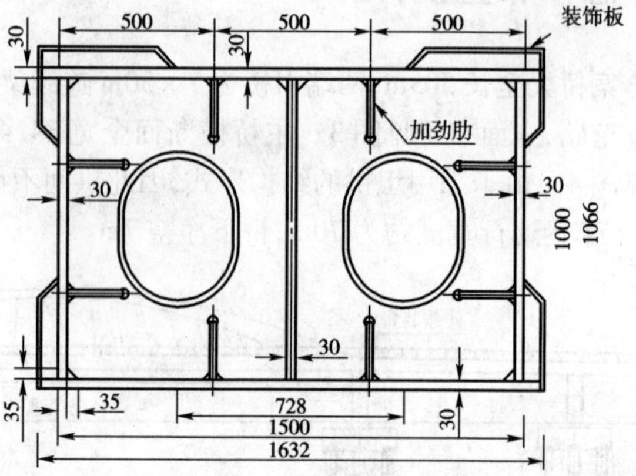

图6　中拱肋拱顶断面

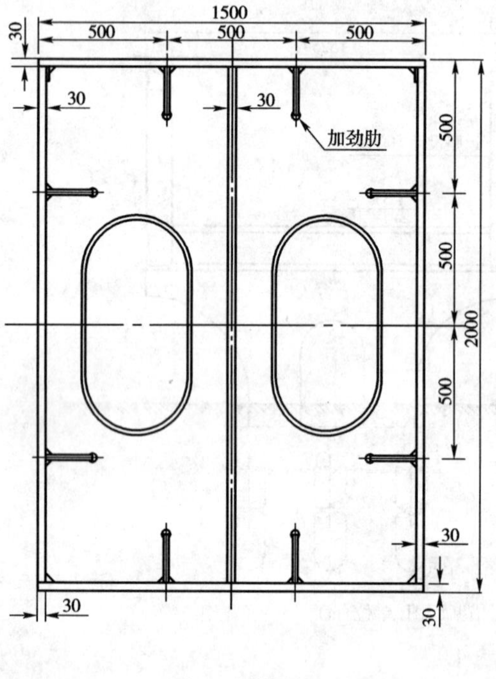

图7　中纵梁断面

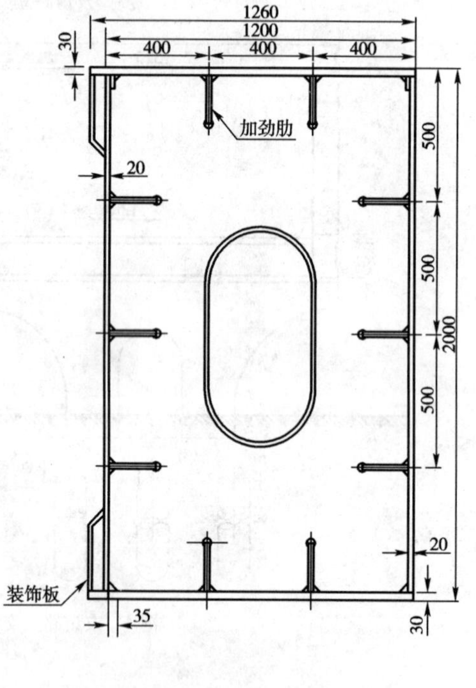

图8　边纵梁断面

6.3　吊杆

全桥共设吊杆42根，采用斜吊杆形式，顶面间距3.5m，底面间距4.0m，吊杆采用低应力双层PE护套平行钢丝成品索，其标准强度为1670MPa。根据计算结果，中、边拱圈及拱圈中部和两边的拉索选用三种规格。

6.4　桥面系

桥面系由端横梁、中横梁和次纵梁组成，其中端横梁采用“口”字形截面、中横梁和次纵梁均采用“工”字形截面。横梁上铺设C30钢纤维混凝土桥面板，桥面板通过剪力键与端横梁和中横梁形成结合梁(图9、图10、图11)。

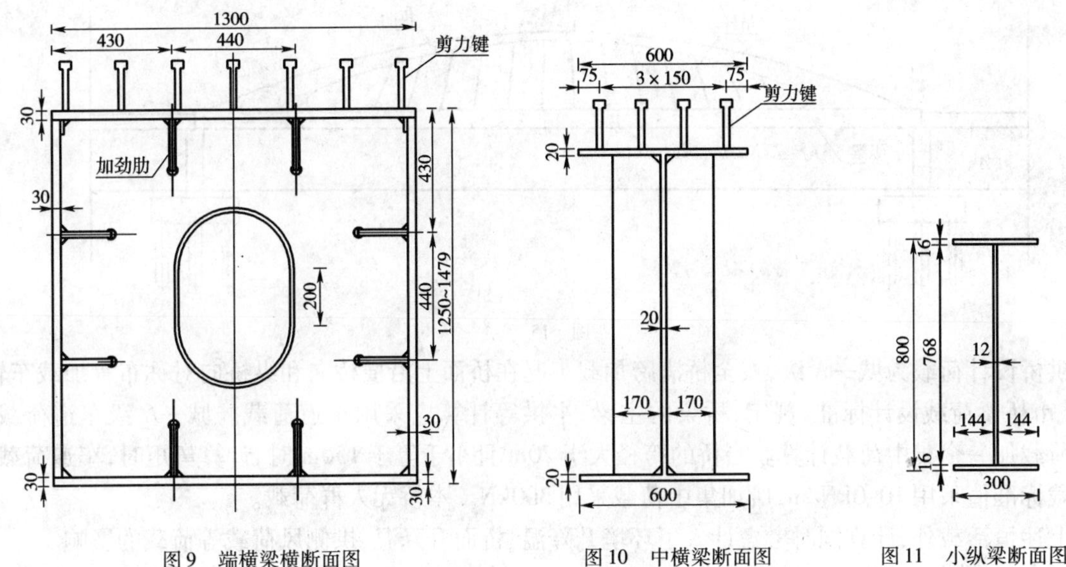

图9　端横梁横断面图　　图10　中横梁断面图　　图11　小纵梁断面图

7　主桥结构计算

目前国内所建拱桥大多为钢筋混凝土拱桥和钢管混凝土拱桥，对钢拱桥特别是坦拱的研究较少，这种结构给桥梁设计及施工增加了难度，需对桥梁结构计算和稳定性分析和施工控制进行深入的研究。

该拱桥的结构受力和施工工艺比较复杂，且施工难度大，使得设计人员在结构设计时必须考虑到成桥后的结构受力和变形状态以及施工全过程中的结构受力和变形状态的不断变化。

为保证施工时桥下交通通行，友谊路桥采用少支架法安装，根据友谊路立交桥的结构特点，采取全桥对称安装，主桥施工阶段主要分以下几个阶段进行分析：

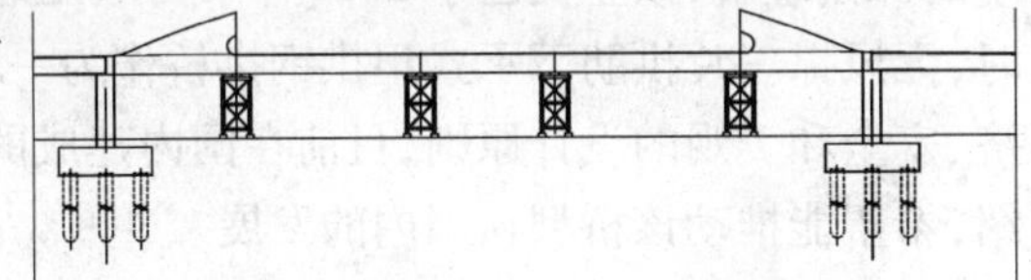
图　12

(1)中拱两侧拱脚处拱肋及纵梁的安装(图12)。

(2)中拱中间段拱肋及纵梁的安装(图13)。

(3)按上述步骤分别安装两侧边拱肋及边纵梁，同步安装相关中横梁和次纵梁(图14)。

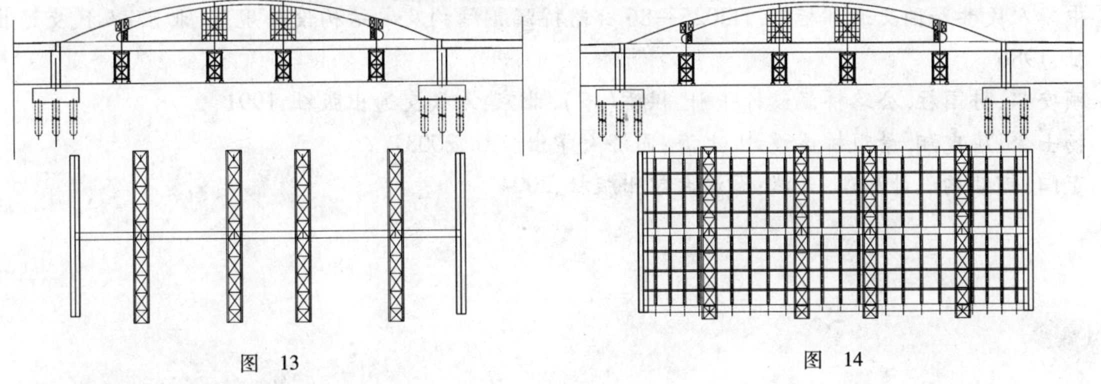
图　13　　图　14

(4)张拉吊杆，拆除支架(图15)。

(5)浇注混凝土桥面板。

(6)施工沥青铺装及其他二期恒载。

(7)成桥运营。

根据计算模型，在各个阶段分别计入结构自重。根据《城市桥梁设计荷载标准》(CJJ77—98)，结构物重力及桥面铺装、附属设备等外加重力均属结构重力密度，所以只考虑沥青桥面铺装层的重量不考虑其刚度。

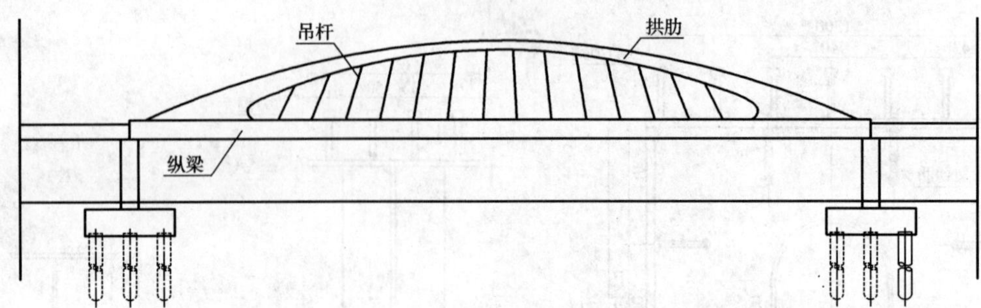

图 15

该拱桥设计荷载为城—A 级，按全桥满跨加载工况在桥面上沿横桥向和纵桥向对称布置加载车辆，根据《城市桥梁荷载设计标准》规定，桥梁的主梁、主拱等计算应采用车道荷载。城—A 级车道荷载应按均布荷载加一个集中荷载计算。当桥的跨径大于 20m 且小于等于 150m 时，计算弯矩时，车道荷载的均布荷载标准值采用 10.0kN/m，所加集中荷载采用 300kN。本桥无人群荷载。

除上述恒活载外，计算同时考虑计入了环境升降温、桥面升降温、拱侧风荷载等荷载的影响。

纵向受力分析采用有限元结构分析通用软件"MIDAS civil" 进行计算，拱脚及拱顶部位用"MIDAS civil"软件进行细部分析。计算结果均满足规范要求。

8 结语

城市桥梁的设计，强调景观效果，这就要求设计者不仅要有扎实的结构知识，而且还要有对桥址环境的深刻理解，该立交已于 2005 年 2 月竣工通车，它的建成不仅在结构设计方面进行了有益的实践，同时，无风撑三片拱肋下承式坦拱钢拱桥作为一种新颖的结构形式，桥式舒展优美，很好地实现了适用、经济、安全和美观的设计原则，目前在国内建成的例子几乎没有，通过友谊路立交主桥的建设和本文的介绍，希望能推动该桥型在国内的发展。

参 考 文 献

[1] 中华人民共和国交通部标准. JTJ025—86 公路桥涵钢结构及木结构设计规范. 北京：人民交通出版社，1986

[2] 顾安邦，孙国柱. 公路桥涵设计手册 拱桥(下). 北京：人民交通出版社，1991

[3] 杨士金，唐虎翔. 景观桥梁设计. 上海：同济大学出版社，2003

[4] 丁阳. 钢结构设计原理. 天津：天津大学出版社，2004

薄壁高墩大跨度刚构桥的地震时程分析

刘高俊
（天津城建设计院有限公司　天津　300073）

摘　要　大跨度刚构桥的地震响应问题比较复杂，需要考虑多种因素的影响。本文以某山区高速公路中的一座薄壁高墩大跨度刚构桥为例，采用 Midas/Civil2006 软件，分析了该桥梁在考虑多点激励、行波效应以及桩土共同作用和群桩效应时的地震动响应情况。由分析结果可以看出，多点激励及行波效应对大跨度桥梁的地震响应影响很大，在设计中必须进行考虑。桩土共同作用和群桩效应对薄壁大跨度刚构桥的自振频率有着一定的影响，在设计研究中也应当考虑这一影响因素。

关键词　大跨度刚构桥　时程分析　多点激励　行波效应　桩土共同作用　群桩效应

1　引言

大跨度刚构桥由于其大跨、高墩情况，在高等级山区公路中的应用越来越多。但其地震响应比较复杂，各种因素均对其有着较大的影响[1]。

地震现场的实测资料表明，即使在 50m 的范围内，地基各点振动幅值和相位也有很大的差别。因此，对大跨度桥梁有必要考虑多点激励和行波效应分析。

在一般桥梁的结构分析中，考虑下部支承时往往忽视桩基与地基土的弹性连接作用，采用近似的刚接的处理方法，此种方法在设置支座的小跨径桥梁中误差不大，但在大跨度刚构桥的地震分析中，对结果则有较大的影响。因此，薄壁高墩大跨度刚构桥的地震分析有必要考虑桩土共同作用和群桩效应[2]。

本文以某山区高速公路中的一座薄壁高墩大跨度刚构桥为例，采用 Midas/Civil2006 软件，分析了该桥梁在考虑多点激励、行波效应以及桩土共同作用和群桩效应时的地震动响应情况，研究了这些因素对桥梁的影响，得到了一些有价值的结论。

2　工程概况

主桥为一座 3 跨预应力混凝土连续刚构桥，其立面如图 1a）所示。全桥孔跨布置为 80m + 150m + 80m，桥梁全长 310m，主梁为单箱单室变截面预应力混凝土箱梁，中支点梁高为 10 m，跨中及边支点梁高 3.5 m，顶宽 10 m，底宽 6 m，梁高与底板厚度呈二次抛物线变化，腹板厚度 50 ~ 80 cm，底板厚度 30 ~ 120 cm，顶板厚 28 cm。桥墩为薄壁空心等截面方形墩，1 号墩高 40m，2 号墩高 80m。墩的边长为 9 m，壁厚为 100 cm；2 号墩立面如图 1b）所示。桥墩基础采用 9 根直径为 2 m 的钻孔灌注桩，嵌入中风化岩层，承台厚度为 3m。全桥混凝土标号：箱梁为 C60，墩身为 C50，承台为 C30。

3　时程分析理论

对于长大跨径的桥梁结构来说，各支承处地震动的差异是不可忽略的。目前，对该差异的考虑较为科学的方法是采用大质量法与拟静力位移相结合的计算方法，该法考虑了地基平动效应，能更真实地反

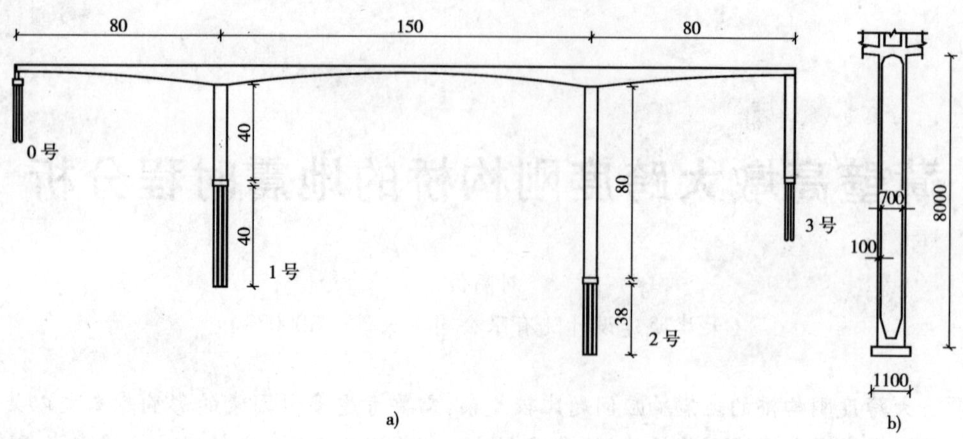

图1 薄壁高墩刚构桥桥型布置图

a)桥梁立面布置(单位:m);b)高墩立面布置(单位:cm)

应结构在地震作用下的位移和内力响应。

大质量法是通过在支承点激励方向附加一个虚拟的大质量来获得结构的响应。将大质量 M_{ll} 附加在结构质量 M_{ss} 的支承上,本文取结构质量的 10^6 倍,使得结构的质量相对于大质量可以忽略,然后利用大质量的惯性力将地震荷载施加到需要激励的目标结构上。

则桥梁结构体系在地震动输入时任意时刻 t 的运动方程:

$$M\ddot{u}(t)+C\dot{u}(t)+Ku(t)=F(t) \tag{1}$$

式中,$\ddot{u}(t)$ 和 $\dot{u}(t)$ 分别表示系统的节点加速度和节点速度向量;M、C、K 和 $F(t)$ 分别是系统的质量矩阵、阻尼矩阵、刚度矩阵和节点荷载向量,分别由桩、土和上部结构中各单元的响应矩阵和向量集成,因此可将公式(1)改写为:

$$\begin{bmatrix} M_{ss} & 0 \\ 0 & M_{bb}+M_{u} \end{bmatrix}\begin{Bmatrix} \ddot{u}_s \\ \ddot{u}_b \end{Bmatrix}+\begin{bmatrix} C_{ss} & C_{sb} \\ C_{bs} & C_{bb} \end{bmatrix}\begin{Bmatrix} \dot{u}_s \\ \dot{u}_b \end{Bmatrix}+\begin{bmatrix} K_{ss} & K_{sb} \\ K_{bs} & K_{bb} \end{bmatrix}\begin{Bmatrix} u_s \\ u_b \end{Bmatrix}=\begin{Bmatrix} 0 \\ F_b \end{Bmatrix} \tag{2}$$

不计因支承点运动速度 X_b 产生的阻尼力,考虑到大质量 M_{ll} 的存在,上式左边第一项远大于后两项,所以后两项以及 M_{bb} 的影响均可忽略,公式(2)简化为:

$$[M_u\{\ddot{u}_b\}]=\{F_b\} \tag{3}$$

将结构的绝对位移 u_s 分解为拟静力位移 Y_s 和动力相对位移 Y_d 两部分,如果假定结构的阻尼力只与动力相对速度成正比,即用 $\{\dot{Y}_d,0\}$ 代替 $\{\dot{u}_s,\dot{u}_b\}^T$,即可得到:

$$[M_{ss}]\{\ddot{Y}_d\}+[C_{ss}]+[\dot{Y}_d]+[K_{ss}]\{Y_d\}=-[M_{ss}][\alpha][M_{ll}]^{-1}\{F_b\} \tag{4}$$

此即为大质量法和拟静力位移概念相结合的多支承地震激励结构的运动方程。在进行多支承激励时,在每个支承点上附加一个大质量,支承点在激励方向放松约束,然后施加 F_b 产生该支承处地震动的地面运动加速度 $\ddot{u}_b$。只考虑行波激励时,F_b 按具有一定相位差的同一条地震波加速度记录读取。

4 全桥空间有限元建模

根据地质特性及该桥下部结构特点,利用大型空间有限元程序 Midas/Civil2006,建立全桥抗震梁单元有限元模型,对箱梁及墩柱均采用梁单元模拟。边界约束采用节点弹性连接。箱梁自重及横隔板采用恒载加载。如图2所示。

对于地震波,采用 El-Centro 波作为动态时程分析。根据当地的实际地震情况,地震记录烈度为7°,南北向记录的加速度峰值为1.458 m/s,竖向记录的加速度峰值为0.731 4 m/s。进行了纵向地震激励和横向地震激励的时程分析,考虑桩—土效应和不考虑桩—土效应的三向联合地震激励分析。在实际运算过程中,纵向和横向采用当地波的南北向,竖向采用当地波的竖向。

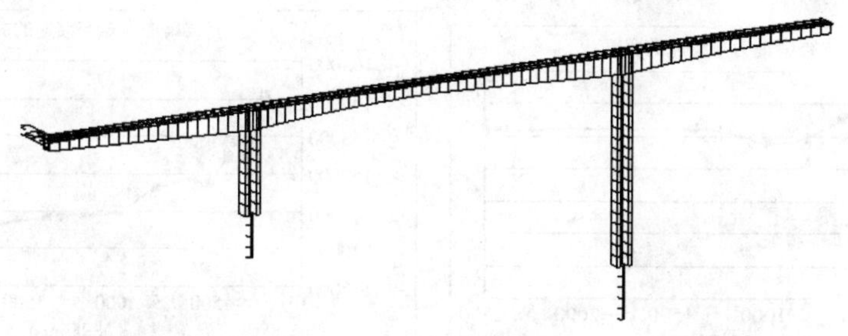

图2　全桥抗震模型

5　考虑多点激励和行波效应的影响

为了比较大跨度刚构桥在不同波速的地震激励下的地震响应情况，探讨在实际工程中行波效应对薄壁高墩大跨刚构桥的地震响应内力的影响，本文采用了考虑行波效应及多点激励的方法进行分析。

分析中做如下假定[3]：

(1)震源出现在桥位以西，地震波自西向东沿纵桥向传播；

(2)桥梁两端的滑动支座的摩擦系数为零；

(3)地震波的纵波(p 波)在地壳中的传播速度为200～1 400m/s，在本文行波效应分析中分别取纵波波速为：200m/s，300m/s，400m/s，500m/s，600m/s，800m/s，1 000m/s，1 200m/s，1 400m/s，无穷。在分析结果中，桥墩的响应提取墩顶节点和墩底节点的相对位移及墩顶弯矩见图3～图5；主梁内力提取各跨中截面的轴力和绕横桥向弯矩，见图6～图9。

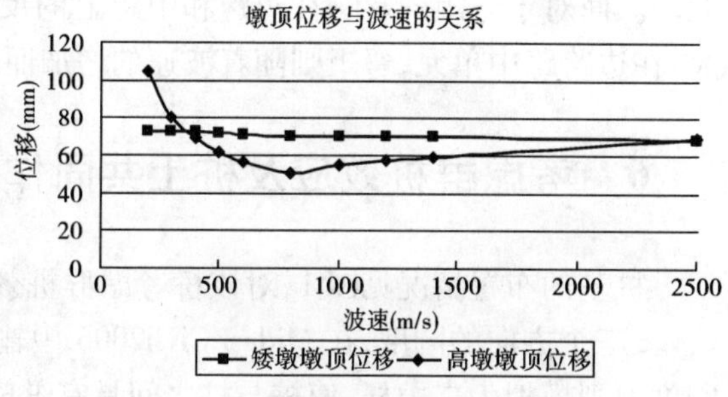

图3　墩顶最大位移与波速的关系

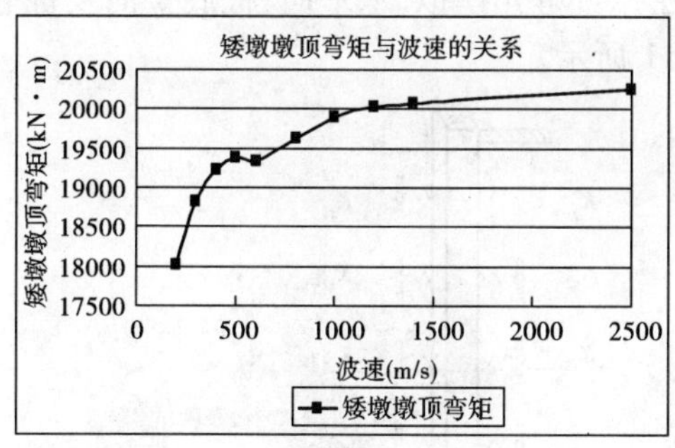

图4　矮墩墩顶弯矩与波速的关系

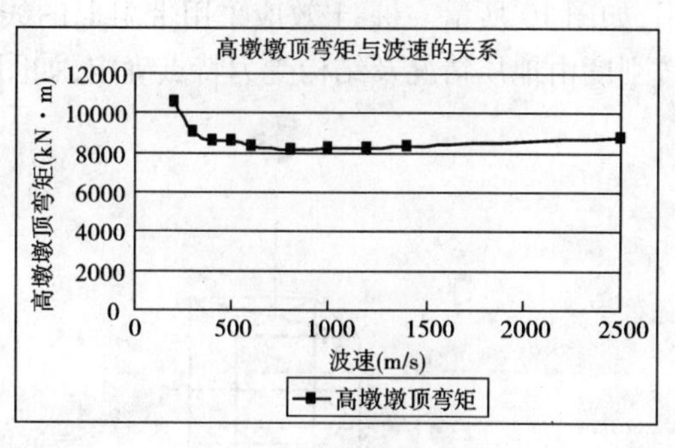

图5　高墩墩顶弯矩与波速的关系

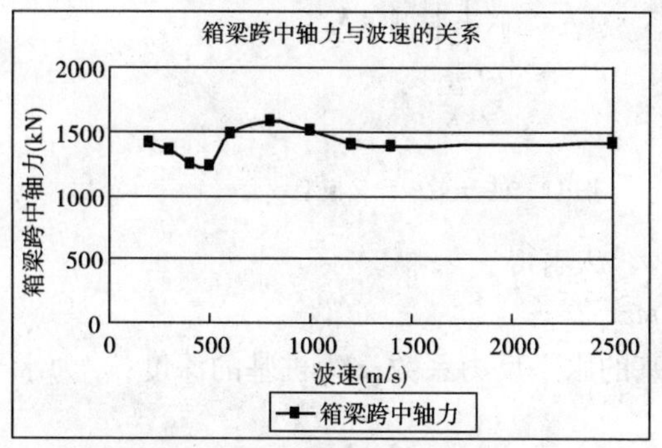

图6　中跨跨中轴力与波速的关系

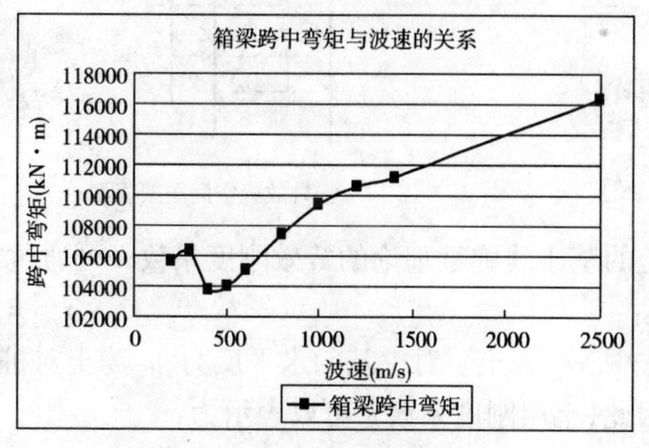

图7　中跨跨中弯矩与波速的关系

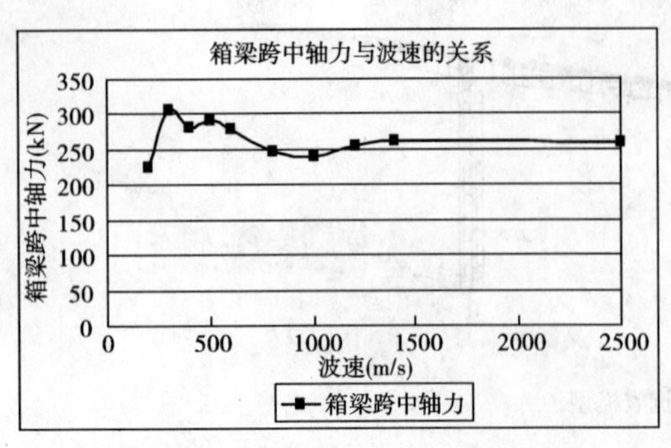

图8　边跨跨中轴力与波速的关系

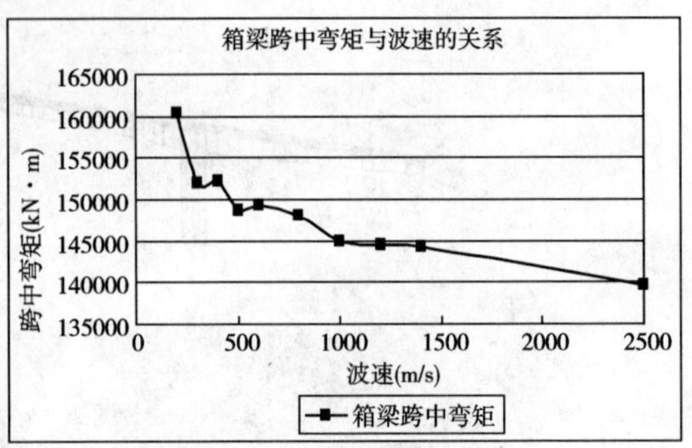

图9　边跨跨中弯矩与波速的关系

从图中可以看出：矮墩墩顶与墩底的相对位移范围为68.825～72.789mm，增长了5.76%；高墩墩顶与墩底的相对位移范围为50.797～104.668mm，增长了106.05%。高墩墩顶的位移变化幅度要大于矮墩墩顶的位移变化幅度。但矮墩墩顶弯矩随波速变化的影响大于高墩墩顶弯矩随波速变化的影响。这是由于矮墩墩柱的刚度大于高墩墩柱的刚度，因而其对地震波的作用效应的响应要大于高墩墩柱。

波速对于主梁跨中的内力也有着很大的影响。对于轴力的影响，在边跨和中跨均为在某一范围内波动。而对于弯矩的影响在边跨和中跨上的反应则不同：在中跨跨中单元，弯矩随着波速的增加而增大；在边跨跨中单元，弯矩则随着波速的增加而减小。

6　考虑群桩效应及桩土共同作用的影响

桩基的布置情况见图1，对该桥考虑群桩效应和桩-土效应的影响，采用等刚度的原则将其等化为x、y、z三个方向的刚度，在Midas/Civil2006中输入。其原理为：群桩效应模拟为空间刚架，桩间土按等刚度原则模拟为二力杆，使桩与桩之间具有纵横向连接，以模拟各桩之间因桩间土的共同振动所产生的相互作用，如图10所示。桩-土效应采用带阻尼的线性弹簧单元模拟，水平向、桩底竖向及桩底转动方向的弹簧刚度由地质情况及结构受力特点确定，如图11所示。

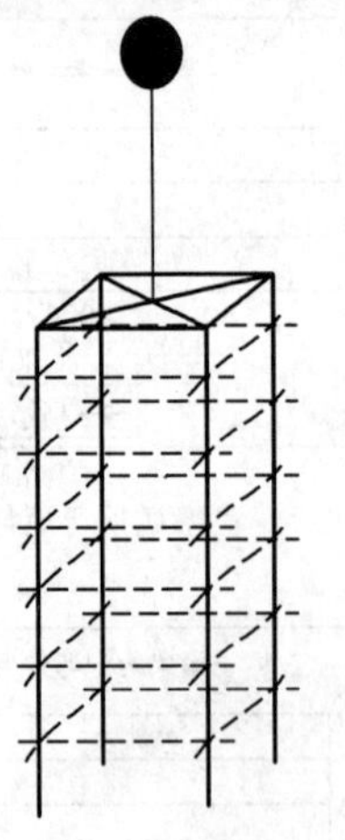
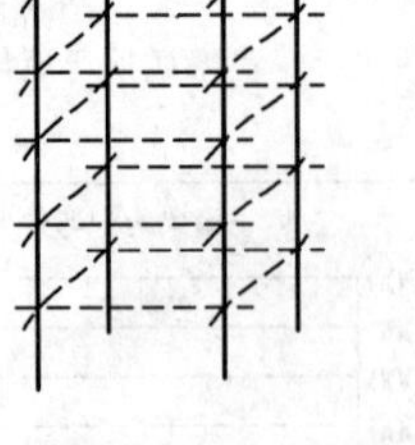

图10　群桩效应空间刚架模型

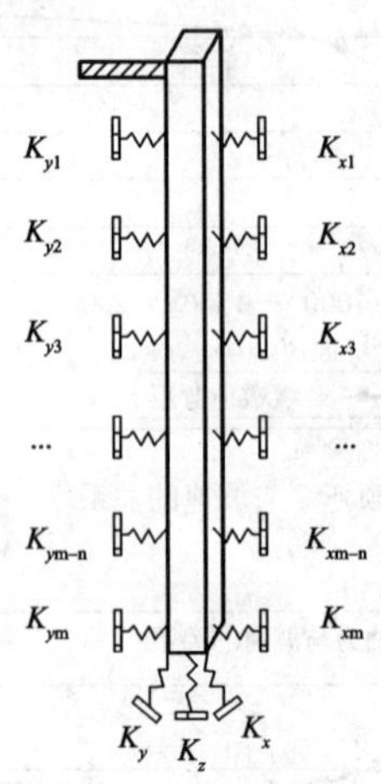

图11　桩-土效应弹簧模型

土的基于线弹性理论的等效刚度系数k可通过"m"法求得。

$$\sigma_{zx} = mzx_z \tag{5}$$

式中，σ_{zx}为土层对桩基的水平反力；m为土对桩基的水平反力系数；z为桩基的深度；x_z为水平向位移。因此，土层刚度系数k可以表示为：

$$k_s = \frac{p_s}{x_z} = \frac{A\sigma_{zx}}{x_z} = \frac{(a \cdot b_p)(m \cdot z \cdot x_z)}{x_z} = ab_p mz \tag{6}$$

式中，a 为地基土层等代厚度；b_p 为计算宽度。

在计算结果中对考虑群桩效应及桩土作用后的桥梁结构的特征值进行比较，见表1，对墩顶墩底相对位移、墩顶及跨中内力的比较结果见表2。

考虑群桩效应及桩土作用的特征值比较 表1

模 态	不考虑桩土作用		考虑桩土作用		振 型
	频率(Hz)	周期(s)	频率(Hz)	周期(s)	
1	0.114	8.740	0.107	9.360	横
2	0.130	7.672	0.111	8.995	纵
3	0.202	4.949	0.196	5.111	横
4	0.302	3.314	0.241	4.148	横
5	0.566	1.766	0.557	1.795	横
6	0.567	1.764	0.563	1.776	纵
7	0.609	1.642	0.566	1.766	纵
8	0.642	1.557	0.613	1.631	纵、梁挠
9	1.031	0.970	0.999	1.001	横
10	1.314	0.761	1.275	0.784	纵、梁挠

考虑群桩效应及桩土作用下位移及内力比较 表2

项 目	位 置	不考虑土	考 虑 土
位移(mm)	矮墩墩顶	63.01	71.111
	高墩墩顶	69.4	76.37
轴力(kN)	边跨跨中	159.3	149.1
	中跨跨中	1 444	1 041
弯矩(kN·m)	边跨跨中	25 260	26 740
	中跨跨中	12 220	13 770
	矮墩墩顶	13 600	10 360
	高墩墩顶	6 405	7 969

从表格中可以看出，考虑桩土共同作用和群桩效应后，由于结构的整体刚度降低，结构的自振频率也减小了，但结构的墩顶和墩底的相对位移增大了。

7 结语

分析结果表明，多点激励及行波效应对大跨度桥梁的地震响应影响极大，因此，在设计中必须进行考虑。桩土共同作用和群桩效应对薄壁大跨度刚构桥有着一定的影响，在设计研究中也应当对其进行考虑。

(1)行波效应对高墩墩顶的位移的影响要大于对矮墩墩顶位移的影响。波速越小，这种差异越明显。当波速趋向于无穷大时，两者的影响几乎相同。

(2)考虑行波效应及多点激励时，跨中梁的弯矩及轴力与一致激励有着很大的差异。轴力随着波速的增大呈现波浪形变化的趋势。中跨弯矩随着波速的增大而增大。边跨弯矩随着波速的增大而减小。

(3)地震力对矮墩的内力影响要大于对高墩的内力影响。

(4)考虑群桩效应及桩土共同作用后，结构的整体刚度有所下降，结构的频率略有降低。

(5)考虑群桩效应及桩土共同作用后，墩顶位移均有所增大。

参考文献

[1] 范立础,胡世德,叶爱君.大跨度桥梁抗震设计[M].北京:人民交通出版社,2001.4

[2] A. J. Kappos, G. D. Manolis, I. F. Moschonas. Seismic assessment and design of R/C bridges with irregular configurations including SSI effects. Engineering Structures 24, 1337-1348.

[3] 郑史雄,奚绍中.大跨度刚构桥的地震反应分析[J].西南交通大学学报,1997,32(6):586-592

天津中央大道永定新河大桥设计

冯克岩　曹　景　谢迎前　陈明贵　陈洪涛
（天津市市政工程设计研究院　天津　300051）

摘　要　永定新河大桥是天津市滨海新区中央大道上的一座大型桥梁，在现汉北路彩虹大桥下游2.1km处跨越永定新河，主桥为100m+160m+100m变截面预应力混凝土连续梁桥，本文就该座桥梁的设计情况予以简要介绍。

关键词　永定新河大桥　设计　流冰　耐久性

1　工程概况

中央大道是贯穿滨海新区南北方向的一条城市道路，北起汉沽区南外环，相继穿越汉沽区、塘沽区、大港区地界，南至大港区海景大道，与世纪大道相接，总长度约为53km。永定新河大桥位于永定新河北塘入海口处，距上游汉北路彩虹大桥2.1km，该桥于2008年2月开工建设，将于2010年5月建成通车。

永定新河大桥全长1367.0m，分为上下行两幅桥梁布置，单幅桥宽17.25m。北引桥为(15×30+3×35)m装配式简支变连续小箱梁和6×50m等截面预应力混凝土连续箱梁；主桥为100m+160m+100m变截面预应力混凝土连续箱梁；南引桥为2×46+2×30m等截面预应力混凝土连续箱梁，桥梁面积共4.82万m^2（图1）。

图1　永定新河大桥

2　建设条件

2.1　地形地貌

桥位地处天津市北塘永定新河入海口处，场地地形较为复杂，桥位处永定新河南、北岸海挡间宽度约610m，主河槽与南岸海挡紧邻，宽度约210m，与北岸海挡之间为宽约360m的河滩，主河槽河底高程0.4～-2.7m（大沽水平，下同），南岸海挡高程为6.27m；北岸海挡高程5.55m，北岸海挡巡堤路高程

4.49~4.54m,路以北至工程修筑起点均为取土坑,坑深2.70~3.52m。

2.2 河流及水文特征

永定新河紧靠天津市区北侧,是永定河的泄洪尾闾,除承担宣泄永定河洪水入海的任务外,左岸还依次有机场排污河、北京排污河、潮白新河和蓟运河,右岸有金钟河、北塘排污河、黑猪河等河汇入,实际上是海河流域北系四河(永定河、北运河、潮白河、蓟运河)洪水的共同入海通道。

桥位处永定新河河面开阔,受潮汐影响水位变化幅度大,在每年春天有流冰现象,流冰较厚,冰块面积较大,历史上最大冰排200×300m,厚0.5m左右。

另桥位处水位受海潮影响较大,海域属不规则半日潮,一天有两次涨潮,两次落潮。在一个全潮过程中,两个半潮的潮型有明显区别,两个半潮的高潮潮位比较接近,而低潮潮位相差较大。最高潮位:5.72m(1992年),最低潮位:-1.08m(1957年),平均潮位:3.77m,平均低潮位:1.32m,平均高潮位:2.56m。

根据永定新河的治理要求,桥位处河道按照100年一遇洪水流量4820m^3/s控制,相应行洪水位3.13m,最大流速为2.746m/s,最大冲刷深度3.82m。

2.3 气候气象

天津市属大陆性季风气候,四季分明,1990~2005年主要气象要素如下:历年各月平均气温13.5℃,历年极端最高气温40.8℃(2000年7月1日),历年极端最低气温-16.8℃(1996年12月5日),历年平均最高气温18.5℃,历年平均最低气温9.3℃;历年各月平均相对湿度61%;历年平均风速2.7m/s,历年最大风速13m/s,汛期为6月中旬至9月中旬。

2.4 地震及地质条件

永定新河大桥勘察钻孔最大深度为100m,根据地质年代及时代成因,共分为六个工程地质层,自上而下分别为:第Ⅰ陆相沉积土层(Q43Nal)、第Ⅰ海相沉积土层(Q42m)、第Ⅱ陆相层(Q41al)、第Ⅲ陆相层(Q3eal)、第Ⅱ海相沉积土层(Q3dmc)、第Ⅳ陆相冲积土层(Q3cal),地层均以亚黏土为主,在第Ⅲ陆相层(Q3eal)夹有细砂及粉细砂层,厚度达5.6~17.8m。

根据《中国地震动参数区划图》及《中国地震烈度区划图》,桥位处场地地震基本烈度为7度,地震加速度为0.15g,场地土类型为软弱场地土,建筑场地类别为Ⅳ类。

2.5 水文地质条件

场区浅层地下水属第四系潜水,地下水主要受大气降水及海水补给并以蒸发等方式排泄。场地静止地下水位埋深为0.90m,标高为2.70m。

经对地下水及河水的水样分析,地下水及河水对混凝土结构具有结晶类中等腐蚀性;分解类无腐蚀性;对混凝土具有结晶分解复合类严重腐蚀性。

3 主要技术标准

①设计基准期:100年。

②设计安全等级:一级。

③设计行车速度:主线 $v=60$km/h

④设计车辆荷载:城市—A级

⑤桥面宽度:桥梁上下行分幅布置,单幅桥宽17.25m,两幅桥间净距5m。

⑥净空高度:海挡巡堤路:4.5m(大沽水平),永定新河治导线(河堤):4.5m(大沽水平)。

⑦航道：永定新河为Ⅳ级航道，最高通航水位为 4.5m（大沽水平），净空为 8m，货运双向航道底宽 90m；另航道内有挖泥船通过，净空不小于 12m，通行宽度不小于 20m。

⑧桥涵设计洪水频率：1/300，相应流量 4 820m³/s。

⑨地震烈度：基本烈度 VII 度，相应地震动峰值加速度系数：0.15。

⑩冰压力：根据《公路桥涵设计通用规范》（JTG D60—2004）4.3.9 条规定计算。

⑪船撞击力：根据《公路桥涵设计通用规范》（JTG D60—2004）4.4.2 条规定计算，四级航道，横桥向撞击作用 550Kn，顺桥向撞击作用 450Kn。但是考虑该桥位处有挖泥船，因而在设计中船撞击力横桥向撞击作用 950Kn，顺桥向撞击作用 775Kn。

4 桥梁总体设计

4.1 总体设计原则

桥梁设计以安全可靠、适用耐久、经济合理、技术先进、美观和有利环保为原则，综合考虑桥址地形、地物、水文、地质、泄洪、通航以及技术经济、美学和结构受力要求，力求技术先进、结构合理、造型美观、施工方便可行，使用安全耐久，以期达到总体安全、适用、经济合理的目的。

4.2 桥型方案及总体布置

在桥梁总体设计中，应重点考虑以下因素：

（1）永定新河治理要求：桥位处河道主槽需向北移约 130m，近期实施河槽底宽 140m，顶宽约 200m，河槽边坡 1:6；远期按照 100 年一遇防洪标准实施，将主河槽底宽对称加大至 250m（图 2）。

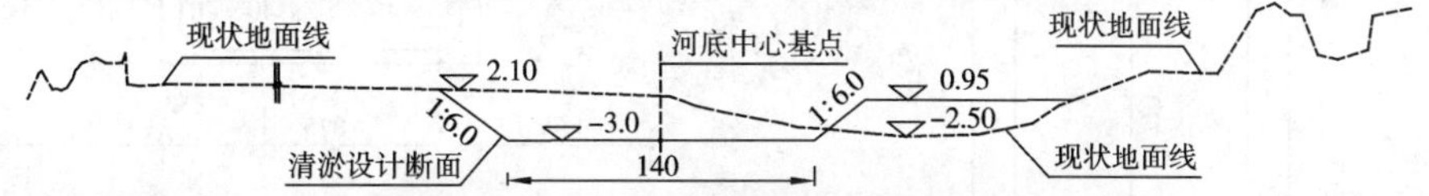

图 2 桥位处永定新河现状、近期河床治理断面图（单位：m）

（2）通航要求：桥位下游 140 余米为方德集团天马拆船厂，桥位上游为改建的北塘渔码头，二者均紧邻永定新河现状主河槽，船厂及渔码头必须依赖现状主河槽维持繁忙的水上作业，因此桥梁孔径布置不但要满足规划河道的Ⅳ级航道要求，尚应兼顾现状河槽的使用功能。

（3）本桥的修筑终点与中央大道立交主线桥梁相接，相接点正好为立交匝道开口处，距河道远期治理河道边线约 54m，桥梁变宽段长 160m，宽度由 52.5m 渐变至 39.5m，异形明显，因此为降低主桥的设计与施工难度，主桥孔径布置应尽量避免进入立交加、减速车道的桥面加宽段。

（4）应尽量减少深水基础，以缩短工期、节省投资。

综合考虑上述因素，在初步设计阶段，主桥拟定了 100m + 160m + 100m 和 220m + 220m 两种跨径组合的预应力变截面连续箱梁和独塔双索面预应力混凝土斜拉桥方案进行了同深度的技术经济比较。经专家审查认为，大跨径预应力变截面连续箱梁方案能够满足通航及防洪要求，并且具有结构整体性能好、断面抗扭刚度大、抗震性能好、行车舒适、施工难度小、养护维修方便，造价适度等优点，经市建委批准，同意主桥采用 100m + 160m + 100m 变截面预应力混凝土连续箱梁方案。

根据主桥孔径的布置，永定新河大桥的最终总体布设方案为：

主桥：100m + 160m + 100m 变截面预应力混凝土连续箱梁桥

北引桥：（15 × 30 + 3 × 35）m 装配式简支变连续小箱梁桥和 6 × 50m 等截面预应力混凝土连续箱梁桥

南引桥：（2 × 46 + 2 × 30）m 等截面预应力混凝土连续箱梁桥

4.3 主桥

4.3.1 主梁截面形式及其构造

主跨支点处梁高9.5m(与跨径的比值为1/16.84),跨中梁高3.5m(与跨径的比值为1/45.71),梁底按1.8次抛物线 $y=6\times X^{1.8}/76^{1.8}+3.5$ 变化。箱梁为直腹板单箱单室截面,箱底宽8.25m,箱顶宽17.25m,箱梁翼缘宽度每侧均为4.5m,箱梁顶板厚度一般为35cm,中墩支点处取70cm;箱梁腹板厚度一般取用50cm、70cm、110cm,其中中墩支点截面为110cm,此外,边墩支点截面也加厚至100cm;箱梁底板厚度变化范围从30~110cm(按1.8次抛物线规律变化),其中中墩支点处110cm。

主桥PC箱梁采用挂篮悬臂浇筑施工,共划分为91个梁段:

$$18\text{m}(0\text{号块})+4\times2.5\text{m}+6\times3.0\text{m}+4\times3.5\text{m}+7\times4.0\text{m}$$

中跨、边跨合龙段长2.0m,边跨支架现浇段长18.95m,梁段最大重量204t(图3、图4)。

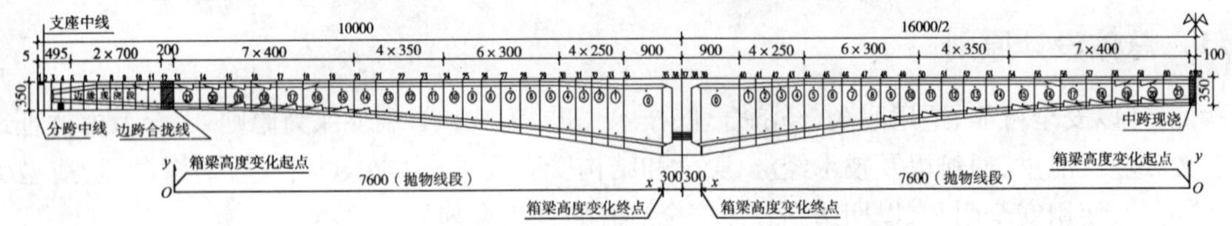

图3 1/2主桥上部一般构造立面图(单位:cm)

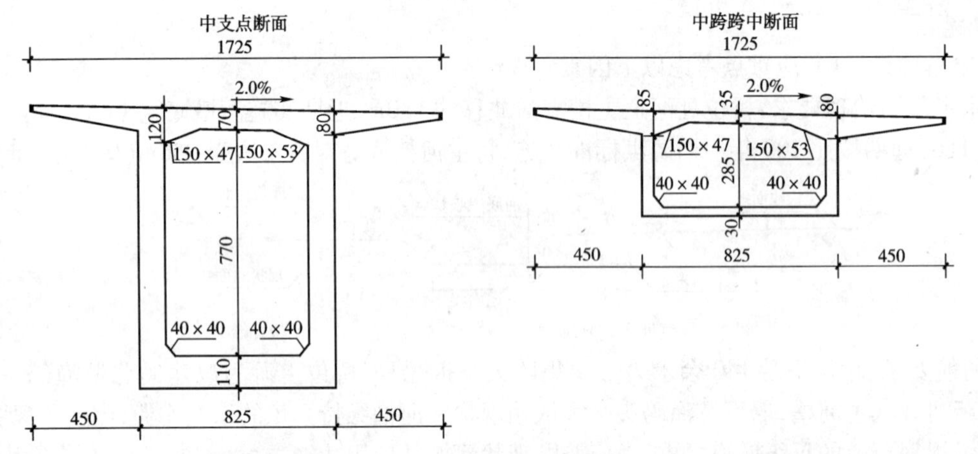

图4 主桥上部一般构造横断面图(单位:cm)

4.3.2 预应力体系

箱梁按三向预应力设计,纵向预应力采用 $19\varphi_s15.2$、$17\varphi_s15.2$ 高强低松弛预应力钢绞线(GB/T 5224—2003标准),包括T构顶板束及腹板下弯束、中跨顶底板合龙束、边跨顶板束、边跨底板合龙束以及备用束等,顶、底板束均为采用平弯、竖弯结合的空间束,集中锚固于尽量靠近腹板的齿板上,以减小局部应力集中。为满足主、引桥同步施工的要求,主桥边孔正弯矩束采用梁内单端张拉锚固的方式。

箱梁顶板横向预应力采用 $5\varphi_s15.2$ 钢绞线,以50cm的间距布置,单端交替张拉锚固。

箱梁腹板内以50m的间距设置了单肢和双肢 φL32精轧螺纹粗钢筋作为竖向预应力。

4.3.3 主桥下部构造

主桥边、中墩分别采用3.2×12.6(4×12.6)m矩形实体墩,考虑冰压力以及船舶撞击力的同时,在墩身迎水面上设置破冰体。边中墩根据受力需要分别采用2.5m、5.0m厚度的承台,其下分别设置直径1.5m、2.0m的钻孔灌注摩擦桩。

4.3.4 引桥

南北引桥共包括30(35)m装配式简支变连续小箱梁和30(46、50)m等截面预应力混凝土现浇连续箱梁两种结构形式,均采用直径1.5m钻孔灌注桩群桩基础。简支变连续小箱梁采用架桥机安装施

工的方法,最大吊装重量130t;等截面连续箱梁采用有限支架法现浇施工。

5 结构耐久性设计

近年来我国桥梁数量大幅增长,许多桥梁需要进行维护,个别桥梁在较短的使用期内就需要维修乃至加固,造成极大的不便和浪费,因此桥梁的耐久性设计逐步被重视起来。永定新河大桥位于永定新河入海口处,工程环境类别为Ⅱ类,属于滨海环境,根据桥位处河水、地下水的实验分析,含有大量的$SO4^{2-}$、CL^{-}等腐蚀介质,参照《公路工程混凝土结构防腐蚀技术规范》(JTG/T B07—01—2006)中的规定,其化学腐蚀作用等级为C-D级。考虑上述因素,为保证桥梁的耐久性要求,主要采取以下几项措施。

5.1 控制上部结构裂缝

结合国内已建同类桥梁的使用状况及出现的问题,设计中对主桥按照全预应力构件予以控制,并留有一定富余和安全储备;增设腹板下弯钢束,控制腹板斜裂缝的产生;计算中仅计竖向预应力的部分作用,将其余部分竖向预应力作为安全储备考虑。在引桥的设计过程中,尽量使其上下缘保持较小的应力幅,并在跨中下缘留有适当的应力储备。

5.2 下部结构采取必要的抗腐蚀设计

(1)将主、引桥的桩基、承台及墩柱的混凝土强度提高一个等级,并适当加大其保护层厚度,桩基净保护层增大到7.5cm,承台主筋净保护层增大至6cm,墩柱主筋净保护层增大至5cm。

(2)要求水泥中C_3A含量不应超过5%,水泥细度(比表面积)不宜超过$350m^2/kg$,游离氧化钙不宜超过1.5%,混凝土28d龄期的氯离子扩散系数D_{RCM}值应小于$4\times10^{-12}m^2/s$,并宜采用C_2S(硅酸二钙)含量较高而水化热较低的硅酸盐类水泥品种,并不宜单独采用硅酸盐或普通硅酸盐水泥作为胶凝材料配置混凝土,也不宜单独采用抗硫酸盐的硅酸盐水泥配置混凝土,应掺加较大掺量的矿物掺和料,并加入少量的硅灰。在施工过程中,要求进行桩基、承台及墩柱混凝土配比等相关试验,并掺加钢筋阻锈剂等防腐剂,使各部位能够抵抗上述腐蚀介质的侵蚀。

(3)处于永定新河中与水接触的桩基、承台和墩柱部分,其混凝土抗冻耐久性指数DF值取80%;对于非永定新河段桩基、承台和墩柱部分DF值取70%。

(4)在灌注桩顶部一定范围内设置永久性钢护筒。承台下垫层顶面、承台外壁以及墩柱均需刷涂防腐涂料,以保证结构安全。

5.3 墩柱防流冰及防撞设计

在设计中,根据《公路桥涵设计通用规范》(JTG D60—2004)中第4.3.9及4.4.2条的规定,对主桥下部结构分别进行了冰压力、船只撞击力的计算,并采取相应的构造措施,根据最高流冰水位及船只撞击位置,在墩柱一定高度范围内设置80cm厚的C80钢砂混凝土,其迎水面设计为圆弧形,以利水流及消弱流冰的作用(图5)。

图5 墩柱防撞示意图(单位:cm)

5.4 主桥抗震设计

近20年的地震灾害经验表明,随着城市现代化的发展,交通网络在整个城市生命线抗震防灾系统中越来越重要,所以桥梁结构的抗震设计越来越引起人们的重视。

根据《中国地震烈度区划图》,永定新河大桥桥位处场地地震基本烈度为Ⅶ度,但桥位距离汉沽区界内的VIII度地震区较为接近，场地土类型为软弱场地土，建筑场地类别为Ⅳ类，如完全采用传统的“抗震”概念进行设计，其下部结构的工程量将非常巨大，因此在设计中采用了球形减振抗震钢支座，该支座具有能够承受巨大的竖向(水平)荷载、适应较大的转角位移而保持受力均匀、使用期无需更换耐久性高等优点，其中主墩支座吨位为70000kN，边墩支座吨位为12500kN。

该支座主要通过设置在横纵两个方向的弹簧为桥梁提供减隔震作用，通过对主桥静力及地震分析结果的对照、比较，地震分析的竖向压力控制支座的长、宽、高，竖向负反力(上拔力)、横纵桥向的水平力控制支座的生根构造，当地震发生过程中，弹簧起到消减水平力的作用，消减值为：(地震最大水平力—静力最大水平力)；静力分析的横纵桥向位移控制弹簧的刚度，所以弹簧参数由抗震、静力分析共同控制。

在具体设计中，只计入了支座消能作用的一部分，并在桥梁主墩上设置了横桥向抗震挡，以策结构安全。

参考文献

[1] 项海帆. 高等桥梁结构理论. 北京：人民交通出版社，2001
[2] 范立础. 预应力混凝土连续梁桥. 北京：人民交通出版社，1998
[3] 李国平. 桥梁预应力混凝土技术及设计原理. 北京：人民交通出版社，2004

城市桥梁景观设计

辛丽华
（江苏省交通规划设计院　南京　210005）

摘　要　随着城市桥梁的迅猛发展，人们对城市桥梁的景观越来越重视。本文概述了桥梁的建筑造型及其景观概念以及在城市桥梁中的广泛应用，并进一步论述了桥型设计及景观设计的内涵和方法，旨在为城市桥梁的景观设计提供一些思路与理念。

关键词　城市梁桥　建筑造型　桥型构思　景观概念与设计

1　引言

城市桥梁作为城市公共建筑，是根据人类生活与生产发展的需要，利用所掌握的物质和技术手段，在科学规律和美学法则支配下，精心设计创造出的人工构造物，是人文科学、工程技术与艺术创作三位合一的产物。桥梁建筑以自身的实用性、固定性、永久性及艺术性极大地影响并改变着人类的生活环境。随着经济的发展、科学技术的进步、生活水平的提高，人类对周围的生存环境将提出更高的要求，桥梁为人们所提供的已不仅是从环境的一处到达另一处的通道，对桥梁的要求也不仅要跨越障碍物、承担足够的交通量，而且要求桥梁与周围环境配合协调。设计良好的桥梁能同时满足功能、环境及美观的需要，将人、车、路、环境构成一个统一和谐的整体。

2　桥梁景观

桥梁景观的表现主要围绕着桥梁的两个不同方面，即桥梁结构本身的建筑造型及桥梁所处的自然人文环境，桥梁景观是桥梁与其环境在功能、美学、生态、经济、历史、文化等关联要素的协调组合。桥梁结构本身的景观包括建筑造型、桥梁色彩、饰面肌理等方面内容，桥梁环境景观包括桥梁与自然环境、历史环境、人文环境的和谐统一。桥梁景观的两个方面既各自独立又相辅相成，城市环境景观可以影响和衬托桥梁造型，桥梁造型也可以充实城市环境景观的内容、成为城市的形象和窗口。

桥梁景观具有美学性、时代性和地域性。桥梁必须符合安全、适用、经济、耐久、环保、美观的原则，这是桥梁设计规范的基本要求。其中美观方面包括桥型的美学比选，结构部件的比例调整，桥梁造型与城市环境的和谐，防护涂装与整体色彩的配合联系等等。另一方面，不同的时代，不同的文化背景，桥梁结构技术被打上了深刻的时代烙印，桥梁景观与当时当地的社会发展、知识水平、文化特征等密不可分，与其所跨之处的地形、地貌、城市空间及环境息息相关。桥梁景观体现了一个时代一个城市的社会思想、美学观念、建筑材料与施工技术工艺等多个方面。桥梁景观是在继承与发展中不断更新的，桥梁与其环境的伴生使其复合景观成为标榜时代和地域独特性、唯一性的象征，如悉尼大桥与悉尼歌剧院、布鲁克林桥与曼哈顿、延安大桥与宝塔山。

城市桥梁景观还包括夜景观。桥梁在城市格局中的标志性地位使其夜景观成为城市亮化的一项重要组成。桥梁所处的滨水区域以及跨线高架，其广阔的视域及高大的造型是城市景观的表达重点，桥梁夜景观对于表现城市夜景观的景深与空间层次有重要作用。所以城市桥梁的照明与灯光色彩是其景观的不可缺少的一部分，它既拓展了桥梁的景观表达，又展示了桥梁的魅力，是桥梁空间与时间的延伸。

3 景观设计

3.1 设计理念

城市桥梁景观设计要早期介入,设计师应在桥位勘测阶段便介入到设计工作中,并对线形、桥梁、调治构造物、引道进行综合思量使之成为一个有机整体。另外,设计师应将艺术审美与技术、经济、功能等桥梁价值判断要素有机地结合起来,并综合比较各关联要素的科学、社会、文化、环境等意义,从中取得优化与平衡。

桥梁景观设计既要保持对功能、构造技术、形态美学、材料肌理的研究分析,又要对社会发展产生的新景观问题及时代风尚流行保持紧密的跟踪,这样才能满足人们对桥梁景观的更高要求。设计师应具备对时尚的敏锐嗅觉,使设计紧跟时代的步伐,并在不断的创造、创新中使桥梁景观成为流芳百世的艺术作品。由于桥梁结构技术及美学理论的日新月异的发展,新桥型新理念不断产生,这为桥梁景观设计不断注入了新鲜血液,也为景观设计创造了新的舞台。探索新桥型的景观表达,并使之与城市地域特色结合,成为桥梁景观研究的重要方面。

桥梁景观设计还包括桥下及周围空间的美化与利用。例如在可能的情况下塑造桥头公园、休闲区、观赏区及其他小型公共设施,对原有环境特征尊重并发扬。对原有地形、地貌、水域进行充分的考虑,对空间关系和结构进行一定程度的保护与整合,尽量保护原有的水系,在完整体现原有环境特征的同时,创造出新的景观风格,使整个设计变得统一而有生气,在形式上则体现为具有浓郁现代风格的景观特色。

对于城市桥梁,为兼顾桥型美观及经济性,常常对桥梁外型进行"包装"式设计,对简单经济的桥梁结构进行细节处理、美学修饰或增加一些非受力构件,常规中求变化,变化中求新颖,这样可以产生视觉冲击力,给人一种新颖、奇特、愉悦的心理感受,这也属于景观设计的一种想法,走的是一条适合国情的道路,见图 1 和图 2。

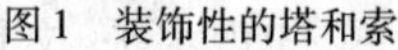

图 1 装饰性的塔和索

图 2 装饰性的斜拉桁架

要使桥梁在建成后达到统一、完整的景观效果,还必须要有一定的方法步骤。首先是桥梁景观的规划,其次才是景观的深化设计。桥梁景观规划应对景观环境进行分析,提出桥址设想;对桥梁区位进行分析,提出桥梁的景观定位;并根据景观定位进行景观空间布局;此外还有配套建筑的规划及桥梁夜景观的分区与分级等。桥梁景观规划的目的是对景观有统一部署,以便更好地反映桥梁的特性。桥梁景观规划应与桥梁可行性研究报告同步,待"可研"通过有关部门评审后再作景观深化设计。

3.2 景观构思

为达到桥梁的建筑造型及结构形式的美观与优化,桥梁景观构思是必不可少的过程。景观构思首

先要从桥梁美学的三个基本要素形式美、功能美以及与环境协调开始，并收集基础资料，例如桥位平面图、城市规划、技术标准、水文、地质、气象、自然环境等等。其次要深入了解城市内涵，包括城市精神、历史文化、人民行为准则，关注城市形象定位，从中形成设计主题与桥梁景观理念。

城市桥梁景观构思应以人为本，体现人性化氛围，对人文环境及自然环境给予充分理解与恰当把握。设计师应对桥梁造型方案从政治、经济、技术、环保上进行多方面比较，从景观高度提出造型设想。构思应以社会生活、文化艺术、结构安全、桥梁美学为基础，以人的视觉，人的心理，人的需求出发，注重桥型与环境，桥型与人的融合与沟通，充分重视人的心理体验，富有人情味。在创造高品位桥梁建筑的同时，创造出更完善宜人的环境，使桥梁建筑与城市环境相互群映，融为一体。

城市桥梁，既是城市的一道风景线，又是展示人民精神风貌的标志物，所以追求桥梁的造型美观、结构合理、经济适用、时代特色，是设计师们自始至终追求的目标。桥梁标志物可以是塔、梁、柱、索、拱、墩、台、桥头堡及其他对桥梁有景观制高作用的构件，这些元素的单件或组合，以及采用新材料新工艺，均可构造出各种不同类型不同式样的桥型。构思精巧、设计合理、形态各异，它们与环境协调，这也是设计师在进行桥型构思时重点考虑的问题。首先从多功能复合、多层次空间上考虑，在设计时利用空间形态的变化，打破了以往只在一个平面上做文章的概念，将建筑景观引入桥梁设计，这样可以在相对安静的环境中，充分利用空间变化，获得丰富活泼的桥梁造型，如图3、图4。

图3　重庆菜园坝大桥

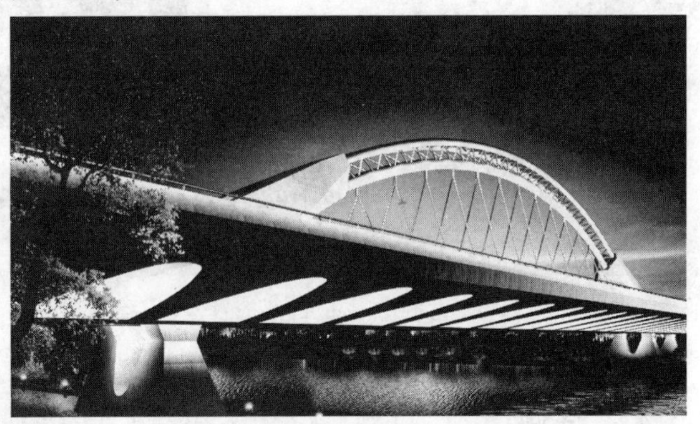

图4　常州市青洋路大桥

3.3　景观设计

景观设计要求设计师应具有良好的艺术感和渊博的桥梁知识，应进行多方案比较，如桥型的美学比选，桥体结构部件的比例调整，桥梁线形与城市大地景观尺度的和谐，桥梁的防护涂装与其所处环境整体色彩中的联系。合理运用简洁与复杂、多变与序列、韵律与节奏、稳定与动感、传统与时尚，反复改进优化设计，并邀请经验丰富的各类专家给予正确指导，多听取各方面意见，包括受影响群体及非政府组织的意见，精雕细琢地处理好每一个结构细节。

以往的桥型比选侧重于结构、经济与交通功能的优化分析，而现在越来越多的有识之士将桥梁美学提高到一个新的认识高度，如桥两侧的引道及桥头绿地的景观生态，桥梁工程与城市大地景观尺度的和谐，桥梁工程对水体生态及周围环境的保护等等。桥型在满足使用功能要求的前提下，要做到结构新颖，具有现代气息，与周围的城市景观、风格和谐统一。

景观设计是在构思的基础上落笔为图，是构思的集中体现和升华。构思变为图纸之后要经过全面的斟酌、推敲，看看每一个要求每一个方面是否都得到满足，结构是否合理可行，几何尺寸是否比例协调，是否便于施工建造。桥梁景观设计是一种创作，无论是在继承中改进提高，还是全新桥型的创造发明，都需要创作的激情和灵感。为适应不同的城市内涵和环境景观要求，对桥塔形状的改变，对拱桥各构件的改革，对主梁线形的更换，对结构比例的调整等，都属于创作性设计。

城市桥梁景观设计还必须注重桥侧的视觉效果，如主梁侧面线形、梁高、墩身、桥台、挡墙等。另外城市桥梁除了桥型的主体设计外，还包括一些桥梁的附属结构设计，如花坛、座椅、栏杆、防落网、广告牌、指示标牌及灯具等元素，也包含地面铺装、过桥管线的美化及建筑小品的设置等等，这些细节的完美和精致，可以起到画龙点睛的作用，见图 5 ~ 图 8。

图 5　人造石栏杆

图 6　桥下的休闲人行道

图 7　钢混组合栏杆

图 8　桥下空间的美化与建筑小品

4　结语

随着桥梁建造技术的日益成熟，人们对桥梁美学及景观的追求也越来越高，桥梁建筑艺术与造型得到了空前发展。桥梁的结构形式在塑造构造物的风格中扮演着重要角色，并对所在地区的环境、景观、历史及文化等都会产生深厚的影响，事实上，桥梁与高楼大厦一样已经成为城市的主要标志性建筑。因此城市桥梁设计首先应注重建筑造型及景观设计，注重桥梁对城市、公路和大地的影响，注重桥梁的地标意义，并应吸纳更多懂得桥梁结构规律的建筑师的积极参与，以便及时对桥梁造型进行符合美学规律的组织与优化。

参 考 文 献

[1] 张松. 异型拱桥设计关键技术. 硕士论文，同济大学，2006.3

[2] 伊藤学. 桥梁造型[M]. 刘健新，丕壮，译. 北京：人民交通出版社，1998.9

[3] 弗里茨·莱昂哈特. 桥梁建筑艺术与造型[M]. 北京：人民交通出版社，1988.4

高墩大跨连续刚构桥稳定性分析

向　敏　杨从娟

（石家庄铁道学院土木工程分院　石家庄　050043）

摘　要　高墩大跨连续刚构桥广泛修建，其施工和成桥后的稳定性不容忽视。本文结合一高墩大跨连续刚构桥，以挂篮悬臂施工中最不利状态和成桥后的状态进行稳定性方面的分析。

关键词　高墩大跨　连续刚构桥　稳定性

高墩大跨连续刚构桥目前已成为广泛修建的桥型之一，其以顺桥向抗推刚度小，技术经济性、抗震性能优良，施工工艺简便等优点令世人青睐。随着该类桥型跨径和墩高的进一步增大，以及高强材料和薄壁结构的应用，为了能够有效地减小因温度变化，混凝土收缩、徐变以及地震力对结构的不利影响，这类桥梁的桥墩通常都设计成柔性构件，因而其稳定性问题不容忽视。尤其是在悬臂施工阶段，桥墩的稳定问题就显得更为突出，一则由于相对于设计成桥阶段，施工过程中的结构尚处于不完整状态，边界约束薄弱；二则是由于混凝土强度尚未达到设计值，结构的承载能力还较低。而在施工过程中，不管是最大悬臂状态还是高墩自体、成桥阶段的稳定性都有可能起控制作用，所以必须进行检算研究，以保证施工过程中的安全，达到施工控制的目的。本文结合一高墩大跨连续刚构桥，以施工中最不利状态和成桥后的状态进行稳定性方面的分析。

1　稳定性分析理论计算

1.1　高墩自体的稳定性

高墩自体在施工和竣工后所承受的荷载主要有自重、风载，假设自重为 q，风载为 $q_{风}$，其施工中的状态的平面力学体系如图 1 所示，经简化后近似地用能量法来求其失稳的临界荷载为：

$$q_{cr} = 7.837\frac{q_{cr}}{h^3} \tag{1}$$

高墩自体稳定性稳定系数 λ 的理论计算公式为：

$$\lambda = \frac{q_{cr}}{9.8\gamma A} \tag{2}$$

式中：γ——混凝土容重；

A——桥墩的横截面面积。

图 1　高墩墩身失稳力学计算图

1.2　施工阶段大悬臂状态的稳定性

高墩大跨刚构桥施工阶段处在悬臂状态时，当上部结构施工至最大悬臂时为极不利情况，需要对该阶段进行稳定性分析。在这个阶段，结构承受的荷载主要有：恒载、施工荷载、节段施工误差不平衡重量以及风载，如图 2 所示。悬臂施工时，构件的顺桥向失稳变形情况包括挂篮正常工作和非正常工作（挂篮跌落）。以 Q_g 表示自重及桥面竖向风荷载的合力；p 和 m 表示挂篮施工时悬臂端不平衡竖向力和弯矩。

可以得到悬臂施工时稳定系数 λ 的理论计算公式为：

$$\lambda = \left(\frac{\pi^2 EI}{8h^3} - \frac{p}{2h}\right) \Big/ \left(0.149q + \frac{Q_g l}{h}\right) \tag{3}$$

1.3 成桥阶段的稳定性研究

当连续刚构桥建成之后(以三跨为例),进入使用阶段,此时作用的荷载主要有:①墩身自重;②上部恒载、活载组合后产生的墩顶竖直力;③风载;④汽车荷载产生的墩顶制动力。在这些荷载组合作用下,桥梁发生侧倾失稳,如图3所示。

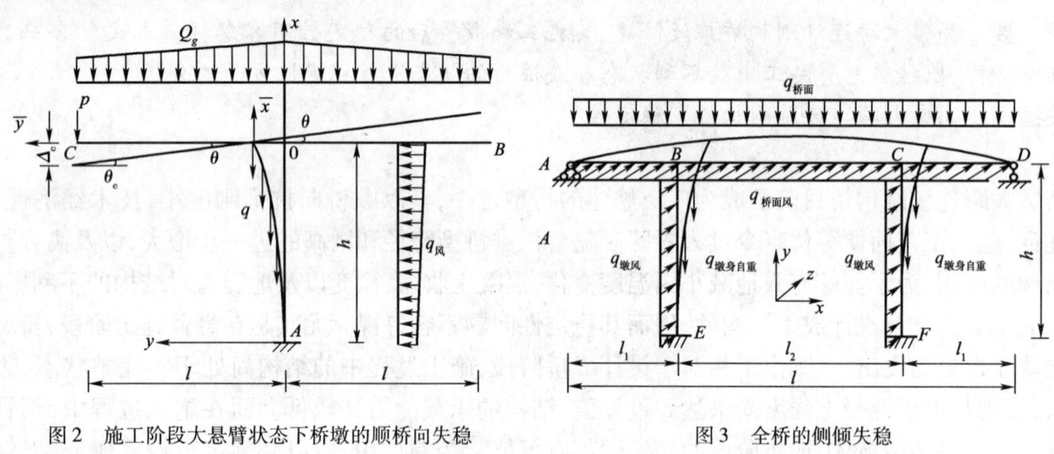

图2 施工阶段大悬臂状态下桥墩的顺桥向失稳　　图3 全桥的侧倾失稳

用上部恒载、活载组合后产生的墩顶竖直力简化为沿全桥向共同作用的均布荷载 $q_{桥面}$,可以推导出成桥阶段稳定系数 λ 表达式为:

$$\lambda = \frac{\pi^2 E_1 I_1}{8h^3} \Big/ \left(0.149 q_{墩身自重} + \frac{q_{桥面} l}{4h}\right) \tag{4}$$

2 实桥稳定性分析

2.1 工程概况

某高速公路特大桥桥梁全长852.00m,全桥采用60m+100m+3×180m+100m=800m六跨一联预应力混凝土连续刚构+连续梁的结构形式。上部结构采用斜腹板的预应力混凝土箱梁,箱梁为单箱单室断面,采用纵向、横向和竖向预应力混凝土结构。箱梁顶面横坡与路线横坡一致,为双向2%横坡;箱梁底面水平。箱梁顶宽24.5m,底宽8.656~11.048m,悬臂长6.0m。合拢段处箱梁中心高度为4.50m,底板厚0.32m;0号块处箱梁中心高为12.50m,底板厚1.40m;从悬臂端到0号块根部箱梁高度按 $H=4.50+\frac{8.0}{83.5^{1.75}}x^{1.75}$,底板厚按 $h=0.32+\frac{1.08}{83.5^{1.75}}x^{1.75}$ 变化(x 为计算截面至悬臂端的距离)。桥梁总体布置如图4所示。

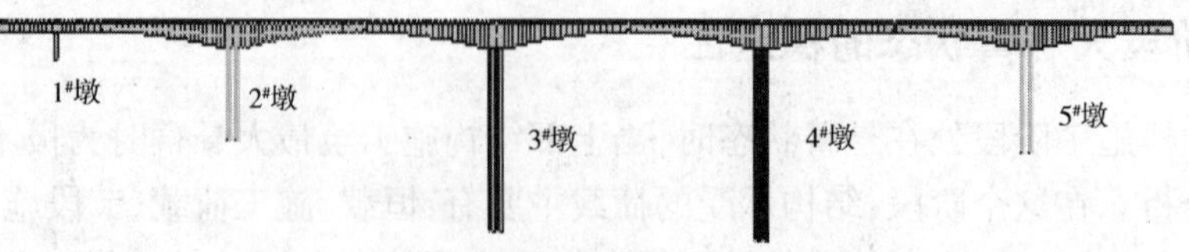

图4 桥梁总体布置图(有限元计算模型图)

2.2 施工过程

该大桥进行悬臂施工过程如下：

依次完成主墩桩基础、承台和墩身的施工；架设墩上托架，浇筑0号段混凝土；拼装挂篮，悬臂浇筑0号段混凝土，对称张拉顶板；挂篮前移，悬臂浇筑第2号段混凝土，对称张拉和腹板顶板钢束。挂篮前移，依次悬臂浇筑第3~15号段混凝土，完成梁段施工，对称张拉和腹板顶板钢束。挂篮前移，悬臂浇筑第16号段混凝土，对称张拉第16号段腹板和顶板钢束，搭设1号墩落地支架，在支架上浇筑1号墩、0号段、1号段，并与1号墩采取临时固结；挂篮前移，悬臂浇筑第17~23号段混凝土，对称张拉第17~23号段腹板和顶板钢束，支架上依次浇筑1号墩2~8号段，对称张拉1号墩各梁段顶板和腹板钢束。拆除挂篮，安装中跨（第四跨）劲性骨架及托架，并在气温低于10℃的时候将劲性骨架焊接牢固，安装水箱及另一悬臂端的平衡重，在气温低于12℃时浇筑中跨合拢段混凝土，张拉中跨底板合拢钢束：按照先长束后短束的顺序，对称张拉。安装次中跨（第三跨、第五跨）劲性骨架及托架，并在气温低于10℃的时候将劲性骨架焊接牢固，安装水箱及另一悬臂端的平衡重，在气温低于12℃时浇筑次中跨合拢段混凝土，张拉次中跨底板合拢钢束：按照先长束后短束的顺序，对称张拉。安装左次边跨（第二跨）、右边跨（第六跨）劲性骨架，并在气温低于10℃的时候将劲性骨架焊接牢固，然后释放1号墩的临时固定约束。在气温低于10℃时浇筑左次边跨（第二跨）、右边跨（第六跨）合拢段混凝土，张拉左次边跨、右边跨顶板、底板合拢钢束：先长束后短束，对称张拉。顶板、底板交叉张拉。安装左边跨劲性骨架，浇筑左边跨合拢段混凝土，张拉左边跨顶板、底板合拢钢束：按照先长束后短束的顺序，顶板底板交叉、对称张拉；完成桥面铺装、护栏等施工，全桥施工完毕。

2.3 高墩自体的稳定计算

该大桥，最高的桥墩为4号墩，墩身高为85m，高墩自体的稳定性计算即是对4号墩进行稳定性计算。为了进一步深入地研究高墩的稳定性，本文中将墩高多增设为50m，60m，70m，100m进行计算对比，以便得出同类桥梁设计和施工过程中需要改进提高的稳定性问题。

大桥4号墩的横截面面积 $A = 1.540\ 118 \times 10\text{m}^2$，惯性矩 $I = 1.080\ 927 \times 10^2\text{m}^4$，混凝土容重 $\gamma = 25.49\text{kN/m}^3$，混凝土弹性模量 $E = 3.55 \times 10^4\text{N/mm}^2$，稳定系数为：

$$\lambda = \frac{4.89686 \times 10^4}{9.8 \times 25.49 \times 1.540118 \times 10} = 12.73 \tag{5}$$

不同墩高自体稳定系数理论计算值和有限元软件计算值如表1所示。

高墩自体稳定性 表1

墩高(M)	λ(理论计算值)	(软件计算值)	相对误差(%)
50	62.53	63.42	1.40
60	36.19	36.78	1.60
70	22.79	23.15	1.56
85	12.73	12.91	1.39
100	7.81	7.93	1.51

2.4 施工阶段大悬臂状态的稳定计算

4号墩施工阶段最不利状态为大悬臂状态，最大悬臂长度 $l = 88.5\text{m}$，挂篮重 $p = 1\ 400\text{kN}$，则 $m = 1400 \times 1.4 = 1\ 960\text{kN} \cdot \text{m}$，墩身自重 $q = 1.540\ 118 \times 10 \times 85 \times 25.49 = 33\ 368.967\text{kN}$，悬臂端截面面积 A_1

$=2.306\ 446\times10m^2$，4 号桥墩中心截面面积 $A_2=5.047\ 104\times10m^2$，风荷载 $Q_g=11\ 480.821\ 86kN$。

2.4.1　挂篮正常工作

挂篮正常工作时即计入挂篮的自重，则将有关数据代入式(3)，可以得到稳定系数为 $\lambda=5.52$。

2.4.2　挂篮非正常工作

挂篮非正常工作时即不计入挂篮的自重(一端挂篮突然坠落)，则再将有关数据代入式(3)后又可得到稳定系数为：$\lambda=5.42$。

施工阶段大悬臂的稳定系数计算结果如表 2 所示。

施工阶段大悬臂状态的稳定性　　表 2

墩高(m)	挂篮正常工作时			挂篮非正常工作时		
	λ(理论计算值)	λ(软件计算值)	相对误差(%)	λ(理论计算值)	λ(软件计算值)	相对误差(%)
50	16.13	16.51	2.30	15.83	16.19	2.22
60	11.29	11.77	4.08	10.86	11.04	1.63
70	8.24	8.56	3.74	7.83	8.16	4.04
85	5.52	5.70	3.16	5.42	5.57	2.69
100	3.63	3.84	5.47	3.57	3.72	4.03

2.5　成桥阶段的稳定计算

由以上数据中知：$q_{墩身自重}=33\ 368.967kN$，计算可得 $q_{桥面}=14.36kN/m$，桥梁计算长度为 $l=800m$，墩身侧倾抗弯刚度 $E_1I_1=3.55\times10^4\times3.627\ 105\times10=1.287\ 6\times10^9kN\cdot m^2$，则将有关数据代入式(4)可得到稳定系数为 $\lambda=13.01$。

成桥阶段稳定系数理论计算和有限元计算结果如表 3 所示。

成桥阶段的稳定性　　表 3

墩高(M)	(理论计算值)	λ(软件计算值)	相对误差(%)
50	28.91	29.23	1.09
60	25.93	26.46	2.00
70	19.16	19.58	2.14
85	13.01	13.24	1.74
100	7.15	7.42	3.64

3　结语

(1)桥梁结构在施工和运营期间的稳定安全系数是衡量结构安全的重要系数，但现行规范中未详细列出各种材料、各种结构在不同工况下的最小稳定系数，有待今后完善。钢筋混凝土及预应力混凝土结构的稳定，应按轴心受压计算公式验算。当长细比 λ 大于规范所列数值时，可按临界力控制稳定，其稳定安全系数应大于 4~5。考虑到施工过程时间短，其稳定安全系数至少大于 3。从此标准来看，本工程实例中的计算结果均符合要求。

(2)从结果来看，在高墩自体、大悬臂状态以及成桥阶段的稳定性中，大悬臂状态的稳定性最不好，而其中挂篮非正常工作(跌落)时的稳定性较挂篮正常工作时的稳定性更差，稳定系数只有 5.42。高墩自体的稳定性最好。

(3)随着墩高的增加，稳定系数逐渐减小，例如在墩身自体检算中，墩高 50m 时，$\lambda=62.53$，而墩高为 100m 时，λ 却降至 7.81。由此可见，在特高墩的施工过程中，施工稳定性方面的安全与质量尤其重要。

参考文献

[1] 马保林. 高墩大跨连续刚构桥[M]. 北京：人民交通出版社，2001

[2] 顾安邦，张永水. 桥梁施工监测与控制[M]. 北京：机械工业出版社，2005

[3] 顾安邦，常英，乐云祥. 大跨径预应力连续刚构桥施工控制的理论与方法[J]. 重庆交通学院学报,1999,18(4):47～53

[4] 吕毅刚，余钱华，张建仁. 能量法分析高墩大跨连续刚构桥稳定性[J]. 长沙理工大学学报,2005,2(4):22～27

[5] 刘志宏，詹建辉，黄宏力. 高墩大跨径连续刚构桥的稳定性分析[J]. 中外公路，2005，25

强震区曲线箱梁桥的抗震设计与分析

舒春生　刘金平　邢庆儒
（甘肃省交通规划勘察设计院有限责任公司　兰州　730030）

摘　要　以永古高速公路中某曲线现浇连续箱梁桥为工程背景，在严格执行目前已经实行的《公路桥梁抗震设计细则》的基础上，借鉴"两级设防"的理念，对桥梁进行了E1水准下的强度标准和E2水准下的延性检算及重要构件的能力保护设计。设计中选用了OVM系列铅芯橡胶支座，采用铅芯橡胶支座等效线性化分析方法，反应谱分析结果表明采用铅芯橡胶支座后桥梁抗震性能有了较好的提高。

关键词　连续箱梁　能力保护设计　铅芯橡胶支座　反应谱

1　工程概况

永古高速公路地处祁连山—河西走廊地震带，新构造运动非常强烈，历史上曾经发生过强烈的地震，现今小震与弱震活动也很频繁，是我国重点监视的主要地震活动区之一，多数大、中桥梁地处地震动峰值加速度为0.3g以上地震带。为此，抗震设防和抗震检算是项目桥梁设计重点工作之一。本文以永古高速公路中某曲线现浇连续箱梁桥为工程背景，进行高震区桥梁抗震研究。

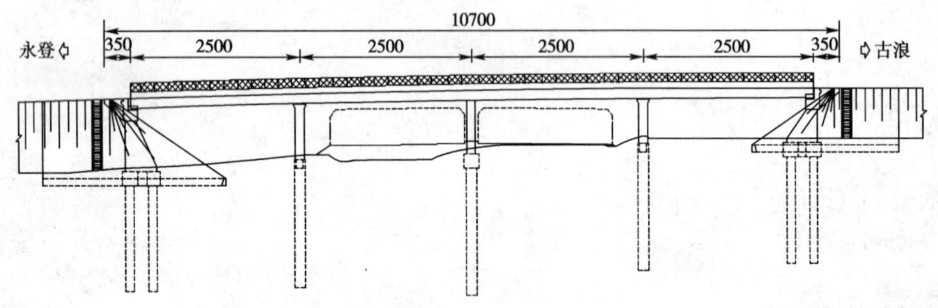

图1　桥型总体布置图（单位：cm）

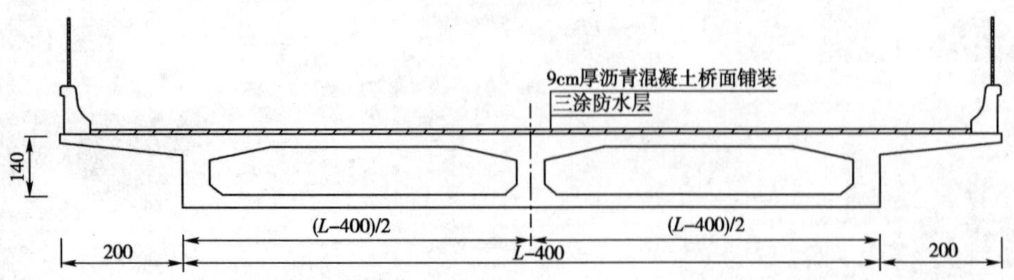

图2　箱梁断面图（单位：cm）

如图1和图2所示，该桥上部结构选用4×25m预应力混凝土变宽现浇连续箱梁，全桥长107m。上部箱梁采用单箱双室横断面的预应力混凝土箱形连续梁，箱梁结构采用悬臂等长，箱室等分进行设计，梁高1.4m。每侧悬臂长度为2m，箱梁顶板宽为12～13.5m，箱梁底板宽为8～9.5m；两侧腹板采用相同的高度，腹板厚度为45～60cm；跨中截面顶板厚度25cm、底板厚度25cm。

2 抗震概念设计

2.1 场地选择的原则

在服从路线总体设计原则的基础上，结合水文、地形特点，尽力选择坚硬场地，避免地震时可能发生地基失效场地，尽量选择基岩、坚实的碎石类地基、硬黏土地基，桥址处河床地质以砾石、卵石和黄土为主的地基作为桥址场地。本桥地基土以卵石为主，偶夹泥质砂砾岩团块。

2.2 桥梁结构形式的选择

强震区桥梁设计应力求结构简单，永古高速公路以简支和连续梁桥为主要桥型，跨度均在40m以下，桥梁结构形式简单且跨度较小，有利于抗震。本桥采用4孔25m连续箱梁结构形式，但为了顺应线形要求，桥梁平曲线半径 $R=130$m，属于小半径曲线桥。

2.3 桥墩形式

为了减小地震力的影响，桥墩宜采用自重轻、重心低、刚度均匀的结构。永古高速公路桥梁下部结构桥墩高度小于20m的采用圆柱式墩，高度大于20m的采用方形带倒圆角的柱式墩。本桥最大墩高7.8m，墩身采用了圆形截面形式，桥台根据具体桥梁特点即填土高度选择了肋板台。

2.4 各部分的连接

为了提高桥梁各部分的抗震能力，应加强各部件之间的连接，以提高结构的整体性。每跨跨间设置三道横隔板，墩底箱梁梁体内设置横隔梁以加强联系。

3 减隔震设计

对于桥梁结构，其梁体通过支座与墩台相连接，大量的试验和理论分析都表明，在梁体与墩台的连接处安装减隔震支座，通过延长结构周期、增加结构阻尼，能够有效地减小结构的地震反应。分层橡胶支座的主要缺点是阻尼小，有时在较低水平力作用下，由于支座较柔，支座变形也可能较大。如果在分层橡胶支座中插入铅芯，则可得到一个紧凑的隔震装置，铅芯提供了地震下的耗能和静力荷载下所必须的屈服强度和刚度。目前，铅芯橡胶支座的分析方法有等效线性化模型和非线性化模型两种。等效线性化分析方法是一种较为常用的分析方法，参考文献[1]建议的等效刚度、等效阻尼计算公式为：

$$\xi_e - \xi_0 = \frac{2(1-\alpha)\left(1-\dfrac{1}{\mu}\right)\mu^{0.8}}{\pi(1+\alpha(\mu-1))(6-10\alpha)} \tag{1}$$

$$\frac{K_{eff}}{K_u} = \left[\frac{\mu}{1+\alpha(\mu-1)}\right]^{-1}\left(1-0.737\frac{\mu-1}{\mu^2}\right)^{-2} \tag{2}$$

其中：μ 为延性比，k_u 为初始弹性刚度。该方法是基于双线性滞回单自由度振子模型建立的。参考文献[2]建议的等效刚度、等效阻尼计算公式为：

$$K_{eff} = \frac{1+\alpha(\mu-1)}{\mu}k_u \tag{3}$$

$$\frac{K_{eff}}{K_u} = \frac{2(1-\alpha)(\mu-1)}{\pi\mu[1+\alpha(\mu-1)]} \tag{4}$$

式中，μ 为延性比；k_u 为初始弹性刚度；ξ_0 为结构自身阻尼比，通常取0.05。

本文采用了铅芯橡胶支座等效线性化分析方法，设计中选用了OVM系列铅芯橡胶支座，本桥所选用的铅芯橡胶支座参数如表1所示。

铅芯橡胶支座参数表　　表1

平面尺寸 $A\times B$	支座高度 h (mm)	组装后总高度 H (mm)	承载力(kN)	位移量 (mm)	剪切模量	等价刚度 (kN/m)	等价阻尼系数 (%)
970×970	283	353	6 000	75	1.0	5 300	18.7
1170×1170	292	372	9 000	50	1.1	7 500	18.8

4 自振特性分析

桥梁结构动力分析中最基本的问题是计算结构自振频率及振型，它是计算桥梁结构动力响应的基础。对桥梁结构自振频率的计算通常采用有限元的方法。采用有限元分析软件SAP2000建立起立交桥全桥空间有限元模型，进行结构动力特性及抗震的分析。全桥均采用三维梁单元建立空间模型，对于主梁考虑其平动质量和扭转质量惯性距；对桩基采用集中质量法进行模拟，同时对铅芯减震橡胶支座和四氟乙烯滑板式橡胶支座进行了模拟，计算模型如图3所示。

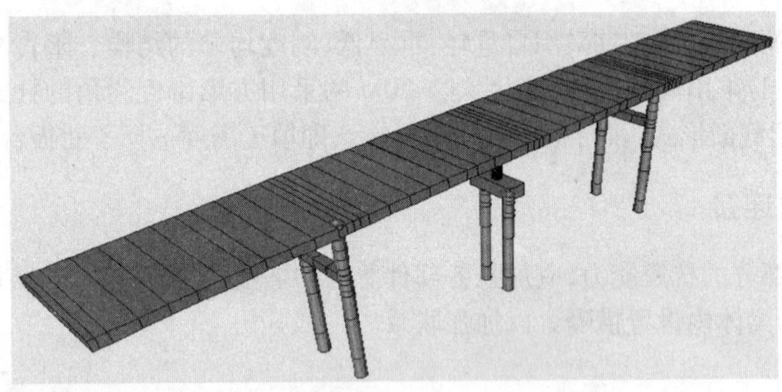

图3　全桥动力分析模型

对上述桥梁结构有限元模型运用达朗贝尔原理，可得到该混凝土连续箱梁桥的频率特征方程：

$$[M]\{\ddot{u}\}+[K]\{u\}=0 \tag{5}$$

式中，$[M]$为结构质量矩阵；$[K]$为结构刚度矩阵。

在此采用子空间迭代法，对上述频率特征方程进行求解，从而可以得到主桥结构的自振频率及主振型。表2列出了本桥成桥状态前10阶的自振频率及相应振型的主要特点，图4给出了结构第一阶振型。

结构自振特性计算结果　　表2

阶次	频率(Hz)	周期(s)	振型特点
1	0.26	3.88	主梁面内转动
2	0.33	3.06	纵漂
3	0.37	2.70	主梁横向振动
4	3.35	0.30	主梁一阶对称侧弯
5	3.49	0.29	3号墩对称纵桥向弯曲
6	3.94	0.25	1号墩对称纵桥向弯曲
7	3.94	0.25	主梁二阶对称竖向弯曲
8	4.45	0.224 626	主梁二阶反对称竖向弯曲
9	5.42	0.184 599	主梁三阶反对称竖向弯曲
10	5.44	0.183 773	2号墩对称纵桥向弯曲

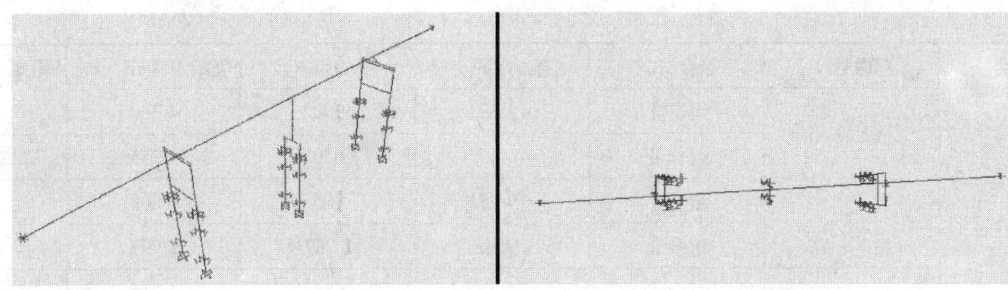

图4　第一阶振型($f=0.26\text{Hz}$)

采用本文建立的三维空间梁单元有限元模型进行预应力混凝土连续箱梁桥的动力特性分析能够比较全面地反映结构的振型，很好地把握结构的动力特性，为该桥的设计和成桥后动力测试提供了可靠的理论分析依据。

5　反应谱分析结果

5.1　地震响应分析参数及荷载组合方式

根据《岩土工程勘察报告》和《地震安全性评价报告》(连云港—霍尔果斯高速公路永登—古浪段重要隧道工程场地)提供的场地卓越周期、场地类别等地震参数，选取《公路桥梁抗震设计细则》(JTG/T B02—01—2008)中提供的反应谱曲线，分别按桥梁设计基准期内超越概率较高(10%)的地震影响E1和桥梁设计基准期内超越概率较低(2%)的地震影响E2的反应谱作为输入，进行反应谱分析。主要计算参数取值如下：

地震动峰值加速度 $A=0.3\text{g}$(结合桥址地震划分区域选择)。

结构重要性系数：$C_i=0.5(\text{E1});1.7(\text{E2})$。

场地系数：$C_s=1.0/0.9$(根据场地类别确定)。

由于地震的发生在时间上和空间上的随机性，因此，要确定一种能使结构产生最大反应的地震荷载作用方向是困难的不同方向地震荷载效应需要进行最不利组合。地震响应分析地震力计算结果的组合方式采用CQC方法进行组合。参照JTG/T B02—01—2008分别计算顺桥向、横桥向和竖向激励的影响，并采用如下方式进行组合：

组合Ⅰ：100%纵向地震力+30%横向地震力+50%竖向地震力

组合Ⅱ：30%纵向地震力+100%横向地震力+50%竖向地震力

5.2　反应谱计算结果

5.2.1　桥墩内力计算结果

地震作用下，桥墩各控制截面的内力最大值如表3所示。

墩底截面内力最大值　　表3

概率水准	墩号	组合方式	轴力(kN)	剪力(kN)	弯矩 My(kN·m)	弯矩 Mz(kN·m)
50年超越概率10%	1号	组合Ⅰ	−3 859	210	1 574	361
		组合Ⅱ	−3 835	148	511	1125
	2号	组合Ⅰ	−6 752	263	1 914	1 153
		组合Ⅱ	−6 759	517	579	3 821
	3号	组合Ⅰ	−3 795	202	1 494	385
		组合Ⅱ	−3 688	151	459	1 087

续上表

概率水准	墩号	组合方式	轴力(kN)	剪力(kN)	弯矩 My(kN·m)	弯矩 Mz(kN·m)
50 年超越概率 2%	1 号	组合Ⅰ	-4 691	699.2	4 350	4 350
		组合Ⅱ	-4 652	670	4 355	4 355
	2 号	组合Ⅰ	-9 281	906	6 608	3 978
		组合Ⅱ	-9 306	1 787	1 997	13 190
	3 号	组合Ⅰ	-4 711	816	4 215	4 215
		组合Ⅱ	-4 481	836	4 321	4 321

5.2.2　桩身内力计算结果

地震作用下,各桩基的内力最大值如表 4 所示。

桩基截面内力最大值　　表 4

概率水准	墩号	组合方式	轴力(kN)	弯矩(kN·m)
50 年超越概率 10%	1 号	组合Ⅰ	3 859	1 679
		组合Ⅱ	3 835	1 199
	2 号	组合Ⅰ	3 376	1 024
		组合Ⅱ	4 418	191
	3 号	组合Ⅰ	3 795	2 048
		组合Ⅱ	3 688	1 164
50 年超越概率 2%	1 号	组合Ⅰ	4691	4 732
		组合Ⅱ	4 691	4 732
	2 号	组合Ⅰ	4 640	3 535
		组合Ⅱ	1 054	662
	3 号	组合Ⅰ	4 711	4 697
		组合Ⅱ	4 711	4 697

6　地震作用下承载能力检算

6.1　地震影响 E1 水准下的承载力检算

1 号及 3 号墩属钢筋混凝土构件,计算结果表明,E1 水准下钢筋混凝土墩柱墩底未进入塑性,其抗力按照钢筋混凝土强度理论计算。2 号墩属钢管混凝土构件,计算结果表明,E1 水准下钢管混凝土墩身处于弹性工作状态,其抗力按照钢管混凝土构件参照参考文献[3]按套箍强度理论计算。承载力检算结果见表 5。

50 年超越概率 10% 的承载力验算表　　表 5

墩号	组合方式	受力性质	轴力(kN)	弯矩 My(kN·m)	弯矩 Mz(kN·m)	抗力(kN)
1 号	组合Ⅰ	偏心受压	3 859	1 574	361	11 600
	组合Ⅱ	偏心受压	3 835	511	1 125	14 600
2 号	组合Ⅰ	偏心受压	6 752	1 914	1 153	61 940
	组合Ⅱ	偏心受压	6 759	579	3 821	45 217
3 号	组合Ⅰ	偏心受压	3 795	1 494	385	12 000
	组合Ⅱ	偏心受压	3 688	459	1 087	14 600

6.2 地震影响 E2 水准下的承载力检算

1 号和 3 号墩属钢筋混凝土构件,其抗力按照钢筋混凝土强度理论计算,分析结果表明,E2 水准下钢筋混凝土墩柱墩底已经出现塑性铰,应检算塑性铰抗剪强度。2 号墩属钢管混凝土构件,E2 水准下钢管混凝土墩身仍处于弹性工作状态,其抗力按照钢管混凝土套箍强度理论计算。

50 年超越概率 2% 的承载力检算表 表 6

墩号	组合方式	受力性质	轴力(kN)	弯矩 M_y(kN·m)	弯矩 M_z(kN·m)	抗力(kN)
2 号	组合Ⅰ	偏心受压	9 281	6 608	3 978	74 954
	组合Ⅱ	偏心受压	9 306	1 997	13190	24 417

验算结果表明,承载力满足规范要求(表 6)。

50 年超越概率 2% 的承载力验算表 表 7

墩号	组合方式	受力性质	轴力(kN)	剪力(kN)	屈服弯矩(kN·m)	抗剪强度(kN)
1 号	组合Ⅰ	偏心受压	4 691	699	4 350	845
	组合Ⅱ	偏心受压	4 652	670	4 355	845
3 号	组合Ⅰ	偏心受压	4 711	816	4 215	845
	组合Ⅱ	偏心受压	4 481	836	4 321	845

验算结果表明,承载力满足规范要求(表 7)。

6.3 地震影响 E2 状态变形检算

分析结果表明,E2 水准下钢筋混凝土墩柱墩底已经出现塑性铰。需要检算变形能力。检算结果如表 8 和表 9 所示。

50 年超越概率 2% 的墩底截面转角变形验算表 表 8

墩号	组合方式	轴力(kN)	屈服曲率(1/m)	极限曲率(1/m)	转角(rad)	容许转角(rad)
1 号	组合Ⅰ	-4 691	0.002 13	0.038 4	0.004 55	0.005 05
	组合Ⅱ	-4 652	0.002 13	0.0384	0.000 63	0.005 09
3 号	组合Ⅰ	-4 711	0.002 13	0.038 4	0.004 37	0.004 91
	组合Ⅱ	-4 481	0.002 13	0.038 4	0.000 71	0.004 87

验算结果表明,塑性区截面转角变形能力满足规范要求。

50 年超越概率 2% 的墩顶位移验算表 表 9

墩号	组合方式	塑性铰长(cm)	屈服曲率(1/m)	墩顶位移(m)	墩顶容许位移(m)
1 号	组合Ⅰ	46	0.002 13	0.066	0.093
	组合Ⅱ	46	0.002 13	0.020	0.082
3 号	组合Ⅰ	46	0.002 13	0.059	0.057
	组合Ⅱ	46	0.002 13	0.018	0.057

验算结果表明,墩顶位移满足规范要求。

7 结语

永古高速公路地处祁连山—河西走廊地震带,新构造运动非常强烈,多数大、中桥梁地处地震动峰值加速度为 0.3g 以上地震带。抗震设防和抗震检算是本项目桥梁设计重点工作之一。本文以永古高速公路中某跨线立交桥为工程背景,在严格执行目前已经实行的《公路桥梁抗震设计细则》(JTG/T B02—01—2008)的基础上,对该桥进行了抗震设计与分析。限于篇幅,本桥仅给出了下部结构的计算成果,上部结构计算结果表明偶然组合并不控制设计。

抗震工作应贯彻“预防为主”的方针,桥梁工程的抗震设防标准越高,则桥梁在使用寿命期间为抗震需要的投入也越大,但另一方面也要保证桥梁抗震安全。基于概率的合理安全度是在经济与安全之间的合理平衡,这是抗震设计的总原则。从概率的意义上采用多级设防标准是非常合理的。我国现行的《公路桥梁抗震设计细则》采用了两水准设防。永古高速公路桥梁抗震设计中借鉴了“两级设防”的理念,对桥梁进行了“第一地震水准”下的强度标准和“第二水准下”的延性检算及重要构件的能力保护设计。本桥设计中采用了铅芯橡胶支座,并根据产品提供的刚度和阻尼等参数进行了反应谱分析,分析结果表明采用铅芯橡胶支座后桥梁抗震性能有了较好的提高。

参 考 文 献

[1] J. S. ,Hwang,J. m. ,Chiou,L. H. ,Sheng,J. H. ,gates,“A Refined Model for Base-Isolated Bridges with Bi-Linear Hysteretic Bearings”,Eathquake Spectra,Vol. 12,No. 2,1996,245-273

[2] Guide Specifications for Seismic Isolation Design,American Association of State Highway and Transportation Officials,Washington,D. C. 1991

[3] 陈宝春. 钢管混凝土拱桥[M](2版). 北京:人民交通出版社,2007

[4] 蔡绍怀. 钢管混凝土结构[M]. 北京:中国建筑科学研究院,1992

[5] 邵容光混凝土弯梁桥[M]北京:人民交通出版社,1996

[6]范立础,胡世德. 大跨度桥梁抗震设计[M]. 上海:同济大学出版社,2001

[7] 范立础,王志强. 我国桥梁隔震技术的应用 . 振动工程学报,1999,12(2):173-181

[8] Buckle,I G. Mayes R L. Seismic isolation:history. application,and Performance—A world view[J]. Earthquake spectra,1990,6(2):161-201

[9] Kelly J M. Aseismic base isolation:review and bibliography[J]. Soil dynamic and earthquake engineering,1986,5(4):202-216

[10] Lin C Y' Hajela P. Genetic algorithms in optimization problems with discrete and integer design variables:. Engineering optimization. 1992. 19(4):282-289

[11] 范立础,袁万城. 桥梁橡胶支座减、隔震性能研究 . 同济大学学报,1989,17(4):447-455

桥梁荷载效率系数优化研究

商岸帆[1] 刘旭政[2]

(1. 中国水电顾问集团西北勘测设计研究院 西安 710065;
2. 华东交通大学土木建筑学院 南昌 330013)

摘 要 提出了荷载效率系数的优化(降低)问题,通过回归分析方法得出了结构反应(应力、应变、索力等)与荷载效率系数的一元线性回归方程;对所得到的线性回归方程进行显著性检验,通过检验后的回归方程预测了设计荷载作用下的结构反应值;研究结果可用于大跨度桥梁荷载试验中荷载效率系数的优化取值中。

关键词 桥梁工程 荷载效率系数 降低优化 回归分析

1 引言

荷载效率系数是体现试验荷载下的结构反应与设计荷载下结构反应的关系。目前,荷载效率系数的取值能够依据的规范只有《大跨径混凝土桥梁的试验方法》和《公路旧桥承载能力鉴定方法》,其中规定荷载效率系数取值应介于0.8~1.05之间。这两本规范主要是针对当时中、小跨径桥梁荷载试验来制定的。然而,近年来随着桥梁设计理论、材料强度以及施工工艺的不断进步、提高,桥梁的跨径也在不断增大,将上述方法中的一些规定不加研究地应用到当今特大跨度桥梁中是不恰当的,特别对于某些特大跨度斜拉桥、悬索桥结构的荷载试验来说,也是难以实现的。例如,主缆索力的荷载效率系数就很难达到上述规范的要求。国内外尚没有学者提出桥梁结构的荷载效率系数的降低优化研究问题,本文针对目前大跨度桥梁荷载效率系数取值的不合理,提出了荷载效率系数的降低优化问题,通过回归分析方法得出了荷载效率系数的优化计算理论,研究结果可用于大跨度桥梁荷载试验中荷载效率系数的优化取值中。

2 荷载效率系数优化的意义

特大跨径的斜拉桥、悬索桥的荷载-效应关系曲线直线段较长,在荷载效率系数较小的情况下,试验荷载和结构相应的效应已经是线性关系了,通过此时所采集的数据就能分析出桥梁结构在设计荷载作用下的结构的反应值。此外,对于大跨度桥梁的荷载试验,采用较小的荷载效率系数有如下几点意义:

(1)避免对结构造成损害。特大跨度桥梁中某些测试项目(比如主缆索力、主塔偏位、主梁挠度等)在运营中达到设计极限状态的概率极小,如果片面追求较高的荷载效率,必然导致加载过大,可能对整体结构或者单个构件造成损伤。因此,在荷载试验时取较小的荷载效率系数,使试验荷载作用小于结构的承载能力,从而保证了结构的安全。某些桥梁本身其实际承载能力达不到设计承载力时,采用较小的荷载效率系数也是必要的。

(2)具有明显的经济效益。随着桥梁跨度的增加,试验所需车辆也越来越多。跨径越大的桥梁,其荷载试验所需的试验车辆数就越多,降低荷载效率系数带来的经济效益就越明显。

(3)缩短荷载试验时间。降低荷载效率系数之后,试验车辆数将会减少,调度车辆所需的时间也就越短,从而能缩短完成荷载试验所需的时间。对于临时封闭交通来进行荷载试验检测的桥梁来说,缩短荷载试验时间能早日恢复交通,对缓解地方交通也是有益的。

荷载效率系数 η 的优化主要是针对静载效率系数 η_q 的优化,这是因为通常斜拉桥结构的动载试验所需试验车辆较少且车辆调度时间占用较少,大部分荷载试验时间用于试验前各种准备和数据的采集,因此对动载效率系数 η_d 进行优化没有明显的经济效应。此外,动载试验中作用于大跨度斜拉桥结构的荷载远远低于结构本身的承载能力,不存在由于动荷载对桥梁结构造成损害[1]。因此本文涉及的优化荷载效率系数的内容均指对静载荷载效率系数 η_q 的优化。

3 结构反应的回归分析

3.1 回归分析法与数学模型

假如我们通过桥梁结构在荷载效率系数 η 较小时的结构反应(应力、应变、索力等),就能准确预测出在设计荷载作用下的结构反应,我们就可以在荷载试验时采用较小的荷载效率系数,从而达到降低荷载效率系数的目的。本文以大跨度斜拉桥荷载效率系数的优化为例,通过回归分析方法完成了荷载效率系数的优化降低。此分析方法也适用于其他大跨度桥梁荷载效率系数的优化降低。大跨度斜拉桥结构多选用斜拉结构或者悬索结构,其结构分析与传统的连续梁和桁架桥的结构分析相比较,几何非线形的影响尤为突出,影响因素也多。大跨度桥梁考虑非线性因素以后,平衡方程 $\{F\}=[K]\{\delta\}$ 不再是线性关系,小变形假设中的叠加原理也不再适用[2,3]。斜拉桥几何非线性主要有大变形效应、垂度效应和弯矩与轴向力的组合效应,其中斜拉索垂度效应是几何非线性最主要的来源。根据文献[4,5]可知,在恒载作用下,斜拉索拉力无论忽略何种非线性效应的情况下都只表现出很小的偏差。但主梁的竖向位移及弯矩在恒载情况下受非线性的影响较大,线性结果与非线性结果误差已超过工程允许范围,因此在设计中考虑非线性影响是完全必要的。然而,在恒载变形完成之后,斜拉索等效弹性模量逐渐趋于一个稳定值,在几何非线性各效应中起主要作用的垂度效应逐渐减小,结构刚度矩阵的变化会很小,这就意味着在恒载计算完成之后,可以用线性分析的手段进行活载近似计算[6]。由此,结构反应 R(应力、应变、索力等)与荷载效率系数 η 在理论上是线性的。

由此假定结构反应 R(应力、应变、索力等)与荷载效率系数 η 可转化为一元线性回归。即:

$$R_\alpha = \beta_0 + \beta\eta_\alpha + \varepsilon_\alpha \tag{1}$$

式中,$\alpha=1,2\cdots,N$;R 为结构反应;η 为荷载效率系数。

为了统一符号,我们令 $R=y,\eta=x$,即有:

$$y_\alpha = \beta_0 + \beta x_\alpha + \varepsilon_\alpha \tag{2}$$

式中,$\alpha=1,2,\cdots,N$;$y=R$;$x=\eta$;$\varepsilon_1,\varepsilon_2,\cdots,\varepsilon_N$ 分别表示其他随机因素对结构反应 y_α 影响的总和。一般假设它们是一组相互独立,且服从同一正态分布 $N(0,\sigma)$ 的随机变量。式(2)就是结构反应 y_α 的一元线性回归的数学模型。

3.2 回归分析的试验设计

通过分级加载至设计荷载,记录各级荷载等级下主梁应变、挠度以及塔顶偏位,主塔应变的数值。这样就得到结构在不同荷载效率系数 η 下的结构反应值,对这些试验数据进行回归分析,可得到荷载效率系数 η 与结构反应的回归方程。

某独塔双索面半漂浮体系斜拉桥,跨径布置为90+90m,A型主塔,采用双主梁"Π"型截面,基本梁高2.3m,设双向1.5%的横坡。设计在不同荷载效率系数 η 下,测试得到主梁挠度,从而进一步推出主梁挠度与荷载效率系数 η 的一元线性回归方程。综合考虑研究要求以及现场试验实现难度,分级加载共分为六级,工况一主梁最大挠度的荷载效率系数 η 分别取0.10,0.30,0.49,0.60,0.79及0.98。通过有限元模型分析,模型中的13节点为汽车活载作用下最大挠度位置,图1所示为13节点弯矩及挠度

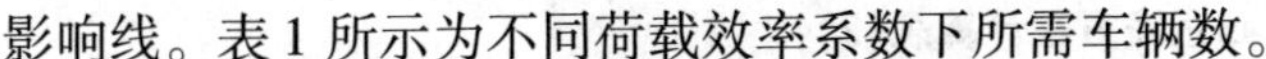

影响线。表 1 所示为不同荷载效率系数下所需车辆数。

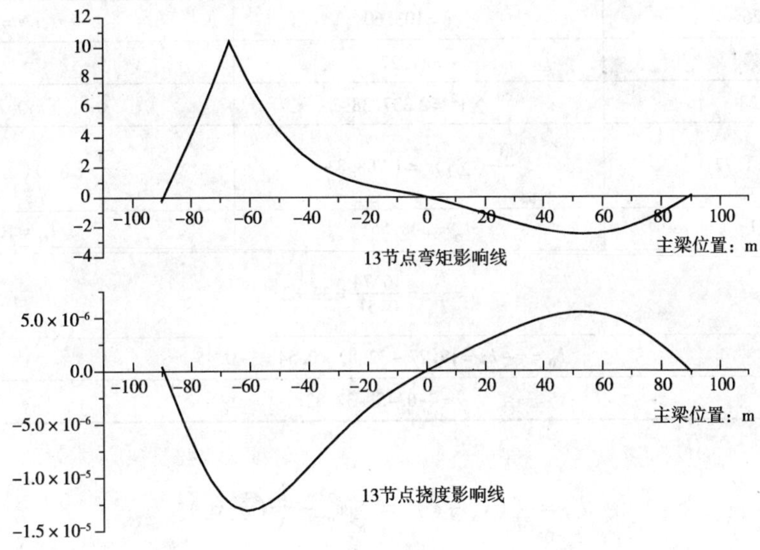

图 1　13 节点弯矩及挠度影响线

13 节点挠度工况在不同荷载效率系数下所需车辆数　　表 1

荷载效率系数 η	单位	1.00	0.98	0.79	0.60	0.49	0.30	0.10
13 节点挠度	cm	3.6	3.5	2.8	2.2	1.8	1.1	0.4
车辆数	列	–	8	8	8	4	4	2

3.3　主梁挠度的回归分析

主梁挠度测试采用 120Ω、量程为 50mm 的应变式电测位移计，由静态数据采集装置测量。选用最大挠度截面作为挠度测试截面。表 2 所示为该界面的挠度数据。

最大挠度截面挠度数据　　表 2

η	0.98	0.79	0.60	0.49	0.30	0.10
实测挠度(mm)	31.4	25.0	19.6	15.1	10.5	2.0
理论挠度(mm)	35.3	28.4	21.6	17.6	10.8	3.6

此处，结构反应 R 为 13 节点截面挠度 f，采用最小二乘法来估计式(2)中的参数 β_0，β，设 b_0 和 b 分别是参数 β_0，β 的最小二乘估计，于是得到一元线性回归的回归方程：

$$\hat{y} = b_0 + bx \tag{3}$$

式中 $y = f$；$x = \eta$。

详细计算数据见表 3 及表 4：

主梁挠度的回归直线方程计算表(1)　　表 3

编　号	x	y	x^2	y^2	xy
1	0.10	2.0	0.01	4	0.2
2	0.30	10.5	0.09	110.25	3.15
3	0.49	15.1	0.240 1	228.01	7.399
4	0.60	19.6	0.36	384.16	11.76
5	0.79	25.0	0.624 1	625	19.75
6	0.98	31.4	0.960 4	985.96	30.772
Σ	3.26	103.60	2.28	2 337.38	73.03

主梁挠度的回归直线方程计算表(2) 表4

$\sum x=3.26$	$\sum y=103.60$	$N=6$
$\bar{x}=0.54$	$\bar{y}=17.27$	
$\sum x^2=2.28$	$\sum y^2=2\ 337.38$	$\sum xy=73.03$
$\frac{1}{N}(\sum x)^2=1.77$	$\frac{1}{N}(\sum y)^2=1\ 788.83$	$\frac{1}{N}(\sum x)(\sum y)=56.29$
$l_{xx}=0.51$	$l_{yy}=548.55$	$l_{xy}=16.74$
$b=\frac{l_{xy}}{l_{xx}}=\frac{16.74}{0.51}=32.82$		
$b_0=\bar{y}-b\bar{x}=17.27-32.82\times0.54=-0.45$		
$\hat{y}=-0.45+32.82x$		

表4中:

$$l_{xx}=\sum_{\alpha}(x_{\alpha}-\bar{x})^2=\sum_{\alpha}x_{\alpha}^2-\frac{1}{N}(\sum x_{\alpha})^2 \tag{4}$$

$$l_{yy}=\sum_{\alpha}(y_{\alpha}-\bar{y})^2=\sum_{\alpha}y_{\alpha}^2-\frac{1}{N}(\sum y_{\alpha})^2 \tag{5}$$

$$l_{xy}=\sum_{\alpha}(x_{\alpha}-\bar{x})(y_{\alpha}-\bar{y})=\sum_{\alpha}x_{\alpha}y_{\alpha}-\frac{1}{N}(\sum_{\alpha}x_{\alpha})(\sum_{\alpha}y_{\alpha}) \tag{6}$$

根据表3及表4计算结果可以得到13节点挠度的一元线性回归方程为:

$$\hat{y}=-0.45+32.82x \tag{7}$$

由式(7)可以得到主梁挠度f与荷载效率系数η的线性回归方程,现在对该回归方程作显著性检验,具体检验结果见表5。

主梁挠度线性回归的方差分析表 表5

来　源	平 方 和	自 由 度	均 方 和	F　比	显 著 性
回归	553.02	1.00	553.02	835.17	
剩余	2.65	4.00	0.66		$F_{\alpha=0.01}=16.26$
总计	548.55	5.00			

表5可以看出,在显著性水平$\alpha=0.01$时,第一自由度为1,第二自由度为5,查F分布表可得$F_{\alpha=0.01}=16.26$,远小于计算的F比值,则拟合的线性方程是高度显著的。同时,经验的F值大于相应表列值的4倍,即$835.17>16.24\times4$,所拟合的方程可以作为一个有效的预报方程。

4 结语

(1)对于大跨度桥梁结构来说,采用针对中、小跨径桥梁规定的荷载效率系数的取值范围是不恰当的,有时也是难以实现的。同时,降低大跨度桥梁荷载效率系数能避免荷载试验可能对结构造成的损害、缩短荷载试验时间且具有明显的经济效益。

(2)采用回归分析方法分析得出了主梁挠度与荷载效率系数η的一元线性回归方程。对回归方程的显著性检验表明,得到的一元线性回归方程高度显著,可以作为有效的预测方程。

参 考 文 献

[1] 颜东煌.斜拉桥合理设计状态确定与施工控制[D].长沙:湖南大学,2001

[2] Long Wen Yi, Troistsky M S, Zielinski Z A. Optimum Design of Cable-stayed Bridge[J]. Structural En-

gineering and Mechanics, 1999, 7(3): 241-257

[3] 宋一凡. 公路桥梁荷载试验与结构评定[M]. 北京: 人民交通出版社, 2002

[4] 狄谨,周绪红,游金兰,等. 钢箱梁斜拉桥索塔锚固区的受力性能[J]. 中国公路学报, 2007, 20(4): 48-52

[5] 梁鹏,肖汝诚,徐岳. 超大跨度斜拉桥施工过程随机模拟分析[J]. 中国公路学报,2006,19(4):52-58

[6] 王达,黄平明,张光国,等. PC斜拉式桁架梁桥动力特性[J]. 长安大学学报(自然科学版),2006,26(6):39-43

[7] 刘旭政,黄平明,许汉铮,等. 独塔斜拉桥参数敏感性分析[J]. 长安大学学报(自然科学版),2007,27(6):63-66

旧桥加宽改造工程与景观设计

赵　欣　李　伟　唐　颖
（天津市市政工程设计研究院　天津　300051）

摘　要　本文通过工程实例，证明旧桥加宽改造工程结构设计可以与景观的设计巧妙结合，加宽后的旧桥在体现其交通功能的同时，以平和、洒脱的形体衬托与南北两侧的桥梁，与两岸的绿化景观融为一体。原西安浐灞河生态区大门桥梁工程 5 号桥，为一座下部结构已施工完的旧桥，原桥设计为上部结构 6×16m 的旧桥，改建后的桥梁上部仍为板梁结构，两侧加宽的桥与旧桥的基础分开，同时通过景观的设计，使加宽后的桥梁，同时满足了交通和景观的需求。

关键词　加宽改造　结构设计　景观设计

1　前言

近年来，市政道路建设飞速发展，一些原有的旧桥或未完工的桥梁已不满足日益增长的交通量需要。全部重建的思想既不现实，也不科学。实践证明，采用适当的加固和拓宽措施，能恢复和提高旧桥的承载及通行能力，延长桥梁的使用寿命，以满足现代化交通运输的需要。这样做一是可以节省投资，收到良好的社会经济效益；二是可以通过维修和改造旧桥，消除安全隐患，提高道路的通行能力。

随着人们生活水平的不断提高，对自身周围的生活环境也提出了更高的要求，因此，桥梁这种实用与美学相结合的造型艺术，愈来愈受到深切的关注和重视，由此看来，景观的设计就显得犹为重要。

2　工程概述

西安浐灞河生态区大门桥梁工程 5 号桥，位于西安市十里铺以东 3km 的浐河上，该桥在现状桥梁部分已施工的基础上进行加宽。现状桥梁已完成桥梁桩、墩及盖梁施工，原桥宽度为 18.5m，两侧各加宽 5.72m，建成后，桥梁总宽 29.94m，全长 101.56m，与河道交角 90°，上部结构为 6 孔 16m 先张预应力空心板梁。

3　基本设计资料

3.1　旧桥资料

原广大门桥（5 号桥）桥址位置处已完成部分桥梁结构。盖梁及基础部分的施工于 2003 年 6 月完工。

两桥原有设计中跨径布置均为 6×16m，上部结构均为预应力混凝土空心板，下部结构均为桩柱式墩台，墩顶均设置盖梁。其中广大门桥（即原广大门浐河桥）原设计为单幅桥梁，桥宽 18.55m，桥中墩墩位为 3×Φ1.3m，长 23.0m 的钻孔灌注桩，桩中有系梁相连，墩柱 Φ1.1m，桥台墩位为 3×Φ1.3m，长 19.0m 的钻孔灌注桩。

设计荷载：汽车超—20 级；

验算荷载:挂车—120 级(图 1、图 2)。

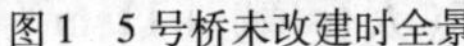

图1 5 号桥未改建时全景

图2 5 号桥加宽改造前的桥台

3.2 基础资料

3.2.1 地貌

场地中间为河床较低,两端河堤较高,地貌单元属浐河河床及河漫滩。

3.2.2 地质

据勘探揭露,场地内地层自上而下依次为第四系全新统人工填土(Q_4^{ml})、冲洪积(Q_4^{al+pl})卵石及亚黏土和上更新统冲洪积(Q_3^{al+pl})亚黏土及中粗砂。其各层野外特征及赋存条件分述如下:

(1)层素填土(Q_4^{ml}):主要由黏性土、砾砂或卵石及少量植物根组成,松散不均。层厚 0.60 ~ 2.60m,层底深度 0.60 ~ 2.60m,层底高程 379.06 ~ 382.82m。

(2)层卵石(Q_4^{al+pl}):主要由花岗岩碎块组成,亚园形,磨圆度较好,最大粒径 150mm,一般粒径 30 ~ 80mm,充填物以中粗砂为主,约占 30%,含少量的黏性土及粉土,稍密状态,局部夹薄层亚黏土。层厚 1.40 ~ 3.80m,层底深度 2.60 ~ 6.00m,层底高程 377.43 ~ 378.80m。

(3)-1 层亚黏土(Q_4^{al+pl}):褐黄色,含氧化铁锰质结核及条纹,混砂粒及圆砾;硬塑状态,层厚 0.40 ~ 1.00m,仅见于钻孔№1 及№5。

(4)层卵石(Q_4^{al+pl}):主要由花岗岩碎块组成,亚园形,磨圆度较好,最大粒径 170mm,一般粒径 30 ~ 80mm,充填物以粗砾砂为主,约占 30%,含少量的黏性土及粉土,稍密 ~ 中密状态。层厚 2.50 ~ 6.10m,层底深度 6.10 ~ 12.10m,层底高程 371.76 ~ 375.40m。

(5)层亚黏土(Q_4^{al+pl}):浅黄色,含氧化铁锰质结核及条纹,硬塑状态。层厚 0.80 ~ 7.70m,层底深度 13.10 ~ 17.00m,层底高程 366.86 ~ 369.09m。

(6)-1 层中粗砂:灰黄色,长石-石英质,级配不良,含少量黏性土。饱和,中密 ~ 密实。层厚 2.40 ~ 4.50m,赋存于该层中部或底部。

(7)层卵石(Q_4^{al+pl}):主要由花岗岩碎块组成,亚园形,磨圆度较好,最大粒径 150mm,一般粒径 30 ~ 80mm,充填物以中粗砂为主,约占 25%,含少量的黏性土及粉土,中密状态。层厚 3.50m。仅 1 号孔见该层。

(8)层亚黏土(Q_4^{al+pl}):灰黄 ~ 灰褐色,含氧化铁锰质结核及条纹。

3.2.3 水文

百年一遇洪水位 $H = 384.71$m;

该河段平均流速 $V = 2.9$m/s;

百年一遇洪水流量 $Q1\% = 1\,100$m^3/s;

河床糙率 $n = 0.030$。

3.2.4　气温

本区气候属暖温带大陆性季风区。冬夏季节长，春秋季节短，夏热、冬冷、春暖、秋凉，雨热同季，四季分明。年平均气温13.2℃，极端最高温度41.4℃，最低-20.8℃，1月份最冷，最早霜冻见于11月，最晚终于4月，最大冻土厚度为0.40m。

4　桥梁总体设计

4.1　设计标准

（1）荷载标准

城—A级，人群荷载-4kN/m²

（2）桥梁宽度：桥梁全宽29.94m，其布置为0.72m（栏杆）+3m（人行道）+11 m（车行道）+0.5 m（分隔带）+11m（车行道）+3m（人行道）+ 0.72m（栏杆）。

（3）桥面横坡：双向1.5%。

（4）地震等级：地震动峰值加速度为0.2g。

4.2　桥梁结构总体设计

4.2.1　桥梁横断面布置

0.25m（栏杆）+2m（人行道）+3m（非机动车道）+14.5 m（车行道）+0.5 m（双黄线）+14.5 m（车行道）+3m（非机动车道）+2m（人行道）+ 0.25m（栏杆）

4.2.2　桥梁结构形式

原桥与新建桥梁上部结构为16m先张预应力钢筋混凝土空心板梁，中板宽1.03m，边板宽1.045m。全桥共162块板，其中中板126块，边板36块。旧桥与新桥相接处两块边板预制时预留钢筋，悬臂一起浇筑，桥面连续。中墩为2Φ1.0m钻孔灌注桩接2.0×1.5×4.8m承台上接薄壁墩，薄壁墩外露部分为1～1.669m变宽，侧面为弧形，边墩为2Φ1.0m钻孔灌注桩接1.32×1.1m边盖梁。薄壁墩外侧为浅色花岗岩饰面（图3）。

原结构中，边盖梁结构及桩基结构保留，抗震挡加宽，原结构背墙及耳墙凿除至设计高程，中边盖梁支座垫块现浇（图4）。

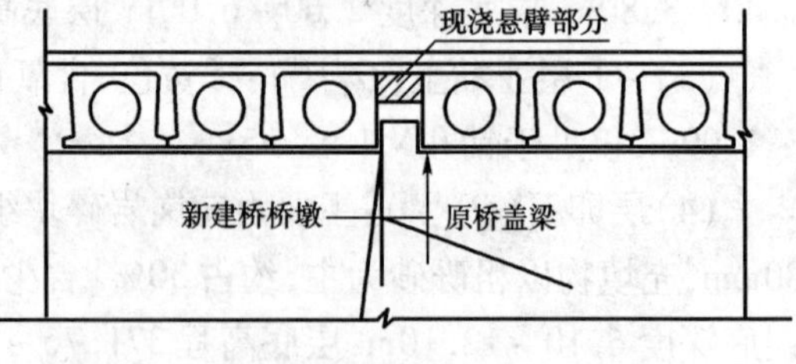

图3　新旧桥相接处大样

4.3　桥梁总体景观设计

4.3.1　桥梁主体景观设计

桥体装饰：桥体外侧为复合铝板幕墙装饰。桥体底面为外墙涂料。桥体墩柱为浅灰色磨光花岗岩面层。

人行道铺装：浅红色火烧板花岗岩面层。

人行道栏杆：立柱为钢材，扶手和横杆采用不锈钢材料。

4.3.2　桥梁主体灯光照明设计

功能照明：灯杆为倾斜的圆弧型灯杆，灯具为普通路灯，要求纵向65°截光，横向非对称配光，满足照度均匀度不小于0.35。

桥体照明：桥梁侧面设置檐板灯，设计亮度平均5cd/m²白色（金卤灯4000K）

人行道栏杆照明：人行道栏杆下，安装绿色 LED 地埋灯，非对称配光，用于勾勒栏杆钢管的下缘。

人行道地面装饰照明：人行道地面靠近侧石处，安装具有诱导和装饰效果的地埋灯，光色为白色。

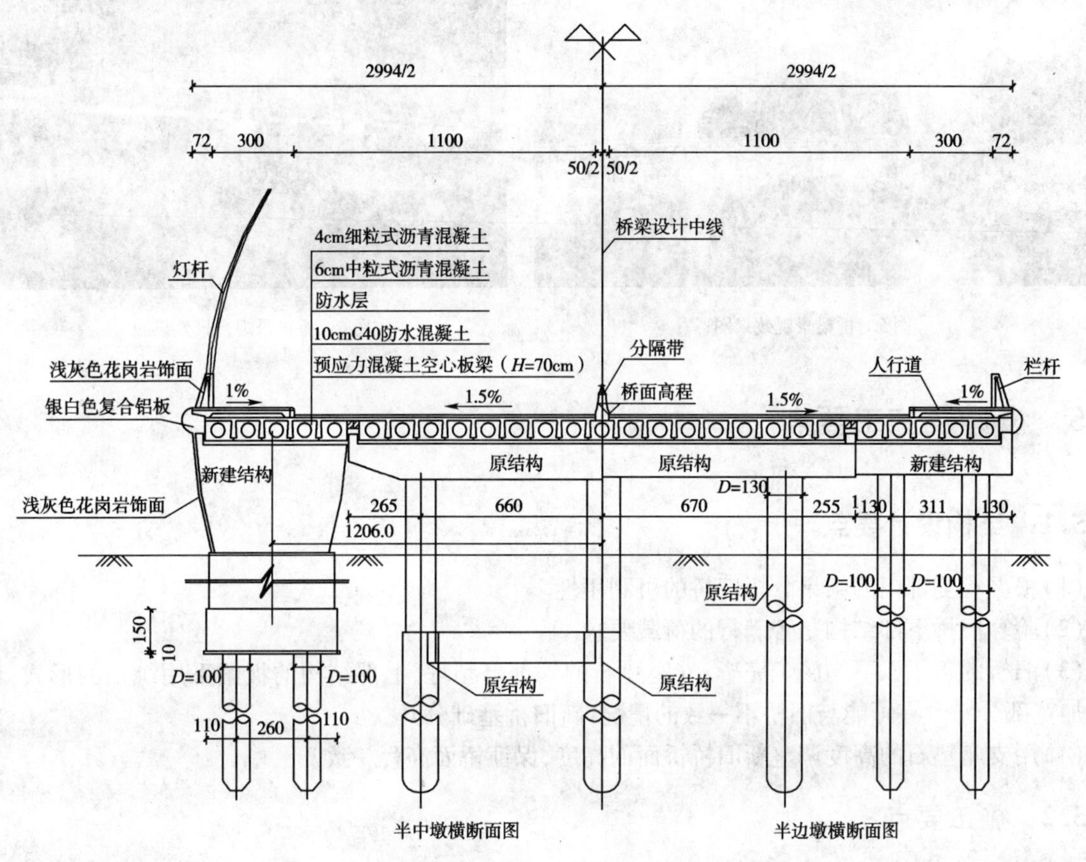

图4　桥梁横断面

4.4　景观设计材料做法

(1)桥梁侧面装饰采用镀锌型钢龙骨，4mm 复合铝板幕墙。铝板厚度不小于 0.5mm。铝板表面经过腐蚀、刷毛或喷沙处理，复合铝板表面要求以氟碳涂料保护，颜色为银白色。铝板幕墙分块留缝宽 20mm，颜色为深蓝色，耐候密封胶填充厚度不小于 10mm。所有连接件均为镀锌钢或不锈钢。

(2)外露钢结构表面：底漆为环氧富锌底漆、环氧中间漆、氟碳面漆两道，颜色为灰白色。

(3)外露混凝土桥体表面：表面涂用于混凝土的氟碳建筑涂料。处理混凝土表面须找平、清洁、干燥，湿度 8% 以下。专用封闭底漆一道，面漆二道。颜色为灰白色。

(4)石材处理：人行道采用 40 厚浅红色花岗岩火烧板，用 1∶2.5 水泥砂浆砌筑。桥墩采用 40 厚浅灰色磨光花岗岩，用干挂法，内填细石混凝土 Cb30。所有石材均应作六面树脂涂层保护，石材间用防水胶密封。

4.5　景观特点

以银白色铝板装饰新建桥中墩，与人行道护栏、路灯等元素造型巧妙结合，形成简洁、精致的视觉效果(图5)。

夜晚功能照明与景观照明层次清晰丰富，在满足交通照明的同时充分展现出桥梁优美的造型和轮廓，水面上下灯影交融(图6)。

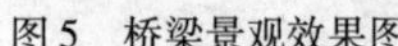

图5　桥梁景观效果图

图6　桥梁景观夜景效果图

5　设计及施工要点

5.1　结构设计要点

(1)根据检测部门的结果分析旧桥的可利用性。

(2)验算旧桥下部结构是否满行的荷载要求。

(3)旧桥的盖梁以下均施工完毕,支座垫石的钢筋已预埋,上部结构的板梁采用统一的形式,考虑道新加宽部分墩台有可能与旧桥不一致的情况,新旧桥基础分开。

(4)用支座垫石的高度调整新旧桥桥面的高度,保证桥面高程一致。

5.2　施工要点

(1)施工放线:加宽后新桥桥梁中心线与原桥一致。

(2)原桥中边盖梁抗震挡加宽,因所测盖梁顶高为变值,垫石顶高随横坡变化,垫石高度相应调整,垫石钢筋与原结构钢筋焊接,原桥边盖梁背墙及耳墙凿除至设计高程,以保证与新旧结构衔接。

6　结语

桥梁的设计必须因地制宜,不但要满足交通功能的要求,更要使得桥梁经济美观。5号桥位于三角洲的中部,横越浐河。北望洲头1号桥,南望3号桥。工程建成后,将沟通浐灞河三角洲区域内部,并成为联系市区的重要交通干道。桥梁不仅利用了旧桥结构,而且通过景观的巧妙设计,在浐河上又增添了一道亮丽的风景。

参 考 文 献

[1] 刘来君,赵小星.桥梁加固设计施工技术.北京:人民交通出版社

[2] [日]伊藤学.桥梁造型.北京:人民交通出版社

河北大街立交主桥索塔及其锚固体系设计

赵 欣 谢 斌 戴少雄

（天津市市政工程设计研究院 天津 300051）

摘 要 河北大街立交位于天津市河北区与红桥区交界位置，其主桥为双索面独塔斜拉钢结构，主塔高度为78m，目前为华北地区之最，主塔轴线为椭圆形截面。本文主要介绍了其索塔的设计构造布置，结合段及锚固区的细部构造。

关键词 斜拉桥 主塔 结合段 拉索

1 前言

河北大街立交为快速路北横快速通道与西纵快速通道相交的大型互通立交。本工程包括北横与天泰路立交、西纵与新红路立交。该桥通车后，将成为连接河北和红桥两区的重要交通枢纽，大大缓解西北城区之间的交通压力（图1）。

图1 河北大街主桥效果图

2 总体布置

总体布置（图2、图3）

本桥主桥结构形式为独塔斜拉桥，塔梁固结。其具体跨径布置为145m+48m+42m。48m+42m为边跨范围，145m为主跨范围。本桥主墩基础布置于子牙河北侧，主跨145m跨越子牙河主河槽，河中不设墩位以保证不影响子牙河的正常使用功能，边跨48m+42m位于新开河北侧志成道。

主桥横断面布置为：0.9m（风嘴）+1.0m（拉索锚固区）+0.5m（防撞护栏）+15.25m（机动车道）+0.5m（防撞护栏）+0.5m（分隔带）+0.5m（防撞护栏）+15.25m（机动车道）+0.5m（防撞护栏）+1.0m（拉索锚固区）+0.9m（风嘴），总宽36.8m。

主梁采用钢主梁与预应力混凝土梁混合梁形式。主梁的断面形式根据结构的受力性能、车辆的通行条件、主梁与塔的连接构造、斜拉索的锚固要求及结构的抗风稳定性综合考虑，确定为双箱双室薄壁型断面，并设有风嘴。主跨采用钢主梁，边跨采用预应力混凝土主梁，结合位置位于主跨侧距主墩12.5m处。

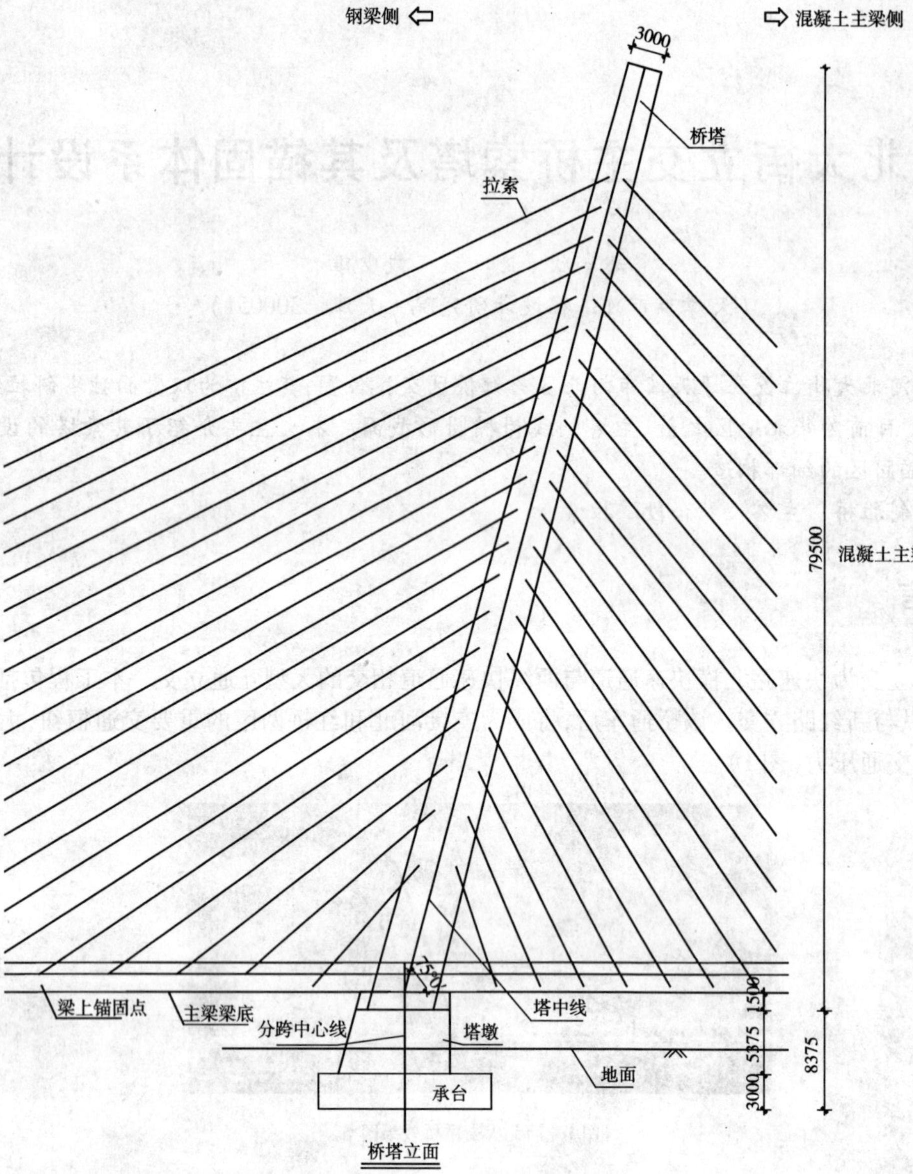

图 2　主桥桥塔总体布置立面(单位:mm)

3　主塔设计

3.1　外形

主塔在主梁结构以上部分高 78m,倾角 75°,主塔采用拱形塔,主梁从塔中穿过。理论钢塔轴线标准方程为:

$x^2/(20\,000)^2+y^2/(80\,751.5)^2=1$,坐标原点位桥梁中心线与梁底线交点。

3.2　断面布置(图 4 ~ 图 6)

主塔分为两段:下塔墩为梯形实体墩结构,承台位置截面尺寸为 24.8 × 15.1 × 3m,梁底位置截面尺寸为 21.6 × 8.3m。在结合段和混凝土塔墩段设劲性骨架且深入承台内,劲性骨架由角钢 L100 × 100 × 10 及 L40 × 40 × 5 焊接而成。

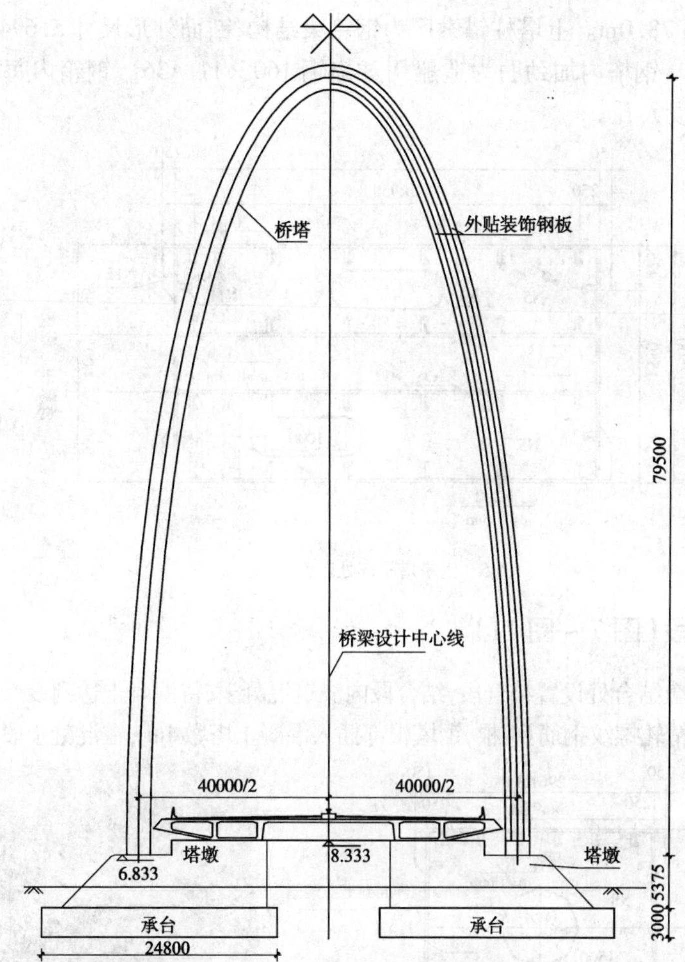

图 3 主桥桥塔总体布置横断面(单位:除高程外为 mm)

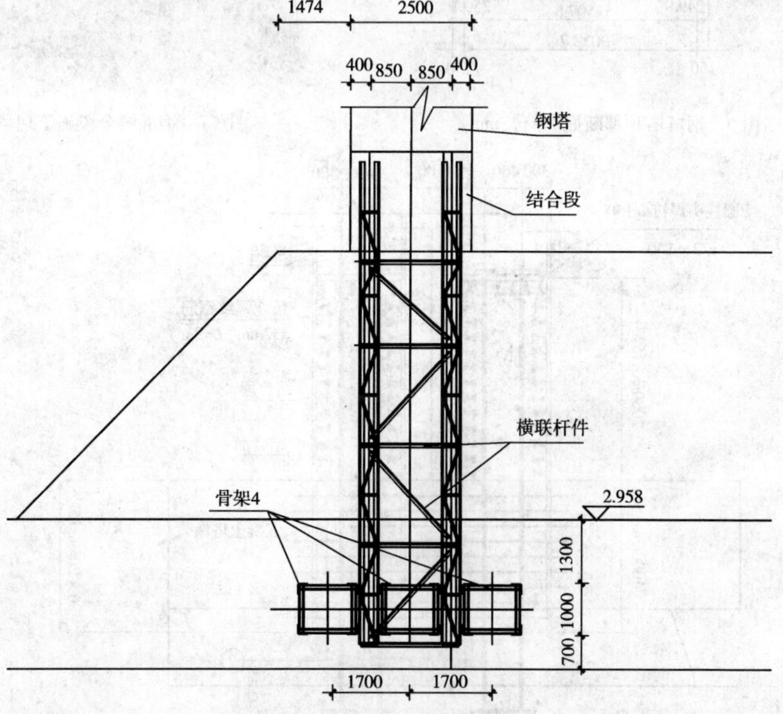

图 4 混凝土塔墩劲性骨架立面(单位:mm)

下塔墩顶以上塔高78.0m。上塔柱锚索区为钢箱梁结构，断面外形尺寸5.694×2.5～3.0×2.5m，钢箱梁钢板厚度40mm。钢塔内加劲肋为造船用球扁钢160×11 A36。钢箱内每隔1.5m设横隔板一道，为便于检修锚索区设人孔。

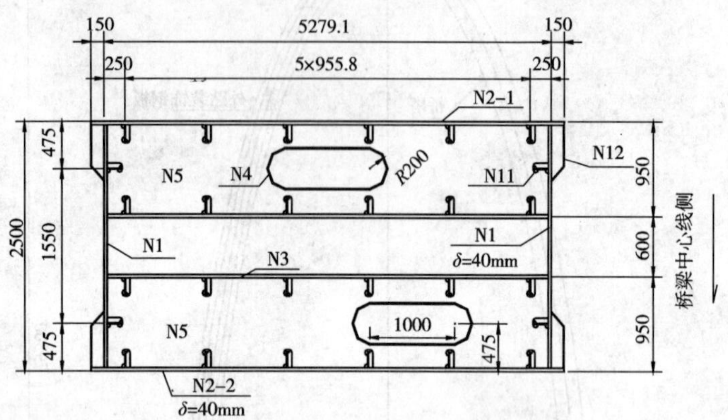

图5　钢塔塔根部处断面(单位:mm)

3.3　钢混结合段(图7～图11)

钢塔与混凝土下塔墩结合处设置结合段，结合段内浇筑混凝土，待混凝土达到设计强度后，张拉预应力粗钢筋。结合段全桥共设精轧螺纹钢筋64根，钢塔根部插入混凝土塔墩4m，在混凝土段设剪力键间距200mm。

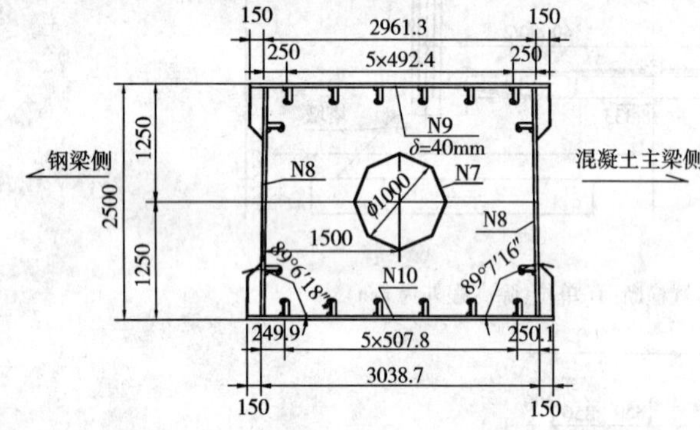

图6　钢塔塔顶部断面(单位:mm)

图7　钢混结合段施工现场照片

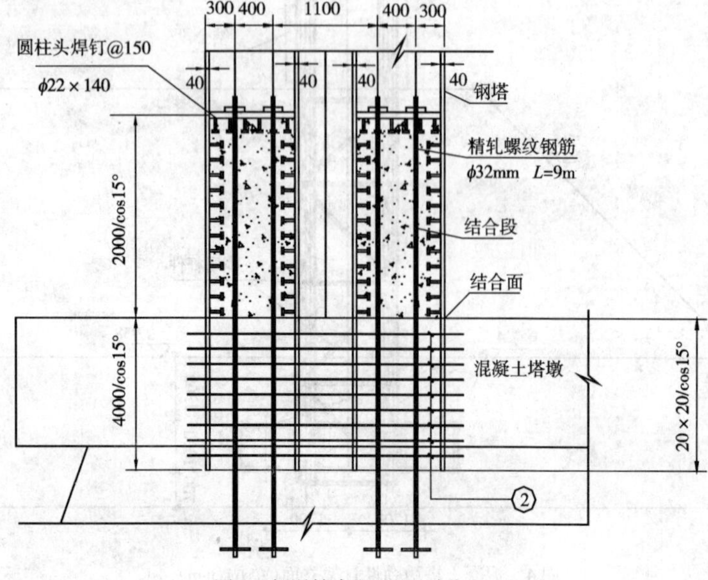

图8　钢混结合段立面(单位:mm)

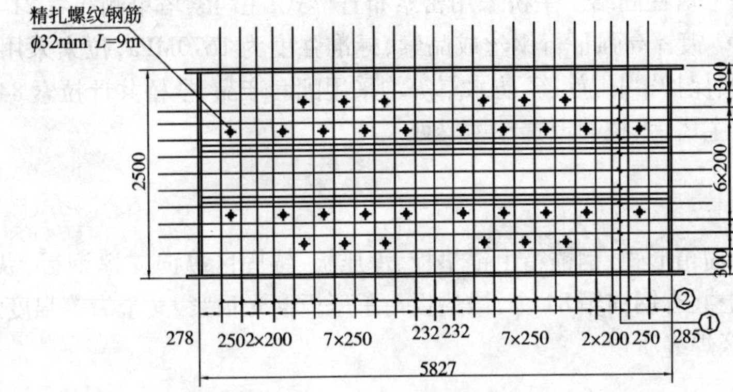

图9　钢混结合段断面(单位:mm)

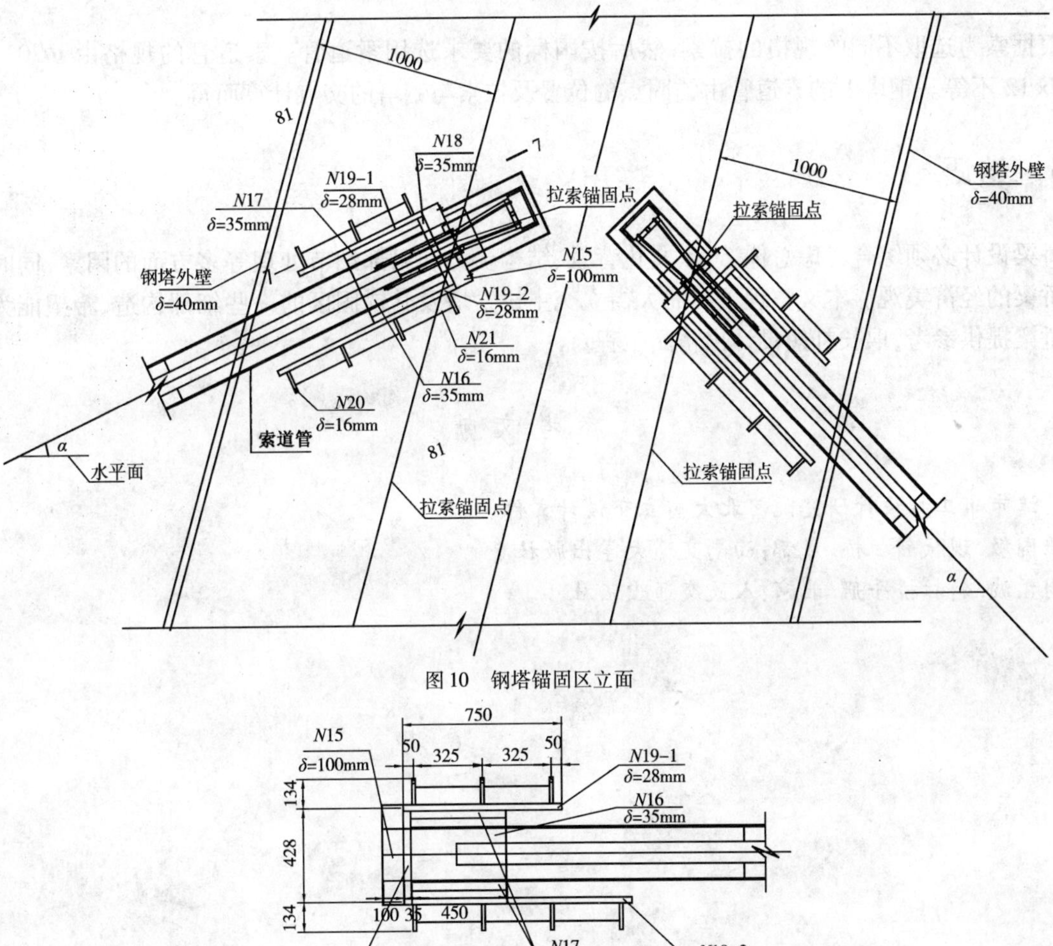

图10　钢塔锚固区立面

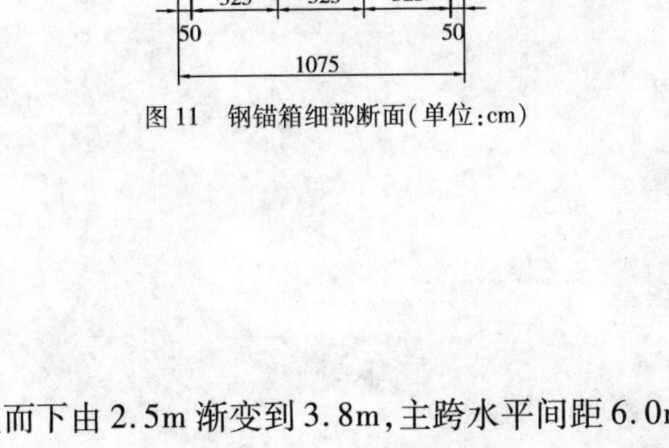

图11　钢锚箱细部断面(单位:cm)

4　锚固体系

4.1　斜拉索

拉索在主塔上间距自上而下由 2.5m 渐变到 3.8m,主跨水平间距 6.0m,边跨水平间距 3.8m,拉索采用扇形索形式,主跨拉索倾角 24.9°~47.5°,边跨拉索倾角 46.3°~70.5°。

主塔处主梁与主塔下塔柱固结。主桥采用密索布置形式，主跨索塔单侧布置 21 根斜索。

主跨斜拉索采用 Φ7 镀锌高强平行钢丝成品索，标准强度为 1670MPa，拉索采用双层 PE 护套。锚具采用配套冷铸锚，拉索保护罩、螺旋筋、防水罩等均采用配套产品，全桥共计拉索 84 根。

斜拉索锚固端设在主塔，张拉端设置在主梁处。

4.2 锚固区

主塔内锚端采用钢锚箱形式，钢锚箱由锚垫板、承压板、锚固区纵向支撑钢板、纵肋板、纵肋板加劲肋、索道管组成。主塔上共有钢锚箱 84 个，锚垫板与承压板磨光顶紧，其余为等强度焊接。考虑到受疲劳等因素，应保证锚固区焊缝质量

4.3 索道管

根据索力选取不同的规格的拉索，然后按国标的要求选用索道管。索道管的规格由 Φ203 × 6 ~ Φ273 × 12 不等。钢塔上的索道管由锚固点的位置及拉索与钢塔的交点计算而得。

5 结语

桥梁设计必须综合考虑总体造型、文化背景、结构受力和局部细节处理等多方面的因素，同时还要注重桥梁的经济美观。本文整理了河北大街立交主桥索塔及其锚固区的一些细部构造，希望能为今后类似桥梁提供参考，取长补短设计出精品工程。

参 考 文 献

[1] 天津市市工程设计研究院河北大街立交设计文件
[2] 严国敏. 现代斜拉桥. 成都：西南交通大学出版社
[3] 周孟波. 斜拉桥手册. 北京：人民交通出版社

厦门海沧大桥地震响应分析

代　攀　胡大琳

（云南省交通规划设计研究院　昆明　650011；长安大学公路学院　西安　710064）

摘　要　本文对厦门海沧大桥西航道桥（五跨预应力曲线连续刚构，曲率半径900m）进行了反应谱分析，分别进行了不同曲率半径、不同地震波激励方向的分析。通过该桥桥地震响应分析，给出了一些研究中的结论，期望能为新规范的制订工作以及高墩大跨曲线连续刚构桥的抗震设计提供参考。

关键词　曲线连续刚构　曲率半径　反应谱分析　动力时程分析　地震输入方向

1　引言

我国对曲线连续刚构桥抗震性能研究的较少，现行桥梁抗震规范只适用于小于150 m的混凝土简支梁桥、连续梁桥和拱桥，对曲线连续刚构桥的抗震设计目前规范还没有相关规定。我国是一个地震多发国家，因此研究高墩大跨曲线连续刚构桥的动力及抗震性能，对于积累技术资料，促进该类桥梁更广泛的应用具有很重要的现实意义。本文按照相关部门提供的地震波数据对厦门海沧大桥西航道桥进行地震反应谱分析，考虑了桩-土相互作用，计算了不同曲率半径、不同地震波输入方向对曲线连续刚构桥地震反应的影响。

2　振型贡献率的问题

计算结构地震响应时，下列两个问题是计算者普遍关心的：需取前几阶振型计算才能保证必要的精度，各阶振型在总的地震反应中所占的比例有多少。振型参与系数虽在一定程度上反映了各阶振型反应在总反应中所占的比例，但该参数反映并不准确，且该参数有正负号，不便比较。为了解决上述问题，有的研究者提出了振型质量及振型贡献率的概念，用来解决上述问题[3]。

若振型关于质量矩阵正交化，则振型质量为：

$$M_{xj}=\{\boldsymbol{\Phi}_j\}^T[M_x]\{\boldsymbol{\Phi}_j\},M_{yj}=\{\boldsymbol{\Phi}_j\}^T[M_y]\{\boldsymbol{\Phi}_j\},M_{2j}=\{\boldsymbol{\Phi}_j\}^T[M_z]\{\boldsymbol{\Phi}_j\}$$

可以证明各方向振型质量的总和等于该方向结构实际质量的总和。因此定义如下的振型质量与结构总质量的比率为振型贡献率（或有效振型质量）：

$$r_{xj}=\frac{M_{xj}}{\sum m_{xj}},r_{yj}=\frac{M_{yj}}{\sum m_{yj}},r_{zj}=\frac{M_{zj}}{\sum m_{zj}}$$

式中，r_{xj}、r_{yj}、r_{zj}分别为第降j阶振型x方向、y方向、z方向的振型贡献率。显然，振型贡献率满足下式：

$$\sum_{j=1}^{N_x}r_{xj}=100\%,\sum_{j=1}^{N_y}r_{yj}=100\%,\sum_{j=1}^{N_y}r_{yj}=100\%$$

由于振型贡献率在一定程度上反映了该阶振型在结构总地震反应中所占的比例，因此国内外规范规定，计算结构地震响应时，所取的前n阶振型的振型贡献率之和必须大于某个界限，美国及欧洲有关桥梁抗震设计规范规定所取振型的振型贡献率之和必须大于 90%；日本规范规定不得小于 95%。我国《公路桥梁抗震设计规范》(2004 版送审稿)规定，进行多振型反应谱法计算时，所考虑的自由度系数和振动模态数应在纵向和横向尽量获得 90% 的质量参与系数。本文所有模型选取 170 阶振型时，各自由度方向上振型贡献率之和都大于 90%，故本文计算都取 170 阶振型。

3 反应谱输入方向问题

直线桥梁有两个比较明确的主方向，即顺桥方向和横桥方向，在其抗震分析时，一般沿这两个方向分别输入地震反应谱计算，就可满足工程设计需要。对于平面形状复杂的不规则桥梁，结构没有明确的主方向。此时，地震反应谱沿什么方向输入，可以得到有关构件的最大地震反应，成了设计者所关心的问题。

1991 年，冯云田等[5]以能量为确定最不利输入方向的标准，并提出了结构抗震主轴的概念。文献[5]认为，若将地震对结构的作用过程看作是地震能量的输入过程，那么可将在某一方向的地震作用下结构的最大变形能，作为衡量结构抗震性能的标准，结构在强震作用下往往发生塑性变形，最大变形能包括弹性和塑性变形两部分。为了简化计算，可用弹性反应谱来计算最大变形能。具体过程如下：

以 x、y 轴为结构坐标系水平面内两坐标轴，设地震动输入方向与 X 轴成 θ 角，在某一特定方向的地震作用下，第 i 阶振型所吸收的最大变形能为：

对于整体结构：
$$E_i = \{\delta\}_i^T \{f\}_i = \{\delta\}_i^T [K] \{\delta\}_i$$

式中，$\{\delta\}_i$ 为第 i 阶振型位移响应列向量对结构总的位移响应列向量的贡献；$[K]$ 为整体刚度矩阵。

对于单元或构件：
$$e_i = \{\delta\}_{ie}^T [K]_e \{\delta\}_{ei}$$

式中，$\{\delta\}_{ei}$ 为第 i 阶振型单元位移响应列向量对单元总的位移响应列向量的贡献；$[K]_e$ 为单元刚度矩阵。则总的变形能为：
$$E = \sum_{i=1}^{n} E_i, e = \sum_{i=1}^{n} e_i$$

地震输入方向与 x 轴成 θ 角时，某一时刻结构的变形能为
$$E_\theta = E_x \cos^2\theta + E_y \sin^2\theta + E_{xy} \sin 2\theta,\ e_\theta = e_x \cos^2\theta + e_y \sin^2\theta + e_{xy} \sin 2\theta$$

由上式求得变形能的 E_θ、e_θ 最大值以及对应的角度 θ，此时 θ 即为结构或单元的最不利输入方向。

2002 年，范立础[6]等提出以屈服面函数为确定最不利输入方向的标准，设 y、z 轴为构件任一截面的两个主轴方向，结构在任意地震动作用下，构件截面两个主轴方向都可能产生弯矩 M_y 和 M_z，构件截面两个主轴方向弯矩是相互作用的，每个主轴单独的 M_y 或 M_z 最大值并不能成为某个截面最不利的标准。当以反应谱求解时，某一截面两主轴弯矩为 M_y 或 M_z，设
$$a = |M_y / M_{yp}|^a + |M_z / M_{zp}|^b$$

以 x、y 轴为结构整体坐标系水平面内两坐标轴，地震动输入方向与 x 轴成 θ 角，确定 θ 角，使某截面 a 取最大值时为该构件的最不利输入方向。通过叠加原理和振型组合，可以得到莫尔圆表达式：
$$a_\theta = a_1 \cos^2\theta + a_2 \sin^2\theta + a_{12} \sin 2\theta$$

由上式可以求得屈服面函数 a_θ 的最大值以及对应的角度 θ 和与 θ 角相对应的最大弯矩内力值，认为 θ 即为与此构件截面对应的地震波最不利输入方向。

4 本文分析内容及思路

本文对相同跨径、不同曲率半径的曲线连续刚构桥动力特性进行了分析比较，进行了不同地震激励方向、不同曲率半径的地震响应分析，对模型 I ~ 模型 IV 输入不同方向地震波（以整体坐标 x 轴正方为 0°方向，地震波输入方向绕 Z 轴旋转递增，增加幅度为 9°），进行对比，得出有益的结论。

5 算例

5.1 算例桥简介

厦门海沧大桥西航道桥为位于圆曲线段(半径为900m)及缓和曲线上的五跨预应力混凝土连续钢构桥,西端与西引桥相接,东端与东航道悬索桥相连,工程范围为 K4 +612 ~ K4 +992。跨径布置为(78 +140 +78 +2 ×42)m。上部箱梁采用分离式单箱单室断面,箱梁跨中高度为 2.5m,主墩顶高度为7.5m。模型的各部分的几何要素如图 1、图 2 所示。

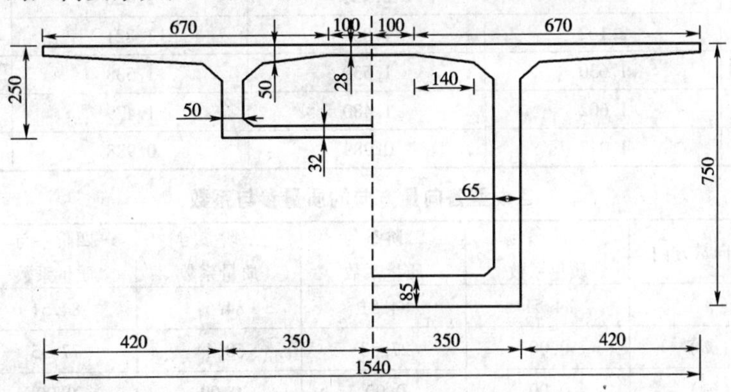

图 1 主梁断面图(单位:cm)

5.2 结构分析模型

本文采用有限元软件进行动力特性计算及相应的地震响应计算;主要采用了梁单元、刚性单元、弹簧单元。连续刚构的主梁采用折线梁模拟。桥墩、桩基础用直线梁单元模拟,主梁与桥墩之间的连接采用刚性单元,桩土共同作用采用节点弹性约束模拟,支座的弹簧刚度采用弹性连接模拟。

计算模型分成以下几种:

模型Ⅰ:$R=900$m (海沧西航道桥模型)

模型Ⅱ:$R=600$m 比较模型

模型Ⅲ:$R=300$m 比较模型

模型Ⅳ: $R=\infty$ 比较模型(直桥)

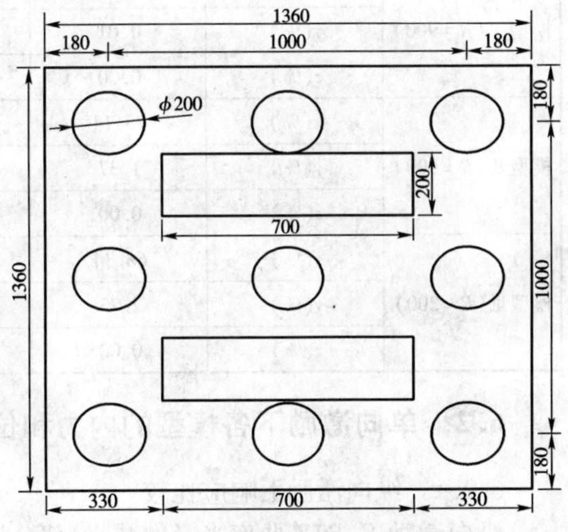

图 2 主墩断面图(单位:cm)

5.3 地震动的输入

根据地震局提供相关地震波测试数据,得到了 50 年各超越概率下的规范加速度反应谱作为西航道桥反应谱输入,本文采用50 年超越概率10% 反应谱输入。其中参数取值见表1,阻尼比采用5% 。为使计算结果具有代表性,未考虑地震作用分量组合。

加速度峰值及反应谱参数值 表 1

超越概率	T_g(s)	β	K_h	A_{max}(m/s^2)
50 年 63%	0.45	2.25	0.126	1.24
50 年 10%	0.50	2.25	0.315	3.09
50 年 3%	0.55	2.25	0.481	4.72

6 地震反应分析结果

6.1 结构自振特性

结构分析模型Ⅰ～模型Ⅳ的前5阶自振频率由表2给出，各模型振型质量参与系数如表3所示。

各模型的自振频率（单位：Hz）

表2

模型阶数	模型Ⅳ	模型Ⅴ	模型Ⅵ	模型Ⅶ
	频率	频率	频率	频率
1	2.539	2.431	2.420	2.550
2	2.162	1.837	1.821	2.157
3	1.630	1.539	1.538	1.644
4	1.602	1.480	1.479	1.586
5	1.042	0.989	0.988	1.038

各模型各向量方向的质量参与系数

表3

模型号	参与向量方向	一阶参与质量系数	二阶参与质量系数	三阶参与质量系数	四阶参与质量系数	五阶参与质量系数
模型Ⅳ（直桥）	x（%）	84.51	84.51	84.51	84.51	84.52
	y（%）	0.00	27.88	60.44	77.35	77.35
	z（%）	0.00	0.00	0.00	0.00	6.73
模型Ⅰ（R=900）	x（%）	83.94	83.98	84.01	84.05	84.06
	y（%）	0.01	26.38	54.33	77.00	77.01
	z（%）	0.00	0.00	0.00	0.00	6.39
模型Ⅱ（R=600）	x（%）	75.14	78.39	83.75	83.85	84.10
	y（%）	1.37	23.60	38.85	77.50	77.58
	z（%）	0.00	0.00	0.01	0.01	3.22
模型Ⅲ（R=300）	x（%）	66.34	72.79	83.49	83.64	84.13
	y（%）	2.73	20.82	23.36	77.99	78.15
	z（%）	0.00	0.00	0.01	0.01	0.04

6.2 单向激励下各模型的内力和位移对比

6.2.1 纵向激励下响应比较

纵向激励下，随着曲率半径的减小，部分墩底内力及梁端位移比较如图3～图5所示，图中弯矩的单位为kN·m；位移单位为mm，以下皆同。

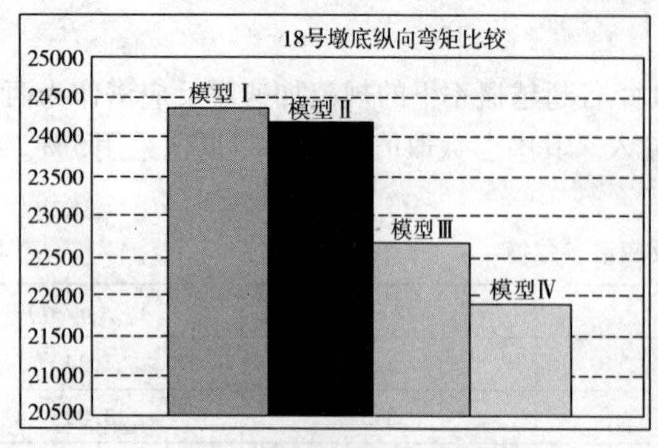

图3 18号墩墩底纵向弯矩

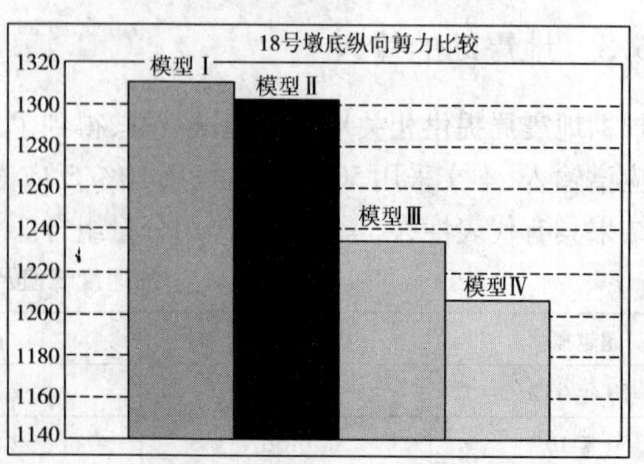

图4 18号墩墩底纵向剪力

6.2.2 横向激励下响应比较

横向激励下,随着曲率半径的减小,部分墩底内力及梁端位移比较如图6~图8所示。

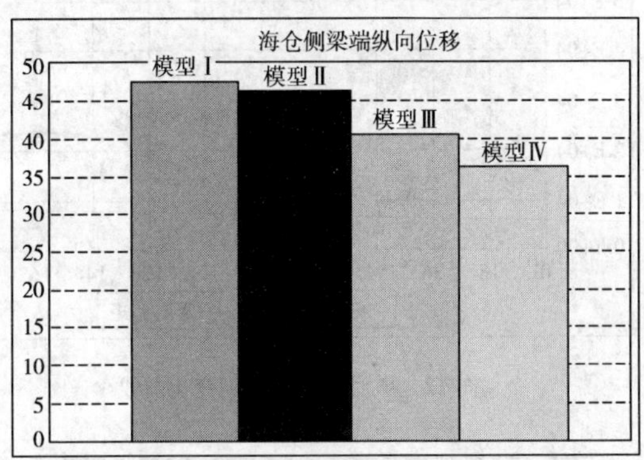

图5 海沧侧梁端纵向位移

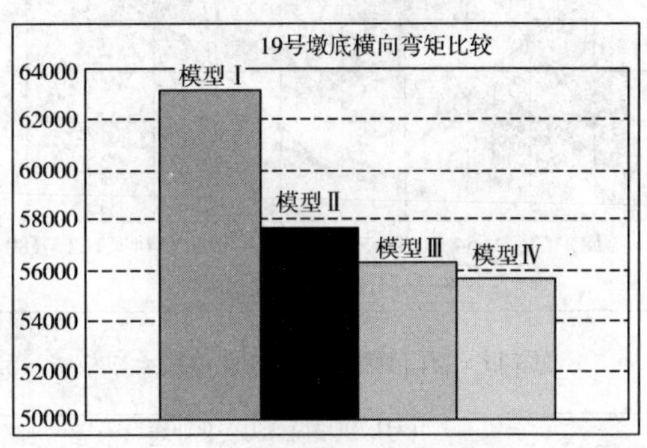

图6 19号墩墩底横向弯矩

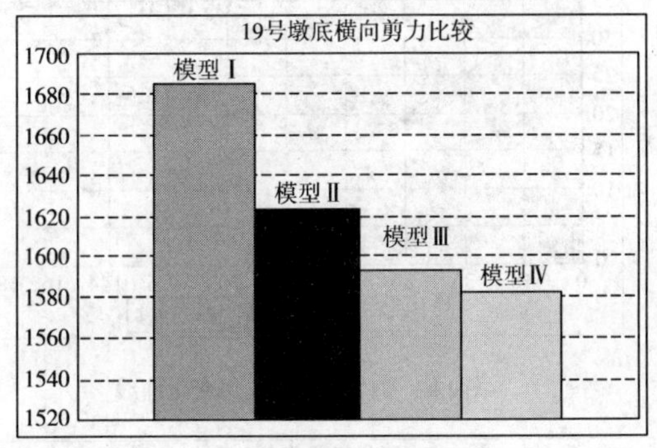

图7 19号墩墩底横向剪力

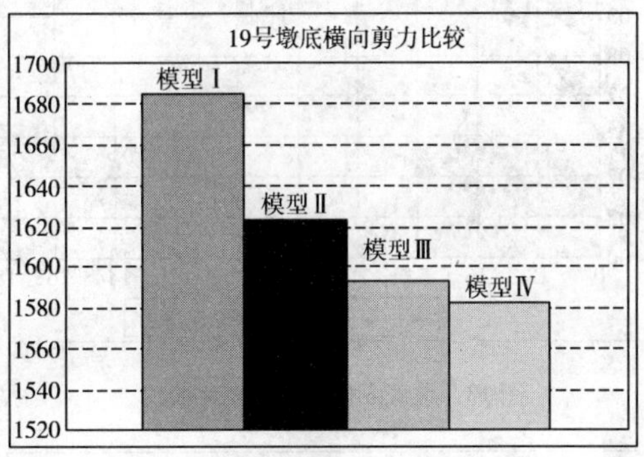

图8 厦门侧梁端横向位移

6.3 不同激励角度、不同曲率半径分析结果

不同激励角度下模型Ⅳ地震响应结果见图9~图11(横坐标为激励角度,纵坐标为内力响应,以下同):

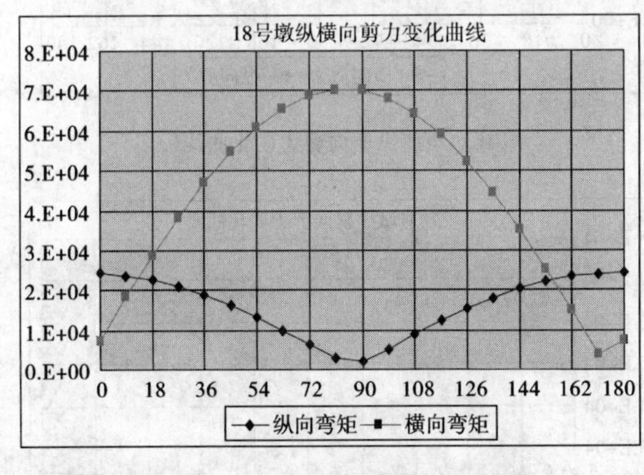

图9 墩底纵横向弯矩变化曲线

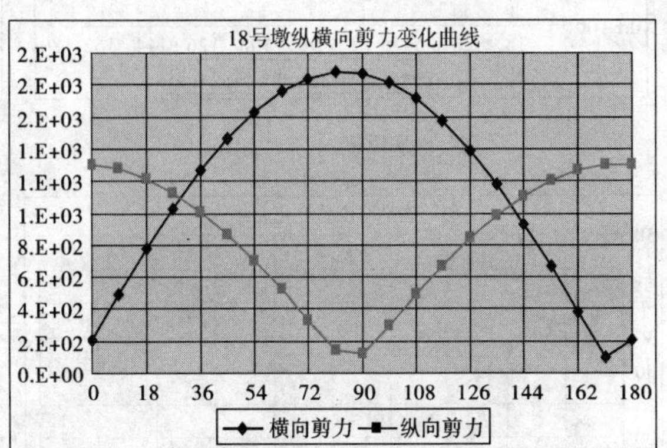

图10 墩底纵横向剪力变化曲线

不同激励角度下模型Ⅴ地震响应结果见图12~图14:

不同激励角度下模型Ⅵ地震响应结果见图16~图18:

不同激励角度下模型Ⅶ地震响应结果见图18~图20:

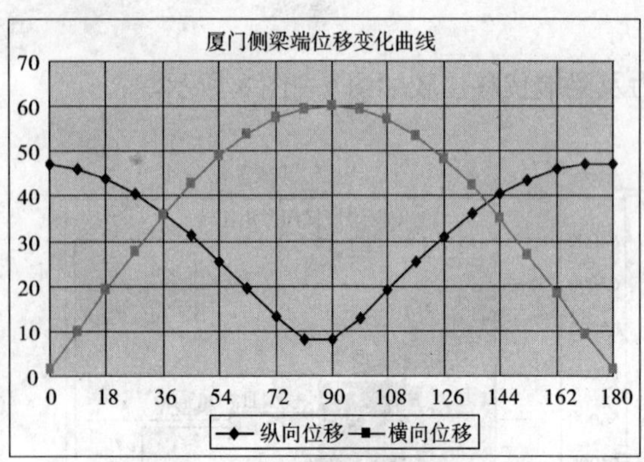

图11 厦门侧梁端位移变化曲线

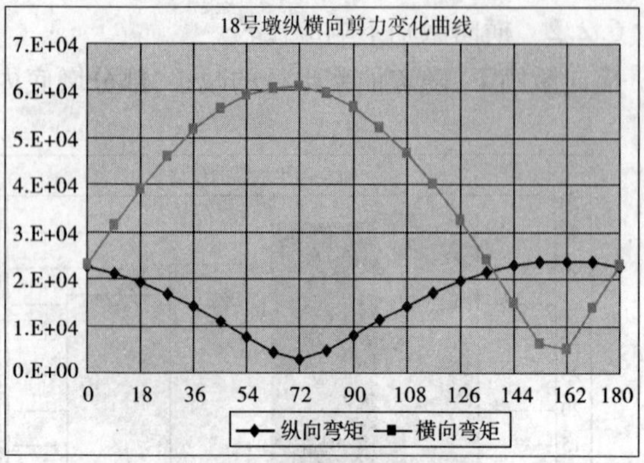

图12 墩底纵横向弯矩变化曲线

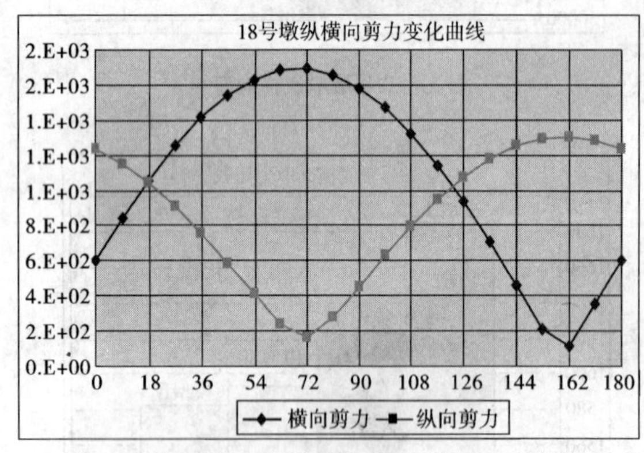

图13 墩底纵横向剪力变化曲线

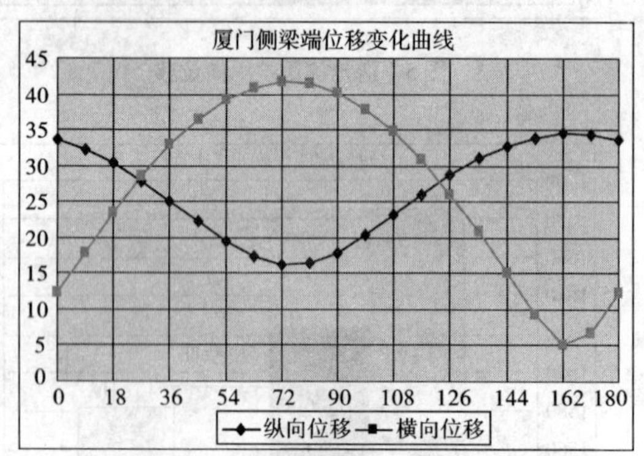

图14 厦门侧梁端位移变化曲线

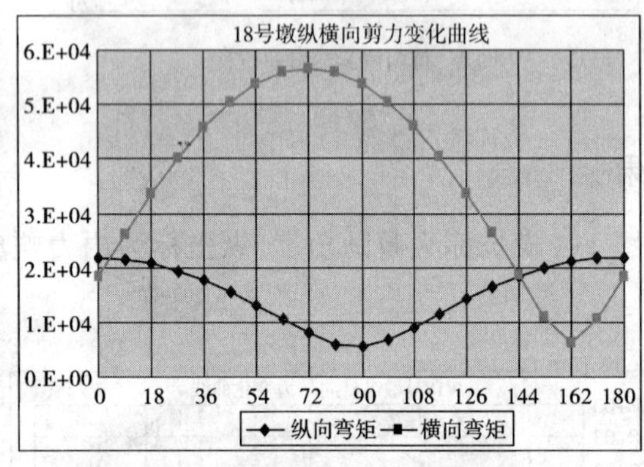

图15 墩底纵横向弯矩变化曲线

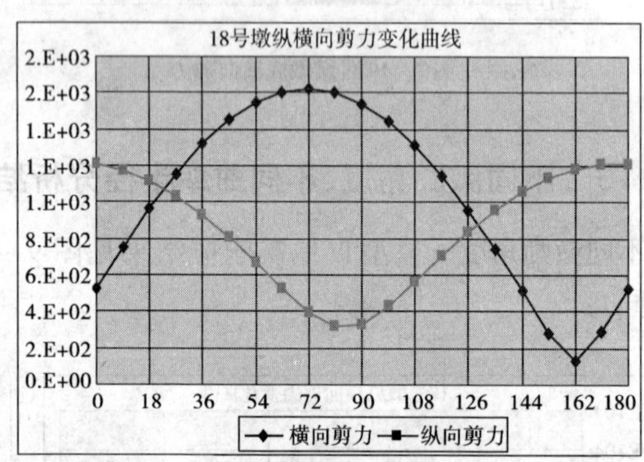

图16 墩底纵横向剪力变化曲线

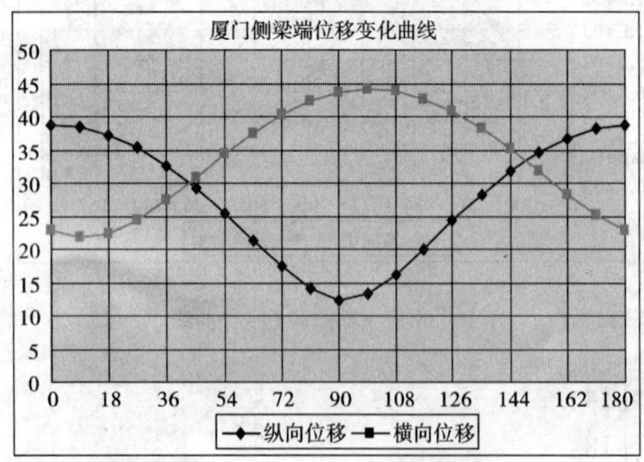

图17 厦门侧梁端位移变化曲线

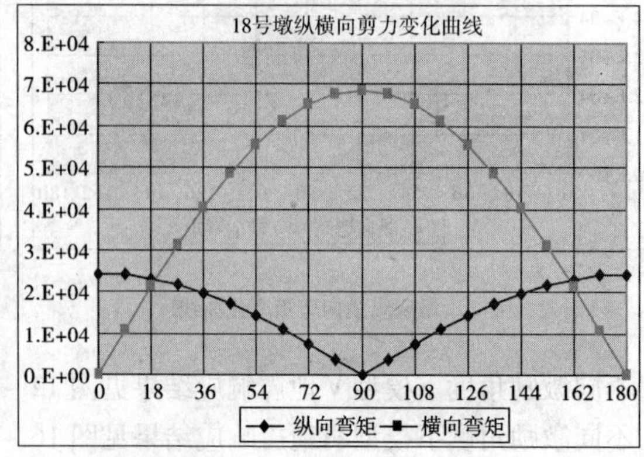

图18 墩底纵横向弯矩变化曲线

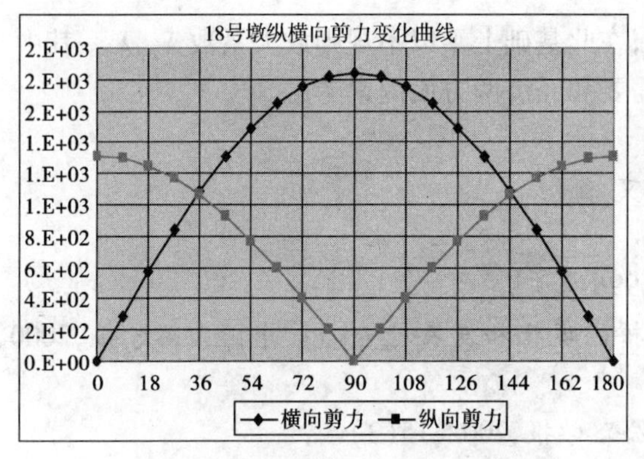

图 19 墩底纵横向剪力变化曲线

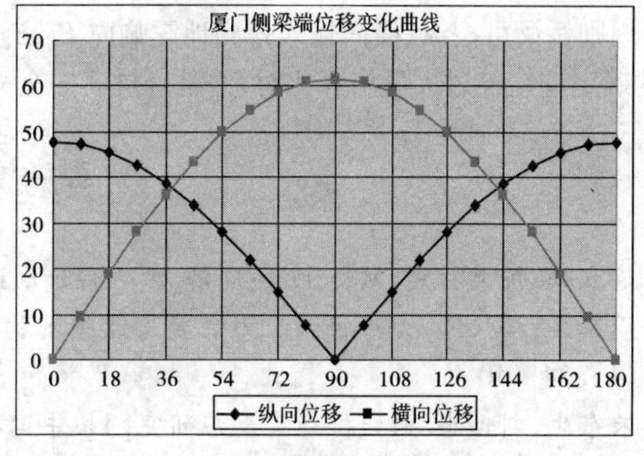

图 20 厦门侧梁端位移变化曲线

7 结语

本文通过对厦门海沧大桥西航道桥四种模型的地震响应分析和比较后，得出以下结论。

(1)由结构动力特性分析可知：

①随着曲率半径的增大直至直桥，结构的基频及第 3 阶频率逐渐减小，因为第一阶和第三阶振型都以纵横向振动为主，曲梁的横向振动类似于拱的面内弯曲振动，增大了梁的横向振动刚度，使结构变的更刚。随着曲率半径的增大，这种拱的作用逐渐减弱。

②对曲线连续刚构桥而言，纯粹某一方向的振型是不存在的，只是某一方向的分量所占比重相对大而已。随着曲率半径增大，结构一阶振型对 x 方向的振型贡献率增大，对 y 方向的振型贡献率随之减小，直桥一阶振型 y 方向振型贡献率为零(振型质量参与率为零)；这种变化趋势说明，当曲率半径变小时，振型耦合影响越来越大，而直桥则不存此问题。故对曲线梁桥的地震响应考虑水平双向地震动的耦合是必要的。

③对于规则桥(直桥)来说，低阶振型对地震响应起控制作用，故做规则桥梁地震响应分析时，一般取低阶振型即可达到精度要求，但是对于不规则桥梁(曲线桥及其他不规则桥型)来说，不能忽视高阶的贡献，取到多少阶为宜，国外规范有相应的规定。我国《公路桥梁抗震设计规范》(2004 版送审稿)规定，进行多振型反应谱法计算时，所考虑的自由度系数和振动模态数应在纵向和横向尽量获得 90% 的质量参与系数。与国外规范相比较，笔者认为此值偏低，且采用的限度(纵向和横向尽量获得 90%)不太明确。本文认为，这样的规定对直桥能满足计算需要，但对不规则桥型振型参与考虑不足。

(2)由反应谱单向激励分析结果比较图可知，在纵、横向单向激励下，随着曲率半径的减小，各墩墩底弯矩、墩底剪力、梁端位移均不同程度的减小，说明在相同条件下，由于曲线桥整体刚度提高，在不考虑弯矩扭转的前提下，曲线桥的抗震性能优于直桥。

(3)由不同激励角度各模型控制截面内力响应及梁端位移比较可知：

①曲线梁桥(不规则桥梁)没有两个比较明确的主方向(纵桥方向和横桥方向)，即按纵桥梁或横桥向地震输入所得到的内力和位移响应不是最大值，相同跨径不同曲率半径的曲线梁桥内力和位移响应的最大值，对应着不同的地震激励主方向。随着曲率半径不断增大直至直桥，地震激励主方向逐渐趋近正交的纵、横桥向，最终直桥地震激励主方向即为纵、横方向。

②设 $\lambda=\dfrac{\Omega_a}{\Omega_b}(\lambda\geqslant 1)$，其中 Ω_a 为结构响应最大值；Ω_b 为按纵、横向输入的响应值。在本文讨论的曲率半径范围内，随着曲率半径不断增大直至直桥，λ 逐渐减小，直桥 $\lambda=1$。

③本文所讨论的地震波输入主方向理论求解方法基本上还是抗震研究者的“专利”，很难被大多数设计者所掌握。为了便于工程实际抗震应用，使抗震设计者能较准确的求出不规则桥梁地震响应值，建

议不规则桥梁可按纵、横向输入得到地震响应 E_x、E_y，在此基础上乘以不规则放大系数 λ_x、λ_y。其中 λ_x、λ_y 的确定应该经过大量计算比对，并综合抗震安全需要和经济两方面因素考虑。

参 考 文 献

[1] 范立础.桥梁抗震[M].上海:同济大学出版社,1996

[2] 周军生,楼庄鸿.大跨径预应力混凝土连续刚构桥的现状和发展趋势[J].中国公路学报,2000,14(1):34－40

[3] 朱东生,刘世忠.曲线桥地震反应研究[J].中国公路学报,2002,15(3)

[4] 刘健新,张伟,张茜.洛河特大桥抗震性能计算[J]. 交通运输工程学报,2006,6(1):57－62

[5] 冯云田,李明瑞.复杂结构的弹性地震反应分析[J].地震工程与工程振动,1991,11(4)

[6] 范立础,聂利英,李建中.复杂结构地震波输入最不利方向标准问题[J].同济大学学报,2003,31(6)

[7] 黄小国,胡大琳,张后举.行波效应对大跨度连续刚构桥地震反应的影响[J].长安大学学报(自然科学版),2008,28(1):72-76

[8] 郭维.高速铁路高架桥支座的空间地震反应分析[J].世界地震工程,2002,18(3)

[9] 叶爱君,胡世德,范立础.桥梁支座抗震性能的模拟分析[J].同济大学学报,2001,29(1)

[10] [美]A. K. Chopra.结构动力学[M] 北京:清华大学出版社,2005,507-686

[11] 中华人民共和国行业标准.公路桥梁抗震设计规范(征求意见稿)[S].2004

王顶堤立交通道桥改造主梁设计

赵 欣 谢 斌 丁雪松
（天津市市政工程设计研究院 天津 300051）

摘 要 在立交通道桥的维修改造设计中，采用预制钢梁代替传统混凝土现浇板梁的设计，可保证快速实施，以最大限度地减少断交施工周期，消除交通隐患。本文以王顶堤立交1号通道桥的上部结构更换钢梁设计为例，对此进行论述。

关键词 通道桥 混凝土梁 钢梁 拉杆

1 引言

王顶堤立交桥位于天津市红旗南路与复康路相交处（图1），建于1993年，桥梁面积49 827.3m²，为机非分行定向式立体交叉形式。由于该桥是城市的主要枢纽立交之一，近年来，交通流量不断加大，超载现象时有发生，立交的几处通道桥破损严重，故需对该处通道桥的上部结构重新设计。

图1 维修改造前的王顶堤立交1号通道

2 工程概述

王顶堤立交桥有7座转向匝道，匝道与地面相交各处设有通道，通道由7个通道桥组成。其桥梁原结构形式：上部结构为现浇钢筋混凝土异型简支板梁，下部结构为混凝土打入桩加实体轻型桥台。本文以1号通道桥为例阐述设计思路。1号通道位于长江道至复康路的道路右转匝道上，原1号通道桥立面布置为见图2～图4。

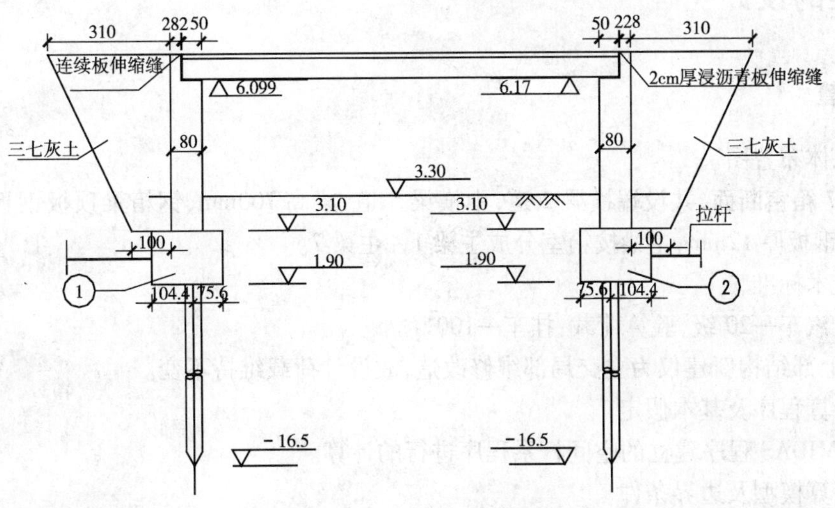

图2 原1号通道桥型布置图（单位：除高程外为cm）

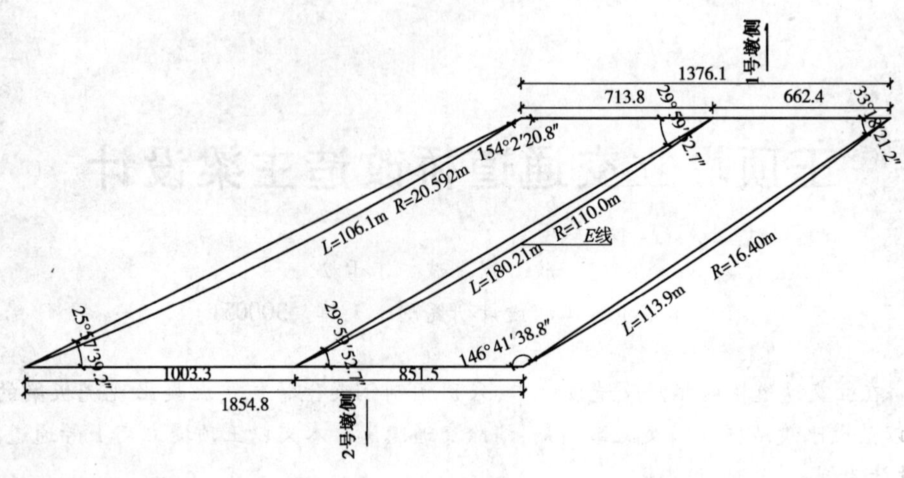

图3　原1号通道板梁平面图(单位:cm)

3　桥梁维修上部结构方案选择

在上部结构的主要设计中,分别对现浇梁和钢梁进行了比较,通道桥的上部结构选用现浇混凝土板梁的形式。经充分分析比较,采用现浇结构形式,施工时,交通限行时间较长,现场绑扎钢筋及搭支架现浇梁的工期约为9天,原施工图设计中混凝土主梁高度为50cm。因斜板梁桥受力的特殊性,根据目前的使用状况,建议增加梁高。梁高增加到70cm,结构抗力及裂缝验算才能满足规范要求,且根据计算结果,由于本桥斜交角度较大为30°,混凝土主梁设悬臂时,边单元强度不满足规范要求,设计的混凝土梁取消悬臂,这样上部结构重量增加近40%,根据通道桥的现状,下部结构尚可使用。

上部结构采用钢梁形式时,设计为钢箱断面,梁高采用70cm,钢梁可以在工厂加工后运至现场上梁,根据母材规格及运输条件决定预制宽度,可将三到四箱室预制成一个预制拼装梁段,现场拼接。现场吊装及焊接钢梁的时间可在4天之内完成,综上所述,钢梁具有工期短,重量轻,施工方便的特点。

梁高增加后,将对通道下净空产生影响,原设计净空为2.5m,实测平均净空2.6m,可采取下挖地面道路的方式保持原设计净空。桥面铺装按原设计线形接顺。

最后确定上部结构采用钢梁形式。

4　钢梁的设计

4.1　计算

4.1.1　总体布置图

全桥采用7箱室断面,共设端横梁2道,中横梁5道,梁高700mm,钢箱梁顶板钢板厚14mm,底板厚20mm,腹板钢板厚12mm,主梁按箱室分成主梁1~主梁7。

4.1.2　技术标准

设计荷载:汽车—20级,验算荷载:挂车—100

由于此次上部结构新建仅为立交局部维修改造,故设计荷载维持不变。

4.1.3　计算程序及基本假定

设计采用MIDAS程序建立的空间杆系程序进行的计算。

4.1.4　计算模型及边界条件

边界条件:2、4、6、10、12、14节点约束 *DX*、*DZ*,1、3、5、9、11、13节点约束 *DZ*,7约束 *DY*、*DZ*,8节点约束 *DX*、*DZ*、*RZ*(其中 *X*——顺桥向;*Y*——横桥向;*Z*——竖直向上)。

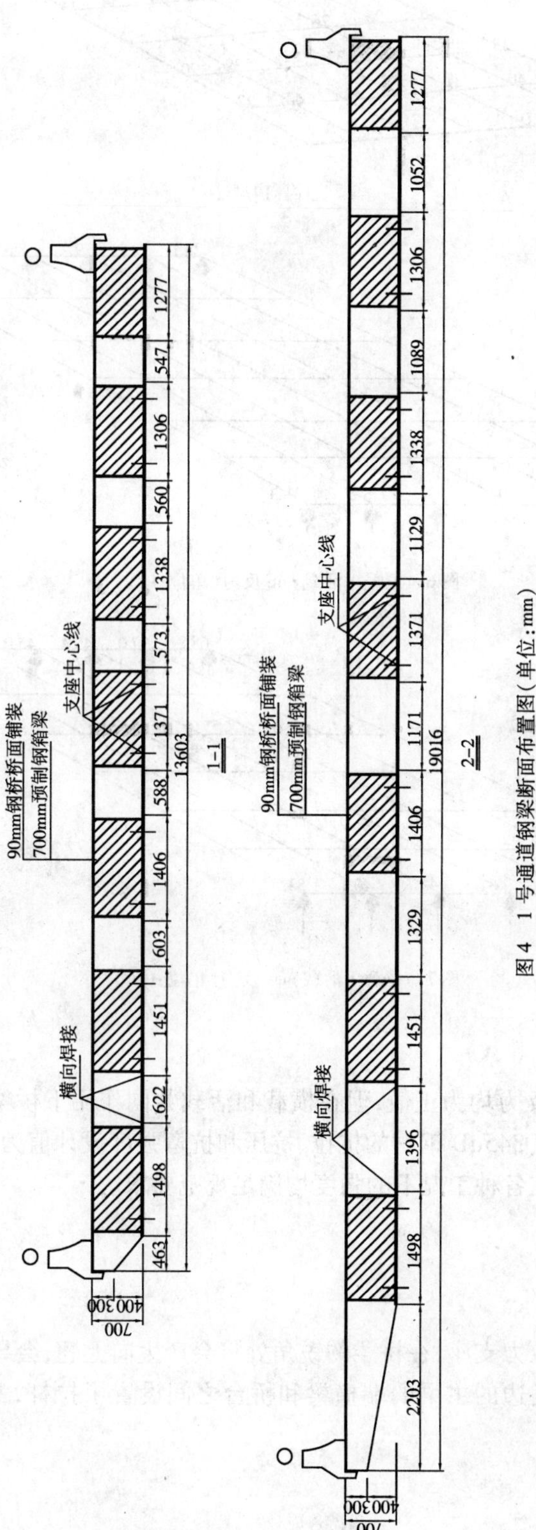

图4　1号通道钢梁断面布置图(单位:mm)

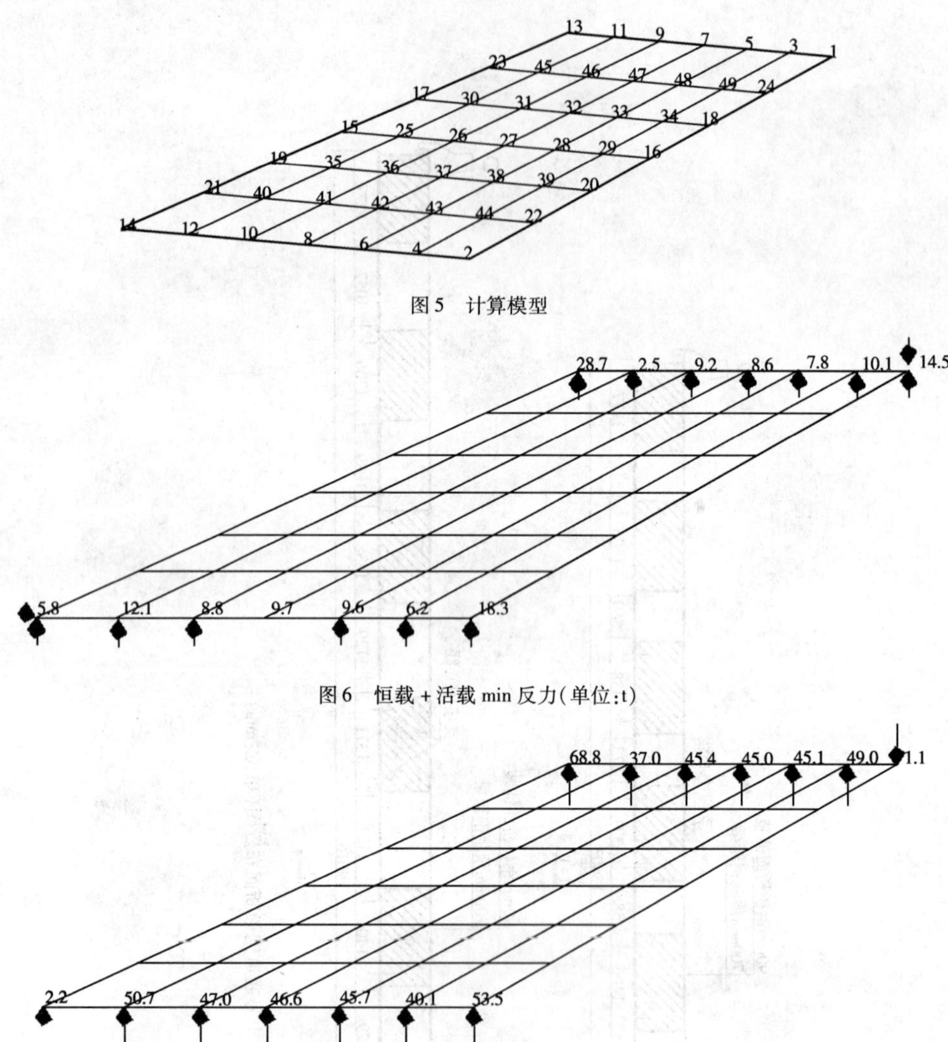

图5 计算模型

图6 恒载+活载 min 反力(单位:t)

图7 恒载+活载 max 反力(单位:t)

4.2 计算结果

由计算结果,横载作用下反力均为正值,但在横载和活载共同作用下桥梁的锐角边最大产生 -15t 的力。同时,由应力计算结果,Q345qD 钢材的抗拉、抗压和抗弯强度设计值为 295MPa,抗剪为 170MPa。

由此可以得出结论:主梁在各种工况下的强度均满足规范要求。

5 拉杆的设计

由计算结果可知,如不设拉力支座,在桥梁的锐角处将会产生向上翘,会导致汽车舒适度的降低,并可能引发交通事故,因此在锐角边的主梁的端横梁和桥台之间设置了拉杆,避免了锐角边主梁上翘的问题。

5.1 拉杆计算构思

(1)拉杆的安装要有足够的适应性,即不能使支座存在细小的托空,致使主梁在车辆荷载的作用下反复撞击桥台;也不能完全刚性以至于代替支座。

(2)拉杆应该是旧桥能够承受的结构形式,否则拉杆本身可靠性不足。

(3)拉杆应当是在不拆除旧桥时可以实施的结构,能最大限度地减少断交时间。

5.2 拉杆做法

具体作法是:在桥台上植入螺栓将拉杆底部钢板固定,另设钢板一侧与底座焊接,一侧与梁体用销棒固定,与梁体体连接的钢板在销棒处留出梁体的活动量。同时根据边主梁悬臂位置的不同将拉杆设于不同位置。

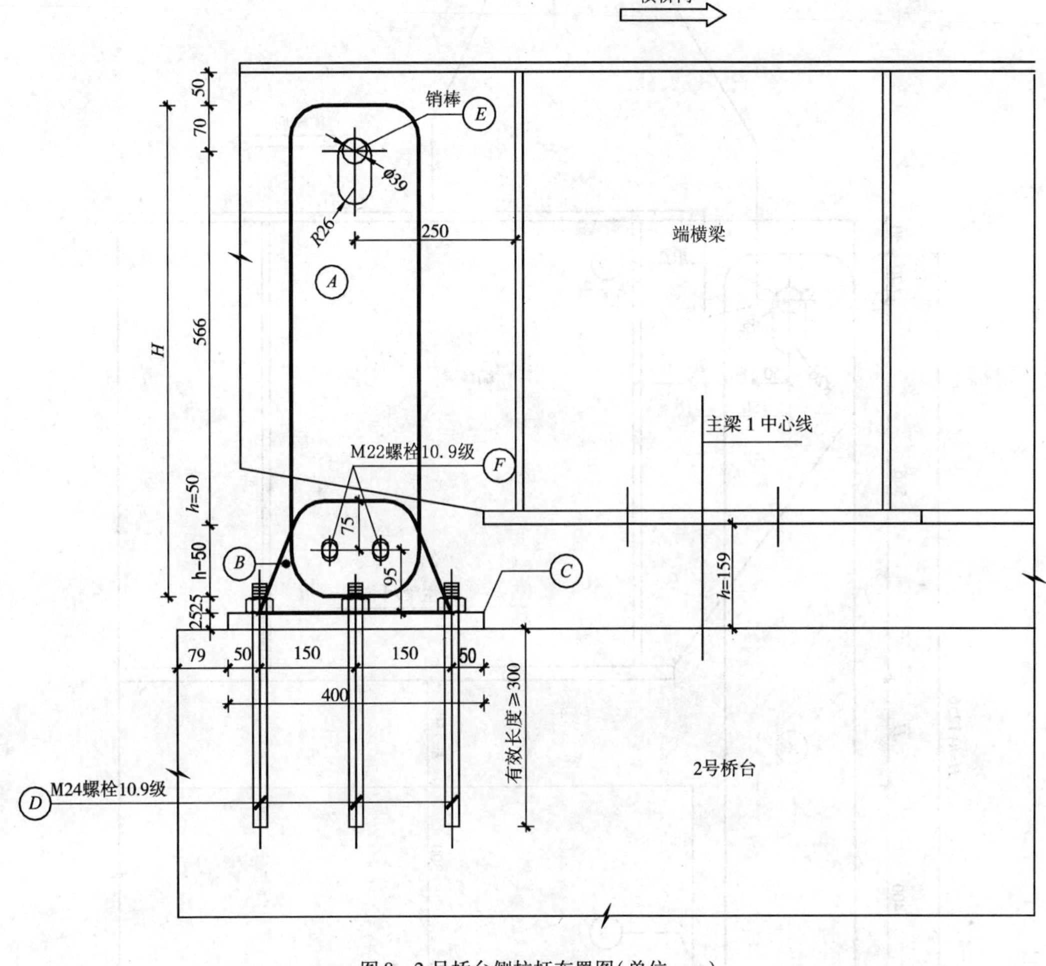

图8　2号桥台侧拉杆布置图(单位:mm)

6 施工工序

(1)为保证各板件能够全部焊接,将腹板按隔板间距断开,腹板为球扁钢预留开口,焊接时,腹板是最后焊接到箱室的板件。

(2)底板先与隔板焊接,形成构件1。

(3)顶板与球扁钢预先焊接,形成构件2。

(4)构件1与构件2焊接,后焊接腹板,腹板与球扁钢焊接,形成预制拼装梁段。

(5)拆除旧桥,在桥台处安装支座垫石。

(6)预制构件运输至现场,就位。

(7)焊顶板及隔板(隔板可栓接,以减少油漆复涂的工作量)栓接球扁钢。

(8)铺筑桥面铺装。

(9)浇注混凝土护拦,应在断绝交通的条件下进行。

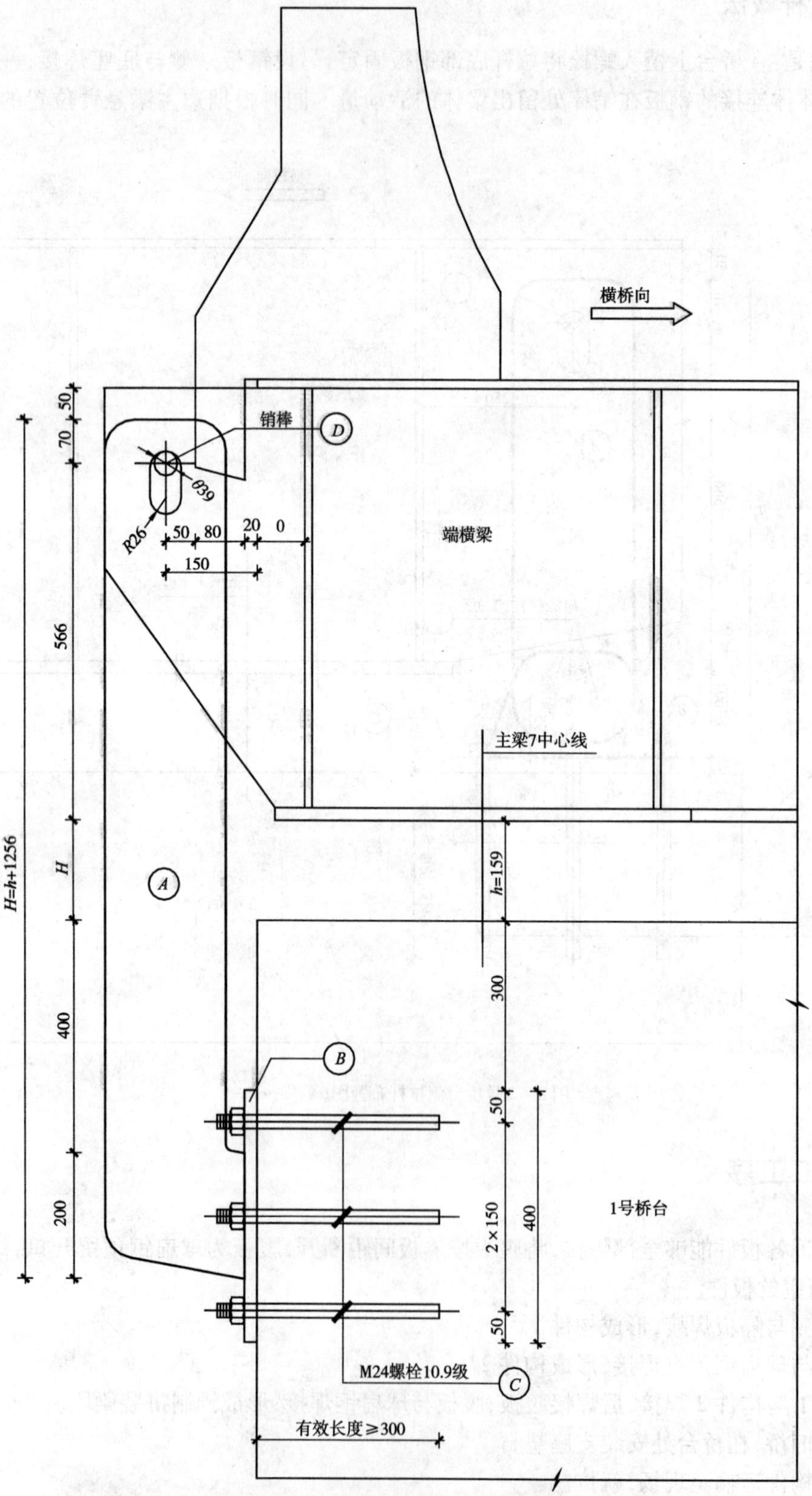

图9　1号桥台侧拉杆布置图(单位:mm)

7 结构的横纵坡

原桥经多次罩面,且处于横坡变化段,其坡度(包括纵、横坡)在任一断面的坡度都是不同的。

钢结构主梁的各个板件不可能精确复制现场这一复杂的曲面,且为结构预制方便保证质量,因此,设计将全梁设计成一个平面。该平面的四个角点与现场的四个角点相差相同的一个较小的值,使得该平面能基本符合现场情况,这样处理的主梁的顶面基本是相同的,一方面可降低主梁荷载,同时可保障沥青混凝土的使用年限。

按上述方法处理,在两桥台处的梁底横坡是不同的,为适应桥台坡度与主梁的不同,也为了消除桥台顶面不完全平整致使主梁各支座受力不均的情况,本次设计中横桥向设置了通长的钢结构垫块,与桥台间用环氧树脂粘接。

8 结语

本文通过对改造通道桥上部结构及其施工顺序的阐述,说明采用预制钢梁形式代替传统混凝土板梁的形式,是在交通量大、施工工期要求短的情况下的较好的设计方案,同时具有施工便捷,节省施工周期的特点。此桥通车后,运行效果良好。

参考文献

[1] 范立础,等. 桥梁工程[M]. 北京:人民交通出版社,1986

[2] 中华人民共和国行业标准. JTJ021—89 公路桥涵设计通用规范

[3] [联邦德国] F. 莱昂哈特. 钢筋混凝土及预应力混凝土建筑原理

[4] [日]小西一郎. 钢桥

慈海桥大型摩天轮基础分析与研究

李　伟　唐　颖　李宏祥
（天津市市政工程设计研究院　天津　300051）

摘　要　结合天津市慈海桥摩天轮的建设，建立摩天轮基础的空间应力分析计算模型，计算人字架塔腿、承台、钻孔灌注桩局部应力的分布特征及传力性能，对其结构受力及安全性进行研究。当人字架塔腿伸入到承台内一定深度时，应力不均匀现象迅速衰减，使上部结构的反力通过塔腿均匀地传至承台，再传递给钻孔灌注桩，使承台、桩可较好地协同受力，论证其构造方式的合理性。

关键词　摩天轮　人字架塔腿　承台　应力分布

1　概述

慈海桥被誉为“天津之眼”，是一座集交通、观光和商业于一体的多功能的公共建筑物（图1）。主桥采用钢桁架梁的结构形式，分为两层。上层为机动车道，下层为非机动车道、步行通道、商业空间以及摩天轮的等候室和站台（图2）。

图1　慈海桥建成后照片

图2　桥上行车方向实景照片

主桥中央的河面上竖立起直径为110m的摩天轮和两个高度达65m的人字形钢结构塔架。人字形塔架结构则由互成120°的三条直线型钢箱体组成，在顶部用横梁连接两个人字形钢结构塔架，并支撑摩天轮。

主桥上、下行之间预留4.4m间隙，供摩天轮穿过。

摩天轮与主桥结构基本独立，人字架跨径120m，塔腿根部采用平行钢丝束连接，用以部分解决自重情况下产生的巨大水平力。水平拉索偏置于人字架根部，使人字架和承台均处于非常复杂的受力状态，同时受有拉、压力、弯矩、剪力、扭矩的共同作用。

摩天轮人字架与基础连接形式为刚接，与常规摩天轮有较大不同；人字架采用钢结构埋入混凝土承台能否真正实现刚接，是保证摩天轮结构安全的重要条件。

为保证刚接，人字架塔腿埋入承台长度为7m，并采取钢箱内设置横隔板、灌注混凝土、钢箱外设置剪力钉等连接措施，其局部构造非常复杂。因而，该人字架塔腿与承台连接部位的局部应力分布也相当复杂，是整个摩天轮结构受力的薄弱部位之一。人字架伸入承台的端点跟承台底仅1.85m的距离，人字架根部的巨大反力能否均匀传递到承台中，并传递给承台下的钻孔灌注桩，是保证结构安全性的关

键，因此，有必要对该承台进行空间应力分布特征及其传力安全性作深入的理论及试验研究。

本文建立了承台局部应力空间分析模型，并考虑人字架钢结构与承台混凝土的不同材料组合。计算分析了人字架钢箱入承台处、承台内部、承台与钻孔灌注桩相连处的空间应力分布特征，对其结构受力与传力安全性进行了研究。

2 摩天轮承台空间应力分析

位于子牙河西堤岸的5号墩摩天轮承台长57.6m，宽16.8 m，承台基础高5.0m，承台与钢箱梁联结部位高于承台基础4.763 m，承台下共有34根桩；位于子牙河东堤岸的6号墩摩天轮承台长57.6m，宽17.6 m，承台基础高6.0m，承台与钢箱梁联结部位高于承台基础3.25 m，承台下共有34根桩。

对5号、6号墩分别进行了空间应力分析，下面仅以5号墩承台为例进行说明。

2.1 全摩天轮体系受力分析

摩天轮人字塔架总体结构轮廓如图3所示，采用空间杆系有限元法建立整个摩天轮体系静力计算模型。根据《建筑结构荷载规范》（GB50009—2001）、《建筑抗震设计规范》（GB50011—2001）、《游艺机和游乐设施安全》（GB8408—2000）、《观缆车类游艺机通用技术条件》（GB18164—2000）中关于荷载组合、安全系数的规定，分别对恒载、活载、风荷载、地震荷载、温度力进行了组合，计算得到该结构在22种荷载组合下的结构内力，并采用其中的控制工况C7工况（恒载+活载+风荷载）作为该承台局部应力理论计算加载的依据（表1）。

承台有限元计算中的荷载C7　　表1

组合工况	说　明	R_x (kN)	R_y (kN)	R_z (kN)	M_x (kN·m)	M_y (kN·m)
C7	1.2×1.3恒+1.4×1.3活+1.4正Y风	−5 109	−3 697	−17 146	62 412	31 143

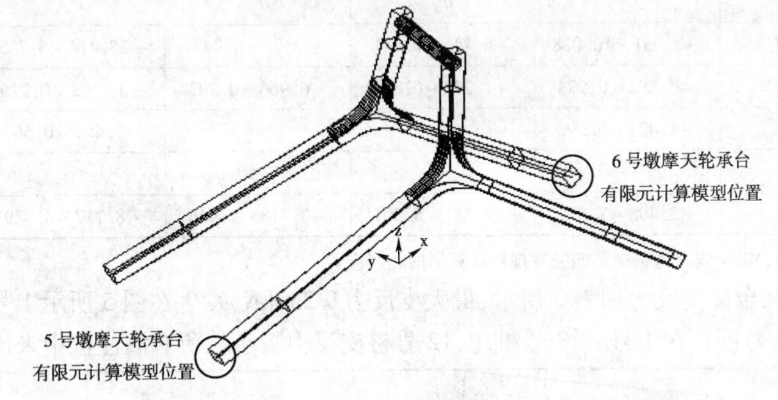

图3　摩天轮人字塔架总体结构轮廓图

2.2 承台局部应力理论计算模型

由于摩天轮承台结构和受力的对称性，摩天轮承台结构取一半进行有限元计算，5号墩摩天轮承台有限元计算模型的尺寸及坐标系方向见图4所示。

经计算，钻孔灌注桩由桩顶向下约6.5m处为弯矩零点，承台有限元计算模型中18根桩向下取6.5 m作为嵌固点，桩底为固定端约束。由于取承台结构的一半进行计算，所以图4中右侧为对称面

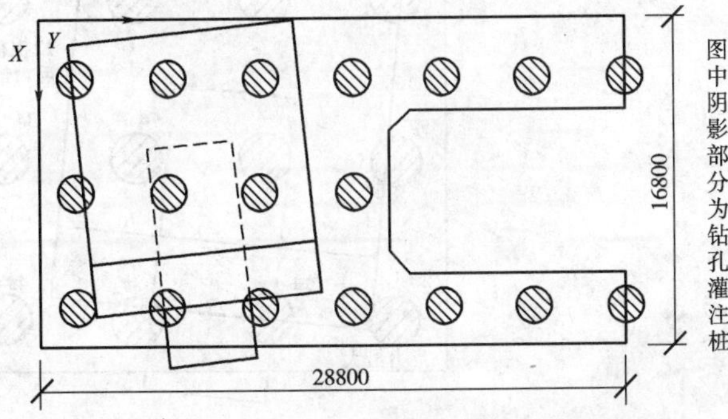

图4　摩天轮承台有限元模型尺寸及坐标方向示意图（单位：mm）

约束。

有限元计算中,承台、人字架塔腿、灌注桩均采用 8 节点任意六面体(块体)单元进行模拟。由于人字架塔腿根部内灌 C40 混凝土,因此,塔腿侧板及顶、底板均采用钢块体单元模拟,而塔腿内灌混凝土及承台、灌注桩采用混凝土块体单元模拟。计算按照考虑塔腿钢箱内横隔板,以反映塔腿的真实刚度。塔腿内、外的剪力钉使钢板和混凝土能共同受力,计算中未采用剪力钉单元,而假定拱肋钢板体单元与混凝土块体单元接触点变形协调。5 号墩摩天轮承台应力分析中,单元总数为 309 753 个。

2.3 承台空间应力分布特征

5 号墩摩天轮承台应力状态如表 2 所示,最大应力发生在钢箱梁与承台联结部位。最大压应力 25.414MPa,为 Z 方向应力(坐标系方向如图 4 所示);最大拉应力 10.841MPa,为 X 方向应力。但是最大应力区域较小,为局部应力。在距人字架塔腿和承台承压面向外约 0.45m 处,应力已非常均匀,应力集中现象很快消失。

钢箱梁内混凝土最大拉应力 5.301MPa,为 X 方向应力。但最大应力区域也较小,为局部应力。在接触面向内侧约 0.3m 处,基本不存在应力集中现象。

人字架塔脚进入承台处,承台采用 C40 混凝土,抗拉设计强度为 1.65MPa,抗压设计强度为 18.4MPa,计算出的拉、压应力均超过混凝土的抗拉、抗压设计值。但由于其最大拉、压应力仅出现在局部很小的区域,并且计算中未考虑应力重分布现象,因此不会对该承台总体受力带来太大影响。但应在承台混凝土对人字架塔腿承压的局部区域采取相应的构造措施,如设置钢筋网。

随着人字架塔腿插入承台的深度,应力逐渐减小。承台底部应力较小,最大压应力 3.403 MPa,为 Z 方向应力;最大拉应力均小于 1 MPa。当塔腿伸入承台 2.5m 时,塔腿钢箱和承台混凝土应力分布已非常均匀,即塔腿钢箱和承台可实现共同受力,并将反力比较均匀地传递到下部的钻孔灌注桩,不至因塔腿端部距承台底过近,而出现局部灌注桩受力过大而破坏的现象。

5 号墩摩天轮承台应力状态(MPa) 表 2

位置	σ_1	σ_x	σ_y	σ_z	Mises 应力
钢箱梁与承台联结部位混凝土	-3.931 ~ 16.088	-6.44 ~ 10.841	-7.71 ~ 8.948	-25.414 ~ 5.738	—
承台底部	-0.892 ~ 0.993	-1.273 ~ 0.853	-0.966 ~ 0.993	-3. 403 ~ 0.229	—
桩	-1.421 ~ 0.592	—	—	-7.689 ~ 0.563	—
钢箱梁	—	—	—	—	0.064 ~ 69.411
钢箱梁内混凝土	-2.498 ~ 7.572	-9.851 ~ 5.301	-3.318 ~ 4.446	-8.717 ~ 4.089	—

注:σ_1 为第一主应力,Mises 应力为根据第四强度理论计算出的相当应力。

5 号墩摩天轮承台桩支反力如表 3 所示,最大支反力 9 230kN,发生在图 5 所示 1 号桩,最小支反力 2 057kN,发生在 15 号桩。在 1 号 ~ 12 号桩中,12 号桩支反力最小。所有灌注桩中未出现上拔力。

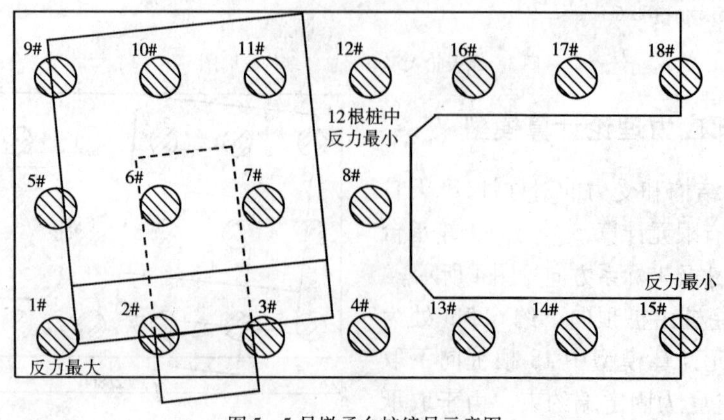

图 5 5 号墩承台桩编号示意图

5号墩摩天轮承台桩支反力(kN)　　表3

位置	1号	2号	3号	4号	5号	6号
桩支反力	9 230	8 655.2	6 843.8	4 636.1	7 594.2	6 747.3
位置	7号	8号	9号	10号	11号	12号
桩支反力	5 271	3 743.8	5 239.8	4 432.6	3 529.9	2 905.4
位置	13号	14号	15号	16号	17号	18号
桩支反力	3 032.9	2 265.5	2 057	2 674.2	2 700.7	2 739

3　结语

通过对摩天轮承台的空间应力分析,可得到如下结论:

(1)该摩天轮承台在设计荷载的作用下,具有足够的安全性。

(2)人字架塔腿伸入到承台内一定深度时,应力不均匀现象迅速衰减,使上部结构的反力通过塔腿均匀地传至承台,再传递给钻孔灌注桩,使承台、桩可较好地协同受力,该种构造方式比较合理。

(3)人字架塔腿和承台混凝土承压面,混凝土拉、压应力较大,局部应力集中现象比较明显。须采用相应的构造措施进行处理,如加设钢筋网或钢板。

根据上述研究结果,调整人字架塔腿和承台的设计图纸,对承压面进行局部加强。目前慈海桥已建成并投入使用,摩天轮进行试运营,并立即成为天津市的地标性建筑物。

参考文献

马坤全,等.V形刚构组合拱桥拱脚空间应力分析.世界桥梁,2003(1)

天津市混凝土桥梁常见病害分析及维修加固案例

孙运国　张广寅　孟永亮　何立忠
（天津市市政工程研究院　天津　300074）

摘　要　本文主要介绍了天津市桥梁形式浓郁的时代特点，混凝土桥梁常见病害及成因分析，重点介绍了几座桥梁的维修加固案例，为桥梁养护维修提供借鉴经验。

关键词　混凝土桥梁　病害　维修加固

1　天津市桥梁概况

天津地处渤海之滨，九河下梢，水网密布，各种各样的桥梁具有鲜明的时代特征。目前全市共有市政、公路桥梁约两千多座，天津的桥梁建设大致可以分为三个阶段。

1.1　1949年以前，以海河上的开启桥为代表

鸦片战争以后，帝国主义列强纷纷在天津海河两岸建立租借地，为了解决海河两岸的交通问题，在海河上修建了大量的桥梁，由于当时海河具有航运功能，所以这一时期多数桥梁具有开启功能，结构以采用铆栓接工艺的钢桁架梁为主，代表了当时世界上较先进的桥梁技术，标志性桥梁为解放桥，见图1a）。

a)

b)

c)

d)

图1　不同年代的典型桥梁
a）解放桥；b）里台立交桥；c）永和斜拉桥；d）大沽桥

1.2 解放后至70年代末，在市政、公路、水利工程建设中修建了一批混凝土桥梁

这一时期是天津经济建设恢复的时期，建设了一些市政、公路桥梁，以海河上的桥梁最有代表性，桥梁结构以预应力混凝土结构为主，大多采用简支单悬臂带挂孔结构，主梁结构既有T型梁也有箱型梁。

1.3 80年代至今进行的城市改造及公路建设中修建了大量桥梁

20世纪80年代，正是我国改革开放初期，天津也迎来了一个城市建设发展的机遇，随着三条城市环线的不断建设，开始了天津的城市桥梁建设，以八里台立交桥的建设为代表，出现了大量城市立交桥；同一时期还建造了主跨260m永和斜拉桥、主跨100m三跨变截面连续箱梁结构的华北桥等一批大跨径预应力混凝土跨河桥梁。

90年代，主要是结合城市改造的市政建设桥梁及公路、高速公路桥梁，特别是在高速公路建设中，中小跨径桥梁大量采用预应力混凝土预制工艺，如先张、后张预应力混凝土板梁，后张预应力混凝土T梁等，建设了大量拼装结构桥梁。目前，高速公路桥梁病害的90%出现在这些结构中。

2000年以后，随着城市快速路、高速公路、海河改造工程的建设，出现了一批城市高架桥、大型立交桥、特殊结构桥梁，见图1。

2 桥梁主要病害及成因分析

2.1 桥梁主要病害

2.1.1 预应力混凝土板梁开裂

预应力混凝土板梁一般采用先张法和后张法两种施工工艺。

先张板梁开裂主要表现为梁底横向开裂，该种病害现象是高速公路桥梁的通病之一，跨径由10～25m均有不同程度的开裂现象，带有普遍性。开裂部位一般为1/4跨至支点部位。

后张法预应力混凝土板梁开裂主要表现为梁底纵向开裂，这种病害基本发生在跨径20m以上后张预应力混凝土大孔板梁，裂缝一般位于梁底正中，沿梁底纵向贯通。

这种病害一般均伴有渗水现象，容易造成钢筋锈蚀，使病害加重。

2.1.2 水损害、混凝土破损、钢筋锈蚀

这三种病害，相伴相生，桥梁混凝土构件普遍存在这三种病害。他们发生具有规律性，一般发生于水源处，如：防水薄弱点，梁体外侧、泄水孔处等。一般都是由于梁体在开裂状态下遇到水侵入，水和空气作用造成钢筋锈蚀，钢筋锈蚀引起混凝土涨裂破坏。

2.1.3 预制混凝土梁局部构造损坏

这种病害主要是板梁铰缝损坏和T梁横隔板损坏。

板梁铰缝结构的技术处理经历了由小铰缝演变成大铰缝的过程，但一直是预制板梁结构桥梁的受力薄弱点，特别是随着交通量的增长和轴载的不断增大，板梁铰缝损坏的越来越严重，铰缝损坏后造成单板受力，使梁体结构破坏。

早期的T梁桥，由于T梁间采用铰接形式，横隔板结构一般采用干接法即钢板焊接连接，这种结构无法适应目前的重载交通，破坏非常严重，主要是钢板开焊、横隔板剪切开裂。

2.1.4 曲线箱梁横移、扭转

城市道路和高速公路的立交桥大量采用了曲线箱梁桥的结构形式，该种结构在车辆荷载和温度升降的作用下，有向曲线外侧移动的倾向，如果结构处理不当，如：支座的设置和选型、纵横向限位措施的选择等等，就会出现结构横移，严重的还会发生箱梁扭转现象。

2.1.5　预应力混凝土连续箱梁腹板开裂梁体下挠

预应力混凝土连续箱梁桥腹板开裂和梁体持续下挠在国内具有普遍性，天津类似的桥梁也存在这一问题。天津现有的连续梁桥以腹板开裂为主，由于开裂引起下挠。

2.1.6　独柱支撑宽梁颤振

桥梁在跨越道路、高速公路、铁路、河流等障碍，在斜交或地面空间受限情况下，大多采用独柱墩形式。该种结构一般体系刚度较小，如果梁体较宽、支撑布置不合理，就会产生梁体颤振现象，造成桥面铺装纵向开裂、行车不适、安全感差等病害，严重的，梁体也有开裂现象。

2.2　现状病害成因分析

2.2.1　现状重载交通的特点造成桥梁病害多发

现状交通的特点是交通量大、重载车辆多、超载严重。据高速公路记重系统统计，最大车载重接近300t，是规范重车重量的5倍多；另外在交通车辆的组成中货车超过了50%，这些现实的交通特征就说明设计规范中的荷载模型与实际交通车辆性质差别很大。现行标准已不能满足现状交通的需要，桥梁结构出现病害也就成为了一种必然现象。

2.2.2　桥梁施工质量缺陷造成病害普遍

目前，我国桥梁施工技术水平不高，粗放的施工管理造成桥梁成品质量缺陷很多，另外由于不合理的工期安排，使得国内很难看到精细化施工的桥梁。桥梁的先天缺陷，造成在桥梁运营初期病害频发，而且有些病害无法根除。

2.2.3　设计水平决定了桥梁的先天素质

桥梁病害多发也是设计水平的集中体现，我国目前运营桥梁的设计中普遍存在构造细节设计不合理的现象，设计中普遍存在着过于倚重理论分析，对构造细节处理轻视的现象。另外在特殊的历史阶段由于片面追求经济指标，使桥梁结构刚度过小，普通钢筋过少，结构缺陷严重；还有常规桥梁设计中注重构件设计，对结构体系总体考虑不足，造成设计缺陷。

2.2.4　养护管理不足

由于我国正处于交通基础设施建设的高潮，"重建轻养"的现象普遍，养护资金投入严重不足，造成桥梁养护不及时，使小病养成大病。

3　桥梁维修加固案例

3.1　中环线八里台立交桥

3.1.1　桥梁概况

八里台立交桥始建于1985年，位于中环线与卫津路交口处，是天津市中环线上重要的交通枢纽之一，该桥采用苜蓿叶式线形结构，上下三层分为东西向主桥和南北向主桥，另有四处匝道相接。八里台立交桥东西方向全长847.62m，桥面高度12.97m，南北长495.984m，桥面高度6.99m，车行道全宽17m，四个匝道全长709.702m，宽12~15m。总计立交面积为34 600m^2，其中桥梁结构面积为23 120m^2。上部结构为简支板梁、T梁及现浇异型板梁；下部结构为预制打入桩基础及钢筋混凝土柱型桥墩及薄壁式桥台。设计荷载为汽—20级，验算荷载挂车—100(图2)。

3.1.2　主要病害

该桥在维修前进行了一次全面的检测，主要检测结果如下：

上部结构：

①现浇异型板梁梁底裂缝较多，部分裂缝超过规范限值。

②预制梁梁头损坏。

a)

b)

c)

d)

图2 八里台桥结构维修施工

a)铺设桥面钢筋网;b)盖梁混凝土修补;c)墩柱维修;d)伸缩缝维修

③T 梁横隔板连接钢板开焊。

④预制梁边梁泄水管部位钢筋锈蚀、混凝土开裂脱落严重。

下部结构:

墩柱盖梁混凝土缺边掉角、大面积混凝土剥落,钢筋锈蚀,特别是伸缩缝部位的盖梁病害严重。桥台台身开裂,大面积混凝土剥落,钢筋锈蚀。

桥面系:

①沥青混凝土纵、横向裂缝多,局部损坏形成坑槽。

②全桥所有伸缩缝均已损坏。

③桥梁照明灯具设施破损严重。

④交通噪声大。

3.1.3 维修加固措施

上部结构:

①预制 T 梁、现浇板梁:首先进行裂缝维修处理,然后采用粘贴碳纤维对结构补强。

②T 梁横向连接:改干接头为湿接头,增加横向刚度,损坏部位维修后采用粘贴碳纤维补强。

下部结构:

对墩柱、盖梁、桥台的裂缝进行维修处理;采用奥克砂浆对混凝土破损处进行修补;损坏严重的部位,凿除疏松混凝土,挂焊接钢网,然后灌注 H 型高强灌浆料。

桥面系:

解决桥梁水侵蚀造成损害的根源,措施如下:采用轻质混凝土,增加桥面铺装混凝土厚度,加大桥面横坡,以利排水;增设桥面防水层;改造伸缩缝为永久型防水伸缩缝;改造泄水孔,增设滴水檐。

3.2 津沧高速公路唐官桥

3.2.1 桥梁概况

唐官屯桥始建于1995 年,其位于静海县境内,是(津沧高速公路跨越津浦铁路的一座重要桥梁。该桥共21孔全长475.6m,桥宽18.6m,跨径布置为4×20m(T梁)+(20m+2×30m+32m+2×30m+20m)(箱梁)+10×20m(T梁)。设计荷载汽车—超20级,挂车—120。上部结构在形式上可以分为三段,中间一段为七孔(20m+2×30m+32m+2×30m+20m)双向部分预应力连续箱梁,单箱四室断面,梁高1.44m,其他两段即靠两侧桥台共计14孔采用装配式钢筋混凝土T型梁,梁高1.30m,中梁宽1.60m,边梁加大悬臂侧宽2.0m。下部结构桥墩为八角形钢筋混凝土双柱及箱梁部位的独柱,基础为钻孔灌注桩和打入方桩(图3)。

a)

b)

图3 唐官屯立交桥维修施工
a)独柱墩改造;b)T梁翼板改造

3.2.2 主要病害

上部结构:

①在汽车荷载作用下箱梁结构振颤较为严重,特别是独柱墩之间的箱梁,振颤尤其严重。

②箱梁局部有开裂和破损现象。

③T梁横隔板连接部位损坏,连接钢板开焊。

④T梁间的铰接缝及边梁外侧有渗漏水现象。

桥面系:

①TS-80和TS-16伸缩缝靠背混凝土损坏比较严重,局部靠背混凝土已经破碎。

②桥面连续结构处(T梁)沥青面层大多有横向通裂,并有拥包现象。

③箱梁顶面混凝土铺装普遍有纵、横向通裂,桥面钢筋网局部外露。

3.2.3 维修加固措施

上部结构:

①连续箱梁减颤措施是在箱梁独柱两侧承台植埋钢筋做钢柱,顶部设置减颤可调升降支座;钢柱内浇30号混凝土,两侧新增钢柱与主墩柱用钢构件连接增强横向钢度。

②箱梁开裂裂缝和局部混凝土破损进行修补。

③T梁横隔板的连接改干接头为湿接头。

④T梁翼板连接改干接头为湿接头。

桥面系:

①桥面铺装:将原桥面铺装全部铲除至箱梁、T梁顶面,重新铺二层ϕ12cm,间距10×10cm,冷拉带肋焊接钢网,并用短筋支护防止塌陷变形。

②T梁连续桥面结构,连续缝部位3m范围采用ϕ12cm,间距10×10cm钢筋进行加强。

③桥面铺装混凝土采用C40聚丙烯纤维混凝土。

④桥面防水层采用桥面专用防水卷材。

⑤重新安装损坏的伸缩缝。

3.3 中环线顺驰立交桥

3.3.1 桥梁概况

顺驰桥建于1997年,位于中环线红星路与放射线卫国道、城市主干道华昌大街的交叉口,为五岔路口。该桥为三层互通立交,分为5条线。其中W线为卫国道主线,总长314.543m,跨径布置为(4×25m+30m)+(25m+30m+2×25m)+(20.86m+2×20m),宽度为11m。W线外侧匝道9′~21′墩桥梁弯道半径为200m。W线上部结构为3联(12孔)混凝土连续箱梁,其中9′~18′墩分别为5跨和4跨一联的预应力混凝土连续箱梁,18′~21′墩为普通钢筋混凝土连续箱梁。下部结构桥墩为矩形独柱结构,墩柱高度为10~15.8m,基础为钻孔灌注桩。设计荷载标准为汽—超20,挂车—120(图4)。

3.3.2 主要病害

上部结构:

①箱梁横向扭转,桥面横坡由曲线外侧超高变为反向超高,最大变化量为1.81%。

②箱梁向曲线外侧偏移,最大偏移为15.9cm;支座中心线和梁体中心线产生错移。

下部结构:

14′和18′桥墩墩顶发生了向曲线外侧的倾斜,倾斜值分别为12.0cm和4.0cm,14′墩曲线内侧墩身有多条环绕裂缝。

3.3.3 维修加固措施

上部结构:

①对连续箱梁整联顶升并将其横坡加以调整,水平位移不再纠偏。

②将各独墩上单支座更换为双支座,改善上部结构受力状况。

下部结构:

①对两联连续梁连接墩(14、18号)独柱矩形截面沿桥横向两侧各扩大50cm截面加固,扩大截面加固前,对独柱表面裂缝进行注胶封缝。

②对桥墩所有9个独墩柱顶1m范围内环绕焊接钢板加强箍,在横桥向设置箱梁横向限位架。

a)

b)

图4 顺驰桥维修施工

a)箱梁顶升;b)新增横向限位装置

4 结语

桥梁作为公共基础设施,关系着国计民生,确保安全畅通责任重大。在桥梁生命期内,设计、施工、养护、检测、维修加固是保障桥梁安全的各个环节,缺一不可,只有把好每一道关,才能确保桥梁终生健康。

由汶川地震对桥梁的损毁引发的对桥梁抗震设计的思考

——加强桥梁抗震设计中的构造措施

于晓东

(大连市市政设计研究院有限责任公司　大连　116011)

摘　要　通过对汶川地震中桥梁损毁资料的收集和分析,介绍了桥梁震害产生的各种原因以及从设计的角度避免震害发生的应采取的构造措施。桥梁结构抗震设计是桥梁设计中的重要环节。文章通过对桥梁在地震过程中结构破坏特征,以及细部构造对桥梁抗震性能的影响,提出为防止和减轻震害,提高结构的抗震能力,对结构构造进行改善和加强处理,使设计的桥梁结构对在震区可能发生的地震有足够的安全储备,减少震害的发生。

关键词　桥梁　震害　抗震　构造措施

1　前言

地震是威胁人类的一种突如其来的自然灾害,持续的时间很短,造成的损失巨大,具有突发性和毁灭性的特点。全世界平均每年都会发生十几次造成破坏性灾害的地震。桥梁是供汽车、火车、行人跨越障碍的建筑工程物,地震给桥梁带来的破坏在很大程度上都超过了其他自然动荷载的作用。严重的桥梁震害不但直接影响交通,而且经常引发次生灾害,影响抗震救灾工作的进行。桥梁抗震设计是桥梁设计中的重要环节。作为一名桥梁设计工作者,在震害宏观调查和理论研究的基础上,积极探求桥梁结构震害的规律,分析其产生的原因,理论联系实际,在桥梁设计时要充分考虑到结构抗震要求,采取必要的抗震措施,提高桥梁的抗震能力。

2008年5月12日是让中国人民刻骨铭心的日子,这一天在我国的四川等省发生了的震级为里氏8.0级的大地震,造成了巨大的经济损失。本次地震震级大、震源浅、烈度大,对震区的交通设施造成了很大的破坏,其中很多桥梁被毁,致使救援人员不能及时到达,使很多人没有得到及时的救援。桥梁作为公路和城市道路的关键节点,一旦损坏,修复周期长,工程量巨大,通过对这次地震中桥梁损毁资料的整理和分析,我们总结了桥梁震害产生的直接原因以及在抗震设计中为避免震害发生应采取的构造措施。

2　桥梁震害产生的原因

通过对桥梁震害资料的分析可以总结出引发桥梁震害的直接原因:①在强烈地震时,地形地貌产生剧烈的变化,河流两岸底层向河心滑移等导致桥梁结构的破坏;②桥梁场地对抗震不利,地震引起地基失效或地基变形,如桥梁墩台基础大量下沉或不均匀下沉引起的破坏;③在地震惯性力作用下,导致桥梁结构某一部分产生的内力或变位超过结构构造和材料强度所能承受的限度,桥梁结构本身抗震能力不足而引发的破坏。

由于地震的不确定性和复杂性,人们目前还无法准确预测桥址未来可能发生的地震动,所以在桥梁

设计中采用对地震动特性不敏感的结构及其构造措施就显的特别重要。地基失效引起的破坏现象只能通过场地的选择来避免。桥位应选择在对抗震有利的地段,尽可能避免选择在软弱黏性土层、可液化图层和地层严重不均匀的地段,特别是发震断层地段。

结构本身抗震能力不足有外因和内因两方面,外因是结构遭遇的地震强度远远超过设计预期的强度,结构无法抵御而破坏;内因是结构设计和细部构造以及施工方法存在缺陷从而导致结构的破坏。桥梁抗震构造措施是桥梁抗震设计中不可缺少的重要组成部分,调查发现,不少桥梁因为忽略了构造上的抗震措施,而在地震时导致墩毁梁垮的灾难性后果。因此,采用构造措施提高桥梁抗震性能就显得特别的重要。

桥梁的震害中其上部结构本身的震害,包括移位震害(包括落梁震害)及上部结构的碰撞破坏,其中移位破坏在破坏性地震中极为常见,表现为桥梁上部结构的纵向移位、横向移位及扭转移位。根据本次地震的有关影像资料发现,这次汶川地震,震区大多数桥梁破坏都是以落梁为主。一般来说,设置伸缩缝的地方比较容易发生移位震害。此外,如果上部结构的移位超出了墩、台等的支撑面,也极易发生此类破坏。桥梁支座和墩台的毁坏也会导致上部结构的坠落,如图1所示。这种落梁震害在高墩支承的多跨桥梁中尤为突出。上部结构的碰撞破坏包括相邻跨上部结构的碰撞,上部结构与桥台的碰撞以及相邻桥梁间的碰撞。

桥梁支座是桥梁结构体系中抗震性能比较薄弱的一个环节,其原因是支座设计中没有充分考虑抗震,连接与支档等构造措施,以及某些支座的材料形式和材料本身的缺陷。支座的破坏会引起力的传递方式的变化,从而对结构其他部分的抗震性能产生破坏。在本次汶川地震中支座的震害现象也比较多见,见图2。

图 1

图 2

支座的破坏形式主要表现为支座移位、锚固螺栓拔出、剪断,活动支座脱落,以及支座本身构造上的破坏。图2显示的就是汶川地震中支座的移位破坏。

桥梁下部结构的震害是由于受到较大水平地震力,瞬时反复振动在相对薄弱的截面发生破坏而引起的,它是引起桥梁倒塌,并在震后难以修复使用的主要原因。其破坏形式,高墩多为弯曲型,表现为混凝土开裂、压溃和主筋弯曲及箍筋松脱等;而粗矮墩由于刚性大,多为折断状态的脆性剪切破坏。提高这类结构的抗震能力不能仅靠提高强度来解决,而应提高其结构的延性,使其能承受较大的塑性变形。此外桥梁墩柱的基脚破坏也是一种可能的破坏形式,如图3所示。

框架墩的震害在本次汶川地震中也有发生(图4),其震害主要表现为盖梁、墩柱以及节点的破坏。桥台的震害表现为台身与上部结构的碰撞破坏以及桥台向后倾斜,这一震害和台后填土不够密实有关。桥梁基础的破坏也是常见的震害现象之一,大量的震害资料表明地基失效是其产生的主要原因。扩大基础的震害一般由地基失效引起。而常见的桩基础的震害除了地基失效这一主要原因外还有上部结构传下来的惯性力所引起的桩基剪切、弯曲破坏。此外在桩基设计中桩基没有深入稳定土层足够长度,桩基与承台联结构造措施不足等也会引发震害的发生。

图 3

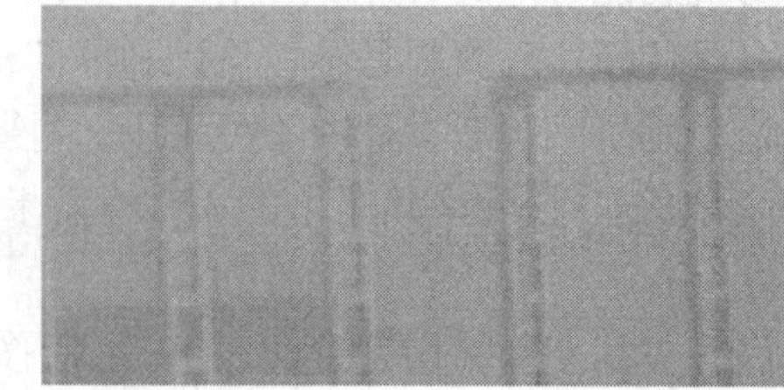
图 4

3 桥梁抗震构造措施

汶川地震引起的桥梁震害以及桥梁抗震设计的实践告诉我们,采用合理的机构形式和较强的抗震能力可以大大减轻震害的发生。在构造上采取必要的抗震措施,其中包括对结构抗震的薄弱环节在构造上予以加强以及对结构各部位加强整体联结;对梁式桥要采取各种措施防止落梁的发生;加强桥梁支座的锚固和墩台及基础结构的整体性,增强配筋,提高结构的延性;对桥位处的不良地质采取必要的土层加固措施;在重要的大桥上采用减震消能装置。桥梁抗震构造设计是桥梁抗震设计中不可缺少的重要组成部分。地震的强度难以准确预计,加上计算上的不完善,因此采用构造措施提高桥梁抗震性能就显得尤为重要。

3.1 桥梁上部结构抗震措施

在桥梁上部结构抗震设计中普遍采用的构造措施是防止落梁震害,包括限制支承连接部位的支承面最小宽度和在相邻梁之间安装纵向约束装置。各国规范都规定,简支梁梁端距墩、台帽或盖梁边缘应有一定的距离。斜桥与曲线梁的梁端较易发生落梁,需要特别重视在梁端至墩、台帽或盖梁边缘之间的距离设置。另一方面应根据具体情况采用合理有效的纵向约束装置,约束装置应具有足够的强度,同时不妨碍支座的变形。同时充分考虑到地震情况下桥梁结构的水平运动,设置足够强大的横向限位构造。建议采用加大挡块厚度,且在挡块与梁体之间设缓冲橡胶垫块,厚度不小于 2.5cm。挡块主筋最好采用不小于 $\Phi 25$ 的二级钢筋,箍筋采用 $\Phi 12$ 的二级钢筋。对于高抗震地区一般小跨径的简支板梁,挡块推荐采用水平尺寸大于 40cm,对于连续梁桥,挡块应大于 50cm,也可以在支座内侧设置内挡块,挡块尺寸可以更大一些。从目前的设计现状来看,大多数设计院在设置挡块时,一般尺寸有个 20 ~ 30cm 宽,钢筋也仅仅配到 12mm 就行,这是远远达不到抗震设防要求的。

实践证明,加强上部结构的整体性是提高桥梁上部结构抗震能力的有效措施。强烈地震时,地震荷载通过桥梁各个组成部分之间的相互连接来传递,并依靠各个组成部分本身的强度和刚度以及他们之间的连接作用来承担。刚度和强度的不足的部分,以及连接薄弱的部位往往首先发生破坏,有时还会引起桥梁结构的整体破坏。因此在这些薄弱部位应当加强抗震设计。从结构布局上看,上部结构采用连续的结构形式,减少伸缩缝的布置。对于梁桥,用连续梁替代简支梁可减少伸缩缝,从而减少地震时因桥跨分离产生位移导致的落梁事故。当采用多跨简支梁时,应加强梁(板)之间的纵、横向联系,将桥面做成连续或采用先简支后结构连续的构造措施。采用真空压浆方法,保证预应力管道水泥浆饱满对提高预应力桥梁的强度和刚度很有帮助。在同一座桥上不宜拱式与梁式桥型混合一起,否则,应将其衔接部位的桥墩予以加强。连拱桥梁,应增设刚性墩。拱桥矢跨比过陡对抗倾覆不利,过坦推力又太大,推荐值为 1/5 ~ 1/8,拱圈宽跨比则 $\nless$ 1/20。主拱圈宜采用抗扭刚度较大的箱形拱、板拱等。空腹式拱桥

宜减少填料厚度。当采用肋拱时,应采用钢筋混凝土结构,并在拱顶、1/4、3/4 跨度处设横隔板,加强肋间的横向联系。无铰拱宜在拱脚的上、下缘配置适当的钢筋,并锚固在墩(台)帽内。

3.2 桥梁下部结构抗震措施

桥梁下部结构的震害是由于受到较大水平地震力,瞬时反复振动在相对薄弱的截面发生破坏而引起的,其破坏形式高墩多为弯曲型,表现为混凝土开裂、压溃和主筋弯曲及箍筋松脱等,而粗矮墩由于刚性大,多为折断状态的脆性剪切破坏。桥梁墩柱应具有足够的延性,以利用塑性铰耗能。规范对此部分的构造设计都有具体要求。桥梁工程中普遍采用的时钢筋混凝土桥墩,其构造方面的缺陷主要包括墩柱设计延性不足,横向约束箍筋配置不足和间距过大,不足以约束混凝土和防止纵向受压钢筋屈曲;纵向钢筋焊接强度不够或搭接失效;纵筋在桥墩中过早切断;箍筋端部没有做成弯钩等。这些构造缺陷使得桥墩的强度和延性达不到预期的设计要求。桥墩尽可能采用钢筋混凝土结构。空心截面的桥墩其延性优于实心截面的桥墩。为提高柱式墩纵横向刚度,可适当加大桩、柱直径或采用双排的柱式墩和排架桩墩,桩、柱间设置横系梁等。柱式桥墩和排架桩墩的柱(桩)与盖梁、承台连接处除保证竖向主筋的锚固长度外,还应在施工缝部位及截面突变处,加密箍筋并配置适当的短筋以提高其抗剪能力。墩柱的竖向主筋与横向箍筋应形成一整体骨架,保证竖向主钢筋在盖梁、承台和基础内合理的长度。在设计中,除重视钢筋数量的合理配置外,应避免在墩柱中过早切断主筋。主筋宜对称布置,其间距$\not>$20 cm,至少每隔一根主筋宜用箍筋或拉筋固定。

墩柱的横向箍筋的配置在延性桥墩中有三个重要的作用,包括约束塑性铰区的混凝土,提供抗剪能力以及防止纵向钢筋压曲。我国规范规定位于8°和8°以上的地震区的桥梁,桥墩箍筋加密区段的螺旋筋间距部大于10cm,直径部小于8mm。对可能出现塑性铰的区域内,对箍筋的要求是,箍筋间距不应超过竖向主筋直径的6倍,箍筋$\phi \not< 10$mm;螺旋式箍筋的接头必须采用焊接,矩形箍筋应设135°弯钩,并伸入混凝土核心内;加密区箍筋肢距$\not>$25 cm,非加密区的含箍率不小于加密区的50%,箍筋间距$\not>$10倍的纵筋直径。立柱加密区的长度不应小于弯曲方向截面立柱高度的1倍,当立柱高度与横截面高度之比<2.5时,立柱加密区长度应取全高。桥墩中纵向钢筋含量对桥墩的延性有一定的影响,纵向钢筋的含量不宜太低,也不宜太高,纵筋之间的最大间距不得超过20cm。钢筋锚固和搭接在规范中也有相关得规定,螺旋箍筋街头必须采用焊接,矩形箍筋应有135°弯钩,并伸入核心混凝土中。重视一联中矮墩的设计,由于矮墩刚度较高墩大,地震力传来时,矮墩受力比高墩大很多。另外建议桥墩及桩基础箍筋采用Φ12的二级钢筋,且控制好箍筋加密区域,建议在盖梁下1倍墩直径、地面线(或冲刷线)以上3倍墩直径、地面线(或冲刷线)以下5倍桩直径,箍筋加密采用10cm间距,其余地方可以采用20cm间距。重视系梁的设计,系梁在抗震中还是起到很大作用。系梁施工时候最好应和桥墩或桩基一次性浇注,加强整体性,这次汶川地震中"白花大桥"系梁的破坏据说就是在施工的时候不是采用的与桥墩桩基一次浇注。

桥墩的高度尽可能相近,不同高度的桥墩刚性不同,矮墩因刚度大而最先破坏。不能用增加矮墩的竖向主筋来加强,因为这将导致矮墩更加刚性而更易破坏,也不能减小墩柱截面尺寸来降低刚度,因为这将使墩柱尺寸不一致,而影响外观。解决的办法是将矮墩放置在钢套筒里来调整墩柱的刚度和强度,套筒和立柱之间留一个适当的空隙,以便地震作用下墩柱可以位移,套筒下端的高程同其他桥墩的地面高程,这样使每根桩柱基本在同一高度上。

桥台宜采用整体性强的U形桥台、箱形桥台等。对于桩柱式桥台,宜采用埋置式。柱式桥台和肋板式桥台,宜采用先填土压实,再钻孔或开挖的建筑方法,以保证填土的密实度。为防止砂土在地震时液化,台背宜用非透水性填料,并逐层夯实,要注意防水和排水措施;打入桩比钻(挖)孔灌注桩好,因打入桩能将地基土挤密。带耳墙的埋置式桥台,由于它在一定程度上,是依靠台背填土的侧向土压力来维持其平衡,地震时容易使其填土下沉而遭遇破坏,不宜采用。

橡胶支座具有一定的消能作用,对抗震有利。通常在梁(板)底部加焊钢板,或加纵、横向挡块限制支座位移和滑动,对于连续梁,每一联只在一个墩上设置固定支座,显然这个墩承受不了整个一联上部构造所产生的水平地震荷载,此时,可增加其他活动支座摩阻力,使活动支座墩分担部分水平地震力。目前比较提倡的是采用减隔震装置,如铅芯橡胶支座、高阻尼橡胶支座等。这种支座是一种抗震性能好、费用低的抗震措施,既能满足正常使用功能,又能在地震时延长自振周期,增大阻尼耗散能量,减少结构构件的损伤。以铅芯橡胶支座为例,其初始剪切刚度为普通叠层橡胶支座刚度的10倍,其屈服后刚度也可以接近普通叠层橡胶支座的剪切刚度。

地基失效是桥梁基础产生震害的主要原因。震害调查表明,桥梁基础置于基岩或坚硬土层时,震害较轻。因此,要避免在不稳定的地段修建桥梁,应尽可能将桥梁建造在岩石或均匀稳定的坚硬土层上。当不可避免要在地基土较差的桥位处建桥时,则尽可能采用深基础,并在桩的上部,离地面1~3 m的范围内加强钢筋布设。在构造上,要加强基础的整体性和刚度,同时采取减轻上部荷载等相应措施。

4 结语

通过对汶川地震桥梁震害的分析,总结了桥梁震害的成因,作为设计人员应当从中吸取经验和教训,理解和掌握有关抗震方面的理论成果,在设计中采取积极有效的构造措施,尽量避免桥梁震害的发生。然而,由于地震的复杂性及其不可预测性,现阶段国内外有关抗震设计的内容还有待进一步探索和完善。我们相信通过实践与理论相结合和桥梁抗震构造措施进一步的改进和完善,抗震构造措施将在桥梁抗震中发挥更加重要的作用。

参考文献

[1] TJ004—89 公路工程抗震设计规范[S]
[2] 范立础,等.高架桥梁抗震设计[M],北京:人民交通出版社,2001
[3] 范立础,等.桥梁减隔震设计[M]北京:人民交通出版社,2001
[4] 汪祖铭,王崇礼.墩台与基础.北京:人民交通出版社,1997
[5] 王伯惠,徐风云.柔性墩台梁式桥设计.北京:人民交通出版社,1994
[6] 叶爱君.桥梁抗震.北京:人民交通出版社.2002

混凝土曲线连续箱梁设计方法研究

唐　颖　刘志才　李　强

（天津市市政工程设计研究院　天津　300051）

摘　要　曲线桥受力复杂，设计难度较大，施工和运营过程中常出现各种病害。本文基于实际设计过程，从计算模型选择、总体控制要点及配筋方法三个方面对混凝土曲线连续箱梁桥的设计方法做了较为系统的探讨：在有限元计算模型的选取上，剪力-柔性梁格法具有较高的精度，可作为宽跨比偏大的曲线桥的首选，当宽跨比较小时，可采用单梁-支座刚臂模型，在计入应力增大系数后基本可以满足工程设计精度的要求；曲线桥的整体控制尤为重要，其要点主要是：避免支座脱空、防止结构倾覆和保证梁纵向自由伸缩、限制梁径向位移；曲梁是典型的弯、剪、扭共同作用构件，配筋难点在于如何快速配置预应力及将截面上配置的箍筋、纵向钢筋分解为抗弯、抗剪及抗扭所分担的相应份额。

关键词　曲线连续箱梁　计算模型　支座脱空　倾覆　径向位移　配筋设计

1　引言

在城市互通式立交匝道、高架桥等设计中，由于道路线形的需要，曲线桥被大量采用。曲线桥最主要的受力特点是“弯-扭”耦合，结构重力作用下也会产生比较大的扭矩，其扭矩设计值比同跨径直线桥大得多，故常采用抗扭刚度大的混凝土箱形截面。跨径较小时（一般中跨小于25m时），采用钢筋混凝土连续箱梁；跨径较大时，则采用预应力混凝土连续箱梁。近年来，曲线箱梁在使用过程中出现了不少病害，如结构倾覆、支座脱空、梁爬移、腹板开裂等[1~3]，有必要对其设计方法进行详细研究。本文从实际设计的角度出发，对混凝土曲线连续箱梁的有限元分析方法、整体控制要点及配筋设计细节进行了较系统的探讨。

2　有限元计算模型选取

对于曲线箱梁的有限元分析，目前主要有三种方法：①板单元、实体单元模型；②剪力-柔性梁格法；③单梁-支座刚臂法。

2.1　板单元、实体单元模型

用板单元、实体单元模拟，与曲梁结构最接近。剪力滞效应、截面的约束扭转翘曲、畸变横桥向挠曲、畸变纵桥向翘曲均能自动考虑，查看结果时可以输出三维的位移及应力分布。但公路桥规[4]中关于抗弯、抗剪、抗扭强度的计算公式都是依据大量梁的试验资料建立起来的半理论半经验公式，要按规范的强度公式计算就必须知道断面上的内力。板单元、实体单元不能直接输出内力值，变相的做法取出截面上一小部分节点的应力，积分得到内力。另外板、实体单元模型一般采用大型通用有限元程序建立，预应力效应分析比较繁琐，常用杆单元模拟预应力束，耦合杆单元和板单元、实体单元的相应节点，采用降温法或初应变法施加预应力，预应力损失则由手算得出，收缩徐变也难以考虑；移动荷载分析时，最不利加载位置往往凭经验或者通过相应的杆系计算找出。因其诸多不便，板单元、实体单元主要用来做结构的局部受力分析或专项研究（如剪力滞），结构整体计算仍采用杆系完成。

2.2 剪力-柔性梁格法

剪力-柔性梁格法即采用纵横向交织的等效梁格体系来替代实际曲梁结构。当梁格划分得比较细时,采用直梁单元的折线形梁格精度并不比曲杆梁格低,而直梁单元的计算工作量小得多,所以一般都采用直梁单元。混凝土结构翘曲影响较小,单个直梁单元常忽略自身的翘曲,但作为梁格整体,截面的剪力滞、翘曲、畸变都是近似考虑了的。梁格法计算精度高,可直接输出各项内力,便于按规范进行强度验算。其缺点在于工作量大,需手工准备大量几何参数,人为偏差较难避免。采用梁格法,应使划分以后的各工形截面形心大致在同一高度,且每根工字梁抗弯截面特性应绕整体截面的主轴来计算,抗扭惯矩不应按开口截面分析,可近似取为顶、底板联合自由抗扭惯矩,具体公式可参考文献[5~6];结构抗弯、抗剪强度验算均可按梁格中的单根梁进行,但依据公路桥规(JTG D62—2004)第5.5条,抗扭强度验算须按整个闭合箱形截面验算,截面的总扭矩为各纵梁扭矩与纵梁剪力不平衡项对梁轴线扭矩的代数和,而不单单是各纵梁扭矩之和。

2.3 单梁-支座刚臂法

单梁-支座刚臂法最简单实用,输出结果中的内力即规范强度验算公式中的荷载效应设计值。其缺点主要表现在:采用刚性截面假定,不考虑翘曲、畸变;未计及各腹板弧长之间的差异。目前城市立交的匝道弯桥一般不超过3车道,桥宽大致在12m以内,宽跨比B/L不大于0.5,刚性截面假定基本可以保证。对于曲线桥,由于"弯-扭"耦合,恒载和汽车作用均会产生扭矩,结构发生约束扭转翘曲。混凝土结构中,翘曲正应力与按自由扭转理论得到的正应力比值,一般较小,恒载作用下不超过5%~10%;考虑到偏载等不利因素,汽车作用下也不超过15%,初步框算中可按恒载1.1,活载1.15输入应力增大系数;文献[7]根据跨中横断面上的挠度分布给出了近似的应力增大系数计算公式,可供参考。

2.4 算例比较

取某互通式立交匝道桥中的一联曲线箱梁作为分析对象:跨径为:3×30m、桥宽12.5m、梁高1.6m、曲率半径80m、断面尺寸如图1所示,弯扭刚度比EI/GI_d为2.62,截面抗扭刚度较大。

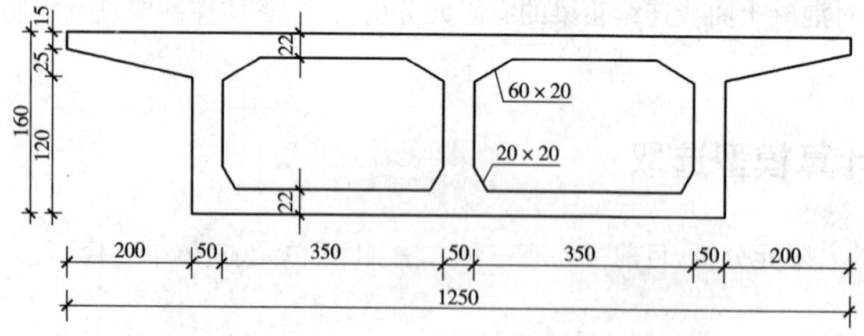

图1 3×30连续梁截面

运用空间杆系程序Midas Civil进行单梁-刚臂法及梁格法分析,梁格中纵梁划分见图2;采用ANSYS中的Solid45单元建立了实体模型。结构自重作用下典型截面应力分布见图3;不同建模方法的挠度对比见表1;应力对比见表2。

416 418 416

283 284 283

图2 梁格法纵梁划分示意

从表2可以看出,梁格法计算结果与实体模型吻合良好,具有较高的精度。横断面上的应力分布较复杂,剪力滞效应[8]、翘曲正应力、外弧侧腹板比内弧侧腹板长等均是重要影响因素。按单梁模型分析,跨中位置吻合较好,而中支点处与实体模型的结果差异稍大,但考虑了上述的应力增大系数后,也基本能够满足工程设计的需要(本桥宽跨比为0.42)。

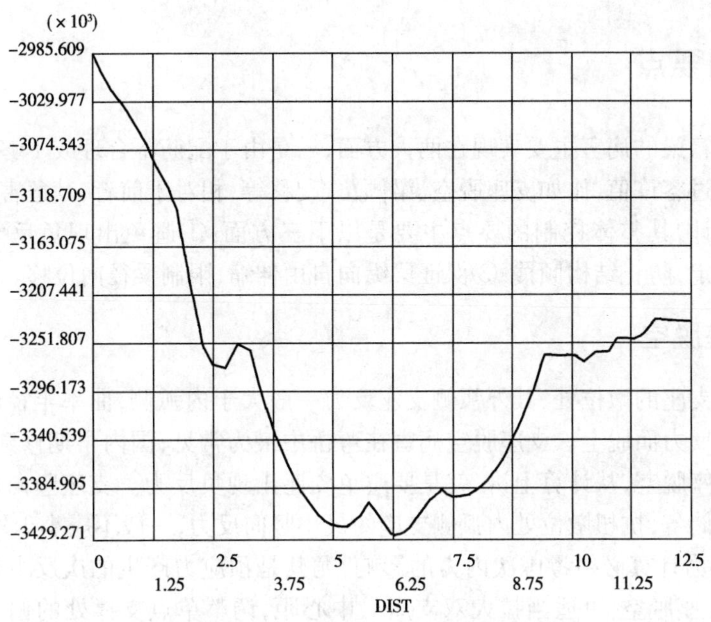

图3　自重作用下边跨跨中上缘应力分布(单位:Pa)

自重作用下结构挠度对比(单位:mm)　　表1

建模方法	边跨跨中			中跨跨中		
	外弧	中线	内弧	外弧	中线	内弧
单梁模型	—	13.1	—	—	1.8	—
梁格法	14.7	13.0	11.9	2.2	1.8	1.6
实体模型	14.8	12.9	11.5	2.0	1.7	1.4

自重作用下结构应力(单位:MPa,拉"+"压"-")　　表2

位置			单梁模型	梁格法	实体模型
边跨跨中	上缘	外弧	-3.62	-3.57	-3.25
		中线		-3.66	-3.43
		内弧		-3.63	-3.27
	下缘	外弧	4.85	4.86	4.45
		中线		4.79	4.39
		内弧		4.90	4.59
中跨跨中	上缘	外弧	-1.11	-1.12	-0.78
		中线		-1.13	-0.89
		内弧		-1.04	-0.73
	下缘	外弧	1.48	1.50	1.27
		中线		1.43	1.22
		内弧		1.48	1.30
中支点	上缘	外弧	4.65	4.70	4.90
		中线		4.93	5.10
		内弧		4.40	4.45
	下缘	外弧	-6.10	-6.41	-5.80
		中线		-6.10	-5.43
		内弧		-6.18	-5.75

3 整体控制要点

混凝土曲线连续箱梁的病害主要表现在两大方面,一是由于配筋不合理或不够导致的混凝土开裂;一是结构整体位移超过容许值,比如支座脱空、梁倾覆、爬移等,相对于前者,其危害性更大。

对于曲线箱梁设计,其整体控制的要点主要是以下三方面:①避免出现负反力而导致支座脱空;②保持主梁的整体稳定,防止结构倾覆;③保证梁纵向自由伸缩,限制梁径向位移。

3.1 防止支座脱空

在曲线桥有抗扭支座的墩位处,其外弧侧支座反力一般大于内弧侧,曲率半径越小越显著,内弧侧支座甚至可能出现负反力而脱空。支座脱空病害在弯桥中最为常见,国内早期修建的很多弯桥都出现过此问题。要防止支座脱空,从计算上讲,就是要避免支座出现负反力。支座竖向反力不仅要大于零,而且要有一定的安全储备,抗扭墩位处内弧侧支座的最小竖向反力,一般不应小于外弧侧支座最大竖向反力的10%。支座反力计算必须考虑次内力的影响,尤其是预应力产生的次反力较大,不得忽略。在构造设计上,为防止支座脱空,可适当拉大双支座的中心距,调整单点支撑处的偏心距,采用墩梁固结等,对于混凝土结构,一般不建议采用拉力支座。双支座的中心距,不应小于梁宽的1/3.5~1/4,若桥较窄,比如常见的8m匝道,取1/3.5。某匝道桥为3跨一联预应力混凝土曲线箱梁桥,跨径组合:38m+42m+38m,桥宽11.5m,梁高2m,半径$R=125$m(部分梁段在缓和曲线上),各墩位均采用抗扭双支座,交接墩处支座间距7m,中间墩处支座间距3m,各作用下支座反力见表3、图4(汽车效应为正常布置3车道、左偏2车道、右偏2车道的包络结果)。

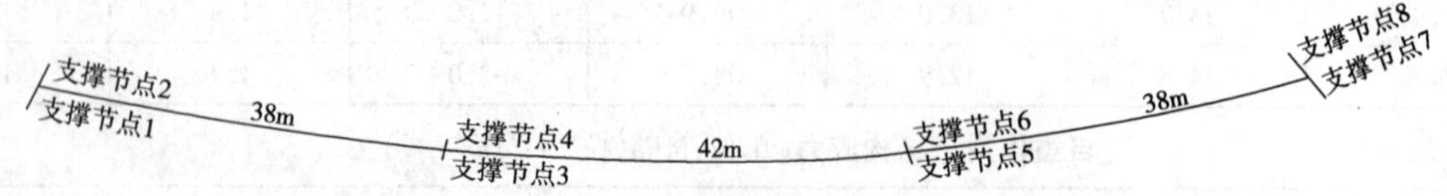

图4 支撑节点编号

各作用下竖向反力大小 表3

作用	支撑节点号			
	支撑节点1	支撑节点2	支撑节点3	支撑节点4
结构重力	2 409	1 688	5 550	5 372
预应力	-40	304	1 050	-1 315
徐变	11	-3	-12	5
收缩	-8	8	11	-11
温度梯度升温	-46	-28	-168	243
温度梯度降温	92	56	336	-485
整体降温25	-13	12	13	-14
整体升温30	15	-15	-16	16
支座沉降(最大)	24	33	102	241
支座沉降(最小)	-24	-33	-102	-241
汽车(最大)	1 208	1 151	2 598	2 580
汽车(最小)	-148	-133	-820	-777

从上表可以看出，预应力产生的次反力较大，4 号支撑节点处已占汽车最大竖向反力的 51.0%，设计中不得忽略其影响。

3.2 抗倾覆

桥梁因抗倾覆能力不足或超载而导致的整体侧翻现象也时有发生。与直线桥不同，曲线桥作为一个弧状的长条形整体，结构绕哪点倾覆并不明确，简化的做法是按内外弧侧支座反力的差异得到各抗扭墩位处近似的抗倾覆稳定系数 K(图 5)。

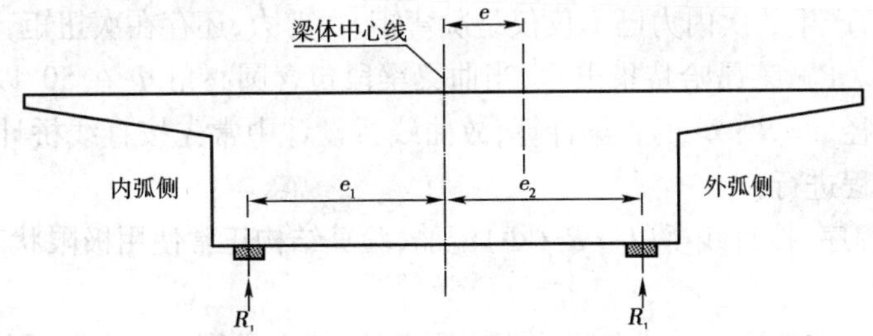

图 5　曲线桥抗倾覆稳定系数计算简图

抗倾覆稳定系数：
$$K=\frac{e_2}{e} \tag{1}$$

合力偏心距：
$$e=\frac{R_2\times e_2-R_1\times e_1}{R_1+R_2} \tag{2}$$

式中，$R_1=R_{hn}+(1+u)R_{cn}$，$R_2=R_{hw}+(1+u)R_{cw}$；

其中，R_{hn}：内弧侧永久作用反力及温差效应反力最小值；

R_{cn}：对应外弧侧最大活载反力时的内弧侧活载反力，当出现负反力时，取负值；

R_{hw}：外弧侧永久作用反力及温差效应反力最大值；

R_{cw}：外弧侧最大活载反力；

u：冲击系数。

一般要求 $K\geqslant1.5$，对于重要大桥或者交通繁忙、重载较多的曲线桥，应适当提高要求(图 5)。

3.3 保证梁纵向自由伸缩，限制梁径向位移

曲线桥梁在平面内的变形主要有两类，一是预应力及混凝土徐变引起的切向位移，曲率半径不变，圆心角减小；一是温度变化和混凝土收缩等引起的弧线段伸长或缩短，变形后圆心角不变，半径改变，可以分解为切向位移和径向位移。

曲线桥的纵桥向(即切向)自由伸缩变形应严格保证，一旦其被限制，曲梁将类似于平面类的拱桥，产生较大的水平推力及侧向水平位移，造成桥梁损坏。设计中，应预留足够的伸缩缝变形量及支座允许变形量；使用过程中，应注意保养和维护，防止杂物填塞伸缩缝，保证伸缩缝及支座的正常工作。

曲线桥出现横向爬移现象，是温度变化、混凝土收缩所引起位移的径向分量及汽车离心力等长期作用的结果。曲梁横桥向外移时，梁有外翻转趋势，而回复时无内翻转趋势，仍是外翻转趋势，阻力条件不一样，导致每次都不能完全恢复，无数次的残余位移日积月累就形成了梁的爬移病害。国内多座桥梁都出现过此问题，常采取的解决办法是用千斤顶将曲梁顶回原设计位置。设计时可在墩柱上设置横桥向限位挡块，利用支座的摩擦力和挡块共同限制梁的径向位移。挡块属于刚性约束，横向力较大，对墩柱不利，设计中须正确计算径向反力大小(整体升降温、混凝土收缩及离心力影响最大)，并保证挡块和墩柱的横桥向强度。国内某立交桥在箱梁腹板外侧与墩台挡块之间放置类似支座的厚橡胶垫块，允许梁体产生一定的径向位移，横向力较小，又限制了其总位移量，不至于破坏伸缩缝和支座，从实际运营情况来看效果良好。

4 结构配筋设计

曲线桥梁受力复杂,是典型的弯、剪、扭共同作用构件。与直线桥相比,曲线桥由于弯扭耦合,结构扭矩要大得多。计算结构扭矩时,须考虑梁体因体积重心的偏心而产生的恒载均布扭矩 m_t 及汽车离心力作用引起的扭矩。计算 m_t 时一般取单位长梁段,分别按顶板、腹板、底板求得其重心位置,然后求出总体的重心位置及体积偏心距,具体过程可参考文献[7]。

在曲线桥中,预应力产生的次内力已不仅仅是次弯矩、次剪力,还存在次扭矩,预应力束的空间位置应按实际布束情况模拟。F·莱昂哈特指出[9],当曲梁梁段包含圆心角 Φ 在 50°以下时,截面的纵向弯矩可足够精确的取为跨径 $L=R\cdot\Phi$ 的直梁计算,故曲线桥设计中常先按直线桥计算以满足抗弯要求。具体设计中可按以下流程进行:

(1)采用平面杆系程序,按直线桥($L=R\cdot\Phi$)配筋,验算结构正常使用极限状态下各应力状况及抗弯、抗剪强度。

(2)采用前叙的剪力-柔性梁格法或单梁+支座刚臂法,建立空间杆系有限元模型,取第(1)步试配置的预应力束,按空间展开布置,输入空间杆系模型,重新验算结构正常使用极限状态应力及抗弯强度,如不符合规范要求,适当调整。

(3)结构的剪扭强度核算。截面上配置的箍筋及纵向钢筋数量是一定的,难点在于如何把其分解为抗弯、抗剪及抗扭所分担的相应份额。规范(JTG D62—2004)第 5.5 条抗扭验算中箍筋是沿截面周边布置的,在箱形截面验算中,可取最外侧腹板箍筋、顶板顶层筋及底板底层筋围成的钢筋圈作为抗扭箍筋,腹板上剩下的箍筋则作为抗剪钢筋。

底板底层筋是抗扭箍筋的一部分,相对于直线桥,须适当加大,并应强调顶板顶层筋、底板底层筋与腹板箍筋的有效连接。纵向普通钢筋的分配,首先取出一部分保证结构的抗弯强度,剩余部分即可作为抗扭验算中沿截面周边对称布置的纵筋。抗扭配筋计算中,纵筋与箍筋的配筋强度比 ξ,以 1.2 左右比较合适,工程上常取为 1.0~1.3,在此范围纵筋和箍筋的强度均能充分发挥。一般不采用顶、底板中的水平弯曲束来抵抗扭矩,以免造成布束困难。

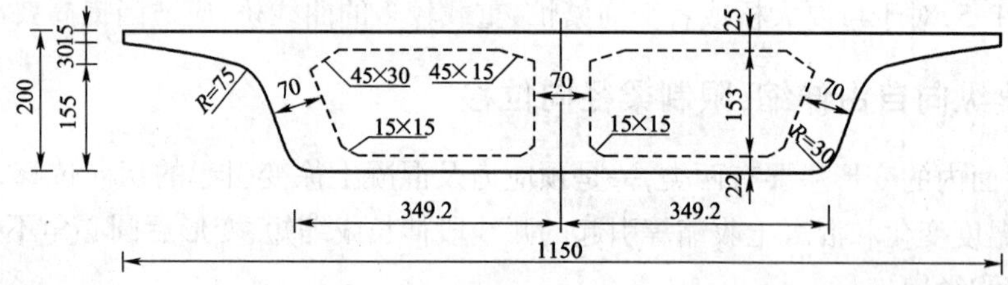

图 6 38m+42m+38m 跨曲线箱梁桥($R=125$)支点处截面

以图 4 所示的曲线箱梁桥为例,说明弯、剪、扭配筋设计过程。支点处截面见图 6,最不利作用效应组合下,顺桥向第 3 个墩位处(支撑节点 5~6 处)扭矩设计值为 9 353.2kN·m,剪力设计值为 9 060.8kN。按规范(JTG D60—2004)第 5.5.2 条计算,封闭箱体受扭塑性抵抗矩为 $7.451\times10^9\text{mm}^3$,翼缘板受扭塑性抵抗矩为 $1.35\times10^8\text{mm}^3$,按第 5.5.5 条可求得封闭箱体的扭拒设计值为:$T_{wd}=9\ 353.2\times7.451/(7.451+0.135)=9\ 186.7\text{kN}\cdot\text{m}$。其配筋设计流程如下:

(1)每个腹板配置 4 排预应力束,束形类似于结构恒载弯矩图,经验算正常使用极限状态下各应力指标均能满足规范要求,不计非预应力筋时抗弯强度即可满足要求。

(2)按规范第 5.5.3 条验算剪扭时截面是否满足要求:规范公式(5.5.3-1)左边=0.003 53,右边=0.003 61,左边<右边,说明截面尺寸满足要求;规范中公式(5.5.3-2)左边=0.003 53,右边=0.001 14,左边>右边,说明须按计算配置抗剪、抗扭钢筋。

(3)按规范第 5.5.4 条配置抗扭、抗剪钢筋并核算剪扭强度。

①参照程序配筋估算结果，每个腹板配置4肢直径14mm的HRB335箍筋，3个腹板共12肢，最外侧的两肢与顶板顶层筋、底板底层筋共同围成的钢筋圈作为抗扭箍筋，剩下10肢抗剪，按规范公式(5.5.4-1)计算，左边=9 060.8kN，右边=12 483.0kN，结构抗剪满足要求。

②抗扭箍筋采用直径14mm的HRB335，单支截面面积为153.9mm^2，当纵筋与箍筋的配筋强度比$\xi=1.2$时，沿截面周边布置的纵向筋面积A_{st}为34 683mm^2，按规范公式(5.5.4-2)，左边=9 186.7kN·m，右边=9 131.4 kN·m，左边>右边，不满足，但已比较接近；适当加大A_{st}，取A_{st}=3 6000mm^2，则按规范公式(5.5.4-2)，左边=9 186.7 kN·m，右边=9 284.2kN·m，左边<右边，结构抗扭验算满足要求。

考虑到构造及安全性等各方面要求，实际设计中纵向普通钢筋的配置情况为，顶板上缘：19根Φ25+64根Φ16；底板下缘：19根Φ25+48根Φ16，其中Φ25钢筋配置在腹板位置处。

5 结语

与直线桥相比，曲线桥设计计算复杂，需要控制的指标较多。本文基于实际设计过程，从有限元计算模型的选择、结构总体控制要点、配筋设计细节做了一些研究，所得结论可用于类似的曲线连续箱梁桥的实桥分析。

参考文献

[1] 杨虎荣，周世浩.预应力混凝土曲线连续梁桥的加固.桥梁建设，2005，2

[2] 黄志坚，曹传林.某预应力混凝土曲线连续箱梁桥的病害及加固.桥梁建设，2006，1(增刊)

[3] 陈小兵，戴松柏，丁建明，等.匝道桥曲线箱梁桥翘曲整治方法探讨.公路工程与运输，2007，4

[4] 中华人民共和国行业标准.JTG D62—2004 公路钢筋混凝土及预应力混凝土桥涵设计规范.北京：人民交通出版社，2004

[5] E.C.汉勃利.桥梁上部结构性能.郭文辉，译.北京：人民交通出版社，1982

[6] 戴公连，李德建.桥梁结构空间分析设计方法与应用.北京：人民交通出版社，2001

[7] 邵旭东，程翔云，李立峰.桥梁设计与计算.北京：人民交通出版社，2007

[8] 刘芸欣.钢筋混凝土连续曲线箱梁桥剪力滞效应研究.长安大学硕士学位论文，2004

[9] F.莱昂哈特.钢筋混凝土及预应力混凝土桥建筑原理.项海帆，陈忠延，陆楸，译.北京：人民交通出版社，1988

斜拉桥主塔转体施工

戴少雄　谢　斌　李　伟
（天津市市政工程设计研究院　天津　300051）

摘　要　现代斜拉桥从20世纪50年代开始，在90年代迅速发展。近年来我国斜拉桥设计及施工技术成就令人瞩目，斜拉桥包括主梁、主塔及拉索的施工工艺，均取得了丰硕的研究成果。本文目的是为中等跨度斜拉桥的快速施工铺平道路，为斜拉桥在更多环境中战胜其他备选方案提供有力的技术支撑。

关键词　中等跨径斜拉桥　主塔竖转施工　快速施工

1　概况

现代斜拉桥从20世纪50年代开始，在90年代迅速发展。近年来我国斜拉桥设计及施工技术成就令人瞩目。斜拉桥包括主梁、主塔及拉索的施工工艺，均取得了丰硕的研究成果，同时对某些难题也有了深刻的认识与体会。这些难题集中反映在，传统斜拉桥主塔施工工期是制约整个施工工期的关键，主塔施工与主梁施工很难穿插进行。本文论述一种主塔采用竖转的快速施工方法，不仅加快了主塔的施工速度，更保证了主塔的施工质量。本文目的是为中等跨度斜拉桥的快速施工铺平道路，为斜拉桥在更多环境中战胜其他备选方案提供有力的技术支撑。

为结合实际工程论述斜拉桥新施工方法，本文特以已建成通车的西安市浐灞河2号桥工程为例。

西安市浐灞河2号桥位于西安市北部跨越灞河。大桥南接灞河的河滨大道，北接广运潭风景区。大桥全长475m，其中南侧引桥为现浇预应力钢筋混凝土连续梁，跨径布置为：(4×35)m+(3×35)m；主桥为双索面独塔斜拉桥，半飘浮体系。其具体跨径布置为145m+48m+42m(图1)。

主桥主梁采用钢主梁与预应力混凝土梁混合梁形式。主梁断面形式根据结构的受力性能、车辆的通行条件、主梁与塔的连接构造、斜拉索的锚固要求及结构的抗风稳定性综合考虑，确定为双箱双室薄壁型断面，并设有风嘴。主跨采用钢主梁，边跨采用预应力混凝土主梁，结合位置位于主跨侧距主墩12.5m处。

主塔在主梁结构以上部分高78m，倾角75°，主塔采用拱形钢塔，主梁从塔中穿过。拉索在主塔上间距自上而下由2.5m渐变到3.8m。在主跨主梁索距6.0m，边跨索距3.8m，拉索采用扇形索形式，主跨拉索倾角24.9°~47.5°，边跨拉索倾角46.3°~70.5°(图2)。

斜拉索采用多股平行钢丝成品索。

2　主塔施工方法分析与比较

桥址处灞河上下游各建有一座橡胶坝，施工期间河堤内基本无水，因此，桥梁上部结构施工方法推荐采用支架法施工，其施工难度低，且较为经济。由于主桥上部结构施工方案已确定，因此主塔的施工进度成为本桥施工的重要控制点。

本桥主塔为拱形钢塔，钢塔结构总重约为14 816.8kN。钢塔线形为椭圆形，塔身自重所产生的根部弯矩约为120 000kN·m。主塔造型新颖独特，且国内尚无此类中、小跨径斜拉桥钢塔的施工经验，因此，主塔的施工方法成为本桥的难点。

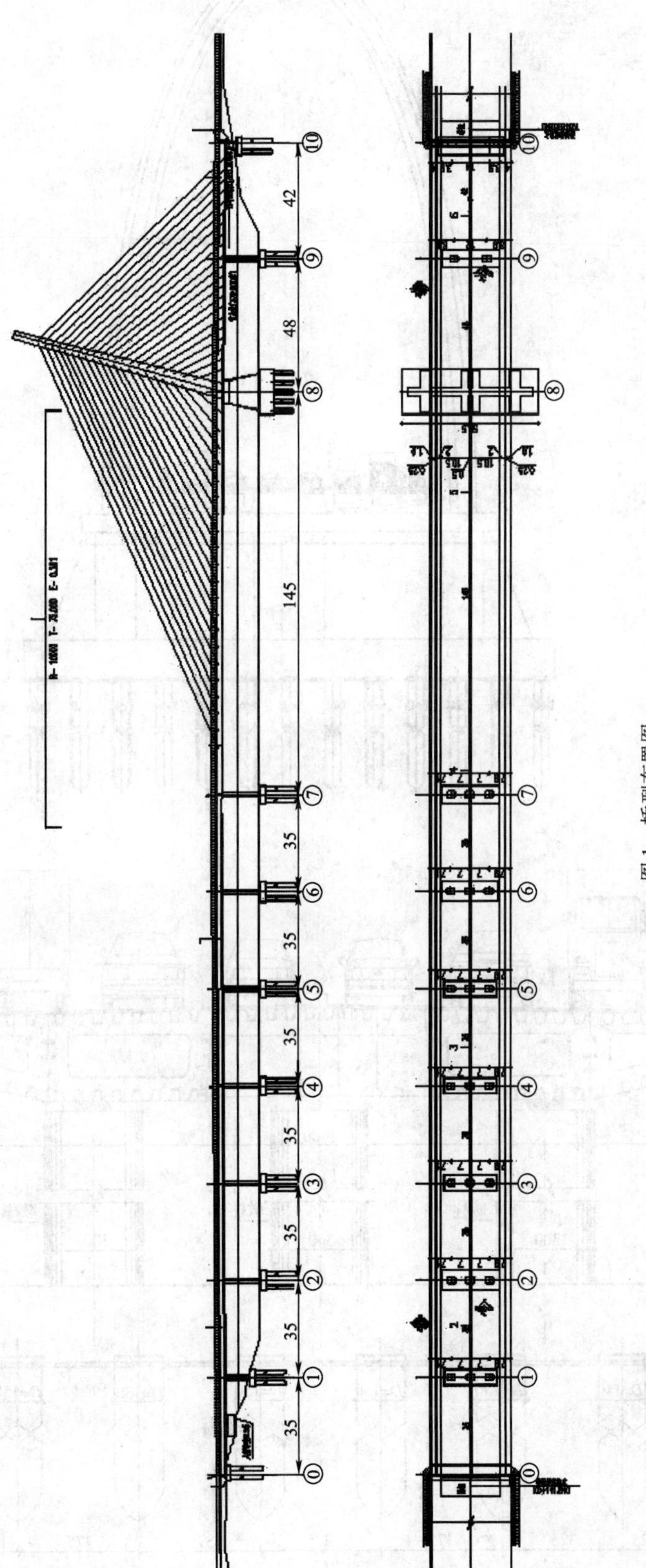

图1　桥型布置图

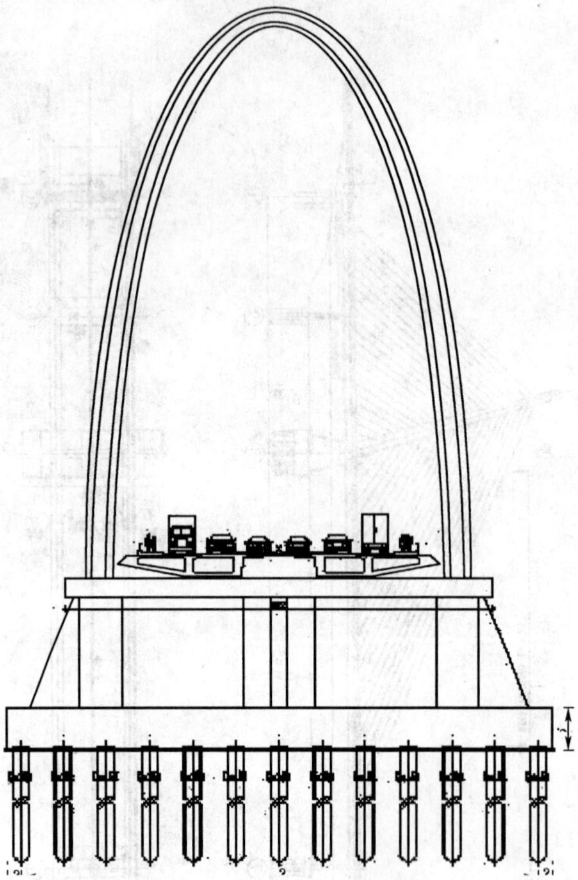

a)

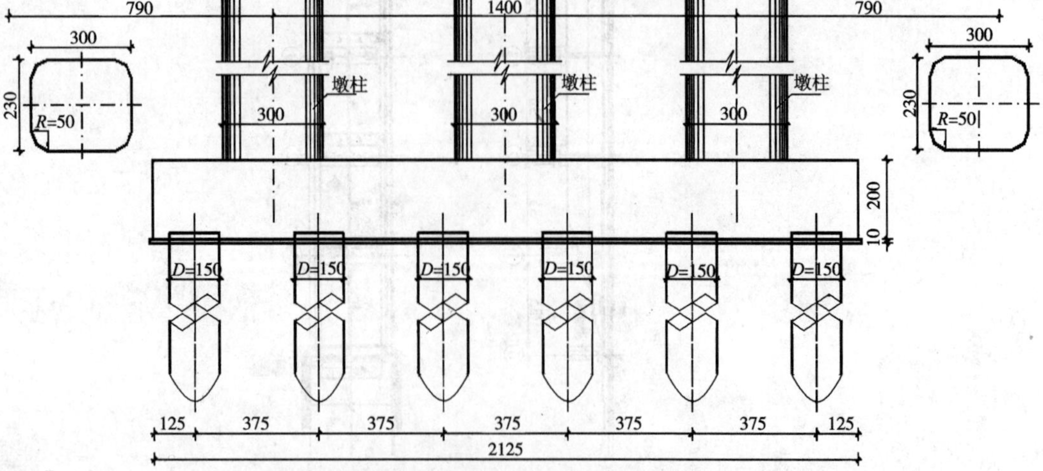

b)

图2　横断面图

经过初步论证比选，推出两种最终适宜主塔施工的施工方案，一种是支架法，即按照成桥时主塔线形及位置，在支架上拼装；另一种是转体法，即主塔先在地面进行拼装，然后通过竖转就位。

2.1 方案一：支架法

钢塔在制造厂内进行分段制作，各工艺段的重量控制在 300～400kN 之间，由于钢塔安装高度的限制，现有吊机无法满足结构安装对吊机的起升能力和起升高度的要求，需选用起升力矩 6 500kN · m 以上的塔机安装。安装时，由钢塔从下向上分段吊装，因此每完成一个工艺段吊装均需在其 75°角侧，架设临时支墩以提供钢塔节段装配的侧向支架，完成装配定位后，在钢桥侧挂后背索，以抵消钢箱体因钢塔倾斜产生的翻转力矩。由于支撑桁架在增加上部荷载后将发生弹性变形，因此每增加一节吊装段均应对已安装完的钢塔段的变形进行复测和调整，以消除因桁架变形而导致钢塔根部承受附弯矩增大的压力，同时消除钢塔节安装时的累计误差的叠加。随着吊装高度的增高，受塔机自由高度的限制，在 50m 左右高度，需为塔机提供刚性附着点，因此必须将钢塔的支承桁架扩展到塔机附近，如图 3 所示。

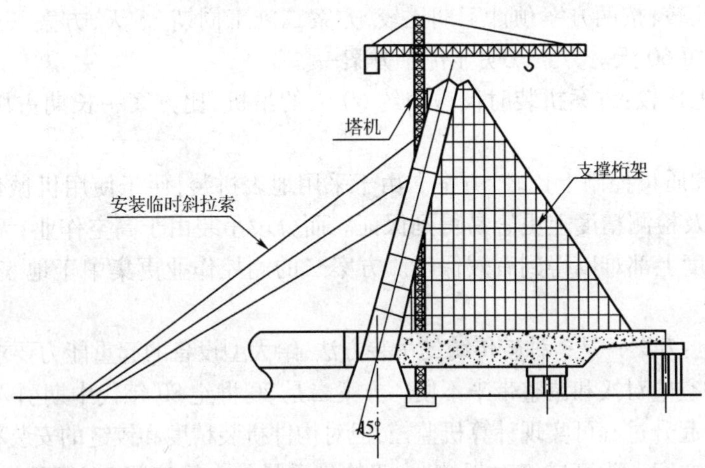

图 3　支架法示意图

塔机设置于桥面中心位置预应力混凝土桥侧的河床，需打桩并建立独立基础，塔机机身需贯穿混凝土桥面。由于钢塔分段吊装焊接，空中组对、定位和调整起来将十分困难。经测算，预计现场吊装焊接时间约计 135 天，其间需始终有塔机配合吊装。同时用于支撑桁架的军用墩和垫梁，预计总需用量约计 10 000kN。

2.2 方案二：转体法

此方案为在桥面中心线与塔墩轴线交叉处用军用墩和垫梁搭设一起重钢塔，起重塔根部为铰支，将钢桥塔在其平转位置投影线上进行整体拼装，钢塔按照工厂内加工的工艺段进行拼装和焊接。完成地表拼装的钢桥塔通过安装于起重塔上的液压穿心千斤顶牵引，整体竖转到位，完成钢塔安装。由于采取地表拼装，可尽量选用机械化焊接手段以提高工效，同时更便于钢桥塔工艺段组对和调整及保证焊接质量，因此预计拼装工期将大为缩短，预计现场拼焊工期可于 70 天内结束。

完成整体预拼的钢塔在其根部与塔座采用铰链定位，然后通过搭设于塔墩间的起重塔上的液压穿心千斤顶，利用钢铰线牵引塔身连续竖向转动，将钢塔搬转到安装位置，最后集中焊接根部焊缝。预计钢塔的竖转时间为 5 天，钢塔总计安装时间为 75 天（图 4）。

由于起重塔布置于钢塔基中部，可充分利用两塔基的桩基。起重塔底座与承台之间为铰接，仅需做适当补桩即可。起重塔后背锚点按两个 10 000kN 地锚设置。

钢塔吊装就位后即可开始预应力混凝土梁施工。

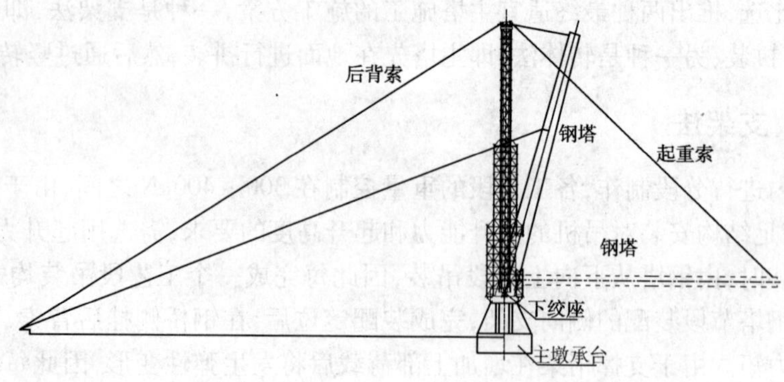

图4　转体法示意图

2.3　方案比较

(1)从工期角度比较:按两方案预计工期比较,方案二施工周期75天,方案一施工周期135天。方案二比方案一工期缩短60天。方案二明显优于方案一。

(2)从施工成本上比较:方案拼装时仅占用约60天的吊机,比方案一长期占用塔吊(约150天)的成本明显降低。

(3)从技术保障和质量控制上比较:方案二由于采用地表拼装,便于使用机械化焊接作业。从而使焊接质量和装配精度及检测精度上更容易得到保证。而分段吊装由于高空作业,无论构件拼装精度,还是焊接质量及测控精度上都难以得到有效保障。方案二的测控作业更集中于地表作业测控精度,质量容易得到保证。

(4)技术成熟性上:方案一是一种较传统的吊装方法,给大型设备的起重能力要求较高,由于操控平稳性较差,给大型构件的空中对接和调整带来不便。方案二是20世纪80年代中期引入我国的提升技术,起升能力大且平稳,整个起升过程可实现计算机监控,但对构件拼装精度和铰链的安装精度要求较高。

(5)安全性比较:方案一为高空组对焊接,由于构件重量偏大且按照75°倾角拼装定位,在构件就位调整时的危险性极高,且质量不宜保证。而方案二拼装作业全部集中于地表,安全防护工作易于组织,构件组对由于采用履带吊作业更加便利、安全。

综合上述五项指标的对照,方案二优于方案一,故此,我们在本次的钢塔施工方案中优选方案二做为钢塔的起升方案。

2.4　现场照片(图5~图8)

图5　钢塔起吊

图6　竖转基本就位

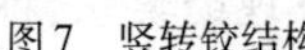

图7　竖转铰结构

图8　后背索锚固

3　应用前景

我国已建桥梁中,拱形斜塔尚属首次使用,若采用传统拼装方式,必须采取有效措施抵抗拱形塔特有的由重力引起的塔的水平力。而一般支架仅能提供竖向反力,对水平力的抵抗非常有限,特别是当塔高超过50m后,由于支架变形影响拼装精度,使塔的施工难度加大。因此,针对该桥,采用竖转的施工方法,不仅节省施工费用,而且能明显提高施工质量。

现代中小斜拉桥大部分为城市道路跨河景观桥,其特点是跨径小(单塔小于200m,双塔小于300m),造型独特(墩、梁、塔均采用独特造型),这类斜拉桥桥塔高度一般不超过100m,本文所介绍的竖转法施工与目前工艺最成熟的爬模或竖直拼装工艺相比,在此类斜拉桥桥塔施工中有较大的优势。因此,可以预计在近一段时期,将有更多的中、小型斜拉桥桥塔采用竖转法施工。

4　结语

随着我国桥梁设计、施工技术的不断发展使越来越多的特殊造型、特殊结构形式的桥梁的建造成为可能。在兼顾结构合理与外形新颖独特的同时,勇于创新、细致钻研成为当今特种桥梁设计的必要手段。

西安市浐灞河2号桥主塔采用竖转施工方法,是对此类独特造型钢塔施工方法的一次大胆尝试,是一次成功的尝试,主塔竖转工作已于2007年10月顺利完成。

西安市浐灞河2号桥主塔不仅是国内第一次采用拱形斜塔,而且其采用竖转施工方法对今后此类桥型施工提供了宝贵的成功经验。

参考文献

[1] 林元培.斜拉桥[M].北京:人民交通出版社,1994

[2] 王伯惠.斜拉桥结构发展和中国经验.北京:人民交通出版社,2004

黄土区高边坡桥梁墩台设计

麻文娟

(铁道第一勘察设计院)

摘　要　黄土占我国国土面积6.7%,做好黄土地区桥梁设计具有较为重要的意义。作者根据多年从事黄土地区桥梁设计的实践,探讨了在保证桥梁安全及投资经济合理的要求,桥梁墩台设计应注意的问题。

关键词　黄土　桥梁墩台　高边坡　设计　安全　经济

黄土地质在我国特别发育,地层全,厚度大,从东向西分布在黑龙江、吉林、辽宁、内蒙古、山东、河北、河南,山西、陕西、甘肃、宁夏和新疆等地,大致以昆仑山、祁连山、秦岭为界(南部很少、分布零星)。我国黄土约64万km^2,占国土面积的6.7%。在平坦的黄土地区,黄土有湿陷性和地裂缝;在斜坡黄土地区,黄土有黄土滑坡、黄土崩塌和黄土滑塌等,所以,黄土的工程地质问题应予重视。

对于黄土残塬区、黄土沟梁低中山区等地区的桥梁设计,由于其具有典型的高边坡特点,在桥梁设计中应予以重视和专门研究,以保证设计的安全性和桥梁建设投资的经济合理性。

1　黄土残塬区、黄土沟梁低中山区的工程地质特征

以陕西省中西部和甘肃省东部为例。

1.1　自然特征

1.1.1　黄土残塬区

相对高差一般为80~150m,地表广布黏质黄土,塬面经受强烈剥蚀,呈波状起伏,塬边沟谷深切,岸坡高陡,沟谷狭窄呈"V"字形,使得塬面逐渐缩小。如陕西的乾县至蒿店间。

1.1.2　黄土沟梁低中山区

黄土冲沟发育,一般为"V"型沟槽,下切深达150~200m,形成典型的黄土沟梁地貌,在冲沟两岸分布有滑坡、错落等不良地质发育。如陕西的蒿店至彬县间。

1.2　工程地质特征

主要以第四系(Q)土为主,多分布于地表,以冲积、风积成因为主,局部为坡积、洪积,岩性主要以黏质黄土、砂质黄土、粉质黏土、砂类土、碎石类土为主。

1.2.1　人工填筑土(Q_4^{ml3})

主要分布于既有铁路、公路路堤及人工填筑的土坝、渠岸部位,厚1~10m不等,主要以黏质黄土为主,夹少量碎石,硬塑为主,Ⅱ级普通土。

1.2.2　粉质黏土(Q_4^{al1})

灰黄色、灰色等,主要分布于一级阶地黄土层下,厚1~6m,软塑为主,局部流塑,Ⅱ级普通土,σ_0=60~100kPa。

1.2.3　黏质、砂质黄土(Q_4^{al3})

淡黄色，主要分布于一级阶地上部、深切沟谷底部，厚 2～15m，硬塑为主，Ⅱ级普通土，σ_0 =120～150kPa。地下水位附近软塑，σ_0 =100～120kPa。具湿陷性。

1.2.4 黏质黄土（Q_4^{pl3}，Q_4^{dl3}）

主要分布于沟谷及斜坡地带，厚度变化较大，厚 1～10m，多呈淡黄色，孔隙发育，土体较疏松，Ⅱ级普通土，硬塑为主，σ_0 =120～150kPa。软塑，σ_0 =100～120kPa。具湿陷性。

1.2.5 黏质黄土（Q_4^{sl3}）

淡黄色，为滑坡体、错落体堆积物，厚度差异大，一般厚度 5～30m，主要为第四系中、上更新统风积黏质黄土，硬塑为主，Ⅱ级普通土。

2 桥梁墩台设计

2.1 黄土边坡的稳定性如何评价

对于黄土边坡的稳定性评价，早前地质专业对黄土边坡是采用安息角的概念进行评价，目前部分技术人员也还在沿用这一概念，但近年来地质专业已经不再使用安息角这一概念，而是采用稳定角的概念对黄土边坡的稳定性进行评价，如西平线等。

但在采用稳定角的概念对黄土边坡的稳定性进行评价时，基本统一采用 30°，自然边坡大于 30°的均按照欠稳定处理。但是工点的地质情况是有区别的，全线均按照一个角度控制桥梁墩台基础的设计欠稳妥。而且不同的地形、土壤性质下黄土边坡的稳定性应有所不同，黄土边坡的稳定性的评判标准过于简单可能造成工程的浪费或埋下安全隐患。

根据地质勘察报告，如果由桥梁专业人员来判断，由于桥梁专业人员对土壤物理、化学性质并不熟悉，阅读地质专业提供的化验报告，很难根据 C、Φ 值等化验数据自行判断黄土边坡的稳定性。因此地质专业应给桥梁专业提供较明确、直观的标准，方便对黄土边坡的稳定性做出判断。

2.2 桥梁墩台的埋置深度

2.2.1 按照稳定边坡控制基础埋深

对于“V”型沟，沟底狭窄，沟岸陡峻，沟岸上冲蚀的横向小沟密布，形成错落、滑坡、陷穴等不良地质发育。设计中不宜在高陡的黄土沟两侧边坡上设置墩台，在沟底设置桥墩，用较大跨度跨越两侧黄土陡坎。对黄土陡坎应避免扰动坡脚附近的土体，也要避免过大的刷方工程，陡坎边的墩台基础的埋置深度均受黄土边坡的最终稳定角的控制（图 1）。

因稳定边坡线以上的土体欠稳定，为避免承台承受侧向土压力，墩台基础的设计时承台靠山侧至稳定边坡线下。为减少土方工程，在承台施工时垂直开挖（图 2）。

2.2.2 控制桩计算弹性抗力的位置

基础计算时按计弹性抗力确定桩计抗力的位置：从沟底最低点做土壤稳定坡线 EF 交基础于 F，由 F 做垂线交自然边坡于 G 点，以 F 为圆心 FG 为半径作圆弧交基础于 A 点即弹性固着面顶点。同时基础顶面至自然边坡的距离应大于 5m～基础宽度。

2.2.3 桥墩侧向土压力

位于黄土边坡上的桥墩设计时需考虑侧向土压力的影响。按照《铁路桥涵设计基本规范》附录 A 的土压力计算公式进行计算。参照路基专业的设计资料，本线黄土边坡按照 1∶1刷方，

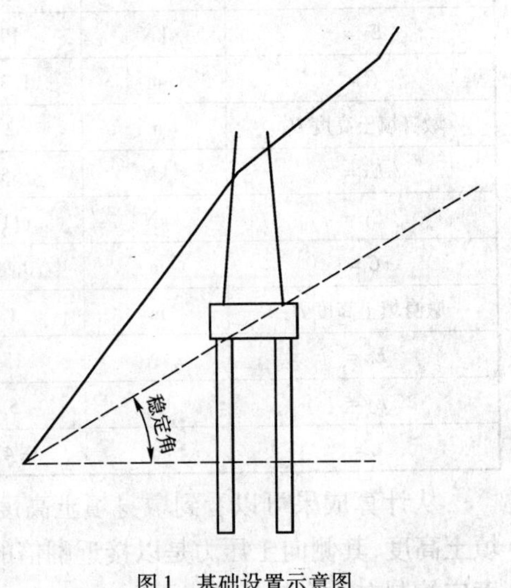

图1 基础设置示意图

每8m一级,设2.5m宽平台,每两级平台设5.0m宽的大平台。在这种刷方形式下刷方的当量坡度:刷方高度<16m时为41°,刷方高度16~30m时为37°。

简化的认为刷方线靠近墩身,墩身上填土高H。因刷方当量坡度均大于黄土内摩擦角,超出库仑土压力理论的应用范围,先假定一个坡面,将其上的土体作为荷载处理。计算时假定刷方高度以上是平的,先得出假定坡面以上土体的厚度h_1,将$h_1/2$作为荷载的平均厚度,在刷方高度8~35m的范围内取值,按墩身填土高度1~4m分别进行计算。

黄土内摩擦角考虑黏聚力影响,按以往经验取35°。外摩擦角取内摩擦角的1/2,土容重取$17kN/m^3$,墩身按竖直处理。

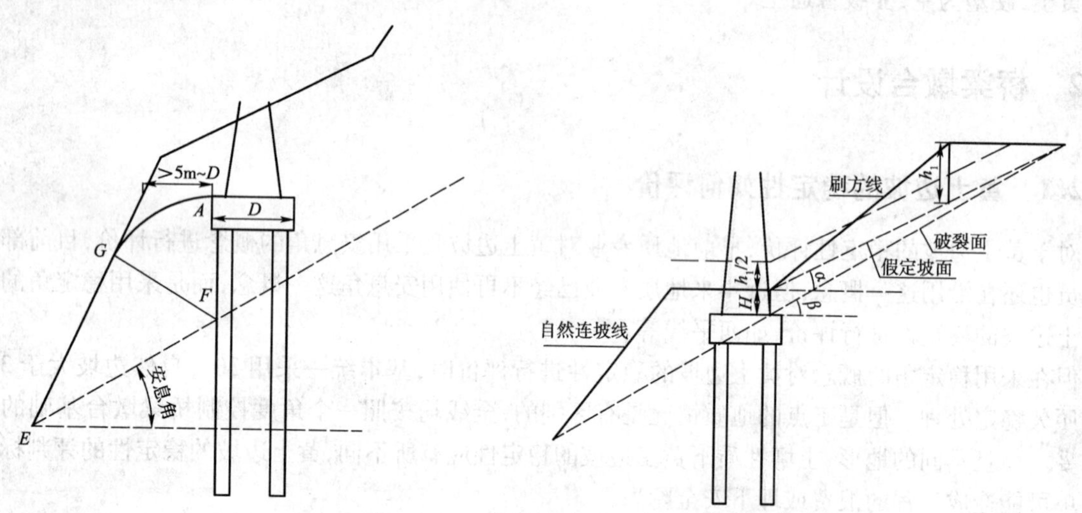

图2 土体弹性抗固着面顶点计算图　　图3 墩身侧向土压力计算图

墩身侧向土压力计算成果表(每米)刷方坡率1:1　　表1

刷方高度	m	8	16	20	25	30	35
墩身填土高度H:	m	4	4	4	4	4	4
Ex =	kN	90	139	150	177	204	231
Ey =	kN	28	44	47	56	64	73
C =	m	1.69	1.80	1.81	1.84	1.86	1.88
墩身填土高度H:	m	3	3	3	3	3	3
Ex =	kN	60	96	104	125	145	165
Ey =	kN	19	30	33	39	46	52
C =	m	1.30	1.38	1.39	1.41	1.42	1.43
墩身填土高度H:	m	2	2	2	2	2	2
Ex =	kN	35	59	64	78	91	105
Ey =	kN	11	19	20	25	29	33
C =	m	0.90	0.94	0.95	0.96	0.96	0.97
墩身填土高度H:	m	1	1	1	1	1	1
Ex =	kN	15	27	30	36	43	50
Ey =	kN	5	8	9	11	14	16
C =	m	0.47	0.48	0.49	0.49	0.49	0.49

从计算成果可以看到墩身填土高度的增加对墩身侧向土压力的大小影响非常明显,每增加1m的填土高度,其侧向土压力是以接近翻倍的速度在增长。因此我们认为一般情况下对墩身侧向填土的高度应控制在一个较低的水平。

墩的侧向土压力分纵桥向和横桥向两种情况：

参照32m梁制动力的半值170kN控制纵桥向的侧向土压力，纵向受相临墩台的影响，其刷方的高度一般不会大于20m，按墩宽度5m计，墩身填土的高度不宜超过2m。

参照32m梁离心力的半值220kN控制横桥向的侧向土压力，按墩宽度3.0m计，按照不同的刷方高度，墩身填土的高度宜取表1中黑线右侧范围内的数值。

基础设计时应考虑墩身侧向土压力的影响，并提高桩基的配筋率不小于8‰。墩身检算时因侧向土压力值较小，且作用点很低，对墩身检算基本不控制。

考虑到黄土边坡表层的坍塌以剥蚀为主，且经过整治的边坡表面规则，出现变形容易发现处理，桥下塌落小块土体不会影响运营的安全。为减少刷方的数量，按照边坡刷方坡率1:0.75也进行了计算(表2)。

墩身侧向土压力计算成果表(每米)刷方坡率1:0.75 表2

刷方高度	m	8	16	20	25	30	35
墩身填土高度 H:	m	4	4	4	4	4	4
$Ex=$	kN	98	154	169	201	233	264
$Ey=$	kN	31	49	53	63	73	83
$C=$	m	1.72	1.82	1.84	1.86	1.88	1.89
墩身填土高度 H:	m	3	3	3	3	3	3
$Ex=$	kN	66	108	119	143	167	190
$Ey=$	kN	21	34	37	45	53	60
$C=$	m	1.32	1.39	1.40	1.42	1.43	1.44
墩身填土高度 H:	m	2	2	2	2	2	2
$Ex=$	kN	38	67	74	90	106	122
$Ey=$	kN	12	21	23	28	33	38
$C=$	m	0.91	0.95	0.95	0.96	0.97	0.97
墩身填土高度 H:	m	1	1	1	1	1	1
$Ex=$	kN	17	31	34	42	50	58
$Ey=$	kN	5	10	11	13	16	18
$C=$	m	0.47	0.49	0.49	0.49	0.49	0.49

刷方坡率修改为1:0.75后，墩身侧向土压力增加值很小，但能明显地减少刷方工程，并能减少征地，有利环保。

2.2.4 边坡刷方的处理

第四系新黄土压缩性高、承载力低、多具湿陷性，刷方坡率按1:1及1:0.75分别图示如下(图4、图5)：

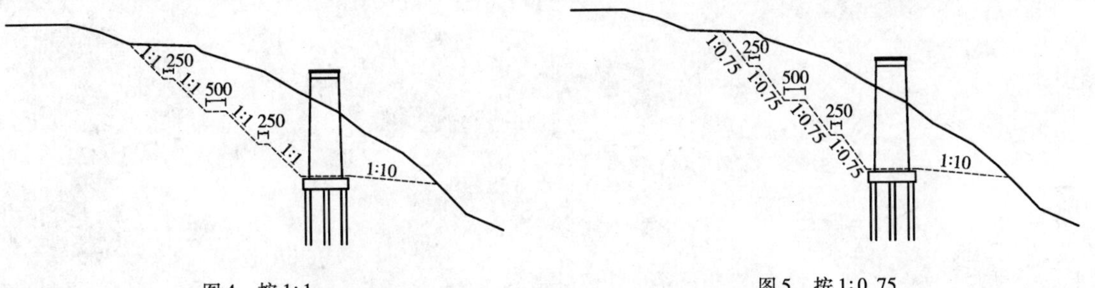

图4 按1:1　　图5 按1:0.75

刷方坡率 m 从刷方示意图取刷方高度32m，4级平台时，1:1刷方坡率对应刷方角度37°，1:0.75刷方坡率对应刷方角度43°，当最终边坡稳定角为30°，则1:1的刷方坡率较为适宜。

对 Q_2、Q_1 黄土尚应考虑构造裂隙对边坡稳定性的影响。对于较差的 Q_3、Q_4 黄土，为保证桥梁安全,在选取合理的基础埋深外,刷方时应尽量清理掉墩台周围的不稳定土体,不留隐患,刷方后边坡宜自然稳定,不设置坡面防护,仅在坡脚设脚墙防护高 1m。为保证排水,每级平台均设 M10 浆砌片石铺砌,并设 0.4 ×0.4m 排水沟。

墩台所在坡面应做好排水设计,路基及隧道侧沟水由桥台两侧排入冲沟内时,采用片石排水沟引至沟底,避免地表水渗入墩台底造成不均匀沉降,因而排水沟的设置应避免紧靠桥墩基础。

沟底采用浆片脚墙对坡脚进行防护,必要时铺砌沟底。对桥址附近的陷穴、黄土裂隙要回填夯实,桥位左右侧设置排水沟拦截雨水,避免冲刷浸泡附近的土体,排水沟布置的范围比照冲沟的深度而定。

3 需要解决的问题

由于黄土性质的复杂性,一级工程实践经验尚待进一步积累总结,故对下一问题需要进一步研究,以达到桥梁设计既安全又节约的目标。

(1)对不同的工点如何以较明确、直观的标准对黄土边坡的稳定性做出评价,从而确定刷方措施与力度。

(2)采用何种计算方式检算刷方后黄土边坡的稳定性,计算中土壤力学性质如何取值。

(3)桥墩墩顶有填土时何种检算方式为妥,应检算哪些项目(横向土压力、纵横向刚度、位移),前述计算方法是否合适,最终明确墩顶最高填土。

4 结语

由于黄土性质的复杂性,以及人们认识的不断提高,对黄土的处理上也在不断深入,如西延线新设计时并不认为位于黄土的稳定角以上的部分会在将来全部坍塌,现该线已投入运营 30 年,2004 年西延线扩能项目外业调查时,即有使用良好的桥梁,未发生基础埋深不够而产生的病害,说明当时的设计思路确有值得借鉴的地方。因此能否考虑设计时将承台略抬高于稳定边坡线,并在处理好黄土边坡排水的前提下,不把稳定边坡线上的土体全部按照欠稳定处理。从而减少基础施工的土方工程。以上仅是笔者从事黄土地区铁路桥梁设计的一点新得体会,冒昧写出来希望与同行交流探讨。

浅谈一种新型平面反对称异型拱在斜桥中的应用

张宇光　石少国

（徐州市市政设计院有限公司　徐州　221002）

摘　要　由于社会的进步和生产力的迅速发展，城市及公路交通等基础设施得到了空前的发展，非常规桥梁的样式也变得越来越多，特别是在城市道路中受到道路规划红线的限制，在很多情况下出现斜桥；另一方面人们对于桥梁美学给予了空前的重视，对桥梁造型的美学效果提出了越来越高的要求。在这种背景下，本文总结以往异型拱桥在工程中的应用经验，在斜交桥设计时，给出一种全新的平面反对称异型拱形式，从而达到造型奇特与受力合理的完美结合。

关键词　平面反对称　异型拱　斜桥

1　异型拱综述

1.1　异型拱合理拱轴线方程

异型拱桥是将普通下承式拱桥竖向布置的吊杆斜向布置，演变出的一种拱桥样式。由于斜向力的作用，合理拱轴线线形自然偏向一边，形成偏态不对称的曲线，这就是异型拱称呼的由来。异型拱的合理拱轴线推导比较复杂，最终结果为一复杂的微分方程，只有借助计算机求解，工程中很不实用，为方便工程设计计算，故引进以下 3 个基本假定：

（1）假设吊杆均匀密布，作用于拱肋的索力均匀分布。

（2）假设拱截面只有轴力，而无剪力和弯矩。

（3）假定荷载沿拱均匀布置，忽略拱圈自重荷载沿桥跨不同的影响。

在吊杆的斜率一定的情况下，可以推导出异型拱的简化合理拱轴线方程，具体见式(1)

$$\begin{cases} x = t - \dfrac{y}{i} \\ y = \dfrac{4f}{L}t\left(1 - \dfrac{t}{L}\right) \end{cases} \tag{1}$$

式中，i 为吊杆斜率，$i = \mathrm{tg}\alpha$；t 为参数。

根据合理拱轴线简化方程，由不同的矢跨比 f/L 和不同的吊杆斜率 i，可以绘出不同的合理拱轴线线形。在各种 i 与 f/L 的组合中，当 $Li/4f \leqslant 1$ 时，出现拱圈较陡的一端凸出跨径之外，此时靠近较陡端吊杆不是承受拉力而是压力，此时的拱轴线受力不太合理。所以在实际的工程应用中，吊杆斜率 i 的取值，除非在造型的特殊需要下，一般不应太小。

1.2　异型拱桥结构受力特点

异型拱桥采用无推力的梁拱组合体系，大类上仍属于系杆拱结构，保留有系杆拱的结构特点（图 1）。首先，桥面荷载通过横梁传给吊杆，再由吊杆传至主拱结构，最后再经由系梁支座传力至下部结构；主拱的水平推力则由系梁承担，并不传给下部结构。

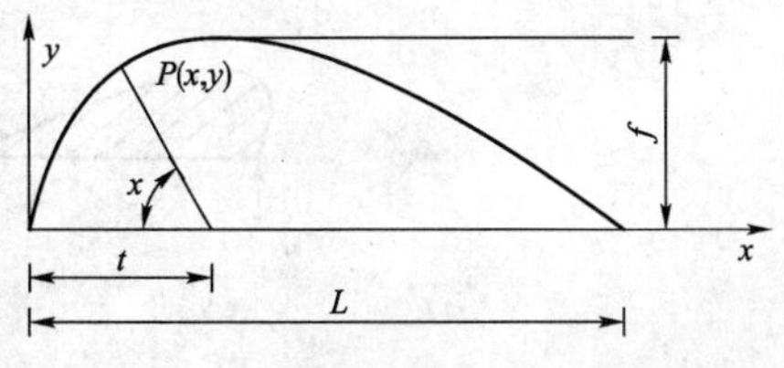

图 1　异型拱合理拱轴线计算图示

其次,系梁和拱圈均有一定的刚度,共同承受荷载,亦即都承受轴向力和弯矩。系梁和拱肋端部刚性连接,结构为外部静定、内部超静定结构。综合对比普通系杆拱和异型系杆拱,可得到下述结论:

(1)异型拱桥造型美观,构造简洁,可结合环境进行组合变化,非常适合于城市桥梁。

(2)异型拱桥系梁轴力由于斜吊杆的水平分力作用,各节段轴力不等,有节节变大的现象,这是异型拱桥的独特之处。

(3)异型拱桥在恒载作用下的结构内力比普通正型拱大,内力大小的分布不如正型拱桥均匀。在恒、活载共同作用下,系梁弯矩相差不大,差值均在 5 % 以下;拱肋弯矩的差别较为显著。异型拱桥弯矩值比正型拱桥相应值大。轴力与正型拱相比则是有大有小,分布不如正型拱均匀。

(4)异型拱桥对矢跨比的改变比较敏感,矢跨比减小时,结构的弯矩有所减小,轴力值有所增大,其中拱肋部位弯矩变化幅度较大,系梁部位轴力变化幅度较大。

(5)吊杆斜率变化时,拱肋弯矩随吊杆斜率的增大而减小,系梁弯矩值有大有小,总体呈略减小趋势。随着吊杆斜率的增大,结构内力最大值减小,最小值增大,差别逐渐减小,内力分布呈逐渐均匀的趋势。

由此可见,桥梁设计在追求视觉美感的同时,必然会牺牲一部分结构的受力特性。但反过来一味强调受力的合理性,其结果只能是失去桥梁设计的个性和特色。在受力与美学之间找到一个平衡点,才能获得合理的设计。

异型拱桥一般跨径不大,总体成本较低,适宜在 100m 以内的单跨,双跨及多跨桥梁中采用,特别是在景观要求较高、建筑高度要求较小的平原地区的城市桥梁。异型拱不失为一种理想的备选桥型。

1.3 异型拱在实际工程中的应用发展

异型拱桥在实际工程的应用,早期多采用跨径较小的单跨形式,拱肋和系梁均为矩形截面的钢筋混凝土结构,其代表如哈尔滨动物园 1 号桥(计算跨径 30m)、哈尔滨宽城桥(计算跨径 36m)等;但也有采用双跨的,像安阳市东风桥就是采用双跨布置(计算跨径 2×55m),其拱肋为工字形钢筋混凝土结构,系梁为箱形截面预应力混凝土结构。

随着新技术、新材料在工程中的推广应用,钢管混凝土的结构形式越来越多地应用于异型拱中,如福州福清长盛异型拱及沈阳新开河异型拱等,拱肋均采用钢管混凝土结构形式,系梁一般采用箱形截面预应力钢筋混凝土结构形式。现行异型拱桥设计多数采用这种形式。

实际工程设计中,按单跨、双跨及多跨等不同类别可以将不同形态的异型拱自由组合,从而产生各种各样多姿多彩的拱桥形式,这些拱桥形式更具标志性,并蕴含着更多的象征意义(图 2)。异型拱偏态的形态和力动感象征着奋发向上,故适宜于体现老城新貌和有象征意义的城市景观。

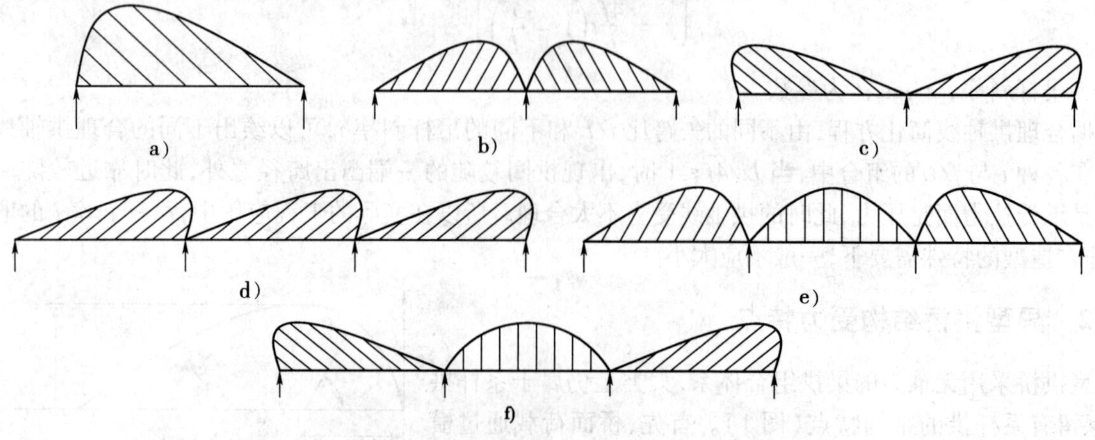

图 2 异型拱组合及其象征意义

a)巨鲸遨游;b)雄鹰展翅;c)彩蝶飞舞;d)波浪形;e)山峰形;f)元宝形

2 平面反对称异型拱

2.1 提出平面反对称异型拱的历史背景

随着社会的进步和生产力的迅速发展,国家基础设施的建设得到了突飞猛进的发展,城市与公路交通更是蓬勃发展,与此同时人们对于建筑物的美学和景观要求也越来越高,异型拱桥也就是顺应这种潮流产生发展起来的;现如今,特别是在城市桥梁的建设中,随着公民文化素质和审美水平的提高,对桥梁建筑的景观要求更是达到了前所未有的高度。

另一方面,在一些城市道路跨越中、小河流或其他障碍物时,非常规桥梁的样式也变得越来越多,特别是在城市交通中受到道路规划红线的限制,在很多情况下出现道路中线与河道中线不垂直的情况,即通常所说的斜桥。

斜交桥受力特殊,很多造型优美的桥型在斜桥上的应用受到了限制,若采用简单的简支板梁桥,跨径做的不会太大,加上斜交的影响,下部结构的墩台柱就比较的繁多,严重影响美观和桥下水流或其他的交通流。

为了更好地解决这一矛盾,笔者通过对以往异型景观拱桥的研究,结合斜桥自身结构及受力特点,独创出一种全新的平面反对称异型拱桥.

2.2 平面反对称异型拱结构构思与结构特性

平面反对称异型拱,顾名思义其本质还是异型拱,还属于系杆拱的范畴,拱轴线等基本要素和前面所讲的没什么两样,只是在拱的布置组合上与前面所讲的不一样。

图2中所示的各种异型拱的组合只是在桥梁的立面上进行的,适用于正交和小角度斜交桥梁,根据桥宽的不同在桥梁平面上有两片或两片以上这样形状相同的组合拱肋来组成整座桥的拱肋,就好比是将一片组合拱肋在平面桥宽方向复制平移过去,形状没用任何区别;而平面反对称异型拱与此最大的区别就在于,平面反对称异型拱的布置组合是在平面上进行的。

平面反对称异型拱是根据斜桥自身结构与受力在平面上呈反对称的这一特点构思出来的。为了介绍的方便,下面笔者先以比较简单的单跨双拱肋平面反对称异型拱为例,对平面反对称异型的结构形式及受力特点做一下详细介绍,单跨双拱肋平面反对称异型拱的单拱立面形式如图2a)巨鲸遨游的形式,整体平面形式如图3所示,单片异型拱肋较坦一端放置在斜桥平面锐角一侧,较陡一端放置在钝角一侧,另一拱肋放置方法于此相同,即两片拱肋拱顶偏态都偏向钝角一侧,尽量使两拱的最高点的连线与道路中心线垂直。

图3中将两片拱肋做成了提篮式的,中间用三道横向风撑进行连接。实际工程中,两拱肋也可竖直放置,不采用提篮式;横向风撑也可根据桥梁横向稳定及美观的要求,决定是否设置。

整体来说平面反对称异型拱与一般异型拱没什么两样,桥面活载及其恒载都是通过桥面板传递给横梁,再由横梁传递给吊杆,通过吊杆传递给拱肋,再由拱肋两端的支撑传递给桥梁下部结构,而拱肋自身产生的水平推力通过系梁来平衡掉,整个结构是一个外部静定、内部超静定的体系。平面反对称异型拱与普通异型拱的不同在于桥面系的受力,确切地说是桥面板与横梁的受力不同。桥面板的区别,也就是普通正交板与斜交板的受力区别;至于横梁,一般异型拱横梁长度就是桥的宽度,而平面反对称异型拱的横梁长度是桥宽与斜角余弦的比值,比桥宽度要大,同理横梁上两吊点之间的距离,平面反对称异型拱也比一般异型拱要大,故横梁受力更不利。因此,在实际工程设计中,特别是斜交角度较大的桥梁,双拱肋平面反对称异型拱的桥面宽度不宜做的太大。

通过上面简单例子的介绍,大家对平面反对称异型拱的结构特性及受力特点已经有了一个全面的了解和认识。按照此原理,我们可以将单跨双拱肋平面反对称异型拱推广到双跨及多跨中来,这样就形成了双跨及多跨双拱肋平面反对称异型拱,双跨及多跨双拱肋平面反对称异型拱的单拱立面形式如图2d)的波浪形,双跨双拱肋平面反对称异型拱整体平面形式如图4所示,多跨双拱肋平面反对称异型拱按双跨类推。

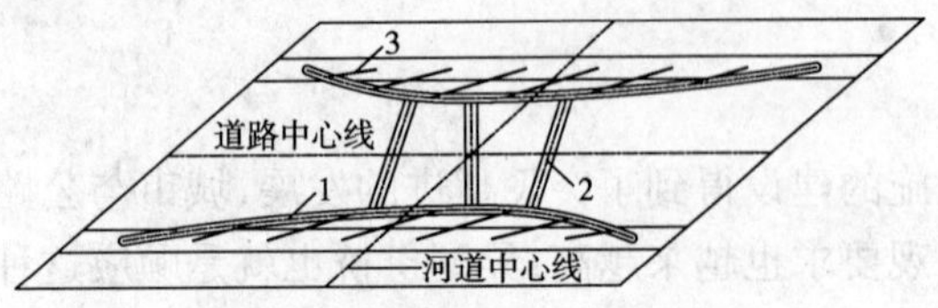

图3　单跨双拱肋平面反对称异型拱平面示意图

1-异型拱肋;2-横向风撑;3-斜向吊杆

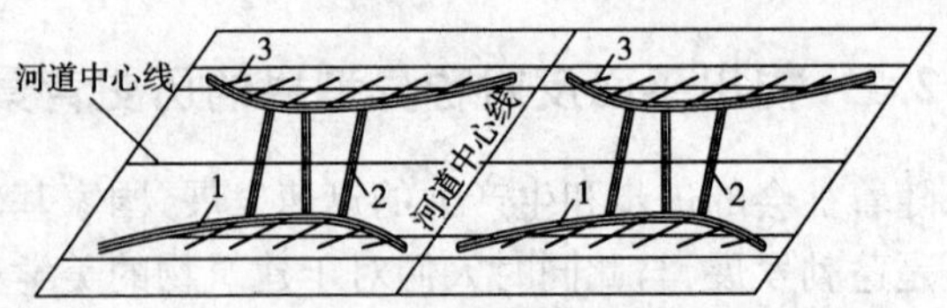

图4　双跨双拱肋平面反对称异型拱平面示意图

1-异型拱肋;2-横向风撑;3-斜向吊杆

当桥面宽度较大时,双拱肋导致横梁高度太高,桥梁建筑高度随之增加。为解决这一问题,我们可在道路中心线位置增加一道普通正态拱与原来两道异型拱构成三拱肋体系,三拱肋体系根据跨境不同又可分为单跨三拱肋、双跨三拱肋及多跨三拱肋。三拱肋体系边拱肋立面形式同双拱肋体系,中拱立面形式同普通正态拱立面形式。单跨三拱肋平面反对称异型拱及双跨三拱肋平面反对称异型拱的平面结构形式如图5、图6所示,多跨三拱肋平面反对称异型拱的平面结构形式按双跨的类推。

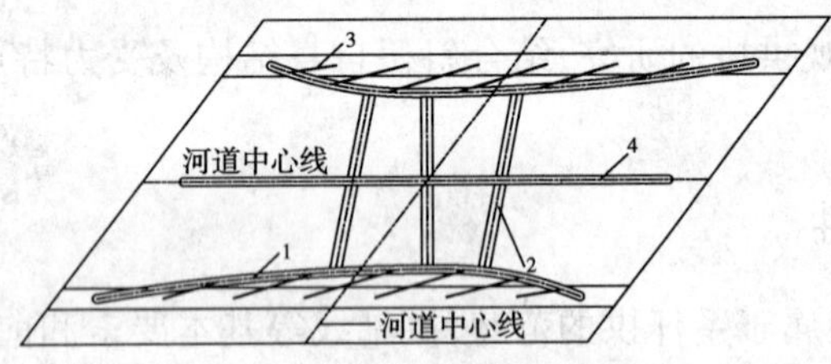

图5　单跨三拱肋平面反对称异型拱平面示意图

1-异型拱肋;2-横向风撑;3-斜向吊杆;4-正态拱肋

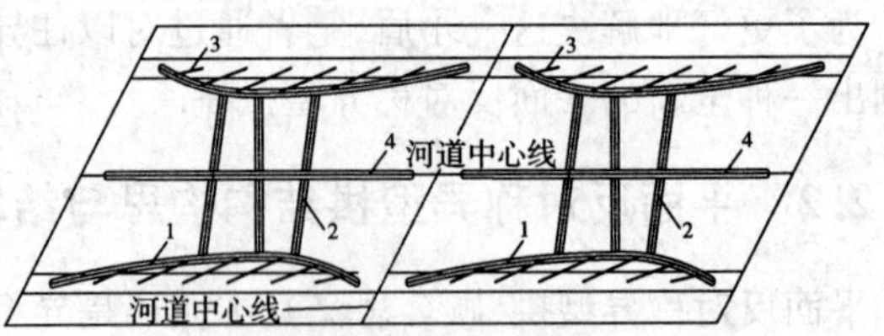

图6　双跨三拱肋平面反对称异型拱平面示意图

1-异型拱肋 2-横向风撑;3-斜向吊杆;4-正态拱肋

3　结语

平面反对称异型拱构思独特,结构受力合理,造型美观大方,在城市中、小跨径的斜交桥设计中,必将有着广阔的应用前景。

参考文献

[1] 范立础.桥梁工程(下).北京:人民交通出版社,2001

[2] 王玮瑶,李生智.异型拱桥.中国公路学报,1996(1)

[3] 李乔,李丽.异型拱桥结构内力分析[J].公路交通科技,2001(1)

[4] 杨士金,唐虎翔.景观桥梁设计.上海:同济大学出版社,2003

南京六合区白果桥设计

纪　诚　黄晓东

（南京市市政设计研究院有限责任公司　江苏南京　210008）

摘　要　白果桥主桥为三跨自锚式混凝土悬索桥，为双塔双索面结构，本文介绍其设计特点和主要施工要点。

关键词　自锚式悬索桥　结构设计　桥梁施工

1　概述

白果桥位于南京市六合区雄州城区东西向交通主干道泰山路和雄州东路上，是六合区跨越滁河的主要通道，桥梁全长429.32m，由南引桥、主桥、北引桥三部分组成。南北引桥为预应力混凝土简支空心板梁桥，主桥为自锚式混凝土悬索桥。本文主要介绍主桥的设计和施工要点（图1）。

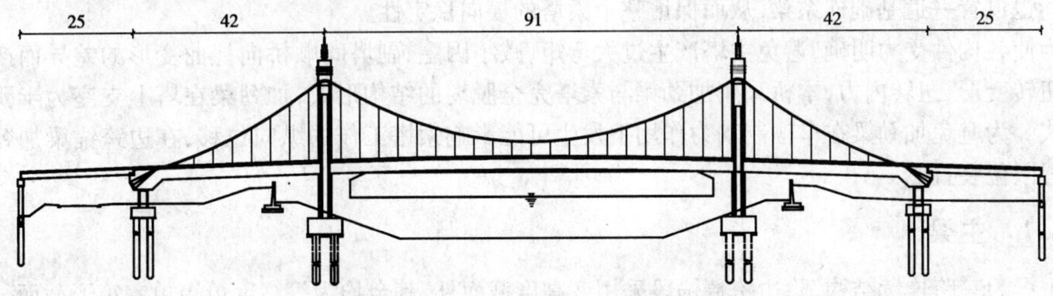

图1　白果桥主桥立面图（单位：m）

2　技术指标

(1)道路等级：城市主干道；
(2)汽车荷载等级：城—A级；
(3)设计车速：50km/h；
(4)主桥设计纵坡：3.0%；
(5)航道等级：五级航道；
(6)抗震等级：按地震烈度7度设防；
(7)设计基准期：100年。

3　主桥总体设计

桥梁中心线与滁河河道中心线正交。滁河河道为五级航道，通航净空 $B \times H = 45 \times 5\text{m}$，因桥梁所处河道为弯道，航道管理部门要求桥梁通航孔净宽不小于80m。根据现状河道以及规划河道断面情况，确定主桥采用跨径组合为：一跨预应力混凝土简支空心板梁（跨径25m）+三跨自锚式混凝土悬索桥（跨径42m+91m+42m）+一跨预应力混凝土简支空心板梁（跨径25m）=225m。

三跨自锚式混凝土悬索桥由钢筋混凝土索塔(包括主、副塔)、现浇预应力混凝土箱形主梁、主缆和吊杆等组成。

主缆成桥线形采用二次抛物线,中跨垂跨比为1/7,主缆横桥向中心距21.6m。索塔塔高26.614m(不包括装饰高度),主梁梁高2.00~2.066m,为每侧单箱单室的主梁结构,箱梁在桥横向通过横梁连接,横梁间距同吊杆间距,间距为4.2m。

主桥处桥梁路幅分配为:3.4m(人行道不含副塔)+1.6m(吊索区)+20m(机非混行车道)+1.6m(吊索区)+3.4m(人行道不含副塔)=30.0m。

桥梁纵坡为±3.0%,变坡点位于主桥中跨跨中,设置$R=1\ 500$m竖曲线,主梁线形与竖曲线吻合;桥面横坡为1.5%,通过调整主梁高度来实现,道路中心线处主梁高2.195m,主缆处梁高2.033m。

4 结构设计要点

本桥索塔由主塔和副塔及两者间的横向连系梁构成。经过分析发现,主塔为主要受力构件,它与副塔的受力情况相差悬殊,因此,在保证外观和谐美观的前提下,主塔与副塔分别采用不同的截面尺寸。注意到本桥索塔的主塔轴线间距比较大,达21.6m,若在两主塔上部连以横向连系梁,此连系梁将因自重大而在索塔上产生过大的附加横向内力而浪费材料,连系作用降低,同时还增加施工困难,影响美观。经综合考虑,为保证索塔的横向稳定性,在主、副塔间设置若干道横向连系梁将两者联系起来,并在加劲梁下设一道箱形横梁将两索塔(包括一岸侧的全部主、副塔)联系起来,形成框架结构;再者,两塔基础承台间也设置一道基础连系梁,从而保证整个索塔的横向稳定性。

为使各构件受力明确,避免主塔产生过大弯矩,减小因主、副塔间顺桥向挠曲变形的差异而产生的附加扭转变形、扭转内力,本桥采用加劲梁与索塔完全脱离的结构形式,加劲梁在塔上支座为半飘浮连接形式。为避免加劲梁在车辆制动力作用下发生可能影响索塔工作的纵向位移,在边跨锚梁加劲梁端部设置限位装置。

4.1 主梁

主梁为三跨连续结构,除边跨端锚段采用变高度截面外,其余均为等高度单箱单室箱形截面。标准梁高2.00~2.066m,宽30m,两侧悬臂外挑2.0m。

主缆锚固区的端锚段高4.00~4.195m,每侧长约30m,主要用作主缆锚固及平衡压重用。

标准段采用两个箱梁上翼板宽30m,顶板厚22cm,箱底板宽4.4m,厚30cm。桥塔附近箱梁采用两个I形截面,塔与主梁不连接,I形截面底宽1.9m,腹板厚70cm。

标准段箱梁在吊杆锚固处,设一道厚70cm的横隔板,箱梁间横梁厚50cm。横梁采用预应力结构体系,在端横梁的横梁处设牛腿,供边跨25m空心板桥梁体搁置。

主梁采用预应力结构体系,纵向预应力布置在顶板、底板。

主梁采用支架现浇施工方法,主梁必须在主缆索股架设前浇注完成,并要求该段混凝土必须在支架上完成,该部分支架必须在主梁全部脱架后拆除。

4.2 索塔

索塔采用主-副塔结合的双塔形式,主-副塔设横向连系的横梁,双塔间在主梁下和基础之间设二道横梁,为钢筋混凝土结构。主塔直立部分作为主体受力构件,主要承担主缆传递过来的竖向力及不平衡水平力。副塔部分作为辅助构件,提供部分侧向稳定,两部分在塔顶、中、底部连成整体。主塔穿过主梁箱体、副塔位于主梁悬臂板外侧。

索塔全高26.614m(不含装饰6.55m),桥面以上结构高20.289m(不包括装饰)。主塔及副塔均为实心矩形截面,主梁搁置在下横梁的支座上。整个塔身为等截面布置,主塔横截面尺寸为1.6m×2.8m,副塔横截面尺寸为1m×2m。

塔顶设置主索鞍，并通过塔顶预埋钢板与索塔固定。塔顶钢结构装饰高度为6.55m，并设置避雷装置(图2)。

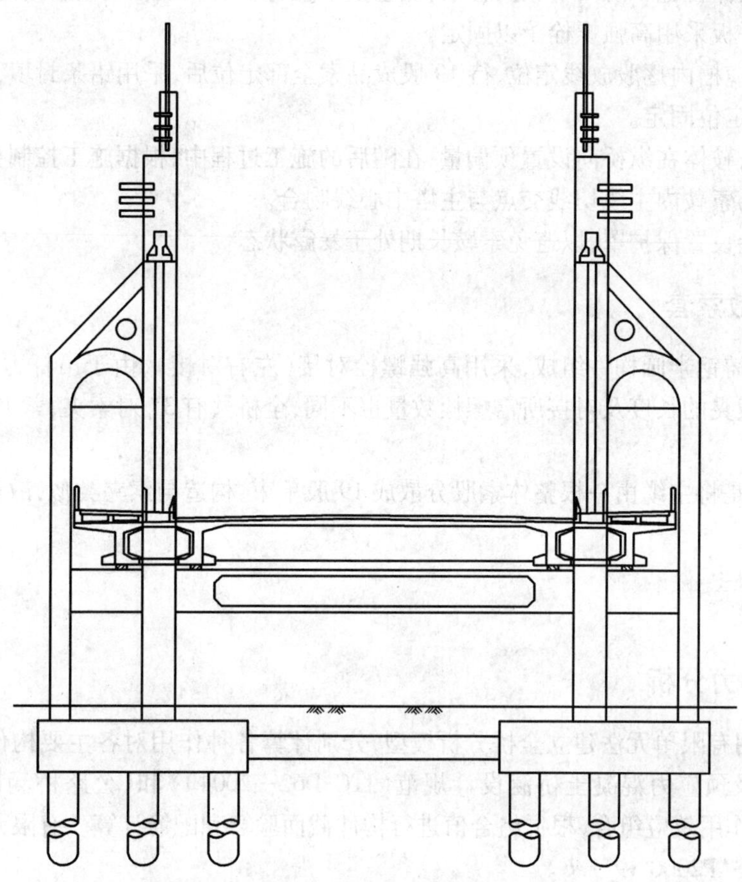

图2 索塔布置图

4.3 主缆

三跨混凝土自锚式悬索桥主缆共2根，主缆采用对称布置，成桥状态下主跨跨度91m，主缆缆心横向间距21.6m，矢跨比约为1/7，每根主缆由19股预制平行(PPWS)钢丝成品索编制而成，每股成品索由127丝ϕ5.1mm的高强钢丝组成。标准强度$f_{pk}=1670$MPa，主缆空隙率指标：索夹处18%，索夹外20%。主缆理论直径281mm。

主缆采用冷铸锚锚固体系，每个索股两端各设一个锚头，锚头由工厂加工制造；在主缆散索鞍后，主缆呈辐射形散开，每根主缆分成19股，穿过各自导管分别锚固在主梁底端端锚梁上。

4.4 吊杆

全桥吊杆共37对，两边跨各8对，主跨21对，吊杆标准间距4.2m。吊杆为弹性吊杆，采用单根73丝ϕ7mm高强镀锌钢丝组成的成品钢丝索(带PE护套)，冷铸锚锚固体系。

吊杆与索夹采用耳板销接，下端与梁体用冷铸锚锚固于箱梁底部，张拉端设在箱梁底部。

为保护吊杆，除采用双层PE保护层外，在桥面以上2.5m高度内外套不锈钢管，并在与主梁结合处设置防水罩，预埋导管内涂抹防腐油脂，下锚头加保护盖板并注入防腐油脂，并在索管内注入聚氨酯发泡材料。

4.5 索鞍

索鞍由鞍体、索鞍底座上平板及盖板等组成。全桥共4个索鞍。鞍体采用ZG310—570铸钢整体铸造，底部设3mm厚不锈钢板，不锈钢板与鞍体间采用焊接连接。底座上平板为Q345C钢板，上铺四氟乙烯板，以保证鞍体在施工阶段可纵向移动，底座上平板与主塔顶预埋钢板采用高强螺栓连接。成桥后，鞍体与底座上平板采用高强螺栓予以固定。

主缆在索鞍承缆槽内逐股放线定位，待19股成品索全部定位后，采用铅条封填，上盖板，紧螺栓，完成主缆在索鞍内的定位固定。

在架设主缆时，鞍体在纵桥向设置预偏量，在随后的施工过程中，根据施工控制要求，可对索鞍进行限量顶推。成桥后，索鞍内主缆切线交点与主塔中心线吻合。

成桥后，索鞍上设置保护罩，以避免索鞍长期处于暴露状态。

4.6 索夹、散索套

索夹采用两个铸钢半圆构件组成，采用高强螺栓对接（左右对接），由于吊杆力大小及索夹处主缆倾斜角度的不同，索夹的长度及对接所需螺栓数量也不同，全桥共有37对索夹，索夹下端伸出吊耳与吊杆销接。

散索套的作用是将主缆由一根整体索股分散成19股单束，构造与索夹类似，散索套预埋于主梁内。

5 计算要点

5.1 全桥静力分析

计算方法：采用有限单元法建立全桥分析模型，分别计算各种作用对各主要构件产生的效应，参照《公路钢筋混凝土及预应力混凝土桥涵设计规范（JTG D62—2004）》和《公路桥涵设计通用规范（JTG D60—2004）》进行作用效应组合，根据组合值进行构件截面验算和配筋计算。有限元软件采用MIDAS/Civil 6.7.1和CSI SAP2000 v9.1.6。

计算原理：由于悬索桥具有明显的几何非线性，因此在采用有限单元法计算时，对一、二期恒载作用下的成桥状态采用考虑几何非线性的迭代方法计算获得。国内外实际工程的经验表明，小跨径混凝土自锚式悬索桥因为采用了自重很大的混凝土加劲梁，在成桥状态下即具有很大的重力刚度，结构对于后期可变作用产生的效应表现出近似线性的行为特征，可按线性方法计算后期作用效应，并可用叠加原理对各种效应进行组合。因为本桥主缆自重与桥面系自重的比值很小，所以成桥线形完全可由二次抛物线理论计算得到，并可计算得到成桥状态时各个主要构件的内力，以此形成几何初始刚度矩阵，后期作用效应的计算均在成桥状态的基础上进行计算。

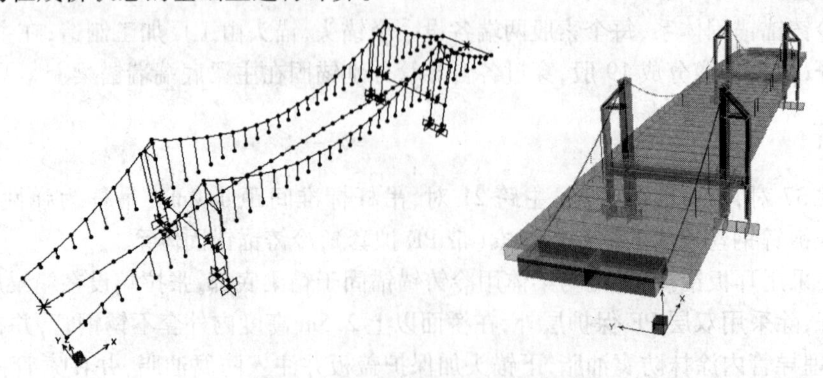

图3 SAP2000建立的全桥有限元模型

有限元分析中，主缆假定为理想柔性索，不考虑剪切变形的影响，只受拉，不能承受弯、扭作用。由于索夹为销接式索夹，吊索上端将顺桥向和横桥向的弯矩释放，除此之外，吊索也按理想柔性索建模，同主缆。在用二次抛物线理论计算主缆成桥状态参数时，忽略索夹和吊索的自重。

5.2 全桥自振特性分析

用有限元法建立全桥空间模型,计算前50阶的自振特性,得到各阶自振频率、自振周期及相应的振型。其中,按振动对象划分,这些振型可分为几类:缆索体系振动、加劲梁振动、索塔振动和上述构件混合振动。

5.3 主缆线形计算

在成桥状态下,主缆自重约占全部上部结构恒载的1/57,且本桥主跨仅91m,属于小跨径自锚式悬索桥,因此可按二次抛物线理论计算主缆成桥线形,精度可达到设计和施工要求。

主缆在空缆状态时的线形呈悬链线。根据各跨主缆无应力长度不变和主、边跨水平分力相等的条件,列出非线性平衡方程,运用迭代法解非线性方程组,可得到关键参数,并求出索鞍预偏量。

5.4 索夹位置确定

成桥状态索夹位置根据吊索布置间距,将吊索x坐标代入主缆线形方程便可计算出成桥状态各索夹的y坐标。

空缆状态索夹安装位置根据塔顶到各索夹之间的主缆无应力长度恒定的原理,对各个索夹分别建立非线性方程,求解得到空缆状态索夹安装坐标值。

5.5 缆索下料长度计算

根据位置和受力情况的不同,将整根主缆划分为四段:主跨(扣除索鞍段)、边跨(扣除索鞍段)、索鞍段、锚固段。分别计算各段成桥长度和成桥时发生弹性伸长量,两者相减可得到各段无应力或下料长度。

5.6 索鞍几何尺寸计算

对于小跨径悬索桥,可采用统一曲率半径的承缆槽形式,仅在主缆出口处局部减小曲率半径,形成喇叭口,避免主缆发生竖向位移时被刻伤。

计算方法:先给承缆槽初定一个的曲率半径;确定需求的关键参数,将其作为未知量;根据已知的主跨和边跨主缆的成桥线形方程,通过主缆和索鞍的几何关系建立非线性方程组;用迭代法求解非线性方程组可得待求参数;将求得的参数代回相关的几何函数中,计算索鞍外轮廓尺寸,检查索鞍是否突出于主塔之外,如突出则调整承缆槽曲率半径,重复上述步骤,直到条件满足为止。

6 施工要点

6.1 施工控制

白果桥为三跨自锚式悬索桥,外形新颖但结构较为复杂。对所采用的施工方法和施工顺序将直接影响成桥后的结构线形和内力。而在理论计算时,图式的假定、参数的取用、施工方法及施工顺序的确定,均以某一个特定的目标为基础。因此具体施工时存在多方面的差异,需要在施工中通过控制不断加以调整,使其尽可能地接近设计值。

自锚式悬索桥是一种内部高次超静定结构,理想的几何线形与合理的内力状态不仅与设计有关,而且还依赖于科学合理的施工方法。如何通过对施工过程的控制以及结构内力状态的监测来指导、调整施工顺序和施工工艺以获得预先设计的应力状态和几何线形,是本桥施工中非常关键的问题。因此,有必要对整个施工过程进行科学、合理地控制,以确保大桥顺利建成。

6.1.1 缆索体系控制

自锚式悬索桥先期施工主梁，后期架设和张拉缆索体系，这样的施工工艺成为自锚式悬索桥的特点，也是施工控制的难点。缆索体系在施工阶段存在较为明显的几何非线性，由于主梁在轴向压力作用下的变形，会影响到主缆的几何线形控制。

主缆空缆和成桥状态差异较大，吊杆设计计算长度一般小于主缆空缆安装实际位置之间的距离，施工过程中需要对吊杆接长。

吊杆张拉需要多次迭代，使全桥达到设计状态。理论上需要迭代无穷次，实际施工控制过程中，如何使用尽量少的迭代次数使全桥状态满足要求是张拉控制的重要问题。

塔顶索鞍的预偏与施工过程中的滑移和顶推控制也是缆索体系施工控制的重要内容。

合理的张拉顺序可以减少迭代次数，减少对吊杆接长的要求，并保证结构内力的合理平稳。

索夹是将桥面荷载通过吊杆传递给主缆，为了确保索夹在大桥整个使用期间不产生沿主缆的滑移，且自身强度满足要求的情况下，有必要对其进行科学的研究和必要的实物模型试验。

自锚式悬索桥锚固端需要承担强大的锚固力，锚固区的施工要求质量可靠，在明确缆索体系订货后，有必要与设计单位进行协调，必要时对锚固体系的构造形式进行适当调整。

6.1.2 主梁控制

主梁为支架现浇的钢筋混凝土结构，在施工过程中对主梁线形的控制比较重要，如果偏差过大，后期调整的余地比较小，而且比较困难。

支架现浇，对支架的预压要求比较严格。由于河流通航，施工过程中需要对支架墩严格保护，确保万无一失，一但船只撞击造成支架墩的破坏，后果不堪设想。同时支架墩在洪水季节的反应也要引起足够重视。

主梁施工过程中的养护要引起重视，避免混凝土早期裂缝的产生和发展。

根据监控信息，选择合理的主梁脱模状态，同时吊杆张拉时应对主梁上下缘应力进行监测。

6.2 主桥主要施工步骤：

(1)主桥下部桩基、承台以及辅助墩的基础、承台的施工。

(2)施工悬索桥边墩和桥塔，简支梁配重跨桥墩。

(3)搭设悬索桥边跨支架，支架上浇筑边跨梁体，架设中跨贝雷桁架，在贝雷桁架上现浇中跨梁体，待混凝土达到设计强度的80%后张拉该部分的主梁预应力筋。

(4)在主梁两侧架设临时施工通道，安装主缆，挂吊杆。

(5)架设25m预应力空心板梁，张拉主缆，调整空缆线形，以便将自重作用于悬索桥部分端横梁上平衡吊杆张拉时主缆产生的拉力。

(6)分批对称张拉吊杆，分两次(或多次)张拉吊杆，使各吊杆内力达到设计值。

(7)主缆缠丝及防腐。

(8)梁体脱离支架后，拆除支架，并拆除临时钢管桩和墩。

(9)对部分吊杆进行内力调整，使梁体线形、高程与设计一致。

(10)浇筑主缆孔洞混凝土，待强度达到100%以后，浇筑桥面铺装、伸缩缝、人行道、栏杆，河道护砌等附属工程。

7 结语

自锚式悬索桥不同于一般桥梁，其不需要庞大的锚碇，而是把主缆锚固到桥面板或者加劲梁两端，由它们来承担主缆中的水平力。适宜在不适合修建锚碇的地方建造悬索桥。

混凝土自锚式悬索桥在中小跨径上是一种既经济又美观的桥型，白果桥为南京地区第一座自锚式

悬索桥，其造型优美，与周围环境相协调，成为六合区滁河风光带上一座标志性建筑。

参 考 文 献

[1] JTG D60—2004 公路桥涵设计通用规范[S]
[2] JTG D62—2004 公路钢筋混凝土及预应力混凝土桥涵设计规范[S]

桥梁上部结构加固研究与应用综述

孙增寿[1]　陈秋艳[2]
（1.郑州大学土木工程学院　郑州　450002；2.姚孟发电有限责任公司　平顶山　467031）

摘　要　目前对在役桥梁的检测、加固已成为工程界普遍关注的课题。由于桥梁结构尺寸大、质量重，结构形式变化多样，使得桥梁上部结构的加固方法和技术变化多端、十分复杂。本文在总结桥梁加固方法的基础上，从结构静力学、动力学和结构基本理论出发，对各类加固方法的加固机理、新旧共同作用、研究现状和应用范围等问题进行了归纳、分析和比较，介绍了目前国内外典型的桥梁加固工程实例。并提出：在加固方案设计中，除考虑桥梁安全性、适用性和耐久性外，还要具有一定的前瞻性，以避免出现随交通发展而再次加固的情况。

关键词　桥梁上部结构　加固　研究与应用

1　前言

桥梁系统是一个国家和地区的重要基础设施，也是生命线工程的重要组成部分，对地区经济发展和抗震救灾工作具有十分重要的作用。然而由于环境腐蚀、车辆载重及交通流量增加(heavy traffic)等原因，一些桥梁正面临着日益加剧的性能劣化。美国公路系统共有580,000座桥梁，但超过45%的桥梁被认为性能退化或承载能力不足。我国的桥梁损伤情况也十分严重，1996年上海市对全市公路桥梁进行了检查，共有362座公路桥梁处于承载能力不足或临界状态。20世纪80年代以来，在北美、欧洲和亚洲的一些国家和地区，相继发生了一些桥梁的突然性断裂事件。这些灾难性事故不仅引起了公众舆论的严重关注，也使各国政府和科研机构意识到，必需对既有桥梁进行检测、评定和加固，恢复和提高桥梁的承载能力，保证桥梁结构的安全。近年来，土木工程领域的科技人员在这一方面进行了大量的研究工作，目前在桥梁损伤检测、鉴定和加固等领域已取得一定的研究成果，一些新材料、新技术已相继应用于桥梁加固工程，并且在不断地完善、发展和创新。

但是，我们也应该看到，旧桥加固的个性很强，虽然工程量往往不大，但涉及面广，是一项繁杂的系统工作；而且由于旧桥加固过程中常存在原始资料和图纸不全等客观原因，所以旧桥加固设计的制约因素和技术风险远比设计新桥要大得多，必须引起技术人员的高度重视。本文正是在此基础上，对各类桥梁加固方法的特点和适用性进行分析论述，为桥梁加固方案的设计提供依据。

2　桥梁结构加固的特点

由于桥梁加固必须在原有结构位置进行，所以加固方案的设计与实施势必受到原结构形式、结构材料和环境的制约，具体来讲，桥梁上部结构加固具有下述特点：

(1)加固空间有限。一方面是施工操作空间有限；另一方面是使用空间限制，即加固后结构高度不能超过容许建筑高度，加固后桥梁必须满足下部的通车和通航要求。

(2)可供参考的设计和施工资料少，特别是使用年限较长的旧桥，已经难以找到当时的设计和施工资料，加之结构损伤和材料老化等因素，无法准确估计结构的残余承载力。

(3)必须考虑新旧结构的共同作用。一是新旧材料的可靠黏合；二是新增结构部分的应力滞后

问题。

(4)在加固设计中涉及新、旧设计规范的交叉问题。

3 桥梁结构加固的原则

桥梁不仅是道路跨越山川、河流的结构形式,而且往往是一个地区或城市的象征,所以新建桥梁在设计时,除满足安全、适用、经济等要求外,还必需满足美观的要求。同样,桥梁加固设计也是如此,在满足结构可靠度的前提下,不能影响原有桥梁的美观。由于桥梁结构类型和损伤状况的不同,桥梁结构的加固方案常常差别很大,而且加固施工方法特殊、工艺复杂。虽然国内外已有许多成熟的旧桥加固技术和方法,但在具体加固过程中,还应结合所加固桥梁的具体特点加以综合考虑,采用技术可行、经济合理的加固方案,并具有一定的前瞻性和创造性。具体加固原则为:

(1)以原桥竣工图和设计图及检测鉴定结果为基础,只有充分了解病症所在,才能使加固设计有的放矢;

(2)不损伤或少损伤原有结构,发挥原结构的潜力,加固后桥梁在最不利荷载组合作用下,其强度、刚度和稳定性均要满足要求;

(3)降低附加荷载,减少附加荷载对加固效果的影响;

(4)新旧结构结合面应具有足够的抗剪能力,保证应变传递的可靠性,保证新旧结构的共同作用;

(5)不影响桥梁的使用功能;

(6)加固设计要考虑结构的耐久性要求;

(7)施工工艺简单可靠,尽量减少对运输的干扰。

4 桥梁上部结构加固方法

桥梁加固就是指采取一定结构措施,恢复和提高桥梁局部或整体的承载能力或通车能力。根据加固目的不同,桥梁加固方法总体上可分为两大类:一类为非结构性加固,如对裂缝进行封闭或压浆处理,目的是提高结构的整体性和耐久性能;另一类是结构性加固,目的是恢复和提高结构的刚度和承载能力。本文主要讨论第二类方法,属于第二类的结构加固方法主要有:

(1)扩大或增大原结构构件断面的加固;

(2)粘贴补强加固法,包括粘贴 CFRP 布、粘贴芳伦纤维布和粘钢补强等;

(3)改变原结构受力体系的加固;

(4)体外预应力加固;

(5)钢-混凝土组合加固。

4.1 扩大桥梁或构件断面法

扩大断面法是一个传统的加固方法,采用与原结构相同的材料增大构件截面面积,从而提高结构构件性能。不仅可提高桥梁的承载能力,而且还可增大桥梁刚度,改变桥梁的动力性能;但施工不便,附加荷载大,主要用于钢桥、拱桥和中小跨度混凝土梁桥的加固。随着材料工业和施工技术的发展,一些性能优异的新材料被广泛应用于桥梁加固工程中,如自密实混凝土、聚丙稀纤维自密实混凝土、轻质混凝土、聚合物混凝土等,在一定程度上弥补了上述缺点。另外植筋技术的应用,也提高了新旧结构之间的共同作用能力,保证了加固效果。下面主要介绍一下自密实混凝土在桥梁加固中的应用。

自密实混凝土不需振捣,完全依靠自重就能够密实地充满模板的各个角落,解决了桥梁加固中扩大断面部位无法振捣或振捣困难的问题,可避免因振捣不足而造成的空洞、蜂窝和麻面等质量缺陷,有利于保证加固质量和混凝土结构的耐久性,非常适合桥梁加固工程。同时,由于混凝土无需振捣,提高了施工速度,缩短了工期,有利于交通的尽快恢复。如天津市某立交桥采用补筋外包混凝土加固梁、柱时,由于柱子较高,梁跨度大,加固厚度较薄,就选用了合成纤维自密实混凝土进行施工,取得了十分满意的加固效果。

4.2 粘贴碳纤维(CFRP)布加固

日本是世界上最早采用CFRP布进行桥梁工程加固的国家之一,1994年曾采用CFRP布对东名高速公路高架桥的混凝土箱梁内外进行了粘贴补强。近年来,我国科研单位和院校对粘贴CERP布加固进行了大量的理论和应用研究,取得了比较成熟的加固设计方法和施工经验。目前CFRP布已经国产化,表1为国产CFRP布的主要技术指标,达到和超过了国际标准,完全可以代替进口CFRP布进行工程加固,大大降低了桥梁加固工程的成本,为推广应用粘贴CFRP布加固创造了有利条件。粘贴CFRP布加固本质上是粘钢加固技术的发展,是应用结构黏结剂将CFRP布按设计要求粘贴于混凝土表面,使其与原结构中的钢筋共同承受拉力,提高结构的承载能力,有效地增加了桥梁的抗拉、抗弯和抗剪能力,提高桥梁的强度、刚度和抗裂性,控制裂缝的发展。由于CFRP布的极限抗拉强度高于普通钢筋的10倍以上,弹性模量与钢筋相近,且其形状可随结构形状而变化,所以其加固效果和应用范围均比黏钢补强加固优越。试验研究表明:粘贴一层碳纤维单向布的梁板,其抗弯性能可提高5%~8%,但其刚度加固效果不如黏钢补强加固。与黏钢、喷射混凝土等加固技术相比,粘贴CFRP布加固主要具有以下优点:

国产CFRP布主要技术指标

表1

型　　号	比重(g/cm^{-3})	设计厚度(mm)	抗拉强度(MPa)	弹性模量(MPa)
CFC3.5-220-010-050	1.9	0.10	3 500	2.2×10^{-5}
CFC3.5-220-010-100	1.9	0.10	3 500	2.2×10^{-5}
CFC3.5-220-012-050	1.9	0.12	3 500	2.2×10^{-5}
CFC3.5-220-012-100	1.9	0.12	3 500	2.2×10^{-5}

(1)高强高效,其静力强度和疲劳强度均高于钢材;

(2)基本不增加恒载和断面尺寸,不会降低桥下净空,不改变结构形状和影响结构美观,这是其他方法无法比拟的;

(3)成型方便,适合各种形状结构,可用于梁桥、拱桥和构件、节点等的加固;

(4)施工方便,不需大型施工机械和现场固定设施,便于桥下高空作业,特别是在箱梁内部加固时,其可操作性很好,适合要求不中断交通进行加固的需要;

(5)用结构粘结剂直接将CFRP布粘结在结构表面,无需设置锚固螺栓等,不会对原结构造成损伤;

(6)具有优良的耐化学腐蚀性能和耐久性能。

虽然采用CFRP布取代钢板对大量既有桥梁进行加固,使加固技术产生了根本的改变;但粘贴CFRP布加固主要存在以下三个问题:

(1)应力滞后导致CFRP布的高强度不能充分发挥,若要充分发挥其强度,此时原结构中钢筋早已屈服,裂缝会较大;

(2)弹性模量与强度的比值低,导致应力不能充分发挥;

(3)由于结构表面不平整和粘贴不平整,呈波浪形的CFRP布将产生撕裂作用,影响CFRP布与结构表面之间力的传递和加固效果。

针对这些缺点和不足,我们经过大量研究业已提出一些解决方法。一是在碳纤维中掺入玻璃纤维形成混合纤维,提高其弹性模量和变形能力;二是在CFRP布中施加预应力,减小加固时由于二次受力造成的应力滞后,解决强度无法充分发挥和刚度加固不足的问题,进一步降低裂缝宽度,并能够消除结构表面不平整所产生的撕裂作用,提高加固效果。目前已研制成功轻便的现场施加预应力设备,并应用于具体的粘贴CFRP布加固工程。

4.3 体外预应力加固

预应力技术并不是一项新技术，在土木工程中已被广泛应用，但近年来才被应用于中、大跨度桥梁的加固。体外预应力加固是指以梁身为锚固体，通过张拉，对梁的受拉区施加压力，以抵消部分自重应力，减少桥梁在恒载和活载作用下的挠度，常用于混凝土梁桥、预应力混凝土梁桥、T构桥和钢桁架桥的加固。在具体加固中，预应力筋（束）应左右对称布置于T形梁的两侧或箱梁体内，并于梁体上设置转向块和锚固端。体外预应力加固具有以下优点。

(1)能较大幅度地提高旧桥的承载能力，既可以提高抗弯承载能力，也可以提高抗剪承载能力和刚度；

(2)预应力筋布置在箱梁体内（或T梁腹板断面外），对原桥结构损伤小，不影响桥下净空和桥梁美观；

(3)加固设备简单，施工工期短，在加固过程中，可以不中断或不限制交通。

苏格兰格拉斯哥市（Glasgow）的京斯顿大桥（Kingston Bridge）、南海市谢叠大桥、三门峡黄河公路大桥均为箱梁桥，三座桥均在使用中出现主跨过度下挠，腹板开裂的事故。都采用在箱梁内部通过多股钢绞线施加体外预应力和腹板粘贴钢板相结合的方法进行了加固，取得了满意的加固效果。图1为某T构桥的体外预应力加固。

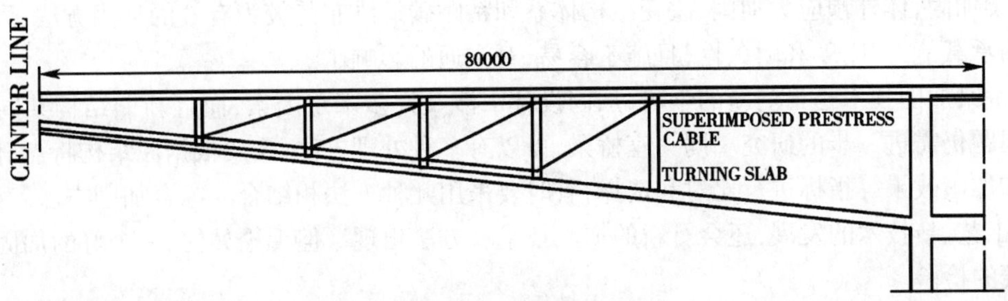

图1 混凝土连续刚构桥的体外预应力加固

4.4 改变结构体系法加固

改变结构体系法加固是从调整传力路径和结构体系的角度出发，改善桥梁的整体性能和受力状况，从而达到结构加固的目的。也就是将强度不足处之内力转移至增设之杆系或强度富余部位，使原桥梁结构转换成一种符合功能要求的新体系。改变结构体系的主要方法有：一是通过改变简支梁的支座，变多跨简支梁为连续梁，降低跨中截面的控制弯矩；二是通过撑杆或拉索增设支点，变简支梁、悬臂梁为连续梁；三是通过在桥面设梁，变拱桥为连续拱梁桥。下面为两个成功的体系改变加固桥梁实例。

4.4.1 挪威 puttesund 大桥的加固

该桥建于1970年，是一座采用悬臂施工法建造的预应力混凝土单室箱梁桥，由于随时间变化的悬臂过量下挠，主跨中心处下挠达450mm，而且某些部位抗剪能力也不足，出现剪切裂缝。采用图2所示改变受力体系法进行了加固，相当于在跨中增加了几个柔性吊杆，加固后桥梁变成一座外形漂亮的斜拉桥，成为城市的一道风景。

4.4.2 颜家桥的改造与加固

长沙市颜家桥建于1959年，为双孔空腹式石拱桥，全长35.80m，每孔净跨径15.00 m。由于桥台水平位移，导致拱顶、拱脚处产生三道宽达30mm的裂缝，横贯桥宽，使桥梁变为危桥。1997年采用体系转换法进行加固与改造。在原桥面上挖槽设置纵梁、横梁和桥面板；纵梁下立柱、斜撑的主筋直接插入梁内和嵌入拱圈内。钢筋混凝土桥面把梁与板联成一个整体，整个桥跨结构成为一座连续拱梁桥，如图3所示。

图2　挪威 Puttesund 大桥的加固

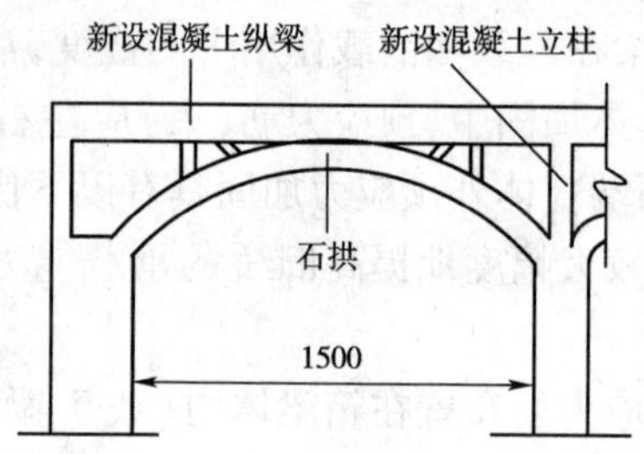

图3　改变结构体系法加固石拱桥

5　结论

本文基于桥梁结构加固的特点，对桥梁结构的加固原则和加固技术与方法进行了总结和论述。大量研究和实际工程应用成果证明，在桥梁上部结构加固中，已有一些成熟的加固方法和设计理论。对中、大跨桥梁加固，体外预应力加固、改变结构体系和粘贴碳纤维布是较为有效的加固方法，可以明显地提高原桥的承载能力、刚度和耐久性；且施工容易，对交通的影响小。

但是，桥梁加固技术是一门新的学科，加固设计中涉及许多未定因素，而且新旧结构共同作用和应力滞后等问题仍需进一步的研究。同一座桥梁，可以有多种处理方法，需要根据原结构特点、使用要求、加固成本和加固效果等指标进行比对和选择，有时要采用几种方法相结合的综合加固方法。而且，随着新材料、新工艺、新技术的发展，还会有新的加固技术和方法出现。但无论如何，一个好的加固方案应该经得起实践的检验。

另外，加固施工中的质量监测与控制也是桥梁加固工作的关键，而且桥梁改造与加固是一个新的学科，许多施工和监理单位还不太了解这些专门的施工技术，这就要求我们的设计人员必须进行详细的技术交底，并协助监理公司制定相应的监理大纲和细则，以保证加固效果和工程质量。

参考文献

[1] 韩悦臻，曹三鹏，王巍巍. 体外预应力结构及 FRP 索在桥梁工程中的应用. 公路，2007(6)：P65-67

[2] 宋宁，牛宏，许宏元. 某大跨径预应力混凝土连续刚构桥的加固设计. 公路，2007(7)：P35-37

[3] 谭勇，周建廷，沈小俊，等. 常用拱式桥梁加固技术及适用特点分析. 重庆交通大学学报(自然科学版)，2007，26(4)：P29-31

[4] 邓军，黄培彦，李师庆. CFRP 板加固钢-混凝土组合梁的塑性承载力分析. 桥梁建设，2008(2)：P78-80

[5] Ayman M. O., Sherif E. T., and Mohsen S. (2002). Flexural reliability of reinforced concrete bridge girders strengthened with carbon fiber-reinforced polymer laminates. Journal of bridge engineering, 7:5, 290-299.

[6] 陈开利，CFRP 材料在桥梁加固工程中的应用. 桥梁建设，2001，31(1)，P44-45

[7] 周建廷：桥梁加固机理及加固准则探讨. 重庆交通学院学报，20(增刊)，P26-28

[8] 邓德全，陈久强，蒋敏文. 用体系转换法加固多孔拱桥的研究、中南工业大学学报，1997，28(2)，P121-125

[9] Fjeldheim, Steinar, and Jan T. G. (2003). The strengthening of original cantilever box girder bridge by addition of pylons and cable-stays. Bridge design Engineering, 30:9, 5-15.

[10] Giovanni C., and Maurizio O. (2004). Structural evaluation and strengthening of a reinforced concrete bridge. Journal of bridge engineering, 9:1, 35-42.

[11] H. A. El-Arabaty, F. W. Klaiber, F. S. Fanous, and T. J. Wipf. (1996). Design methodology for strengthening of continuous-span composite bridges. Journal of bridge engineering, 1:3, 104-111.

[12] Trent C. M., Michael J. C., and Dennis R. M., etc. Strengthening of a steel bridge girder using CFRP plates. Journal of bridge engineering, 6:6, 514-522.

[13] 杨文渊,徐犇. 桥梁维修与加固. 北京:人民交通出版社,2000

[14] 姚继涛,马永欣,董振平,等. 建筑物可靠性鉴定和加固. 北京:科学出版社,2003

[15] JTG/T J22—2008 公路桥梁加固设计规范. 北京:人民交通出版社,2008

大跨径桥梁钢箱梁顶板厚度的探讨

杨 洁 谢 斌 陆华臻
（天津市市政工程设计研究院 天津 300051）

摘 要 通过一些数据，介绍正交异性板的构造、受力特点和简要计算方法，探讨正交异性板在重载交通下的厚度问题。

关键词 正交异性板 板厚 重载交通 疲劳

1 引言

正交异性板是由纵、横加劲肋和盖板共同承受荷载的桥面结构。该结构最早始于20世纪50年代的德国，后来被很多国家广泛应用，目前已成为世界上大、中跨度钢桥所普遍采用的一种桥面结构形式。其在20世纪80年代后在我国得到了迅猛的发展。

由于纵肋和横肋的刚度不同，所以在这两个主要方向的弹性性能也不同，故正交异性板除了具有桥面板和桥面系的作用外，还作为主梁的一部分发挥作用。它的盖板既形成纵肋、横肋的翼缘部分，同时又作为主梁的上翼缘部分共同受力，因此在分析正交异性钢桥面板在荷载作用下的应力状态时，通常将上述盖板分成三种结构体系来研究。由盖板及纵、横肋组成的结构承受桥面车轮荷载。

作为桥面系重要组成部分的钢桥面板，其加工精度要求高，焊接工作量大，它的构造优劣对整个桥梁的经济性影响很大，因此其厚度的选择对于整个钢箱梁及桥面板的计算，对于整个工程的顺利开展具有重要意义。

2 数据与思考

笔者对近几年的大跨径桥梁的钢箱梁顶板厚度进行了统计见表1。

钢箱梁顶板厚度统计 表1

桥 梁 名 称	桥面板顶板厚度(mm)	建造时间
润扬长江公路大桥	14	2000～2005
舟山桃夭门大桥	14	2001～2003
安庆长江大桥	14	2001～2004
杭州湾跨海大桥	14～16～20	2001～2008
苏通大桥	14～24(重车道20～24)	2002～2007
南京长江三桥	14(紧急停车带及重车道16)	2003～2006
武汉阳逻长江大桥	14	2003～2007
重庆鱼嘴长江大桥	14	2006～2009
青岛沧口航道桥	16	2006～2010
青岛红岛航道桥	16	2006～2010
青岛大沽河航道桥	25	2006～2010
鄂东长江大桥	16～22～25(重车道18～22～25)	2006～2010

续上表

桥 梁 名 称	桥面板顶板厚度(mm)	建造时间
荆岳长江公路大桥	16~20	2006~2010
珠江黄埔大桥南汊桥	16	2006~2010
泰州长江大桥	14(重车道16)	2007~2011

从以上统计数据可以看出：

(1)大跨径钢箱梁顶板厚度呈逐年增大趋势,从最初14mm到现在的25mm。当然顶板厚度的选择与纵肋间距、加载条件、容许局部挠度等很多因素有关,但是仍然可以看出正交异性板在满足计算的条件下不可阻挡的越来越厚。

(2)新建桥梁已经开始重视重载交通,并在重载车道加厚了钢板。随着经济发展,带来了交通量大幅度的增加,而重载超载更是不可忽视的交通问题,现阶段解决这个问题的直接手段就是增加钢板厚度。

(3)钢桥面板的计算已经有了比较公认的几种方法,但是大多采用日本,英国等相关规范进行理论计算,缺少自己的系统的要求。

(4)钢桥疲劳是由于各种车辆轮荷载反复作用引起的累积损伤过程,很容易疲劳开裂,这在国外有很多实例,因此对钢桥面板进行疲劳验算是一项重要的任务。它涉及到钢桥面板的结构分析、应力计算、疲劳强度、车辆荷载谱、疲劳验算方法等关键问题。

3 问题与探讨

正交异性板计算可采用《钢桥》Pelikan -Esslinger 法。假设两边简支钢桥面板的主梁刚度为无穷大, 并以不参与主梁工作的结构系为计算对象, 也就是说, 把桥面板(正交异性板———由盖板和加劲肋盖板的纵肋构成)看成支撑在刚度无穷大主梁上的、按等间距 t 排列的弹性横肋上的正交异性连续板。

这个结构系的计算分以下两个阶段进行。第一阶段,假定横肋的刚度为无穷大, 算出纵肋和横肋中的弯矩最大值。第二阶段,计算横肋弹性变形的影响, 对第一阶段算得的弯矩进行修正。

正交异性板的理论计算及实际应用在国内外均有多个工程实例,优点也颇多,自重轻,作为主梁的一部分参与共同受力,极限承载力大。但是在中国,特别是改革开放以来,随着经济的飞速发展,面临重载超载的现实,仅仅凭规范规定的车载计算出的板厚是否经得起各种车辆轮荷载反复的作用值得探讨。而就目前收集的国内桥梁的数据显示,日渐加厚的桥面板正力求解决这一问题,但收效未果。

而且钢板的厚度可否无限度的增加,这个答案显而易见。首先,当钢板厚度增加到一定厚度,由于材料及工艺等相关原因,其强度会有所下降;其次,钢桥面板对桥梁经济性的效果,主要为减轻横载和钢材重量,其厚度的加大将直接导致其材料和费用的显著增加。

4 结语

(1)就目前已建成的此类桥梁而言,少数桥梁已出现疲劳损伤现象,这种现象仅凭加大顶板厚度是远远不够的。

(2)研究总结国内外有关桥梁的相关资料发现,对于钢箱梁的铺装种类及厚度均有比较深入地研究与探讨,而对其正交异性板厚度的研究缺少相关数据。

(3)未来可否将大跨度钢箱梁的研究方向再次关注到组合结构,发展大跨径连续钢——混凝土组合箱钢桥。

参 考 文 献

[1] 小西一郎.钢桥第一分册[M].北京:人民铁道出版社,1980
[2] 吴冲.现代钢桥[M].北京:人民交通出版社,2005

大跨度预应力混凝土连续刚构桥施工控制

王 鹏 张 宁
（内蒙古交通设计研究院有限责任公司 呼和浩特 010010）

摘 要 在大跨度预应力混凝土连续刚构桥施工过程中，桥梁结构受多种因素的影响，如，混凝土的收缩和徐变、设计参数与实际数值的差异、施工误差、测量误差、温度变化等。因此，必然给桥梁结构带来非常复杂的内力和位移变化。为了保证桥梁施工质量和桥梁建设安全，确保连续梁桥成桥后的主梁线形和结构内力符合设计要求，使连续刚构桥的实际状态与设计状态尽可能相符，则桥梁施工控制是不可缺少的。

关键词 连续刚构桥 线形控制 应力控制

1 概述

连续刚构桥是桥跨主梁和墩台整体相连的桥梁，以强度高、线形明快、施工简便快捷、跨越能力强的优势在大跨度桥梁中具有广泛的应用。但在施工过程中的诸多因素都会影响桥梁结构线形、内力方面与设计出现的偏差，为了保证桥梁施工质量和桥梁施工安全，桥梁施工控制是必不可少的。同时可通过检测手段得到各施工阶段结构的实际内力和变形，从而完全可以跟踪掌握施工进程和发展情况，使各阶段内力和变形达到预测值，最终达到设计要求，确保桥梁的施工质量和安全。

2 施工控制的内容

预应力混凝土连续刚构桥的施工控制主要包括结构线形控制、结构内力控制。

结构变形控制是预应力混凝土连续刚构桥施工控制中最主要的控制内容。是要严格控制每一节段箱梁的竖向挠度和横向偏移，若有偏差并且偏差较大时，就必须立即进行误差分析并确定调整方案，为下一节段更加精确的施工做好准备工作。

结构内力控制则是控制主梁在施工过程中以及成桥后的应力。应力监控的目的之一是检验施工应力是否符合设计要求，二是检验设计计算所得的施工阶段应力与结构实际应力在各阶段的偏差，为同类桥梁的设计与施工提供有益的借鉴和参考。同时，在施工中进行梁体的实际应力测量，对于了解和掌握结构的施工应力应变状态，指导实际施工过程也是十分必要的。

3 工程实例

某预应力混凝土连续刚构桥，桥梁孔径布置为（61 + 104 + 61）m，是三跨混凝土箱梁连续刚构体系桥。桥面宽为11m，两主墩为刚架式薄壁墩，主梁施工采用挂篮悬臂分段浇筑施工。

3.1 建模分析

本文根据桥梁的几何参数、结构参数和初始状态建立监控有限元计算模型。采用有限元软件 MIDAS/Civil 作全桥施工阶段的仿真分析模拟。全桥单元划分如图 1 所示。上部结构施工过程划分为 12

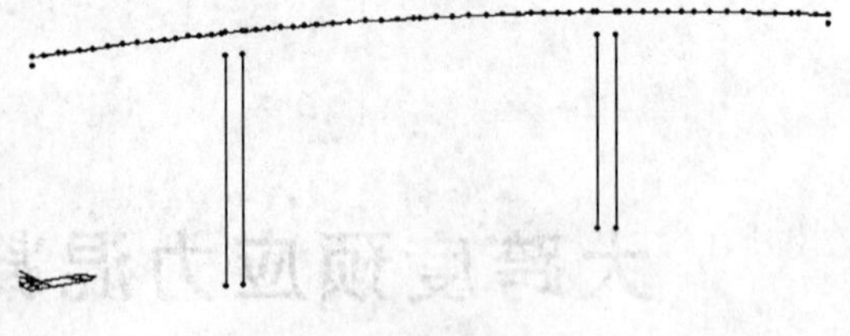

图1　大桥模型单元划分

个施工阶段,施工阶段模型的单元数、荷载、边界条件都按照设计图纸和施工实际情况设置。施工阶段考虑的荷载有:箱梁结构自重、纵向预应力效应、混凝土的收缩徐变、挂篮重量及合龙阶段的平衡配重、成桥阶段结构体系转换、体系转换后的预应力及混凝土收缩徐变引起的二次内力、二期恒载等。

3.2　大桥线性控制

线性控制应分为竖直面内的线形控制与水平面内的线形控制两个部分,通过两个面内的测量才能准确掌握主跨的真实状况,有效地控制主跨的施工质量,保证施工安全。

3.2.1　挠度监测

挠度的观测资料是施工控制中控制成桥线形最主要的依据。应在每个施工块件上布置高程观察点,这样不仅可以测量箱梁的挠度,同时可以观察箱梁是否发生扭转变形,观测各点的挠度及箱梁曲线的变化历程,以确保箱梁悬臂端的合拢精度及桥面的成桥线形。

(1)测点布置

①零号块高程测点布置

布置零号块高程测点是为了控制顶板的设计高程,同时也作为以后各悬浇节段的高程观察的基准点,每个零号块的顶板各布置11个高程测点,测点位置如图2所示。

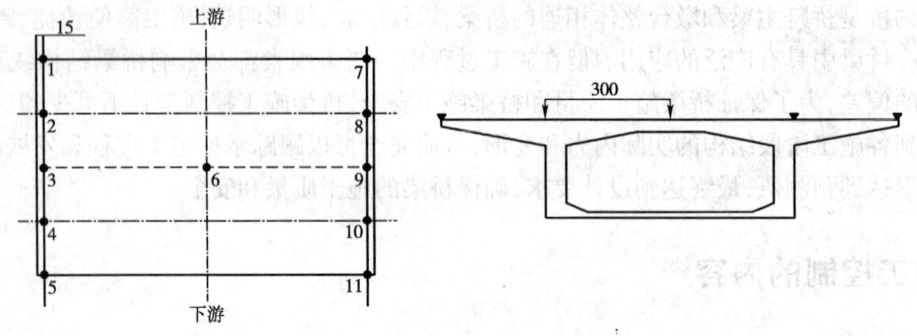

图2　0号高程测点布置示意图(单位:cm)

②各悬浇节段高程观测点布置

每个节段各设5个测点,对称布置在翼板与承托的交接点,离块件前端15cm处,布置测点如图3所示。

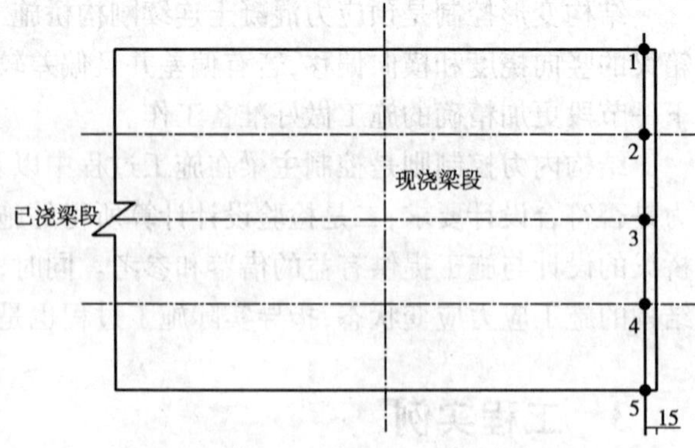

图3　其他号块测点布置示意(单位:cm)

(2)观测周期

为配合施工,有效地反映箱梁在不同施工阶段中的挠度变形情况,应以施工阶段作为挠度观测的周期,即每施工一块混凝土箱梁,应在挂篮前移前后、浇筑混凝土前后和预应力筋张拉前后,对本现浇段的1号、2号、3号、4号、5号测点与已施工箱梁上的2号、4号监测点观测1次。

3.2.2　相关材料参数测定

结构的材料参数一般是按规范取值,但在施工控制中应对材料参数进行测定,以便对设计进行修正。

(1)混凝土弹性模量的测定

经过试验测定得出28d的混凝土弹模模量值为3.61×10^4MPa,与规范值稍有差别,计算时计入其

影响，按照实际试验结果参照取值。

(2)混凝土容重的测定

施工中所用C50混凝土容重的测试是在现场取样，采用实验室常规方法进行测定，测得混凝土容重均值为24.50(kg/L)。

通过现场试验方法得到的主要设计参数的现场真实值，其他次要设计参数则可以参照规范取值，这样就可以消除设计参数与实际情况的偏差造成的误差。

3.2.3　高程控制原理

连续刚构桥在悬臂浇筑主梁的过程中，梁段立模高程的合理确定，是关系到成桥后主梁线形是否平顺，是否符合设计要求的一个重要问题。为使成桥线形与设计线形相符合，在施工过程中主要采取预拱度这一有效措施，施工线形中包括两种预拱度：施工预拱度与成桥预拱度。

(1)施工预拱度

施工预拱度是指在桥梁的架设过程中预先将梁部结构设置一向上的拱度(计算挠度的反向值)，随着施工阶段的前进，桥梁结构将反复发生向上或向下的挠度。即本施工阶段及后续浇筑梁段自重、预应力、混凝土收缩、徐变、温度、体系转换、二期恒载等产生的总挠度(到竣工时即二期恒载加载后止，未计竣工后的收缩徐变)。左幅各节段施工预拱度如图4所示。

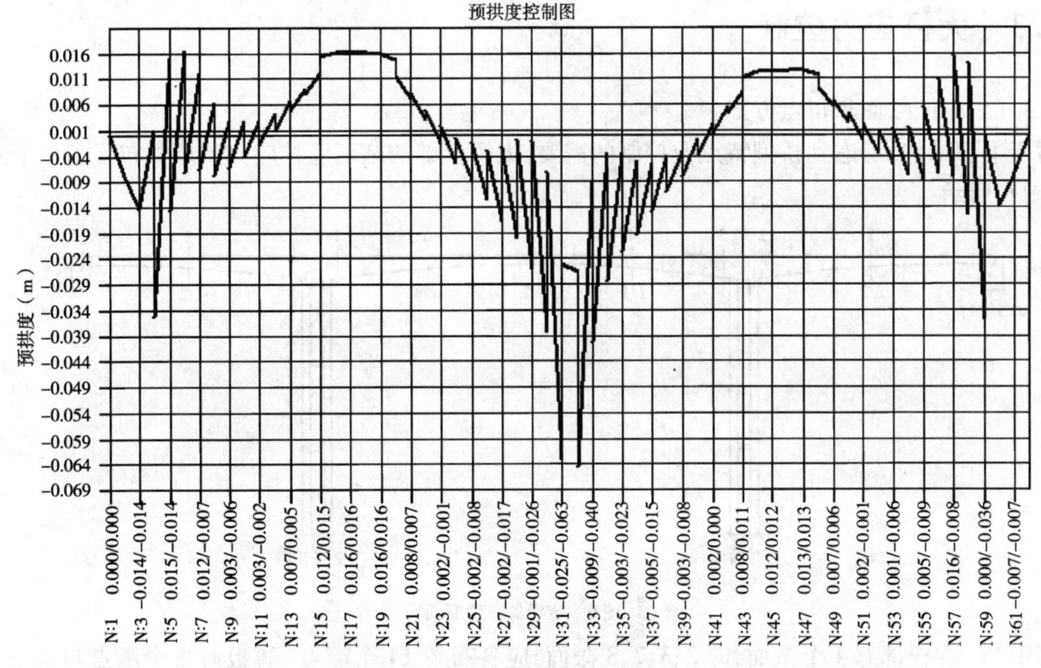

图4　主桥各阶段施工预拱度

上图中的x轴为节点的位置，y轴为响应位置的预拱度。节点号的上面输出有两个数字，上面的数字为支模时应考虑的预拱度量，下面的数字为浇筑混凝土后拆模时，在该位置应发生的位移。

(2)成桥预拱度

成桥预拱度指成桥后，考虑收缩徐变、温度变化、预应力损失和汽车活载对挠度的影响。参照同类型桥梁的相关施工控制经验，成桥预拱度极值取中跨的1/1000计算，即10.4cm，根据MIDAS模型反算其他各控制点的成桥预拱度，左幅各节段成桥预拱度如图5所示。

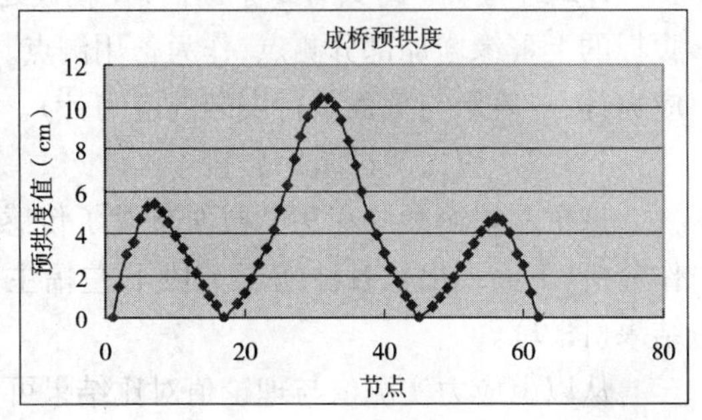

图5　主桥各阶段成桥预拱度

(3)立模高程的确定

根据同类型桥梁施工控制经验，大桥的立模高程确定采用如下的计算公式：

$$H_{立模高程} = H_{设计高程} + f_{施工预拱度} + f_{成桥预拱度} + f_{挂篮变形}$$

式中，$f_{施工预拱度}$指本施工阶段及后续浇筑梁段自重、预应力、混凝土收缩、徐变、温度、体系转换、二期恒载等产生的总挠度（到竣工时即二期恒载加载后止，未计竣工后的收缩徐变）；

$f_{成桥预拱度}$指成桥后，考虑收缩徐变、温度变化、预应力损失和汽车活载对挠度的影响；

$f_{挂篮变形}$是指本施工阶段挂篮在新浇筑混凝土重力作用下的弹性变形（$f_{挂篮变形}$可以通过对挂篮预压实验来获得其变形值）。

理论立模高程仅是理论上的计算数据，而在实际施工中，应对箱梁上布设的监测点进行高程观测，然后将实测值与理论计算值进行对比，根据其差值对理论值进行调整，调整计算模型使之与施工实际相符，确定下一梁段施工立模高程。

3.2.4　竖向线性控制结果分析

通过大桥施工控制所采取的立模高程计算公式，计算可得各节段的高程控制结果。根据工程实际，大桥左幅边跨合拢时，合拢段两悬臂端相对竖向误差为1.6cm，小于规定的2.5cm；横向偏差为1.0cm，小于规定的1.5cm，边跨合拢结果比较理想。由此可以说明，本文所依据的理论计算分析能够较好地反映结构实际情况。

3.3　大桥应力控制

3.3.1　测试断面和布点方案

对于上部结构，考虑到桥型特点及控制的需要，大桥上部的施工监控应力测点共布置了9个测试断面，如图6所示：

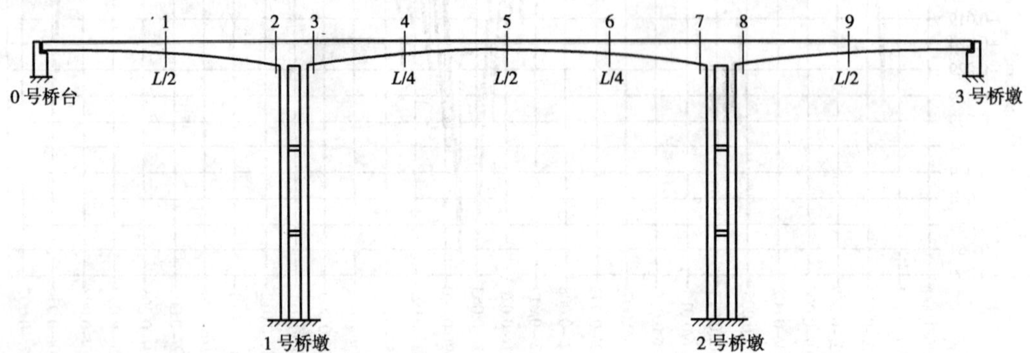

图6　传感器布置断面

其中"T"的根部有4个截面，即2、3、7、8截面，应各布置14个测点（腹板有2个测点与水平成45°方向布置、有2个测点竖直布置，其余测点均为顺桥向布置），其他截面各布置8个测点，均为顺桥向布置，如图7所示：

1/2跨与1/4跨共有5个断面，在腹板处增加测点，竖直布置，在顶底板应增加测点，横向布置。在腹板的上下缘增加部分测点，作为备用测点。具体布置如图8所示（其中"○"表示与截面垂直安装的应力计，—表示与截面平行安装的应力计）。

3.3.2　应力测试结果分析

该桥左幅箱梁共在9个截面布设了传感器，布设测点较多，现取关键截面代表性测点的测试结果作分析，下面列出在各种施工节段下左幅主梁2号、4号截面2号点的实测应力和理论应力的对比结果（图9）。

从以上应力实测值与理论值对比结果可知，测试截面混凝土实测应力值与理论计算值结果总体上变化规律一致，而且实测值与理论计算值基本吻合，说明主梁在悬臂施工过程中是安全稳定的（图10）。

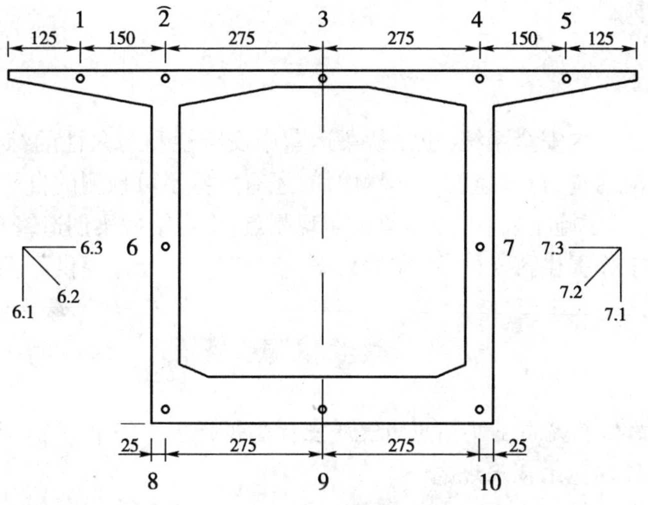

图7　2号、3号、7号、8号断面测点布置

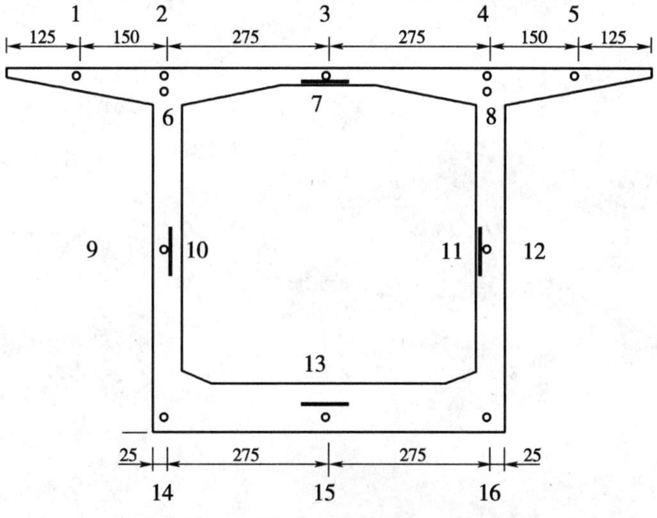

图8　1号、4号、5号、6号、9号断面测点布置图

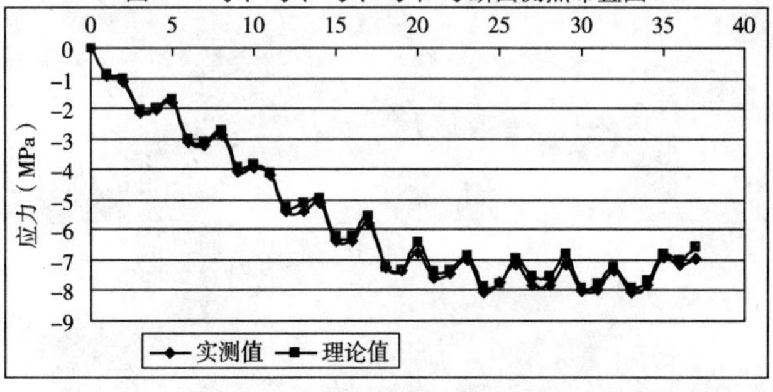

图9　2号截面2号点实测应力与理论应力对比结果

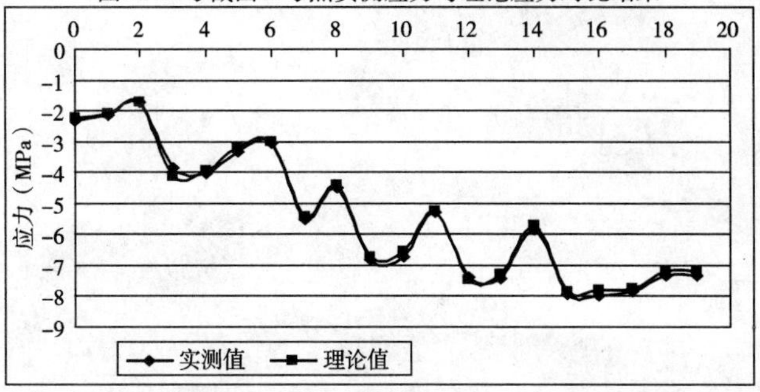

图10　4号截面2号点实测应力与理论应力对比结果

4 结语

施工控制不仅是建桥中的安全系统,也是桥梁运营中安全性和耐久性的综合监测系统。随着交通事业的发展,荷载等级、交通量、行车速度等必然增加,还有一些不可预测的自然破坏力也将危及桥梁的安全,若在建设桥梁时进行了施工控制,并预留长期观测点,将会给桥梁创造终身安全检测的条件,从而给桥梁运营阶段的养护工作提供科学的、可靠的数据,给桥梁安全使用提供可靠保证。

参考文献

[1] JTG D62—2004 公路钢筋混凝土及预应力混凝土桥涵设计规范[S]

[2] JTJ041—2000 公路桥涵施工技术规范[S]

[3] 石德斌,等.大跨度变截面预应力混凝土连续梁桥施工监控[J].桥梁, 2006

某独斜塔双索面斜拉桥设计与研究

李　焱　谢　斌　陆华臻
（天津市市政工程设计研究院　天津　300051）

摘　要　我国已建成独塔斜拉桥有100余座，占斜拉桥总数的1/3强，而独塔混凝土斜拉桥是我国修建最多的独塔斜拉桥，跨径在100m左右的中小跨径独塔混凝土斜拉桥就有40余座。本桥为独斜塔双索面斜拉桥结构体系，断面采用分离式双箱混凝土截面，采用墩、塔、梁固结的刚构体系。本桥在设计上充分利用了该体系结构刚度大、纵横向构件受力明确、主梁与塔柱挠度小的优点，优化箱梁断面形式使得结构受力更加合理，节约了工程造价；通过加大无索区长度减少了钢索用量，解决了箱梁预应力束穿拉困难等问题。该桥斜塔造型设计新颖，简明流畅，作为该地区第一座斜拉桥，它的建成对区域的交通大发展将具有里程碑式的意义。

关键词　独斜塔　双索面　非对称　刚构体系　斜拉桥

1　工程设计概况

本桥位于辽宁省锦州市区，桥梁全长650m，其中主桥为50m+70m的独斜塔双索面斜拉桥，采用墩、塔、梁固结的刚构体系。结构采用分离式双箱混凝土截面形式，主桥宽30.6m，设双向4车道、非机动车道和人行道；设计车速60km/h，设计荷载：城—A级，人群3.5kN/m^2。该桥桥塔高35.5m，倾斜角度约为8°，其独特的单塔斜拉式造型仿佛一把高高的竖琴，简明流畅，飘跨在河流之上。

该桥建设历时一年，于2008年5月底竣工通车，是该地区建桥史上科技含量较高的一座桥梁。它的建成，不仅有效地缓解了目前南北城区的交通压力，而且使新城区形成了新的交通干道，成为该地区城市公路最为重要的新出口。斜拉桥全景图见图1。

图1　斜拉桥全景图

2　主桥总体布置

主桥采用独斜塔双索面斜拉桥结构体系，跨径布置为50m+70m，总长120m，结构采用墩、塔、梁固结体系。总体布置图见图2。

主梁采用预应力混凝土箱梁结构。箱室布置为分离式单箱三室，箱梁高为2m，单箱宽度为7.8m，悬臂为2m，箱室间距为11m，通过对应斜拉索吊点位置的横隔板进行衔接，横隔板间距在边跨和主跨侧分别为3.75m，2.75m。由于跨径不对称，本桥采用在边跨侧箱室内浇筑压重混凝土，以抵消主梁端支点负反力，减小不平衡弯矩对塔根部的影响。

本桥横桥向布置两个斜塔，向河岸侧倾斜8.009°。主塔分为上下两段：下塔柱为梯形实体墩结构，高度为8.609m。桥面以上塔高35.5m，其中无索区高度11m，无索区为薄臂柱，采用混凝土箱形断面。

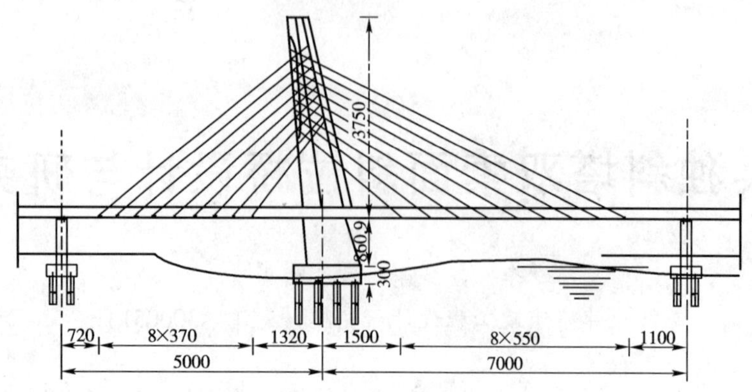

图2　主桥总体布置图（单位:cm）

锚索区高度为24.5m,由于斜拉索采用对穿形式,无索区塔柱采用实心柱。

全桥共设18对索,斜拉索采用密索布置形式,在塔上张拉锚固,对索交叉穿拉锚固的方法,梁上锚固作用于每个箱体的中箱室。主跨侧索距5.5m,边跨侧索距3.75m,塔上索距2.1~2.5m。主跨斜拉索采用Φ7镀锌高强平行钢丝成品索,标准强度为1670MPa,拉索采用双层PE护套。

本桥对称设两个矩形钢筋混凝土承台,厚度3.0m,顺桥向13.0m,横桥向9.4m。承台下为钻孔灌注桩基础,桩基为嵌岩桩,嵌岩深度为2m,桩径为φ1.2m,每个承台下为4排布置,每排三根,全桥共24根。

3　主桥结构设计与研究

3.1　主梁断面设计

主桥采用分离式双箱混凝土断面形式,2.0m梁高,高跨比为1/35。由于本桥采用密索体系,主梁以受轴向力为主,主梁高度不受索间弯矩控制,而是取决于横向弯矩的大小,本桥主梁高度等于横梁高度。本桥桥面宽度达到30.6m,两个箱室宽度均为7.8m,悬臂为2m,中间用11m宽横隔板及混凝土桥面板连接,拉索直接锚固于箱室中心,此断面布置形式使得在恒载情况下,箱室自身基本平衡,横梁受力较小,预应力横梁尺寸仅做到22cm宽,在减轻自重的同时,提高了结构的安全性。断面布置图见图3。

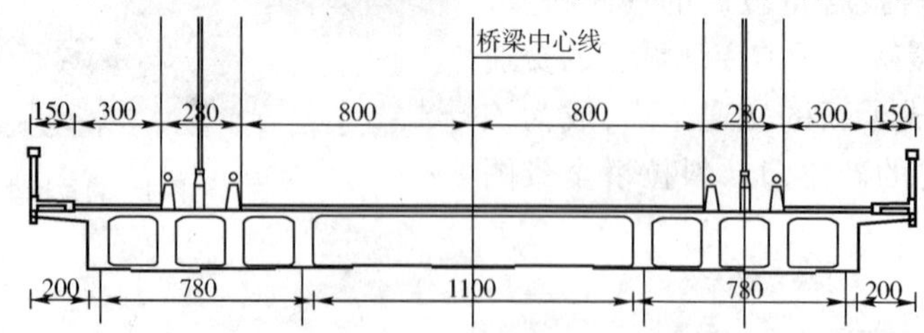

图3　箱梁断面图（单位:cm）

在设计之初,曾设想将本桥做成整体箱型断面,进行比较后认为,其虽具有较好的抗弯和抗扭刚度,但横梁受力较大,需增大横梁尺寸,会导致恒载增加,索力也随之增大,造成工程材料的浪费,所以整体箱型断面对本桥是不合适宜的。

该桥为双索面具有抗扭刚度的主梁体系,偏心力产生的扭矩大部分由箱形截面的主梁承担,小部分由拉索系统承受,因此用主梁抗扭刚度的条件来确定梁高也是经济可行的,经过计算本桥箱梁断面在恒、活载作用下应力分布均比较均匀。

本桥横隔板间距综合考虑桥面板受力以及拉索布置形式,边跨侧为3.75m,主跨侧为2.75m。横隔板分A、B、C三种,横隔板A为普通钢筋混凝土结构,位于桥塔无索区位置,厚度为0.4m,横隔板B、C

为预应力混凝土结构，位于有索区域，箱体间横隔板下沿设置下马蹄，箱体内横隔板上设置人孔以方便施工。

全梁仅在箱室断面内设置纵向腹板弯曲束，腹板钢束设置4层，每条腹板8根钢束。腹板束除在塔根处向上弯曲外，其余位置均靠近箱梁底缘布置，而预应力横梁钢束在箱室段则靠近顶缘布置，这种布置形式可将主拉应力控制在较低水平，防止了腹板斜裂缝的发生；横梁跨中下缘留有适当的应力储备，保证在工作状态下，上下缘保持较小的应力幅值，断面受力合理。纵横向钢束交叉断面见图4。

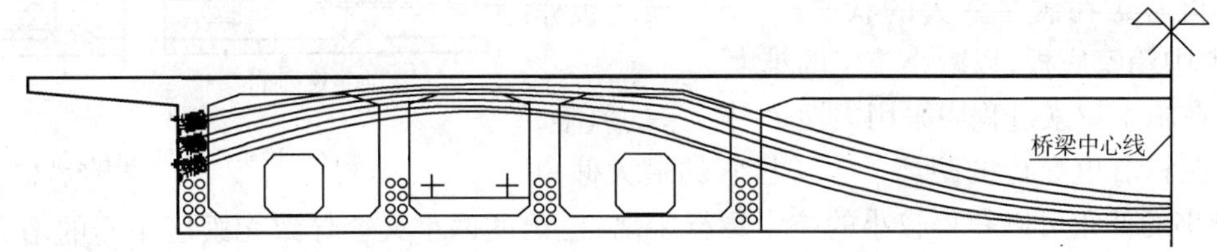

图4　半纵横钢束交叉断面图

另外为满足在施工过程中的受力需要，在塔根附近布置了纵向顶底板钢束，共采用32束BM15-5。

3.2　桥塔及无索区设计

本桥横桥向独立布置两斜塔，塔与塔之间不设横梁联系，增大了行车视野。根据计算，主梁抗扭刚度对空间索面的依赖性较小，因此可采用开畅的索面，且由于塔高比较矮，上窄下宽的塔断面设计使得桥塔有较高的稳定系数，无需设置横向联系，大大解放了对设计的约束。索塔采用斜一字形，平行索面，拉索平面分别与两个箱室中心对应，简化了锚块的构造对受力的要求。

下塔柱为梯形实体墩结构，上塔柱高35.5m，其中无索区高度11m，采用混凝土箱形断面薄臂柱，锚索区高度为24.5m，由于斜拉索采用对穿形式，无索区塔柱采用实心柱。

斜塔后倾，不但造型优美，也有助于平衡主跨侧拉索的拉力。为了增加景观效果，塔柱外侧设有2.8×0.65m的装饰性凹槽，一方面可以将锚块隐藏其中，另一方面还为灯光装饰提供了位置。

本桥梁高为2.0m，箱梁纵向预应力束与横梁预应束会出现穿拉相互影响、锚固困难的情况，本桥在设计中通过增大箱梁无索区距离，无索区长28.2m，将此范围内横隔板单独设计成普通钢筋混凝土结构，从而避免了纵向弯曲束与隔板横向钢束同时穿越箱梁顶板的情况发生。通过对桥塔根部无索区长度及边支座无索区长度对活载作用下主梁变形、内力以及斜拉索的索力等的计算分析，得出了该无索区长度比较合理的取值。

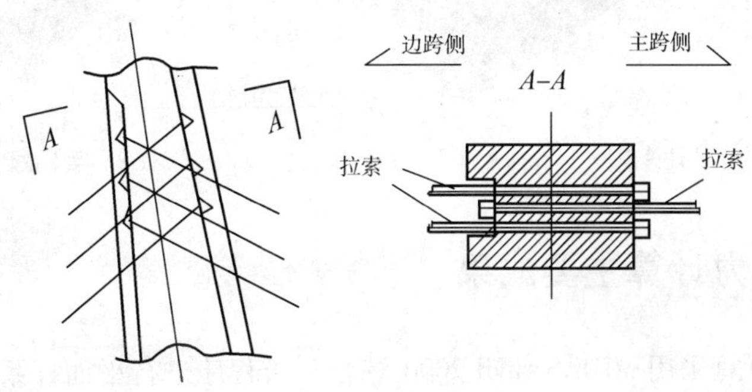

图5　拉索在塔柱上交叉锚固

拉索采用在塔柱上交叉张拉的方式，这种锚固构造较适用于实心截面塔柱。为了避免塔柱受扭，采用图5所示的边跨两束内插主跨一束的断面布置形式，减小了塔横向尺寸的同时，也降低了拉索张拉的施工难度。

由于不等跨布置造成斜塔在边跨侧受拉，需在受拉侧配置一定数量的受拉钢筋。设计时考虑主跨侧拉索采用单排索并在边跨侧塔背锚固，边跨侧拉索采用双排索并在主跨侧塔背锚固，这种2+1拉索对穿锚固形式,减少了拉索锚固区的面积对抗拉钢筋在受拉侧的影响。

拉索在梁上的锚固则是通过内穿横隔板并在其后锚固,锚块与顶板、腹板固结在一起,拉索的水平分力以轴压力方式传递给隔板和顶板再扩散到主梁全截面,垂直分力则由锚固块传递给左右腹板,锚块构造见图6。

本桥因梁高较小,在实际施工过程中,用于拉索锚固的箱室顶板和底板均被先开孔而后再封闭,目的是为了便于施工机械和人员的出入以及钢束牵引锚固的需要,在以后的设计中可考虑在满足受力的状况下,弱化顶底板作用,或者去掉中箱室底板,以减小施工的难度。

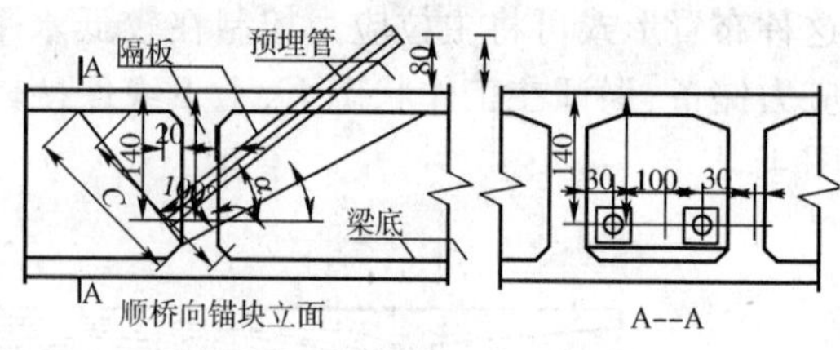

图6　锚块构造图(单位:cm)

为避免在施工拉索过程中采用柔性牵引带来的风险,需缩短拉索在斜塔里穿行的距离。本桥拉索的最大仰角仅为52°,较小的仰角可以获得较小的拉索穿行距离,但角度偏小又会导致无索区距离的增大,在设计过程中应综合考虑各方因素,得出一个既能使梁体受力合理,又能减小施工风险的方案。

3.3　锚块设计与研究

本桥塔上锚块锚固在混凝土实心截面上,混凝土承受锚下局部压应力为10.8MPa,拉索的交叉布置形式避免了拉应力的出现。而梁上锚块的受力则比较复杂,锚块与箱室的顶、底、腹板均有不同程度的联系,加开人孔又对局部环境造成了一定影响。为得到比较准确的数据,梁上锚块采用ANSYS有限元计算程序进行建模分析,结构离散成锚块所在箱室的脱离体,空间计算模型见图7。

通过空间分析,混凝土锚块在最不利荷载组合下最大拉应力发生在横隔板与箱梁腹板的交接处,为1.76MPa,具有一定的安全储备,锚块设计比较合理。梁上锚块应力云图见图8。

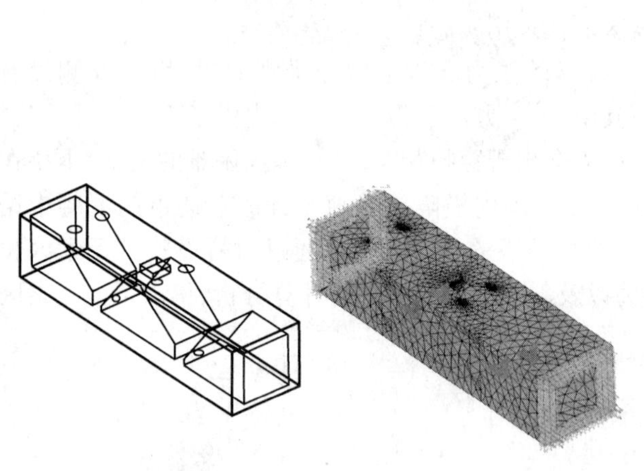

图7　锚块空间计算模型

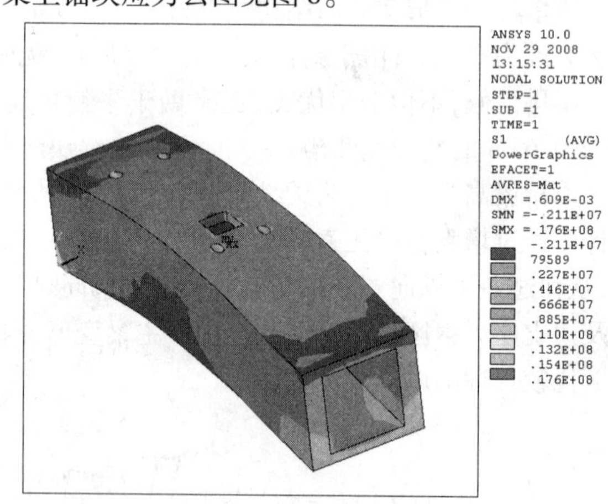

图8　梁上锚块应力云图

4　主桥总体静力计算主要成果

纵向总体结构静力计算采用MIDAS Civil 2006综合分析程序进行平面杆系分析,横向计算采用桥梁博士进行计算,模型取简支双悬臂梁进行分析。主要计算结果如图9所示。

最不利荷载组合上缘应力未出现拉应力,最大压应力13.6MPa,发生在塔根附近最不利荷载组合下缘基本以压应力为主,仅在塔根附近局部出现拉应力,其值为0.9MPa,梁最大竖向位移2.9cm,发生在主跨距梁端1/3L位置,塔最大水平位移1.7cm,发生在塔顶位置。计算结果表明,所有控制指标均满足规范要求,桥梁总体受力明确合理。

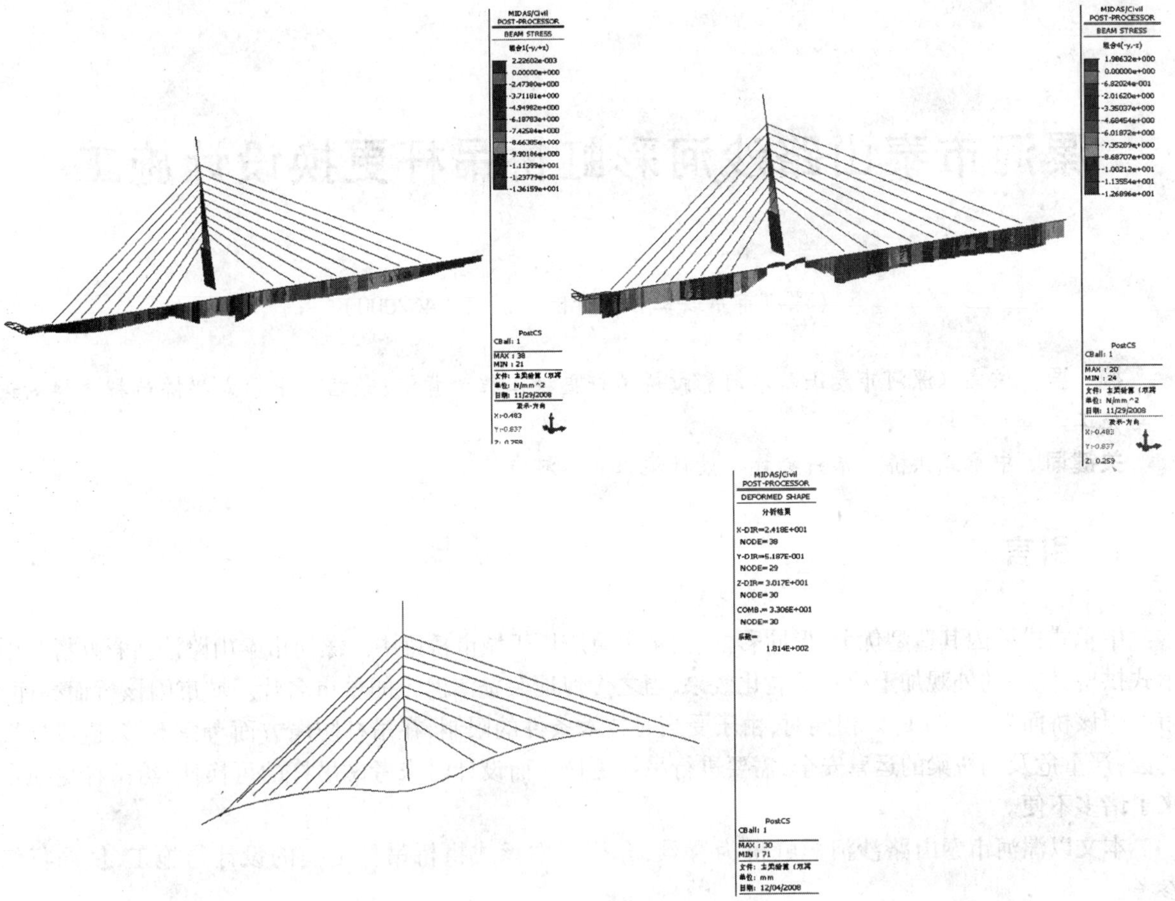

图9　总体静力分析结果云图

5　结论

跨径在100m左右的独塔斜拉结构适用范围比较广,我国已建成的跨径在100m内的独塔混凝土斜拉桥就有40余座,大体占我国斜拉桥总数的1/7。

本桥采用的独塔双索面分离式双箱断面适用能力强,在横梁受力合理的情况下,桥梁的断面宽度可通过调整两个箱室间的横梁宽度来自由变化。桥梁整体受力合理,纵横向构件受力明确,应力及变形比较容易控制。在70~150m跨径区间内,采用独斜塔刚构体系斜拉桥,在城市桥梁中不但能有比较出众的跨越能力,而且造型优美,工程造价相对悬索桥和拱桥也有一定的优势。

此类桥梁在我国城市桥梁建设中有着广泛的应用前景,本桥的建成对今后类似跨径桥梁的设计和施工具有一定的指导意义。

参 考 文 献

[1] 周梦波,刘自明,王邦楣. 斜拉桥手册[M]. 北京:人民交通出版社,2004

[2] 林元培. 斜拉桥[M]. 北京:人民交通出版社,1994

[3] 杨征宇,宋桂峰,楼庄鸿. 我国独塔斜拉[C]. 北京:人民交通出版社,2006

漯河市泰山路沙河彩虹桥吊杆更换设计施工

尼宏杰
（漯河市市政工程设计院　漯河　462000）

摘　要　该文以漯河市泰山路沙河彩虹桥吊杆更换工程为背景;介绍了中承式拱桥吊杆更换的设计与施工。

关键词　中承式拱桥　吊杆更换　设计施工　漯河市

1　引言

中承式拱桥因其造型优美、形同彩虹、而被大量应用于城市桥梁中。漯河市泰山路沙河彩虹桥为中承式拱桥,漂亮的外观加上夜晚的亮化效果,当之无愧地荣登漯河市的城市名片。城市因该桥而亮丽,市民因该桥而自豪(图 1)。但同时,由于受当时技术条件的限制,在吊杆防腐方面考虑不够,造成杆端锈蚀,严重危及到桥梁的运营安全,需要进行吊杆更换。而设计时未考虑吊杆的可换性,给吊杆更换带来了诸多不便。

本文以漯河市泰山路沙河彩虹桥为背景,介绍了中承式拱桥吊杆更换的设计与施工,供同行们参考。

2　工程概况

该桥位于沙河、澧河交汇处下游 200m,于 1995 年建成通车,设计荷载等级为汽—15 级、挂—80 级;设计人群荷载为 3.5kN/m^2;桥面宽度为:净 12m(行车道) +2 ×2m(人行道) = 16m;设计洪水流量 $Q_s = 3\ 950\text{m}^3/\text{s}$, $H_s = 62.90\text{m}$,冲刷高程 $H = 46.75\text{m}$;该桥为三跨中承式拱桥,全桥长 315m,单跨净跨 $L_0 = 95\text{m}$,矢拱度为 1/5,拱轴线为悬链线,拱轴线系数 $m = 1.347$,单跨一侧:桥面下拱上立柱 8 根,桥面上吊杆 21 根。全桥共计吊杆 126 根。

图 1　泰山路沙河彩虹桥原貌

3　大桥吊杆检测及评价

2007 年 11 月对大桥所有吊杆进行了振动测试,根据测定的吊杆振动频率,计算得到的吊杆换算索力结果见表 1。因每跨端部两根吊杆较短(<1.5m),吊杆刚度对吊杆主频影响较大,频谱分析后吊杆主频不明显,无法获得该部位吊杆力,这也是振动法测试吊杆力的一个理论及实践缺陷。

本文吊杆编号“X—Y-Z”中“X”代表上下游,1 代表上游,2 代表下游;“Y”代表跨数,从北向南依次为 1、2、3;“Z”代表每跨拱片内吊杆号,从北向南依次为 1、2、…、11、21;比如 1-1—3 表示上游的第 1 跨中的第 3 根吊杆。

泰山路沙河大桥吊杆索力表 表1

吊杆编号	阶次	主频值(Hz)	吊杆长度(m)	吊杆力(kN)	吊杆编号	阶次	主频值(Hz)	吊杆长度(m)	吊杆力(kN)
1-1-3	1	29.00	3.68	896.92	2-1-3	1	28.32	3.68	855.12
1-1-4	1	17.91	4.77	574.80	2-1-4	1	18.31	4.77	600.63
1-1-5	1	15.72	5.70	632.32	2-1-5	1	13.33	5.70	454.52
1-1-6	1	12.56	6.47	519.83	2-1-6	1	11.03	6.47	400.96
1-1-7	3	38.87	7.13	746.23	2-1-7	1	9.30	7.13	346.17
1-1-8	3	33.59	7.62	636.74	2-1-8	1	8.71	7.62	346.81
1-1-9	3	33.33	7.96	684.08	2-1-9	3	32.81	7.96	662.86
1-1-10	3	31.73	8.06	635.58	2-1-10	3	32.87	8.06	682.03
1-1-11	1	8.86	8.22	417.78	2-1-11	3	32.72	8.22	702.91
1-1-12	1	8.94	8.13	416.19	2-1-12	3	49.31	8.13	1 561.65
1-1-13	3	34.32	7.90	714.30	2-1-13	3	32.58	7.90	643.71
1-1-14	3	37.16	7.53	760.72	2-1-14	1	8.62	7.53	331.70
1-1-15	3	41.16	7.01	809.02	2-1-15	3	41.55	7.01	824.47
1-1-16	3	50.26	6.34	986.63	2-1-16	1	11.43	6.34	413.15
1-1-17	1	14.70	5.52	518.18	2-1-17	1	14.11	5.52	477.68
1-1-18	1	19.71	4.56	636.11	2-1-18	1	20.61	4.56	695.05
1-1-19	1	33.84	3.44	1 066.77	2-1-19	1	33.25	3.44	1 030.14
1-2-3	1	41.75	3.13	1 343.46	2-2-3	1	35.30	3.13	960.68
1-2-4	1	25.42	4.27	927.43	2-2-4	1	21.81	4.27	682.83
1-2-5	1	15.92	5.20	539.42	2-2-5	1	15.39	5.20	504.23
1-2-6	1	13.77	5.99	535.59	2-2-6	1	12.50	5.99	441.39
1-2-7	3	35.60	6.63	541.20	2-2-7	1	10.51	6.63	382.28
1-2-8	1	9.52	7.12	362.03	2-2-8	1	9.57	7.12	365.53
1-2-9	1	10.58	7.46	490.63	2-2-9	3	35.60	7.46	685.19
1-2-10	1	12.50	7.66	721.81	2-2-10	1	9.89	7.66	451.62
1-2-11	1	15.42	7.70	1197.12	2-2-11	3	34.23	7.70	675.00
1-2-12	1	10.96	7.66	593.43	2-2-12	3	35.66	7.66	725.02
1-2-13	1	9.93	7.46	431.78	2-2-13	3	37.05	7.46	742.31
1-2-14	1	9.57	7.12	365.53	2-2-14	1	9.52	7.12	361.80
1-2-15	1	10.58	6.63	387.53	2-2-15	3	44.29	6.63	837.74
1-2-16	1	12.49	5.99	440.47	2-2-16	1	11.70	5.99	386.70
1-2-17	1	15.42	5.20	506.07	2-2-17	1	14.86	5.20	470.10
1-2-18	1	21.82	4.27	683.70	2-2-18	1	20.56	4.27	606.62
1-2-19	1	38.97	3.13	1 170.32	2-2-19	1	34.42	3.13	913.43
1-3-3	1	32.81	3.44	1 003.06	2-3-3	1	34.08	3.44	1 082.21
1-3-4	1	19.34	4.56	612.08	2-3-4	1	20.02	4.56	656.15
1-3-5	1	13.53	5.52	439.22	2-3-5	1	13.62	5.52	445.21
1-3-6	1	11.08	6.34	388.16	2-3-6	1	11.26	6.34	401.24
1-3-7	1	40.75	7.01	792.99	2-3-7	1	9.81	7.01	372.63
1-3-8	1	8.78	7.53	344.37	2-3-8	1	9.18	7.53	376.20
1-3-9	3	33.97	7.90	699.81	2-3-9	3	33.11	7.90	664.62
1-3-10	3	30.91	8.13	613.56	2-3-10	3	31.29	8.13	628.82
1-3-11	3	36.73	8.22	885.76	2-3-11	3	31.03	8.22	632.18
1-3-12	3	30.78	8.06	598.05	2-3-12	3	32.62	8.06	671.57
1-3-13	3	33.57	7.96	694.01	2-3-13	3	33.68	7.96	698.40
1-3-14	3	36.77	7.62	762.75	2-3-14	1	8.92	7.62	363.73
1-3-15	3	39.62	7.13	775.43	2-3-15	3	42.04	7.13	873.09
1-3-16	1	11.29	6.47	420.09	2-3-16	1	11.36	6.47	425.31
1-3-17	1	12.94	5.70	428.25	2-3-17	1	13.98	5.70	499.93
1-3-18	3	62.33	4.77	858.88	2-3-18	1	18.99	4.77	646.27
1-3-19	1	29.15	3.68	905.98	2-3-19	1	29.10	3.68	902.99

吊杆验算:

3.1 荷载组合

组合1 结构重力+混凝土收缩徐变+汽车+人群;

组合2 结构重力+混凝土收缩徐变+汽车+人群+温差+基础沉降+制动力;

组合3 结构重力+混凝土收缩徐变+挂车;

荷载组合的各项系数均取值为1(图2)。

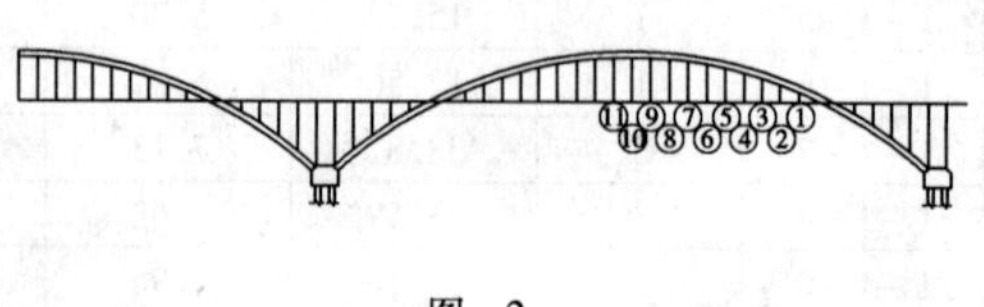

图 2

3.2 验算结果

吊杆的拉力

吊杆	位置	组合Ⅰ(kN)	组合Ⅱ(kN)	组合Ⅲ(kN)	控制值(kN)	安全系数
1		343.7	344.7	375.4	375.4	1.38
2		368.6	369.1	401.3	401.3	1.29
3	L/4	362.1	362.1	397.1	397.1	1.30
4		356.8	357.0	393.3	393.3	1.31
5		353.8	354.0	391.2	391.2	1.32
6		352.0	352.3	389.9	389.9	1.33
7	3L/8	350.7	351.0	388.8	388.8	1.33
8		349.6	349.9	387.8	387.8	1.34
9		348.9	349.2	387.0	387.0	1.34
10		348.9	348.7	386.5	386.5	1.34
11	拱顶	348.1	348.5	386.1	386.1	1.34

3.3 验算结论

由于吊杆设计要计入疲劳和冲击等因素,吊杆的安全系数应在2.5以上,而短吊杆的安全系数应在3以上。本桥各吊杆安全系数介于1.29~1.38远低于上述要求,故不能继续使用。

根据以上情况及国内同类桥梁事故,为保证车辆及行人的安全,必须更换全部吊杆。

4 吊杆更换设计

(1)大桥吊杆原采用4Φ22普通螺纹钢筋,上端锚于拱肋内,下端与横梁预留钢筋头焊接,吊杆外套ϕ76钢管,内注砂浆。

(2)切除原吊杆,再在正确位置钻孔;每拱吊杆中各两端处的两根为短吊杆,采用$\phi^s5\times61$的高强钢丝,其余19根采用$\phi^s5\times55$的高强钢丝;在拱肋上施工锚下垫块,安放锚具,并拉紧吊杆,墩头锚固;在横梁上安装锚固装置,并与新吊杆连接(图3)。

5 施工方案设计

5.1 更换吊杆施工方法

针对拱桥受力的特殊性,在张拉临时悬吊系统、拆除旧吊杆及安装吊杆时必须根据对称原则进行施

工,即单孔和全桥三孔都要对称施工。

5.1.1 施工工艺流程图(图4)

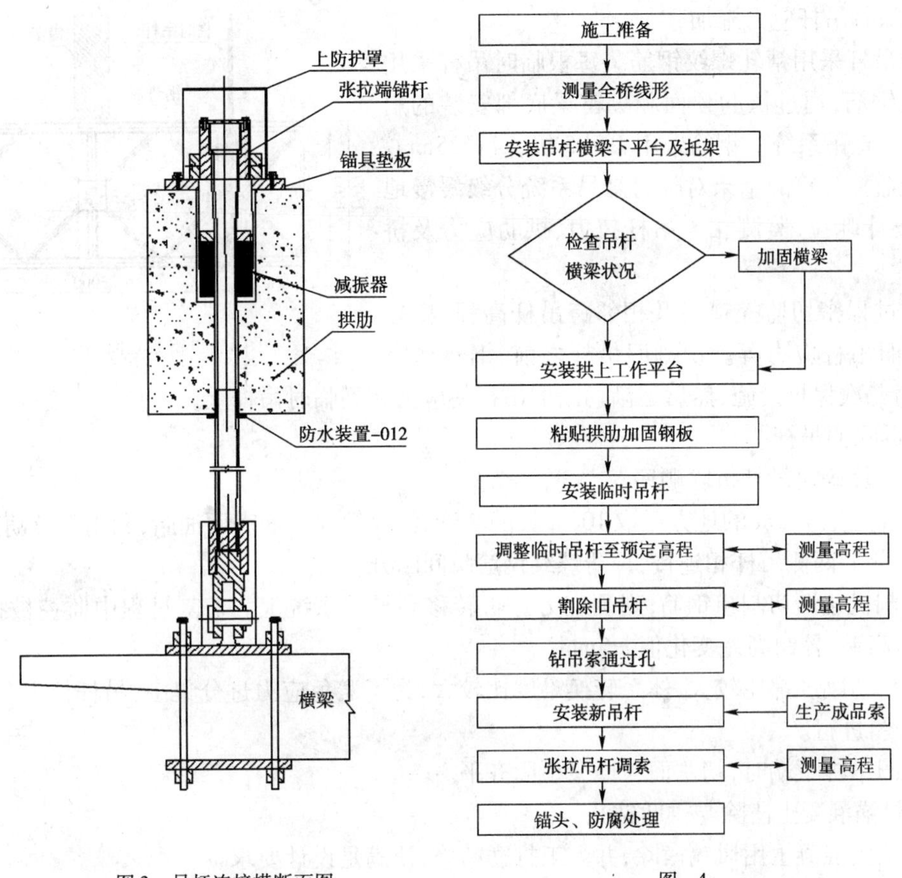

图3 吊杆连接横断面图　　图 4

5.1.2 测量

在封闭交通的情况下,选择夜间或凌晨测定恒载状态下吊杆安装位置的拱肋端和系梁端的实际高程,作为更换吊杆及其高程基准值,并作为评定加固效果的参考指标以及新吊杆张拉吨位的参考依据,确保不破坏原结构的内力体系。测量包括吊杆应力、桥面控制点高程及拱轴线测量。

5.1.3 成品索加工

根据实际高程、吊杆应力测量结果,并考虑吊杆弹性伸长修正和垂度修正后,确定吊杆下料长度,委托相应厂家进行生产。

5.1.4 计算分析

使用"桥梁博士"和"Midas"软件,建模计算各吊杆受力状况,确定吊杆拆除及张拉顺序。

5.1.5 支架、平台搭设

(1)梁底施工平台。吊杆下锚头作业施工多在桥面下进行,考虑到对称更换吊杆涉及相临多根吊杆索力调整,施工考虑利用贝雷纵梁下弦搭设作业平台。

(2)拱上施工平台。拱上施工平台采用钢管脚手架,在人行道上搭设脚手架直至拱顶,并安装工作平台。

5.1.6 临时悬吊系统施工

(1)拱上临时吊杆定位块安装。在拱上相应位置植入钢筋,安装马鞍形钢丝绳定位块后,浇筑高强混凝土。

(2)拼装贝雷梁。每孔贝雷梁上下游各设双排,顺桥向21片计63m。在拱肋上设临时吊点位置,并采用植筋方式作为抗滑措施。桥下利用定位船拼装贝雷梁,每次组拼一组两片贝雷梁,组拼好后采用小型汽车吊机(2t)将贝雷梁悬吊于拱肋上,定位后采用导链收紧,并收紧钢丝绳组成临时悬吊体系。

贝雷梁与横梁接触部位预先安装锚垫板及钢垫块以分散应力并实现体系转换。见图5。

5.1.7 临时吊杆应力施加

(1)临时吊杆采用精轧螺纹钢筋。每根临时吊杆采用2根精轧螺纹钢筋,通过拱肋顶面和贝雷梁底部安装的扁担梁,构成临时悬吊系统。钢筋采用JL785级,直径25mm。

(2)根据监控计算的结果对临时悬吊系统分级缓慢地施加拉力至设计吨位,监测相邻吊杆拉力、拱肋应力及桥梁线形。

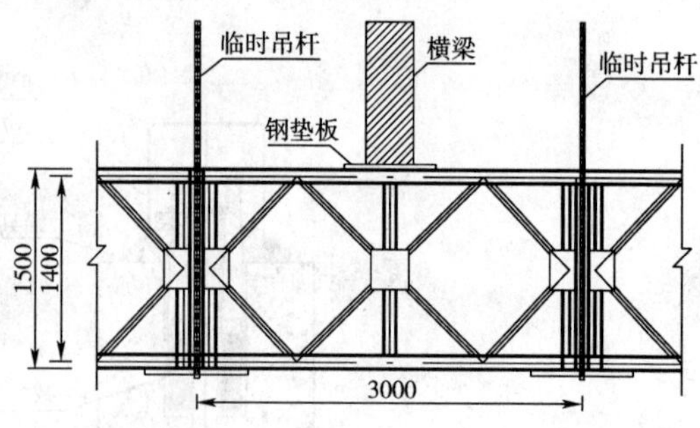

图5 贝雷梁立面图(单位:cm)

(3)张拉过程密切监控横梁及相邻跨吊杆高程、精轧螺纹钢应力、旧吊杆应力等。切割旧吊杆之前,钢丝绳需受力锚固作为二次保护措施,然后逐渐切断旧吊杆使应力转到临时吊杆上。

5.1.8 拆除旧吊杆

(1)通过计算确定吊杆拆除顺序。

(2)在桥面往上1.5m的地方截取10cm长的套管,清除螺纹钢筋表面油脂,利用手拉葫芦将即将切除的吊杆与相邻的两侧吊杆相连接,预防螺纹钢筋瞬间断开。

(3)用切割机逐渐切割粗钢筋,观测应力是否转移到悬吊系统上。切割过程中监控被拆吊杆与相邻吊杆间桥面高差,控制高差变化值±5mm。

(4)由于拱肋刚度都比较大,体系转换难度比较大,为了避免应力过分集中,吊杆拉力分级施加,旧吊杆切割也分步进行。

(5)切割旧吊杆下端时,切割面与横梁顶面齐平。

5.1.9 封锚混凝土凿除与拱肋钻孔

(1)上端锚头混凝土用风镐凿除,并人工打磨精修,使满足设计要求。

(2)在拱顶搭设钻孔施工平台,并安装好定位架,采用德国喜利得公司生产的钻石取芯机成孔。拱肋孔位置严格按照设计要求,钻孔平台及定位架须定位准确,安装牢靠。钻孔过程中,遇钢筋位置,及拱底位置,及时放慢钻孔速度,确保钻孔垂直度。

5.1.10 清理

拆除清理旧吊杆。

5.1.11 安装吊杆下锚座

在横梁端部按设计位置将加工好的下锚座安装到位。

5.1.12 新吊杆安装

(1)吊杆吊装采用卷扬机辅助进行,利用在拱顶吊杆的安装位置的正上方设置的三角吊架作为起吊点,将下方的吊杆吊到安装位置。

(2)安装之前先在上端锚垫板定出吊杆安装的理论位置,误差保证3mm之内,注意该误差值不含锚垫板安装的误差。

(3)注意确定两端锚具螺母的安装位置,以保证吊杆的可调节长度,注意球型垫圈的安装方向和各部件的安装控制精度。

(4)吊杆张拉就是吊杆体系转换过程:即由临时吊杆转换到新吊杆,转换过程采用分级进行。

(5)张拉调整速度一般应小于10MPa/min,直至张拉到要求停止,即拧紧螺母。在张拉过程中,读数测量要准确,记录要全面,真实无误。

(6)张拉过程中进行索力及高程监控工作。

5.1.13 调索

每跨所有吊杆更换完毕后,测量各吊杆索力及各控制点高程。计算确定调索方案,将吊杆索力调整

到吊杆及全桥受力最佳状态。

5.1.14　新吊杆防腐

新吊杆张拉后,拆除临时吊杆,然后在下端安装锚头保护罩,保护罩内灌注防腐油脂。下端防水罩安装必须使防水罩内圆面的密封圈密贴吊杆索外圆面,同时该内圆面先涂刷胶水,胶水有一定黏结力,不能与密封圈产生化学反应。由于锚头保护罩在工厂内已经进行防腐处理,现场可以不需要进行其他防腐。

5.1.15　加固施工监控

(1)计算软件。分别采用桥梁专用有限元程序桥梁博士对桥梁平面构模及用 MIDAS/CIVIL 对桥梁空间构模进行计算。

(2)加固施工监控计算方法及主要内容。监控计算就是利用建立的结构计算体系对加固施工过程中每一阶段结构的应力、内力和位移状态以及施工监控参数进行计算,在结构计算中考虑施工误差、材料属性差异等因素的影响,根据计算结果为加固施工提供阶段施工监控目标值,保证阶段施工的顺利进行,从而保证结构最终达到或接近设计要求的目标状态。

由于加固施工的特殊性,对于本桥施工监控主要考虑以下几个方面的内容:

①加固前实际状态估计与数值模拟;

②加固过程中的仿真分析;

③加固后的分析和评估计算。

(3)参数的估计、预测和调整。施工控制是全过程的控制,也就是每个施工阶段都要控制,这样才能避免误差的累积和确保加固施工的安全,并顺利地实现对该桥的加固工作。

桥梁在加固施工过程中各阶段及体系各部分相互关联,不论是在施工阶段之间还是结构内部都相互影响。由于存在各种各样的误差以及环境方面的影响,使得施工过程中实际结构与理论状态总会存在一定偏差,因此,需要根据理论计算数据和实测成果,采用控制理论分析方法来调节偏差,使整个施工过程结构状态始终在受控状态以及结构处于控制范围内,并尽量接近设计和计算理论值。

①参数估计。首先,根据影响性分析确定需进行参数估计的计算量(如拱肋、吊杆的刚度及预应力损失量等);然后根据大量的实测数据,采用最小二乘法确定最优估计值;最后,将最优估计值重新带入安装计算模型重新计算,得到一套进一步精确的理论数据。

②滤波和预测。通过参数估计,基本上消除的计算误差(系统误差),但实际施工中由于测量手段、施工工艺的限制,仍然会存在一定的偶然误差,这就需要进行滤波、预测和调整。

建立合适的状态方程,采用目前较成熟的卡尔曼滤波法进行滤波和预测,可以得到目前结构状态的滤波估计值和下一步施工参数的预测估计值。根据合理的预测值可以及时采取措施,减小后续施工过程中的结构偏差。

③优化调整。对于已存在的偏差,根据最小二乘法理论,采用适当手段(如系杆预应力、吊杆索力)进行最优调整,做到既能最大化减小结构偏差,又方便施工。

(4)测量和测试。测量和测试就是通过在施工现场设立的实时测量体系,采用相应的测量测试手段对施工过程中结构的内力、位移(线形)和温度进行现场实时跟踪测量,为施工监控工作提供实测数据,以保证桥梁加固施工过程结构的安全及为监控计算提供实测结构参数和校核。也就是说,通过对这些测量数据进行计算、分析和比较,用以判断结构是否符合设计的要求,结构的状态是否和监控的目标相一致,结构是否处于安全状态,并根据需要对结构的状态及监控目标做出必要的调整。

本桥的测量和测试内容主要包括:

①桥梁结构的外形尺寸的测量;

②拱肋 L/4、L/2、3L/4 截面应力测试;

③拱脚水平位移测试;

④临时悬吊系统张拉时,钢丝绳内拉力测试;

⑤原有吊杆、临时吊杆及永久吊杆的拉力测试;

⑥桥面、拱肋的初始线形及施工过程线形测量(按四分点布置)。

5.1.16　更换吊杆注意事项

(1)临时吊杆应由专业厂家生产,而且满足起重吊装规范要求。

(2)拉应力下切断钢筋风险性较大,为防止突然崩断伤人,先在切断点两侧用扎丝箍紧再切割,并且用手拉葫芦与相邻两根吊杆相连。

(3)更换吊杆做好相应高程测量,随时观测横梁裂缝变化(图6)。

图6　泰山路沙河彩虹桥新面貌

太原市火炬桥主桥抗震性能研究

戴利民　王文斌　王清泉
（同济大学建筑设计研究院桥梁工程分院　上海　200092）

摘　要　本文针对太原市火炬桥，建立空间有限元模型，得到其动力特性，然后分别采用反应谱法和动态时程分析法进行地震反应分析；根据不同的设防标准和性能目标，对该桥进行抗震性能评估，并提出相应的抗震措施供该桥的设计和施工参考。

关键词　火炬桥　动力特性　设防标准　抗震性能　抗震措施

1　工程概况

太原市火炬桥位于连接机场与市区的重要道路——机场大道的西端，是跨越汾河的主要桥梁结构。火炬桥主桥采用独塔钢混凝土组合梁斜拉桥，跨径组合 36.59m + 57m + 155m，全长 248.590m，主跨 155m；桥梁标准宽度为 50.0m。总体布置图如图 1 所示。

索塔由三根钢塔柱组成，主梁以上部分的桥塔采用钢结构，在梁底以下的部分为混凝土塔柱，空间呈火炬状造型，在塔顶端，3 根塔柱通过一个钢塔帽固接在一起，索塔全高 100.5m。3 根塔柱之间由 20 道空间水平联结系构成的稳定三角结构体系连接，保证索塔的整体受力。索塔空间透视图如图 2 所示。

火炬桥主桥共设 10 个支座，采用球型钢支座和双曲面球型减隔震支座，具体布置图如 3 所示，支座参数列于表 1。

支座参数表　　表 1

墩号		P13		P14		P15（中塔）		P15（边塔）		P16	
左侧	支座类型	QZ12500（SX）		QZ32000（SX）		KZQZ25000（GD）		KZQZ20000（SX）		QZ8000（SX）	
	纵横向参数	顺桥向	横桥向	顺桥向	横桥向	顺桥向	横桥向	顺桥向	横桥向	顺桥向	横桥向
	水平剪力（kN）	—	—	—	—	3 000	900	450	450	—	—
	屈后剪切刚度（kN/m）	—	—	—	—	4 000	4 000	4 000	4 000	—	—
	支座摩阻系数	0.03	0.03	0.03	0.03	0.03	0.03	0.03	0.03	0.03	0.03
	水平位移（mm）	±150	±150	±150	±150	±150	±150	±150	±150	±150	±150
右侧	支座类型	KZQZ12500（DX）		KZQZ32000（DX）		KZQZ25000（GD）		KZQZ20000（SX）		KZQZ8000（DX）	
	纵横向参数	顺桥向	横桥向	顺桥向	横桥向	顺桥向	横桥向	顺桥向	横桥向	顺桥向	横桥向
	水平剪力（kN）	—	900	—	900	3 000	900	450	450	—	450
	屈后剪切刚度（kN/m）	—	2 000	—	2 000	4 000	4 000	4 000	4 000	—	1 000
	支座摩阻系数	0.03	0.03	0.03	0.03	0.03	0.03	0.03	0.03	0.03	0.03
	水平位移（mm）	±150	±150	±150	±150	±150	±150	±150	±150	±150	±150
附注		横桥向弧板滑动		横桥向弧板滑动		地震剪断后双向弧板滑动		双向弧板滑动		横桥向弧板滑动	

该桥主桥基础均采用钻孔桩 + 承台基础形式，承台间均用系梁连接，以确保在地基土层液化时，基础间能协同工作；承台之上布置桥墩及混凝土塔柱。P13、P14、P16 墩采用 D1.5m 钻孔桩，共 44 根；P15 墩采用 D2.0m 钻孔桩，共 59 根。基础平面布置见图 4。

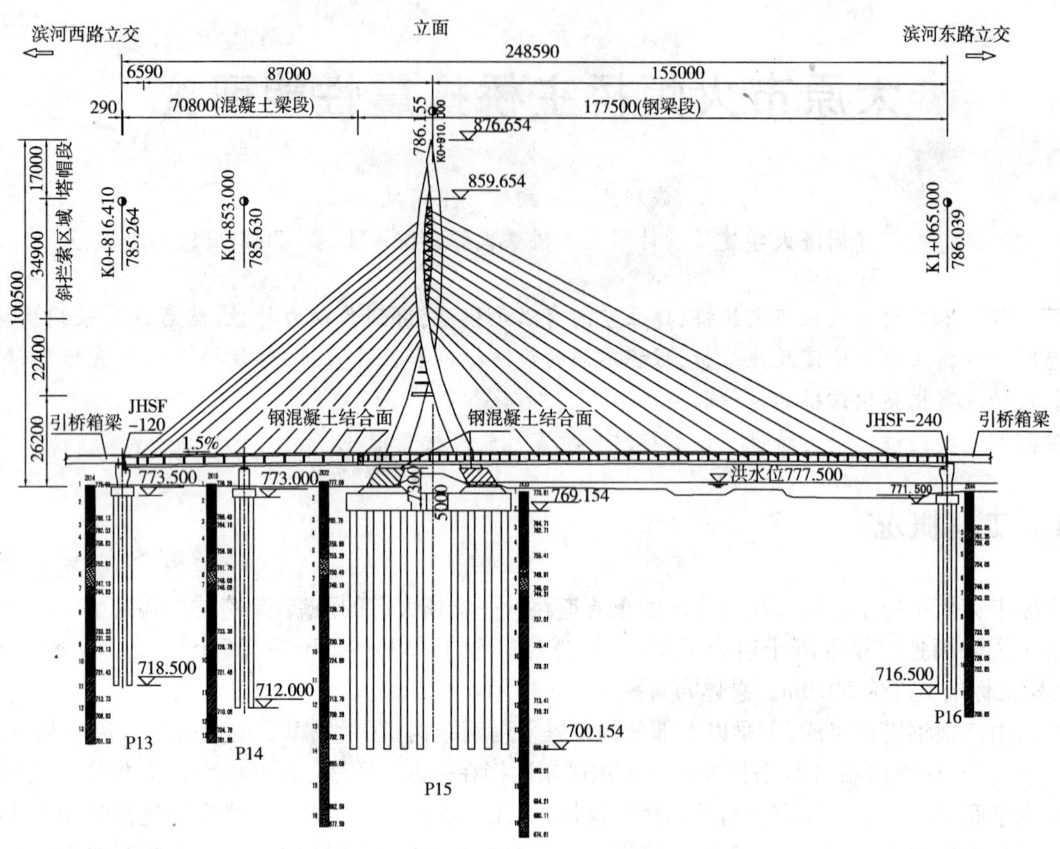

图1　主桥总体布置图

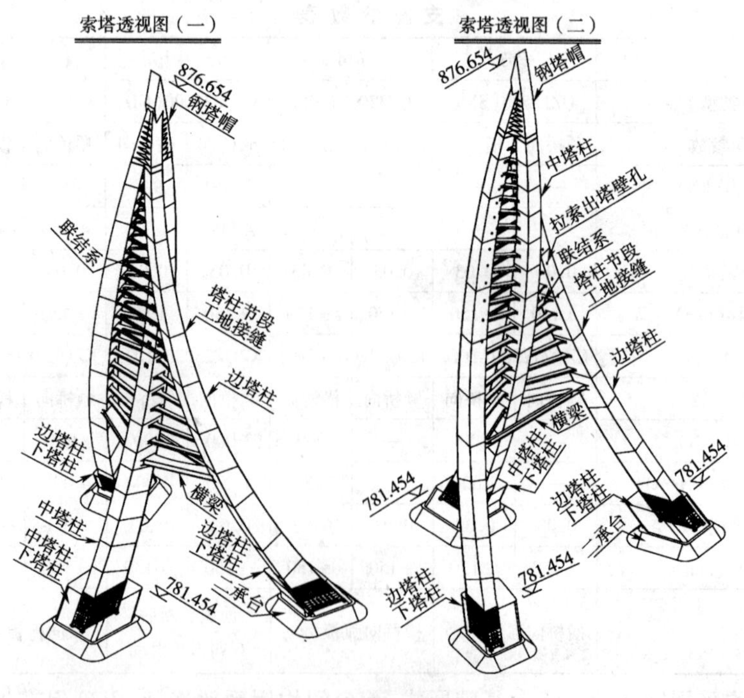

图2　索塔空间透视图

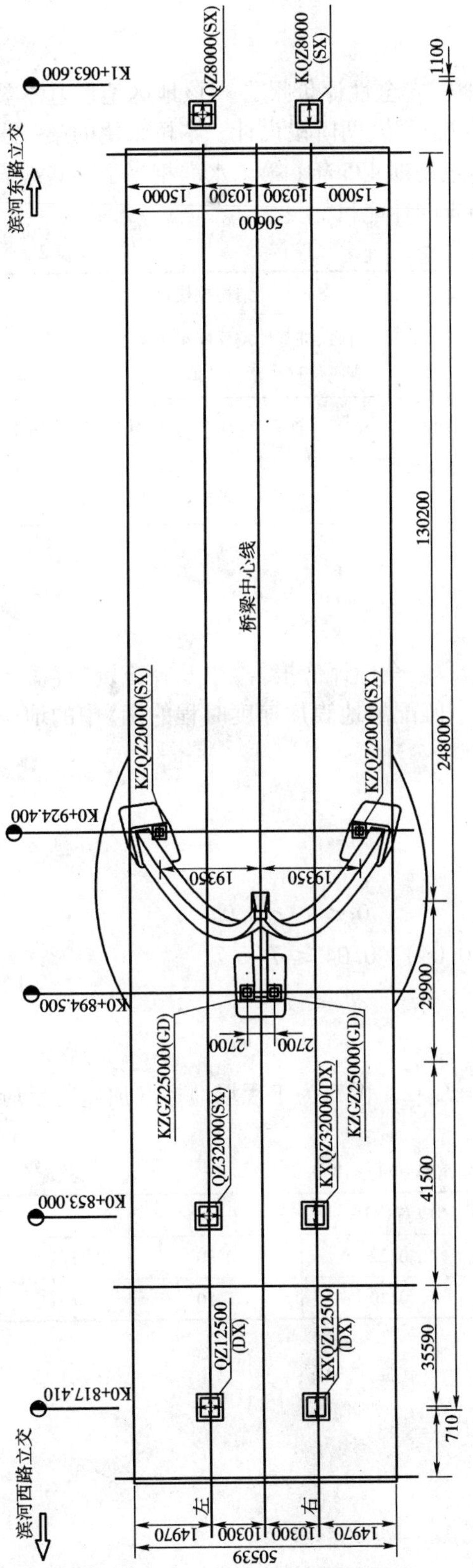

图 3　支座平面布置图

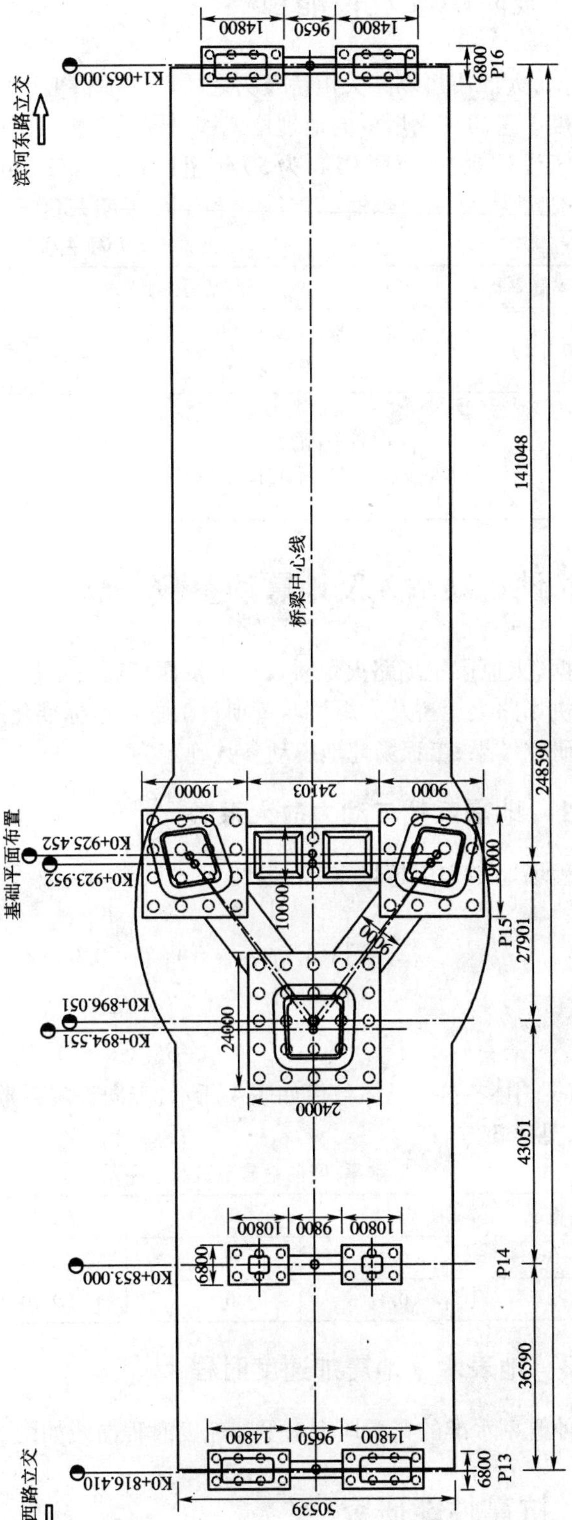

图 4　基础平面布置图

2 设防标准及性能目标

依据《太原市机场路火炬桥及火炬桥西街项目工程场地地震安全性评价报告》,该地区地震基本裂度为Ⅷ度。考虑到火炬桥的地理位置和交通重要性,采用二水准设防,两阶段设计。本桥采用的第一水准相当于设计地震(简称 P1),为 50 年超越概率 10%,相当于重现期475 年;第二水准相当于罕遇地震(简称 P2),为 50 年超越概率 2%,相当于重现期2500 年。相应的性能目标见表 2。

太原市火炬桥主桥抗震性能目标 表2

设防地震概率水平	结构性能要求	结构校核目标
P1:50 年 10%	桥塔、桥墩、桩基础在弹性范围内工作; 支座连接构造正常工作	桥墩、桩基地震反应小于初始屈服弯矩; 支座位移小于设计值
P2:50 年 2%	桥墩、桩基础可出现微小裂缝,不影响使用; 支座可以剪断,连接构造措施需确保不发生落梁与垮塌	桥墩、桩基的地震反应小于等效屈服弯矩; 验算支座位移,确保足够搭接长度

3 地震动输入及地震动参数

根据《太原市机场路火炬桥及火炬桥西街项目工程场地地震安全性评价报告》以及补充资料《关于太原市机场路火炬桥及火炬桥西街项目工程场地标准化反应谱匹配的地表加速度时程的函》中的地震动参数研究结果,工程场地地震动参数确定为:

3.1 地震系数与动力放大系数

工程场地 P1、P2 超越概率的标准形式水平动力放大系数为:

$$\beta(t)=\begin{cases}1 & 0\leqslant T<0.04\\ 1+(\beta_{max}-1)(T-0.04)/(T_1-0.04) & 0.04\leqslant T<T_1\\ \beta_{max} & T_1\leqslant T<T_g\\ \beta_{max}(T_g/T)^{\gamma} & T_g\leqslant T<8\end{cases}\tag{1}$$

式(1)中,各参数具体数值如表 4 所示,竖向地震系数 $K_v=K_h/2$。图 5 为工程场地标准加速度反应谱曲线,见表 3。

水平、竖向地震系数和水平动力放大系数模型常数(阻尼比 0.05) 表3

超越概率	K_h(g)	K_v(g)	β_{max}(g)	T_1(s)	T_g(s)	γ
50 年 10%	0.22	0.11	2.35	0.22	0.80	1.3
50 年 2%	0.47	0.24	2.20	0.40	1.50	1.4

3.2 地表水平地震加速度时程

两种概率水准的典型地表水平加速度时程曲线如图 6 所示。

4 抗震性能研究

4.1 有限元动力计算模型建立

桥梁上部结构采用空间梁单元模拟,其中拉索模拟为杆单元,并考虑成桥后的预应力引起的 $P-\Delta$

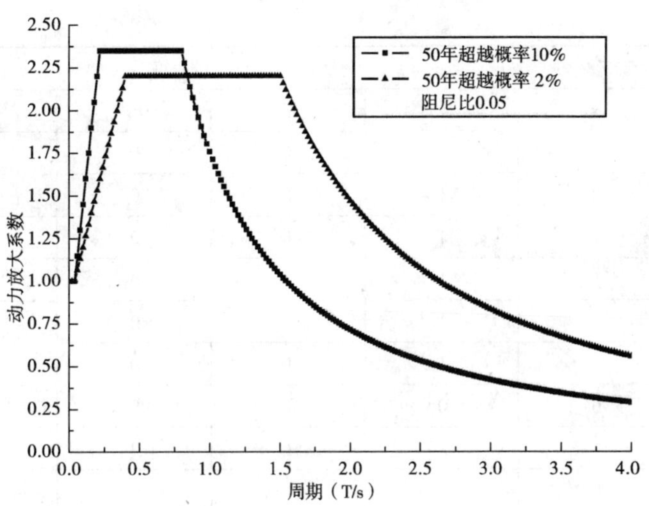

图5　标准动力放大系数

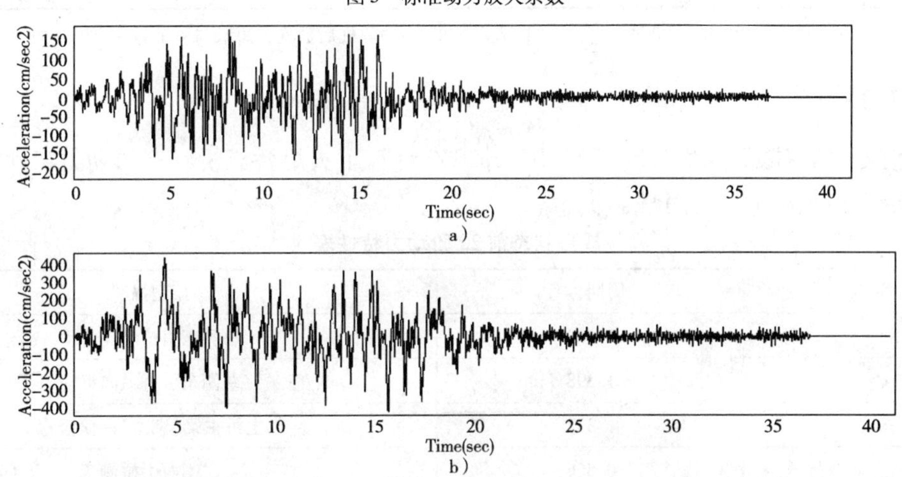

图6　典型地表水平加速时程

a)50 年超越概率 10%；b)50 年超越概率 2%

效应；承台根据实际尺寸用梁单元模拟，下部结构桩基础采用6 弹簧模拟，弹簧刚度根据桩侧土层性质，用 m 法计算，其中根据《太原市机场路火炬桥工程地质勘察报告》，第二层和第四层为严重液化土层，第二层综合折减系数为 0.28，第四层综合折减系数为 0.5；支座等连接部位的模拟对动力特性至关重要，根据支座参数表，各墩梁连接部位约束处理如表 4 所示。此外，为考虑相邻联影响，动力计算有限元模型考虑左右各一联引桥结构，据此建立的有限元动力计算模型如图 7 所示。

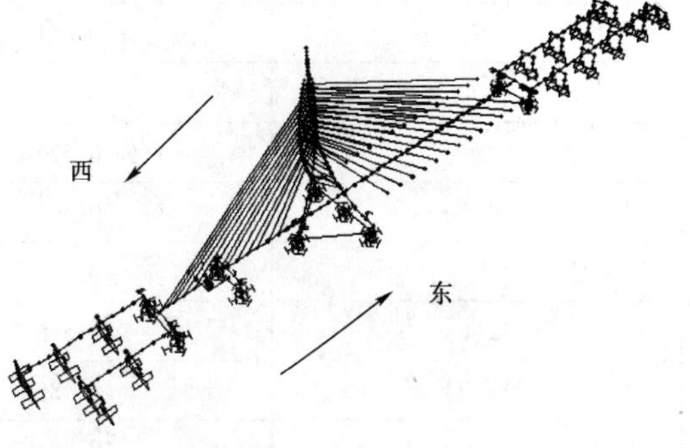

图7　有限元动力计算模型

墩梁之间边界条件模拟表　　表 4

位　置		自由度					
		x	y	z	θ_x	θ_y	θ_z
P13 墩	左侧	0	0	1	0	0	0
	左侧与引桥	0	0/1	1	0	0	0
	右侧	0	1	1	0	0	0
	右侧与引桥	0	0/1	1	0	0	0

续上表

位置		自由度					
		x	y	z	θ_x	θ_y	θ_z
P14墩	左侧	0	0	1	0	0	0
	右侧	0	1	1	0	0	0
中塔	左侧	1	1	1	0	0	0
	右侧	1	1	1	0	0	0
边塔	左侧	1	1	1	0	0	0
	右侧	1	1	1	0	0	0
P16墩	左侧	0	0	1	0	0	0
	左侧与引桥	0	1/0	1	0	0	0
	右侧	0	1	1	0	0	0
	右侧与引桥	0	1/0	1	0	0	0

注：x为纵桥向，y为横桥向，z为竖向。“0”表示自由，“1”表示约束；表中斜杠后数据为边墩与引桥另一个支座的边界条件模拟。

4.2 动力特性

根据上述建立的有限元动力计算模型，用sap2000计算了火炬桥成桥状态的动力特性。表5列出了包含主桥前10阶振动的动力特性。

成桥状态前20阶动力特性表　　表5

振型序号	周期(s)	振型描述
1	1.513	右侧东引桥纵向滑动
2	1.398	左侧东引桥纵向滑动
3(1)	1.332	主桥主梁(钢梁)一阶竖弯
4	0.866	左侧西引桥侧弯
5(2)	0.779	主梁扭转+塔侧弯
6(3)	0.676	塔侧弯
7	0.651	右侧东引桥侧弯
8(4)	0.641	混凝土主梁一阶侧弯+右侧西引桥侧弯
9	0.574	右侧西引桥侧弯
10(5)	0.561	主梁一阶侧弯(钢梁为主)+塔侧弯
11	0.551	左侧西引桥纵向滑动
12(6)	0.516	主梁(钢梁)二阶竖弯
13(7)	0.485	主梁(混凝土梁)二阶竖弯
14	0.464	左侧西引桥纵向滑动
15(8)	0.460	塔纵向侧弯
16	0.458	引桥侧弯+塔侧弯
17	0.456	引桥侧弯
18	0.445	左侧西引桥侧弯
19(9)	0.424	主梁扭转
20(10)	0.405	塔梁侧弯

注：表中括号内的数字为以主桥为主的振型序号。

4.3 反应谱计算

根据式(1)和图5的反应谱曲线,考虑线性计算模型前500阶振型,充分包络各阶振型,采用CQC组合分别计算50年10%超越概率和50年2%超越概率的动力响应,输入方式采用纵桥向+竖向,横桥向+竖向,竖向谱值取水平向的1/2。

计算结果表明:纵桥向输入时,设置固定支座的中塔和边塔受力很不利,上部结构的大部分惯性力都被传递到塔底,同时,由于塔柱的承台质量较大,承台自身在地震动作用下也产生了较大的水平剪力,中塔和边塔底的弯矩都非常大,这对桩基础的受力是非常不利的;横桥向输入时,主塔和边塔的受力都比纵桥向输入小,但是各墩的反应却增大了许多,墩顶就有很大的剪力,这是因为主桥横向设置了抗震支座,但在反应谱计算时依然是有初始刚度的,所以将会传递一部分上部结构的惯性力到墩顶,产生了很大的横向剪力和弯矩。

因此需考虑抗震支座的非线性滞回耗能,进行非线性时程分析。

4.4 非线性时程计算

4.4.1 支座模拟

在非线性时程计算中,支座的模拟至关重要,支座采用link单元模拟,单元参数根据支座参数表(表1)和支座平面布置图(图3)确定。由表1可知,该桥主桥支座共设两类,一类为KZQZ双曲球型减隔震支座;另一类为QZ球型钢支座。

KZQZ支座示意图如图8所示,其非线性恢复力模型如图9所示。图中,K为摩擦支座滑动前刚度,Xy为摩擦支座滑动时发生的变形,很小,一般可取2mm,Kp为摩擦支座滑动后刚度,Qy为摩擦支座的摩擦力。KZQZ双曲球型减隔震支座单元参数如表6所示。

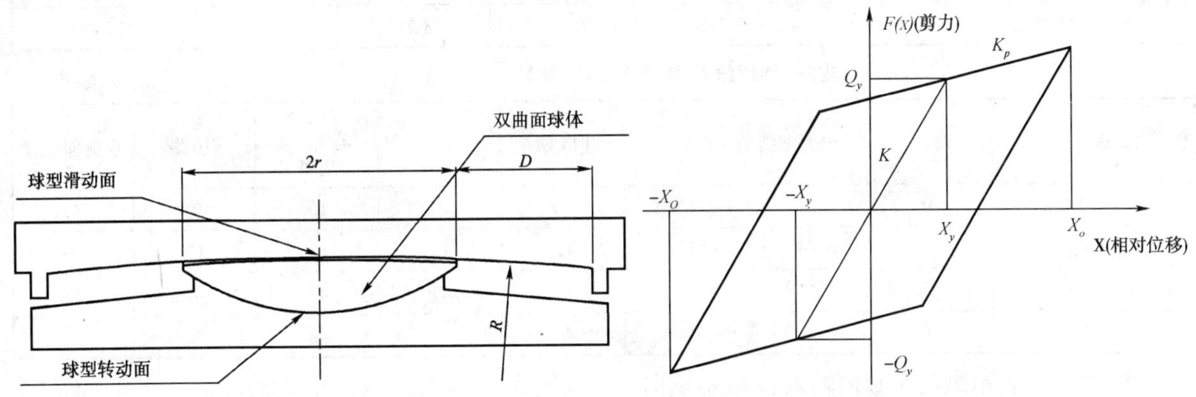

图8 双曲面球型减隔震支座结构示意图

图9 双线性恢复力模型

支座单元参数 表6

墩号	P13	P14	P15(中塔)		P15(边塔)	P16
支座类型	KZQZ12500	KZQZ32000	KZQZ25000		KZQZ20000	KZQZ8000
位置	横桥向	横桥向	顺桥向	横桥向	顺桥、横桥	横桥向
屈前刚度(kN/m)	4.5E5	4.5E5	1.5E6	4.5E5	2.25E5	2.25E5
剪断力(kN)	900	900	3 000	900	450	450
恒载支座反力	8 900	23 300	13 767	13 767	8 433	2 533
摩擦系数	0.03	0.03	0.03	0.03	0.03	0.03
屈服力(kN)	267	699	413	413	253	76
屈后刚度(kN/m)	2 000	2 000	4 000	4 000	4 000	1 000

注:1. 屈服力根据恒载支座反力和支座摩阻系数确定:$f=N\mu$;

2. 表中/后数值为引桥支座的水平剪断力。

在非时程分析时,球型钢支座计算模型可采用双线性模式,等效屈服力为支座的临界摩擦力,其大小根据支座恒载反力和摩擦系数来决定,详见参考文献[3]。

4.4.2 非线性时程计算

根据初步的线性时程分析可知,纵桥向输入时,中塔和边塔支座在场地波作用1s左右,地震引起的剪力将超过支座的剪断力,因此实际上支座将在剪断后以屈服力f按照既定的屈后刚度滑动,滞回耗能;横桥向输入时,设在各墩上的抗震支座横桥向剪力也在1.0s左右就超过支座的剪断力,也将以既定屈服后刚度滑动耗能,同时与主桥相邻的引桥支座横向剪力也超过支座竖向承载力的10%,开始滑动。因此,非线性计算模型中,各支座将按照表6给出的初始刚度和屈后刚度模拟。表7为各墩承台底截面的内力最大值,表8为支座等连接处最大相对位移。

承台底截面内力汇总 表7

墩号		纵向+竖向			横向+竖向		
		N(轴力)	Q2(剪力)	M3(弯矩)	N(轴力)	Q3(剪力)	M2(弯矩)
P13	50年10%	8 678	3 771	14 218	9 643	6 619	10 886
	50年2%	15622	5 908	21 187	16 507	10 121	18 012
P14	50年10%	17 610	2 522	10 860	16 519	3 448	5 791
	50年2%	33 980	4 161	15 213	32 770	6 102	10 538
P15中塔	50年10%	50780	36 897	170 599	31854	58 807	200 307
	50年2%	88 696	79 696	418 160	63 791	100 932	350 464
P15边塔	50年10%	19 237	23 077	93 883	31 810	31 341	132 736
	50年2%	50 514	45 920	209 993	57 698	59 473	210 068
P16	50年10%	6 656	3 745	21 312	8 481	6 670	15 522
	50年2%	11 981	7 416	36 343	18 715	12 223	25 471

支座、伸缩缝及墩/塔梁连接处最大位移值(cm) 表8

输入	塔顶	西侧伸缩缝	P13墩	P14墩	P15墩		P16墩	东侧伸缩缝
					中塔	边塔		
50年10%-x	19	10	10	10	10	10	10	10
50年10%-y	5	—	12	12	12	13	13	—
50年2%-x	83	47	47	47	47	47	47	47
50年2%-y	9	—	45	42	45	48	56	—

注:表中x表示纵向+竖向输入,y表示横向+竖向输入。

经与反应谱线性计算结果相比较,可知考虑纵向减隔震耗能支座和滑动支座摩擦(动摩擦系数0.02)的非线性影响后,主塔基础受力得到明显改善,各墩底截面内力总体响应明显减少,但支座等连接处位移也显著增加。在50年2%概率作用下,无论纵桥向还是横桥向均在50cm左右。

5 抗震性能评估

由于桥址地处高烈度区,且遭遇场地液化,该桥的地震响应需求比较大,根据非线性时程计算结果和表2的抗震性能目标,分别对主桥桥塔、各墩墩底和各承台底对不利桩基进行了截面验算,以评估该桥在既定设防标准下的抗震性能。

图10为截面验算M-ϕ分析(考虑相应轴力)示意图,其中初始屈服弯矩(My)为截面最外层钢筋首次屈服(考虑相应轴力)时对应的弯矩,用于50年10%概率下的截面验算;等效屈服弯矩(Me)为根据截面M-ϕ分析(考虑相应轴力),把截面M-ϕ曲线等效为双线性所得到的等效屈服弯矩,用于50年2%

概率下的截面验算。

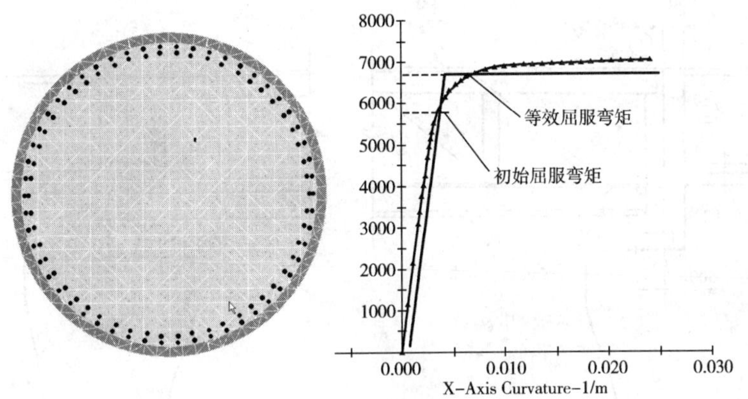

图10　截面等效弯矩计算示意图

计算结果表明，该桥在P1概率下，墩柱和桩基础的各控制截面弯矩均小于初始屈服弯矩，纵横向支座位移均在±10cm左右，小于支座的设计位移(±15cm)，满足性能目标要求；在P2概率作用下，纵桥向输入时，墩柱和桩基础的各个最不利截面的弯矩均小于等效屈服弯距，性能目标满足要求；但在P2概率横桥向输入时，主塔基础和P16墩基础需考虑外加钢套筒的共同作用才能满足既定性能目标；此外，在P2概率作用下，无论纵桥向还是横桥向，支座等连接处的相对位移均在50cm左右。因此对伸缩缝处的梁体应采取一定的构造措施，防止碰撞和落梁。

6　抗震构造措施

从以上结论分析可知，该桥在50年2%概率作用下纵向和横向位移都较大，为防止结构在旱遇概率作用下发生相邻梁以及主梁与墩之间的碰撞和落梁，建议在伸缩缝及此处梁体部位采取一定的构造措施。图11为伸缩缝处的原设计方案，图12为调整后的设计方案。

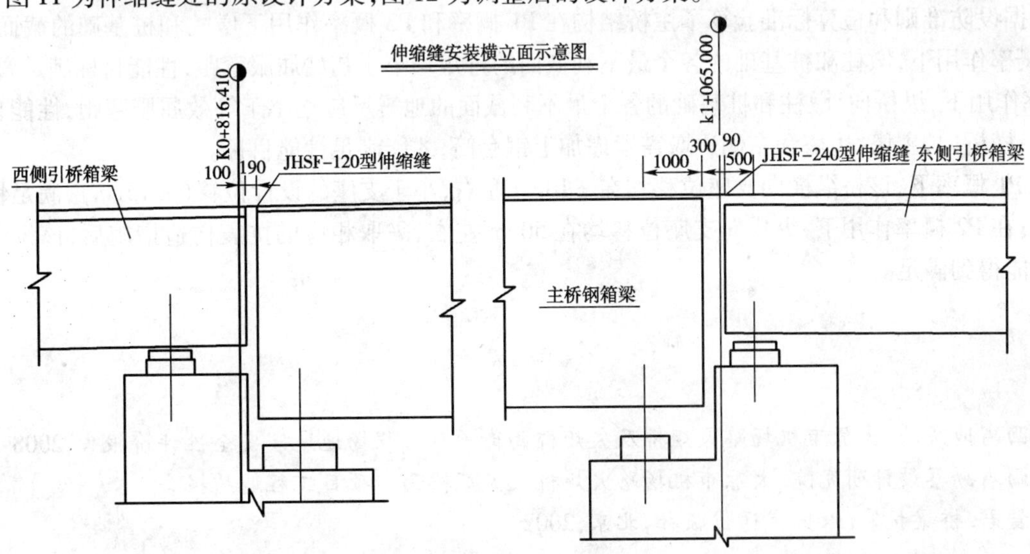

图11　伸缩缝处梁体、支座相对位置立面图(原设计)

比较两图可见，西侧引桥箱梁和主桥箱梁端部之间的距离，由原设计的19cm加大到50cm；东侧引桥箱梁和主桥箱梁端部之间的距离，由原设计的39cm加大到69cm；东侧主桥箱梁与P16墩之间的距离也由原设计的20cm增加到50cm；同时支座垫石的顺桥向尺寸也相应加大。因此，采取此抗震构造措施后，在50年2%概率的旱遇地震作用下，该桥的位移需求也能得到满足。

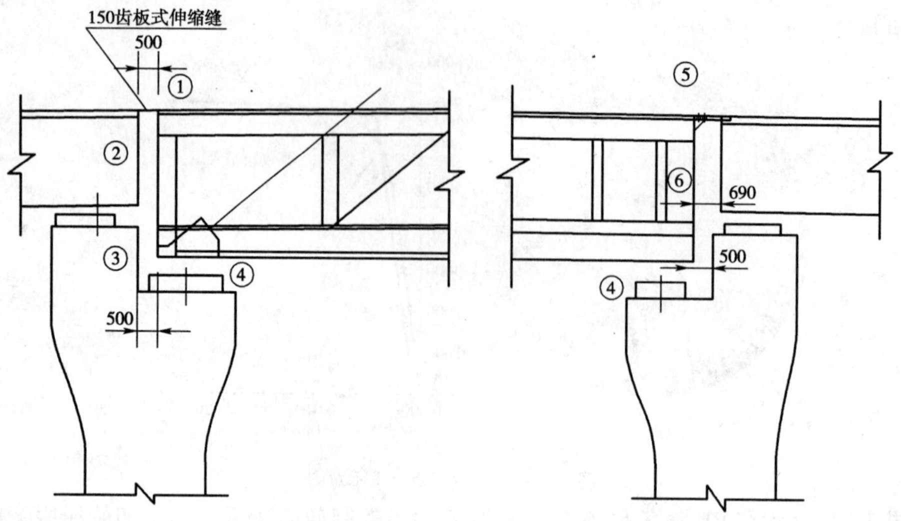

图12　伸缩缝处梁体、支座相对位置立面图(现设计)

7　结语

通过以上分析可知,该桥由于桥址地处高烈度区,且遭遇场地液化,该桥的地震响应需求比较大;在线性反应谱分析中由于支座采用主从约束模拟,上部结构的大部分惯性力都被传递到塔底,实际上,在地震作用下,支座一旦被剪坏,上部结构传递到墩柱的惯性力将大大减小,因此在动力分析中采用主从关系简单模拟支座将夸大桥梁结构的实际地震需求。

在考虑支座非线性的动力时程计算中发现,由于计算中考虑了支座的剪断滑开,主塔和边塔的需求相比线性反应谱结果大大减小,其余各墩需求略有增加;但采用隔震支座后,位移显著增加,不利于支座和伸缩缝的设计。

根据设防准则和检算标准验算了主桥结构在P1概率和P2概率作用下墩柱和桩基础的截面强度。在P1概率作用下,墩柱和桩基础的各个最不利截面的弯矩均小于初始屈服弯距,性能目标满足要求;在P2概率作用下,纵桥向,墩柱和桩基础的各个最不利截面的地震反应均小于等效屈服弯距,性能目标满足要求;横桥向,主塔、边塔和东侧边墩需考虑加上钢套筒,才能满足性能目标。

在P1概率下,该桥纵横向支座位移均在±10cm左右,小于支座的设计位移(±15cm),满足性能目标要求;在P2概率作用下,纵横向支座位移均在50cm左右,采取相应的抗震构造措施后,该桥的位移需求也能得到满足。

参考文献

[1] 山西省地震局.太原市机场路火炬桥及火炬桥西街项目工程场地地震安全性评价报告,2008

[2] 山西省勘察设计研究院.太原市机场路火炬桥及火炬桥西街项目工程地质报告

[3] 叶爱君.桥梁抗震.人民交通出版社,北京,2002

基于抗震新规范下糯扎渡大桥的抗震验算

罗仕庭　杨鹏飞　杨　静

（中国水电顾问集团昆明院　昆明　650051）

摘　要　本文首先分析了《公路工程抗震设计规范》与《公路桥梁抗震设计细则》在拱桥抗震计算上的差别。并以糯扎渡水电站糯扎渡大桥为例，利用 MIDAS 大型有限元软件，按照《公路桥梁抗震设计细则》所推荐的方法，对糯扎渡大桥进行了反应谱法分析。计算结果表明，糯扎渡大桥主拱结构的抗震能力在新规范下也是满足要求的。

关键词　MIDAS　糯扎渡水电站　糯扎渡大桥　反应谱法

1　引言

汶川大地震后，全国范围内掀起了“抗震评估及加固”的高潮，各个已经发电或在建的水电工程都需进行严格的抗震评审。作为沟通两岸的重要交通枢纽，施工大桥对水电站至关重要。在以往桥梁设计时，所采用的抗震标准为《公路工程抗震设计规范》（以下简称旧规范），该规范规定作用于桥梁的地震荷载为 $E_{ihp}=C_iC_zK_h\beta_1\gamma_1X_{1i}G_i$，其中 C_i 为重要性修正系数，C_z 为综合影响系数。而在《公路桥梁抗震细则》（以下简称新规范）规定作用于桥梁的地震荷载为：$E_{ihp}=S_{h1}\gamma_1X_{1i}G_i/g$，其中 S_{h1} 为相应水平方向的加速度反应谱值。因此，$C_iC_zK_h\beta_1$（旧）$\Leftrightarrow S_{h1}/g$（新），对于拱桥，这两个值相差是很大的，因此，有必要对此前按旧规范设计的桥梁重新进行抗震验算。

2　工程场地概况

2.1　工程概况

糯扎渡水电站为澜沧江中下游河段规划两库八级水电规划的第五级。电站以发电为主要目地，正常蓄水位为 812m，水库总库容为 $237\times108\text{m}^3$；电站装机容量为 5 850MW，保证出力 2 406MW，多年平均发电量 239 ×108kW · h，年利用小时数 4 088h。

糯扎渡大桥为糯扎渡水电站下游施工桥，该桥为净跨 138m 的混凝土拱桥，桥面净宽：2 × 1.5m + 15m，设计荷载为：汽—84（两车相距不小于 15m，不允许超车），挂—120（限单辆挂车通过，挂车通过时，桥上不得有其他车辆和行人）（图 1）。

2.2　场地概况

调查坝址、近场和区域地震构造条件在历史上地震对坝址区影响的基础上，利用地震危险性分析，得到坝址区 50 年超越概率为 10% 的基岩地震动峰值加速度为 203gal。经转换成一般场地条件的地震动峰值加速度，根据 GB18306—2001《中国地震动参数区划图》中表 D1“地震动峰值加速度分区与地震基本烈度对照表”，确定糯扎渡坝址场地地震基本烈度为 VIII 度，50 年 10% 超越概率设计加速度反应谱曲线见图 2。

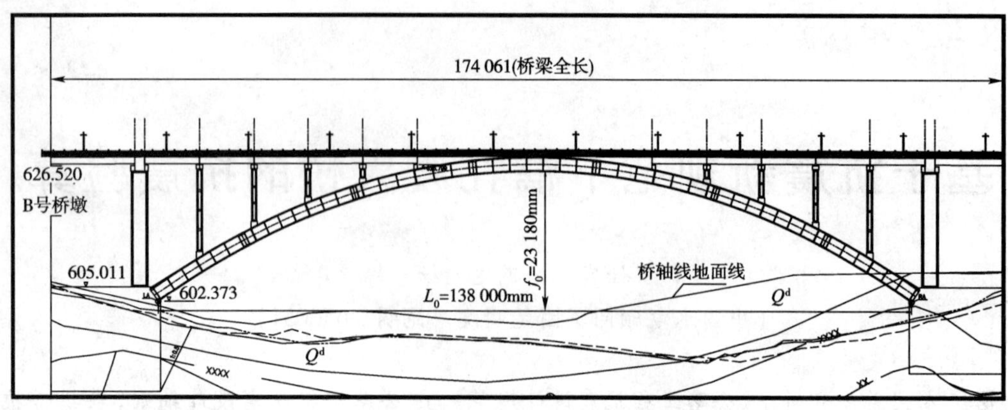

图1 糯扎渡大桥立面布置图

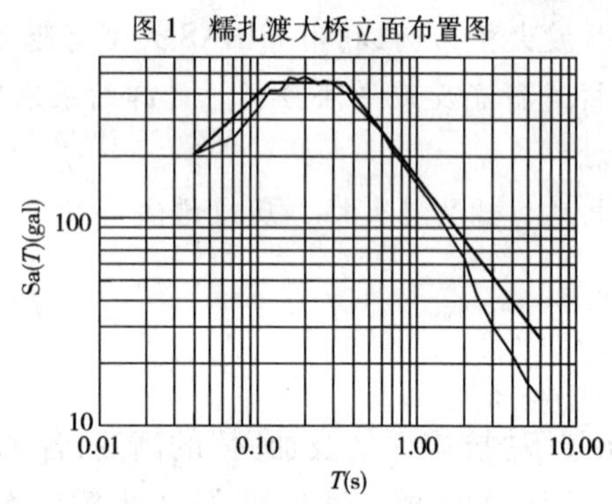

图2 设计地震动反应谱

3 糯扎渡大桥抗震验算

3.1 新、旧规范下地震荷载比较

经计算得到糯扎渡大桥周期 $T=0.16\text{s}$。按旧规范，C_i 值取1.0，C_x 值取0.35，K_h 值取0.2，场地为I类场地土，$\beta=2.25\times\dfrac{0.2}{T}=2.812$，$E_{ihp}=0.197\gamma_1X_{1i}G_i$

按新规范，$S=S_{max}=2.25C_iC_sC_dA$，C_i 值取1.3(E2地震)，$C_s=0.9$，$C_d=1$，$A=0.2g$，因此，$S=0.526g$，$E_{ihp}=0.526\gamma_1X_{1i}G_i$。

由以上分析可知，在E2地震作用下，新规范地震荷载是旧规范地震荷载的2.67倍，因此对旧桥重新进行抗震验算是非常必要的。

3.2 新规范下拱圈地震内力

利用MIDAS软件，按照新规范规定，对糯扎渡大桥重新进行了抗震验算。

3.2.1 有限元模型

利用Midas软件建立三维有限元模型。

3.2.2 计算结果

按照新规范规定的方法，分别进行了纵桥向地震荷载，横桥向地震荷载及竖桥向地震荷载下的内力。计算得到糯扎渡大桥主拱圈内力见表1，表中组合值为：

$$E=\sqrt{E_x^2+E_y^2+E_z^2}$$

式中：E_x：x 向地震作用下产生的内力，E_y：y 向地震作用下产生的内力；E_z：z 向地震作用下产生的内力。

表2中 R 表示主拱圈的抗力，S 表示荷载。

糯扎渡大桥主拱圈内力 表1

荷载组合	截面位置	轴力（kN）	剪力 y（kN）	剪力 z(kN)	弯矩 y(kN·m)	弯矩 z（kN·m）
纵桥向	左拱脚	23 024.93	0.65	5 222.58	79 829.77	6.98
	1/4L	13 644.48	0.13	1 439.28	46 507.39	1.89
	1/2L	230.00	0.01	3 237.62	2 434.78	2.58
	3/4L	13 650.65	0.18	1 438.34	46 507.48	2.09
	右拱脚	23 060.12	0.90	5 206.28	79 774.98	10.45
横桥向	左拱脚	13.88	17 328.22	8.57	62.03	613 814.86
	1/4L	11.87	12 034.12	2.03	31.10	52 180.35
	1/2L	12.12	209.21	0.15	36.38	179 244.61
	3/4L	11.87	12 033.68	2.03	31.09	52 097.54
	右拱脚	14.12	17 330.28	8.52	61.72	613 789.13
竖向	左拱脚	38 713.92	9.96	8 322.38	54 432.13	140.99
	1/4L	39 371.20	3.01	1 335.22	32 768.88	29.59
	1/2L	41 166.66	0.12	259.43	44 002.55	59.17
	3/4L	39 381.55	3.01	1 330.61	32 801.80	29.47
	右拱脚	38 710.99	9.97	8 334.50	54 514.04	141.00
恒荷载	左拱脚	-117 494.82	0.25	1 457.33	-12 988.42	4.24
	1/4L	-103 390.67	0.00	-1 830.48	-3 971.41	0.92
	1/2L	-97 590.56	0.00	217.79	1 996.01	0.93
	3/4L	-103 390.02	0.00	1 828.52	-4 147.93	0.91
	右拱脚	-117 493.77	-0.25	-1 459.15	-13 102.06	4.24
恒荷载+纵桥向	左拱脚	-140 519.8	0.9	6 679.91	-0.81	-92 818.19
	1/4L	-117 035.2	-0.13	-3 269.76	0.68	-50 478.8
	1/2L	-97 820.56	-0.01	3 455.41	0.14	4 430.79
	3/4L	-117 040.7	-0.18	3 266.86	-0.77	-50 655.41
	右拱脚	-140 553.9	-1.15	-6 665.43	0.81	-92 877.04
恒荷载+横桥向	左拱脚	-117 508.7	17 328.47	1 465.9	-42 908.39	-13 050.45
	1/4L	-103 402.5	-12 034.12	-1 832.51	31 731.64	-4 002.51
	1/2L	-97 602.68	-209.21	217.94	1 275.59	2 032.39
	3/4L	-103 401.9	-12 033.68	1 830.55	-31 701.55	-4 179.02
	右拱脚	-117 507.9	-17 330.53	-1 467.67	42 928.76	-13 163.78
恒荷载+竖桥向	左拱脚	-156 208.7	10.21	9 779.71	-10.11	-67 420.55
	1/4L	-142 761.9	-3.01	-3 165.7	9.12	-36 740.29
	1/2L	-138 757.2	-0.12	477.22	0.44	45 998.56
	3/4L	-142 771.6	-3.01	3 159.13	-9.11	-36 949.73
	右拱脚	-117 507.9	-17 330.53	-1 467.67	42 928.76	-13 163.78
组合值	左拱脚	45 043.48	17 328.22	9 825.35	96 621.18	613 814.88
	1/4L	416 68.50	12 034.12	1 963.24	56 892.34	52 180.36
	1/2L	41 167.30	209.21	3 247.99	44 069.88	179 244.62
	3/4L	41 680.30	12 033.68	1 959.43	56 911.38	52 097.55
	右拱脚	45 058.97	17 330.29	9 826.97	96 622.10	613 789.15

续上表

荷载组合	截面位置	轴力(kN)	剪力y(kN)	剪力z(kN)	弯矩y(kN·m)	弯矩z(kN·m)
恒荷载+组合值	左拱脚	-162 538.3	17 328.47	11 282.68	-42 908.39	-109 609.6
	1/4L	-145 059.2	-12 034.12	-3 793.72	31 731.64	-60 863.75
	1/2L	-138 757.9	-209.21	3 465.78	1 275.59	46 065.89
	3/4L	-145 070.3	-12 033.68	3 787.95	-31 701.55	-61 059.31
	右拱脚	-162 552.7	-17 330.54	-11 286.12	42 928.76	-109 724.2

糯扎渡大桥主拱圈内力验算 表2

内力组合	位置	在拱平面抗弯(R/S)	出拱平面抗弯(R/S)	在拱平面抗剪(R/S)	出拱平面抗剪(R/S)	抗扭(R/S)
恒+纵	恒+纵(左拱脚)	1.2	2.5	133 653.5	18.0	189 589.1
	恒+纵(1/4L)	2.3	2.6	784 630.4	31.7	227 942.2
	恒+纵(1/2L)	2.4	2.4	6 224 440.8	26.1	1 091 445.0
	恒+纵(3/4L)	2.3	2.6	588 149.9	31.7	200 585.4
	恒+纵(右拱脚)	1.1	2.5	104 279.7	18.0	188 326.7
恒+横	恒+横(左拱脚)	2.0	1.0	6.0	71.0	3.6
	恒+横(1/4L)	2.3	2.3	7.8	51.4	4.8
	恒+横(1/2L)	2.4	2.2	430.7	413.4	120.6
	恒+横(3/4L)	2.3	2.3	7.8	51.4	4.9
	恒+横(右拱脚)	2.0	1.0	6.0	70.9	3.6
恒+竖	恒+竖(左拱脚)	2.0	3.0	12 844.5	13.4	152 09.0
	恒+竖(1/4L)	3.2	3.7	40 451.0	38.4	16 883.6
	恒+竖(1/2L)	2.9	4.2	101 096 8.0	249.2	352 189.4
	恒+竖(3/4L)	3.1	3.7	40 438.0	38.5	16 887.7
	恒+竖(右拱脚)	2.0	3.0	128 35.0	13.4	15 193.4
恒+组合	恒+组合(左拱脚)	3.0	2.2	29.7	26.8	18.9
	恒+组合(1/4L)	3.7	2.6	44.2	45.1	25.3
	恒+组合(1/2L)	4.1	2.7	2 265.2	118.9	622.4
	恒+组合(3/4L)	3.7	2.6	44.2	45.1	25.4
	恒+组合(右拱脚)	3.0	2.2	29.7	26.8	18.8

4 结语

由以上结果分析可知:

(1)由于新规范对拱桥结构抗震计算的修订,在新规范下地震荷载将是旧规范的几倍(糯扎渡大桥的地震荷载是旧规范计算的2.67倍)。因此在新规范下,许多旧拱桥将不能满足抗震验算的要求。

(2)地震作用下,拱桥的拱脚处是抗震的薄弱环节,特别是横向地震作用下,拱桥相当于直立的悬臂梁,拱脚处弯矩和剪力都很大。

(3)新规范规定拱桥应考虑各向地震的组合效应,这样,除了轴力外,各项内力都比恒荷载作用下的内力大得多。

(4)根据以上分析得出,在纵桥向及竖向地震作用下,只有在拱平面内弯矩比较大,需要抗震验算,而在横桥向地震作用下,除了弯矩外,剪力和扭矩都相对较大,应该对这两项进行验算。

参 考 文 献

[1] JTG/T B02—01—2008 公路桥梁抗震细则,北京:人民交通出版社,2008

[2] JTG 004—89 公路工程抗震设计规范,北京:人民交通出版社,1999

[3] 邵旭东,等.桥梁设计与计算[M].北京:人民交通出版社,2006

[4] 上海市政工程设计研究总院.桥梁工程师手册[M].北京:人民交通出版社,2007

[5] Ian Buckle,等.公路结构抗震加固改造手册[M].北京:人民交通出版社,2008

厦门海沧大桥钢桥面铺装技术探讨

赖志斌　陈玖彬
（厦门市路桥管理有限公司　福建　361026）

摘　要　本文根据SMA在海沧大桥钢桥面铺装的应用和发展，对钢桥面铺装双层SMA进行概念上的探讨。提出，钢桥面铺装层应具有功能的划分，并对钢桥面铺装具有不同功能的结构层进行施工技术和工艺的浅析和总结。

关键词　钢桥面铺装　铺装技术　探讨

1　引言

目前在我国钢桥面铺装主要有三种形式，一是以南京长江二桥为代表的环氧沥青混凝土；二是以江阴长江大桥为代表的浇注式沥青混凝土；三是以厦门海沧等大桥为代表的双层SMA结构。环氧与浇注式沥青混凝土是从国外引进的技术，而双层SMA是国内自主研发的铺装技术，应该说这三种类型各有优劣，这里不细说。由于SMA在路用功能的特性以及国内现有的施工能力，双层SMA在国内的钢桥面铺装得到了较为广泛的应用。因此，本文将对厦门海沧大桥钢桥面铺装双层SMA的应用及其施工技术和施工工艺进行概念上的探讨。

2　SMA在海沧大桥的应用发展

2.1　原铺装方案

1999年海沧大桥最初采用的双层SMA钢桥面铺装结构形式如图1所示。该结构形式铺装从2000年开始出现早期病害，到2002年的局部翻修以及2005年的全面翻修，持续使用了5年多的时间，在使用过程中该结构形式的铺装一直处于断断续续的修补状态。从病害外观调查情况来看，其铺装病害主要是推移、开裂、脱层等破坏类型，在局部地区也存在纵向裂缝等病害。

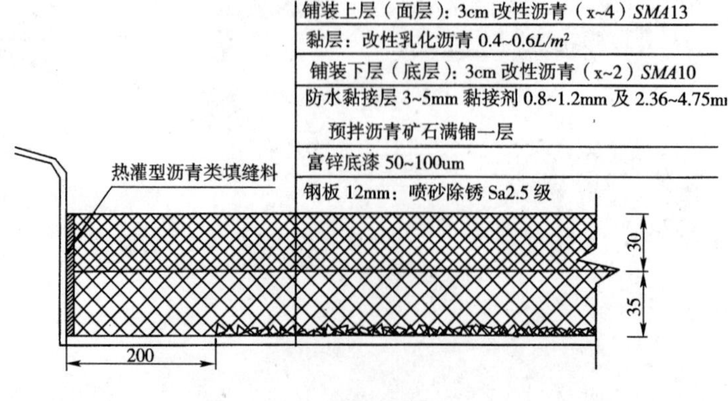

图1　钢桥面铺装结构形式（1999年）

对产生推移的部位进行了钻芯取样，在钻芯取样的过程中发现：芯样不能完整取出，面层混合料中含有较多的泥土，整个面层结构仅有非常微弱的板结形态，这表明面层沥青混合料已经失去强度；层间黏结已彻底丧失，面层与底层之间已经不能被明显区分开；底层沥青混合料与面层一样，已经完全松散。挖出已松散的沥青混合料，发现热熔沥青黏结层已经与钢板脱离，用手轻轻的就可以扯掉。底部钢板因为涂了无机富锌底漆的原因，并未产生锈蚀。

通过对钢桥面铺装病害的调查，分析其病害的原因如下：

(1)钢桥面铺装的破坏与铺装层与钢板间的黏接有极大关系。黏接层性能的破坏或衰减造成抗剪强度不足以抵抗层间相对变形的要求，无法满足铺装层与钢板之间变形的追从性，铺装层产生裂缝。桥面铺装的开裂，导致雨水浸入铺装层与钢板之间，加剧了黏接层抗剪强度的失效，产生进一步的开裂、推移。

(2)钢桥面铺装的破坏与施工工艺有很大关系。钢桥面铺装工程的技术要求高，施工难度大，在实际施工中，由于各种因素的影响，导致钢桥面铺装达不到设计的要求，使得钢桥面铺装很难达到设计使用寿命。

(3)钢桥面铺装的破坏与交通流的组成有很大关系。桥梁通过的超载车辆多，钢桥面铺装出现病害的时间就早得多，也严重得多。从对1999年铺装层开挖情况看，重车道黏接层基本在钢板上无残留，而小车道还存在许多的黏接材料。从表观上看，黏接层存在较多的小车道，铺装还保持的较好，可见重车对黏接层性能是有影响的。

2.2 翻修方案

在对海沧大桥钢桥面铺装病害产生原因充分分析和研究的基础上，2002年采用新的铺装方案，对海沧大桥进岛方向的重车道破损较严重的部位进行了一次中等面积局部翻修，结构形式如图2所示。新铺装在近三年的时间内路面总体状况良好。

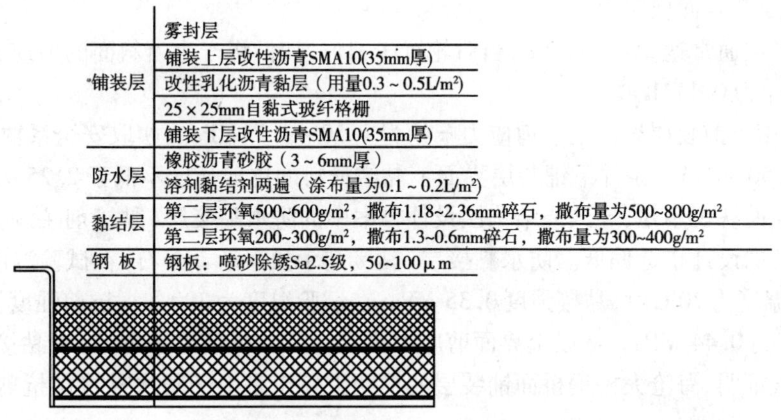

图2 钢桥面铺装结构形式(2002年)

从使用状况的外观调查来看，只是在两个局部区域产生了纵向裂缝，其他情况良好。为了检查铺装底层是否产生了开裂，水是否已经渗入铺装层内部，我们对产生纵向裂缝的区域进行了钻芯探视。从钻芯取样来看，芯样保持完整，未出现松散等情况，其面层与底层的强度高，面层与底层的联结牢固，下面层未出现裂缝，玻纤隔栅保持完好，下面层未受到水的浸蚀。

翻修后的铺装保持良好路用性能，但由于新旧铺装搭接部位在施工细节上没有处理好，造成经过一段时间的使用后，新旧铺装搭接部位发生了脱层现象。究其原因，主要一是搭接部位分布在轮迹带上；二是在搭接台阶上的新铺沥青混合料不易压实；三是在搭接缝没有采用封缝带密封，水容易从接缝处渗入铺装层间。在车辆荷载和渗透水的作用下，容易造成新旧铺装脱层、拥包。

在2002年进行钢桥面局部翻修后，管理单位采取一些积极有效的办法和措施尽可能延长钢桥面铺

装的使用寿命。如在铺装层和钢板之间灌注改性环氧树脂及采用“环氧 + 碎石”进行局部维修。由于环氧固化后能形成较高的强度，在某种程度上起到了抵抗推移的作用，对延长铺装使用寿命起到了一定的作用。另外，环氧碎石在达到一定紧密程度后，碎石表面的环氧相互连接，形成了密实的空间网络结构，其密水性较好，因而对钢板形成了有效的保护。但环氧是一种脆性材料，在温度和车辆作用的同时，必然会产生网裂。到 2005 年为止，海沧大桥钢桥面铺装（旧铺装）已基本达到设计使用年限，旧铺装体系已经全面崩溃，若不及时进行翻修将造成严重后果。鉴于 2002 年钢桥面铺装翻修的成功经验，2005 年全面翻修的设计方案基本上沿用 2002 年翻修时的方案，由于钢桥面的防腐是至关重要的，因此在方案中增加了环氧富锌漆，确保对钢桥面板给予充分的保护。方案的结构形式为（环氧富锌漆 + 双层环氧黏接层 + 缓冲层 + 铺装底层 SMA + 玻纤格栅 + 铺装面层 SMA）。

2.3 两种方案的分析对比

在对比两种结构形式之前，先对铺装层界面剪应力要素进行粗略的计算。

2.3.1 制动惯性力产生的剪应力 τ_1

当汽车—超 20 级后轮在 20m 行程内由车速 80km/h 降至 0km/h 时，两个后轮范围内的制动水平剪应力 τ_1 约为 0.64MPa。

2.3.2 纵向变形差产生的剪应力 τ_2

由于铺装层与钢桥面板的热膨胀系数不同，两种介质的热传导系数不一样，由实测数据得知，铺装层与钢板间的体系温度差约为 15℃，钢板的热膨胀系数 α_2 为 11.4×10^{-6}/℃，沥青混凝土铺装层的热膨胀系数与配合比有关，变化范围很大，参考有关资料，本文取 $\alpha_1=5.1\times10^{-6}$/℃，由此推算界面温差应变产生的剪应力 τ_2 约为 0.053MPa。

2.3.3 后轮轮压产生的剪应力 τ_3

按正交异性“叠合板”计算，后轮轮压在界面上引起的剪应力 τ_3 约 0.7 ~ 0.91MPa。

2.3.4 后轮荷载斜面剪应力 τ_4

悬索桥桥面纵坡通常达 2% ~ 2.5%，当后轮置于斜坡上时，将产生沿斜面的剪应力 τ_4，如取后轮压力为 0.5MPa，则 τ_4 为 0.11MPa。

综上四项，作用于铺装层界面上总剪应力 τ 约为 1.50 ~ 1.71MPa。如取安全系数为 1.5，则要求在设计高温（一般为 50 ~ 60℃）条件下铺装层界面上黏结材料的抗剪强度不低于 2.25 ~ 2.565MPa。

早期对这方面的认识不足，导致原结构层设计方案中的防水黏接层（黏接剂 + 预拌沥青碎石）的黏接强度和抗剪强度的设计指标偏低。防水黏接层（黏接剂 + 预拌沥青碎石）在试验温度为 20℃时，黏接强度为 2.0 MPa，温度为 70℃时，黏接强度 0.35 MPa；在试验温度为 30℃时，抗剪强度为 1.41 MPa，温度为 70℃，抗剪强度为 0.44 MPa。从以上界面剪应力要素计算分析结果来看，防水黏接层的设计指标显然是偏低的。实践证明，海沧大桥钢桥面铺装层的早期破坏正是由于防水黏接层抗剪强度的衰减及失效所造成的。

经过多次召开专家研讨会，对铺装层的损坏原因进行了充分分析讨论后，我们正确认识了病害发生的原因。对原钢桥面铺装所暴露出来的问题，重庆交通科研设计院进行了深入地调查研究，经过多次反复的材料试验和结构设计研究，提出了钢桥面铺装的翻修方案，与旧铺装体系比较，新的钢桥面铺装的结构形式有了很大的变化，主要区别为：

（1）将原来的沥青黏接层更改为两层环氧树脂 + 碎石黏接层。当钢板喷砂除锈光洁度达到 Sa2.5 级、粗糙度达到 50 ~ 100um 后，喷涂一层环氧富锌漆，厚度 50 ~ 100um，然后再施工环氧树脂黏接层。环氧黏接剂具有黏接强度高的优点，经改性后柔韧性较好，可适应钢桥面板较大的变形；通过上层撒布小粒径石料，提高了层间的黏接，抗剪性能，同时也增加钢板的粗糙度，提高铺装层体系与钢板的摩擦力。

（2）新增 4mm 橡胶沥青砂胶防水层。防水层主要起两个作用：一，防水作用，防止桥面的水渗透至钢板；二，缓冲作用，减少车辆荷载对环氧黏接层的冲击。

(3)上下层SMA之间贴一层25mm×25mm的自粘玻纤格栅,增强SMA混合料的抗拉伸性能,提高铺装抗推拥的能力。

(4)增加雾封层。在面层SMA铺设完后,采用路面雾封层对整个铺装表面进行封水处理,以确保铺装体系的防水性能。

(5)SMA混合料改用长纤维。纤维是用于SMA混合料的稳定剂,将原来的木质纤维素更换为平均长度为5~7mm的有机合成纤维,以增强SMA混合料的抗疲劳性能。

3 铺装结构层的功能划分

钢桥面铺装是由多个结构层次组成的层状体系结构,各层次具有不同的功能和作用,但铺装体系又是以一个整体来承担其使用功能。所以层状体系结构的铺装层应具备功能区分,即为满足钢桥面铺装行车和耐久性的要求,钢桥面铺装结构应由钢结构防腐层、防水黏接层和沥青混凝土铺装层组成。根据铺装结构层的划分,分别对各铺装结构层的施工技术和工艺进行粗浅的解析和总结。

3.1 钢结构防腐涂层

在海沧大桥钢桥面铺装体系中与光滑的钢桥面直接发生接触的结构层是防腐涂层,钢结构防腐涂层既是保护钢桥面板不受腐蚀的保护层,又是铺装体系的组成部分。如果防腐涂层与桥面板结合不牢固,或发生脱落、掉皮等病害时,则钢桥面铺装体系所赖以生存的基础将不复存在,在行车荷载和钢桥面板变形所产生的剪切应力作用下,必然发生钢桥面铺装推移的破坏。因此不但要求防腐涂层的漆膜与钢板之间具有更大的附着力(一般不小于5.0MPa),还要求漆膜与防水黏接层具有良好的相容性和足够的抗剪强度。因此,钢结构防腐是解决钢桥面铺装技术难题的第一步。

铺装层的设计使用寿命远远短于钢箱梁的使用寿命,在桥梁设计使用寿命期限内,钢箱梁通常是不可更换的,如果发生锈蚀,后果将十分严重。防腐涂层被覆盖在钢桥面铺装最底层,无法观察防腐效果,更难于进行修补,一旦防腐涂层发生剥离,不但会导致铺装层推移,还会给钢箱梁留下锈蚀隐患,后果更为严重。所以防腐工程的施工技术工艺和施工质量控制更是重中之重。

3.2 防水黏接层

防水黏接层的作用是防止从铺装表面渗入水进入到铺装底层与桥面板之间,造成铺装层与钢桥面板脱层及钢板的腐蚀。同时,防水黏接层作为钢桥面铺装的一个结构层,它必须满足层间抗剪和铺装下层与钢板黏接的要求。因此,防水黏接层必须具有以下功能:

(1)防腐性能。具有良好的保护钢板被腐蚀的能力,同时能够适应桥面变形和与钢板有良好的黏接。

(2)黏接性能。能够提供优良的粘附能力,并能够在较宽泛的温度范围保持其性能的稳定。

(3)防水性能。具有良好的密实性、憎水性,能够防止水和空气的渗入。

海沧大桥选用的防水黏接层方案为:双层改性环氧树脂黏接剂+防水层(又称缓冲层),总厚度3~6mm。底涂层是由第一层改性环氧树脂和碎石(0.3~0.6mm)撒布层组成,该层可起到保护钢板不至于锈蚀的作用,它还具有与钢板良好的黏接性能。黏着层是由第二层改性环氧树脂和碎石(1.18~2.36mm)撒布层组成,该层具有良好的黏着性能和防水性能,并能为上层提供良好的剪力黏接。防水层(即缓冲层)是由两层0.1~0.2L/m^2溶剂型黏接剂作为底涂层和3~6mm橡胶沥青砂胶组成,它不仅为沥青混合料铺装提供一个平整的界面,而且防止了水的下渗对钢桥面板造成的危害,同时对铺装层传递到钢桥面板的荷载也起到了很好的缓冲作用,减轻了桥面铺装层的受力。

3.3 SMA铺装层

沥青玛蹄脂碎石混合料(Stone Matrix Asphalt,简称SMA),是一种以沥青、纤维稳定剂、矿粉及少量的细集料组成的沥青玛蹄脂结合料,填充于间断级配的粗集料骨架间隙而组成的沥青混合料。

钢桥面铺装的双层SMA结构分别具有不同的功能作用,两层铺装既各有侧重又互相支持:

(1)铺装底层的沥青混凝土密实,防渗性能优良,与黏接防水层连接紧密,构成了一个完整铺装防水隔离体系,具有良好的稳定性和整体性,能够抵抗反复的弯曲变形和温度变化的影响。

(2)铺装面层的沥青混凝土具有优良的高温稳定性和低温柔韧性,耐疲劳性能优异;具有较均匀、粗糙的表面,能够提供充分的表面摩擦力和有效的排水效果。

钢桥面铺装的上下层因功能不同,要求具有不同的材料特性。铺装底层可采用劲度较大而热稳定性较好的改性沥青,以满足混合料孔隙率小而热稳定性高的要求。铺装面层使用抗裂优良而热稳定性也较好的改性沥青,并通过合理级配设计以保证面层铺装,同时具有优良的抗裂性和抗车辙能力。当然,上下层也可以使用同样的改性沥青。

4 施工工艺及质量控制

根据历年来海沧大桥钢桥面铺装的施工经验表明,钢桥面铺装工程成功的关键在于"三分设计,七分施工"。在选择正确方案和材料的前提下,决定铺装层的质量怎样,关键在于对其施工工艺的严格控制。

在本项目的施工过程中,我们坚持承包人自检、监理质检、政府监督的质量保证体系,严格执行质量控制基本程序。认真落实监督承包人自检质保体系,树立监理在工程质量管理中的核心作用,并经常性地向质监站汇报工程质量状况。

加强对工程技术难点、重点和关键工艺的质量控制,做到处理方案在先,现场实施在后,确保工程质量;对影响工程内在质量的配合比、最佳用油量等,组织各方进行反复论证,调整和优化,以求最佳;对影响路面外在质量的摊铺方案、接缝、路面边角处理方案等也是经多次讨论才得以确定。

由于仪器、设备的精度和试验的准确直接影响工程质量,我们加大对施工单位在仪器、设备和标定、试验误差、拌和生产控制状态等方面工作的监督检查力度,加大对沥青、石料、改性沥青、沥青混合料各项性能指标的跟踪检查力度、加强对工程试验的监督。

由于铣刨和清理工作的精度直接影响路面摊铺的平整度和路面结构层摊铺厚度,我们要求加强对测量、铣刨人员、设备投入的管理,并随时检查工作质量;在每天的日常质量巡查时,对铣刨、喷油、摊铺质量情况进行全面检查。

在整个路面处治工程的各个重要环节,如前场、拌和、试验等均有监理工程师全过程旁站以保证及时发现问题,及时整改。确保质量稳定。

4.1 铣刨

铣刨时,应特别注意保护钢箱梁面板。钢桥面板设计寿命为100年,而铺装的设计寿命(15年)远低于钢板的使用寿命,因此保护钢板是百年大计,不能使用铣刨机,应该采用挖掘机配合人工进行旧铺装的清除工作。

4.2 喷砂除锈

喷砂前的清理主要是对原有黏结材料的清理,主要是人工清洗,使用二甲苯。喷砂在下雨、结露等气候时,严禁作业。喷砂温度应高于露点3℃,相对湿度≤85%。喷砂除锈后的钢桥面板表面应达到GB 8923—88标准Sa 2.5的要求。主要利用目测,对比GB 8923—88标准图片。粗糙度的要求必须达到Rz 50~100μm,主要使用塑胶帖纸法测量。

4.3 环氧富锌底漆

喷砂处理后4小时内完成,主要使用机械喷涂,主要测试指标为漆膜厚度及结合强度,利用干膜测

厚仪和拉拔仪测定。漆膜厚度 50 ~ 100μm,结合强度大于 5 MPa。

4.4 环氧黏结剂

主要是人工刮涂,遇下雨、结露等气候条件时,严禁作业,作业温度为 15 ~ 40℃。环氧富锌底漆完全干后进行第一层环氧黏结剂和 0.3 ~ 0.6mm 碎石的施工,第一层为 0.2 ~ 0.3mm,第二层为 0.4 ~ 0.6 mm。使用湿膜卡测定,并按总用量进行复核。碎石撒布要求均匀,不能堆积,与环氧黏结剂黏结牢固,并扫除未黏牢的部分,按用量与施工面积进行控制。要求黏结层的结合强度不低于 5.0MPa,用拉拔仪进行试验。

4.5 沥青砂胶防水层

环氧黏结层固化并检验合格后,涂刷两层溶剂型黏接剂。每层溶剂型黏接剂用量为:0.1 ~ 0.2L/m^2,采用人工滚涂方法施工。要求涂层完整,黏接强度 >2.0MPa,用拉拔仪进行试验。在溶剂黏结剂施工完 4 ~ 8h 后,即可施工橡胶沥青砂胶防水层。橡胶沥青出料温度 180 ~ 200℃,用小桶装橡胶沥青砂胶放在手推车上保温,采用人工刮涂的方式将橡胶沥青砂胶刮平,厚度控制在 3 ~ 6mm。橡胶沥青砂涂布后应测定渗水率,使用渗水仪进行检测。

4.6 改性沥青 SMA 混合料

铺装用改性沥青均须经过试加工,并进行性能检测合格后,方可在钢桥面铺装施工过程中按标准的加工工艺加工改性沥青。每一阶段 SMA 混合料拌和前,均需对拌和楼进行彻底的检修与维护。避免发生导热油渗漏、沥青泵停机、矿粉掺加速度慢及掺加量不够等问题。同时对所有计量设备进行检查。拌和过程中应充分注意矿粉掺加、纤维掺加,沥青用量及出料温度控制,同时,冷料仓上料速度的设置应充分考虑到加热鼓风中细集料中的粉料(<0.3mm 材料)损失。铺装下层每施工段需拌合混合料总量的计算及厚度检验的计算,应按 35mm 计算用量。

钢桥面铺装改性沥青 SMA 混合料运输应采用载重 10t 以上的自卸车运输,运输车辆数量应足够保证施工作业的连续进行。运输车辆应先将底盘及车轮清洗干净,防止泥土杂物掉落在铺装施工范围内。运输过程中,应加盖帆布保温。运输车辆在摊铺机前被推行时,不得紧踩制动,防止轮胎搓动防水层。同时向摊铺机料斗中喂料时,禁止将混合料大量洒落在桥面板上。运输车辆不得在钢桥面上急转弯及调头。运输车辆必须按指定路线进入施工现场,在钢桥面上行驶速度不超过 10km/h。运输车辆从装入混合料起至开始摊铺为止,运料及等待时间不超过 1.5h。

钢桥面行车道铺装采用一台摊铺机摊铺。摊铺机摊铺施工前,应进行全面彻底的检修,确保摊铺施工中不出现设备故障。摊铺机应在前一天基本就位,需通过防水黏接层时应在白天移动。到达摊铺起点附近,应放置在当日施工范围以外(不停留在防水黏接层上过夜)。摊铺机行走速度应尽可能放慢,以便与拌和楼拌和能力相匹配(摊铺能力适当低于拌和能力)。铺装下层及面层混合料摊铺时,摊铺机行走速度依据拌和能力,一般控制在 1.5 ~ 2.0m/min 范围,最高不超过 3m/min。摊铺最低温度为 160℃。

改性沥青 SMA 混合料碾压必须紧跟摊铺机碾压,初碾、复碾工作长度约 30m,不允许超过 50m。对此,施工单位应采取适宜的保证措施。在边缘、角落周围难以用大型压路机压实的部位,需采用小型压路机及人工操作的机动夯锤夯实,大型压路机不得开起振动。

4.7 施工缝设置与处理

在钢桥面铺装施工中,主要处理的是路缘带和铺装之间的接缝以及搭接部位的纵缝,主要采用热溶型封缝带进行密封,在摊铺前 2h 使用封缝带对需密封的纵缝进行粘贴。

4.8 玻纤格栅

铺设玻纤格栅之前必须将路面清扫干净，用人工铺设于底层混合料表面，采用胶轮压路机碾压或人工行走使其黏着，铺设时不允许出褶，卷端重叠部分搭接 75 ~ 150mm，确保重叠部分顺着铺设方向，两侧重叠部分搭接 25 ~ 50mm，铺设格栅并碾压后，施工车辆或紧急车辆可以通过，但应保证不因车辆的转弯或制动造成对格栅的损坏。保持格栅清洁、无泥、无尘或其他杂物，损坏部分应被移走或修补，注意格栅的整体性。

4.9 改性乳化沥青黏层

在铺装下层及铺装上层之间设置改性乳化沥青黏层。改性乳化沥青黏层用量为 0.3 ~ 0.5L/m^2。改性乳化沥青黏层在铺装面层混合料摊铺前一天施工（必须在面层混合料摊铺 8h 前完工），要求洒布均匀并基本满布。

4.10 雾封层施工

在面层 SMA10 铺设完后，即可进行整个桥面的封水处理。封水前需对桥面进行清理，封水施工可由人工进行涂刷，但必须涂布均匀，防止局部涂刷过量。

5 结语

本文总结了双层 SMA 在海沧大桥钢桥面铺装应用成功和失败的经验教训，并就钢桥面铺装 SMA 的技术和施工工艺进行了浅显探讨，可对同行今后在钢桥面铺装设计和维护上起到一定的借鉴作用。虽然探讨的范围仅局限于海沧大桥这样类型的钢桥面铺装，但海沧大桥的经验教训对其他类型钢桥面铺装还是具有普遍的参考意义。

参 考 文 献

[1] 李玉龙，阳君. 钢结构桥梁桥面铺装施工工艺. 重庆交通科研设计院，2005

[2] 林伍湖. 海沧大桥钢桥面铺装层损坏原因及维修探讨. 公路，2004(10)

[3] 徐风云. 钢桥面铺装设计理念的探讨

312 国道苏州长江路立交改造方案

陈 娟 张 平 包孔波

（苏州市交通设计研究院有限责任公司 苏州 215011）

摘 要 在312国道苏州长江路立交改造方案设计的过程中，对城市旧立交改造的影响因素全面分析，确定合理、经济、美观、便于实施的改造方案，同时将这个过程中的经验总结应用于以后的城市立交改造方案的设计中。

关键词 长江路立交 交通量 改造方案

1 项目背景

长江路立交为苏州市交通设计研究院于1999年5月设计完成，建成于2000年，为半苜蓿叶式部分互通式立交。该立交是苏州第一座互通式立交，曾解决了312国道与长江路城市主干道交通相互干扰的问题，但立交等级较低，交通流向较混乱，交通设施缺乏，存在冲突点及安全隐患。现今高新区经济发展迅猛，交通量日益增长，该互通已不能满足现阶段的使用要求，且在城市景观方面也需要提升。苏州市高新区交通局根据上述存在的问题，委托我院对该立交进行改造，进一步调整城区用地结构，完善城市用地布局，改善出入口交通状况，提升道路服务水平，促进新区经济发展。在此，对长江路互通改造方案进行方案设计与论证。

2 原有立交设计概况（图1）

2.1 主要技术标准

（1）立交类型：不完全互通式立体交叉。

（2）主线计算行车速度：80km/h。

（3）匝道计算行车速度：40km/h。

（4）匝道平曲线最小半径：40m。

（5）荷载等级：汽车—20级，挂车—100。

2.2 总体布置

长江路立交位于312国道长浒大桥西堍，312国道与苏州新区长江路及浒关新区文昌路的十字形叉口处，目前互通形式为半苜蓿叶半互通式立交。除无锡—文昌路方向没有沟通外，其余七个方向均可通行，在当时的交通量需求及周边环境的条件下，解决了该交叉口交通流快速便捷通过的问题。

具体布置如下：

（1）长江路与文昌路采用双向双车道，横断面布置为：2×3.5m车行道+2×0.75m硬路肩2×0.75m土路肩，全宽10m。

（2）匝道横断面布置为：3.5m车行道+1.0m左路缘带+2.5m右路缘带+2×0.75m土路肩，匝道全宽8.5m（不含加宽值）。

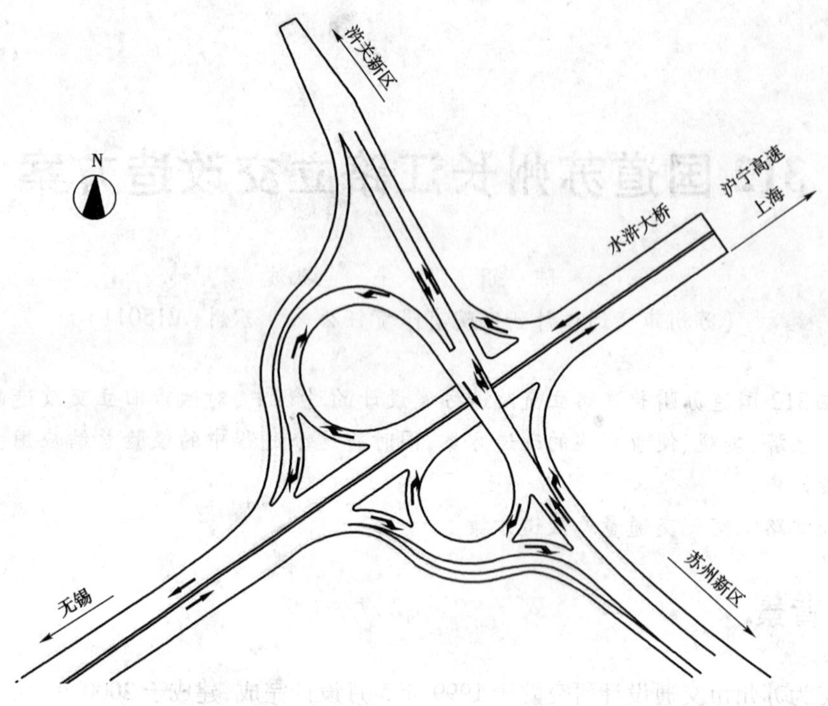

图1 原有立交布置简图

(3)长江路与无锡方向的非机动车沟通采用单车道匝道，路面宽4.0m，全宽5.5m。

但是针对目前互通交通量现状来看，其设计指标及使用功能均不满足要求，且存在以下缺陷：

(1)长江路、文昌路已改造为双向四车道+机非分隔带+非机动车道+人行道的断面形式，而互通范围内长江路—文昌路直行方向只有两个车道，行车道宽2×3.5m，每边0.75m路缘带，路基全宽10.0m，没有非机动车道，成为直行方向严重的瓶颈地段。

(2)长江路-312无锡方向左转车辆与文昌路—长江路直行方向存在冲突点，成为严重交通隐患。

(3)312无锡—长江路方向右转车道没有与左转弯车道分离，且布置过于局促造成行车的不舒适及不安全。

(4)由于是部分互通式立交，缺失方向车辆仍有通过需求，结果造成交通混杂，行车不规范的问题，存在安全隐患。

(5)交通标志、标线严重不足，特别是标线缺失更严重，不能做到车辆分道行驶，安全、快捷通过，护栏等级较低，破坏较严重。

(6)原有互通设计指标偏低，现有交通量组成中重车、挂车比例较高，车道宽度、转弯半径等指标较低。

(7)对非机动车流，没有给予重视，没有良好的疏导方式，造成部分路段机非混行，既影响机动车的行驶，又给行人带来安全隐患。

3 现状交通流量的调查与分析

为使改造方案更加合理，满足交通量使用要求，我院对互通现状交通量进行详细调查，包括机动车辆与非机动车辆，调查时间：2007年9月26日07:00~2007年9月27日07:00，24小时交通量。考虑到远期312国道苏州市区段可能改线，该互通的交通量远期有可能降低，但缺乏预测详细资料，因此利用现有交通量为设计依据。

3.1 统计结果

(1)24小时交通量(标准台)：64189辆；

(2)白天 12 小时交通量(标准台):46038 辆;

(3)高峰小时交通量:

早高峰:09:10 ~ 10:10,全断面交通量(标准台):4212 辆;

晚高峰:13:50 ~ 14:50,全断面交通量(标准台):4304 辆。

(4)高峰小时各方向流量表(表 1)(标准台,辆):

高峰期流量　　表 1

时段	东直	东左	东右	南直	南左	南右	北直	北左	北右	西直	西左	西右
早高峰	787	171	546	609	110	394	496	158	147	423	14	360
晚高峰	889	205	433	524	72	530	524	156	118	467	2	387

(5)各方向车型比例系数表(表 2)(自然台):

车型比例系数表　　表 2

方向 \ 车型	大客车	小客车	大货车	中型货车	小货车	拖挂车
东直	0.029	0.461	0.202	0.138	0.086	0.085
东左	0.005	0.054	0.063	0.047	0.011	0.073
东右	0.011	0.199	0.143	0.048	0.041	0.095
南直	0.045	0.434	0.053	0.064	0.046	0.022
南左	0.012	0.102	0.024	0.019	0.021	0.014
南右	0.008	0.204	0.064	0.110	0.094	0.098
北直	0.033	0.338	0.080	0.049	0.041	0.018
北左	0.003	0.120	0.040	0.022	0.017	0.017
北右	0.008	0.077	0.025	0.022	0.010	0.005
西直	0.026	0.371	0.106	0.148	0.068	0.022
西左	0.000	0.007	0.002	0.003	0.001	0.000
西右	0.015	0.293	0.056	0.065	0.052	0.035

(6)非机动车流调查结果,调查时间选取下午高峰期:16:00 ~ 19:00。

高峰小时:17:30 ~ 18:30,高峰小时流量(自然台)1621 辆。

高峰小时各方向流量(表 3):

高峰期方向流量　　表 3

方向	东直	东左	东右	南直	南左	南右	北直	北左	北右	西直	西左	西右
高峰小时流量	25	22	165	395	23	274	302	72	20	278	24	21

3.2　调查结果分析

根据上述调查结果可以看出,该互通目前交通十分繁忙,直行车辆还是主要流,比较大的转向交通流为,312 上海(高速公路)—文昌路方向、长江路—312 上海(高速公路)以及 312 无锡—长江路方向。但转向交通量均小于一个车道的设计通行能力,因此匝道仍采用单车道,直行车道为消除瓶颈现象,增加为双向双车道。

从交通组成来看,由于本互通为苏州高新区、浒关新区企业车辆进入 312 国道、高速公路系统的重要节点,货车、拖挂车仍占有相当比例,待以后长江路退化为新区内部城市道路后,该立交的交通组成会有所变化。

非机动车集中在南北直行、东西直行以及苏州城区进入文昌路、长江路方向。

4 区域内道路及土地使用现状

互通范围以外的长江路、文昌路及312国道无锡方向均进行了改造，长江路现有断面为：8.0m中央分隔带+2×7.5m机动车道+2×2.5m机非分隔带+2×5.0m非机动车道+2×3.0m人行道，全宽44m；文昌路现已拓宽为35m，其断面布置为2×7.0m机动车道+2×2.0m机非分隔带+2×5.5m非机动车道+2×3.0m人行道；312国道长江路以西部分改为高架+地面道路的双层式道路，高架至互通之间的断面布置为：2m中央分隔带+2×15m行车道+2×3.0m土路肩。互通东侧紧邻312长浒大桥，其断面布置为：2×2.0m人行道+2×12.25m行车道+1.5m中央分隔带。

互通东南象限现为煤堆场，东北象限为苏州交通工程公司沥青拌和厂和福田沥青拌和厂，这两个象限的土地经政府协调可以收回，西南、西北象限征地拆迁困难，尽量控制用地。但312国道长江路至长浒大桥桥头不足200m，且长浒大桥目前改造困难，因此对立交的改造方案存在很大的制约。

5 技术标准

本项目为老互通改造工程，主要涉及匝道的新增及改造，主线的拼宽，主要实现在原有互通基础上，增设匝道，实现符合交通流向及安全快捷的交通转换。

长江路—文昌路原设计为双向双车道，路基全宽10.0m，无紧急停靠带或非机动车道，考虑直行车道数均低于文昌路、长江路的四车道，增加两个车道，增加半幅路基全宽采用12.0m。

设计速度：一般匝道拟定设计行车速度为40km/h，个别困难地段匝道行车速度采用30km/h。

桥梁设计荷载：城市-Ⅰ级。

横断面：单向单车道断面为8.50m，其中行车道宽度为3.50m，左侧硬路肩宽度为0.50 m，右侧硬路肩宽度为2.00 m，两侧路缘带宽度为2×0.50 m，土路肩宽度为2×0.75 m。

6 互通改造方案

6.1 改造方案设计的原则

(1)顺应周围地形地物，尽量减小拆迁量；

(2)互通形式与交通量相匹配，适应主要通流方向；

(3)应尽量不影响现有互通，降低对现有交通的影响，控制工程规模；

(4)应考虑非机动车流的通行。

6.2 互通方案设计及其比选

方案一：废除东南、东北象限的两个右转匝道，增加两个象限的左转弯内圈匝道，重新增加右转弯匝道，将原有互通变为全苜蓿叶全互通式立交，废除长江路至无锡的左转匝道E匝道，增加长江路—文昌路的半幅道路，增加主线跨线桥一座。

该方案优点是交通组织合理顺畅，对现状互通干扰小，西侧两个象限互通不动，东侧均为新建，主线跨线桥也不动，施工期对交通影响小，桥梁跨径经济，无需特殊结构，总体工程规模小。缺点在于工程占地规模偏大，且长浒大桥距离长江路过近，布置两个内圈+两个地面右转匝道十分局促，致使长江路至上海、无锡两个主要交通流向线形指标偏低，靠近长浒大桥无法设置加、减速车道，只能与长浒大桥的两个直行车道的外侧车道直接相接，造成对直行车流的干扰(图2)。

方案二：保持长江路以西互通主体不动，废除东南、东北象限的两个右转匝道，增加长江路—文昌路

的直行车道数，长江路至无锡左转及无锡至文昌路左转车辆通过下穿长浒大桥第二跨桥孔完成，从而右转匝道可以提高线形标准。

该方案优点在于互通用地紧凑，互通规模相对较小，主线跨线桥不用做异形，形式简单、跨径经济，地面右转匝道线形标准较高。缺点是主流向匝道平纵面线形指标较低，左转弯绕行长度较长，且对右转弯车流有干扰，同时长浒大桥距离长江路过于近，靠近长浒大桥无法设置加、减速车道，只能与长浒大桥的两个直行车道的外侧车道直接相接，造成对直行车流的干扰(图3)。

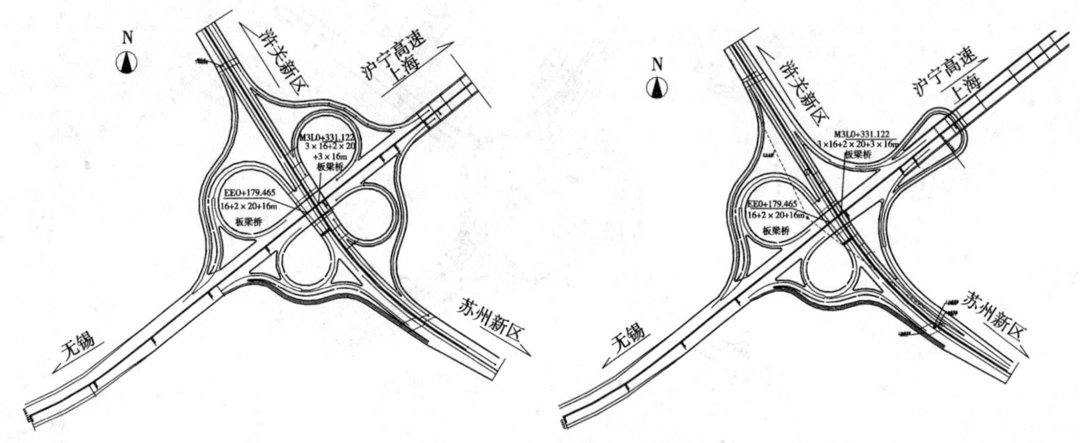

图2　长江路互通改造方案一　　　　图3　长江路互通改造方案二

方案三：考虑主要交通流向，布置长江路至无锡的左转弯定向匝道，增加东南象限内环，增加长江路—文昌路直行半幅道路，优化无锡—苏州右转弯半径线形，将右转匝道贴近地面，与象限内左转匝道分离，提高安全、便捷性。

该方案优点是用地较紧凑，线形指标也较高，改造较彻底；缺点是互通为三层式立交，仍着重考虑了长江路的出行便捷，工程规模较大，增加了西北象限用地，桥梁设计施工难度较大，且由于长浒大桥距离长江路过近，右转匝道布置局促(图4)。

方案四：考虑将文昌路进出312作为主要交通流向，但考虑用地限制及对原有互通的利用，文昌路左转至312长浒大桥仍通过西南象限内环转换，设置312无锡方向进入文昌路的定向匝道，补充东北象限内环，加大长江路—312长浒大桥的右转弯半径。

该方案优点是用地较紧凑，线形指标也较高，改造相对较彻底。照顾远期长江路演变为苏州新区城市主干道，不允许过境车辆通过后，文昌路的出入成为主要交通流向。缺点是西北、西南象限内环转弯半径没有加大，指标仍较低，且互通为三层式立交，工程规模较大，增加了西南象限用地，桥梁设计施工难度较大，且由于长浒大桥距离长江路过近，右转匝道布置局促(图5)。

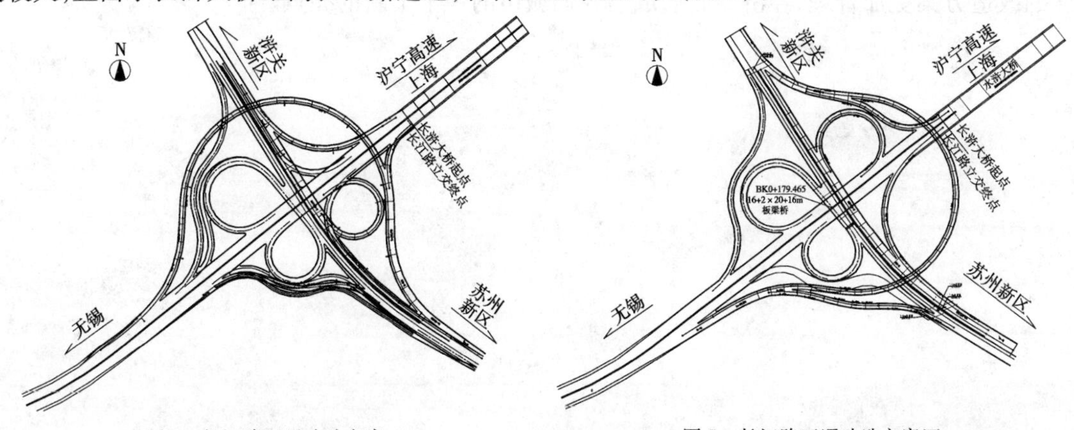

图4　长江路互通改造方案三　　　　图5　长江路互通改造方案四

方案五：将原互通所缺的无锡—文昌路、长江路—无锡专用左转弯车道增加，并设为专用定向匝道，其余方向除文昌路—上海、上海—长江路方向匝道维持原状外，其余方向均改造优化，加大设计指标，提高互通服务水平，但考虑用地限制，整个互通仍布置较为紧凑。

该方案优点是用地较紧凑，线形指标也较高，改造更加彻底，也照顾远期文昌路的出入可能成为主要交通流向的特点。缺点是西北、西南象限内环转弯半径没有加大，指标仍较低，且互通为三层式立交，工程规模较大，且四个象限都有新增用地，桥梁长度最长，设计施工难度较大，且由于长浒大桥距离长江路过近，右转匝道布置局促（图6）。

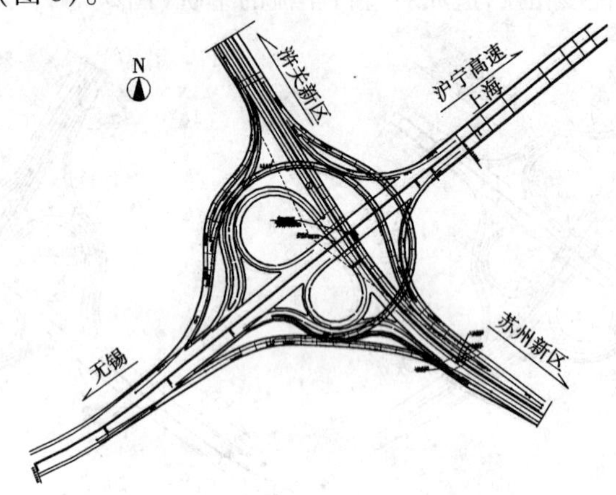

图6　长江路互通改造方案五

7　工程规模及投资估算

工程项目	单位	方案一	方案二	方案三	方案四	方案五
工程投资估算（建安费）	（万元）	2 193.3	2 113.8	6 019.2	6 541.2	7 071.3

8　结语

在最终的方案确定中，由于资金、工期、征地拆迁等众多因素的影响，业主最终确定了造价最低、最便于实施的方案一，但我们在312国道苏州长江路立交改造过程中，却收获了许多城市旧立交的改造心得，其设计过程是一个十分有挑战性、十分有趣味性的过程，既要满足新的使用要求，还要兼顾经济、美观、实施的难度等要求，也要受现场的地形、地物、城市发展规划的限制。在我们苏州，城市立交的数量、规模都在增加，但日后旧立交的改造项目也会不断增加，希望我们在设计过程中也会不断积累经验，使旧立交的改造方案更加合理、经济、新颖，成为我们城市的一个个新的亮点。

关于城市桥梁设计荷载的探讨

郑永红

(铁道第三勘察设计院集团有限公司　天津　300251)

摘　要　本文通过工程实例对城—A 车道荷载进行了探讨、分析,指出了城—A 荷载在跨度 L_P = 20m 处不衔接情况对设计的影响,通过大量的分析计算,提出了城—A 车道荷载的建议值。

关键词　城市桥梁设计荷载　探讨　建议

在城市桥梁设计工作中,涉及到城市桥梁设计荷载的应用,在应用过程中发现,城—A 车道荷载在桥梁跨径 20m 的不衔接情况对连续弯梁的计算影响较大,主要表现在支点反力、扭矩、水平力三个方面,觉得有必要对城市桥梁设计荷载进行分析探讨,并引起桥梁设计人员的注意。

1　城—A、城—B 级车道荷载的来源

车道荷载,最早应用于美国。车道荷载形式简明,实用性强,避免了车队排列的繁琐。应用车道荷载,与应用汽级荷载相比,还可以减少验算挂车荷载的工作量,极大地提高了工作效率。

1.1　我国城—A、城—B 级车道荷载的确定原则

我国城—A、城—B 级车道荷载的确定原则是尽量兼容汽—超 20、挂—120 及汽—20、挂—100 的规定,根据汽级荷载与挂车荷载(除以 1.25 系数)的控制值来制定车道荷载的大小。车道荷载用以进行桥梁主结构的分析,包括主梁、主桁架、主拱圈等,而车辆荷载用以检算横隔梁、行车道板、桥台等。

在荷载的模式上,我国城—A、城—B 级车道荷载采用的是均布荷载 + 单一集中荷载(弯矩与剪力不同值)模式。

1.2　我国城—A、城—B 级车道荷载的折算

确定了荷载的基本模式,之后要进行荷载的折算。折算以汽—超 20、挂—120 及汽—20、挂—100 荷载为基础,在折算车道荷载时,要满足下列三个基本方程式:

$$M = PL/4 + qL^2/8$$

$$Q = P + qL/2$$

$$W = P + qL$$

式中,M 为跨中弯矩;Q 为梁端剪力;W 为荷载全重;P 为车道荷载的集中力;q 为均布荷载;L 为桥梁跨度。

按上述三个公式进行计算,推求出需要确定的城级荷载标准。

2　《城市桥梁设计荷载标准》CJJ77—98 中,城—A 级荷载的情况

(1)跨径为 2 ~ 20m 时,城—A 级:当计算弯矩时,车道荷载的均布荷载标准值 q_M 采用 22.5 kN /m;

计算剪力时，均布荷载标准值 q_M 采用 37.5 kN/m，所加集中荷载 P 采用 140kN（图 1）

（2）跨径大于 20m 且小于等于 150m 时，城—A 级：当计算弯矩时，车道荷载的均布荷载标准值 q_M 采用 10kN/m；计算剪力时，均布荷载标准值 q_M 采用 15 kN/m，所加集中荷载 P 采用 300kN（图 2）。

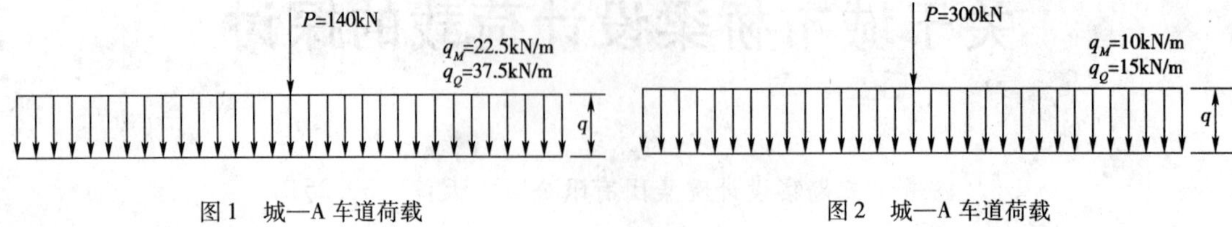

图 1　城—A 车道荷载　　　　图 2　城—A 车道荷载

3　城级荷载在实际应用过程中存在的问题

通过对上述城级荷载的观察，大家会发现，对于 $L_P=20$m 时，城—A 荷载有不衔接情况，城—B 级车道荷载情况也是如此。荷载的不衔接对分片的简支梁影响不大，但对整体截面的连续弯梁影响较大。下面针对城—A 荷载进行分析。设计实例：在某互通立交工程匝道桥设计为 4 ~ 20m 钢筋混凝土连续箱梁，桥面全宽 9m，曲线半径为 $R=50$m，独柱桥墩。分别对 $L_P=20$m、$L_P=20.1$m 情况进行分析，分析的原则是通过调整支座位置，保证边墩支座最小支反力不小于 20kN，避免边墩支座脱空，并酌留安全储备。计算分别采用孙广华的弯梁计算软件和桥梁博士软件进行。截面形式见图 3。

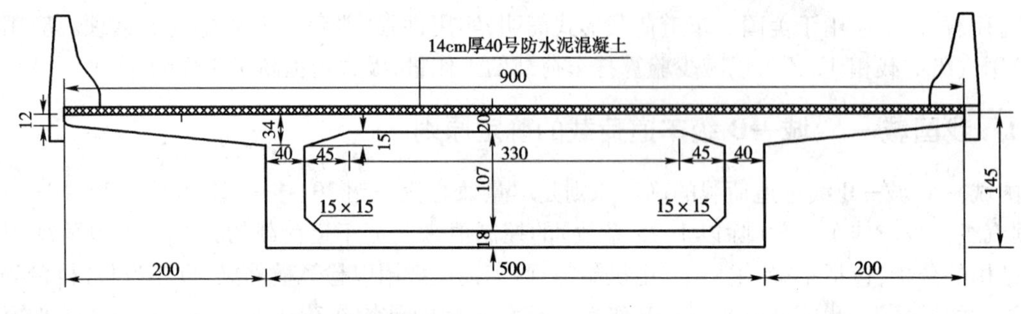

图 3　截面形式图

3.1　$L_P=20$m 梁跨，计算结果情况（表 1）

$L_p=20$m 梁跨计算　　　　表 1

项目	孙广华弯梁软件					桥梁博士软件				
	支点情况	曲线外侧偏心（cm）	支点间距（m）	制动墩水平力（kN）	最小/大支点反力（kN）	支点情况	曲线外侧偏心（cm）	支点间距（m）	水平力（kN）/梁端扭矩（kN·m）	最小/大支点反力（kN）
0 号台	双支点	0	4.8	314	20.88/1848	双支点	0	4.6	314/2580	34.8/1740
1 号墩	单支点	0.25				单支点	0.25			
2 号墩	单支点	0.25				单支点	0.25			
3 号墩	单支点	0.25				单支点	0.25			
4 号墩	双支点	0	4.8		21.00/1848	双支点	0	4.6		30.2/1720

3.2 $L_P=20.1$m 梁跨,计算结果情况(表2)

$L_p=20.1$m 梁跨计算　　表2

项目	孙广华弯梁软件					桥梁博士软件				
	支点情况	曲线外侧偏心(cm)	支点间距(m)	制动墩水平力(kN)	最小/大支点反力(kN)	支点情况	曲线外侧偏心(cm)	支点间距(m)	水平力(kN)/梁端扭矩(kN·m)	最小/大支点反力(kN)
0号台	双支点	0	3.1	160	23.00/1748	双支点	0	3.0	160/1950	21.4/1660
1号墩	单支点	0.25				单支点	0.25			
2号墩	单支点	0.25				单支点	0.25			
3号墩	单支点	0.25				单支点	0.25			
4号墩	双支点	0	3.1		23.58/1748	双支点	0	3.0		20.3/1630

3.3 对比分析

从两个软件的计算数据可以看出,计算结果基本一致,证明了计算的可靠性。

通过对两种跨度的计算对比分析可知:对于城市桥梁荷载标准,桥梁跨径 $L_P=20$m 时确实是一个突变点,在弯梁的计算中,对支点反力、扭矩、水平力都有影响。最大支点反力相差100kN;梁端扭矩相差630kN,占扭矩值的24%~32%,影响到梁部抗扭钢筋的配置以及边墩支座的横向间距;水平力相差154kN,约为 $L_P=20$m 水平力的一半,影响到下部结构的尺寸和配筋。总的趋势是在 $L_P=20$m 附近,跨度大反而最大支反力小,梁端扭矩小,制动墩水平力小。

城市桥梁设计中,以16~50m中小跨度居多,特别是在互通立交的匝道桥,中小跨度的连续弯梁占了很大比重。桥梁布跨时,由于地下管线和地面道路的影响,同一匝道桥中往往有类似3×18m+4×20m+4×22m的孔跨布置,由于 $L_P=20$m 处设计荷载突变,致使理论计算确定的支座反力、支座间距及桥墩尺寸也有突变,特别是对于连续梁跨度略小于20m时,边墩双支座横向间距较大,而梁跨度略大于20m时,边墩双支座横向间距较小,而且从上面结果来看,两者的差距达到1.6~1.7m,与设计人员的边墩支座间距和跨度成正比的习惯思维不一致,易使大家导致设计上的失误,设计出不满足规范的文件。

4 关于城—A级荷载的修改建议

4.1 修改的基本原则

(1)考虑到计算的方便,建议的设计荷载也是采用均布荷载 q_K 和集中荷载 P_K 组成的图式。

(2)城市桥梁,50m跨度以下的中小跨度桥梁居多,考虑到荷载的连续性,建议参照《公路桥涵设计通用规范》JTG D60—2004,5~50m跨度按荷载内差考虑。

4.2 建议的城—A级设计荷载如下

城—A级的均布荷载标准值为 q_K 采用10.5kN/m;集中荷载标准值按以下原则选取:桥梁计算跨径小于或等于5m时,$P_K=200$ kN;桥梁计算跨径等于或大于50m时,$P_K=360$ kN;桥梁计算跨径在5~50m之间时,P_K值采用直线内插求得。计算剪力效应时,上述集中荷载标准值 P_K 乘以1.2的系数。车辆荷载的取值与《城市桥梁设计荷载标准》CJJ77—98中的相同(图4)。

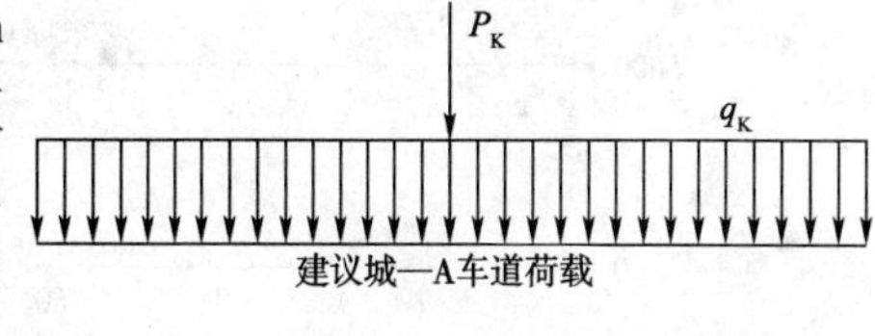

图4　设计荷载

4.3 计算分析

根据《城市桥梁设计荷载标准》CJJ77—98 中城级荷载的确定原则，按汽车—超 20、挂车—120、城—A 车辆荷载以及上述拟定车道荷载，进行了大量的计算分析，结果如下：

(1)跨中弯矩表(表 3)

弯矩计算表　　表 3

梁跨度(m)	5	10	15	20	25	30	35	40	45	50
汽—超 20	136	324	525	847	1 230	1 645	2 110	2 610	3 150	3 760
挂—120(汽车兼容值)	123.2	318	635	962	1 282	1 609	1 936	2 257	2 583	2 904
城—A	136	338	610	960	1 310	1 727	2 210	2 660	3 100	3550
拟定值	145.1	346.6	604.6	919.1	1 290	1 717	2 201	2 742	3 339	3 992
与控制值的差值百分比	0.067	0.026	−0.05	−0.04	−0.02	−0.01	0.00	0.031	0.06	0.062

限于篇幅，只列出 5 ~ 50m 跨度的计算结果，经过对 5 ~ 150m 跨度分析，拟定值与控制值的差值百分比均值为 0.012 8，标准方差为 0.0426。

(2)梁端剪力表(表 4)

剪力计算表　　表 4

梁跨度(m)	5	10	15	20	25	30	35	40	45	50
汽—超 20	124	150	189	210	228	247	253	277	293	313
挂—120(汽车兼容值)	130	212	222	226	251	264	262	268	288	299
城—A	129	168	197	225	240	254	263	270	284	282
拟定值	154.2	178.5	202.9	227.2	251.5	275.9	300.2	324.5	348.8	373.2
与控制值得差值百分比	0.186	−0.16	−0.09	0.005	0.002	0.045	0.141	0.171	0.191	0.192

经对 5 ~ 150m 跨度分析，拟定值与控制值的差值百分比均值为 0.109 4，标准方差为 0.083 3。

(3)跨中弯矩对比图(图 5)

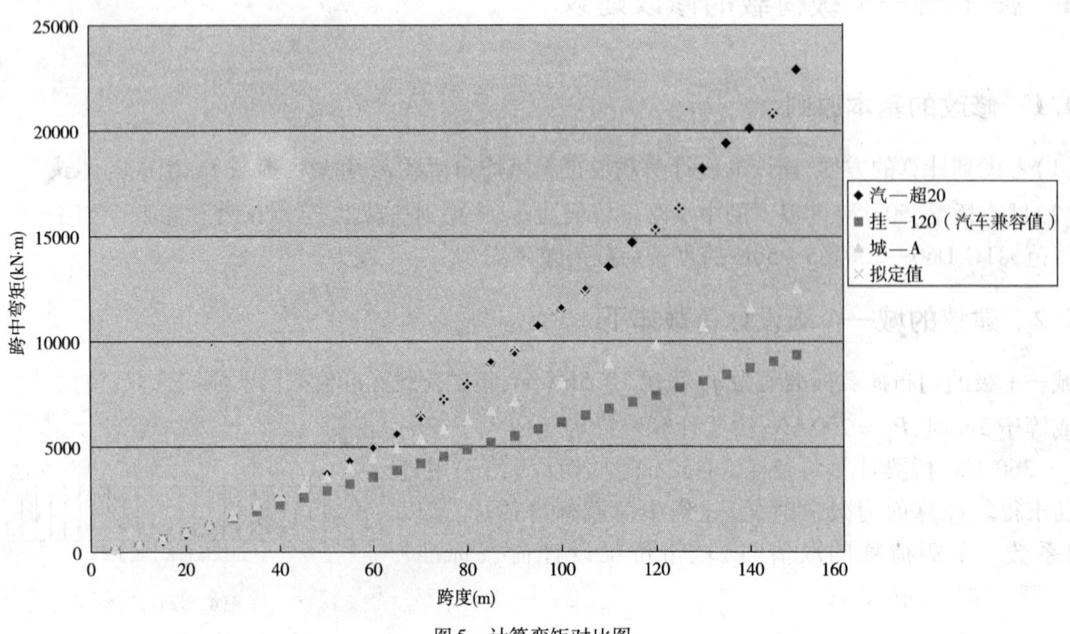

图 5　计算弯矩对比图

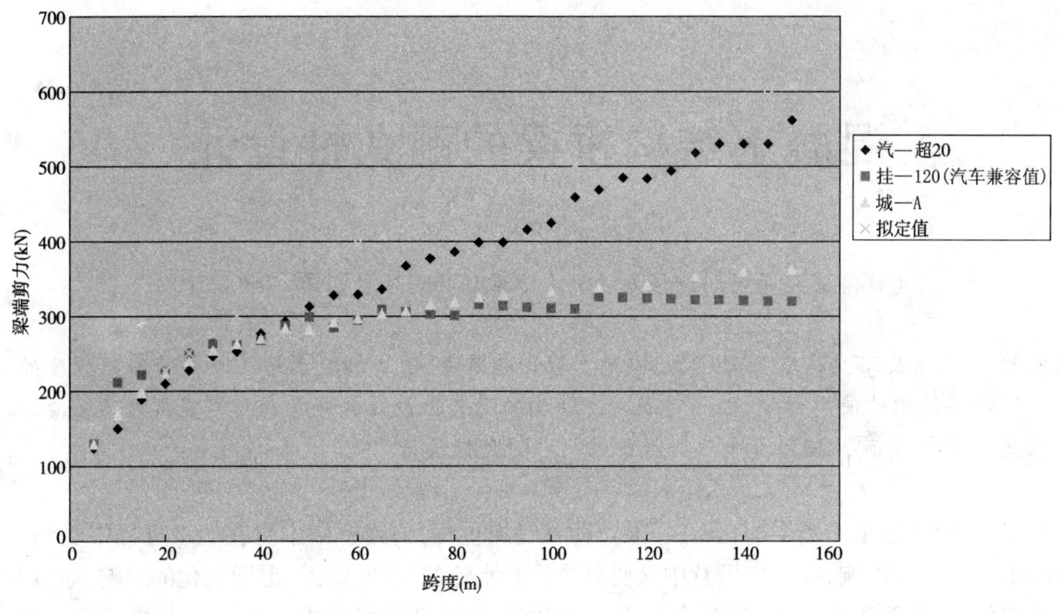

图6　计算剪力对比图

(4)梁端剪力对比图

从上述计算结果可以看出,拟定的车道荷载与汽车—超20、挂车—120、城—A车辆荷载的控制值拟合较好,跨中弯矩差值1.28%,梁端剪力的差值为10.9%,但考虑到活载在总荷载中所占比例较小,活载产生梁端剪力增加10.9%对梁部和下部结构的影响不大,所以,上述拟定的车道荷载是比较合适的。

限于篇幅,本文仅针对城—A车道荷载进行了分析,并提出了修改建议。

参考文献

[1] 建设部城市建设研究院. CJJ77—98 城市桥梁设计荷载标准. 北京:中国建筑工业出版社,1998

[2] 中交公路规划设计院. JTG D60—2004 公路桥涵设计通用规范. 北京:人民交通出版社,2004

混凝土结构桥梁的耐久性设计

赵 立
（甘肃省交通规划勘察设计院有限责任公司 兰州市 730030）

摘 要 随着公路交通量不断增加，桥梁负荷日趋严重，造成混凝土结构桥梁的不同程度的破坏，严重影响到桥梁结构的使用寿命，因而对混凝土结构的耐久性设计的分析和研究显得尤为必要。

关键词 桥梁负荷 使用寿命 混凝土结构 耐久性设计

近年来，公路交通量不断增加，公路桥梁负荷日趋加重，而公路桥梁本身在施工过程中受到一些难以控制的不利因素的影响，在建成运营中又受到风、雨、水流的侵蚀，温度、湿度变化的影响；通过车辆荷载及冲击的作用，甚至遭到地震、船舶撞击的严重损害，使得其承载能力与交通需求的矛盾日益突出。混凝土结构的桥梁，往往由于设计考虑不周、施工不当、养护管理不善以及混凝土本身老化等方面的因素，致使结构产生不同程度的缺陷，严重影响到桥梁结构的使用寿命，带来了安全隐患。因此，混凝土结构的耐久性设计也渐渐被重视起来。

混凝土结构的耐久性是指结构对气候、化学侵蚀、物理作用或任何其他破坏过程的抵抗能力。混凝土结构耐久性问题主要表现为：混凝土损伤（裂缝、破碎、磨损等）；钢筋的锈蚀、脆化、疲劳、应力腐蚀；钢筋与混凝土之间黏结锚固作用的削弱等三个方面。其主要影响因素有材料的自身特性、设计与施工质量、环境条件、使用条件和防护措施。

1 混凝土结构的耐久性现状

我国现在面临的耐久性问题是发达国家早在二三十年以前曾经遇到过的。我国的耐久性设计标准一直偏低，对混凝土耐久性起关键作用的施工质量又最为薄弱，正常的检测和维修也不够重视。近年来为现代化建设而修建的大型工程，在耐久性上依然和过去一样低下，我们将很快迎来一个大建、大修与拆除重建同时并存的年代 。

2 混凝土结构耐久性不足的主要原因

2.1 工程设计的耐久性标准过低

结构设计规范主要考虑荷载作用下的结构安全性，环境作用下的耐久性设计被置于次要和从属地位。规范中没有结构设计寿命和耐久性设计的明确要求。耐久性设计要求，未能随着几十年来由于水泥性能、施工条件、环境条件的巨大转变而与时俱进。表 1 为我国现行规范（JTG D62—2004）与国外的比较：

混凝土强度等级对比 表 1

钢筋混凝土	中国	美国	英国
最低混凝土强度等级	C25	C25	C30（C25）
碳化锈蚀 露天雨淋环境下保护层厚度	梁板 3cm	3.8cm（$d<16$） 5.1cm（$d>16$）	C35：3.5cm 干湿交替下 C40：4cm

注：日本规范规定的更高；最低混凝土强度等级相当于 C35，100 年寿命为 C45。

2.2 工程施工进度的不适当追求

由于混凝土强度等级的提高和施工进度的加快，实际耐久性质量大幅度下降。早强水泥配制的混凝土，其内部微结构和后期强度发展不良，易开裂，耐久性差。水泥细度增加→强度容易提高→掺入石灰等辅助材料且比例越来越高；为加快施工进度而掺入早强剂等，早期强度上去了而其他力学性能指标下降了，包括耐久性指标，化学污染也上去了。

(1)养护不良使表层混凝土的抗渗性成倍降低，使钢筋开始锈蚀的年限成倍缩小。研究表明 1 天养护与 7 天养护，可使碳化引起锈蚀年限缩减为原来的 1/4。

(2)抢工省略必要检验工序，使钢筋位置出现偏差。钢筋的保护层厚度如在施工中缩减一半，出现锈蚀年限将缩减为原来的 1/4。保护层厚度的 5～10mm 施工允差，甚至能使钢筋锈蚀的年限发生成倍差别。

(3)结构各种施工、连接缝和防水层是影响耐久性的薄弱环节，其质量在快速施工中最不易保证。

2.3 缺乏正常检测与维修

结构耐久性需要有正确使用和正常检测与维修相配合。重新建、轻维修，是土建建设管理工作中的重大缺陷，对于基础设施工程，应在设计中进行结构全寿命经济分析与评价，只有适当加大初始投资费用，强化结构耐久性，才是最经济有效的途径。

2.4 构件强度设计的安全设置水准过低

从 20 世纪 80 年代至今，我国汽车运输急剧发展，汽车日益大型化、重型化，交通量逐年增加，由于构件强度设计的安全设置水准过低，给现有公路桥梁造成了越来越大的压力，桥梁承载力更感不足。

3 混凝土结构耐久性设计的主要内容

混凝土结构耐久性设计按环境类别、环境作用等级、设计年限确定，其主要内容有：混凝土材料的选择、结构构造和裂缝控制、施工要求及施工质量验收、使用阶段检测和维修、防腐蚀附加措施等。

3.1 混凝土材料的选择

(1)选用低水化热、低 C_3A 含量、偏低含碱量水泥；

(2)选用坚固耐久的洁净骨料，重视粗骨料级配及粒形；

(3)矿物掺和料作为一般情况下的必需组分；

(4)将适量引气作为常规手段；

(5)采用偏低的用水量；

(6)限制单方混凝土中水泥材料最低和最高用量；

(7)尽可能降低水泥材料中的硅酸盐水泥用量。

结构混凝土耐久性基本要求如表 2：

结构混凝土耐久性基本要求　　表 2

环境类别	最大水灰比	最小水泥用量	最低混凝土强度等级	最大氯离子含量(%)	最大含碱量
Ⅰ	0.55	275	C25	0.30	3.0
Ⅱ	0.50	300	C30	0.15	3.0
Ⅲ	0.45	300	C35	0.10	3.0
Ⅳ	0.40	325	C35	0.10	3.0

3.2 结构构造和裂缝控制

环境作用对钢筋混凝土的影响很大,氯盐引起的钢筋锈蚀最为严重;水下区混凝土缺氧,腐蚀速度极慢,危险的是干湿交替区。采取适当的保护层厚度或防腐层等措施一般可以解决。

(1)隔绝或减轻环境对混凝土的作用—结构形状,防、排水,表面涂层或防腐层。

(2)为钢筋提供足够的混凝土保护层厚度。

普通钢筋(主筋、箍筋和分布筋)的混凝土保护层厚度:

$$C \geqslant C_{\min} + \Delta$$

预应力筋的混凝土保护层厚度:

无密封护套的比普通钢筋大10 mm;

环境作用等级为Ⅱ或Ⅱ级以上(对无黏结预应力钢筋为Ⅲ或Ⅲ级以上),应采用有防腐连续密封护套的预应力钢筋。

(3)混凝土裂缝控制。

混凝土表面裂缝宽度限制与保护层厚度相矛盾,增加保护层厚度,表面裂宽将增大,但对防止钢筋锈蚀仍然非常有利。

3.3 施工要求及施工质量验收

施工质量对结构耐久性有重要的影响。据研究钢筋位置的5mm的施工误差,可使20mm保护层厚度的墙、板钢筋开始锈蚀的年限缩短近一半;养护不良影响更大, DuraCrete指南中,7天的养护系数为1天的2倍(氯离子作用)和4倍(碳化作用),可使工作寿命从50年分别降到约25年和12.5年。因此必须将施工质量保证作为耐久性设计中特殊重要的内容,混凝土养护质量应在合同中规定奖惩办法。表层混凝土质量、混凝土养护质量、保护层厚度的施工允许误差等都应严格要求。同时应对保护层厚度、含气量、表层混凝土渗透性等通过现场回弹、抗拔、抗渗等试验手段进行质量验收。

3.4 使用阶段检测和维修

3.4.1 使用年限与使用阶段维修紧密联系

混凝土结构及其构件的耐久性,应根据不同设计使用年限及其相应的极限状态、不同环境类别及其环境作用等级进行设计。

桥梁结构能够安全长久地使用,这就是最大的节约。工程建设的投资不能只计算基建成本,还应该考虑建成后在设计使用年限中的检修、维护费用,实行全成本核算。为防止“政绩工程”、“形象工程”、“献礼工程”等短期行为造成更大的浪费,国家应从政策上做出规定,加以控制。同时应配套地建立起构造物服役期内正常使用、定期检查、维护检修等制度,完善必要的法规、标准,并引入保险业来承担有关的风险。

3.4.2 环境严重作用下的结构物必须定期检测

环境作用下的安全性,用正常使用状态下的适用性体现,就如早期的结构安全性设计用正常使用状态下的容许应力来体现一样。环境作用的后果首先是影响结构正常使用下适用性,达到适用性极限状态而不是承载力极限状态的安全性。除非进行修复,否则就不能继续正常使用。

氯盐引起的钢筋锈蚀最为严重,水下区混凝土缺氧,腐蚀速度极慢,危险的是干湿交替区。对于处于冰盐冻融环境、盐碱结晶环境、土中及地表、地下水中的化学腐蚀环境等环境作用下的桥梁结构物,必须定期检测。

3.4.3 设计文件中必须向业主与运营单位提出使用过程中的定期检测和维修要求

3.5 防腐蚀附加措施

钢筋在混凝土的高碱性环境中不会锈蚀,能在表面形成氧化钝化膜,隔绝水分与氧气。空气中的二

氧化碳扩散到混凝土内部并与混凝土中的氢氧化钙反应生成中性的碳酸钙(碳化),降低混凝土碱度,当碳化从混凝土表面逐渐向里发展到钢筋表面位置,钝化膜破坏;氯离子从混凝土表面扩散到钢筋表面并累积到临界浓度,钝化膜破坏;钝化膜破坏后,如有充足的水分与氧气供给,钢筋发生持续的锈蚀。

有的腐蚀损伤不易发现,高应力状态下工作的预应力钢索、吊杆、拉索等高强钢材,锈蚀过程发展快,构件外观上并无保护层胀裂等征象出现,易发生突然脆断破坏,因此在耐久性设计中采取防腐措施很有必要。防腐蚀附加措施主要有:环氧涂层钢筋、混凝土表面防腐涂层、钢筋阻锈剂、渗透模板、阴极保护等。

4 结语

耐久性预测不可能是一门精确的科学,结构使用寿命的预测只能是个估计。由于影响混凝土结构耐久性的因素很多,如果学习研究不深,难以达到定量设计的程度。规范采用了宏观控制的方法,即根据结构设计使用年限和环境类别对结构混凝土提出相应的限制和要求,以保证其耐久性。为此,设计人员应结合已有的设计经验和当地工程建设实践认真进行结构的耐久性设计。

参 考 文 献

[1] JTG D62—2004 公路钢筋混凝土及预应力混凝土桥涵设计规范. 北京:人民交通出版社,2004

[2] 张誉,等. 混凝土结构耐久性概论. 上海:上海科学技术出版社,2003

[3] 李田,刘西拉. 混凝土结构耐久性分析与设计,北京:北京科学出版社,1999

拱肋倾角对中承式系杆拱桥静力的影响

辛丽华　林　飞

（江苏省交通规划设计院　南京　210005）

摘　要　本文先从简单的裸拱出发，讨论了拱肋倾角对裸拱的弯矩影响，进而研究了不同拱肋倾角（垂直、内倾、外倾）对三跨自平衡中承式系杆拱桥的拱肋、系杆、吊杆静力的影响。

关键词　拱肋倾角　中承式系杆拱桥　结构静力　影响

1　引言

三跨自平衡中承式系杆拱桥具有一般系杆拱桥的特性，又具有其自身的特点，随着高性能混凝土、高强度钢材、钢管混凝土材料的发展及其在桥梁上的应用，自平衡中承式系杆拱桥正在向大跨、轻型、美观方向发展，拱桥的拱肋也开始由垂直拱肋、提篮拱肋向外倾拱肋发展，由此而带来的结构静力分析还有待深入探讨，因此研究该种桥型结构内力是十分有意义的。

目前有关系杆拱桥拱肋倾角的研究主要集中在对拱桥的横向稳定方面，对拱桥静力影响的研究还不是太多，特别是对外倾拱肋的静力性能的研究基本没有。为了比较全面地研究不同拱肋倾角对拱桥结构静力性能的影响，本文先从简单的裸拱出发，讨论了拱肋倾角对裸拱拱肋弯矩的影响，进而研究了不同拱肋倾角（垂直、内倾、外倾）对三跨自平衡中承式系杆拱桥（包括拱肋、系杆、吊杆）静力的影响。

2　不同拱肋倾角下裸拱的弯矩特征

考虑到目前绝大多数的自平衡中承式系杆拱拱脚深入拱座，其约束条件近似固结。这里取一座两端固结的裸拱进行讨论。裸拱跨径 110m，拱肋截面参数见表 1。拱肋倾角对裸拱的轴力影响很小，在此不加以赘述。以下讨论三种倾角下裸拱的弯矩特征：①倾角为 0°；②倾角 10°；③倾角 20°。荷载情况为施加在拱肋上均布竖向荷载 10kN/m。主要计算结果见图 1、图 2。

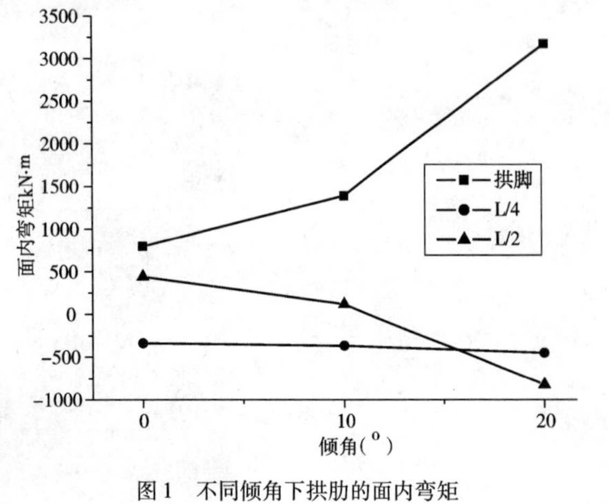

图 1　不同倾角下拱肋的面内弯矩

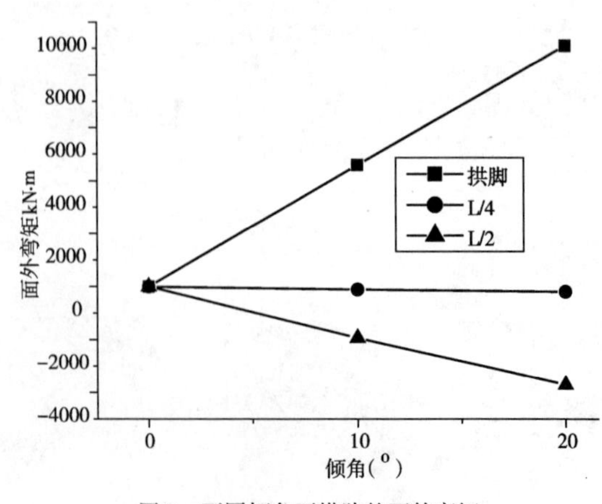

图 2　不同倾角下拱肋的面外弯矩

拱肋截面特性表 表1

分 类	弹性模量 E(MPa)	面积 A(m^2)	面内惯矩 I xx(m^4)	面外惯矩 I yy(m^4)	扭矩 J(m^4)
拱肋	3.45×10^4	3.61	2.96	1.03	0.15

从图1、图2可以看出,拱脚和拱顶处的面内、面外弯矩均随着拱肋倾角增大而增加。而L/4拱肋处的弯矩变化不大。由此可见,在相同外荷载作用下,从结构的受力上,对于单根裸拱来说,垂直拱肋受力要比倾斜拱肋受力小,而且随着拱肋倾角的增大,结构受力越来越大。

3 不同拱肋倾角对三跨中承式系杆拱桥静力的影响

下面通过某三跨自平衡中承式系杆拱桥的计算,可以直观地反映不同拱肋倾角对中承式系杆拱桥静力的影响。该拱桥的中跨110m,边跨30m,拱肋倾角为10°。桥面宽度为27m,按双向4车道来考虑。中跨矢跨比为7/27.5,边跨矢跨比为3/10。主拱肋每肋为4根ϕ650钢管混凝土构件,钢管壁厚12mm。4个钢管组成平行四边形断面,用缀板(每弦间)、缀条(两弦间)连接。吊杆间距为5m,吊杆为新型低应力防腐拉索PES(FD)7-73,拉索面积为28.09cm²。系杆为柔性系杆,采用热挤PE平行钢绞线拉索,锚固在边跨端横梁外侧,这里不考虑系杆在使用过程中的收缩变形,把系杆的面积赋大值,且不计系杆自重。构件的截面特征见表2。

主要考虑了以下三种倾角的静力性能:①拱肋外倾10°;②平行拱肋(倾角为0°);③拱肋内倾10°(提篮拱),见图3结构图式。荷载情况也考虑了恒载和活载最不利布置两种情况。

截面特性表 表2

分 类	弹性模量 E(MPa)	面积 A(m^2)	面内惯矩 I xx(m^4)	面外惯矩 I yy(m^4)	扭矩 J(m^4)
主拱肋*	3.45×10^4	3.61	2.96	1.03	0.15
边拱肋	3.45×10^4	2.24	0.95	0.63	1.05
横梁	2.0×10^5	0.12	0.086	0.021	0.054
纵梁	2.0×10^5	5.35×10^{-3}	5.28×10^{-5}	2.97×10^{-6}	2.52×10^{-7}
立柱	3.45×10^4	1	8.33×10^{-2}	8.33×10^{-2}	0.14
风撑	2.0×10^5	4.34×10^{-2}	5.27×10^{-3}	5.27×10^{-3}	1.05×10^{-2}

注:*主拱肋为换算截面。

为了比较直观地反应上述三种结构体系在静力性能上的差异,这里以比率α的形式来描述。设模型1(倾角为0°)的内力为Z_0,模型2(内倾10°的提篮拱)的内力为Z_1,模型3(外倾10°)的内力为Z_2,则

比率 $\alpha_1=\dfrac{Z_1}{Z_0}$;比率 $\alpha_2=\dfrac{Z_2}{Z_0}$;$\alpha_0=1$

3.1 对拱肋内力的影响

从图中可以看出,在相同的恒载作用下(考虑风载作用),垂直拱(倾角为0°)、提篮拱(内倾10°)和外倾拱(外倾10°)三种结构形式的拱肋内力虽然存在较大的差异,但趋势比较一致。首先,拱肋倾角对主拱顶的面内弯矩影响最大,提篮拱和外倾拱(主拱及边拱)的拱顶、拱脚的面内弯矩普遍要比垂直拱大,其中外倾拱主拱顶的面内弯矩最大,是垂直拱的3倍以上(图4)。其次,拱肋倾角对拱肋的面外弯矩影响更大,特别是拱脚截面,内、外倾拱的面外弯矩是垂直拱的25~35倍(图5),显而易见,倾斜拱在自身恒载作用下就产生了较大的面外弯矩。再次,三种结构形式下的轴向压力没有显著的差异,除了主拱肋拱脚以外,提篮拱和外倾拱的轴力要比垂直拱稍小一点,而且是提篮拱的轴力最小(图6)。

在最不利活载作用下(内力比率图省略),三种拱肋倾角的三跨系杆拱的拱肋内力也有一定规律性。就主拱肋的面内弯矩而言,外倾拱最大、垂直拱最小、提篮拱居中,但是变化幅值不大,在30%以

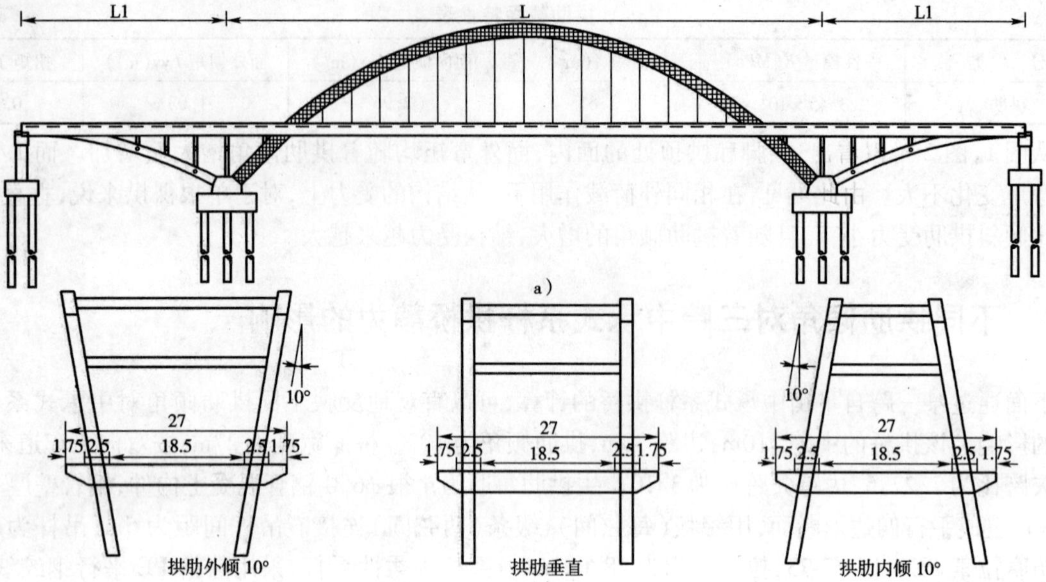

a）

拱肋外倾 10°　　拱肋垂直　　拱肋内倾 10°

b）

图 3　结构图式

a）立面图；b）侧视图

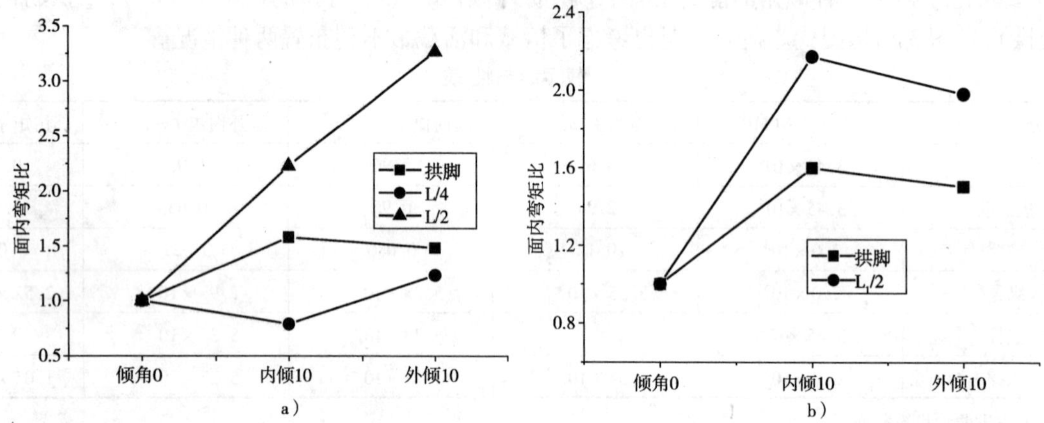

a）　　b）

图 4　恒载作用下拱肋的面内弯矩

a）主拱肋；b）边拱肋

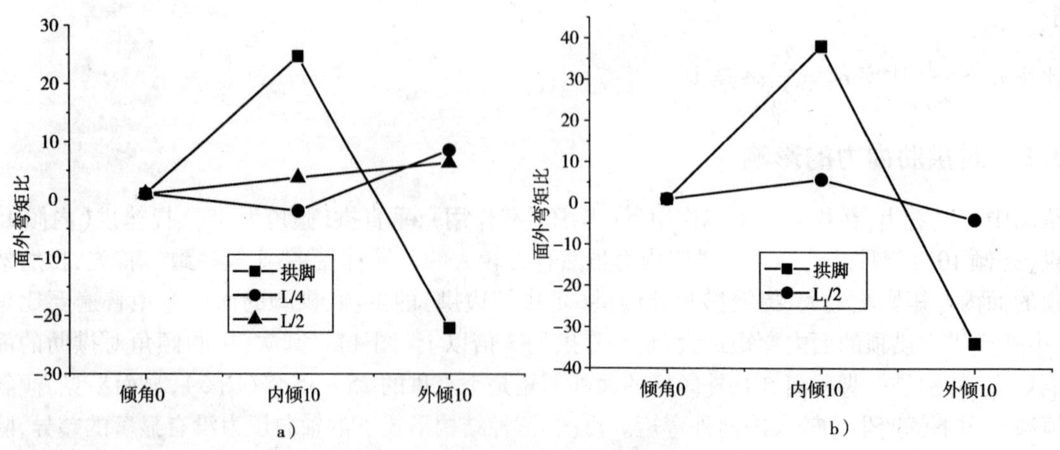

图 5　恒载作用下拱肋的面外弯矩

a）主拱肋；b）边拱肋

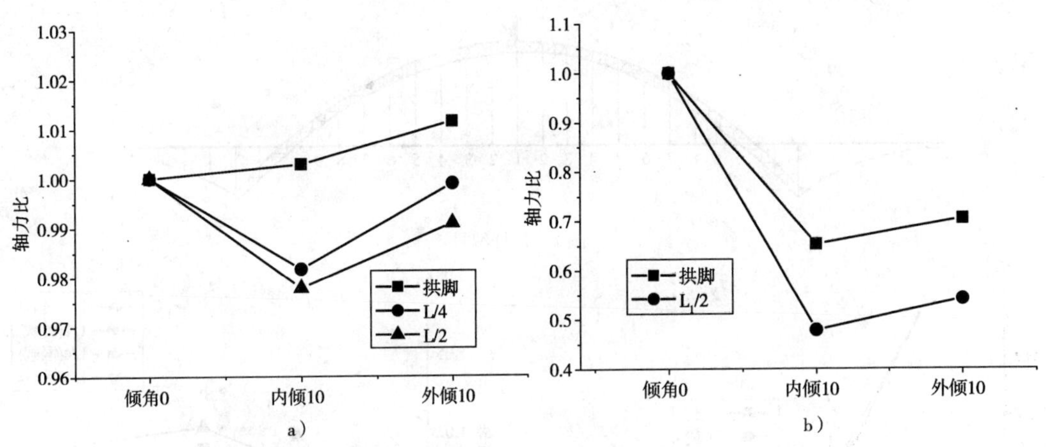

图6　恒载作用下拱肋的轴力

a)主拱肋;b)边拱肋

内;边拱肋也有这种趋势,但其拱顶的面内弯矩比垂直拱的大1倍以上。拱肋的面外弯矩有比较大的差异,提篮拱、外倾拱要比垂直拱大,特别是拱脚截面,主拱脚要大3倍左右,边拱脚要大8倍左右。拱肋在三种结构体系下的轴力差别不大,垂直拱要比其他两种形式拱的轴力稍大。

3.2　对吊杆和系杆内力的影响

吊杆内力是自平衡中承式系杆拱桥设计的重要内容之一,合理的吊杆内力可以使三跨自平衡中承式系杆拱桥在成桥状态下受力较小且分布均匀。下面研究一下当中承式系杆拱拱肋倾角变化时,对吊杆内力的影响有何变化。这里继续沿用上面的算例进行讨论,主要计算结果见表3。

不同拱肋倾角的吊杆拉力(单位:kN)　　表3

拱肋形式	倾　角　0°		内　倾　10°		外　倾　10°	
编号	恒载	活载	恒载	活载	恒载	活载
1	1 005.7	188.1	1 028.2	192.3	1 022.6	191.2
2	1 151.8	222.3	1 163.1	224.5	1 167.7	225.4
3	1 106.9	211.4	1 129.4	215.7	1 121.9	214.3
4	1 112.5	216.9	1 129.4	220.2	1 134.3	221.2
5	1 095.6	200.5	1 112.5	203.6	1 108.5	202.9
6	1 101.3	212.5	1 123.7	216.9	1 127.1	217.5
7	1 095.6	197.2	1 123.7	202.3	1 117.7	201.2
8	994.5	169.1	994.5	169.1	1 009.6	171.6
9	1 264.2	271.8	1 264.2	271.8	1 220.4	262.4

从表3可以看出,在同等条件下,拱肋倾角对自平衡中承式系杆拱的吊杆拉力影响不大,不同倾角的吊杆拉力在竖直方向的分力几乎相等。这是因为刚性拱肋柔性系杆和柔性吊杆的中承式系杆拱桥,其吊杆内力主要是悬挂在吊杆上的横梁以及相应桥面板上传递下来的荷载,只要作用在横梁以及相应桥面板上的恒载和活载相对不变,其吊杆的竖向拉力也不变,吊杆内力仅与倾角有关,拱肋倾角越大,吊杆内力就越大。有倾角的吊杆拉力在水平方向的分力,对横梁起着预加力的作用(图9);内倾拱的吊杆对横梁起着预压力的作用;外倾拱的吊杆对横梁起着预拉力的作用。在三种拱肋倾角的系杆拱结构中,最外侧短吊杆(9号)的拉力最大,外侧第二根吊杆(8号)的拉力最小(图7)。

对于系杆拉力,从图8可以看出,在同样的荷载下,垂直拱的系杆拉力要比倾斜拱大,前者要比后者大40%以上,而且内倾拱桥的系杆拉力最小。

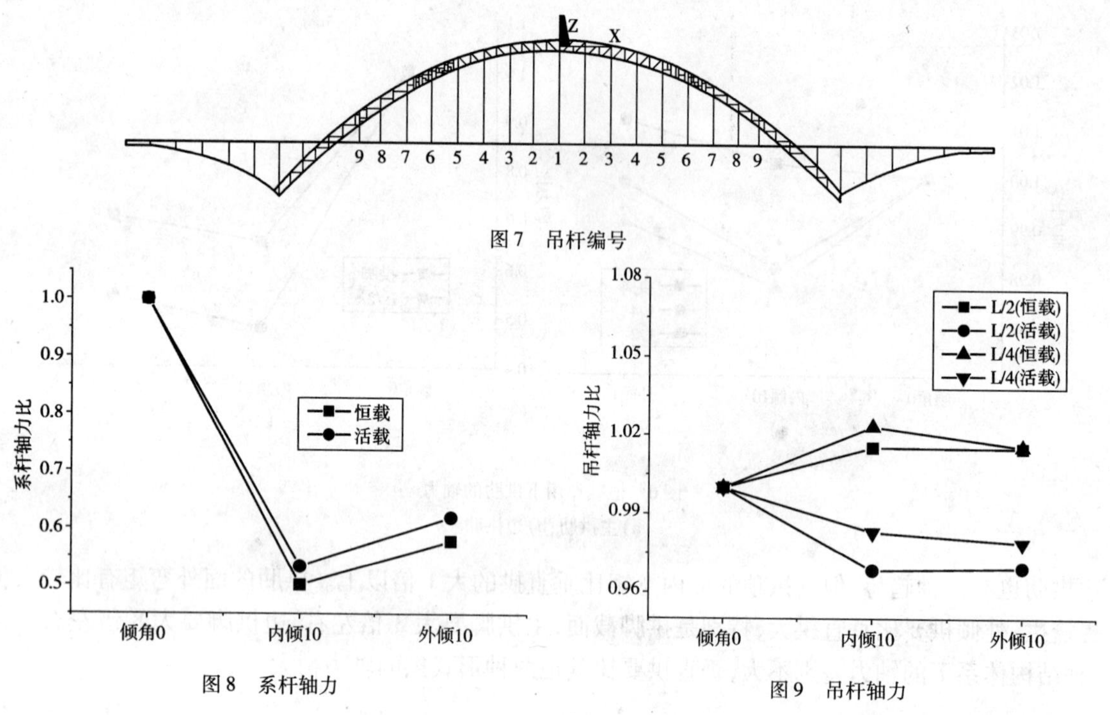

图7 吊杆编号

图8 系杆轴力

图9 吊杆轴力

4 结语

拱肋倾角不同(垂直、内倾、外倾)对三跨自平衡中承式系杆拱桥拱肋的弯矩影响较大,特别是对拱肋的面外弯矩影响更大,对拱肋的轴力影响很小。在恒载和活载作用下,倾斜拱肋的弯矩(面内、面外)要比垂直拱肋大很多,特别是恒载作用下的拱脚面外弯矩,是垂直拱的25~35倍。对系杆拉力来说,垂直拱的系杆拉力要比倾斜拱大,前者要比后者大40%以上,而且内倾拱桥的系杆拉力最小。拱肋倾角对吊杆的拉力影响很小,不同倾角的吊杆拉力在竖直方向的分力几乎相等。

参考文献

[1] 王振英. 新型拱式跨构[M]. 成都:成都科技大学出版社,1989
[2] 刘钊. 大跨度桥梁结构概念设计与分析理论[M]. 南京:东南大学出版社,2004.11
[3] 陈宝春. 钢管混凝土拱桥设计与施工[M]. 北京:人民交通出版社,2000.5
[4] 刘钊. 系杆拱桥的结构优化设计及抗震性能研究[D]. 南京:东南大学博士论文,2001.9
[5] 小西一朗. 钢桥第四分册[M]. 戴振藩,译. 北京:中国铁道出版社,1995

重庆嘉华嘉陵江大桥工程方案研究

臧　瑜[1]　陈翰新[2]　孙东超[1]
(1.上海市政工程设计研究院　上海　200092;2.重庆市设计院　重庆　400015)

摘　要　本文介绍了重庆嘉华嘉陵江大桥工程方案研究情况。

关键词　坦拉桥　连续刚构

1　概述

重庆嘉华嘉陵江大桥工程是重庆主城区南北快速干道跨嘉陵江的重要工程节点,其南北引道工程分别位于渝中区和江北区,是《重庆市城市总体规划》(2005～2020)中的越江桥位之一,它的建设不仅具有交通功能,同时也将是嘉陵江沿岸的标志性景观之一。

2　桥位(桥轴线)选择

2.1　桥位的比选

桥位的选择关系到桥梁本身的工程技术可行性、社会使用效益的长久性、经济的相对合理性以及工程安全可靠性。

由于嘉华嘉陵江大桥是重庆主城区南北快速干道上的一座特大型跨江城市桥梁,因此,与城市总体规划相配套是桥位选择的出发点。

根据现场踏勘及相关资料,规划桥位处河段航道顺直,岸线较为规则,场地地址稳定,通航条件较好,是较为理想的桥位选择。

2.2　桥轴线方案比选

为更好地结合城市总体规划,在满足建桥的基本条件的前提下,针对线路方案比选中推荐桥位的基础上,对桥轴线进行了深入的优化比选,根据工程方案设计过程中与各方协商桥轴线方案的基础上,提出了三个桥轴线进行比选。

经综合比较并征求规划部门意见,考虑线路走向,大桥的使用功能及城市景观,从中选择其中一个桥轴线作为推荐方案。该推荐方案在前期推荐桥轴线基础上,通过调整北岸线路,将北岸平曲线转点后退74.5m、南岸桥头平曲线半径由600m调整为500m而形成的桥轴线。

3　自然条件与基本资料

3.1　桥址地形及河床断面(图1)

根据初测河床断面结合水文资料推算在枯水期桥位处江面宽约400m,洪水期江面宽约700m。

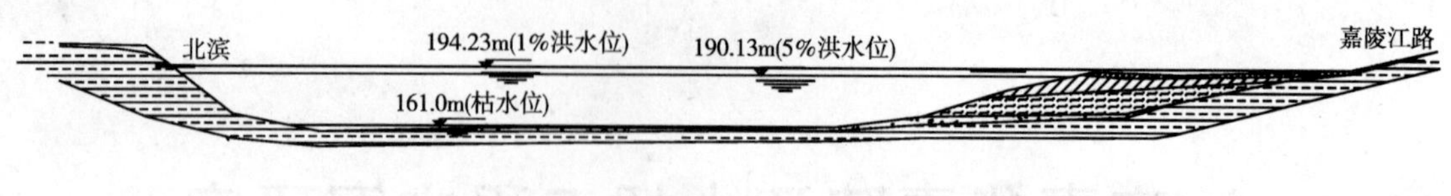

图 1

3.2 气候

多年平均气温18.3 ℃,月平均最高气温是8月为28.1 ℃,月平均最低气温在1月为5.7 ℃,日最高气温42.2 ℃,日最低气温-1.8℃。年平均风速为1.3m/s左右,最大风速为26.7m/s。

3.3 水文状况

根据调查,桥区频率水位为:5年一遇洪水位185.83m(黄海高程),10年一遇洪水位188.23m,20年一遇洪水位190.13m,50年一遇洪水位192.43m,100年一遇洪水位194.23m,洪水时最大表面流速为5m/s,枯水时表面流速为1~2m/s。

据长江上游水文局资料,三峡水库建成后,桥位所在河段在三峡水库建成后一般仍接近天然河道特性,河道基本维持现状。

3.4 桥位(轴线)工程地质

根据《重庆华村嘉陵江大桥工程地质调查报告》,嘉陵江河床断面呈宽缓的不对称"U"形;上覆土层厚度0.5~5.0m,为卵石、粉质黏土及粉砂,下卧泥岩夹砂岩,场地稳定,无不良发育现象。局部冲刷不会危及本桥安全性。

3.5 地震

根据场地地震安全性调查,桥位区地震基本烈度可确定为VI度。

4 通航净空的确定

拟建的华村嘉陵江大桥通航等级可按国家天然河道III级标准设计。考虑到桥位处位于重庆中心港区,通航宽度应适当留有富裕。通航净宽大于180m为宜,净高大于10m。

5 主桥工程方案设计及比选

5.1 桥型总体布置

5.1.1 大桥工程方案设计指导思想

遵循适用、先进、经济、安全、耐用、新颖、美观和可实施性的综合原则,结合本桥位处的水文、地形、地貌及人文景观,构筑一座融交通、观赏于一体的城市桥梁,使之成为新重庆的标志性人文景观,为山水城市重庆增添光彩。

5.1.2 主桥跨径布置

从满足通航要求角度考虑,主桥北墩尽量布设在北岸,主跨跨径不应小于200m,副通航孔跨径不应小于100m;从方便施工、降低造价、缩短工期角度考虑,桥墩布置应尽量避免或减少水中墩,而枯水期桥位处江面宽约400m,因此本工程方案研究拟定主桥主通航孔跨径为200~400m。

5.1.3　横桥向布置(使用宽度)

根据总体交通功能要求,按双向八车道设计,八车道全宽29m。双向人行道3.6m。过江管线拟布置在人行道中。

5.2　主桥桥型方案设计

根据我国现有建桥技术水平,在200~400m跨径范围,可选的适用桥型几乎包括了梁式、拱桥、斜拉桥、悬索桥所有桥型。本着适用、先进、经济、安全、耐用、新颖、美观和可实施性的综合原则,同时充分考虑了重庆两江上现有桥梁桥型状况,在本次工程方案研究阶段主桥桥型方案设计中,构思了如下桥型方案:

(1)120m+200m+200m+120m三塔(四跨)单索面坦拉桥;

(2)150m+252m+150m双塔(三跨)单索面坦拉桥;

(3)130m+200m+200m+130m预应力混凝土连续刚构桥;

(4)150m+252m+150m预应力混凝土连续刚构桥;

(5)150m+252m+150m三跨单索面钢结构下承式拱桥;

(6)120m+200m+200m+120m四跨单索面钢结构下承式拱桥;

(7)200m+200m独塔(两跨)单索面坦拉桥;

(8)200m+200m两跨自锚式悬索桥;

(9)160m+400m+160m双塔单索面斜拉桥;

(10)400m单跨钢箱梁悬索桥。

而引桥主要考虑采用30~50m跨预应力混凝土箱型断面连续梁或30~50m预应力混凝土"T"梁(简支或连续)。

5.3　桥型方案比选

各桥型方案特点分述如下:

方案一、三塔(四跨)单索面坦拉桥(图2):

跨径组合为:120+200+200+120=640(m),桥宽39.6m,墩、塔、梁均采用混凝土结构、拉索选用高强度钢丝、基础选用钻孔桩或挖孔桩。

该方案桥型结构合理,其矮塔、斜索与主梁的曲线构成的轮廓简洁、轻盈、和谐、优美。该桥型施工工艺成熟,经济指标低。

方案二、双塔(三跨)单索面坦拉桥(图3):

跨径组合为:150+252+150=552(m),桥宽39.6m,墩、塔、梁均采用混凝土结构、拉索选用高强度钢丝、基础选用钻孔桩或挖孔桩。

该方案桥型结构合理,其矮塔、斜索与主梁的曲线构成的轮廓简洁、轻盈、和谐、优美。该桥型施工工艺成熟,经济指标低。

方案三、预应力混凝土连续刚构桥(主跨200m)(图4):

该方案为预应力混凝土变高度连续刚构桥,跨径组合为:130+200+200+130=660(m),桥宽17.8×2m。墩、梁均采用混凝土结构,基础选用钻孔桩或挖孔桩。该桥型结构整体性好、刚度大、便于养护,建筑造型简洁流畅。施工工艺成熟,经济指标最低。

方案四、预应力混凝土连续刚构桥(主跨252m)(图5):

该方案为预应力混凝土变高度连续刚构桥,跨径组合为:150+252+150=552(m),桥宽17.8×2m。墩、梁均采用混凝土结构,基础选用钻孔桩或挖孔桩。该桥型结构整体性好、刚度大、便于养护,建筑造型简洁流畅。施工工艺成熟,经济指标最低。该方案与方案三的主要差别是主跨为252m。

方案五、三跨单索面钢结构下承式拱桥(图6):

该方案为三跨下承式钢拱桥,跨径组合为150+252+150=552(m),桥宽41.1m,拱肋和桥面加劲梁结构考虑采用钢箱,墩采用混凝土结构,系杆可选用高强度钢丝,基础选用钻孔桩或挖孔桩。

该方案桥型结构合理,其造型体现了传统与现代的组合美。但该桥型施工工艺较复杂,运营养护要求高,经济指高程。

方案六、四跨单索面钢结构下承式拱桥(图7):

该方案为四跨下承式钢拱桥,跨径组合为120+200+200+120=640(m),桥宽41.1m,拱肋和桥面加劲梁结构考虑采用钢箱,墩采用混凝土结构,系杆可选用高强度钢丝,基础选用钻孔桩或挖孔桩。

该方案桥型结构合理,其造型体现了传统与现代的组合美。但该桥型施工工艺较复杂,运营养护要求高,经济指高程。

方案七、独塔(两跨)单索面坦拉桥(图8):

跨径组合为:200+200=400(m),桥宽33.1m,墩、塔、梁均采用混凝土结构、拉索选用高强度钢丝、基础选用钻孔桩或挖孔桩。

该方案桥型结构合理,其矮塔、斜索与主梁的曲线构成的轮廓简洁、轻盈、和谐、优美。该桥型施工工艺成熟,经济指标较低。

方案八、两跨自锚式悬索桥(图9):

该方案为对称的两跨自锚式钢悬索桥,跨径组合为200+200=400(m),主缆、吊杆均采用高强钢丝,桥面加劲梁采用钢箱梁,索塔采用钢筋混凝土或钢结构,基础选用钻孔桩或挖孔桩。

该方案桥型结构合理,造型舒展、柔美。国内目前已建的同类桥型不多,在施工期间不影响航运交通的情况下,施工工艺复杂,经济指高程。

方案九、双塔单索面斜拉桥(图10):

该方案为双塔单索面预应力混凝土斜拉桥,主桥跨径布置为160+400+160=720(m)。斜拉桥方案属成熟桥型,重庆地区此类桥型已建不少,但本方案可采用单索面斜拉桥,其视觉通透性、美观性要优于双索面斜拉桥。本方案施工工艺成熟,经济指标低。

方案十、单跨钢箱梁悬索桥(图11):

该方案为单跨钢箱梁悬索桥,主桥跨径为400(m)。墩、塔、梁均采用混凝土结构,拉索选用高强度钢丝,基础选用钻孔桩或挖孔桩。

本桥型方案建筑造型气势宏大,施工工艺成熟,经济指标较高。

上述各桥型方案均能满足功能要求,其外形又各具特色。根据经济性、新颖性、美观性、施工难易度及与立交设计方案的匹配性等因素综合考虑,遴选出三塔单索面坦拉桥、双塔单索面坦拉桥、预应力混凝土连续刚构桥(3跨和4跨)四个方案作进一步比选。

5.4 桥型方案美学评价

5.4.1 方案一:三塔(四跨)单索面坦拉桥

满足使用功能,造价经济,造型新颖,结构形式同方案二。由于采用了三座塔,克服了双矮塔方案中的不足,使大桥与河道及周边环境更为协调。该形式与上下游的大桥形式不同,具有新的创意。其三座三角形图案组合的上部构造,构成了该方案的最大特色,具有标志性,隐寓着“山城”之意,同时三个相同的图案此起彼伏,有强烈的韵律感。再配合以色彩运用,材质的对比,必将成为重庆市的标志性建筑,具有地标作用。

5.4.2 方案二:双塔(三跨)单索面坦拉桥

满足使用功能,造价经济,造型新颖,结构形式介于斜拉桥和连续刚构桥之间,梁体、桥墩各部位比例和谐,塔和拉索形成的三角型图案与周边起伏的地形十分协调,上部结构造形丰富,采用有创意的涂装可使全桥的标志性突出。材料以混凝土和钢为主,可形成对比,增强其感染力。不足之处是在整个河道中,大桥的几何重心偏北,引桥显得太长。

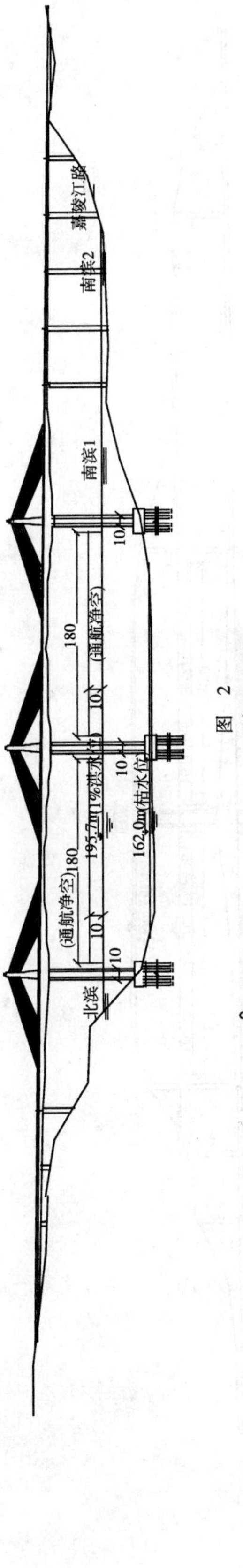

图 2

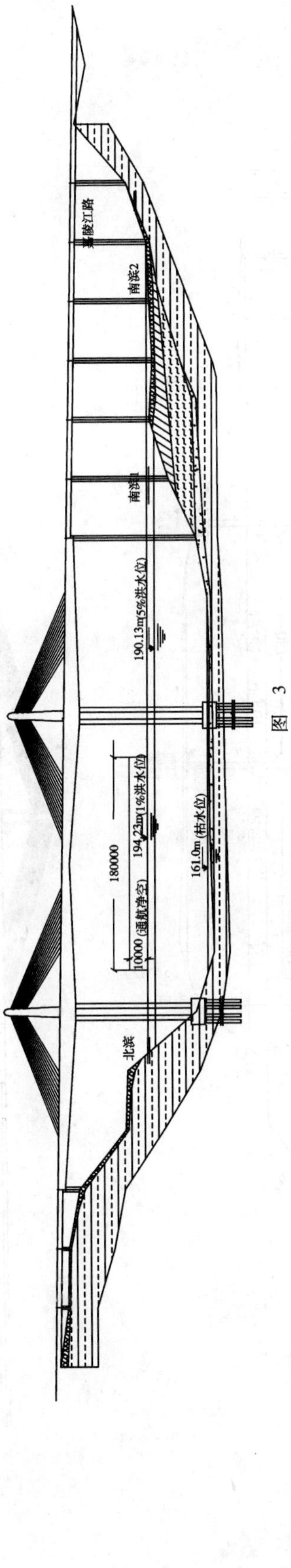

图 3

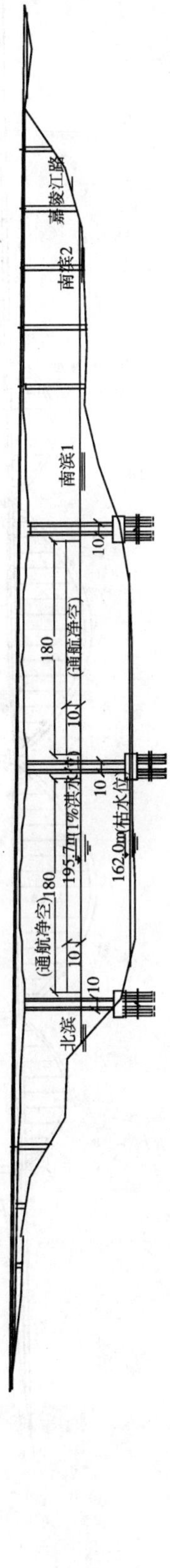

图 4

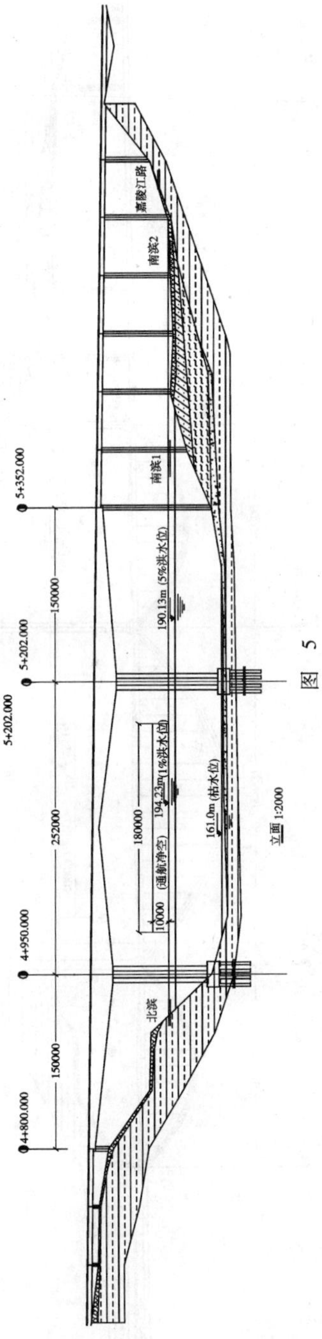

图 5

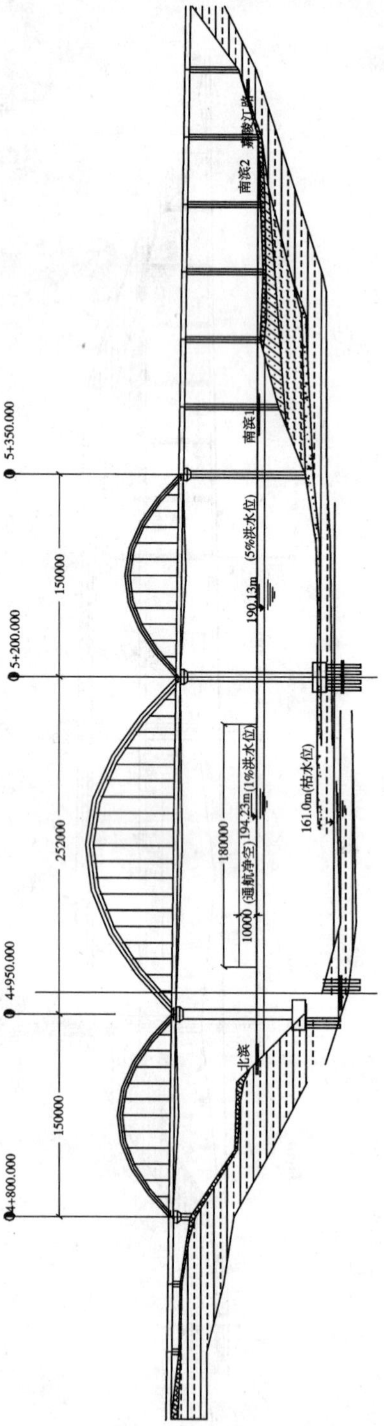

图 6

图 7

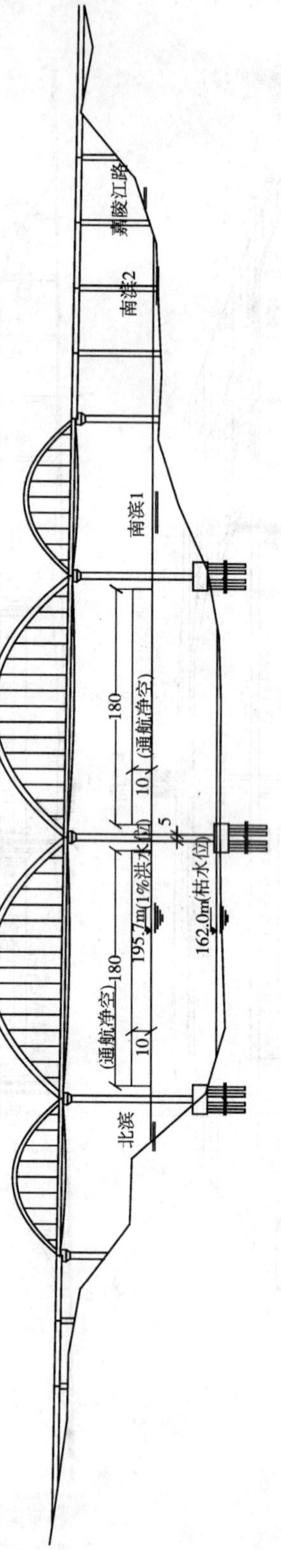

图 8

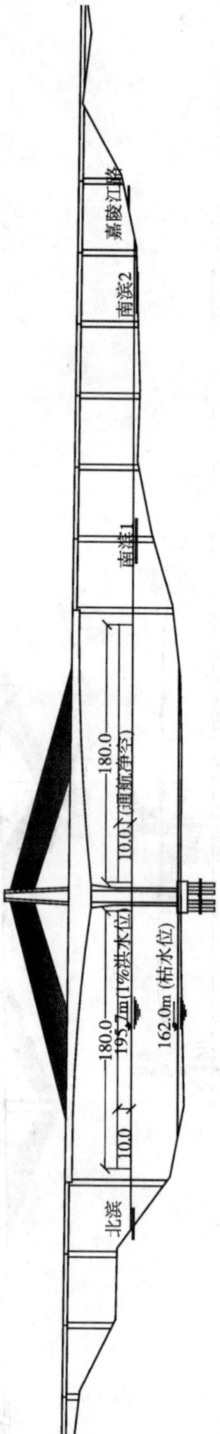

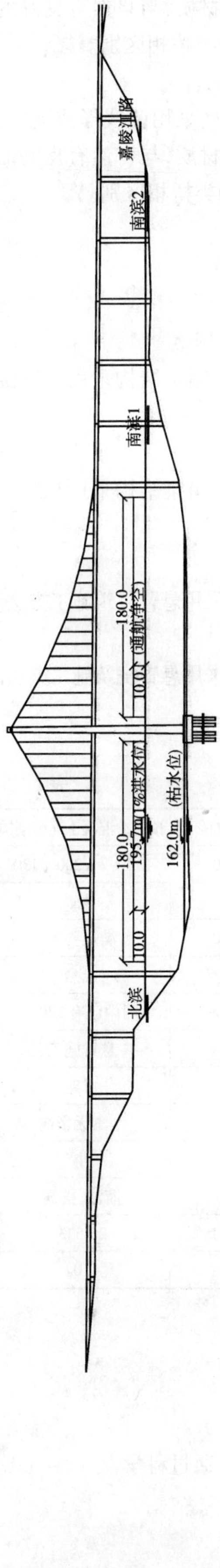

图 9

图 10

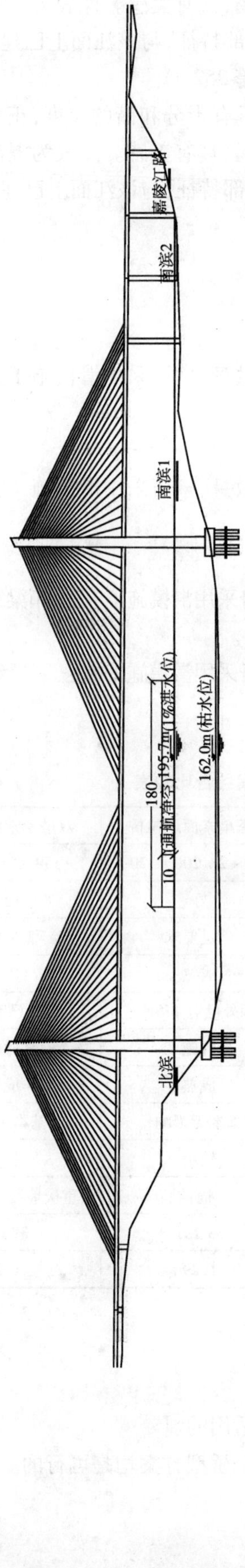

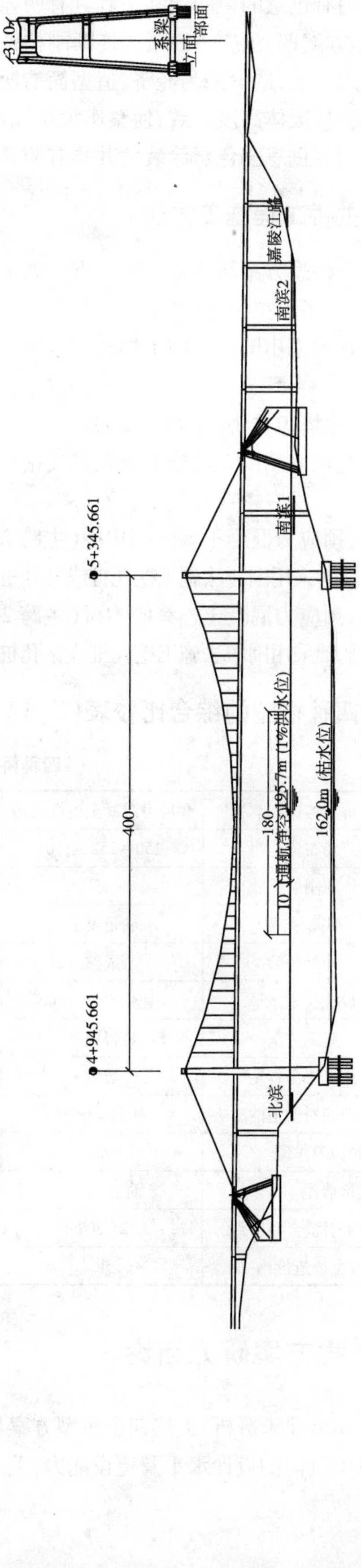

图 11

5.4.3　方案三:预应力混凝土连续刚构桥(主跨200m)

满足使用功能,造价较为经济,造型简洁明快,具有十分和谐的尺度,正桥梁底采用曲线形成韵律,边跨梁端与引桥梁体高度一致,使整座大桥线形流畅,具有美感。外表为混凝土材质,与自然有良好的和谐性。采用有创意的色彩涂装使其具有明显的外部特征,与该江面上已建的同类桥相区别。

5.4.4　方案四:预应力混凝土连续刚构桥(主跨252m)

满足使用功能,造价最为经济,造型简洁明快,具有十分和谐的尺度,正桥梁底采用曲线形成韵律,边跨梁端与引桥梁体高度一致,使整座大桥线形流畅,具有美感。外表为混凝土材质,与自然有良好的和谐性。采用有创意的色彩涂装使其具有明显的外部特征,与该江面上已建的同类桥相区别。

5.5　主桥工程施工方法

上述四个桥型方案所考虑的施工方法如下:

方案一,三塔坦拉桥(主跨200m)。

水中墩基础采用围堰法施工挖孔桩或钻孔桩,墩身、索塔采用滑模施工方法,箱梁结构采用悬臂浇筑施工方法。

方案二,双塔坦拉桥(主跨252m)。

水中墩基础采用围堰法施工挖孔桩或钻孔桩,墩身、索塔采用滑模施工方法,箱梁结构采用悬臂浇筑施工方法。

方案三,预应力混凝土连续刚构桥(主跨200m)。

水中墩基础采用围堰法施工挖孔桩或钻孔桩,墩身采用滑模施工方法,箱梁结构采用悬臂浇筑施工方法。

方案四,预应力混凝土连续刚构桥(主跨252m)。

水中墩基础采用围堰法施工挖孔桩或钻孔桩,墩身采用滑模施工方法,箱梁结构采用悬臂浇筑施工方法。

5.6　四种桥型的综合比较表(表1)

四种桥型方案综合比较表　　表1

主桥桥型结构		预应力混凝土连续刚构	三塔单索面坦拉桥	双塔单索面坦拉桥	预应力混凝土连续刚构
主桥跨径布置		150 + 252 + 150	120 + 2 × 200 + 120	150 + 252 + 150	130 + 2 × 200 + 130
结构性能	刚度	好	好	最好	好
	抗风、抗震	满足要求	满足要求	满足要求	满足要求
设计条件	设计经验	成熟	成熟	成熟	成熟
	设计技术水平	国内已有270m	国外已有275m	国内已有132m	国内已有270m
施工条件	施工方法	悬臂施工	悬臂施工	悬臂施工	悬臂施工
	施工难易程度	成熟	成熟	成熟	成熟
	施工期间对航道的影响	基本无影响	基本无影响	基本无影响	基本无影响
运营养护工作量		小	较小	较小	小
建筑造型		简洁、美观	简洁、新颖、美观,重庆地区无		简洁、美观
正桥投资估算	主桥 + 引桥金额(万元)	25 609	33 101	32 667	26 533
	全桥造价比	1	1.29	1.28	1.04

6　工程方案研究结论

从满足功能要求分析,上述四个桥型方案均是适用的。

根据我国目前的设计水平及建设能力,上述四个桥型方案均是可行的。同时通过科学设计,精心施

工和养护，各方案的安全性、耐久性也是能够得到充分保证的。

从造价和施工难易程度分析，连续刚构桥型方案最经济，造价为25 609万元(3跨)和26 533万元(4跨)，双塔坦拉桥次之，造价为32 667万元，三塔坦拉桥造价33 101万元，四个桥型的施工工艺均为成熟工艺。

从新颖、美观性分析，这四个方案各具特色，只是嘉陵江上现已有四座连续刚构桥(马鞍石大桥、高家花园大桥、黄花园大桥、牛角沱复线桥)，若嘉华嘉陵江大桥再采用连续刚构桥，显得雷同化。大都市的桥位也是一种不可再生的资源，雷同的桥型选择对桥位资源的利用显得不够充分。而三塔坦拉桥、双塔坦拉桥在重庆两江上尚无同样桥型，若选择其中之一，必将丰富重庆市的桥型品种，可以成为一个地域标志，为有"桥都"美誉的重庆市增添一道美丽的风景线。

综合桥位处的地形、地貌、地质、水文及通航技术要求等基本条件，同时充分考虑设计方案的技术可行性、经济合理性、大桥的景观性与环境的整体协调性、工程实施的可行性，并充分听取了各方面的见解，嘉华嘉陵江大桥工程方案的研究结论意见是：在大于180m通航条件下，综合考虑三塔预应力混凝土坦拉桥作为第一方案；在大于250m主跨条件下，推荐双塔预应力混凝土坦拉桥作为第一方案。从经济角度考虑，预应力混凝土连续刚构桥作为第一备选方案。

浅谈疏港铁路分离式立交桥梁(板)预应力计算

刘炳华　闫新勇

(河北交通职业技术学院土木工程系　石家庄　050091)

摘　要　本文阐述了,混凝土预应力小箱梁的结构特点、受力特点和预应力材料的优点,然后根据沿海高速疏港铁路分离式立交桥预制小箱梁的预应力计算,分别对预应力材料穿束、预留孔道、理论伸长值的计算、张拉等。进行了进一步的分析和讨论。

关键词　预制小箱梁　预应力材料　预应力计算

1　绪论

在量大面广的中小跨径以及一般大跨径桥梁中,各种形式的预应力混凝土桥梁一直占有主导地位,而且有着广阔的发展前景:预应力混凝土连续箱梁具有线形流畅,造型美观,结构刚度大,动力特性好,行车舒适,施工技术成熟,并且不受通航的影响,养护简易等突出的优点。近20年来随着我国交通运输事业的蓬勃发展,其应用的范围越来越广泛,其中预应力混凝土桥梁的建设取得了很大的成就,其技术进步主要表现在以下几个方面。在结构材料方面高强,早强混凝土、高性能混凝土以及特殊使用要求的特种混凝土正在得到推广以及应用;商品混凝土和泵送混凝土正在取代传统的施工方法;在预应力技术上,高强度的钢绞线以及大吨位群锚技术日益普及,目前1 860MPa级的高强度钢绞线几乎包揽了新建大跨度预应力梁桥的天下,各种预应力管道材料及成孔技术的不断完善,大吨位的新型支座,大位移的伸缩缝也在推陈出新。但预应力混凝土梁桥在施工阶段中往往发现不同程度的质量问题。例如,不同程度的裂缝,灌浆不满,有效的预应力不能很好地建立等。因此预应力混凝土梁桥的设计、施工仍存在一些问题,值得我们科技工作者做深一步的分析。针对预应力箱梁的计算进行讨论以供同行参考,笔者以沿海高速公路疏港铁路立交混凝土连续箱梁桥的预制箱梁的计算为例进行探讨与研究。

2　工程概况

沿海高速公路是河北省高速公路布局规划“五纵六横七条线”骨架中横三的重要组成部分。疏港铁路分离式立交混凝土连续箱梁桥上跨疏港铁路,疏港铁路为国家规划双线铁路,设计单线路基宽7.5m,本桥分离式立交第10~11跨之间上跨铁路,跨径为22~30m预应力混凝土连续箱梁,交角130°。疏港立交上部结构采用后张法预应力混凝土连续箱梁,设计箱梁长为30m,梁体高162.4m,中跨中梁梁顶宽240cm,中跨外边梁顶宽285cm;箱梁预制采用多箱单独制作,简支安装,现浇连续接头的先简支后连续的结构体系,为减轻安装质量和增加横向的整体性,各箱梁之间设横向湿接缝,端跨横梁与箱梁同时预制,中墩横梁现浇,此桥共计预制箱梁176片。

3　预应力材料钢筋工程

3.1　预应力材料分类

近年来常用的预应力材料有高强钢绞线、高强钢丝和高强钢筋三大类。

3.2 高强钢筋

高强预应力粗钢筋的加工,直径为12~32mm的预应力钢筋的加工要经过下料、对焊、冷拉、时效及端头镦粗或轧丝加工等工序,钢筋下料时应按钢筋的计算长度,工作长度和原材料的试验数据确定下料长度做到合理配料,尽量减少接头数目。钢筋下料长度计算公式如下:

$$L = \frac{1}{l + \delta_1 - \delta_2} + nb + L_0$$

式中,L为下料长度;l为计算长度;δ_1为冷拉伸长率,一般为2%~4%;δ_2为弹性回缩率,一般为0.45%;L_0为工作长度,先张法梁的工作长度视台座情况,采用轧丝锚时取0.15m,两端张拉取0.2m;n为接头数目;b为焊接损耗预留量,每个接头的预留量与钢筋直径有关,可取25~35mm。

由于受到冶金生产和运输上的限制,目前生产的粗钢筋长度最长的为12m,因此常需对焊接长后使用。为了保证接头处的各项力学性能指标不低于原材料,焊接质量应严格控制。目前多采用二次闪光对头焊接,其对头焊接的轴线偏差不得大于2mm或钢筋直径的10%。在常温下,将热轧钢筋进行拉伸,使其拉伸控制应力超出屈服强度,但小于抗拉极限强度的,可以提高钢材的屈服强度。冷拉时最好采用同时控制钢筋应力和延伸率,既所谓的"双控",并以应力控制为主,延伸率控制为辅。再没有测力设备的情况下,可仅单一地控制其延伸率,称为"单控"。单控操作简单,双控操作除需冷拉设备外,还需测力设备,但双控对冷拉质量控制更有保障,需要焊接的钢筋,必须先进行焊接,冷却至正常温度后即可进行冷拉,钢筋冷拉应按操作规程要求进行。钢筋进行冷拉后屈服强度提高,但脆性增加,为此钢筋冷拉后应进行时效处理,时效的作用是将冷拉后的钢筋置于一定的温度下,过一段时间使冷拉引起的钢材的弯曲得到一定程度的恢复,消除钢筋的内应力,使钢筋的屈服强度,抗拉强度比冷拉完成时有所提高,钢筋的弹性摸量得到恢复,这就是冷拉时效。钢筋时效的时间与温度有关,有条件时可采用人工时效既冷拉后的钢筋在1 000℃的恒温下保持2h左右,否则采用自然时效,当自然气温在20~30℃时至少应放置24h,无论如何,都应保证预应力的实际强度不低于设计取用的相应强度。钢筋端头的镦粗及轧丝可在冷拉之前进行,也可在冷拉后进行加工。先张法预制板梁的粗钢筋,在冷拉或张拉时,通过连接器和锚具进行,采用镦头钢筋和开孔的垫板可代替锚具或夹具。粗钢筋采用成束张拉时,应将下好料的钢筋梳理顺直,按照适当间隔用铅丝绑扎牢固,防止扭花、弯曲并在钢筋束两端适当距离内放置空心衬心(弹簧心或钢管)并绑扎牢固,使钢筋束端截面和锚孔对应,以利于装锚。直径为6~10mm的高强钢筋以圆盘供应,施工中可免去冷拉工序和对焊等加工工作,有利于施工。

3.3 高强钢丝和钢绞线

高强钢丝和钢绞线的成束,国产高强钢丝强度1 470~1 670MPa,甚至可提供1 770MPa的高强度、低松弛钢丝。钢绞线有9.0m、12.0m、15.0mm三种直径,其强度为1 470~1 770MPa。疏港分离式立交的预应力钢筋采用美国ASTMA416—974标准270级高强度低松弛钢绞线。标准强度R_y^b=1 860MPa,高强钢丝和钢绞线经过下料编束后用于预应力混凝土板或梁的纵向预应力筋。高强钢丝的来料一般为盘圆,打开后基本成直线状,无须整直即可下料。如果在自由防置的情况下,任意1m长范围内弯曲矢高大于5mm时需要进行整直后使用。预应力钢丝钢绞线的下料长度应通过计算确定,计算时应考虑构件长度或台座长度、锚具长度、千斤顶长度、焊接接头或镦头预留量、冷拉伸长量、弹性回缩量、张拉伸长量和外露长度等。采用锥形锚具,双作用千斤顶张拉钢丝时,钢丝的下料长度取用预制梁的预留孔道长度加上每张拉07~0.8m的工作长度。采用钢丝束镦头锚具时,同束钢丝下料长度的相对差值,当钢丝束长度小于20m时,不宜大于1/3 000;当钢丝束长度大于20m时,不宜大于1/5 000。长度小于6m或等于6m的先张法构件的钢丝成组张拉时,下料长度的相对差值不得大于2mm。钢丝成束时,先用梳丝板将其梳理,然后每隔1.0~1.5m衬以长3~4cm的螺旋圈或钢管,并在衬圈处用2号钢丝缠绕20~30道,绑扎的钢丝扣应弯入钢丝束内,以免影响穿束成束时要保持钢丝一端进行,绑束完成后,应按设计编

号堆放,并挂牌表示,以防错乱搬运钢束时支点间跨度不得大于 3m,两端悬出不得大于 1m。钢绞线、钢丝及热处理钢筋宜采用切割锯或砂轮锯,不得使用电弧切割下料,钢绞线切割时,应将切口两端各 30 ~ 50mm 处采用铅丝绑扎,切割后将切口焊接牢固以免松散。钢绞线在编束前应进行强拉或在梁上张拉前进行,钢绞线成束的方法与钢丝束相同。预应力混凝土结构所用的钢丝、钢绞线以及热处理钢筋都应符合国家现行的国家标准。到现场的钢丝钢绞线都应有质量合格证,并从每批不大于 60t 的钢丝钢绞线中任取三盘,从每盘所选钢绞线端部的正常部位截取一根式样进行表面质量、直径偏差和力学性能的实验,如果每批少于三盘,则应逐件进行实验,合格后方可使用于工程。

4 预留孔道

4.1 预留孔道的方法

梁内预留孔道是通过在浇筑梁体混凝土前,按照梁内预应力钢筋的设计位置应该先安放制孔器,待梁体混凝土达到一定强度后,抽拔出制孔器(当为抽拔式制孔器时)并通过检查形成。制孔器有抽拔式和埋置式两类。埋置式制孔器主要有铁皮管和铝合金波纹管两种,抽拔式制孔器(俗称抽拔管)常用的有橡胶抽拔管,金属伸缩抽拔管和钢管等。其中钢管目前较少使用。

4.2 埋置式制孔器

埋置式制孔器在梁体制成后留梁内,形成孔道壁,对预应力筋的摩阻力小,但加上成本高,不能重复使用,金属材料耗用量大。钢皮管用薄铁皮做,安放时分段连接。这种制孔器制作时费工,速度慢,接缝接头处又容易漏浆,造成以后穿束和张拉困难。铝合金波纹管由制管机卷制而成,横向刚度大,不易变形和漏浆,纵向也便于弯成各种线形,与梁体的混凝土的黏结也较好,故较适用。

4.3 抽拔式制孔器

抽拔式制孔器在梁体混凝土浇筑前,安放在力筋的位置上待终凝后将其拔出,梁体内即具有孔道。这种方法制孔的最大特点是制孔器能够周转使用,节省料而且经济,在过去应用较广,但是目前由于波纹管的普及,现在已经较少使用。橡胶抽拔管分为布胶管和钢丝网胶管两种。通常选用 5 ~ 7 层夹布的高压输水(气)管制成,要求管避牢固,耐磨性能好,能受 5kN 以上的工作拉力,并且弹性恢复性能好,有良好的挠曲适应性。预应力混凝土预制箱梁孔道长度一般大于 25m,而橡胶管的出厂长度却不到 25m,考虑到制孔器安装和抽拔的方便,因此采用专门的接头,接头要牢固严密,防止浇筑混凝土的过程中脱节或漏浆堵塞。为增加胶管的刚度和控制位置的准确,需要在橡胶管内放置一根圆钢筋称芯棒,芯棒直径应较管径内小至 8 ~ 10mm,长度较胶管长至 1 ~ 2m,以便于先拔抽芯棒。对于曲线孔道,适宜有两胶管在跨中对接,在对接接头处套一段长 0.3 ~ 0.5m 的铁皮管,再抽拔胶管时从梁的两端进行,铁皮管则留在了梁内。胶管内如利用充气或充水来增加强度,管内压力不得低于 500MPa,充气(水)胶管的外径应符合设计要求的孔道直径。金属伸缩抽拔管是一种用金属丝编制成的可伸缩的网管,具有压缩时直径增大而拉伸时直径减小的特征,为了防止漏浆和增强刚度,网套内可衬以普通橡胶衬管和插入圆钢或钢丝束芯棒。钢管制孔器是用表面平整光滑的钢管焊接而成,焊接接头应抹平。钢管制孔器抽拔力度大,但不能弯曲,仅仅适用短而直的孔道。在梁体混凝土浇筑完毕后应定时转动钢管,以利于抽拔。无论采用何种制孔器,都应按照设计规定和施工需要预留排气、排水和灌浆用的孔眼。制孔器的抽拔可以由人工逐根拔出,也可以用机械(卷扬机或手摇绞车)分批进行抽拔。抽拔制孔器的顺序是先拔下层管,后拔上层胶管,先拔早浇筑的半根梁,后拔晚浇筑的半根梁,抽拔时先拔芯棒后拔管。疏港铁路分离式立交上部结构预制混凝土箱梁则采用铝合金波纹管制孔,待梁体初凝后抽拔出胶皮管形成预应力孔道,在施工中为确保预应力孔道的位置准确性,防止波纹管的上浮,则采取加密定位钢筋的措施。

4.4 制孔器的抽拔时间

梁体混凝土浇筑完成以后,何时进行抽拔制孔器,这是决定能否顺利进行抽拔和保证成孔质量的关键问题。如果抽拔过早则混凝土容易塌陷从而堵塞孔道,如果抽拔过迟,则有可能拔断胶管。因此制孔器的抽拔要在混凝土初凝后与终凝之前,待其抗压强度达到 4 000 ~ 8 000kPa 时方为合适。根据经验,制孔器的抽拔时间可按下式估计和参照表 1。

$$H = \frac{100}{T}$$

式中,H 表示混凝土浇筑完毕抽拔制孔器的时间;T 表示预制梁所处的环境温度。

由于确定可能抽拔时间的幅度较大,再施工中也可通过实验来掌握其中的规律(表 1)。

制孔器的抽拔时间表 表 1

环境温度(℃)	抽拔时间(h)	环境温度(℃)	抽拔时间(h)
30 以上	3	20 ~ 10	5 ~ 8
30 ~ 20	3 ~ 5	10 以下	8 ~ 12

5 穿束

5.1 穿束要求

当梁体混凝土达到设计强度的 75% 时,才可以进行穿束张拉,穿束前可以用空压机吹风等方法清除孔道内的污物和积水,以确保孔道内畅通,还应检查锚垫板和孔道锚垫板对应位置是否准确,孔道内应畅通无水和其他杂物。一般采用人工穿束,也可借助一根钢丝作为引线,用卷扬机牵引较长的束筋进行穿束工作。穿束时钢丝束应从一端穿入预留孔道,钢丝束在孔道两端头伸出的长度应大致相等。目前,穿钢绞线的新方法是用专门的穿束机,将钢绞线从盘架上拉出后从孔道的一端快速的推送入孔道,当戴有护头的束前端穿出孔道的另一端时,用电动切线机,按照规定把多余的伸出的长度予以切除,再将新的端头戴上护头穿第二束,直至穿到规定的束数,但有时可在浇筑混凝土前进行预埋。

6 与张拉有关的计算

6.1 钢丝束镦头

钢丝束镦头锚张拉锚固时钢丝下料长度 L 计算,按预应力筋张拉后螺母位于锚杯中部进行计算:

$$L = l + 2h + 2\delta - K(H - H_1) - \Delta L - C$$

式中,l 为孔道长度,按实际丈量;h 为锚杯底厚或锚扳厚度;δ 为钢丝墩头预留量,取 10mm;K 为系数,一端张拉时取 0.5,两端张拉时取 1.0;H 为锚杯高度;H_1 为螺母厚度;ΔL 为钢丝束张拉伸长值;C 为张拉时构件混凝土弹性压缩值。

6.2 钢绞线、钢丝束夹片锚

钢绞线,钢丝束夹片锚张拉锚固式钢绞线下料长度的计算。

钢绞线下料长度 L = 孔径净长 + 构件两端的预留长度

预留长度固定端为锚扳或锚杯厚度加 30mm。

张拉端见表 2。

YCW 型千斤顶的最小操作空间及钢绞线或预留长　　表 2

千斤顶型号		YCW—100	YCW—150	YCW—250	YCW—350
最小空间	B(mm)	1300	1350	1400	1500
	C(mm)	200	200	280	300
千斤顶外径 D(mm)		250	310	380	450
钢绞线预留长度 A(mm)		650	680	680	700

6.3　精轧螺纹钢

精轧螺纹钢筋下料长度，当采用一端张拉时，可按下式计算：

$$L = l + 2\ (h + l_1) + l_2 + l_3$$

式中，l 为构件预留孔道长度；h 为垫板厚度；l_1 为螺母厚度；l_2 为钢筋露出螺母的长度，取 20mm；l_3 为张拉千斤顶螺纹套筒拧入长度，取 80mm。

6.4　后张法预应力计算

预应力筋伸长值的计算与要求，后张法预应力钢筋理论伸长值及预应力钢筋平均张拉力的计算：

$$\Delta L = \frac{\overline{P}L}{A_{\mathrm{Y}}E_{\mathrm{g}}}$$

$$\overline{P} = P\,\frac{\left[1 - e^{-(\mathrm{kx}+\mu\theta)}\right]}{kx + \mu\theta}$$

式中，ΔL 为预应力理论伸长值，cm；$\overline{P}$ 为预应力筋的平均张拉力，N；L 为从张拉端到计算机截面孔道长度，cm；A_{Y} 为预应力筋截面面积，mm^2；E_{g} 为预应力筋的弹性模量，MPa；p 为预应力筋张拉端的张拉力，N；k 为孔道每米局部偏差对摩擦的影响系数；θ 为从张拉端到计算机截面曲线孔道部分切线的夹角之和，rad；μ 为预应力筋与孔道壁的摩擦系数。

上述两个公式考虑孔道孔线及局部偏差的摩阻影响；当为直线孔道及不考虑局部偏差的摩阻影响时，预应力筋的伸长量值可简化如下：

当孔道为直线时，$\theta = 0$ 可简化为：

$$\Delta L = \frac{P}{RA_{\mathrm{Y}} + E_{\mathrm{g}}}(1 - e^{-\mathrm{Kx}})$$

当孔道为直线且无局部偏差的摩阻时，$P = \overline{P}$ 可简化为

$$\Delta L = \frac{\overline{P}L}{A_{\mathrm{Y}}E_{\mathrm{g}}}$$

关于公式的说明：预应力筋的弹性模量（Eg）取值是否正确，对理论伸长值的影响较大，据有关单位的测试资料表明，一般取 $E_{\mathrm{g}} = 2 \times 10^5$ MPa 较妥。对于重要工程，应提前测试。预应力筋的张拉力 P，按下式计算：

$$P = \sigma_{\mathrm{K}} A_{\mathrm{g}} n\, \frac{1}{1\ 000} b$$

式中，P 为预应力钢筋的张拉力，kN；σ_{K} 为预应力钢筋的张拉控制应力，kPa；A_{g} 为每根预应力钢筋的截面面积，140mm^2；n 为同时张拉预应力钢筋的根数；b 为超张拉系数，不超张拉时为 1.0。

参阅表 3、表 4。

系数 k 以及 μ 值　　表 3

管道成型方式	k	钢丝钢绞线 μ	精轧螺纹钢筋
预埋金属波纹管	0.0015	0.20 ~ 0.25	0.50
预埋塑料管	0.0015	0.14 ~ 0.17	—
预埋铁皮管	0.30	0.35	0.40
预埋钢管	0.0010	0.25	—
抽心成型	0.0015	0.55	0.60

最大张拉应力 表4

预应力钢筋类别	最大张拉应力
冷拉Ⅱ~Ⅳ级钢筋	$0.95R_y^b$
热处理钢筋、消除应力钢丝、钢绞线、冷拉钢丝	$0.8R_y^b$
冷拉钢丝	$0.75R_y^b$

注:R_y^b 为钢材的极限抗拉强度标准值。

6.5 实际伸长量的量测、计算

实际伸长值的量测及计算方法,预应力钢筋张拉之前,应先调整到初应力 σ_0(一般取控制应力的10% ~25%),再开始张拉和量测伸长值。实际伸长值除张拉时量测的伸长值外,还应加上初应力时的推算伸长值,对于后张法尚应扣除混凝土结构在张拉过程中产生的弹性压缩值,实际伸长值总量 ΔL 的计算公式如下:

$$\Delta L = \Delta L_1 + \Delta L_2 - C$$

式中,ΔL_1 表示从出应力到最大应力 i 间的实测伸长值;ΔL_2 表示出应力 σ_0 时推算伸长值。

$$\Delta L_2 = \frac{\sigma_0}{E_g} \cdot C$$

C 表示混凝土构件在张拉过程中的弹性压缩值,一般情况下也可不计。

7 疏港铁路分离式立交桥与张拉有关的计算

7.1 钢绞线下料

根据河北省交通规划设计院的图纸设计说明可以得到疏港立交箱梁张拉计算的相应数据;

标准强度—— $R_y^b = 1\ 860$ MPa;

弹性模量——$E = 1.95 \times 10^5$ MPa

设计锚下张拉控制应力 σ_K——$0.75R_y^b = 1\ 395$MPa

钢绞线的截面面积 —— $A = 140\text{mm}^2$

预应力管道成型为刚波纹管管道摩擦系数查表得 $\mu = 0.20$

管道偏差系数根据图纸说明可知 $k = 0.0025$ m

钢筋钢绞线回缩和锚具变形 6mm

管道采用预埋金属波纹管成孔,要求波纹管刚带厚度不小于 0.35mm;由此可知钢绞线的下料长度。

中跨一片梁的钢绞线的数量 表5

刚束编号	钢绞线规格(mm)	钢绞线下料长度(cm)	钢绞线数量	共长(m)	共重(kg)	合计(kg)
N_1	15.24	3 060.7	2×4	244.9	269.9	1 145.4
N_2	15.24	3 063.7	2×4	245.1	270.1	
N_3	15.24	3 065.7	2×4	245.3	270.3	
N_4	15.24	3 040.7	2×5	304.1	304.1	

端跨一片预制梁钢绞线的下料数量表

表6

刚束编号	钢绞线规格(mm)	钢绞线下料长度(cm)	钢绞线数量	共长(m)	共重(kg)	合计(kg)
N_1	15.24	3 080.3	2×5	308.0	339.4	1 288.4
N_2	15.24	3 080.3	2×5	308.0	339.4	
N_3	15.24	3 080.3	2×5	308.0	339.4	
N_4	15.24	3 065.3	2×4	245.2	270.2	

箱梁顶板负弯距钢束钢绞线数量表

表7

钢束编号	钢绞线规格(mm)	钢绞线下料长度(cm)	钢绞线数量	共长(m)	共长(kg)	合计(kg)
T_1	15.24	961	2×5	96.1	105.9	中跨1521.84
T_2	15.24	1661	2×5	83.05	91.53	
T_3	15.24	1661	2×5	166.1	183.03	边跨760.92

7.2 理论伸长值计算表

根据表5~表7钢绞线的下料长度以及根据河北交通规划设计院疏港立交桥的设计说明中,7.1的相应数值和公式6.4分别推算出疏港立交桥箱梁的理论伸长值(中梁、边梁的正弯距、负弯距)。

8 对已经预制完的梁进行张拉

8.1 张拉要求

在对梁进行张拉前要对混凝土构件进行检验,外观质量不仅要符合设计要求,而且还要对将要进行张拉的混凝土构件进行强度得实验,不低于设计强度等级值的75%。预应力钢筋的张或长度大于25m的直线拉顺序应符合设计要求,当设计未规定时,可采取分批分阶段进行对称张拉。对于曲线预应力钢筋适宜在两端同时进行张拉,疏港铁路立交桥的预制梁其长度大于25m,并且又是曲线孔道,所以此梁要求两头同时进行张拉。

8.2 张拉程序

后张法预应力钢筋的张拉程序见表8、表9。

张 拉 程 序

表8

预 应 力 筋		张 拉 程 序
钢筋、钢筋束		0→1.05σ_{con}(持荷2min)→σ_{con}(锚固)
钢绞线束	其他锚具	0→初应力→1.05σ_{con}(持荷2min) →σ_{con}(锚固)
	对于夹片式等具有自锚性能的锚具	普通松弛力筋 0→初应力→1.03σ_{con}(锚固) 低松弛力筋0→初应力→1.05σ_{con}(持荷2min) →σ_{con}(锚固)

张 拉 程 序

表9

预 应 力 筋		张 拉 程 序
钢丝束	对于夹片式等具有自锚性能的锚具	普通松弛力筋 0→初应力→1.03σ_{con}(锚固) 低松弛力筋0→初应力→σ_{con}(持荷2min 锚固)
	其他锚具	0→初应力→1.05σ_{con}(持荷2min) →σ_{con}(锚固)

续上表

预应力筋		张拉程序
精轧螺纹钢筋	直线配筋时	0→初应力→σ_{con}(持荷2min锚固)
	曲线配筋时	0→σ_{con}(持荷2min锚固)→0(上述程序可反复几次)→σ_{con}(持荷2min锚固)

9 实际伸长值的量测以及计算方法

9.1 实际身长量的计算

预应力筋在张拉之前,应该先调整到初应力σ_0(一般取控制应力的10% ~25%),在开始张拉和量测其伸长值.实际伸长值除张拉时量测的伸长值外,还应加上初应力时的推算σ,对于后张法尚应扣除混凝土结构在张拉过程中产生的弹性压值,实际伸长值总量ΔL的计算公式如下;

$$\Delta L = \Delta L_1 + \Delta L_2 - C$$

式中,ΔL_1表示从初应力至最大张拉应力间的实测值;ΔL_2表示初应力σ_0时推算伸长值;C表示混凝土构件在张拉过程中的弹性压缩量,一般情况下可以不计。

实际伸长值的量与计算伸长值相比较误差应在-6% ~6%之间。

9.2 压浆

张拉完成以后应尽快进行压浆。

10 结语

通过疏港铁路分离式立交桥30m预制箱梁近100片的预制,对预应力材料、预应力计算以及实际张拉操作进行了全面的验证。有以下体会:预应力材料的表面质量、直径偏差以及力学性能的实验,在预应力材料施工前必须进行反复的实验以求达到规范要求,并通过有关质量部门的质量合格证,因为预应力材料是预应力工程中的关键环节。预应力计算要符合相关规定,严格按照设计要求进行理论伸长值的计算,在张拉过程中实际伸长值的量测结果与理论伸长值相比较误差应控制在-6% ~6%之间。在张拉过程中应严格遵照JTJ041—2000《公路桥涵施工技术规范》中张拉程序进行实际操作。

参 考 文 献

[1] 李华.公路与桥梁.北京:人民交通出版社,2001
[2] 宋建国,李连胜.预应力计算手册.北京:人民交通出版社,2000
[3] 俞高明,公路桥涵施工技术.北京:人民交通出版社,2002
[4] 李建成,宋华.桥梁工程.西安:长安大学出版社,2001
[5] 李学燕,张明.预应力梁(板)施工技术.北京:人民交通出版社,2000
[6] 何勇海.沿海高速疏港铁路分离式立交桥施工图.河北交通规划设计研究院,2004
[7] 张小欢.简支梁桥.中国交通报文摘,2002
[8] JTJ—2000公路桥涵施工技术规范.北京:人民交通出版社

桥型方案内力有限元分析及设计要点

李存东

(天津市铁路集团勘察设计院有限公司　天津　300060)

摘　要　某高速公路连接线上有8m+17m+8m下穿公路的桥梁,方案比选上采用了钢筋混凝土整体现浇连续板桥、连续刚架桥及箱形框架桥。采用有限元软件(Midas)进行内力分析,比较三种方案的受力特点及共性与特性,对设计中须注意的事项进行了阐述,指明了在特定条件下的选用要点。

关键词　整体现浇连续板　连续刚架 箱形框架　内力分析　设计要点　选用要点

1　概述

张石高速公路涞水至曲阳段唐县至望都连接线上,在K19+158.5处下穿107国道,根据此处的地形地貌和地质资料,提出了三种备选的桥型方案,即整体现浇连续板桥方案、连续刚架桥方案、箱形框架桥方案。

整体现浇连续板桥的特点是,整体性能好、结构刚度大、变形较小、抗震性能好,特别是行车道板变形挠曲线平缓,桥面伸缩缝少,行车舒适(图1)。

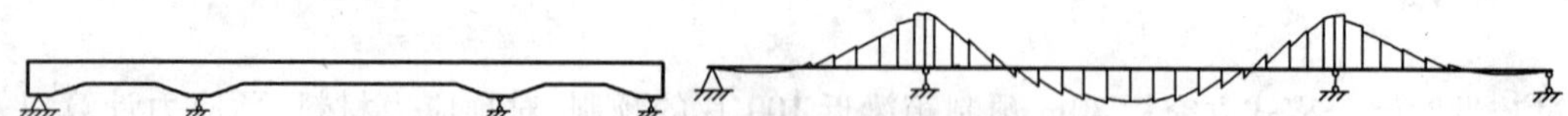

图1　整体板结构形式及恒载弯矩简图

连续刚架桥的特点是,上部结构的受弯性能与整体连续板基本相同。由于薄壁墙和梁固结,因而薄壁墙不仅承受竖向压力,还要承受较大弯矩。且在基脚处产生水平推力,因此须有良好的地基条件,或采用较深的基础和其他构造措施来抵抗推力的作用(图2)。

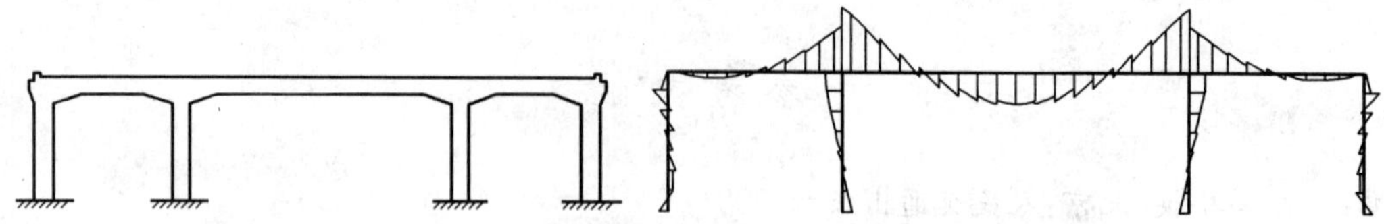

图2　刚架桥结构形式及恒载弯矩简图

箱形框架桥的特点是,具有良好的受力和变形性能,且又置于路堤中,有较好的抗震性能,对地基的承载能力要求较低。另外,箱底竖向荷载对结构整体有利(图3)。

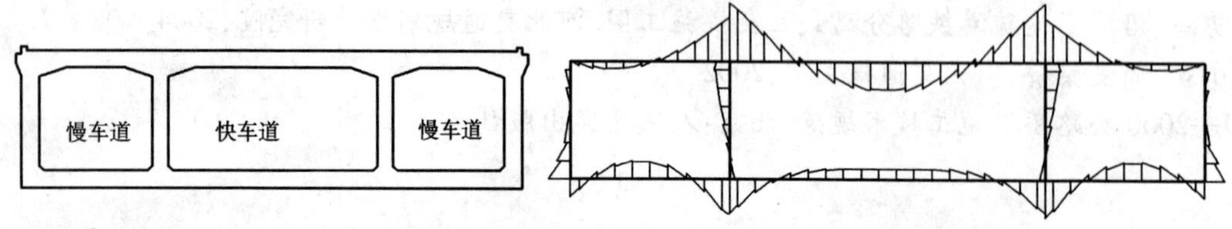

图3　箱形框架桥结构形式及恒载弯矩简图

2　内力分析

计算分析的相关参数。设计荷载:公路—I 级;车道面布置:上部均为 3 车道,箱形框架桥下部快车道为 4 车道,两侧慢车道布置人群荷载;温度荷载:$\Delta T=5℃$(上下面的温度差),季节最大温差 10℃;整体连续板和刚架桥基脚不均匀沉降:0.01m;刚架桥和箱形框架桥考虑土侧压力的影响。

2.1　整体现浇连续板桥方案

为三孔整体现浇连续板,跨径为 9.45m+17.90m+9.45m,板宽 12.0m,其他参数见图 4。下部结构采用柱式墩台,桩基础。

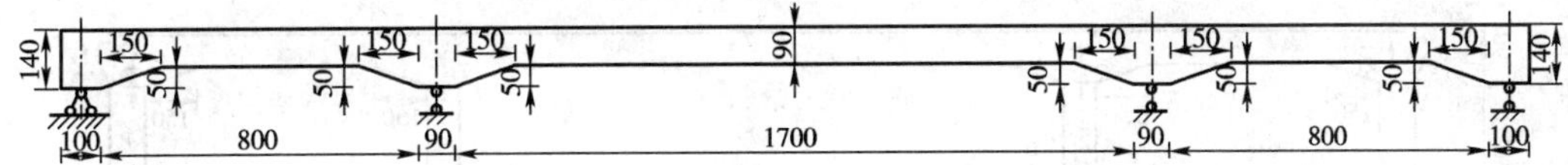

图 4　整体板立面图(单位:mm)

计算分析软件采用 Midas Civil 2006 的钢筋混凝土板桥模块,平面板单元纵横向均按 1m 左右划分,横桥向 1m 设置一个支座。计算过程中对整体板的恒载、活载、不均匀沉降,收缩、徐变及温度产生的内力进行了综合考虑。

(1)承载能力极限状态下的内力云图如图 5 所示。

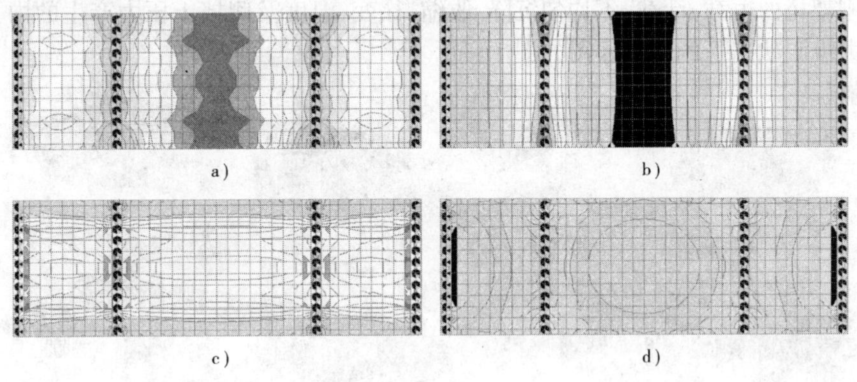

图　5

a)整体板下缘内力云图(M_{xx});b)整体板上缘内力云图(M_{xx});c)整体板下缘内力云图(M_{yy});d)整体板上缘内力云图(M_{yy})

从图中可以看出,顶板单位宽度内的纵向弯矩(M_{xx})是不均匀的,弯矩值呈自由边侧向中间逐渐减小的趋势,顶板下缘取跨中附近的弯矩值作为控制内力,上缘取支点附近的弯矩值作为控制内力;顶板横桥向也存在相当的弯矩值(M_{yy}),下缘载支点附近区域内数值较大,上缘与下缘相比弯矩值较小,仅在支点近自由边的支座处存在较大的负弯矩。承载能力极限状态下顶板顺桥向和横桥向的单元控制弯矩如表 1 所示。

承载能力极限状态下单元控制弯矩(kNm)　　表 1

截 面 位 置		边跨跨中	中跨跨中	边支点	中支点
顺桥向 M_{xx}	上缘	—	—	—	-1 683.6
	下缘	521.9	1 128.0	—	—
横桥向 M_{yy}	上缘	—	—	-150.0	-398.4
	下缘	—	—	414.8	367.5

注:弯矩作用时板的正面(法线方向作用面)受压时为正(+)。

(2)承载能力极限状态下的边支点和中支点反力的结果如表 2 所示。

承载能力极限状态下支反力(K_n)　　表 2

位　置	支反力(支座位置由边向中排列)					
	Z1	Z2	Z3	Z4	Z5	Z6
边支点	245.1	121.2	157.7	275.9	264.6	127.4
中支点	1 479.5	909.4	1 080.8	771.1	753.5	860.8

从表 2 中可以看出,横桥向的支点反力相差较大。

2.2　连续刚架桥方案

为三孔连续刚架桥,净跨径为 8m + 17m + 8m,桥宽 12.0m,其他参数见图 6。

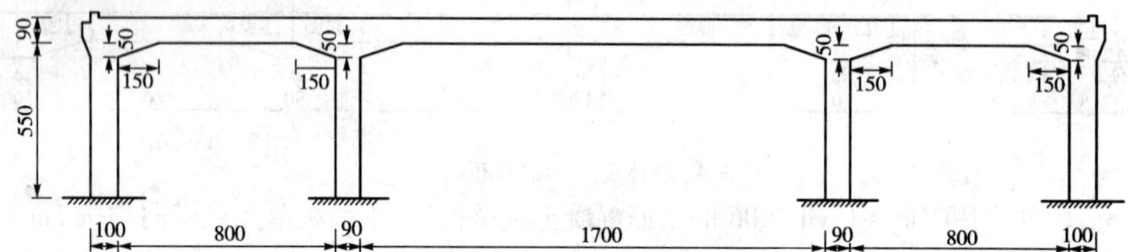

图 6　刚架桥立面图

计算分析软件采用 Midas Civil 2006 的钢筋混凝土刚架桥模块,平面单元纵横向均按 1m 左右划分。计算过程中对刚架桥的恒载、活载、不均匀沉降,收缩、徐变、温度及侧挡土压力产生的内力进行了综合考虑。承载能力极限状态下的内力云图如图 7 所示。

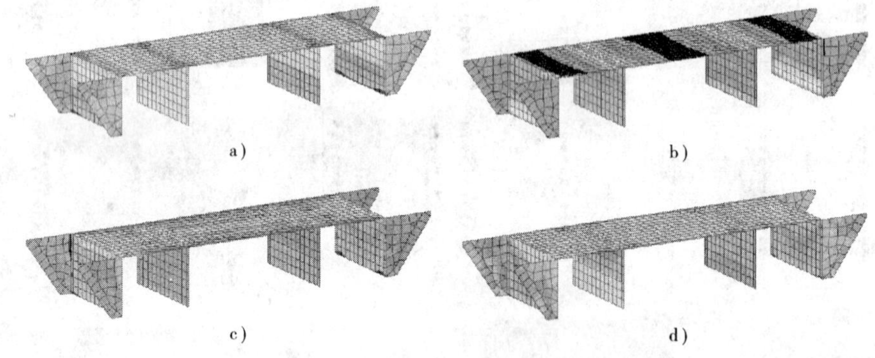

图　7

a)刚架桥正弯矩内力云图(M_{xx});b)刚架桥负弯矩内力云图(M_{xx});c)刚架桥正弯矩内力云图(M_{yy});d)刚架桥负弯矩内力云图(M_{yy})

从图中可以看出,顺桥向顶板上缘的弯矩与整体连续板相类似,但下缘在边跨近边结点附近存在很大的弯矩值;横桥向在结点附近区域的弯矩值远大于跨中附近截面。侧墙在边结点和基脚附近截面产生很大的弯矩,最大弯矩值接近但方向相反;中墙在中结点处和基脚处的弯矩值约是侧墙的 50% 左右。取绝对值最大值作为单元控制内力,承载能力极限状态下顺桥向和横桥向所取的单元控制内力如表 3 所示。

承载能力极限状态下单元控制弯矩(kN/m)　　表 3

截面位置	边结点	边跨跨中	中结点	中跨跨中	侧墙	中墙
顺桥向 M_{xx}	2 051.8	708.4	-2 450.9	1 025.9	-2 205.8	823.5
横桥向 M_{yy}	1 080.8	346.2	638	310.1	-444.4	172.8

注:弯矩作用时板的正面(法线方向作用面)受压时为正(+)。

2.3 箱形框架桥方案

为三孔箱形框架桥,各孔箱涵内部净跨径为8m+17m+8m,桥宽12.0m,其他参数见图8。

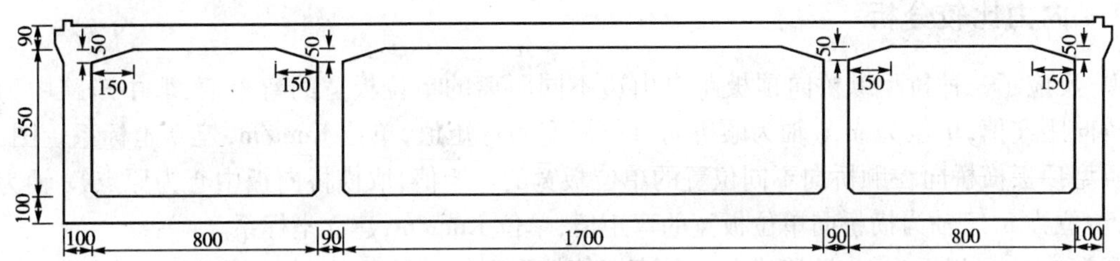

图8 箱形框架桥立面图(单位:mm)

计算分析软件采用Midas Civil 2006的钢筋混凝土箱形暗渠模块,平面单元纵横向均按1m左右划分。计算过程中对箱体的恒载、活载、收缩、徐变、温度及侧墙土压力和流体压力产生的内力进行了综合考虑。承载能力极限状态下的内力云图如图9所示:

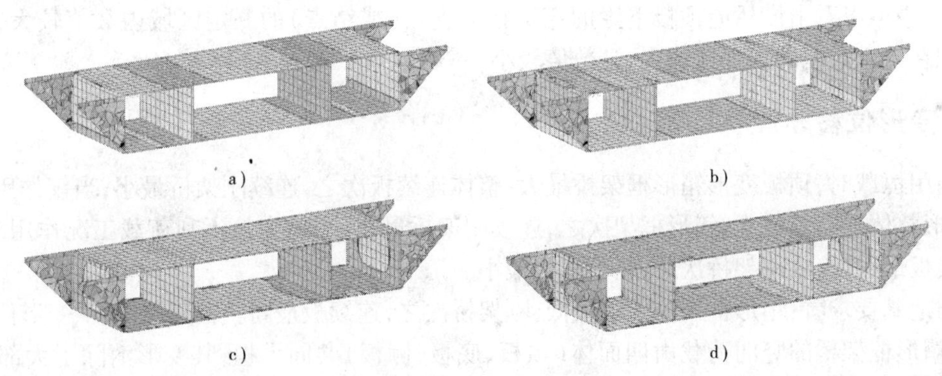

图9 箱形框架桥

a)箱形框架桥正弯矩内力云图(M_{xx});b)箱形框架桥负弯矩内力云图(M_{xx});c)箱形框架桥正弯矩内力云图(M_{yy});d)箱形框架桥负弯矩内力云图(M_{yy})

从图中可以看出,顶板的受力机理与整体连续板相类似;底板与顶板相比,跨中和中结点附近截面的弯矩值约是顶板的20%~60%,但近边结点截面的弯矩值约是顶板的4~8倍;侧墙在上结点附近的弯矩值约是下结点附近的20%~30%,中墙在上结点附近的弯矩值约是下结点附近的50%~80%,中墙弯矩最大值约是侧墙的30%左右。承载能力极限状态下顺桥向和横桥向所取的单元控制内力如表4所示。

承载能力极限状态下单元控制弯矩(kNm) 表4

截面位置	顶板				侧墙		
	边结点	边跨跨中	中结点	中跨跨中	上结点	跨中	下结点
顺桥向 M_{xx}	-1 025.9	402.5	-2 519.7	1 231.4	639.3	1 191.3	-1 483.6
横桥向 M_{yy}	816.2	361.1	650.9	338.7	-534	396.3	-378.9
截面位置	底板				中墙		
	边结点	边跨跨中	中结点	中跨跨中	上结点	跨中	下结点
顺桥向 M_{xx}	-1 461.7	-457	-1 264.2	362.2	466.2	410.7	535.3
横桥向 M_{yy}	-396.3	-228.3	-351.6	50.2	130.6	91.8	148.1

注:弯矩作用时板的正面(法线方向作用面)受压时为正(+)。

3 对比分析

3.1 内力比较分析

图 10 反应了三种桥型顺桥向顶板距自由边不同距离的单位板宽的弯矩值，取中跨跨中为原点，x 轴为顺桥向距离值，单位为 m，y 轴为顺桥向单位板宽的弯矩值，单位 Knm/m，建立坐标系。图 11 反应了三种桥型顶板横桥向在顺桥向不同位置的单位板宽的弯矩值，取横桥向板中心为原点，x 轴为横桥向距离值，单位为 m，y 轴为横桥向单位板宽的弯矩值，单位 Knm/m，建立坐标系。

从图 10a）中可以看出，中跨跨中截面的弯矩值箱形框架桥最大，整体连续桥板次之，连续刚架桥最小；但连续刚架桥边跨近边结点的截面，产生很大的弯矩，其数值远远高于中跨跨中截面的弯矩值。从图 10b）中可以看出，中支点截面的负弯矩值连续刚架桥最大，整体连续板桥和箱形框架桥相差不是很大；三种桥型的中支点处的弯矩值有从桥两侧向中间逐渐减小的趋势。箱形框架桥的顶板正负弯矩的变化幅度相对其他两种桥型较小，有利于结构的受力。

从图 11 中可以看出横桥向顶板下缘的弯矩在近支点（或结点）的一定区域内数值较大，上缘的负弯矩只出现在自由边侧的局部区域内，且数值较小。

3.2 变形位移分析

当仅作用恒载时，顶板变形箱形框架桥最大，整体连续板次之，连续刚架桥最小；当仅作用移动荷载时，顶板变形整体连续板最大，箱形框架次之，连续刚架桥最小；当均为最不利荷载工况作用时，顶板变形整体连续板最大，连续刚架桥次之，箱形框架最小。

从基础地基要求看：箱形框架桥要求最低，刚架桥次之，连续板最高。究其原因，从变形位移也可以得到支持，箱形框架桥的竖向荷载由四面体（顶板、底板、侧板）共同承担，其变形消除了大部分竖向荷载；刚架桥竖向荷载由三面体（顶板、侧板）共同承担，其变形消除了部分竖向荷载。

4 设计配筋要点

由上述的内力分析和变形位移分析可以看出三种桥型有着较大的差异，据此得出各自的设计配筋要点：

4.1 整体连续板

顺桥向在中支点截面，板上缘根据负弯矩值设置受拉筋，并考虑削峰的折减；在跨中截面，板下缘分别根据边跨和中跨跨中的最大弯矩值设置受拉钢筋。横桥向板下缘弯矩值，支点附近与跨中相比数值较大，受拉钢筋的配筋率大一些；板上缘横向钢筋可根据构造要求设置，但在自由边侧的支座处应设置适当的横向加强钢筋。由于整体板的两侧（自由边）的受力明显不如中心区域受力，宜特别加强其两侧，如在一定范围内设置封闭型箍筋，这样的配筋方式，最大限度地满足了整体板的抗弯需求。

4.2 连续刚架桥

顺桥向在中结点截面，板上缘负弯矩值与整体连续板相比增大了约 30% ~45%，受拉钢筋的配筋率应增大。在边跨近边结点截面的弯矩值比中跨跨中截面高出了约 30% ~50%，但中跨跨中截面的最大弯矩值较整体连续板减小了约 10%，板下缘应根据相应的弯矩值控制配筋量。横桥向下缘弯矩值的特点与整体连续板相似，但弯矩数值增大了约 1 倍左右，配筋率也相应增大；板上缘的弯矩值约是下缘的 50% 左右，可按构造要求配置钢筋。由于薄壁墙和梁固结，薄壁墙分担一部分弯矩，薄壁墙两侧均应设

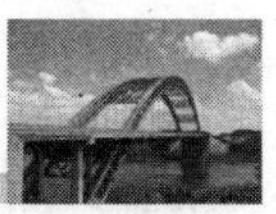

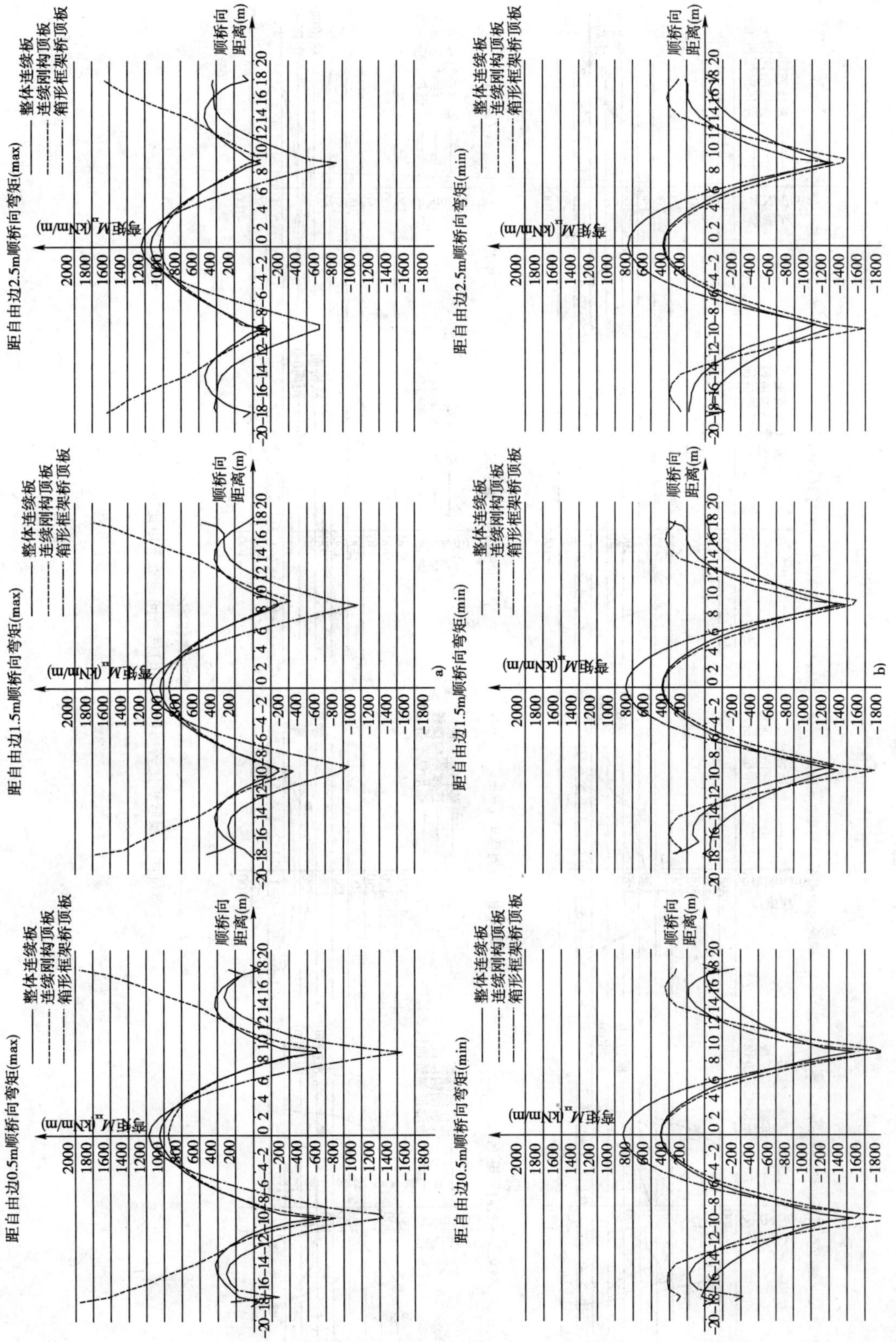
距自由边0.5m顺桥向弯矩(max)
距自由边1.5m顺桥向弯矩(max)
距自由边2.5m顺桥向弯矩(max)
距自由边0.5m顺桥向弯矩(min)
距自由边1.5m顺桥向弯矩(min)
距自由边2.5m顺桥向弯矩(min)
整体连续板
连续刚构顶板
箱形框架桥顶板
弯矩M_{xx}(kNm/m)
顺桥向
距离(m)
a)
b)

图10　弯矩比较图

a)顺桥向顶板弯矩比较图(max);b)顺桥向顶板弯矩比较图(min)

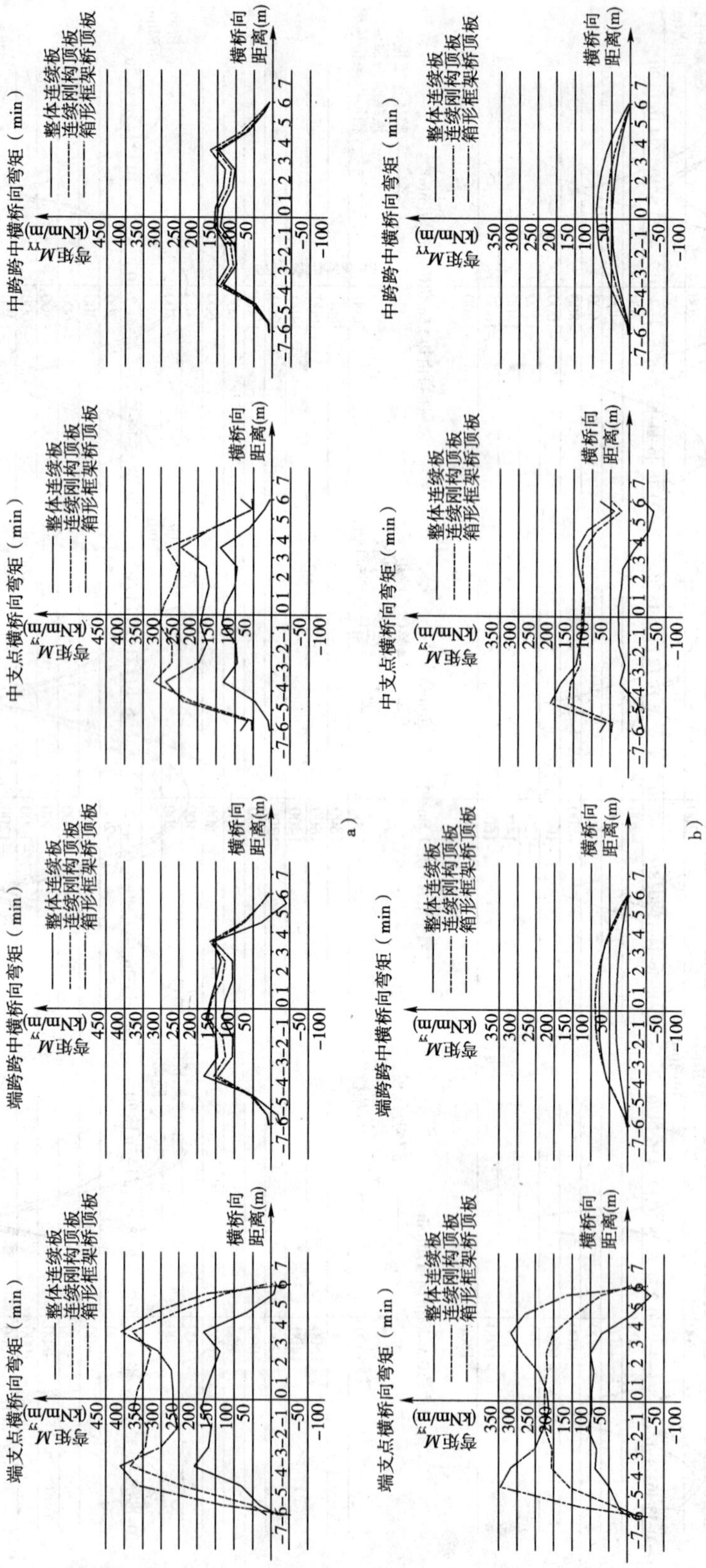

端支点横桥向弯矩（min）

端跨跨中横桥向弯矩（min）

中支点横桥向弯矩（min）

中跨跨中横桥向弯矩（min）

弯矩 M_{yy} (kN·m/m)

横桥向距离(m)

——— 整体连续板
-------- 连续刚构顶板
—·—·— 箱形框架桥顶板

a)

端支点横桥向弯矩（min）

端跨跨中横桥向弯矩（min）

中支点横桥向弯矩（min）

中跨跨中横桥向弯矩（min）

b)

图 11　弯矩比较图

a) 横桥向顶板弯矩比较图(max)；b) 横桥向顶板弯矩比较图(min)

置抗弯钢筋,配筋率按侧墙和中墙的弯矩控制;薄壁墙与顶板固结处的弯矩值很大,在斜加劲腋处设置顺桥向的防劈裂钢筋予以加强。

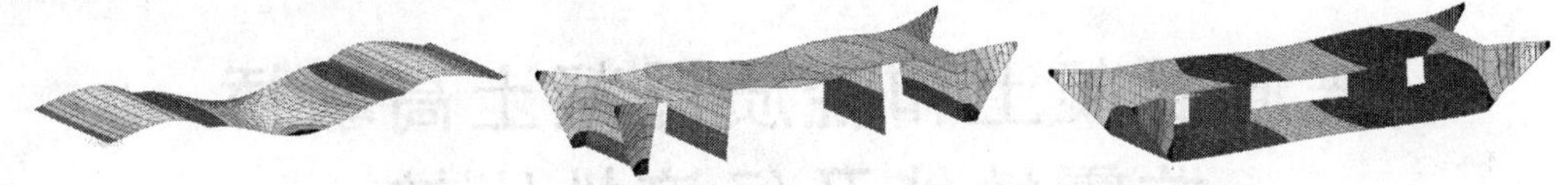

图12　三种桥型变形(各自最不利荷载工况)示意图

4.3　箱形框架桥

对于顶板配筋,板上缘根据中支点附近截面的弯矩值设置受拉钢筋;板下缘的受拉钢筋,中跨由跨中附近的弯矩值控制,边跨由近边结点截面的弯矩控制。底板受拉钢筋的设置可参照顶板进行,但底板在近边结点截面处有很大的负弯矩产生,需要加以注意。由于侧墙受土压力荷载和流体压力荷载的影响,其竖向抗弯钢筋的配筋率高于中间墙。墙板结点和翼墙与侧墙的连接处有很大的弯矩,在斜加劲腋处应设置防劈裂钢筋予以加强。

5　结语

综上所述,箱形框架桥与其他两种桥型相比,具有结构受力明确的特点,变形小,整个底板作为一个整体基础,所需的地基承载力不高,一般地基容许承载力在100~140kPa就可以;施工时可采用顶进施工穿越既有线路,避免修建便线、便桥,能够最大限度地避免行车干扰。其他两种桥型建桥的施工周期一般较长,其中包括钻孔成桩,浇筑桥台、桥墩,浇梁等过程。

箱形框架桥可以一次成型或分段浇筑,分段浇筑后也可将其顶推就位,就顶推来讲,可采用“顶进”和“顶位”两种方式:“顶进”时可不影响或少影响桥上行车,但要求的设备较多;“顶位”时,将桥位处路基挖开,待箱体强度达到要求后,直接顶到原路基位置,由于没有土体阻力,设备要求量不大;施工工期也可以大大缩短。因此对于既有路的下穿桥梁,箱形框架桥不失为一种值得推荐的方案。

参 考 文 献

[1] 邵旭东,顾安邦.桥梁工程[M],北京:人民交通出版社,2004.01

[2] 刘红卫,冯海江,郝俊瑞.钢筋混凝土简支整体板的内力浅析[J].城市道桥与防洪,2007(1):34-37

[3] 程伟军,张坚.连续刚构桥梁墩柱线刚度对下部构造设计的影响特点[J].广东公路交通,2003(3):37-39

[4] 刘明虎.大跨径刚构—连续组合梁桥结构设计与探讨[C].中国土木工程学会桥梁及结构工程学会第十四届年会论文集,2000.11

[5] 廖子泗,覃岩英,刘安芹.大跨径箱涵的设计及应用[J].西部交通科技,2006(5):89-91

[6] 曾毅军.大型箱涵顶入施工技术[J].铁道勘查,2006(4)

[7] 朱玉虎,阐斌,张一工.土基钢筋混凝土箱涵横向受力计算[J].安徽建筑工业学院学报,2006(2):25-27.

普通混凝土和轻质混凝土高墩桥抗震性能及经济性比较

沈永林[1]　马芸仙[2]

(1.云南省交通规划设计研究院　昆明　650011;2.昆明市建材科研所　昆明　650118)

摘　要　本文结合4孔40m高墩连续梁在截面几何尺寸不变的情况下,按普通混凝土和轻质混凝土分别进行非线性时程分析,并根据定量分析结果来探讨两种材料用于高墩桥的抗震性能及经济性比较。比较表明:在高烈度地震区采用轻质混凝土修建高墩桥可以显著降低地震响应,改善桥梁结构的抗震性能。随着轻质混凝土用量增加,其经济上的优势会愈来愈明显。

关键词　轻质混凝土　时程分析　高墩桥

1　引言

2008年5月12日我国四川汶川发生了震惊中外里氏8级的强烈地震。震感遍及大半个中国,人员伤亡惨重,交通基础设施也遭到不同程度的破坏。根据强震周期规律和防震减灾方面有关信息,我国和周边国家部分地区目前已经进入新一轮地震活跃期,面临的抗震形势严峻、任务艰巨。及时总结桥梁抗震方面经验教训的同时,还应加快开展震后数据收集整理,非规则桥梁抗震理论、减隔震技术、抗震构造、新材料研究及抗震设计细则颁布等项工作的进程。

一般来讲,如果高墩桥能尽量减轻结构自重,改善其抗震性能是非常有意义的。从材料来讲,采用轻质混凝土可有效减轻高墩桥的结构自重,改善其抗震性能。国外高强轻质混凝土桥梁应用比较多[1-3]。美国已用轻质混凝土修建了几百座桥梁。1985年,美国联邦高速公路管理局发布了《轻质混凝土桥梁设计指南》[4]。1996年,美国加州交通厅专门组织召开了一届"轻质混凝土桥梁国际会议"。此外,挪威在高强轻质混凝土的大跨径桥梁工程应用方面发展迅速,成为世界上应用最先进的国家之一[5]。相对于发达国家,我国轻质混凝土桥梁技术水平无论在设计还是在施工方法、工艺上与之相比都存在相当大的差距,因此,本文结合4孔40mm高墩连续梁在截面几何尺寸不变的情况下,按普通混凝土和轻质混凝土分别进行非线性时程分析并根据分析结果来定量探讨两种材料用于高墩桥的抗震性能及经济性比较。

2　动力特性

2.1　自振频率和振型

桥梁结构动力反应与结构动力特性密切相关,对高墩桥做多自由度系统时程分析,应计算结构系统做自由振动的频率和相应的振型函数。地震作用下多自由度系统的结构振动方程为:

$$[M]\{\ddot{X}\} + [C]\{\dot{X}\} + [K]\{X\} = -[M][I]\{\ddot{X}_g(t)\} = P \quad (1)$$

式中,$[M]$是质量矩阵;$[C]$是阻尼矩阵;$[K]$是结构刚度矩阵;$[\ddot{X}]$、$\dot{X}$、$[X]$分别为加速度、速度和位移向量;$\{I\}$为单位列阵;$[\ddot{X}_g(t)]$为地震时地面水平运动的加速度时程;P为多自由度体系地震时地面加

速度引起的质点等效荷载。

一般假定自由振动为简谐振动[6]，忽略阻尼对体系自由振动频率和周期的影响可导出特征方程：

$$|[K]-\omega^2[M]|=0 \tag{2}$$

式中，ω 为自由振动圆频率。求解式(2)即可得到结构自振频率和相应的振型。

2.2 模型参数

4 孔 40m 连续梁桥各墩高度不相等，最大墩高为 2 号墩，墩高 50m，最小墩高为 0 号墩，墩高 13m。按空间梁单元全桥整体建模，考虑了橡胶支座剪切刚度的作用，采用弹性连接来模拟。分别按普通混凝土和轻质混凝土采用多重 Ritz 法进行特征值向量求解。全桥模型见图 1。主要材料指标见表 1。

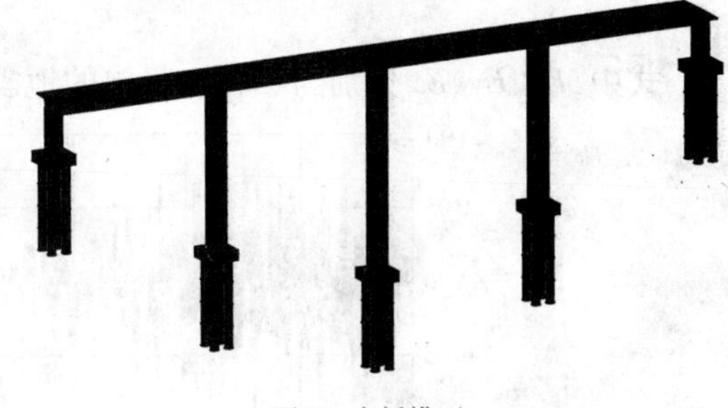

图 1　全桥模型

主要材料指标　　表 1

部　位	混凝土强度指标(MPa)	容重(kN/m³)	弹性模量 ×10⁴(MPa)
主梁	C50	26.0	3.45
	LC50	20.5	2.70
桥墩	C30	26.0	3.00
	LC30	20.5	2.10
承台与桩基	C30	26.0	3.00
	LC30	20.5	2.10

2.3 特征值

两种材料结构前 10 阶周期和频率汇于表 2。

高墩桥结构自振周期和频率　　表 2

模态号	频率(Hz)		周期(s)	
	普通混凝土	轻质混凝土	普通混凝土	轻质混凝土
1	0.720 13	0.691 25	1.388 65	1.446 65
2	0.729 75	0.691 97	1.370 33	1.445 15
3	1.145 48	1.082 90	0.873 00	0.923 45
4	1.567 04	1.488 55	0.638 15	0.671 80
5	1.633 65	1.557 01	0.612 13	0.642 26
6	1.817 28	1.727 85	0.550 27	0.578 75
7	1.833 33	1.762 57	0.545 46	0.567 35
8	1.970 43	1.881 31	0.507 50	0.531 54
9	3.114 99	3.099 80	0.321 03	0.322 60
10	3.587 10	3.441 17	0.278 78	0.290 60

3　时程动力响应分析

3.1　时程分析及输入参数

时程分析法是对结构振动方程式(1)直接进行逐步积分求解的一种动力方法。该法的优点在于可求得弹性或弹塑性结构随时间变化的位移、速度和加速度等动力响应值。根据求出的结构位移、内力等时程变化关系，从而较准确地确定结构的最危险状态[7]。

两种材料模型按振型叠加法进行瞬态非线性时程分析，分析时间20s，时间步长0.02s，边界非线性按Fehlberg方法考虑，阻尼比5%，地面加速度谱考虑了水平顺、横桥向及竖向的耦合作用。地震作用分量组合E取：

$$E = Ex + 0.3Ey + 0.3Ez$$ [8]，

式中，Ex、Ey、Ez分别为顺、横、竖向的地震作用分量 。地面加速度谱见图2a)和图2b)。

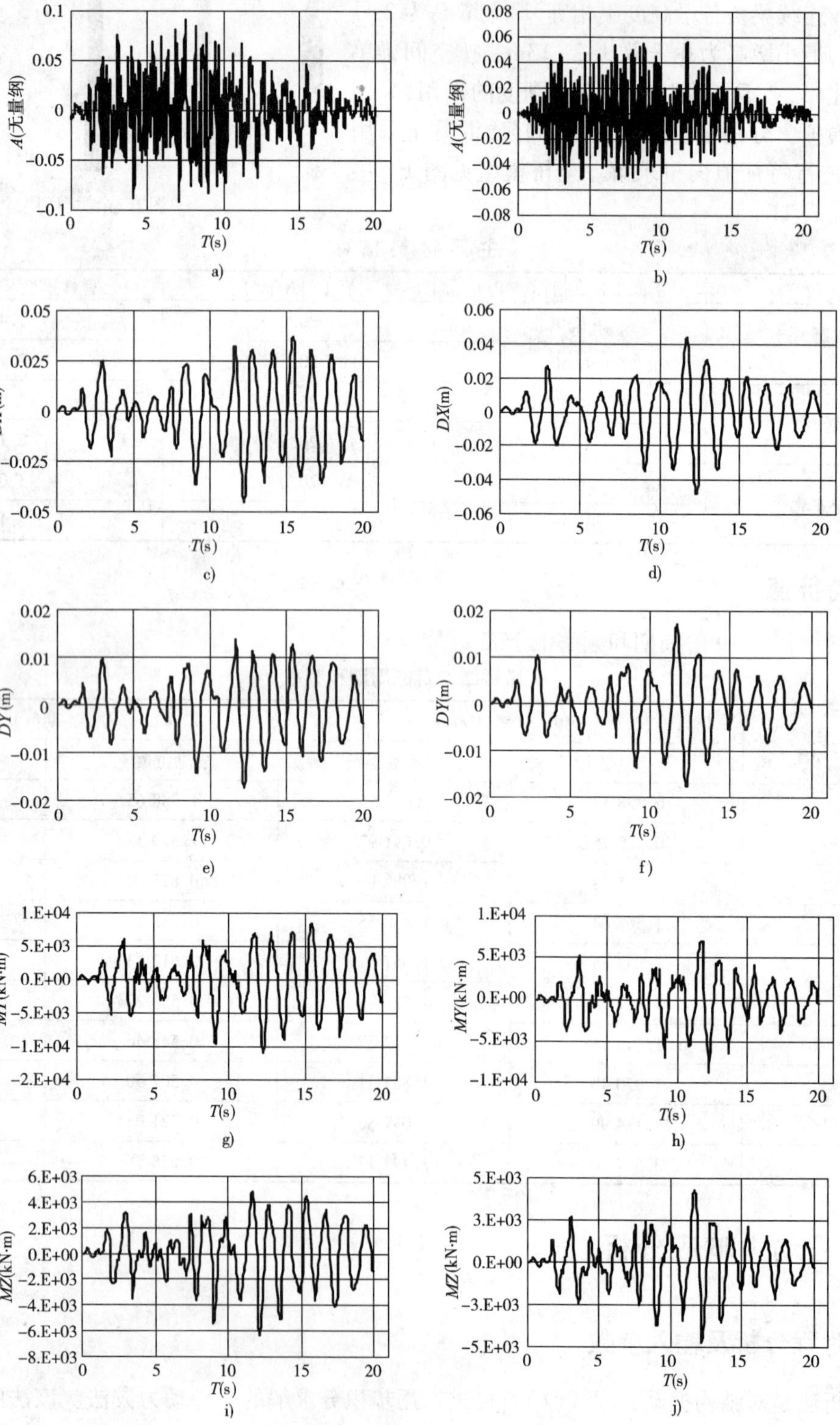

a) b) c) d) e) f) g) h) i) j)

图 2

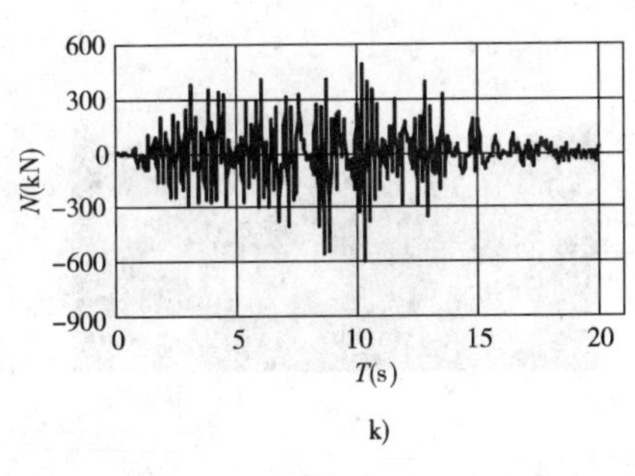

k)

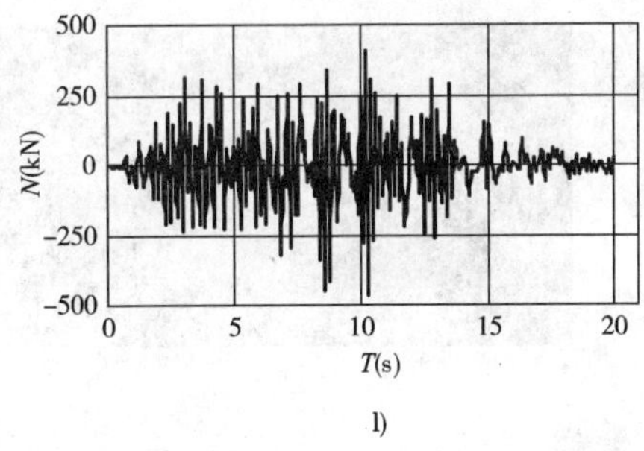

l)

图 2

a)地面水平加速度;b)地面竖向加速度;c)普通混凝土;d)轻质混凝土;e)普通混凝土;f)轻质混凝土;g)普通混凝土;h)轻质混凝土;i)普通混凝土;j)轻质混凝土;k)普通混凝土;l)轻质混凝土

3.2 时程分析结果

受论文篇幅的限制,仅给出2号高墩的时程分析结果。见图2c)、2d)…2l)。图中*DX*、*DY*分别为2号墩墩顶顺、横桥向水平位移;*MY*、*MZ*、*N*分别为2号墩墩底顺、横桥向弯矩和轴力。时程峰值的比较见表3。

普通混凝土和轻质混凝土时程峰值比较表(恒载 + $Ex + 0.3Ey + 0.3Ez$) 表3

位移和内力	(1)轻质混凝土	(2)普通混凝土	(1)与(2)比较增减(%)
*DX*max(mm)	48.8	44.6	9.41
*Dy*max(mm)	18.0	17.3	4.05
*MY*max(kN·m)	8 928	11 122.4	-19.73
*MZ*max(kN·m)	4 756	6 225	-23.60
*N*max(kN)	14 364	18 949	-24.20

4 经济性比较

4.1 材料单价调查分析

云南省可保、一平浪等煤矿利用黏土、露天煤矿表层的剥离土、煤矸石等工业废弃材料已焙烧出高强度圆型和碎石型陶粒用于实桥。陶粒成品见图3和图4。

a)

b)

图 3

a)圆型高强陶粒成品;b)圆型高强陶粒料

2008年6月笔者调查云南省建工商品混凝土公司、水富至麻柳弯高速公路和永仁至武定高速公路三个工地的混凝土单价。普通混凝土与轻质混凝土平均单价比较见表4。

a)

b)

图 4

a)碎石型高强陶粒成品;b)碎石型高强陶粒料

混凝土平均单价比较表 表 4

单价与材料	LC50	C50	轻质混凝土与普通混凝土的价格差(元)
单价(元/m^3)	1 472.45	1 352.45	120
单价与材料	LC30	C30	轻质混凝土与普通混凝土的价格差(元)
单价(元/m^3)	950.63	850.63	100

4.2 高墩桥混凝土材料价格比较

采用两种材料建造高墩桥的价格比较见表 5。

高墩桥混凝土材料价格比较表 表 5

材料	主梁 C50/LC50	桥墩台 C30/LC30	承台桩基 C30/LC30	混凝土材料价格(元)
轻质混凝土(m^3)	1 284	927.23	213.50	1 284 ×1 472.45 +1 140.73 ×950.63 =2 975 038
普通混凝土(m^3)			300.80	1 284 ×1 352.45 +1 228.03 ×850.63 =2 781 145

5 结论

从高墩桥动力响应特征值比较可看出,轻质混凝土要优于普通混凝土。在给定的地震动作用下,轻质混凝土和普通混凝土相比,除了墩顶最大水平位移值超过 9.41%(顺桥向水平位移 DX)外,墩底内力时程响应峰值下降幅度达到了 19.73%(墩底顺桥向弯矩 MY)~24.20%(墩底轴力 N),表明在高烈度地震区采用轻质混凝土修建高墩桥可以显著降低地震响应,改善桥梁结构抗震性能。

采用轻质混凝土还是普通混凝土来修建高墩桥,经济性是国内桥梁界讨论焦点之一。4 孔 40m 连续梁在主梁和桥墩几何尺寸完全相同的条件下,虽然轻质混凝土和普通混凝土相比,混凝土材料价格超过了 6.97%,但内力时程响应峰值下降幅度却超过价格增加的幅度。实际上,一方面,随着桥墩高度或桥梁跨径的增大,若采用轻质混凝土修建高墩桥,在满足结构刚度的前提下,上下部结构的几何尺寸调小后,全桥恒载还会下降,桩基础数量会明显减少,其经济性会进一步得到体现;另一方面,随着工业废弃物的增多,焙烧高强陶粒工艺的改进,轻质混凝土在旧桥改造,新建桥梁上的用量增加,与普通混凝土的价格差还会逐步缩小。

综上所述,在高烈度地震区采用轻质混凝土建造高墩桥可以改善桥梁结构的抗震性能。随着轻质混凝土用量增加,其经济上的优势会愈来愈明显。

参 考 文 献

[1] 孙海林,丁建彤,叶列平. 高强轻骨料混凝土在桥梁工程中的应用及发展. 第十五届全国桥梁学术会议论文集,上海:同济大学出版社,2002,12

[2] 丁建彤,郭玉顺,木村薰. 结构轻骨料混凝土的现状与发展趋势. 混凝土, 2000, 12: 23-26

[3] ESCSI(Expanded Shale, Clay and Slate Institute). Building bridges and marine structures with structural lightweight aggregate concrete. Publication No. 4700, 2001.

[4] FHWA(Federal Highway Administration), Criteria for designing lightweight concrete bridges, Report No. FHWA/RD-85/045, McLean, VA. 1985.

[5] Melby, Karl, Use of High Strength 轻质混凝土 in Norwegian Bridges, Proceedings Second International Symposium On Structural Lightweight Aggregate Concrete, 18-21 June 2000, Kristiansand, Norway, pp. 47-56, 2000.

[6] 王克海.桥梁抗震研究.北京:铁道出版社,2007

[7] 张敏.建筑结构抗振分析与减震控制.成都:西南交通大学出版社,2007,12

[8] 中华人民共和国行业标准.公路桥梁抗震设计细则(报批稿).2008

剖析公路工程投标报价方法

程　勇
（张涿高速公路张家口管理处　张家口　075000）

摘　要　随着我国社会主义市场经济制度日益完善，公路建筑市场竞争日趋激烈，对于每个公路施工企业来说，面临的首要问题就是如何使编制合理的投标报价、使公路工程项目竞标成功？如何提高中标率？如何在投标工程中获得较大利润？投标报价的编制技巧与报价策略就成了投标单位关注的热门话题。

由于投标报价现已有一套完整的计价方法和可遵循的规律，要做好报价策略，提高中标率，应根据我国公路行业建设体制的特点，首先要了解业主情况及施工的季节和工期要求，"吃透"招标文件，了解竞争对手，做好报价前的准备工作。具体从掌握施工要求、考察施工现场、确定计量支付内容来做出经济合理的施工方法；再合理选用定额、确定材料单价、准确计算工程量、积累设计资料和造价指标等方面入手来确定最终单价、完善计价过程；最后通过费率、引用分析和调整，才能计算合适的投标报价，使投标人竞标成功。

关键词　投标报价　计价　工程量　定额

1　绪论

1.1　课题研究的目的及意义

工程招投标是建设市场的一种交易行为。

公路工程通过招投标，进行公平交易、平等竞争，有利于确保和提高工程质量、缩短工期、降低造价、提高工程效益，促进基建工程按程序办事，促进施工企业技术进步，使建设单位（业主）通过招标建设程序能够公平、公正、客观、准确地选择施工单位。如何提高中标率？如何在投标工程中获得较大利润？投标报价的编制技巧与报价策略就成了投标单位关注的热门话题，本文则重点讨论公路工程投标报价的这些方法。

1.2　本文研究内容及创新点

1.2.1　主要研究内容

多年来，公路建设招投标市场通过培育和实践，已经确立了公平、公正、客观、准确的评标原则。在投标文件中，技术方面需要说明技术能力、财务能力、管理水平和信誉程度，商务方面需要报价总金额、工程量清单、单价构成分析等。投标报价现已有一套完整的计价方法和可遵循的规律，根据我国公路行业建设体制的特点，我们需要从掌握施工要求、计量支付内容、合理选用定额、准确计算工程量等方面入手，通过费率、引用分析和调整，才能计算合适的投标报价，使投标人竞标成功。

1.2.2　主要创新点

总结归纳了投标报价的主要特点及投标报价的编制技巧，提高了中标率。

2 报价前的准备工作

2.1 基本情况的了解

(1)工程招标方式;

(2)业主的资金是否到位、支付能力等情况;

(3)工程的主要难点;

(4)交通运输的限制;

(5)施工的主要季节及工期要求等等。

2.2 对施工现场进行考察

(1)施工现场位置和施工环境;

(2)业主提供的“三通一平”是否到位;

(3)大临设施设置场地;

(4)施工人员的居住是否靠近工地等等。

2.3 对竞争的主要对手的了解

(1)了解竞争对手经营状况和目前技术水平;

(2)了解竞争对手以往有无类似工程业绩;

(3)与业主或当地政府有无特殊关系。

2.4 “吃透”招标文件及时解答疑问

(1)弄清承包者的责任和报价范围,不致发生任何遗漏;

(2)弄清各项技术要求,以确定既经济实用又能保证工期的施工方案;

(3)注意施工中所需的特殊材料和特殊工艺所需的设备;

(4)整理标书中含糊不清的问题,及时向业主提出,请求给以澄清。

3 投标报价的计价方法

目前,公路建设项目投资估算、设计概算、施工图预算编制均采用单件、分部组合的实物量计价方法。在项目实施阶段,建设单位依据招标文件,预算定额编制招标标底,其额数控制在概算的5%以内。为此,报价需要遵循预算编制原则,从操作意义上讲,应保持与其水平一致。

3.1 掌握施工要求与计量支付内容

招标文件是由招标单位依据交通部[1999]615号《公路工程国内招标文件范本》编制并发布的实施性文件。在编制投标报价之前,应阅读招标文件的合同条款、技术规范,掌握施工要求、计量与支付内容,深入了解设计图纸与细目工程数量的关系,做出正确的理解。随后列出分项工程数量、选用定额。这个过程必须注意分项工程不重计、不疏漏,由此计算得到的细目单价和合价,将达到相对准确的程度。

3.2 采用经济合理的施工方法

施工方法是影响细目单价的主要因素之一,在细目计价时应根据施工方案选用分项工程定额。施工方案的优劣,直接影响报价的高低。比如,目前流行的钢筋混凝土中承式拱,上部构造是采用现浇施工还是采用预制缆索吊装施工,在报价上有明显的差别。在投标文件中,一般要求有详细的分部工程施工组织设计,金属设备重量、机械设备吨位及分部工程施工工期等数量,可在施工方案图、表中查用。但是,还有部分工程需要报价编制者自己确定施工方法。比如,受机构设备的限制,要将铲运机施工土方改为其他机械施工,此时就要考虑运输远近、运量多少等因素,确定一种比较经济合理的施工方法。从经济的角度考虑,可采用斗容量 $1.0m^3$ 挖掘机配手扶拖拉机施工。

3.3 确定单价

目前,我们确定单价的依据主要还是《建筑工程预算定额》,随着我国加入 WTO,为了与国际惯例接轨,越来越多的采用综合单价的形式进行报价。

3.3.1 认真调查材料单价

材料单价是影响报价高低最大的因素。因此确定所用材料的单价很重要,尤其是钢材、水泥、沥青、砂石等主要材料价格。

通常我们在投标时从以下几个途径获取编标材料单价:

(1)工程所在地或附近实际调查的价格;

(2)工程所在地有关部门定期发布的材料价格;

(3)公路管理部门或定额(造价)站发布的价格;

(4)从有关设计部门、咨询机构,甚至业主有关人员处打听到的价格;

(5)近几次业主招标编制标底所采用的价格。

从上面几个途径获取的单价有时会有较大差异,选择哪个途径的单价要根据具体情况而定。

在调查材料单价时,应进行分析计算。材料单价的相对数增加或减少10%,报价的上升或降低见表1。其分析表明,材料单价增减由此而使建筑安装费用增减,两者承直线关系。因为,我们需要认真把住材料单价关。

材料单价增加或减少10%报价上升、降低率 表1

材料名称	单　价	相对数	上升、降低率	备　注
汽、柴油	3.6、3.2元/kg	0.85	同时增、减为	2.74%
425号、525号水泥	240、352元/t	0.61		
Ⅰ、Ⅱ级钢筋	2778、2810元/t	0.80		
砂、碎石	32、48元/m^3	0.48		

3.3.2 进行单价合理性的分析

(1)盈亏平衡和效率的分析。对综合单价的分析,主要是针对本企业的成本和所要实现的利润进行分析。在此工程中,工程成本就是保本点,施工方案的优越性和施工力量组织的合理性及施工管理的措施都直接影响成本。当成本过高时,要及时分析本项目的资源利用率是否合理。如在上述工程中,适当增加地面作业量,尽管吊装机会选择得大些,但在安装精度控制和人员的利用率上都会有益,尤其是实行三班运转制,提高了机具使用效率、缩短工期从而降低成本费用,成本费用降低就降低了盈亏平衡点。

(2)进行采购费用的分析。对所需材料的最高价格和最低价格进行比较,对机械设备的租赁费的最高价与最低价进行比较,"货比三家"根据项目具体情况进行适当选择。

(3)进行风险性分析。首先应识别风险,对风险的频率与严重性逐一分析,提出可能性和解决的方案。其次根据业主的风险承担进行分析,再决定是承担工作量还是单价风险。

综合上述分析资料,提出可能采用的最高价和最低价供决策人选择,这是报价尤为重要的一步。

4 掌握规律完善计价过程

实践证明,投标报价需要掌握规律,需要深入了解定额内容,掌握施工方法,结合图纸与实际,才能

做出最佳的报价结果。

4.1 合理选用定额

定额是部颁标准,应与其章节说明、附注说明、工程内容一并理解和使用。比如,深水基础悬浇箱梁施工,采用水上拌和船拌和桩基、沉井封底、井壁、承台、墩身、箱梁混凝土时,其相应定额需要结合章节说明调整人工、机械台班定额;采用悬浇挂蓝定额时,需要结合附注说明调整设备滩销费。定额是针对某个工程部位测定的单位工程计价量,具有针对性,但只有在工程内容相同、工料机定额消耗量相同的情况下才能套用。比如,桥头混凝土塔板可套用桥面混凝土铺装定额,陆地钻孔桩工作平台可套用打桩工作平台定额。目前,绝大多数投标者都是采用交通部《公路工程预算定额》。

对于国内标,原则上应按部颁《公路工程预算定额》考虑。编制套用定额时应注意以下几方面:

(1)以部颁定额或业主指定的定额为标准。

(2)对《公路工程预算定额》要透彻了解。对定额的意义、产生、范围、使用方法等要了解,才能正确地选用。

比如,一般的工程量清单中都根据国际惯例,将钢筋分为I级钢筋和II级钢筋,而“定额”中是和在一起的,并没有按I、II级钢筋分开;在套用这样的定额时就要做一些技术处理,下面举例说明具体的技术处理方法。以“现浇简支T梁上部结构(4-44-3)”钢筋为例,确定I、II级钢筋的定额消耗。

4.2 准确计算工程量

清单细目中工程数量是为投标报价约定的一个计价基准数,不能随意更改。但对应细目的某些分项工程数量,如钢护筒、钢围堰、水泥混凝土拌和楼、大型预制构件底座、现浇支架、缆索吊装设备等工程量,它们都是工程的先行工序,与设计意图、施工方案密切相关,所占费用比较大(尤其是特大桥施工标段),需要认真对待、准确计算。重点核对土(石)方工程、桥梁工程的细目工程量,准确计算土石方调配运距,土石混凝数量、各部位钢筋数量等。核对和计算工程量的目的,就是为了避免混淆、出现错误。

此外,投标人在编制报价时对于工程量清单应注意以下几个方面:

(1)正确处理工程量清单与图纸工程量不符问题;

(2)根据实际情况决定采用哪个工程量;

(3)认真研究设计图纸,业主的标底往往是以施工图工程量为基础的编制的,而不是根据清单。

4.3 合理选择取费

按《公路基本建设工程概算、预算编制办法》规定,概、预算总金额由四部分组成:建筑安装公费;设备、工具、器具及家具购置费;工程建设其他费;预留费。

首先,标价编制业务人员要找到工程所在地的《编制办法》补充规定,然后确定各项取费的具体改值,输入计算机程序。业务人员在确定它取费标准时,应根据不同的招标项目选择。对国际招标项目,要根据企业的实力确定成本控制价,工、料、机等直接费以外的其他费用都要按可能发生的多少计入取费。对于国内招标项目,取哪些费、取多少,主要根据各地、各项目业主的具体情况,而不能根据投标者的主观认识来确定。

对于国内取费主要考虑以下几方面:

(1)要明确取费标准以业主为基准,而不是投标者自己企业的标准;

(2)一定要按各地交通厅发布的补充编制办法考虑,并在此基础上分析业主可能的取费标准;

(3)注意不要重复计费。

4.4 积累设计资料和造价指标

由于公路建设项目规模大、周期长、地形地貌不同等原因,一般都采用单件计价方法。因此,没有一个统一的设计和造价模式。这就需要我们广泛地积累设计资料，积累各种路线等级、各类桥型以及其中各工程细目的造价指标和工程量指标，掌握规律，将其类比到实际报价中，用以指导工作。

5 报价分析与调价策略

投标报价需要编制质量，它贯穿于现场察看、材料调查、报价编制、报价分析与调价全过程。经过报价分析，可以看出报价编制质量从而帮助纠正错误，提供调价决策依据。

5.1 指标类比分析

指标类比分析可从两个方面进行，一是将编制好的细目、章结果同积累的造价指标或工程量指标进行比较，通过反复调整计算出建筑安装费用。二是将企业内部多年积累的工程决算与财务决算比较，通过反复核对，计算出成本加利润费用。建筑安装费用与成本加利润费用又可进行比较，两者相差值可作为最终调价的依据。

5.2 费用比值分析

其他直接费费率、现场经费费率、间接费费率、施工技术装备费费率、计划利润费率、完税税率计算的费用之和，除以人工、材料、机械台班费用之和，称为综合费率。在报价调试阶段，应按规定的费率计取各项费用，要进行综合费率、综合费用与建筑安装费用比值分析。一般情况下综合费率应大于25%，费用比值应大于20%。分章费用比值可参考表2。综合费和费用比值可作为最终调价的依据，见表3。

现浇简支T梁钢筋定额(单位:$10m^3$ 实体或1t钢筋) 表2

序号	项　目	单位	代号	原钢筋定额消耗	Ⅰ级钢筋调整后定额消耗	Ⅱ级钢筋调整后定额消耗
4	Ⅰ级钢筋	t	16	0.205	1.025	0.00
5	Ⅱ级钢筋	t	17	0.820	0.00	1.025
8	电焊条	kg	42	0.9	0.00	1.125
12	20~22号铁丝	kg	154	5.1	5.10	5.1
21	30kVA以内交流电焊机	台班	866	0.41	0.00	0.513
22	150kVA以内交流对焊机	台班	880	0.29	0.00	0.363
23	小型极具使用费	元	998	14.4	14.40	14.40
24	基价	元	999	1 994		

投标报价的费用比值、综合费率参考值 表3

项目名称	费用比值(%)	综合费率(%)	备　注
200章　路基土石方	19.32	23.95	$a=b/(1+b)\ b=a/(1-a)$
300章　路面(混凝土)	18.86	23.25	
400章　桥梁	22.55	29.12	
600章　排水与涵洞	21.35	27.14	
700章　防护	20.87	26.37	
平均值	20.59	25.97	

5.3 调价策略

调价策略是最终报价可能采用的决策方法。调价策略是否恰当，对中标及可能获得的利润有较大影响。调价策略有：以获得较大利润为目标、以保本微利为目标、以保本低价为目标、超常规报价等方

法。一般情况下，既考虑采用获得较大利润的调价策略，又考虑采用保本微利的调价策略。我们有了指标类比分析、费用比值分析后，根据这种情况适当调整综合费率，完全可以达到其调价目的。好的报价标准是，既要保证人工、材料、机械台班费用，又要有一定数量的管理费、其他费用与利润。

6 编制报价应考虑的其他因素

(1)业主的编制习惯。投标人在一个地方或同一业主处多次投标，就能对业主的编标习惯有了一定了解。比如取费习惯、工程造价水平高低等等。

(2)业主对工程的主观态度。对于业主较为重视的大型重点工程，对工期、质量有较高的要求的工程等，其造价相对要高些。

(3)业主资金来源情况。由国家投资项目资金能很好保障，相对来说标的会比较高。由贷款或集资等方式筹资的项目，资金不一定充裕，标的会比较低。

(4)工程施工的环境优势、施工难度。施工环境恶劣、难度大的工程，标价相对较高，相反标价较低。

7 结语

投标报价不等于工程概预算，它是通过概预算方法预测工程细目的预期单价和费用，进而预测建设项目成本和在此基础上的利润。在科技进步的时代，投标报价方法还需要深入研究，希望能为施工企业的生存与发展，探讨出更加完善的报价方法。

参 考 文 献

[1] 陈森，熏王清池. 公路工程招标与投标管理[M]. 北京：人民交通出版社，1993

[2] 交通部. 公路工程施工招标评标办法[M]. 北京：人民交通出版社，1997

[3] 杨子敏. 公路工程造价指南 [M]. 北京：人民交通出版社，2000

[4] 全国造价工程师考试培训教材编写委员会. 工程造价的确定与控制[M]. 北京：中国计划出版社，2001

[5] 交通部[1999]615 号 公路工程国内招标文件范本

[6] 交通部定额站. 公路工程施工招投标与费用监理[Z]

对桥(涵)台背回填过渡段施工方案的探讨

干其明　张　丰

(商丘市豫东公路勘察设计有限公司　商丘　476000)

摘　要　为进一步提升高速公路建设水平,从源头上避免运营期间桥头跳车现象的发生,《公路路基设计规范》(JTG D30—2004)提高了桥(涵)台背回填的施工质量控制标准。本文结合泌南高速公路施工实践,对桥(涵)台背回填的施工方案进行了分析总结,以期能为类似工程施工提供可借鉴资料。

关键词　台背回填　施工方案

1　概述

由于高速公路中的桥涵密度一般都比较大,因此,解决桥涵台前跳车的问题,以满足行车安全、舒适的要求就显得尤为重要。为从源头上避免高速公路运营期间桥头跳车等现象的发生,《公路路基设计规范》(JTG D30—2004)提高了桥(涵)台背回填的施工质量控制标准。在新规范指导下,本着经济、适用、合理的原则,优化选择"提高台背回填过渡段的工程质量施工方案"是至关重要的。

2　"台前跳车"现象产生原因

台前跳车现象产生的原因很多,如施工方案的选择、施工质量的控制、工程投资成本的限制等等。但是,从产生机理上说,路面下承层结构的不同是造成上述现象发生的根本原因,刚性下承层(桥面板)与弹性下承层(路基填料)不同的结构性质,必然导致桥头跳车等现象的产生。因此,如何解决好刚性下承层到弹性下承层之间的过渡、尽可能减小两种过渡段之间的结构性质差异问题,是解决上述现象的主要手段。

3　施工方案探讨

要解决台前跳车的问题,既要从台背结构设计上想办法,又要避免投资成本的过多增加;既要从施工技术措施想办法,又要考虑施工的方便可行。根据笔者施工经验,下面分别探讨几种不同的施工方案。

3.1　提高台背回填压实度施工方案

《公路路基施工技术规范》规定,高速公路和一级公路的桥台涵背的填土压实度标准,从填方基底或涵洞顶部至路床顶面均为96%（路基分96%、94%、93%三个区段)。即从施工方案上提高台背回填压实度,减少台背施工后沉降量,从而达到减小台前跳车程度的目的。

3.2　搭板过渡施工方案

目前国内高速公路的设计,均在桥台前增设了一定长度的钢筋混凝土搭板,从而达到弹性路面平缓的过渡到刚性的路面的目的。该方案不足之处是搭板的长度需要足够长。但是,随着搭板长度的增加,

如果搭板下的台背路基没有采用较好的施工技术工艺、材料以及较好的施工质量,很容易造成搭板的悬空,从而将弹性地基搭板变成了简支板,最终造成搭板的断裂,并引发事故。

3.3 综合施工方案

在泌南高速公路建设项目施工中,根据项目业主将桥涵结构物台背回填作为桥涵台背回填过渡段专项工程进行施工的要求,结合2004版《公路路基设计规范》和《公路路基施工技术规范》对台背回填的相关规定,我们采取的施工方案是:

①根据路基填料为中粗砂的具体情况,过渡段填料选用透水性材料碎石掺砂(碎石含量为70%),一方面形成良好的透水能力来消除墩台处的渗水现象,另一方面保证台背的密实质量,减少由于填料土质稳定造成的路面沉降量。

②采用碎石桩、水泥深层搅拌桩、碎石掺砂换填、冲击碾压等深、浅层地基处理方法对台背基底进行处理,提高基底的承载能力,减少基底承载力不足造成的路面沉降量。

③增加台背回填过渡段的长度:底面宽度为3倍路基设计填筑高度取整,逐层向上1:1放坡,并不小于搭板长度,以满足过渡段平缓过渡的长度需要。

④在桥台填土高度大于5m时,台背回填范围内每60cm满铺双向土工格栅一层,对于暗涵、暗通道在涵顶及两侧各2米范围内并铺设土工布一层,以增加过渡段范围内路基的整体性,保证台背的密实质量,减少由于填料土质稳定造成的路面沉降量。

⑤加强施工质量控制,要求技术、质检人员全过程旁站。这种施工方案是在对台前跳车问题进行原因分析的基础上,结合我们的施工实践,为达到减少台背回填工后沉降量的目的而编制的,实践证明,该方案在很大程度上能够减小台背回填的施工后沉降量,对台前跳车问题能够起到良好的控制作用。

对于要求较高的重要线路,解决台前跳车的最好方法,是将上述施工方案进行有效的优化结合,从方案上解决弹性地基到刚性桥面的平缓过渡问题。面层采用搭板过渡;台背回填过渡段选用提高压实标准、填料选用优于路基的填料(如级配碎石、碎石掺砂等填料)、增加过渡段的长度、每隔60~100cm填筑厚度铺设土工格栅一层的施工方案。如果采用这种施工方案,将可以达到平缓地从刚性桥面过渡到弹性路面的目的,从而使台前跳车现象得到更好的控制。

4 结语

台前跳车是目前高速公路一个普遍存在的问题,它不但影响行驶车辆的使用寿命、对桥台造成一定的冲击破坏,而且也影响到了乘客坐车的舒适和安全以及高速公路的运行质量。因此,台前跳车是高速公路设计和施工中急需解决的一个问题。文中所探讨的施工方案是笔者结合施工经验所提的一些建议,相信有更多更好的方案会应用到设计和施工中去。

参考文献

[1] JTG D30—2004 公路路基设计规范. 北京:人民交通出版社

[2] JT D90—2004 公路路基施工技术规范. 北京:人民交通出版社

桥梁结构的抗震安全性评估

张 娜
(北京城建设计研究总院 北京)

摘 要 桥梁工程是一座城市的生命线工程,5.12地震后,桥梁的抗震设计越来越引起了人们的高度重视。本文根据现行抗震设计规范,集合国外的一些抗震设计理念,对北京市三条投入运营较早的轻轨桥梁进行了抗震安全评估。根据三级抗震性能要求,分别对墩柱的抗弯、抗剪、抗震连接件、基础抗弯能力进行计算,评估桥梁的抗震安全性,并根据计算结果提出抗震加固的合理建议。

关键词 桥梁抗震 安全评估 延性设计 能力保护

1 引言

5.12纹川大地震后,总结灾难的经验教训,北京市路政局组织对北京市设计年限较早的地铁运营线路13号线、5号线、八通线桥梁结构进行了一次全面的安全检查。这些桥梁结构大部分采用87版《铁路工程抗震设计规范》设计,该规范在设计规定方面虽然有了明显的进步,但是仍基本基于强度设计,缺少墩柱延性设计方面的考虑。本文根据原桥梁设计图纸和桥梁现运营状态,结合"小震不坏、中震可修、大震不倒"的抗震设计准则,讨论这些既有桥梁结构的抗震安全性。

2 桥梁结构在地震作用下的破坏形式

总结地震破坏的表现形式主要有以下四种:

(1)由于桥梁墩柱不具备足够的延性能力发生弯曲破坏。

(2)由于桥梁墩柱不具备足够的抗剪能力发生的剪切破坏。

(3)由于支座、抗震设施等连接构件设计强度不足发生的梁体坠毁破坏。此次纹川大地震就有多处桥梁发生了此类破坏。

(4)由于桥梁基础失效导致桥梁破坏。

3 各线桥梁的基本概况

轻轨线桥梁一般跨越里程较长,且在城市道路中穿行,受地形、地貌等制约因素影响较多,因此桥梁形式较多,本文仅选取13号线、5号线、八通线桥梁的个数较多的标准梁进行验算(表1~表4)。

桥梁基本概况 表1

线路名称	梁 型	墩柱类型	墩柱尺寸m(横×纵)	场地类型
13号线	3×25m预应力混凝土连续梁	双柱墩	2m(1.12×1.4)	II
5号线	3×30m预应力混凝土连续梁	独柱墩	2.2×1.6	II
八通线	25m预应力混凝土简支梁	T墩	2.0×1.6	III

桥梁配筋情况 表2

线路名称	验算墩柱类型	配筋率(%)	配箍率(%)	轴压比
13号线	连梁固定墩	1.6	0.4	0.12
5号线	连梁固定墩	1.4	0.5	0.11
八通线	简支梁墩	1.3	0.4	0.08

抗震设施设置情况 表3

线路名称	抗震设施类型	数量	规格
13号线	抗震销棒	8根	ϕ50mm
5号线	抗震销棒	4根	ϕ60mm
八通线	抗震挡块	2个	80×30cm

基础设置情况 表4

线路名称	桩基类型	数量	配筋率(%)
13号线	钻孔灌注桩	4根	0.88
5号线	钻孔灌注桩	4根	0.88
八通线	钻孔灌注桩	4根	0.6

4 计算方法

4.1 地震力计算

地震力的计算模型与墩柱顶的支座有关。八通线标准梁为简支梁,支座布置形式为一端固定、一端活动。13号线、5号线标准梁为三跨连梁,支座布置形式为两个边墩采用板式橡胶支座,中墩一个为盆式固定支座,另一个为盆式纵向活动支座,如图1所示。对于纵桥向地震力,不考虑橡胶支座的摩擦作用,盆式橡胶支座的摩擦系数按0.06考虑。

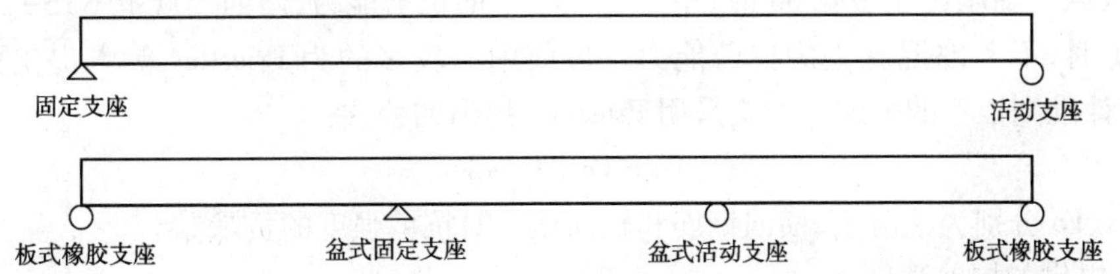

图1 13号线、5号线、八通线标准梁支座布置形式

对于纵桥向地震力将上部结构的总质量全部分配到固定墩墩顶,不考虑列车活载;对于横桥向地震力,把中墩上部梁支反力+单列车活载做为墩顶质量。其中m_1为列车的质量,H_1为列车质量中心至梁高1/2处的距离,m_b为梁自重与二期恒载的和,H_b为梁高1/2至墩顶的距离,H为墩高。计算中考虑桩-土共同作用,计算模型见图2。

4.2 墩柱抗弯计算

4.2.1 多遇地震下抗弯计算

根据三级抗震设防要求,在多遇地震作用下要求结构保持弹性,多遇地震作用效应和自重及50%的轻轨车辆荷载效应组合后,应按容许应力法验算墩柱各截面的应力,保证在多遇地震作用下,墩柱在弹性范围工作。即：

$$\sigma_h \leqslant [\sigma_c] \tag{1}$$

$$\sigma_g \leqslant [\sigma_g] \tag{2}$$

式中，$[\sigma_c]$为混凝土允许应力；$[\sigma_g]$为钢筋允许应力。

4.2.2　罕遇地震下抗弯计算

在罕遇地震作用下需要验算构件的延性，以保证充分发挥其延性能力，根据《铁路工程抗震设计规范》(GB 50111—2006)，钢筋混凝土桥墩在罕遇地震作用下的弹塑性变形分析，宜采用非线性时程反应分析法，延性验算应满足下式要求：

$$\mu_u = \Delta_{max}/\Delta_y < [\mu_u] \tag{3}$$

式中，Δ_{max}为桥墩的非线性相应最大位移；Δ_y为桥墩的屈服位移；$[\mu_u]$为允许位移延性比，取4.8。

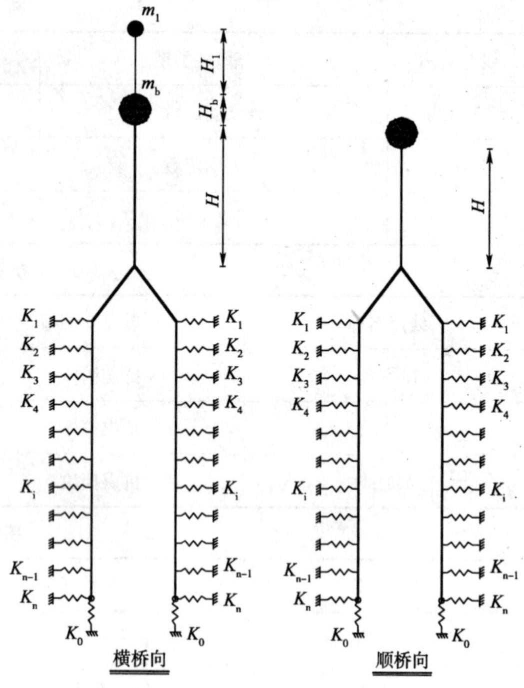

图2　地震力计算模型

4.3　墩柱抗剪计算

4.3.1　桥墩剪力设计值计算

钢筋混凝土构件的剪切破坏属于脆性破坏，是一种危险的破坏模式，对于抗震结构来说，为了确保不发生剪切破坏，应采用能力设计原则进行墩柱的抗剪设计。即

$$V_{c0} = \phi^0 My/H \leqslant \phi Vn \tag{4}$$

式中，V_{c0}为桥墩剪力设计值；My为桥墩的屈服弯矩；ϕ^0为抗弯超强系数，各国规范对ϕ^0的取值差异较大，一般在1.1～1.3之间，本文计算取1.2；ϕ为抗剪强度折减系数，取0.85；Vn为桥墩名义抗剪能力。

4.3.2　桥墩名义抗剪能力计算

地震中大量钢筋混凝土墩柱的抗剪破坏表明：在墩柱塑性铰区域由于弯曲延性增加会使混凝土所提供的抗剪强度降低。为此，各国对墩柱塑性铰区域的抗剪强度进行了大量研究，ACI—319—89要求在端部塑性铰区域当轴压比小于0.05时，不考虑混凝土的抗剪能力，新西兰规范NTS—3101中规定当轴压比小于0.1时，不考虑混凝土的抗剪能力。目前用的较多的为Priestley等人提出的计算公式和Caltrans抗震设计准则推荐的公式。本文采用Priestley提出的公式：

$$Vn = Vc + Vs + Vp \tag{5}$$

式中，Vc、Vs、Vp分别为混凝土、横向钢筋和轴向压力对抗剪强度的贡献。

(1)混凝土提供的抗剪强度Vc

$$Vc = 0.8Agk\sqrt{fc} \tag{6}$$

式中，Ag为塑性铰毛截面面积；k为随混凝土主拉应变变化的混凝土剪应力系数。

(2)横向箍筋提供的抗剪强度Vs

$$Vs = A_v f_{yh} D' \cot\theta / S \tag{7}$$

式中，A_v为单根箍筋的横截面面积；f_{yh}为箍筋的屈服强度；$D'\cot\theta/S$为弯剪裂缝所穿越的箍筋层数。

(3)轴压力提供的抗剪强度V_p

$$V_p = p\tan\alpha \tag{8}$$

式中，α为轴压力p作用点和柱塑性受压区中点的连线与柱中轴线的夹角。

4.4 抗震设施验算

在设计地震烈度作用下,保证桥梁结构上部结构和下部结构的有效连接,验算防止落梁的结构强度,即:

$$F_{he} = A_g \cdot m_d < [F] \tag{9}$$

式中,A_g 为地震动峰值加速度值;m_d 为简支梁一孔梁的质量;[F]为抗震设施的允许水平力。

4.5 桩基础验算

在地震过程中,如果基础发生损伤,不易发现并且难以维修,因此应采用能力设计原则进行基础计算和设计,以确保基础在达到预期的强度之前,墩柱已超过其弹性反应范围。即:

$$M_{桩} = \phi^0 M_{柱} \tag{10}$$

式中,$M_{柱}$ 墩柱塑性铰区截面按实际配筋,采用材料标准强度值和轴压力计算出沿横桥向的正截面受弯承载力所对应的弯矩值;

ϕ^0 为抗弯超强系数,各国规范对 ϕ^0 的取值差异较大,一般在 1.1 ~1.3 之间,本文计算取 1.2。

5 计算结果

根据第 4.1 ~4.4 的计算方法,验算各线的抗震承载力,得到结果如表 5 所示:

抗震示载力情况 表 5

抗震性能要求	线路名称	纵桥向计算结果	横桥向计算结果
多遇地震	13 号线	墩柱、基础的抗弯、抗剪均满足要求	墩柱、基础的抗弯、抗剪均满足要求
	5 号线	墩柱、基础的抗弯、抗剪均满足要求	墩柱、基础的抗弯、抗剪均满足要求
	八通线	墩柱、基础的抗弯、抗剪均满足要求	墩柱、基础的抗弯、抗剪均满足要求
设计地震	13 号线	抗震设施强度满足要求	抗震设施强度满足要求
	5 号线	抗震设施强度不满足要求	抗震设施强度不满足要求
	八通线	抗震设施强度满足要求	抗震设施强度满足要求
罕遇地震	13 号线	墩柱发生弯曲破坏	桩基发生弯曲破坏
	5 号线	墩柱发生弯曲破坏	墩柱发生弯曲破坏
	八通线	桩基发生弯曲破坏	桩基发生弯曲破坏

6 结语

通过上述计算,可得出如下结论:

(1)各线桥梁结构的标准梁设计基本能够满足多遇地震的设计要求。

(2)各线桥梁结构的标准梁的抗震设施部分不能满足现行规范的设计要求,鉴于抗震设施的加固相对简单易行,且地震中落梁破坏也较为常见,为防患于未然,建议应对抗震设施不满足规范要求的桥梁进行抗震加固,增设抗震设施。

(3)由于本次检查的桥梁设计年限较早,设计时未对桥梁结构进行延性设计。经检算,大部分桥梁结构均不能满足延性设计要求。

(4)从罕遇地震的破坏形式来看,13 号线双柱墩的横桥向塑性铰发生在桩顶,而八通线由于桩基配筋率较低,在罕遇地震下也会发生桩基的弯曲破坏。

(5)为保证安全,建议应对位于重要地段的桥梁进行抗震加固,避免地震带来的次生灾害。加固方法应根据桥梁破坏形态分别对待,对于墩柱发生弯曲破坏的桥梁,可以采取墩底外包钢板、碳纤维等加固措施,对于桩基发生弯曲破坏的桥梁,可以采取加设减隔震装置、减震支座等加固措施。

参 考 文 献

[1] 范立础,卓卫东.桥梁延性抗震设计.北京:人民交通出版社,2001.4
[2] 范立础,李建中,王君杰.高架桥梁抗震设计.北京:人民交通出版社,2001.4
[3] 王东升,郭恩栋.钢筋混凝土圆形截面柱式桥墩抗震性能评价.北京:世界地震工程,2001.3

“荷载平衡法”在分段浇注的预应力混凝土连续箱梁设计中的应用

邱　兵

（中国水电顾问集团成都勘测设计研究院　成都　610000）

摘　要　尾水渠大桥为泸定水电站场内交通公路上 K2798 + 674.92 ~ K2798 + 881.08 处的一座大桥，设计为 5 ~ 40m 预应力混凝土等截面连续箱梁桥。本文以该桥施工图设计为依据，介绍了如何使用荷载平衡法并结合电算程序进行分段浇注的预应力混凝土连续箱梁的设计及特点。

关键词　预应力混凝土　连续箱梁桥　分段浇注　荷载平衡法　钢束调整

1　前言

荷载平衡法是由林同炎教授于 1963 年提出的，该方法简化了对预应力连续梁的分析。当预应力钢束为抛物线时，钢束抵消均布荷载作用（图 1），此时钢束向上的分力 $\omega_b = \dfrac{8Ff}{L^2}$。如果外界施加的荷载 ω（包括梁的自重）恰好被分力 ω_b 抵消（或者说抵消了相应的弯矩），则梁中将没有弯曲应力。于是，该梁就只是处在均匀受压的情况下而应力为 $\sigma = \dfrac{F}{A_c}$。

若外荷载不等于 ω_b，我们只需分析由其荷载差额所引起的弯矩 M。因此，对钢束作用力 F（或力筋数量）的计算，变得直观而简捷。

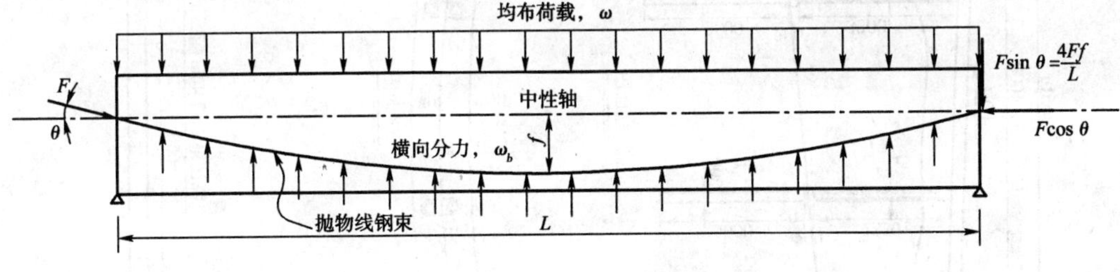

图 1　平衡均布荷载

2　设计概况

(1) 设计荷载：公路—I 级（其中 $q_k = 10.5$ kN/m，$P_k = 320$kN），人群 3.0kN/m^2。

(2) 上部结构：由于桥梁中轴线处于 $R = 255$m 的圆曲线上，且跨径不大，设计采用 5 ~ 40m 等截面预应力混凝土连续弯箱梁桥，如图 2 所示。

(3) 桥面宽度：净 - 8.0m（行车道）+ 2 × 0.5m（防撞护栏）+ 2 × 1.25m（人行道）+ 2 × 0.25m（栏杆），如图 2 所示。

(4) 施工方法：为节约支架模板，设计采用移动模架逐孔浇注法或逐孔搭设支架现浇的方法施工。施工时，为减少跨中的由于梁自重产生的正弯矩，采用混凝土浇注长度伸出支座外 7.0m（0.175L），如图 3 所示。

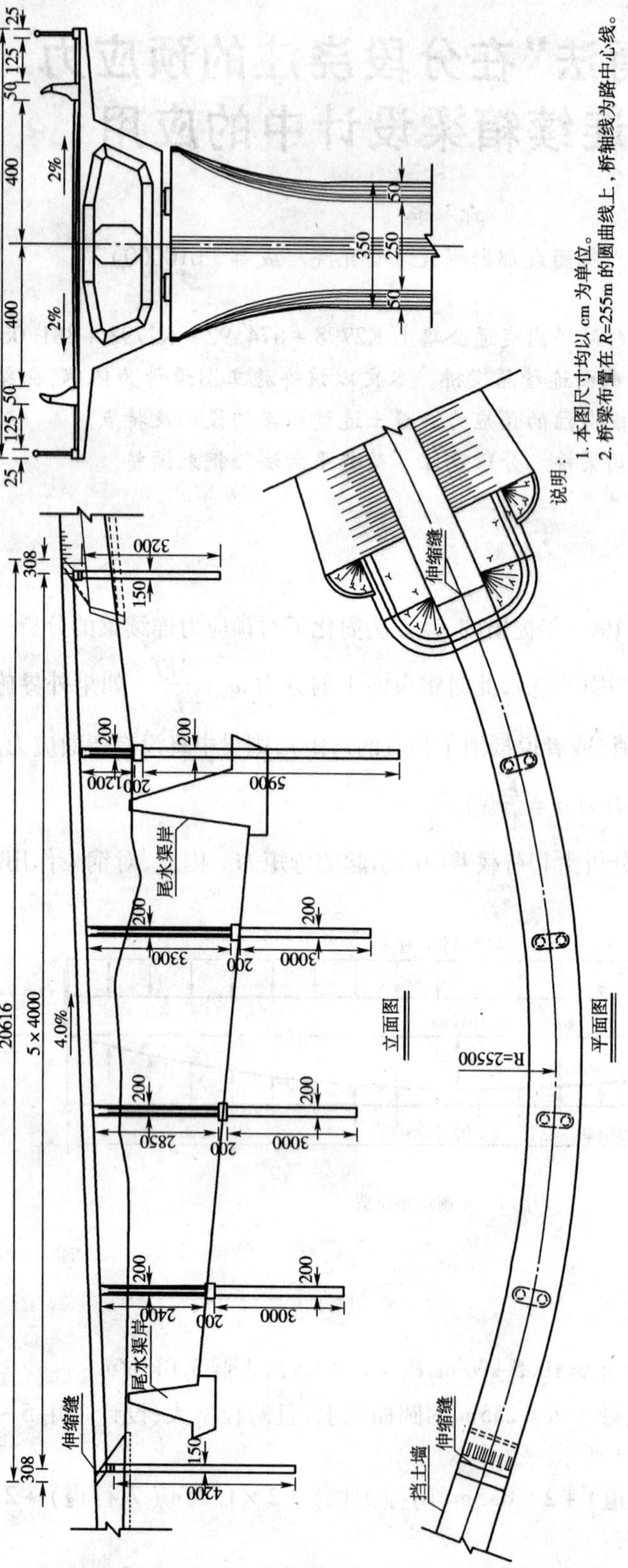
立面图
平面图
伸缩缝
尾水渠岸
挡土墙
R=25500
20616
5×4000
4.0%
1200
2%

说明：1. 本图尺寸均以cm为单位。
2. 桥梁布置在R=255m的圆曲线上，桥轴线为路中心线。

图2　桥型总体布置图

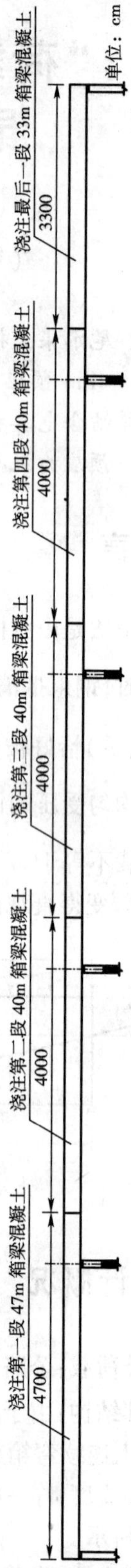
单位：cm
浇注第一段47m箱梁混凝土
4700
浇注第二段40m箱梁混凝土
4000
浇注第三段40m箱梁混凝土
4000
浇注第四段40m箱梁混凝土
4000
浇注最后一段33m箱梁混凝土
3300

图3　施工工艺流程图

(5)设计截面的选择:根据以往的设计经验,选择梁高 $H=1/16\mathrm{L}=40/16=2.5\mathrm{m}$,箱梁断面尺寸及几何特性如图4所示。

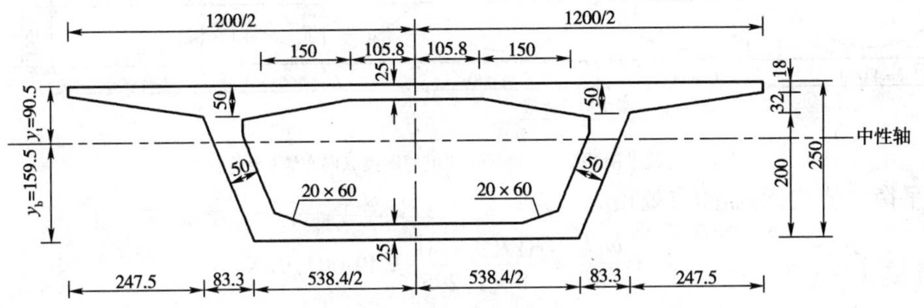

图4　箱梁断面尺寸(单位:cm)

$A=7.6443\mathrm{m}^2$,$I=6.272\mathrm{m}^3$,$y_b=1.595\mathrm{m}$,$y_t=0.905\mathrm{m}$,每延米箱梁自重 $p_1=25\mathrm{kN/m}\times7.6443\ \mathrm{m}^2=191.11\mathrm{kN/m}$,二期恒载 $p_2=35.0\mathrm{kN/m}$。

3　利用荷载平衡法进行预应力筋设计

3.1　使用荷载平衡法计算预应力钢束数量。

3.1.1　使用荷载平衡法,选取抵消掉多大的荷载 ω_b 是设计的关键,根据以往设计经验和公路—I荷载的特点,并考虑到汽车荷载、人群荷载、支座沉降和梯度温度等作用效应时,选择按平衡掉全部的恒载 p_1、二期恒载 p_2 和汽车荷载的均布荷载部分即 q_k。

但对结构稍作分析就会发现,连续梁采用分段浇注时,箱梁自重对结构产生的作用不能简单地按均布荷载加载到连续梁上得出,它与一次性浇注混凝土脱架的连续梁之间的受力有很大的区别,图5为使用 MIDAS/Civil V7.2.0 计算的两种情况下的内力。

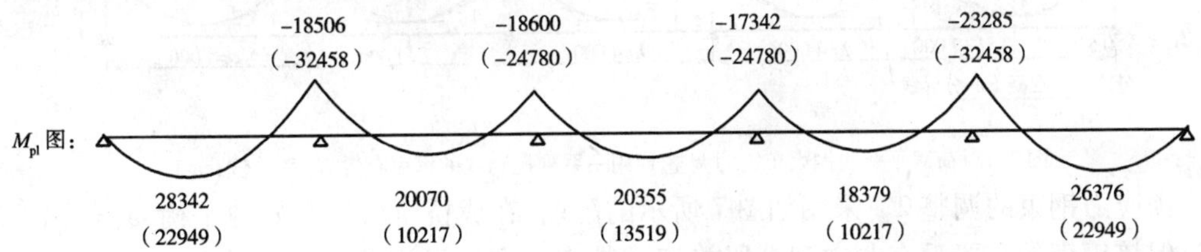

图5　箱梁自重弯矩(M_{p1})图

从图5中的箱梁自重弯矩值可以看出,对该部分弯矩,如果按照一次性浇注成型的连续梁的自重 $p_1=25\times7.6443=191.11\ \mathrm{kN/m}$ 进行平衡的话,连续梁的正弯矩会有很大一部分不能被抵消。

如何解决这个问题呢?图5括号内的值反映了成桥阶段力筋可平衡的弯矩比例,在此,根据抵消正弯矩的需要引进一个系数 $m=\dfrac{28342+20070+20355+18397+26376}{22949+10217+13519+10217+22948}=1.422$。即选取为 $\omega_b=1.422p_1+p_2+q_k=1.422\times191.11+35+10.5=317.3\ \mathrm{kN/m}$。于是,跨中附近的正弯矩将会大部分被抵消。而在支座附近由于抵消了过多的负弯矩,将产生过大的正弯矩效应,这在后面将进行相应的处理。

3.1.2　抛物线预应力筋跨中垂度(失高)f 的确定:

根据箱梁预应力钢束的布置经验,支座附近钢束一般在混凝土截面重心附近沿高度均匀分布,钢束中心取为截面中性轴,即 $y_b=1.595\mathrm{m}$ 处,跨中处腹板钢束主要集中在底板附近,取 $a_p=30\mathrm{cm}$。因此 $f=y_b-a_p=1.595-0.30=1.295\mathrm{m}$。根据荷载平衡法的特点,采用如图6的配筋:

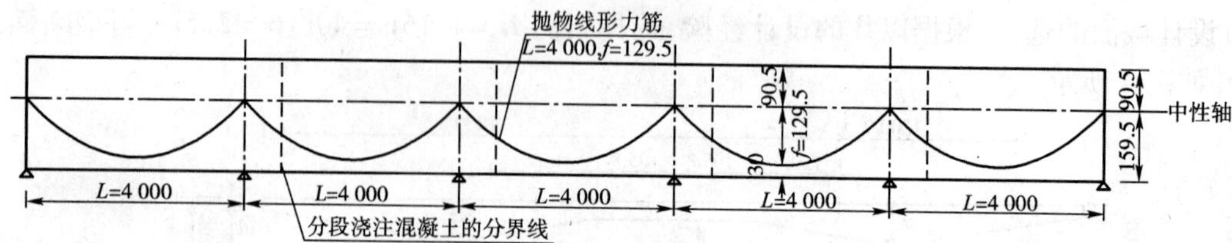

图6　荷载平衡法采用的配筋/理想的钢束纵向布置(单位:cm)

按荷载平衡法公式,所需的有效预应力为:

$$F_e=\frac{\omega_b L^2}{8f}=\frac{317.3\times 40^2}{8\times 1.295}=49\ 003.9\text{kN}$$

预应力张拉应力$\sigma_{con}=1\ 330\text{MPa}$,假设$\sigma_e=0.75\sigma_{con}=0.75\times 1\ 330=997.5\text{MPa}$,所需的预应力钢束面积为$A_y=\frac{F_e}{\sigma_e}=\frac{49\ 003.9}{997.5}=49\ 127\text{mm}^2$。

采用352根$\phi^s15.2$mm钢束,$A_y=49\ 280\text{mm}^2$。其中平衡箱梁自重采用的钢筋为$Ay'=\frac{1.422\times 191.11}{317.3}\times 49\ 280=42\ 207\text{mm}^2$。

3.2　预应力钢束的调整1。上述预应力配筋只能是理论上成立的,或者说是一种理想化的情形,配筋中支座处(如图6所示)出现尖锐的转角是很不合适的,实际的钢束布置采用由几段反向相接而光滑的抛物线组成,如图7所示,即将原来的抛物线AB调整为抛物线AC和CB两段,并且该调整将不会对预应力效应产生明显的不利影响。

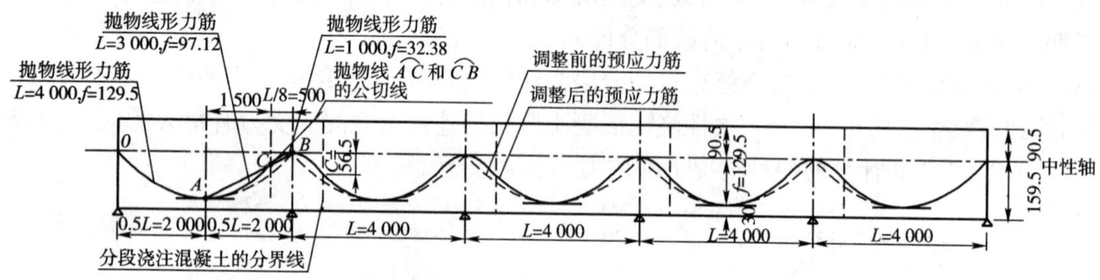

图7　对荷载平衡法钢束布置的调整1/用一系列抛物线的钢束布置方案(单位:cm)

3.3　预应力钢束的调整2。采用如图7所示的配筋,在成桥阶段能很好地平衡$\omega_b=317.3\text{ kN/m}$均布荷载,但该钢束的布置没有考虑到分段施工的特点。在分段浇注混凝土的分节点上,力筋偏心距$e=56.5\text{cm}$(见图7)将产生较大的偏心弯矩$M_e=F\cdot e=49\ 280\times 0.95\times 1\ 330\times 10^{-3}\times 0.565=35\ 180\text{kN}\cdot\text{m}$,因此,需采取在不过大改变预应力作用效应的基础上对钢束的纵向位置进行再次调整,如图8所示,将中间支座处的B点向右水平延伸300cm,即增加直线段BD,并调整相邻的力筋线形。调整后的力筋偏心距$e'=20.7\text{cm}$,相应的偏心弯矩$M_e'=F\cdot e=49\ 280\times 0.95\times 1\ 330\times 10^{-3}\times 0.207=12\ 889\text{ kN}\cdot\text{m}$,减少了63.4%。并且,调整线形后的力筋沿梁纵向的弯矩作用效应不会有相对明显的变化。

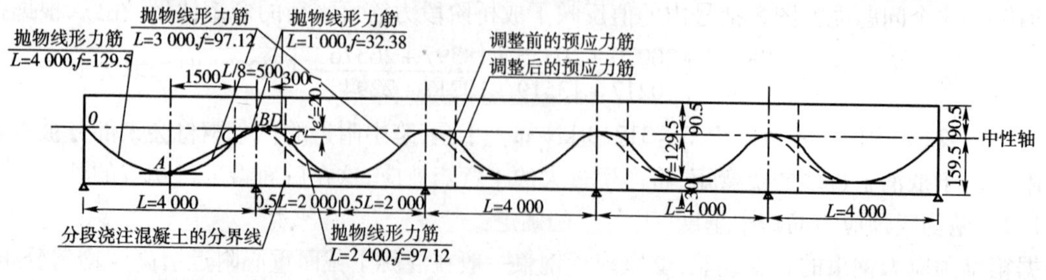

图8　对荷载平衡法配筋的调整2(单位:cm)

3.4　预应力钢束的调整3。在图5中,括号内的数值反映了能抵消的弯矩的比例,对于二期恒载

p_2 和公路—I 级荷载中的均布荷载 q_k，相应的力筋部分能将其产生的弯矩作用进行相应的抵消，而在支座附近，在 3.1.1 中已讲到，由于抵消了过多的负弯矩，将会在此区域产生过大的正弯矩，该值可按图 5 中抵消的比例计算出来。

但使用荷载平衡法也存在一些局限，该方法不能反映沿力筋长度的预应力损失，因而存在一定的误差。现在，力筋的面积和线形基本确定，更好的办法是采用电算程序来直接计算处该弯矩值，然后根据计算结果再进行力筋的调整。图 9 为采用 MIDAS/Civil V7.2.0 计算出的恒载 + 预应力（包括二期恒载、预应力损失、收缩和徐变（没有计入车道荷载））效应的合计结果。

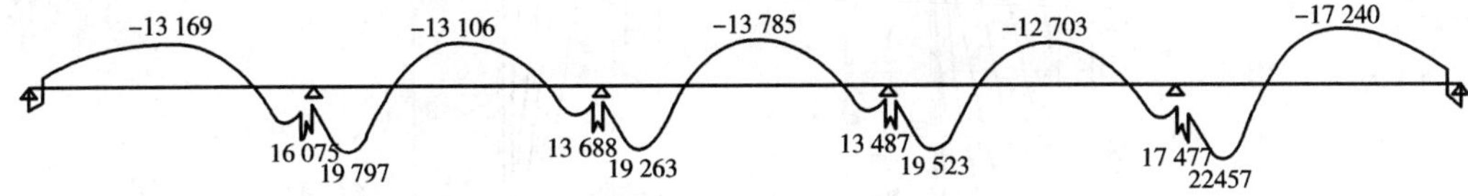

图 9　$M_{恒载+预应力}$ 图（单位：kN·m）

从平衡的结果来看，跨中附近取得了较好的平衡效果，而在支座附近，由于力筋过大的正弯矩作用效应，产生了较大的富余正弯矩，为此可进行下面的一些调整。

在连续箱梁的预应力钢束设计中，在支座附近梁顶面布置钢束（顶板束）是很方便和常用的，而把上述抛物线钢束部分调整为等面积的顶板束将减小支座附近的力筋的正弯矩效应（这可以参见《桥梁工程》[1]（上册）P279 页）。经试算，将 27% 的力筋（即 352 ×27% =96 根）修改为顶板束，如图 10 所示，修改后的作用效应如图 11 所示。

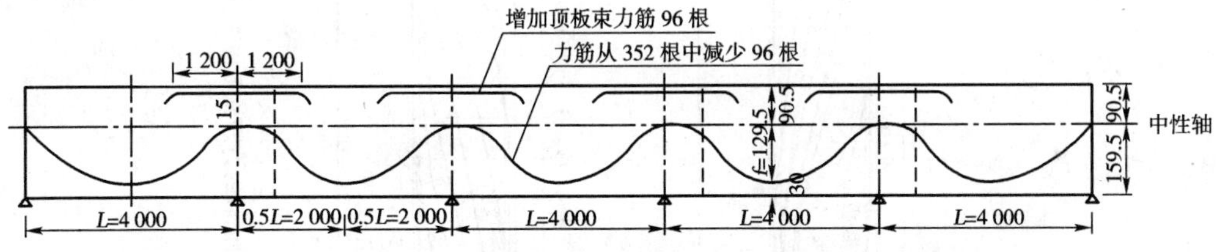

图 10　对荷载平衡法配筋的调整 3（单位：cm）

图 11　调整后 $M_{恒载+预应力}$ 图（单位：kN·m）

对比图 9 和图 11 可以看出，弯矩效应 $M_{恒载+预应力}$ 得到了一定的改善，至此，可以认为力筋的纵向设计已基本上满足了需要。下一步，就是根据以上设计成果进行力筋的施工图设计和验算，钢束的施工图设计要求钢束的合力点基本上与图 10 中钢束的纵向位置一致，过程略。图 12 为细化后的力筋构造图。

3.5　根据细化后的钢束施工布置图，并考虑到结构上可能同时出现的作用，按承载能力极限状态和正常使用极限状态进行作用效应最不利组合，用 MIDAS/Civil V7.2.0 对结构进行重新计算。计算结果表明设计满足规范各项要求。其中对应图 9 的作用效应如图 13 所示。

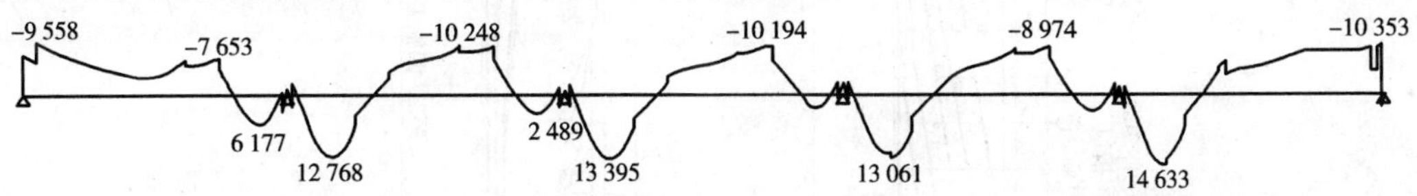

图 13　细化力筋构造后的 $M_{恒载+预应力}$ 图（单位：kN·m）

上图中的弯矩值和图 11 中的弯矩值已比较接近，考虑到轴向压应力 $\sigma = \dfrac{F}{A}$ 的作用，它们之间的差值对截面应力的设计验算影响是很小的，因此可以说，荷载平衡法对于计算分段浇注施工的连续梁仍然适用并且是有效的。

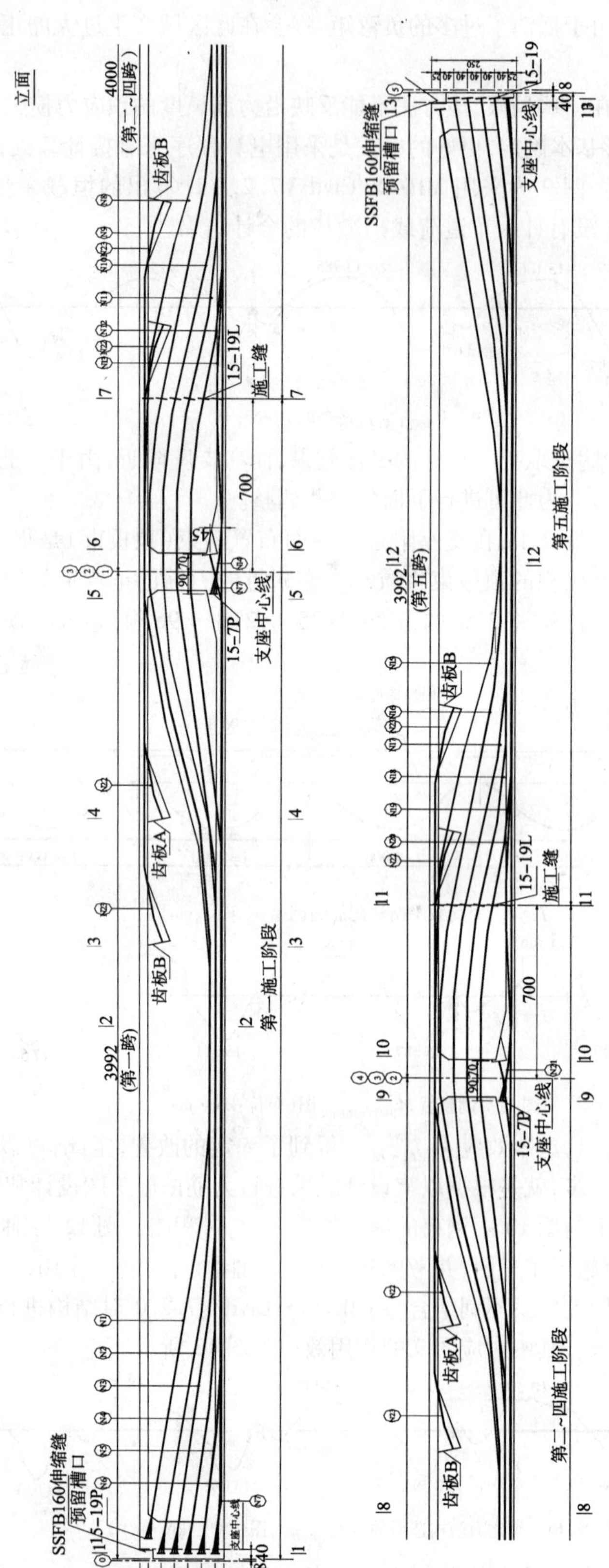

图 12 细化后的力筋施工构造图

4 结语

(1)荷载平衡法原本适用于一次性整体浇注施工的连续梁,但经过一些适当的调整,它同样适用于分段浇注施工的连续梁,甚至是弯箱梁。对于该方法的计算误差,对设计的影响并不大,因为设计最终是按施工图的模型用电算程序来验算的。而荷载平衡法提供了一种理想化的方案来指导预应力钢束的设计,它使设计变得直观,使设计人员心里比较清楚,这是更为重要的。

(2)实际工作中决定用预应力抵消多少荷载 ω_b 的作用,应该在经过具体研究后决定,并且应该考虑过去的经验,其间可能需要进行多次试算以确定 ω_b,而这对使用电算来说是很容易的,有了一定的经验之后,就能快捷地做出很好的设计,于是,预应力混凝土连续梁的设计不再算是难题。

(3)实际钢束的布置只需用理想布筋的控制点,所平衡的弯矩值可以期望达到实际设计工作所要求的精度,如3.2条中的调整。对荷载平衡法有了很好的理解之后,钢束线形的调整也将变得更为直观,这里就不做过多讨论了。

(4)设计是一项复杂而繁琐的工作,本文旨在通过一个实际的设计案例来探讨荷载平衡法的应用,灵活的使用该方法,并结合强大的计算程序,将取得事半功倍的效果。

参 考 文 献

[1] 范立础.桥梁工程(第二版).北京:人民交通出版社,1993
[2] 范立础.预应力混凝土连续梁桥.北京:人民交通出版社,1988
[3] 公路桥涵设计通用规范.D60—2004
[4] 公路钢筋混凝土及预应力混凝土桥涵设计规范.D62—2004
[5] 朱实新,刘效尧.预应力技术及材料设备(第三版).北京:人民交通出版社,2005

桥梁工程中大体积混凝土产生裂缝的原因与预防措施

王 爽[1] 李 军[2] 张秀梅[1]
(1.山东省水利勘测设计院 济南 250013;2.山东省路桥集团 250014)

摘 要 大体积混凝土产生裂缝的现象相当常见,在桥梁工程中也不例外,随着越来越多桥梁工程的开工建设,此类问题也暴露的越来越多,吸引了大批工程技术人员研究裂缝产生的原因,并积极探寻控制裂缝的措施。本文主要介绍了大体积混凝土结构裂缝的概念、产生原因以及裂缝的防治措施。

关键词 大体积混凝土 裂缝产生的原因 裂缝预防措施

由于全球金融危机的影响,为刺激消费,拉动内需,国家建设投资日益加大,其中桥梁工程在整个建设队伍中占有较大的比重。目前在桥梁设计和施工中常涉及到大体积混凝土。国内外,一般用厚度0.8~1.0m或水化热温度状况定义,近年参考ACI的定义:任意体量的混凝土,其尺寸足以要求必须采取措施,控制由于水化热及伴随的体积变形(收缩)引起的裂缝者称为"大体积混凝土"。

混凝土结构在建设和使用过程中出现不同程度、不同形式的裂缝,这是一个相当普遍的现象,大体积混凝土结构出现裂缝更普遍。混凝土结构的裂缝是土木工程长期困扰的一个技术难题,一直未能很好地解决。

1 大体积混凝土裂缝产生的原因

混凝土裂缝的成因复杂而繁多,有时甚至多种因素相互影响,但就一些具体裂缝而言,总有主导原因,根据裂缝产生的原因,常见裂缝可分为荷载引起的裂缝、温度变化引起的裂缝、收缩引起的裂缝、地基基础变形引起的裂缝、钢筋锈蚀引起的裂缝、冻胀引起的裂缝、施工引起的裂缝七大类。

1.1 荷载引起的裂缝

混凝土桥梁在常规静、动荷载及次应力下产生的裂缝称为荷载裂缝,归纳起来主要有直接应力裂缝、次应力裂缝。直接应力裂缝是指外荷载引起的直接应力产生的裂缝。产生原因有:

(1)对结构进行计算时,计算模型不合理,结构受力假设与实际受力不符,荷载少算或漏算;内力与配筋计算错误,结构安全系数不够;结构设计未考虑施工的可行性,设计截面不足;钢筋设计偏少或布置错误,结构刚度不够等。

(2)施工时不加限制地堆放施工机具、材料;不了解预制结构受力特点,随意翻身、起吊、运输、安装;不按设计图施工、擅自更改结构施工顺序、改变结构受力模式;未对结构作疲劳强度验算等。

(3)在使用阶段,超过设计荷载的重型车辆过桥,车辆撞击,糟遇大风、大雪、地震、爆炸等。

1.2 温度变化引起的裂缝

混凝土具有热胀冷缩的性质,当外部环境或结构内部温度发生变化,混凝土将发生变形,若变形遭到约束,则在结构内将产生应力,当应力超过混凝土抗拉强度时即产生温度裂缝。温度裂缝的特征主要是表面裂缝的走向一般无规律性,深层或贯穿裂缝的走向一般与主筋平行或接近平行;裂缝宽度大小不

一,受温度变化的影响热细冷宽。表面温度裂缝常出现在现浇混凝土1~2d之间,深层温度裂缝与贯穿温度裂缝常开始出现在现浇混凝土21d后。引起温度变化的主要原因有:

(1)表面温度裂缝多由于温差较大引起的。如大体积混凝土(厚度超过2m)浇筑之后由于水泥水化放热,致使内部温度很高,内外温差太大,导致表面出现裂缝。在冬季施工时,过早除掉保温层或受寒潮袭击,都导致混凝土因早期强度低而产生裂缝。此外当预制构件采用蒸汽养护时,由于降温过快或构件急于出池,急速揭盖,均使混凝土表面收缩,产生裂缝。

(2)深层贯穿裂缝多由于结构降温差值大,受外界的约束而引起。如现浇桥台混凝土或大体积刚性扩大基础,浇筑在坚硬的地基上,未采取隔离等放松约束措施或收缩缝间距过大。在混凝土浇筑时,温度很高,加上水泥水化热的温度升高很大,使温度更高。当混凝土冷却收缩时,全部或部分受到地基或其他外部结构的约束,在混凝土内部出现很大拉应力,进而产生降温收缩裂缝,这类裂缝有时成贯穿状。

1.3 收缩引起的裂缝

混凝土因收缩所引起的裂缝是最常见的,塑性收缩和缩水收缩(干缩)是发生混凝土体积变形的主要原因,另外还有自身收缩和碳化收缩。收缩裂缝产生的主要原因是由于混凝土快速干燥,混凝土内水分的蒸发速率大于其泌水速率,在固体颗粒水面产生毛细管张力,混凝土自体收缩所产生的拉应力大于混凝土本身的抗拉强度而产生裂缝。收缩引起的裂缝是不规则斜裂缝,在钢筋以上,似龟纹,常开始出现在现浇混凝土后数周或数月之间。

1.4 地基基础变形引起的裂缝

由于基础竖向不均匀沉降或水平方向位移,使结构中产生附加应力,超出混凝土结构的抗拉能力,导致结构开裂。地基基础变形引起的裂缝常出现在钢筋上方,结构变化处,常开始出现在现浇混凝土10 min到3 h内。基础不均匀沉降的主要原因有:

(1)由于混凝土在塑性状态下其基础、支架等有不均匀沉降,使局部混凝土变形受约束而产生裂缝;

(2)由于重力作用使混凝土中较重颗粒下沉而使水泥浆上浮,当这种下沉受到钢筋、模板作用时就会产生裂缝。

1.5 钢筋锈蚀引起的裂缝

由于混凝土质量较差或保护层厚度不足,混凝土保护层受二氧化碳侵蚀碳化至钢筋表面,使钢筋周围混凝土碱度降低,或由于氯化物介入,钢筋周围氯离子含量较高,均可引起钢筋表面氧化膜破坏,钢筋中铁离子与侵入到混凝土中的氧气和水分发生锈蚀反应,其锈蚀物氢氧化铁体积比原来增长约2~4倍,从而对周围混凝土产生膨胀应力,导致保护层混凝土开裂、剥离,沿钢筋纵向产生裂缝。

1.6 冻胀引起的裂缝

当大气温度低于零度时,吸水饱和的混凝土出现冰冻,游离的水转变成冰,体积膨胀9%,因而混凝土产生膨胀应力;同时混凝土凝胶孔中的过冰水(结冰温度在-78℃以下)在微观结构中迁移和重分布,使混凝土中膨胀力加大,混凝土强度降低,导致裂缝出现。

1.7 施工引起的裂缝

在钢筋混凝土结构浇注、起模、堆放过程中,若施工工艺不合理,施工质量低劣,可能产生各种形式的裂缝,特别是大体积混凝土更容易产生裂缝。

2 大体积混凝土裂缝产生的防治措施

根据国内外的调查资料,工程实践中结构物的裂缝原因,属于由变形变化(温度、湿度、地基变形)引起的约占80%以上,属于荷载引起的约占20%左右,特别是在大体积混凝土工程施工中,控制混凝土浇筑块体因水化热引起的温升、混凝土浇筑块体的内外温差及降温速度,防止混凝土出现有害的温度裂缝(包括混凝土收缩)是其施工技术的关键问题。

但是目前国内外对荷载引起的开裂问题研究得较为透彻,而对温度荷载引起得有关裂缝的研究尚不充分,我们应对此加以重视,防止危害结构的裂缝产生。另外对于大体积混凝土内温度应力与裂缝控制也多集中在水利工程中的大坝、高层建筑的深基础底板,而对于桥梁中大体积混凝土的裂缝的研究并未得到足够的重视。要想避免危险裂缝的产生必须从设计和施工两方面着手。

2.1 设计措施

(1)精心设计混凝土配合比。在保证混凝土具有良好工作性的情况下,应尽可能地降低混凝土的单位用水量,采用"三低(低砂率、低坍落度、低水胶比)二掺(掺高效减水剂和高性能引气剂)一高(高粉煤灰掺量)"的设计准则,生产出高强、高韧性、中弹、低热和高极拉值的抗裂混凝土。

(2)增配构造筋提高抗裂性能。配筋应采用小直径、小间距。全截面的配筋率应在0.3%~0.5%之间。

(3)避免结构突变产生应力集中,在易产生应力集中的薄弱环节采取加强措施。

(4)在易裂的边缘部位设置暗梁,提高该部位的配筋率,提高混凝土的极限拉伸。

(5)在结构设计中应充分考虑施工时的气候特征,合理设置后浇缝,保留时间一般不小于60天。如不能预测施工时的具体条件,也可临时根据具体情况作设计变更。

2.2 施工措施

2.2.1 严格控制骨料级配和含泥量

选用10.40mm连续级配碎石(其中10.30mm级配含量65%左右),细度模数2.80~3.00的中砂(通过0.315n凹筛孔的砂不少于15%,砂率控制在40%~45%)。砂、石含泥量控制在1%以内,并不得混有有机质等杂物,杜绝使用海砂。

2.2.2 选择适当外加剂

可根据设计要求,混凝土中掺加一定用量外加剂,如防水剂、膨胀剂、减水剂、缓凝剂等外加剂。外加剂中糖钙能提高混凝土的和易性,使用水量减少20%左右,水灰比可控制在0.55以下,初凝延长到5h左右。

2.2.3 选择优化配合比

选用良好级配的骨料,严格控制砂石质量,降低水灰比,并在混凝土中掺加粉煤灰和外加剂等,以降低水泥用量,减少水化热,以降低混凝土温升,从而可以降低混凝土所受的拉应力。

2.2.4 采用切实可行的施工工艺

根据泵送大体积混凝土的特点,采用"分段定点,一个坡度,薄层浇筑,循序推进,一次到顶"的方法。这种自然流淌形成斜坡混凝土的方法,能较好地适应泵送工艺,避免混凝土输送管道经常拆除、冲洗和接长,从而提高泵送效率,简化混凝土的泌水处理,保证上下层混凝土浇筑间隔不超过初凝时间。根据混凝土泵送时自然形成一个坡度的实际情况,在每个浇筑带的前后布置两道振动器,第一道布置在混凝土出料口,主要解决上部混凝土的振实;由于底层钢筋间距较密,第二道布置在混凝土坡脚处,以确保下部混凝土密实。随着浇筑的推进,振动器也相应跟上,以确保整个高度上混凝土的质量。由于大体积泵送混凝土表面水泥浆较厚,故浇筑结束后须在初凝前用铁滚筒碾压数遍,打磨压实,以闭合混凝土

的收水裂缝。

2.2.5 严格控制混凝土入模温度

大体积混凝土最好选在春秋季施工，以降低入模温度，既是在夏季施工最好采取有效措施降低入模温度，再者浇筑混凝土时最好不要让混凝土在太阳下直接爆晒。施工过程中应对碎石洒水降温，保证水泥库通风良好，自来水可预先放入地下蓄水池中降温。

2.2.6 加适当预埋件

在混凝土易裂缝部位埋设应力应变传感片，直接测试拉应力，以便更直接控制混凝土（调节保温保湿养护条件，保证温度梯度），确保混凝土不出现裂缝。在基础面筋上加设铁丝网或小直径钢筋网，以提高混凝土表面抗裂性（中间温度筋可去掉）。如3.0m厚承台设计时，在承台中间设置了垫20@2肋水平抗缩钢筋网片。采用“水平分层间隙”施工方法，分两层进行浇筑，间隙时间7d以上，分层厚度各1.5m，抗缩钢筋网设置在下层1.5m的上表面。在工期允许的情况下，这种施工方法可降低内部最高温升、减少人力、材料及机械设备的投入。

2.2.7 改进施工技术

施工时加强插筋位置的振捣、抹压、养护。由于钢筋是热的良导体，易产生大的温度梯度，这是裂缝产生的一个主要环节。同时加强初凝前的抹压，以消除初期裂缝，并加强早期养护，提高混凝土抗拉强度。

2.2.8 加强混凝土浇筑后的养护

混凝土浇筑后，应尽快回填土，土是混凝土最好的养护材料之一。目前这是混凝土保温保湿养护的最有效方法，对预防裂缝是非常有益的。如采用蓄水法保温养护，在混凝土施工期间可通入冷却循环水，以便加快承台内部热量的散发。如采用内散外蓄综合养护措施，可有效降低混凝土的温升值，且可大大缩短养护周期，对于超厚大体积混凝土施工尤其适用。

2.2.9 加强技术管理

加强原材料的检验、试验工作。施工中严格按照方案及交底的要求指导施工，明确分工，责任到人。加强计量监测工作，定时检查并做好详细记录，认真对待浇筑过程中可能出现的冷缝，并采取措施加以杜绝。在变截面施工前，一定要加强预测，并保证预测的科学性。同时在实施过程中，要切实落实施工方案。

2.2.10 加强混凝土的测温工作

为及时掌握混凝土内部温升与表面温度的变化值，在承台内埋没若干个测温点，采用L形布置，每个测温点埋设温管2根01根管底埋置于承台混凝土的中心位置，测量混凝土中心的最高温升，另一根管底距承台上表面100 mm，测量混凝土的表面温度，测温管均露出混凝土表面100 mm。用100的红色水银温度计测温，以方便读数。第1～5d每2h测温1次，第6d后每4h测温1次，测至温度稳定为止。从已有施工经验的测温情况看，混凝土内部温升的高峰值一般在3.5d内产生，3d内温度可上升到或接近最大温升，内外温差值在20℃左右，控制在规范规定范围内，未发现异常现象。

3 结语

不同的规范中有关允许最大裂缝宽度的规定虽不完全一致，但基本相同。一般正常大气条件下，荷载组合Ⅰ作用下宽度小于0.2mm的裂缝，荷载组合Ⅱ,Ⅲ作用下宽度小于0.25mm的裂缝以及处于严重暴露情况下，宽度小于0.1mm的裂缝都属于正常的工作裂缝，超出以上范围的裂缝属于非正常裂缝。非正常裂缝的出现不仅会降低建筑物的抗渗能力，影响建筑物的使用功能，而且会引起钢筋的锈蚀，混凝土的碳化，降低材料的耐久性，终究影响结构物的耐久性。因此，严格控制裂缝宽度对于工程来说是至关重要的。但对建筑物的裂缝宽度要求过于严格，以及对建筑物的抗裂要求过严，必将付出巨大的经济代价。国内外工程技术界都认为，规定钢筋混凝土结构的最大裂缝宽度主要是为了保证钢筋不产生锈蚀。大体积混凝土结构出现裂缝,科学的要求是将其有害程度控制在允许范围之内,没有必要追求“无缝”设计,只要采取有效措施做到与裂缝“和谐相处”即可。

参考文献

[1] 朱伯芳.大体积混凝土温度应力于温度控制.北京:中国电力出版社

[2] 王铁梦.建筑物的裂缝控制.上海:上海科学技术出版社

关于路基压实度检测超百现象的探讨

王笑天
（保定市公路工程质量监督站　保定　071051）

摘　要　近年来，随着我国经济的发展，公路上运行的大型重型车辆越来越多，对路基的要求也越来越高，公路路基压实度是体现整个公路结构质量的关键，是路基重要性能的指标之一，路基压实度必须满足设计的要求。然而在路基压实度检测过程中如果超出100%，则是说明或施工或检测出现了错误，应该及时查明原因，提出解决方案，解除路基不稳定隐患。保障路基质量，在当代公路项目施工中具有重要的意义。

关键词　路基压实度　检测　超百　探讨

1　前言

路基是道路的主体和路面的基础，必须保证路基的稳定和各项指标达到标准。压实度是路基重要性能指标之一，路基现场压实度检测主要方法有灌砂法、环刀法、核子法、水袋法等检测方法。根据施工情况和业主要求，在张石高速涞源至涞水段普遍使用灌砂法。在检测中有时会发生压实度超百的现象。这种现象的出现则说明，有可能在检测中出了问题，也有可能在施工过程中出了问题。找出并解决问题才能保证路基的压实强度、整体稳定性，并保证和延长公路的使用寿命。我们通过实践，明白了路基压实的重要性，以及路基压实的方法、机理，了解到在检测路基压实度时，偶尔会出现超百现象。通过收集资料，整理压实度试验数据，对超百现象有了些认识，在此谈谈自己的看法。

2　路基压实

2.1　路基压实的意义

对于任何道路来说，路基是承受路面上传下来应力，是抵抗应变的主体。对通行能力强，车流量大的高速公路而言，由于大部分是填方，路基高，边坡陡，更要对路基严格要求。

路基施工破坏了土体的天然状态，致使其结构松散，颗粒从新组合，土基压实后，土体的密度提高，透水性低，毛细水上升高度减少，防止了水分积聚和侵蚀而导致的土基软化，或因冻胀而引起的不均匀变形，从而提高了路基的强度和水温稳定性。因此，路基的压实工作是路基施工过程中的一个重要工序，是提高路基强度与稳定性的根本措施之一。

2.2　路基压实机理

路基土是由颗粒、水分和空气组成的三相体系，三者具有各自的特征，并相互制约共存于一个统一体中，构成土的各种物理特性——渗透性、黏滞性、弹性、塑性和力学强度等。三者的组成情况发生变化，则土的物理性质亦随之不同，压实路基就是利用机械的方法来改变土的结构，以达到提高土的强度和稳定性的目的。

路基土受压实时，土中的空气大部分被排除土外，土粒则不断靠拢，重新排列成密实的新结构。土粒在外力作用下不断地靠拢,使土的内摩阻力和黏结力也不断地增加,从而提高了土的强度。

2.3 影响路基压实的因素

土的压实过程和结果受到多种因素的影响,包括内因——含水量和土的性质,外因——压实功能与压实工具和方法等。

2.3.1 含水量对压实的影响

含水量对路基压实的效果非常大,不同的含水量所导致的压实效果是不同的。土的含水量小于 ω_0(称为最佳含水量)时,密实度(以土的干密度 γ 表示)随含水量增加而增加;当含水量达到 ω_0 时,密度达到最大值 γ_0(称为最大干密度);当含水量超过 ω_0 时,密实度随含水量增加而减小。这表明,在最佳含水量范围内增加土的含水量对土基压实有良好作用。超过此范围,含水量增加反而对土基压实不利。产生这一现象的原因是,在 ω_0 范围内,含水量增加,包裹于土粒表面的水膜加厚,相应地降低了土粒之间地吸引力,减小了土的内摩擦阻力,使土粒在外力作用下易产生相对位移,重新排列成紧密的新结构,因此压实效果最好;当含水量超过 ω_0 并继续增加时,土粒间空隙绝大部分被水分充满,此时外力不能直接作用于土粒,而传给了土粒周围的水分或被封闭的空气,因此,尽管施加很大的压实功,亦难以改变土粒的本来位置,故效果很差。所以,在最佳含水量时,即土处于硬塑状态时,容易获得最佳的压实效果,这也是为什么必须在最佳含水量时碾压的原因。压实到最佳密实度的土体,水稳定性最好。

2.3.2 土质对压实的影响

土质对压实效果的影响亦很大。一般规律是:不同的土质,有不同的 ω_0 与 γ_0;分散性(液限、粘性)较高的土,其 ω_0 较高,γ_0 值较低;砂性土的压实效果优于黏性土。其机理在于:土粒愈细,比面积愈大,加之黏土中含有亲水性较高的胶体物质需要较多的水分包裹土粒以形成水膜。砂土的颗粒组,呈松散状态,水分极易散失,最佳含水量的概念对它没有多大的实际意义。亚黏土和亚砂土的压实性能较好,而黏性土的压实性能较差。在工地路基填方时,一般填亚黏土和亚砂土这样比较容易压实,省时省力而又能满足施工要求。

2.3.3 压实功能的影响

压实功能是指压实工具的重力、碾压次数或锤落高度、作用时间等。在相同的含水量条件下,压实功能越大,则土的密度(即 γ)越大。施工中,如果土的含水量低于 ω_0 而加水有困难时,可采用增加压实功能(重碾或增加压实次数)的办法来提高其密实度。但必须指出,用增加压实功能的方法提高土基压实的效果是有一定限度的,当压实功能增加到一定程度后,土的密实度增加就不明显了,如果超出某一限度,再采用增加压实功能的办法提高土的密实度,不但经济上不合理,甚至功能过大会破坏土基结构,效果适得其反。相比之下,严格控制最佳含水量要比增加压实功能收效更大。

2.3.4 压实机具和方法对压实的影响

压实机具和方法对压实的影响反映在以下几个方面:

(1)压实机具不同,压力传布的有效深度也不同。夯击式机具的压力传布最深,振动式次之,碾压式最浅。但是,一种机具的作用深度在碾压过程中并不是固定不变的,随着碾压次数的增加,上部土层逐渐密实,土的强度相应提高,其作用深度亦逐渐减小。

(2)压实机具质量较小时,荷载作用时间越长,土的密实度越高,密实度的增长随作用时间的增长而减少;压实机具较重时,土的密实度随施加荷载时间的增加而迅速增大,但超过某一时间限度后,土的变形急剧增加而产生破坏,机具过重以致超过土的强度极限时,将立即引起土体破坏。

(3)碾压速度越高,压实效果越差。为了提高压实效果,必须正确确定碾压机具的行驶速度。

综上所述,在土基压实施工中,必须控制土的含水量在最佳含水量范围内,根据土质和压实机具的性能,通过试验,确定合适的分层碾压摊铺厚度、碾压次数以及碾压机具的行驶速度等,以获得最佳的压实效果。

2.4 土基压实标准

最大干密度是土基压实的一项重要指标，它与土的强度和稳定性有十分密切的关系，反映了土基使用品质。因此一般用它来衡量压实的质量。所谓的压实度，是指工地上压实达到的干密度 γ 与室内标准击实试验所得的该路基土的最大干密度 γ_0 之比，用 K 表示，即：

$$K = \frac{\gamma}{\gamma_0} \times 100\% \tag{1}$$

显然，压实度是一个以 γ_0 为标准的相对值，意为压实的程度。

3 路基标准干密度的测定

室内标准最大干密度用击实试验确定。为了适应不同道路的等级以及各种压实机具等的要求，试验规程规定了轻型与重型试验。

3.1 击实试验的仪器

标准击实仪、烘箱、干燥器、天平、台秤、圆孔筛、拌和工具、洒水设备、推土器、铝盒、修土刀等。

3.2 试样制备

本试验可分别采用不同的方法准备试样。各方法按表1准备试料。

试料用量　　表1

使用方法	类别	试筒内径(mm)	最大粒径(mm)	试料用量(kg)
干土法 试样重复使用	a	10 10 15.2	5 25 38	3 4.5 6.5
干土法，试样不重复使用	b	10	至25	至少5个试样，每个3
		15.2	至38	至少5个试样，每个6
湿土法，试样不重复使用	c	10	至25	至少5个试样，每个3
		15.2	至38	至少5个试样，每个6

(1)干土法(土重复使用)将具有代表性的风干或在50℃下烘干的土样放在橡皮板上，用圆木棍碾散，然后过不同孔径的筛(视粒径大小而定)。对于小试筒，按四分法取筛下的土约3kg；对于大试筒，同样按四分法取样约6.5kg。估计土样的风干或天然含水量，土风干含水量低于开始含水量太多时，可将土样铺于一不吸水的盘上，用洒水设备均匀地喷洒适当的水，并充分搅拌，闷料一夜备用。

(2)干土法(土不重复使用)按四分法至少准备5个试样，分别加入不同水分(按2%~3%含水量递增)，拌匀后闷料一夜备用。

(3)湿土法(土不重复使用)对于高含水量土，可省略过筛步骤，用手拣除大于38mm的粗石子即可。保持天然含水量的第一个土样，可立即用于击实试验。其余几个试样，将土分成小土块，分别风干，使含水量按2%~3%递减。

3.3 试验步骤

(1)根据工程要求，选取轻型或重型试验，根据土的性质选用干土法或湿土法。

(2)将击实筒放在坚硬的地面上，取制备好的土样分3~5次倒入筒内。小筒按三层法时，每次约800~900g(其量应使击实后的土样等于或略高于筒高的1/3)；按五层法时，每次约400~500g(其量应使击实后的土样等于或略高于筒高的1/5)。对于大试筒，先将垫块放入筒内底板上，按五层法时，每层约试样900g(细粒土)~1100g(粗粒土);按三层法时,每层需试样1700g左右。整平表面,并稍加压紧,然后按规定的击实数进行第一层土的击实。击实时击锤应自由下落,锤迹必须均匀分布于各层土样面。第一层击实完后,将试样层面了"拉毛",然后再装入套筒。重复上述方法进行其余各层土的击实。小试筒击实后,试样不应高出筒顶面5mm;大试筒不应高出筒顶面6mm。

(3)用修土刀沿套管内壁削刮,使试样与套管脱离后,扭动并取下套管,齐筒顶细心削平试样,拆除底板,擦净筒外壁,称量,准确至1g。

(4)用推土器推出筒内试样,从试样中心处取样测其含水量,计算至0.1%。

3.4 结果整理

按下式计算击实后各点的干密度:

$$\rho_d = \frac{\rho}{1+0.01\omega} \tag{2}$$

式中,ρ_d 表示土的干密度,g/cm^3,计算至0.01;ρ 表示土的湿密度,g/cm^3;ω 表示土的含水量,%。

以干密度为纵坐标,含水量为横坐标,绘制干密度与含水量的关系曲线。曲线上峰值点的纵、横坐标分别为最大干密度和最佳含水量。

4 土的密度检测方法

路基现场压实度检测主要检测方法有灌砂法、环刀法、核子法、水袋法等,由于各工地普遍使用灌砂法,所以这里只介绍一下灌砂法。其原理是利用粒径0.30~0.60mm或0.25~0.50mm清洁干净的均匀砂从一定高度自由下落到试筒内。按其单位重不变的原理来测量试洞的容积(即用标准砂来置换试洞中的集料)并根据集料的含水量来推算试样干密度。

4.1 灌砂法所用仪器

灌砂筒、金属标定罐、基板、打洞及从洞中取料的工具、玻璃板、饭盒、台秤、铝盒、天平、烘箱、量砂等。

4.2 仪器标定

确定灌砂筒下部圆锥体内砂的质量。

(1)在储砂筒内装满砂,筒内砂的高度与筒顶的距离不超过15mm,称筒内砂的质量 m_1,准确至1g。每次标定及以后的试验都维持该质量不变。

(2)将开关打开,让砂流出,并使流出砂的体积与工地所挖试洞的体积相当(或等于标定罐的容积);然后关上开关,并称量筒内砂的质量 m_5,准确至1g。

(3)将灌砂筒放在玻璃板上,打开开关,让砂流出,直到筒内砂不再下流时,关上开关,并小心地取走灌砂筒。

(4)收集并称量留在玻璃板上的砂或称量筒内的砂,准确至1g。玻璃板上的砂就是填满灌砂筒下部圆锥体的砂。

(5)重复上述测量,至少三次;最后取其平均值 m^2,准确至1g。

4.3 确定量砂的密度

(1)用水确定标定罐的容积 V。

①将空罐放在台秤上,使罐的上口处于水平位置,读记罐的质量 m_7,准确至1g。

②向标定罐中灌水,注意不要将水弄到台秤上或罐的外壁;将一直尺放在罐顶,当罐中水面快要接近直尺时,用滴管往罐中加水,直到水面接触直尺;移去直尺,读记罐和水的总质量 m_8。

③重复测量时,仅需用吸管从罐中取出少量水,并用滴管重新将水加满到接触直尺。

④标定罐的体积 V 按下式计算:

$$V = (m_8 - m_7)/\rho_w \tag{3}$$

式中,V 表示标定罐的容积,cm^3,计算至 0.01; m_7 表示标定罐质量,g;m_8 表示标定罐和水的总质量,g;ρ_w 表示水的密度,g/cm^3。

(2)在储砂筒中装入质量为 m_1 的砂,并将灌砂筒放在标定罐上,打开开关,让砂流出,直到储砂筒内的砂不再下流,关闭开关;取下灌砂筒,称筒内剩余的砂的质量,准确至1g。

(3)重复上述测量,至少三次;最后取其平均值 m_3,准确至1g。

(4)按下式计算填满标定罐所需砂的质量 m_a:

$$m_a = m_1 - m_2 - m_3 \tag{4}$$

式中:m_a 表示砂的质量,g,计算至1;m_1 表示灌砂入标定罐前,筒内砂的质量,g;

m_2 表示灌砂筒下部圆锥体内砂的平均质量,g;

m_3 表示灌砂入标定罐后,筒内剩余砂的质量,g。

(5)按下式计算量砂的密度 ρ_s:

$$\rho_s = \frac{m_a}{V} \tag{5}$$

式中:ρ_s 表示砂的密度,g/cm^3;V 表示标定罐的体积,cm^3;

m_a 表示砂的质量,g。

4.4 试验步骤

(1)在试验地点,选一块40cm×40cm 的平坦表面,并将其清扫干净;将基板放在此平坦表面上;如此表面的粗糙度较大,则将盛有量砂 m_5 的灌砂筒放在基板中间的圆孔上,打开灌砂筒开关,让砂流入基板的中孔内,直到储砂筒内的砂不再下流时关闭开关;取下灌砂筒,并称筒内砂的质量 m_6,准确至1g。

(2)取走基板,将留在试验地点的量砂收回,重新将表面清扫干净;将基板放在清扫干净的表面上,沿基板中孔凿洞,洞的直径100mm。在凿洞过程中,应注意不使凿出的试样丢失,并随时将凿松的材料取出,放在已知质量的塑料袋内,密封。试洞的深度应与标定罐高度接近或一致。凿洞毕,称此塑料袋中全部试样的质量,准确至1g。减去已知塑料袋质量后,即为试样的总质量 m_1。

(3)从挖出的全部试样中取有代表性的样品,放入铝盒中,测定其含水量 w。样品数量:对于细粒土,不少于500g。

(4)将基板安放在试筒上,将灌砂筒安放在基板中间(储砂筒内放满砂至恒量 m_1),使灌砂筒的下口对准基板的中孔及试洞。打开灌砂筒开关,让砂流入试洞内。关闭开关。小心取走灌砂筒,称量筒内剩余的质量 m_4,准确至1g。

(5)如清扫干净的平坦的表面上,粗糙程度不大,则不需要放基板,将灌砂筒直接放在已挖好的试洞上。打开筒的开关,让砂流入试洞内。在此期间,应注意勿碰动灌砂筒。直到储砂筒内的砂不再下流时,关闭开关。仔细取走灌砂筒,称量筒内剩余砂的质量 m_4,准确至1g。

(6)取走试洞内的量砂,以备下次试验时再用。若量砂的湿度已经发生变化或量砂中混有杂质,则应重新烘干,过筛,并放置一段时间,使其与空气的湿度达到平衡后再用。

(7)如试洞中有较大孔隙,量砂可能进入孔隙时,则应按试洞外形,松弛地放入一层柔软的纱布。然后再进行灌砂工作。

4.5 结果整理

(1)按下式计算填满试洞所需砂的质量:

灌砂时试洞上放有基板的情况

$$m_b = m_1 - m_4 - (m_5 - m_6) \tag{6}$$

灌砂时试洞上不放基板的情况

$$m_b = m_1 - m'_4 - m_2 \tag{7}$$

式中,m_b 表示砂的质量,g; m_1 表示灌砂试洞前筒内砂的质量,g; m_2 表示灌砂筒下部圆锥体内砂的平均质量,g;m_4、m'_4 表示灌砂入试洞后,筒内剩余砂的质量,g;$(m_5 - m_6)$表示灌砂筒下部圆锥体内及基板和粗糙表面间砂的总质量,g。

(2)按下式计算试验地点土的湿密度:

$$\rho = \frac{m_t}{m_b} \times \rho_s \tag{8}$$

式中,ρ 表示土的湿密度,g/cm^3,计算至0.01;m_t 表示试洞中取出的全部土样的质量,g;m_b 表示填满试洞所需砂的质量,g;ρ_s 表示量砂的质量,g/cm^3。

根据土的湿密度再由公式(2)计算出土的干密度。灌砂法是最简单易行的一种检测压实度的方法,但其操作要认真进行,否则会引起较大误差。造成测得的压实度不准。

5 路基压实度超百的原因

路基在施工完以后必须对其自检,然后在报监理。路基检测过程中,压实度为重要的一项指标。本段路要求压实度达到93%,但在检测时偶尔出现压实度超过100%的现象,对此我们认为可能由以下原因造成。

5.1 灌砂法检测压实度中产生的误差

(1)灌砂法操作时,灌砂筒中的量砂密度标定问题。《公路土工试验规程》中对量砂的密度标定有严格的要求,标定罐的试洞高度一致,现场测量时储砂筒中的砂面高度应与标定砂密度时储砂筒中的砂面高度一致,如果没有按照要求做,量砂的密度会发生变化,因此可能会造成压实度的超百。

(2)在灌砂法检测时当砂向基坑中流入时,过早地关闭灌砂筒开关,由公式(6)或公式(7)可知 m_4、m'_4 灌砂入试洞后,筒内剩余砂的质量变大,m_b 砂的质量减小,由公式(8)可知土的湿密度增大,干密度也变大,由公式(1)可知有可能导致压实度超过100%。

(3)含水量是灌砂法检测中一项重要步骤。如果做含水量的土不具有代表性,比如,取的只是试坑内上层的土或取回来的土未及时做含水量试验,使得水分蒸发。这样都会使含水量偏低,使干密度过大(由公式(2)得),有可能引起超百。

(4)在检测土路基时难免土中会有大粒径石头,如果打洞时正好碰到而又没有做处理,这样测出来的湿土质量增大,由此算出来的干密度可能太大而超百。有的施工队为了应付监理检查,在湿土中加土想提高干密度,因此也有可能造成压实度超百。

5.2 室内击实试验产生误差

(1)击实锤下落不垂直、下落高度不够,摩擦严重或打击到试筒边缘,从而使得击实功偏小达不到标准。

(2)试筒内填土没有按规定进行,小筒按三层法每次约800~900g,其量应使击实后的试样高度等于或略高于筒高的1/3,按五层法时,每次约400~500g,其量应使击实后的土样等于或略高于筒高的1/5。对于大试筒先将垫块放入筒内底板上,按三层法时,每层需试样1700g左右,按五层法时,每层需试

样约900g(细粒土)~1 100g(粗粒土)。小试筒击实后,试样不应高出筒顶面5mm,大试筒击实后,试样不应高出顶面6mm。如果不按规定一次加土太多,则锤不密实,击实功不够,导致标准最大干密度偏小。

5.3 路基填料不均

(1)取土场地的土质比较复杂,土质分布不均,变化比较大,做土工试验的频率比较小。在进行室内标准最大干密度试验时的土质与现场填料之间不可避免地存在偏差,例如:试验室击实试验时用的粉性土则最大干密度小,检测时土是黏性土最大干密度大。这样一来则会造成压实度超百的现象。

(2)对于水泥稳定土或石灰稳定土,如果实际检测的路基中,水泥或石灰剂量与室内标准击实试验的不一致,有可能会导致超百。例如:对于水泥稳定土,在做室内击实标准击实试验的水泥含量为8%,而得到的最大干密度1.80g/cm^3,在工地实际施工中布水泥不均匀,如果检测地方水泥撒布过多,检测干密度为1.85 g/cm^3 则超百了。测其水泥含量为10%。而对于石灰稳定土则正好相反,如果实测场地土的石灰含量比试验室的击实试验的石灰含量低,则也有可能超百。

5.4 压实功过大

现在工地都普遍使用大功率压实机具,压实遍数过多,压实功过大会使干密度过大,有人做了如下试验:按照现行土工击实试验规程(T 0131—93)规定,加大击实次数。重型击实试验按五层法时,每层击实27次。击实锤绕击实筒内边缘6下,筒中1下,完成一个循环。现在将同一种土样,在每层27下的基础上,展开5组对比试验,在每组试验中,层击数按7次锤击递增,所取的数据见表2。

不同锤击次数下的土工击实试验数据

表2

试验方法	最大干密度(g/cm^3)	最佳含水量(%)	标干差值(%)	击实功(kJ/m^3)
标准重型击实法(5层法)	1.87	14.0	0	2687.0
按标准击实法每层加7次锤击	1.92	13.0	2.7	3383.6
按标准击实法每层加14次锤击	1.96	12.3	4.8	4080.3
按标准击实法每层加21次锤击	1.99	11.6	6.2	4776.9
按标准击实法每层加28次锤击	2.01	11.2	7.8	5473.5
按标准击实法每层加63次锤击	2.05	10.6	9.6	8956.7

按照现行土工击实试验规程(T 0131—93)规定,加大击锤质量。击实规程中对重型击实的击锤质量规定为4.5kg,现在在锤击次数不变的情况下,对锤击质量增加,加大击实功,与标准击实进行对比,取得的数据见表3。

不同锤击质量下的土工击实试验数据

表3

试验方法	最大干密度(g/cm^3)	最佳含水量(%)	标干差值(%)	击实功(kJ/m^3)
标准重型击实法(5层法)	1.87	14.0	0	2687.0
按标准击实击锤质量加1kg	1.90	13.2	1.6	3284.1
按标准击实击锤质量加5kg	1.94	12.4	3.7	3881.2

通过以上研究数据可以认定土的干密度在加大击实功后仍然能有较大提高,大致幅度在10%左右,也就是说大功率振动压路机在路基压实时,过多的碾压振动,有可能使击实功过大,超过了击实试验的击实功,从而使工地检测的干密度大于标准干密度因此而引起超百。

6 路基压实度超百防止

为了在路基压实度检测过程中不出现超百现象,我们在检测过程中要做到以下几点。

6.1 做灌砂法检测压实度时应做到

(1)现场检测时储砂筒中砂面高度和实内标定时保持一致。

(2)尽量使用基板,确保试验精度。

(3)尽量使检测表面平滑平整。现场测试完后,要检查灌砂筒底板,基板之间是否由砂子漏出,如有要将其单独清出,称其质量计算密度时应扣除这部分质量。

(4)使用进行回收的量砂,下次使用前必须过筛洗净,烘干并放置足够时间,使其与标定时的洁净干潮状况一致。

(5)现场含水量检测应取具有代表性的土样并且尽快进行,防止水分损失,如使用酒精法所用酒精纯度要达到95%劣质酒精不能充分燃烧会使含水量偏小。

(6)试坑深度应尽量等于标定时深度,坑壁笔直,上下口直径相等避免上大下小或上小下大。

(7)在打洞时,如果挖出的土中有石子,或是有超粒径的颗粒,则应挑出,当灌砂时再把石子放回试坑中,再灌入砂子,这样可以防止超百。

6.2 现场取土时应做到

从工地取土为击实试验准备土样时,要寻找具有代表性的土,能够用于指导此段路的施工。如果取土场地的土质比较复杂,一段路上有多种土质时,则应分别做击实试验,求得各种土质的最大干密度和最佳含水量。不能为了省事以偏概全。

6.3 进行击实试验时应做到

在用击实试验确定最大干密度和最佳含水量时,一定要按前面所讲的步骤进行,检查仪器是否工作正常、击锤下落垂直、高度适中、没有摩擦严重的现象。填料每层要均匀按规定进行,保证计算得到的数据准确。

6.4 路基填料和压实时应做到

路基填料时一定要均匀,避免超粒径的集料填入,对二灰土要拌和均匀,现场布撒一致。路基压实时,一定要正确使用压路机,吨位、振动频率、压实功不能过大,对压实遍数、压实厚度、压实程序,都要根据路基填料按要求进行。一般压实的厚度在15mm,土的含水量控制在最佳含水量的正负2%范围内。碾压过程中严格控制,一般采用先轻后重,先静后动,先外侧后中间的碾压方法,碾压速度控制在1.5~2.5km/h,碾压遍数在4~6遍。这样施工的路基才有保障。

7 超百问题的解决

我们认为在检测路基压实度时遇到超百时,应按照以下程序进行处理解决。首先(以灌砂法检测压实度为例)必须重新回到原测点附近,重新打洞检测,测其含水量计算是否正确,看是否由于上次操作失误,如果仍然计算超百,则要重新标定一下标准砂的密度看是否与使用数据一样。如果没有问题则应把注意力转移到击实试验上来,观察施工场地土质是否与击实试验所用土样一致,重新取土进行室内击实试验,重新确定最大干密度。如果不一致有可能击实试验的土样标干过低,不能用来指导此段路基施工;如果土质一样,打出的标准干密度跟使用的一样,则可能出现了超密土,原因可能是压路机振动碾压过度,压实功过大,超出了击实试验时的击实功,导致超百。但这种情况极少发生,做好以上工作,超

百问题基本就可以解决了。

8 结语

通过以上的研究知道路基压实的机理以及施工检测的方法，得知压实度超过100%的原因是多种多样的，我们在遇到问题时要认真对待，从根本上解决以确保路基的强度及稳定性，防止出现路基隐患，确保和延长公路使用寿命。

参 考 文 献

[1] 孙忠义，王建华. 公路工程试验工程师书册. 北京：人民交通出版社，2002，66 ~ 68
[2] 冯平喜. 路基压实度超百现象的探讨. 科技情报开发与经济，2003，13(5)
[3] 杨志平，宋宪国. 压实度超密问题的解决方法. 内蒙古公路与运输，2002，(5)，89 ~ 93
[4] 吴威. 浅谈灌砂法在路基压实度检测中的运用. 中国论文网
[5] JTJ 033—95 公路路基施工技术规范. 北京：人民交通出版社，1995
[6] JTJ 057—94 公路工程无机结合料稳定材料试验规程. 北京：人民交通出版社，1994
[7] 公路路基设计规范. 北京：人民交通出版社，2006

论中小跨经公路桥梁典型成因病害与处治

张显华
（新乡市公路局）

摘　要　该文探讨了中小跨经公路桥梁病害锈蚀、支座、伸缩缝、桥面铺装层、裂缝以及“单板受力”，并对主要成因进行了详细分析并提出相应对策。

关键词　中小跨经公路桥梁　病害　单板受力

中小跨经桥梁在运营期间常存在一些病害，如钢筋腐蚀、铺装层裂纹以及“单板受力”等，这些病害严重影响了桥梁的使用性能，如不及时修补和维护，还会造成主体结构的破坏。因此，正确分析桥梁病害成因，掌握不同类型桥梁、不同病害的特点，针对具体问题及时制定相应对策，对延长桥梁的使用寿命和交通安全具有重要的意义。

1　病害成因分析

中小跨经公路桥梁存在的一些常见病害有，伸缩缝破坏、铺装层裂缝、钢筋锈蚀和支座破坏以及“单板受力”等。

1.1　伸缩缝破坏

伸缩缝的安装是桥梁施工中的最后一道工序，其质量的好坏直接影响着桥梁的使用效果。据目前的调查和研究表明，伸缩缝病害出现的原因有以下几个方面。

(1)由于设计不周引起的伸缩缝损坏。桥面采用了“搭接角钢夹橡胶条”式简易伸缩缝装置系统，缝顶与现浇桥面混凝土同高，上铺沥青混凝土。由于设计中着重强调了解决桥面在伸缩缝处的平整度问题，忽略了桥面混凝土与桥面板的同步伸缩，因此，通车后沥青混凝土表面沿缝出现不规则开裂，冬季加宽，夏季拱起。在车辆荷载的长期作用下，桥面铺装层由裂缝处向里逐渐剪坏，出现啃边或大范围的坑槽，给日后修补带来了更大的困难。

(2)由于选型不当引起的伸缩缝损坏。

(3)由于桥墩台施工及梁(板)预制尺寸导致实际板端预留间隙与设计间隙悬殊而引起伸缩缝损坏。

(4)设计与实际伸缩量不符引起的伸缩缝破坏。这样导致在伸缩缝处夏季出现沥青桥面拱起，冬季出现沥青混凝土桥面沿缝严重开裂的现象。

(5)板式橡胶伸缩缝由于施工误差或橡胶板破坏引起的伸缩缝处严重跳车。

(6)板式橡胶伸缩缝或钢板伸缩缝由于伸缩装置混凝土施工先于两端沥青混凝土路面面层而引起伸缩缝尾端跳车。

(7)“反开槽法”施工操作不认真引起伸缩缝处跳车。目前运用“反开槽法”施工修筑的伸缩装置有毛勒缝或暗式伸缩缝等。“反开槽法”施工虽然从理论上解决了伸缩缝端头跳车的问题，但若施工时操作不当，车辆通过时仍有明显的反应。

(8)材料选用不当引起的伸缩缝损坏。

导致伸缩缝出现损坏的原因还有由于伸缩缝受力复杂,有产品本身问题,也有设计和施工的问题。从设计上看:设计工程师在伸缩缝设计过程中只注重计算桥梁的伸缩量,并以此进行选型。而往往对产品的性能了解不全面,忽视了产品的相应技术要求,诸如过渡段混凝土的长度、厚度、高程、预埋件的位置及深度,而且也没有在设计图上标注清楚。这其中很多问题要等产品运到工地安装甚至安装后才能发现,但为时已晚。从施工上看:伸缩缝安装是桥梁施工的最后几道工序之一,为了赶进度,施工马虎,不按安装程序要求施工,例如,板式橡胶缝的预埋螺栓位置不准,与锚固钢筋脱离,BF 缝的预埋钢筋根本没有预埋长度,且固定钢板下混凝土不密实、有空隙、毛勒型伸缩缝施工则容易发生预留槽清理深度不够,冲洗不干净,顺序不对,模板不密贴造成混凝土漏浆,事后清理不干净,浇捣混凝土后没有养护,形成收缩裂纹。另外,安装后混凝土没有达到强度就提前开放交通也是造成伸缩损坏的原因之一,因为过渡段的锚固混凝土早已产生早期损伤。

1.2 铺装层裂缝

对于中小跨经的公路桥梁,通常其铺装层是参与结构受力的,故要求铺装层与桥面之间必须有效地结合。但是在施工中,往往出现铺装层厚度不均,桥面钢筋未按实际要求布置,在浇注桥面混凝土时钢筋网往往已经紧贴桥面,桥面混凝土变成了素混凝土。于是,由于混凝土收缩、徐变及温度的影响,混凝土桥面表面产生龟裂,甚至在桥面的薄弱部位产生裂纹。

另外,从荷载的角度而言,随着交通量不断增大,车辆动荷载的反复作用,容易使桥面破损开裂,大大影响了行车的舒适和安全。桥面铺装病害,包括不规则的网状裂缝,较规则的纵向、横向裂缝以及较严重的破裂等病害。这不仅增加了维修费用,甚至导致大面积翻修。同时,桥面铺装直接承受高速行车的冲击、剪切与磨耗,并直接承受气候的影响,日晒升温、日落降温,并与主梁(板)存在一定的变化差异。所以桥面铺装的受力不仅定性分析困难,尤其难以定量计算。桥面铺装层的受力复杂,病害时有发生,因此,对桥面铺装层的设计和施工均予以足够的重视,积极预防病害的发生。桥面下沉、栏杆及人行道系损坏等病害,主要是由于缺乏养护造成的。养护部门对桥梁养护不够重视,造成桥梁长期失养,外观损坏严重,排水不畅,而桥面铺装过去又多为泥结碎石结构,强度低,防水性能差,桥面水容易渗入结构,而结构的膨胀变形反过来又会影响桥面铺装。整体式板桥的板宽较大,在荷载作用下,除板的纵向发生弯曲外,横向也会发生弯曲。横向分布钢筋没有达到规定的用量,是造成桥面板受拉侧出现纵向裂缝的原因,横向配筋不能满足正常使用荷载的要求导致其无法限制纵向裂缝的宽度。

1.3 钢筋锈蚀

钢筋锈蚀是影响桥梁结构寿命和安全的一个重要因素。由于各种物理化学原因,桥梁结构的锈蚀广泛存在,为了维持桥梁的正常运营,需要对出现锈蚀的桥梁进行维修。钢筋锈蚀主要是发生了电化学反应。钢筋表面致密的氧化膜可使钢筋免受锈蚀,而氧化膜的破坏直接导致了锈蚀的发生。混凝土的碳化、大气污染等都使得混凝土中的 pH 值下降,钢筋表面氧化膜处于酸性环境中,逐渐被腐蚀,这样氧化膜便被破坏了。钢筋发生锈蚀时,锈蚀部分的体积可膨胀至原体积的 10 倍以上,从而对周围混凝土形成挤压,造成混凝土开裂、剥落,使截面有效尺寸减小,导致结构承载力下降。锈蚀的直接后果是钢筋断面各减小,对于以钢筋作为抗拉材料的混凝土桥梁来说,断面积的减小会直接影响结构的抗弯能力。钢筋锈蚀还会降低混凝土对钢筋的握裹力。

由此可见,钢筋锈蚀对危害桥梁结构的安全是非常严重的。

1.4 支座破坏

支座作为上部结构与下部结构的连结部件在桥梁结构的整体受力中发挥着至关重要的功能。但是当支座出现病变或安全隐患时,它将直接改变整个结构的力学特性,使得整体结构不能按照原有的设计进行工作,从而可能造成支座本身以及其他部件的受损甚至破坏。

支座破坏的原因主要可归纳为:支座安装的不平整;支座本身质量较差;设计选型不合理及施工中的其他原因。在正交桥梁中,支座的受力较为简单明确,其受力边界条件也容易满足,但是对于斜弯桥梁,由于超高和组合坡的影响,支座的高程是阶梯状分布的,若施工中未能严格按照设计高程布置的话,则可能造成某一个支座超载或脱空。支座脱空时,上部梁板的内力将进行重分布,显然局部部位可能超过设计的控制值,如铰接板板缝的失效,支座超载时,则会导致支座变形过大甚至支座被迫压、剪坏。此外,不同类型的支座其力学特性区别较大,尤其是抗震性能。因此,设计中应该充分结合本区域的地震情况以及桥梁的结构类型选择最佳的支座。

1.5 单板受力

所谓单板受力,即重车能通过桥梁时,受力单板(梁)与其他板(梁)的挠度差较大,使活载不能有效地横向分配,造成单板(梁)破坏。“单板受力”削弱了桥梁结构的整体作用,使承重构造处于极为不利的受力状态,降低了结构的耐久性,给行车安全带来了严重隐患。

对于中小跨经公路梁,由于施工及经济原因,梁板间多采用铰接形式,且设计通常按照简化的荷载横向分布理论进行计算,因此“单板受力”问题在此类桥梁中普遍存在,其原因是多方面的。

(1)板梁受建筑高度影响,在整体刚度和强度上弱于箱梁、T 梁等结构,构造中采用铰缝来保证上部结构的整体性也偏弱,易出现“单板受力”病害。此外,结构上存在先天不足,在长期重车作用下造成板间联系失效,活载不能有效地横向分配,“单板受力”超过其允许范围,产生破坏。

(2)上部结构横向联系薄弱。铰缝混凝土强度偏低,铺装层钢筋细而疏。当铰缝和铺装层产生裂缝后,混凝土防水性能变差,水的渗透、软化、冻胀作用加速了病害的产生,给板体带来不稳定因素。

(3)构造原因。桥梁铺装层和板梁间连接薄弱,在病害的弹性变形阶段,板梁与铺装层变形不协调,使本应计入有效计算高度的铺装层起不到应有作用。特别是铰缝,有些还是素混凝土结构,不能与板梁及铺装层成为一体。

(4)施工质量问题。板梁结构是公路中小桥涵常用形式。作为确保整体受力的关键部位,铰缝混凝土浇注质量较差。板梁的铰缝宽度一般为 1cm,个别板梁顺直度不佳,宽度达 3 ~ 4cm。部分铰缝混凝土因配比不合理、粗骨料多、水泥较少,而未较好固结,出现开裂、脱落,尤其是行车道下板梁,混凝土脱落尤为严重,形成“单板受力”。

(5)行车道下板梁间铰缝失效,荷载横向分布系数增大,“单板受力”超过允许范围。

(6)支座的原因。桥梁设计中,空心板两端一般为 4 个支座。由于施工工艺等原因,个别支座脱空,形成“三条腿”的现象。当有车辆通过时,由于“三条腿”现象造成空心板的震动,使铰缝混凝土处于很不利的受力状态,久而久之,铰缝混凝土逐渐破碎脱落。

2 病害处理方案

在中小跨经桥梁中,采用无缝桥梁可以避免出现伸缩缝病害;另外,为减少缝的数量,避免桥台处接缝过于集中,桥台处的两道伸缩缝可移至中墩,桥长 40m 以下的单跨桥可只设一端伸缩缝,桥台处按桥面连续的方法处理。

对于桥面铺装病害,可以采用新近开发的冷轧带钢筋和钢纤维混凝土材料防护。冷轧带肋钢筋与普通钢筋相比,设计强度大幅度提高,与混凝土黏结握裹力强。同时,冷轧带肋钢筋网有良好的整体刚度,不易变形,在桥面混凝土施工时不会出现局部钢筋网陷落的情况。采用了钢纤维混凝土这一新型高强复合材料来对桥面修理、补强。既可提高桥面的抗裂性、耐磨性、耐久性,又可延长桥梁的使用寿命和减少维修。此外,国外还有一种聚丙烯合成纤维材料,可用作混凝土中钢筋加强系统,加入这种材料可代替钢筋网作为次要受力筋,对控制混凝土裂缝有良好的效果。对于裂缝问题,可以通过提高结构的含筋率来预防病害,对于已出现裂缝的桥梁可以采用“植筋”技术和在混凝土表面涂抹环氧树脂等保护层

的方法自治。

对于钢筋锈蚀问题，在出现锈蚀的区域，修复时，首先要清除所有锈蚀区域的混凝土，然后对钢筋采用喷砂法和超高压水枪进行喷射除锈处理，如果钢筋严重锈蚀，应根据验算结果确定修复部位并增加钢筋数量，以确保钢筋含筋率，然后浇注高强混凝土。当混凝土层较薄无法立模施工时，可采用喷射混凝土浇注。

同时，也可以采用物理方法除锈。如钢筋表面增加环氧树脂涂层，在发达国家，带有环氧树脂涂层的钢筋被广泛应用于桥梁等工程建设中。良好的涂层能有效防止钢筋锈蚀，大大延长结构使用寿命。据有关调查资料估计，使用环氧树脂涂层钢筋可使桥梁寿命延长 10 年以上。另外，在经常接触水的表面增加环氧树脂或其他高分子材料作为防水层，改善表面防水，也可以达到防锈蚀的效果。

对于"单板受力"问题，应该坚持"预防为主"的原则。可选用的预防与补救措施有：①设计阶段：依据梁板间纵向铰缝受力特性，有针对性的采取加强的构造措施，将病害消灭在萌芽状态。如采用尺寸较大的铰缝、缝内设置足够的拉接钢筋，包括纵向钢筋和交叉横向短筋。②施工阶段：加强施工质量控制，尤其是在对铰缝、铺装层的比较容易出现病害的部位施工时，必须要严格按照设计要求施工，保证混凝土浇注与钢筋定位的质量。③运营阶段：加强管理机制，对超载超限车辆控制出入；必须通过时，须在行车道行驶，避免进入超车道；通过桥梁时，只允许一辆重车行驶。

3 结语

综上所述，结合混凝土桥梁的实际情况，可以主要通过对桥梁锈蚀、支座、伸缩缝和桥面铺装等的病害的调查与分析，结合有关工程进行试验研究，提出防止病害的设计方法，以求彻底解决混凝土桥梁的病害问题，具体实施过程如下：

(1)在广泛地调查典型地区混凝土桥梁已存在的各类病害的基础上，对各类病害问题进行分类分析，评估他们对结构的影响。

(2)选择若干已出现典型性和普遍性病害问题的桥梁，同具有相同或类似规模而未发现问题的桥梁进行对比，结合设计、施工和维护信息考察病害产生的原因，分析各种影响因素及其作用机理和发展规律。

(3)参考目前维护桥梁的工程实践，研究防病害的对策，提出减少和消除已有病害的处理方法以及防止病害产生的构造措施和施工要求，并在防病害设计方面进行探讨和研究。

(4)将研究成果用于依托工程上，检验其效果，将研究成果完善。

(5)归纳各类病害的成因和改造方法，以及防止病害的设计要点和施工方法，形成防病害系统，总结各种处理方法的优缺点和适应范围。

参 考 文 献

[1] JTJ 073—96 公路养护技术规范[S]

[2] JTJ 041—2000 公路桥涵施工技术规范[S]

[3] 杨文渊，等. 桥梁维修与加固[M]

青石铺桥检测评估

李振[1]　谢海涛[2]
(1.湖南交通职业技术学院　长沙　410004;2.中南大学　长沙　410076)

摘　要　旧桥检测评估与分析。本文采用有限元分析软件对青石铺桥进行计算模型的简化,实现了整个检测程的仿真计算,为该桥的检测与加固分析提供了理论依据。

关键词　旧桥检测　有限元分析　静载试验　试验结果分析

1　桥梁工程概况

青石铺桥(图1)位于邵阳市邵阳县境内省道317公路上,该桥下游侧修建于1958年,上游侧于1994年加宽建成。

该桥的桥孔布置为3×6m实腹石拱桥,桥梁全长为38.4m,桥宽12.6m,主拱圈宽12.6m,桥面布置为0.55m防撞栏(上游侧)+1.7m土路肩+净9m机动车道+0.8m土路肩+0.55m防撞栏。

桥墩、桥台、基础均为浆砌片石结构,基础为扩大基础,基础持力层为石灰质地层(灰岩)。为便于描述,本报告称五峰铺侧桥台为0号桥台,邵阳侧桥台为3号桥台,从五峰铺至邵阳县3跨分别称为左边跨、中跨和右边跨。

图1　下西晒桥概貌

2　有限元计算模型

图2　MIDAS有限元模型图

结构计算模型为平面梁单元有限元模型,采用桥梁分析程序MIDAS进行计算,共划分为48单元,53节点,模型见图2。

依据有限元计算结果按照《公路圬工桥涵设计规范》(JTG D61—2005)对桥梁结构的刚度、强度、稳定性和承载力进行全面评价。

3　静载试验

3.1　测点布置与观测方法

1.竖向静挠度

砌体拱桥的刚度较大,本桥的重点测试加载荷载作用下拱顶的变位,测点布置在右边跨跨中、拱脚和中跨跨中对应的立墙顶。

2. 应变测点布置

应变测试元件为振弦式应变计。实际测试截面位置见图3。

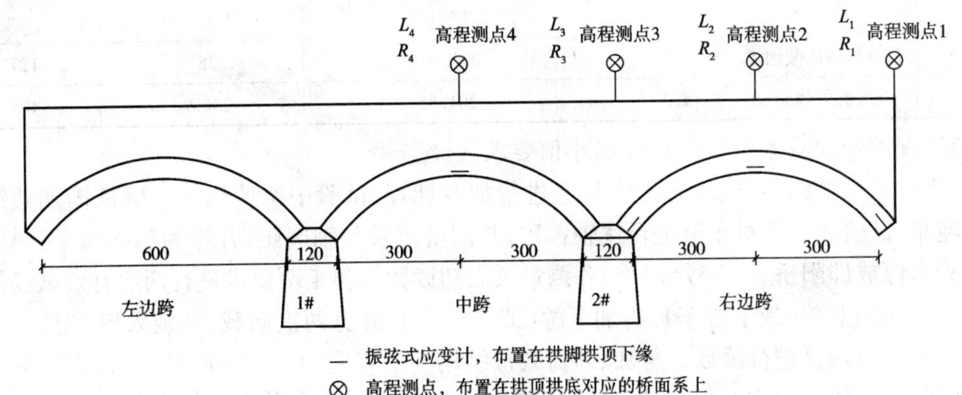

图3 测试截面应变计和挠度测量布置图(单位:cm)

各类应变计布置完成后需要对位置进行详细记录。

3. 裂缝出现与扩展情况观测

在加载前,详细检查桥梁主体结构有关裂缝。试验过程中,重点观测砌缝的变形及原有裂缝的扩展情况。

裂缝宽度用20倍刻度放大镜量测。

3.2 加载车辆、加载工况与加载轮位

试验前,根据力学分析和荷载等效原则,在试验细则中制定了相应的加载工况,力学分析中是按采用规范的公路-II级进行加载计算,依据计算结果提出了加载车辆拟用30吨车辆,共2台。依据测试要求,并根据桥梁设计控制面的内力影响线计算,在试验细则中制定两种加载工况,具体的加载工况、车队构成与轮位布置见图4~图5和表1。

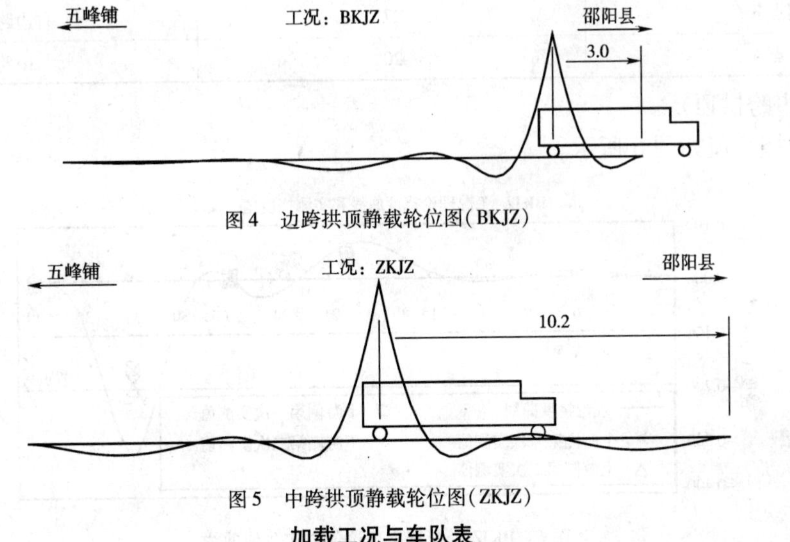

图4 边跨拱顶静载轮位图(BKJZ)

图5 中跨拱顶静载轮位图(ZKJZ)

加载工况与车队表 表1

序号	加载工况号	车队数	每队车辆	目　　的	对应的节点号
1	BKJZ	2	1	右边跨拱顶截面最不利加载	33
2	ZKJZ	2	1	中跨拱顶截面最不利加载	20

以最不利弯矩加载进行荷载模拟计算,各工况的实际荷载效应系数参见表2。

工况的荷载效应系数表 表2

工况	控制截面	节点号	设计最不利内力(kN·m)	试验工况加载计算值(kN·m)	荷载效应系数
			公路II级		
BKJZ	右边跨拱顶截面	33	187.81	238.6	127.04%
ZKJZ	中跨拱顶截面	20	201.85	256.94	127.29%

各试验工况符合加载效应系数85%最小值要求。

力学计算中采用公路04规范的公路II级进行加载计算,试验中所使用的车辆依据加载结果确定为30~35吨车,试验前要求对车辆进行逐轴称重,并测量车长与轴间距,并作为后续力学计算的依据。加载前,试验车停放邵阳桥台(3号台)外,各测量仪表初读数。各工况要求进行两次有效试验。两次均采用2级加载,先加上游(或下游车),再加下游(或上游车),并分两次卸载,卸载采用"先进先退"的原则。每次加载、卸载均要进行读数。每加、卸荷载待结构变形稳定10~15min后,各仪表读数。车队加载力求准确到位,加载前在桥上画线,明确表明轮位,试验中,由专人负责指挥实施。本试验为检测试验,并非破坏试验,试验必须确保结构安全,如若试验中结构出现较大的异常或迹象,试验暂停,分析原因,确定是否终止试验。

4 试验结果与分析

4.1 结构变形与刚度分析

试验中的挠度测点布置参见图3和表3,桥梁两侧对称布置。

挠度测点表 表3

挠度测点	对应的节点号	位置描述
测点1	39	右边跨右拱脚
测点2	33	右边跨跨中
测点3	27	右边跨左拱脚
测点4	20	中跨跨中

(1)BKJZ(边跨拱顶):

各测点实测挠度值如图6所示。

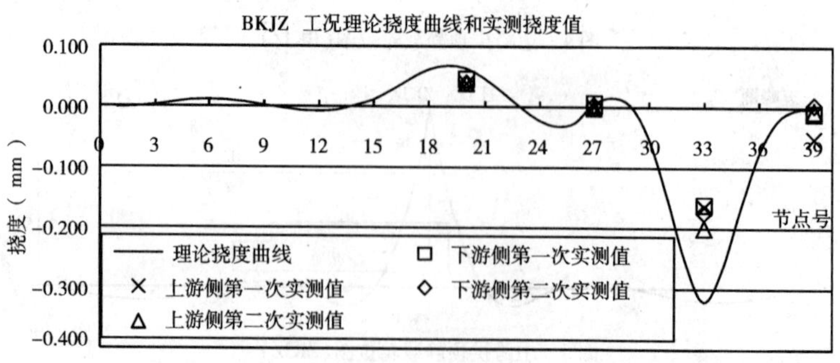

图6 BKJZ工况挠度理论值与实测值曲线

(2)ZKJZ(中跨拱顶):

各测点实测挠度值如图7所示。

从表中可以看出,实测挠度均比理论挠度小,且满足变形规律,说明理论结构刚度比实际刚度小,这与石拱桥设计时计算参数较实际偏于安全的设计思路是吻合的,同时说明实际结构具有一定的安全储备,实际结构是偏于安全的。

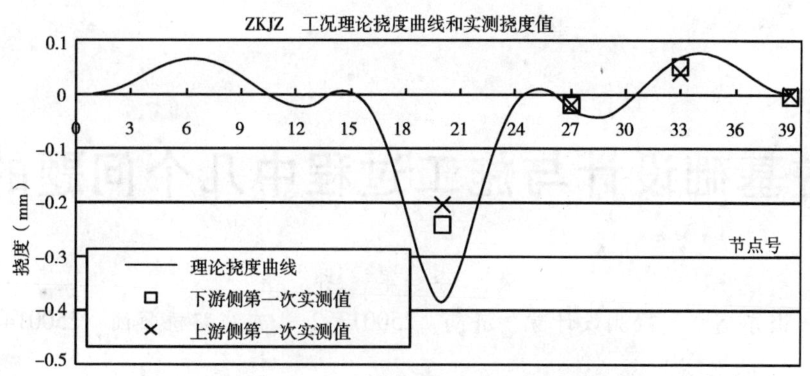

图 7 ZKJZ 工况挠度理论值与实测值曲线

4.2 结构应变分析

理论应变采用前述 MIDAS 模型，先计算弹性状态下各工况荷载下的应力，然后换算成“理论应变”。理论应力计算为 $\sigma = \frac{N}{A} \pm \frac{M}{I}Y$，其中 Y 为测点到截面重心的距离。本模型中，拱圈和桥墩的弹性模量均取 $E = 5650$MPa，为规范要求的下限值。试验中，为了便于操作并不对桥梁砌缝进行破损，将应变计布置在块石上，实测应变为块石的应变值，而非砌体的应变，按照《铁路工程地质手册》，片麻石的弹性模量 $E \geqslant 21000$MPa。因此为方便对比，将理论应力换算为理论应变时，不再按砌体弹性模量换算，而按块石弹性模量换算，拱圈的弹性模量取 22600MPa。利用 MIDAS 程序对本桥进行理论分析，得到每个截面的上下缘应力。

5 结语

(1)该桥小修后利用；

(2)目前桥面横向排水功能完全丧失，且桥面两侧为土路肩，下游侧主拱底部出现了钟乳石，部分尚在发展，因此建议将整个桥面系重做成混凝土桥面，在对应立墙、桥端位置的桥面处设胀缝，混凝土桥面下铺防水层，同时在现有防撞墙底凿出泄水孔，确保桥梁横向排水功能；

(3)1 号桥墩由于受水流冲刷形成了明显的冲刷坑，且基础小部分显现脱空，建议择期采用浆砌片石铺筑河床，回填冲刷坑，保护基础；

(4)0 号桥台砌体基础局部出现了空浆现象，建议将其填筑密实。

参 考 文 献

[1] 颜东煌，赖敏芝，张克波，李学文. 茅草街大桥基于 ANSYS 的空间计算模型[J]. 长沙交通学院学报，2003(6)

[2] 项海帆，刘光栋. 拱结构的稳定与振动[M]. 北京：人民交通出版社，1991

[3] 郭旺. 论混凝土拱桥施工中常见病及预防措施[J]. 北方交通，2007(4-104-106)

桥梁桩基础设计与施工过程中几个问题的探讨

王　爽[1]　李　军[2]　邱　华[1]
(1. 山东省水利勘测设计院　济南　250013;2. 山东省路桥集团　250014)

摘　要　桩基础被广泛地应用于各个领域,可见其优势巨大,要想高质量地应用好桩基础,必须从设计和施工两个方面着手,两者相辅相成,缺一不可。桩基础可以采用不同的材料和相应的施工方法,可以支撑在不同的土或是岩层中,可以作为各类工程结构物的基础(建筑物的低桩承台、桥梁或码头的高桩承台)。作用于不同的工程结构物,其受力性状各不相同,承载能力相差悬殊,施工工艺和设备极其多样。

桩基技术极为复杂,发展空间相当广阔,成为地基基础领域中一个非常活跃的、具有很强生命力分支领域。近年来出现了许多新的桩型、新的工艺、新的设计理论和新的科技成果,成为我国工程建设的有力支柱。本文主要针对在桥梁桩基设计与施工过程中出现的几个问题加以探讨。

关键字　桩基础　设计　施工

如果工程场地浅层的土质不能满足建筑物对地基承载力的要求,而又不适宜采用地基处理措施,就要考虑下部坚实土层或是岩层的深基础方案了。在各种类型的深基础中,桩基的种类、施工工艺和设备以及桩基础理论和设计方法都有了较成熟的发展,在各种结构物中都有广泛的应用,尤其是在桥梁工程领域中更是被广大的工程技术人员所青睐。

设计桩基应根据建筑物的特点和有关要求,对岩土工程勘察和场地施工条件等资料进行仔细推敲,并应考虑桩的设置方法对工程的影响。

1　桩基础的设计

桩基础的设计包含很多内容,本文主要从桩基础的设计步骤、桩基础的分类、桩基设计中静载试验的重要性三个方面深入论述这三点在桩基设计中的重要性。

1.1　桩基础的设计步骤

桩基的设计内容主要包括以下步骤:
(1)选择桩的类型和几何尺寸;
(2)确定单桩竖向承载力设计值;
(3)确定桩的数量、间距和布置方式;
(4)验算桩基的承载力和沉降;
(5)桩身结构设计;
(6)承台设计;
(7)绘制桩基施工图。

以上设计步骤适用于大、中桥的桩基设计,对于小桥可省略承台设计部分,其余部分不可省略。在桩基设计中,我认为每一个步骤都是至关重要的,每一步都对其他几个步骤产生影响。桩基的类型直接影响到单桩竖向承载设计值的计算结果,而桩的布置方式是后两步的基础设计,桩身结构设计是整个桩

基设计的灵魂,最终质量的好坏主要取决于最后的绘制图纸,所以设计人员对于每一步都要把握好,才能输出高质量的成果。

1.2 桩基础的分类

现行《公路桥涵地基与基础设计规范》按照两种类型分类:

1.2.1 按承载性状分类,分为摩擦桩和端承桩

摩擦桩的定义为桩顶荷载主要是由桩侧阻力承受,并考虑桩端阻力;端承桩的定义为桩顶荷载主要是由桩端阻力承受,并考虑桩侧阻力。但是规范并没有明确指出如何考虑,实际工程设计时,摩擦桩对桩端阻力的考虑小于10%,而端承桩桩基长度较长时考虑桩端阻力约为50%到60%,桩侧阻力约考虑40%到50%的承载能力。

1.2.2 按成桩方法分类,分为非挤土桩、部分挤土桩和挤土桩

其实这种分类是根据地质条件决定的,设计时桩基的计算程序基本一致,但是要考虑不同的施工工艺在设计中的影响。

桩基分类除了规范给出的以外还可以分出很多种,例如按照材料不同可分为木桩、钢筋混凝土桩、钢桩等,按照施工方法不同可分为预制桩和灌注桩,这里就不再一一赘述。不管桩的分类如何都是根据设计和施工方法的不同考虑的,所以在设计中要充分考虑施工中的程序和要求,才能满足工程的需要。

1.3 桩基设计中静载试验的重要性

桩基础设计过程中静载试验是一个十分重要的环节,如果工程级别达到一定程度,对桩基进行静载试验,还是非常有必要的,不仅设计上可以找到更好的设计依据,施工也可以得到很宝贵的现场材料。因为静载试验的工作质量直接影响到桩基形式、桩规格和桩入土深度的确定,同时也对施工难易有密切影响,所以静载试验必须委托有一定资质的单位进行,这样不但对工程负责,也是对整个技术人员团队负责。

通过科学试验,取得准确数据,能使设计方案更加合理、可行和经济,远远超过缩短工期所获得的效益。

2 桩基础的施工

2.1 预制桩的施工方法

桩基按照施工方法不同可分为预制桩和灌注桩,灌注桩是指现场浇注,预制桩是指预先浇注成型,然后沉入桩基位置,本文不再对灌注桩做更多的赘述,主要论述预制桩的沉入。

沉入桩所用的基桩主要为预制的钢筋混凝土和预应力混凝土桩。截面形式常用的有实心方桩和空心管桩两种。管桩一般由工厂以离心成型法制成。目前成品规格:管桩外径40cm、55cm两种,分为上、中、下三节,管壁厚度为8~10cm。近年来发展的PHC高强预应力混凝土离心管桩已在工程上广泛应用。

制作钢筋混凝土桩和预应力混凝土桩所用技术应按《公路桥涵施工技术规范》办理。此外,还应注意以下事项:

(1)钢筋混凝土桩内的纵向主钢筋如需接头时,应采用对焊接头;

(2)螺旋筋或箍筋必须箍紧主筋,与主筋交接处应用点焊焊接或用铁丝绑扎牢固;

(3)预应力混凝土的纵向主筋采用冷拉钢筋且需焊接时,应在冷拉前采用闪光接触对焊焊接;

(4)桩长用法兰盘连接时,法兰盘应对准位置焊接在钢筋或预应力筋上;对先张法预应力混凝土桩,法兰盘应先焊接在预应力筋上,然后进行张拉;

(5)混凝土应由桩顶向桩尖方向连续灌注,不得中断;

(6)桩的钢筋骨架(包括预应力钢筋骨架)的允许偏差应在规定的范围以内。钢筋混凝土桩的预制要点是:制桩场地的平整与夯实;制模与立模;钢筋骨架的制作与吊放;混凝土浇筑与养护。当预制桩的长度不足时,需要接桩。常用的接桩方法有:法兰盘连接、钢板连接及硫磺胶泥(沙浆)连接等等。沉桩顺序应根据现场地形条件、土质情况、桩距大小、斜桩方向、桩架移动的方便等来决定。同时应考虑使桩入土深度相差不多,土壤均匀挤密。

沉入桩的施工方法主要有:锤击沉桩、振动沉桩、射水沉桩及静力压桩等。

2.1.1 锤击沉桩

一般适用于中密砂类土、黏性土。由于锤击沉桩依靠桩锤的冲击能量将桩打入土中,因此一般桩径不能太大(不大于0.6m),入土深度在40m左右。锤击沉桩的主要设备有桩锤、桩架及动力装置三部分。冲击锤的选择,原则上是重锤低击。桩架在沉桩施工中,承担吊锤、吊桩、插桩、吊插射水管及桩在下沉过程中的导向作用等。其他设备中主要有桩帽与送桩。桩帽主要是承受冲击,保护桩顶,在沉桩时能保证锤击力作用于桩轴线而不偏心。送桩主要用于当桩顶被锤击低于龙门挺而仍需继续沉入时,即需把桩顶送到地面下必要深度处用。施工要点:沉桩前,应对桩架、桩锤、动力机械等主要设备部件进行检查;开锤前应再次检查桩锤、桩帽或送桩与桩中轴线是否一致;锤击沉桩开始时,应严格控制各种桩锤的动能。如桩尖已沉入到设计高程,但沉入度仍达不到要求时,应继续下沉至达到要求的沉入度为止。沉桩时,如遇到沉入度突然发生急剧变化;桩身突然发生倾斜、移位;桩不下沉,桩锤有严重回弹现象;桩顶破碎或桩身开裂、变形,桩侧地面有严重隆起现象等等,应立即提高停止锤击,查明原因,采取措施后,方可继续施工。

锤击沉桩施工的停锤控制标准:

(1)设计桩尖高程处为硬塑黏性土、碎石土、中密以上的砂土或风化岩等土层时,根据灌入度变化并对照地质资料,确认桩尖已沉入该土层,贯入度达到控制贯入度;

(2)当贯入度已达到控制贯入度,而桩尖高程未达到设计高程时,应继续锤入0.10m左右(或锤入30~50次),如无异常变化即可停锤;若桩尖高程比设计高程高的多时,应报有关部门研究确定;

(3)设计桩尖高程处为一般黏性土或其他松软土层时,应以高程控制,贯入度作为校核;

(4)在同一桩基中,各桩的最终贯入度应大致接近,而沉入深度不宜相差过大,避免基础产生不均匀沉降。

2.1.2 射水沉桩

射水施工方法的选择应视土质情况而异,在砂夹卵石层或坚硬土层中,一般以射水为主,锤击或振动为辅;在亚黏土或黏土中,为避免降低承载力,一般以锤击或振动为主,以射水为辅,并应适当控制射水时间和水量;下沉空心桩,一般用单管内射水。

射水沉桩的设备包括:水泵、水源、输水管路(应减小弯曲,力求顺直)和射水管等。

射水沉桩的施工要点是:吊插桩基时要注意及时引送输水胶管,防止拉断与脱落;基桩插正立稳后,压上桩帽桩锤,并开始用较小水压,使桩靠自重下沉。初期应控制桩身不使下沉过快,以免阻塞射水管嘴,并注意随时控制和校正桩的方向;下沉渐趋缓慢时,可开锤轻击,沉至一定深度(8~10m)已能保持桩身稳定后,可逐步加大水压和锤的冲击动能;沉桩至距设计高程一定距离(2.0m以上)停止射水,拔出射水管,进行锤击或振动使桩下沉至设计要求高程。

2.1.3 振动沉桩

振动沉桩适用于砂质土、硬塑及软塑的黏性土和中密及较松散的碎、卵石类土。

振动沉桩停振控制标准,应以通过试桩验证的桩尖高程控制为主,以最终贯入度(mm/min)或可靠的振动承载力公式计算的承载力作为校核。

2.1.4 静力压桩

静力压桩采用静压力将桩压入土中,即以压桩机的自重克服沉桩过程中的阻力,适用于高压缩性黏

土或砂性较轻的亚黏土层。

2.1.5 水中沉桩

在河流较浅时,一般可以搭设施工便桥、便道、土岛和各种类型的脚手架组成的工作平台,其上安置桩架并进行水中沉桩作业。在较宽阔的河中,可将桩安设在组合的浮体上或固定平台,亦可适用专门打桩船。此外还可采用:

(1)先筑围堰后沉桩基法:一般在水不深,桩基临近河岸时采用;

(2)先沉桩基后筑围堰法:一般适用于较深的水中桩基;

(3)用吊箱围堰修筑水中桩基法:一般适用于修筑深水中的高桩承台。

2.2 桩基施工中出现的特殊问题的处理

桩基设计时虽然是根据现场勘探的地质资料进行的,但是桩基施工还是有地质的不可预见性存在,经常会遇到很多特殊情况,这就要求我们根据具体的情况,仔细分析,采用妥善的方法去解决各类问题。

(1)桩基达到其极限承载力而无法压至设计高程。这里可能存在两种情况,其一是地质报告有误,桩实际承载力大于计算值,必须先做试桩以确定其合理的桩长及承载力。其二则可能由于土层本身原因,譬如说饱和砂土产生的孔隙水压力使桩基根本无法压入,这就需要我们从施工措施上去解决。首先是必须制定合理的施工顺序譬如说跳打,使先期施工的桩产生的水压力消散后再施工下一根桩;其次对静力压桩来说必须选择有足够压桩力的施工机械,要避免抬机等现象出现;另外可以采取引孔,设置排水孔等措施尽量减少空隙水压力。当然压桩时必须注意压桩力应控制在桩身极限强度范围以内,且应注意压桩挤土作用对周边建筑物的影响。

(2)桩基施工时压桩力远低于设计承载力。某公路桥桩基采用18m长D400预应力管桩,根据地质勘察报告单桩承载力设计值为650kN,进行工程桩试打时连续4根桩的最大压桩力均仅为300kN,远远小于设计承载力。我们仔细分析了勘察报告认为报告所提供的各土层特性基本准确,而从周边其他工程的地质报告也证明勘察报告无误,因此我们分析可能由于压桩机械的压桩速度偏快,而土层的黏聚力又偏小,故压桩时桩将土直接剪坏,引起压桩力偏低,随着时间的延续土能恢复固结。在15天后进行的试桩,证明我们的判断准确,试验承载力满足设计要求。这一点也从侧面强调了先进行静载试桩的重要性。

(3)桩基静载试验不合格。某工程由于时间限制,甲方要求试桩与工程桩同时进行,待试桩满足规范要求时进行静载试验,结果三组试桩有一组满足设计要求而另外两组试桩均在小于设计承载力时产生破坏。这就让我们从设计、施工和试验等各方面去分析这两组试桩,但经过与周边工程比较及现场施工试验记录分析,均未发现特殊情况,即不存在施工、试验中的失误。笔者对第一组合格试桩的情况进行了比较,终于发现后二组试桩本身的停歇时间已够,但周边的其余工程桩施工在试验前两天才完成,完全有理由认为是因为工程桩施工时将试桩周边的土破坏而没有固结,影响了试桩的承载力。于是等工程桩停歇时间也满足规范要求时再次对两根试桩进行了静载试验,结果与我们判断完全一致,试桩均满足设计要求。这一实例告诉我们影响试桩结果的因素有很多,我们在工程实践中对各种情况一定要仔细分析,找出问题所在,而不要盲目处理,造成不必要的损失和浪费。

(4)管桩裂缝处理。预应力管桩以其强度高,制作周期短,比预制桩节省材料等优点在工程设计中得到普遍应用,但其也存在受剪能力差的缺点。在工程实践中,由于垂直度偏差或挤土等原因经常会使管壁产生裂缝而影响质量。在某一工程中由于场地天然地面高程较低,在桩施工前场地回填了约2m左右的土,而施工中又未对上述情况采取合适的措施,使压桩机械在施压进行过程中对桩产生了不均匀的侧压,施工结束后发现局部桩位产生了侧偏,经小应变检测发现这些管桩都不同程度地产生了裂缝,该如何处理显得相当关键。我们对偏差资料经过分析归类得出:对于垂直度偏差小于0.5%的管桩,管壁基本无裂缝,我们认为承载力应不受损失,故在增加了一组试桩证明承载力满足设计条件后不再进行处理。而对垂直度偏差大于0.5%的管桩,可以认为管壁均已产生裂缝,承载力已受影响,我们对此类桩采用了先纠偏再进行灌芯处理，使裂缝部位的传力通过灌芯部分混凝土传递，经最终静载试验证明是切实可行的。因此我们在管桩的实际施工中一定要注意垂直度的控制，因为管桩的抗剪能力较差，很容易破坏而引起不必要的经济损失。

3 结语

桩基工程是一项繁重而复杂的工作，我们工程技术人员一定要考虑到每一个环节，统筹兼顾，从各方面使之合理化。好的设计不仅仅是要保证建筑物的安全和实用性，同时也要具有经济性。而好的施工才可以把设计的意图更好地付诸实施，因此两者相互依存，缺一不可。

参考文献

[1] 凌治平，等.基础工程.北京：人民交通出版社
[2] JTG D63—2007 公路桥涵地基与基础设计规范

止水帷幕人工挖孔灌注桩

——山东省日照市万平口大桥人工挖孔桩施工实例

卜祥国[1] 张 博[1] 李心平[1] 李宜芬[2] 蔡 静[2] 丁元明[2]

(1. 日照市金地基础工程有限责任公司;2. 日照市规划设计研究院)

1 工程地理位置及概况

日照市万平口大桥位于日照市万平口海曲东路上,是奥林匹克水上运动公园的一部分,其南邻南港池,北邻北港池,东西长300m,南北宽28m,是一座现代化的五孔观赏桥,横跨在奥林匹克水上运动公园的入海口处,极为壮观,为日照市的标致性建筑之一。

图1 万平口大桥鸟瞰图

2 地质条件及主要土层的分布(表1)

主要土层分布 表1

序 号	土 层	Qsik(kPa)	Fak(kPa)
1	杂填土		
2	淤泥质砂土	30	90
3	淤泥质粉质黏土	40	110
4	全风化花岗闪长岩	174	350
5	强风化花岗闪长岩	700	6 000
6	中风化花岗闪长岩	2 500	16 000
7	微风化花岗闪长岩	15 000	20 000

地下水位:场地第“4”层含有较丰富的地下水,主要为孔隙潜水,初见水位埋深 -2 ~ -3.8m,主要靠大气降水,海水侧向流入补给地下水,其水位变化受海水潮汐影响。柱状图见图2。

钻孔柱状图

第1页共2页

工程名称	日照万平口大桥1#、2#桥墩					
工程编号	yt2006—006—2			钻孔编号	2—4'	
孔口高程	3.29m	坐标	x=50.00m	开工日期		稳定水位深度
孔口直径	127.00mm		y=-21.00m	竣工日期		测量水位日期

地层编号	当代成因	层底高程(m)	层底深度(m)	分层厚度(m)	柱状图 1:100	岩土名称及其特征	取样	标贯击数(击)	稳定水位(m)和水位日期
①	Q_4^{ml}	0.49	2.80	2.80		杂填土：杂色；稍湿；物质成分以花岗闪长岩风化碎屑或海砂为主，局部内含块石。			
②	Q_4^{m}	-1.71	5.00	2.20		淤泥质砂土：灰褐；饱和；流塑~软塑；内含贝壳碎片，粘土含量30%~40%，有腥味，进行标准贯入试验时标贯锤自沉，干强度一般，韧性中等。			
$②_2$		-3.71	7.00	2.00		淤泥后质粉质黏土：灰~深灰色；饱和；软塑~可塑；局部见黑灰色的有机物沉积，稍具光泽，干强度一般，韧性中等。			
④		-4.21	7.50	0.50		全风化花岗闪长岩：黄褐；密实；矿物成分以钾长石为主，其次为石英，暗色矿物为角闪石、黑云母，粗粒似斑状结构、块状构造，长石风化严重已心曲岭土化，暗色矿物已绿泥石化岩体风化强烈，机械钻进容易，岩芯手搓呈砂土状，岩体风化极不均匀，岩芯采取率达100%。			
⑤	$\gamma\delta_5^3$					强风化花岗闪长岩：黄褐；密实；矿物成分以钾长石为主，其次为石英，暗色矿物为角闪石、黑云母，粗粒似斑状结构，块状构造，现岩石原岩结构尚能辨认，由上而下风化程度交弱，长石风化严重大多高岭土化，暗色矿物多数已绿泥石化，岩体风化强弱，岩石强度由上至下逐渐提高,岩芯采取 率80%以上。			

工程编号		校对		审核		工程负责人		图号		日期	

图2　柱状图

3　问题的提出

万平口大桥桩基础，原设计为钻孔灌注桩，计划工期60天，桩径 ϕ2 000，桩长18～28m不等，持力层入微风化1.5m，共有桩位56棵。施工单位开始采用大吨位冲孔桩机(8t卷扬机)，施工了近一周后，出现许多不适。

①成孔速度太慢(7天一棵)；

②成孔后，又受涨、落潮的影响，淤泥质砂层处易塌孔。

上述问题，工期、质量都很难保证。面对这些问题，吸取钻孔灌注桩施工中的经验与教训，我们邀请了专家商讨解决方案，反复到施工现场踏勘，在海的前沿(距南、北港池10m左右)如何施工人工挖孔桩，如何克服第"2"层淤泥质砂层(深度在5～6m之间)，同时，又要考虑潮汐的影响，更要考虑工人的人身安全。(工期只剩50天)。最后我们大胆地采用了人工挖孔桩施工工艺。最终按期圆满地完成了施工任务，这一成功的实例，我们愿与同行共享。

4 设计方案与施工

(1)设计主导思想:将两种工艺结合到一个工程上,发挥其各自的优势。

①克服"2"层淤泥质砂土对成孔的影响;

②克服潮汐对成孔的影响。

采取的措施:把止水帷幕的设计思想运用到了本工程之中。即:桩位点放好后,在工程桩的四周,先施工水泥土搅拌桩一排,桩长 $L=7m$ 左右,在桩的四周形成一道止水帷幕墙,并实施有效的咬合,形成全封闭的拱形结构。

帷幕桩长要超过第"2"层淤泥质砂层,本工程的桩长 $L=7m$ 以上,桩径选择 $\phi600$,咬合 150~200,水泥土搅拌桩与工程桩的间距控制在 180~200 之间为宜(图3)。

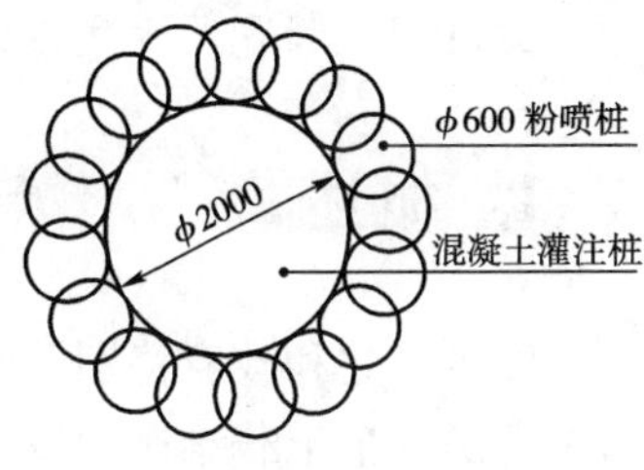

图3 灌注桩

(2)施工步骤:

①施工前,将场地认真整平。

②水泥土搅拌桩,采用干作法,(海边的土均为饱合状)喷灰量宜控制在 65kg/m 全程复喷复搅,每一个工程桩的帷幕桩要一气呵成,咬合到位,设备出现故障时,要采取措施,将咬合效果控制在 100% 成功,我们采取的措施是:对设备故障而未咬合上的部位,采用小型钻探设备进行咬合处理。

③水泥土搅拌桩完成 3 天后,挖开观察其强度如何,咬合的效果优劣,判断一下是否可以开挖(5 天后开始开挖为宜)。

④桩孔开挖过程中,每天的进行速度在每次 1m 以内,同时采用钢模板、电动葫芦,工地备有速凝剂 1~2 袋,当发现止水帷幕有漏水现象时,需进行及时补漏,防止出现大面积的漏水。

⑤潮汐的影响:在做 -1~-6m 桩孔,涨潮时,应停止作业,以防潮水过猛出现意外。在"2"土层内,其拆模时间要长一些,掌握潮汐的具体时间,安全稳妥地进行。

⑥人工挖孔桩的混凝土护壁:$d=150mm$,每节 0.9m,混凝土等级 C30,配筋主筋 $\phi14$@200,$\phi8$@150,$\phi14$ 的钢筋要勾勾相连。在"2"土层的高程处,要比正常施工速度慢一些,使混凝土强度高一点再往下做。

⑦帷幕桩以下土层的过度:-5~-6m 以下为花岗闪长岩全风化层,在护壁过程中,其接缝应在此处错开。

⑧入持力层的处理方法:桩端需入持力层——微风化岩 1.5m,可采用放炮处理,(水下爆破)放炮前,要使护壁强度达到 28 天以上时进行,放炮过程要有计划地进行,将距离近的桩浇注完成后,再实施放炮处理,以防振坍相邻的孔壁。

5 最终的工程效果

日照市万平口大桥桩基础工程,在工期紧,政治任务重,质量要求高的情况下,我们集中工程师的智慧,克服了潮汐、砂层给我们带来的客观不利条件,科学地、有计划地圆满完成了工程任务,工程质量优良率 100%,使万平口大桥如期通车。

实践告诉我们:只要我们肯动脑,善于去发现问题,善于总结经验,战胜客观困难,办法永远比困难多。海的前沿施工人工挖孔桩,用帷幕桩做保障,用一种工艺与另一种工艺叠加在一个工程上,是一个大胆的尝试,也为那些机械无法完成的工程,提供了一个良好的施工工艺——止水帷幕人工挖孔灌注桩。

临夏市大夏河桥加宽工程方案设计

冯海雷

（兰州市城市建设设计院　兰州　730030）

摘　要　本文结合大夏河桥的加宽，提出了具体的实施方案。

关键词　加宽　方案设计

1　概述

近年来党和政府特别关心西北地区经济的发展，确立了经济建设向西部转移的战略方针。这对我们来说是一个千载难逢的发展机遇。为了加快临夏市经济建设的步伐，提高和改善临夏市的投资环境，大力发展城市基础设施建设，临夏回族自治州交通局决定对该市大夏河桥进行加宽改造。临夏大夏河桥分为南北两桥，大夏河南桥全长65.2m，是一座三跨空腹式石拱桥；大夏河北桥全长138.5m，是一座七跨空腹式石拱桥。该桥修建于1961年，至今已使用40多年，近几年由于交通量的增加，该桥出现了较多的病害，桥面凹凸不平，车辙严重，行车很不通畅。该桥桥面宽仅12m，机非混行车道9m宽，通行能力较低，高峰小时最多能通行2 000辆机动车，且非机动车与机动车混行很不安全，交通事故时有发生，作为城市桥梁，1.5m的人行道宽度也明显不足。另外，现状桥宽与两侧已建的宽度为36m的解放南路道路宽度极不相称，使得交通流在此两桥上出现"瓶颈"现象，严重影响了该市主干道的通行能力。因此，对该南北两桥的加宽，改变此处交通混乱的状况的工作，势在必行。

2　水文地质

大夏河系黄河支流之一，源于青海省泽库南山麓，为两源性河流。流经夏河、临夏，东乡四县市，于东乡县河滩乡境内注入刘家峡水库。大夏河历年平均流量为33.8m³/s，多年平均径流量11.3亿m³，其中1978年洪峰流量为436m³/s。根据上游水文站提供，大夏河百年一遇的洪水量为1 390m³/s。

桥位位于临夏市南部解放路跨越大夏河段，地面高程一般介于1 575.12～1 579.91之间。大夏河属山区河流，该桥段属开阔河段，稳定型。地形整体上北高南低，交通便利。根据现场勘探揭示和场区地质测绘表明，场区地层结构较简单，上部主要为第四系全新统（Q4）河床冲积形成的卵石层，下部为第三系（N）泥岩。卵石（Q4al）层层厚0.8～1.3m，起伏高差约0.6m，青灰色-杂色，卵石的磨圆度较好，球度较差，石质坚硬，混砂充填，随深度密实度增大。泥岩（N）呈褐红色，泥质结构，层理构造，主要成分为黏土矿物（高岭土、蒙脱石等），局部夹有砂砾。

3　方案设计

大夏河桥位于临夏市南部解放路上，解放南路属于城市主干道，规划红线宽度为36m，规划桥梁与道路同宽。现桥面净宽为12m，其中行车道9.0m，人行道2×1.5m。大夏河桥北桥桥型为七跨17.1m的空腹式石拱桥，桥梁全长138.5m，南桥桥型为三跨17.1m的空腹式石拱桥，桥梁全长65.2m，南桥、北桥净跨均为15m，净矢高为3.75m，为1/4圆弧拱，每墩墩顶又有3个小拱，小拱净跨1.1m，基础落在第

三纪泥岩上,桥墩高度2.6m。

通过现场勘察,该桥桥面面层结构为:表层一般为15cm的沥青碎石,其下约有15~20cm的三合土垫层。通过调查了解到,该桥基础形式为扩大基础,基础座落于泥岩中约1m左右;南桥跨越地段主要为备用泄洪渠道,目前其下为交易市场,水泥地坪。北桥由于河流长年的冲刷下切,影响到桥的安全使用,故临夏回族自治州交通局曾于1982年对桥基础进行了加固处理,目前安全状况良好。

针对大夏河桥桥面宽度不足的问题,我们在现有桥的基础上进行断面调整,调整后保证机动车道宽度为15m,与解放路机动车道同宽,两侧各3.5m的非机动车道,另外为了降低工程造价,两侧各设2~3m的人行道。

根据大夏河桥具体情况,我们提出了四个加宽方案。(图1)

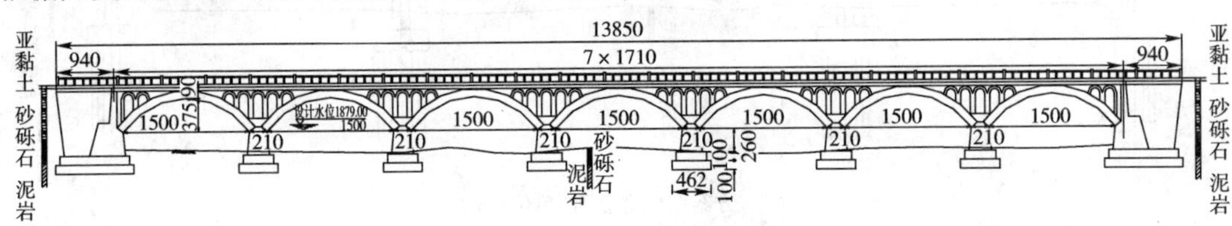

图1 方案一、方案二、方案三桥型立面(单位:cm)

方案一:对旧桥直接进行并宽,即将旧桥按现有桥型、原基础进行加宽,加宽后桥面净宽29m,其中,机动车道宽度为15m,两侧各3.5m的非机动车道和3m的人行道,机动车道和非机动车道之间设50cm的分隔带。北桥桥梁全长138.5m,南桥桥梁全长65.2m。加宽时,需拆除旧桥桥面和横向外露基础,并使旧基础与新基础紧密结合。加宽桥设计参数有:$f_0/10=1/4$,f_0为3.75m,10为15m,跨径为17.1m。主拱圈厚0.9cm,小拱圈厚30cm,基础底宽4.62m,墩高2.6m。此方案北桥投资估算为425.7万元,南桥投资估算为201.5万元,该方案优缺点为:①桥梁加宽后,桥型仍保持旧桥桥型,对周围景观无影响。②施工方法简便,对施工工艺要求较低。③施工时不中断交通,不影响周围居民和车辆的出行。④加宽桥基础与旧桥基础连接时,会对老桥基础产生影响,也给旧桥将来的改建带来很大困难。⑤施工周期较长,约8个月。

方案二:对旧桥两侧进行分离加宽。在旧桥两侧按原桥型、原基础进行加宽,两侧各加宽6m,其中基础之间设沉降缝,桥面与旧桥分离。改造后的旧桥桥面总宽15.5m,其中车行道15m,两侧防撞护栏各0.25m;两侧加宽部分设3.5m非机动车道和2m人行道,两侧防撞护栏各0.25m。旧桥与新桥桥面间距为2.55m。加宽后,桥面总宽32.6m,北桥桥梁全长138.5m,南桥桥梁全长65.2m。加宽桥设计参数有:$f_0/10=1/4$,f_0为3.75m,10为15m,跨径为17.1m。主拱圈厚0.9cm,腹小拱圈厚30cm,基础底宽4.62m,墩高2.6m。此方案北桥投资估算为382.2万元,南桥投资估算为181.7万元。该方案优缺点为:①桥梁加宽后,桥型仍保持旧桥桥型,对周围景观无影响。②施工方法简便,对施工工艺要求较低。③加宽桥施工时对旧桥基础无影响。④施工周期较长,旧桥改造桥面板需在加宽桥竣工后方可施工。⑤施工周期长,施工时会给行人和车辆带来不便。

方案三:预制拼装方案。加宽桥采用简支空心板梁配重力式墩台。梁桥墩外观按拱桥形式进行装饰。下部墩身及基础采用浆砌块石,上部墩身及装修拱采用30号钢筋混凝土。加宽后,桥面净宽29m,其中,机动车道宽度为15m,两侧是3.5m的非机动车道和3m的人行道,机动车道和非机动车道之间设50cm的分隔带,北桥桥梁全长138.5m,南桥桥梁全长65.2m。此方案北桥投资估算为528.0万元,南桥投资估算为248.3万元。该方案优缺点为:①桥梁加宽后,桥型基本接近旧桥桥型,对周围景观无影响。②施工简便,采用预制空心板梁可有效地缩短施工周期,对施工工艺要求较低。③加宽桥基础施工将影响旧桥的基础。④施工周期短,约5个月。⑤施工期间对行人和车辆不会有影响。

方案四:对旧桥采用不同桥型进行加宽,加宽桥北桥采用三跨钢管混凝土拱桥,跨径分配为34+52+34m,下部采用双柱式墩台,钻孔灌注桩。拱圈矢跨比为1/4,中拱拱圈采用ϕ700mm的钢管,边拱拱圈采用ϕ600mm的钢管,南桥采用一跨52m钢管混凝土拱桥,加宽桥各宽10.25m,其中两个拱肋各占

1m，人行道 3.25m，非机动车道宽度为 3.5m，机动车道 1.5m，加宽后，桥面总宽 32.5m。加宽时，需拆除旧桥桥面，使之与新桥桥面形成整体，以利于行车。此方案北桥投资估算为 1307.3 万元，南桥投资估算为 791.9 万元。方案优缺点为：①桥梁加宽后，桥型采用新桥型钢管拱，该桥建成后，将在该处形成一道美丽的风景线。②施工复杂，施工周期长，施工工艺要求较高。③工程费用较高（图 2）。

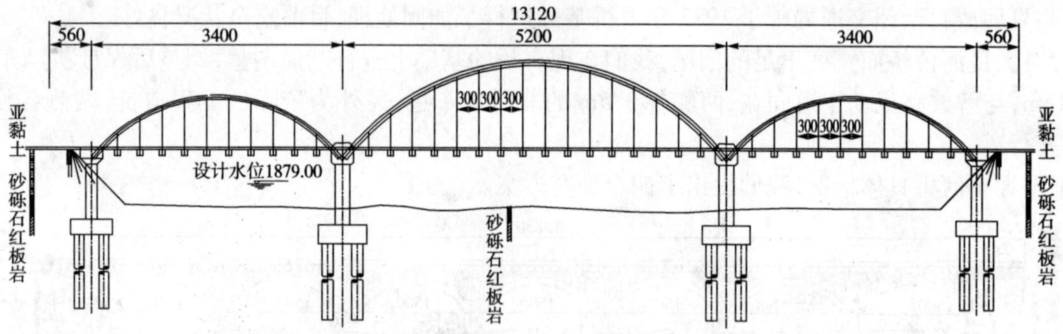

图 2　方案四桥型立面（单位：cm）

经综合经济技术比较，方案三具有施工简便、快速、施工期间对交通影响较小的特点，因此推荐方案三为实施方案。为了配合拱桥古朴的特色，在桥上设置石栏杆。在栏杆设计时，为了体现当地民族的特征，在栏杆栏板上设计有穆斯林图案（图 3）。

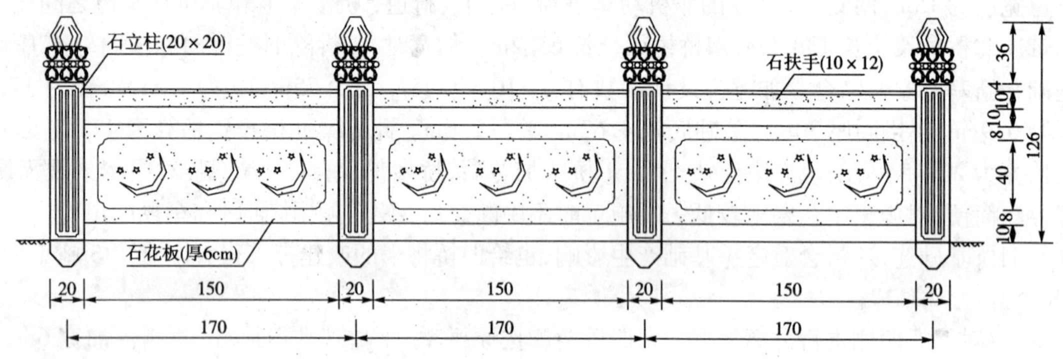

图 3　栏杆立面构造图（单位：cm）

4　结语

随着城市的发展，人们对自然环境和人工环境的要求越来越高，桥梁已成为城市景观的重要组成部分。现代桥梁已不纯粹以满足跨越功能为目的，而是应向景观桥梁的方向发展，力图使桥梁建筑在功能、美学、文化与技术方面达到统一。这就需要我们重视方案设计，在方案阶段进行多方比较，为决策者提供可靠的依据，为城市建设增添色彩。

参考文献

公路桥涵设计手册（拱桥）．北京：人民交通出版社，1994

湘潭四桥结构设计参数对其动力特性影响的研究

谢海涛[2]　盛兴旺[1]　张　杰[1]
(1. 中南大学土木建筑学院　长沙　410075;2. 湖南交通职业技术学院　长沙　410004)

摘　要　本文利用大型有限元程序建立了湘潭四桥的空间有限元模型，对斜拉拱桥进行计算模态分析。并通过改变主要结构设计参数，分析结构的自振特性的改变，从而研究对其结构的动力特性的影响。为今后类似桥梁的设计参数的选取带来参考价值。

关键词　斜拉拱桥　结构设计参数　动力特性

1　工程简况

湘潭四大桥西起二环线与上瑞国道联络线的点，东接107国道，距上游湘潭湘江三大桥4.3 km，距两座并行的铁路桥3.8 km，距下游上瑞高速公路的竹埠港湘江大桥3.0 km。大桥全长约1340.86m，其中主桥长度640m，为120m+400m+120m斜拉飞燕式钢管混凝土拱桥，是我国首座斜拉拱。桥面宽27m，主跨桥面系采用悬吊体系，由钢横梁、钢纵梁和混凝土桥面板组成，塔上设三道横梁。主拱采用中承式双肋无铰平行拱，边拱为双肋上承式钢筋混凝土箱行半拱。斜拉索的布置采用空间扇形，每塔10对斜拉索。湘潭四桥效果图见图1。

图1　湘潭市湘江四大桥效果图

2　有限元模型的建立

借助ANSYS软件的APDL[13~17]语言，笔者建立了湘潭市湘江四大桥的全桥有限元模型，全桥共14 653个单元，11 383个BEAM44单元，254个LINK8单元，2 008个SHELL63单元，1 008个COMBINE14单元，桥梁有限元网格见图2。整体坐标体系为：顺桥向为X轴，横桥向为Z轴，竖向为Y轴，原点设置在主跨跨中。湘潭市湘江四桥的结构分析模型中共用了ANSYS软件中的4种单元类型，列举如下：

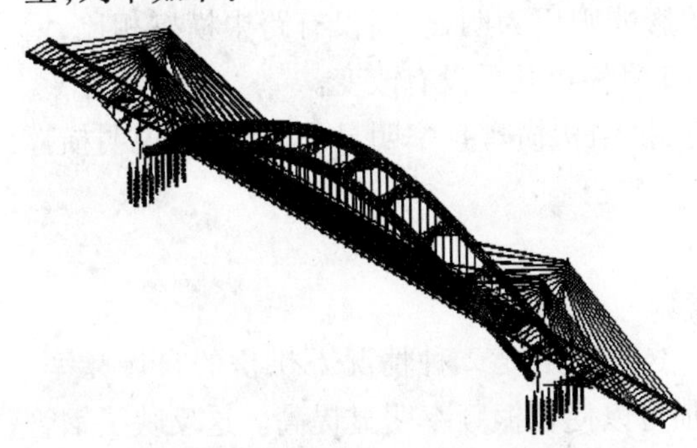

图2　全桥有限元模型图

①空间梁单元(BEAM44)：主要模拟空钢管桁架拱肋的弦管、腹杆、平联管、拱肋之间的钢管横撑、主塔、桩、承台、拱座、边跨主梁，还用来模拟混凝土灌注后钢管内纯混凝土弦杆；

②空间杆单元(LINK8)：模拟斜拉索、系杆、吊杆预应力钢筋；

③壳单元(SHELL63)：模拟主拱弦管间缀板和主拱实腹段腹板；

④弹簧单元(COMBIN14)：桩-土弹簧单元；

3 结构设计参数对动力特性的影响

湘潭四桥是以拱受力为主、斜拉索受力为辅的组合体系结构,因而它兼具两者的特点。根据拱桥和斜拉桥理论并参考相关文献,主拱的横撑位置和数目、拱肋刚度、斜拉索等因素的变化对自振特性有较大影响。本文将通过设计参数的变化来讨论其对结构动力特性的影响规律。

3.1 横撑位置及数目的影响

大跨度钢管混凝土拱桥一般通过设置横撑来加强横向联系和保证桥梁结构的整体稳定性。湘潭四桥主跨共13道横撑,其中主拱9道横撑,边跨4道横撑。主跨横撑的编号及位置见示意图3。

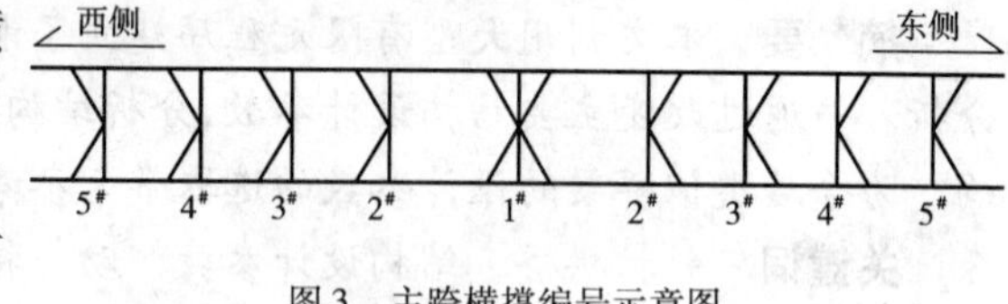

图3 主跨横撑编号示意图

表1列出了横撑位置和数目变化时斜拉拱桥的自振特性,表中的3号横撑为主跨四分点附近的横撑,百分比为模型改变后与原模型频率的比值。

主跨横撑位置和数目不同时斜拉拱桥的自振特性 表1

设置的横撑编号	振形阶数	自振频率	振 型	百分比
1号	1	0.085 5	一阶对称横弯	41%
	2	0.207 5	拱肋扭转	68%
	3	0.293 2	拱与主梁一阶异步对称横弯	71%
	4	0.298 2	拱与主梁二阶同步对称横弯	66%
	5	0.359 5	拱肋扭转	56%
1号,5号	1	0.085 5	一阶对称横弯	41%
	2	0.208 2	拱与主梁一阶异步对称横弯	68%
	3	0.293 9	拱与梁同步二阶反对称横弯	71%
	4	0.298 3	全桥反对称二阶竖弯	66%
	5	0.360 2	拱肋扭转	56%
1号,3号,5号	1	0.146 3	拱一阶对称横弯	70%
	2	0.297 8	拱与主梁一阶异步对称横弯	98%
	3	0.308 5	拱与梁同步二阶反对称横弯	75%
	4	0.455 7	全桥反对称二阶竖弯	100%
	5	0.476 1	主梁三阶对称横弯	74%

从表1中可以看出,横撑位置和数目的变化对斜拉拱桥的自振特性有较大影响:

(1)对于一阶振型而言,位于跨中和四分点附近的横撑影响则更为明显,同仅有跨中横撑相比,增加四分点附近的横撑后,该桥的自振频率提高30%,而增加5号横撑几乎没有改变。

(2)横撑数目的适当增加,能有效地提高结构横向刚度,拱结构横弯频率明显提高,这也说明横撑对增加拱桥的抗风稳定性有较大作用。

3.2 主拱肋刚度的影响

拱肋是拱桥最重要的构件,文中计算了拱肋刚度增大1倍和不变2种情况下拱桥的自振频率。表2列出了前5阶自振频率,表中数据表明,拱肋刚度的增加可以使自振频率明显提高。这反映了钢管混凝土拱桥拱肋刚度的变化对拱桥整体刚度影响较大,所以在实际设计时,可通过改变拱肋截面尺寸来改变自振频率。

主拱肋刚度变化情况

表2

自振频率	f_1	f_2	f_3	f_4	f_5
拱肋刚度不变	0.208 7	0.304 0	0.414 0	0.454 4	0.641 6
拱肋刚度增大1倍	0.242 9	0.315 6	0.501 4	0.513 0	0.724 1

3.3 斜拉索布置的稀密程度的影响

斜拉拱桥中的斜拉索是在普通钢管混凝土拱桥基础上新增的杆件，拱上斜拉索的存在，为拱肋提供了多点弹性支撑，因此斜拉索布置希密程度会影响该桥的自振特性。表3中除第4阶外，加密斜拉索前后数据变化很小，第4阶变化略大，也即结构面外振动频率提高不明显，而面内振动频率提高稍大，说明斜拉索布置的稀密程度对提高结构横向刚度作用很小，而密索体系能够大大提高全桥竖向刚度。

斜拉索布置稀密程度变化情况

表3

自振频率	f_1	f_2	f_3	f_4	f_5
原布置	0.208 7	0.304 0	0.414 0	0.454 4	0.641 6
减少1半斜拉索	0.206 7	0.303 3	0.404 8	0.434 6	0.636 3

3.4 索塔刚度的影响

桥塔与斜拉索参予受力是斜拉拱桥不同于普通钢管混凝土拱桥的又一特征，桥塔刚度的变化会影响该桥自振特性。表4中前8阶数据变化很小，第9、10阶扭转频率提高稍大，说明桥塔刚度加大后能有效地提高结构扭转刚度。

主塔刚度变化情况

表4

自振频率	f_1	f_2	f_3	f_4	f_5
刚度不变	0.208 7	0.304 0	0.414 0	0.454 4	0.641 6
刚度加大1倍	0.208 9	0.304 0	0.416 2	0.460 7	0.643 2
自振频率	f_6	f_7	f_8	f_9	f_{10}
刚度不变	0.668 3	0.717 4	0.766 8	0.836 8	0.839 6
刚度加大1倍	0.674 1	0.719 0	0.767 8	0.841 1	0.859 8

3.5 预应力作用的影响

湘潭四桥边跨为三向预应力混凝土结构，为加强桥塔横向稳定，塔上横梁也设置有预应力刚束。为探讨预应力对结构动力效应的影响，本文通过提高有效预应力值来计算其对自振频率所产生的影响，计算结果见表5。

预应力变化情况

表5

自振频率	f_1	f_2	f_3	f_4	f_5
有效预应力不变	0.208 7	0.304 0	0.414 0	0.454 4	0.641 6
有效预应力加大1倍	0.208 7	0.304 0	0.414 0	0.454 6	0.641 6
自振频率	f_6	f_7	f_8	f_9	f_{10}
有效预应力不变	0.668 3	0.717 4	0.766 8	0.836 8	0.839 6
有效预应力加大1倍	0.668 7	0.717 4	0.766 9	0.836 6	0.839 6

从上表可得知，由于边跨主梁刚度较大，在线弹性情况下，增大预应力对结构的动力特性的影响很小，甚至可以忽略。

3.6 桩-土弹簧作用的影响

不考虑桩-土弹簧作用，在承台底部施加固定约束，计算结果见表6：

不考虑土弹簧作用　　表6

自振频率	f_1	f_2	f_3	f_4	f_5
考虑土弹簧作用	0.208 7	0.304 0	0.414 0	0.454 4	0.641 6
不考虑土弹簧作用	0.209 7	0.304 4	0.413 9	0.474	0.641 0
自振频率	f_6	f_7	f_8	f_9	f_{10}
考虑土弹簧作用	0.668 3	0.717 4	0.766 8	0.836 8	0.839 6
不考虑土弹簧作用	0.692 8	0.719 1	0.791 98	0.835 8	0.845 6

从上表可得知,不考虑土弹簧的作用对结构的自振特性影响并不大,说明湘潭四桥下部结构具有足够的刚度。根据此结论,因此笔者在做以后的谱分析及时程分析中将不再考虑土-弹簧的作用,而将固定约束直接施加到承台底。

4 结语

本文对湘潭市湘江四大桥的自振特性作了较为详细的分析,通过变化设计参数,分析发现,横撑位置和数目的变化对斜拉拱桥的自振特性有较大影响,跨中和四分点附近的横撑影响更为明显,横撑数目的适当增加,能有效地提高结构面外振动频率;主拱肋刚度的变化对该桥整体刚度的影响较大,各振型的频率值随拱肋刚度的提高而明显增大;密索体系能够大大提高全桥竖向刚度。

参考文献

[1] 陈小红.湘潭市湘江四大桥施工运营阶段结构空间静动力仿真分析[D].湖南:中南大学,2006

[2] 项海帆,刘光栋.拱结构的稳定与振动[M].北京:人民交通出版社,1991

[3] 胡泉秀.钢管混凝土结构三维有限元分析及受力性能研究[D].四川:四川大学, 2002

[4] 陈庆军.钢管混凝土拱桥稳定性分析[D].重庆:重庆交通大学, 2006

[5] Pascal Klein, Michael Yamout. Cable-Stayed Arch Bridges, Putrajaya, Kuala Lumpur, Malaysia. Structural Engineering International, 2003(3)

浅议高性能混凝土及其在桥梁工程中的应用

王　岩

（开封市市政工程设计研究有限公司　开封　475000）

摘　要　本文介绍了高性能混凝土的含义、性能、配制要求及其在桥梁工程中的应用。

关键词　高性能混凝土　含义　性能　配制　应用

混凝土是我国建筑工程中的主要结构材料。随着技术的进步，要求混凝土结构工程向更高建筑、更大跨度和更高承载力方向发展，同时，人们对结构的耐久性等要求也不断提高，这些都使得高性能混凝土的研制和应用成为必然。

1　高性能混凝土的含义

高性能混凝土（High Performance Concrete 简称 HPC）一词是 1990 年在美国的一次国际学术会议上公开提出来的，高性能混凝土是在研究发展高强混凝土的过程中发展起来的。

什么是高性能混凝土，至今国际上还没有一个公认的定义，1994 年在新加坡召开的第一届高性能混凝土国际会议上，许多研究人员认为高性能混凝土应是具有高质量和高耐久性的混凝土，但未定出具体的质量指标和耐久性指标。根据国际上目前发表的文章和研究成果，可以认为 HPC 是在大幅度提高常规混凝土性能的基础上采用现代混凝土技术，选用优质原材料，除水泥、水、集料外，必须掺加足够数量的活性细掺料和高效外加剂的一种新型高技术混凝土。其高性能包括：易浇捣而不离析，力学性能稳定，高强度，高耐久性，高体积稳定性和高工艺性。

2　高性能混凝土的性能

2.1　高强度

混凝土强度对结构来说是最基本的性能要求。不同的结构，对混凝土强度要求也不一样，有的结构要求有较高的抗压强度与抗剪强度；有的结构希望在短期内有较高的强度；有的结构需要有较高的抗拉强度；有的结构在 28 天后才承受荷载，希望后期强度有较大的增长可以利用；有的结构需要抗冲切，抗磨损，抗疲劳强度等等。所以对混凝土的强度也需要有一个全面的了解。

在大跨度结构物允许减小断面的构件部位，应尽量采用强度高的混凝土。资料显示，混凝土强度从 C40 提高到 C80 时，造价约增加 50%，而承载能力可提高 1 倍左右。由于具有减小断面、降低结构物自重等优势，高强混凝土在国外发展很快。出于耐久性的考虑，高强混凝土又逐渐发展成高强度的高性能混凝土。

目前普遍认为高性能混凝土必须是高强混凝土（C50 以上），而高强混凝土未必是高性能混凝土。但另一观点认为，高强混凝土必须是高性能混凝土，而高性能混凝土不一定非要强度高，如水工结构物，对强度要求并不高（C30 左右），但对耐久性要求却很高。

划分高强混凝土的标准，是与各国的混凝土工程技术水平相关的。表 1 列出了各个国家规定的高性能混凝土的强度极限值。可以看出，除美国外，几乎每个国家都规定了一个抗压强度的上限值。此外，大多数国家都规定了最小强度标准为50 MPa左右，美国采用的最低强度标准为41 MPa。

各规范规定的高性能混凝土强度极限值(MPa) 表1

规　范	强度(MPa)	规　范	强度(MPa)
美国混凝土协会	≥41	德国	65～115
欧洲混凝土委员会	50～100	荷兰	65～105
挪威	44～94	瑞典	60～80
芬兰	60～100	法国	50～80
日本	50～80		

我国在普通工业与民用建筑中，现场浇注混凝土的强度等级大量低于C30，预制混凝土构件普遍低于C40；而在桥梁工程中，现浇C50混凝土已是常事。考虑到其他因素，我国将强度等级为C50及以上的混凝土划分为高强混凝土，这样划分与欧洲CEB、美国ACI、日本等国的标准大体相当。

2.2 高耐久性

长期以来，混凝土一直被看成坚固耐久的材料，实践证明，普通混凝土并不总象当初应用时所认为的那样耐久，许多国家早期修建的一些混凝土基础设施工程已相继步入老化期。以美国为例，美国现有桥梁约57.5万座，据1991年提交美国国会的一份报告中的数据，这些桥梁中不少已经老化损坏。为修复和更新，在以后20年内每年需耗资60～85亿美元，每年需修复更新的桥梁达1.6万座，这不仅耗资巨大，而且影响社会生产和生活秩序。普通混凝土因耐久性不良造成的问题在我国也相当突出。现代高性能混凝土技术为解决混凝土的耐久性提供了出路，对于桥梁、道路、港口、海洋工程等许多设施来说，混凝土的耐久性比其强度显得更为重要。

对混凝土耐久性的要求可从两个方面分析，即自然老化和人为劣化。自然老化是指混凝土在大气、土壤和水中，随着时间的推移发生的性能变化，如气温变化、日晒雨淋、冻融循环、干湿交替等作用，使混凝土产生裂缝、剥落、疏松等现象，降低结构安全度；二氧化碳的侵入，使混凝土发生碳化，降低混凝土对钢筋的防锈保护作用；遭受有腐蚀性气体或液体的侵蚀，降低混凝土强度，使混凝土开裂，钢筋被腐蚀等。人为劣化是指混凝土结构在使用过程中，由于生产、生活、管理等方面的原因，使混凝土发生降低使用功能的现象。如磨损、冲刷使混凝土降低了耐久性；疲劳、撞击使混凝土产生裂缝或损伤，降低结构强度；酸、碱、油的腐蚀破坏了混凝土的内在结构，失去或降低混凝土强度；温度、渗透等作用直接损伤了混凝土。

要解决上述耐久性问题，就必须使混凝土密实度高且不产生原生裂缝；硬化后体积稳定而不产生收缩裂缝；同时减少混凝土内部产生侵蚀的组分。

高性能混凝土是一种耐久性优异的混凝土，耐久性可达百年之久，是普通混凝土的3～10倍。混凝土的耐久性即抵抗劣化的能力主要包括：抗渗性、抗侵蚀性、抗冻性、耐磨性、抗碳化性、抗碱-骨料反映等。

2.3 高体积稳定性

混凝土的体积稳定性直接影响结构的受力性能，严重者会影响结构的安全。混凝土的体积稳定性可分成三类，一类是混凝土在凝结过程中发生的体积变形，总称为收缩变形；另一类是混凝土在承受荷载后发生的体积变形，如弹性变形，徐变变形等；还有一类是混凝土在温度作用下的体积变形，称为温度变形。

收缩变形是混凝土的一种固有特性，不均匀收缩会使混凝土产生内应力，产生裂缝，降低混凝土强度和耐久性。减少收缩主要应从减少用水量，减少水泥浆用量，提高混凝土的密实性方面来解决。

徐变是混凝土的另一个重要特性。混凝土在一个定值荷载作用下，产生随时间增长变形增加的现

象称为徐变。徐变变形会改变结构中的内力,有时产生对结构不利的变形,影响结构的安全。减少徐变的主要办法有:提高混凝土的强度,降低其使用应力,减少混凝土中的水泥浆含量,不要过早使混凝土承受使用荷载等。

弹性变形是所有结构材料共有的特性,混凝土在受力后产生的弹性变形比较大。要使弹性变形小,就要提高混凝土的弹性模量。提高弹性模量的办法有:提高混凝土的强度,采用弹性模量高的集料,改善混凝土的级配,提高混凝土密实度。

温度变形。混凝土的温度变形分两类,一类是热胀冷缩变形,如受到约束时,使结构发生裂缝,甚至破坏;另一类是混凝土水化是产生的温度应力而引起裂缝。

对体积稳定性要求,国际上也还没有一个统一的标准。一般来说,要求混凝土的收缩变形、徐变变形小,弹性模量高,温度膨胀系数尽量与钢筋一致。

2.4 高工艺性

混凝土的工艺性能是混凝土质量的重要保证。没有好的工艺性能,混凝土就很难达到高强度、高耐久性和高体积稳定性。

混凝土的工艺性包括对拌和、运输、浇灌和振实等各道操作工序的要求,在施工过程中不产生离析,质量稳定,施工完成后的混凝土密实、匀质、平整、表面光洁。

2.5 应用经济性

虽然高性能混凝土在成本上比普通混凝土要高一些,但由于减小了截面尺寸,减轻了结构自重,降低了钢筋用量,这对自重占荷载主要部分的混凝土结构具有特别重要的意义。一般情况下,混凝土强度等级从 C30 提高到 C60,对受压构件可节省混凝土 30% ~40%,受弯构件可节省混凝土 10% ~20 %,以年产 15 亿 m^3 混凝土中有 20% 采用高性能混凝土,以商品混凝土 350 元/m^3 计算,可节约资金 210 亿元,具有巨大的直接经济效益;同时由于截面尺寸减小,不但改变了结构上“肥梁胖柱”的不美观问题,而且可增加使用面积和有效空间,因而可获得较大的间接经济效益。在建设阶段通过节约混凝土用量,可以节约土地、煤、水、矿石、砂等能源和资源的消耗量,从而减少有害气体和废渣的排放,使用阶段可减少养护维修费用,实现节能,给人们带来可观的社会效益。

3 高性能混凝土的配制要求

3.1 水泥

高性能混凝土应采用矿物组成合理、细度合格的高标号水泥,还应注意尽可能选择标准稠度需水量较小和水化热较低的水泥,这样容易选择超塑化剂并在较小的单位水量下获得良好的流动性。一般常用 42.5 级以上的硅酸盐水泥。

3.2 骨料

配制高性能混凝土的骨料与普通混凝土的要求不同,骨料本身的强度要高,一般选用花岗岩、硬质砂岩及石灰岩等。还需控制骨料的粒径、表面特征、用量、吸水率等指标。

3.3 水灰比

配制高性能混凝土的重要措施是减小水灰比,使混凝土密实性提高,其强度和耐久性可显著增长。一般水灰比在 0.3 左右,用水量不大于 160kg/m^3。

3.4 高效减水剂

高效减水剂是表面活性剂,可以大大提高水泥浆的流动性,使得低水灰比配制的混凝土具有高坍落度。同时,还能促进水泥的水化作用,提高早期强度。高效减水剂赋予混凝土高密实度即高强度、高耐久性,同时具有优异的施工性能。

3.5 矿物掺合料

矿物质掺合料是高性能混凝土的又一必不可少组成材料。这类掺合料可以是优质粉煤灰、超细矿渣与天然沸石粉或硅粉。可单独添加或同时并用,目的在于改善混凝土拌和物的流变性能,提高混凝土强度和耐久性。

3.6 配合比设计

高性能混凝土配合比设计目标首先是高耐久性,并兼顾工作性与强度。为此,世界各国学者均提出了各自的有关高性能混凝土配合比设计方法。如P. K. Mehta和Aitcin推荐的高强度高性能混凝土配合比确定方法;法国路桥实验中心建议的有关高性能混凝土设计方法;日本阿部道彦采用的高性能混凝土配合比计算方法及Domone、Carbonari等基于最大密实度理论而提出的高性能混凝土配合比设计方法。高性能混凝土对原材料质量及配合比参数变化都较敏感,故配合比计算的精确度要求较高,为此,世界各国学者研究了高性能混凝土配合比设计的计算机化,例如清华大学博士研究生王德怀进行的"高性能混凝土配合比设计与质量控制的计算机化"课题研究;法国路桥实验中心提出的优化高性能混凝土配合比设计的RENE—LCPCTM软件等。

高性能混凝土在配制上的特点是低水胶比,选用优质原材料,除水泥、集料外,必须掺加足够数量的矿物细掺料和高效外加剂。用于桥梁尤其是大跨度桥梁的高性能混凝土应满足:(1)水胶比≤0.4;(2)强度≥41.4MPa;(3)低徐变率。

4 高性能混凝土在桥梁工程中的应用

高性能混凝土达到了使结构强度高、刚度大、耐久性好的要求,同时能满足工业化预拌生产和机械化泵送施工,在世界范围内是一项比较成熟的技术。

桥梁工程中,大跨度桥梁的自重往往占总荷载中的大部分。采用高性能混凝土,可以减小自重,降低截面高度,增强结构耐久性;其早期强度高,可加快施工进度。

我国于20世纪70年代中后期,开始在公路桥梁界较大范围内应用预应力混凝土,只不过应用的混凝土标号以C40为主。到80年代,随着交通事业的迅猛发展,我国的公路桥梁用混凝土也在不断发生变化,混凝土的强度等级逐步提高。在许多的跨江、跨河和跨海的大型桥梁工程中,应用了C50~C65级的泵送混凝土。如,浙江杭州钱塘江二桥(80m跨预应力混凝土连续箱梁桥),广东番禺洛溪大桥(180m跨预应力混凝土连续刚构桥)等。到了90年代,我国公路桥梁上已开始应用C55~C60级的泵送混凝土。如,杨浦大桥主塔(C50泵送混凝土),四川万县长江公路大桥(420m跨劲性骨架箱形拱桥),广东虎门大桥(888m跨悬索桥,中孔270m跨的预应力混凝土连续刚构桥),南京长江二桥(如采用英国专家的设计方案,可将主跨提高到1 100多米,但需提供C80~C100的泵送混凝土),杭州湾大桥(70m箱梁采用C50高性能海工混凝土),东海大桥等。

高性能混凝土技术在国外的发展与应用以北欧和北美为先导,很快在全球范围内展开,目前已在大量工程中应用,尤其是大跨度桥梁。如,丹麦的大贝尔特海峡大桥、丹麦与瑞典之间的欧上海峡大桥、加拿大联盟大桥、日本的明石海峡大桥等,这些跨海大桥的设计使用寿命均在100年以上。

5 结语

高性能混凝土以其优异的性能使得普通混凝土向高性能混凝土发展成为必然趋势。高性能混凝土是混凝土技术进步的标志。我国在发展高性能混凝土方面才刚刚起步，需要科研、教学、设计、施工部门携手协作，共同促进高性能混凝土的发展。

参 考 文 献

[1] 夏靖华.发展高性能混凝土.建筑科学，1998(1)，Vol.14，No.1：3-6

[2] 周志祥.高等钢筋混凝土结构.北京：人民交通出版社，2002

[3] 过镇海，时旭东.钢筋混凝土原理和分析.北京：清华大学出版社，2003

[4] 曾玉珍.国际高性能混凝土技术发展水平展望.国外公路，1999(01)：47-51

[5] 陈肇元.高强混凝土与高性能混凝土(续1).建筑技术，1997(10)，Vol.28，No.10：723-725

[6] 冯乃谦，路新瀛，郝挺宇，阎广庆.耐久100年以上的高性能混凝土.混凝土与水泥制品，1998(4)：5-9

[7] 俞瑞堂.高性能混凝土的发展与展望.水利水电工程设计，1997(2)：53-58

[8] 张天宝.高性能混凝土的发展概况及配制特点.黄河水利教育，1998(4)：44-45

[9] 吴中伟，韩素芳.预拌混凝土和高性能混凝土技术的现状与发展.建筑技术，1997(7)，Vol.28，No.7：463-465

[10] 潘樾，吴敏.高性能混凝土在公路桥梁上的应用.东北公路，1997(03)，Vol.20，No.3：65-67

[11] 王德怀.高性能混凝土配合比设计与质量控制的计算机化.清华大学博士学位论文，1996：1-36

迪那2气田高墩T形刚构桥抗震分析

刘文华

（华杰工程咨询有限公司　北京　100029）

摘　要　结合迪那2气田T形刚构桥高墩的抗震时程分析，对比分析了一双薄壁墩和空心薄壁墩的动力特性及结构在单向激励和三维激励下的抗震性能，分析发现双薄壁墩和空心薄壁墩在截面特性和墩高基本一致的情况下，双薄壁墩较空心薄壁墩包含更多低频自振频率，频率分散，双薄壁墩的抗震性能优于空心薄壁墩。

关键词　薄壁墩　自振频率　时程分析　地震动

1　前言

近年来，我国公路建设在东部稳步建设的基础上逐渐向西部发展，公路已进入山区[1]，山区公路与平原有很大的不同，由于地形的限制，需要建设大量的高墩桥梁与长大隧道。高墩桥梁采用经济合理的桥墩，对于高抗震等级地区的桥梁耐久性尤其重要，其中双薄壁墩和空心薄壁墩是采用较广泛的桥墩形式。迪那2气田地面建设工程，位于新疆自治区天山以南，包括两条井区主干道、支线道路、井场及典型工点，由于该地区山体风化严重，因而山体陡峭。结合地形，其中主干道K8+605采用了2-82mT形刚构桥方案，箱梁梁体，用双薄壁桥墩，墩高74.5m，采用C50混凝土。按照我国抗震规范区划图，结构处于8°抗震设防烈度区，地质勘探表明其场地类型为II类场地，地震动峰值加速度为0.2g，地震反应特征周期0.35s。地震反应分析是其设计的必备环节。本文完成了高墩T形刚构桥在地震动作用下的时程反应分析，并根据分析对高墩设计原截面提出了建议。

2　截面设计及特性

迪那2气田高墩T形刚构桥桥墩在顺桥向或横桥向地震激励作用下，结构的地震反应将延x轴或y轴（图1），T形刚构桥初始设计拟采用空心薄壁墩，这是因为空心薄壁墩的整体性更好，且较双薄壁墩有更大的抗扭惯性矩。但能否抵抗地震动产生的作用力不仅由桥墩截面的抗弯惯性矩I_x和I_y决定，更大程度上由结构本身和其自振特性决定[2]。最终T形刚构桥采用双薄壁墩方案，截面尺寸如图2a）所示。由于地面地震运动的复杂性，本文将两种桥墩的动力特性及地震动力反应进行了比较，并指导设计。由于地震动激励方向很难保证其正沿x、y或z方向，而是与之有一角度，本文分别比较结构三个方向激励下的反应和三个方向同时激励下结构的反应。T形刚构桥桥墩的双薄壁墩和空心薄壁墩截面尺寸如图2所示。其截面参数比较如表1所示，两种截面面积相差约1.2%，惯性矩I_y相差约8%，双薄壁墩I_x和I_z均小于空心薄壁墩约31.8%和735.3%。

双薄壁墩和空心薄壁墩截面参数　　表1

项　目	$A(m^2)$	$I_x(m^4)$	$I_y(m^4)$	$I_z(m^4)$
双薄壁墩	23.76	86.249	220.255	21.27
空心薄壁墩	23.48	113.700	202.670	177.666
相差(%)	-1.178	31.828	-7.984	735.289

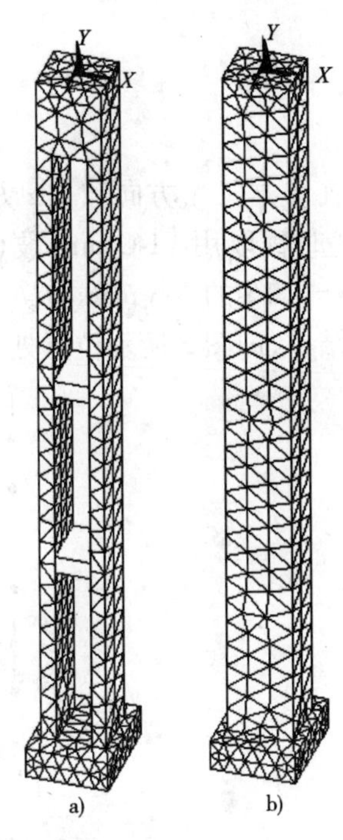

图 1

a)双薄壁墩模型;b)空心薄壁墩模型

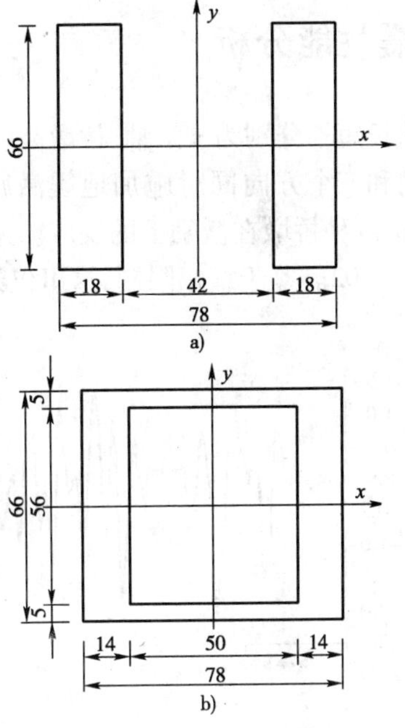

图2 双薄壁墩和空心薄壁墩截面尺寸

3 动力特性分析

为了了解桥墩的动力特性,表2给出了其前10阶自振频率,前50阶频率的分布如图3所示,可以看出,两种桥墩在前5阶的振型类似,双薄壁墩第一振型沿 x 轴摆动,空心薄壁墩沿 y 轴摆动。空心薄壁墩频率上升较快,第10阶频率空心薄壁墩(21.274Hz)约为双薄壁墩(9.667Hz)的两倍。双薄壁墩比空心薄壁墩有更多的低频模态(图3)。前50阶最高频率,双薄壁墩约为80Hz,空心薄壁墩约为130Hz。图4是结构的第一、二阶振型图。

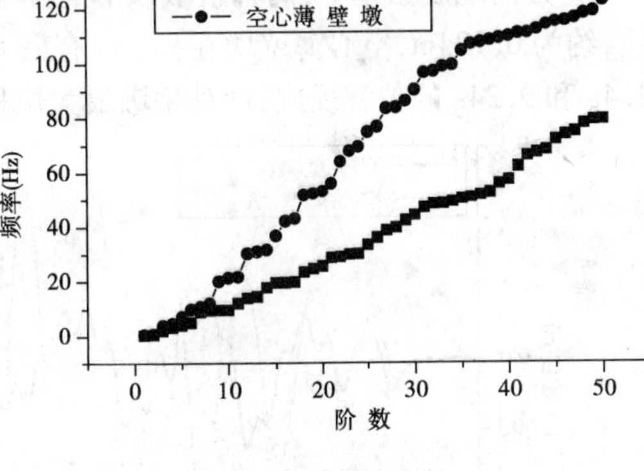

图3 1-50阶频率分布

前10阶自振频率

表2

模态	双薄壁墩		空心薄壁墩	
	频率(Hz)	振型	频率(Hz)	振型
1	0.403	沿 X 轴摆动	0.592	沿 Y 轴摆动
2	0.530	沿 Y 轴摆动	0.740	沿 X 轴摆动
3	2.213	在 XZ 平面呈1/2个正弦振动	3.91	在 YZ 平面呈1/2个正弦振动
4	3.422	在 YZ 平面呈1/2个正弦振动	4.63	在 XZ 平面呈1/2个正弦振动
5	4.135	绕 Z 轴整体转动	7.151	绕 Z 轴整体转动
6	5.368	在 XZ 平面呈1个正弦振动	9.796	沿 Z 轴上下振动
7	9.562	在 YZ 平面呈1个正弦振动	10.747	在 YZ 平面呈1个正弦振动
8	9.667	两个墩相向并沿 Z 轴上下振动	12.03	在 XZ 平面呈1个正弦振动
9	9.681	在 XZ 平面呈3/2个正弦振动	20.069	在 YZ 平面呈3/2个正弦振动
10	10.324	两个墩相向振动	21.274	在 XZ 平面呈3/2个正弦振动

4　抗震性能分析

记截面的长短轴分别为 x、y 轴，桥墩高度方向为 z 轴，在 x 方向、y 方向和与 z 方向分别对桥墩施加单一地震激励和三个方向同时施加地震激励，地震加速度时程取用 EI-Centro 波（图 4），最大加速度 0.2g，对比分析两种桥墩在激励下的反应。采用 $\alpha=0.5$，$\beta=0.25$ 的 Newmark-β 方法求解，设结构各振型的阻尼比为 0.02。鉴于篇幅限制，这里仅给出部分计算结果，即图 5 所示位置处墩柱结点的反应。

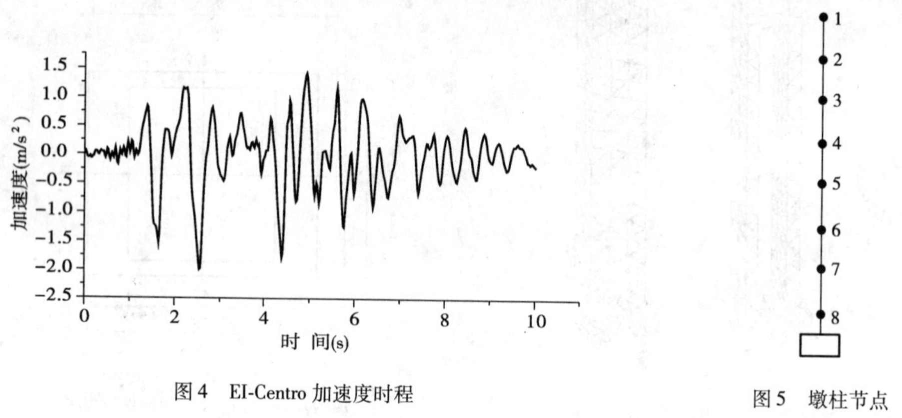

图 4　EI-Centro 加速度时程

图 5　墩柱节点

4.1　x 方向地震激励下的最大反应

x 方向地震激励下，两种桥墩顶部的位移时程反应如图 6 所示。双薄壁墩顶在 4.4s 有最大位移反应，约为 0.124m，空心薄壁墩在 9.24s 有最大位移反应，约为 0.245m。图 6b）是两种桥墩 1-8 号节点在 4.4s 和 9.24s 的位移反应，两种桥墩最大位移反应形状和在这个方向的第一振型形状吻合较好。

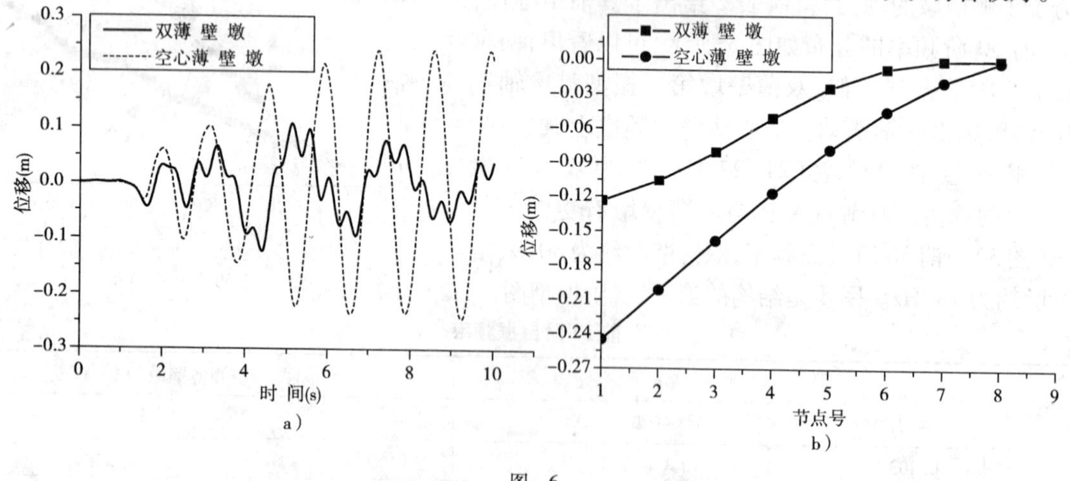

图　6

a）墩顶位移反应时程；b）墩柱最大位移反应

4.2　y 方向地震激励下的最大反应

y 方向地震激励下两种桥墩顶部的位移时程反应如图 7 所示，双薄壁墩顶在 9.64s 有最大位移反应，约为 0.183m；空心薄壁墩在 7.38s 有最大位移反应，约为 0.176m。图 7b）是两种桥墩 1-8 号节点在 9.64s 和 7.38s 的位移反应，两种桥墩最大位移反应形状和在这个方向的第一振型形状吻合较好。

4.3　z 方向地震激励下的最大反应

z 方向地震激励下两种桥墩顶部的位移时程反应如图 8 所示，双薄壁墩顶在 4.86s 有最大位移反应，

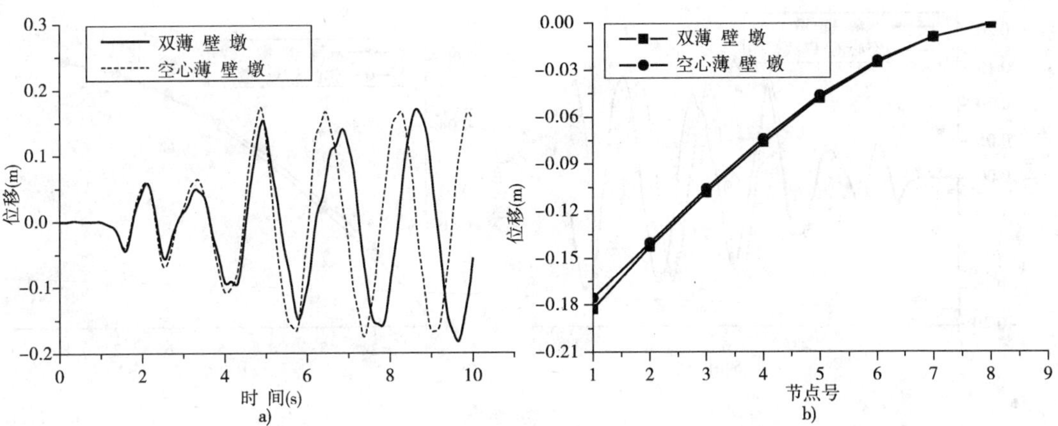

图 7

a）墩顶位移反应时程；b）墩柱最大位移反应

约为0.00 154m，空心薄壁墩在5.64s有最大位移反应，约为0.00 175m。图8b）是两种桥墩1-8号节点在9.64s和7.38s的位移反应，两种桥墩最大位移反应形状和在这个方向的第一振型形状吻合较好。

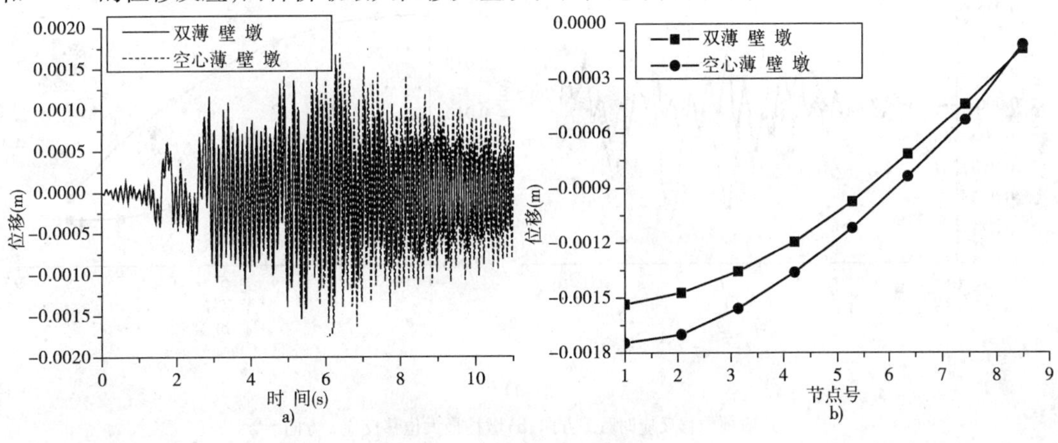

图 8

a）墩顶位移反应时程；b）墩柱最大位移反应

4.4 三维空间地震激励下的最大反应

结构在三维空间地震激励下在三个方向的反应如图9、图10、图11所示。可以看出，三个方向柱顶的时程反应和最大位移反应，空心薄壁墩均大于双薄壁墩，其中x方向和z方向的最大位移反应空心薄壁墩约为双薄壁墩的2倍，y方向的位移反应两者相差不大。

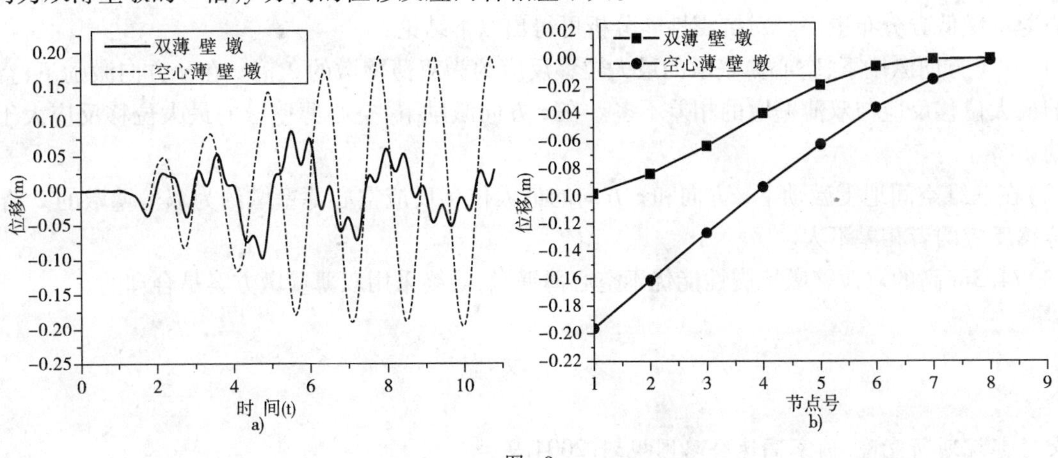

图 9

a）墩顶位移反应时程x方向；b）墩柱最大位移反应x方向

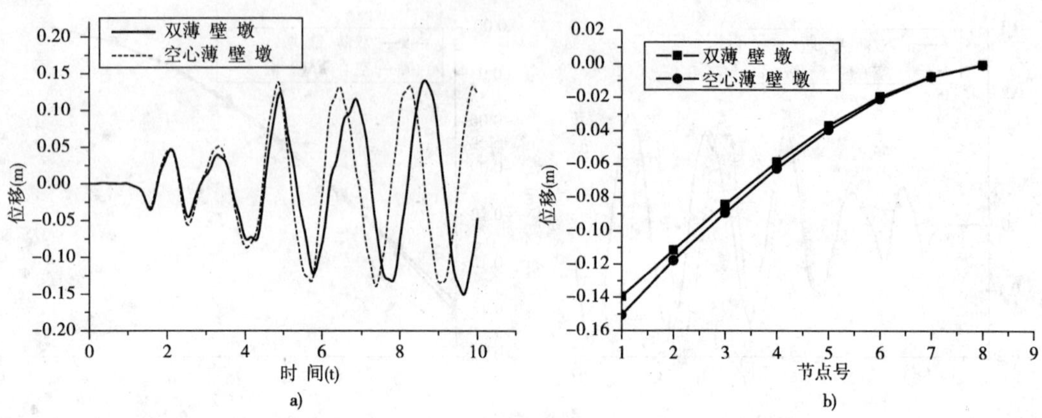

图 10

a)墩顶位移反应时程 y 方向；b)墩柱最大位移反应 y 方向

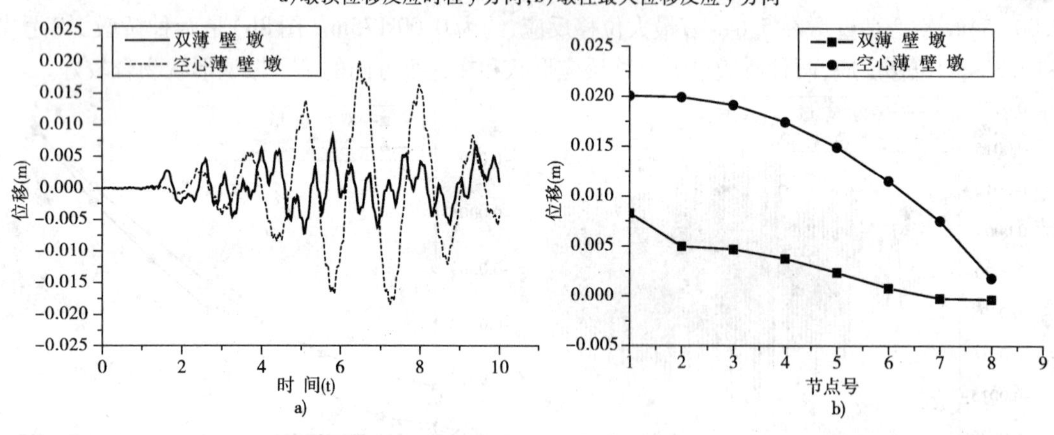

图 11

a)墩顶位移反应时程 z 方向；b)墩柱最大位移反应 z 方向

5 结语

由以上分析可以看出，当双薄壁墩和空心薄壁墩截面面积基本一致(相差约1.2%)，惯性矩 I_y 相差不多(约8%)，双薄壁墩 I_x 和 I_z 均小于空心薄壁墩(相差约31.8%和735.3%)。对由其形成的高墩进行分析，前50阶自振频率，双薄壁墩最高频率约为80Hz，空心薄壁墩最高频率约为130Hz，双薄壁墩较空心薄壁墩低频分布更广。对抗震性能分析可得出以下结论：

(1)在 x 方向激励下，空心薄壁墩的最大位移反应约为双薄壁墩的2倍。在 y 方向激励下，空心薄壁墩的最大位移反应与双薄壁墩的相差不多。在 z 方向激励下，空心薄壁墩的最大位移反应大于双薄壁墩约20%。

(2)在三维空间地震激励下 z 方向和 z 方向的最大位移反应空心薄壁墩约为双薄壁墩的2倍，y 方向的位移反应两者相差不大。

(3)74.5m高的双薄壁墩抗震性能优于空心薄壁墩，最终采用双薄壁墩方案是合理的。

参 考 文 献

[1] 交通部规划研究院. 国家高速公路网规划. 2004.9

[2] Edward L. Wilson, Three-Dimensional Static and Dynamic Analysis of Structures[M], Computers and

Structures, Inc. January 2002, pp234-249
[3]马坤全. 大跨度高墩连续梁桥空间地震反应分析. 上海铁道学院学报, 1995, 16(2): 21-29
[4]胡世德, 范立础. 江阴长江公路大桥纵向地震反应分析. 同济大学报, 1994, 22(4), 434-438
[5]田玉基, 杨庆山. 地震地面运动作用下结构反应的分析模型. 工程力学, 2005, 22(6), 170-174

公路旧桥加固与管理

朱忠鲁　焦广岳　陈颖颖　卢秀丽
（济南市平阴县公路管理局）

摘　要　济南地区某些桥梁存在开裂、缺陷病害等现象，介绍各种旧桥加固方法，以提高技术含量，使之经济效益和社会效益有所提高，推广旧桥的加固具有积极的意义。

关键词　道路桥梁改造加固

1　问题的提出

随着时间的推移，任何公路桥梁都有可能由新变旧，成为旧桥，旧桥不同程度地存在着缺陷、病害，需要维修、加固、改造。公路旧桥荷载等级低，通过查阅技术资料进行档案分析，大多数桥梁属三不知桥梁：①不知基底地质；②不知基础深度；③不知隐蔽部分的尺寸。

从桥梁技术状况分析，由于河床屡遭洪水冲刷，河床底部加深，桥梁墩台基础外露、冲空，产生不均匀沉降，导致桥台、拱圈产生附加应力而出现开裂，有的甚至出现开合现象；有的桥梁由于桥台较高，受行车及台后土压力的作用，桥台出现开裂、凸肚等病害；桥面混凝土铺装层由于使用时间长加之重车作用，导致开裂、剥落等病害，按桥梁技术状况来评定，这类桥梁大多属三类桥梁。随着国民经济的发展和重点工程的建设，目前公路桥梁所承受的负荷有三个特点：①交通量不断增大；②重型车辆增加及超载现象严重；③超限运输的出现和增加。按现在桥梁和运输状况，桥梁的承载能力和通过的车辆荷载是公路与运输的矛盾之一。所以旧危桥加固改造任务十分繁重，全部推倒重来的思想既不现实，也不科学，更不应该。提高旧桥的承载能力，确保交通运输的安全是目前和今后面临的任务。

2　加固整治的目的

(1)提高桥梁承载能力，恢复原桥汽车—20级、挂车—100的荷载营运要求。

(2)提高桥梁抗震能力。

(3)增强桥梁防水蚀、抗风化能力。

(4)防止或延缓病害的发展，延长其使用寿命。

3　加固整治技术

按桥梁的组成部分介绍桥梁的加固方法。

3.1　塞缝灌浆

塞缝灌浆是把按一定比例配制的水泥(砂)浆、环氧树脂(砂)浆，通过喷浆机按一定压力灌入结构物缝隙内，起到填塞裂缝、避免钢筋锈蚀并提高结构整体强度的作用。裂缝在桥梁病害中较为普遍，产生裂缝的原因很多，也很复杂。结构物一旦出现裂缝，其受力截面发生应力重分布，也就意味着受力有效截面变小，结构应力增大，承载能力降低。塞缝灌浆是用胶结材料把结构的裂缝填满，使力的作用、传

递尽可能恢复到原状态。

塞缝灌浆一般用于处理桥梁上、下部结构裂缝,灌浆分为水泥浆、水泥砂浆、环氧树脂浆、环氧树脂砂浆等,具体采用哪一种,应视实际情况而定。通常水泥(砂)浆用于石砌墩、台和拱圈裂缝,由裂缝的大小来决定灌浆中是否掺砂,采用水泥(砂)浆造价低、效果好。环氧树脂浆一般用于钢筋混凝土结构物,因为钢筋混凝土构件产生的裂缝较小,易灌满,黏结性好;环氧树脂砂浆多用于桥面裂缝。

塞缝灌浆的通常做法是:先用1:1水泥砂浆勾缝,勾缝时须预留直径约6~8mm的灌浆孔,孔距视裂缝宽度而定,缝宽处孔距为0.6~1.0m,缝小处孔距为0.4~0.6m。待勾缝砂浆达到一定强度后即可灌浆。钢筋混凝土梁的裂缝较小,用环氧树脂勾缝,凡大于0.2mm的裂缝都要留孔灌浆,孔距一般为0.25~0.30m,灌浆方法与灌水泥浆大致相同。在公路旧桥加固中,塞缝灌浆是综合处治的方法之一,用得比较普遍,通过试载及使用观察,效果较好。

3.2 上部结构改建

在调查研究旧桥的基础上,经过技术、经济比较,采用充分利用原桥进行拼宽,利用桥台将拱式结构改为板式结构的加固方法,使其满足超限运输要求。

3.2.1 拼宽原桥

对验算不能满足超限运输要求的旧桥,经技术经济比较后,按实际通过的超限运输荷载设计拼宽桥梁,以确保超限运输安全。

3.2.2 利用原桥台改拱式结构为板式结构

对于小跨径石拱桥,由于拱圈厚度不能满足超限运输要求或因地基较差发生不均匀沉降,致使拱圈开裂,降低承载能力,可采用此办法。

3.3 旧桥下部结构加固

桥台特别是高度较大的桥台,受行车荷载和土压力作用,常见病害有桥台开裂、凸肚,翼墙外崩、开裂、错位等。对于跨径较小,水流不大的石拱桥,我们采用在桥跨内加钢筋混凝土框架进行加固。一般拱式桥常采用以下几种加固技术。

3.3.1 锚喷技术

现在桥梁原主拱圈下缘挂设钢筋网,然后喷射小砾石混凝土,形成复合主拱圈,通过新、老主拱圈层的相互作用,共同承担荷载,达到加固桥梁的目的。

3.3.2 增设新主拱圈

通过增设新主拱圈,达到加固桥梁的目的。

3.3.3 钢板箍加固

在原主拱圈的跨中、2个$L/4$\2个$L/8$位置加设3道钢板,用螺栓在拱腹及拱侧钻孔锚固,依靠收紧板箍时产生的强大、内向的压力,从而联结主拱圈为整体,达到加固桥梁的目的。

3.3.4 碳纤维加固

沿原主拱圈拱腹粘贴碳纤维和钢板,通过提高主拱圈截面刚度达到加固桥梁的目的。

3.4 旧桥基础加固

桥梁基础特别是天然地基上的浅基础,由于埋置深度较浅,易受河水冲刷而淘空。受河水改道冲刷桥梁引道,导致桥台基础冲空,引道被毁。桥梁地基局部软弱,致使桥台发生不均匀沉降,引起桥台开裂等。针对以上病害,我们采取对河床用浆砌片石进行铺砌,上游河床设置丁坝,打木桩扩大桥台基础等方法进行加固。对于跨径较小的桥梁,由于河水改道,洪水直接冲刷桥台基础,导致基础冲空甚至掉脚,可采取在桥跨范围内满铺15号片石混凝土的方法进行加固,铺砌厚度为30cm,铺砌两端设置截水墙,截水墙的深度为1m,宽度为0.6m。采用该法加固G105线506K+596葛庄桥、G220线275K+962土寨桥。对于桥梁上游河床变迁、水流改道,洪水直接冲刷桥台基础和桥台引道,导致桥台基础冲空、引道被毁的桥梁,采取在桥梁上游适当位置设置丁坝等调治构造物,将河水导入主河道。

3.5 桥面铺装层的加固方法

桥面铺装层开裂或剥离等病害,对于钢筋混凝土梁板桥容易使钢筋锈蚀,减弱桥梁的横向整体性;对于石拱桥,由于桥面雨水下渗,加大了拱上填料的含水量,使拱圈出现渗水现象等;同时由于桥面铺装层的破损,引起桥面平整度差,车辆通行时,使桥梁产生震动,对桥梁产生不利影响,同时又加重了桥面铺装层的病害,维修周期也越来越短。根据桥梁的具体情况,采用不同的加固方法。

3.5.1 修补及更换铺装层

对于混凝土桥面铺装层局部出现的碎裂、脱落或洞穴等病害,修复时先对缺陷表面凿毛,并将破损的松散物全部凿除,凿毛应尽量深一些,使骨料漏出,然后再用水泥混凝土或沥青混凝土修补。用水泥混凝土修补前,宜先将修补孔湿润,在涂刷上同标号的水泥砂浆或混凝土黏结剂,以加强新旧混凝土间的黏结性。修补前,应认真检查缺陷表面处理情况及混凝土胶剂的质量,修补时,应注意避免荷载或重力震动的干扰、避免高温、雨水冲淋。混凝土桥面铺装层出现大面积碎裂、脱落或洞穴等严重病害时,可凿除全部原破损铺装层进行重做处理。

3.5.2 提高铺装层构造强度

旧混凝土桥面铺层通常厚度较薄,而且由于施工等方面原因易造成厚度不均匀,混凝土原设计标号一般偏低,且钢筋网钢筋直径偏细。在不增加桥面高程及自重情况下,为提高承载力,宜增大钢筋直径,并适当提高混凝土强度等级。

3.5.3 增强铺装层受力性能

许多旧桥为桥梁板结构,板块之间的横向联系通常较弱,特别是早期修建的T型桥梁,由于桥梁之间铰接横向刚度的不足,易出现顺桥向裂缝。维修时建议对横向连接处进行增设钢筋网或植筋加固。为使桥面铺装与梁板结合紧密,使桥面铺装共同参与受力,同时固定桥面铺装钢筋的位置,可采用“植筋”技术,增强铺装层与桥面板间的抗剪切能力,并在新旧混凝土之间喷涂高性能界面黏结胶以增强铺装层与梁板整体工作性能。

3.5.4 铺装层补强

桥面铺装补强宜采用钢筋网与钢纤维混凝土,钢纤维混凝土用于桥面铺装层维修,能增强桥面抗裂性、抗弯曲性、耐冲击性和耐疲劳性。为增强铺装层与桥梁结构的整体工作性能,提高铺装层的抗渗性和抗开裂性能,可在混凝土中掺配聚炳烯纤维,但应考虑其对混凝土强度的不利影响。

4 结语

桥梁加固是一项重要的桥梁研究课题。在我国,由于旧桥建设标准偏低,在现有交通量迅速增长的形式下,决定了我国有相当一部分桥梁急待加固,该加固技术具有显著的技术、经济和社会效益,相信会有深远的推广意义。

连霍高速公路洛阳至三门峡段(K695 +600 ~ K748 +380)路面罩面立项报告

唐安平　李姗姗

(中国华西工程设计建设有限公司郑州分公司　郑州　450000)

摘　要　高速公路沥青路面在经受繁重的轴载负荷和密集交通量的反复作用的同时,还经受气候、环境的影响,路面使用性能逐年下降,路面出现裂缝、车辙、沉陷、坑槽、龟裂等破损病害。路面在使用一定年限后,必须进行罩面恢复路面服务功能。本文详细论述了连霍高速公路洛阳至三门峡段(K695 +600 ~ K748 +380)罩面的必要性及罩面方案设计。

关键词　沥青路面　路面状况指数　罩面必要性　罩面方案

1　现有道路概况

1.1　项目简况

连云港—霍尔果斯高速公路(简称连霍高速)洛阳至三门峡段 K695 +600 ~ K748 +380 于 2001 年 12 月建成通车,是我省建设较早的高速公路之一。连霍高速洛阳至三门峡段属于重丘、山岭地区,陡坡路段较多。近年来随着交通量迅速增加,车辆超载现象严重,致使该路段路面出现车辙、沉陷、裂缝(部分伴有唧泥)、龟裂、坑槽等不同程度的病害。特别是 2007 年的雨雪冰冻使路面出现大量坑槽,平整度下降,部分长下坡路段抗滑能力不足,上坡路段车速较慢,时常有堵车现象,严重影响着行车安全和行车速度。

1.2　道路目前状况

1.2.1　填方高度较大的路段,路基产生不均匀沉降。由于高填方路基产生不均匀沉降,形成纵向裂缝(图 1)及路面错台(图 2),造成路面的不平整。部分路段不均匀沉降达 5cm,严重影响行车质量并造成路面的破坏,这些段落是需要及时进行维修的重要路段。

图 1　纵向裂缝

图 2　路面错台

1.2.2 桥涵与路基不均匀沉降造成桥头跳车。桥头与路基沉降值不同,形成桥头高程与相连接的路面高程的差异,造成桥头跳车,使相连的路面结构损坏。

1.2.3 车辆超载运输造成路面破坏。随着交通量的增长,重车的比重也不断增加,据调查,最重车载大于100t,其轴载超过300kN,远远超过设计轴载,再加上水的作用使路面损坏。

1.2.4 桥面铺装层厚度不合理。桥面铺装层施工时产生误差,致使铺装层厚度不相等,导致沥青面层厚度(4~9cm)不等。桥面铺装层上沥青面层太薄,引起沥青面层过早破坏,反复修补后仍治理不了病害,直接导致桥面的不平整。由于不平整,在车辆荷载作用下,桥面与其相连的路面产生损坏。

1.2.5 车辙(图3)、沉陷(图4)最大达到5~6cm,这些路段平整度太差,直接影响行车的舒适度、行车速度和行车安全。车辙段落较多,特别是长陡坡、大上坡路段,车辙严重。

图3 车辙

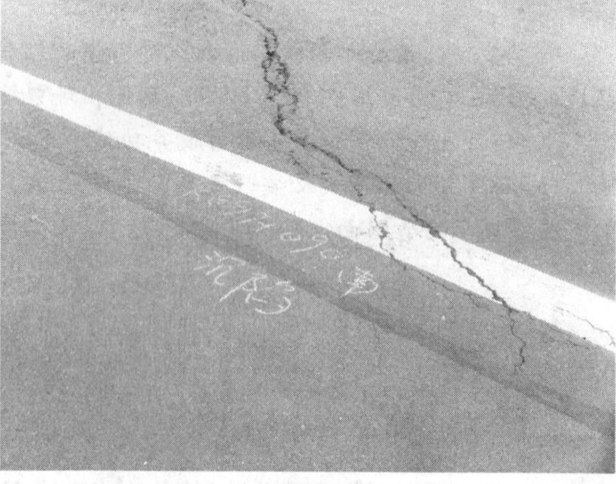

图4 沉陷

1.2.6 路面龟裂严重。路面已经运营7年半,沥青路面老化龟裂,部分路段由于沥青矿料级配不合理以及油石比偏小,导致新铣刨摊铺的沥青路段在很短的时间内出现龟裂,龟裂路段(图5)需及时处理或封水。

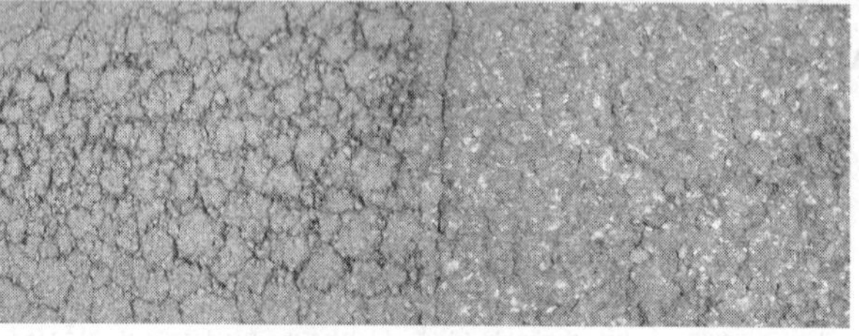

图5 龟裂

1.2.7 养护维修导致路面平整度变差。路面病害较多,发展也较快,为了不影响行车质量,养护部门时常挖挖补补,导致路面平整度变差。

1.2.8 长陡下坡路段,路面抗滑能力不足,交通事故发生频率高。

2 连霍高速公路洛阳至三门峡段K695+600~K748+380路面使用状况调查与评价

高速公路沥青路面在经受繁重的轴载负荷和密集交通量的反复作用的同时,还受气候、环境的影响,路面使用品质呈逐年下降趋势;还会出现裂缝、车辙、沉陷、龟裂、坑槽等破损病害,因此保持优良的路面使用品质是高速公路为车辆提供高速、畅通和舒适行车的重要保障。当路况变化达到一定限度或路面使用性能下降到最低可接受水平附近时,应及时采取现代化的养护对策,快速进行修复,使沥青路面的使用品质始终保持在良好状态。可见养护对策的确定与路面使用性能密切相关。为了能正确判断需养护路段并制订相应的养护对策,需对路面的使用性能做出准确的评价。

路面状况数据是路面性能的直接反映,是编制道路养护和改建计划的依据。利用这些数据,可以判别路面状况是否适应目前的交通和使用要求,并确定所管辖的路网内,哪些路段需要采取养护和改建措

施,以及采取什么措施较为合适。

2.1 路面破损状况调查与评价

2.1.1 调查方法

我公司组织技术人员于2008年5月7日至5月11日,对连霍高速洛阳至三门峡段K695 +600 ~ K748 +380长52.780km的路面病害进行实地人工现场调查,按照《公路沥青路面养护技术规范》(JTJ 073.2—2001)的要求详细记录路面纵缝、横缝、龟裂、坑槽、车辙、沉陷、翻浆等病害的数量、破坏程度及所在位置。

沥青混凝土路面损坏情况汇总表　　表1

调查项目	单　位	起止桩号:K695 +600 ~ K748 +380		
		北半幅	南半幅	合计
裂缝	m	8 973	9 230	18 203
坑槽	m^2	976	1 940	2 916
龟裂	m^2	12 140	30 297	42 437
沉陷	m^2	89	2 598	2 687
车辙	m	3 765	7 262	11 027
翻浆	m^2	341	10 112	10 453
桥面	m^2	5 623	10 630	16 253

由于路面病害发展较快,到目前为止,其数量会大于统计的数量,这些破损不仅导致道路的服务水平下降,而且使路面结构承载力下降,破损加剧,最终导致路面破坏。如果对洛阳段路面只处理病害而不统一罩面,则路面接缝多,平整度也满足不了规范要求,行车舒适度就差。从表1看龟裂面积很大,对龟裂路段需及时处理或将罩面封水才能防止路面破坏的延伸,综合分析后认为病害处理后立即统一罩面比较合理。

2.1.2 路面破坏状况指数(PCI)

按《公路技术状况评定标准》JTG H20—2007计算方法计算了路面破坏状况指数(PCI),其评定结果见表2。

路面破损状况评定表　　表2

技术等级	优	良	中	次	差
PCI指数	≥90	≥80,<90	≥70,<80	≥60,<70	<60
南半幅行车道占的比例(%)	3.7	42.6	13.0	29.6	11.1
南半幅超车道占的比例(%)	64.8	9.3	14.8	9.3	1.8
北半幅行车道占的比例(%)	35.2	44.4	9.3	5.6	5.5
北半幅超车道占的比例(%)	79.6	14.8	1.9	3.7	0

评定结果显示,南半幅病害比北半幅严重且行车道路面病害较超车道多;次、差路段病害以中等及重度网裂为主,车辙次之。按《沥青路面养护技术规范》(JTJ 073.2—2001)规定,路面破坏状况指数(PCI)为中及中以下时,应采取中修罩面措施。南半幅行车道已有53.7%在中及中以下,北半幅行车道有20.4%在中及中以下。因有许多路段刚不久已做过微表处理,好多病害已被覆盖,路面病害发展迅速,到目前为止,实际路面破损的要比统计的多得多。因此必须进行及时罩面以恢复路面使用质量和服务功能。

2.2 路面平整度调查与评价

国际平整度指数(IRI)是评定路面行车舒适性的重要指标,是制订养护维修方案的依据。

2.2.1 检测方法

河南高速公路试验检测有限公司于2008年4月17日至5月2日间对连霍高速公路洛阳至三门峡段K695+600~K748+380进行了路面管理系统基础数据采集工作，采用先进的无损检测设备——平整度检测车每100m检测一个点。

2.2.2 评价结果

根据《公路工程质量检验评定标准》JTG F80—2004的有关规定，对于高速公路而言，沥青混凝土面层平整度应符合下列要求：$\sigma \leqslant 1.2$，IRI≤2.0。连霍高速公路洛阳至三门峡段K695+600~K748+380北半幅IRI≤2.0的有58.4%、南半幅IRI≤2.0的有42.3%满足规范要求，但这些段落IRI的值都接近2。由于检测单位是按新建工程检测频率每100m检测一个点进行检测的，检测点部位可能为较好路面，导致路面整体平整度有提高的假象，故实际路面平整度比现在评价的要差得多。因此有必要对本段路面进行路面罩面以恢复路表功能（表3）。

国际平整度指数汇总表

表3

范　围	IRI的范围	IRI≤2.0	2.0<IRI≤3.0	3.0<IRI≤4.0	IRI>4.0
北半幅	所占百分比(%)	58.4	31.8	6.9	2.9
南半幅	所占百分比(%)	42.3	41.7	10.6	5.4

2.3 路面结构承载能力的检测与评价

路面结构的承载能力是指路面在达到预定的损坏状况以前还能承受的行车荷载作用次数，或者还能使用的年数。路面结构的承载能力同损坏状况有内在的联系。在使用过程中，路面的承载能力逐渐下降，与此同时损坏逐步发展。承载能力低的路面结构，其损坏的发展速度迅速；承载能力接近临界状态时，路面的损坏达严重状态，此时必须采取改建措施（如旧路加铺罩面等）以恢复或提高其承载能力。

2.3.1 检测方法

采用落锤式弯沉仪（FWD）采集路面基础数据，FWD测试频率为：测试间距为50m，分南、北幅分别进行，相当于每断面测试2点，每公里检测40点。

2.3.2 评价结果

评定结果显示，除个别沉陷、损坏严重路段弯沉值超标外，其余均满足原设计要求。虽从结构强度评价结果分析，路面无须罩面补强，但其他评价指标显示出罩面的必要性，罩面后对路面强度是有利的，故罩面与路面强度并不矛盾（表4）。

路面弯沉评定表

表4

弯沉值(0.01mm)	≤27.75(原设计容许弯沉)	>27.75(原设计容许弯沉)
南半幅占的比例(%)	99.6	0.4
北半幅占的比例(%)	99.8	0.2

2.4 路面抗滑性能的评价

路面抗滑能力不足，雨雪天气极易发生交通事故。根据《公路沥青路面设计规范》JTG D50—2006的要求，新建高速公路交工验收横向力系数$SFC_{60} \geqslant 50$。按《沥青路面养护技术规范》（JTJ073.2—2001）规定，高速公路抗滑能力不足（SFC<40），应采取中修罩面措施提高路表面的抗滑能力。连霍高速洛阳至三门峡段K695+600~K748+380通车至今已7年有余，路面经多年运营，抗滑能力逐年下降，特别是部分长陡坡路段，抗滑能力相当差，为改善路面抗滑性能，路面改善（罩面）迫在眉睫。

2.5 车辙深度的测量与评价

车辙深度是衡量路面状况的重要指标，车辙严重时会对行车安全造成隐患，当车辙深度大于4cm

时,车辆颠簸严重,乘客明显感觉不舒服。本次采用直尺法对车辙路段进行测量,从测量数据分析:车辙深度为0~2cm居多,2~4cm的次之,部分路段有大于4cm的,但比例很少,对车辙深度为0~2cm的且无其他病害的路段,选择罩面是比较合理的处理方案。

2.6 交通事故率的调查与评价

南半幅K735~K748总长13km的省级督办危险路段一直未得到有效治理,2006年共发生交通事故44起,其中K744~K745一段发生事故次数最高,为26次;2007年一年此路段发生一般以上事故8起,死5人,伤10人,经济损失达80余万元;今年以来车流量明显增大,事故频发,南半幅K705~K710下坡带弯道、K718大桥路面结冰、K725下坡,3处路段今年以来发生重大交通事故多起,给人民群众的生命财产带来隐患。通过对发生事故原因的分析,南半幅K705~K710下坡带弯道、K725下坡、K741~K745下陡坡,这三处路段,纵坡大、路面抗滑系数低,严重超载车辆在此下坡时因车速过快制动失灵,导致车辆追尾相撞造成事故,且该路段行车道被超载车辆严重压损,致使地面出现坑槽,小型车速度较快,行驶中更易发生事故。多发交通事故的路段,主要是路面抗滑能力不足,车速过快,导致失控车辆无法控制而发生交通事故,因此,对这些段落进行罩面提高抗滑能力势在必行。

2.7 运营情况的调查与评价

2.7.1 历年交通量分析

连霍高速公路洛阳至三门峡段K695+600~K748+380自2001年12月正式运营以来,交通量快速增长,根据调查资料统计,该路段通车到2006年底的交通量情况如表5所示

年平均日交通量统计表(单位:辆/日) 表5

交通量	2002	2003	2004	2005	2006
绝对数	7 718	9 710	10 179	12 366	13 201
折算值	13 718	16 939	19 238	20 957	22 907
增长率(%)	—	23.5	13.6	8.9	9.3

注:折算值为标准小客车值。

根据表5可以看出,该路段通车后,交通量快速增长,2002年至2006年交通量年平均增长率达13.8%。其中,2003年较2002年交通量增长率达23.5%,2003年8月,该路收费标准做出了较大幅度的上调,导致一部分交通量向国道310转移,2004年交通量增长率为13.6%;随着高速公路的运营通车,2005年该路段交通量增长幅度回归平稳,增长率为9%。

2.7.2 车型特点分析

按我国现行交通量调查车型分类标准进行交通量统计,将所有车辆分为六类:小型客车、小型载货汽车、中型载货汽车、大型客车、大型载货汽车、拖挂车,并以小客车为标准车型进行交通量折算计算。根据分车型交通量统计数据可得历年交通量构成情况,见表6。

车型构成比例表(单位:%) 表6

年份	小客车	小货车	中货车	大客车	大货车	拖挂车
2002	17.00	7.50	11.09	9.87	43.88	10.66
2003	19.28	8.29	11.41	9.43	37.69	13.90
2004	14.74	6.50	19.99	9.11	22.90	26.76
2005	17.62	5.94	28.49	5.82	9.62	32.52
2006	16.85	6.38	23.23	5.44	18.34	29.76

从表6可以看出,拖挂车比例逐年增加,已由2002年的10.66%上升到2006年的29.76%;大货车、大客车比例逐年减小,大货车比例由2002年的43.88%减小到2006年的18.34%;中型货车、小客车、小货车比例变化有所波动。

虽车流量没到达设计时的预测数量,但拖挂车数量增加,作用在路面上累计轴次大幅度增加(拖挂

车作用一次相当于标准轴载作用 80 多次)，致使路面损坏严重，所以路面改善(罩面)势在必行。

2.7.3　交通运行参数的分析

在交通运行参数调查中，对连霍高速公路洛阳至三门峡段 K695 + 600 ~ K748 + 380 地点车速、车头时距交通密度进行了调查和分析。为掌握整个该路段通道的交通流运行的实际情况，给强化交通管理、改善交通状况和提高通行能力提供必要依据。这里仅以地点车速为例；调查地点主要选择在两种类型的路段，一种是高、平、直而且不受停车、加减速、车辆换道影响的路段，这些路段交通量集中又具有代表性；另一种选择长大坡路段，这些路段交通流受车速影响比较大。

地点车速调查与分析

根据调查结果统计分析，该路段地点车速特征如表 7。

平均地点车速计算结果表　　表 7

内　容	洛三高速	内　容	洛三高速
观测车辆数	154	组距 H(km/h)	8.06
最小时速(km/h)	18.56	组距过剩值 G(km/h)	0.08
最大时速(km/h)	163.64	平均地点车速 V_P(km/h)	90.46
极差 R(km/h)	145.08	标准偏差 S(km/h)	23.70
组数 K	18	地点车速波动度 D_V(km/h)	90.46 ± 23.70

特殊路段地点车速调查表　　表 8

上　坡				下　坡			
桩号	序号	车型	地点车速	桩号	序号	车型	地点车速
K708 + 020	1	拖挂	34.62	K725 + 500	1	大货	70.5
	2	拖挂	35.43		2	大货	65
	3	拖挂	22.59		3	小客	77.14
	4	小客	70.5		4	小客	111.34
	5	小客	67.5		5	小客	117.39
	6	拖挂	21.73		6	小客	104.85
平均车速(km/h)			42.06	平均车速(km/h)			91.04
拖挂车平均车速(km/h)			28.59	大货车平均车速(km/h)			67.75
小客车平均车速(km/h)			69.00	小客车平均车速(km/h)			102.68
K743 + 500	1	大货	42.9				
	2	小客	73.6				
	3	小客	82.0				
	4	小客	76.0				
	5	大货	42.3				
	6	大货	35.0				
	7	大货	40.0				
	8	大货	35.0				
	9	小客	65.2				
	10	大货	75.0				
	11	大货	44.0				
平均车速(km/h)			55.55	平均车速(km/h)			
大货车平均车速(km/h)			39.87	大货车平均车速(km/h)			
小客车平均车速(km/h)			74.36	小客车平均车速(km/h)			

根据连霍高速公路洛阳至三门峡段 K695 +600 ~ K748 +380 地点车速统计分析,可以看出,本路段存在一些低速车辆。经实地观测发现,低速车辆主要是载质量大的拖挂车及大货车,这严重影响了高速公路的整体运营秩序。从表 8 可以看出,在长大坡路段不同车型地点车速差异比较大。在上坡路段,拖挂车平均地点车速为 28.59km/h,大货车平均车速 39.87 km/h 远远低于高速公路的设计车速,影响其他车辆的正常行驶;在下坡路段,小客车平均地点车速为 102.68km/h,超出了高速公路的设计车速,部分段落抗滑能力差,造成交通事故。上坡路段车辙病害严重,下坡路段抗滑能力差,为改善路面服务质量,保证车辆正常、安全地行驶,必须尽快实施罩面。

3 连霍高速公路洛阳至三门峡段 K695 +600 ~ K748 +380 路面罩面的必要性

高速公路养护必须以人民群众的出行更畅通、更安全、更和谐、更高效为目标,必须树立为社会服务的管理理念和预防性养护的思想,高速公路在养护管理过程中必须遵循"保畅通、保安全、增效益、重服务、上水平、树形象"的宗旨,及时进行预防性养护和安排中修罩面。

3.1 罩面是保证原路面处于较好状态的最佳时机

高速公路在使用过程中,其路基、路面、桥涵工程、交通工程等设施,都会因行车荷载及环境因素的作用而逐渐损坏,必将造成高速公路服务水平的逐步下降,因此,选择最佳时机对路面统一罩面非常必要。沥青路面有一个罩面的"临界状态",在"临界状态"前不及时进行维修罩面,路面状况就会下降很快。经检测单位检测及沥青面层试验分析,我公司管辖的连霍高速公路洛阳至三门峡段 K695 +600 ~ K748 +380 快接近"临界状态",现在立项、审批后进行及时罩面,是最佳的时机。

3.2 罩面是工程经济合理性的需要

本项目是连接河南、陕西、山西的主骨架公路,交通流量大,社会影响大,其路面罩面的原则是在保证交通安全的前提下,边营运边施工,争取良好的社会效益和经济效益。因此本项目应在路面处于"临界状态"前,完成路面罩面,否则,在路面使用处于最差时期时再开始路面罩面施工,可能半幅封闭施工,且行车道、超车道的沥青上面层必须全部铣刨摊铺,这样工程造价大大提高,同时要封闭施工造成的社会影响和间接损失是无法估量的,所以本项目及时罩面是工程经济合理性的需要。

3.3 罩面是交通量增长及车辆大型化的需要

根据调查资料统计,该路段通车到 2006 年底工程可行性研究报告预测交通量与实测交通量情况如表 9 所示。

年平均日交通量统计表(单位:PCU/日) 表 9

年 份	2002	2003	2004	2005	2006
预测交通量	24 309	26 448	28 987	31 886	34 851
实测交通量	13 718	16 939	19 238	20 957	22 907
预测增长率(%)		8.8	9.6	10.0	9.3
实测增长率(%)		23.5	13.6	8.9	9.3
差异率(%)	77.2	56.1	50.7	52.1	52.1

车型构成比例表(单位:%)　　表 10

年份	小客车	小货车	中货车	大客车	大货车	拖挂车
2002	17.00	7.50	11.09	9.87	43.88	10.66
2003	19.28	8.29	11.41	9.43	37.69	13.90
2004	14.74	6.50	19.99	9.11	22.90	26.76
2005	17.62	5.94	28.49	5.82	9.62	32.52
2006	16.85	6.38	23.23	5.44	18.34	29.76

从表 9、表 10 分析,虽实测交通量远没到达设计时的预测交通量,但拖挂车数量增加,作用在路面上累计轴次大幅度增加(拖挂车作用一次相当于标准轴载作用 80 多次),致使路面损坏严重,所以路面改善(罩面)势在必行。

3.4 罩面是保证正常运营的需要

公路路线设计规范规定:高速公路设计采用二级服务水平。对本项目道路服务水平分析结果表明:服务水平为二级,部分路段车辆间的相互干扰较大,开始出现车队,被动延误增加,服务水平为二级下限。由于路面罩面施工期间要局部封闭一个车道,且施工范围要求限速行驶,道路的通行能力将大大降低,服务水平也将降低一个级别,施工期间服务水平到达三级,为了保证全线在施工期间正常营运和通行安全,必须在交通量不大且在路面处于"临界状态"前进行维修罩面,否则,时间太晚,沥青面层损坏严重,交通量较大时再来罩面,就必须半幅封闭施工,其交通量的分流将给沿线路网带来极大的交通压力。同时也给沿线的城市经济发展、给人们出行造成极大的影响。

3.5 罩面是社会发展的需要,是改善路面使用性能(路面平整度、抗滑性能、承载能力),保证车辆快速、安全行驶的需要

随着经济的发展,人民生活水平的提高,在城市间公路客运需求量不断增大的同时,对送达速度和舒适性提出了更高的要求。因而微型车、小轿车将得以快速发展,轿车进入家庭将成为必然。同时,豪华大客车的不断普及,车辆行驶平稳性、乘坐舒适性、动力性将得以明显提高,形成中距离以大客车为主,短距离以小客车为主的高速公路客运体系。通过实际车辆调查统计,上坡路段各种车辆的运行速度远远小于原设计速度,这为出行人员带来极为不便(出行花费时间大大延长),这与经济的发展,人民生活水平的提高极不匹配。路面运营多年后,路面平整度、抗滑性能下降;部分路段损坏严重,导致路面承载能力下降;桥头沉陷引起桥头跳车,桥面伸缩缝破坏,桥面平整度差,车辆行驶速度减慢,人们出行花费的时间延长。罩面后,平整度大幅度提高,抗滑性能得到增强,能保证车辆快速、安全行驶。

3.6 罩面是减少交通事故率,确保人民生命和财产安全的需要

道路运营多年,不同程度的损坏增加。路表面磨损严重,平整度差,恶劣的天气条件下,陡坡、弯道处时常发生交通事故,同时造成堵车现象。高速公路养护必须贯彻落实"以人为本、服务至上"的宗旨和开展以"消除隐患、珍视生命"为主题的"安全保障工程",不但要切实保护劳动者的安全和健康,又要确保人民的生命和财产安全。连霍高速公路康店隧道西 K647 +514 ~ K652 +860 段一直是公认的死亡路段,长下坡带弯,路面抗滑性能差,综合治理(包括罩面)前,发生交通事故的频率非常高,2007 年 4 月综合治理后,交通事故大大减少,据统计,到目前为止仅发生过两次轻微的车辆撞护栏事故。为减少交通事故,确保人民生命和财产安全,路面改善罩面势在必行。

4 连霍高速公路洛阳至三门峡段 K695 +600 ~ K748 +380 路面罩面方案简述

4.1 路线纵、横断面恢复

以往国内外进行罩面养护一般是对一些坑槽、车辙、裂缝、龟裂等病害处理后,顺地爬罩面施工,路

面病害得不到彻底消除,路面平整度等路用性能得不到完全恢复和改善,罩面施工效果不理想。

路线设计按照尽可能改善路面平整度的原则进行,以提高行车舒适性,恢复旧路面纵、横断高程。对严重沉陷超过50m,原竖曲线不良路段进行局部拉坡设计。

4.1.1 路面纵、横断面

在外业中布设独立控制网,用GPS测量中央分隔带两侧路面边缘及硬路肩外侧边缘的平面坐标,以此进行局部路段的平面线形拟合。用水准仪测量中央分隔带路缘石外侧、土路肩与硬路肩分界处高程,以测量的高程数据进行纵断面和横断面设计,并以此计算路面铣刨和加铺工程量。

4.1.2 确定合理的铣刨回填厚度

以往的沥青混凝土路面养护维修工程通常为两种方式,一种是直接在原有面层上罩面;另一种是铣刨多厚就回填多厚。

由于原有路面已经投入使用7年多,局部沉降变形较为严重。这意味着纵、横断面设计时有些路段要铣刨的厚度较大,而有些路段甚至不需要铣刨就可以直接加铺。因此,根据路况确定的不同铣刨回填厚度的路段,将不可避免地与纵、横断面重新调整厚度的路段重叠或交叉,最终确定的每一路段的铣刨回填厚度,是纵、横断面调整厚度和路况要求的铣刨回填厚度的综合结果。应根据路面损坏情况和线形恢复的要求,综合确定铣刨回填厚度。

4.1.3 铣刨回填厚度与纵断面

实际测量的横断面高程点如图6所示。首先根据设计点DHA(DHB)的实际高程重新拉坡,确定设计高程PHA(PHB)。确定纵断面方向上铣刨回填厚度的原则是:

(1)任何情况下,都应保证铣刨后沥青混凝土罩面厚度不小于4cm。

(2)路况良好,直接铺4cm的路段:在保证新加铺的面层厚度为4cm的前提下,铣刨回填厚度由纵断面调整的高差ΔH控制。

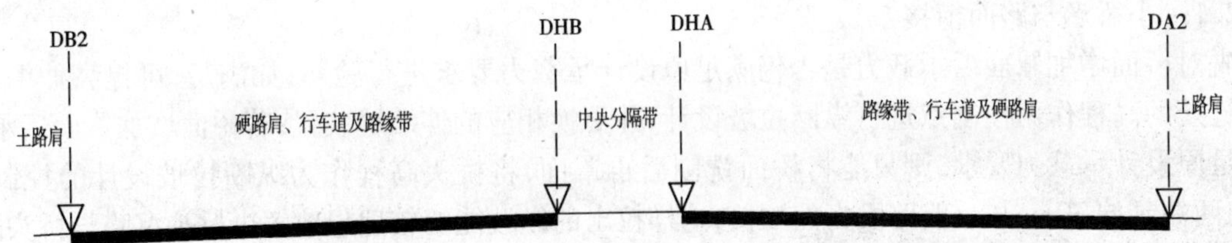

图6 实测横断面高程点布置示意图

(3)对于路况较差且纵坡大于等于3%、要求铣刨上中面层9cm厚的路段,首先保证铣刨厚度(9cm),回填的厚度由纵断面调整的高差ΔH和铣刨的9cm厚度共同确定。

纵断面线形恢复和铣刨回填厚度之间的关系如图7所示。ΔH为设计高程H_s与原路面高程H_y之差,即$\Delta H=H_s-H_y$;H_t,H_x分别为回填厚度和铣刨厚度。根据判定原则,最终的铣刨回填厚度如表11所示。

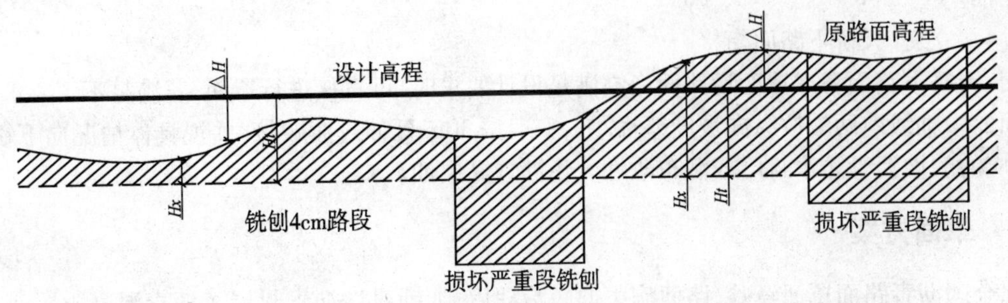

图7 纵断面线形恢复和铣刨回填厚度示意图

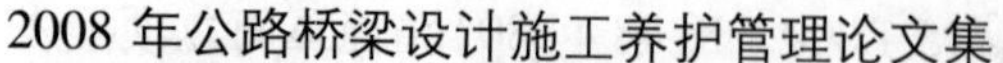

纵断面线形恢复和铣刨回填厚度(单位:cm)　表 11

类别	高差 $\|\Delta H\|$	高差 $\Delta H \geqslant 0$		高差 $\Delta H<0$	
		铣刨厚度	回填厚度	铣刨厚度	回填厚度
路况良好,重铺 4cm 的路段	0~1	4	$4+\|\Delta H\|$	$4+\|\Delta H\|$	4
	1~2	4	$4+\|\Delta H\|$	$4+\|\Delta H\|$	4
	2~3	4	$4+\|\Delta H\|$	$4+\|\Delta H\|$	4
	≥4	0.6~1	$4+\|\Delta H\|$	$4+\|\Delta H\|$	4
路况较差,重铺 9cm 的路段	ΔH	9	$9+\|\Delta H\|$	无	

注:表 7 中铣刨厚度已考虑铣刨不留夹层。

4.1.4　恢复纵断面线形

按照表 7 中的原则,对逐段确定铣刨回填厚度,即可完成纵断面的线形恢复。

4.1.5　横断面恢复

根据外业测量画出现有路面的横断面(相当于新建工程地面线),然后依设计高程 PHA 或 PHB 点为旋转轴,按 1.5%(原设计横坡)画出横断面设计线,然后标出横断面上各点的铣刨回填厚度。对于超高段,先按原设计的超高横坡画出横断面设计线,然后分析横断面的铣刨回填厚度,若横断面上各点铣刨回填厚度相近,则此线即为设计横断面线;若横断面上各点铣刨回填厚度差异较大,则调整超高横坡,寻找使横断面上各点铣刨回填厚度相近时的超高横坡作为横断面的设计横断面线,并以此计算铣刨回填厚度。

4.2　路面衔接过渡

4.2.1　小桥涵与路面衔接

首先对桥面增加罩面后承载力是否仍满足原设计承载力要求进行验算,如满足,可提高伸缩缝,并以伸缩缝处的高程作为控制点进行纵断拉坡设计,并更换相应的伸缩缝装置;若桥面增加罩面后承载力不能满足原设计承载力要求,则只能将桥面铣刨后再罩面,将桥头高程作为纵断拉坡设计的控制点高程,并向两端延伸 30m,与一般路段自然顺接,这样拉出的纵坡能够较理想地解决桥头沉陷与桥头跳车。

4.2.2　大中桥与路面衔接

大中桥的铺装层厚度则保持不变,以桥头伸缩缝作衔接点,桥头伸缩缝的高程作为控制高程,按纵向坡度差≤2‰进行顺接,一般按 30m 延伸过渡顺接,并视具体情况向下铣刨沥青层,做相应防水封层或洒布改性乳化沥青黏层油。

4.2.3　罩面路段与非罩面段衔接

路线顺接:在补强罩面段、翻修沥青面层段及现有路面段之间的衔接部位,按纵向坡度差≤2‰,一般按 30m 延伸过渡顺接,并视具体情况向下铣刨沥青层,做相应的改性沥青防水封层或洒布改性乳化沥青黏层油。

4.2.4　立交、天桥下路面衔接

立交、天桥下路面考虑罩面后路面净空满足设计要求时,可直接进行罩面,若满足不了要求,以桥下正投影面的中轴线向两端按纵向坡度差≤2‰,一般按 30m 延伸过渡顺接,并视具体情况向下铣刨沥青层,做相应的改性沥青防水封层或洒布改性乳化沥青黏层油。

4.3　罩面方案

根据全国沥青路面罩面经验,路面病害彻底治理后,加铺改性沥青封层 + 沥青混凝土罩面层,河南省高速公路路面罩面也是按这样的思路设计的。对交通事故频率比较高的下坡路段,罩面后行车道、超车道再铺设 2.5cm 厚 OGFC - 10 橡胶沥青抗滑表面层。

4.3.1 罩面方案原则

(1)以提高路面平整度、抗滑能力。

(2)沥青混合料设计以提高路面抗车辙能力。积极采用GTM沥青混合料设计方法,该方法更好地模拟了车辆行驶状况,提高了压实标准和路面的抗车辙能力。

(3)路面罩面前,路面增设改性沥青防水层,以增强层间联结、防止层间渗水、延缓裂缝反射,同时起到一定应力消减作用。

4.3.2 改性沥青封层

(1)同步碎石

同步碎石封层,就是用专用设备即同步碎石封层车及黏结材料(改性沥青或改性乳化沥青)同步铺洒在路面上,通过自然行车碾压或轮胎压路机碾压形成单层沥青碎石黏结防水层。同步碎石封层将黏结剂的喷洒与集料撒布两道工序集中在一台车上同时完成,可以使碎石颗粒立即与刚喷洒的黏结剂相接触。此时,由于热沥青或乳化沥青流动性较好,能随时更深地埋入黏结剂内。同步碎石封层技术缩短了黏结剂喷洒与集料撒布之间的间隔,增加了集料颗粒与黏结剂的裹覆面积,更易保证他们之间稳定的比例关系,提高了作业效率,减少了设备培植,降低了施工成本。同步碎石封层能有效治愈路面细裂缝、轻微网裂、车辙、沉陷等病害,能增加路面抗裂性能、减少路面反射裂缝、提高路面防水和层间黏结。其工序简单、施工速度快,可即时限速开放交通。

同步碎石一般多采用SBS改性沥青,与其对应的罩面层沥青混合料多采用改性沥青混凝土或SMA改性沥青玛蹄脂。

(2)橡胶改性沥青碎石封层

橡胶改性沥青碎石封层是先喷洒橡胶改性沥青,然后撒布碎石,最后碾压成型,也可参照同步碎石配套机械施工。其具有优良的防水、抗裂、黏结作用(比同步碎石稍强)。

当罩面层采用橡胶改性沥青混合料时,多选用橡胶改性沥青碎石封层,沥青一致,相溶性好,层间黏结性强。

4.3.3 罩面层沥青混凝土比选

(1)改性沥青混凝土与SMA改性沥青玛蹄脂

路面罩面以提高路面行车的舒适度,保证路面平整度为目的。罩面层沥青混合料设计时必须选择抗滑能力强、抗车辙能力强、防水能力好的混合料。根据河南省多年高速公路养护罩面设计经验,多选用AC-16C改性沥青混凝土或SMA-13改性沥青玛蹄脂。

根据表面层的功能要求,罩面层可选用AC-13C细粒式改性沥青混凝土或AC-16C中粒式改性沥青混凝土。AC-13C细粒式改性沥青混凝土压实后空隙率比AC-16C中粒式改性沥青混凝土小,故防水能力比AC-16C中粒式改性沥青混凝土要强。AC-16C中粒式改性沥青混凝土4.75mm以上骨料比AC-13C中粒式改性沥青混凝土占的比例要多,更能够形成骨架密实结构,抵抗车辙的能力及抗滑性能比AC-13C细粒式沥青混凝土好。考虑到该项目的本身特点,建议选择AC-16C中粒式改性沥青混凝土。

SMA-13改性沥青玛蹄脂罩面层具有抗滑能力强、抗车辙能力强、平整度好等特点,但施工技术要求高、油石比大、造价高,因此罩面层沥青混合料建议不用SMA-13。

(2)橡胶改性沥青混凝土

为进一步提高路面的抗裂,抗车辙能力,罩面层沥青混合料可选用橡胶改性沥青混凝土。旧路维修罩面时,很多省市已经广泛使用橡胶改性沥青混凝土,江苏、四川、重庆采用橡胶改性沥青混凝土已维修罩面多条高速公路,使用效果很好。2008年河南省也尝试在安新高速公路路面罩面中采用了橡胶改性沥青混凝土。

4.3.4 罩面层厚度确定

沥青混凝土罩面层厚度以考虑工程造价、骨料粒径与施工厚度相匹配的原则来确定。AC-16C中粒式改性沥青混凝土按4cm厚设计,混合料设计采用GTM沥青混合料设计方法,级配设计时稍调整粗骨料的含量(偏规范下限),使其形成骨架密实结构,具有良好的抗滑能力、平整度、强的抗车辙能力。采用GTM沥青混合料设计方法,摊铺罩面4cm厚AC-16C中粒式改性沥青混凝土,2007年已在连霍高速公路郑州至洛阳段使用,经过快一年的实践检验,路面使用性能良好。

选用橡胶改性沥青混凝土罩面时,其厚度可选用3cm厚或4cm厚。

4.3.5 罩面建议方案

方案一:同步碎石+4cm厚AC-16C中粒式改性沥青混凝土;

方案二:橡胶沥青碎石封层+3cm(或4cm)厚橡胶改性沥青混凝土;

罩面后对交通事故频率比较高的下坡路段铺设2.5cm厚OGFC-10橡胶沥青抗滑表面层。

5 工程投资估算(表12)

罩面投资估算表 表12

项目	罩面方案	估算面积(m^2)	估算金额(元)
方案一	同步碎石+4cm厚AC-16C中粒式改性沥青混凝土	1 248 380	97 514 799
方案二	橡胶沥青碎石封层+4cm厚橡胶改性沥青混凝土	1 248 380	109 468 723
方案三	橡胶沥青碎石封层+3cm厚橡胶改性沥青混凝土	1 248 380	88 264 827
公用	2.5cm厚OGFC-10橡胶沥青	40 000	1 648 835

注:投资估算表中未考虑处理路面病害需要的资金。

6 其他

(1) 连霍高速洛阳至三门峡段K695+600~K748+380路面维修专项工程(病害处理)施工图设计文件已于2008年6月上报省交通厅计划处,路面维修专项工程(病害处理)总造价56 616 134元,其中养护工程费49 509 315元,占总造价的87.45%。

(2) 连霍高速公路洛阳至三门峡段属重丘山岭地区,陡坡及连续转弯路段较多,随着近年来交通量的迅速增加,尤其是重型车辆在上坡路段行驶速度缓慢,下坡路段制动失控,事故率急剧上升,严重影响了道路通行能力和行车安全,因此,实施爬坡车道和紧急避险车道专项工程十分必要。

为缓解洛阳至三门峡段K695+600~K748+380的交通阻塞问题,减少安全事故,提高服务水平及通行能力,连霍高速洛阳至三门峡段K695+600~K748+380爬坡车道专项工程正在设计中,拟在K707+000~K710+000段(坡度4-2-3%、长3 000m)、K714+500~K715+800(坡度3%、长1 300m)、K725+150~K726+200(坡度3%、长1 050m)、K743+700~K748+500段(坡度4-2-4-2-4%长4 300m)设置爬坡车道。

对于下坡危险路段,按照统计的事故率和原因选择位置设置紧急避险车道,计划在K708、K743、K745设置避险车道。对危险长下坡路段分组设置彩色减速带,同时增设路侧警示标志和车速反馈标志等设施。

爬坡车道及避险车道将以"连霍高速洛阳至三门峡段K695+600~K748+380爬坡及避险车道专项工程"文件上报。

7 结语

沥青路面使用一定年限后,必须选择最佳的时间行进罩面恢复路面使用功能。沥青路面必须在“临界状态”前及时进行维修罩面,否则路面状况就会下降很快,对运营、社会经济都会造成严重的损失。故连霍高速公路洛阳至三门峡段(K695 +600 ~ K748 +380)的路面改善(罩面)工作势在必行。

参 考 文 献

[1] JTG 037.2—2001 公路沥青路面养护技术规范. 北京:人民交通出版社,2002
[2] JTG H20—2007 公路技术状况评定标准. 北京:人民交通出版社,2007
[3] 高建立. 高速公路沥青路面养护关键技术与工程实例. 北京:人民交通出版社,2006
[4] 王世彪. 山区高速公路大修技术. 北京:人民交通出版社,2005

刚架拱桥增加横系梁加固研究

安瑞晶

(北京公科固桥技术有限公司　北京　10088)

摘　要　建立刚架拱桥空间有限元模型,通过静力和动力特性分析,判断不同位置新增横系梁对结构受力性能的改善程度,其理论成果对同类桥型的新桥设计和旧桥加固方案选择均有较好的借鉴作用。

关键词　刚架拱桥　空间有限元　静力分析　动力分析　加固

1　概述

随着我国交通量增大,刚架拱桥普遍存在承载力不足的情况,加之不断老化、损伤,矛盾更加突出,急需进行加固补强处理。拱桥的常见病害有主拱腿、斜撑根部上缘裂缝,弦杆、大小节点结合部位裂缝,微弯板连接不良松散开裂等,据此也提出了多种加固设计方案。本文以清远北江大桥为依托工程,研究了增加横系梁的不同方案对结构动、静力性能的改善效果。

2　模型介绍

清远北江大桥主桥为4×70m一联的刚架拱桥,立面图见图1,横桥向设5片拱肋,肋中距3.1m,矢跨比1/9。主拱腿采用C40混凝土,其他上部构造及墩帽为C30混凝土。采用MIDAS/Civil桥梁结构有限元分析软件建模分析,拱片、横梁均采用三维梁单元,上弦杆端部和立柱固结,拱脚固结,桥面铺装、人行道、护栏等作为恒荷载施加于相应位置,空间有限元模型见图2。

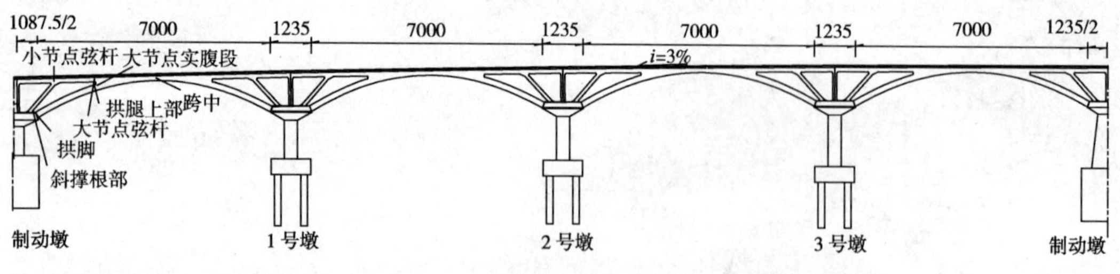

图1　立面图(单位:cm)

3　有限元计算分析

3.1　静力分析

本文仅为定性分析,得出的结论为一种变化趋势。汽车荷载按公路-Ⅰ级,两车道偏载取用,温度荷载按整体升温15℃或降温10℃取,计入混凝土收缩徐变(收缩相当于降温15℃,考虑徐变影响作用效应乘以0.45折减系数)[3]。根据《公路桥涵设计通用规范》JTJ D60—2004,组合1:恒载+汽车+收

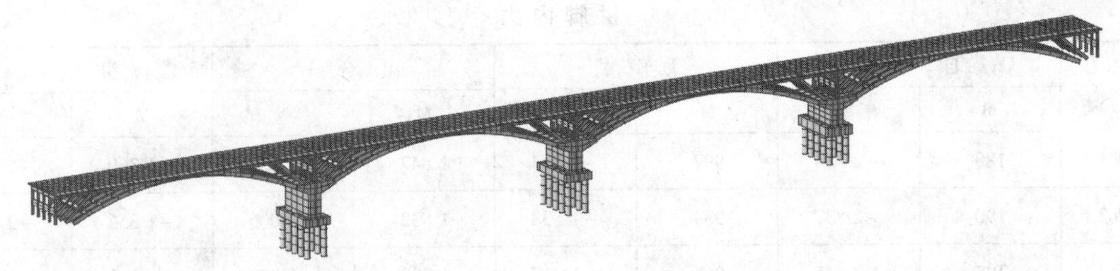

图2 刚架拱桥空间模型

缩徐变+整体升温;组合2:恒载+汽车+收缩徐变+整体降温。

模型中为更好的体现横梁作用,不考虑肋腋板对全桥横向刚度的贡献,新增横梁位置如图3所示,共建立5个模型,计算结果见表1-5,表中仅示出同一截面处各拱片中弯矩绝对值最大值及其对应的轴力。

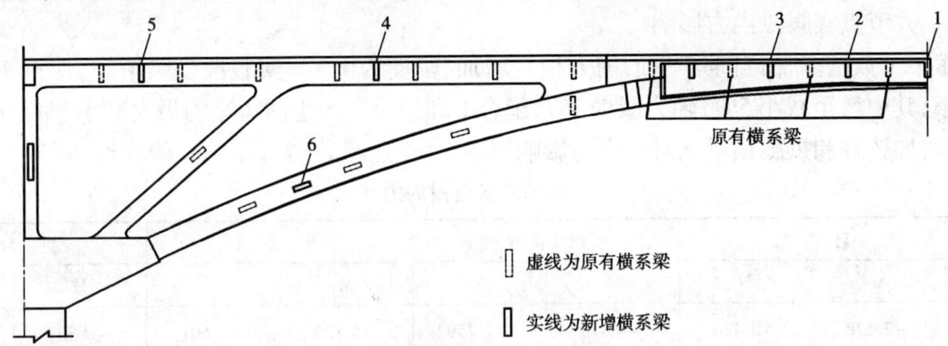

图3 新增加横系梁位置示意图

模型1:各跨跨中增加1号横梁;

模型2:在工况2基础上各跨跨中对称增加2号横梁;

模型3:在工况3基础上各跨跨中对称增加3号横梁;

模型4:在工况4基础上各跨跨中对称增加4、5号横梁;

模型5:在工况5基础上各跨跨中对称增加6号横梁。

3.1.1 跨中内力影响

随着横梁个数增多,由自重产生的内力变化不大,汽车荷载产生的内力有减小的趋势,弯矩最大减小5%,轴力减小2%,由组合1和组合2产生的轴力几乎不变,但弯矩有减小趋势,最大降低4%(表1)。

跨中内力 表1

内力 工况	自重		汽车荷载		组合1		组合2	
	M	N	M	N	M	N	M	N
模型1	695	-3 378	3 185	-1 665	5 102	-6 442	5 633	-6 283
模型2	701	-3 382	3 098	-1 652	4 988	-6 428	5 519	-6 269
模型3	706	-3 389	3 039	-1 635	4 912	-6 412	5 443	-6 253
模型4	709	-3 397	3 022	-1 629	4 891	-6 413	5 422	-6 255
模型5	709	-3 400	3 019	-1 630	4 888	-6 419	5 419	-6 261
模型6	708	-3 402	3 018	-1 631	4 884	-6 422	5 415	-6 264

3.1.2 拱脚内力影响

随着横梁个数增多,由自重产生的内力变化较小,汽车荷载产生的内力随之减小,最大减幅5%,由组合1和组合2产生的轴力变化不大,但弯矩随之减少,分别降低4%和1.3%(表2)。

拱脚内力

表2

工况＼内力	自重		汽车荷载		组合1		组合2	
	M	N	M	N	M	N	M	N
模型1	188	-2 834	997	-1 874	1 847	-6 052	-1 360	-2 493
模型2	190	-2 837	984	-1 838	1 832	-6 006	-1 356	-2 501
模型3	193	-2 845	966	-1 812	1 809	-5 979	-1 349	-2 516
模型4	196	-2 853	957	-1 800	1 800	-5 972	-1 344	-2 530
模型5	195	-2 852	956	-1 803	1 798	-5 974	-1 344	-2 509
模型6	186	-2 854	946	-1 787	1 773	-5 954	-1 342	-2 513

3.1.3　大节点实腹段内力影响

随着横梁个数增多,由自重产生的内力稍有增加,幅度为1%。实腹段横梁增加,使汽车荷载产生的内力减小,其中弯矩减小5%,轴力减少2%,组合1和组合2产生的弯矩均最大减小3%,轴力变化微小,但继续增加弦杆和拱腿横梁则对其内力影响很小(表3)。

大节点实腹段内力

表3

工况＼内力	自重		汽车荷载		组合1		组合2	
	M	N	M	N	M	N	M	N
模型1	-2 478	-3 426	-4 810	-1 739	-9 823	-6 601	-9 503	-6 444
模型2	-2 485	-3 429	-4 727	-1 727	-9 714	-6 589	-9 394	-6 431
模型3	-2 497	-3 437	-4 611	-1 709	-9 567	-6 573	-9 248	-6 415
模型4	-2 509	-3 444	-4 551	-1 702	-9 496	-6 573	-9 177	-6 415
模型5	-2 505	-3 448	-4 553	-1 705	-9 494	-6 581	-9 175	-6 423
模型6	-2 506	-3 449	-4 554	-1 706	-9 497	-6 584	-9 178	-6 426

3.1.4　小节点弦杆内力影响

增加实腹段横梁和拱腿横梁,对小节点弦杆受力几乎没有影响,增加弦杆处横梁,自重产生的内力有1%增幅,汽车荷载、组合1和组合2产生的内力均有小幅降低,降幅小于2%(表4)。

小节点弦杆内力

表4

工况＼内力	自重		汽车荷载		组合1		组合2	
	M	N	M	N	M	N	M	N
模型1	-1 191	-735	-1 647	-934	-3 765	-2 213	-3 680	-2 148
模型2	-1 191	-735	-1 646	-934	-3 764	-2 213	-3 679	-2 148
模型3	-1 191	-735	-1 646	-933	-3 763	-2 212	-3 678	-2 147
模型4	-1 191	-735	-1 645	-933	-3 763	-2 212	-3 677	-2 146
模型5	-1 197	-739	-1 621	-919	-3 737	-2 197	-3 652	-2 132
模型6	-1 198	-740	-1 621	-919	-3 738	-2 198	-3 653	-2 132

3.1.5　拱腿上部内力影响

增加实腹段和弦杆处横梁使该截面内力增大,其中汽车荷载产生的轴力增幅最大达12%,其他内力增幅小于2%,增加拱腿横梁,使各荷载在此产生的内力略有减小(表5)。

拱腿上部内力　　表5

内力 / 工况	自重		汽车荷载		组合1		组合2	
	M	N	M	N	M	N	M	N
模型1	741	−2 755	865	−411	1 979	−3 912	2 314	−3 827
模型2	741	−2 759	865	−422	1 981	−3 931	2 316	−3 846
模型3	743	−2 767	867	−442	1 985	−3 970	2 320	−3 885
模型4	745	−2 775	869	−455	1 990	−3 997	2 324	−3 912
模型5	745	−2 774	872	−462	1 995	−4 006	2 329	−3 921
模型6	742	−2 775	873	−456	1 993	−3 998	2 328	−3 913

注：弯矩单位 kN·m，轴力单位 kN，弯矩下缘受拉为正，轴力受拉为正。

3.2 动力分析

模型1 ~5 动力分析结果见表6。

动力特性　　表6

频率(Hz)	模型1	模型2	模型3	模型4	模型5	模型6
第1阶	0.442 583	0.44 219	0.441 434	0.440 781	0.443 982	0.443 982
第2阶	0.449 698	0.449 322	0.448 594	0.44 796	0.451 123	0.451 123
第3阶	0.457 232	0.456 863	0.456 142	0.45 551	0.458 679	0.458 679
第4阶	0.458 851	0.458 481	0.457 756	0.457 119	0.460 263	0.460 263
第5阶	0.849 274	0.85 053	0.852 903	0.854 971	0.852 942	0.852 942
第6阶	0.856 305	0.85 765	0.86 018	0.862 377	0.860 373	0.860 373
第7阶	0.863 126	0.86 445	0.866 943	0.869 108	0.867 068	0.867 068
第8阶	0.864 246	0.865 587	0.868 126	0.870 342	0.868 319	0.868 319
第9阶	1.313 735	1.311 962	1.30 862	1.305 772	1.305 095	1.305 095
第10阶	1.364 272	1.364 026	1.363 619	1.36 362	1.372 289	1.372 289

由以上动力分析结果可知，增加弦杆横梁结构基频略有增大，增加其他横梁个数对结构动力特性影响不大。

4 结语

增加横系梁个数对结构受力有一定影响，增加弦杆和实腹段横梁对结构跨中、拱脚和大节点实腹段受力均有利，但对拱腿上部受力不利，只有增加弦杆处横梁才能改善对小节点弦杆受力，而增加拱腿横梁对拱脚和拱腿上部受力有利，但对其他截面受力几乎没有影响。增加结构横梁对结构动力性能改善作用较小。

参考文献

[1] 李宏江，叶见署，虞建成．伊家河刚架拱桥病害的结构分析．桥梁建设，2002(5)

[2] 张树仁，王宗林．桥梁病害诊断与改造加固设计．北京：人民交通出版社，2006

[3] 交通部．JTG D60—2004 公路桥涵设计通用规范．北京．人民交通出版社，2004

[4] 范立础．桥梁抗震．上海：同济大学出版社，2001

高速公路安全防护设施的病害分析与对策

唐　颖[1]　邢　锦[1]　陈洪彬[2]

(1.天津市市政工程设计研究院　天津　300051;2.中交公路规划设计院　北京　100010)

摘　要　本文以中央分隔带桥梁墩柱的防护措施和桥梁防护网为例,分析了高速公路安全防护设施及其病害产生的原因,及与此对应的设计、施工和养护各方面应采取的对策和实施办法。其他的安全防护设施也有类似的问题,可采用相似的方式进行改进和优化。建议有关部门采用标准图的形式对高速公路设置安全防护设施进行统一,确保高速公路安全防护设施的作用。

关键词　高速公路　安全防护设施　护栏　防护网　病害分析　对策

1　引言

自1988年中国第一条高速公路——沪嘉高速公路通车,20年来,我国高速公路建设突飞猛进,至2006年底通车里程即已突破了4.54万公里,仅次于美国,比世界第三的加拿大多出近两倍。

按照《公路、水路交通"十一五"规划》及交通运输行业的中长期规划,到2010年,全国公路总里程达到230万公里,其中全国高速公路通车里程达到6.5万公里,该目标还将被提前实现。随着我国机动车保有量的快速增长、私家车所占比例的不断扩大、生活水平提高带来的出行率的增加,高速公路越来越密切地与多数人的生活息息相关。

目前,国务院出台4万亿元的公共投资计划,也显示出管理层对于扩大投资、拉动内需、改善交通状况的决心。高速公路安全设施也越来越显示出其重要性,而安全设施在设计、施工及养护中暴露出的问题和病害,也越来越引起设计、施工和养管人员的高度重视。

2　高速公路安全防护设施的分类和存在的问题

交通安全设施主要包括标志、标线、隔离栅、防护网、护栏、防撞设施等。通过标志、标线对驾驶员进行正确的引导,保证有序运行,大幅减少由于无序行驶而造成的交通事故。而护栏、隔离栅、防护网等做为被动安全防护设施,主要防止行人及其他杂物进入高速公路,使正常行驶的车辆免受不必要的干扰;同时,在发生交通事故时,将事故损失降到最低,并尽量避免二次事故的发生。

由于安全防护设施的设计必须结合工程的实际情况,因此其设计总是滞后于高速公路施工图设计,通常在路基和桥梁工程开工后才开始进行,这样可以带来很多好处。如,可以通过实地查勘,使安全设施的设置更符合实际情况和路网的需要,避免因工程的变更而引起的安全设施设计的变更,提高工作效率、减少出差错的几率;更好地采纳新技术、新材料、新工艺。但是这种不同步设计也带来一些隐患,如,若工程设计人员对交通安全设施的设置没有充分的考虑,可能引起预留预埋件的遗漏和欠缺;安全设施的设计人员对结构安全隐患估计不足,可能引发更严重的二次事故。

笔者通过对目前部分高速公路存在的部分安全防护设施病害的分析,探讨在安全防护设施中,尤其是护栏和防护网(即防落网)方面,设计、施工和养护各方应该采取的有效措施。

3 护栏

3.1 某高速公路事故危及桥梁安全的剖析

继九江大桥桥墩被运沙船撞断、引起桥梁垮塌的事故之后，又陆续发生了运沙船撞某大桥桥墩事件、大货车撞坏天桥桥墩引起桥面塌陷等事故，墩柱，做为桥梁的根基和主要的承重结构，其安全保障越来越受到设计和管理人员的重视(图1)。

高速公路运输具有车速快、载重量大的特性，车辆超载、超速的现象屡禁不止。如果发生车辆撞击桥墩的事故，会产生更大的危害。图2、图3是某高速公路大货车撞击中央分隔带波形护栏，继尔引发桥墩被撞坏、危及桥梁结构安全的典型案例。

图1 某天桥桥墩被撞导致桥面凹陷

图2 百余米波形护栏被撞坏并撞击桥墩

根据碰撞后的变形程度，高速公路的护栏可分为刚性、半刚性和柔性护栏三种，其主要代表形式分别为混凝土护栏、波形护栏和缆索护栏。目前在高速公路上普遍采用的做法是：路基设置波形护栏；桥梁外侧设置混凝土护栏、内侧设置混凝土护栏或者波形护栏。

波形护栏作为大量采用的护栏形式，其优势是非常明显的。首先，它是一种吸能结构，在阻止车辆越出路外的同时，还通过变形来吸收碰撞能量，改变车辆方向，最大限度地减少对乘员的损伤；造价低；预制程度高、施工方便、损坏部件容易更换；外形美观。但当有其他桥梁跨越高速公路，并在中央分隔带或路侧设有墩柱时，高速公路上快速行驶的车辆即对上跨桥梁产生了潜在的安全威胁。

根据我国规范，高速公路中央分隔带宽度最小为2m，普遍采用3m。在3m范围内设置桥梁墩柱和波形护栏，二者距离非常近。例如：3m宽的中隔带，若中间设置直径为1.5m的圆形墩柱，则波形梁板的最外缘距墩柱最近仅250mm，而横梁距离更近(图4)。如此近的距离，根本无法保证波形护栏受车辆撞击后的变形量，若车辆在桥墩附近发生事故，极易殃及桥墩，进而危及桥梁整体安全。

图3 桥墩侧倾，混凝土脱落严重，部分箍筋断裂

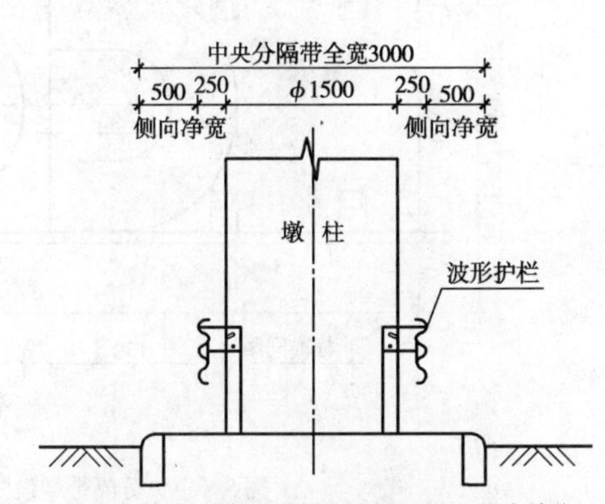

图4 高速公路中央分隔带桥墩布置形式(尺寸单位：mm)

3.2 保护上跨桥梁结构安全的对策

亡羊补牢,不如未雨绸缪、防患于未然。设计是一切工程得以安全合理实施的源头,要解除上述隐患,首先要从设计起,提出合理的安全防护措施。

3.2.1 尽量避免中央分隔带设置桥梁墩柱

高速公路的合理设计,是多专业综合考虑的结果。在立交、支线上跨桥梁定线时,即应兼顾桥梁分跨的需求;随着设计手段的不断进步,新材料、新技术的不断应用,对结构耐久性的重视,使得较大跨径、预应力结构成为趋势。

在支线上跨高速公路的桥梁设计中,尽量取消中央分隔带中的桥墩,已成为目前设计行业普遍认同的观点;两侧的桥墩也宜与路侧护栏保持一定的安全距离。安全合理的设计手法,是消除安全隐患的根本。

3.2.2 墩柱附近的路基采用混凝土墙式护栏

波形护栏受撞击后,通过波形梁的变形吸收能量,能最大程度减小对车辆乘员的伤害,是设计人性化的具体表现;混凝土护栏受撞击后基本不会变形,它是通过车轮转动角的改变,车体变位、变形和车辆与护栏、车辆与地面的摩擦来吸收碰撞能量。在碰撞过程中,车辆变形程度取决于其自身的刚度、碰撞角度和碰撞作用时间。当车辆的碰撞角度较大时,往往造成比较严重的后果,它对保障乘员安全性的要求略低。在高速公路中,通常设置在需严格阻止车辆越出路外,以免引起二次事故的路段,如大桥外侧护栏,普遍采用混凝土墙式护栏。

具体采用哪种护栏,取决于对该位置发生碰撞事故后所产生后果的严重性的预见性和权衡。在无其他不利因素时,首先保证乘员的安全;当可能由于事故引起二次事故,产生其他更严重的后果时,那么首先应避免更严重后果的产生。

当高速公路中央分隔带或者路侧附近设置有桥墩时,车辆碰撞桥墩,将会对上跨桥梁的结构安全产生威胁,进而可能产生更严重的垮桥等事故。从结构安全角度考虑,在桥墩两侧前后各30~50m范围内,宜设置混凝土墙式护栏。

设置混凝土墙式护栏的缺点是:影响高速公路护栏的整体性,轮廓线形不够顺畅,景观效果受影响。

3.2.3 桥墩附近波形护栏连续设置,中央分隔带内增设防撞岛

高速公路收费站前后通常都会设置防撞岛,保障收费亭中工作人员的安全;立交匝道桥梁出入口通常设置防撞沙桶,避免车辆直接撞击桥梁,而其他地方较少设置。

在高速中央分隔带的桥墩附近增设防撞岛,是一种即保障上跨桥梁的结构安全、又不影响高速护栏整体性的较好解决方式。防撞岛设置的平面图如图5所示。

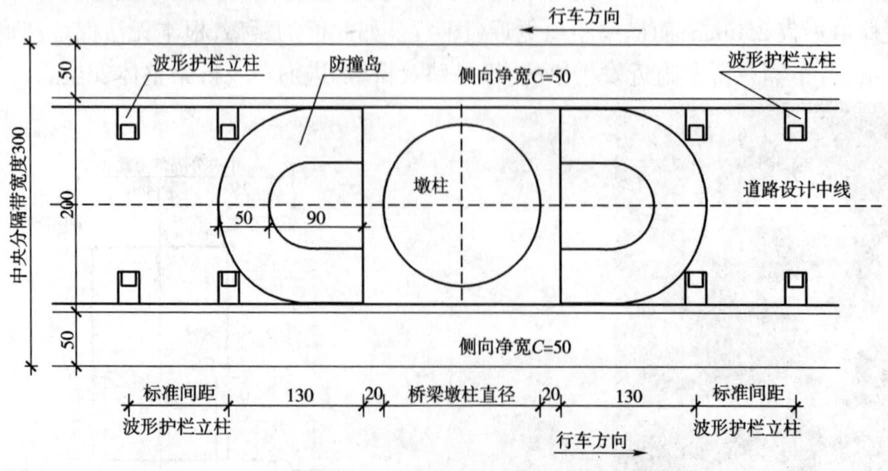

图5 中央分隔带增设防撞岛平面示意图(尺寸单位:cm)

防撞岛的设计应遵循以下原则:

(1)防撞岛的迎车面,应采用规范规定的SS级或者SA级混凝土护栏的迎车面外形尺寸和外露高度,不宜随意改变。

(2)防撞岛宜采用预制结构,现场安装,并应注意基础的稳定性和安全性。若发生碰撞事故,防撞岛有损坏时,可以及时更换。

(3)防撞岛周边刷涂红白、黄黑等醒目的警示颜色,使车辆在较远距离时,即可起到提示作用。

(4)防撞岛与桥墩之间填充细沙,发生碰撞事故时可以起到良好的吸能消能作用。

(5)防撞岛前后的波形护栏立柱间距加密,增强局部刚度。

对于已经建成并已投入运营的高速公路,该种方法最为可行。目前在京津塘高速公路等交通量较大的高速公路中,已有部分桥梁采用,在其他高速公路中尚未普及。高速公路管理部门已逐步认识到其重要性,并酝酿在已建和在建高速公路中全面应用。

4 防护网

根据《公路交通安全设施设计细则》(JTG/T D81—2006)和《高速公路交通工程及沿线设施设计通用规范》(JTG D80—2006)规定:在上跨高速公路、需要控制出入的一级公路的车行或人行构造物两侧均应设置防护网;公路跨越铁路、通航河流、交通量较大的其他公路时,应根据需要设置防护网;桥梁防护网高度可根据桥梁两侧及其周边具体情况等因素确定,以1.80~2.10m为宜。

随着公路、铁路路网密度的不断增加,每条高速公路在建设和运营的过程中,都需要设置若干处防护网。做为高速公路安全防护设施的一种,设置防护网的本意是防止车辆在行驶过程中的抛物落到桥下,影响桥下交通安全,但如果防护网的设计、施工、养护不到位,其本身就可能成为更大的安全隐患。曾经发生过防护网立柱断裂、整片掉落到所跨越的高速公路上的事故。图6为某高速公路防护网立柱断裂的状况。

图6 防护网立柱从根部断裂,成片跌落

4.1 防护网断裂跌落事故原因分析

经过对多条高速公路防护网的调查,发现其他位置的防护网也有类似的安全隐患。分析其原因,主要有以下几个方面:

4.1.1 设计对细节构造及施工、养护难度考虑不足。

防护网的做法普遍是把立柱做为主要承力构件,和防撞护栏的预埋件相连接,立柱的间距1.5~2m左右。通过对存在安全隐患的防护网进行分类、归纳,发现通常存在以下几个共同点。

(1)立柱采用封闭式截面,部分立柱顶部不封口。

立柱采用圆形或矩形钢管,顶部不封口或封口不严,下雨时雨水落入立柱内。立柱根部与钢板焊接,水无法流出,导致钢管内部锈蚀。部分立柱外观良好,而钢管内部锈蚀情况无法观测到。当内部锈蚀达到一定程度时,无法承受风荷载,突然从根部断裂。由于整片防护网立柱锈蚀情况相似,一根立柱的断裂会带动相邻的立柱断裂,从而导致防护网成片跌落。图6~图8即属于此种情况,由图7和图8可以清晰地看出钢管内部锈蚀程度。

(2)立柱安装预埋方式不够合理,对现场施工误差考虑不足。

防抛网立柱连接方式大致分为以下三种:①与防撞护栏顶部预埋地脚螺栓栓接;②与防撞护栏顶部预埋钢板焊接;③防撞护栏内预埋一根直径稍大的钢管,立柱插入预埋钢管内并焊接(即插管法)。

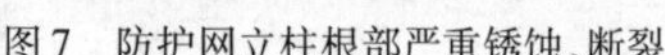

图7　防护网立柱根部严重锈蚀、断裂

图8　防护网立柱预埋件严重锈蚀

方式②和方式③均存在现场焊接，日后防护网出现问题需要更换构件时比较困难。方式③对控制施工精度要求非常高，如果防撞护栏混凝土振捣时预埋钢管发生倾斜，就会发生防护网立柱无法垂直插入的现象。图9即为采用方式③，因预埋钢管倾斜、侧移，立柱钢管无法插入，而在旁边植螺栓安装的情况。

方式①现场均为栓接，施工简单方便、养护更换容易，建议采用。但设计时也应考虑施工安装误差。

4.1.2　施工精度控制不严、钢结构除锈和防腐涂装不到位

图9和图10均为施工防撞护栏时，对预埋件精度控制不严，导致无法按照设计要求施工。图10中防撞护栏顶预埋钢板错位严重，预埋螺栓无法对孔，只得把立柱根部螺栓孔与预埋钢板塞焊。

图9　预埋钢管旁植螺栓安装立柱

图10　预埋钢板错位

除锈和防腐涂装是钢结构得以安全使用的根本，也是薄弱环节。如果除锈和防腐涂装未严格按照设计要求进行，尤其是钢管内部等隐蔽部位，必将产生潜在的安全隐患。图11是通车仅两年的某高速公路防护网，因除锈和防腐涂装未严格按照设计要求进行，已产生严重的锈蚀现象。

4.1.3　养护维修措施不足

高速公路通行后，养管单位应对高速公路的结构、路面、交通设施等各部位编制养护手册，并严格遵照执行。图11中所示的防护网外观已见明显的锈蚀现象，而养管单位尚未采取维修措施，也说明了养护维修措施的不足。

图11　锈蚀严重

4.2　防护网安全实施保障对策

要保障防护网的安全实施和使用，也要从设计、施工、养护三方面入手。

4.2.1　设计加强细节构造处理，并充分考虑施工的可实施性

设计是工程质量安全的源头，首先在设计时，即应充分考虑施工、养护、维修的可实施性。针对防护网的病害分析，建议设计中采用以下有效措施：

(1)立柱、防护网边框及其他所有钢构件，均采用开口截面。

针对图6～图8出现的问题，最有效的方式是立柱、防护网边框等钢构件，均采用H型钢、工字钢、槽钢等开口截面。在使用过程中，开口截面可以迅速排出雨水，不会发生雨水浸蚀现象；钢结构发生漆膜脱落、锈蚀时，可以迅速发现并维修、更换。

(2)改进预埋方式，取消现场焊接。

使用图10、图11中的现场焊接方式及插管法，当防护网立柱发生问题需要更换时，均难以实施。改进预埋方式，取消现场焊接，具有以下优势：钢构件防腐涂装全部在工厂进行，现场安装时不会破坏漆膜；施工简单快捷；养护更换操作方便。

(3)设计时即适当考虑安装误差，并在设计说明中提出明确要求。

钢结构工厂加工时精度非常高，但现场安装时，尤其是防撞护栏内的预埋钢板和螺栓的安装精度常常得不到严格控制。设计时，应采取适当施工考虑安装误差，例如：立柱底座钢板的螺栓孔采用长圆形孔，立柱与防护网边框立间的螺栓孔采用长圆孔，对预埋螺栓的精度有一定的容错能力。在设计说明中应明确提出对横向、纵向、高程各方向的精度要求，并要求各个立柱的误差不可累计叠加。

(4)提出可靠措施，保证预埋件的安装精度。

防撞护栏混凝土振捣时，如果预埋钢板和螺栓固定不牢，常会发生预埋件偏移或倾斜现象，影响立柱安装精度，如图9和图10所示。图9中的四根地脚螺栓若不能同时保持铅垂，就可能发生立柱安装不进、螺栓无法拧紧的现象。设计中应考虑采取可靠措施，保证施工精度。

如图12所示，将4根地脚螺栓和一块钢板同时预埋在防撞护栏内，钢板上留孔，将地脚螺栓穿过。每根螺栓上下分别用一个螺母把钢板夹紧，即可保证螺栓和钢板的垂直，再浇筑混凝土。等混凝土达到设计强度后，拧开钢板上面的螺母，安装立柱。

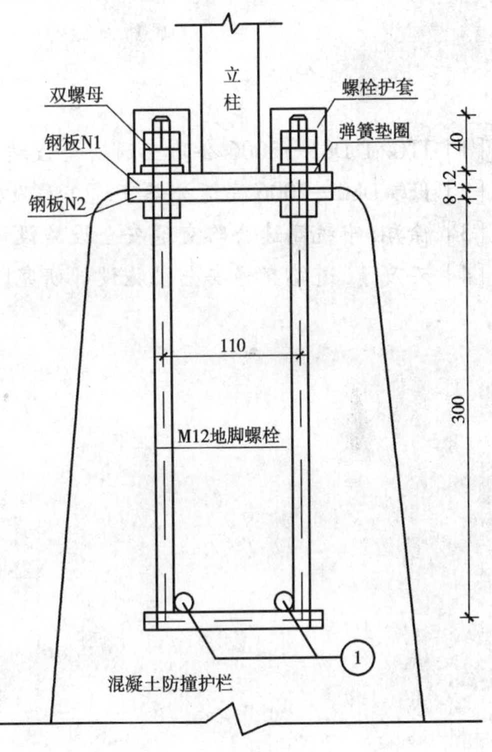

图12　防护网预埋件安装图

4.2.2　施工中严格按照设计要求进行精度和质量控制

施工中，应按照设计要求，在预埋、混凝土浇筑、工厂加工时严格控制实施精度；钢构件防腐涂装应按照规定进行，不允许出现除锈未达到要求的等级即开始油漆涂装以及在天气及湿度等环境影响未满足规范要求的情况下进行喷涂、漆膜厚度不足等违规操作，以免产生图11所发生的现象。

4.2.3　养管维护

养管单位应制定每周巡视、每月详细检查等具体措施，保证高速公路安全设施的正常使用。

4.2.4　当采用特殊材料时，按照特殊材料的具体要求进行设计施工和养护。

根据《铁路工程设计防火规范》要求，上跨铁路的桥梁防护网，网眼不应大于$0.25cm^2$，即要求网格尺寸在5×5mm以内，采用金属网格加工难度比较大。目前在高速公路跨越铁路时，越来越多地取消金属网格，采用PC耐力板防护屏，以满足铁路安全的特殊要求。

在采用PC耐力板防护屏时，由于其材料的特殊性，除抗风验算外，还须注意一些特殊要求。如：因PC耐力板热膨胀系数较大，凡与PC耐力板连接的螺栓孔，孔径均增大50%；螺栓孔至PC板边缘的距离至少为螺栓直径的2.5倍以上，PC板边缘距框架应预留一定的膨胀空间，严禁顶死；PC耐力板安装时螺栓不可过紧,否则会引发PC板爆裂及防水问题;PVC垫圈中的增塑剂(DOP)及某些橡胶垫圈中的化学物质会迁移到垫圈表面,与PC板接触后会破坏PC板,因此绝对不可使用;严禁先用会破坏PC材质的材质等等。

设计、施工及养护时,均应根据其材料的特殊要求,进行具体操作。

5 结语

本文以中央分隔带桥梁墩柱的防护措施和桥梁防护网为例,分析了高速公路安全防护措施的病害产生的原因,及与此对应的设计、施工和养护各方面应采取的对策和实施办法。其他的安全防护设施,如隔离栅、防眩板等,也有类似的问题,可采用相似的方式进行改进和优化。

目前已建及在建高速公路中出现的安全设施的问题,已经引起相关设计、管理部门的高度重视,并已着手对各项高速公路安全设施的设计、施工和养护措施进行研讨,以标准图纸的形式进行统一,确保高速公路安全防护设施发挥其应有的作用。

参考文献

[1] JTG/T D81—2006 公路交通安全设施设计细则.北京:人民交通出版社,2006

[2] JTG D80—2006 高速公路交通工程及沿线设施设计通用规范.北京:人民交通出版社,2006

[3] 徐翔.宁杭高速公路交通安全设施设计创新与思考[J].公路,2005(3)

[4] 石茂清.道路交通安全设施设计研究[D].西南交通大学,2005

采用实测弯沉指导路面结构的设计

陈　娟　张　晴　徐飞龙

（苏州市交通设计研究院有限责任公司　苏州　215008）

摘　要　根据对太仓市沪—浮—璜公路路基路面整层材料的大量实测弯沉的统计与分析，推算出路床顶当量回弹模量及整层材料回弹模量，从而指导设计并鉴定设计弯沉是否合理，及通过对实测弯沉的分析使设计弯沉更加合理。

关键词　弯沉　回弹模量　当量回弹模量

1　简介

苏南地区水网密布，地下水位一般在黄海 0.9～1.2m 左右，较典型的地层情况为第四系全新统（Q_4）沉积物，地层属冲积平原相沉积，表层素填土下卧一层较厚的淤泥质亚黏土或淤泥层，再下为黏土或亚黏土层，总体地质情况较差，土基 E_0 值在 8～11MPa 之间。因此本地区路基、路面设计存在两个重要问题：一是取土土源不理想，含水量大；二是难以保证路基路面强度与水稳性。针对这两个问题，石灰土和二灰碎石在本地区经常被用做各级道路的路基填料和路面基层及垫层。这两种材料具有强度高、水稳性好等优点，但在实际设计中，对于本地区的情况，这两种材料的抗压模量 E 和路床顶的 E_0 值设计值与现场实际值一直存在差异，这就不利于道路建设的经济合理性。施工控制弯沉和竣工验收弯沉总是以设计弯沉为指标，但按照双圆垂直均布荷载作用下的多层弹性连续体系理论所计算的设计弯沉值能否作为验收指标，应做推敲。且目前路基路面处理控制相互独立，指标互不相同，能否找出它们之间的关系？弹性层状体系理论能否用于路基？我们也可以通过实测弯沉进行验证。

我院设计的太仓市沪—浮—璜一级公路（现改为 338 省道）全长 24.69km，路基宽 24.5m，双向四车道。地质情况具有苏南地区的典型特征：地表下 1.5～3.0m 耕植土或亚黏土层，下卧 10～20m 左右的淤泥质亚黏土与淤泥互层，其下为黏土层。我院对该路路基、路面处理也采用了本地区的常用模式，具体形式如图 1 所示。

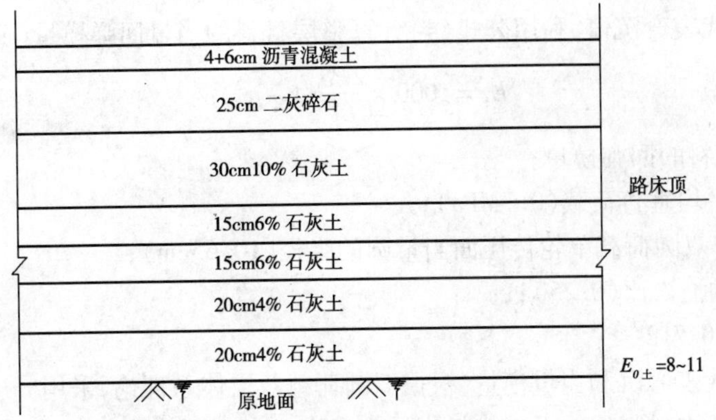

图 1　路基路面处理大样图

路面结构采用沥青混凝土路面，基层采用 25cm 二灰碎石，底基层采用 30cm10% 石灰稳定土，具体设计如表 1 所示。

表1

层位	材料名称	厚度	20°C 模量	15°C 模量	各层顶弯沉
①	中粒式沥青混凝土	4	1 200	1 600	29.0
②	粗粒式沥青混凝土	6	1 000	1 400	32.1
③	二灰碎石	25	1 000	1 000	37.4
④	10%石灰稳定土	30	500	500	95.4
⑤	土基	—	35	—	266.2

计算时,各材料模量均参考本地区实验室实测数据,二灰碎石与规范建议取值差异较大,但为保证设计成果合理,便于验证,取本地区实测数据。

在施工过程中,太仓市交通局对每层材料进行了弯沉测试。测试采用贝克曼梁法,BZZ—100标准车,测点选用根据规范每20m选一测试断面,每个断面选取四个测点,四个测点的位置分别为右侧靠边、右侧靠中、左侧靠中、左侧靠边。本次仅对6%石灰土、10%石灰土和二灰碎石三层顶面的弯沉数据进行了整理与分析。

2 实测弯沉数据的统计整理

本次采集的数据共有一万多个,每层材料都有几千个数据,具备了数据统计的合理性与可行性。

对每层材料的数据,按式(1)、式(2)计算其平均值与标准差:

$$L = \sum_{1}^{n} \frac{L_i}{n} \tag{1}$$

$$S = \sqrt{\frac{\sum_{1}^{n} (L - L_i)^2}{n-1}} \tag{2}$$

对于测试数据不在$[L-2S, L+2S]$内的值舍去,重新计算其平均值与标准差,直至完全符合为止,此时的平均值与标准差即为该组试验数据的平均值与标准差。代表弯沉值按式(3)确定:

$$L = L + Z_a \times S \tag{3}$$

式中,L为实测层面的代表弯沉值;

L为实测弯沉平均值;

S为实测弯沉的标准差;

Z_a为与保证率有关的系数,高速公路、一级公路沥青面层$Z_a = 1.645$,路基$Z_a = 2.0$。

根据计算求得的代表弯沉值,利用公式(4)计算整层材料的当量回弹模量(E_1):

$$E_1 = 1000 \times \frac{2P\delta}{L1}(1-\mu^2)\alpha \tag{4}$$

式中,E_1—整层材料的回弹模量;

P为测定车轮的平均垂直荷载(0.7MPa);

δ为测定用标准车双圆荷载单轮传压面当量圆的半径(10.65cm);

μ为测定层材料的泊松比(0.25);

α为弯沉系数,为0.712。

利用上述求得的代表弯沉和当量模量,根据双圆荷载双层体系理论,采用分层测定法确定路面材料回弹模量。计算时以所求材料层的下层材料当量模量为E_0值,用公式(5)计算弯沉系数α_1,再由已知的h/δ查双层体系弯沉系数诺谟图,得E_0/E_1值。

$$\alpha_1 = \frac{L \times E_0}{2P\delta} \times 10^{-3} \tag{5}$$

计算结果汇总为表2。

表2

项　目	6%石灰土	10%石灰土	二灰碎石
平均值L(1/100mm)	65.7	38.97	21.11
标准差S(1/100mm)	18.29	8.49	6.1
计算代表弯沉值(1/100mm)	102.28	52.93	31.14
整层材料顶当量回弹模量(MPa)	97.31	188.08	319.65
弯沉系数α_1		0.369	0.393
整层材料回弹模量(MPa)		486.6	1044.9

3　统计结果的研究与分析

从以上统计结果可以看出以下问题：

(1)实测代表弯沉值与设计弯沉出入较大，但越至上层差异越小。

(2)路床顶当量回弹模量E_0值设计为35MPa，统计计算结果为97.3MPa，差异较大。

(3)本工程采用我院推行的低路基设计原则，路基处理厚度70cm，小于新《公路工程技术标准》中的高速公路、一级公路路床下至少有80cm96区的规定。但从统计结果看，在满足路基处于中湿状态的条件外，采用低路基处理，路基强度是可以保证的。

(4)由弯沉资料反推的10%石灰土和二灰碎石材料模量较合理，从而验证了测设弯沉的真实性。

在本地区，E_0值设计一般取为20～40MPa之间，沪—浮—璜一级公路路面结构的E_0值取为35MPa。为了验证本次计算所得的E_0值是否正确，假设路基处理层次也满足弹性层状体系理论，采用APDS97—沥青路面设计与验算系统对此进行了验算，结果见表3。

表3

层位	材料名称	厚度	20°C模量	15°C模量	各层顶弯沉
①	中粒式沥青混凝土	4	1200	1600	25.4
②	粗粒式沥青混凝土	6	1000	1400	26.9
③	二灰碎石	25	1045	1045	29.1
④	10%石灰稳定土	30	486.6	486.6	48.5
⑤	6%石灰稳定土	30	250	250	99
⑥	4%石灰稳定土	40	200	200	214.8
⑦	土基	—	9	—	

注：6%石灰土与4%灰土模量由《公路沥青路面设计规范》规定，4%～7%灰土为200～350MPa所得。

此表结果说明：

(1)6%石灰土顶面的理论弯沉值99.0与实测代表弯沉97.31相差不大，所以用实测结果算出的E_0值97.31MPa是有依据的；

(2)10%石灰土与二灰碎石的理论弯沉也与实测代表弯沉较接近，证明从原地面起，路基路面按照一个整体的模型是可行的。

4　结语

从以上分析结果可以看出路面设计采用规范修正后的双圆垂直均布荷载作用下的多层弹性连续体系理论是合理的，与实测结果基本一致。但我们按常规方式做的路面结构设计并不能正确地指导施工，路面结构层的厚度如何确定？各层顶控制弯沉如何确定？使用阶段的破坏如何控制？确实值得我们认真思索。针对我们苏南地区，接下来的路面设计，要解决好以下问题：

(1)计算路面厚度时，E_0 值如何取用才是合理的。从上述分析可以看出，我们通常采用的 E_0 值其实只是假定值，和实际情况出入很大，但是实际情况表明，我们通常采用的结构厚度在正常使用情况下，依然出现破坏，严重时出现结构性破坏，结构厚度的取用不能单纯按理论计算确定，要根据实际情况做调整。为满足实际需要，E_0 值一般取为 20～40MPa 之间，按此计算所得结构厚度尚能满足使用要求。

(2)各结构层顶弯沉作为主要指标，进行施工控制及竣工验收。为方便检测，路床顶也提出相应的弯沉控制指标，但该值如何确定？按照假定的 E_0 值反推极不合理，根据本次实测结果，按常规低路堤处理后的路床顶弯沉在 100(1/100mm)左右，根据不同地段不同处理原则确定路床顶控制弯沉在 120～150(1/100mm)之间。其余路面基层、底基层层顶弯沉也可做适当调整，可以参考从原地面路基路面总体处理厚度进行推算出的结果调整。

(3)整层材料回弹模量的取用要结合实际，不能仅根据规范取用，根据上文所述，10% 灰土回弹模量可取为 500MPa 左右，二灰碎石回弹模量可取为 1000MPa 左右，此成果可在以后的设计中加以利用。

我国目前路面的使用寿命远低于设计年限，设计成果与实际情况严重不符，当然其中原因非常复杂，但设计是为使用服务，更要合理指导施工，本文所提出的对路面计算所做的调整，仅是依据实测结果所做的简易方式，彻底的变更还要从修正理论做起。目前，江苏省交通科学研究院致力研究推广的力学——经验路面设计(AASHTO 2002)能比较好地解决该问题，我们期待其能早日在实际工作中运用。

参 考 文 献

[1] 公路沥青路面设计规范. 北京：人民交通出版社

[2] 公路路基路面现场测试规程. 北京：人民交通出版社

[3] 方福森. 路面工程. 北京：人民交通出版社

[4] 许志鸿，等. 半刚性基层材料的设计参数. 华东公路，1998(2)

刚性基层路面新结构研究

刘红杰　高永红　李正华
（黄河勘测规划设计有限公司　郑州　450003）

摘　要　目前我国高等级公路以半刚性基层为主，许多公路在新的交通发展形势下过早出现了结构性破坏，远远达不到其设计使用年限。针对半刚性基层早期破坏，本文论述了以多孔混凝土为代表的刚性基层优良的强度、刚度和水稳定性等性能，同时针对两种基层类型均面临的开裂问题引入级配碎石中间层结构层概念。级配碎石中间层可以极大改善基层外部环境，有效消减基层开裂和基层开裂对面层的影响，保证了基层和面层的正常工作性能，保障了公路使用寿命，这种新型结构为以后的路面结构设计提供了新的思路。

关键词　刚性基层　多孔混凝土　级配碎石中间层

1　概述

目前我国高等级公路的基层大多是采用以水泥碎石、二灰碎石为代表的半刚性基层模式。随着近几年来公路交通的迅猛发展，交通量、交通轴载以及重车比例都有了明显的增长，使得相当一部分高速公路不同程度地出现了早期破坏。对于半刚性基层路面结构，渗水进入基层以后，使得基层局部潮湿甚至接近饱和，基层材料强度降低，在行车荷载作用下，结构出现较大变形，同时内部会产生相当大的水压力，冲刷基层细料，形成细料浆，经行车荷载作用形成唧浆现象。而在重载、超载严重路段，出现车辙沉陷及层底拉应力过大造成的早期破坏情况更为严重，公路的破坏时的使用时间远远达不到设计使用年限。

实践证明，半刚性基层的路用性能已不能充分满足交通发展的新趋势。在众多对高速公路的调查表明，路面破坏的80% ~90%是由行车荷载造成的路基强度破坏，这种类型称为结构性破坏。基层强度无法保证的话，对于任何性能优越的沥青混合料面层来说是不可能避免开裂破坏的。从强度角度来讲，参照机场跑道通过采用钢纤维混凝土作为跑道基层材料来满足飞机降落和起飞的要求，选择刚性基层作为高等级公路路基类型是未来路基的发展方向之一。

2　刚性基层的性能特点

2.1　刚性基层的强度和刚度

以贫混凝土为代表的刚性基层按照施工方法不同有湿贫混凝土（插入振捣）、干贫混凝土（碾压）和多孔（表面振动）贫混凝土三种，这类基层具有良好的强度和刚度。贫混凝土基层的基准水泥含量为6% ~12%，而水泥稳定粒料基层中的水泥含量一般不超过6%，二者水泥含量相差约为40 ~50kg/m^3，而贫混凝土的抗压强度和抗弯拉强度分别为水泥稳定粒料的1.6 ~3 倍以上，抗压弹性模量为水泥稳定粒料的3 倍以上。刚性基层的强度和刚度和半刚性基层的相比有较大提高，这主要依赖于粗集料的相对含量较高形成的骨架结构和水泥含量的增加。

2.2 刚性基层的水稳定性

刚性基层的水稳定性可以用软化系数来表征。软化系数为饱水状态材料抗压强度与干燥状态的抗压强度之比。显然，软化系数越小则材料水稳定性越差(表1)。

基层材料软化系数测定结果[3]

表1

材　　料	软化系数K1	软化系数K7
C15干贫混凝土	0.91	0.92
C7.5湿贫混凝土	0.91	0.91
C7.5多孔混凝土	0.93	0.92
二灰碎石	0.67	0.65

注：K1表示标养后泡水1d的软化系数；K7表示标养后泡水7d的软化系数。

测定结果表明，以贫混凝土为材料的刚性基层具有较好的水稳定性，与二灰碎石为代表的半刚性基层相比效果明显。

2.3 刚性基层的抗冲刷性

刚性基层的抗冲刷性和水泥的黏结作用强弱和材料中细料的含量有关。水泥含量越高混合料的结合效果越好，其抗冲刷性能就越好。同时混合料中的细料含量越多越易被冲刷。因而在多孔混凝土中水泥含量比干、湿贫混凝土中的多35～40 kg/m^3，并且没有细集料，所以多孔混凝土抗冲刷性更好一些。法国道路当局利用旋转和振动台做了大量的冲刷试验，结果表明贫混凝土的抗冲刷性能总体好于其他基层类型，在第16届世界道路会议混凝土道路技术委员会报告中，将其列为低冲刷材料。

2.4 刚性基层的收缩性

以贫混凝土为代表的刚性基层的收缩性可以用干缩率来表征。贫混凝土干缩率随水泥用量的减少而减小。贫混凝土一般180d的干缩率为240×10^{-6}～460×10^{-6}，如果掺加一定量的粉煤灰可以降低其干缩率约10%左右。同时集料的收缩性和材料的空隙率有关。同等条件下空隙率越小，材料越密实，收缩性就表现的越明显。

干缩试验结果

表2

材　料	水泥(kg/m^3)	3d干缩率(10^{-4})	7d干缩率(10^{-4})	14d干缩率(10^{-4})	28d干缩率(10^{-4})	60d干缩率(10^{-4})	90d干缩率(10^{-4})
湿贫混凝土	144	0.41	0.75	1.66	1.90	1.98	2.01
干贫混凝土	129	0.30	0.94	1.07	—	1.64	1.88
多孔混凝土	180	0.50	1.25	1.75	2.50	2.75	2.64
普通混凝土	300	0.42	0.80	1.69	2.50	3.50	3.90

试验结果表明，干贫混凝土水泥用量比多孔混凝土用量小约1/4，其干缩率相应也约减小1/4。普通混凝土的水泥用量比使用湿贫混凝土的用量大一倍，使用90d干缩率普通混凝土比使用湿贫混凝土约大一倍。故水泥含量对集料的干缩率有直接的影响(表2)。

其他试验表明，水泥稳定粒料在1/2失水量时的干缩率为$(5.30\sim8.00)\times10^{-4}$，最大失水量时的干缩率为$(41.00\sim83.00)\times10^{-4}$。研究可知，贫混凝土的90d干缩率已基本处于稳定，水泥稳定粒料自然状态下1/2失水量时干缩率基本处于稳定状态，相比干缩率前者是后者的1/2～1/3。

3 刚性基层路面结构形式

3.1 刚性基层

较之半刚性基层，刚性基层的强度和刚度高、水稳定性能好、抗冲刷能力强，对于年降雨量大、水害

严重的地区其优势更为明显。刚性基层类型中的多孔混凝土基层空隙率较大，具备内部排水功能，可以很快地将渗入路面内部的水及时排出，保证路面结构的干燥，避免雨水冲刷或者因含水量过大造成的基层强度降低和挤泥现象，可以大大延长基层的使用寿命。

另一方面，从军事角度来考虑，高速公路网的建设应满足非常时期诸如坦克、装甲车之类的重型车辆需要，在特殊地区高速公路工程甚至应考虑满足轻型战斗机的起降要求，期望基层具有很高的承载力，因此从战备角度考虑修建刚性基层也有十分积极的意义。

对于原有的路面结构类型，简单地将半刚性基层替换为刚性基层是不能充分满足路用性能需求的，在刚性基层上面直接加柔性面层，同样面临温差引起的温缩裂缝的问题。大量公路调查证明，半刚性基层因温缩导致的反射裂缝引起路面出现裂缝，在行车荷载和雨水等外部条件的作用下路用性能急剧下降，刚性基层同样如此。

3.2 增加级配碎石中间层

针对刚性基层收缩开裂问题，增加级配碎石中间层可以有效地消减基层反射裂缝对面层的影响。对于贫混凝土为代表的刚性基层，在其上面设置一层约20cm厚的级配碎石中间层作为应力吸收中间层是"减轻甚至基本消除沥青路面反射裂缝的重要措施之一"[1]。究其原因，第一可以消减因为基层自身开裂造成的反射裂缝的影响。相关试验证明，在基层开裂以后，级配碎石之间可以通过相对较小的错动来缓和裂缝的影响，如果级配碎石中间层的厚度达到要求，由基层裂缝（本身很小）引起的错动反应到碎石层上部就微乎其微了，因而起到了消减裂缝的作用。"用20cm厚的碎砾石层实际上能够防止反射裂缝"，加铺在网裂的混凝土路面上作为上覆层"如同新路面的使用性能一样"[1]。如果设置成沥青碎石层，那么沥青在碎石之间在温度急剧升高的时候将加剧碎石之间的错动，反而不利于过滤反射裂缝。第二热传导率较小的碎石和空隙之间的空气联合作用作为基层的保温隔热层，可以降低基层温度对外界的温度变化的敏感性，减少基层温差变化范围和速度，可以有效减少基层出现温缩裂缝几率。

欲使级配碎石中间层起到应有的作用，其施工质量要予以保证。级配碎石在经过搅拌机拌和之后摊铺于基层表面，压实度需大于100%，保证质量，避免因为自身二次压实变形对面层的不利影响。

对于没有设置级配碎石中间层的某些试验路段将基层做成钢筋混凝土结构，上铺沥青混合料面层。实践证明这样的结构虽然基层强度和刚度满足了要求，但没有了中间层的消减、保温隔热作用，面层面临的温缩裂缝的问题会更为复杂，并且工程经济代价过高。

对于半刚性基层，设置级配碎石中间层可以有效消减温缩裂缝对其路面的影响，但是在南方多雨地区其水稳性问题比较突出。

总体上，设置级配碎石中间层是十分必要的，并且效果是非常明显的。

3.3 级配碎石中间层上的面层厚度

调整沥青混合料的面层的厚度也可以减弱反射裂缝造成的影响。根据有关研究证明，沥青混合料面层厚度小于9cm时可以避免出现车辙，因此采用薄面可以避免因为温度过高造成的车辙现象。强基薄面的设计思路在某些非洲国家应用效果比较理想，但是引进我国时却出现了诸多问题，笔者认为主要是由于气候的差异造成的。非洲国家的气候属于赤道热带季风气候，昼夜温差相对不大，气候湿润使其温度变化相对缓慢，故因为温缩造成的反射裂缝现象不明显。强基薄面引入我国面临的气候条件复杂多样，没有设置柔性的级配碎石中间层作为过渡，这种情况下刚性基层路面结构本身开裂裂缝直接反应在沥青面层底部，在行车荷载作用下沥青混合料裂缝最终反应到面层表面。根据加利福尼亚州的试验证明，在100mm厚的沥青混凝土面层底部设置大于150mm厚度的级配碎石中间层，能够有效地防止反射裂缝的形成[1]。有研究结果表明，增加面层厚度可以减少反射裂缝，但是经济代价较高，并不适用于我国。该研究同时认为设置90mm厚、4.5%左右沥青含量的沥青碎石结构层可以减少反射裂缝的形成[2]。但是由于其沥青用量接近混合料的沥青用量，性能也较为相似，相当于增加了一层沥青混合料面层，在气温急剧变化的时候沥青碎石层热传导系数较比级配碎石层的大，加剧了基层对外界条件变化的敏感性。90mm 的厚度较之加利福尼亚州的试验和魁北克州的试验碎石层厚度较薄，其结论认为碎石层的厚度在 150mm 以上才可以起到消减反射裂缝的作用。

因此，采用较薄的面层可以避免出现车辙，同时具有很好的经济效益。增加了级配碎石中间层的强基薄面路面结构，可以很好地满足路面路用性能的需要。

3.4 关于设置反射裂缝切缝及铺设应力吸收薄膜

国内有些试验路段做的切缝间距由 10～20m 之间甚至小到 5m，然后用封缝料填充其间，然后用玻璃纤维处理[2]。按照这样的间距和混凝土面层切缝的间距相当，和自然出现的裂缝间距相差也不大，多了复杂的处理程序，相比而言选择不切缝更为适合。由于级配碎石中间层的保温隔热性能使得基层对外界温度变化的敏感性大大减小。尤其是当采用多孔混凝土基层时，其抗裂性能较好，并且即使开裂，其良好的水稳性能可以避免因渗水进入造成的强度降低，同时可以将之排出。因此对于设置了级配碎石中间层的多孔贫混凝土基层和有良好水稳定性的其他类型的贫混凝土基层来说，不必设置切缝。

如果设置应力吸收薄膜，应力吸收薄膜与开裂的基层裂缝紧密接触，即使弹性较好也无法避免拉伸变形，这样产生的相对位移对于上层混合料来说和反射裂缝相差无几，同时也容易降低基层和面层之间的黏结力，因此在设置了级配碎石中间层以后不必增加应力吸收薄膜。

4 结语

与以贫混凝土为代表的刚性基层相比，半刚性基层具有更好的强度和刚度，承载力大，整体性能好，抗冲刷能力强，并且使用寿命大大增长，可以避免出现目前许多高速公路工程出现的早期破坏的问题，对于目前出现的超限、超载和大交通量的实际路况，具有十分广阔的应用前景。近十几年来，国内公路研究倾向于对面层沥青混合料的研究，在半刚性基层的基础之上进行面层性能的改进。面层性能的提高是必要的，但不是对路面破坏起决定性作用的因素。面对新的交通状况，采用新的基层类型是我们应该考虑的方向之一。结合以上的分析得出几点结论：

(1)较之半刚性基层，刚性基层的强度和刚度高、水稳定性能好、抗冲刷能力强，可以大大延长基层的使用寿命。

(2)针对刚性基层反射裂缝，在贫混凝土基层上加铺厚度大于 200mm 级配碎石中间层作为应力吸收中间层可以大大缓解外部条件对基层影响和过滤反射裂缝对面层的影响，具有明显的实用效果。

(3)增加了碎石中间层以后，可以采用较薄的沥青混凝土面层结构，具有较好的经济效益的同时也不降低路用性能，可以节约大量资源。

(4)无论是对于南方多雨地区或者是北方严寒地区，刚性基层都具有良好的强度、刚度、抗开裂性和水稳性，级配碎石中间层具有良好的消减反射裂缝的功能。因此，这一结构类型可以作为未来路面结构发展参考的方向之一。

参考文献

[1] 沙庆林. 高等级公路半刚性基层沥青路面[M]. 北京：人民交通出版社，1997.11
[2] 王秉刚，等. 贫混凝土基层路面研究[M]. 长安大学公路学院，2002
[3] 谭华. 贫混凝土基层性能的研究及应用前景分析[J]. 广西交通科技，2000.12

以 人 为 本

——人行地道的设计剖析

赵 欣 唐 颖 魏洪涛

(天津市市政工程设计研究院 天津 300051)

摘 要 随着时代的进步,城市人行地道成为城市空间重要的组成部分。人行地道在设计中有许多细节的设置需要设计者注意。本文通过对人行地道总体布置形式、出入口设计、地道内断面布置、地道内装修色彩的选择及防排水及其他等细节的设置,阐述了人行地道设计中最应注重的问题,就是在满足交通功能的同时,以人为本,为出行方便、安全考虑,同时注重整体结构的美观,与周围的环境和谐统一。

关键词 人行地道 总体布置 人性化设计

1 前言

人行地道是城市道路工程重要的组成部分,和天桥一样是昂贵的行人立交过街设施,是一种最彻底的人车分离设施,可消除大部分人车冲突。

人行地道,主要是一种交通设施,它的形式设计,当然主要应满足交通功能和人流使用的要求。同时,由于城市道路交通除承担交通运输的任务外,还要考虑照明排水的要求。因此,人行地道的形式设计还应对现状做充分的调查研究,以求尽可能地少动迁管线设施,同时减少地下管线的拆迁。

随着时代的进步,传统的城市空间注入了现代内涵,城市空间的开发向立体化三维发展,城市人行地道成为城市空间重要的组成部分。通过总体布置,细节的设置,装修的处理,使人行地道整体美观,结构安全,这样才能使人行地道更好的为现代化城市服务。

2 总体布置

2.1 总体布置原则

根据我国《城市道路设计规范》人行地道的设置条件应满足以下几条:

(1)在路段上具备以下情况之一者可修建人行天桥或人行地道。

①过街行人密集,影响车辆交通,造成交通严重阻塞处。

②车流量很大,车头间距不能满足过街行人安全穿行需要,或车辆严重危及过街行人安全的路段。

③人流集中,火车车次频繁,行人穿过铁路易发生事故处。

(2)在交叉处过街行人严重影响通行能力时,可根据实际交通情况修建人行天桥或地道。

(3)结合其他地下设施的修建,考虑修建人行地道。

2.2 布置形式

人行地道的布置形式可根据路口的通行情况及地面建筑位置布置。其常见的形式有以下几种(图

1～图 3)：

(1)交叉路口两侧均设人行地道出口。

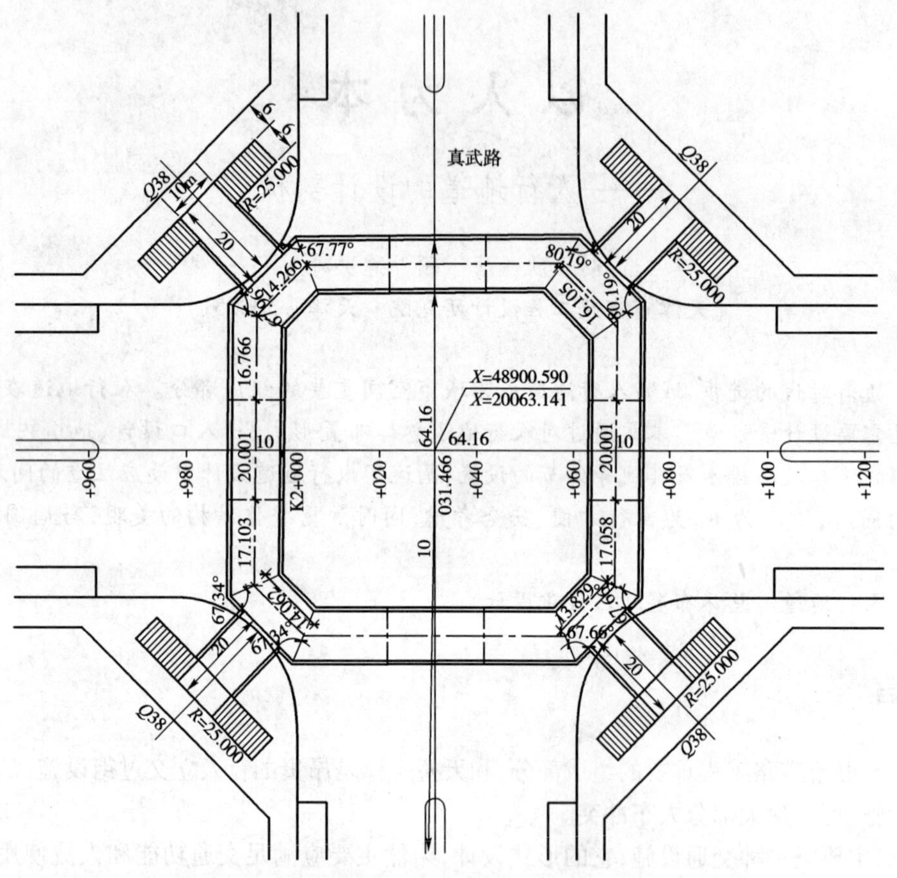

图 1　山西回形人行地道

(2)交叉路口单侧设人行地道出口。

2.3　结构设置优缺点

人行地道由于设置的隐蔽，与附近的景观没有矛盾，净高比天桥要少，一般与道路改造矛盾较少。但有时需设泵站排水，结构较复杂，地下管线的矛盾较多，建成后管理和维修的费用大。

3　人行地道的人性化设计

3.1　概念

什么是人性化设计呢？专家指出：人性化是指在设计产品时，力求从人体工程学、生态学和美学等角度达到完美，从而真正实现科技以人为本的目的。

人行地道除了其外在的形式应具有时代的特征，更应在内部空间考虑对行人的关照，尤其对老、少、病、残等特殊群体的关怀。

3.2　人行地道出入口的设计

由于人行地道所负担的使用功能，皆是在地下组织完成的，因此，它的空间设计与环境的关系，主要体现在进出口的处理上。

(1)地道出入口扶手。越来越多的人行地道在梯道位置设置了扶手。未安装扶手的地道入口，如

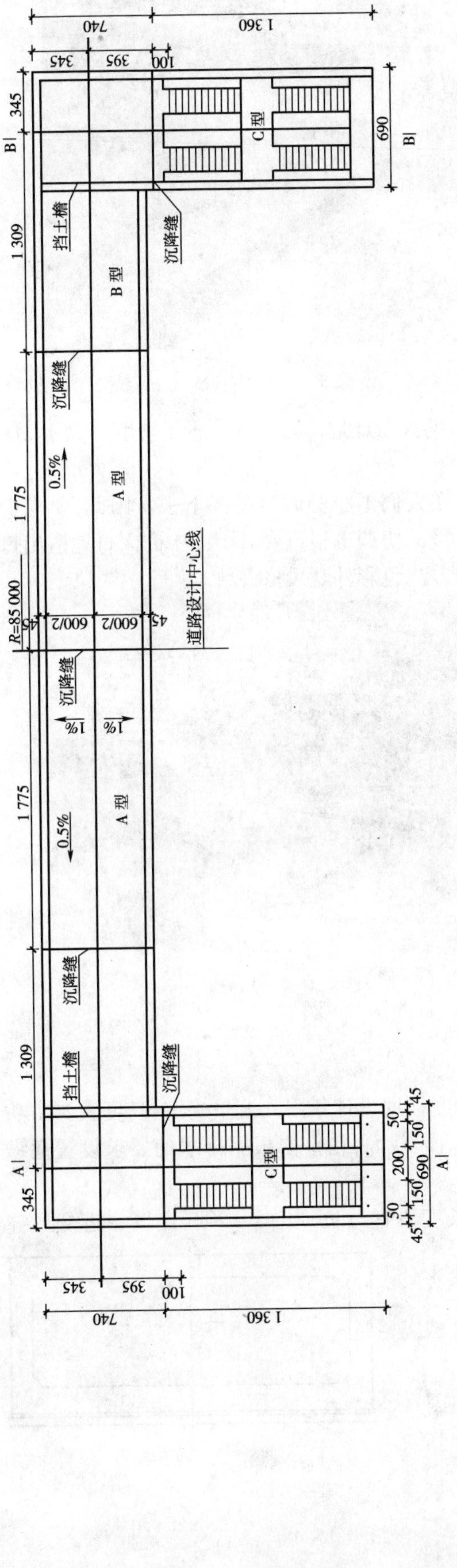

图2　广东人行地道1

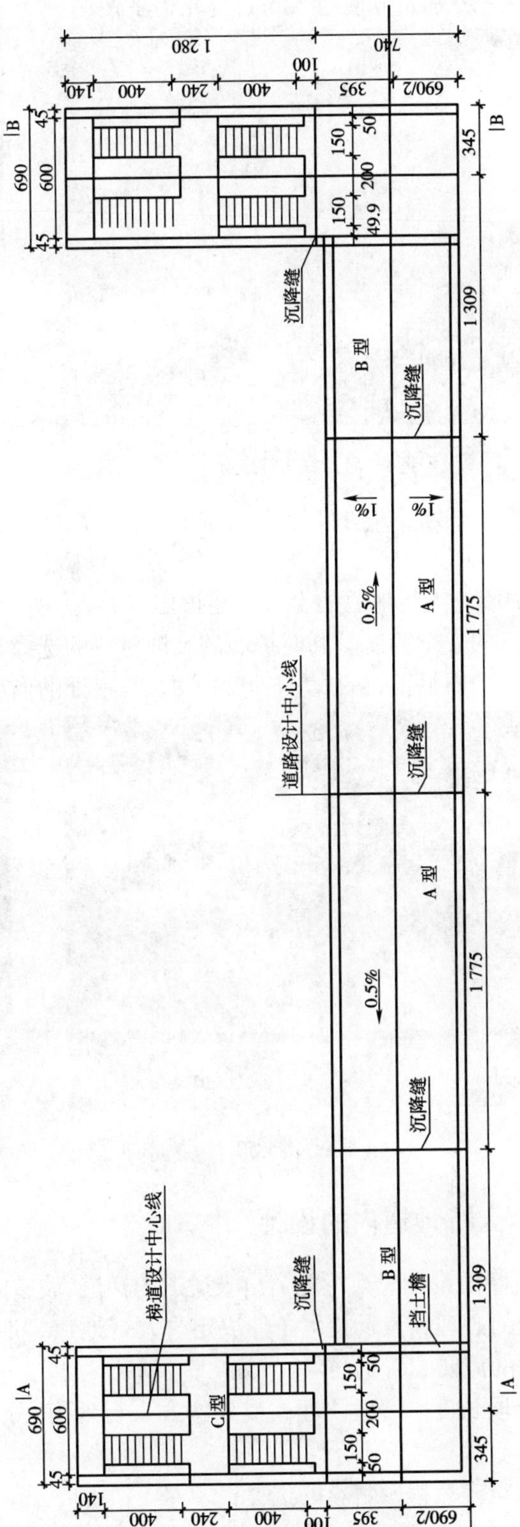

图3　广东人行地道2

没有设置玻璃罩篷，下雨后，地道出入口阶梯就变得特别湿滑，常有人滑倒，特别是老人。在无障碍设计中，扶手是重要的设施之一。扶手高度适合，才能方便使用，人行梯道的扶手是为方便行人使用，坡道中的双层扶手，分别是方便行人与自驾轮椅者使用。

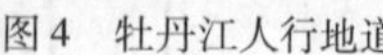
图4　牡丹江人行地道

图5　北京人行地道

(2)坡道。为了方便自行车、儿童车、轮椅等的推行，有的人行地道出入口处设置了坡度不大于1:4坡道。

(3)护墙。人行地道的上口都建护墙，如果护墙低了，在人们不小心时容易掉下去。因此，要求护墙应有一定的安全高度。同时护墙的装饰材料的选择与环境的协调也很重要。下图中的人行地道出口的护墙用大理石贴面，墙顶为不锈钢护栏，与远处的商厦、高层，色彩外观风格一致。

图6　北京人行地道

图7　牡丹江人行地道

3.3　人行地道内的设计

(1)横断面设计。人行地道出入通道的梯道、坡道的宽度根据设计年限人流量确定，高度主要由功能要求、人的心理因素及技术条件决定。人行地道一般为箱形截面，箱室内根据排水的要求设置横纵坡，按受力的需要配置钢筋。

(2)分段长度。普通浅埋式或外露式人行地道，分段长度不宜过长，以15～20m设置一道变形缝为宜。

(3)地道内装修及色彩的选择：

①为使人行地道功能更健全、完善，使其美观舒适、提升档次，地道内应进行装修。

②地道内色彩选择：建筑色彩作为构成城市景观的重要因素，直接影响人们的视觉及精神感受。不同的色彩可以产生不同的心

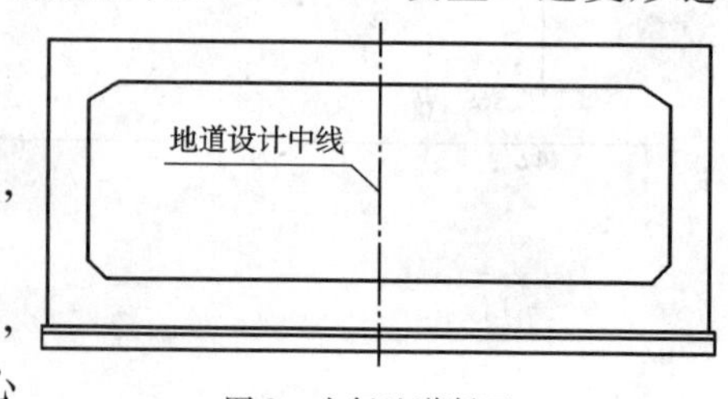

图8　人行地道断面

理感受,而色彩所引进的联想和感情,直接关系到环境气氛的创造。同样的色彩在不同的建筑环境中也可以产生不同的心理感受。

注重色彩的对比搭配。色彩应强调协调统一,纯净单一,与周围的环境及城市景观交汇融合。地道的色彩可相对鲜明、热烈、突出,强调其功能地位,主要颜色不宜超过三种,且要合理搭配,把握适当的面积和比例,应以简洁明快为主。

图9 北京人行地道

4 人行地道的防排水

人行地道的渗漏水不仅直接影响行人的安全,而且还降低照明系统的工作效率,诱发设施的锈蚀,影响结构的耐久性,因此防排水的工作犹为重要。

4.1 人行地道内防水

人行地道的设计中要特别注意变形缝、施工缝、穿墙管等细节部位的防水。其主要措施有采用中埋式止水带、外帖式止水带以及中埋式和外贴式复合使用。

入口阻水设施。地道出入口均设置了阻水设施,防止地面的水倒灌入地道内。下图中设置混凝土台,也可设置台阶,为方便乘轮椅者出行,可设为斜坡形式。

4.2 人行地道内排水

根据《城市人行天桥与人行地道技术规范》地道内排水应设独立的排水系统。城市人行地道的排水沟一般设在坡道或梯道结束的位置,采用自流方式排入地道外的城市排水管道,结构底板在此处加厚。如果地道旁没有可以连通的地下管线,也可在地道旁设泵房。

图10 北京人行地道

图11 北京人行地道

5 细部的设计

根据《建筑设计防火规范》的规定,城市人行地道可不设置消防给水系统,可采取自然排烟方式。但许多人行地道为了行人的安全,设灭火器及烟感报警系统。图12中的人行地道预留了泡沫灭火器的位置。

图12　北京人行地道

图13　北京人行地道

6　其他

由于我国城市空间与环境的日益拥挤，结合人行地道出现的地下商场日益增多。为了方便行人出行方便，在进出口处设置了电梯，开口位置设置罩棚。在解决人车交通问题、兼顾商业及行人闲逛和安全的需要的同时，又合理地利用了地下空间。

7　结语

总之，地道建设已经是城市建设的重要组成部分，人行地道的设计不仅要供人行走，要实用，更要美观，而且要与整座城市的风格和谐统一。设计中需要涉及的地方还很多，如地道施工时支护和周围城市管线的维护工作；一般城市的地道明开施工很小，需设计者关注的细节也不少，但关注人的需要始终是设计中最应注意的一点。

图14　某地铁出口处

参考文献

[1] 吕康成，崔凌秋. 隧道防排水工程指南. 北京：人民交通出版社
[2] 中华人民共和国行业标准. JGJ 50—2001 J114—2001 城市道路和建筑物无障碍设计规范
[3] 中华人民共和国行业标准. GB50016—2006 建筑设计防火规范
[4] 中华人民共和国行业标准. CJJ69—95 城市人行天桥与人行地道技术规范
[5] 中华人民共和国行业标准. CJJ37—90 城市道路设计规范
[6] 李康，等. 现代城市交通. 北京：人民交通出版社

隧道出口减光防眩设计

艾　杰　杨宝林　李玉平

（甘肃省交通规划勘察设计院有限责任公司　兰州　730030）

摘　要　本文通过介绍甘肃某高速公路隧道洞口设计，分析洞口减光防眩的设计构想、思路和设计过程，并通过遮光棚达到了减光与防眩的目的，将亮度的变化降低到人视觉可接受的程度。

关键词　防眩　减光　遮阳　亮度

1　概述

隧道工程对项目运营安全和舒适程度的影响极大，历来是各个项目建设的重点与难点之一。隧道洞口段由于位置特殊，受内外明暗交界、洞内外环境突变、季节与时间变化的影响，是交通事故的多发区，人性化地处理好洞内外光线的衔接，把洞口亮度剧变通过工程措施降低到人视觉能适应的较缓和的程度，对于降低交通事故的发生率、提升行车舒适度具有重要意义。

2　项目概况

本项目位于甘肃省中部地区，其实施充分贯彻公路设计新理念，在满足道路"安全、适用、经济、美观"使用功能的同时，注重公路建设与自然、人文环境协调发展，达到生态、美观。

本隧道设计行车速度为 80km/h，按上下行分离设置，隧道轴线段相距 50m 左右，隧道左线长 2 403m、右线长 2 495m。隧道内轮廓按建筑界限宽 10.5m、高 5.0m 拟定，采用《公路隧道设计规范》(JTG D70—2004)设计速度 $v=80$km/h 的标准内轮廓断面。主洞拱部采用 $R=543$cm 单心半圆，侧墙采用 $R=793$cm 大半径圆弧，仰拱半径为 1 500cm，仰拱与侧墙间采用 $R=130$cm 小半径圆弧连接。

隧道出口地形较为平坦，视野开阔，拟采用削竹式洞门，但由于其洞口方向为正西方向，且隧址地区日照时间长、强度大，全年晴天达到 200 天/年以上，且冬天会有较长时间积雪，考虑其行车安全和舒适程度，须对隧道洞口进行专门的减光和防眩设计。

3　方案选择

隧道洞口可通过植被减光和修建减光建筑物的方式来达到光线的缓和过渡。植被减光主要利用常绿植被反光柔和且对人类的视觉有舒适度的特点来达到降低洞口附近区域的亮度，采用高大的乔木和具有水平成层枝叶乔木较为理想。但是隧址位于黄土高原的边缘地带，植被覆盖率较低，移栽或种植高大的乔木和具有水平成层枝叶乔木短期内很困难且存活率低，因此靠人工种植来达到减光的目的，则事倍功半。植被防护在此条件下可作为中远期的辅助措施。该隧道只有通过修建减光建筑物才能快速有效地发挥出洞口减光的作用。

洞口减光建筑的形式多种多样，有遮光棚、遮阳棚和遮光板等。遮阳棚的顶棚一般为透光构造，不允许阳光直射到路面上，是为了减弱自然光亮度而修建的棚状构造物；遮光棚虽然也是一种减光措施，但它允许太阳光直射道路面上，这是遮光棚和遮阳棚的本质区别；而遮光板则是一种以防眩功能为主的构造物，通过遮挡主视野范围内太阳耀眼的强光来起到防眩的作用。

(1)隧道出口若采用遮阳棚，其封闭式透光构造遮阳减光效果很好，既可以降低雨雪引起的车辆滑移，也能减少雨雪对路面基层侵蚀，延长路面的使用寿命；但遮阳棚雨雪与环境污染会造成减光效果不稳定，增加工程投资，同时运营期间维护工作量大也不利于隧道内通风，增加风机台数。隧道处于植被不佳的黄土高原边缘，较大的风沙将造成隧道运营一段时间后遮阳棚会淤积大量沙尘，其减光效果大打折扣，也增大了维护的费用，对本隧道而言，遮阳棚实用性不大。

(2)隧道出口为正西方向，采用遮阳板能有效地减轻太阳光直射入驾驶员视线范围或者减小太阳直射角度，但遮光板的面积较大，受力很不利，在风载较大的情况下，存在较大的安全隐患，若要通过加强结构强度的方法来保证结构安全，又将造成结构造价增大或者配筋量加大且外型臃肿缺乏美感。

(3)采用遮阳棚和遮光板来处理隧道出口减光各有利弊，而遮光棚作为一种透光构造物可以弥补遮阳棚受环境因素影响较大的缺点，运营期间维护工作量小又有利于隧道通风，可减少风机台数，降低运营成本。隧道洞口设计在解决减光过渡的问题的同时，还应该吸取遮阳板的优点以达到减光和防眩的效果。

4 遮光棚的设计

遮光棚的设计主要任务是保证较好的减光和防眩效果。为了取材方便、降低施工难度，遮光棚的主要设计思路为：利用原削竹式洞门与地形地貌的协调性，将原削竹式洞门明洞顶端加长至原洞口顶端，即在原洞口处直接采用竖直坡面，将其洞顶外露部分以间隔掏空的形式增加洞顶的透光性，洞口外遮光与采用拱肋式骨架沿隧道纵向间隔设置，环向设置铝合金管，以遮挡太阳眩光，降低亮度的变化率，达到减光防眩的目标，且视觉效果良好。在保证遮光棚结构安全的同时，设置好拱肋间距和铝合金管环向间距是减光和防眩效果的关键所在。

在进行拱肋间距和铝合金管环向间距的具体设计的计算时考虑两个最不利工况：①太阳以20°的入射角度照向洞口，这时的太阳光恰好是产生失能眩光亮度最大的情况，这个工况是遮光棚的防眩的最不利工况，可以需要的效果确定混凝土拱肋的间距；②以正午太阳直射时计算遮光棚设置后亮度的变化，这时是洞内外亮度差别最大的情况，以设计遮光棚的环向间距和对遮光棚的设置可能产生的效果作准确的预测和评估。通过两个最不利工况的计算，即可达到遮光棚减光和防眩的两个目标，科学地拟定遮光棚设计的各项参数。

4.1 遮光棚拱肋间距的确定(第一种工况)

遮光棚拱肋长度 L 和厚度 h_1 拟定分别为50cm和55cm，其间距的设置主要考虑的是遮光棚的防眩功能，增长在明亮环境中的无太阳直接照射的行驶距离和减小太阳直射光进入驾驶员视野的角度，在人视觉上适应了亮度变化的时候让阳光进入视野。通常，导致驾驶员产生失能眩光的仰角为20°，只要在亮度渐变基本完成时保证拱肋的设置在驾驶员视野20°范围内能遮挡太阳光即可防止驾驶员产生失能眩光。

拱肋的计算间距为 $L_1 = h_1 \times \cot 20° = 1.511\text{m}$。拱肋的间距不应大于1.511m，为了增强遮光棚的整体美观性，将第一环拱肋厚度 h 设置为95cm，$L_2 = h_2 \times \cot 20° = 2.61\text{m}$。由此，将正常段间距取为1.5m，第一环间距取为2.5m，为增强明暗过渡的渐变性，将前四环拱肋间距设置为100cm。

由图1可以看出，驾驶员在距洞口16.06m处以20°的视线能看到太阳光直射，在距洞口41.4m处能看到太阳光的角度为7°57′，遮光棚的设置防眩距离为25.3m，在此段范围内，太阳入射驾驶员视线范围内为7°57′~20°，所需时间约为1.2s，在这段范围内，由于人视觉对洞口亮度变化的适应，驾驶员对太阳眩光的抵抗能力增强，能起到有效的防眩作用。

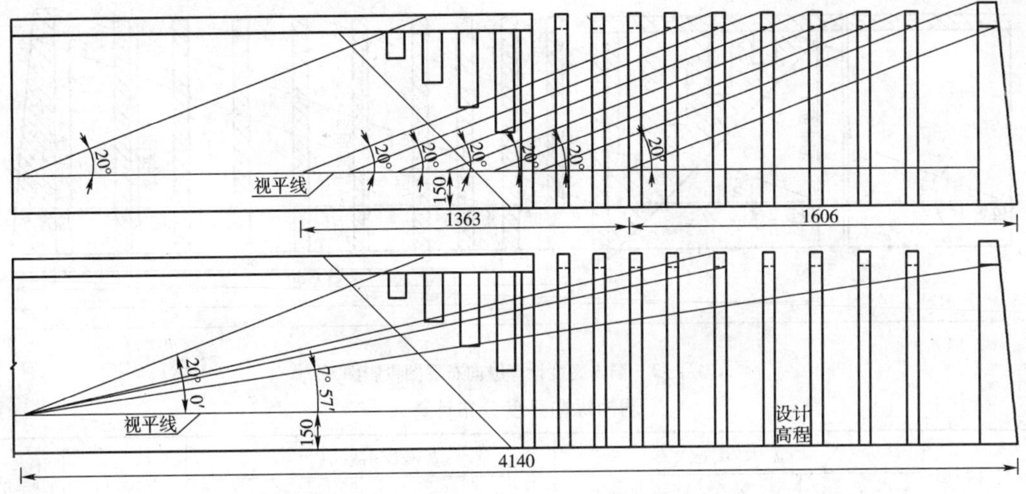

图 1

4.2 铝合金管环向间距的初步设置

铝合金管采用20cm直径分段环向等间距预埋进混凝土拱肋并与拱肋形成整体效应，拱肋的间距取决于设置铝合金管后的洞口亮度情况，拟定间距为100cm。在拱肋的共同作用下，正午光线投影到路面上的面积为97.72m^2，约为该段路面面积的41.2%，在亮度最强的情况下，遮光棚的减光效果非常好。

4.3 洞口段亮度计算（第二种工况）

洞口因有遮光棚的遮阳作用，在洞口段太阳光直射不会直接在隧道口A段范围内，因此其亮度组成为太阳照射到路面的漫反射效应产生的亮度和天空产生的亮度之和。选取中午时刻太阳照射下的情况进行亮度计算，此时太阳照在水泥混凝土路面上的照度为 $E_s = 800\ 00\mathrm{lx}$。

反射光的出射度为：$M = \rho \times E$

ρ 为被照面的反射系数（反射比），沥青混凝土路面的反射系数为0.1，混凝土反射系数为0.32；E为二次发光面上被照射的照度。

$$M = \pi L \qquad L = L_t + L_f = A_t \times L_t / A + L_i$$

式中，L 为亮度；L_t 为由天空引起的亮度，蓝天亮度为8 000cd/m^2；Lf为由路面漫反射光源引起的亮度；A_t、20°视场范围内天空面积；A_d、A_{l1}、A_{l2} 分别为太阳光照射到遮光棚顶、洞外路面、洞内透过遮光棚路面形成漫反射体投影于基准面的面积；A 为20°视场范围面积，每个视点的视场范围面积根据投影计算确定；L_i 为路面漫反射的单位亮度。

亮度计算选取5个具有代表意义的位置分别为：位置1，以20°视场线与削竹式洞门顶缘相交反推确定的视点位置，距遮光棚尾端42.24m；位置2，削竹式洞门顶缘处的视点位置，距遮光棚尾端27.03m；位置3，削竹式洞门尾端的视点位置，距遮光棚尾端19.5m；位置4，以20°视场线出洞的临界点为视点位置，距遮光棚尾端17.19m；位置1，遮光棚尾端，即刚好出洞的位置。将各光源投影于该位置的基准面上，根据强度与照度关系求出照射和反射进入驾驶员视线的亮度，隧道洞顶轮廓顶与20°视场线交点处的隧道横断面所在平面为基准面。

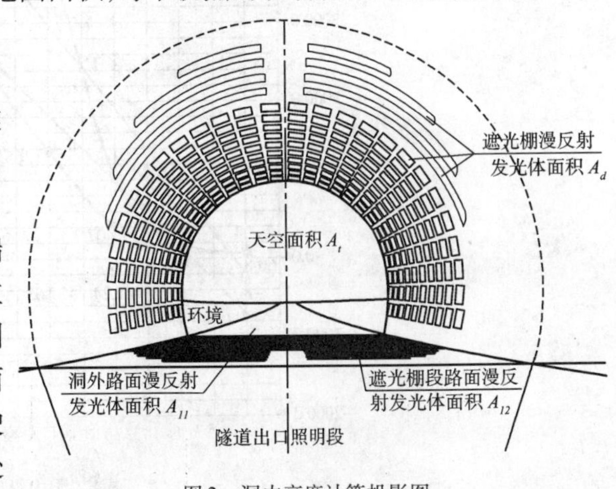

图2 洞内亮度计算投影图

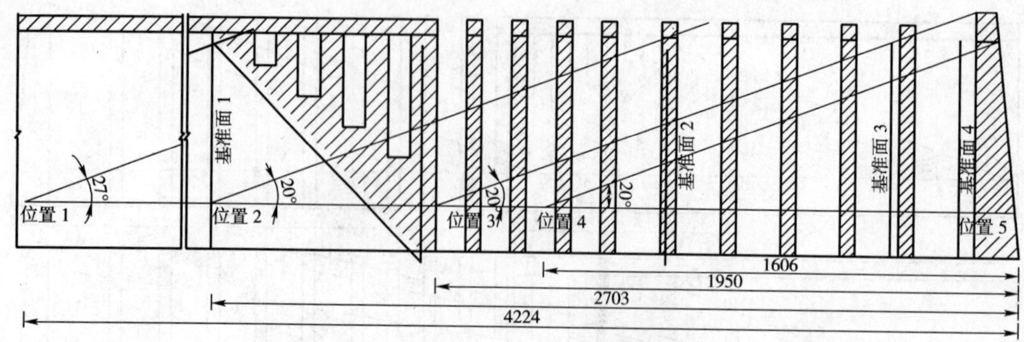

图 3　洞内亮度计算纵向布置图投影图

洞内纵向亮度分布计算表

表 1

位置	距洞口距离 (m)	蓝天效应			漫反射效应			亮度 L_t (cd/m^2)	距基准面距离 (m)
		A (m^2)	A_t (m^2)	亮度 L_t (cd/m^2)	A_d (m^2)	A_{l1} (m^2)	A_{l2} (m^2)		
1	-42.2	369	9.1	196.7	20.9	1.3	1.4	407.7	15.2
2	-27.0	369	18.6	404.1	61.4	2.1	5.1	1 365.4	15.2
3	-19.5	369	37.6	814.3		7.9	37.6	2 412.0	15.2
4	-16.06	369	47.4	1 028.1		6.9	54.3	3 149.3	15.2
5	0	369	205.3	4 450.7		65.6		5 174.7	15.2

通过是否设置遮光棚的亮度变化对比发现，从洞内 65m 到 42.24m 处，不设遮光棚的隧道亮度增加 5.6 倍，设置遮光棚后增加 1.9 倍两者亮度差为 640.7(cd/m^2)；从洞内 42.24m 到 27.03m(暗洞口)处，不设遮光棚的隧道亮度增加 2.7 倍，设置遮光棚后增加 2.3 倍，亮度差为 2462.2(cd/m^2)；洞内 27.03m(暗洞口)到 19.5m(无遮光棚洞口)处，不设遮光棚的隧道亮度增加 0.35 倍，设置遮光棚后增加 0.77 倍，亮度差为 2765.75(cd/m^2)。暗洞范围内，遮光棚设置后亮度变化相对均匀，平均增加 0.375 倍/m，而不设遮光棚时为 0.806 倍/m；遮光棚范围内，平均增加 0.11 倍/m。在出洞口 65m 范围内驾驶员视线范围，内亮度变化因遮光棚的设计较为均匀缓慢，驾驶员有 3s 左右的时间适应出洞的光线变化，可以达到遮光效果。

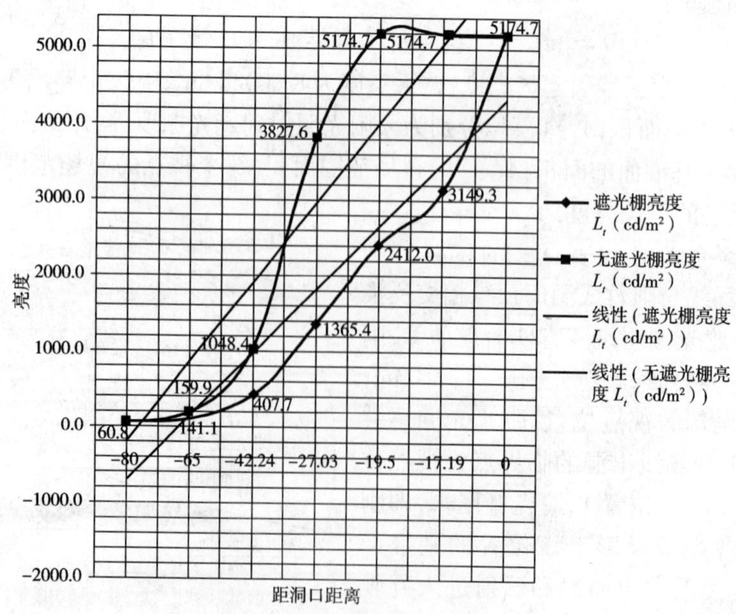

图 4　洞内纵向亮度分布曲线

5 结语

(1)通过对遮光棚、遮阳棚和遮光板的比较研究,根据隧道的实际情况,确定在隧道遮光棚设计中考虑防眩的遮阳功能同时,通过光学渐变过程达到了减光效果。

(2)采用简单的结构,首先进行遮阳计算、拟定结构尺寸及间距,然后进行减光过程的效果检验,达到了遮光、减光二合为一的效果。

(3)为了洞口减光防眩达到更加良好的效果,需在该隧道洞口段施工完毕之后,进一步采集洞口亮度信息,检验并优化设计成果。

(4)隧道洞口段照明布设和遮光构筑物的相关性极大,因此隧道洞口照明的设计,应与遮光构筑物协调,才能达到隧道出口照明和遮光设计浑然一体,发挥出更大的作用。

参考文献

[1] 王毅才.隧道工程[M].北京:人民交通出版社,2006

[2] 敖敏霞.新城隧道遮光棚段光过渡效应与经济性的结合[J].隧道建设,2004,24(4)

沥青路面保护工程实践

陈瑞生　李卫民　周岳华　李迁生
（广东省高速公路有限公司　广州　510000）

摘　要　结合广东揭普惠高速公路沥青路面典型早期病害的特点、产生机理，探讨预防性养护概念的理解含义、介绍预防性养护技术及修补技术创新等保护工程实践。

关键词　沥青路面　保护工程　实践

1　路面预防性养护定义的界定

1.1　问题的提出

现行《公路沥青路面养护技术规范》（以下简称《规范》）总说明明确要求：对沥青路面必须进行预防性、经常性和周期性养护。但《规范》在沥青路面养护工作具体内容中未赋予路面预防性养护明确界定，也未能对路面预防养护提出相关标准要求，使许多公路养护工作者在养护实践中将日常养护、常见病害维修或中修罩面范畴都冠以所谓的路面预防性养护，这是对路面预防养护真实含义的一种误解。由于对路面预防性认识模糊、概念不清、目标不明，在养护管理工作中大有“盲人摸象”之感。

1.2　定义界定的意义

那么什么才是路面预防性养护呢？路面预防性养护就是系统地对路面实施有效的阶段性的保护措施。它作用于对路面固有的缺陷（比如公路交工后孔隙偏大、渗水系数大、级配差等）或潜在病害（处于萌芽状态）发生后，适时介入技术措施，以预防病害的出现。保证路面在使用过程中能持续保持优良的技术状态，最大限度延缓中大修周期，获取道路生命周期内最大的养护经济效益和社会服务效益。所以，它是路面保护措施，并非治病处方，常见的病害维修则不属于路面预防性的范畴。说通俗点，一个人在感冒之前，定期或提前喝些清凉解毒茶，就会有效排除病毒素达到预防感冒的目的。换言之，如果得了感冒，头痛发烧再吃药打针，这是治病而非防病了。

2　日常病害维修矫正性养护与路面阶段性预防性养护关系的处理

应该说，我国高速公路路面预防养护普遍滞后，技术措施存在许多失当之处。通常公路交工后营运一段时期（早则1～2年，迟则3～4年），路面就会陆续出现一些病害。常见的有裂缝、坑槽、车辙、沉陷、沥青膜剥落、松散、渗水、唧浆等。路面发病原因是多方面的。其中，内因主要是设计理念和选材料、施工失当；外因则是客观侵害，包括水、空气、紫外线、油污、车辆荷载的反复冲击、磨损、真空吸附等环境因素。其中水和车辆的共同作用，复合加剧对沥青路面的破坏。路面病害一旦发生，如不及时处理和防治，病害的面积及种类就可能呈几何级数扩大。不仅加大养护成本维修费用，影响车辆快速通行，而且直接影响路面状况指数PCI值、行驶质量RQI值，甚至影响强度指数SSI值，从而使路面抗病免疫能力随之降低，使路面寿命缩短。如果路面使用三年坑槽病害面积累计达到3%时，为消除社会影响，领导或决策者往往会采用“彻底”的极端做法，铣刨重铺路面，造成极大浪费。这是不重视基础养护维修质

量,未能适时实施路面预养护的结果。

沥青路面预防养护的重要性,其功能特征,笔者认为主要有三点,一是须有很好路面防水功能,最理想能形成防水层(3~5 mm),实施后检测渗水系数控制在0~10ml/min。二是须有较好的黏附性,使细集料、松散混合料黏附增强,提高路面抗病害能力。三是具有明显改善路面抗滑性能和行车条件。因此积极采取相应技术措施,适时安排路面预防性养护,能使路面病害得到有效遏制和对整体路面实行有效保护。

3 揭普惠高速公路路面预防性养护技术措施实施与效果

3.1 工程概况和路面状况

普惠段:通车时间为2001年12月。全长:41.338km;双向4车道。交通量:2006年,约7600辆/昼夜。路面结构形式:沥青路面4cm AK—16A、5cm AC—20I、6cm AC—25I。主要病害:沥青剥落、坑槽、唧浆等水损害、裂缝。病害特点:以坑槽病害为主,坑槽集中出现在雨季、B线主车道;2006年雨季强降雨期间曾出现上千个坑槽;采用冷补法修复坑槽易出现二次损坏,只做晴天临时修补。病害原因:路面局部渗水严重、层间及混合料黏结差,易松散脱落形成坑槽病害(图1)。

图1 修补破损

揭普段:通车时间为2003年12月。全长:45.221km;双向4车道。路面结构形式:沥青路面,4cm改性沥青AK-16A、5cm AC-20I、6cm AC-25I。主要病害:松散;各种裂缝,局部坑槽呈现。路况特点:整体路况较好,病害相对普惠段少;松散病害较为普遍;各种类型的裂缝较多(图2、图3)。病害原因:沿线降雨量大,沥青剥落严重。

图2 沿轮迹带成"串"的坑槽、路肩散落的集料

图3 人工灌缝后继续发展

3.2 路面预防及维修实施方案

对于路面病害严重的路面,采用铣刨重铺方案,累计3.5km(单幅)。路面病害一般路段或尚好路段采用路面预防性养护措施。主要有沥青再生雾封层、CAP雾封层、有机硅雾封层、HAP超薄抗滑封层、微表处、复合式路面预防等。下面重点介绍有机硅雾封层、HAP超薄抗滑封层。

3.2.1 有机硅雾封层

材料:由硅树脂溶液、渗透剂和增黏剂组成。材料特点:路用高性能新型材料,渗透性好(5~8mm),与沥青黏结性强,防水效果好,抗油污染,使用方便,无毒害,不污染环境等。施工工艺:分两次间歇式喷洒，第一次喷洒沿行车方向，用量为150～200g/m²。渗透后立即撒石屑和橡胶粉（7∶3，混合物撒布量为300～600g/m²），要求撒布均匀、无堆积，以增强抗滑和填充孔隙，待固化养生1～2h后，再次沿逆行车方向喷洒，用量为100～150g/m²。加强石屑和橡胶粉的黏结，防止行车散失及封堵孔隙。养生3～4h（视环境温度）（图4～图7）。

图4　初次喷洒

效果评价：抗滑性能完全满足使用要求，各测点均在优良之间。渗透性能最佳，能形成一定厚度（5mm）防水层，黏附、防水效果好；施工简便、灵活、速度快、效率高、质量均匀。有别于一般改性剂乳化沥青的一种特别路面预防性养护材料。建议跟踪观察和加大施工路面面积，评估该材料路用效果独特性能（表1）。

a)

b)

图5　再次喷洒抗油剂

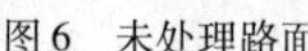
图6　未处理路面

图7　有机硅防水抗油剂

有机硅防水抗油剂路段检测结果（2008.1）　　表1

措施	路段	施工时间	位置	PCI评价	构造深度（mm）	横向力系数（SFC）	平均渗水系数（ml/min）
有机硅抗油剂（石屑+橡胶粉）	JPAK5+000～25+000	2007.12	主、超车道	优	0.8	53	7.6

3.2.2　HAP超薄抗滑稀浆封层

HAP由沥青、树脂聚合物、SBS热塑性橡胶等材料经预处理、改性、乳化及熔炼而成的低黏度水溶性乳液。材料特点：具有强渗透性，防水、抗柴油污损能力强，耐老化。将专门配制的HAP乳液和精制

的有级配机制砂(0.075～0.6 mm)及添加剂(水泥等)搅拌成稀浆,通过专用机械摊铺于沥青路面表面,厚度可调,通常情况下可控制在0～2mm。施工工艺:封闭施工车道→清理路面→稀浆封层机搅料、摊铺刮浆HAP稀浆混合料(HAP、石屑、添加剂、水)→养生≥12h→开放交通。用速度、稠度控制厚度,一般为0.5～1mm现场小面积试验确定喷洒量。视路况采用油石比,分别为HAP:石屑=1:1～1.5:1。特点:超薄防水抗滑层,有别于微表处和稀浆封层;无严格级配,以抗滑均匀为主,采用0.075～0.6mm区间矿料,油石比达60%～90%,比微表处9%、稀浆12%高,因此密水、抗滑性能好,施工简便、速度快、成本低(图8、图9)。

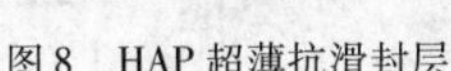

图8 HAP超薄抗滑封层

图9 HAP超薄抗滑封层效果

效果评价:经检测,具有以下情况:①抗滑性能强;②耐磨性好;③防水性强(高密水性);④无噪音;⑤均匀性优良(表2)。

HAP超薄抗滑封层路段检测结果(2008.1)　　表2

措施	路段	施工时间	位置	PCI评价	构造深度(mm)	横向力系数(SFC)	平均渗水系数(ml/min)
HAP超薄抗滑封层	PHBK13+100～13+400	2007.12	主车道	优	0.72	51	5.0

改进思路:

(1)总体上吸收雾封层、稀浆封层和微表处的优点,避免它们的不足。

(2)针对微表处提高抗滑,但防水不佳,寻求提高防水性能方法。

(3)考虑降低成本,减少厚度,提高性价比。

(4)施工配合比油矿比较好控制,施工灵活,可视路况随时调控防水和抗滑性能及厚度控制。

(5)能适时填补松散脱落及轻微车辙。

4 基础养护技术创新实践

4.1 封缝

裂缝的危害:半刚性基层路面多发病害,影响结构整体强度,加速路面路基强度降低。这些危害常成为其他病害的诱因,易形成唧泥、坑槽等病害,因此彻底处理好是保证预防性养护质量的重要措施。

4.1.1 压缝带封缝

压缝带材料:沥青及其他添加剂,乳化沥青。施工工艺:清缝后先在缝中灌乳化沥青,再用普通的煤气喷火枪加热沥压缝带后压在裂缝位置,车辆荷载压密。特点:施工简单,效率高,封缝效果好(图10～图12)。

图 10

图 11

4.1.2　硅胶填缝

填缝材料:防水硅橡胶(嵌缝胶)。施工工艺:扩缝→清缝→填缝。

开放交通:表层固化即可开放交通,约0.5h。特点:容易灌入裂缝,黏结力强,高弹性,可伸缩;硅胶优于M950灌缝胶,可复原与不可复原的区别(图13)。

图 12

4.2　坑槽修补方法

4.2.1　传统的坑槽修补方法

前几年,流行使用冷补料进行坑槽修补维修。因为冷补料维修方便、快速,短期内不下雨冷料修补坑槽尚可维持一段时间,一旦遇连续雨天,原修补的坑槽再次重现坑槽(或扩展)。即使在表面做了微表处罩面,亦遭同样厄运。主要原因是冷补料易渗水、积水,与原路面接缝无法进行黏结密实。因此冷补料仅权当作雨后坑槽的临时填补料。以缓解路面行车安全和舒适性。待天气晴朗稳定后,重新开挖采用热料修补。实践经验教训告诉我们,坑槽裂缝等病害未处理好,无论在其面层做何种预防性养护措施,效果均不好,因此我们务必重视路面基础养护质量。

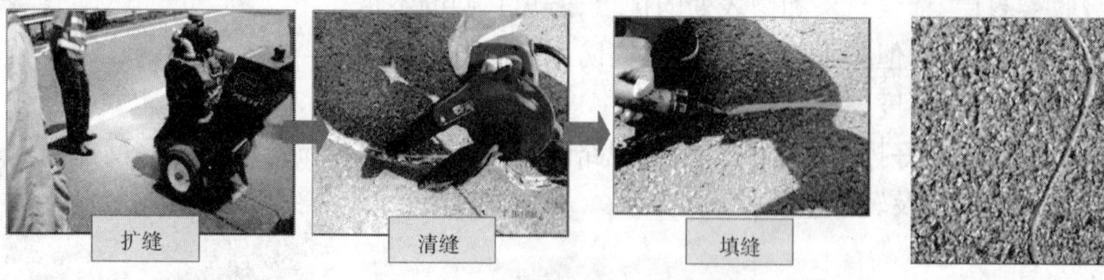

图 13

传统的热料修补方法,仍存在着坑槽四周冷热接缝形成弱接缝,存在较大空隙,坑槽修补后仍然易积水或侧向渗流引起再次破坏甚至扩大,难于达到永久修补效果。

“修补王”修补设备虽对路面坑槽四周弱接缝进行无缝处理,但坑槽路面加热板预热加温,层间混合料上下温差大,受热不均匀,很难达到碾压密实,造成空隙大而渗水积水,也易损坏,工效低。亟需改善,方能达到理想效果。

4.2.2　“坑槽镶边修补法”

操作工艺流程:

①测定坑槽损坏部分的深度范围,划出开槽修补的作业轮廓线,纵槽边应与路中线平行或垂直,并适当宽出损坏面5~10cm。

②切削或破碎坑槽，槽壁应垂直切削或破碎，槽底至平整密实层。

③清理坑槽，松散料应彻底清除干净。

④撒洒透层油、黏层油（CAP 材料）。

⑤槽壁四周粘贴沥青压缝带。（关键技术工艺，热料使沥青压缝带慢慢热溶，形成侧向、槽周很好的防水阻隔带，并经挤碾压，使新坑填料与原路面料紧密结合，“有机”接缝。有效地消除坑槽修补后继发生的“坑槽传染病”）。

⑥坑槽填热料摊铺（超出 6cm 深应分层摊铺，压实后稍高出 0.3mm，以防行车造成凹面）。

⑦填料摊平挤压振动密实。

⑧再用小辫压缝带烤封坑槽边缘（美观防水作用）。

⑨薄喷乳化沥青防水材料（如 CAP、HAP、有机硅树脂等）。

⑩开放交通。

实践证明，采用上述坑槽修补材料和工艺流程，能有效地提高坑槽的修补质量，乃至达到永久修复效果，防水密实，美观耐久，能迅速恢复高速公路路面行车平顺和舒适性。普惠路段采用此工艺修补几百个坑槽至今无一例发生水损害病变，效果均好。技术经济比较测算，此修补工艺比传统修补成本约高出 15 ~20% 费用（图 14 ~ 图 16）。

4.3 完善路面排水系统

4.3.1 普惠高速公路排水系统缺失问题

超高路段超高侧水经过中央分隔带漫流到另一侧，给雨天行车安全带来较大的威胁，易造成交通事故。大纵坡路段无排水沟，雨天易形成地表径流。中央无排水渗沟。路面结构内低外高，结构渗水无法

a) b) c) d)

图 14

排出，路肩未设排水盲沟（图 17～图 20）。

图　15

图　16

图 17　地表纵向排水缓慢，积水严重

图 18　去除路侧石，加快地表横向排水

4.3.2　完善结构排水措施

超高段增设圬工矩形排水水沟，集中横向采用顶推 PET 管排放，增设土路肩纵向碎石盲沟横向疏水。利用 PVC 管开口及管道连接形成超高排水系统，代替传统超高采用圬工砌体排放形式。路线纵坡较小（＜3%）的路段凿除路肩路缘石，设碎石盲沟（图 19、图 20）。

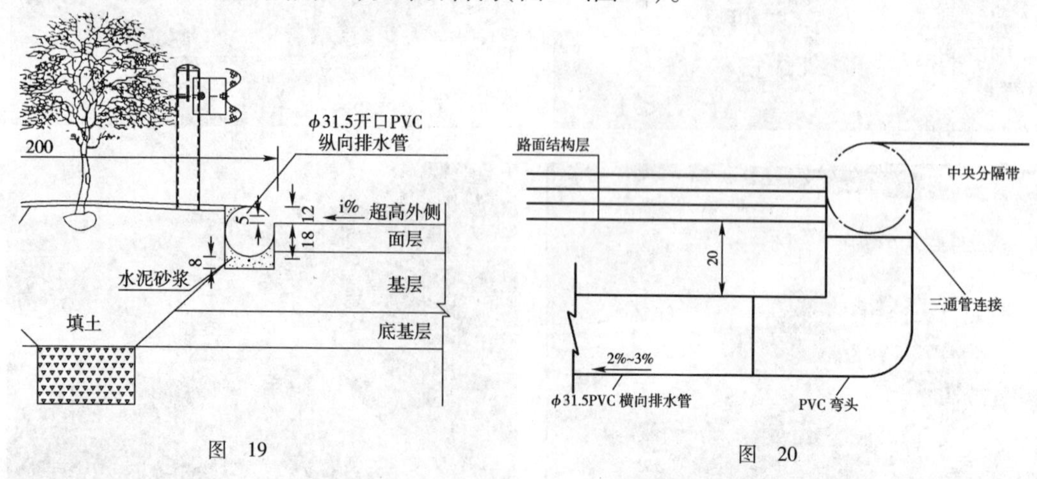

图　19

图　20

5　路面保护模式与体会

（1）上级主管部门和专家对路面预防性养护工作的重视和支持，是基层养护单位全面持续提高路

面养护质量的根本保证。

(2)广东粤东揭普惠路段的路面预防技术措施及路面维修创新实践，是摸着石头过河的做法。需要不断总结和探索，跟踪观测，持续提高，希望能为沥青路面预防性养护工作推广提供有益的经验借鉴。同时通过多种措施实施择优推广选用。建议上级交通主管部门尽快出台路面预防性养护雾封层类技术指南标准。

(3)路面的保护模式。充分掌握路面状况，科学决策，选择合适的路面预防技术措施和完善固有缺陷，根除病灶，形成路面综合保护屏障，防止内外部侵害，有效保护路面性能完好。

(4)担负责任。搞公路养护就像当医生，公路就是病患对象。倡导多做公路保健医生，少做手术医生。摸清病因，对症下药，药到病除。不懂治病的医生不是称职的医生。

(5)扎实做好路面基础养护工作，大胆创新，突破关键养护技术。全面提高路面维修质量，已迫在眉睫。不及时维修、不重视质量，病害就会形成推波助澜效应，重者路段往往要提前动"大手术"处理。

(6)必须重视沥青路面结构层排水，完善路面排水系统，做到"上封下排"，使路面长期处在干燥状况下工作。

(7)积极推广应用那些已被实践证明的一些成功新工艺、新材料、新技术。全面促进养护质量水平上台阶。

(8)解放思想，更新理念，全面推广路面预防性养护已刻不容缓。早期适时实施路面预防性养护，越主动，成本低，效果越好，因为路面预防性是保护措施并非无病呻吟；越迟预防养护，越被动，效果越差，因为路面开始病变，抗病害能力在下降。

路面预防时段应定义在全新路面至结构层尚未破坏之前或路面弯沉尚未出现较大变化时，因为即使全新路面也存在固有缺陷，路面渗水系数大是主要缺陷之一，国家规范沥青路面定在200内，是限于目前路用材料和施工工艺水平。路面渗水带来的严重后患出现，早期水损害，已是不争的事实。不仅给养护带来压力，而且给社会造成了不良影响。提倡早期路面预防养护即可弥补类似缺陷。

(9)实践证明，实施路面预防性养护，不仅能节约路面全寿命周期养护成本费用，而且由于具有优异的防水功能，直接对面层、基层强度进行有效保护。最保守预计可延缓路面中修3～5年，大修5～7年以上。因此路面预防性养护是花最小的养护投资，达到最好效益的一种功效无量的明智举措。

限于水平和实践经验，不妥之处敬请指正。

岩沥青路用性能研究与应用的若干问题

曹东伟　刘清泉　钟　科
（交通部公路科学研究所　北京　100088）

摘　要　随着我国高等级公路建设的迅猛发展，改性沥青在我国公路沥青路面工程中得到了普遍应用，其中最普遍的是 SBS 改性沥青。岩沥青用于改性化工炼制的道路沥青，在国外路面工程中有较早而广泛的应用，并表现出不同路用性能的综合性增强，如抗车辙、抗水损坏和抗老化等；近年来在我国的应用也逐渐增多。本文研究对岩沥青的路用性能进行试验研究和评价，并对工程应用中的设计、施工问题进行了分析，包括不同种类岩沥青的比较、岩沥青复合改性技术、工程应用的技术标准、目标配合比设计、岩沥青改性的掺加量、施工技术和长期性能等，从而为工程中应用岩沥青提供技术参考。

关键词　岩沥青　路用性能　改性　评价　配合比设计　施工

岩沥青是石油在岩石夹缝经过长达亿万年的沉积，在热、压力、氧化、触媒、细菌的综合作用下生成的沥青类物质。岩沥青是天然沥青中的一种，世界上比较著名的天然沥青有特立尼达湖沥青 TLA、北美岩沥青、印尼岩沥青 BRA 等。我国四川、新疆地区，也发现了储量丰富的天然岩沥青。天然沥青用于改性化工炼制的道路沥青，在国外路面工程中有较早、广泛的应用，并表现出不同路用性能的综合性增强，如抗车辙、抗水损坏和抗老化等；近年来在我国河北、山东等地的应用也逐渐增多。我国现行技术规范对天然沥青工程应用只是提出了原则性的技术要求，缺少具体明确的方法和规范，其使用受到了限制。2005 年，交通部批准了西部科技项目 200531822305《岩沥青资源开发与路用性能研究》，对岩沥青的路用性能进行评价分析，同时研究解决设计、施工方面的工程应用技术。

1　对岩沥青路用性能的针入度分级评价

对沥青进行改性的方法很多，使用岩沥青是其中之一。我国现行技术规范是基于针入度分级的沥青评价方法。试验中使用新疆乌尔禾岩沥青，基质沥青采用滨洲 AH－90 沥青，符合 A 级道路石油沥青标准，掺加比例主要考虑 5%、10%、15% 和 20%，测试有关岩沥青改性沥青的高低温性能、温度敏感性、长期老化性能和施工性能等。

不同岩沥青掺量的针入度分级评价实验结果　　表 1

沥青类型	针入度(0.1mm)	P. I.	当量软化点(℃)	当量脆点(℃)	延度(cm) 15℃	延度(cm) 5℃	软化点(℃)	老化前后针入度比(%)	黏韧性(N·m)
滨州 90 号	87	－1.96	42.5	－9.1	>150	10.8	45.3	58.6	5.26
＋新疆 5%	57	－1.76	46.4	－7.1	126.8	0.8	50.1	66.7	6.32
＋新疆 10%	43	－1.62	48.9	－5.9	72.5	0	53.2	72.1	7.56
＋新疆 15%	36	－1.14	53.0	－6.2	35.7	0	55.3	72.2	8.46
＋新疆 20%	28	－1.24	54.8	－3.5	11.2	0	57.8	78.6	9.04

根据表 1 中试验数据可知：

（1）掺加岩沥青后针入度都明显低于基质沥青，且随着岩沥青掺加比例的增加而降低，说明加入岩沥青后能使沥青变硬，抵抗变形能力有所增强。

(2)掺加岩沥青后当量软化点 T_{800} 都明显高于基质沥青，且随着掺量增加而增大；实际的沥青软化点测试数据也说明了这一规律，说明加入岩沥青可以增强沥青混合料的高温稳定性和抗车辙性能。

随着岩沥青掺量的增加，沥青软化点增加的幅度逐渐变缓，基质沥青加入5%岩沥青后，软化点升高约5℃，但再加入5%岩沥青（掺量10%），软化点升高约3℃；再加入5%岩沥青（掺量15%），软化点升高只有2℃。

(3)当量脆点 $T_{1.2}$ 随着岩沥青的掺加也有小幅升高，说明加入岩沥青会小幅降低沥青的低温性能。但根据延度试验数据分析，加入岩沥青改性老化前后5℃和15℃延度都显著下降，且随着掺加量的增多，延度下降越明显，这说明如果基于低温延度试验数据推测，加入岩沥青后低温性能会明显下降。

(4)根据表中试验数据可知，掺加岩沥青后，黏韧性显著增加，说明基质沥青的性能得以明显改善；随着岩沥青掺加量的增多，黏韧性增加的幅度减小，因此应该以合理的掺加量取得最佳的改性效果。

(5)老化试验的结果表明，加入岩沥青改性后，沥青的抗老化性能比基质沥青显著提高；而且随着掺入量的增加，其抗老化能力更强。

使用Brookfield旋转黏度测定不同温度下的黏度，考虑岩沥青不同的掺加比例，得到的测试结果见表2。

不同温度下的黏度值（Pa·s）　　表2

温度(℃)	滨州90号	+新疆5%	+新疆10%	+新疆15%	+新疆20%	SBS沥青
135	0.314	0.485	0.667	0.780	1.019	1.194
165	<0.1	0.117	0.150	0.178	0.218	0.301

分析试验结果已知：加入岩沥青后每个温度的黏度值均有所提高，并且随着岩沥青掺量的增加而增大，但135℃的黏度值均小于3 Pa·s，符合我国技术规范的要求。与SBS改性沥青比较，岩沥青改性的黏度值要低，说明拌和和碾压应更加容易。

研究中还使用了茂名70号沥青、伊朗90号沥青进行了同样的试验，得出的试验结论完全相同。

2 对岩沥青路用性能的PG分级评价

除了采用针入度分级指标评价外，还采用美国SUPERPAVE方法中的性能等级的分析方法，评价了岩沥青改性后的流变特性，包括动态剪切（DSR）、弯曲梁流变（BBR）、布氏旋转黏度等，对比了道路石油沥青掺加岩沥青前后其性能的变化，分析了岩沥青不同掺量条件下的沥青路用性能。

研究中DSR试验按AASHTO标准TP5—93，新疆岩沥青掺加比例考虑5%、10%、15%和20%，抗车辙因子（$G*/\sin\delta$）、相位角（δ）和复数模量（$G*$）等试验结果列于表3。

不同岩沥青掺量的DSR实验指标测试结果　　表3

技术指标		老化前					RTFOT后				
		滨州(90号)	+岩沥青(5%)	+岩沥青(10%)	+岩沥青(15%)	+岩沥青(20%)	滨州(90号)	+岩沥青(5%)	+岩沥青(10%)	+岩沥青(15%)	+岩沥青(20%)
$G*$ (kPa)	58℃	1.98	4.41	6.89	9.29	13.79	4.82	9.59	19.57	33.09	24.08
	64℃	0.88	1.97	3.07	4.13	6.41	2.21	4.37	8.75	15.19	10.92
	70℃	—	0.95	1.51	1.95	3.02	—	2.05	4.11	7.10	5.13
δ (°)	58℃	86.91	84.10	81.78	80.50	77.91	83.48	79.75	74.56	70.92	73.57
	64℃	87.59	85.85	83.85	82.65	80.19	85.35	82.12	77.45	73.73	76.18
	70℃	—	87.17	85.48	84.51	82.34	—	84.19	80.01	76.47	78.67
$G*/\sin\delta$ (kPa)	58℃	1.98	4.43	6.96	9.36	14.11	4.85	9.74	20.30	35.01	25.10
	64℃	0.88	1.97	3.09	4.17	6.50	2.22	4.40	8.97	15.82	11.25
	70℃	—	0.95	1.52	1.96	3.04	—	2.06	4.18	7.30	5.23

根据试验数据可知：同一温度下老化前后的抗车辙因子基本都随着岩沥青掺量的增加而增大，明显高于基质沥青，尤为10%、15%的掺量增加更为明显，相位角随着岩沥青掺量的增加而减小。掺量20%新疆岩沥青RTFOT后抗车辙因子有所降低，可以与试验中的偶然误差有关。结果表明掺入岩沥青后会显著提高沥青的高温稳定性。从相位角中也能得出相同的结论，相位角δ的减小意味着沥青中弹性分量的增加，相同的作用荷载其变形恢复也要增多，表明抗车辙性能的增强。

基质沥青掺加岩沥青后其PG高温等级会升高，新疆岩沥青掺量每增加5%，PG高温区间基本上升一个等级，由于SHRP高温分级区间较大，因此出现掺加10%和掺加15%在同一个等级上。

分析复数模量指数GTS，随着岩沥青掺量的增加而增大，且都为负数，这说明GTS随着岩沥青的掺加量的增加，沥青的温度敏感性减小；这个结果与针入度指数的分析结果是一致的。

SHRP试验中对沥青结合料低温性能的评价是采用低温弯曲流变BBR试验，试验评价指标为沥青掺量的蠕变劲度(S)和劲度变化率(m值)。试验方法为AASHTO标准TP1—93，采用RTFOT和PAV老化后试样进行试验。试验结果可见表4。

不同岩沥青掺量的蠕变劲度(S)和劲度变化率(m值) 表4

沥青试样	蠕变劲度 S(MPa)			劲度变化率 m 值			PG低温等级(℃)
	-6℃	-12℃	-18℃	-6℃	-12℃	-18℃	
基质90号	56.600	161.500	404.000	0.464	0.366	0.278	-22.000
+新疆5%	83.100	218.000	462.000	0.418	0.328	0.245	-22.000
+新疆10%	102.300	242.500	538.000	0.396	0.320	0.236	-22.000
+新疆15%	121.000	273.500	578.500	0.374	0.288	0.223	-16.000
+新疆20%	177.500	377.500	/	0.340	0.274	/	-16.000
+北美8%	134.000	307.500	624.000	0.366	0.292	0.221	-16.000
SBS	63.900	160.000	334.000	0.411	0.321	0.250	-22.000

注："\"表示温度过低，测出的S和m值不予考虑。

分析试验结果已知：

(1)加入岩沥青后，弯曲劲度模量S均比基质沥青大，并且随着掺量的增加而增大；低温劲度随时间的变化率m值均比基质沥青小，并且随着岩沥青掺量的增加而减小，这表明岩沥青加入后，会使得沥青一定程度上变硬，松弛能力也会有所降低。

(2)加入岩沥青后沥青低温等级虽有所降低，但其降低幅度不大。基质沥青掺加5%和10%的岩沥青后，低温等级并未变化，都为-22℃；岩沥青掺量加到15%、20%时才降低了一个低温等级为-16℃。因此只要适当地控制岩沥青的掺量，就不会对沥青的低温性能造成大的影响，以上可以看出新疆岩沥青掺量不宜超过15%。

3 岩沥青改性混合料路用性能评价

在岩沥青改性沥青性能试验分析的基础上，测试岩沥青改性混合料的强度、高温稳定性、低温抗裂性能、抗水损坏性能、疲劳性能等进行试验研究，全面评价岩沥青改性混合料的路用性能。沥青混合料主要选择AC-13型沥青混合料，级配如表5所示，基质沥青主要采用滨州90号道路石油沥青。采用的集料为承德产玄武岩集料，细集料为石灰岩机制砂，原材料技术指标经过检测均满足现行规范技术要求，沥青混合料的最佳油石比统一用4.9%。

试验中的沥青混合料矿料级配　　表5

级配类型	通过下列筛孔的质量百分率(%)									
	16.0	13.2	9.5	4.75	2.36	1.18	0.6	0.3	0.15	0.075
试验级配	100	97.5	73.9	56	30.7	18.6	13.0	9.8	8.3	7.0

有关试验结果可见表6。

不同岩沥青掺量的针入度分级评价实验结果　　表6

沥青类型	马歇尔稳定度(kN)	流值(mm)	动稳定度(次/mm)	残留稳定度(%)	冻融劈裂TSR(%)	标准劈裂强度(MPa)	低温弯曲破坏应变(με)
滨州90号	9.94	3.04	806.1	84.5	72.0	1.67	3 654.1
+新疆5%	11.27	2.56	1 656.4	88.4	80.3	2.19	3 368.9
+新疆10%	11.61	2.56	2 707.7	89.6	86.8	2.35	3 036.4
+新疆15%	12	2.73	3 764.5	92.8	88.2	2.54	2 989.9
+新疆20%	12.50	2.63	4 692.2	94.6	90.6	2.91	2 448.5

根据试验结果可知:①岩沥青改性混合料的稳定度明显高于基质沥青混合料,流值均低于基质沥青混合料。②基质沥青混合料车辙试验动稳定度为806.1次/mm,使用岩沥青改性后动稳定度均有很大的提高,改善高温抗车辙的效果非常明显。最大岩沥青掺量(掺加20%)提高了5.82倍,最小岩沥青掺量(掺加5%)提高2.05倍。③岩沥青改性沥青混合料残留稳定度和劈裂强度比TSR明显高于基质沥青,且随着岩沥青掺量的增加而增大,混合料水稳定性提高。④掺加岩沥青后,劈裂强度显著提高,随岩沥青用量的增加,沥青混合料的劈裂强度逐渐增大,且每增加5%用量的岩沥青,沥青混合料强度提高20%左右;根据劈裂模量数据分析,即随着岩沥青加入量的增加,沥青混合料越来越硬,刚度的增加将会减小沥青混合料的应力。⑤以破坏应变作为评价指标,滨州90号沥青混合料的低温破坏应变最大,掺加岩沥青改性后,低温破坏应变出现减小趋势,说明沥青混合料低温性能变差,随着岩沥青的掺入量的增加,低温破坏应变越小。

此外还进行了短期老化试验、疲劳试验和酸性石料的黏附性试验,试验结果均表明了在这三个方面掺加岩沥青改性后具有非常显著的改善作用。

4　岩沥青化学组成分析

岩沥青改性后会提高基质沥青的路用性能,这与岩沥青的化学组成、结构和改性过程中基质沥青与岩沥青发生的反应作用是分不开的。沥青中的杂元素主要是氮、氧、硫,不同岩沥青的元素测定结果可见表7。

岩沥青、岩沥青改性沥青元素组成测定　　表7

沥青类型	氮(%)	碳(%)	氢(%)	氧(%)	硫(%)	碳氢比(%)
滨州AH-90	0.920 66	87.115 54	10.825 92	0.785 32	0.375 51	0.124 27
新疆岩沥青	1.741 93	86.822 17	10.457 88	0.992 41	0.064 19	0.120 45
+新疆岩沥青5%	0.953 72	86.615 97	10.918 94	0.847 87	0.42 35	0.126 06
+新疆岩沥青15%	0.992 47	87.027 58	10.692 27	0.772 91	0.270 85	0.122 86
B岩沥青	3.010 48	84.695 24	10.407 73	1.047 98	0.192 75	0.122 88
D岩沥青	1.120 07	83.475 77	7.846 33	2.030 97	5.526 91	0.094 00
E岩沥青	0.974 82	82.770 61	9.250 82	1.382 97	4.314 4	0.078 45

根据元素测定的试验数据分析可知:①不同种类、不同矿源的天然岩沥青的元素组成比例显著不同,尤其是各种杂原子含量和氢碳比差别很大。②天然岩沥青中氧、氮、硫含量均高于基质沥青。这些

杂元素通常以官能团及侧链的形式存在，这种形式使天然岩沥青具有很强的浸润性和对自由氧化基的高抵抗性，能在岩石表面产生强吸附力，其吸附自由能及其在硅酸岩、石英、石灰石和硅铝酸岩表面的吸附量，具体表现就是沥青黏度增大，抗氧化性增强，与集料的黏附性及抗剥离性得到明显改善。③加入岩沥青后，沥青的氢碳比变化幅度很小，也就意味着沥青的芳香分基本上不变。较高的芳香分对改性后沥青的低温延度有所帮助，以及能提高沥青的稳定性。

基质沥青、岩沥青和不同掺配比例的改性沥青四组分测定结果可见表8。

岩沥青及掺配后改性沥青的四组分组成　表8

样品名称	饱和分(w%)	芳香分(w%)	胶质(w%)	沥青质(w%)
滨州90号	16.11	34.99	42.79	6.11
新疆岩	5.39	9.22	64.05	21.34
+新疆5%	15.2	32.9	44.89	7.01
+新疆15%	14.39	30.2	46.79	8.62
+新疆20%	13.51	29.38	48.2	8.91
+新疆30%	12.49	28.12	47.7	10.1

基于测试的试验数据，进行回归分析可得出关系式如下：

$$\lg P = 7.896 - 0.12A_t + 0.0461S - 0.1453R - 0.00015M$$

$$T_{R※B} = 18.65 + 1.405A_t - 0.612S + 0.907R - 0.0035M$$

式中，S、A_t、R 分别代表沥青的饱和分、沥青质、胶质；M 为分子量；P、$T_{R※B}$ 分别代表沥青的针入度、软化点。

沥青针入度的对数与饱和分、胶质、沥青质及平均分子量的相关系数为0.986 4；沥青软化点与饱和分、胶质、沥青质及平均分子量的相关系数为0.996 4。这些公式对指导岩沥青工程应用具有重要意义。

5 岩沥青在路面工程应用的几个问题

5.1 不同种类岩沥青的路用性能

国外天然岩沥青较早就广泛应用于路面工程，如在挪威首都Oslo，岩沥青从1970年就用于交通量大、高应力、冬天严寒和抗水损坏的道路，经过实践证明，岩沥青使道路使用寿命加1倍，而且抵抗水损害的效果明显。在澳大利亚的新南威尔士州，岩沥青被用于高轮压重载的道路交通地区，解决路面变形问题。在美国西北部的西雅图港口，岩沥青已经被用于移动集装箱的重型吊车行驶路面，这些路面过去极易损坏，使用岩沥青后较好地解决了车辙和水损害问题。相对而言，国产天然岩沥青应用工程项目还较少，工程应用时间还较短。西部科技项目研究中对不同国内外岩沥青基本性质、化学组成、沥青及其混合料性能进行了同条件下的室内试验研究。

沥青混合料的路用性能试验表明，不同种类的岩沥青在改善基质沥青路用性能上，有完全相同的变化性质和规律：改性后，沥青针入度下降，软化点升高，延度降低，黏度增加，黏韧性增加，老化性能显著提高；沥青混合料的强度、劲度模量、动稳定度增加，疲劳寿命延长，抗水损坏能力增强，而低温抗裂性能略有下降。由于不同岩沥青的元素组成比例、化学组分构成比例不同，不同岩沥青对上述路用性能的改善程度、幅度有所不同。但是，总的来说，改变掺量可以使不同岩沥青达到基本相同的改性效果，因此不同岩沥青的选择(包括不同种类天然沥青)是一个经济技术性权衡的问题，或者说是一个性能价格比的问题。

5.2 岩沥青复合改性技术

与 SBS 等化工高分子聚合物改性沥青相比,岩沥青改性的性能特点在于其黏附性、抗水损坏性能、抗老化等性能,同时与基质沥青相容性好,一般无离析问题。研究岩沥青与高分子聚合物的复合改性技术,可以同时综合利用两者的长处,更全面地增强沥青混合料路用性能。

研究中研制开发了外观为黑色颗粒(也可加工为粉末状)的岩沥青复合改性剂,密度为 $0.97g/cm^3$,大小在 2~4mm,该添加剂可直接投入到拌和锅拌和使用,将沥青改性和沥青混合料的拌和融为一体。而且具有分散性好,拌和均匀的特点,能保证改性沥青混合料的均匀性和稳定性。技术性能上,这种复合改性添加材料可以显著提高了沥青混合料的高温稳定性,适当增加低温性能;并利用天然沥青的特点提高沥青-集料间的黏附性、抗老化性能,从而增强路面抗车辙性能、抗水损坏性能等方面性能。

5.3 岩沥青在路面工程应用的技术标准

随着我国高等级公路建设的迅猛发展,改性沥青在我国公路沥青路面工程中得到了普遍应用,其中最普遍的是 SBS 改性沥青。天然岩沥青近年来我国的应用也逐渐增多。但我国现行《公路沥青路面施工技术规范》(JTG F40—2004)对天然岩沥青应用仅仅提出了原则性的意见:"天然沥青可以单独与石油沥青混合使用或与其他改性沥青混融后使用。天然沥青的质量要求宜根据其品种参照相关标准和成功的经验执行"。工程应用中缺少具体的技术规定,使得工程中应用天然岩沥青缺乏技术依据,缺少质量保证与管理控制手段。

岩沥青应用于路面工程的技术标准,应包括三个方面,一是岩沥青产品标准;二是掺加岩沥青改性后的技术要求;三是掺加岩沥青改性后沥青混合料的性能要求。由于岩沥青是一种天然产品,其品质随产地、矿脉不同而变化,但应用时必须注意产品质量稳定性的问题。对料源特性和加工特性都应进行限制,尤其是直接以添加剂方式投入到拌和锅使用的天然岩沥青,其规格组成应符合施工方面的要求。

对岩沥青改性沥青技术标准,根据研究结果结合国内外有关技术标准分别考虑提出针入度分级和 PG 分级技术标准都是可用的。我国现行技术规范对沥青主要采用针入度分级的评价体系,岩沥青改性沥青的技术要求可参考表 9。

岩沥青改性沥青针入度分级技术要求 表 9

指　　标	单位	新疆岩沥青					试验方法
		I-A	I-B	I-C	I-D	I-E	
针入度 25℃,100g,5s	dmm	>80	60-80	40-60	35-50	30-40	T 0604
针入度指数 PI 不小于		-1.0	-0.8	-0.6	-0.5	-0.4	T 0604
软化点 $T_{R\&B}$ 不小于	℃	42-50	46-54	50-58	52-60	54-62	T 0606
运动黏度 135℃,不大于	Pas	3					T 0625 T 0619
蜡含量,不大于	%	3 或 4					T 0615
闪点不小于	℃	230	230	230	240	240	T 0611
溶解度不小于	%	97					T 0607
储存稳定性	℃	无改性剂明显析出、凝聚					T 0661
TFOT(或 RTFOT)后残留物							
质量变化不大于	%	1.0					T 0610 或 T 0609
针入度比 25℃不小于	%	48	53	56	57	58	T 0604

5.4 岩沥青改性的掺加量

岩沥青掺加量的确定要考虑已有工程使用经验,特别是使用后性能较好的典型案例;根据研究和工程应用,不同岩沥青都有一个推荐的掺加比例,如新疆岩沥青掺加范围为5% ~12%。对具体工程项目,要考虑其气候和交通设计条件、使用层位、费用成本等因素初定岩沥青掺量,并进行目标配合比设计数据,分析掺加岩沥青后混合料的马歇尔强度、水稳性、高温稳定性等性能检验结果,结合经济性分析与路用性能要求,进一步调整确定工程用岩沥青掺量。有条件时,应以初步选定的岩沥青掺量为中心,进行三个不同岩沥青掺量的沥青混合料性能试验,优化确定。

在一定范围内,随着岩沥青掺配比例的增加,沥青针入度、软化点和黏度等指标逐渐增加,沥青性能逐渐提高,但超过某一范围内,有可能这些性能的改善不再明显,性能价格比下降,或者在低温性能、施工性能等其他方面出现较不利的变化。

5.5 目标配合比设计方法

岩沥青改性混合料目标配合比设计可以采用两种方法:一种是按常规马歇尔试验方法进行普通沥青(即不掺加岩沥青)混合料的配合比设计,包括原材料的检验、沥青混合料级配确定、最佳油石比确定和性能检验。然后对于确定的普通沥青混合料最佳油石比,提高0~0.2%作为岩沥青改性混合料的最佳油石比,并以岩沥青改性沥青混合料技术性能要求为依据,进行各种性能检验。

另一种方法是先在室内制备岩沥青改性沥青,然后直接进行目标配合比设计。上述两种目标配合比设计方法可根据技术人员的经验选用,在缺少设计经验时,宜按方法一设计。

岩沥青改性混合料设计要求可按现行规范中的改性沥青混合料的技术要求,也可根据工程项目的交通荷载、所处地点的气候分区进行适当调整。

岩沥青改性混合料室内试验的温度控制对试验结果有明显影响,缺少经验时可按表10控制。干拌法加入岩沥青时,要干拌15s;然后加入基质沥青拌和、制备试件。也可按比例将岩沥青与基质沥青混合,先制备岩沥青改性沥青,然后再制作沥青混合料试件进行试验。

掺加岩沥青的沥青混合料室内试验温度控制

表10

矿料加热温度(℃)	175	拌和好沥青混合料温度(℃)	165~170
沥青加热温度(℃)	155	试件击实温度(℃)	160
沥青混合料拌和温度(℃)	175		

5.6 岩沥青改性混合料施工

岩沥青改性混合料施工的关键环节是岩沥青改性混合料的拌和生产,可采用两种方法,一是将岩沥青作为改性剂,与基质沥青搅拌混合,制成成品岩沥青改性沥青,然后拌和生产岩沥青改性混合料,简称"湿法"生产。与基质沥青搅拌混合时,即可用高速剪切搅拌设备,也可用低速剪切搅拌设备;二是将岩沥青作为添加剂,投入沥青混合料拌和锅,适当延长拌和时间制备沥青混合料,简称"干法"生产。这两种方法各有利弊,但都可用于岩沥青改性混合料的施工。

其他施工环节虽有所不同,但同时施工单位可以较好地调整和控制。

5.7 岩沥青改性混合料的长期性能

在交通部西部科技项目中,共铺筑了三条试验路,包括新疆吐鲁番万艾公路,四川双流新津公路和重庆万开高速公路。虽然这些试验路路况良好,但使用时间均不超过三年,但课题组调查了河北、北京、山东等地区较早时间铺筑的试验路,这些修筑的岩沥青试验路经历了不利气候条件和交通条件的长期野外实际考验与性能检验,与室内研究相比,更能说明岩沥青路面的实际路用性能,尤其是低温性能与耐久性。

对河北宣大高速、107 国道、北京 110 国道、山东京福高速公路等岩沥青试验路的调查得到以下几点结论：①使用岩沥青的试验路通常比没使用的具有更好的路况，所有调查的使用岩沥青的试验路没有一条比普通路段路况差；②110 国道延庆～北京段是交通荷载最为严重的路段。该段落进京方向使用岩沥青，承受荷载远远重于出京方向，病害反而明显少于出京方向，而出京方向使用 SBS 改性沥青经过一次表面翻修；③调查路段均在北方地区，未见到因为使用岩沥青导致的裂缝增加。

6 结语

随着我国高等级公路建设的迅猛发展，改性沥青在我国公路沥青路面工程中得到了普遍应用，其中最普遍的是 SBS 改性沥青。本文研究了岩沥青的路用性能，并对工程应用中的设计、施工问题进行了分析，包括不同种类岩沥青的比较、岩沥青复合改性技术、工程应用的技术标准、目标配合比设计、岩沥青改性的掺加量、施工技术和长期性能等，希望能为工程应用提供技术依据和参考。

参考文献

[1] 交通部公路科学研究所，等．岩沥青资源开发与路用性能研究[R]．交通部西部交通建设科技项目研究报告，2007.08

[2] JTG F40—2004 公路沥青路面施工技术规范[S]．北京：人民交通出版社，2003

[3] Mark G. Bouldin. Gilsonite Modifier Hard Pen Binder Study[R]. American Gilsonite Company, 2002.03

超声法在检测混凝土缺陷中的应用

李永强

（天津市市政工程研究院　天津　300074）

摘　要　混凝土和钢筋混凝土结构物，有时因施工管理不善或环境条件的影响，其内部可能存在不密实区、空洞或裂缝等缺陷，影响结构的承载力和耐久性。本文结合京沪高速公路某桥工程实例，阐述了采用超声法检测箱梁腹板混凝土缺陷的原理、方法，并详细介绍了检测数据的处理过程。

关键词　超声法　检测　混凝土　缺陷

1　引言

混凝土是土木工程中最主要的、用量最大的建筑材料之一，目前混凝土和钢筋混凝土结构物，有时因施工不当（露振、振捣不足、模板漏浆、灌浆黏合不牢、钢筋过密或骨料粒径不合适）或环境条件的影响，其内部可能存在缺陷，其外部形成蜂窝麻面、裂缝或混凝土损伤等缺陷。这些缺陷的存在会不同程度地影响结构的承载力和耐久性。如何采取更为有效、快速的方法查明混凝土结构缺陷的性质、范围及尺寸，以便进行技术处理，避免工程隐患，是工程建设中一个重要课题。

检测混凝土缺陷大都采用无损检测技术，可分为两大类，一类是机械波法，其中包括超声脉冲波、冲击脉冲波和声发射等；另一类是辐射法，其中包括 χ 射线、γ 射线和中子流等。近年来又出现了红外热谱、电磁波和雷达扫描等技术。超声脉冲波的穿透能力较强，尤其是用于检测混凝土，这一特点更为突出，而且超声检测设备较简单，操作较方便，所以被广泛应用于混凝土结构缺陷检测。中国工程建设标准协会批准了《超声法检测混凝土缺陷技术归程》（CECS21:2000），该归程吸收了国内外超声检测设备最新成果和检测技术最新经验，使其适应范围更宽，检测精度更高，可操作性更好，更有利于超声法检测技术的应用。

2　超声法检测混凝土缺陷的基本原理及意义

2.1　超声法检测混凝土缺陷的基本原理

采用超声脉冲波检测混凝土结构缺陷的基本原理是，利用超声脉冲波在技术条件相同（指混凝土的原材料、配合比、龄期和测试距离一致）的混凝土中传播的速度、接收波首波的振幅和接收信号频率等声学参数的相对变化，来判定混凝土的缺陷。一般来说，在正常的混凝土结构中，上述参数无明显差异。如果混凝土结构某部分混凝土存在缺陷，破坏了混凝土的整体性，通过该处的超声波与无缺陷混凝土相比较，超声波只能绕过裂缝或空洞传播到接收换能器，由于传播路程的增长，声时明显偏长（声速明显降低）、波幅和频率明显降低。

另外，由于空气的声阻抗率远小于混凝土的声阻抗率，超声脉冲波在混凝土中传播时，遇到空洞、裂缝等缺陷，便在缺陷界面发生反射和散射，声能被衰减，其中频率较高的成分衰减更快，因此接收信号的波幅明显降低，频率明显减小或者频率谱中高频成分明显减少。再者经过缺陷反射或绕过缺陷传播的超声脉冲波信号与直达波信号之间存在声程和相位差，叠加后互相干扰，致使接收信号的波形发生

畸变。

根据以上原理，采用超声波仪对同条件下的混凝土进行声时、波幅、主频等参数的采集，对其变化进行综合分析，以判别混凝土结构缺陷的位置、范围等。

2.2 超声法检测混凝土缺陷的意义

(1)对混凝土施工过程中出现的问题，通过科学的方法检测其内部质量问题，做出正确的判断。

(2)对出现的缺陷，可及时查明其范围及严重程度，并提出处理意见，消除安全隐患。

(3)对影响结构安全性和耐久性的缺陷，通过科学方法的检测，为结构混凝土质量事故处理提供可靠的依据。

(4)对压力灌浆处理的结构混凝土，可用超声波监控灌浆的处理效果。

(5)对修补加固的混凝土，通过检测可以查明新老混凝土的结合质量。

3 超声法检测混凝土缺陷的方法

3.1 对测法

当结构被测部位具有两对互相平行表面时，可采用一对厚度振动式换能器，分别在两对互相平行的表面上进行对测。将一对发射(T)、接收(R)换能器，分别耦合于被测构件相互平行的两个表面，两个换能器的轴线位于同一直线上。如图1所示，先在测区的两对平行表面上，分别画出间距为100～300mm的网格，并逐点编号，定出对应测点的位置，然后将T、R换能器分别置于对应测点上，逐点读取相应的声时(t_i)、波幅(A_i)和频率(f_i)，并量取测试距离(l_i)。一般检测混凝土柱、梁等构件或钢管混凝土的内部密实情况及混凝土匀质性都首先采用此方法。

3.2 斜测法

当混凝土被测部位只能提供两个相对或相邻测试表面时，可采用斜测法(包括水平方向和竖直方向的斜测)检测。检测时，将一对T、R换能器分别耦合于被测构件的两个表面，两个换能器的轴线不在同一直线上，如图2所示。T、R换能器可以分别布置在两个相邻表面进行丁角斜测，也可以分别布置在两个相对表面，沿垂直或水平方向斜线检测。检测混凝土梁、柱的施工接茬、修补加固混凝土结合质量多采用此方法。

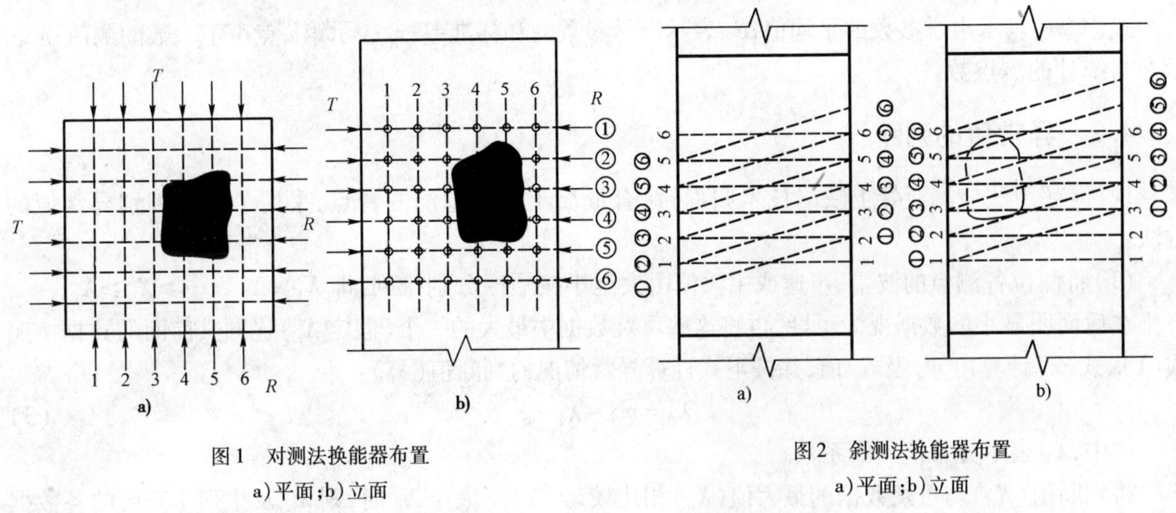

图1 对测法换能器布置

a)平面；b)立面

图2 斜测法换能器布置

a)平面；b)立面

3.3 钻孔测法

对于大体积混凝土结构，虽然具有一对或两对相互平行的表面，但测距太大，若穿过整个断面测试，接收信号很弱甚至接收不到信号。为了提高测试灵敏度,可在适当位置钻一个或多个平行于侧面的测孔或预埋测管,以缩短测距。检测时,钻孔中放置径向振动式换能器,用清水作耦合剂,在结构侧表面放置厚度振动式换能器,用黄油耦合。一般是将钻孔中的换能器置于某一高度保持不动,在结构侧面相应高度放置平面式换能器,沿水平方向逐点测读声时(t_i)、波幅(A_i),然后将孔中换能器调整一定高度,在沿水平方向逐点测试。

4 检测数据处理及异常点的判断

由于混凝土是非匀质材料,它是固-液-气三相混合体,而且固相中,粗骨料的品种、继配差异较大,即使是没有缺陷的正常混凝土,测得的声时、波幅和主频等参数值也会在一定范围波动。因此,不可能确定一个固定的临界指标作为判断缺陷的标准,一般都利用概率统计方法进行判断。

概率统计法的基本思想是,对总体进行抽样检测时,根据观测数据的平均值(m_x)和标准差(S_x),先给定一置信水平(如0.90),并确定一个相应的置信范围($m_x \pm 2S_x$),凡超过这个范围的观测值,就认为它是由于观测失误或者是被测对象性质改变所造成的异常值。如果在一系列观测值中混有异常值,必然歪曲试验结果。为了能真实地反映被测对象,应剔除测试数据中的异常值。

对于超声法检测混凝土缺陷技术来讲,一般认为正常混凝土的质量服从正态分布,在测试条件基本一致且无其他因素的影响下,其声速、波幅、频率观测值也基本属于正态分布。凡遇到读数异常的测点,一般都要检查其表面是否平整、耦合层中有否砂粒或是否存在别的干扰因素。因此,应该说在不存在观测失误的情况下,出现的异常测值,必然是混凝土本身性质改变所致。这就是利用统计学方法判定混凝土内部缺陷的基本思想。

4.1 声学参数的计算

一个构件或一个测试部位的混凝土声时(t_i)、波幅(A_i)和频率(f_i)等声学参数的平均值和标准差应分别按下式计算:

$$m_x = \frac{1}{n}\sum_{i=1}^{n} x_i \tag{1}$$

$$S_x = \sqrt{(\sum_{i=1}^{n} x_i^2 - n \cdot m_x^2)/(n-1)} \tag{2}$$

式中,m_x 表示声学参数的平均值;S_x 表示声学参数的和标准差;x_i 表示第 i 点声学参数的测值;n 表示参与统计的测点数。

4.2 异常值的判断

现行《超声法检测混凝土缺陷技术归程》结合混凝土缺陷检测的特点,采用了如下判别异常值的方法:

(1)将测位各测点的波幅、声速或主频值由大至小按顺序分别排列,即 $X_1 \geqslant X_2 \geqslant \cdots \geqslant X_n \geqslant X_{n+1} \cdots$,将排在后而明显小的数据视为可疑,再将这些可疑数据中最大的一个(假定 X_n)连同其前面的数据按照式(1)、式(2)计算出 m_x 及 S_x 值,并按下式计算异常情况的判断值(X_0):

$$X_0 = m_x - \lambda_1 \cdot S_x \tag{3}$$

式中,λ_1 表示异常值判断系数。

将判断值(X_0)与可疑数据的最大值(X_n)相比较,当 X_0 不大于 X_n 时,则 X_n 及排列于其后的各数据均为异常值,并且去掉 X_n,再用 $X_1 \sim X_{n-1}$ 进行计算和判别,直至判不出异常值为止;当 X_n 大于 X_0 时,应再将 X_{n+1} 放进去重新进行计算和判别。

(2)当测位中判出异常测点时,根据异常测点的分布情况,按下式进一步判别其相邻测点是否

异常：

$$X_0 = m_x - \lambda_2 \cdot S_x \quad 或 \quad X_0 = m_x - \lambda_3 \cdot S_x \tag{4}$$

式中，λ_2、λ_3 表示异常值判断系数，测点布置为网格状时取 λ_2，单排布置测点取 λ_3。

(3)当测位中某些测点的声学参数被判为异常值时，可结合异常测点的分布及波形状况确定混凝土内部所存在的缺陷位置、范围。

4.3 工程检测实例

以京沪高速公路工程某在建桥小箱梁腹板混凝土缺陷的检测为例，详细阐述了超声法检测混凝土缺陷的方法。

4.3.1 工程概况及测点布置

该桥上部结构采用5跨35m斜交45°简支变连续后张预应力混凝土小箱梁，截面形式如图3所示。施工单位拆模后发现第2孔2、4号两片小箱梁($2-S_2$、$2-S_4$)腹板外表面局部有蜂窝现象。为了弄清楚该两片小箱梁腹板混凝土内部质量情况，采用NM-3B非金属超声波分析仪对其进行了超声法检测，测区选择在腹板表面有明显蜂窝部位，$2-S_2$ 小箱梁腹板超声测区布置如图4所示。现介绍 $2-S_2$ 小箱梁腹板混凝土超声检测后的数据处理。

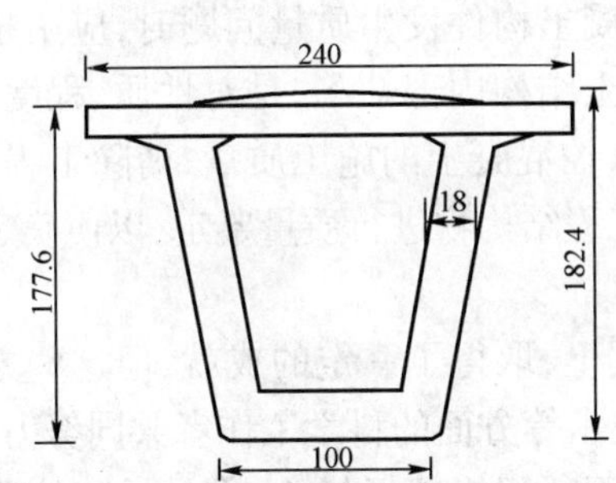

图3 小箱梁端面示意图(单位:cm)

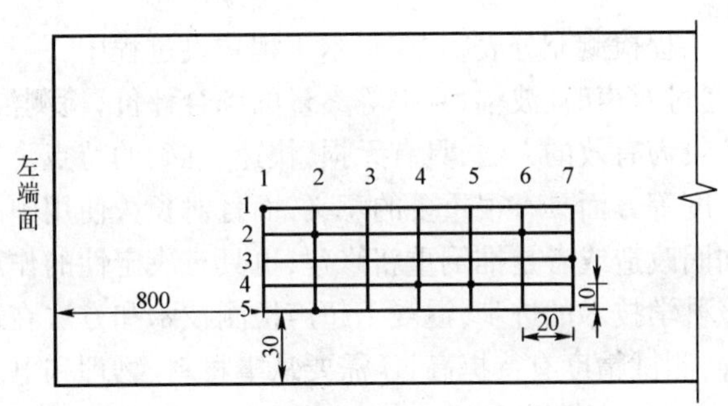

图4 $2-S_2$ 小箱梁超声腹板测区示意图(单位:cm)

4.3.2 异常值的判别

$2-S_2$ 小箱梁腹板混凝土超声波检测声速值的测量结果如表1所示。

$2-S_2$ 小箱梁腹板混凝土超声波检测声速值　　表1

X	1	2	3	4	5	6
1	4.529	4.529	4.369	4.455	4.327	4.639
2	4.369	4.327	4.245	4.545	4.412	4.500
3	4.592	4.327	4.206	4.054	4.167	3.982
4	4.592	4.412	4.369	4.245	4.206	4.286
5	4.245	3.982	4.091	4.128	4.327	4.327

(1)第一级判别：将声速由大至小按顺序排列，代入式(1)、式(2)，得到 $m_x=4.330$、$S_x=0.183$，则由式(3)得到判断值：$X_0=m_x-\lambda_1 \cdot S_x=4.330-1.83\times0.183=3.995$。可见 $X_0>X_{3-6}\geqslant X_{5-2}$，则3~6、5~2测点为异常值。

剔除上述两点，再将剩余28个声速值由大至小按顺序排列，代入式(1)、式(2)，得到 $m_x=4.335$、$S_x=0.163$，则由式式(3)得到判断值：$X_0=m_x-\lambda_1 \cdot S_x=4.335-1.80\times0.163=4.062$。可见 $X_0>X_{3-4}$，则3~4测点为异常值。

再次剔除上述一点，再将剩余27个声速值由大至小按顺序排列，代入式(1)、式(2)，得到 $m_x=4.366$、$S_x=0.155$，则由式(3)得到判断值：$X_0=m_x-\lambda_1 \cdot S_x=4.366-1.785\times0.155=4.089$。剩余27个声速值均大于 X_0，最后得到小于 $X_0=4.089$ 的测点值均为异常值，则异常值为3~4、3~6、5~2。

(2)第二级判别:对上述异常值的周围相邻附近点2-3、2-4、2-5、2-6、3-3、3-5、3-6、4-1、4-2、4-3、4-4、4-5、4-6、5-1、5-3共15点再按上述方法进行判别,其中$X_0=m_x-\lambda_2\cdot S_x$。由计算得到:$X_0=4.197$,则小于$X_0=4.197$的测点均为缺陷点,则测点5~3、3~5为缺陷点。

4.3.3 检测结论

最终,2-S_2小箱梁腹板混凝土缺陷的检测结果如表2所示。表2中内部填充浅灰色为第一级判别缺陷区,内部填充深灰色为二级判别缺陷区。2-S_2小箱梁腹板上述区域混凝土不密实。

2-S_2小箱梁腹板混凝土缺陷的检测结果 表2

1-1	1-2	1-3	1-4	1-5	1-6
2-1	2-2	2-3	2-4	2-5	2-6
3-1	3-2	3-3	3-4	3-5	3-6
4-1	4-2	4-3	4-4	4-5	4-6
5-1	5-2	5-3	5-4	5-5	5-6

5 结语

本次工程检测充分表明,在土木工程建设过程中,一旦混凝土构件发生质量问题时,应用超声法检测技术,通过对声时、波幅、频率等参量的综合评价,检测混凝土结构内部缺陷,是对性质、程度、范围进行评估的较为有效的方法,具有无损、快速、准确的特点。在监控混凝土的施工质量、消除工程隐患、加快施工进度等方面具有很重要的意义,而且对长久使用中的工程结构物进行质量鉴定,以便确定继续使用还是加固改造或者是推倒重新修建,也具有决定性的作用。

随着科学技术的进步,混凝土超声检测技术和方法在运用上,取得了一定的成就,但这些方法有的还未完善,测试精度有待提高,还需要从事材料、物理和电子技术等方面的科学工作者共同努力,进一步提高混凝土超声检测的技术水平。同时,检测人员加强实践,不断积累现场经验,也是提高检测水平的有效途径。

参考文献

[1] 胡建恺,张廉琳. 超声检测原理和方法. 北京:中国科学技术大学出版社,1993
[2] 吴新璇. 混凝土无损检测技术手册. 北京:人民交通出版社,2003
[3] CECS21:2000超声法检测混凝土缺陷技术归程. 中国工程建设标准化协会,2000
[4] 北京康克瑞工程检测技术有限责任公司. NM-3B非金属超声波分析仪使用技术手册

深层水泥土搅拌桩对天津滨海地区软土地基的固化处理

刘法学
（天津市铁路集团勘察设计院有限公司）

摘　要　通过对水泥土搅拌桩加固原理阐述，分析深层水泥搅拌桩的各种特性及影响其强度增长的因素，结合临港工业区软基处理，对深层水泥土搅拌桩加固滨海地区软土地基的应用深入分析。

关键词　深层水泥土搅拌桩　滨海地区软基　加固处理

随着天津滨海新区开发开放，天津滨海地区土建工程激增，天津滨海新区位于天津沿海地区，该地区为软土地区，工程地质比较差，本文结合近年一些工程实例，对用深层水泥土搅拌桩对天津滨海地区软土地基的固化处理的经验进行总结。

1　天津滨海地区软土工程地质

天津滨海地区为冲积平原及滨海平原，几百米深度范围内全为第四系松散椎积层。地下水埋深在0.8～1.5m，为软土地基。尤其在塘沽，沿海中上部地层广泛分布有海相沉积层，岩性为淤泥、淤泥质黏土及淤泥质粉质黏土，厚度一般为3.0～10.0 m，工程地质条件很差。

软土地基分布路段表层为杂填土，黄褐色，成分较杂，主要由黏性土组成，含碎石、砖块，厚0～1.1 m；其下为黏土：黄褐色，灰黄色，硬塑→软塑，厚0～3.5 m；淤泥质黏土：灰褐色，软塑→流塑，厚0～2.0 m，局部呈透镜体分布，$\gamma = 18.3\ \text{kN}\cdot\text{m}^{-3}$，$c=14.37$ kPa，$\phi=3.79°$；再下为淤泥质粉质黏土：灰褐色～灰色，流塑，厚8.8～13.7 m，$\gamma = 18.2 \sim 18.4\ \text{kN}\cdot\text{m}^{-3}$，$c=13.04$ kPa～15.08kPa，$\phi=3.48° \sim 5.35°$；粉土：灰褐色，湿→很湿，稍密→密实，厚0～5.0 m；较连续分布于海相层的底部。地下水为第四系孔隙潜水，水量丰富，一般埋深0.7～3.0 m。由于上述土层形成时代较新，压缩性高、强度较低，路基工程进行稳定性检算和沉降检算后均需采取相应的处理措施。

2　软土地基处理方法选择及地基加固设计

2.1　软土地基处理方法选择

软土因其承载力很低，并且在上部施加荷载后，会产生较大的沉降变形，所以在修筑路堤之前要进行适当的处理方能满足工程的设计要求。地层条件及土性常数是选择地基处理方案的首要依据。工程实践证明，对于深厚软黏土地基或黏性较大的软土地基的加固处理以深层搅拌法和排水固结法居多，而根据多年实践经验，排水固结法处理的地基，基本承载力达到70kPa左右，无法满足一些工程对承载力的要求，同时排水固结法处理的地基时间较长，有时不能满足工期要求。而深层搅拌法以搅拌桩和旋喷桩复合地基处理效果较好。由于搅拌桩和旋喷桩由已在地面充分搅拌好的水泥浆喷入或搅拌入土层中而后固化成型，所需水分不依赖于土中的含水量，质量易于保证。

深层搅拌法处理深度一般要超过5m，一些资料显示最大加固深度可达60 m。根据铁路工程地基处理经验，深层搅拌桩处理深度一般不超过15～18 m。深层搅拌法采用的固化剂一般分水泥类、石灰类、沥青类和化学材料类。目前最常用的固化剂就是水泥类固化剂,其次是石灰类固化剂。用水泥类固化剂的搅拌桩 又分为"湿法"和"干法"两种工艺,水泥土搅拌桩就是典型的"湿法"。"干法"工艺的代表就是粉体喷射法,一般称粉喷桩,本文主要谈"湿法"。天津临港工业区公路主要采用水泥作固化剂,一般称作深层水泥土搅拌桩。

2.2 软土地基加固设计

在天津临港工业区公路路基设计中,对于软土路段的地基处理主要选择水泥土搅拌桩。在这些路段的软土路堤设计中,路基基底采用水泥搅拌桩处理,桩直径0.5m, 间距1.0m, 等边三角形布置,桩长9~15m,桩顶设0.3m厚的三七灰土垫层或0.5m厚的碎石垫层。

3 水泥土搅拌桩施工工艺

3.1 清淤平整

施工现场应予平整,清除地上地下一切障碍物。需回填土的低洼场地应抽水清淤后,分层回填黏性土填料,并予以适当压密,不得回填杂填土。

3.2 标定

搅拌桩施工前应对搅拌机械的灰浆泵输浆量、灰浆经输浆管到达搅拌机输浆口的时间和起吊设备提升速度等施工参数进行标定。并根据设计要求通过成桩试验,确定搅拌桩的配比和施工工艺。水泥浆液的配制要严格控制水灰比,一般为0.45~0.5。使用的水泥和外加剂通过室内加固土试验确定。

3.3 水泥搅拌桩主要按下列步骤进行

搅拌机械就位、调平;预搅下沉,下沉时可采用喷浆工艺;喷浆搅拌提升至设计停浆高程;重复搅拌下沉;重复喷浆、搅拌至设计停浆高程后,再提升到孔口;测量料罐剩余量,对不满足设计要求的桩位应立即补搅,关闭机械,桩机移至下一机位。

3.4 抽检

水泥搅拌桩质量检验的项目及抽检数量, 按国家和天津市有关规范、规则办理。

4 讨论

水泥土搅拌桩适应性较强,但是在应用时,特别是应用于滨海地区的软土地基加固时,应注意以下几个问题。

4.1 加固深度

虽然水泥土搅拌桩加固深度曾有过60 m 甚至更长的记录,但根据使用目的的不同,其加固深度应有所限制。柔性桩和半刚性桩的单桩有效长度虽然随桩身强度的提高而增大,但基本就在10 m 以内。对群桩作用的复合地基有效桩长目前虽不是十分明确,但由于水泥土搅拌桩复合地基的分层沉降和水平收敛深度在15 m 左右, 所以在作为承载作用下,水泥土搅拌桩加固深度还是以不超过15~18 m 为宜。当软土层埋深较深, 需加固长度较大时,应考虑采用水泥土搅拌桩加固的可行性。

4.2 软土层性质及水质情况

有机质含量是影响水泥土搅拌桩加固效果的一个主要因素,对软土地基、特别是滨海地区的软土地

基采用该类型桩基加固设计时,应进行有机质含量、可溶盐含量及总烧失量分析,特殊地区还应对软土进行矿物成分分析,确定水泥的适用性。地下水酸碱度、硫酸盐含量也是选择水泥种类考虑的关键因素。对于滨海地区,这几项工作尤其应当引起足够重视。津滨轻轨中段典型软土有淤泥质黏土,灰及深灰色、灰褐色,流塑状,具有臭味,厚0.0~5.1m,有机质含量1.17%~2.11%;淤泥质砂黏土,灰及灰褐色,流塑状,具有臭味,厚0.0~16.4m,有机质含量0.35%~2.39%;淤泥,浅灰至深灰色,流塑,以黏土为主,疏松,有机质含量2.42%~2.89%。有机质含量尚不高,可以采用水泥土搅拌桩进行加固处理。

4.3 软土层含水量情况

由于软土的含水量大小对水泥土强度影响较大,所以,当软土呈流塑状态,含水量较高($w>80\%\sim90\%$)、液性指数($IL>1.2\sim1.5$)时,由于在自然状态下的强度增长与实验室养护条件下差别较大,应考虑在自然状态下,水泥土强度的增长随深度、土层、含水量、温度的不同,存在差异的情况。津滨轻轨中段软土淤泥质黏土、砂黏土$w=38.9\%\sim47.2\%$,$w\ L=33.9\%\sim42.4\%$,淤泥$w=57.2\%$,$w\ L=48.0\%$,液性指数为1.1~1.2之间,因此,在软土层较深(>10m)、含水量较大时,应注意水泥土强度增长的差异。

4.4 龄期及强度问题

理论上普遍把3个月龄期的强度作为水泥土检验的标准强度,这是根据水泥在混凝土工程中的表现来确定的。虽然水泥土的强度增长与混凝土有共性之处,但在实际工作中,在自然环境下,特别是在桩身较深的软土层,抽芯试验常产生偏差,有些甚至难以取芯。造成这些情况的原因何在?笔者认为,施工时,在各种技术参数(包括喷搅次数、提升速度、搅拌速度、浆液流量等)基本一致的情况下,仍会产生上下段不一致,甚至相差较大的情况。应当说,自然环境条件的不同(土层、埋深、含水量、地温等因素)对水泥土达到同等强度的时间有较大的影响,也可以说,龄期强度此时难以真正描述整根桩水泥强度的增长情况。

4.5 其他

虽然水泥土搅拌桩加固法受很多因素的制约,但只要应用得当、考虑周密,其使用前景依然广阔。此外,有时水泥配比试验结果波动很大,确定合理的强度参数对水泥土搅拌桩的设计意义重大,需要反复衡量,必要时要增加验证工作;设计时,对桩间土的承载力取值也值得考虑,加固后的桩间土的承载力直接使用天然土(有时是软土)的承载力是否保守,还需要根据具体情况确定。

参考文献

[1] 赵明阶.土质学土力学[J].北京:人民交通出版社,2007
[2] 本书编委会.简明地基基础结构设计施工资料集成[J].北京:中国电力出版社,2007

混凝土面层龟裂产生机理及防治措施

俞伯林
（福州市规划设计研究院　福州　350003）

摘　要　对产生混凝土面层龟裂的原因进行了深入探讨，并对国内外有效的防治措施进行了归纳总结。最后，结合几个已建工程案例，对几种常用的防治措施的可行性进行了分析。

关键词　混凝土面层　龟裂　产生机理　防治　工程案例

1　混凝土面层龟裂问题

龟裂是属于裂缝的一种，是一种微细裂纹。在混凝土表面干燥的情况下，其肉眼不可见，宽度小于0.02mm，用水湿润时则可见，呈现为纵横交错状如龟壳纹样的裂纹。虽然在初期肉眼不可见，但随着时间的延长，混凝土制品在经受干湿和冷热交替的作用后，这种裂纹会由表面向纵深发展，而成为肉眼可见的裂缝[1~4]。我们经常可见到一些混凝土面层就有这种现象，如图1所示。

a)

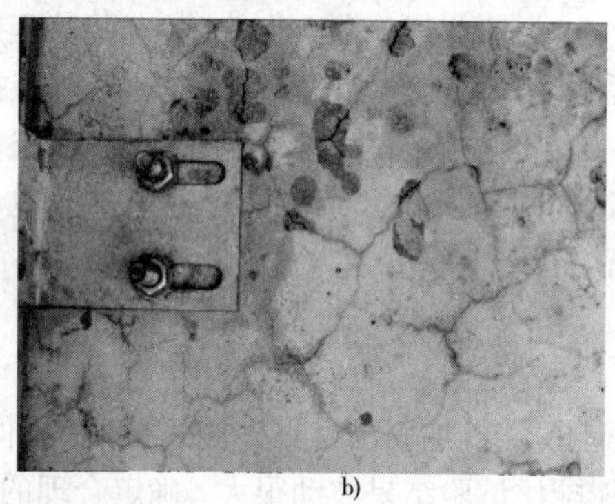
b)

图1　混凝土块面层龟裂照片
a)整体外观；b)局部放大

龟裂属于混凝土面层裂缝中的一种，此类裂缝细小、数量多、不规则，往往遍布整个混凝土面层，出现的时间有早有晚。有的两三天内就出现，有的在面层施工完毕后15~30d后出现，而有的则在半年或者一年后才变得较为明显[3,5]。虽然龟裂在初始时只存在于表面，但仍会有发展成有害裂缝的可能。普通混凝土在浇筑后早期硬化阶段，会因泌水和水分散失而产生塑性收缩，使混凝土产生细微龟裂；在硬化后期还会产生干缩裂缝，削弱其整体性。在温度应力及其他外力作用下，裂缝将进一步发展甚至碎裂，从而影响到混凝土的耐久性和抗磨性能；而且因裂缝渗水，钢筋容易锈蚀。这一问题在薄板型结构和需要快速硬化的情况下，尤其突出，严重影响混凝土表面的观感得分和工程创优，因此混凝土面层龟裂问题已引起了工程界和学术界的广泛重视和关注[3,5]。

2　混凝土面层龟裂的种类

混凝土面层龟裂还可以归纳为混凝土约束性龟裂、混凝土干缩性龟裂和混凝土不均匀性龟裂三大类[4,5]。

2.1 混凝土约束性龟裂

在干缩过程中，混凝土遇到如钢筋或其他预埋件的约束，在混凝土内部产生的拉应力超过混凝土抗拉强度时就会产生裂缝[2]。在配筋率较大(超过3%)的构件中，钢筋对混凝土收缩的约束比较明显，混凝土表面容易出现龟裂。另外，钢筋混凝土预制面的现浇面层收缩的约束力较大，当面层收缩变形较大时，就易产生约束性龟裂。现浇面层混凝土中存在多余的游离水，水分蒸发后混凝土表面与内部变形不一致，导致约束性龟裂产生[6~8]。例如，现浇面层混凝土坍落度过大、可塑性差，浇灌入模后骨料下沉，造成离析。由上到下分布是，砂浆、小粒径石子、大粒径石子。由于这样自上而下的呈层分布，导致混凝土面层材料上下不均匀，混凝土硬化后上下收缩不一致，产生约束性龟裂。

2.2 混凝土干缩性龟裂

面层混凝土养护方法不当或养护不及时，造成表面失水过多、过早，水泥没有充分水化，发生较大的干缩变形而产生干缩性龟裂[6~9]。例如，面层混凝土浇筑前，面板表面未进行冲洗、湿润，预制面板吸收大量面层混凝土中的水分，使面层上下产生不均匀性收缩龟裂。面层抹面收面时间掌握不好或抹面时风力较大、气温较高，使得混凝土表面水分蒸发较快，易产生干缩性龟裂。

2.3 混凝土不均匀性龟裂

混凝土所用的砂石中杂质（如泥土、粉尘、有机物等）含量过大、砂石级配不良或骨料粒径过大，拌制混凝土时计量不准确，混凝土时干时稀等原因导致混凝土均匀性差而产生不均匀性龟裂[9]。此外，混凝土振捣时插点随意、不均匀，振捣时间不一致使面层混凝土不均匀而产生不均匀性龟裂。

3 混凝土面层龟裂产生原因

从生产环节看，材料、设计和施工三方面均存在有产生混凝土龟裂的原因。

3.1 材料方面

(1)混凝土所用的砂石料中杂质(如泥土、有机物等)含量过大，石子级配不合理，砂子细度模数小等原因造成混凝土均匀性差[10]。图2为某工程级配不合理的混凝土面层侧面照片，由图可见粗骨料没有得到密实填充，粗骨料之间存有大量的空隙。

(2)水泥、骨料等中含有过量有害物质，如游离的SO_3等。某工程因拌和的水含有大量腐蚀性化学物质和有机质，导致混凝土面层出现大量龟裂。

(3)采用高水化热的水泥或水泥的品质不稳定等，造成混凝土水化热过大、混凝土水化不充分而引起的混凝土开裂[11,12]。

图2 发生龟裂的混凝土面层侧面

3.2 设计方面

(1)混凝土的配合比设计不合理。如水泥用量过大或砂率过大，外掺剂使用不当等[10]。

(2)混凝土保护层厚不够，特别是当混凝土密实性不良，环境中的氯离子等和溶于水中的氧会使混凝土中的钢筋生锈，表面生成氧化铁，氧化铁锈体积膨胀，对周围混凝土挤压，产生龟裂。

(3)钢筋混凝土结构断面较小，钢筋过密，如遇大石子卡在钢筋上，使混凝土拌和不均匀而产生不均匀性龟裂。

3.3 施工方面

(1)混凝土养护期内因养护的方法、养护的次数以及气候的变化造成混凝土面层失水过多、过早，水泥没有充分水化，发生较大的干缩变形而产生的混凝土干缩性龟裂。当施工时气温高、风速大、相对湿度低时最容易发生[13,14]。

(2)混凝土均匀性差，结构各部位的材料配合比相差较大，造成混凝土收缩不均匀而产生不均匀性龟裂。

(3)混凝土经远距离运输后变得不均匀，未及时采取有效措施，而直接入模振捣，造成面层混凝土均匀性差，产生不均匀收缩。

(4)混凝土振捣不规范，插点不均匀，振捣不充分或过振造成混凝土不均匀甚至离析，导致混凝土过度失水。

(5)混凝土面层抹面次数不够，或面层最后收面时机掌握不当，尤其在夏季，面层往往出现终凝假象，导致混凝土面层产生干缩性裂缝。

(6)季节变化或气候变化。施工时外部温差过大或遭雨淋的面层也容易产生龟裂。

4 面层混凝土龟裂的防治措施

面层混凝土龟裂虽是一个老大难问题，但并不是不可克服的顽症，只要我们针对施工实际情况制定严密的施工技术措施，采取有效的施工工艺，面层龟裂是可以得到控制的。龟裂是一种较特殊的表面裂纹，与一般工程上所指的裂缝不同，它们产生的原因也不太一致，因此在处理龟裂与处理一般裂缝时其方法上应有所不同[8]。

从混凝土面层龟裂产生的原因看，在具体工程中可以结合实际情况和可能条件，采取了以下几种措施。

4.1 材料方面

严格控制材料品质，并做好现场施工材料的堆放，避免水泥被雨淋，砂子和石子被杂质或建筑垃圾混淆，拌和水遭受污染。选择收缩小而早期强度高的水泥。

4.2 设计方面

(1)选择级配良好的砂石做粗骨料，严格控制砂石的杂质含量，严格进行混凝土投料计量，防止人为造成混凝土的不均匀性。

(2)采取降低混凝土的塌落度等措施，严格控制好混凝土坍落度。一般控制在50~70mm，使混凝土可塑性较好。

(3)选用低水化热的水泥，减少水泥用量，掺入细掺料(如粉煤灰等)，应用高性能混凝土等等。

(4)设置接缝，例如，水泥混凝土面层具有热胀冷缩的性质，为避免因温度和湿度的降低而使混凝土板收缩产生不规则的裂缝，混凝土路面在纵横两个方向设置许多接缝，把整个路面分割成许多板块。

(5)表面增强法，即在现浇面层混凝土中掺入一定量的聚丙稀纤维等材料来提高混凝土的表面张力，以减少面层龟裂。

(6)在浇筑方便的条件下，钢筋直径越细、间距越小(不应小于规范允许钢筋最小净距)则对预防龟裂越有利。

(7)钢筋应有足够的保护层厚度，因条件限制不能满足保护层厚度时，可以通过涂刷防碳化涂料来弥补保护层的不足，但选材是一定要注意涂层本身一定要抗碱和紫外线。

4.3 施工方面

(1)施工前对预制面板、已浇筑的混凝土进行充分均匀湿润,并清除表面积水。

(2)严格控制振捣时间和振捣的均匀性,防止漏振和过振。

(3)采用抹面机抹面,提高抹面的均匀度,并选择控制好抹面时机,以混凝土初凝后手压混凝土有印痕为宜。机械抹面后进行人工细平和拉毛,然后先覆盖塑料薄膜再覆盖土工布进行保温养护。

(4)混凝土面层及时养护,混凝土终凝时,面层四周用黏土围住,泡水养护。

(5)对浇筑好的面层混凝土及时进行切缝处理,以便让面层混凝土有足够的伸缩余地。

(6)采用真空吸水工艺。真空吸水工艺就是从新鲜混凝土混合物中排出空气及多余的游离态水分,同时在压力差作用下对新鲜混凝土进行压缩的过程。由于排出一部分过剩水分,使混凝土水灰比降低,孔隙率减小并使毛细孔道直径变小,减少因水分蒸发而产生的收缩变形,从而减少混凝土龟裂的产生和开展。

(7)表面屏蔽法,即阻隔 CO_2 与表面的直接接触,延缓或避免表面碳化,又减少干缩,例如喷养护剂等。

(8)表面碱度降低法,即减少碳化的影响,例如用草酸处理表面。

(9)表面收缩补偿法,即减少表面收缩,例如,使用含膨胀剂的复合脱模剂。

5 工程案例分析

5.1 养护

混凝土的凝结与硬化是由于水泥水化反应的结果。为使已浇筑的混凝土能获得所要求的物理力学性能,在混凝土浇筑后的初期,采取一定的工艺措施,建立适当的水化反应条件的工作,称为混凝土的养护。由于温度和湿度是影响水泥水化反应速度和水化程度的两个主要因素,因此,混凝土的养护就是对在凝结硬化过程中的混凝土进行温度和湿度的控制[15]。

分类如下:

- 混凝土在养护
  - 标准养护
  - 自然养护
    - 覆盖浇水养护
    - 塑料薄膜保湿养护
      - 薄膜养护剂养护
      - 塑料布养护
  - 热养护

具体应用实例如下所述

(1)海北大青鸟企业发展大厦基础底板混凝土总量约 7 000m^3,属大体积混凝土,混凝土养护采用蓄水法。

(2)福州机场高速公路采用包裹塑料布并浇水养护,如图 3 所示。

图 3 福州机场高速公路塑料膜包裹的桥墩

(3)秦山三期(重水堆)核电站反应堆厂房底板,采用养护剂涂层养护方法,对于大体积混凝土,局部或全部涂一层养护剂以阻止拌和水损失,但必须保证养护剂的质量和涂层厚度,同时还应提供一定的潮湿养护条件,覆盖一层塑料薄膜。

5.2 真空吸水

宁波港北仑三期水工工程平台部分面层混凝土,通过真空吸水工艺吸出 10% 左右的水分,面层龟裂现象得到一定的控制,龟裂现象比采用普通的混凝土施工工艺明显减轻。但随着时间的推移,龟裂有所开展。真空吸水同普通混凝土施工工艺相比,施工工序复杂,单次施工面积小,特别是夏季施工混凝土凝结时间短,吸水效果不好。北仑三期工程未全面推广该工艺[3,5]。

5.3 采用粉煤灰拌和混凝土

混凝土的表面碳化是 $Ca(OH)_2$ 的碳化,这一过程不需要很长的时间,其在数小时内就可能发生。碳化会引起混凝土的表面收缩,再加上干缩的叠加作用,当混凝土本身的抗拉强度不足以抵抗收缩所产生的拉应力时,将导致混凝土的开裂,从而产生微细裂纹。

一般说来,碱度越高,碳化越慢。这一规律是对混凝土的整体碳化而言的,混凝土的表面碳化并非如此。因为混凝土的表面主要成分为 $Ca(OH)_2$,根据化学平衡原理,碱度 $Ca(OH)_2$ 越高,越有利于 $Ca(OH)_2$ 的碳化。因此,混凝土的表面碱度越高,则表面的碳化越快,收缩也越大,越易产生裂纹,特别是在早期。因此,降低混凝土表面的碱度,特别是早期,可减少龟裂的产生。

粉煤灰固然对降低混凝土的整体碱度有很大影响,然而它却并不能降低混凝土的表面碱度,其中的原因主要在于:①粉煤灰在早期的活性较低,不能消耗大量的水化产物 $Ca(OH)_2$,不能阻止大量的 $Ca(OH)_2$ 向混凝土表面析出;②即使其活性增大后可消耗大量的 $Ca(OH)_2$,但仍不能阻止未被消耗的 $Ca(OH)_2$ 向表面迁移和富集。因此掺加粉煤灰对减轻表面龟裂的作用不大,而且掺粉煤灰之后,会降低混凝土的表面强度特别是抗拉强度,更不利于裂纹的减少,而且还有可能加重龟裂的出现。

某地铁管片的生产实践已证明了这一点,生产中改为不加粉煤灰之后,龟裂程度减轻很多。粉煤灰对面层龟裂的影响实验如下所述:

用养护剂喷洒在刚脱模的管片(未经蒸养)上的某一部位,定期观察管片的情况。第二天就发现未喷的部位出现了龟裂,而喷养护剂的部位则未出现龟裂,以后一段时间观察,情况仍然如此。由这一现象可以看出,养护剂一方面阻隔了 CO_2 与管片表面的直接接触,另一方面也减少了水分的蒸发,既延缓或避免了碳化,又减少了干燥收缩,因而延缓或避免了龟裂的出现。

5.4 在混凝土中掺入合成纤维

5.4.1 掺入钢纤维

钢纤维混凝土修补路面,用钢纤维混凝土修筑路面,由于钢纤维均匀地分散于基体混凝土中(与混凝土一起搅拌),通过分散的钢纤维,减小因荷载在基体混凝土引起的细裂缝端部的应力集中,从而控制混凝土裂缝的扩展,提高整个复合材料的抗裂性,同时由于混凝土与钢纤维接触界面之间有很大的界面黏结力,使钢纤维混凝土作为一个均匀的整体抵抗外力的作用,显著提高了混凝土原有的抗拉、抗弯强度和断裂延伸率。特别是提高了混凝土的韧性和抗冲击性。

具体应用实例如下所述:

(1)福州盖山西路局部路段采用钢纤维混凝土路面,混凝土面层厚度160mm,已通车,使用情况良好。

(2)沈阳贝卡尔特厂房地面混凝土掺加钢纤维,提高抗裂性以及其抗耐磨性,效果良好。

5.4.2 掺入纤维网

纤维网是一种新型的混凝土增强纤维,该技术由美国军队工程师团博特工程协会在20世纪80年代中期研究成功,已经在全球100多个国家和地区广泛使用,因其具有良好的社会效应和经济效益,已引起各方面的高度重视[5]。

纤维网是由聚丙烯合成的薄膜短条带,其特点是直径小、数量多、易分散。加入混凝土原材料中,在搅拌机的搅拌下,受到水泥、砂石料的冲击混合,成束的纤维会撕裂大量的三叉、二叉或单独的纤维不会纠缠成团,以三维的方式均匀自动地分散在混凝土中,从微观上改变了混凝土的内在品质,因此把聚丙烯纤维当作混凝土的防裂纤维或"次要加强筋"使用。在混凝土结硬过程中,纤维网可以有效地抑制混

凝土的塑性收缩龟裂。掺入纤维后，大量均匀分布的纤维限制了混凝土浇筑初期不同比重物质的相对运动，首先抑制了毛细管的发展，进而抑制了龟裂裂纹的产生，提高了混凝土的整体性。据有关资料表明，纤维网对混凝土龟裂程度的控制效果，比普通混凝土高出90% ~100%，这就保证凝固后的混凝土，有较大的密度和发挥较高的强度。加上纤维网的约束作用，能够更好地抵抗温度变形和其他外力引起的裂缝的发展。

纤维网用于混凝土路面，可成倍延长混凝土路面的寿命，保证路面完好性延长5~10年。纤维网用于桥面或桥面的铺装层，可有效地控制和减少裂缝，提高桥面的防水性能。对于水利工程，如水槽、水池等，纤维网既能抑制混凝土的塑性收缩，又提高了抗渗性能。工业及民用建筑采用纤维网可提高建筑物的整体性，对于防火、抗震具有重要的意义。

作为混凝土的掺和料，聚丙烯纤维网可以应用到各种混凝土，国外已经有很多工程实例。进入20世纪90年代以来，纤维混凝土在中国有了较为广泛的应用，其中以东北、华北、中南和西南地区的道路和桥梁应用的工程实例较多[2,3,5]。上海港务工程公司在外三期、外四期现场浇注码头面层混凝土施工中都选用掺加聚丙烯纤维网混凝土，有效地控制和减少码头面层龟裂的产生，提高了工程质量。随着国内大规模基础建设的推进，在高速公路、机场建设、桥梁、水库、高层建筑、水泥预制件、喷射混凝土、隔热保温水泥板、水泥空心砌块、水泥砂浆打底等等施工中都具有广泛的使用。北京2008奥运场馆建设和青岛奥运场馆建设也均有选用，取得了良好的效果。

具体应用实例如下所述[2,3,5]。

(1)1985年美国在宾夕法尼亚州322号高速公路上，曾作了1.5km的对比试验。在旧路的外侧车道铺63mm厚的普通混凝土面层，内侧铺同厚度同标号的纤维混凝土面层。一年后检查，普通混凝土路面出现龟裂和严重断裂，有纤维的路面却无任何龟裂产生。六年后再次检查，普通混凝土路面已明显断裂并且磨损严重，掺有聚丙烯纤维的混凝土路面却仍然良好。

(2)墨西哥城从1989年起，要求市区和郊区的重要公路都采用纤维混凝土路面，厚度从125~200mm，并取消任何类型的加强钢筋。

(3)广州市环城高速公路建设中，第一期路段采用普通混凝土，路面产生了塑性龟裂和裂缝；第二期采用了钢纤维混凝土路面，龟裂减轻，但锈蚀严重，并且对汽车轮胎造成严重的磨损；第三期占2/3里程的路段采用了纤维混凝土，使用情况良好。

(4)郑州市一新建普通混凝土路面因出现严重的破裂，用纤维混凝土修复7天后恢复通车。

(5)天荒屏水电站厂区道路在2000年大范围使用国产改性聚丙烯纤维浇筑混凝土，效果颇好。

(6)在桥梁工程中，用纤维混凝土作桥面铺装层可有效地抑制和减少裂缝，增强桥面的防水性和抗破碎能力，减缓钢筋锈蚀和延长结构的寿命。

山东济青高速公路一桥面混凝土出现严重破碎，1996年用纤维混凝土修复，10天后恢复使用，效果良好。郑州市政当局从1996年开始，以纤维混凝土取代金属网作公路、桥梁路面的加强结构。由交通部二局承建的西安市环城立交桥，由于采用了纤维混凝土，成功地解决了桥面混凝土容易产生裂缝的问题。

(7)在飞机场跑道、停机坪上采用纤维混凝土，能提高混凝土在飞机降落时的抗冲击能力，减少接缝处混凝土破裂的小碎片被喷气发动机吸入产生事故的隐患，提高飞行的安全性。美国的丹佛国际机场、夏威夷机场、得克萨斯州空军基地等都采用了纤维混凝土作为加固措施之一。

参考文献

[1] F.M.李(英国).水泥和混凝土化学[M].北京：中国工业出版社，1966.3

[2] 戴国强.混凝土收缩温度应力及构造措施[J].建筑结构，1997 (1)：57-60

[3] 贡金鑫，赵国藩.钢筋混凝土结构耐久性研究的进展[J].工业建筑，2000，30 (9)：23-25

[4] 韩素芳,耿维恕.钢筋混凝土结构裂缝控制指南[M].北京:化学工业出版社,2004
[5] 王铁梦.工程结构裂缝控制的综合方法[J].施工技术,2000 (5):36-42
[6] 黄国兴.混凝土的收缩[M].北京:中国铁道出版社,1999
[7] 何庭树.混凝土外加剂[M].西安:陕西科学技术出版社,2003
[8] 何星华,等.建筑工程裂缝防治指南[M].北京:中国建筑工业出版社,2005
[9] 曲德仁.混凝土工程质量控制[M].北京:中国建筑工业出版社,2005
[10] 张应立.现代混凝土配合比设计手册[M].北京:人民交通出版社,2002
[11] 叶琳昌,沈义.大体积混凝土施工[M].北京:中国建筑工业出版社,1987
[12] 朱伯芳.大体积混凝土温度应力与温度控制[M].北京:中国电力出版社,1999
[13] 中国工程建设标准化协会标准.混凝土结构耐久性设计与施工指南[M].北京:中国建筑工业出版社,2004
[14] 中华人民共和国建设部.GB 50204—2002 混凝土结构工程施工质量验收规范[S].北京:中国建筑工业出版社,2002
[15] 申琪玉.土木工程施工[M].北京:科学出版社,2007

钢筋混凝土构件裂缝计算的对比和研究

唐 颖[1] 薛新峰[2] 赵 欣[1]

(1.天津市市政工程设计研究院 天津 300051;2.天津城建集团有限公司 天津)

摘 要 裂缝宽度控制是钢筋混凝土构件正常使用极限状态验算的重要部分。本文通过计算实例,对比04版与85版规范对于钢筋混凝土受弯构件的裂缝宽度验算公式和限值的变化,发现04版规范通过荷载组合方式的变化,对裂缝提出了更为严格的要求。在构件截面已经确定的情况下,适当增加配筋面积是控制裂缝宽度较为有效的方式。

关键词 裂缝宽度 04版规范 85版规范 对比 耐久性

1 引言

对钢筋混凝土构件来说,出现裂缝并不意味着结构的破坏,但为了结构的耐久性,裂缝必须受到控制。否则空气和水分沿过大的裂缝渗入,会导致钢筋锈蚀、混凝土保护层剥落等现象,影响构件的使用寿命,并有损结构的外观,造成使用者的不安。因此,在钢筋混凝土构件设计时,裂缝宽度是作为构件正常使用极限状态的一个重要部分进行验算的。

在以往的设计过程中,有些设计人员偏重于构件承载能力的计算(即强度计算),而忽略裂缝宽度的验算;或简单地在强度计算的结果上将配筋增加一个等级,来代替裂缝验算。其实,这两种方法都是不正确、不安全的。

《公路桥涵设计通用规范》(JTG D60—2004)和《公路钢筋混凝土及预应力混凝土桥涵设计规范》(JTG D62—2004)(以下简称新规范)中,对于钢筋混凝土构件裂缝宽度的计算公式,与85版的规范(以下简称旧规范)相比,看似基本相似。但由于两版规范荷载组合方式的不同,裂缝宽度计算结果也有所不同。下面以《配筋混凝土结构设计原理》中的裂缝宽度验算例题为例,进行04版规范与85版规范的对比。

2 裂缝宽度计算

计算条件:计算跨径 $L=19.5\text{m}$ 的装配式钢筋混凝土T梁桥,T梁截面尺寸见图1。采用C25混凝土,II级钢筋,主筋为 $8\phi32+2\phi16$。承受的跨中弯矩为:恒载弯矩 $M_g=751\text{kN}\cdot\text{m}$,汽车荷载弯矩 $M_p=500.45\text{kN}\cdot\text{m}$(不计冲击荷载),人群荷载弯矩 $M_{人}=55.3\text{kN}\cdot\text{m}$。

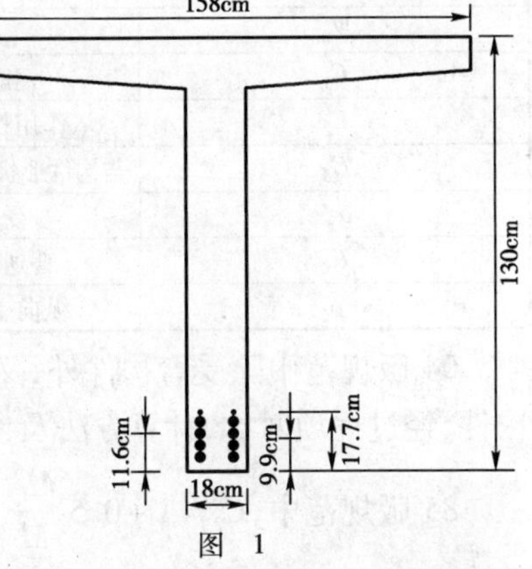

图 1

2.1 按照85版规范进行裂缝宽度计算

按照85版规范要求,构件应分别进行短期静荷载和长期荷载作用下的最大裂缝宽度计算。二者的差别表现在系数 C_2 上,短期静荷载作用时,$C_2=1.0$;长期荷载作用时,$C_2=1+0.5\dfrac{M_0}{M}\geqslant 1.0$。因此,长期荷载作用下的裂缝宽度为控制值,这也符合“长期荷载

作用下，裂缝宽度随时间而增大”的试验结论。

主要计算数据如下：

长期荷载(恒载)弯矩：$M_0 = 751\ \mathrm{kN \cdot m}$

全部使用荷载下的弯矩：$M = M_g + M_p + M_人 = 751 + 500.45 + 55.3 = 1\ 306.75\mathrm{kN \cdot m}$

采用螺纹钢筋的等数：$C_1 = 1.0$；

长期荷载作用下：$C_2 = 1 + 0.5\dfrac{M_0}{M} = 1 + 0.5 \times 751/1\ 306.75 = 1.287\ 4$

具有腹板的受弯构件的等数：$C_3 = 1.0$。

最大裂缝宽度：$\delta f_{\max} = C_1 C_2 C_3 \dfrac{\sigma_g}{E_g}\left(\dfrac{30 + d}{0.28 + 10\mu}\right)$

$= 0.148\mathrm{mm}$

即在长期荷载作用下，最大裂缝宽度为 0.148mm，小于规范要求的最大裂缝宽度 0.2mm。

2.2 按照 04 新规范进行裂缝宽度计算

04 版规范中，对术语和符号进行了调整和修正，裂缝宽度计算公式修改为：$W_{fk} = C_1 C_2 C_3 \dfrac{\sigma_{ss}}{E_s}\left(\dfrac{30 + d}{0.28 + 10\rho}\right)$。

主要计算数据如下：

作用长期效应组合弯矩：$M_1 = 751 + 0.4 \times 500.45 + 0.4 \times 55.3 = 973.3\ \mathrm{kN \cdot m}$；

作用短期效应组合弯矩：$M_s = 751 + 0.7 \times 500.45 + 1.0 \times 55.3 = 1\ 156.62\mathrm{kN \cdot m}$；

采用螺纹钢筋下：$C_1 = 1.0$；

作用长期效应影响系数：$C_2 = 1 + 0.5\dfrac{M_1}{M_s} = 1 + 0.5 \times 973.3/1\ 156.62 = 1.420\ 8$；

具有腹板的受弯构件下：$C_3 = 1.0$；

最大裂缝宽度：$W_{fk} = C_1 C_2 C_3 \dfrac{\sigma_{ss}}{E_s}\left(\dfrac{30 + d}{0.28 + 10\rho}\right)$，$= 0.163\mathrm{mm}$

即最大裂缝宽度为 0.163mm，比 85 版规范的计算值 0.148mm 大 10.4%。

3 新旧规范裂缝宽度验算对比

针对钢筋混凝土受弯构件，04 版规范计算公式中的各项符号与 85 版规范的对应关系见表 1：

裂缝计算公式符号新旧规范对照表(钢筋混凝土受弯构件)　　表 1

04 版规范中符号	含　义	对应 85 版规范中符号	二者取值
W_{fk}	裂缝宽度	$\delta f_{\max}$	
C_1	钢筋表面形状系数	C_1	相同
C_2	作用长期效应影响系数	C_2	
C_3	与构件形状和受力性质有关的系数	C_3	相同
σ_{ss}	受拉钢筋的应力	σ_g	相同
E_s	普通钢筋的弹性模量	E_g	相同
ρ	纵向受拉钢筋的配筋率	μ	相同

04 版规范中除受弯构件外，又增加了受拉、受压构件裂缝宽度的计算方法。对于钢筋混凝土受弯构件，经过逐项对比，计算方法及参数取值变化不大，在相同的情况下，仅荷载影响系数 C_2 不同。

85 版规范中，$C_2 = 1 + 0.5\dfrac{M_0}{M}$，其中 M_0 为长期荷载下的弯矩，即恒载，不计活载的影响；M 为全部使

用荷载下的弯矩，在上述例题中，包含恒载、汽车荷载、人群荷载，且组合系数均为1.0，即$M=M_g+M_p+M_人$。由式中可以看出，$1\leqslant C_2\leqslant 1.5$，且相同条件下，恒载在全部使用荷载弯矩中占的比重越大，C_2值越大，即裂缝宽度也越大。

04版规范中，$C_2=1+0.5\dfrac{M_1}{M_s}$，其中$M_1$、$M_s$分别是长期、短期效应组合计算的弯矩值，看起来与85版规范很相似。但04版规范中引入了“可靠度”的理论，作用的代表值分别采用标准值、频遇值和准永久值，作用长期、短期效应组合分别是永久作用标准值与可变作用准永久值、频遇值效应的组合。

在本例中，作用长期效应组合弯矩值$M_1=M_g+0.4\times(M_q+M_人)$，作用短期效应组合弯矩值$M_s=M_g+0.7\times M_q+1.0\times M_人$。与85版规范相比较可以看出：$M_1$除了恒载外，又计入了活载的影响，因此$M_L\geqslant M_0$；$M_s$中的可变作用频遇值系数均$\leqslant 1.0$，因此$M_s\leqslant M$。分子增大而分母减小，因此按照04版规范进行计算，C_2数值比85版规范增大，增大的数量与可变作用的种类和大小均有关系。

表2为仅计算恒载和汽车荷载的情况下，当汽车荷载弯矩值占总效应弯矩值的30%～70%时，新旧规范C_2数值的比较。

新旧规范 C_2 数值比较表 表2

汽车荷载占总效应比例 / C_2	30%	40%	50%	60%	70%
04版规范	1.451	1.432	1.412	1.390	1.367
85版规范	1.35	1.30	1.25	1.20	1.15
04版规范比85版规范增加比例(%)	7.45	10.14	12.94	15.85	18.88

由表2可以看出，可变作用在总效应中所占的比例越大，C_2数值增加的比例越大，即采用04版规范计算出的裂缝宽度比85版规范有较大幅度的增加。

可变荷载通常属于反复施加的荷载。在反复荷载的作用下，混凝土的黏结应力降低，受拉区混凝土会发生疲劳现象，通常会使裂缝宽度有所增加。

4 结语

虽然与85版的规范相比，04版规范对于钢筋混凝土受拉构件的裂缝宽度验算公式和限值变化不大，但实际上，04版规范通过荷载组合方式的变化，对裂缝仍是提出了更为严格的要求。

有非常多的钢筋混凝土构件，如，地道箱体、盖梁等等，常常不是强度控制设计，而是由裂缝宽度控制。在构件截面已经确定的情况下，适当增加配筋面积是较为可行而有效的方式。在其他条件相同的情况下，配筋面积与裂缝宽度近似成反比关系。也就是说，对于裂缝控制设计的钢筋混凝土受拉构件，在采用04版规范后，需要增加更多的钢筋或加大截面来满足裂缝宽度限值的要求，这也符合04版规范对于结构耐久性更加关注和重视的宗旨和要求。

本例中，T梁采用的C25混凝土，目前在北方地区II类甚至III类的环境条件下，已经很少采用，结构物的混凝土标号已经普遍提高到C30及以上。这同样是04版规范对于结构耐久性更加重视的另一个体现。

参考文献

[1] 袁国干. 配筋混凝土结构设计原理. 上海：同济大学出版社，1990
[2] JTG D60—2004 公路桥涵设计通用规范. 北京：人民交通出版社，2004
[3] JTG D62—2004 公路钢筋混凝土及预应力混凝土桥涵设计规范. 北京：人民交通出版社，2004
[4] JTJ 023—85 公路钢筋混凝土及预应力混凝土桥涵设计规范. 北京：人民交通出版社，1985

公路通行能力的设计研究

刘红杰　高永红　李正华
（黄河勘测规划设计有限公司　郑州　450003）

摘　要　本文叙述了通行能力与交通量的对比关系,通行能力的概念、种类,并分析了各种通行能力之间的相互关系,最后论述了通行能力在公路交通建设中的意义。

关键词　通行能力　交通量　服务水平

1　引言

在公路投资分析和交通工程中,经常要用到道路通行能力,对通行能力的研究应该在研究交通流特性的基础上,进而利用获得的基础数据作进一步的分析使用。国外对不同的道路及交通特性条件下车速与交通量及通行能力的关系做过大量的研究,其中最有影响的莫过于 1950 年出版的美国《道路通行能力手册》(简称 HCM)。道路通行能力的研究始于美国,从 20 世纪 40 年代起,美国加速建成了全国公路网,并针对公路的规划、设计、修建养护及营运管理中出现的问题,开始对道路通行能力进行研究。中国目前的交通状况类似于美国 20 世纪 40、50 年代,汽车数量急剧增加,道路建设方兴未艾。道路通行能力研究的发展方向是以计算机为辅助工具,利用其可重复性、可延续性模拟交通运行状况进行分析研究。合理确定公路建设的规模与标准是成本控制的关键,而确定公路建设规模与标准和设计总体方案的重要依据之一便是公路通行能力。所以,作为一项基础性工作,有必要对通行能力的基本概念与计算作进一步的研究。

2　通行能力与交通量概念上的关系

我们在有关交通的文稿当中经常会遇到通行能力这个术语,而在通常理解当中,很容易把路段的通行能力与路段交通量理解为同一个意思,即一个路段某时间段通过多少车辆。而实际上两者有概念上的较大区别。所以有必要把通行能力与交通量一起来研究。

2.1　通行能力的概念特性

通行能力是指在一定的道路、交通、环境条件下,道路上某一断面在单位时间内能通过的最大车辆数,一般采用小时为单位,故通行能力一般以每小时能够通过的最大车辆数计。进行通行能力分析的主要目的是求得道路在不同运行质量情况下 1 小时所能通行的最大交通量,也即可求得在指定的交通运行质量条件下所能承担交通的能力。因此,通行能力分析过程中同时要进行运行质量的分析,将公路规划、设计及交通管理等与运行质量联系起来,这样可以合理地使用公路工程建设资金和提高汽车运输的综合经济效益。

2.2　交通量的概念特性

交通量是指在单位时间段内,通过道路某一地点、某一断面或某一条车道的交通实体数。在各种交通量分类中,以年平均日交通量(AADT)应用最为广泛,是一项极其重要的控制性指标。交通量是一个随机数,不同时间、不同地点的交通量都是变化的,它具有随时间和空间而变化的分布特性。

2.3 通行能力与交通量的区别与联系

但是通行能力与交通量之间到底有什么区别呢，总结来说有以下两点：

(1)两者的描述对象不同。通行能力描述的是道路或道路设施的一项指标，反映了道路疏导车辆的能力。而交通量是针对车辆的特性指标。

(2)两者的数值特点不同。其中通行能力的数值具有规范性与稳定性，而交通量却具有随机性与不稳定性。

同时，通行能力与交通量之间联系很紧密。首先是它们的单位一致，即表达的是某时段通过的车辆数；再次就是它们的数值有关联，即实际路段能够达到的最大交通量反映了路段的可能通行能力。当路段上的交通量小于通行能力时，车辆前进会有较大的行驶自由，如车速、车道的变换和超车等；而当交通量等于或接近通行能力时，车辆行驶的自由度就逐渐降低，出现排队行驶、减速甚至阻塞。

3 通行能力的种类及相互关系

3.1 通行能力的种类

根据通行能力的作用性质，可以将其分为基本通行能力、可能通行能力和设计通行能力。

公路通行能力的计算离不开交通运行质量，因此通行能力的分析计算必须与服务水平的分析计算一起进行。公路服务水平是交通流中车辆运行以及驾驶员和乘客感受的质量量度。

基本通行能力是指公路组成部分在理想的道路、交通、控制和环境条件下，该组成部分一条车道或一车行道的均匀段上或一横断面上，不论服务水平如何，1 小时所能通过标准车辆的最大辆数。

可能通行能力是指一已知公路的一组成部分在实际或预测的道路、交通、控制及环境条件下，该组成部分一条车道或一车行道对上述诸条件有代表性的均匀段上或一横断面上，不论服务水平如何，1 小时所能通过标准车辆的最大辆数。

设计通行能力是指一设计中的公路的一组成部分在预测的道路、交通、控制及环境条件下，该组成部分一条车道或一车行道对上述诸条件有代表性的均匀段上或一横断面上，在所选用的设计服务水平下，1 小时所能通过标准车辆的最大辆数。

道路条件是指公路的几何特性，包括车道的数量和宽度、路肩宽度、侧向余宽、设计车速、平面和纵面线形等要素。交通条件是指道路上交通流的特性，包括车型分布、交通量的大小及车流在不同车道上的分布等要素。

在"标准"或"理想"条件下的通行能力为基本通行能力，在这里，我们将符合《公路工程技术标准》的道路称之为满足"标准"条件。一个路段确实可能达到的通行能力称为可能通行能力，它是通过考虑道路、交通条件后对基本通行能力修正后获得的。在影响通行能力的各种几何条件中，路面宽度是最主要的因素，公路两侧的商业活动、停车、行人活动等通常称为路边"干扰"，它们也会对通行能力产生一定的影响。

3.2 各种通行能力的相互关系与计算

它们的相互关系如下：

(1)在同一时期同一路段上，从数值来说，基本通行能力大于可能通行能力，可能通行能力大于设计通行能力。

(2)用计算公式来表示它们的关系如下：

$$C_L = C_B \cdot R_1 \cdot R_2 \cdot R_3 \cdot R_4 \tag{1}$$

式中，C_L 表示可能通行能力；C_B 表示基本通行能力；R_1 表示车道宽度修正系数；R_2 表示侧向净宽修正系数；R_3 表示路侧干扰修正系数；R_4 表示交通组成修正系数。

《公路工程技术标准》已规定了这些修正系数的取值范围，其中，以上4个修正系数均小于或部分等于1，所以可以看出基本通行能力是大于可能通行能力。

$$C_D = C_L \times (V/C) \tag{2}$$

式中，C_D 表示设计通行能力；C_L 表示可能通行能力；V/C 表示是在理想条件下，最大服务交通量与基本通行能力之比。基本通行能力是四级服务水平上半部的最大服务交通量。取值参考《公路工程技术标准》中以服务水平分级的折减系数。

当交通不处于四级服务水平下半部强制流情况下（公路很少出现强制流服务水平），V/C 在数值上小于1，即可能通行能力大于设计通行能力。所以在同等条件下，公路通行能力之间的关系用公式来表示为 $C_B > C_L > C_D$。

通行能力的计算重点是需要选取合理的基础数值与修正系数。对符合"标准"条件的公路，基本通行能力可以直接参照选取《公路工程技术标准》中的数值；对于具体公路的设计通行能力，其计算需要在相应的服务水平下选取合理的修正系数，详细系数取值可以从交通工程学相关书籍查表得到。

4 通行能力的作用

公路通行能力的研究，主要是对公路交通流的特性研究，其中包括交通构成、车速分布、三参数的关系、换算系数等。从中获得基础数据，用于公路设计通行能力与服务水平的计算。它对于公路网规划、可行性研究、公路勘察设计、工程项目后评价、路网管理都具有指导价值。

4.1 用于公路设计

根据设计通行能力与设计小时交通量的对比，可分析得出所设计公路的技术等级及多车道公路的车道数，以及是否需要设置爬坡车道，亦可在道路设计阶段进行公路各组成部分的通行能力和服务水平分析，发现潜在的瓶颈路段，设计改进后，可在设计阶段就消除将来可能形成的瓶颈段。

4.2 用于公路规划

在分析当前交通流的质量水平，评估现有公路网承受交通的适应程度的基础上，通过交通量预测及投资效益和环境影响等的评估，提出改善和提高公路网的规模和建设项目及其实施步骤。

4.3 用于公路交通管理

根据预测交通量增长情况对运行条件的分析，计算各阶段交通管理措施。

5 结语

作为公路交通建设的一项基础性工作，细致深入地进行通行能力分析与交通量适应性分析，不仅可以确定公路建设的合理规模及合理建设模式，还可为公路网规划、公路工程可行性研究、公路设计、公路建设后评价等方面提供更为科学的理论依据。

参 考 文 献

[1] 王炜，过秀成，等. 交通工程学. 南京：东南大学出版社，2000.9

[2] 张起森，张亚平. 道路通行能力分析. 北京：人民交通出版社，2002

[3] 严宝杰. 交通调查与分析. 北京：人民交通出版社，1994.6

[4] JTG B01—2003 公路工程技术标准. 北京：人民交通出版社，2004

沥青路面早期病害的原因、类型及对策

段彬彬[1]　米　宁[2]　卜春锋[3]

(1.平顶山市公路交通勘察设计院　平顶山　467000;
2.平顶山市交通局质检站;3.平顶山市公路交通勘察设计院)

摘　要　今天,我们就从路面设计、路面施工、养护管理等方面,分析沥青路面早期破坏的原因及最常见的早期病害现象:裂缝、水破坏、松散、泛油、推移等,这些病害基本上也是公路工程质量的通病,对新建公路的正常使用形成了严重的威胁,对公路维护提出了更严峻的挑战。最后就以上几种常见病害结合实际提出相应的预防措施。

关键词　沥青路面　破坏原因　病害现象　预防措施

1　前言

近年来,随着国家对高速公路建设投资力度的加大,我国的公路工程建设发展迅速。但是,随着一条条高速公路的建成并投入运营,沥青路面早期病害现象也越来越引起业内人士的普遍关注。处理沥青路面的主要方法有,沥青表面处治、沥青贯入式、热拌沥青混合料和乳化沥青混合料等,这些方法具有造价相对较低、修复方便,且能够利用石化企业副产品等优点而被广泛用于公路、城市道路和机场等基础设施的面层处理。目前,沥青路面最常见的早期病害现象有:裂缝、水破坏、松散、泛油、推移等,这些病害基本上也是公路工程质量的通病,对新建公路的正常使用形成了严重的威胁。本文就以沥青路面早期破坏的原因进行分析并结合实际提出相应的预防措施。

2　沥青路面早期病害成因分析

造成沥青路面早期病害的因素很多,但综合起来主要有路面结构设计不合理,现场施工质量控制不严,投入运营后养护管理不及时、不到位,气候条件影响四个方面。下面就来了解这几个方面原因。

2.1　路面设计

2.1.1　结构设计不合理

沥青面层结构选用不当、混合料类型不合理。根据公路沥青路面设计规范,沥青面层除应满足车辆的使用要求外,还应满足雨水不渗等要求,宜选用粒径较小,空隙也小的级配混合料,尽量采用小粒径沥青混凝土,以提高沥青路面面层的防渗性。对于选用中粗粒混凝土或开级配或半开级配沥青碎石的沥青路面,必须在沥青面层下设下封层,防止雨水渗入。

2.1.2　设计与路段实际情况相差大

我市一条沥青路面混凝土路穿过土基过湿地段,但设计按一般正常情况设计,全部利用挖方和就地借方填筑路基,采取逐层晾晒法施工,造成极大的背工,影响了工期。施工单位只好申报监理工程师并经业主同意借方填筑,仅此一项就较原设计增大投资,现该段沥青路面破坏较为严重,已多处修补。

2.1.3　油路补强段的路面厚度考虑不足

近几年在加快实现乡镇通油、水泥路路面工程，为了充分利用老路并节约土地及投资，以及利用旧路的线位及结构层，按照公路补强设计的一般要求和科学态度，宜先对所利用的路段状况进行客观评估，根据旧路的状况（特别是强度弯沉指标）确定利用旧路的方案及补强厚度。但有些设计单位没有进行认真细致的调查，大致给出一个补强厚度及路段桩号就草草了事，结果导致许多补强路段补强后弯沉值大于设计值，造成新路强度不足，早期破坏严重。

2.1.4　岩石路段石质类型确定有误

在路基设计中，由于没有足够的地质钻探资料，仅靠地表情况判断石质类型，容易出错。我市有条公路，原设计为石方路段，仅用15cm水稳砂砾做整平层，未设置半刚性基层。实际开挖后，路基为泥质页岩及风化岩，施工单位照图施工后，由于雨水渗入，导致泥质页岩及风化岩软化，沥青路面结构强度不足，出现大面积风裂。

2.1.5　路面厚度设计问题

路面厚度设计的依据是设计年限内的累计当量轴次，设计单位为了计算方便，一般将设计公路的交通量划分为一定车型的标准交通量与另一定型的非标准车交通量，然后将确定车型的非标准车的轴次，换算成标准车轴载的当量轴次，最后用设计年限内的当量轴次，计算路面设计弯沉及结构厚度。本人经过大量上路观察认为：在非标准车向标准车轴载换算过程中，实际上不管是按标准车的轴载还是非标准车的轴载，尤其是非标准车的轴载，特别是在我市这样一个以煤炭开采为主的城市中，车辆的实际轴载远大于设计轴载（货运车辆绝大多数为超载运输），而由当量轴次的计算公式可知，当量轴次与轴载比的4.35次方成正比例。由此得知设计路面实际承受的当量轴次远远大于作为其设计依据的设计年限内的累计当量轴次。即现阶段新建路面早期破坏情况较多的症结之一所在——公路在短期内（如1～2年）已达到设计年限内的累计当量轴次。

2.2　路面施工

路面施工过程是其质量形成的关键环节。直接影响面层质量的施工环节主要是面层本身的施工、基础施工及相关连接层施工。

2.1.1　面层施工

（1）对原材料检验不严，对沥青混合料的配合比控制不够，特别是矿粉和沥青用量不准，使沥青路面早期出现推拥、油包、松散等。

（2）施工机械设备陈旧、不配套，使混合料的配合比计量、拌和均匀性、压实度、平整度等受到很大影响。

（3）沥青混合料加热温度过高，沥青和矿料拌和时，沥青便被矿料的高温灼焦、沥青老化，使路面强度不足，产生松散、坑槽等病害。

（4）碾压温度过高，造成温度过高的原因有两种情况：一是沥青混合料出厂温度超过规范规定的上限值；二是沥青混合料出厂温度虽然在规定的范围内，但接近高限，如果运距较短，摊铺碾压又很及时，就会使碾压温度超过规范高限。如果碾压温度过高，混合料就压不实，就会出现推移，发生微裂。

2.1.2　基层施工

基层是承担面层传递的车辆荷载的主要承重层。基层的强度及稳定直接关系面层的强度和稳定性。基层施工的主要问题：

（1）基层、底基层、路面表面清除不干净。在铺筑上一结构层前，若路面结构层及路基表面的浮土、浮灰、浮砂清除不干净，在雨水作用下，浮层细料变软被行车挤压造成的高压水流冲刷成浆，进而波及到沥青面层表面。

（2）基层松铺系数（或基层高程）控制不严而导致的二次补加层，因二次补加层与下层基层无法紧密连接，自身厚度又较小，因而极易松散，进而引起沥青层的网裂、松散等破坏。因此，建议此补加层用

含油沥青混合料(即在料)代替。

(3)部分基层压实度不足的问题。在最大干密度确定的情况下,基层的压实度与混合料中粗、细集料的比例特别是粗粒料的含量密切相关,当粗粒含量很大时,即使压实度超过100%,并不表示该基层已经密实。因此,要适当增大碾压吨位、增加碾压遍数,确保基层到规定压实密度。

2.3 养护管理及其他原因

2.3.1 养护不及时

沥青路面在行车作用下出现小面积松散,个别坑槽后,未及时进行养护,特别是采用层铺法施工的贯入式路面和表面处治,初期及时养护更为重要。

2.3.2 养护方法不当

有些养护人员,在沥青混凝土路面上采取人工喷油(或洒布机喷油)、人工洒料方法进行养护,结果破坏了原路面的平整度,甚至由于喷油不够,用油量控制不平,造成泛油、推移、松散等病害。

2.3.3 其他方面原因

(1)未严格按基本建设程序办事,前期工作滞后,路面设计方案研究、试验不够。

(2)未实行招投标;一些无路面施工经验、无路面设备和技术力量的施工队伍承担路面施工;监理有职无权,无法严格监理;不按施工技术规范要求施工,赶工期,搞献礼工程。

(3)施工技术管理、质量管理不严。

3 最常见的沥青混凝土路面早期病害成因

3.1 裂缝

高等级公路沥青混凝土路面裂缝主要有纵向裂缝和横向裂缝两种。纵向裂缝的产生主要是由于地基和填土在横向不可避免的不均匀性所造成的,特别是在旧路基拓宽地段,由于土质台阶处理不规范,分层填筑厚度及压实度控制不严,尤其在有表面水渗入的情况下,这些地段往往是纵向裂缝的高发区。

和纵向裂缝一样,横向裂缝也是不可避免的。横向裂缝的产生往往是由于温度应力的作用而产生的疲劳裂缝。这种温度裂缝往往起始于温度变化率最大的表面并很快向下延伸,并随着时间增长造成沥青老化,沥青面层的抗裂缝能力逐年降低,温度裂缝也随之增加。面层裂缝一旦发生冲刷、唧浆就会产生以缝为中心的下陷形变,同时引起裂缝两侧产生新裂缝甚至碎裂破坏。

3.2 水破坏

所谓水破坏即降水透入路面结构层后使路面产生早期破坏的现象,它是目前沥青混凝土路面早期病害中最常见也是破坏力最大的一种病害。水破坏的主要破坏形式有:网裂、坑洞、唧浆、辙槽等。水破坏的产生往往是由于施工中沥青混凝土配合比控制不严、沥青混合料拌和不均、碾压效果不良等导致的沥青路面空隙率过大所造成的。采用半开式(II 型)沥青混凝土表面层时,产生的水破坏尤为严重。

由于水渗入表面层后滞留在表面层的下部和下层的交界面上,因此在长期行车荷载作用下,沥青膜开始从面层的底部剥落并逐渐向上扩展,随着下部大量碎石上沥青的剥落,沥青混凝土也就失去了强度从而产生网裂和形变。

在行车荷载作用下,特别在降雨过程中和雨后行车道上的局部网裂会逐渐松散,松散的石料被车轮甩出形成坑洞。由于沥青混凝土的不均匀性,坑洞总是先在沥青混凝土空隙率较大处产生,随着时间推移,将会造成路面大面积破损。

当水透入沥青面层并滞留在半刚性基层顶面时,在大量高速行车作用下,自由水产生很大的压力并冲刷基层混合料表层的细料形成灰浆,灰浆又被行车压唧,通过各种形状不一的裂缝(纵、横、斜裂缝及网裂)到路表面形成唧浆。在灰浆数量大的情况下,可能很快形成更为严重的裂缝,在数量小的情况下,可使路面形成网裂或形变。某处一旦有灰浆唧出,该处很快就会产生网裂和形变,随后的降水就更容易透入,并形成恶性循环,最终导致路面严重破坏。

自由水进入面层后,使沥青与碎石的黏结力减弱。在行车荷载作用下,滞留在面层下部的水使矿料特别是粗集料表面裹覆的沥青膜逐渐剥落,使沥青混凝土的强度逐渐降低,直至完全松散。在行车轮迹下向两侧(特别向外侧)挤出,使轮迹带下陷,同时使其两侧鼓起,形成严重辙槽。形成辙槽后,降雨过程和雨后辙槽就会变成积水槽,致使水有更长的时间透入沥青面层形成更加严重的水破坏。

形成水破坏的原因除与沥青混合料不均匀、空隙率过大有关外,还与沥青和碎石间的黏结性能或有无抗剥落剂、交通量大小、重载车比重及公路沿线降雨量等因素有关。在我国南方潮湿地区,沥青路面的水破坏数量及速度比北方干旱地区严重的多。近年来我国部分高速公路开始采用改性沥青或加抗剥落剂的SMA路面,虽然产生水破坏的数量和速度明显改观,但只要混凝土不均匀,自由水能够进入并滞留的地方也不同程度地产生了水破坏。

3.3 松散

松散是由于沥青混凝土表面层中的集料颗粒脱落,从表面向下发展的渐进过程。集料颗粒与裹覆沥青之间丧失黏结力是颗粒脱落的主要原因。此外,可能导致松散的情况还有以下几方面。

(1)集料颗粒被足够厚的粉尘包裹,使沥青膜黏结在粉尘上,而不是黏结在集料颗粒上,表面的摩擦力磨掉沥青膜,并使集料颗粒脱落。这种情况的产生主要是由于集料含泥量超标所造成的。

(2)表面离析处往往缺少大部分细集料,离析面上粗集料与粗集料相接触,但只有在少数接触点沥青膜与集料黏结。随时间增长,沥青会老化,沥青膜剥落会使沥青与集料的黏结力减弱,孔隙中的水冻结会破坏黏结力,或足够大的摩擦力会破坏离析面上的集料颗粒而产生松散。

(3)沥青混凝土面层要有高密实度才能保证沥青混合料的粘聚力,如果混合料密实度不够,集料就容易从混合料中脱落而形成局部松散。

3.4 泛油

沥青从沥青混凝土层的内部和下部向上移动,使表面有过多沥青的现象称作泛油。新建沥青混凝土路面在通车后的第一个高温季节,特别在连续多天高温后,在大量行车特别是在重载车辆作用下进一步压实,易导致沥青混凝土内部过多的自由沥青向上移动,产生泛油现象,油石比偏大地段表现的尤为明显。高温季节雨水侵入沥青混凝土内部后,如沥青与矿料的黏结力不足,沥青很快会从集料表面剥落并向上移动,产生更严重的泛油现象。在绝大多数情况下,泛油仅产生在行车道上,而且是间断式的片状分布。

沥青用量过大是产生沥青面层泛油的最主要原因。而沥青用量过大的主要原因有以下几点。

(1)沥青混合料配合比设计的击实功不够。我国在设计沥青混合料配合比时通常采用马歇尔试验方法。当初在开发和确定马歇尔试验方法时,选定室内试验的压实功是要使室内产生的密度等于路面在行车荷载作用下最终达到的密度。如果室内所用击实功产生的密度小于使用过程中所达到的最终密度,所选定的沥青用量就会偏多,但目前由于各种原因室内试验所得到的密度远远低于使用过程中所达到的最终密度,这使现场施工中产生沥青用量过大不足为奇。

(2)施工控制不严和管理不善。有些施工单位在生产过程中私自改变配合比、沥青混合料拌和不均都是造成沥青混凝土路面局部沥青用量偏大的主观原因。

(3)少数施工单位习惯于使用沥青用量过大的混合料。有些人认为沥青用量越大,裹覆矿料的沥青膜越厚,沥青混合料的黏结力就越大。但实际情况恰恰相反,包覆矿料的沥青膜越薄,沥青混合料的黏结力就越大。

在严重泛油路段,沥青面层表面发光发亮,以摩擦系数和表面构造深度表征的抗滑性能达不到行车要求时往往会造成交通事故。

3.5 推移

推移的产生一般与基层施工质量、透油层洒布质量、超载车辆比重加大、沥青混合料性能不良等因素有关。在沥青混凝土路面铺筑前,由于基层表面清扫不干净、透层油洒布不均等都容易造成沥青面层和基层黏结不良。沥青面层建成运营后在大量行车荷载(超载车辆)作用下,由于与基层黏结不良,特别在沥青面层施工接缝处开始产生推移,随着时间增长,轮迹带两侧会产生壅包,甚至会出现由于推移而造成的严重裂缝。在基层平整度较差、面层厚度较薄的地段往往由于施工质量等原因,基层不平整会反映到沥青路面上,车辆荷载作用下面层不平整会愈加明显,形成波浪。

4 沥青混凝土路面早期病害预防措施

沥青混凝土路面早期病害不能彻底消除,但是可以通过优化设计、加强施工管理、提高后期养护的力度等措施去预防,将其危害降到最低,从而延长沥青混凝土路面的使用寿命。

4.1 裂缝

众所周知,沥青混凝土路面裂缝是不可避免的。根据纵向裂缝形成原因,在路基施工过程中特别在路基拓宽地段、路桥(涵)衔接处严格控制填土厚度及填料的均匀性,并保证达到规范要求的压实度。沥青路面进行半幅摊铺时,采取合理措施处理纵向冷接缝。

由于温度变化引起的温度裂缝,沥青往往随着时间增长而老化,沥青面层的抗裂缝能力会逐年降低,所以采用优质沥青会明显减少温度裂缝。试验证明,在其他条件相同的情况下,采用较稀(针入度大)的沥青有利于减少温度裂缝。另外,沥青混凝土面层抗温度裂缝的能力与混凝土均匀性、压实度和空隙率有关。混凝土均匀、压实度高、空隙率小,混凝土强度高且比较均匀,面层表面的薄弱处也就越少。

另外,沥青面层常有因基层施工质量不高而引起的反射裂缝。因此,在基层施工中,及时的养护、良好的接头处理及整体强度是有效防治沥青面层反射裂缝的有效方法之一。

4.2 水破坏

由于水破坏的产生数量及速度与沥青混凝土密实性及空隙率大小、沥青与粗集料的黏结力大小或有无抗剥落剂、交通量大小及重(超)载车辆的多少有关。所以,有效防治水破坏发生,应从以下几点着手。

(1)选择合适的混凝土类型。沥青面层各层应尽量使用空隙率≯5%的密实型沥青混凝土。从当前的技术水平看,密实式粗集料断级配沥青混凝土既具有良好的不透水性,又具有明显优于连续级配沥青混凝土(如 AC-16I、AC-20I、AC-25I)的高温抗永久形变能力,用前者作为表面层时,还具有良好的抗滑性能。SMA 路面的广泛应用是最好的例证。

(2)使用优质沥青及抗剥落剂以增强沥青与碎石的黏附性。一般情况下,酸性石料(花岗岩、玄武岩等)与沥青的黏附性较差,所以在高等级公路中,宜使用针入度较小的沥青并采用抗剥落剂。严格控制细集料含泥量也是提高沥青与碎石的黏附性的有力措施。

(3)提高施工质量。施工前原材料的选用必须规格、均匀、合理,配合比设计必须严密。在施工过程中必须注意沥青混凝土拌和的均匀性,防止粗细集料离析。严格控制沥青混合料拌和温度、出场温度及碾压温度,混合料拌和温度过高容易造成沥青老化,与集料的黏附性也会明显降低,严重时会造成面层局部色泽不一致等现象。据国外有关试验数据表明,沥青混合料的温度低于90℃,实际上已不可能再被进一步压实。再者,尽量通过使用高效配套的碾压设备、增加碾压遍数等提高压实度以减小空隙率,空隙率大的位置越多水破坏现象越严重。设法加强沥青面层间黏结力也是有效防治水破坏的措施之一。

(4)严格控制超载车辆。公路管理部门应该按照《公路法》及交通部《超限运输车辆行驶公路规定》的要求对超载车辆进行强制卸载,并提高处罚力度。

(5)优化设计。沥青面层层间应使用防水材料,无论是何种沥青混合料,必然有一定的空隙率存在,就会遭受一定的水破坏。在沥青面层表面涂上防水材料,形成一种不透水的薄膜封层,能使沥青面层中因降雨而聚集的水大大减少。

4.3 松散

松散的产生往往是由于沥青混凝土面层强度不足、压实度过小、面层内部空隙率过大而造成的。所以为有效预防松散现象的产生应该做到:

(1)选用合格的原材料,特别严格控制细集料含泥量及矿粉掺量以增强沥青混合料的黏结力。

(2)严格控制施工温度及压实效果。沥青混合料施工温度过高会导致沥青老化,降低与矿料的黏附性;温度过低会导致混合料压实困难,造成混合料内部空隙率过大。

(3)严格控制沥青混合料均匀性,防止混合料离析。

4.4 泛油

由于泛油往往是沥青用量过大造成的,所以在配合比设计阶段必须严格按照试验规程进行最佳油石比的选定;在施工过程中严格按照工程师批准的配合比进行施工,任何人不得随意改变生产配合比。

4.5 推移、壅包、波浪

推移、壅包、波浪往往产生在行车道上,特别是沥青面层只有一层时,由于长期荷载作用下,因基层与沥青面层黏结力较差而产生推移,推移严重时会产生壅包、波浪等破坏。所以有效防治推移等病害必须注意以下几点:

(1)加强路面基层施工质量,提高基层平整度是有效防治病害的条件之一。再者,沥青面层铺筑前透层油的洒布尤为重要,透层油洒布前首先必须认真清扫基层表面浮土及杂物并且保证透层油洒布的均匀性和设计用量,提高基层与面层的黏结力。

(2)有效阻止超载车辆。随着油价上涨等原因,近年来超载车辆越来越多,与设计荷载相比超载十分严重。在重荷载重复作用下,特别在车辆起动或制动频繁的叉路口及转弯处沥青路面很快产生破坏,推移、裂缝尤为常见。

5 结语

总之,沥青混凝土路面早期病害的产生有多方面的因素,无论设计方面、还是施工方面都存在一些不足。鉴于目前沥青混凝土路面病害早期化的特点,在优化设计的同时,更为重要的是应该加强施工管理,提高现场施工质量,重视后期养护意识,按照行业规范标准,结合工程实际,严格履行各自职能,尽量在提高沥青路面使用性能的同时,延长使用寿命,提高投资效益。

参 考 文 献

[1] 张登良. 沥青路面工程手册. 2003

[2] 郝培文. 沥青路面施工与维修技术. 2001

[3] 于本信. 怎样修好沥青混凝土路面. 2005
[4] 郭忠印, 李立寒. 沥青路面施工与养护技术. 2003
[5] 赵振东. 公路养护工程常见病害及防治. 2005
[6] JTG D50—2006 公路沥青路面设计规范
[7] JTG F10—2004 公路路基设计规范
[8] JTG F40—2004 公路沥青路面施工技术规范
[9] JTG F10—2006 公路路基施工技术规范
[10] JTJ 037.2—2001 公路沥青路面养护技术规范

某水电站公路隧洞围岩分类及施工技术探讨

刘红杰　高永红　李正华
（黄河勘测规划设计有限公司　郑州　450003）

摘　要　某水电站所处的场内地形陡峻、河谷狭窄，地质条件差。为完善和建立场内交通，左右岸分别布置有四个高程的公路，场内公路全长 38km，其中隧道总长 26km，其比例约为 70%。在隧洞施工过程中存在掉块塌方，成洞困难，部分临时支护损坏，影响了工程的顺利进行。通过对出现的地质灾害情况调查分析，隧洞围岩的类别需要调整，同时调整临时支护措施，保证工程安全和工程的进度。

关键词　水电站　围岩分类　工程安全

1　概况

该水电站场内 6 号公路的 4 号隧洞的出口和 5 号隧洞进口自开工以来 4 个月进尺分别为 91m、63m，洞室围岩条件差，除岩石层面外还存在 2 组顺坡的陡倾卸荷裂隙，该 2 组节理产状为：①N5°～70°E，SE ∠50°～80°，②N50°～70°W，NW(SE)∠80°～90°。设计方案按交通规范 98 版，围岩的类别为 III 类围岩，属中等岩体，按此标准进行临时支护（详见该水电站场内公路 2 号、6 号路大坝下游施工图设计）。

隧洞施工过程中出现了一定规模的塌方掉块现象，施工困难；部分已作临时支护的洞顶有继续塌方，并击穿顶拱的情况。解决 4 号隧洞、5 号隧洞施工进度迟缓问题，同时确保施工安全，成为工程急需解决的技术问题。

2　地下洞室围岩分类

考虑到《公路工程地质勘察规范》(JTJ 064—98)的地下洞室围岩分类没能对某工程中特有的深部集中卸荷情况进行反映，故在利用《公路隧道设计规范》(JTG D70—2004)分类时，再参考《水利水电工程地质勘察规范》(GB 50287—99)的标准，调整岩石的围岩类别。

2.1　岩体的完整性

岩体完整性系数 K_v 是表征岩体完整性程度的定量指标见表 1、表 2，强卸荷岩体评分为 10 分。

声波完整性系数 K_v 与评分表

表 1

岩体类别	声波速度 V_p	岩体完整性系数 K_v	岩体完整程度	岩体完整性评分
新鲜岩石	6 350			
新鲜岩石—弱风化	4 511	0.52	较破碎	14
弱风化—强风化	3 398	0.44	较破碎	10
深部拉裂岩体	2 822	0.33	较破碎	8

地震波完整性系数 K_v 与评分表

表 2

岩体类别	声波速度 V_p	岩体完整性系数 K_v	岩体完整程度	岩体完整性评分
新鲜完整	6 380			
新鲜岩石—弱风化	3 082	0.25	较破碎	14
弱风化—强风化	2 912	0.23	较破碎	10

2.2 岩石的饱和单轴抗压强度

考虑岩石的饱和单轴抗压强度，根据前期与本阶段补充开展的试验成果，某采用的各类岩石饱和单轴抗压强度取值见表3，强卸荷岩体评分为15分。

岩石饱和单轴抗压强度取值与评分表 表3

岩 石 类 型	弱风化大理岩与互层砂板岩	岩石强度评分
R_b(MPa)	40~60	15

2.3 结构面间距、裂面性状及地下水状态

按现场实测结果取相应测线范围内的值，见表4，强卸荷岩体评分为12分。

结构面状态取值与评分表 表4

结构面状态	类型状态	岩石强度评分
张开度	张开 $W \geqslant 5$	12
充填物	岩屑	
起伏粗糙	平直粗糙	

按现场实际地下水活动情况的折减取值，见表5，强卸荷岩体评分为-6分。基本因素评分 $T'=37$。

地下水评分表 表5

活动状态		干燥到渗滴水	岩石强度评分
基本因素评分 T'	$45 \geqslant T' > 25$	干燥	-6

2.4 结构面校正

按现场平硐中实测的裂隙产状资料进行分析，工程地质分段中的裂隙优势方向，确定与硐轴线的关系，取相应的修正值，见表6。

主要结构面产状评分表 表6

结构面走向与硐轴线夹角	<30°	岩石强度评分
结构面倾角	70°~45°	-10
位置	洞顶	

岩体评分 $T=21<25$，属 V 类岩体。

2.5 地应力

应力折减系数SRF根据岩石的风化卸荷特征来确定，见表7，对卸荷带部位取2.5。

SRF近似值与应力—强度比值的关系 表7

应 力 水 平	σ_c/σ_1	σ_E, σ_c	SRF
低应力，近地表，张开节理	>200	<0.01	2.5
断层带、顺层挤压破碎带或裂隙密集发育带			2.5

2.6 围岩工程地质分类标准及物理力学参数建议值

根据上述围岩工程地质分类，将6号路4号、5号隧洞的地下洞室区围岩划分为Ⅴ类围岩。

Ⅴ类围岩：宽度较大的强风化夹层或断层破碎带，岩体破碎，嵌合较紧密—松弛，呈碎裂—散体结构，围岩极不稳定。

围岩的特征及物理力学参数建议值见表8。

某水电站地下洞室区围岩物理力学参数建议值表

表8

围岩类别	地层岩性	变形模量 E_0(GPa)		弹性模量 E_0(GPa)		泊松比 μ	抗剪断强度		抗剪强度		弹性抗力系数 K_0 MPa/cm	坚固系数 f_k
		平行结构面	垂直结构面	平行结构面	垂直结构面		f	C (MPa)	f	C (MPa)		
V	f13、f14等断层带，局部绿片岩强风化夹层	0.4∫0.8	0.2∫0.6	1∫2	0.6∫0.9	0.35	0.3	0.02	0.25	0	<10	<1

3 围岩类别的调整

考虑到该水电站地下洞室区特殊的工程地质条件(岩体强度差异大、结构面较发育、地应力高)，最终参考《水利水电工程地质勘察规范》建议的方法，对地下洞室区围岩进行工程地质分类，并用此结果调整了围岩类别，见表9。该段隧道的支护按《公路隧道设计规范》(JTG D70—2004)调整为V类。《水利水电工程地质勘察规范》与《公路隧道设计规范》(JTG D70—2004)地下洞室区围岩结果有可比性。

隧道围岩分类情况比较表

表9

围岩分类	《公路工程地质勘察规范》(JTJ 064—98)	《水利水电工程地质勘察规范》(GB 50287—99)	《公路隧道设计规范》(JTG D70—2004)
围岩类别	III类	V类	V类
主要工程地质特征	硬质岩石[R_b>30MPa]：层状软弱面(或夹层)已基本被破坏	除岩石层面外还存在2组顺坡的陡倾卸荷裂隙，岩体卸荷强	极破碎各类岩体
结构特征和完整状态	呈碎石状压碎结构	呈碎裂—散体结构	碎裂状，松散结构
围岩稳定性	拱部无支护时可产生较大坍塌，侧壁有时失去稳定	极不稳定。围岩不能自稳，变形破坏严重	无自稳能力，跨度5m或更小时可稳定数日

4 采用的施工措施

实例中6号路4号、5号隧洞的围岩调整为V类，为保证施工期的安全和正常使用的稳定，开挖支护方案同步调整为：

(1)对已作临时支护后顶拱塌方的洞段处理措施为：首先清理塌方段的石渣、平整场地，接着对塌方的洞段采用长至8~9m的长锚杆加固，逐步向塌方的中心地段推进；接着喷C25混凝土，厚度为8~10cm封闭塌方区；其次辅以间距0.5~0.8m钢格栅拱架加强，并将锚杆与钢格栅拱架焊接；对塌方形成的空腔回填混凝土块石，形成有效的传力拱，对较大的塌方以复拱的方式进行支护。

(2)在进行新的开挖时，按公路V类围岩施工，采取短进尺、弱爆破、勤观察、强支护。对顶拱的集中张开裂隙进行超前小导管预灌浆，增加岩体的强度和自稳能力，并作钢格栅拱架和系统锚杆支护。

(3)永久支护类型采用V类围岩标准。

5 结语

公路隧道的支护按《公路隧道设计规范》(JTG D70—2004)的围岩分类标准，但鉴于某水电站地下洞室区特殊的工程地质条件(岩体强度差异大、结构面较发育、地应力高)，参考《水利水电工程地质勘察规范》建议的方法，对地下洞室区围岩进行工程地质分类，并用此结果调整了围岩类别。该段隧道的

支护按《公路隧道设计规范》(JTG D70—2004)调整为V类。同时调整临时支护措施,保证工程安全和施工进度。

参考文献

[1] 中华人民共和国交通部. JTJ 064—98 公路工程地质勘察规范. 北京:人民交通出版社,1999.5

[2] 公路隧道设计规范(JTG D70—2004),中华人民共和国交通部发布,人民交通出版社,北京,2004.9

[3] 中华人民共和国水利部. 水利水电工程地质勘察规范(GB 50287—99). 北京:中华人民共和国建设部,中国计划出版社. 1999

高速公路冬季除雪防滑工作的探讨

贺进刚
（山西诺通公路养护有限公司　晋城　048000）

摘　要　通过公司近几年来高速公路冬季除雪防滑工作的实践，从除雪准备、除雪方法、注意事项等方面进行了阐述。

关键词　高速公路　除雪防滑

高速公路除雪防滑是冬季高速公路日常养护工作的重点，也是确保雪天公路安全畅通的首要前提。随着我省经济的快速发展和高速公路的不断延伸，高速公路冬季除雪工作越来越受到社会的广泛关注，并从提高除雪效果、缩短通车时间、降低环境污染、减少行车事故等方面对高速公路除雪工作提出了更高的要求。现根据笔者所在公司几年来冬季除雪的实践经验，简单探讨高速公路冬季除雪工作中应注意的几个问题。

1　提前着手，做好除雪准备工作

笔者所在单位山西诺通公路养护有限公司，目前负责长晋高速公路、晋焦高速公路的日常养护工作，主线里程达 125km，属典型的山区高速公路，冬季除雪难度大。为保证冬季除雪工作高效开展，我们抢前抓早争主动，提前做好各项准备工作。一是在冬季到来后，提前储备一定数量的融雪剂和防滑料。融雪剂的雪前储备一般按一场中雪（厚度 5cm 左右），每公里 1.5t 即可满足要求。防滑材料主要有炉渣或中细砂，可以根据情况适当进行储备。二是对除雪机械、工具进行检修和补充，保证除雪设备能够正常使用。三是逐年修订完善《高速公路冬季除雪防滑应急预案》，明确人员责任、除雪方法及应急措施，确保降雪后能做到“招之即来、来之能战、战之能胜”，在最短时间内清理积雪，恢复高速公路畅通。

2　根据具体情况，选用除雪方法

目前我国高速公路普遍采取的有效除雪方式主要有机械除雪、化学材料融雪和人工除雪等。机械除雪是指在降雪过程中或雪停后，利用各种专业的除雪设备清除积雪，其优点是不受温度限制、工作效率高；缺点是除净率差，易损坏路面标线、反光道钉等设施。化学材料融雪是指降雪过程中或机械除雪后，抛撒一层化学材料来进行融雪和除冰，其优点是通过化学反应加快积雪融化；缺点是对沿线设施和绿化易造成损害。人工除雪是指用铁锨、自制推雪板、扫帚等工具清除路面路肩积雪，其优点是经济廉价，机动灵活，可以弥补机械除雪的不足；缺点是速度慢、效率低。

在评价了各类除雪方法的优劣之后，运用何种除雪方法能快速高效地进行公路除雪是留给我们研究的问题。近年来最大的一场降雪是 2004 年 12 月 20 日至 23 日连续多日降雪，高速公路相继封闭。我公司综合运用除雪方法，使长晋高速公路在 23 日停雪当天下午 4 时恢复通车，成为山西省第一条雪后率先恢复通车的高速公路，为此还受到了山西电视台和晋城电视台的追踪报道。现将我公司运用除雪的方法总结归纳如下：

小雪：当降雪量较小，厚度小于 2.5cm 时，白天室外温度在 0℃左右，可靠车轮滚动与地面摩擦产生

的热量和汽车尾气排放产生的热量自行融化；夜间由于室外温度相对较低，车流量小，路面容易结冰，就需在桥面、背阴、急弯、陡坡处洒布融雪剂防止结冰，这种情况不必进行机械除雪。

中雪：当降雪量达到或超过5cm时，依靠撒布融雪剂已不能满足除雪需要，必须采用机械清除路面积雪。推雪时2台除雪王和1台除雪车按照超车道在前，行车道在后的顺序梯次排开，前后车距控制在250～350m之间，铲迹搭接宽度30～60cm，铲刀角度为75°（此角度相对省力且有效宽度较宽）。当机械除雪进行到一定程度时，可用人工配合对中央分隔带实线25cm以内、波型护栏边缘50cm以内、活动伸缩护栏、桥梁锥坡等机械除雪达不到的地方进行辅助除雪。

大雪：为了预防疏松的雪层被压实形成冰面而增加除雪难度，所以在降雪过程中，当积雪厚度达到或超过5cm时，就开始用2台除雪王快速清理出1.5个车道，同时撒布融雪剂，保证机械推雪后剩下的一层薄冰及时融化和不结冰。在降雪过程中，要循环进行清除，否则雪后清除工程量大不能保证6小时开通。

3 其他注意事项

(1)机械除雪时，融雪剂的撒布量以0.6～0.7t/km，即30～35g/m² 为宜，撒布车的车速应控制在15～20km/h，车距控制在250m以上，除雪撒布机后还需跟随一辆人工撒布车，对机械撒不到的地方进行补撒。另外在立交匝道、收费岛前后、桥面涵顶、隧道进出口、高挖方路堑段、背荫处等重点部位要增加融雪剂的撒布量，确保融雪效果。

(2)机械除雪，对大部分积雪可以清除干净，但很难清除1cm以下的薄冰层，这正是诱发交通事故的不利因素，因此机械除雪后必须立即撒布融雪剂进行除冰，其撒布量可按30g/m² 进行控制。

(3)对已清至硬路肩处（尤其是弯道超高段）的积雪，要尽快组织人工将其清出路面，冰雪融化后要及时清扫引流路面路肩积水，防止温度下降再次结冰，影响行车安全。

(4)除雪作业车和工作指挥车要按规定要求中速行驶，保持一定距离，并配备警示信号灯，尾部应有警告标志，以提醒后方正常行驶的车辆减速通过，除雪工作人员必须穿反光标志服，预防意外交通事故发生。

(5)要做好除雪人员和除雪机械在除雪过程中的后勤保障工作。因除雪连续作业，应在车内带上必要的食品、热水等，并要做好除雪机械的低号柴油、防冻液、除雪铲铲刃的供应。

(6)若途中除雪机械发生故障，临时停车抢修，应放反光锥等指示标志；在折返点调头时或倒车时，应设地面指挥人员指挥。

(7)未封闭交通状态下进行除雪时，应与收费站积极沟通，在高速公路入口处悬挂"高速公路正在除雪作业，通行车辆请减速慢行"标志牌或电子屏显示，以提醒通行车辆注意行车安全。

以上是笔者结合几年来高速公路冬季除雪的一些经验总结，与公路养护同行们所进行的一些交流探讨。高速公路冬季除雪是一项艰苦而复杂的养护工作，如何在短时间内快速有效地清除路面积雪，确保高速公路的安全畅通和正常运营，还需要我们在公路养护的实践中共同研究、交流、提高。

参考文献

[1] 高速公路养护管理手册. 北京：人民交通出版社，2002.12

[2] 中国高速公路网

北京市快速公交实施效果与经验总结

孙明正　马海红　郭继孚
（北京交通发展研究中心　北京　100055）

摘　要　本文通过对北京南中轴 BRT,也是中国第一条 BRT 线路的实践探索跟踪调查,总结了线路显著的实施效果,在运营速度、候车时间、换乘条件以及车辆的运输效率方面都有很大的提高,并改善了沿线社会交通环境,与轨道交通相比体现出投资小、效率高的特点。对 BRT 效率得以体现的设计、建设、运营、管理经验等进行了全面总结,并针对高峰期间 BRT 车内拥挤等问题提出了改善建议与措施,对北京乃至中国城市发展 BRT 具有实际的指导意义。

关键词　快速公交　实施效果　经验

1　项目背景与概况

1.1　项目背景

北京是中华人民共和国的首都,面积 1.64 万 km^2,2005 年常住人口约 1 538 万,是全国的政治、文化中心和国际交往的枢纽,也是一座著名的“历史文化名城”。

北京拥有四通八达的现代化、立体交通网络。2005 年,全市城镇道路总长度约 4 800km,公路总里程 14 700km。2005 年全市有机动车 258 万辆,其中私人小轿车已达 180 万辆。全市有发达城市公共交通体系,轨道交通运营里程达到 114km,公交线路 622 条,年客运量 59 亿人次。

面对小汽车交通的迅猛冲击,公共交通出现了诸多的问题,如公交车的平均速度低,出行速度平均只有 10.2km/h 左右;换乘不方便、步行距离长。主要换乘点的平均步行距离为 355m;高峰满载率高、空调车比例低,公共汽车内的舒适度差,近 60% 的线路满载率在 80% 以上,高峰时许多线路出现过饱和状态等等,影响了公共交通的服务水平。

轨道交通的建设无法在短时间内改善公共交通的运营和服务状况,发展快速公交系统成为北京近期提高公交服务水平的关键措施。

1.2　项目概况

2003 年 8 月,北京市启动快速公交示范项目方案研究[1],2004 年 12 月 25 日建成第一期项目 5km,2005 年 12 月 30 日全线建成并投入运营。北京市快速公交示范项目位于北京城市中心向南的中轴路上,是南城公共交通大动脉。北起天安门广场南侧的前门,南至南五环路外的德茂庄,全长约为 16km,前门至天坛为混合车道,长度 2.5km,天坛至德茂庄为中央公交专用道,长度 13.5km。路段为单向 1 车道,车道宽度 5m(单向);车站处设置超车道;全线共设车站 17 座,其中大型公交枢纽站 5 座,车站为岛式站台;公交车辆左侧开门,站台宽度 5m;采用 18m 长的低地板单铰接新型公交车,实现乘客水平登降;采用站台售票方式,提高乘客上下车速度;在沿线交叉路口采用了公交优先控制信号,提高公交车的运行速度。

南中轴快速公交线路的建设投资包括道路工程、车辆、智能调度与控制系统等,总投资额 6.53 亿元,平均每公里投资 0.408 亿元。

1.3 基本运营情况

1.3.1 客运量

线路开通3个月后,全日客流稳定在10万人次左右,高峰最大断面客流量6600人次/h。在节假日,最大日客运量突破22万人次[2]。

1.3.2 运送速度

全程全日平均运送速度25km/h,专用道上的平均运送速度28km/h;高峰小时全程平均运送速度在23km/h。

1.3.3 换乘环境

在主要换乘站实现了与地铁、环线干线公交的方便换乘,各站平均换乘距离约70m,相比普通公交平交路口300m、立交7~800m而言,BRT的换乘有突出的优势;站台上有清晰的换乘指示标志。

1.3.4 乘客满意度

对快速和方便的满意度88%;对节省时间的满意度90%;对候车时间的满意度80%;对乘客信息服务的满意度90%;对车内拥挤程度,80%的乘客感觉拥挤。

2 交通运行状况对比分析

2.1 BRT线路运行效率与服务水平

2.1.1 运行速度

BRT运行速度增加显著,速度增加值最大约8.65km/h;BRT全程行驶时间约40min,开通前普通公交车全程行驶时间约61min,BRT开通后全程行驶时间可以节约21min。表1是南中轴快速公交开通后BRT车辆的行程速度与开通前普通公交车行程速度的对比。

BRT开通前后速度对比(单位:km/h) 表1

时间段	方向	BRT全程速度	开通BRT前公交速度	速度增加值
早7:00~9:00	南行	23.12	17.40	5.72
	北行	22.39	13.74	8.65
中11:00~13:00	南行	21.81	16.62	5.19
	北行	24.23	17.22	7.01
晚17:00~19:00	南行	21.13	13.61	7.52
	北行	25.71	17.75	7.96

2.1.2 公交车停站时间

在BRT开通前对南中轴沿线普通公交的停站时间进行了观测,与BRT车辆在每站的平均停车时间进行对比,如表2所示:

BRT开通前后平均每个车站停车时间差 表2

方向	状态	车站平均停车时间(S)		
		7:00~9:00	11:00~13:00	17:00~19:00
南行	开通前	24	21	31
	BRT	10.1	15.76	15.86
差值		13.9	5.24	15.14
北行	开通前	30	22	29
	BRT	11.71	11.21	8.74
差值		18.29	10.79	20.26

BRT车辆车站平均停车时间比开通前普通公交车车站停车时间缩短了很多，差值最大达到20s，说明BRT车辆在车站的效率比开通前普通公交在车站的效率大大提高了。

2.1.3　换乘设施

南中轴BRT充分考虑了乘客换乘的需求，在主要的换乘站点设置了立体换乘设施，并设置与轨道交通的近距离专用换乘设施，全线16个站点，换乘距离超过100m的站点仅5个，平均换乘距离为75m，相比实施前普通公交在平交路口200～300m、立交桥区7～800m的换乘距离而言，BRT的换乘有突出的优势，而且站台上有清晰的换乘指示标志(图1)。

2.1.4　舒适性

高峰期间BRT线路最大断面平均单车载客约120人，单车最大载客人数接近200人，高峰小时最大断面平均满载率75%，单车最高满载率达到130%，高峰期车辆间非常拥挤，舒适性较差(图2)。

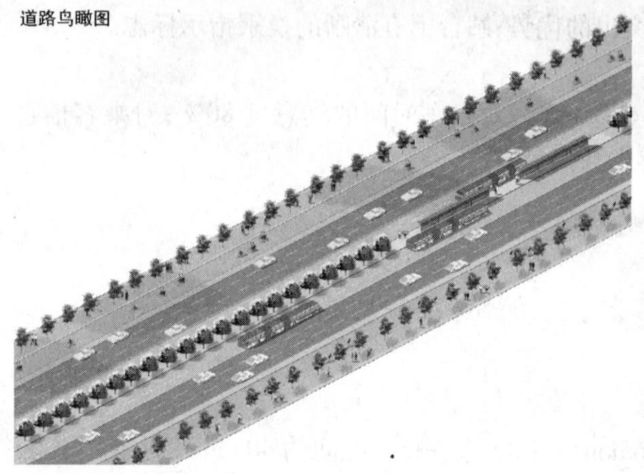

图1　南中轴BRT线路与站点位置示意图

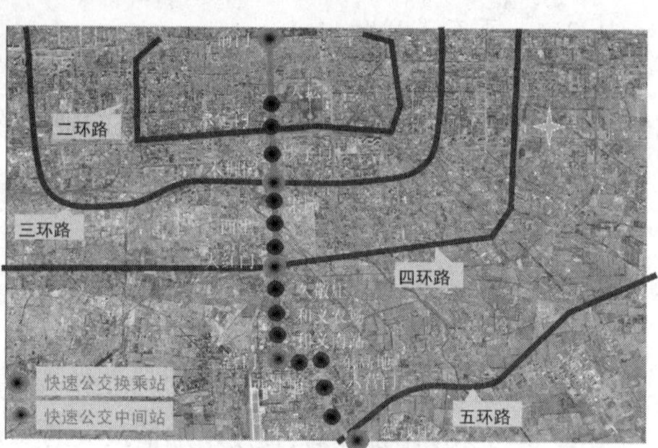

图2　BRT线路道路断面示意图

2.1.5　信号优先效果

南中轴线路全线共有26个路口，并没有完全实现快速公交路口信号优先，实现快速公交信号优先的交叉口仅11个。对单个BRT优先控制交叉口进行实际观测，路口信号灯周期中BRT通行相位时间占47%～50%。从概率论的角度而言，快速公交在路口的通过率应该是该方向放行时间占总周期的比率，即47%～50%。而实际调查的快速公交的通过率两个方向分别是54%和55.4%，快速公交在路口的通过率提高了约6个百分点(图3)。

2.1.6　BRT与普通公交车辆运输效率对比

BRT单车日客运量(已换算成标准车)1037人次；单车日行程273.9km。

普通公交单车日客运量(已换算成标准车)405人次；单车日行程165km。

BRT的单车日客运量是普通公交的2.6倍，单车日行程是普通公交的1.7倍，说明BRT车辆的周转很快，运行效率大大高于普通公交。

图3　BRT优先控制信号

2.1.7　乘客满意度

通过对南中轴BRT系统在出行时间、候车时间、乘客信息提供和过街方便、安全等几个方面分别进行了问询，乘客总体上对BRT优越性肯定在方便、快速上。

从速度快、节省时间的指标调查看，乘客的满意度非常高，“非常满意”和“满意”的乘客占90%以上。

从等车时间指标来看，乘客满意度可达到80%左右；从信息提供的角度，乘客满意度在90%以上；

从安全角度,乘客满意度在90%以上。

从拥挤程度上来看,80%乘客感觉BRT"非常拥挤"和"拥挤"。

2.2 对社会交通的改善

BRT开通后,由于沿线公交线路的优化调整,与社会车辆混行的普通公交线路的运营车次减少了约50%,社会车辆与公交车辆的相互担扰大大降低,社会车辆的行程速度有所提高,调查显示,社会车在午峰的速度较高,可达到26.7km/h,早晚高峰速度基本保持在25km/h,比BRT开通前平均提高8%左右。随着BRT专用车道的建设,部分路段的道路状况有所改善,局部路段车道数增加,同时社会车道的单车道交通流量也有10%~20%的提高,这充分说明公交专用道的设置即提高了公交交通的运营服务水平,同时也改善了南中轴道路的交通环境,提高了社会交通的效率(表3)。

社会车速度与BRT速度对比 表3

时间段	方向	BRT开通后社会车速度	BRT开通前社会车速度	BRT速度
早7:00~9:00	南行	25.46	23.73	23.12
	北行	—	19.08	22.39
中11:00~13:00	南行	26.12	24.21	21.81
	北行	26.70	24.39	24.23
晚17:00~19:00	南行	23.44	23.41	21.13
	北行	25.47	23.21	25.71

2.3 与轨道交通的建设投资对比分析

北京市已建成和在建的6条轨道线路的投资情况见表4,轻轨线路八通线和13号线每公里建设投资约2亿元人民币,地铁线路每公里建设投资均超过4亿元人民币。

北京市城市轨道交通线路投资分析表 表4

线路名	长度(km)	总投资(亿元)	每公里投资(亿元)
八通线	18.96	.34	1.79
13号线	18.15	43.03	2.37
五号线	27.6	120	4.35
五号线奥运支线	6	30	5.00
四号线	28.65	151.27	5.28
十号线	32.9	159.94	4.86

南中轴BRT线路工程分成道路改造工程和场站及智能交通系统,其中道路改造工程等政府投资是4.15亿元,场站车辆及智能交通系统(车站、车场、车辆、智能交通系统)等企业投资是2.38亿元,合计6.53亿元,每公里建设投资约0.408亿元人民币。即使考虑整条道路建设拆迁费用的均摊,BRT线路的建设工程费约0.6~0.8亿元人民币,远远低于轨道交通的建设投资,而目前南中轴BRT客流已接近一条轻轨线路的客流,运输效率显著。

3 经验总结

3.1 中央专用道

南中轴BRT系统的中央公交专用道,保障了BRT运营速度的提高。

南中轴BRT系统是北京也是全中国第一条完全意义上的BRT示范工程，在设计中央公交专用道时，未按照理想条件，设置双向4车道的公交专用道，而是采取了稳妥的策略，在路段设置单向1车道、在站台出口设置超车车道的设计方案，同时预留向双向4车道公交专用道拓展的工程条件。根据初期客流的形成情况，该设计方案，既有效地提高了BRT车辆的运营速度，又满足了车辆运营组织要求。公交专用道具有较高的使用效率，道路资源得到了合理的利用，同时，专用道沿线经过的平面交叉路口，配备了BRT优先信号控制系统，进一步降低了BRT车辆通过信号交叉口的等候。

3.2 与轨道的衔接

南中轴BRT得以成功的关键因素是实现了与轨道交通的顺畅衔接。

南中轴BRT线路是一条向心型的公交线路，客流起于外围市区，但终点却不在市中心，作为一种大运量、快速的公交方式，既要有一定量的支线为期集散客流，更要有同样级别甚至更高级别的公交线路与其接驳，才能满足客流集散和换乘的需要。南中轴BRT线路克服了设计和管理上的障碍，经过了2.5km的混行路段，实现了与轨道交通2号线的衔接，虽然在速度上有所降低，保障了南部客流在市区与快速轨道交通的顺畅衔接换乘，提高了南中轴客流出行的便利性。

3.3 便利的换乘设施

南中轴BRT线路在方案设计时，充分考虑了换乘设计。在BRT线路经过的横向相交公交线路密集、乘客换乘量大的南三环、南四环路立交桥节点处，BRT车站设于立交桥上，横向相交公交线路停靠站点移至桥下，BRT站台两端通过梯道与桥下的相交公交线路实现垂直换乘；在前门站的地铁出入口之间设置BRT上下客站台，极大的方便了乘客在BRT和地铁之间的换乘；沿线站点通过天桥实现与平行线路的换乘。南中轴BRT的换乘设施实现了安全、便捷的设计目标，是南中轴BRT吸引客流的重要保障。

3.4 规模效应

南中轴路是北京市的南城建成区至市中心的十分重要的交通走廊，横穿南二、三、四、五环路，沿线分布着多个大型商业中心和居住组团，均是高强度的客流的产生和吸引点。全长16km的BRT线路覆盖了沿线所有的客流集散地，能够承担沿线较长距离的出行需求，承担了沿线近50%的公交出行量。根据调查，乘坐BRT线路的乘客平均运距为7.5km，接近BRT线路长度的一半，而在BRT线路一期5km开通运行时，每天客流仅2000余人，规模小，无法满足乘客的长距离出行要求。

3.5 沿线公交线路的优化调整

在南中轴与BRT线路并行距离超过5km的线路有12条。BRT开通时，对2/3的并行超过5km的线路进行了优化调整，减少与BRT线路的重复，实现这些线路在沿线与BRT线路的接驳换乘，有效地将客流转移到了BRT线路上。

3.6 站台预留扩充能力

南中轴BRT线路在方案设计时，充分考虑到运营组织和客流需求，在站台设计时，为站台预留了充足的停车泊位，原则上大型换乘站设计4~6个停车泊位，一般中途站设计3~4个停车泊位。在工程建设初期，由于对客流的保守估计，站台建成了仅能满足2~3辆公交车同时停站的小型站台。线路开通后，客流迅速上升，随即通过工程措施将站台长度进行了拓展，很快适应了增长的客流需求，保证了BRT线路的稳定运行。

4 改进方向

由于南中轴BRT线路存在的主要问题是由于高峰期间客流量大,导致车辆满载率高、车内拥挤、舒适性差;信号优先控制系统的优先效果不十分明显等。因此,下一步需要通过提高技术管理水平,在以下方面取得进步:

4.1 提高运输组织水平和效率

采用灵活的运营组织方法,在高峰期间以次要方向车次放空、加开大站快车、组织编组运营、加开区间车等方式,提高运输能力,降低车辆满载率,提高BRT的舒适程度,进一步提高BRT系统的吸引力。

4.2 改进优先信号控制

由于南中轴全线交叉口并未全部实现BRT优先控制,而且部分优先控制路口的效果并不十分明显,需要对全线信号交叉口优先控制重新系统评估和优化设置,通过优先控制策略和控制方法的改进,提高优先控制效果,减少BRT车辆的延误,进一步提高运送速度。

5 结语

北京南中轴BRT线路的实践探索是成功的,为北京市优先发展以轨道交通和BRT为骨干的公共交通系统、全面提升公共交通服务品质做出了示范,也为北京乃至中国城市发展BRT积累了规划、设计、建设和管理等方面的经验。

参考文献

[1] 北京市市政工程设计研究总院.南中轴大容量快速公交线路示范工程可行性研究.2003

[2] 北京畅达通客运股份有限公司,等.快速公交规划设计与运营组织协调技术研究.2006

[3] 吴家庆,林正.北京南中轴路大容量快速公交的成本效益分析.城市公共交通,2006(4):22-24

高速公路路线方案评价指标体系中社会评价研究

宋 扬
(河北省交通勘察设计研究院 050011)

摘 要 高速公路建设线路方案的综合比选,是在公路建设前期需要解决的重要问题。本文结合高速公路项目选线的特点,详细阐述了完整可行的高速公路综合评价指标体系中社会评价的内容与方法。

关键词 高速公路 路线方案 评价指标体系 社会评价

高速公路项目具有投资大、工期长等特点,它涉及的问题多且杂,波及范围广而深,作用时间也较长。单凭以往从经济,尤其是从财务角度来评价高速公路项目能够带来的社会影响与效益产出是远远不够的。高速公路是为全社会服务,其公益性很强,它的快速、安全、舒适、经济、方便的多功能作用表现在方方面面。

高速公路为促进城乡商品和经济繁荣,提高城乡消费总水平、缩小城乡差别等带来的社会影响是十分巨大的。然而这些社会影响与效益一般难以通过市场价格来度量。若仅用经济定量指标,难以反映出高速公路项目对社会产出的全部影响价值,因此本文特别对高速公路路线方案优选的指标评价体系中社会评价的内容与方法进行了研究,以寻求适合高速公路建设自身,并具有科学性、合理性的社会评价方法。

1 社会评价的主要内容

高速公路项目对社会、经济及环境的影响是相互联系在一起的,有时要分清界限很难。如交通事故导致人员伤亡和财产的损失,既是一个社会问题,也是一个经济问题。旅行时间的节约,就业机会的增多也是这样。因此,对高速公路的社会影响评价,从项目对社会发展和经济增长的角度考虑,评价分析的内容较广泛:既包括有经济因素又区别以往纯经济评价。由此,高速公路的社会影响评价应包括以下几个方面:

(1)对地区经济发展和土地开发的影响:沿线土地的增值,自然资源的开发利用,人口分布的变化,产业布局和结构的变化,占用土地的损失;

(2)对人民生活、工作的影响:交通的便利程度和舒适性,促进了居民出行和货物的流通;减少了交通事故,保证了安全出行,降低了人民群众的经济损失;

(3)对就业的影响:提高项目建设期和使用期的就业,与建设项目相关行业的就业;项目建成后促进了商业、服务业的就业,就业收入增加及生活水平也得到了相应的提高;

(4)对区域运输网的影响:增强路网通过能力,提高路网效率;

(5)对维持社会安定、民族团结、巩固国防的影响,以及抗御自然灾害、如何尽量减轻灾害后果等。

2 社会评价的主要指标

高速公路项目的社会影响评价方法采用定量分析与定性分析相结合,参数评价与经验判断相结合的方法,能定量的尽量定量计算,不能定量的指标则用定性分析。在一项评价指标中,能用定量分析方

法时都用其说明评价结果，也可以先用定量分析，然后再用定性分析补充说明评价结果。

2.1 高速公路社会影响评价的定量指标

将能定量分析的指标按社会发展影响、社会经济影响、自然环境影响、交通环境影响与对外联系影响五大内容进行归类分析。

2.1.1 社会发展影响的定量指标

在促进社会发展影响的指标中可定量分析的有交通安全效果与促进交通便捷、舒适性效果两个指标。

(1)交通安全效果

交通安全效果是指高速公路项目投入运营后使运网或道路事故减少，为旅客、企事业和国家带来的效益，具体表现为减少人员伤亡和财产损失减少的家庭不幸，公式为：

$$\text{人员伤亡降低率} = \frac{\text{有项目与无项目伤亡人数差}}{\text{无项目伤亡人数}} \times 100\% \tag{1}$$

(2)交通便捷、舒适性效果

由于交通便捷使旅客和货物运输时间缩短可产生一定的经济价值，即乘客在途时间节约的小时数以及减少等待时间的小时数，既可用人均往返一次所节约的时间来表示，也可按这个项目每年为全部旅客带来的节约时间表示。舒适性效果表现为乘客在运输载体中，使用面积或空间的增加。

①节约旅途时间数＝有无项目人均往返时间之差(h)。

②增加舒适性效果$=\dfrac{A-B}{B}\times 100\%$；

式中，A 为有项目时每人占用面积或空间；B 为无项目时每人占用面积或空间。

2.1.2 社会经济开发影响的定量指标

在此项影响内容的指标中有增加就业效果、资源开发利用效果与土地增值效益可进行定量分析。

(1)增加就业效果

就业效益指标可按单位投资就业人数计算。就业人数可分为直接就业人数，间接就业人数与诱发就业人数。高速公路项目投资必然对公路建设行业的就业人数产生直接影响(包括建设期间就业人数与营运期间养护管理就业人数)。投资也会在很多别的行业产生就业岗位，即产生间接的就业影响。例如，公路建设期间，供应公路建筑材料、土石材料、沥青材料等行业将吸引大量的订单，从而要求这些行业增加劳动力进行生产材料、处理订单并运送至施工现场。公路营运期间，由于交通便利条件带动当地经济发展，相关服务业和商业的发展会增加劳动力的就业机会。相应的从事这些行业与经济部门的人员随后又将工资收入花费和投资在其他的行业和经济部门，而这些行业与经济部门产生新的职业岗位，即诱发的职业影响。直接就业人数可通过统计获得。而间接与诱发就业人数则较难统计。据美国联邦政府1996年利用投入—产出模型研究结果表明，每10亿美元的联邦政府投资的公路系统大约可维持7 900个专职公路行业的职业岗位，19 700个间接职业岗位和14 500个诱发职业岗位。由此可看出，间接与诱发职业岗位人数远远超过了直接就业人数。公式为(2)：

$$\text{单位投资就业人数} = \frac{\text{新增就业人数}}{\text{项目投资}} \times 100\% \tag{2}$$

式中，本项目新增就业人数，一般指项目投入生产经营后正常年份新增的固定就业人数。相关项目新增就业人数，一般是指项目直接相关的配套项目。

(2)资源开发利用效果高速公路项目可促进腹地各种资源的利用和开发，如矿产、土特产品、人力资源等。这些资源的开发利用对社会的影响都应可用有项目与无项目进行对比做出评价。公式为(3)、式(4)：

$$\text{区域自然资源开发效果} = \frac{\text{区域自然资源新增收益}}{\text{无项目时区域收益}} \times 100\% \tag{3}$$

$$区域劳动力开发效果=\frac{有无项目区域劳动力变化值}{无项目时区域就业人口}\times 100\% \tag{4}$$

(3)土地增值效益交通运输项目一般都要占用土地,高速公路也不例外,但由于高速公路的开通,促进区域经济发展,使公路沿线的土地价值发生了变化。公式为(5):

$$土地增值效益=\frac{有无项目沿线土地价值之差}{无项目土地效益}\times 100\% \tag{5}$$

2.1.3 交通环境影响的定量指标

在交通环境影响中包括提高公路运输网及综合运输网效率和效益两项指标,均可利用提高运网效率,减少拥挤程度对运输方式的影响来具体反映公路与综合运输网效率的影响效果。

高速公路项目的建设,增加了运输网的通过能力,有时也可改善运网的结构,缓和原道路和枢纽的拥挤,从而提高运网效率,降低运营费用而产生效益,与此同时,也可能引起其他运输方式发生运量转移而导致能力利用不足的损失,对两者的得失均应考虑。公式为(6)、式(7)、式(8):

$$提高运网效率=\frac{有无项目客货运输周转量之差}{无项目客货运输周转量}\times 100\% \tag{6}$$

$$减少拥挤的效果=\frac{无项目客运超载率-有项目客运超载率}{无项目客运超载率}\times 100\% \tag{7}$$

$$对运输方式的影响=\frac{有无项目单位营运费用之差}{无项目单位营运费和}\times 100\% \tag{8}$$

2.1.4 对外联系影响的定量指标

在对外联系影响的因素中,促进外贸发展、外商投资效益可定量分析。

完善的交通运输基础设施,对于对外开放、吸引外资、发展外贸具有决定性的意义,但此效益系多部门共同做出的贡献。公式为式(9)、式(10)、式(11)

$$外贸效益=\frac{新增外贸效益}{原有外贸效益}\times 100\% \tag{9}$$

$$吸引外资效果=\frac{新增外资额}{原有外资额}\times 100\% \tag{10}$$

$$外汇效益=\frac{新增外汇额}{原有外汇额}\times 100\% \tag{11}$$

2.2 高速公路社会影响评价的定性指标

除上述可以定量的指标外,高速公路项目引起的某些社会影响,只能以定性的方法来描述其有益和有害的程度。按社会发展影响、社会经济影响、自然环境影响、交通环境影响与对外联系影响五大内容进行归类分析。

2.2.1 社会发展影响的定性指标

社会发展影响内容的定性指标包括以下三项:

(1)促进区域发展优势效果

高速公路的建设使区域内具备了有利于经济发展的必要条件,使该区域优于其他区域而吸引相关行业。企业和生产力要素,形成产业布局上的相对集中,促进该地区的经济发展,如沪宁高速公路沿线地区拥有区位优势而形成经济走廊。

(2)促进地区科学技术教育文化交流

地区发展的不平衡性,其原因很多,交通发达程度是一个主要因素。我国边远地区少数民族在经济和文化上的落后,大多是由于交通不便、信息闭塞造成的,高速公路项目的建成可以产生下列的影响:

①促进科学技术的传播,有助于生产力的提高。

②促进文化教育的发展,使受教育的机会增多,提高人口素质。同时也促进医疗卫生保健工作的提

高,改善了生活质量。

③交通运输的发展,促进城乡人员往来和地区间物质、文化交流。

(3)促进民族团结、维护社会安定、抗御自然灾害、加强国防

公路运输对国家的统一、国防安全和社会安定都是不可缺少的,对于通向边境的公路项目,增强国防安全、维护民族团结和统一的目标往往是主要的,而一般的公路项目对于维护社会秩序,保持社会安定,防止和救助或减轻灾害都有其特殊的作用,因此,对这些指标应重点定性描述。

2.2.2 社会经济开发影响的定性指标

此项内容的定性指标包括改变经济结构、产业布局影响、国土开发效果与收入分配效益。

(1)改变经济结构、产业布局影响

在交通运输不足时,区域经济往往以自然经济为主。商品经济不发达,资源得不到开发和充分利用,居民就业率低。而高速公路的建成,改善了交通运输条件,就使潜在的自然资源和人力资源得到开发和利用。新的企业,特别是第三产业随之兴起,打破了传统经济发展格局,促进了商品经济发展。如沈大高速公路通车后,乡镇企业个数以30%以上的年均增长速度递增,乡镇企业产值年均增长速度达到58.8%。

(2)国土开发效果

高速公路的建成和运输条件的便利,会促进资源的开发,吸引新的产业的集聚和人口的集中,起到调整产业和人口合理分布的作用。同时也有助于改善地区发展不平衡性和缩小地区间生活水平的差距。

(3)收入分配公平效果

收入分配是否公平,不仅是个经济问题,更是社会是否公平的重要问题。我国地域辽阔,生产力发展水平还比较低,各地区经济发展很不平衡。高速公路的修建,改善了边远地区、贫困地区的经济文化状况,缩小了这些地区与先进、富裕地区的差距,为社会公平分配做出了贡献。由于我国东西部经济差距,国家制定出重点发展中西部的倾斜政策。促进西部地区经济快速发展的一项必要手段则是大力发展西部地区的交通运输事业,而缩短高速公路项目建设又是重中之重。西部地区经济落后面貌的改变,不仅能缩短东西部地区经济差距,更好地开发西部资源、保持东部地区经济繁荣,而且对社会公平分配、国家稳定更具有重大意义。因此,收入分配效益在我国国情下具体表现为避免地区差距扩大的社会发展指标。

2.2.3 对外联系影响的定性指标

处于边境地区内的高速公路对于发展国际经济、文化交流发挥着重要作用,其高效率的服务,不仅会加强客、货运输的周转能力,促进文化科技信息的交流,也提高国际威望。

综上所述,在以往的高速公路路线方案的评价中,一个方案的好与坏、优与劣,主要从经济可行性方面判断,以经济收益水平的高低决定项目的取舍。其结果将导致一方面片面强调经济因素的作用,忽视社会因素的作用,造成经济指标的可行而社会指标不可行或产生负效应;另一方面,对公路建设项目作用认识不足,重视经济效益,忽视社会影响效果,使某些社会影响较好而经济收益不大的项目被否定。因此,在科学、合理地进行社会因素评价的同时,还应加强设计人员对路线方案优选过程中社会评价的重视程度,使得建成后的高速公路既有较好的经济效益,同时还具有良好的社会影响。

参 考 文 献

[1] 邱东.多指标综合评价方法的系统分析[M].北京:中国统计出版社,1991.12:24-44

[2] 李远富,等.铁路选线设计方案多目标决策模糊优选模型及其应用研究[J].西南交通大学学报,2000(5):32-37

[3] 刘伯莹,姚祖康.公路设计工程师手册[M].北京:人民交通出版社,2002.9:14-78

[4] 孙家驷.道路设计资料集2路线设计[M].北京:人民交通出版社,2001.8:24-38

新型沥青路面雾封层材料的研究应用

付志鹏[1]　范威丽[2]
(1. 河南亿龙机械设备有限公司　林州　451000;2. 河南省大道路业有限公司　林州　451000)

摘　要　雾封层工艺作为一种廉价快捷的公路预防性养护工艺,有着极为广阔的发展前景,但是目前的雾封层材料,其本身存在着有效期短、耐久性差等缺点,本文特针对雾封层材料进行了探索和改进,并且通过室内试验和沥青路面的实际应用,阐述了新型雾封层材料良好的路用性能。

关键词　雾封层　材料　公路养护

雾封层作为高速公路早期预防性养护非常有效的方法,在 2004 年度《第二届全国公路科技创新高层论坛》上,把它作为养护新技术,在全国推广。

沥青的老化和脱落是造成沥青路面破坏的重要影响因素。当沥青路面使用一段时间后,由于阳光、雨水、温缩、交通荷载、行车动水等多种因素的影响,使沥青路面表层沥青老化、流失;产生温度裂缝、反射裂缝;而且混合料中细集料流失;沥青和骨料间整体黏结力变差产生的轻微裂缝,直接导致了路面防水能力急剧下降,这样路表水会通过表层渗入下层沥青混合料中,在行车的泵吸及动水作用下将加速路面的损坏。对于新建路面,由于压实度不够,混合料离析等,也会导致面层防水能力降低。如果不进行及时处理,路面会很快出现网裂、龟裂、坑洞等较为严重的路面病害。针对以上问题,我们认为关键问题就是封水防渗。雾封层工艺,就是利用专业雾封层洒布车在沥青面层上喷洒高渗透性雾封层专用材料,形成薄薄的沥青防水层,达到封闭路面,封水防渗的效果[1]。同时由于改性沥青的渗透作用,与原有的沥青混合料结合,在一定程度上也达到了沥青材料再生的效果。雾封层施工工艺快速有效,性价比高,因此加大对雾封层专用材料及工艺技术的研究具有重大的社会和经济意义。雾封层工艺的关键在于雾封层材料的性能,所以新型雾封层材料的出现将大大推动雾封层技术的发展和推广。

1　雾封层材料的分析及改进

1.1　对现有雾封层材料的分析

目前国内的雾封层材料大多采用 SBR 改性乳化沥青,仅仅是对原路面的覆盖和补充。而 SBR 改性剂本身就存在着易老化、对高低温性能改善范围窄等缺点。同时,普通的 SBR 改性乳化沥青耐磨性较差,而且喷洒到路面上以后,在很短的时间内就会破乳固化,很难保证对路面的渗透,这样雾封层材料的有效成分仅仅附着公路的表面,而路面层的许多缝隙和空隙仍然存在。随着公路的继续使用,车轮对路面的不断磨耗以及各种气候环境因素的影响,这些雾封层材料会很快的老化、流失,失去了封水防渗的效果。

1.2　雾封层材料的改进

我们选用综合性能优异的高分子聚合物改性沥青为原材料,加入轻质油分、增黏树脂、抗老化剂等添加剂,采用特种乳化剂制成新型的雾封层新材料。这种材料黏度低易喷洒,具有渗透性强、再生效果好、耐老化等优点。

1.3 新型雾封层材料与普通材料的性能对比

我们将制备好的新型雾封层材料与自制的SBR改性乳化沥青的常规性能进行了对比试验，试验结果表明，新型的雾封层材料具有更好的高低温性能，而且在蒸发残留物含量相同时，新型材料的黏度较小，更有利于喷洒（表1）。

两种材料性能对比　　表1

性能指标		新型雾封层材料	普通材料
蒸发残留物性能	25℃针入度(0.1mm)	137	61
	软化点(℃)	63.0	56.5
	5℃延度(cm)	54	46

2 雾封层材料的室内试验

2.1 试验方法和性能指标

在室内我们用磨耗过的湿轮磨耗试件来模拟路面，主要检测雾封层材料的表干时间、抗滑值、耐磨性和表观色泽等性能。试验时仍选用自制SBR改性乳化沥青作为对比。

2.2 试验结果和分析

（1）室内表干，用来判断雾封层材料喷洒后的开放交通时间，在喷洒雾封层材料后，每隔15min用滤纸按压试件表面，直至滤纸上不沾有褐色斑点即判断为表干时间。室内表干的试验温度为25℃，数据见表2，从试验结果来看新型材料与普通材料的表干时间差别很小，但是新型材料有着良好的渗透效果，在到达表干时间后我们将试件剖开，发现普通材料只是覆盖于试件表面没有渗透，而新型材料的渗透深度约为2mm。

表干时间　　表2

时间 / 材料	表干时间(25℃,室内,min)
普通材料	120
新型材料	135

（2）雾封层材料对原路面抗滑能力的影响。对沥青路面进行雾封层施工后，在原路面上会形成一层薄薄的沥青膜，这层沥青膜将轮胎和集料隔离开来，会在一定程度上降低路表面的抗滑性能，但是随着车辆碾压磨耗，路表面集料突出棱角处的沥青膜很快就会被磨掉，这时，路面的抗滑值又会上升，所以雾封层施工不会给公路的行车安全带来较大的影响。我们将试件在喷洒雾封层材料前用摆式摩擦系数测定仪测定抗滑值，然后将雾封层材料喷洒至试件表面，使用WTAT—120型湿轮磨耗仪磨耗5min，将试件表面地集料棱角处的沥青膜磨掉，然后再测定此时试件表面地抗滑值。数据见表3，结果说明这两种材料对路面的抗滑性能影响都比较小，完全适用于雾封层施工。

摆　值　　表3

类别 / 材料	喷洒前摆值(BPN)	喷洒磨耗后摆值(BPN)	摆值差(BPN)
普通材料	56	49	7
新型材料	59	51	8

(3)耐磨性检测,雾封层材料的耐磨性能直接影响雾封层路面的耐磨性能,雾封层材料在喷洒后大多仅仅是覆盖在路表,这层沥青膜始终处在外界自然环境和行车磨耗的影响之中,如果雾封层材料的耐磨性差,这层沥青膜就会很快被磨掉,而普通雾封层材料渗透性又很差,这样雾封层就会很快失去封水防渗的效果。我们将雾封层材料喷洒到试件后,使用 WTAT—120 型湿轮磨耗仪对试件进行长时间的磨耗,称量磨耗前后的质量损失来判断雾封层材料的耐磨情况。数据表明新型雾封层材料比普通雾封层材料有更好的耐磨性(表4)。

耐 磨 性 能 表4

分类 材料	10min 磨耗损失(g/m^2)	20min 磨耗损失(g/m^2)	30min 磨耗损失(g/m^2)
普通材料	20.7	79.4	129.4
新型材料	14.6	50.1	101.4

(4)目测其表观色泽。我们对喷洒普通材料和新型材料的试件表观色泽进行观察,发现在磨耗后新型材料和普通材料外观差别很大,喷洒新型材料的试件明显比喷洒普通材料的试件色泽黑亮,这说明了新型材料不但自身的耐磨性好,而且与沥青路面的黏附性也要好于普通材料(图1)。

图1 喷洒前路面外观

3 新型雾封层材料的应用

为了进一步验证新型材料的实际路用效果,我们在上海市 A30 的 K40 +000 ~ K40 +500 处进行了试验段施工,分别测试了施工前和通车后一个月的路面的渗水系数、抗滑值和构造深度[2]。试验结果如表5所示,可以看出使用新型雾封层材料后,封水效果明显,而且不影响路面的行车安全。

试验段数据结果 表5

时间 分类	喷洒前	通车后
渗水系数(ml/min)	56	1
	59	1
	57	不渗水
抗滑值(BPN)	49	47
	54	48
	53	48
构造深度(mm)	1.1	0.9
	1.4	1.2
	1.2	0.9

同时,我们通过对路面外观进行观察,在通车一个月后,图2中右侧的新型雾封层材料与左侧的普通雾封层材料相比,色泽明显较深,直观上说明了新型雾封层材料的耐磨性、黏附性和耐久性均优于普通雾封层材料;通过钻芯取样观察,普通的雾封层材料仅仅是覆盖在路表、缝隙的表面;新型雾封层材料渗透深度可达5mm,而且渗透层颜色较黑,这说明新型雾封层材料在渗透的同时对原路面的沥青黏结料进行了一定程度的再生,提高了整个路面的耐久性能。

图2 通车后外观对比

4 结语

雾封层施工性能的优劣很大程度上取决于雾封层材料的优劣。新型雾封层材料不但具有良好的渗透性能,而且对原路面沥青黏结料再生效果明显、耐老化、黏附性好,是SBR改性乳化沥青雾封层材料的替代产品,当然这种新型材料仍具有很大的改进和完善空间。雾封层工艺作为一种性价比极高的沥青路面养护手段,随着材料性能的不断改进,将具有良好的发展前景。

参考文献

[1] 刘凤山,盛赛华,高士清.雾封层在沥青路面预防性养护中的应用.公路交通科技,2008

[2] JTJ 059—95 公路路基路面现场测试规程.北京:人民交通出版社,1995

沥青混凝土路面早期病害浅析

马前进[1]　张福喜[1]　李　星[2]
(1.郑州市公路勘察设计院　郑州　450006;2.中交第一公路勘察设计研究院　西安　710075)

摘　要　着重从沥青路面设计、施工、养护管理及其他环节,分析了沥青路面早期破坏的原因。

关键词　沥青路面　破坏　原因

1　前言

沥青路面使用沥青结合料,增强了矿料间的黏结力,提高了混合料的强度和稳定性,使路面的使用质量和耐久性都得到了提高。与水泥混凝土路面相比,沥青路面具有表面平整、无接缝、行车舒适、耐磨、振动小、噪声低、施工期短、养护维修简便、适宜于分期修建等优点,因而在我国的道路建设中越来越得到广泛的应用。从乡村道路到城市道路,从低级路到高速公路,逐渐成为道路建设长久使用的一种路面材料。但由于沥青混凝土材质本身的差异,以及受设计和施工水平的影响,沥青路面常常出现泛油、裂缝、松散、坑槽、局部沉陷等病害,这些病害的出现严重影响了行车速度、行车安全,加大了汽车磨损,缩短了沥青路面使用寿命,为公路工程质量通病之一。

2　设计原因

2.1　路面结构设计不尽合理

沥青路面早期损坏与路面结构设计不合理有很大关系。从现有沥青路面结构早期损坏情况看,不可否认在沥青路面结构设计方面存在一定的不合理性,比如沥青层的回弹模量一般小于半刚性基层材料的回弹模量。从理论上分析,若沥青层与半刚性基层材料之间是连续体系时,沥青层多数处于受压状态或出现较小拉应力,半刚性材料层主要承受拉应力。上下层间模量比越小,随着沥青层剪力增大,下层拉应力越大,则半刚性基层的刚度不宜太大,若层间接触面处于浸水状态可能导致界面产生滑移。很多地区尽管沥青路面早期破坏的现象和特征不尽相同,但对于水毁、车辙等与设计路面结构设计密切相关的早期损坏是普遍存在的。

2.2　设计规范存在的问题

目前,柔性路面国家设计规范仍然采用弯沉值控制,路面设计以轴载100kN的双轮组单轴为标准轴载;对沥青混凝土面层应采用容许回弹弯沉、弯拉应力和剪应力三项指标设计;在交通量小的支路上铺筑沥青时,可仅用容许弯沉值设计;对沥青碎石面层采用容许回弹弯沉和剪应力两项指标设计。设计年限内标准轴载累计数和折合成标准轴载累计数作为控制指标。在路面设计中,一方面交通车辆调查资料,是为通行能力服务的,没有考虑到超载的问题,使得设计中得不到准确轴载。造成设计年限内累计标准轴载出现与事实不相符的情况。这样,对于一些道路而言,从一开始就降低了累计标准轴的数量,使得设计弯沉值偏大,基层、低基层的拉应力偏小,造成路面整体刚度不足,导致路面提前破坏。

2.3 路面厚度设计问题

路面厚度设计的依据是设计年限内的累计当量轴次,设计单位为了计算方便,一般将设计公路的交通量划分为一定车型的标准交通量与另一定型的非标准车交通量,然后将确定车型的非标准车的轴次,换算成标准车轴载的当量轴次,最后用设计年限内的当量轴次,计算路面设计弯沉及结构厚度。经过大量上路观察认为:在非标准车向标准车轴载换算过程中,实际上不管是按标准车的轴载还是非标准车的轴载,尤其是非标准车的轴载,车辆的实际轴载远大于设计轴载(货运车辆绝大多数为超载运输),而由当量轴次的计算公式可知,当量轴次与轴载比的4.35次方成正比例,由此得知设计路面实际承受的当量轴次远远大于作为其设计依据的设计年限内的累计当量轴次。即现阶段新建路面早期破坏情况较多的症结之一——公路在短期内已达到设计年限内的累计当量轴次。

2.4 路面结构设计技术创新不够。

从高速公路开始修建至今,我们在为创造新的里程奇迹自豪时,高速公路建设快速发展与技术储备不足的矛盾也日渐突出。首先表现在沥青路面结构组合设计方面,不论东南西北,全国沥青路面几乎都"一刀切"采用一种路面结构形式。尽管沥青路面设计规范中规定了很多设计原则,但在实际操作过程中,路面结构组合设计没有很好地与当地的自然气候环境条件、当地经济的筑路材料以及交通荷载等方面进行很好的联系,路面结构设计在很多设计院成为最简单的设计工作。从管理层次上讲,路面结构设计在设计院已经不在一个重要位置上。在路面结构设计理念上讲,没有对沥青路面结构长期使用性能提出明确的要求。简单地说,路面设计的主要内容包括材料参数设计、结构组合设计都没有长期使用性能参数限制,很多路面结构也没有进行长期使用性能试验验证就被广泛应用。从试验方法方面看,路面设计时受规范束缚太多,新的试验方法、新的设计理念很难在路面结构设计中得到体现,使技术创新成为空谈。

3 施工原因

路面施工过程是其质量形成的关键环节。直接影响面层质量的施工环节主要是面层本身的施工、基础施工及相关连接层施工。

3.1 建设工期

很多地区在高速公路建设过程中,明显表现出建设工期的不合理。五年的工期三年完工,使得高速公路的建设成为新的神话。很多国外专家惊叹我国建设高速公路速度之快的同时,对我国的公路建设质量表示忧虑。

3.2 沥青质量

由于近几年国家的城市基础设施建设、城市道路开工项目很多而建设资金又有限,因此,在道路结构层的厚度设计、材料的使用上注意到了本着经济适用的原则,但对交通量的变化,使用年限并没有重点研究。像高等级公路沥青路面,省市采用的是上面层使用进口沥青或改性沥青,而中面层、下面层则采用国产沥青。就国产沥青而言,能达到规范要求的厂家并不多,而且数量十分有限,不可能满足国内建设规模的需要,特别是针入度、延度指标控制不严格。而在北方施工时由于近年来气候偏暖,沥青标号选择低标号更为重要。

3.3 沥青混合料配合比

沥青混合料的配合比不合理,如:油石比较大,已铺筑的路面会产生壅包和泛油;油石比较小、路面

会出现松散;矿料的质量不好,集料的压碎值和石料的抗压强度太差和细长扁平颗粒含量过高,使路面混合料的稳定度降低,容易出现路面的各种病害。

3.4 沥青混合料拌和的控制

拌和设备出现意外情况:刚开炉,料温低、含水量大时,会出现料温不均匀现象;当筛分系统出现问题时,造成骨料级配发生较大变化;有时也会出现花白料,使路面难以摊铺成型;温度过高造成沥青老化,不能保证沥青混凝土摊铺质量;拌和能力过小,出现停工待料状况,使接头处温度降低,出现温度差,形成一个个坎:当运输设备不配套或司机技术较差时,会撞击摊铺机,使机身后移,形成台阶。

3.5 沥青混合料的摊铺及压实

摊铺机是沥青路面面层施工的主要机具设备,其本身的性能及操作对摊铺平整度影响很大。目前在国内问题比较大,有些施工单位摊铺设备落后,摊铺面过窄,没有自动找平系统,完全凭经验、凭操作人员的感觉进行施工,甚至有些高速公路要求全断面摊铺,只考虑到了横坡容易掌握和消除了纵向接缝。由于摊铺断面宽,沥青混合料从中间通过铰轮输送到两侧由于距离大必然产生离析。沥青面层铺筑后的碾压对平整度有着重要影响,选择碾压机具、碾压温度、速度、路线、次序等都影响着路面面层的平整度的好坏。

3.6 路基与路面基层施工

有些道路早期破坏与路基施工质量有关,特别是软土地区。路基软土地基不稳定、地基换填或挤淤处理不彻底、路基填筑压实度不足、路基填料的液限偏高、路堤不均匀沉降等都会导致路面的早期的破坏。

在沥青混凝土路面铺筑前,由于基层表面清扫不干净、透层油洒布不均匀等都容易造成沥青面层和基层黏结不良。沥青面层建成运营后在大量行车荷载(超载车辆)作用下,由于与基层黏结不良在沥青面层施工接缝处开始产生推移。随着时间增长,轮迹带两侧会产生壅包,甚至会出现由于推移而造成的严重裂缝。在基层平整度较差、面层厚度较薄的地段往往由于施工质量等原因,基层不平整会反映到沥青路面上,车辆荷载作用下面层不平整会愈加明显,形成波浪。

4 养护及其他原因

4.1 养护问题

(1)养护不及时。沥青路面在行车作用下出现小面积松散、局部坑槽后,未及时进行养护,特别是采用层铺法施工的贯入式路面和表面处治,初期及时养护更为重要。

(2)养护方法不当。有些养护人员,在沥青混凝土路面上采取人工喷油(或洒布机喷油)、人工洒料等方法进行养护,结果破坏了原路面的平整度,甚至由于喷油不够,用油量控制不均,造成泛油、推拥、松散等病害。

4.2 超载车辆

近几年,在很多省市,一提到沥青路面结构早期损坏就会提到超载。虽然把沥青路面早期损坏的原因都归结为车辆超载有些片面,但不可否认,超载对路面造成的破坏却是相当严重的。与造成沥青路面早期损坏的其他原因相比,造成车辆超载原因更趋复杂。交通车辆超载涉及汽车制造、运输企业以及公安交通管理等部门,问题最终结点是运输企业的效益问题,运输业为了获得运输效益超载造成路面结构的严重损坏。随着油价上涨等因素,近年超载车辆越来越多,与设计荷载相比超载十分严重,在重荷载

作用下，特别在车辆起动或制动频繁的叉路口及转弯处，沥青路面很快产生破坏、推移、裂缝等严重病害。

4.3 科研投入不足

与房地产相比，从技术角度上看，房地产开发所面对的主要技术问题比高速公路要少，表现在地质情况相对单一、材料变异性小、施工技术水平稳定、经验积累较多等等，而公路工程是线性土木工程，跨越的地质条件复杂多变，道路建筑材料变异性大，施工难度大等特点，因此可以想象在工程建设过程中遇到技术问题是非常复杂的。面对目前公路建设的巨大市场，在相当一段时间内，一方面是科技投入不是很多，另一方面科研单位都将设计和监理作为主业，相对削弱了科研的开发，这就导致现有的技术无法满足生产需要，养护技术储备不足，遇到早期损坏找不到好的技术处理措施。

5 结语

总之，沥青混凝土路面早期病害的产生有多方面的因素，无论设计方面，还是施工方面都存在一些不足。鉴于目前沥青混凝土路面病害早期化的特点，在优化设计的同时，更为重要的是应该加强施工管理、提高施工质量及后期养护和管理，尽量在提高沥青路面使用性能的同时，延长使用寿命，提高投资效益。相信在设计、施工、养护管理各方主体按照行业规范标准，结合工程实际，严格履行各自职能的前提下，这些病害一定会得到根治。

参 考 文 献

[1] JTG D50—2006 公路沥青路面设计规范[S]. 北京：人民交通出版社
[2] 马华荣. 公路工程病害分析与防治技术. 郑州：黄河水利出版社，2003.8
[3] 编委会. 公路与桥梁工程病害防治及检测修复实用技术大全. 长春：长春出版社，2002.8

旧沥青路面现场冷再生基层施工工艺与质量控制

张方方 张 捷

（北京奥科瑞检测技术开发有限公司 北京 100176）

摘 要 结合北京市通顺路大修工程，介绍了旧沥青混凝土路面现场冷再生技术的原理特点及应用前景，重点阐述了旧沥青混合料作为现场冷再生水泥稳定基层的施工工艺特点及质量控制手段，提出了较为合理的沥青混凝土冷再生施工控制技术，为沥青路面冷再生技术的推广及施工规程的制定起到积极作用。

关键词 现场冷再生 沥青混凝土路面 施工控制

近年来我国公路以每年2 000亿元的投资规模飞速发展，新建道路规模的不断扩大使路用原材料需求急剧增长，导致成本提高。同时越来越多的公路已经或即将进入大、中修期。目前，我国以沥青路面为主的高级、次高级路面有50多万km，如果从现在起全国每年需要翻修10%的沥青路面，则十年后仅高级和次高级沥青路面就会有5万多km需要进行大、中修，每年将产生超过1 500万t废旧沥青料。如果采用传统的废弃方法，则会造成极大的环境污染和资源浪费。因此，沥青路面再生技术的研究、推广与应用成为高等级公路建设的一个新热点。本文结合北京地区通顺路大修工程，介绍了旧沥青混凝土路面现场冷再生水泥稳定基层技术的施工工艺及质量控制手段，以期提出较为合理的沥青路面冷再生施工控制技术，为该技术的推广起到积极作用。

1 通顺路大修工程概况

通顺路是在通密古道的基础上建筑的，1956年建成三级公路，1996年加宽改造为一级公路，路基全宽32.1～35.6m，机动车道全宽16.6m。随着经济发展，交通量增长迅速，根据通顺路富豪观测站数据2004年年平均日交通量达20 958辆（当量数），交通量增长率为8%左右，导致通顺公路富豪至区界段大部分路面出现了龟裂现象。此次大修范围为K3+600～K10+750，再生老路路面结构（由上至下）为细粒式沥青混凝土3cm，沥青碎石6cm，二灰稳定砂砾32cm，石灰土15cm。大修处置方案为铣刨原路面20cm作为路面基层，即对原路面的沥青混凝土面层9cm基层11cm内的结构进行冷再生处理，旧路剩余部分为石灰粉煤灰稳定砂砾21cm，石灰土15cm。

2 现场冷再生的原理及意义

现场冷再生是利用专用再生机械对旧沥青混凝土路面在一定深度范围内进行现场铣刨、破碎，必要时加入一定规格和数量的新集料、黏合剂（水泥、乳化沥青、再生剂等），按一定配合比拌和，再进行整形、碾压，使其恢复达到路面基层或底基层技术要求的施工工艺。

冷再生技术通过重复利用沥青混合料达到节约资源、保护环境、降低造价的目的，无论从环保方面，还是从社会经济效益方面来讲，都具有显著的优点。并且作为基层采用现场冷再生技术，彻底解决了旧路的“调拱、调坡”问题，同时减少了碎石材料用量，这对于北京这些石料开采困难或者某些“贫石”地区就显得尤为重要。

3 现场冷再生施工工艺及质量控制

针对我国北方地区道路结构,通顺路采用以水泥作为添加料对沥青混凝土路面进行就地冷再生。一般来说,水泥的加入方法有两种:一种是人工或专用机械将水泥预先撒布在需要再生的路面上;另一种方法是采用水泥稀浆搅拌输送车,将需要添加的水泥和水搅拌成水泥稀浆,再通过再生机上的控制系统将其输送到再生机的拌和仓中。通顺路采用的是第一种预撒水泥施工法。

冷再生技术作为新工艺,在北京地区的施工经验相对较少,通顺路大修工程于2005年7月3日进行了200m试验路段(施工段:K4+960~K5+160)研究,总结现场冷再生技术的施工工艺及质量控制手段如下所述。

3.1 组成设计

试验室从施工现场取第一次拌和后的旧料,取料须做到均衡、有代表性,分析包括旧料的筛分结果见表1。

旧路面混合料筛分结果 表1

筛孔(mm)	37.5	31.5	26.5	19	9.5	4.75	2.36	0.6	0.075
通过率(%)	93.2	91.3	84.4	59.1	38.1	17.5	8.7	3.9	0.7

从对旧路铣刨材料级配组成分析看,旧路材料中4.75mm以上粒料含量满足《公路路面基层施工技术规范》(JTJ 034—2000)表3.2.1-2的要求,而4.75mm以下粒料含量偏低,原因是由于沥青的胶结作用,大部分洗料胶结在一起,导致级配偏粗,实际上这些胶结颗粒具有一定弹性,经碾压可充分填充骨料缝隙。

设计要求冷再生层的7d无侧限抗压强度达到2.5MPa,采用平谷水泥二厂P·S32.5水泥,在不同水泥含量下击实试验及抗压强度试验结果见表2。室内试验结果表明,设计的冷再生混合料在水泥剂量4.0%时的7d抗压强度≧2.5MPa,劈裂强度在0.4~0.6MPa,符合水泥稳定类材料作为一级公路基层的要求。水泥剂量4.0%时的击实曲线见图1。

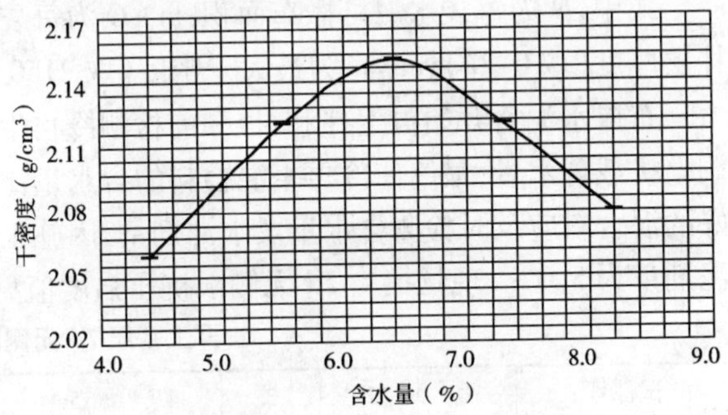

图1 水泥剂量4.0%时击实曲线图

不同水泥剂量下7d无侧限抗压强度试验结果 表2

水泥剂量(%)	3.5	4.0	4.5	5.0
最佳含水量(%)	6.2	6.4	6.6	6.7
最大干密度(g/cm^3)	2.14	2.15	2.16	2.18
7d无侧限抗压强度(MPa)	2.26	2.73	3.12	3.59

确定冷再生掺加水泥剂量为4.0%,最佳含水量为6.4%、最大干密度为2.15g/cm^3,松铺系数为1.15。为了控制从施工拌和到碾压成型的时间,试验室进行延迟试验,试验结果见表3。根据表3数据,试验室建议严格控制从加水泥开始拌和到碾压完成的时间在4h内完成。

延迟试验结果 表3

水泥剂量(%)	4.0(延迟2h)	4.0(延迟4h)	4.0(延迟6h)
最佳含水量(%)	6.2	6.0	5.5
最大干密度(g/cm^3)	2.14	2.15	2.13
7d无侧限抗压强度(MPa)	2.62	2.52	2.38

3.2 现场施工工艺与控制

3.2.1 旧路面铣刨拌和

采用半封闭施工,改善交通中断状况及施工安全。根据现场测量结果,结合设计高程及冷再生基层厚度要求,利用维特根2000冷再生机将旧路面铣刨破碎,冷拌至预定的深度(22cm),拌和过程中,设专人跟随冷拌机随时用钢板尺检测拌和深度。破碎时,为避免出现条梗,相邻两幅应重叠20~30cm。工作时,2台8T水车与冷再生机配和保证拌和用水,随拌随检查含水量,拌和行进速度6m/min,确保再生混合料的稳定性。

3.2.2 破碎后的旧路整形

整幅路段拌和完毕后,用PY160平地机初步整平,再用YZ20振动压路机稳压两遍,测量人员根据设计纵断高程和横坡度,恢复10m中、边桩,并以每10m为一断面分5个点测出高程,找出基准点,用石灰标记出地点高程与松铺高程的差值,高程不足的地点用ZL50装载机补给,高出灰线段用平地机刮平,最终使旧路整形达到"调坡"、"调拱"的目的,并保证表面平整、湿润。

3.2.3 布摊水泥与再生拌和

稳压后布摊水泥,施工过程中水泥剂量按照实验室内确定的水泥剂量+1%控制。按照式(1)计算出每袋水泥布摊面积,然后考虑冷再生机的最大摊铺宽度(考虑相邻两幅的重叠尺寸),计算出方格尺寸,最后用石灰纵横打出方格并人工布摊水泥,确保水泥布摊均匀、一致、等厚。

$$N=\frac{(100+t)G}{h\cdot\rho h\cdot t} \tag{1}$$

式中,N为每袋水泥可撒布面积,m^2;G为每袋水泥重量(取50),kg;t为水泥剂量(取5),%;h为冷拌层厚度(取0.22),m;ρd为最大干密度(取2150),kg/m^3。计算得通顺路N为$2.2m^2$。

布摊水泥后开始再生拌和,拌和前检测冷再生料的含水量,根据实际含水量与最佳含水量的差值,调整机载含水量,最终使冷再生混合料的含水量比最佳含水量高出1%~2%(视天气状况而定)。拌和好的混合料应及时检测含水量及水泥剂量,因施工当天天气干热,通顺路控制含水量为6.4%+2%,水泥剂量为5.0%,现场抽检7d无侧限抗压强度值见表4。

再生基层7d无侧限抗压强度试验结果 表4

试件号	1	2	3	4	5	6	7	8	9	10	11	12	13
抗压强度(MPa)	2.5	2.5	2.7	3.4	2.7	2.8	2.9	2.4	2.7	3.2	2.6	2.6	2.5
强度评定	平均值2.73;$S=0.290$;$C_v=10.6\%$;代表值2.56												

3.2.4 再生层整形与碾压

拌和完成后,按照旧路整形的方法进行整形,但整平精度要高,确保平整度和纵断面高程、横坡度符合设计。施工过程按照"宁刮勿补"的原则,严禁"薄层贴补",当找平厚度过薄时,使用齿耙将表层5cm以下耙松再行找补。整形完成后检测含水量并及时上机碾压。碾压顺序为YZ20振动压路机静压2遍,YZ20振动4遍,然后用20T胶轮压路机碾压2遍,最后用18~21T静力压路机碾压2遍。碾压后外观平整,无起皮、松散和离析现象。检测压实度结果见表5。严格控制从加水泥开始拌和到碾压完成的时间在4h内完成。

再生基层灌砂法压实度检测结果 表5

桩号	K5+000	K5+050	K5+100	K5+150
最大干密度(g/cm^3)	2.15	2.15	2.15	2.15
含水量(%)	6.9	7.3	6.7	7.5
试样干密度(g/cm^3)	2.135	2.12	2.13	2.128
压实度(%)	99.3	98.6	99.0	98.9

通顺路通过试验段工程确定合理的工作段长度为80～100m。

3.2.5　接缝处理

同日施工的两个作业段的衔接处，应采用合适的搭接方法。通顺路采用前一段拌和整形后留出5～8m不碾压，后一段施工时将前段预留段落加部分水泥重新拌和，与后一段一起碾压。并且碾压时须注意前段成品保护，同时保证接缝处平整度和压实度符合要求。

3.2.6　养生

碾压检测合格的冷再生基层应及时覆盖草帘或者无纺布洒水养生，养生期中断交通并确保不少于7d，养生期内冷再生基层表面要求及时洒水，始终保持湿润，确保再生层不因裸露曝晒产生微裂纹。

4　质量检测与效益评价

通顺路通过对冷再生基层密度、厚度、高程、横坡度、平整度、压实度、强度等各项指标进行检测，综合评定得分为96.1分，可以说取得了良好的效果，达到了预期目的。经初步估算较水泥稳定碎石基层节约造价23元/m^2左右，经济效益显著；同时冷再生方法节约能源和资源，具有显著的社会效益，值得将来进一步完善和推广。

5　结语

通顺路冷再生工程通过严格控制破碎、拌和、含水量、水泥剂量、整形、碾压、养生等各环节保证了基层质量，根据2007年6月的检测结果，该路路面状况指数PCI为84.6，路面强度指数SSI为1.2，行驶质量指数RQI为8.6，可见通车至今运营状况良好。

旧沥青混凝土路面冷再生技术以其节约资源、环保、成本低、施工简单等特点在道路改造工程中显示出强大的优势。实践证明了旧沥青混凝土路面冷再生作为新路面结构层中的基层（底基层）是安全可靠的，可以在今后的工程中进一步推广应用，从而使再生技术发挥出更大的经济效益和社会效益，并极大地推进和保证公路建设的可持续性发展。

参 考 文 献

[1] 吕伟民，严家伋.沥青路面再生技术.北京：人民交通出版社，1989

[2] 中华人民共和国行业标准.JTJ 034—93 公路路面基层施工技术规范.北京：人民交通出版社，1993

[3] 拾方治，等.冷再生沥青混合料设计方法概述.公路，2004(11)

[4] 杨宇亮.回收沥青混合料冷拌再生技术的研究.公路交通科技，2002(5)

同步碎石封层技术在高速公路养护中的应用

范威丽[1]　付志鹏[2]　孔令晨[3]
（1.河南省大道路业有限公司　郑州　450008　2.河南亿龙机械设备有限公司　450000；
3.河南焦作市公路管理局　焦作　454001）

摘　要　文章以漯河至周口高速公路沈丘路段改性乳化沥青同步碎石封层施工为例，介绍了采用高黏度改性乳化沥青同步碎石封层技术的配合比设计、材料选择以及施工工艺等特点。将该技术成功地应用于高速公路的养护施工中，大大降低高速公路的维修养护成本，具有良好的应用前景。

关键词　封层　同步碎石封层　改性乳化沥青　高速公路

1　概述

1988年京石、沈大、沪嘉高速公路的通车，实现了大陆高速公路零的突破。这以后的10余年来，我国高速公路事业突飞猛进。截至2007年年底，全国高速公路通车总里程达到5.3万km。在我国公路建设取得巨大成就的同时，日益繁重的公路养护工作随之摆在我们面前，确保高速公路的通行质量是公路养护的工作重点。沥青公路在使用过程中，由于温度、行车荷载、材料老化等内、外综合因素作用，会产生裂缝、麻面、坑槽、拥包、泛油、车辙、磨光等病害，直接影响路面的通行质量。及时对这些病害进行有效处治是做好养护工作的基础，这样才可以确保道路的服务水平。采用预防性养护手段对沥青路面进行预防性养护处治，可以用最低的养护资金投入，有效地防止病害的产生，更好地保证沥青路面的服务质量，这才是我国养护工作的上上之策。本文探索性的将改性乳化沥青碎石封层技术应用于漯河至周口高速公路养护中，收到良好的效果，提供一种行之有效的预防性养护处治技术。

2　病害及养护技术的选择

2.1　路面病害

漯河至周口高速公路（下文简称漯周高速）是河南省第一条由社会投资建设的高速公路，全长50km，于2001年12月建成通车。由于温度、行车荷载、材料老化等综合因素作用，沥青路面产生了不同的裂缝、坑槽、松散、细集料剥落、小坑槽、麻面、路面磨光等路面病害，如果不及时处理，在雨水和行车的共同作用下，沥青路面就可能出现严重的损害。为此，根据气候条件、经济状况以及路面的实际情况，我们选择了性价比较高的碎石封层处治技术。

2.2　同步碎石封层的特点

所谓同步碎石封层，就是用专用的同步碎石封层车将黏结材料（改性沥青或改性乳化沥青）和级配集料同步铺洒在路面上，通过自然行车碾压或轮胎压路机碾压形成沥青碎石磨耗层，它主要作为路面表处层使用，也可用于低等级公路面层。同步碎石封层技术的最大优点是同步铺洒黏结材料和石料，实现喷洒到路面上的高温黏结料在不降温的条件下即时与碎石结合的效果，从而确保黏结料和石料之间的牢固结合。

同步碎石封层的实质是靠一定厚度的沥青膜(1～2mm)黏结,其黏结力大于超薄沥青碎石磨耗层,可作为薄层路面结构使用,封层表面坚固、平整、粗糙,依靠嵌锁作用与沥青层牢固结合,依靠沥青结合料和骨料嵌入与基层紧密结合,如图1所示。为了防止在高速公路施工出现严重飞石现象、提高黏结性能、同时降低成本,该工程选用粒径3～5mm的玄武岩作为集料,改性乳化沥青作为黏结材料的同步碎石封层。较小粒径的石料可以有效避免严重的飞石,同时可以降低成本;而改性乳化沥青做黏结材料,可以大大加快沿石料向上爬升速度,缩短了石料的稳定时间,同样可以防止飞石的发生。由于乳化沥青的表面张力可沿石料表面向上爬升,爬升高度约为石料高度的70%(图2),并在石料的表面形成一个半月面,使石料被沥青裹覆的面积约70%,保证了沥青与石料有足够的结合强度。当使用3～5mm粒径的石料时,较少的乳化沥青用量就可以达到理想效果,大大降低了成本。再者,小粒径石料与石料之间的空隙率较小,乳化沥青依靠表面张力就能够很好地把石料裹覆起来,形成牢固的嵌锁结构。同时修复原路面因细集料缺失,而造成的麻面。

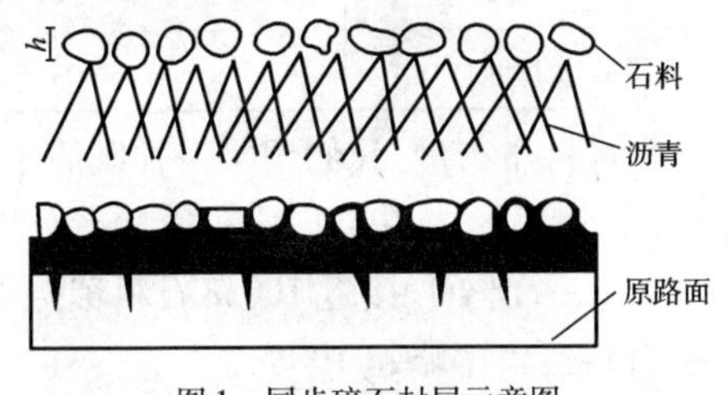

图1　同步碎石封层示意图

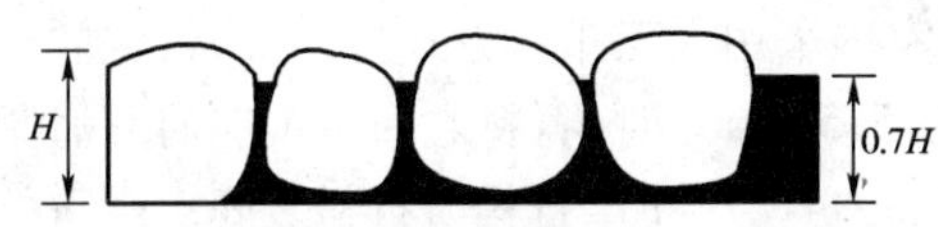

图2　单层碎石嵌入模型

2.3　材料的选择及用量的确定

2.3.1　集料

碎石封层所用集料一般要求使用经过反击破碎(或锤击破碎)所得到的碎石,不含杂质和石粉,针片状含量应严格限制在15%以下,而且几何尺寸要好,尽量使用立方体的骨料,避免针片结构,以保证骨料在沥青中达到合适的嵌入深度;并且应该具有足够的强度和耐磨耗性,良好的颗粒形态,目的是使石料具有凹凸不平的表面,用以增大石料的表面积,使石料与沥青的接触面积增大,同时沥青嵌入凹穴之中,固化后能形成牢固的机械嵌锁力。本次施工还要求选用的碎石粒径尽量均匀,这样可使碎石承载力均匀,增强该结构层的抗压性和稳固性。均匀的石料在撒布过程中不容易出现的粗细集中(离析)现象,同时保证具有足够的平整度。

我们选用了产自河南遂平料场的3～5mm玄武岩作为集料,其各项试验检测结果如表1、表2所示。

集料(S14)筛分结果　　表1

筛孔尺寸(mm)	9.5	4.75	2.36	1.18	0.6	0.3	0.15	0.075
通过率技术要求(%)	100	90～100	0～15	0～3	0	0	0	0
实际筛分结果(%)	100	97	6	1.5	0	0	0	0

同步碎石封层石料的技术要求与检测结果　　表2

编号	技术指标	技术要求	检测结果(平均值)	试验方法
1	压碎值(%)	≤14	12	T0316
2	洛杉矶磨耗损失(%)	≤30	24	T0317
3	破碎面、几何形状	4个破碎面以上,近似立方体	大部分具有4个破碎面、形状良好	T0436
4	坚固性(%)	≤12	10	T0314
5	磨光值(BPN)	≥42	48	T0321
6	针片状含量(%)	≤15	12	T0312
7	含泥量(%)	≤3	1.7	T0333
8	软石含量(%)	≤5	0	T0320

2.3.2 集料撒布量

在同步碎石封层中，被沥青结合料黏结到道路上的骨料直接接触轮胎，这种骨料镶嵌的粗糙度将提供最好的附着性能，其粗糙表面大大提高了路面的摩擦系数即防滑性能，并能使路面平整度得到一定程度的恢复。所以正确的石料撒布量应该是可以完全覆盖旧路面，石料之间能肩并肩紧密地构成一个平面，达到100%石料覆盖率。

石料撒布量过少，会造成石料覆盖不够而导致沥青黏结料被太阳紫外线照射引起老化，并容易出现泛油现象；而过多，不仅会使多余石料被挤压到沥青层中，导致一些已经粘到沥青层的石料脱落，造成石料浪费，同时还会引起飞石现象。参照国外资料，表3提供了不同尺寸的石料的撒布量。

单层碎石不同尺寸石料的撒布量 表3

石料尺寸	石料的数量，kg/m^2	石料尺寸	石料的数量，kg/m^2
19.0 to 9.5mm	22~27	9.5 to 2.36mm	11~14
12.5 to 4.75mm	14~16	4.75 to 1.18mm	8~11

我们采用的是3~5mm粒径的石料，为了得到更精确的石料撒布量，我们用了一种既简单且实用的方法，即在室内采用人工布料方式排列骨料，这样可保证每层骨料形成单层且比较密实。如图3所示，当撒布量在5.5kg/m^2时，石料之间基本能肩并肩紧密地构成一个平面，接近100%石料覆盖率；而当撒布量达到6kg/m^2以上时，石料与石料之间出现重叠现象，石料覆盖率略超100%。

图3 手摆式布料

a)撒布量3.5kg/m^2；b)撒布量4.0kg/m^2；c)撒布量4.5kg/m^2；d)撒布量5kg/m^2；e)撒布量5.5kg/m^2；f)撒布量6kg/m^2；g)撒布量6.5kg/m^2；h)撒布量7kg/m^2

通过人工布料,我们可知道3~5mm粒径的集料的撒布量大概范围在6.5kg/m^2以上,大大节省了集料用量。然而,实际施工中应根据路面的状况修正撒布量。

2.3.3 黏结剂

此次施工我们采用高黏度快裂改性乳化沥青作为黏结剂。高黏度改性乳化沥青同步碎石封层技术在很短时间内即可达到石料的密实稳固,很好地避免了热沥青同步碎石封层稳固过程中,石料脱落现象。同时,在保证黏结的情况下,降低了沥青的加热温度以及对施工温度的依赖,大大降低了能源消耗。根据相关研究,用于碎石封层的乳化沥青的沥青含量越高(法国达到69%左右),效果越好[4]。乳化沥青中沥青含量越高,新作的表面层与旧沥青面层黏结得越牢固。

所用高黏度快裂改性乳化沥青的试验结果均可满足《公路沥青路面施工技术规范》(JTG F40—2004)技术要求,试验结果如表4所示。

改性乳化沥青技术要求及试验检测结果　　表4

试验项目		技术要求	检测结果	试验方法
破乳速度　快裂或中裂		快裂	快裂	T0658
储存稳定性(24h)　不大于		1	0.6	T0655
筛上剩余量(%)　不大于		0.1	0	T0652
残留物含量(%)　不小于		55	66.7	T0651
蒸馏残留物性质	延度(5cm/min 5℃)不小于(cm)	20	27	T0605
	软化点　不小于(℃)	53	65	T0606
	针入度(25℃,100g,5s)(0.1mm)	40~120	58.1	T0604
	溶解度　不小于(%)	97.5	98.7	T0607
与矿料的黏附性,裹覆面积 不小于		2/3	>2/3	T0654

黏结材料和石料均匀的撒布在路面上是碎石封层成败的关键,施工温度直接影响高黏度改性乳化沥青均匀洒布。为了确定最佳的施工温度,我们采用道路沥青标准黏度计法,检测了高黏度改性乳化沥青在不同温度下的标准黏度,其结果如表5所示。

不同温度下的标准黏度　　表5

	25℃	35℃	45℃	55℃	65℃	75℃
沥青标准黏度 $C_{t,3}$(s)	27.2	26.3	24.8	23.5	22.4	25.5

由表5可得出,当乳化沥青温度在55~65℃之间时,其流动状态最佳,最适宜施工,并且也最能确保喷洒出来的沥青的均匀洒布。

2.3.4 黏结剂洒布量的确定

同步碎石封层实质是靠一定厚度沥青膜黏结的超薄沥青碎石表面处治层,沥青不仅填充了骨料之间的间隙而且能填充骨料表面的开口孔隙,所以适当的乳化沥青洒布量是非常重要的。在进行碎石封层路面施工时,最少的乳化沥青使用量应该是能将骨料固定住,并且将其黏结到旧路面上;另外乳化沥青使用量也不宜过多。如果乳化沥青洒布过多,会导致在行车碾压过程中,沥青黏结料从石料的空隙中溢出,从而导致路面泛油,摩擦系数降低。在潮湿的天气里,问题尤为突出。

如何选择乳化沥青的洒布量应该根据不同类型的沥青,由石料层的空隙容量,石料的形状及尺寸,交通量以及旧路面的状况来共同决定。在有坡度的情况下,乳化沥青的使用量应该做适当调节。表6提供了对于特定尺寸的石料做单石单料的碎石封层应用时乳化沥青的一个大致洒布量。

然而,在实际工程中都应进行试验段验证并最终确定材料用量。

单石单料应用时乳化沥青的洒布量 表6

石料尺寸	乳化沥青的数量(l/m²)	石料尺寸	乳化沥青的数量(l/m²)
19.0 to 9.5mm	1.8~2.3	9.5 to 2.36mm	0.9~1.6
12.5 to 4.75mm	1.4~2.0	4.75 to 1.18mm	0.7~0.9
根据旧路面的不同情况,对乳化沥青的使用量进行一定的修正			
旧路面的情况	修正值	轻微渗水,被氧化	0.14
偏黑,泛油	-0.04 to -0.27	轻微坑槽,渗水,被氧化	0.27
光滑,不渗水	0.00	严重坑槽,渗水,被氧化	0.40

3 施工工艺

3.1 交通管制

(1)在施工前,必须与本路段交通管理部门取得联系,并共同制定交通管制方案。

(2)保证施工后有足够的养护成型时间。

(3)采取措施尽可能减少施工对交通的影响。

(4)交通标志醒目,施工时,采用反光标志,施工人员穿反光背心。

(5)在施工段上游1km处设置警示牌、限速80km/h标志、施工标志及锥形标,给予行驶车辆前方施工警示,并派专人手持红旗给予行车司机行车提示。

(6)在距施工地点上流300m处,设置前方施工标志及限速60km/h标志。

(7)在施工起点设置导向标志、限速40km/h标志和锥形标,在施工段顺着行车方向将施工区域封闭隔离起来,锥形标间隔距离为5~10m,封闭区域为600~1000m为一区段。所有施工机械及人员不得在封闭区域外活动;撤收所有施工标志、警示标志及锥形标时,应逆着行车方向从施工段标尾向施工起点撤收。

3.2 路面清扫

路面清扫是否干净关系到施工后路面的质量。只有将路面上所有的杂物、泥土、油渍等清除干净了,新旧路面才能更好地黏结起来。

(1)首先组织人工对封闭的需施工路段进行清扫,清除路面上所有的杂物、泥土,并用吹风机吹净。

(2)对粘贴在原路面上的泥饼,先用铁铲将其铲除,再用钢刷反复刷净,必要时用水车冲洗。

(3)对原路面上受油脂污染的部位,先用清洁剂清洗,然后用水车冲洗。若有坑槽、车辙、裂缝,须进行处理或挖补。清扫好的路面应达到干燥、洁净,无尘土,无积水,无污染。

(4)清扫后的基层应封闭交通,禁止行人及车辆通行。

3.3 标线防污

(1)由专人负责对标线进行生胶带或塑料薄膜覆盖,施工过程中不得污染标线。

(2)施工后将标线覆盖物去掉并清理现场环境。

3.4 同步碎石封层车进行施工

在确保路面已经清洁干燥情况下,方可进行改性乳化沥青碎石封层施工。本次施工主要设备为欧亚智能型同步碎石封层车,由于采用高黏度改性乳化沥青作为黏结剂,为了使乳化沥青能均匀的洒布,在封层车的喷嘴做了特殊的处理。另外在施工前须进行封层车的标定,确保石料和黏结料两者的撒布率匹配,避免出现油或者石料过多的现象。

(1)利用同步碎石封层机进行施工,改性乳化沥青喷洒温度宜为55~65℃,根据路面的实际情况洒布量为1.0kg/m²,并应确保油膜均匀,喷洒搭接宽度为5~7cm;同时洒布3~5mm碎石,确保沥青与碎石之间有最大接触面,碎石洒布量为5~7kg/m²。

(2)对洒布不均、质量不符合要求的部位及时清理必要时进行人工补洒。

(3)沥青洒布两幅搭接处,前一幅预留10~15cm宽度不撒石料;碎石撒布搭接宽度为10~15cm。

3.5 碾压

施工过后,待乳化沥青破乳水分蒸发,在合适的时机使用胶轮压路机对路面碾压2~3遍,这样可利于石料嵌入,形成牢固的嵌锁结构。由于是薄层,使用光面橡胶轮胎压路机相对于光面钢轮压路机,可以大幅度地降低碾压过程中碎石的压碎程度;并且橡胶轮具有改变轮胎压力的性能,由于充气轮胎的弹性变形,工作时除了有静力作用外,还具有揉压作用,压实效果更明显。

3.6 开放交通

待乳化沥青水分基本蒸发后开放交通,并通过开放交通补充压实,成型稳定。在通车初期设置障碍物控制行车,限制行车速度不超过20km/h,防止快速行车造成石子飞溅。

3.7 清扫

开放交通经自然碾压4h后,清扫回收脱落的石料。若有必要,须进行多次清扫。

4 路面效果检测

为了考察同步碎石封层对原路面的抗滑能力的改善效果及其防渗水性能,在施工前和施工后3个月对试验路段的摩阻系数(摆值BpN)、渗水系数及构造深度(TD)进行了跟踪检测,检测结果列于表7。

同步碎石封层路段检验技术要求与检测结果 表7

检测项目	技术要求	检查频度(每一幅车行道)	检测结果(平均值)	
			施工前	施工后3个月
摩阻系数(摆值BPN)	>45	每1km 5点	37	57
渗水系数	<300ml/min	每1km 3处	270	0
构造深度(TD)	≥0.55mm	每1km 5点	0.41	1.02

由表7可以看出,实施同步碎石封层后,原路面的摩阻系数、渗水系数和构造深度均有较大程度的改善,均满足《公路工程质量检验评定标准》(JTG F80/1—2004)的要求。

图4 施工三月后路面情况

5 结语

(1)改性乳化沥青同步碎石封层技术可以应用于高速公路的养护施工中,它是一种经济、有效的路面养护技术,具有工序简单、施工速度快,可即时限速开放交通等的特点,并且其性价比明显优于其他表面处治方法,大大降低道路的维修养护成本。

(2)施工配合比、原材料、施工工艺的确定,是改性乳化沥青同步碎石封层成败的关键,决定了同步碎石封层质量的好坏。因此,进行碎石封层施工前,应全面考虑影响因素,如公路等级、路面类型、交通流量、气候和材料供应能力等,这样才能确保工程质量。

参考文献

[1] 顾炜丹,吴清高,郝金梅.微表处在公路养护中的应用[J].重庆工商大学学报,2007(6)

[2] 焦海峰.乳化沥青在公路养护的应用[J].公路交通科技,2008(4)

[3] 张斌,弥海晨,韩瑞民.乳化沥青的发展与应用[J].公路交通科技,2008(4)

[4] 戴建华,张占军,等.同步碎石封层技术在公路预防性养护中的应用研究[J].内蒙古公路与运输,2007(03)

[5] 胡鹏辉.同步碎石封层技术特点及在县乡公路沥青路面中的应用探讨[J].交通科技,2006,1

[6] 陈富强,樊统江,等.同步碎石路面施工若干问题的探讨[J].重庆交通大学学报,2007(10)

[7] 陈全.同步碎石封层技术在公路工程中的应用[J].中国水运,2007(01)

[8] 李进.同步碎石封层技术在合铜公路养护中的应用[J].技术论坛,2007

沥青加铺层抗反射裂缝结构模拟试验研究

敖清文　刘曙光　黄云涌
(长沙理工大学　长沙　410076)

摘　要　本文通过分析沥青混凝土罩面反射裂缝的形成和发展原因,针对两种不同形式的反射裂缝提出了与之相对应的室内试验模型,并利用模型进行了土工布和玻纤格栅在防治和延缓反射裂缝方面的对比试验研究。同时为了进一步比较两者的优势我们还进行了反射裂缝荷载疲劳试验。

关键词　沥青混凝土加铺层　反射裂缝　土工布　玻纤格栅

目前,在旧水泥混凝土路面上加铺沥青混凝土罩面已经成为旧水泥混凝土路面改造的主要措施,但是这种措施面临一个亟待解决的问题,即如何有效地防治和延缓反射裂缝的产生、扩展。如果这个问题处理不当,那么沥青混凝土罩面在各种因素作用下会很快损坏。大量的工程实践表明,反射裂缝是旧水泥混凝土路面上沥青混凝土罩面结构损坏的主要问题。理论分析表明,行车荷载和温度变化是引起旧水泥混凝土路面上沥青加铺层产生反射裂缝的主要原因,行车荷载主要使卜卧路面结构在裂缝两侧产生竖向位移差,引起剪切型反射裂缝;温度变化主要使路面结构在裂缝两侧产生水平位移,引起张拉型反射裂缝。当加铺层与旧路面层间连续接触时,温度变化的影响更为显著。

本研究用竖向荷载模拟行车荷载,着重研究了在行车荷载作用下土工布和玻纤格栅在防治和延缓放射裂缝方面的效果,通过将荷载作用在不同的位置模拟两种不同的放射裂缝形式。把荷载作用在接缝的中间模拟张开型反射裂缝,把荷载作用在裂缝边缘模拟剪切型反射裂缝。

1　试验准备

1.1　试件制作

为研究旧路加铺层的受力状态,试件制作尽量模拟路面的真实状态,制备了 30 × 30 × 5cm 的 C30 水泥混凝土块,然后洒一定数量的热沥青,铺上土工布和玻璃纤维格网。在铺设时土工布的毛面朝上,玻璃纤维网的黏层朝下,然后在其上制作沥青加铺层,沥青加铺层为轮碾成型。将试件按照 50mm 宽度,每个轮碾成型的板块状试件切成 5 个试件,边缘 20mm 的部分不使用。

1.2　沥青加铺层的荷载应变试验设备

本研究采用量程 10kN 的试验机。试件加载采用中荷载位置和偏荷载位置两种方式。位移测定装置采用磁性表座千分表,另有恒温室、卡尺、秒表、温度计、平板玻璃等。

2　试验模型的建立

为了模拟反射裂缝的两种形式:弯拉型(张开型)和剪切型,采用了两种试验模型,如图 1、2 所示。试验温度为 15 ±1℃。加载方式为连续加载直至试件表面开裂破坏,加载速度为 350N/min。

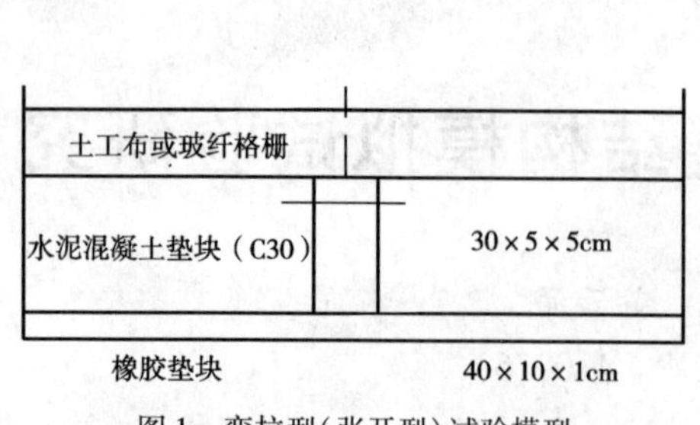

图1　弯拉型(张开型)试验模型

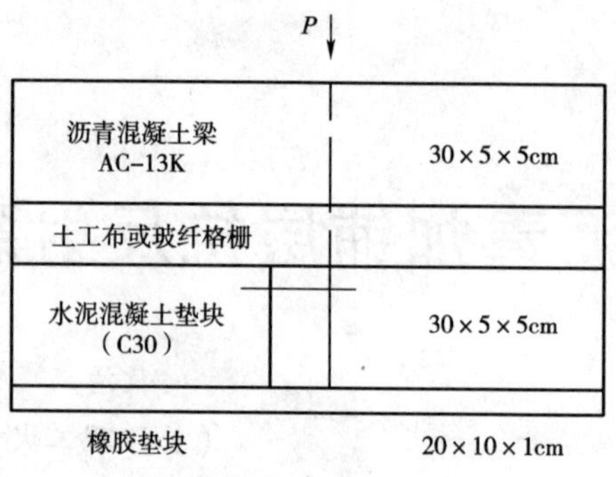

图2　剪切型试验模型

3　试验步骤

(1)将试件从恒温室中取出,立即按中荷载(张开型)或偏荷载(剪切型)位置安放在压头下面。

(2)在试件沥青加铺层顶面(加载处),水泥混凝土底面(加载正下方)安装磁性表座千分表,支座固定在试验机上,试验机应选择适宜量程。

(3)接好应变量测装置,利用静态应变仪测量应变。

(4)起动压力机,以350N/min的加载速度对试件施以集中荷载,直至试件破坏,记录荷载,应变、挠度值。

4　试件破坏试验

4.1　弯拉型反射裂缝试验

4.1.1　初裂荷载、发展荷载和终裂荷载比较

土工布、加筋沥青加铺层在连续加载的条件下的试件破坏试验结果表明,土工织物加筋可以有效地提高沥青混凝土罩面的抗裂性能。从图3我们可以发现通过土工织物加筋后沥青混凝土梁在初裂、发展和终裂三个阶段的荷载都有所提高,其中初裂荷载可以提高31%~33%;发展荷载提高19%~21%;终裂荷载提高20%~21%。然而土工布和玻纤格栅在提高三阶段荷载方面差别不是很明显。

三种措施在试验各阶段荷载情况　　表1

项　目＼试件及加筋措施	未处理	玻纤格栅	土工布
初裂荷载(kN)	4.3	5.7	5.6
裂缝开始发展荷载(kN)	5.1	6.2	6.1
终裂荷载(kN)	5.5	6.7	6.6

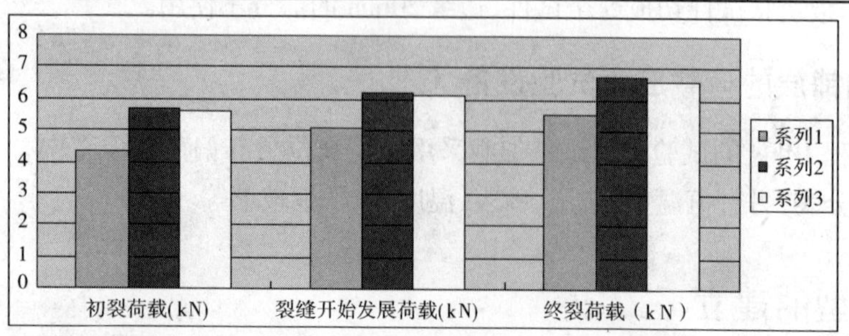

图3　土工织物加筋后各阶段对比

4.1.2　沥青混凝土梁底张开位移

在连续荷载作用下,沥青混凝土梁在水泥混凝土垫块接缝处的张开位移逐渐增加,当荷载达到一定

量后,张开位移急剧增加而使试件破坏。试验中测定了在不同荷载作用情况下的累计张开位移,建立了荷载和位移的关系曲线图,从曲线分析不同处理措施在延缓反射裂缝发展方面所起的作用。表2列出了沥青混凝土梁底在不同荷载作用下的累计张开位移,图4为荷载－累计位移关系图。曲线的斜率表征了裂缝发展的速度,斜率越大表示裂缝发展速度越快,因而为了延缓裂缝的发展就要求荷载－累计位移曲线斜率越小越好。从图中可以看出无加筋时曲线斜率最大;采用玻纤格栅时曲线斜率最小;采用土工布时曲线斜率在前两者之间。由此可以看出在延缓反射裂缝发展方面采用玻纤格栅最优,土工布次之。

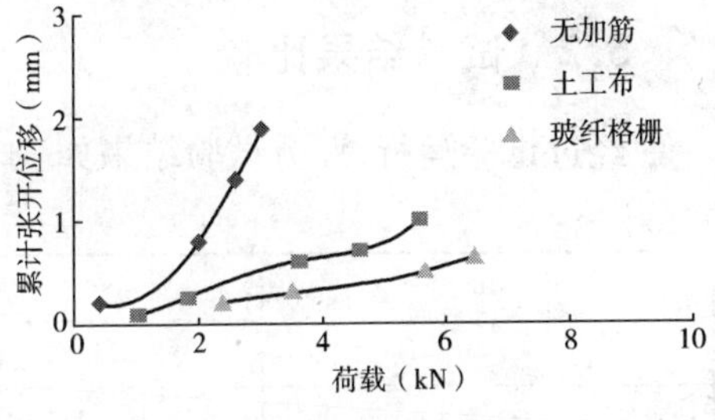

图4　荷载—累计位移关系图

累计张开位移表

表2

单位 \ 分类	无加筋				土工布				玻纤格栅			
荷载压力(kN)	0.4	2	2.6	3	1	1.8	3.6	4.6	2.4	3.5	5.7	6.5
累计张开位移(mm)	0.3	0.8	1.5	1.8	0.15	0.25	0.6	0.8	0.25	0.3	0.5	0.65

4.2　剪切型反射裂缝试验

沥青加铺层梁底变形及张开形式。

沥青加铺层梁底竖向位移随荷载增加而增加,趋势如图5所示。由于水泥混凝土变形可以忽略,这一位移代表梁底受到的剪切位移。从图5可以看出采用不同的措施沥青加铺层梁底的竖向位移有很大的差别,其大小顺序依次为:无加筋＞土工布＞格栅。由此可见铺设夹层可以减小沥青混凝土罩面底部的竖向位移,玻纤格栅和土工布在减小罩面层底部竖向位移方面效果相差不大。

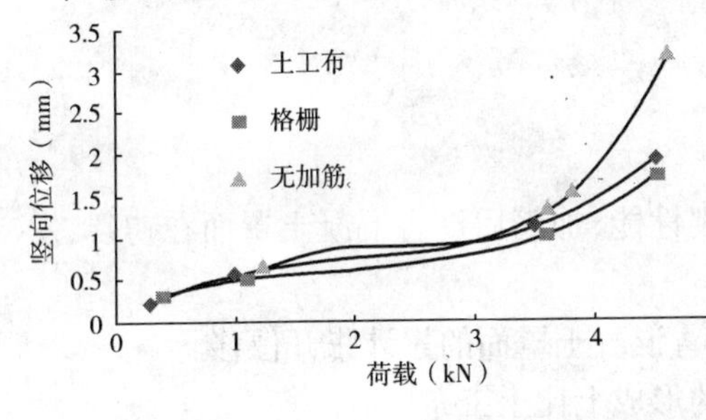

图5　试件破坏试验竖向位移与荷载关系

通过试验我们发现沥青混凝土梁底部裂缝产生于预置缝两侧的水泥混凝土板板边缘上的沥青面层中,在荷载作用下,裂缝向上扩展,扩展的方向与竖直方向成一定的角度。

5　反射裂缝荷载疲劳模拟试验

5.1　试件方法与疲劳标准

为了验证使用不同夹层材料对于加铺效果的影响,我们还通过沥青路面分析仪(APA)进行反射裂缝荷载疲劳模拟试验。首先成型三块300mm×125mm×25mm的水泥混凝土块,待水泥混凝土强度达到后,在水泥混凝土板的横向跨中位置锯一条宽为10mm的缝,其中缝深24mm。再按照实际施工的程序,分别在水泥混凝土板上涂洒黏层油,并在其中两块板上黏贴土工布、土工格网;然后在三块板上成型50mm厚的AC－13K改性沥青合料(材料级配与沥青混合料性能同上)。并在试件侧面靠缝的上部粘贴好应变片,环境温度为20℃,试件成型后在室温下保持4h,APA环境温度下恒温1h后进行试验。

在APA试验中,有两种疲劳标准。第一种就是当APA位移传感器第N次所测得位移变形值与在此之前10次所测得位移变形平均值之差大于某个规定值时,APA就认为试件已破坏或断裂,在本次试验中,根据国内外经验,我们把变形差定位1.0mm,当试验运行测得的差值超过1.0mm时,试验自动停止。第二种标准是当试件表面所贴的应变片由于试件断裂而发生断裂时(应变片可与APA连接),主机会自动检测到信号，从而试验自动停止。

5.2 试验结果比较

经过试验运行，疲劳试验结果如表3所示：

APA 疲劳试验结果

表3

混合料类型	破坏荷载次数(Strokes)		
	左轮试件(无夹层)	中轮试件(加玻纤格栅)	右轮试件(加土工布)
AC－13	132 010	392 498	383 681

试验完成后，APA 所测得的试件表面最大位移如表4所示。

试件最大位移

表4

混合料类型	最大位移值(mm)		
	左轮试件(无夹层)	中轮试件(加玻纤格栅)	右轮试件(加土工布)
AC－13	6.6 671	9.5 266	9.5 329

(1)从APA试验结果可以看出在水泥混凝土板和沥青混凝土之间铺设玻纤格栅和土工布后沥青混凝土试件的破坏荷载次数可以提高3倍以上，说明铺设玻纤格栅和土工布可以提高沥青混凝土罩面的抗疲劳荷载能力。

(2)从表4中可以看出中轮试件的疲劳荷载次数比右轮的多8817次，说明在提高沥青混凝土罩面抗疲劳荷载能力方面玻纤格栅比土工布更有优势。

(3)从图5可以看出中轮的试件位移比右轮的小，这说明在抗车辙能力方面玻纤格栅比土工布的效果好。

6 结语

(1)铺设土工织物可以有效地提高沥青混凝土罩面的抗裂性能，加筋后沥青混凝土罩面在初裂、发展和终裂三阶段的荷载都有所提高。

(2)加筋后延缓了沥青混凝土罩面裂缝的发展，减小了沥青混凝土罩面的累计张开位移。

(3)通过对比分析，玻纤格栅在防治反射裂缝，抑制车辙的形成上比土工布更胜一筹。

(4)试验模型存在一定的不足，只考虑了行车荷载的作用而没有把温度因素考虑在内，使得试验结果与实际情况有一定的偏差。建议把温度因素引入模型中，使其达到最真实的效果。理论研究表明，张开型反射裂缝主要是由于持续循环的温度应力反复作用的效果，而本研究采用在水泥混凝土路面接缝中部施加竖向荷载来模拟，虽然在试验的操作性上可以得到优化，可是在结果上与真实情况存在多少差异还不得而知。建议研究温度应力对张开型反射裂缝的影响，将本文的研究与之对比建立二者的相关性。

参考文献

[1] 黄仰贤(美).路面分析与设计[M].北京:人民交通出版社,1998

[2] 沙庆林,王旭东.水泥混凝土路面加铺沥青混凝土面层的技术研究[J].西安:公路,2002(11):15-19

[3] 邵腊庚,李宇峙,李闯民.旧水泥混凝土路面上沥青路面罩面实用设计方法的研究[J].北京:公路交通科技,2005(5):29-33

[4] 符冠华,倪富健,战高峰.旧水泥混凝土路面上沥青加铺层反射裂缝疲劳试验研究[J].北京:公路交通科技,2000(增刊)

改性沥青在高速公路的应用发展

傅海舰[1] 邵 慧[2]

(1.日照市公路管理局 日照 276826;2.山东水利职业学院 日照 276826)

摘 要 随着交通流量和行驶频度急剧增长,货运车的轴重不断增加,改性沥青在高速公路的应用也越来越广泛,种类也日渐增多。通过详细论述不同种类改性沥青的性能、使用环境、生产效率等技术指标,为改性沥青在高速公路的应用提供有价值的施工经验和技术依据。

关键字 改性沥青 高速公路 应用

1 引言

由于交通量的日益增大和车载的加重,对沥青路面质量要求越来越高。普通石油沥青在低温下容易脆裂,在高温下容易软化,在行车载荷的反复作用下容易出现车辙、推移、起包等现象,性能已无法满足需要。而采用改性沥青能解决路面抗高低温、抗滑、耐久性及大承载力的问题,是当前国内外先进技术之一。

自1873年英国首次公布橡胶改性沥青专利以来,改性沥青已形成了多种品牌。改性沥青是指添加了橡胶、树脂、高分子聚合物、磨细了的胶粉等改性剂,或采用对沥青进行轻度氧化加工,从而使沥青的性能得到改善。用它铺设的路面有良好的耐久性、抗磨性,实现高温不软化,低温不开裂。对于沥青改性剂的选择,因每个地区的气候条件及加工设备的不同,改性沥青的配制也是多样化,其改性的效果与改性剂的品种密切相关。改性剂的种类比较多,用于道路改性的改性剂一般分为橡胶类、树脂类、热塑性橡胶类等。故在使用改性沥青时,应根据不同施工环境、经济、施工技术等选择相应的改性剂,以切实提高其在高速公路的应用效率,满足交通所需。

2 影响改性沥青应用的要素

目前,我国对改性沥青的研究已有20多年的历史,取得了不少技术成果,并颁布了改性沥青路面施工技术规范[1]。就国内的应用研究现状来看,对改性沥青路用性能的优点有了比较深刻的认识,已经得到广泛认同。但不管是国内自己生产还是国外进口的改性沥青,大部分有自己特有的功效,使用时应注意以下影响推广应用的因素。

(1)改性沥青施工温度较普遍沥青提高10~20℃,在拌和、摊铺、碾压过程中增加了施工难度,从而增加了直接施工成本。并且由于普通沥青施工温度已经很高,提高温度后,致使沥青老化现象加剧。

(2)加工生产改性沥青需要专门的机械设备,导致增加使用难度,并提高了相应费用。

(3)进口改性沥青价格普遍较高,一般较普通沥青费用增加50%以上。

(4)不管是国内自己生产还是国外进口的改性沥青,一旦存放过久,都存在离析或结团现象。

3 几种常见改性沥青的应用

3.1 SBS改性沥青

SBS改性剂[2]是苯乙烯-丁二烯-苯乙烯嵌段共聚物。其最大特点是可同时改善沥青的高、低温性能,具有良好的弹性恢复性能,抗老化能力也强。

3.1.1　配合比设计

改性沥青配合比设计应遵循《公路沥青路面施工技术规范》中关于热拌沥青混合料配合比设计的目标配合比、生产配合比及试拌试铺的三个阶段,确定矿料级配及最佳改性沥青用量[3]。采用下列措施,在一定程度上可提高改性沥青的性能,发挥其效率的利用,如混合料的拌和、击实温度应根据改性沥青路面施工技术规范和根据沥青胶结料的黏温关系曲线进行确定,进行室内配合比设计时的拌和、击实温度应与拌和厂拌和温度、现场碾压温度一致;混合料体积指标的测定要统一,对于密级配沥青混合料试件温度的测定应统一采用真空法;采用沥青混合料马歇尔稳定度试验方法测定的48h浸水马歇尔稳定度实验,残留稳定度不应小于80%等。

3.1.2　SBS改性沥青的施工

(1)对拌和设备的计量、温度控制进行一次全面核准,确保集料、填料、沥青称量、温度的准确。其中温度控制包括集料加热温度的控制,沥青加热温度的控制,混合料拌和温度的控制,出场温度的控制等。

(2)确定压实工艺[2,3]。建议碾压温度区间为120～150℃;碾压工艺组合为:碾压,DD130或DD110振压4个轮回采用低副高频(核密仪测定相对值不再增加);压路机轮的重叠需大于20cm;终压:DD130或DD110静压一个轮回;如发现有轮迹,可再终压一遍,终压应在90℃以上完成,禁止在105～115℃范围内碾压。

(3)沥青面层混合料,现场的压实效果应采用空隙率和压实度双向控制。压实度按理论密度的93%,当天马歇尔密度的97%为控制指标。空隙率计算所需的最大理论密度以每天实测为准,测试按照沥青路面混合料最大相对密度试验(真空法)进行。

3.2　MAC改性沥青

3.2.1　MAC沥青的引进

MAC(麦克)改性沥青是多级沥青(Multi-Grade Asphalt Cement)的缩写,其是从美国引进的一种新型的改性沥青[4]。MAC改性沥青于1987年由美国海瑞沥青材料公司研制生产,在美国的亚利桑那州、德克萨斯州、印第安纳州使用,效果较好。我国在1998年引进该技术,并首先应用于山东的部分高速,并逐步推行使用。

3.2.2　MAC改性沥青的特点

MAC改性沥青有较好的耐老化性能,通过化学改性,有较好的稳定性,在常温下存放半年不离析,无需加任何稳定剂,不含硫,对人体无害,是一种环保型产品;MAC还具有较好的抗车辙能力和抗水(油)损害能力,因其具有在高温下较高的黏度,易形成较厚的沥青膜,而不发生析漏现象,可以有效地阻止水分侵入和提高沥青与集料的黏附性,增加黏结力,起到抗水损害的作用。

沥青混合料马歇尔技术要求　　表1

试验项目	技术要求	试验结果	试验项目	技术要求	试验结果
击实次数	双面75次	双面75次	饱和度VFA(%)	65～75	70.35
稳定度(kN)	>7.5	10.5	矿料间隙度VMA(%)	15.5～17.5	15.68
流值(mm)	20～40	22.8	击实温度(℃)	155	155
空隙率AV(%)	4～6	4.64	动稳定度D_S	>1 500次/mm	2 540次/mm

注:材料级配采用AK-13的级配范围中值

3.2.3　MAC改性沥青的应用

MAC改性沥青具有比普通沥青明显的弹性,经取芯试验,混合料密实度大,空隙率明显减小,所以可用于高速公路的上面层,如山东日照至竹园段就是用了此改性沥青,取得效果较好。沥青混合料马歇尔技术要求见表1。同时,MAC改性沥青常用于路网改造和养护工程,使用时,注意温度的控制,MAC

沥青的温度较普通沥青高10~20℃,特别要控制碾压终了温度在110℃,要坚持“高温、强振、快压”,如山东高速大多采用2~3cm厚SMA作为磨耗层。

3.3 废胶粉改性沥青

3.3.1 废胶粉改性沥青的特点

胶粉的添加对沥青总体性能有较大的影响,第一,经Carcia-Morales等[5]研究,该改性沥青有较强的承受车辆负载的能力,具有更好的适应性。第二,经张丽萍等[6]研究,该改性沥青有较好的抵抗水损害、高温稳定性和低温抗开裂性能。如沥青中加入轮胎胶粉,Navarro F. J. 等[7]对其进行研究发现,一方面,可增加沥青路面的高温线性黏弹模量和黏度,在50~163℃温度范围内,黏度随胶粉颗粒的增大而增大,且明显高于对应条件下的未改性沥青;另一方面,减少了低温存储和损失模量,从而使沥青胶结料在特定的温度范围内更具有灵活性。第三,经Chipps J. F. 等[8]研究,发现该改性沥青表现出最优的老化性能,硬化速度慢,氧化速度低;Palit S. K. 等[9]研究也发现胶粉改性沥青混合料改善了疲劳和永久变形性能,具有较低的温度敏感性和较好的抗湿损害性能。

3.3.2 废胶粉改性沥青的应用

废胶粉作为热沥青的添加剂用于筑路在美国已有多年历史了。2001年美国就有了比较完整的道路废胶粉改性沥青施工规程。从20世纪60年代末起,我国已开展胶粉改性沥青的研究工作,用于建筑防水和道路。21世纪,我国将废胶粉改性沥青大量的应用于沥青混凝土路面,目前为止约有17个省市的公路有试验路段,北京、江苏、天津等地的有关公路工程公司也制定了较好的施工规程。随着工业的发展,黑色污染问题越来越严重,废料利用越来越受到重视,胶粉改性沥青恰能同时解决上述问题,合理利用胶粉制备性能良好的路用沥青会逐步走向推广和应用。

3.4 环氧沥青

主剂和固化剂的物理性能和技术指标　表2

项　目	黏度cp(25℃)	密度(g·cm^{-3})(25℃)	外　观
主剂	10000~12500	1.00~1.25	透明液体
固化剂	10~80	0.75~1.00	淡黄色液体

20世纪60年代,壳牌石油沥青公司首次开发环氧沥青,并在世界各地的不同环境下应用以充分显示该产品优良的路用性能。40多年来,环氧沥青的品种层出不穷,其研究及应用日趋广泛。环氧沥青具有优良的高温抗车辙、低温抗开裂、耐久性和抗疲劳性能,广泛应用于正交异性钢桥面铺装和超重载交通道路。

环氧沥青常选用国产SBS改性沥青作为基质沥青,并选用日本环氧树脂,环氧树脂由两种组分组成:主剂和固化剂,技术指标见表2。

4 结语

除以上几种改性沥青外,常用的还有天然岩沥青改性沥青、塔河稠油改性沥青、SBR改性沥青及复合改性沥青等,相对于普通沥青,耐久性、防水性、高低温稳定性、抗车辙性能等均有不同程度的提高。

现代公路和道路发生了许多变化:交通流量和行驶频度急剧增长,货运车的轴重不断增加,普遍实行分车道单向行驶,要求进一步提高路面抗流动性,即高温下抗车辙的能力;提高柔性和弹性,即低温下抗开裂的能力;提高耐磨耗能力和延长使用寿命。对石油沥青进行改性,使其适应上述苛刻使用要求,引起了人们的重视。改性沥青的品种和制备技术取决于改性剂的类型、加入量和基质沥青(即原料沥青)的组成和性质。针对越来越多的改性沥青品种,我们应熟知其性能、应用场合、生产效率等,保证改善道路质量的同时,力争节省费用,切实提高不同种类改性沥青于高速公路的应用水平。

参 考 文 献

[1] 崔武军.低黏型改性沥青.上海公路,2006,2:44-46

[2] 黄海,朱芳芳,于忠涛.SBS改性沥青在高速公路的应用.辽宁省交通高等专科学校学报,2005,2:20-21

[3] 王新贵.SBS改性沥青配合比设计及施工技术的探讨.河南科技,2006,6:71-72

[4] 杨永顺,张宏庆,刘清世.MAC改性沥青的引进、开发与应用.华东公路,2003,5:68-70

[5] Garcia-Morales M, Partal P, Navarro F J, et al. Effect of waste polymer addition on the rheology of modified bitumen. Fuel, 2006, 85(7): 936~943

[6] Zhang L P, Xin Q, Xue Liang, et al. Laboratory investigation of performance of discarded tire rubber modified asphalt mixes. Journal of shenyang jianzhu university(Natural Science), 2005, 7. 21(4): 293~296

[7] Navarro F J, Partal P, et al. Influence of crumb rubber concentration on the rheological behavior of a crumb rubber modified bitumen. Energy & Fuels, 2005, 19(5): 1981~1990

[8] Chipps J F, Davison R R, Glover C J. A model for oxidative aging of rubber-modified asphalts and implications to performance analysis. Energy & Fuels, 2001, 15(3): 637~647

[9] Palit S K, Reddy K S, Pandey B B. Laboratory evaluation of crumb rubber modified asphalt mixes. Journal of materials in civil engineering, 2004, 16(1): 45~53

沥青路面产生不平整的原因及综合提高的措施

张福喜[1]　马前进[1]　李伟[2]

(1.郑州市公路勘察设计院　郑州　450006;2.贵州省交通科学研究院　贵阳　550003)

摘　要　沥青路面平整度是表征沥青路面使用性能的主要指标之一。本文对影响沥青路面平整度的因素进行了简要分析,并提出了相应的措施。

关键词　沥青路面　平整度　原因　措施

平整度是影响行车安全,行车舒适性以及运输效益等重要使用性能的因素之一。不平整的沥青路面会增大行车阻力,使车辆产生附加的振动作用,这种作用对路面施加冲击力,从而加剧路面和汽车机件的损坏和轮胎的磨损,并增大油料的消耗。因此,为了减少振动冲击力,提高行车速度和增进行车舒适性、安全性,应了解沥青路面产生不平整的原因并在施工中采取相应的处理措施。

1　产生不平整的原因主要有以下几方面

(1)路基不均匀沉降。路基填料质量较差,半挖半填路基的接合部处理不当,路基的压实度不足,路基防护排水不完善等都会导致路基不均匀沉降。

(2)基层平整度不好。道路的路面结构是一个层状的结构体系,一般由面层、基层、底基层和垫层构成。在路面结构层中,下面一层的平整度直接影响着上面一层平整度的好坏,以往"基层不平面层调,下层不平上层找"的老方法,对平整度要求很高的高等级公路来说是根本行不通的。基层施工不平整,无论怎样使面层摊铺平整,因压实后虚铺厚度不同,仍会导致路面的不平整。

(3)沥青混合料的影响。沥青混合料的级配设计是沥青路面施工关键,级配不合理,骨料偏大稳定性虽好,但路面密度不能保证,会影响路面平整度;而骨料偏小稳定性差。料温对路面平整度影响也很大,料温过高,沥青炭化,路面不规则拖落;料温过低,沥青有结块现象,造成路面凹凸不平。施工路面过宽,整幅摊铺,由于送料器距离太远,造成混合料离析影响平整度。

(4)桥梁涵洞两端及桥梁伸缩缝的跳车。桥梁、涵洞的台背回填,由于压实不到位,会引起路基的压缩沉降。台背填料与台身的刚度差别较大,造成沉降不均匀。桥梁伸缩缝在选型和施工时考虑不周和处理不当,产生跳车现象。

(5)施工工艺水平低及机械设备的落后。施工过程中,工序衔接不紧,摊铺、碾压温度控制不严,接缝处理不当等使得整体施工工艺水平低,加之从拌和、运料到摊铺、碾压机械化程度水平较低,而且机械化施工的匹配与组合欠佳,检测手段落后或不及时,均对路面平整度产生不利影响。

2　改善平整度应注意的几个环节

2.1　防止路基不均匀沉降

(1)路堤填筑前应对原地面处理。先将路基范围内的地表草皮、腐殖土全部清除,坡面坡度较大时,应将坡面挖台阶,让新填料与老路堤连成一体,以防止路堤的滑移。

(2)提高路堤填料质量。路堤填料一般应采用砂砾或塑性指数和含水量符合规范的土,不得使用含草皮土、有机土、生活垃圾及腐殖土等。并要控制最佳含水量,保证土料在最佳含水量下达到最佳压实度。

(3)填土路基压实。路基施工时,应严格按现行《公路路基施工技术规范》的要求进行,并应通过试验路段来确定不同机具压实不同填料的最佳含水量、适宜的松铺厚度和最佳的机械配套和施工组织。

2.2 严格控制路面基层施工

(1)严格控制基层高程和平整度。面层摊铺前认真清扫基层表面,确保基层表面整洁,没有松散浮料和杂质。认真抄平放线,确保基层高程和基准线高程准确无误。基层高程超过允许范围时,高处必须铲平,低处可用下面层补平。

(2)采取场拌摊铺施工,严格采用分料斗上料,保证成品混合料的水泥剂量、含水量、级配符合设计要求且一直不变,并保证有足够的拌和能力连续摊铺。

(3)水泥碎石铺装必须采用摊铺机作业。由于水泥稳定碎石压实厚度达20cm,在摊铺机的选择上要满足以下要求:第一,摊铺机要有足够大的功率以保证摊铺的稳定性。第二,摊铺机的松铺厚度要达到25cm以上。第三,具有一定的夯实功能。

2.3 沥青混合料质量的控制

(1)沥青混合料的组合设计。沥青混合料的组合设计应根据公路等级和业主要求,经过目标配合比设计、生产配合比设计和生产配合比验证三个阶段调试后,确定各种骨料、粉料和沥青的最佳配合比。

(2)沥青混合料在拌和运输过程中质量控制。采用高性能拌和设备,确定拌和时间、精确控制沥青用量和混合料的加热温度,以消除花白料和离析料的产生。同时还应根据拌和能力、摊铺能力、运距和施工条件减小运输和摊铺过程中集料与温度离析造成的影响,施工环境温度低或运距较远时,应用蓬布遮盖沥青混合料,保持混合料的温度。雨季施工时,运料车应有防雨蓬布。

2.4 提高沥青路面机械摊铺工艺

(1)为尽量消除基层表面的不平整,下面层应采用固定弦线基准(俗称"走钢丝")进行摊铺;中、上面层采用超声波平衡梁基准进行摊铺。

(2)合理确定拌和、运输能力,保证摊铺机缓慢、均匀、连续摊铺。摊铺机从起动到正常摊铺是一个渐变的过程,由于混合料阻力的影响,大约运行3~8m才能达到正常。因而减少停顿,并保持一个恒定的速度是保证摊铺平整的关键。

(3)严格控制螺旋分料器的转速,其两侧应保持有不少于送料器高度2/3的混合料,并保证在摊铺机全宽度断面上不发生离析。

(4)减少摊铺机停机次数和缩短停机时间。摊铺机停机频繁或停机时间偏长,都会使松铺层热混合料在熨平板装置的自重作用下下沉。尤其是在混合料油石比偏大、温度偏高、级配偏细时更为明显,使路面出现台阶,不平整。

(5)履带摊铺机两侧履带松紧应一致,应维持在2.5~5cm之间。过松或两侧松紧不等将导致摊铺机走偏,摊铺速度产生脉动,铺面出现搓板现象。

(6)被顶推的料车的制动太紧,使摊铺机负荷加大,发动机将因超载降速而影响摊铺机行驶速度的稳定性,造成摊铺机速度频繁地改变。另外,如料车因倒退而撞击了摊铺机,使机身行进中突然加载,造成铺面出现凸楞。

2.5 接缝的处理

(1)纵向接缝。两条摊铺带相接处,搭接的宽度应前后一致。接缝有冷接缝和热接缝两种,施工中尽可能采用热接缝。摊铺带的边缘都必须齐整,这就要求机械在直线上或弯道上行驶始终保持正确位置。为此,可沿摊铺带一侧敷设一根导向线,并在机械上安置一根带链条的悬杆,驾驶员只要注视所悬

链条对准导向线行驶即可。对于宽度大于12m的路面施工,可采用两台摊铺机一前一后同步摊铺,以消除摊铺机过宽造成混合料离析现象。

(2)横向接缝。路面施工应尽量减少摊铺机停机现象,减少横向接缝。相邻两幅及上下层的横向接缝均应错位lm以上。横向接缝有斜接缝和平接缝两种,高速公路和一级公路的中、下层的横向接缝可采用斜接缝,在上面层应采用垂直的平接缝,其他等级公路的各层均可采用斜接缝。

2.6 桥头、涵洞两端及伸缩缝的处理措施

(1)桥头设计过渡段。在一定长度范围内铺设过渡性路面或设置搭板,可以使在柔性结构路段产生的较大沉降通过过渡段至桥涵结构物上,车辆行驶就不至于产生跳车。

(2)台背填料的选择。在挖方地段的台背回填部位,因场地特别窄小,可选用当地的石渣、砂砾等优质填料;在高填方的拱涵及涵洞与侧墙的相接部位,尽量选用内摩擦角大的填料进行填筑,而且施工时应注意填料土压的平衡,不发生偏移,以免造成工程事故。

(3)设置排水设施。在靠近构筑物背后设置必要的地下排水设施,也可在桥台与填方结合处及过渡段的路面下设置垫层,防止路面下渗水进入填方,对中间为砂砾填料、两侧为土类填料的填方与加固地基的连接处做纵向集水管和横向排水管,以排泄填方与加固地基之间的下渗水。

2.7 提高碾压质量,减小碾压过程中的附加不平整

在沥青混凝土路面的施工中,碾压质量的高低对平整度有直接影响。碾压过程中产生的附加不平整是指由于混合料推移和压路机操作不当而直接引起的路面隆起或凹陷。碾压推移则是碾压轮为克服滚动阻力而对混合料作用的切问推力。这种推力在从动轮上比驱动较大,而且主要表现在初压阶段,可以通过提高摊铺初密实度,采用双驱轮碾压和控制好碾压温度等措施来减小碾压推移。压路机操作必须采用阶梯形错轮碾压和过渡区重叠碾压模式。在碾压过程中禁止急剧的起步制动,同时应避免在热铺层上停机、漏压或过压,注意在变换方向时停止振动。

2.8 提高施工人员素质和责任心

外因是变化的条件,内因是变化的依据。任何科学的工艺和先进的设备都离不开人的主观因素。在沥青路面施工中,人为因素特别是施工人员素质和责任心对路面质量的影响也是至关重要的。现场技术人员、质检员、现场监理员要切实发挥出应有的作用,施工人员应具有高度的责任感,保证按施工规范施工,对混合料的拌和、运输、摊铺、碾压以及接缝处理等一系列环节,层层把关,并成立质量管理小组,加强各施工人员及机械操作手的质量意识,并贯穿于整个施工过程。

3 结语

沥青路面平整度是施工机械、操作水平、人员素质的综合反映,路面平整度要达到行车舒适这一要求,要从路基施工准备阶段就开始重视,控制好路基高程、压实度、平整度,逐层向上严格按照规范施工,完善施工工艺和施工方法,提高施工质量,才能从源头上、根本上解决问题。总之,只有树立质量意识,树立品牌意识,有严密的组织体系、科学的管理手段,才能保证路面平整度,提高工程质量。

参考文献

[1] JTJ 034—2000 公路路面基层施工技术规范. 北京:人民交通出版社,2000

[2] JTG F40—2004 公路沥青路面施工技术规范. 北京:人民交通出版社,2004

[3] 邵明建. 沥青路面机械化施工技术与质量控制. 北京:人民交通出版社,2001

[4] 邓学钧. 路基路面工程. 北京:人民交通出版社,2004

新型长寿命路面理念的实践及其相关技术

何光献
（河南瑞贝卡实业有限公司　许昌　461100）

摘　要　本文通过对长寿命路面的回顾分析，提出了一种新型长寿命路面的理念，介绍了其工程实践情况，在实际工程中采用的相关技术，施工中重点关注的技术要点和工程的实际运营情况及评价。

关键词　长寿命　路面　实践　技术

1　前言

从我国的高速公路开始建设以来，高速公路设计使用寿命不长、而实际使用寿命更短的情况，一直困扰着我们的高速公路建设者，给我国高速公路的发展以及对交通运输的正常运营造成了严重影响，究其原因，主要有以下五个方面：

(1)设计理论仅仅是以前轻交通条件下的设计理论和方法的简单外延。

(2)超、重载交通的客观存在与设计理论的严重不一致。

(3)高速公路渠化交通与一般道路混合交通的巨大差异。

(4)道路施工及部分主要材料生产与工业化、标准化的生产模式尚存在较大差距。

(5)建设管理和施工力量与飞速发展的高速公路建设规模严重不适应。

2　新型长寿命路面理念的提出

长寿命路面的理念很早就有人提出并进行了试验。英国在20世纪50年代初期就修筑了多条设计寿命为20年的试验路，在分析这些试验路的路面性能基础上，根据Powell等人的设计理论提出目前的沥青路面设计方法。日本关于长期使用路面的设计目标是拥有2倍于现行路面的使用性能，因功能破坏而维修的周期在15年以上，结构性寿命在40~60年。美国关于长效性路面的研究也很多，各州对于使用年限的要求也不统一。

国内对长寿命路面的研究尚处于起步阶段，且已有的研究也基本上延续了国外长寿命路面的设计思想，即保证路面不发生结构性破坏，允许表面功能层进行阶段性养护的思路。沥青路面的长寿命，一般通过加大沥青层厚度来实现，这样必然会使工程造价增加很多。如果能够结合目前我国建材市场的情况，对刚柔并重的复合式路面结构作一些调整，采取一系列措施避免复合式路面结构在长期的使用期内可能出现的病害，这也是一种研究思路。根据这种思路，我国部分学者提出了新型长寿命路面的理念：在水泥混凝土与沥青混凝土复合式路面的基础上，尽可能提高路基的承载能力，增加复合路面层中水泥混凝土的厚度，在沥青混凝土面层的水泥混凝土面层中间设置应力吸收层。其设计理论中AC层选用《公路沥青路面设计规范》相关规定验算层底拉应力，PCC板选用《公路水泥混凝土路面设计规范》(JTG D40—2002)验算板底综合疲劳应力。其设计标准如下：

(1)表面功能层寿命应达到8年以上；

(2)主要承载层寿命应达到40年以上；

(3)各层强度控制指标选用相应规范进行验算。

3 新型长寿命路面理念的实践

根据新型长寿命路面的理念，我国部分专家学者对其进行了充分的论证和研究，并在日照至南阳国家重点公路尉氏至许昌段高速公路上进行了大胆的实践。在前期工作中，通过大量的试验，又对设计理念进行了优化和创新，最终把这种新型长寿命路面从理念阶段变成了工程实践。其路基路面结构如下：

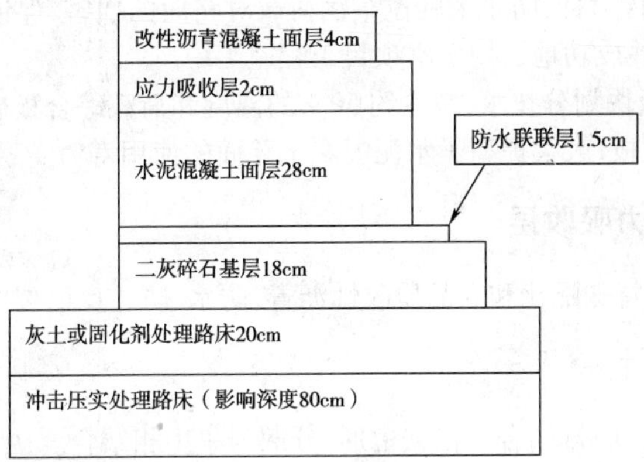

其主要技术指标如下：

改性沥青混凝土面层：DS≥2200（次/mm）；

应力吸收层：DS≥1800（次/mm）；

水泥混凝土面层：$R_b \geq 5.5$MPa；

二灰碎石基层：$R_7 = 4 \sim 5$MPa；

路床顶弯沉值：207（×0.01mm）。

4 相关技术

尉氏至许昌高速公路在采用新型长寿命路面设计的同时，还采用了以下十个方面的新技术、新措施。

4.1 冲击压实技术

高速公路路基顶层采用冲击压实施工技术，提高路基顶面约80cm深范围内的压实度，提前完成约4cm的路基深降，形成整体稳定、均匀连续的高速公路上路床，为实现高速公路路面的长寿命提供基础保证。

4.2 土壤固化剂

采用美国进口的土壤固化剂稳定砂性土。该措施不但可以减少裂缝，而且与二灰稳定土相比，减少环境污染，方便施工，加快施工进度，对粉砂性土壤效果显著。本项目采用的路床顶面20cm土壤固化剂处理强度达到0.6MPa以上。

4.3 二灰稳定碎石基层中掺加硫酸钠

二灰稳定碎石基层具有较好的抗裂性能，但早期强度较低，所以掺加硫酸钠，可以提高早期强度，减少裂缝，降低施工难度，保证质量（本项目的二灰为石灰和粉煤灰）。

4.4 新型沥青防水联结层

与通常的0.6~0.8cm厚的封层相比，本项目采用的沥青防水联结层厚达1.5cm，不但起到防水和保护基层作用，而且起到联结基层和水泥混凝土面层，缓冲水泥混凝土面层对基层的冲击，较好分散水泥混凝土面板和基层之间应力,防止基层破坏、面板脱空、唧泥等作用。

4.5 高抗折强度、大厚度、小板块水泥混凝土路面

(1)采用超强的设计强度。设计弯拉强度达5.5MPa。

(2)为保证路面施工质量和工程进度,在我省第一次全面采用滑模摊铺技术进行水泥混凝土面板施工。

(3)面板的全部缩缝设传力杆,防止大吨位车辆荷载对路面的损害,保证道路行驶舒适性。研究并开发了传力杆自动植入机,并成功地运用于本项目工程施工中。

(4)创造性的、巧妙的板块划分技术,减少约50%的温度和荷载综合板底应力;28cm的厚度是目前河南省最厚的水泥混凝土面板,大大提高了水泥混凝土路面的使用寿命。

4.6 高品质沥青应力吸收层

2cm的应力吸收层采用特殊配比和高品质改性沥青,防水、防止反射裂缝。

4.7 综合防排水设计

(1)以防为主、层层设防、防排结合。依据地形,分散与集中相结合。

(2)在路基高度低于2.5m,横坡大于纵坡,距高速公路越远地势越低的路段,采用分散排水,植草和种灌木进行边坡防护。

(3)取消坡脚防护砌体,采用坡脚护坡道交绿化的方式,融入自然。

4.8 路肩敷设法通信管道设置

(1)通信管道设在中央分隔带存在种种不利因素。与通信管道设在路肩相比,通信管道设在中央分隔带,在维修通信管道时安全性差,并且人孔、手孔易进水,易造成路基路面的水损坏。

(2)根据课题研究成果,尉许高速公路由12孔变更4孔通信管道,避免造成通信管道的闲置。

(3)通信管道中央分隔带移至路肩,采用防眩板代替植物防眩,把中央分隔带完全封闭,不但避免了植物浇灌和雨水造成的路基、路面水损坏,并消除了在高速公路交通量大、车速高的情况下养护植物、维修通信管道和光缆的安全隐患,是保证长寿命路面结构成功和实施"四改六"方案的必要条件。

4.9 28m路基设置六车道

本项目首先提出了"四车道改六车道"方案,仅增加了1m宽的路面建设费用,但经济效益和社会效益是巨大的。首先六车道分担四车道的车辆荷载,相应增加了路面的使用年限,减少养护费用,同时增加了道路通行能力,避免了目前紧急停车带利用率极低造成的浪费;其次本方案可大大节约以后"四车道改六车道"的扩建投资费用,减少占用土地资源,并可避免高速公路扩建施工给高速公路正常运营和安全运输带来的不利影响。

4.10 提高行车安全性的措施

在尉许路路基高度低于2.5m的路段不设防撞护栏,采用放缓边坡的办法,降低工程造价,减少二次事故,提高了行车安全性。

5 施工中的关键技术控制

5.1 路基施工

(1)路基碾压时采用击振力在50t以上的大吨位压路机。

(2)在路基填筑至路床顶下20cm时,采用冲击式压路机冲击碾压15~20遍。

(3)路床顶采用固化剂进行处理路段,要注意固化剂和土拌和的均匀性。

5.2 路面基层的施工

(1)二灰碎石骨料的级配尽可能接近规范上限。

(2)二灰碎石中硫酸钠用量的极限状态不宜超过二灰干质量的3%,以1%~2%为宜。

5.3 防水连接层施工

(1)厚度为1.5cm的防水连接层要分两次摊铺。

(2)沥青选用改性沥青,特别要求蒸发残留物5℃延度不小于50cm。

5.4 水泥混凝土路面施工

(1)水泥混凝土配合比设计中骨料采用三级配设计,否则抗折强度不容易达到设计要求。

(2)水泥混凝土所用骨料采用水洗工艺。

(3)水泥混凝土的工作性不采用坍落度控制,而采用振动黏度系数进行控制,更复合工程实际的需要。

(4)水泥混凝土路面采用滑膜摊铺机全断面一次性摊铺。

(5)水泥混凝土路面的切缝时间按温度小时积为720℃·h进行控制最宜,很少出现裂缝。

(6)水泥混凝土的养生采用高分子聚合物薄膜养生。

5.5 应力吸收层施工

(1)回收粉全部废弃,不再重复利用。

(2)因为应力吸收层中沥青含量在8.0%左右,所以混合料中添加了木质素纤维。

5.6 AC面层施工

(1)沥青采用壳牌特制改性沥青,特别要求软化点≥76℃,15℃延度≥150cm。

(2)严格控制碾压温度,防止温度离析。

6 结语

许多专家和学者关于新型长寿命路面的理念和梦想,在国内众多专家的指导和建设、设计、施工、监理等单位的共同努力下,终于在尉许高速公路上得到了实现。尉许高速公路2005年11月19日建成试通车,经过近三年的运营,路基稳定,路面行驶质量未出现明显下降。实践证明,新型长寿命路面在理论上是可行的,它是经的起时间考验的一种新型路面。

参 考 文 献

[1] 傅智. 水泥混凝土路面滑膜施工技术. 北京:人民交通出版社,2001

[2] 冯治安,王选仓,李国胜,等. 长寿命路面典型结构研究、设计与施工技术. 北京:人民交通出版社,2007

浅谈钻孔灌注桩基础的施工

王笑天

（保定市公路工程质量监督站　保定　071051）

摘　要　本文主要对实习中所在单位工程漳河故道中桥钻孔灌注桩的施工过程、施工工艺的质量控制及在施工中的常见事故如坍孔、钻孔漏浆、弯孔、缩孔、断桩、钢筋笼上浮、桩底沉渣过多、灌注时发生井壁坍落等事故的预防和处理做总结。

关键词　钻孔灌注桩　质量控制　细节

1　工程概况

漳河故道中桥，位于邯大公路魏县绕城段 K1 +990 处，桥址处河道与路线交角为120°，现漳河故道干涸无水，为3～13m预应力混凝土空心板桥，桥梁全长43.02m。桥梁全部采用钻孔灌注桩基础。

桥位所处地层由黏土、亚黏土、细砂组成。

施工主要采用1台旋挖钻机，设立泥浆搅拌池和泥浆净化池，以供泥浆回收利用。

2　旋挖钻机施工方案

根据本工程的工程特点和工程量大小，本工程拟投入1台旋挖钻机，为意大利迈特公司生产的HR180旋挖钻机，其工作扭矩为23.5t·m，平均进尺每小时约8～10m，在黏土、砂性土中的施工效率高。

2.1　旋挖钻机的施工工艺流程

参阅图1。

2.2　施工工艺

2.2.1　埋设护筒

首先进行测量放样。准确测设桩位，并在中心桩位周围埋设护桩，护桩选在不易扰动破坏位置埋设，依据护筒直径挖至地面以下2～4m，护筒高度高出地面0.3m。在护筒周围对称的、均匀的回填最佳含水量黏土，分层夯实，水下混凝土灌注完24h内拔除，就位后再次校核桩中心位置。

2.2.2　钻机就位及钻进

钻进前先调整钻机的水平、垂直仪，使气泡居中，然后伸缩钻杆，使钻头底部导向尖对准桩位中心，钻头自然放松，根据护桩到钻头外壁的距离进行对位校核，严格控制孔位偏差在允许误差范围内。

钻进时，缓慢旋转放下钻杆，当进尺在护筒顶以下一定深度，进行孔内注浆，以防止钻进过深影响钻孔质量。在钻进过程中及时向孔内补充泥浆（泥浆性能指标控制在：比重1.10～1.20，黏度18～24s，含砂率小于4%），泥浆面确保低于原地面约20cm左右，以维护孔壁稳定，同时保证文明施工，不致泥浆外溢。

桩基穿过砂层时，泥浆在使用过程中不断受到污染，致使含砂率增大，泥浆指标不易控制，因此在钻

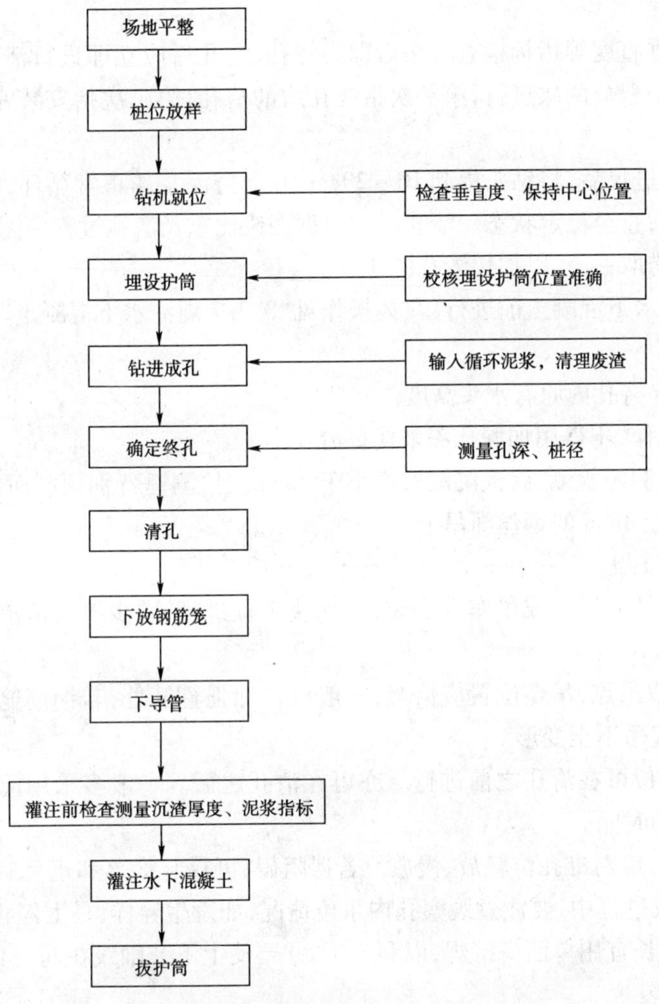

图1　旋挖钻机的施工工艺图

进过程中要经常检测各项泥浆指标，及时补充性能指标合格的泥浆，以防止塌孔。

在钻进至砂层时要变挡换速，利用液压缩进装置加压，要求轻压慢转，这样能维护孔壁，稳定减少钻头的磨损。每钻进3~5回次后应调整一次水平、垂直仪器，使气泡居中，能有效保证成孔的垂直度小于1/100。在钻进过程中要经常检查钻斗，尤其在中粗砂较密和砾石层，更要加大检查力度及频率，对于磨损较严重的钻头要及时更换，以确保钻孔孔径。

当钻至离桩底设计高程约2~3m时，应及时验孔，孔深控制以测绳测出的周边四点平均值为准，钻进至设计孔深时，钻斗底部加装挡砂板，捞取残存散落的原状土及砂。终孔后，检测泥浆各项指标，及时下放钢筋笼和导管。在灌注水下混凝土前，检测孔底沉渣厚度，若沉渣厚度超过20cm，用泵吸法将孔底沉渣抽出。

在钻进过程中，钻斗取出的原状土直接排放在场内渣土堆放处，待渣土风干后用自卸车运至场外。

2.2.3　质量要求

(1)护筒定位偏差≤50 mm；

(2)护筒内径比桩径≥200 mm；

(3)钻孔桩基垂直度偏差≤1%；

(4)钻孔过程中泥浆比重为1.10~1.20；黏度：18~24Pa·s；

(5)灌注混凝土前泥浆比重为1.03~1.10；黏度：17~20Pa·s；胶体率：>98%；

(6)泥浆含砂率<2%。

2.2.4 清孔

经对孔深、孔径、垂直度等指标检查合格后即为终孔,终孔后应立即进行清孔,防止泥浆沉淀过多,造成清孔困难。清孔一般分两次进行,第一次指终孔后的清孔,第二次指安装完钢筋笼后,灌注混凝土前的清孔,具体方法为:

第一次清孔:停止进尺后,将钻头提起10~20cm,并保持泥浆的正常循环,将孔内比重大的泥浆换出,使含砂率逐步减少,直至稳定状态。清孔时间根据泥浆比重及清孔过程中测量沉淀厚度来定。清孔过程中必须设有专人捞取钻渣,以加快清孔的速度。

第二次清孔:灌注水下混凝土前进行(具体操作见"3.3.7 灌注水下混凝土"部分)。

有关要求:

清孔过程中必须保持孔内原有水头高度。

(1)清孔应认真操作,不得用加深孔深来代替清孔。

(2)沉淀厚度用检测锤检测,保证沉淀厚度小于20cm。检测锤特别预制而成,其形状为碗形锤球,重量不小于4kg,用直径3mm的钢丝绳吊入。

2.2.5 钢筋笼的安设

(1)钢筋笼可利用钻机塔架或吊车等安装,为加快工程进度,减少桩底沉渣厚度,以整体一次安设为宜。

(2)起吊时,采用双吊点,吊点位置应恰当,一般设在加强箍筋处,若钢筋笼未设加强箍筋,应采取其他措施保证钢筋笼起吊不至变形。

(3)钢筋笼吊装就位可在清孔之前进行。亦可在清孔之后。一般多采用前者,以缩短清孔完毕到开始灌注水下混凝土的时间。

(4)吊入钢筋笼时,应对准孔位轻放、慢放。若遇阻碍,可徐起徐落和正反旋转使之下放,防止碰撞孔壁而引起坍塌。下放过程中,要注意观察孔内水位情况,如发生异样,马上停止,检查是否坍塌。

(5)钢筋笼入孔接长宜用单面搭接焊,以利施工,并要使上下节轴线在同一直线上。

2.2.6 导管的安装

(1)安装前的准备工作

导管在使用后应及时将每节冲洗干净,使用前将丝扣清理好并涂抹黄油,保证施工中节与节能正常拆卸。

(2)导管规格要求

根据孔深计算好导管配置节数,并配备总数20%的预备节数,ϕ150cm桩径导管孔径不大于30cm。0.5m、1m、1.5m的管节各配备一节,以便施工中调整漏斗高度,漏斗底至孔口距离应大于2m。

(3)导管使用前应在现场技术人员旁站的情况下做拼装、水密、承压试验,试验方法是把拼装好的导管先灌入70%的水,一端焊输风管接头,输入计算的风压力,导管滚动数次,经过15min不漏水即为合格。对检验合格的导管按拼装顺序进行编号,实际施工中严格按编号进行拼装,保证施工中拆卸导管时每个丝扣的灵活性及导管的密封性,对于有明显缺陷的导管严禁使用,对于导管内壁附有泥浆的应处理干净。

(4)导管口安装时,仔细检查管壁及接头丝扣完好情况,必须加密封胶圈并涂黄油密封,确保连接牢固、不漏浆,下导管时保持居中,轻放,防止碰挂钢筋笼和碰撞孔壁。

(5)导管单节按顺序摆放整齐,严禁两节在一起。使用搬运过程中不得拖地、碰撞,避免损坏。

(6)灌注水下混凝土前,导管下端悬空0.25~0.4m。

2.2.7 灌筑水下混凝土

灌注水下混凝土前要用导管配合再次清孔即二次清孔,清孔时导管上下窜动,使泥浆上浮,并测量泥浆的各种指标,同时用测锤测量沉淀厚度,确保沉渣厚度小于20cm时再浇注水下混凝土。

3 成孔质量保证体系

3.1 泥浆控制

为保证泥浆的各项性能指标满足施工要求，施工中对泥浆的各项指标，特别是泥浆比重、黏度按如下时间进行检测：

①每工作班开始时检测泥浆比重、黏度，以后钻进过程中每隔2h测定一次泥浆比重、黏度、含砂率、pH值等指标。

②在钻进过程中，若发现地质条件有变化时，根据地质条件及时测定、调整泥浆比重。

③在清孔过程中，每半小时测定一次泥浆比重变化，保证清孔过程中泥浆比重有效减少，以达到清孔效果。

3.2 成孔质量体系

3.2.1 钻孔垂直度的控制

这是灌注桩顺利施工的一个重要条件，否则钢筋笼和导管将无法沉放。本工程采用的旋挖钻机，由电脑控制钻杆的垂直度，在施工过程中，钻杆始终保持垂直。

3.2.2 桩径和桩形的保证体系

为保证在钻进过程中不产生塌孔、锁径，在施工中采用泥浆护壁，当泥浆指标达不到标准时，立即采取措施，输入好的泥浆或搀加稳定液、彭润土进行人工造浆，改善和稳定泥浆性能。

进尺操作时应根据地层的变化，调整转速和进尺速度，应防止护筒有渗漏出现。

4 钻孔事故的预防及处理

4.1 坍孔

孔口坍塌容易发现，而孔内坍塌则需要仔细观察现象，如孔内水位突然下降；孔口水面冒细密的水泡；出土量显著增加，没有进尺或进尺甚小；孔深突然变浅，钻头达不到原来的孔深；钻机负荷显著增加等，均表明孔内已有坍塌。

坍孔的预防和处理：

(1)在松散粉砂土、淤泥层或流砂中钻进时，应控制进尺，选用较大比重、黏度、胶体率的优质泥浆（或投入黏土、片石低锤冲击使黏土膏、片石等挤入孔壁）。

(2)如孔口坍塌，可回填重新埋设护筒再钻，或下钢护筒至未坍处以下至少1m。

(3)孔内坍塌不严重者，可加大泥浆比重继续钻进。较严重者，可回填砂石和黏土混合物到坍塌位置以上1~2m，甚至全部回填再钻。若坍塌埋住钻头，应先清孔，后提起钻头。

4.2 钻孔漏浆

在透水性强或有地下水流动的地层中，稀泥浆会向孔外漏失，一般有护筒底漏浆和护筒接缝漏浆两种，严重漏浆为坍孔的先兆，应及时处理。

漏浆的主要原因是：护筒埋设太浅；回填土不密实或护筒接缝不严密；或水头过高；护筒内有掉落物等。

补救的办法是：加稠泥浆或倒入黏土慢速转动；或回填土掺卵、片石反复冲击增加护壁；护筒本身漏浆则可用棉絮堵塞。

4.3 弯孔

在钻孔时,由于钻孔方向偏斜产生弯孔,严重者影响钢筋笼的安装和桩的质量。

4.3.1 弯孔原因

(1)钻杆弯曲或钻杆接头不直,钻头摆动偏向一边。

(2)钻孔时遇到较大的孤石、探头石或倾斜的岩层。

(3)在有倾斜度的软硬地层交界处,岩面倾斜处钻进;或在粒径大小悬殊的砂卵石层中钻进,钻头所受阻力不匀。

4.3.2 预防方法

(1)由于钻杆较长,转动时上部摆动过大,必须在钻架上增添导向架,使其沿导向架向下钻进。

(2)钻杆接头应逐个检查及时调整。钻杆弯曲要用千斤顶调直。

(3)在有倾斜的软、硬地层钻进时,应吊住钻杆控制进尺,低速钻进。

4.3.3 处理方法

弯孔不严重时,可重新调整钻机继续钻进。严重时,应回填黏土,待沉积密实后再钻进。不得用冲击钻头直接修孔,以免卡钻。

4.4 缩孔

地层中夹有塑性土壤(俗称橡皮土),遇水膨胀后使孔径缩小。或钻头磨耗严重未及时焊补,钻出小于设计桩径的孔。遇到这种情况时,可采用上下反复扫孔的方法扩大,或回填砂黏土,待密实后重钻。

4.5 断桩

4.5.1 形成断桩原因分析

断桩是严重的质量事故。对于诱发断桩的因素,必须在施工初期就彻底清除其隐患,同时又必须准备相应的对策,预防事故的发生或一旦发生事故及时采取补救措施。断桩产生的原因有以下几个方面:

(1)灌注混凝土过程中,测定已灌混凝土表面高程出现错误,导致导管埋深过小,出现拔脱提漏现象形成夹层断桩。特别是钻孔灌注桩后期,超压力不大或探测仪器不精确时,易将泥浆中混合的坍土层误为混凝土表面。因此,必须严格按照规程用规定的测深锤测量孔内混凝土表面高度,并认真核对,保证提升导管不出现失误。

(2)在灌注过程中,导管的埋置深度是一个重要的施工指标。导管埋深过大,以及灌注时间过长,导致已灌混凝土流动性降低,从而增大混凝土与导管壁的摩擦力,加上导管采用已很落后而且提升阻力很大的法兰盘连接的导管,在提升时连接螺栓拉断或导管破裂而产生断桩。

(3)卡管现象也是诱发断桩的重要原因之一。由于人工配料(有的机械配料不及时校核)随意性大,责任心差,造成混凝土配合比在执行过程中的误差大,使坍落度波动大,拌出的混合料时稀时干。坍落度过大时会产生离析现象,使粗骨料相互挤压阻塞导管;坍落度过小或灌注时间过长,使混凝土的初凝时间缩短,加大混凝土下落阻力而阻塞导管,都会导致卡管事故,造成断桩。所以严格控制混凝土配合比,缩短灌注时间,是减少和避免此类断桩的重要措施。

(4)坍塌。因工程地质情况较差,施工单位组织施工时重视不够,有甚者分包或转包,施工者谈不上有什么经验,在灌注过程中,井壁坍塌严重或出现流砂、软塑状质等造成类泥沙性断桩。

(5)另外,导管漏水、机械故障和停电造成施工不能连续进行,突然井中水位下降等因素都可能造成断桩。因此应认真对待灌注前的准备工作,这对保证桩基的质量很重要。这类现象在断桩事故中占有相当大的比例,较为严重,而且位置深、难处理,是导致工期无限延期及经济上大量浪费的重要因素之一。

4.5.2 断桩处理的几种方法

(1)原位复桩。对在施工过程中及时发现和超声波检测出的断桩,采用彻底清理后,在原位重新浇筑一根新桩,做到彻底处理。此种方法效果好、难度大、周期长、费用高,可根据工程的重要性、地质条件、缺陷数量等因素选择采用。

(2)接桩。确定接桩方案后,首先人工清理孔里面的泥浆,并将钢筋笼用水冲洗干净。第二,挖至合格处利用人工进行凿毛,按挖孔法混凝土施工方法进行混凝土的浇注。

(3)桩芯凿井法。这种方法说起来容易做起来难,即边降水边采用风镐在缺陷桩中心凿一直径为80cm的井,深度至少超过缺陷部位,然后封闭清洗泥沙,放置钢筋笼,用挖孔混凝土施工方法浇筑膨胀混凝土。此方法日进度0.6m,如果遇到个别桩水处理不好、降不下去,更是困难重重,导致质量、工期和经济上的重大损失。

4.6 钢筋笼上浮

预防措施:

(1)在距护筒顶1.0m位置用钢筋焊接固定。

(2)根据测量计算值,当混凝土面接近钢筋笼底端时,为防止钢筋笼被混凝土顶托上浮,将混凝土的灌注速度减慢,且保持较深的埋管,当混凝土面升入钢筋笼2~3m时,可适当加快灌注速度,并减少导管埋深。

4.7 桩底沉渣量过多

清孔是灌注桩施工中保证成桩质量的重要环节,通过清孔应尽可能地使桩孔中的沉渣全部清除,使混凝土与岩基结合完好,提高桩基的承载力。施工中发生桩底沉渣的主要原因及处理的措施如下:

(1)桩底的沉渣过多主要由于施工中违犯操作规定,清孔不干净或未进行二次清孔造成的;施工中应保证灌注桩成孔后,钻头提高孔底10~20cm,保持慢速空转,维持循环清孔时间不少于30min,然后将锤式抓斗慢慢放入孔底,抓出孔底的沉渣。

(2)当使用的泥浆比重过小或泥浆注入量不足时,桩底的沉渣浮起困难,沉渣将堆积在桩底,影响桩与地基的结合。工程中需采用性能较好的泥浆,控制泥浆的比重和黏度,不能用清水进行置换。

(3)钢筋笼吊放过程中,如果钢筋笼的轴向位置未对准孔位,将会发生碰撞孔壁的事故,孔壁的泥土会坍落在桩底;因此,钢筋笼吊放时,务使钢筋笼的中心与桩中心保持一致,避免碰撞孔壁。在钢筋笼的加工工艺上,可选用冷压接头工艺加快对接钢筋笼速度,减少空孔时间,从而减少沉渣。下完钢筋笼后,检查沉渣量,如沉渣量超过规范要求,则应利用导管进行二次清孔。

(4)清孔后,待灌时间过长,致使泥浆沉积。开始灌注混凝土时,导管底部至孔底的距离宜为30~40mm,应有足够的混凝土储备量,使导管一次埋入混凝土面以下1.0m以上,以利用混凝土的巨大冲击力溅除孔底沉渣,达到清除孔底沉渣的目的。

4.8 灌注时发生井壁坍落

成孔后灌注水下混凝土时发生坍孔现象,若坍塌不止,应将导管拔出,以黏土回填重新成孔;轻微坍落在施工中不易被察觉,声测时发现局部裹泥或夹砂现象。

5 结语

通过此次实习,使我增长了很多的施工经验,并对钻孔灌注桩的施工管理及质量控制有了很深的了解。钻孔灌注桩的质量控制应该在钻孔的时候就引起注意,首先钻孔过程中要随时注意泥浆面的升降,发现异常要及时上报并做出处理。在钻孔的过程中建议将钢筋笼运送至孔附近,缩短钢筋笼运送的时间,就相应地缩短了成孔后的空孔时间。成孔后要及时验孔并上报监理,监理同意后应立即下放钢筋笼。钢筋笼的焊接要派技术好手脚利索的人员，以保证钢筋笼的焊接质量和提高焊接速度。在灌注过程中首先要保证混凝土的质量并且供应及时，同时做好紧急事故的应对和处理，如突遇降雨应及时准备好遮盖物，防止雨水过多地进入导管造成混凝土离析，导致导管堵住或断桩。灌注至设计高程拔除剩余导管时，应轻轻拔出，防止拔的过快造成桩头夹泥。

参考文献

[1] 罗大庆. 公路桥梁钻孔灌注桩施工质量控制. 西部探矿工程，2004，16(9)
[2] 赵占宇，姜玉玺，殷鸿彬，张建国. 钻孔灌注桩施工中应注意的几个问题. 沈阳建筑，2004，(1)
[3] 蔡锦源. 钻孔灌注桩施工的质量缺陷与措施. 西部探矿工程，2004，16(5)
[4] 孙庆丰. 钻孔灌注桩施工中常见问题及处理方法探讨. 交通科技，2003(6)
[5] 罗荣辉. 钻孔灌注桩桩基涌水病害分析. 广东公路交通，2001(2)
[6] 李维平. 钻孔灌注桩施工关键工序控制. 岩土工程技术，2003(5)
[7] 孙力文. 桥梁钻孔灌注桩施工质量缺陷产生原因和处治实践. 浙江交通科技，2003(2)
[8] 丁先武，韦俊永. 桥梁钻孔灌注桩发生断桩的原因及处理方法. 建材技术与应用，2003(5)
[9] 交通部第一公路工程公司. 公路施工手册-桥涵(上册). 北京：人民交通出版社，2002

半刚性沥青路面级配碎石过渡层抗裂性能分析

郑　军

（河南省平顶山市公路管理局　平顶山　467000）

摘　要　随着半刚性沥青路面的大量使用，逐步发现半刚性沥青路面也存在着一些严重的问题，主要表现在半刚性沥青路面裂缝严重，半刚性沥青路面结构排水条件差。大量裂反射裂缝的产生，在一定程度上导致了结构强度的削弱，使裂缝处弯沉增大从而加速面层弯曲破坏，同时裂缝使半刚性基层弹性模量明显降低，影响了路面结构的整体强度。如果采用具有一定厚度和严格级配要求的优质级配碎石作为过渡层，采用半刚性材料作为下卧基层，在很大程度上能够防止和减少半刚性基层反射裂缝，同时级配碎石基层还能充当具有排水功能基层的作用，因此，这种结构既发挥了半刚性基层沥青路面高强度的优点，又在很大程度上克服了半刚性路面的缺点。

关键词　半刚性　反射裂缝　模量　级配碎石基层

1　半刚性基层反射裂缝机理分析

半刚性基层沥青路面反射裂缝的发生，其实质是干缩和温缩引发基层先产生裂缝，此时裂纹头端传递给沥青面层（假定接触面完全连续）的接应力已不是基层本身所受的拉应力，此拉应力恐怕是难以使面层开裂的。显然，对于此种结构中带有裂纹情况下的裂缝尖端受力及裂纹扩展规律应采用断裂理论进行分析。断裂力学理论是分析带缝结构裂缝扩展的有力工具。由于半刚性基层开裂以后，其裂纹体受交通荷载作用下，产生裂纹变形和受力的形式主要有两种类型，如图1所示，其中I型为张开型，II型为剪切型（平面内）。通过断裂力学理论，可以定性地分析半刚性沥青路面裂缝发展的一般规律及机理，并且分析级配碎石如何防止裂缝的进一步扩展。

I　　II

图1　裂纹的开裂形式

1.1　裂纹尖端奇异场

由弹性问题的解析函数方法，求得线弹性断裂力学中I、II型裂纹问题的裂纹尖端奇异场，其应力状态如式(1)、式(2)所示。

I型裂纹

$$
\begin{aligned}
\sigma_x &= \frac{K_\mathrm{I}}{\sqrt{2\pi r}}\cos\frac{\theta}{2}\left(1-\sin\frac{\theta}{2}\sin\frac{3}{2}\theta\right)\\
\sigma_y &= \frac{K_\mathrm{I}}{\sqrt{2\pi r}}\cos\frac{\theta}{2}\left(1-\sin\frac{\theta}{2}\sin\frac{3}{2}\theta\right)\\
\tau_{xy} &= \frac{K_\mathrm{I}}{\sqrt{2\pi r}}\sin\frac{\theta}{2}\cos\frac{\theta}{2}\cos\frac{3}{2}\theta
\end{aligned}
\tag{1}
$$

II型裂纹

$$
\sigma_x = -\frac{K_\mathrm{II}}{\sqrt{2\pi r}}\sin\frac{\theta}{2}\left(2+\cos\frac{\theta}{2}\cos\frac{3}{2}\theta\right)
$$

$$\sigma_y = \frac{K_{II}}{\sqrt{2\pi r}}\sin\frac{\theta}{2}\cos\frac{\theta}{2}\cos\frac{3}{2}\theta \tag{2}$$

$$\tau_{xy} = \frac{K_{II}}{\sqrt{2\pi r}}\cos\frac{\theta}{2}\left(1-\sin\frac{\theta}{2}\sin\frac{3}{2}\theta\right)$$

式中，γ、θ 表示以裂纹尖端为坐标原点的极坐标；K_I、K_{II} 表示 I 型、II 型裂纹的应力强度因子，对于含 $2a$ 长的中心裂纹的无限大板，$K_I=\sigma\sqrt{\pi a}$（σ 为远场拉力强度），$K_{II}=\tau\sqrt{\pi a}$（τ 为远场剪力强度）。单位为 $kN/(cm)^{2/3}$。

由于上述各个应力分量表达式中都包含有 $r^{-1/2}$ 项，这就使得对于裂纹尖端 $\gamma\to 0$ 处，它们均趋于无穷大，这是裂纹尖端附近弹性场的一个重要特征，称之为应力应变对 γ 有奇异性，或称这个场为奇异场。

根据断裂力学的裂纹尖端奇异场的近似性计算得到，裂纹尖端奇异场只能反映裂纹尖端局部范围内的应力场，并且越接近裂纹尖端，奇异解越接近精确解。

1.2 应力强度因子理论

裂纹尖端附近弹性场的常参量应力强度因子 K 表示了在外荷载作用下的断裂弹性构件裂纹尖端的力学形状，它把影响裂纹尖端性状的各种因素综合为裂尖应力应变场的强度，集中地表现出来，这实际上是以数值表示了不同裂纹尖端趋向开裂的严重程度。因此，这一参量可以决定构件是否有裂纹处发生断裂破坏。

由 K 的各种表达式可以看出，在构件、裂纹、加载方式等确定之后，K 值将随着外力的增大而增大。K 值增大到一定程度时必然会导致构件的断裂破坏。当裂纹尖端应力强度因子 K 达到某一临界值 K_{IC} 时，裂纹发生失稳扩展。即可以得到 I 型、II 型裂纹问题的判别式(3)：

$$\begin{aligned} K_I &\geq K_{IC} \\ K_{II} &\geq K_{IIC} \end{aligned} \tag{3}$$

临界值 K_{IC}、K_{IIC} 称为材料的断裂韧度。它表征材料阻止裂纹失稳扩展的能力，是材料的一种机械性能参数，或称为材料的一种韧性指标。K_{IC} 与 K_I 的关系相当于材料强度极限 σ_b、屈服极限 σ_s 与应力 σ 之间的关系。

2 级配碎石基层防止和减缓半刚性基层反射裂缝力学机理分析

半刚性沥青路面裂缝比柔性路面严重，原因就在于半刚性沥青路面的裂缝隙中有很多是半刚性基层沥青路面结构中所特有的反射裂缝，这种反射裂缝，不论是南方还是北方地区均大量存在。因此防止和减少反射裂缝，是解决半刚性沥青路面裂缝，进一步完善半刚性沥青路面使用功能的重要手段。

2.1 力学模型

将铺有级配碎石基层的沥青路面结构看成四层连续体系，并且假定在半刚性底基层中有一条穿透裂缝。为了讨论反射裂缝在交通荷载作用下的扩展规律，考虑如图 2 所示两种最不利荷载位置，且在分析过程中忽略了动荷载效应的影响。

由断裂力学可知，图 2a) 所示为张开型裂缝，即 I 型裂缝问题；与此相应的裂缝尖端附近的应力场见式(1)。根据对称与反对称原理可知，图 2b) 所示为剪切型裂缝，即 II 型裂缝问题；与此相应的裂缝尖端附近的应力场见式(2)。只要求得裂缝尖端附近的应力和裂缝表面位移分布，即可根据外推法，得出相应的应力强度因子，进而可对裂缝的稳定性进行评价。

2.2 交通荷载下断裂应力分析

根据以上力学模型，取材料的和结构的参数如表 1 所示。

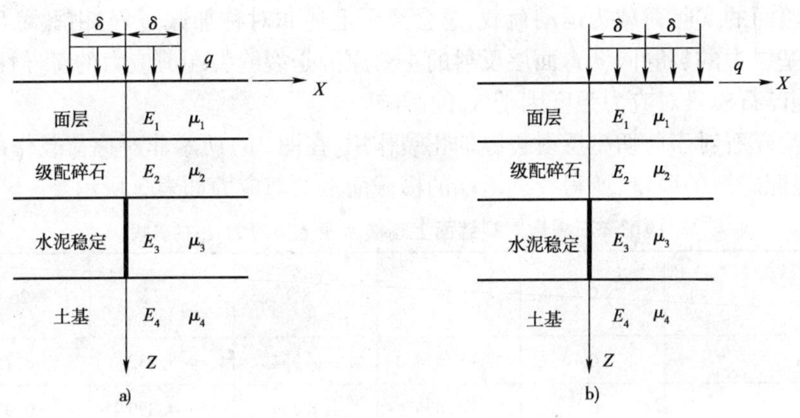

图2　交通荷载最不利加载位置

表1

路面结构参数(15℃)

项　　目	厚度(cm)	E(MPa)	μ
细粒式沥青混凝土	5	2 000	0.25
中粒式沥青混凝土	7	1 800	0.25
级配碎石	15	350	0.25
水泥稳定碎石	30	1 500	0.25
土基	—	80	0.35
荷载参数	$\delta = 15\text{cm}, P = 0.7\text{MPa}$		

根据图2a)所示相对于裂缝对称加载与图2b)所示相对于裂缝非对称加载两种情况下，使用Bisar软件可以求得裂缝延长线面对应的横截面上的正应力σ_x、剪应力τ_{xz}随纵向坐标Z的变化以及相应的裂缝尖端应力强度因子。

2.2.1　对称荷载作用下裂缝尖端的应力分析

由于荷载相对于裂缝面对称，所以裂缝尖端的剪应力为0，即剪切型(II型)应力强度因子为K_{II}为0。同时，由表1可以看出，裂纹尖端X方向的正应力为负，即裂缝尖端没有垂直于裂缝面的张拉应力，可见张开型(I型)应力强度因子K_I也为0。由此证明，对称荷载作用下，半刚性底基层中的穿透裂缝为闭合型裂缝。

表2

级配碎石基层对于张开型反射裂缝的影响

Z(cm)		0	4	8	12	26	26.5
对称加载	δ_x/q	−14.886	−6.561	−0.098 9	5.967	−0.781	−0.836
	τ_{xz}/q	0	0	0	0	0	0
	$K_I/q(\text{cm}^{1/2})$	0					
	$K_{II}/q(\text{cm}^{1/2})$	0					
非对称加载	δ_x/q	−0.436	−3.67	−1.517	0.217	−0.657	−0.671
	τ_{xz}/q	0	−4.301	−3.796	−3.446	−1.041	−1.031
	$K_I/q(\text{cm}^{1/2})$	0					
	$K_{II}/q(\text{cm}^{1/2})$	1.827					

2.2.2　非对称荷载作用下裂缝尖端的应力分析

由表2可以看出，在图2b)所示非对称荷载作用下，裂纹尖端X方向的正应力为负，所以张开型(I型)应力强度因子K_I为0，但剪应力τ_{xz}却具有明显的奇异性，因此，剪切型(II型)应力强度因子为K_{II}不为0。根据裂缝尖端附近剪应力的值，用外推法所求得的剪应力强度因子如表2所示。

由于作用在路面的实际荷载为运动荷载，总会经历上述非对称加载过程，由此可见，在交通荷载作用下导致半刚性基层中的裂缝向沥青面层反射的主要原因是裂缝尖端剪应力的奇异性。

2.2.3　级配碎石模量对应力强度因子 K_{II} 的影响

为了分析级配碎石对于剪切型反射裂缝的止裂作用，在图2b)所示非对称荷载作用下，保持其他参数不变，仅改变级配碎石的模量，所得裂缝上端的横截面上的剪应力如表3所示。

级配碎石模量对裂缝面上端横断面上剪应力 τ_{xz} 的影响　　表3

级配碎石模量 \ z(cm)	0	4	8	12	26	26.5
100MPa	0	-5.514	-4.954	-5.932	-0.757	-0.746
200MPa	0	-4.836	-4.289	-4.399	-0.913	-0.902
300MPa	0	-4.444	-3.926	-3.68	-1.007	-0.996
350MPa	0	-4.301	-3.796	-3.446	-1.041	-1.031
500MPa	0	-3.987	-3.516	-2.984	-1.123	-1.11
600MPa	0	-3.84	-3.386	-2.787	-1.16	-1.149
1 500MPa	0	-3.246	-2.871	-2.386	-1.358	-1.332

为了便于比较，表中给出了没有设置级配碎石结构层的计算结果(相应的模量为1 500MPa)，表4为根据表3的数值结果用外推法求得的剪切型应力强度因子。

级配碎石模量对应力强度因子 K_{II} 的影响　　表4

级配碎石模量(MPa)	100	200	300	350	500	600	1 500
K_{II}/q($cm^{1/2}$)	1.322	1.599	1.765	1.827	1.967	2.036	2.36

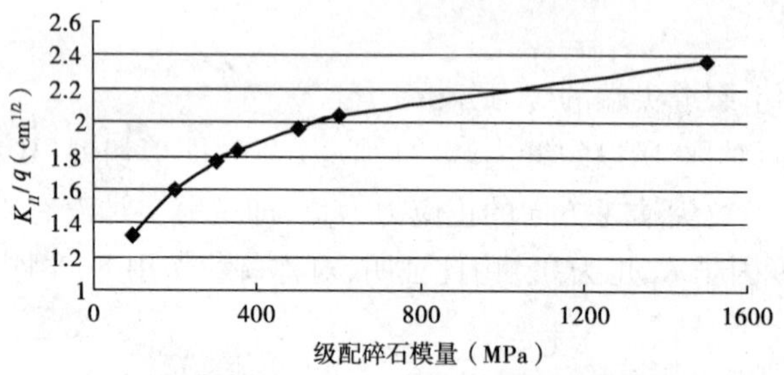

图3　级配碎石模量对 K_{II} 的影响

由表4、图3可以看出，设置级配碎石基层以后，裂缝尖端附近剪应力的奇异性可明显减弱，相应的剪切型应力强度因子也大为减少。可见，级配碎石基层对于半刚性基层沥青路面中的剪切型反射裂缝具有明显的抑制作用。

综上所述，利用断裂力学理论，级配碎石基层结构可以完全避免张开型反射裂缝，并且有效地抑制了剪切型反射裂缝的发生。

3　碎石基层的隔离功能大大消除下卧半刚性基层干温缩裂缝的发生

反射裂缝产生的原因在于半刚性基层干温缩裂，而导致半刚性基层干温缩裂的直接原因是基层温度及含水量变化。通常可采用干缩、温缩抗裂系数来评价和考察半刚性基层抗干、温缩裂性能及干、温缩裂的发生：

温度收缩时：　　$$[T]=\varepsilon_m/\bar{a}_t(℃) \tag{4}$$

干燥收缩时：　　$$[w]=\varepsilon_m/\bar{a}_d(\%) \tag{5}$$

式中，[T]、[w]为半刚性基层温缩、干缩抗裂系数；ε_m 为半刚性基层材料平均温缩系数（με）；$\bar{a}_t$（℃）为半刚性基层材料平均温缩系数（με/℃）；$\bar{a}_d$（%）为半刚性基层材料平均干缩系数（με/Δω）。

研究表明，对于常用作高等级路面半刚性基层材料的石灰、粉煤灰及水泥等无机结合料稳定土（粒料）类，平均温缩抗裂系数[T] = 10℃左右（二灰稳定粒料类略高于此，而石灰、水泥稳定类低于此）；平均干缩抗裂系数为[ω] = 5%左右（二灰稳定粒料类略高于此，石灰、水泥稳定类低于此值，二灰稳定类抗裂性好于石灰和水泥稳定类）。也就是说，就常用半刚性基层而言，温差 10℃，北方冰冻地区的半刚性基层沥青路面（面层 15cm 左右），当冬季降温时，半刚性基层顶面可能遭受这样的温差。而干缩抗裂系数 5%，大约相当基层材料接近半风干状态的失水量，这在北方干旱、南方湿度变化大的情况下也可能发生，因而半刚性路面（尤其面层较薄）实际上难以消除干、温缩裂引起的反射裂缝。

3.1 级配碎石基层对温度收缩的影响分析

通过对试验路温度实测分析（图 4），该路面结构是 15cm 沥青面层 + 水泥稳定碎石半刚性基层。三条温度传感器，一条铺设在上面层于中面层之间，第二条铺设在中面层与下面层之间，第三条铺设在下面层与基层之间。对试验段进行为期 18 周的低温观测。

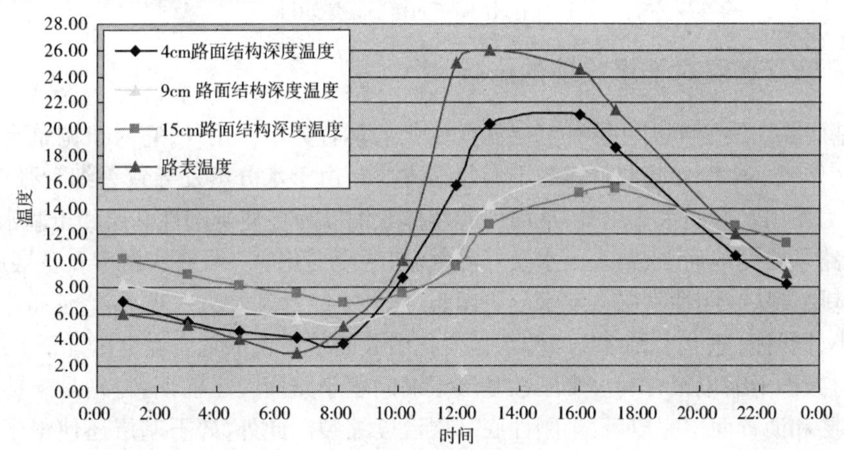

图 4 无级配碎石过渡层温度变化图

从图 4 可以看出，半刚性基层顶面（15cm 厚）的 24h 的最大温差只达到 8℃左右，而路表的 24h 的最大温差可以达到 23℃左右。

另一试验段路面为 15cm 沥青路面 + 15cm 级配碎石上基层 + 水泥稳定碎石基层。在结构层中铺设了温度传感器，低温季节的温度观测结果如图 5 所示。

从图 5 可以看出，级配碎石基层顶面（15cm 厚）的 24h 的最大温差只达到 8℃左右，水泥稳定砂砾下基层顶面（15cm + 15cm）的 24h 的最大温差只达到 2℃左右，而路表的 24h 的最大温差可以达到 22℃左右。

上述两种路面为不同类型基层的沥青路面，沥青面层 15cm，可以看出，半刚性基层表面处仍可遭受温差 8℃左右（15cm 面层），这一温差对于抗裂性差的半刚性基层足以使其开裂，即使对于抗温缩好的半刚性基层，此温缩与一定干缩联合作用也易使其开裂。

显然，随着深度增加，温度变化日趋减小，如深度 30cm 处（15cm 面层 + 15cm 级配碎石）基层在1 月份遭受的温差仅 2℃。此温差对于二灰和水泥稳定粒料类基层（$a_t = 10 \sim 20 \times 10^{-6}$/℃）仅产生 20 ~ 40$\mu\varepsilon$ 温缩应变，而半刚性基层材料极限拉应变一般 > 200$\mu\varepsilon$（抗裂性差的，如灰土类 ε_{max} 为 200$\mu\varepsilon$），因而碎石基层基本消除了下卧半刚性基层温度缩裂。此外，碎石基层还使得半刚性基层温度变化速率、温度梯度等大大降低，改善了半刚性下基层的温度应力状况，从而在很大程度上减少了半刚性下卧基层本身的温缩和干缩。

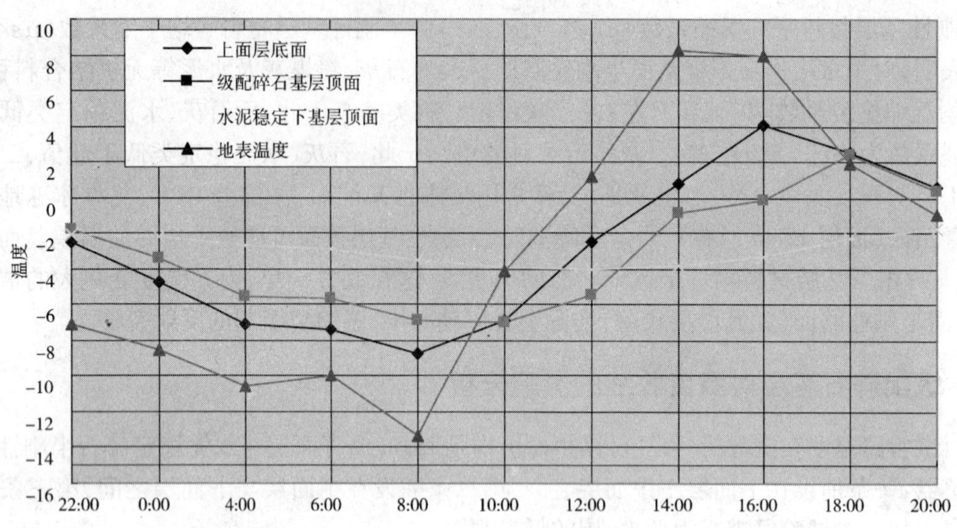

图5 有级配碎石过渡层温度变化图

3.2 级配碎石基层对干燥收缩的影响

级配碎石基层除在改变半刚性下卧基层温度变化上具有突出作用外，它对于调整半刚性基层的湿度状况也起很大作用。半刚性基层材料的干燥收缩主要是由于水分蒸发导致丢细管张力作用、吸附水作用、分子间引力作用及层间水作用等，从而引起整体收缩。而促使半刚性基层和土基水分变迁的主要因素为地下水、路基两侧地面水、路表面水及外界气温、湿度变化等。设置级配碎石基层后，水分从路表面进入半刚性基层及从半刚性基层蒸发水分更困难，此外半刚性基层进一步下置，使得半刚性基层本身温度变化也很小，同时因地下水和路基两侧水位变化引起的基层含水量变化也比置于上部有利，因而碎石基层的加入对减小干缩也很有利。半刚性基层干缩问题于路面竣工前期，特别是未铺上层前较为严重，在其碎石基层和沥青面层完成后，半刚性底基层温度缩裂。此外，碎石基层还使得半刚性基层温度变化速度、温度梯度等大大降低，改善了半刚性下基层的温度应力状况。

4 级配碎石基层模量厚度取值和施工工艺

4.1 不同的厚度和模量的级配碎石基层的疲劳寿命

(1)计算的路面结构为：5cm 沥青面层 +15cm 级配碎石 + 水泥稳定碎石 +100MPa 土基(表5)。

15m 级配碎石模量变化所对应的疲劳寿命(土基为100MPa) 表5

级配碎石模量(MPa)	350	300	250
累计标准轴次(万次/车道)	630	230	70
水泥稳定碎石的厚度(cm)	35	24	18
设计弯沉(0.01mm)	26.0	35.3	44.7
面层的计算最大拉应力(MPa)	0.350	0.438	0.574
面层的容许拉应力(MPa)	0.355	0.443	0.575
土基顶面的压应变(μm)	235.0	358	473.4
适用的交通等级	中交通	轻交通	轻交通

(2)计算的路面结构为:5cm 沥青面层 + 10cm 级配碎石 + 水泥稳定碎石 + 100MPa 土基(表6)。

10m 级配碎石模量变化所对应的疲劳寿命(土基为 100MPa) 表6

级配碎石模量(MPa)	350	300	250
累计标准轴次(万次/车道)	1150	380	120
水泥稳定碎石的厚度(cm)	38	27	21
设计弯沉(0.01mm)	23.2	28.7	40.2
面层的计算最大拉应力(MPa)	0.310	0.385	0.505
面层的容许拉应力(MPa)	0.311	0.397	0.511
土基顶面的压应变(μm)	237.7	361.3	475.5
适用的交通等级	重交通	轻交通	低交通

4.2 施工工艺

级配碎石的施工工艺与其他半刚性基层的施工工艺不一样,同时级配碎石在整个路面结构中发挥了至关重要的作用,所以要控制级配碎石的施工质量,确保整个路面结构的使用寿命。级配碎石材料主要靠集料之间形成嵌挤而形成强度,其强度、模量较一般稳定基层低,提高级配碎石基层的强度和稳定性,对于降低行车作用下的变形和永久变形具有重要意义。因此,拌和楼的生产控制、选择合理的摊铺以及碾压工艺是级配碎石施工中最主要的三个环节。

4.2.1 级配碎石混合料的拌和

集中厂拌的混合料与路拌法相比更容易控制,拌和更加均匀,因此级配碎石生产质量容易得到保证,同时生产率也大大提高。严格拌和楼混合料生产质量控制是保证级配碎石成功应用的关键之一。

级配碎石在运输、摊铺、碾压过程中含水量会有损失,为了使现场级配碎石能够在接近最佳含水量下碾压,在拌和过程中含水量宜高于最佳含水量 1% ~2% 或更高,以抵销运输和摊铺过程中水分散失及利于碾压,这一点与无机结合料稳定粒料(土)不同,后者要尽量避免在较高的含水量下碾压以减少日后的收缩,而级配碎石可在较大含水量下碾压,含水量稍大些降低骨料间摩擦力,反而利于达到高密度。因此,从施工含水量角度分析,级配碎石基层比无机结合料稳定类基层对施工含水量具有更大的适应性。

根据生产配合比进行材料进场后,各级料应隔离,分别堆放;细集料应有覆盖,防止雨淋。为了提高粗集料的持水量,我们采取在拌和生产前一天晚上向粗集料浇洒适量水预先吸水饱和的办法,效果较好。但是对石屑这类细集料,则宜保持干燥。

4.2.2 级配碎石混合料的摊铺

我国 20 世纪七八十年代对级配碎石的摊铺往往采用平地机,但是离析现象很难处置。当前在我国高等级公路施工上已经普遍采用摊铺机摊铺,取得了良好的效果。

级配碎石基层要求采用两台摊铺机梯队作业,一前一后相隔 5 ~8m 同步向前并进行全幅摊铺。摊铺机的摊铺速度为 1.5 ~2m/min,每小时的摊铺能力基本与拌和楼生产能力匹配。

4.2.3 级配碎石混合料的碾压

碾压是级配碎石施工中非常重要的环节之一。级配碎石结构层的强度主要通过碾压而获得粗颗粒的嵌挤、锁结以及细集料的填充形成的联结强度,因此提高碾压工作的质量是提高级配碎石结构强度的直接手段。

首先级配碎石只有在不小于最佳含水量下才能达到最佳压实效果,因此现场碾压应严格控制含水量。级配碎石摊铺后应紧跟着及时碾压,拖延压实时间会使级配碎石水分蒸发、材料干硬、固结,不利于进一步碾压。如果含水量偏低,尤其是夏季高温季节施工,应根据情况以喷雾式洒水车适当洒水后再碾压;如果含水量过高,应立即停止碾压,并用平地机翻晒,待其接近最佳含水量时,再进行碾压。

其次根据我国基层施工规范要求，采用重型振动压路机和胶轮压路机碾压时，每层的压实厚度可达20cm。因此，两段不同厚度的级配碎石基层都采用了统一的碾压工序，见表7。

级配碎石的碾压工序

表7

压路机型号	碾压工序	压路机型号	碾压工序
重型振动压路机(16～20t)	静压1遍	重型振动压路机(16～20t)	强振2遍
重型振动压路机(16～20t)	弱振2遍	胶轮压路机	静压2遍

注：压路机的碾压速度都控制在2.0km/h以下。

国内外的实践证明，弱振一般有利于结构层中间到表面这部分的密实，强振一般最有利于结构层中间到层底这部分的密实，而胶轮可以使面层混合料颗粒发生搓揉，重新就位。因此将胶轮碾压、振动压路机的弱振、强振的这些特性有效地结合起来才能够到达级配碎石最有效的碾压效果。

5 结语

综上所述，如果采用具有一定厚度和严格级配要求的优质级配碎石作为上基层，而半刚性材料作为下卧基层，则这种上柔下刚式"组合基层"一方面在很大程度上能够防止和减少半刚性基层反射裂缝，同时级配碎石基层还能充当具有排水功能基层的作用。因此，这种结构既发挥了半刚性基层沥青路面高强度的优点，又在很大程度上克服了半刚性路面的缺点，具体表现在：

(1)级配碎石散粒结构具有不传递拉应力、拉应变以及级配碎石上基层本身处于三向受压的特征受力状态。这种结构上的特点及受力状态使其能充分吸收其下层裂纹释放的应变能，从而达到止裂效果。这一功能对于进一步改善高等级公路路面使用品质，延长使用寿命极为重要。

(2)级配碎石的隔离作用，大大改善了半刚性基层的温度、温度状况（尤其是温度），极大地减小了半刚性基层遭受的温度变化、温度梯度及湿度变化，从而在根本上大大消除和减轻了半刚性基层的温缩和干缩，减少了反射裂缝。

(3)上柔下刚式的"倒装结构"，由于下卧层刚性大，级配碎石易于获得高密实度，同时较高刚度的下卧层有利于其上碎石基层非线性特性的充分发挥，使得在完成合理的结构厚度设计后，结构能较好地承受重交通的疲劳作用。

(4)将胶轮碾压、振动压路机的弱振、强振的这些特性有效地结合起来才能够达到级配碎石最有效的碾压效果。

当然，要充分发挥上述功能，级配碎石基层必须是强度高、稳定性良好的高质量级配碎石基层。此外，在路面整体结构上必须具有足够的抗行车疲劳性能，否则单纯止反射裂缝不仅没有意义同时也达不到效果。

参考文献

[1] 沙庆林．高等级公路半刚性基层沥青路面．北京：人民交通出版社，1998.9
[2] 张登良，郑南翔，等．半刚性材料抗裂性能研究之二．西安公路学院科学技术报告，1988.6
[3] 沙爱民．半刚性路面材料结构与性能．北京：人民交通出版社，1998.4
[4] 徐芝纶．弹性力学简明教程．北京：高等教育出版社，1997.7
[5] 孙杰慧，王岳平．水泥稳定碎石基层中水泥剂量范围试验．公路，2001.5
[6] 吴赣昌，凌天清．半刚性基层温缩裂缝扩展机理分析．中国公路学报，1998.1
[7] 王旭东．沥青路面材料动力特性与动态参数．北京：人民交通出版社，2002.1

公路设计中人性化理念的具体体现

吴　江

（张家口翰得交通公路勘察设计有限责任公司　张家口　075000）

摘　要　从传统公路设计理论出发，结合我国公路设计规范的实际应用，汲取欧美关于路侧设计指南和道路安全审计等要点，将人性化公路设计理念归纳为动态理念、协调理念、安全理念和容错理念，旨在从公路设计阶段完善道路本身的服务功能，更好地满足人们出行的需要。

关键词　公路设计　人性化　动态与协调　安全与容错

公路设计理论大部分内容是在20世纪40年代末期建立起来的，这些参数指标经过多年的研究和修正，一直沿用到今天仍然能够指导实践。在公路设计理论主框架比较成熟的前提下，要满足新时期对公路的更高要求，只有通过公路设计理念的提升才能实现保护生态环境、推进科技创新、体现人文景观成果的目标。

从20世纪60年代起，美国进行了大量的调查和分析工作，他们根据道路几何特性估算车辆平均运行速度和运行费用的方法，以诺谟图的形式供道路规划管理部门使用，并一直沿用至今。在20世纪80年代后期，以美国为代表的发达国家在道路设计领域突出强调行车速度与道路设计速度一致性的设计思想，以此修正几何线形的设计尺寸。此外，美国、法国和巴西等国专家在进行自由交通条件下各类车型的运行费用模型（HDM-III）的研究过程中，对车辆车速的确定也进行了深入的研究，以速度作为关键设计指标的动态和协调理念得到深化。与此同时，欧美等国家先后颁布了 Roadside Design Guide 和 Road Safety Audit 等指南，突出强调了安全与容错的设计理念。在借鉴国外先进经验的基础上，我国也开展了速度协调性和安全容错设计的一系列研究工作，其中较为典型的是交通部公路研究院以及同济大学等开展的运行车速与设计车速协调性的研究，以及道路安全设施、路侧安全指南和安全评价手册等研究。

1　公路设计理论出发点

人、车、路构成了公路交通系统。这三个要素之间并不是简单的叠加，而是相互依赖、相互制约、相互补偿的。传统公路设计理论主要是从车辆指标出发作为公路设计的控制因素，如设计车辆外廓尺寸、交通量、设计速度、公路建筑限界都和车辆直接关联，而考虑人的因素较少。该设计理论体系简化了公路三要素之间错综复杂的关系，不注重人、车、路三者的协调，只重视车和路两者的统一，具有很强的操作性，尤其是在公式推导、数理计算、指标量化等方面具有不可替代的作用。但在“以车为基础，以车为本”的设计思想指导下，人们逐步发现道路设计的最终目标是为了满足车辆的使用要求，但是保证了车辆的安全，却不一定能够保证驾驶员的安全；满足了车辆的动力性能，却不一定满足乘客的舒适性。出现上述现象的原因，除了公路规范本身需要进一步完善，最主要的根源就是传统公路设计理念中人的因素考虑的不足。

在公路交通系统中，人是起主导作用的，人驾驶汽车的过程，也就是人控制汽车在公路上运行的过程，人的参与活动是重要的环节。当前，人性化设计思想已经普遍被交通行业乃至全社会所接受，以《公路工程技术标准》颁布实施的时间为主线，交通部先后于1988年、1997年、2004年发布了三个版本的《公路工程技术标准》（简称《标准》），每部《标准》的出台，都标志着新一轮公路工程标准体系更新的开始。而最新版《标准》总结了1997年以来我国公路建设经验,在12项关键技术研究成果的基础上,充分借鉴和吸取了国外的相关标准和先进技术,进一步明确了各级公路的功能和相应的技术指标,更是突出体现了公路工程建设中安全、环保以及以人为本的指导思想和建设理念,只有有效地贯彻以人为本的设计理念,才能够为提升公路运输系统的服务功能奠定坚实的基础。

2 动态与协调理念

传统公路线形指标的检验大多依赖于是否符合设计参数的要求,这是一种静态的思维模式。而实际上公路使用者是保持在一定速度下利用公路设施的,这是一个动态的过程。很显然,人在静态和动态时的生理活动是大相径庭的,所以采用动态的速度指标来进行路线设计具有重要的实际意义。此外,公路作为一种构造物,既要满足车辆通行的基本要求,又要达到自然景观与再造景观的和谐统一。协调包含公路各个元素之间的协调、面的协调、整个路线与环境的协调,这种协调具有景观协调和速度协调的双重含义。

动态地解决道路设计问题,首先就是选择表征动态的车速。在公路设计中有关速度的概念有很多,其中设计速度是公路设计时确定其几何线形的最关键参数。我国从20世纪50年代起引入设计车速的概念,作为路线设计的基础指标,根据车辆动力性能和地形条件,确定了不同等级公路的设计速度指标。设计速度一经选定,公路的所有相关要素如视距、超高、纵坡、竖曲线半径等指标均与其配合以获得均衡设计。但这种设计方法本身存在一定的缺陷,因为设计速度对一特定路段而言是固定值,这一值作为基础参数,用于规定一个路段的最低设计标准,但在实际的驾驶行为中没有一个驾驶员自始至终地去恪守这一固定车速,现有路段观测结果表明,设计速度的设计方法不能保证线形标准的一致性。实际的行驶速度总是随公路线形、车辆动力性能以及驾驶员特性等各种条件的改变而变化,只要条件允许,驾驶者总是倾向于采用较高的速度行驶。

从公路使用者的安全角度考虑,在进行公路路线设计时,不能简单地以设计速度来控制公路线形指标,因为车辆是连续行驶的,需要以动态的观点来考虑车辆进入曲线时的运行速度,所选择的设计速度要与车辆运行速度相适应,从而提高公路的安全性。速度的协调主要是强调道路线形对驾驶员和乘客舒适度的影响。国外研究资料显示,当设计车速为80km/h以下时,第85个百分点的车辆实际行驶速度(运行车速)一般比设计车速高10km/h;当运行车速与设计车速之差大于10~20km/h时,就容易发生交通事故。实践表明,高等级公路适合采用大半径平曲线而不宜采用长直线,同向曲线和反向曲线的过渡要自然,避免夹直线过短。这些定性、定量的规定,归结到一点就是要保证车辆的行驶速度在安全前提下要具有协调性,避免相邻路段因为平、纵、横几何尺寸的改变而产生较大的速度差。为此,要保证速度的协调性,须从公路线形入手,优化平纵组合、改善线形,避免长直线或者频繁的变坡。相邻路段运行速度差不能过大,直接平曲线相连的曲率半径要近似相等,保证使其流畅连续,确保车辆快速安全通过,提供舒适的行车条件,营造出优美的公路运营环境。

针对传统设计速度方法存在的主要问题,欧美国家广泛运用了以运行速度概念为基础的路线设计方法。因为运行速度考虑了公路上绝大多数驾驶员的交通心理需求,以车辆的实际运行速度作为线形设计速度,从而有效地保证了路线所有相关要素与设计速度的合理搭配,可以获得连续、一致的均衡设计。尽管2004版《公路工程技术标准》仍采用设计车速这一概念指标,但我国高速公路运行速度设计方法和标准已经基本完成,《运行速度指南》、《公路项目安全性评价指南》均采用运行速度这一指标,可以说采用运行速度进行公路线形设计将是公路设计动态理念的一次飞跃。

3 安全与容错理念

"安全问题"在公路交通系统中怎样强调都不过分,其重要程度是毋庸置疑的。鉴于道路交通事故

的严峻性,欧美工业化国家于20世纪80年代致力于道路交通安全设计的专项研究。以最早建立正式道路安全审计的澳大利亚为例:澳大利亚国家交通部编制了交通安全审查指南,设计审查时要有专门的程序对道路安全进行审查。审查包括路线平、纵、横断面设计,平交、立交设计,跨线立交桥的位置和基础形式设计,标志、标线的设计以及线外工程设计等都要做出交通安全评价,以便业主根据审查意见要求设计部门做出完全符合交通安全标准的设计文件。

交通安全审查坚持"预防重于治理",在设计阶段,交通安全审查不但要贯穿于项目的可行性研究、初步设计、详细设计阶段,而且还要在项目建设阶段、道路试运行阶段进行审查,以确保向使用者提供一个有安全保障的道路。目前我国出台了《公路项目安全性评价指南》,标志着我国道路安全评价体系基本形成,这也是安全理念的集中体现。另外,人性化设计理念一个鲜明的特征就是公路设施本身应该提供给使用者宽容的使用空间,并且能够通过道路设施等客观条件对主观错误加以纠正。

安全理念还突出体现在道路安全设施的设置上。以路侧护栏设置为例,正确设置的路侧护栏能够实现阻止车辆越出路外并使车辆回复到正常行驶方向,诱导驾驶员视线以及对于发生碰撞的车辆减轻乘客损伤程度的功能。但就其路侧护栏本身,它是指在仅依靠道路主体本身不能保证行驶安全性的前提下增设的一种道路附属设施,这是一种消极的道路安全防护方式。没有路侧护栏并不意味着道路不安全,但不科学的设置原则会使得路侧护栏成为路侧的障碍物,造成更大的潜在危险。根据《高速公路交通安全设施设计及施工技术规范》规定:护栏设置的主要地点是在几何线形危险路段和存在障碍物的路段。从公路的技术指标衡量,我国的公路技术标准与发达国家的公路技术标准相差不多,公路路侧护栏设置原则与国际一般要求基本符合。但在具体应用中,我国公路护栏的设置存在诸多问题,比如护栏设置的不连续、端部处理不到位,都成为道路事故隐患。此外由于我国国情限制,护栏防撞试验比较有限,这就制约了护栏形式选择以及护栏材料和构造性能的研究。当务之急的工作就是在充分借鉴欧美发达国家成熟经验的基础上,结合我国实际,修订《高速公路交通安全设施设计及施工技术规范》,使之满足人性化的安全要求。

保证安全的有效手段是道路的容错设计。根据大量的资料调查,很大比例的事故是车辆冲出路侧造成的。不谈路侧事故的发生机理,这里主要探讨能否通过工程技术的手段为驾驶员提供纠正错误的空间。

路侧设计作为整个公路设计的一个组成部分,它是一个相对比较新的概念。20世纪60年代才成为公路设计中的一个备受人们关注的方面。70年代以后路侧安全设计才正式与公路项目相结合。路侧区域是指从路肩外边缘到公路红线边界的这一范围,路侧安全设计也就是对路侧区域进行安全设计,又称为路外设计。无论引发车辆驶离公路的原因是什么,路侧环境中无固定物、边坡平缓都能提高降低事故严重程度的可能性。宽容性路侧设计理念允许犯错误的车辆驶出公路,同时在引发严重交通事故的地方提供良好的路侧安全设计。美国经过几十年的经验和研究,宽容性路侧设计理念已得到不断的提升,已成为路侧设计乃至公路设计的一个重要组成部分。由于我国"人多地少"的基本国情,道路设计原则突出强调"减少占地",所以美国路侧宽容设计理念还不能完全与我国实际情况接轨,但缓边坡、低路基的设计思想已经被普遍推广并采用。

容错理念还体现在公路的服务设施等附属设施的设置上。以往对于高速公路的建设主要强调主体工程,对于收费站、服务区等附属设施没有明确要求。但现在包括服务区建设标准、规模、数量以及相应的照明设施、标志标线等诱导设施、高速公路出口的间距都有了具体规定。尽管还有许多细节需要完善,但人性化的道路服务体系已初具规模。

4 结语

人性化设计理念已经成为道路设计的发展趋势,其中动态和协调,安全和容错是该理念的集中体现。

我国公路工程标准化工作经过20多年的发展,总体上形成了一套基本能够满足我国公路发展需要的工程标准体系,为其公路基础设施的规划、建设、养护与运营管理提供了重要的保障,为促进我国公路交通发展发挥了积极作用。国家公路标准规范,是针对于全国范围内的纲领性法规,各地区应根据各自的特点和具体情况执行。

一个项目标准的确定,需要考虑地形等多种因素,往往所有因素不可能同时达到标准规定的条件,或者说很难整个项目或较大路段均达到标准规定的条件。做到标准指标灵活掌握,深刻理解标准规范的实质,避免生搬硬套、机械地使用是至关重要的。

人性化设计理念的实现,绝不是脱离规范要求进行主观的臆想,而是要根植在传统道路线形设计理论的基础上,引入动态、协调、安全、容错新成果,灵活地选择各项参数和指标。也只有通过这一途径,设计出的道路才能够真正实现"以人为本"的目标。

参考文献

[1] 中华人民共和国交通部. JTG B01—2003 公路工程技术标准. 北京:人民交通出版社,2004
[2] 中华人民共和国交通部. JTG D81—2006 公路交通安全设施设计规范. 北京:人民交通出版社,2006
[3] 中华人民共和国交通部. JTG/T B05—2004 公路项目安全性评价指南. 北京:人民交通出版社,2004
[4] 中华人民共和国交通部. JTG D20—2006 公路路线设计规范. 北京:人民交通出版社,2006
[5] 中华人民共和国交通部公路司. 新理念公路设计指南(2005年版). 北京:人民交通出版社,2005
[6] 马荣国,杨立波. 交通工程设计理论与方法. 北京:人民交通出版社,2002
[7] 成平. 公路设计中应注意的安全问题. 公路,2001

冷再生混合料路面基层的温缩特性研究

肖光斌
（濮阳市公路管理局　濮阳　457000）

摘　要　半刚性底基层内部的温度变化和坡差会产生温度应力，是决定其路用性能的主要指标之一。通过对二灰稳定冷再生混合料、水泥粉煤灰稳定混合料和水泥稳定混合料的大量试验和比较分析，对这三种混合料的温缩特性有了较系统地认识。

关键词　冷再生　温缩特性　试验研究　对比分析

半刚性底基层内部的温度变化和坡差会产生温度应力。在寒冷季节，半刚性底基层表面的温度低，底基层的顶部会产生拉应力；在温暖春季，半刚性底基层的底部的温度低（特别在薄沥青面层的情况下），在底基层的底部可能产生温度应力（拉应力）。这个拉应力与行车荷载在底基层底部产生的拉应力相结合，会促使底基层底面开裂。冷再生混合料不存在高温稳定性不足问题，因此其低温抗裂性如何就显得格外重要，是决定其路用性能的主要指标之一。

1　温缩试验方法与试验方案

1.1　试验方法

成型试件尺寸为10×10×40cm，在标准养生条件下（20±2℃，湿度90%），养生180d，采用电阻应变片测试材料的温度收缩系数，测试时首先将试件两侧烘干，贴上应变片，接到电路中，将环境箱先降到最低度（-25℃），然后恒温2h，以每2小时升温5℃，当各温度段应变片的数据稳定后（每2h后），读取相应的数据，直到最终温度（25℃），数据通过自动数据采集仪。

冷再生混合料的温缩特性一般可用温缩应变 ε_m 和平均温度收缩系数 α_t 来表示。平均温度收缩系数是表征冷再生混合料低温抗裂性的重要指标。若能使平均温度收缩系数减少，则冷再生混合料底基层产生的温度应变力也将按比例减少，相应的路面收缩开裂温度将会降低，从而提高低温抗裂能力。温缩应变 ε_m 和平均温度收缩系数 α_t 可用下式（1）和式（2）计算。

$$\varepsilon_m = \Delta l_t / L \tag{1}$$

$$\alpha_t = \varepsilon_m / \Delta T \tag{2}$$

式中，α_t 表示半刚性混合料试件的平均温缩系数；ε_m 表示半刚性混合料试件的温缩应变；L 表示试件的原始长度；ΔL 表示小梁试件的整体收缩量；ΔT 表示温度区，从起始温度至试验温度的温度差（℃）。

1.2　试验方案

拟定温缩试验方案如表1所示。

温缩试验方案　　表1

配合比方案	养护天数	试件个数
7%水泥	180	3根梁
二灰稳定(10:10:80)	180	3根梁
水泥粉煤灰稳定(6:4:100)	180	3根梁

2 温缩试验结果及分析

2.1 试验结果

根据拟定的试验方案对7%水泥稳定，10∶10∶80石灰粉煤灰稳定，6∶4∶100水泥粉煤灰稳定的冷再生混合料进行温缩试验，分别测得三个配合比在不同温度区的平均温缩系数 α_t。试验结果如表2及图1所示。

温缩试验结果

表2

配合比	温度段(℃)										平均温缩系数 $\bar{\alpha}_t$(10～6/℃)
	-25～-20	-20～-15	-15～-10	-10～-5	-5～0	0～5	5～10	10～15	15～20	20～25	
	温缩系数 α_t(10～6/℃)										
7%水泥	32.7	29.7	26.7	24.1	20.8	19.7	18.6	16.8	13.9	12.5	21.6
二灰稳定(10∶10∶80)	35.9	33.7	31.8	28.6	25.4	23.8	21.9	19.5	17.9	15.7	25.4
水泥粉煤灰(6∶4∶100)	33.5	31.6	29.7	27.3	23.4	21.5	19.7	17.9	15.3	12.5	23.2

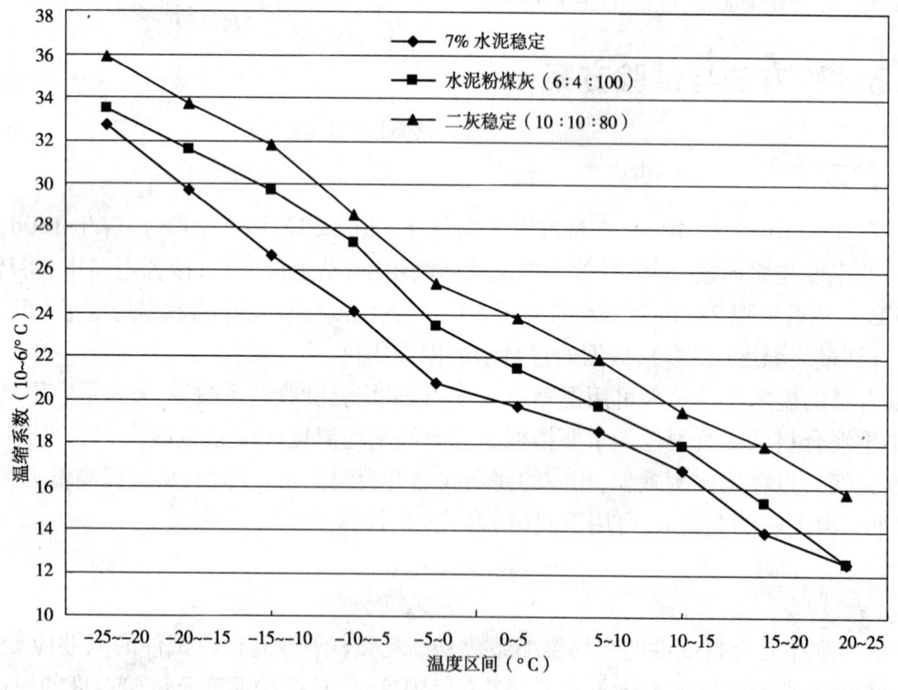

图1 冷再生混合料温缩系数与温度的关系

2.2 试验分析

从图1可以看出：各添加剂稳定的冷再生混合料在较低温度（-5℃以下）时，温度收缩系数较大，且有随温度降低，温缩系数 α_t 增大的趋势。而当温度在-5℃以上时，冷再生混合料温度收缩系数 α_t 在平均值附近上下波动。造成冷再生混合料温度收缩系数 α_t 随温度变化的主要原因是：冷再生混合料内部存在着各种矿物晶体结构，温度一定时，结晶体之间的因结合力（化学键和分子键力）的存在形成势能与质点热运动的动能保持平衡。当温度升高时。质点热运动的动能增加，使微粒间距减小，宏观上

表现出热收缩。试件含水量对冷再生混合料的温缩系数 α_t 有一定的影响。因为半刚性材料中存在着各种孔隙,孔隙中存在大量自由水、吸附水和结合水,其重力水存在于大孔隙中,而毛细水存在毛细孔和凝胶孔之中,结合水存在于矿物晶体内部。水在结冰时不但体积增加,而且冰的温度收缩系数也随温度变化而变化。因此冷再生混合料的潮湿状态对 α_t 影响很大。

2.2.1　二灰稳定与水泥类稳定冷再生混合料温缩性能的对比分析

图2直观地比较了三种添加剂稳定的冷再生混合料温缩性能。

从图2可以看出,平均温缩系数最大的是二灰稳定冷再生混合料,其次是水泥粉煤灰稳定,最好的是7%水泥稳定的冷再生混合料,我们分析认为冷再生混合料的温缩主要是由旧路破碎料中具体有一定塑性的细粒土,以及冷再生料中包含的自由水、吸附水和结合水的温度涨缩所造成的。与水泥类稳定再生混合料相比,二灰添加剂对细粒土的塑性改善较差,二灰稳定再生混合料整体上还具有一定的塑性,另外二灰稳定冷再生混合料相对水泥类稳定再生料而言,强度较低,在相同的温度应力下,较容易产生缩裂,故二灰稳定冷再生混合料表现为平均温缩系数较大。

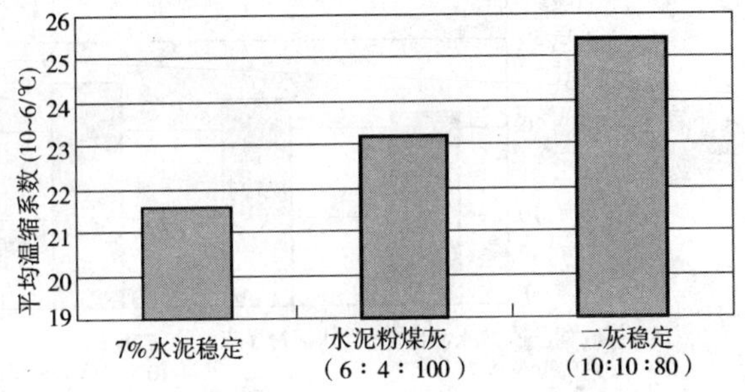

图2　不同添加剂稳定的冷再生混合料温缩性能比

2.2.2　水泥稳定与水泥粉煤灰稳定冷再生混合料温缩性能对比分析

温缩试验表明:7%水泥稳定的冷再生混合料平均温缩系数比6:4:100水泥粉煤灰稳定的小,我们分析认为,冷再生混合料的温缩性能主要受混合料中具有塑性的细料含量及冷再生混合料结构的影响,混合料中粗颗粒能否形成空间骨架结构,而让细料在骨架的富余空间里自由伸缩,这点对混合料的温缩性能至关重要。从试验结果来看,在6:4:100水泥粉煤灰稳定冷再生混合料中,由于粉煤灰的掺入,使混合料中细料进一步增多,隔离了粗颗粒的接触,混合料结构无法形成富余空间,再加上粉煤灰的火山灰反应产物也对温度收缩敏感,故水泥粉煤灰稳定要比水泥稳定的温缩性能差。

2.2.3　冷再生混合料与普通半刚性材料的温缩性能比分析

为了更好地评价冷再生混合料的温缩特性,我们将冷再生混合料的温缩特性与其他典型的半刚性材料的温缩性能对比分析,见表3。

冷再生混合料与普通半刚性材料的温缩性能对比　　表3

材　料	配 合 比	平均温缩系数 α_t(10~6/℃)
冷再生	7%水泥	21.5
	二灰稳定(10:10:80)	25.4
	水泥粉煤灰(6:4:100)	23.2
普通半刚性材料	(10:90)石灰土	62.1
	7%水泥砂砾	20.1
	(10:10:80)二灰砂砾	21.5
	(10:30:60)二灰土	35.7

从表3可以看出,冷再生混合料的温缩性能比水泥砂砾的要差,但比石灰土及二灰土的温缩性能要好得多,冷再生破碎在级配上与砂砾土相似,故我们分析认为,冷再生破碎料中存在的旧沥青造成了与稳定砂砾的温缩性能差异,沥青是一种温缩敏感材料,再生破碎料中占有一定比例的旧沥青,它与添加剂的水化产物共同组成混合料的胶凝材料,它的温缩对混合料的影响是不容忽视的,故冷再生混合料的温缩性能位于稳定砂砾与稳定土之间,从图3可以看出。

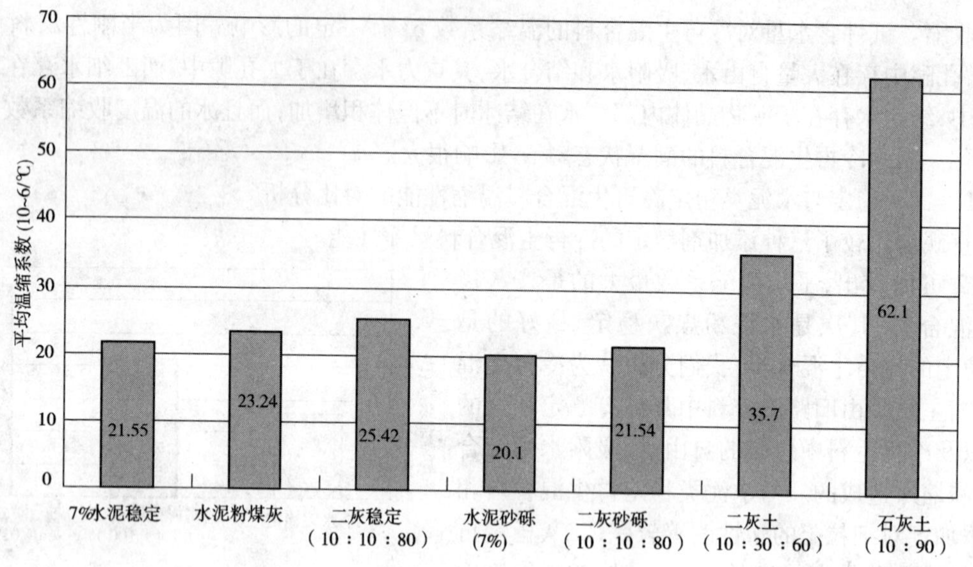

图 3　冷再生混合料与普通半刚性材料的温缩性能对比

3　结语

(1)冷再生混合料的温缩性能主要由混合料中具有塑性的细粒土含量及混合料中各种状态的水分含量决定的,破碎料中的旧沥青对冷再生混合料的温缩性能也有很大的影响。

(2)三种添加剂稳定的冷再生混合料中。7%水泥稳定的冷再生混合料温缩性能最好,二灰稳定较差,水泥粉煤灰稳定居中。

(3)由于沥青的存在,使冷再生混合料的温缩性能劣于稳定砂砾,但比石灰土、二灰土的温缩性能好得多。

参 考 文 献

[1] JTJ 034—2000 公路路面基层施工技术规范[S]. 北京:人民交通出版社,2000

[2] JTJ 057—94 公路工程无机结合料稳定材料试验规程[S]. 北京:人民交通出版社,1994

[3] JTG 60—2008 公路路基路面现场测试规程[S]. 北京:人民交通出版社,2008

[4] JTG E40—2007 公路土工试验规程[S]. 北京:人民交通出版社,2007

冷再生混合料路面基层水稳性及冰冻稳定性研究

王新友

(河南濮阳市公路管理局　濮阳　457000)

摘　要　沥青路面结构在使用初期透水性较大,雨季,表面水有可能透过沥青面层进入基层和底基层中。在冰冻地区,由于冬季水分重分布的结果,路基上层和路面底基层都可能处于潮湿或过潮湿状态。进入路面结构层的水能使基层或底基层的强度大大降低,导致沥青路面过早破坏。本文通过对冷再生混合料作为路面基层进行水稳定性和冰冻稳定性研究分析其路用性能,进而提出一个合理的冷再生路面基层结构组织。

关键词　冷再生基层　水稳定性　冰冻稳定性　试验研究　结构分析

1　冷再生混合料路面基层水稳性

沥青路面结构往往是透水的,尤其在使用初期,其透水性较大,雨季,表面水有可能透过沥青面层进入基层和底基层中。表面水也有可能从两侧路肩、路面与路肩结合处以及中央分隔带缘石与路面的结合处透入路面结构层中。如果沥青面层上产生了裂缝,表面水更会从裂缝透入路面结构层中。如果中央分隔带下部无排水盲沟,表面没有封闭,则雨水还可能从中央分隔带透入路面结构层和土基上部。在地下水接近地表的地段。特别是在路基填土不高时,地下水可通过毛细作用进入土基上部和路面结构层;在冰冻地区,由于冬季水分重分布的结果,路基上层和路面底基层都可能处于潮湿或过潮湿状态。由于沥青面层阻碍,使得路面结构层和土基中的水分难以蒸发。调查的试验结果表明,水分从沥青面层中蒸发出来要比透进去困难得多,慢得多。进入路面结构层的水能使含土量较多、土的塑性指数较大的基层或底基层材料的含水量增加,使强度大大降低,导致沥青路面过早破坏。因此,有必要对冷再生混合料进行水稳定性试验来进一步研究其路用性能。

1.1　水稳定性试验结果

对冷再生混合料而言,其水稳定性不仅仅是对不同饱水时间的适应度,同时还包含了不同失水——吸水干湿循环次数对其力学性能的影响。随着吸水天数的增加,试件含水量升高,无侧限抗压强度逐渐减少,并趋于稳定值;随着循环次数的增加,试件含水量增加,幅度逐渐减少并趋于平缓,其无侧限抗压强度逐渐减小。本试验方案如表1所示,试验主要采用试件在标准条件下养生28d,然后进行干湿循环试验。用于对比试验的非干湿试件,在到达龄期的前一天先饱水一昼夜,然后测定其抗压强度;对于干湿循环试件采用1d饱水,2d风干为一干湿循环,进行5次干湿循环,最后饱水24h进行抗压试验,水稳定性试验一般用水稳定性系数来表示,水稳定系数按式(1)进行计算,计算结果见表2。

水稳定性试验方案　　表1

试验次数	配合比方案	养生天数	试件个数
5次干湿循环试验	6%水泥	28	9
	7%水泥	28	9
	二灰稳定(10:10:80)	28	9
	水泥粉煤灰稳定(6:4:100)	28	9

$$S = P_1/P_2 \tag{1}$$

式中,S为水稳定性;P_1为试件干湿循环后饱水强度,MPa;P_2为未经干湿循环后试件的饱水强度。

冷再生混合料5次干湿循环强度结果

表2

冷再生混合料配合比方案	5次干湿循环后抗压强度(MPa)	未经干湿循环后抗压强度(MPa)	水稳定系数
6%水泥	2.41	2.58	93%
7%水泥	3.47	3.68	94%
水泥粉煤灰稳定(6:4:100)	3.58	3.73	95%
二灰稳定(10:10:80)	1.84	2.05	89%

1.2 水稳定性试验结果分析

1.2.1 各添加剂的冷再生混合料水稳性对比

如图1所示,6:4:100水泥粉煤灰稳定冷再生混合料水稳定最好,其次是7%水泥稳定冷再生混合料、6%水泥稳定冷再生混合料;二灰稳定的冷再生混合料最差,强度的高低决定了水稳性优劣。

1.2.2 各添加剂稳定的冷再生混合料与普通半刚性材料水稳性对比

如表3所示,各添加剂稳定的冷再生混合料水稳性均比相应普通半刚性材料的高。基层或底基层材料的水稳性一般取决于细土含量的多少和其塑性指数的大小,细土含量越多,塑性指数越大,水稳定性就越差。各添加剂稳定的冷再生混合料由于添加剂的稳定作用,混合料中形成了一系列的胶结物,降低了土的塑性,而且憎水性材料沥青夹层位于胶结物连续相和粗集料分散相之间,具有阻隔水进入粗集料界面的作用,在某种程度上增加了冷再生混合料的水稳性。

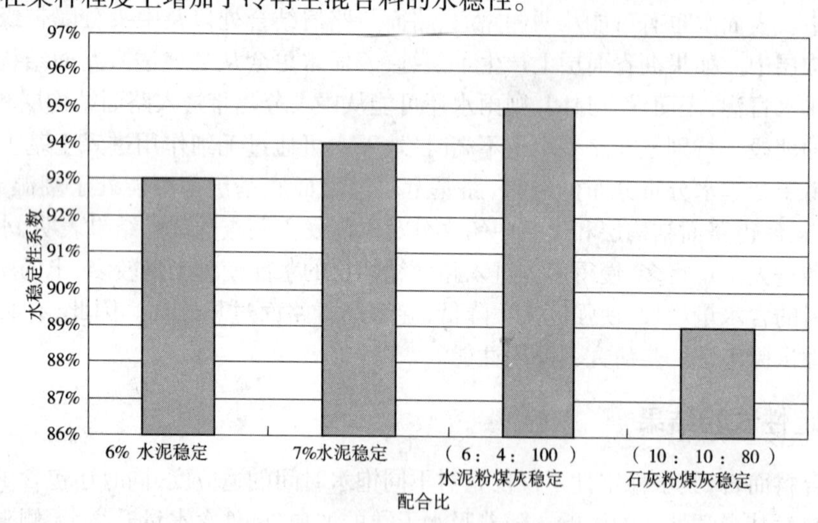

图1 各添加剂稳定冷再生混合料水稳性对比

与普通半刚性材料水稳性对比

表3

分类	冷再生混合料				普通半刚性材料		
	水泥稳定	水泥稳定	水泥粉煤灰稳定	二灰稳定	水泥砂砾	石灰土	二灰砂砾
配合比	6%	7%	6:4:100	10:10:80	6%	10:90	5:15:80
水稳定性系数	93%	94%	95%	89%	91%	69%	92%

2 冷再生混合料冰冻稳定性研究

在冰冻地区,在地下水位接近地表面,或在路基两侧有长期积水的情况下,如果路基填土高度不大,在冬季土路基中会发生水分重分布,在0~-3℃温度较长期滞留的深度会形成严重的聚冰现象,土层

中会有很多冰晶体,甚至冰夹层。这层土常称做路基中的聚冰带。到春融期间该聚冰带化冻时,土层变得过分潮湿,使土基的强度急剧下降。如果在这种可能变得过分潮湿的土基上铺筑直接与土基相接触的路面结构层的材料具有明显的毛细水作用,则在这种材料层中也会发生水分重分布现象。如这些材料层又位于冰冻深层范围内,则在这些材料层内也可能发生聚冰带,到春融化冻期间,这些材料的强度也会明显下降,导致路面整体承载力明显下降,甚至发生破坏。因此,在冰冻地区的潮湿路段上,在路面的底基层或基层中有可能发生聚冰带时,基层材料应该具有良好的冰冻稳定性。

2.1 冷再生混合料冰融试验

各种添加剂稳定的冷再生混合料,同大多数基层材料一样,是一种多孔隙材料,这类材料受冻融循环作用时,其内部孔隙水冻胀产生的附加应力将重复对材料的孔隙壁产生挤压破坏作用。当材料孔隙中的含水率超过某一临界值时,由于水结冰时体积膨胀约9%,将会产生很大的压力。此压力的大小除了决定于孔隙的含水率之外,还与水的冰结速度以及孔隙的形状有关,孔隙的形状会影响到尚未结冰的水向周围孔隙流动的阻力。基于这一原理,冻融循环试验除了用于评定材料的抗冻性之外,也常用于评价有孔隙材料在水和负温共同作用下的耐久性。

基层材料的冻融循环试验,还没有制定统一的试验规程。材料的抗冻性可以用经受冻融循环的次数和经过一定次数冻融作用后的强度(或质量)下降情况来表征,但是这些指标也与冻融方法(包括冻结速度、受冻时间和试件的龄期等因素)有关。本试验主要采用试件在标准条件下养生28d,然后进行冻融循环试验。用于对比试验的非冻融试件,在到达龄期的前一天先饱水一昼夜,然后测定其抗压强度;考虑到河南的气候条件,对冰融循环试件采用在-15±1℃下冻12h,然后在15±1℃的水中冻融12h,经5次循环,然后进行抗压强度试验。试验方案如表4所示。

冻融方案　　表4

试　　验	配合比方案	养生天数	试件个数
冻融循环试验	7%水泥	28	9
	水泥粉煤灰稳定(6:4:100)	28	9
	石灰粉煤灰稳定(10:10:80)	28	9

试件的质量损失率和冻稳定性系数按式(1)、式(2)计算:

$$W_n = m_0 - m_n / m_0 \tag{1}$$

$$K = R_1 / R_2 \tag{2}$$

式中,W_n 为 N 次冻融循环后试件的质量损失率;m_0 为冻融前试件的质量,g;m_n 为 N 次冻融循环后试件的质量,g;K 为冻稳定系数;R_1 为试件冻融循环后的饱水强度,MPa;R_2 为未经冻融循环试件的饱水强度,MPa。

2.2 冷再生混合料冻融试验结果

按照冻融循环试验方案,分别对7%水泥稳定、6:4:100水泥粉煤灰稳定、10:10:80石灰粉煤灰稳定的冷再生混合料试件进行5次冻融。

分别对各试件进行冻融的抗折强度及质量损失率测定,测定结果如表5所示。

冷再生混合料冻融试验后结果　　表5

冷再生混合料配合比	5次冻融循环后的抗折强度(MPa)	未经冻融循环的抗折强度(MPa)	冻稳定性系数	质量损失率(%)
7%水泥稳定	0.42	0.46	91%	5%
(6:4:100)水泥粉煤灰稳定	0.48	0.50	96%	2%
(10:10:80)石灰粉煤灰稳定	0.31	0.41	75%	11%

2.3 冷再生混合料冻融试验结果分析

2.3.1 各添加剂稳定的冷再生混合料冻稳定性比较分析

从表5中我们可以看出,6∶4∶100水泥粉煤灰稳定的冷再生混合料冻温度系数要比7%水泥稳定的高。7%水泥稳定及6∶4∶100水泥粉煤灰稳定的试件形状基本没有什么变化,未见冻酥崩解的现象,质量损失率很低;而10∶10∶80二灰稳定试件稳定系数均比前两者差,并且经过冻融循环后,试件表面发生崩解现象,出现局部冻酥、崩解。可见就冻稳定性而言,6∶4∶100水泥粉煤灰最好,7%水泥稳定其次,10∶10∶80二灰稳定最差。

2.3.2 冷再生混合料冻稳定性与普通半刚性材料的比较分析

从表6中,未冷再生混合料与普通半刚性材料的比较可以看出,水泥及水泥粉煤灰稳定冷再生混合料的抗冻稳定性优于普通半刚性材料,具有良好的抗冻稳定性。这主要是旧路面材料中粗集料外包沥青,使得骨料之间密实结合,混合料内部的毛细孔隙较少,甚至有一部分会变成封闭孔隙,减少了空隙水的存在,降低了毛细作用,增强了其抗冰冻能力,并且旧料经添加剂稳定后,随着水化产物的增加,其内部孔隙进一步减少造成的,因此冷再生混合料更适合作为路面基层或底基层。

冷再生混合料与普通半刚性材料的比较 表6

材　料	冷再生混合料			普通半刚性材料		
配合比	7% 水泥稳定	(6∶4∶100) 水泥粉煤灰	(10∶10∶80) 石灰粉煤灰	6% 水泥砂砾	5∶15∶80 二灰砂砾	10∶90 石灰土
冻稳定性系数	91%	96%	75%	84%	81%	74%

3 结语

通过室内试验,系统研究了不同添加剂稳定的冷再生混合料冰冻稳定性及水稳定性。6∶4∶100水泥粉煤灰稳定冷再生混合料水稳定最好,其次是7%水泥稳定冷再生混合料、6%水泥稳定冷再生混合料;二灰稳定的冷再生混合料最差。强度的高低决定了水稳性优劣,各添加剂稳定的冷再生混合料水稳性均比相应普通半刚性材料的要好;就冻稳定性而言,6∶4∶100水泥粉煤灰最好,7%水泥稳定其次,10∶10∶80二灰稳定最差。与普通半刚性材料相比,水泥及水泥粉煤灰稳定冷再生混合料具有较好的抗冻稳定性。

参 考 文 献

[1] JTJ 034—2000 公路路面基层施工技术规范[S].北京:人民交通出版社,2000

[2] JTJ 057—94 公路工程无机结合料稳定材料试验规程[S].北京:人民交通出版社,1994

[3] JTG 60—2008 公路路基路面现场测试规程[S].北京:人民交通出版社,2008

[4] JTG E40—2007 公路土工试验规程[S].北京:人民交通出版社,2007

冷再生混合料路面基层疲劳特性研究

陈若祥

（濮阳市公路管理局　濮阳　457000）

摘　要　疲劳破坏是半刚性基层材料的主要破坏形式，本文通过梁式试件三分点加荷弯曲疲劳试验，分析冷再生混合料的疲劳特性，得到疲劳过程，并与其他路面材料的疲劳特性进行比较，讨论冷再生混合料疲劳特性的适应性。

关键词　冷再生　疲劳特性　试验分析　适应性

冷再生混合料的基本路用性能初步适应半刚性基层材料的要求，而疲劳破坏是半刚性基层材料的主要破坏形式，因此冷再生混合料的疲劳特性决定着它的应用前景。本节通过梁式试件三分点加荷弯曲疲劳试验，分析冷再生混合料的疲劳特性，得到疲劳过程，并与其他路面材料的疲劳特性进行比较，讨论冷再生混合料疲劳特性的适应性。

1　冷再生混合料疲劳试验方法

1.1　试验装置与试件制备

目前尚未有专门用于冷再生混合料半刚性材料疲劳特性的试件类型和试验方法。因此在水泥混凝土和沥青混凝土疲劳试验的框架内选择合适的试件类型和试验方法是合理的。本次试验采用MTS-810型材料试验机进行再生混合料力学强度和疲劳试验，配有应力、应变位移等数据自动采集系统。试验采用静压法成型的中梁，尺寸为：长×宽×高＝100mm×100mm×400mm，养生龄期为180天，试验温度为常温。

1.2　荷载控制方式

材料的疲劳响应与加载控制方式有关。加载控制方式一般有两种：控制应力和控制应变。应力控制方式的再现能力较好，疲劳破坏定义明确，而且精度控制可靠，因此，本次疲劳试验采用应力控制加载方式。

1.3　荷载频率

由于冷再生混合料中沥青夹层的黏弹性性质，加载频率对试验结果有影响。作为试验室的加速性能试验，总希望用较短的试验时间，即较大的频率完成疲劳试验。有资料表明，当加载疲劳从2Hz到5Hz时对试验结果有一定影响，从5Hz～10Hz对试验结果影响较小，为拟合道路行车实际情况，本次疲劳试验加载频率采用8Hz。相当于路面行车速度60～80km/h。

1.4　荷载波形

材料的疲劳寿命与荷载波形有一定的关系，通常认为正弦波比较接近实际路面所承受的荷载波形。本试验采用正弦荷载较小疲劳试验，为了加快试验速度，在相邻波形之间未插入间歇时间，为了避免长时间试验可能出现零点漂移而引起的试件脱空产生冲击现象，设置正弦波荷载 $\sigma_{max}/\sigma_{min}=10$。

1.5 疲劳破坏判据

在应力控制加载方式下，以试件的安全断裂作为疲劳破坏标准。试件的垂直变形在稳定阶段发展为加速变形阶段时，其拐点对应的加荷次数定义为疲劳破坏作用次数。

1.6 静载弯拉强度的确定

静载弯拉强度是在疲劳试验前必须确定的一个强度参数，拟定配合比为：7% 水泥稳定：二灰稳定(10:10:80)；水泥粉煤灰稳定(6:4:100)，每个配合比成型 6 个小梁试件，采用三轴加载试验确定抗弯拉强度如表 1 所示。

冷再生混合料抗弯拉强度 表 1

配合比	均值 R (MPa)	标准方差 S (MPa)	偏差系数 C_v (%)	统计值(MPa) $R\times(1-1.282C_v)$
7% 水泥稳定	0.82	0.042	5.1	0.77
(6:4:100)水泥粉煤灰稳定	0.95	0.048	5.0	0.89
(10:10:80)石灰粉煤灰稳定	0.72	0.057	7.9	0.65

2 试验结果及疲劳方程

2.1 试验结果

以拟定的三个配合比，即 7% 水泥稳定、6:4:100 水泥粉煤灰稳定、10:10:80 石灰粉煤灰稳定，进行疲劳试验，试验拟定 4 个应力比，每个应力比选用 4 个试件。根据试验概率理论，同一应力比下若干试件的对数疲劳寿命呈现正态分布。经过舍弃检验，得到再生混合料疲劳试验结果如表 2 所示。

疲 劳 试 验 结 果 表 2

配合比	应力比 (r/R)	疲劳试验施加最大压力 σ_{max}(kN)	疲劳平均寿命 N(次)	标准方差 (S)	偏差系数 (C_V)	疲劳作用次数统计值 (N)$N\times(1-Z_aC_v)$	对数值 L_gN
7% 水泥稳定	0.8	2.04	1 534	233.2	15.2%	1 150	3.06
	0.75	1.91	3 267	463.9	14.2%	2 504	3.4
	0.7	1.79	6 769	1 130.4	16.75	4 909	3.69
	0.65	1.66	9 687	1 685.5	17.4%	6 914	3.84
(6:4:100) 水泥粉煤灰稳定	0.8	1.72	3 761	394.9	10.5%	3 111	3.49
	0.75	1.61	8 954	984.9	11.0%	7 334	3.87
	0.7	1.51	12 815	1 742.8	13.6%	9 948	4.00
	0.65	1.40	16 354	2 338.6	14.3%	12 507	4.10
(10:10:80) 石灰粉煤灰稳定	0.8	2.36	5 852	983.1	16.8%	4 235	3.63
	0.75	2.21	12 574	1 559.2	12.4%	10 009	4.00
	0.7	2.06	16 437	2 695.7	16.4%	12 003	4.08
	0.65	1.92	19 416	4 174.4	21.5%	12 549	4.10

注：表中 Z_a 为概率系数，取保证率 95% 即 $Z_a=1.645$

2.2 疲劳方程

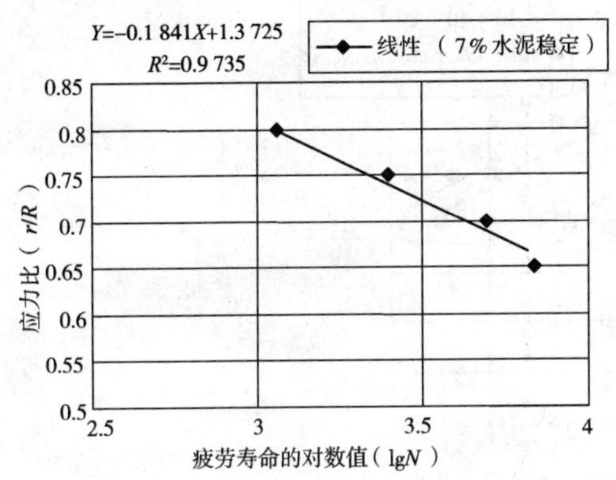

图1 7%水泥稳定冷再生料疲劳方程曲线

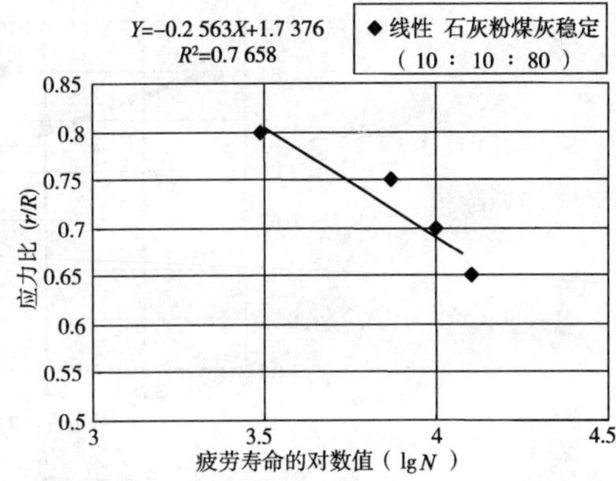

图2 石灰粉煤灰稳定冷再生料疲劳方程曲线

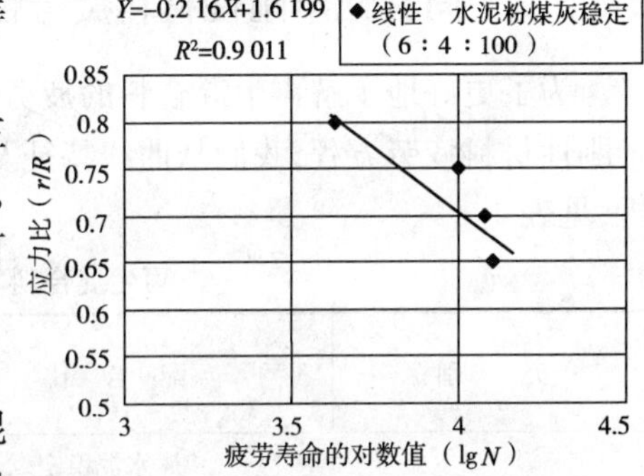

图3 水泥粉煤灰稳定冷再生料疲劳方程曲线

根据表2所列试验结果可以得到各配合比的应力与疲劳寿命之间的关系曲线。

图1、图2、图3所示为应力与疲劳寿命之间的关系曲线，三个疲劳曲线皆为95%的保证率。由疲劳方程关系曲线图可知，应力比与疲劳寿命在单对数坐标上表现为较好的线性关系，可用下列方程进行拟合：

$$r/R = k - n\lg N$$

式中，系数 n 和 k 具有明显的物理意义，n 值反映了再生混合料疲劳寿命对所施加应力的敏感程度，直接表现为疲劳曲线的陡缓，n 值越大曲线越陡，表明疲劳寿命对应力比的敏感程度越大；k 值代表了疲劳曲线的位置，n 值越大曲线越靠向上方，表明材料的抗疲劳性能越好。根据拟合的疲劳方程曲线，列出各配合比疲劳方程的 k、n 值如表3所示。

冷再生混合料疲劳方程回归结果　　表3

配 合 比	疲劳方程 $r/R = k - n\lg N$		相关系数 R^2
	k	n	
7%水泥稳定	1.372 5	0.185 1	0.973 5
水泥粉煤灰稳定(6:4:100)	1.619 9	0.231 6	0.901 1
石灰粉煤灰稳定(10:10:80)	1.737 6	0.256 3	0.765 8

3 试验分析

3.1 不同添加剂稳定的再生混合料疲劳性能比较

通过比较疲劳方程的 k、n 系数值，来体现各添加剂稳定的冷再生混合料疲劳性能的优劣。图4直观地表现了各添加剂稳定的冷再生混合料疲劳的性能。

从疲劳曲线的高低来看，石灰粉煤灰稳定最高，其次是水泥粉煤灰，7%水泥最低；也就是说三者抗疲劳性能最好的是石灰粉煤灰稳定的冷再生料，其次水泥粉煤灰。7%水泥稳定的冷再生料由于水泥剂量过高，刚性较大而表现为抗疲劳性能较差；从曲线的陡缓来看7%水泥最缓，石灰粉煤灰最陡，水泥粉煤灰较石灰粉煤灰稍缓，表明石灰粉煤灰稳定的冷再生混合料的疲劳寿命对应力比的敏感程度最高，其次是水泥粉煤灰。7%水泥稳定的冷再生混合料的疲劳寿命对应力比的变化相对不敏感。

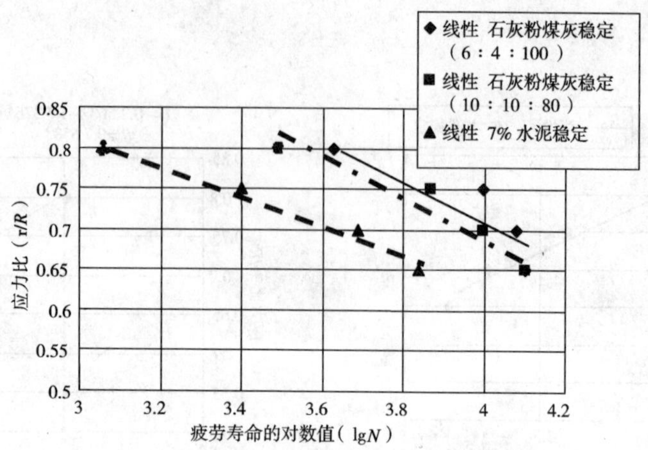

图4 各添加剂稳定的冷再生混合料疲劳性能的比较

3.2 同其他半刚性材料疲劳性能的比较

为了更好地了解再生混合料的疲劳特性，根据《沥青路面设计规范》（JTJ 014—97）中提出的几种半刚性材料疲劳方程，我们从曲线特征及破坏特征两方面将冷再生混合料的疲劳性能与其进行对比分析，见表4。

再生混合料与普通半刚性基层材料疲劳特性的对比 表4

类别	配合比	疲劳方程 $r/R = k - n\lg N$		相关系数 R^2
		k	n	
再生混合料	7%水泥稳定	1.372 5	0.185 1	0.973 5
	水泥粉煤灰稳定(6:4:100)	1.619 9	0.231 6	0.901 1
	石灰粉煤灰稳定(10:10:80)	1.737 6	0.256 3	0.765 8
普通半刚性基层材料	二灰稳定颗粒	2.809 2	0.537 5	0.962 9
	水泥稳定颗粒	2.55 6	0.481 4	0.784 2
	水泥稳定土	1.531 6	0.225 8	0.968

3.2.1 疲劳曲线特征

从表中我们可以看出，只有在很高的应力强度比的情况下（即 $r/R0.75$），普通半刚性材料的抗疲劳性能才优于冷再生混合料，而在路面上常用应力强度比较小，所以在路面实际工作状态下，冷再生混合料的抗疲劳性能优于普通半刚性基层材料；另外从疲劳曲线的陡缓趋势来看，冷再生混合料的曲线下降比较平缓，表明冷再生混合料的疲劳损伤速率略小于普通半刚性基层材料，即对应力比变化敏感程度较低，表明其具有较强的抵抗疲劳损伤和疲劳裂纹扩展的能力，具有较好的抗疲劳性能。

3.2.2 疲劳破坏特征

在冷再生混合料疲劳试验过程中，我们观察到冷再生混合料有长时间的可见裂纹扩展过程，可以表明看到裂纹随荷载变化而发生张开闭合的周期性变化，分析认为冷再生混合料沥青夹层对疲劳裂纹扩展具有阻滞作用，并且冷再生混合料在发生疲劳断裂的声音发闷，属于韧性破坏，而其他普通半刚性材料疲劳破坏时声音尖脆，属于脆性破坏，因此冷再生混合料具有较强抗疲劳性能。

4 结语

（1）由于试件养生龄期较长（180d），再生混合料强度发展较充分，在三种添加剂稳定冷再生混合料中，石灰粉煤灰稳定的再生混合料抗疲劳性能最好，其次是水泥粉煤灰；7%水泥温缩的再生混合料，由

于水泥剂量过高，刚性较大，而表现为抗疲劳性能较差。

(2)再生混合料的疲劳特性与普通半刚性材料存在较大差异，在较低应力比下，其具有更为优越的疲劳性能，并且其疲劳寿命对应力比变化的敏感程度要低于普通半刚性材料，疲劳破坏属于韧性破坏，具有时间较长的疲劳裂纹发展过程。

(3)由于再生混合料中沥青夹层的存在，再生混合料的疲劳性能会受到温度的影响，在进一步研究中需选定不同的温度进行试验，以补充本课题所总结的再生混合料的疲劳规律。

参考文献

[1] JTJ 034—2000 公路路面基层施工技术规范[S].北京:人民交通出版社,2000

[2] JTJ 057—94 公路工程无机结合料稳定材料试验规程[S].北京:人民交通出版社,1994

[3] JTG 60—2008 公路路基路面现场测试规程[S].北京:人民交通出版社,2008

[4] JTG E40—2007 公路土工试验规程[S].北京:人民交通出版社,2007

浅谈连霍高速公路服务区改扩建工程桥梁拼宽设计与施工

张新春　唐安平
（中国华西工程设计建设有限公司郑州分公司　郑州　450000）

摘　要　通过对连霍高速公路服务区改扩建项目中桥梁的拼宽设计与施工，重点介绍了道路拓宽工程中桥梁纵缝拼接的设计与施工，以期达到在现有高速公路众多车流正常运营情况下，安全地完成高质量的桥梁拼宽施工。

关键词　高速公路　桥梁　改扩建　拼宽

1　概况

连霍高速公路为河南省高速公路主骨架，也是国家高速公路“7918网”中横向主通道。其通车时间早、交通流量大、过境车辆比例高，服务设施供求矛盾尤为突出。为改善高速公路服务形象，提高服务水平，连霍高速公路服务区进行改扩建工程于2005年4月开始实施。

根据河南省交通厅关于“省内干线高速公路将来要扩建为双向八车道”要求，服务区改扩建项目按“双向八车道”标准的基础进行设计。

改扩建工程在原有高速公路正常运营的情况下进行施工。要采取最佳的设计及施工方案，以最小限度地减少对交通正常运营的影响。

本项目需拼宽桥梁主要有一座8～20m空心板桥，下部结构为肋板式桥台、柱式墩，钻孔灌注桩基础。

该段高速公路于2001年12月建成通车，通车后运营状况良好。本次设计中经现场仔细踏勘，原桥各部位健康状况较好，满足使用要求，桥梁可直接拼宽扩建。

2　扩建方案研究

由于服务区是在现有高速公路上新建，服务区匝道布置服从于现有高速公路线形，桥梁方案设计服从于高速公路主线与匝道线形的设计。由于原桥梁运营状况良好，大桥方案只能是在原桥的基础上进行拼宽设计，在连霍高速公路服务区改扩建工程的前期设计工作中，对桥梁的扩建方案进行了综合研究和详细的分析论证，结合河南省交通厅关于“省内干线高速公路将来要扩建为双向八车道”要求，最终决定在原桥的基础上按八车道标准进行拼宽设计，新建桥台0号台向前延长2孔与8号台向后延长4孔。

在方案设计中，结合以前桥梁设计经验，对该桥进行的研究、分析和比选，主要进行了以下几种方案的比较。

2.1　匝道出口变速车道形式（方案一）

服务区匝道出口变速车道的形式。直接影响着桥梁拼宽的形式。匝道出口变速车道采用平行式时，在桥梁部位，路基边线平行于桥梁全幅中心线，桥梁等宽加宽，桥梁设计较为简单，建成后由于车辆

行驶轨迹呈反向曲线，对行车不利且加速车道较长；匝道出口变速车道采用直接式时，整个桥梁位于渐变率为1/25的变速车道上，加宽部分桥面宽度逐渐变宽，对于跨径20m空心板结构的桥梁来说，每跨桥面宽度相差80cm，桥面板的布置要求很高，经过斟酌梁板布置还是比较理想的（在方案三中详细论述），此种匝道布置形式使匝道线形平顺并与行车轨迹相吻合，对行车非常有利。综合考虑研究后决定匝道出口变速车道采用直接式，桥梁布置服从匝道布置。

2.2 桥梁在原桥长的基础上加宽（方案二）

一般情况下，公路桥梁的拼宽方案都是桥梁等长拼宽，考虑到该桥现在运营状况良好，同时考虑到施工期间的交通组织以及工期、工程经济等多方面的影响，初步设计方案中推荐采用等长拼宽的方案，并在设计过程中对该方案进行了详细的分析研究。

等长拼宽的布设原则是：原桥梁保持不动，新拼宽桥桥台与原桥桥台位置相对应，拼宽后两桥台伸缩装置相连接，新老桥梁采取上部结构相连接，下部结构分离。建成后新拼宽桥与原桥为一整体，整个桥面与路面连续性较好，但两桥台桥头填土高度达13m，施工桥台时需将原桥头锥坡挖开，即使采取开挖与防护相结合的方案也很容易造成高速公路路基瘫塌，影响高速公路的安全运营。另外建成后由于桥头填土高度太高，新拼宽桥头路基沉降非常大，对行车不利，后期养护工作量大，综合考虑后将此方案舍弃。

2.3 拼宽部分桥梁两桥台均向后向前加长（方案三即采用方案）

根据水纹分析原河沟内水流较小，水位较浅，根据实地地形原桥设计时压缩了河沟边坡，将0号台向后移20m、8号台向前移80m。桥长加长后两桥台台后填土高度均降低为4m，施工采取先填筑路基及锥坡土方，待路基高度达到盖梁底高程时进行桥台基桩的施工。由于桥台下部结构采用桩柱式，大大降低了施工难度，减少了开挖边坡对高速公路的影响，缩短了建设工期。其桥型立面如图2所示。

由于匝道采用直接式变速车道，桥面宽度由净19.0m渐变到净30.69m，每跨桥渐变80cm。最初使用一种宽度的空心板进行布板，空心板悬臂宽度较大，根本不能满足受力要求，如果多布置一块空心板则桥梁外侧的空心板边呈非常明显的锯齿状，不大美观。为解决此问题，本桥布板时共使适用133.3cm与165.6cm两种宽度的空心板，根据每一跨的桥面宽度对最外侧三块空心板按两种宽度进行组合布置，使桥面空心板悬臂宽度控制在0～80cm之间，经计算，空心板悬臂宽度满足受力要求。

设计时，对两种不同宽度的空心板进行验算，虽然空心板设计复杂一些，但采用此结构缩短了建设工期，降低了施工难度。桥梁平面布置图如图3所示。

采用此方案的关键技术是桥梁加长部分刚性桥面与相邻路基的衔接问题，如果处理不好，则将大大降低这部分路段的行车舒适性，影响高速公路服务质量。针对此问题我们展开了讨论，对于将原路面加固处理、原紧急停车带部分做成刚性混凝土路面等方案，都被否决。而桥面与路面之间变移问题要通过纵向伸缩装置解决，空心板安装时需将原路基边坡外部分土方清理。为防止原路侧移，在土路肩下设置C20混凝土挡墙，为减少挡墙沉降在挡墙下设置C25混凝土小桩，挡墙上设置枕梁，枕梁通过伸缩装置与桥面连接，通过枕梁上的搭板实现桥面与路面的刚柔过渡。路面与桥面的连接方式如图4所示。

在进行方案设计时，还考虑了以下两种方案：一是由于该桥桥下净空不受设计水位限制，上部结构采用现浇箱梁方案，这样很容易解决桥面不规则问题且外形整洁美观。二是将原桥台后路基挖除，对两桥台进行改造后将原桥加长，使之与新拼宽部分等长。根据分析，原桥上部空心板结构与新拼宽现浇箱梁结构受力不一致，桥面距沟底较高施工时支模困难，工期较长，因此放弃该方案；将原桥加长时需单幅封闭交通，影响高速公路正常运营，且费用较高该方案终被舍弃。

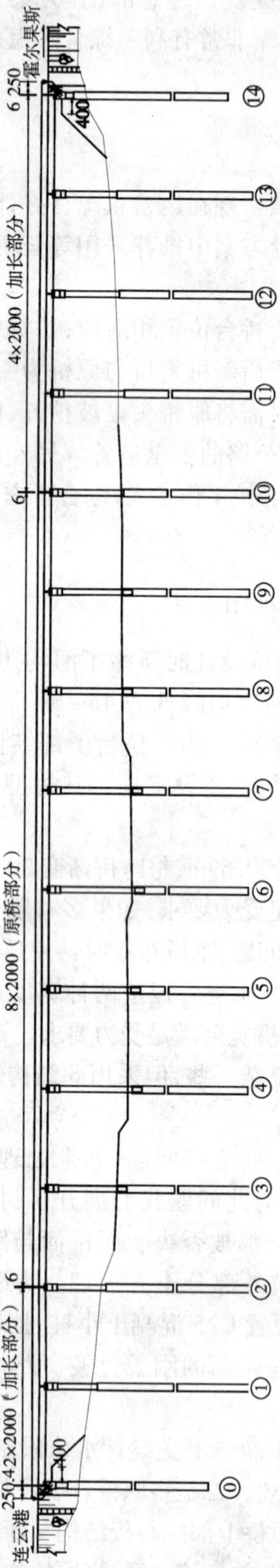

图1 桥梁立面布置图

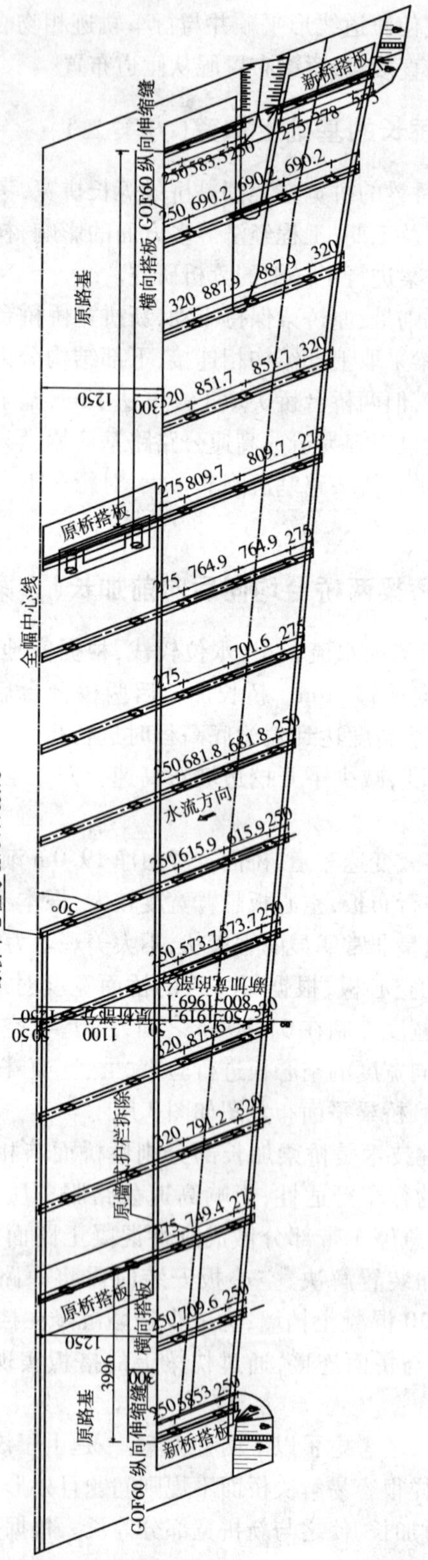

图2 桥梁平面布置图

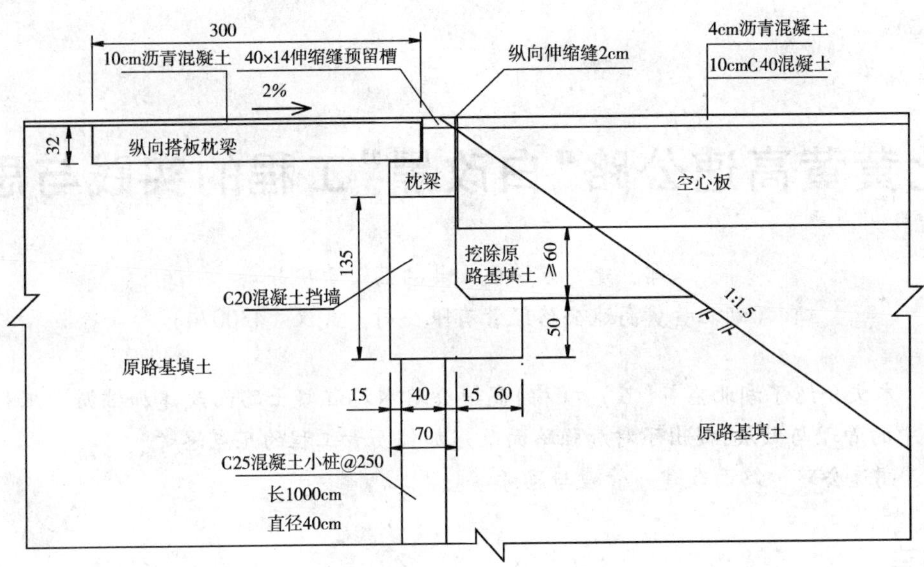

图3　路面与桥面的连接方式

2.4　方案比较

由于受现有高速公路正常运营的影响，将原桥加长的方案已不现实，且不经济，因此，方案设计主要对桥梁等长拼宽、拼宽部分加长后采用现浇箱梁方案，以及拼宽部分采用空心板三种方案进行分析。桥梁加长方案中现浇箱梁结构与空心板结构桥跨布置相同，方案比较见表1。

方案比较表　　表1

方案		采用空心板等长拼宽	预应力混凝土浇连续箱梁	采用空心板拼宽板桥台前后加长
建安费	全桥	624.8（万元）	676.4（万元）	1 549.9（万元）
	经济指标	2 850.3（元/m²）	3 085.5（元/m²）	2 802.3（元/m²）
综合评价	桥梁设计较为简单，但桥台台后处理相当复杂，施工时不能保证原路基安全，且建成后，桥台填土工后沉降大，养护费用高，经济指标较高，不推荐此方案。		上部结构采用双箱单室结构，箱梁稳定性及整体性较好；桥面连续，结构耐久性好。上部结构与下部结构不能同时施工，施工工期较长，桥下净空高，架立模板困难。经济指高程，不推荐此方案	建筑高度小，结构轻盈、美观；上部结构与下部结构可同时施工，施工工期较短，大大减少了现场施工对现有高速公路运营的影响。经济指标较好；后期运营养护费用低，施工工艺简单。故推荐采用该方案

通过对该桥工程经济、工程影响、实施难度、交通组织等多方面指标的分析研究，经综合比选，推荐采用将两桥台加长、拼宽部分上部结构采用预应力混凝土空心板的方案。

3　结语

高速公路扩建过程中，对于桥梁构造物一般采取直接拼接加宽的扩建，但对于大桥，由于影响因素多、技术复杂，在扩建方案选择时需要多角度、多方位地进行方案比选，坚持便于施工、减少后期养护及可持续发展的原则。具体来说，就要从桥梁现状、病害调查、技术标准、桥型方案以及它的经济性、工程影响、施工难度、交通组织等多方面进行分析比选和研究论证，以期使设计方案更加科学、经济、合理。

参考文献

[1] JTG D62—2004 公路钢筋混凝土及预应力混凝土桥涵设计规范. 北京：人民交通出版社，2004

[2] JTJ 041—2000 公路桥涵施工技术规范. 北京：人民交通出版社，1999

[3] 西安公路研究所. 连霍高速公路英豪停车区施工图设计. 2006

湖北黄黄高速公路“白改黑”工程的实践与思考

郑　建　朱泽民　聂品荔　潘庆芳
（湖北黄黄高速公路经营有限公司　武汉　430074）

摘　要　本文介绍了湖北省黄(石)黄(梅)高速公路水泥混凝土路面改建加铺沥青工程(俗称“白改黑”工程)中的管理与做法,提出了对加强路面改建加铺沥青工程的几点思考。

关键词　高速公路　路面改建　管理与思考

1　前言

1988年10月,长18.5km的上海至嘉定高速公路建成通车,拉开了我国高速公路建设的序幕。随着我国经济的持续快速增长,早期建设的高速公路车流量增长较快,年均增长率多在10%以上,远远超过项目规划立项时的车流量增长预测值,导致服务水平不断下降,已经不能适应社会经济发展和司乘人员出行的需要。进入21世纪后,沈大、沪宁等高速公路先后进行了路面改扩建,即改水泥混凝土路面为沥青混凝土路面。

2　黄黄高速公路“白改黑”的必要性

20世纪90年代中期建设的沪蓉国道(后改称为沪渝国道)主干线重要组成部分的湖北省黄(石)黄(梅)高速公路,是黄冈革命老区的第一条高速公路。黄黄高速公路主线西起黄石长江大桥,东接安徽省合(肥)界(子墩)高速公路,长110km;另建有黄梅至小池联络线,与九江长江大桥和江西省(南)昌九(江)高速公路相通,长32km,其中界子墩至黄梅段为沪蓉国道与京福国道的共用部分,界子墩至小池段称为京福线,具有一路连三省的特点。

全长142km的黄黄高速公路,建设时建有40km的沥青混凝土路面,有特大型桥梁10多公里,有86km为水泥混凝土路面。

2.1　实施路面改建工程,是车流量持续快速增长的需要

据统计,自2000年黄黄高速公路全线通车后,车流量的年均增长率超过12%以上,其中10t以上的年车流量远远大于10t以下的年车流量,其比例为1.385∶1,且2000年起超限超载车辆增长较快,致使水泥路面病害增多,既给广大司乘人员出行带来了不便,又在一定程度上影响了过往车辆的正常通行。

2.2　实施路面改建工程,是提高行车舒适度的需要

由于黄黄高速公路具有一路连三省的特点,在全国高速公路网中起着十分突出的主骨架作用,有“致富金路”、“旅游黄金线”等美称。有了黄黄高速公路40km沥青路面建设和养护的成功经验,2001年起,湖北省建成通车的高速公路全部为沥青混凝土路面。2001年起,湖北省武(汉)黄(石)、(武)汉宜(昌)高速公路先后启动了水泥混凝土路面加铺沥青工程,此时,只有黄黄高速公路还是水泥混凝土路面。广大司乘人员出行对黄黄高速公路的行车舒适度提出了更高的要求。

2.3 实施路面改建工程,是提高设计水平的需要

在20世纪90年代初,黄黄高速公路设计时,行业主管部门对高速公路的建设尚没有明确全面的规范要求,尤其是排水设计方面,致使黄黄高速公路的排水系统不是很完善,在一定程度上影响了黄黄高速公路的正常排水,导致水泥混凝土路面病害时有发生。

由此可见,黄黄高速公路“白改黑”,既是广大司乘人员对行车舒适度的需要,又是交通事业发展的需要。

3 黄黄高速公路“白改黑”的实施

为进一步提高湖北的对外形象,满足人民群众对交通出行的新的要求,经湖北黄黄高速公路经营有限公司(以下简称黄黄公司)董事会讨论同意、湖北省发展和改革委员会和省交通厅批复,2005年4月1日签发了项目总开工令,启动了黄黄高速公路路面改建工程。

3.1 组建成立路面改建工程指挥部

湖北省早先改建工程指挥部均是独立于经营公司之外的临时机构,人员从省内各单位抽调或社会招聘组成。本次黄黄公路路面改建工程,在省交通厅的领导下,全面落实了项目法人责任制,工程从工可立项、设计、招投标、施工管理全部由黄黄公司组织实施,是目前唯一没有省厅委派专人参与管理的工程。根据统一、精简、效能的原则,公司从各部门抽调精兵强将兼职,成立了黄黄高速公路路面改建工程指挥部(以下简称指挥部),与公司一门两牌,大大减少了工程管理开支。同时由于指挥部均为公司成员,容易做到步调一致,便于开展工程管理工作,这是其他工程指挥部所不能相比的。

指挥部行使业主职能,负责改建工程的组织实施、资金筹措、协调、监督和管理工作。指挥部人员按照一人多岗、一专多能的原则配备,内设三部一室,即综合协调部、工程技术部、计划财务部和中心试验室。为了加强现场管理,工程技术部以K75+000为界,下设黄梅和蕲春两个工作站。中心试验室配备试验设备35台套,人员8人。

3.2 项目施工和监理服务的招投标

改建工程中所有项目,依照省发改委和省交通厅的要求,进行邀请招投标。在招投标的实施过程中,指挥部根据交通部688号文,对施工工程项目采用合理低价法进行施工招标评标;对监理服务项目采用综合评估法进行监理服务招标评标。评标委员会由省交通厅专家库随机抽取的专家(占总人数的3/5以上)及公司代表1至2名组成,并由纪检部门全过程进行监督,保证了整个招标工作的公开、公平、公正。分别选择了路面综合处治、桥涵处治、中央分隔带综合处治、沥青混凝土摊铺、交通安全设施工程的15个施工单位和改建工程项目的两个监理单位。

3.3 项目实施中的几个关键问题

根据省发改委的批复,黄黄高速公路路面改建工程的工期为18个月。按照关于“又好又快”发展的目标,加快交通基础设施建设步伐的要求,经合理的分析论证后,指挥部在确保施工和车辆正常通行的前提下,切实抓好了项目实施中的几个关键问题。

3.3.1 狠抓路面改建工程的质量

在2005年,湖北省交通厅党组提出的“交通质量管理年”的精神指导下,指挥部始终把工程质量放在首位,确立了创精品工程的质量目标,在实施过程中采取了一系列行之有效的措施,确保了工程质量。在项目建设中,指挥部认真履行基本建设程序,实行项目法人责任制、招标投标制、工程监理制和合同管理制。推行“政府监督、社会监理、企业自检、业主检查”四级质量保证体系。依照法律、法规、公路工程技术标准、规范和工程合同的要求，建立健全了质量管理体系，强化了对工程质量的管理与控制。

一是建立了业主中心试验室，加强对施工过程中的工程质量进行跟踪检查。二是在工程实施过程中，监理单位根据投标文件认真审查施工组织设计，严格监督工程质量，纠正不符合工程设计要求和技术标准的施工行为，建立了工地试验室。三是施工单位作为质量保证体系的第一责任者，为加强施工过程中的自检，也建立工地试验室。各分项工程开工前必须提交开工报告，完工后，按合同规定进行全面自检评定，开工和转序报监理审批同意方能实施。在质量检测程序上，业主、监理和施工单位三方严格执行工程材料试验程序、日常工程质量检测程序、单项工程验收程序、配合比设计审核程序、试验路检测验收程序、试验检测项目的仲裁程序等六个质量监控程序。

在督促各施工、监理单位建立质量体系的同时，指挥部加大了对施工现场的管理力度。指挥部领导和工程外业人员坚持每天上路巡查，随时掌握工程动态和质量情况，加强对施工现场的监督检查，确保关键工序现场有工程技术人员。除通过试验检测数据对工程质量进行控制和分析外，指挥部通过定期、不定期对施工单位工地试验室、高驻办中心试验室进行检查、监督，使各级试验室对工程施工切实起到指导作用，确保工程质量处于受控状态，所有已验收工程合格率均为100%。

3.3.2　确保路面改建工程的安全

在指挥部与路政支队、高速巡警的共同努力下，联合制定了切实可行的《黄黄高速公路养护施工安全管理办法》、《黄黄高速公路养护施工安全管理应急预案》等，建立了较为完善的应急系统。

与此同时，指挥部强化管理，确保道路安全畅通。工程开工前，严格执行审批制度。一是对施工单位的车辆进行初步审核，不符合营运条件的车辆一律不允许上路施工；二是施工前，组织施工人员进行高速公路安全生产知识培训；三是检查施工单位的标志标牌、施工人员的安全措施到位情况，只有经路政支队审批的合格路段，才能进行施工。

在施工中，路政人员加强巡查力度，增加了夜间巡查次数，强化对施工车辆的管理，巡查中如发现违章行为或安全隐患必须做到现场纠正或整改。为加强安全管理，全线购置了40多套标志牌，4万多个标志筒，确保了改建工程安全施工。施工完工后，路政大队要对封闭路段进行巡查，对不符合恢复通行的路段一律要求施工单位进行整改。

出现严重堵车、恶劣天气等情况时，路政支队、高速巡警和指挥部实行联动。迅速组织人员牵引排障、及时恢复交通。必要时限制车辆通行速度、对车辆实行分流，尽最大能力减少交通事故的发生，确保了改建工程期间黄黄高速公路的安全畅通。

3.3.3　抓好路面改建工程的进度

为了实现又好又快发展的目标，减少因施工给司乘人员通行带来不便的影响，指挥部制定了周密的工程进度计划。根据工程进度计划，建立了生产任务责任制，以作业段面和施工时间为元素分解目标任务，倒排工期，交叉作业，抢晴天，战雨天，抢白天，战夜晚。为确保工期目标的顺利实现，在实施过程中，从施工段面布局、施工外部环境协调、施工机械和人员的最优组合的角度，对施工组织计划进行合理的优化调整。

指挥部建立了每月生产调度会议制度，通报施工进展的薄弱情况，制定整改措施，部署工作重点，有效地保证了工期。改建工程于2005年4月1日开始实施，2006年5月22日主体工程完成，相对原计划工期提前了131天。

3.3.4　确保改建工程的廉政

指挥部严格加强廉政教育，教育指挥部人员、施工和监理单位人员自觉遵守廉政建设“十不准”，分层签订廉政建设责任状，定期开展廉政谈话、廉政述职和民主测评等活动，切实增强廉政建设的责任感和紧迫感。与此同时，由于黄黄公司是鄂港合作公司，指挥部成员既有中方人员，又有港方代表，双方人员都能够认识到廉政建设的重要性，自觉自律，互相监督。纪检人员全过程参与改建工程的招投标、重大合同谈判、已完工项目验收等工作，全面营造了“不愿腐败，不敢腐败，不想腐败”的氛围。投资近5个亿的工程，已顺利通过了审计署武汉特派办的审计。

4 黄黄高速公路“白改黑”工程的思考

在上级领导的关心和支持下，经过指挥部与施工、监理单位的共同努力，黄黄高速公路路面改建工程完工后，经跟踪检测，全线路面平整，路基稳定，排水设施顺畅，全线 SMA 的路面作用得到充分发挥，实现了既定的目标，全面提高了路面通行能力。

4.1 要切实加强施工主材的供应和管理

签订施工合同时，两家施工单位与一家沥青供应商签订了沥青供应合同。指挥部原计划于 2005 年底完成全部 86km 双向的沥青路面摊铺工程，但由于受台风等因素的影响，以及 2005 年下半年国际原油价格上涨，致使沥青材料价格上涨，主材沥青供应严重不足，不能满足施工进度要求，导致工期受到严重影响，2005 年底完成沥青路面的摊铺计划最终没有实现。尽管合同对沥青价格有明确的规定，但因为国际原油上涨，沥青供应商宁愿违约也不愿按原沥青价格执行合同，最后指挥部向两家施工单位承诺补偿沥青材料价差，沥青供应商才陆续供货，仅此一项增加直接费用 3 000 多万元。在沥青供应紧张的前提下，由于两家施工单位当时只与一家沥青供应商签订了合同，而其他沥青供应商没有供应计划。由此可见，在主材供应等问题上，要充分考虑各种情况，尤其是要引入主材供应的竞争机制。

4.2 要抓好改建施工的统筹协调问题

路面改建工程所涉及的问题较多，如果考虑问题不周全，就会影响工程的总体进度。如在黄黄高速公路改建过程中，对改建工程可能造成水土流失的问题，事先没有引起足够的重视，最后通过多方协调，请专门部门编制了水土流失方案，这在一定程度上牵扯了指挥部的精力。要充分利用天气预报合理安排施工，在路面加铺过程中，要统筹考虑封闭路段内的桥梁加固、伸缩缝安装等工程，减少和避免二次封闭给交通带来的不便。在上跨天桥顶升过程中，事先应与当地村民沟通协商好，在不影响行人、灌溉、车辆通行的情况下，缩短天桥顶升的工期，方便村民通行，并且要处理好因天桥顶升而带来的相关遗留问题，否则会造成村民的不满，影响和谐社会、和谐高速的建设成果。

4.3 要合理安排施工作业面，保证车辆正常通行

经过指挥部、路政支队、高速巡警、施工监理单位的共同努力，合理安排施工作业面，明确规定施工作业面或双向行驶路段连续不得超过 6km，且必须是交工一段再启用新的施工作业面，确保了施工期间车辆的通行速度控制在每小时 70km 以上。

4.4 要重视改建过程中的对外宣传工作

近年来，“高速公路维修改建期间不高速”的报道或官司时有发生，在社会上造成了不良的影响。黄黄高速公路在改建过程中，提前做好外部宣传工作，一是先后多次在《湖北日报》、《黄冈日报》等报刊、电台发布公告，提醒司乘人员注意；二是主动上门走访沿线的运输大户；三是通过在收费广场张贴公告，在可变情报板发布公告，向司乘人员发放宣传卡等方式，多方面取得了司乘人员的理解和支持。

4.5 要处理好质量、安全、进度的关系

路面改建工程的质量、安全、进度是相辅相成，相互制约，也是相互发展的矛盾结合体。要在统筹协调的基础上，处理好路面改建工程质量、安全、进度的关系，同时要充分认识到，工程质量搞上去了，减少了返工，也就节省了时间；加快了进度，也就节省了人力、物力的消耗，提高了经济效益。在施工过程中，如果没有安全，就会影响工程的质量、进度，只有安全工作抓好了，才能起到事半功倍的作用，促进整个工程又好又快的发展。

4.6 要坚持制度管理，妥善处理好变更和遗留问题

科学、规范的管理是获得质量和投资效益的先决条件，在改建工程施工中，指挥部大力推行管理的程序化、规范化、超前化，用极为完备的制度，对全体参建人员进行组织和管理，对监理和承包人的工作情况根据合同进行监督与管理，所有的工作都有章可循，加强施工现场的监督和管理，保证工程始终处于受控状态。要切实规范变更程序，严格按变更程序执行。尤其是对水泥混凝土废料的处理要提前安排，可以将一部分投入到支持社会主义新农村建设中去，同时要合理地利用废料，安排边坡加固工程，减少废料对环境的影响，减少与改建工程相关的遗留问题的处理。同时要健全监理机制，完善监理办法，强化监理手段，提高监理水平。

4.7 要做好改建中的思想政治工作

抓好改建工程的关键还是靠人，人的因素是第一位的。只有坚持以人为本，做好改建中的思想政治工作，充分调动各层次、各方面和每个参战者的积极性，充分发挥每个人的主观能动性和创造性，才能够实现既定的目标。要建立健全各类激励机制，如目标激励、荣誉激励、尊重激励等机制；实施民主管理，合理授权，公平考核，额外奖励等，充分调动人的积极性和创造性，否则就会影响工程进展。邀请有经验的专家来提供咨询，进行专题研究，还要善于积累，善于总结，善于提高，在实践中把取得的经验与教训上升到理论的高度，为改建工程的顺利进行提供必要的保障。

5 结语

事实证明，黄黄高速公路路面改建工程建设成为高速精品工程和廉政阳光工程，达到工程质量好，技术先进，建设造价合理，资金运行安全，工程组织管理科学规范的目的。其成绩令人鼓舞，其辉煌的业绩必将载入湖北交通现代化建设史册。

浅谈钻孔桩基础施工的质量控制要点

李连新

（宜昌市虹源公路工程咨询监理有限责任公司　宜昌　443000）

摘　要　针对钻孔桩水下施工的特点，文章分别对埋设护筒、钻机就位、泥浆制备、钻进、清孔、制作及吊装钢筋笼、安装导管、灌注水下混凝土等八个主要施工环节的控制要点及注意事项进行了阐述，分析了塌孔、缩颈、歪桩、斜桩、断桩、钢筋笼上浮、导管上浮等常见问题产生的原因，并提出了相应的处理措施。

关键词　钻孔桩　质量控制　钻进　水下混凝土

随着公路事业的发展，钻孔灌注桩的应用越来越多。钻孔灌注桩的施工特点是无论是钻进成孔还是灌注混凝土，都在水下进行，无法象其他工程一样进行直接观测，而且一般要穿越地层几十米，地质情况复杂多变，质量不易控制，施工过程中，塌孔、缩颈、斜桩、断桩等事故屡见不鲜。事故一旦发生，处理起来又相当麻烦，耗时费力，除了造成一定的经济损失和工期延误外，严重的还会带来不良的社会影响。目前采用的桩基超声检测虽几乎普及应用到每一个工程，桩底压浆在有些工程也有应用，但均只是一种事后检测或辅助、补救措施。

那么真正要确保钻孔桩的施工质量，还是要从施工过程的控制入手，只有把好施工的每一个环节，才能真正避免损失的发生。钻孔桩的工序流程一般为：埋设护筒、钻机就位、泥浆制备、钻进、清孔、制作及吊装钢筋笼、安装导管、灌注水下混凝土等。在此，笔者结合多年来的施工和监理经验，分别就钻孔桩施工的各个环节的控制要点浅述如下，供同行参考。

1　埋设护筒

为防止漏浆和塌孔，护筒顶与地下水位或施工水位的高差应控制在0.5～1.5m；护筒底埋深以嵌入稳定土层、钻孔时护筒不坍塌为原则。在筑岛面上埋设护筒时，护筒底应至少埋入河床面以下0.5m；在岸滩上埋设护筒时，黏性土中埋深不小于1m，砂性土中埋深不小于2m，并须将护筒外换用黏性土分层回填夯实。

护筒直径采用回旋钻时大于设计孔径20cm以上，采用冲抓钻或冲击钻时大于设计孔径40cm以上。

2　钻机就位

钻机钻进时有较大的振动、冲击力，而且是长时间连续作业，这就要求钻机必须有一个稳固的工作平台，否则就会造成歪桩、斜桩。首先要对地基进行平整、压实，然后铺设钢板、枕木等，再将钻机置于其上。为防止雨水浸泡引起地基下陷，钻机平台四周还须挖设排水沟。桩位如果位于水中，就必须采取筑岛或者打钢管桩搭设钻机平台等措施，钢管桩平台必须经过验算。

钻机就位时钻杆要垂直（用吊线砣检测），钻机底盘要水平（用水平尺检测），对位要准确（偏差不超过2cm）。钻机与平台固定要牢靠，防止钻进中发生位移，并在机架周围做上记号，同时在护筒以外用交叉法做好桩中心标记,以便随时检查或者更换钻头重新对位。

3 泥浆制备

钻孔桩钻进时主要靠泥浆护壁,泥浆必须具备一定的比重、黏度和胶体率。一般地层泥浆比重取1.1~1.3,黏度16~22s;松散易坍地层比重取1.4~1.6,黏度19~28s。

在塑性指数大于15的黏土中钻孔,可利用孔内原土造浆;其他土层,一般选用塑性指数大于25的黄土造浆;土源困难的,可采用一般黏土中掺入烧碱以提高泥浆的黏度和胶体率。

4 钻进

首先根据地质情况选择成孔方法。在一般土层和软石层可选用回旋钻进,砂卵石层可选用冲击、冲抓钻进,坚硬的岩石层可选用冲击钻或安装自转切削的牙轮钻头回旋钻进。

在护筒底口上下1m范围内,必须采取低钻速、低钻压、低进尺钻进,过护筒底口后要停机检查,一切正常后,方可正常钻进,此处是成孔的关键环节,否则会导致护筒倾斜、下沉、偏位。

回旋钻在黏土层可自由进尺,在粉、细砂地层中为防止塌孔,要放慢进尺,加大泥浆比重或黏度;在坚硬岩层中为避免钻杆摆动和钻头跳动带来的偏斜,应低压慢速钻进。冲击钻由于本身具有一定的挤密作用,可以自由进尺,但在开孔阶段或粉、细砂层,岩面倾斜的岩层钻进时也不宜太快,以免塌孔或偏斜。倾斜岩层发现钻孔偏斜时可回填小片石后慢速钻进。

钻孔过程中要始终保持护筒内泥浆高度和浓度,要经常检查钻机对位情况,发现偏差及时纠正。

为保证成孔正直,预防缩颈,不但清孔前后要用检孔器检孔,钻进中也要检孔。检孔器用钢筋制成,直径与设计桩径相同,高度为桩径的3~5倍。

钻孔到位后要准确测量孔深,在此提醒容易忽视的两个问题:一是要注意测绳浸水后有一定的收缩,最大收缩率可达1.0%,因此测量后应立即与钢尺对比校核,准确算出孔深;二是长时间的钻进会导致钻机平台和护筒有不同程度的下沉,因此测量参照高程应经过复核。

5 清孔

桩的承载力由桩周摩擦力和桩尖支撑力两部分构成,因此清孔质量的好坏直接影响桩的承载力。由于清孔过程中要降低泥浆比重,孔内压力减小,如果处理不当,就有可能发生塌孔,因此不论是采用换浆法、掏渣法还是吸泥法,都要注意:

(1)清孔时要及时向孔内注入清水或纯泥浆,保持孔内水头高度;

(2)孔内沉渣厚度设计时均有规定,但严禁用加深孔深来代替清孔。

6 钢筋笼制作及安放

钢筋笼制作时,在每节两端和中间设置胎具,保证主筋位置和直顺度;每隔3~4m设十字形钢筋支撑,以防骨架吊装过程中变形;此外在骨架外每隔2m,对称焊接钢筋耳环用以确保混凝土保护层厚度。

现场安装时应将钢筋笼中心对准桩位中心缓慢下放,防止骨架碰撞孔壁导致塌孔。上、下节钢筋骨架的轴线应吻合,严禁焊接后形成折线,可以用吊线砣观测控制。

钢筋笼安放好后要牢固定位,并采取具体措施防止在灌注混凝土的过程中下落或被混凝土顶托上升。钢筋笼内所有的支撑、扁担等在安放好后必须全部拆除,防止挂导管。

7 安放导管

导管应先在陆地拼装、编号，并做水密试验后使用。

导管底口置于距孔底约0.5m左右，上口可根据导管内径安放一个厚泡沫板做成的隔水栓（隔水栓在砍球或拔球成功后会浮出水面）。

储料斗的容积应满足首批混凝土灌注后，导管底口的埋深不小于1.0m。

8 水下混凝土灌注

灌注前再次对钢筋笼、导管底口至孔底距离、孔深、孔底沉渣厚度等情况进行检查，如不符合要求，应处理合格后方可开始灌注。灌注开始后要连续不断地进行，直至完成，中途任何原因中断灌注，时间都不得超过30min。

灌注时可采用"砍球"或"拔球"的方法，当储料斗内的混凝土足够满足首批混凝土灌注的导管埋深要求，并且运输车及拌和机内均储满混凝土后，即可砍球或拔球浇灌。浇灌后立即用测绳测量混凝土面的高度并据此计算导管埋深，确认砍球（或拔球）成功后，继续进行浇注。

灌注中要选定专人测量并记录每盘混凝土灌注后混凝土高度、导管埋深、拆卸导管的编号、长度等。任何时候导管的埋深不得小于1.0m，一般为2~4m，埋深太大容易导致拔不出导管。要严防误测、粗心大意或计算错误导致混凝土"洗澡"造成断桩，这样的例子时有发生。

在混凝土面接近钢筋笼底部时，导管应保持较大的埋深，放慢浇注速度，待混凝土面高于钢筋笼底部3~4m时，提升导管，使导管底进入钢筋笼内1~2m，恢复正常浇注速度，这样可以避免混凝土将钢筋笼顶托上浮。灌注时，有时也会发生导管由于负摩擦力的作用上浮的现象，极易导致混凝土"洗澡"造成断桩，可以采取导管加压、加大埋深、放慢浇注速度等措施。

灌注高程应高出桩顶设计高程1.0m左右，以便清除浮浆和消除测量误差，务必注意不要因为误测而造成短桩。

9 结语

钻孔桩施工工序繁杂，任何一个环节的疏忽或麻痹大意都将可能产生无法预料的后果。在目前的检测手段和施工技术水平下，只有以高度负责的精神，科学、严谨、细致地控制好每一道工序，才能确保施工质量。

参考文献

[1] 公路施工手册(桥涵). 北京:人民交通出版社

[2] 佟世祥. 灌注桩工程质量控制(管理)网络. 工程质量,2004,(2)

现场热再生施工工艺及质量控制探讨

周志刚　程　盛

（长沙理工大学　长沙　410076）

摘　要　沥青路面热再生技术是指对不能满足使用要求的沥青混凝土路面废料通过各种措施进行处理后重新利用的技术，本文详细论述了现场热再生工艺的特点、适用条件、施工工艺、质量控制措施。

关键词　现场热再生　施工工艺　质量控制

1　前言

随着我国经济和社会的发展，我国的公路交通事业也得到了快速的发展，截至 2006 年底，我国公路总里程已达到 345.7 万 km，其中沥青路面 87.9 万 km。虽然高等级沥青路面设计寿命为 15 年，但从实际使用情形看，多数沥青路面在运营后，短 2～3 年，长到 8～10 年就需要进行大面积的维修和改造。目前我国 20 世纪 90 年代修筑的大量沥青路面已经进入大、中修期，一些十几年前铺筑的沥青路面已经超期服役、严重老化。

路面大、中修采用常规改造维护方法需要消耗大量砂石及沥青材料、占用大量的公路工程建设资金，已经逐渐影响到我国高等级公路的建设进程及现代化公路建设的规划与完善。因此，因地制宜采用经济有效的养护维修方法，寻求科学有效的公路养护维修技术已成为公路养护管理部门的迫切要求。

沥青现场热再生技术是指对不能满足使用要求的沥青混凝土路面废料通过各种措施进行处理后重新利用的技术，包括对旧沥青路面进行加热、翻松铣刨，再与新集料、新沥青、再生剂重新混合，利用移动式现场拌和设备进行热拌和，形成具有预期路用性能的沥青混合料，并重新铺筑成路面面层。沥青再生技术通过重复利用沥青混合料，可达到节约资源和保护生态环境的目的，是公路建设可持续发展战略的重要组成部分，在我国现阶段具有重要的现实意义。

我国早在 20 世纪 70 年代初就曾不同程度地利用废旧沥青混合料来修路，但大都将其作为废料利用考虑，一般只用于轻交通道路、人行道或道路垫层。1982 年交通部下达了“废旧沥青混合料再生利用”的研究项目，对再生技术进行了比较系统的试验研究，成果显著，其中山西、湖北、上海、天津、武汉等省市结合道路的大中修工程分别铺筑了实验路。据不完全统计，至 1986 年，我国铺筑的再生沥青路面已累计超过 600km。从 20 世纪 90 年代开始，我国进入了大规模公路建设时期，沥青混合料再生技术的研究和推广基本处于停滞状态。近年来，随着我国沥青路面维修养护量的不断增加，对废旧沥青混合料的再生技术及施工工艺有必要进行深入、系统的研究。

2　现场热再生施工工艺的特点

现场热再生可以现场维修损坏的道路，因此相对于其他再生方法，使用的新料最少。该工艺一般包括四个步骤：

（1）加热软化沥青面层；

（2）耙松或机械清除路面材料；

（3）将材料与再生剂、沥青黏结剂或新料拌和；

(4)将再生混合料摊铺。

现场热再生的主要目的是矫正路面表面的损坏而不是结构上的问题,例如剥落、裂缝、车辙、坑洞、推挤和拥包。

现场热再生路面维修的特点:

(1)主要用于路基完好,路面破损深度小于6cm的沥青混凝土路面的维修,原有沥青路面经再生处理后,能恢复其原有性能和延长使用寿命;

(2)能够去除深达6cm的轮胎压痕,并能在单一车道修复中休整排水坡度;

(3)不会改变排水、路缘、下水道、人行通道、路肩及其他构造物;

(4)不能改善沥青路面的基层或底基层的性能,当老路有明显基层破坏时,应用现场热再生法不能进行修复。

相对于传统维修工艺,沥青混凝土现场热再生技术主要存在以下优点。

2.1 环保

沥青混凝土路面现场热再生的第一个优势是其环保功能。在对环境要求日益严格的今天,大量的道路需要维修养护。采用再生技术,一方面我们不需要从自然界开采大量的砂、石、沥青等原材料;另一方面不向自然界倾倒大量废旧沥青混合料。沥青混合料是有害物质,靠自然分解时间极长,将对环境造成很大影响。

2.2 节约投资

沥青混凝土的现场热再生百分之百利用了旧沥青混合料,再生维修时只添加再生剂和部分新沥青混合料,使得路面维修的成本显著降低,根据国内外经验,其费用仅占传统维修方法的70% ~80%左右。

2.3 交通干扰小

沥青混凝土路面现场热再生只对一个车道进行维修,维修时只需封闭一个车道,其余车道可以开放交通,最大限度地减少了路面维修给交通带来的影响和干扰。

3 现场热再生工艺及其适用条件

3.1 现场热再生工艺类型

根据路面的破损情况和对修复后路面质量等级的不同要求,现场热再生工艺主要有以下四种。

3.1.1 整形

整形是重新整形道路断面的过程,用现场热再生设备将旧路面加热到一定的温度,把路面耙松,然后整平、预压实,最后用压路机碾压,完成路面的修复工作。整形再生的主要目的是消除表面的不规则变形和裂缝,也可以用来恢复路面表面至合理的线形、等级和横坡度,以保证合适的排水,表面摩阻力也可以得到一定改善。表面再生还可以成功消除反射裂缝。如果在加铺前立即使用加热机加热路面,那么可以有效地改善旧路面层的黏结性能。

3.1.2 重铺

重铺是在整形后的路面上再铺设一层新的沥青混合料,然后用压路机同时压实整形层和新铺层的工艺方法。此方法可以恢复路面的抗滑阻力、休整车辙、改善道路横坡和沥青路面强度。重铺工艺可以用来矫正25 ~50mm的缺陷,例如较小的车辙、收缩裂缝和剥落等。当整形不足以将路面恢复至理想的要求或者常规的热拌沥青加铺不切实际或不需要时,重铺工艺就会变得非常有用,而且这种方法与常规

的热拌沥青混凝土加铺工艺相比,其成本要少得多。

3.1.3　复拌

复拌工艺是用现场热再生设备将旧路面加热到一定温度后翻松,通过材料输送装置将翻松后的材料送入搅拌器,同时把特别配置的新热沥青混合料、新沥青或再生剂按适当的比例也加入搅拌器,由搅拌器将新旧材料一起拌和均匀,然后摊铺、整平、预压实,最后用压路机碾压成型。此方法可改善现有沥青路面材料的特性,修复老化和不稳定的磨耗层,改善道路横坡,增强道路强度,也可以将磨耗层改造为黏结层,然后再覆盖新的磨耗层。当重铺工艺不足以恢复路面至理想的性能时,可以使用这种工艺。该工艺能有效地消除路表面50mm内出现的车辙、裂缝和老化变硬。

3.1.4　复拌加铺

复拌加铺工艺可以说是复拌和重铺工艺的综合,该工艺是加入再生剂改善旧路面沥青和沥青混合料的性能,同时加入新的沥青混合料,使新旧沥青混合料在再生沥青混凝土路面上同时形成一层全新的沥青混凝土面层。这种工艺包括标准的复拌方法,添加或不添加新沥青,以及再生层上磨耗层的摊铺,该工艺通过在再生层上摊铺高质量的薄磨耗层(热对热连接),能够提高优良的路用性能,同时也能节省大量原材料。

3.2　现场热再生工艺适用条件

现场热再生工艺相对于传统的维修工艺有许多优点,如可节约资源,保护生态环境、减小维修带来的交通干扰、降低运输成本等,但现场热再生工艺并不能适用处理所有类型的路面病害,应用再生工艺不仅取决于路面的病害类型,也取决于损坏的程度和范围,现场热再生工艺具体适用条件如表1所示。

旧沥青路面进行现场热再生的适用条件　　表1

项　目		适用条件	应用时的注意点
旧沥青混凝土路面的平均厚度(cm)		>5	要确保翻松时不得将非沥青混合料翻松
车辙深度	沥青混合料向两侧的挤压变形(cm)	<5	采用加铺法时,沥青混合料向两侧挤压所形成的车辙深度上限一般为3cm;采用复拌法时,沥青混合料向两侧挤压变形成的车辙深度超过3cm时,应事先切削掉超过3cm的凸起部分
	磨耗(cm)	<3	当面层的沥青混合料质量能满足使用要求时,可采用加铺法。当事先进行部分切削或整平时,车辙上限可达7cm
龟裂率(%)		<40	如果仅仅是表层龟裂,不受此限制; 当局部破损达到连接层以下时,应事先修补
旧路面沥青的针入度(0.1mm)		>20	采用重铺法,针入度下限为30cm

此外,由于沥青混凝土路面现场热再生需要使用大型的专用机械,施工时的机械组长达50~100m,所以施工现场需满足以下条件:

(1)要具有发挥现场热再生特长的足够的工程规模;

(2)要确保现场的施工条件,一组施工机械通过时间约60~90min,还要加上养生时间,需要中断施工地点一个车道的交通。

4　现场热再生施工技术要点

4.1　施工过程中的温度控制

现场热再生工艺流程通常是先用红外加热器或柴油预热器给旧沥青路面加热,使之软化,再用沥青

路面铣刨机铣刨并收集到强制双卧轴连续式搅拌器中，然后添加新骨料和新沥青，或再添加新沥青混合料和新沥青，经搅拌均匀后输送到沥青摊铺机中进行摊铺，最后用压路机压实成型。在上述施工工艺过程中温度控制非常重要，它贯穿于整个热再生过程，是现场热再生技术的核心内容。在给旧路面加热过程中，加热温度太高会引起沥青老化严重，而且还会降低功效；反之，温度太低，再生剂与旧沥青混溶困难，起不到再生作用，还会出现铣刨时集料破碎，级配发生变化，混合料出现离析，压实困难，层间接触不良等许多问题。建议从以下四个方面进行施工温度控制。

4.1.1　环境温度

一般要求环境温度高于15℃，避开大风天气，雨后路面需晾干后才可进行现场热再生施工。

4.1.2　路面预热温度

要使沥青面层充分预热，确保：①去除材料中的大量水分；②沥青路面足够软化，以便翻松或铣刨时集料的退化现象尽可能小；③再生剂与外渗料可以充分混合；④取得足够的压实温度，同时又要避免沥青再过度老化。因此，不同的加热机组要结合自身的加热形式和路面特点，在预热温度与机组的加热功率、行进速度、机组间距等方面寻找最佳组合。

4.1.3　拌和温度

旧沥青混合料中的沥青黏结料再生过程必须在加热软化的状态下进行，这样添加的沥青再生剂才能及时地渗入老化沥青内从而实现再生。加热后的旧路材料散热极快，因此，现场热再生设备最好带有保温或加温功能的强制拌和系统，以保证获得有一定温度的、匀质的最终再生料。

4.1.4　压实温度

同新沥青混合料的摊铺压实一样，再生料必须有足够的摊铺、压实温度，保证压实效果，使路面达到设计要求的密实度和其他一些路用性能指标。

4.2　其他施工技术要点

在现场热再生施工工艺中除了温度控制外，还有以下施工技术要点也是影响再生路面质量的关键因素。

(1)再生剂喷洒剂量要准确，这是保证再生质量的关键之一。再生剂太多，再生路面会出现泛油和发软；再生剂太少，再生效果不理想，旧沥青老化状况不能得到显著改善，路面的耐久性不好，而且会出现粒料不黏，摊铺离析和压实困难等问题。旧路面级配和油石比往往不均匀，现场技术人员要多观察，多总结，依据实验室的试验结果现场适当调整。

再生沥青混合料颜色不能暗淡(再生剂偏少)，也不能过于光亮(再生剂偏多)，要有适当的光泽。

(2)再生路面厚度要均匀。再生施工时，要特别注意铣刨的深度，一定要均匀一致。如果铣刨时深时浅，不但会影响路面的平整度，而且还会影响再生剂用量的准确性，造成再生混合料性能不均匀，严重影响再生质量。

(3)保证纵缝质量。加热宽度比铣刨宽度每边宽10～20cm为宜，以保证纵向接缝的温度，从而使纵缝密实无松散。

(4)确保压实质量。由于再生混合料的劲度往往高于新沥青混合料，而且温度下降较快，建议采用大吨位压路机进行碾压，尤其是轮胎压路机，最好采用20～30t的。压路机一定要紧跟复拌机进行碾压，以免料温下降过快而影响压实效果。

5　现场热再生施工质量控制

5.1　施工过程中的质量检查

铺筑高质量的再生沥青路面，除合理选择材料、进行正确的配合比设计外，还要在付诸于实施时精心施工,才能保证工程质量,为此,在施工过程中抓好施工管理,重视质量检查,是十分重要的。对于大型沥青路面工程,应专门设立质量检查机构,班子中成员各负其责。施工现场应建立小型实验室,能够进行常规和与工程有关的试验项目。检查结果应做技术档案存放,并作为竣工验收的依据之一。

铺筑再生沥青路面,再施工过程中主要应做好以下各个环节的质量检查。

5.1.1 原材料质量检查

原材料包括旧沥青路面材料、新沥青、新集料、再生剂等。施工前,应检查运至拌和场地的上述各种材料,看其是否与配合设计试验所取样品相符。对于小型沥青路面工程,一般在施工前进行一次全面抽样检查即可。大型工程则应规定抽样检查频率,如每日、每周、每旬、每月进行一次有关检查。

旧路面材料应做抽提检验,检查旧料含油率,旧沥青的针入度、延度、软化点;旧矿质集料应做筛析检验。如发现与原配合设计时所用指标数值相差悬殊,应向主管部门报告,以便及时调整配合比。

新集料要检查级配组成、针状与片状颗粒合量、压碎值以及矿料与沥青黏附性等。

新沥青材料检查其常规指标。若使用再生剂,应检查其黏度、芳香成分含量、闪点等。

5.1.2 再生混合料质量检查

人工或小型机具拌制再生混合料,应检验各种材料的配合比例是否正确。间歇式分拌拌和应检验称量是否符合规定数量。

拌制好再生混合料,先检验其外观。若色泽油黑发亮,则有可能沥青用量过大;反之,若色泽干枯,见有花白科,则有可能用油量不足,或拌和时间过短,或者拌和温度偏低。

检验再生混合料的温度。混合料色泽均匀,略有青烟,则表明混合料温度适宜;若色泽焦黄,直冒黄烟,则混合料温度过高,已烤焦变质,不能使用。再生沥青混合料应疏松状而不结团,同时又有相当的黏滞性和良好的施工和易性。

根据工程性质确定再生混合料抽样的频率。抽取再生混合料试样,应在生产作业开始正常后1~2h取样。抽样后,送交试验室进行抽提试验,检验其含油率(或油石比)、矿料级配,马歇尔稳定度,并将试验结果和原设计配合试验相对比。由于沥青混合料含油率的大小,对沥青路面的品质有很大影响,对于大型沥青路面工程,必须每天抽样检查混合料的含油率。

5.2 路面竣工质量检查

路面竣工验收质量检查项目有,路面宽度、厚度、路面密实度、平整度、拱度、路面渗水系数、摩擦系数、路面材料组成等。检查路面铺筑厚度,必须从路上钻取芯样,或趁上午路面温度较低时,挖取25×25cm路面试块,然后在试验室再分割成10×10cm大小的试块,量取路面厚度,与此同时,可将试块用于路面密实度检查。将路面试块表面浮动颗粒用刷子刷除,称取重量,蜡封后求其体积,即可计算路面密实度和压实度。在有条件的情况下,路面密实度可采用核子密度仪检测。参照我国《公路工程质量检验评定标准(JTJ 071—85)》以及国外再生热沥青路面质量评定的相关标准,提出再生沥青路面竣工质量标准建议,见表2。

再生沥青路面竣工质量检查标准

表2

检 查 项 目	规定值或允许偏差	检 查 方 法
路面整体弯沉强度	不大于设计值	每100m测2处,每处左右轮测弯沉各一点
压实度	>95%	每300m用蜡封法检查一处
厚度(mm)	横向可作±10%的调整	每300m检查一处
宽度(mm)	不小于设计值	每100m用皮尺量2处
平整度(mm)	σ<116mm	每100m用3m直尺检查2~3处,每处用3m直尺连续量8尺,每尺检查一点
横坡(%)	±0.5	每100m用水准仪检查2~3个断面

续上表

检查项目	规定值或允许偏差	检查方法
摩擦系数	BPN≥50	每300m用摆式仪检查一次，一次5处
沥青用量(%)	±0.5	每300～500m检查一处(抽提试验)
外观要求	1.表面平整坚实、无泛油、松散、推挤等现象； 2.路面接茬应紧密、平顺	

6 结语

现场热再生技术已经被证实为非常有效的路面维修方法，它可以通过对原路面材料的重新利用达到对路面维修的目的。相对于传统维修方法，它能够节约大量的沥青和石料，因而减少工程投资；同时，它有利于处置废料，节约资源，保护生态环境，避免了路面材料往返运输的麻烦，减少了施工对交通的影响，所以，沥青路面的再生利用技术是一种高效且环保的沥青路面养护方法，具有显著的经济效益。

现场热再生适用于交通疏导困难、长距离、大面积路面维修作业，特别适合城市高等级道路和高速公路沥青路面大中修，在我国现阶段有着广泛的应用前景。

参考文献

[1] 拾方治，马卫民．沥青路面再生技术手册．北京：人民交通出版社，2006

[2] 郭铁惠．沥青路面现场热再生应用技术研究．华中科技大学硕士学位论文，2006

[3] 中华人民共和国行业标准．CJJ 43—91 热拌再生沥青混合料路面施工及验收规程，北京：人民交通出版社，1991

[4] 桂希衡，徐孝蓉，黄秀．废旧沥青的再生利用．中国公路，2003，11

[5] 吕伟民，严家及．沥青路面再生技术．北京：人民交通出版社，1989

[6] JTG F40—2004．公路沥青路面施工技术规范[S]．2004

[7] 杨建明．旧沥青路面再生研究的现状与工艺[J]．南华大学学报，2003，11

[8] 黄颂昌．国内外沥青路面再生技术应用[J]．公路交通科技，2006，1

城市道路沥青路面水破坏原因及防治

周志强　王连杰

（中铁郑州勘察设计咨询院有限公司　河南郑州　邮编　450052）

摘　要　本文介绍了沥青路面水损害破坏的特征，并较详细地分析了水损害破坏的机理，就如何防止沥青路面受水破坏问题，从多个方面提出防治措施，对沥青路面设计、施工和相关领域的进一步研究具有一定的意义。

关键词　城市道路　沥青路面　水破坏　原因　防治

1　沥青路面水破坏特征

水破坏是我国城市沥青路面最严重的早期损坏原因之一。其主要破坏特征有：

(1)坑洞。降水过程中，雨水进入并滞留在表面层沥青混凝土的空隙中，在大量车辆行驶所产生的冲击荷载的作用下，路面积水所产生的动水压力使沥青从碎石表面剥落下来，局部沥青混凝土变得松散，碎石被车轮甩出，从而路面形成坑洞。

(2)唧浆、变形、网裂。路面水透过沥青面层滞留在半刚性基层顶面，在车辆高速行驶作用下，基层混合料表层的风化料在自由水所产生的动水压力的冲刷下，形成灰白色浆。灰浆被行车压唧到路表面，使路面出现一块一块的白色灰浆；灰浆数量大的情况下，会逐步形成坑洞；在基层表面大面积唧泥的情况下，基层顶面松软，路面出现变形或网裂。由于路面的变形和网裂，路面水更容易渗入，产生恶性循环，最终导致路面破坏。

(3)辙槽、泛油。沥青表层泛油并伴有严重的推移变形和车辙变形，沥青中、下面层潮湿，并出现油石分离、松散，多发生在重车交通量较大的行车道上。

2　沥青路面水破坏机理分析和认识

沥青路面发生水损坏的直接原因是：水分通过空隙（或其他途径）进入沥青路面结构层内，并浸入矿质集料内，由于表面张力（和其他化学力）的作用，使沥青与石料间的联结被削弱或完全剥离，汽车轮胎对路面的挤压搓揉作用及与路面间的真空吸附作用加速了剥离的进程，致使路面很快损坏。

沥青路面发生水破坏的间接原因是：

(1)采用二氧化硅含量高的石料（俗称酸性石料），与沥青的裹覆能力差；沥青与集料间的联结力是影响沥青路面寿命的一个重要因素，联结力的丧失会导致沥青路面的破坏。

沥青对集料性质和种类的选择性与筑路的就地取材原则是一对矛盾，为了解决这个矛盾，国内外提出过多种技术措施，其中以化学抗剥落剂和消石灰最为常用，国内主要以使用化学抗剥落剂为主。

(2)沥青混合料设计空隙率过大或沥青路面施工过分强调平整度，牺牲密实度，致使路面碾压不足，空隙率过大，或因为沥青路面摊铺时混合料离析，造成局部空隙率过大而出现透水。

沥青混合料的空隙对其水敏感性具有重要的作用。因此理想的研究状态不仅应该是定性的还应该是定量的。这是因为当集料的种类和级配不同时，即使有相同的空隙率，混合料的渗透性和水敏感性也是不同的。目前沥青混合料设计时常用的空隙率确定方法（水中重法、体积法等）只能给出混合料中空

隙的量，而无法给出混合料中空隙的尺寸大小、形状，特别是空隙分布等信息。

空隙率—渗透关系的研究指出：空隙率和渗透之间并不是直线关系。当混合料的空隙率小于4%时，混合料几乎不透水。而当混合料的空隙大于某一临界值时，混合料也很少出现水破坏的现象，因为此时水混合料中可以接近自由流动，持水的时间不长。而在这两个空隙率临界之间，是可能出现水损害的危险范围。

(3)现有的试验方法不能有效预测沥青路面出现水损坏，或与路面使用条件和使用性能建立关系，进而在材料设计阶段加以预防；经常有这种情况出现：浸水试验(残余强度)合格的沥青混合料，摊铺后很短时间内出现水损害破坏；用现有的评价(试验)方法评价沥青混合料剥落措施(抗剥落剂、消石灰处理等)的作用效果，其试验检测结果非常乐观，但大量沥青路面通车第二年雨季即出现大面积破坏。这就使得人们对现有的试验和评价方法产生疑问。

(4)近十年来，重载车辆特别是大幅度超载车辆日益显著增加，其后轴载从额定的100kN增加到180kN以上；轮胎冲气压力从额定的0.7MPa增加到0.9MPa以上。其作用的直接结果是路面裂缝的产生和扩展，路面开裂破损后，雨水下渗，产生冻涨、翻浆等水破坏。通常认为，汽车轮胎对路面的挤压搓揉作用以及轮胎与路面间的真空吸附作用加速了沥青膜从集料颗粒表面剥离的进程，并使自由沥青迁移到路表面，引起路表面泛油和推移变形。

3 减少沥青路面水破坏的主要措施

虽然目前对沥青路面水损害破坏还缺乏系统的定量研究，但是多年的经验和实践已使人们对这个问题具有足够的定性认识。基于这些定性的认识得出的沥青路面水损害破坏的防治途径介绍如下：

(1)不管沥青面层是一层、二层还是三层，各层都应该采用密实式，抗滑表层也应该采用空隙率小于4%的密实沥青混凝土，用密实混凝土来减少表面水透入面层结构。

在具体选择某层的矿料级配时，除考虑不透水外，还要考虑混合料的高温稳定性，对表层混合料还要考虑抗滑性。从目前技术水平看，密实式粗集料断级配沥青混凝土既具有良好的不透水性，又有明显优于连续级配沥青混凝土的高温稳定性。用前者作为表面层时，还具有良好的抗滑行性。

对于沥青面层的下层(包括中层和底层)，显然也应该采用高温稳定性较好又密实的粗集料断级配沥青混凝土。在粗集料断级配矿料中也可以用改性沥青代替纯沥青以增加沥青用量和高温稳定性。但是外加纤维0.3%，约增加投资30%，用改性沥青替代纯沥青也需要增加投资20%～25%。因此，除特殊路段和薄面层外，在一般情况下应该采用纯沥青来达到目的。

(2)提高沥青与矿料的黏结力，对于用作中面层和底面层的沥青混凝土，要求沥青与矿料的黏结力不小于4级；对于用作表层的沥青混凝土，要求沥青于矿料的黏结力不小于5级。

对于用作表面层的沥青混凝土，通常要求用即耐磨又磨光值高的硬质岩石料，主要硬质石料有玄武岩、安山岩、闪长岩、花岗岩、砂岩和辉绿岩等，经验证明，这些岩石与沥青的黏结力都较差，往往只有3级，偶尔能达到4级。因此都要添加抗剥落剂，改善黏结力。

(3)提高压实标准，增加现场空隙率指标。

沥青混凝土的压实度对沥青混凝土的物理力学性质有至关重要的影响。配合比设计时空隙率为4%的同一种沥青混凝土，在不同压实度下的现场空隙率有明显差别。在压实度为96%时，现场孔隙率接近8%，在压实度为98%时，现场孔隙率接近6%，显然前者的渗透系数将明显地大于后者。为了尽可能提高沥青混凝土面层的不透水性，有必要提高沥青面层的压实度标准。

沥青混凝土压实后，其体积由矿料体积、沥青体积和空气体积三部分组成。现场孔隙率是指某层碾压结束和冷却后沥青混凝土内部空气所占的体积百分比。用现场空隙率可以更确切的反映沥青混凝土压实结果。为此需要在沥青混凝土碾压结束后的第二天用钻机在现场取样后用真空吸气法测定混凝土的最大密度，最后计算出孔隙率。

(4)路面结构中设排水或防水层,前三项措施中的第一和第三项是为了尽可能减少水渗入和透过沥青面层,第二项是考虑一旦水进入沥青混凝土内部后减少沥青剥落的可能性。防水层的目的是防止进入沥青表面层的水继续下渗到面层及到达并滞留在基础顶面,导致冲刷、唧浆和路面坑洞等水破坏。

(5)做好中央分隔带的排水,避免雨水及绿化浇水横向渗入路基。在中央分隔带内填土前采取复合土工膜铺地隔水;超高路段应采取设置中央集水井或将中央分隔带开口的设计方案。保证路面排水顺畅,防止路面水长期停留于路面。

(6)近几年,道路发展迅速,交通量日益增长,超限超载车辆非常严重,直接影响到公路的使用年限。因此,应该严格按照《公路法》、《超限运输车辆行驶公路管理规定》要求,加强反超限运输管理执法力度。在重要路口设点检查,强行卸载,减少超限超载运输车辆对公路造成的损坏,延长公路使用年限。

(7)沥青道路建成后,养护是关键。要延长沥青路面的使用寿命,必须加强路面的养护管理。雨后要及时补洞,补洞要规范、整齐,严格按照相关要求及操作规程进行养护,把沥青路面的病害消灭在萌芽状态,避免雨水从病害处渗入,造成路基弹簧路面大面积破坏。

参 考 文 献

[1] JTG D50—2006 公路沥青路面设计规范

[2] JTG F40—2004 公路沥青路面施工技术规范

后张扁锚部分预应力空心板梁的设计及经济性分析

张显华
（新乡市公路管理局）

摘　要　介绍了后张扁锚部分预应力混凝土空心板梁的设计构思、设计标准、预应力体系选择，预应力度、挠度控制、内力计算方法等。经过足尺空心板静载试验证明，设计可靠，并具有显著的技术和经济效益。

关键词　部分预应力　混凝土空心板梁　后张法扁锚体系　经济性分析

1　前言

后张扁锚部分预应力空心板梁，由于采用了预应力和非预应力混合配筋以及扁型群锚体系，使结构兼有预应力混凝土和钢筋混凝土两种结构的优越性，且施工简便灵活。克服了先张预应力结构反拱大、结构长期处于高压状态以及生产时需要刚度强度巨大的张拉抬座和大吨位的千斤顶等不足之处。充分发挥了结构和扁锚效益。

新乡市公路局首次在国内干线公路上开展了部分预应力扁型群锚后张结构的研究，和作足了尺寸结构试验，并取得成功。该成果经技术鉴定达到“国内领先水平，填补了国内空白”，获得交通部科技进步奖，被推荐为“新技术推广项目”，结构经多年来的实践和不断完善，更显现出显著的技术和经济效益。

本文结合在干线公路上常使用跨径（为分析方便选用16m跨径）的后张部分预应力空心板桥的工程实例，对其设计进行简要介绍，并对有关问题进行初步分析，以供桥梁技术人员参考。

2　有关的技术标准

2.1　主要尺寸

标准跨径16m，计算跨径15.5m，板梁全长15.96m，梁高0.75m，桥面净空15.5m+2×0.25m安全带。

2.2　载重标准及材料

设计荷载公路Ⅰ级，空心板混凝土为C40，预应力钢绞线采用标准强度1860MPa，非预应力钢筋和其他构造钢筋为Ⅰ和Ⅱ级钢筋。

2.3　设计依据

《部分预应力混凝土结构设计建议》（中国土木工程学会），以及由开封中原预应力设备厂提供的《扁锚体系》有关资料（以下简称《规范》与《建议》）。

3　设计过程及参数选择

3.1　空心板断面尺寸拟定

桥梁断面仍采用预应力空心板标准图中相应跨径的横断面外形尺寸，并将标准图双孔横断面改为单孔横断面，增大了空心板的挖空率，简化了施工。减少了混凝土体积和腹板内的构造钢筋。

3.2 预应力度与用钢量

我国《规范》按正常使用极限状态为标准，采用弯矩比定义预应力度：

$$\lambda = M_0/M$$

式中：M_0 表示消压弯矩，构件控制截面边缘（使用荷载作用时）抵消到零时的弯矩；M 表示使用荷载控制截面弯矩。

预应力度与用钢量间的关系，受结构截面形式、梁高等因素的影响，对于经济用钢量不同的研究结论也不一样。

本桥经过计算和分析，按我国目前的钢材价格钢绞线为普通钢筋价格的约2倍，因此，本设计采用预应力度 $\lambda = 0.91$，预应力钢筋约等于2倍的非预应力钢筋用量。

3.3 抗裂安全度

按《规范》，结构的抗裂安全系数为：

$$K_F = M_F/M$$

式中，M_F 表示开裂弯矩，等于消压弯矩与混凝土抗裂弯矩之和。即 $M_F = M_0 + \lambda R_L W$ 其中，M_0 表示消压弯矩；λ 表示塑性系数；R_L 表示混凝土的抗拉强度；W 表示截面抵抗矩。

经计算 $K_F = 2.17$ 混凝土未开裂，结构属于部分预应为“A”类构件。

3.4 预应力锚固张拉体系的选择

本桥设计选择夹片式扁型群锚体系，预应力孔道采用扁型金属波纹管。这样可以在不增加板厚的情况下，有效地增加内力臂。张拉设备采用了开封中原预应力设备厂研制 QYO-230 型轻型千斤顶，最大张拉力 230kN，重量仅 16kg，使用轻便灵活，扁锚技术参数见表1。

扁锚 BM 系列技术参数 表1

锚具型号	垫板型号	扁锚		扁管		扁垫板		
		A	B	C	D	E	F	L
BM13-3	DM13-3	105	42	52	19	185	80	185
BM13-4	DM13-4	132	42	67	19	226	80	250
BM13-5	DM13-5	162	42	76	19	266	85	320
BM15-3	DM15-3	141	47	65	22	200	80	185
BM15-4	DM15-4	188	47	74	22	245	85	290

3.5 挠度选择

构件采用本分预应力后，在长期荷载作用下挠度值控制为4mm（上挠度），以减少因混凝土徐变而产生的预应力损失。

4 设计计算

4.1 内力及强度计算

活载作用下的横向分布系数按常规方法，跨中按铰接板法，支点按杠杆法。恒载内力分别按愈加应力阶段（仅空心板重）与使用阶段（空心板重+铺装重+安全带栏杆重）计算，由于预应力筋为直线配

筋,故仅选择跨中于支点两个截面进行验算。按正常使用与承载能力极限状态进行内力组合。

挠度计算上由于空心板为"A"类构件,构件刚度修正后,采用材料力学公式进行应力和挠度计算。按允许"名义"拉应力来计算预应力钢筋,按强度要求配置非预应力钢筋(具体计算从略)。

4.2 构件布置

本设计预应力钢筋为10束直径15.24mm钢绞线,普通钢筋为8ϕ16,其他构造钢筋同原标准图设计。经优化设计为节省预应力锚具和波纹管,预应力筋经抗拔力试验后,预应力钢筋锚固端采用一端锚固,一端扎花锚工艺,即用扎花机将钢绞线端头压成"灯笼"形状,锚固载1.2m长范围内与混凝土浇筑一体。

4.3 局部承压

空心板底板仅厚13cm,因而,在N_y作用下需进行承压验算。验算时由于这种扁型锚垫板的喇叭管与垫板组成整体,因而,承压面积应作为刚性垫板考虑,而Ac应按扁锚垫板的外轮廓尺寸计算,即采用全部垫板面积作为承压面积考虑。

根据《规范》要求Ac/Ad≥4(Ad－计算底面积),对于本设计Ac/Ad=2.3<4,故在锚下布置间接钢筋来提高混凝土承压强度,经过足尺寸构件的承压试验后证明,现有的锚端设计满足设计要求。

5 有关问题的探讨

5.1 关于后张法预应力空心板梁的经济性

为了探讨后张预应力空心板梁在材料用量方面的分析比较,现将跨径相同($L=16$m)的先张法空心板和后张法预应力混凝土空心板梁的材料用量列出见表2。

一块空心板材料用料　　表2

空心板类别	板高(m)	混凝土用量(m^3)	预应力钢筋(kg)	非预应力钢筋(kg)	扁锚(kg/套)	扁管(kg/套)	总计	
							混凝土(m^3)	钢材(kg)
先张法	0.75	5.91	280.2	511.8	—	—	5.91	792
后张法	0.75	5.58	127.48	567.98	33/2	52.5/3	5.58	779.6

由表2可见,单片后张预应力空心板比先张空心板预应力钢筋减少54.5%,非预应力筋增加11%,混凝土减少5.5%,总用钢量减少1.5%。

但需说明的是以上比较还要考虑各种材料地区价格差异,张拉台座造价,以及搭建运输张拉机具等费用因素。本文分析按4座轻型框架式张拉台座的材料数量。因而,得出一般分析结果,即当预制板空心板梁数量少于156块时采用后张法时是较经济的。

5.2 关于锚具的选择

对于后张法空心板梁,由于其为薄壁型结构,选用合适的锚具也是一个十分重要的问题,选用扁型群锚体系,要求底板最小厚度13cm,波纹管最小弯曲半径2m。当底板厚大于18cm时,可用墩头锚具,预应力孔道采用抽拔成孔,预应力钢筋用高强钢丝束时较为经济。

6 结语

(1)与同跨径的全预应力混凝土空心板梁相比,后张空心板梁造价虽然略高,但当所需的空心板数量不多时，预制生产和大件运输受条件限制时仍体现出施工简便灵活的优点，综合经济效益显著。

(2)采用BM锚固体系及部分预应力结构，在空心板高度不增加的情况下有效地增加了内力臂，增加结构的抵抗弯矩，相对节省了钢筋和混凝土。

93)由于应用部分预应理论，采用混合配筋，使结构在延性、弹性等性能上都具有优良的品质。对结构的裂缝控制也可以根据工程条件来掌握。该种结构很有推广实用价值。

参考文献

[1] JTG D60—2004 公路桥涵设计通用规范[S].北京:人民交通出版社,2004

[2] JTG D62—2004 公路钢筋混凝土及预应力混凝土设计规范[s].北京:人民交通出版社,2004

[3] JTJ 041—2000 公路桥涵施工技术规范[S].北京:人民交通出版社,2000

宝天高速公路 BT17 标挖方边坡滑塌治理

张艺霞
（甘肃省交通规划勘察设计院有限责任公司　兰州　730030）

摘　要　针对 XK78 + 710 ~ 800 左侧挖方边坡滑塌产生的原因及其特点，采取设置截水沟、渗沟等排水工程和抗滑挡土墙、桩基承台挡土墙等支挡工程、减压等治理措施，以达到合理治理挖方边坡滑塌的目的。

关键词　边坡滑塌　排水　减压　支挡及防护工程

1　概况

宝天高速公路地处我省东南部，气候潮湿多雨，该项目施工过程中自进入雨季以来，降雨量较大。XK78 + 710 ~ 800 左侧挖方边坡为红色砂砾岩上覆黄土层，下为灰色片岩；地形两端及后部高，中间低，较为特殊，且横坡较陡。XK78 + 720 ~ 726 段一级边坡、XK78 + 765 一级边坡、XK78 + 780 二级边坡灰色片岩出露。XK78 + 745 ~ 760 左侧挖方三级边坡坡面有渗水现象，较为潮湿。该段边坡开挖后形成临空面，边坡易沿岩土界面失稳，形成坍塌。7 月份该段边坡局部出现裂缝和坍塌，当时根据实际情况，提出了处治方案，并形成了纪要。9 月份该段边坡再次出现坍塌，但坍塌范围基本没有扩大，主要表现为外缘裂缝发展扩大，形成较高较陡的坍塌后壁，红色砂砾岩出露，当时采取了清方减载并放缓边坡的方案。该方案实施后，初期边坡保持稳定，但由于表层红色砂砾岩风化较快，加上排水设施没有完全实施，在雨水及坡体渗水等影响因素的作用下，XK78 + 720 ~ 780 段出现裂缝，XK78 + 755 ~ 780 段出现滑塌。与 9 月份相比，裂缝范围变化仍不大，主要表现为清方减载并放缓边坡后 XK78 + 755 ~ 780 段边坡上部红色砂砾岩风化后滑塌。目前该处整个山体仍处于稳定状态，没有发现失稳的迹象。

为了及时解决上述问题，确保边坡稳定与安全，2006 年 12 月 4 日，对该段路基边坡进行现场踏勘，并进行了挖探，测量了该处地形。同时要求施工方做好截、排水沟及填塞、封堵裂缝等临时措施和其他安全措施，防止裂缝及塌方进一步发展。

通过对挖探、物探及试验结果的分析与判断，并结合现场踏勘情况分析，基本探明了该段的地质情况，再结合该路段地形等条件，提出了多种处理方案。经方案比较论证，并再次实地踏勘，确定了处治方案。

2　综合处治措施

根据本段落的地形、地质和水文状况及边坡滑塌的原因，采取下述综合处理措施。

2.1　排水

在坡口外设置路堑截水沟将地表水拦截引离，排入涵洞，在滑塌体内的各级平台上均设置平台截水沟，使坡面汇集的水流快速排离，并尽量减少水流渗入滑塌体。对于滑塌体内外的裂缝，采用黏土填塞夯实。对松软的坡面进行修整，减少水流的渗入。部分渗水的坡面，设置渗沟排除地下水；在挡土墙基底及桩基承台挡土墙承台后设置渗沟，以排除坡体内的积水。另外，完善路基与路外排水，使之组成有效的排水系统。

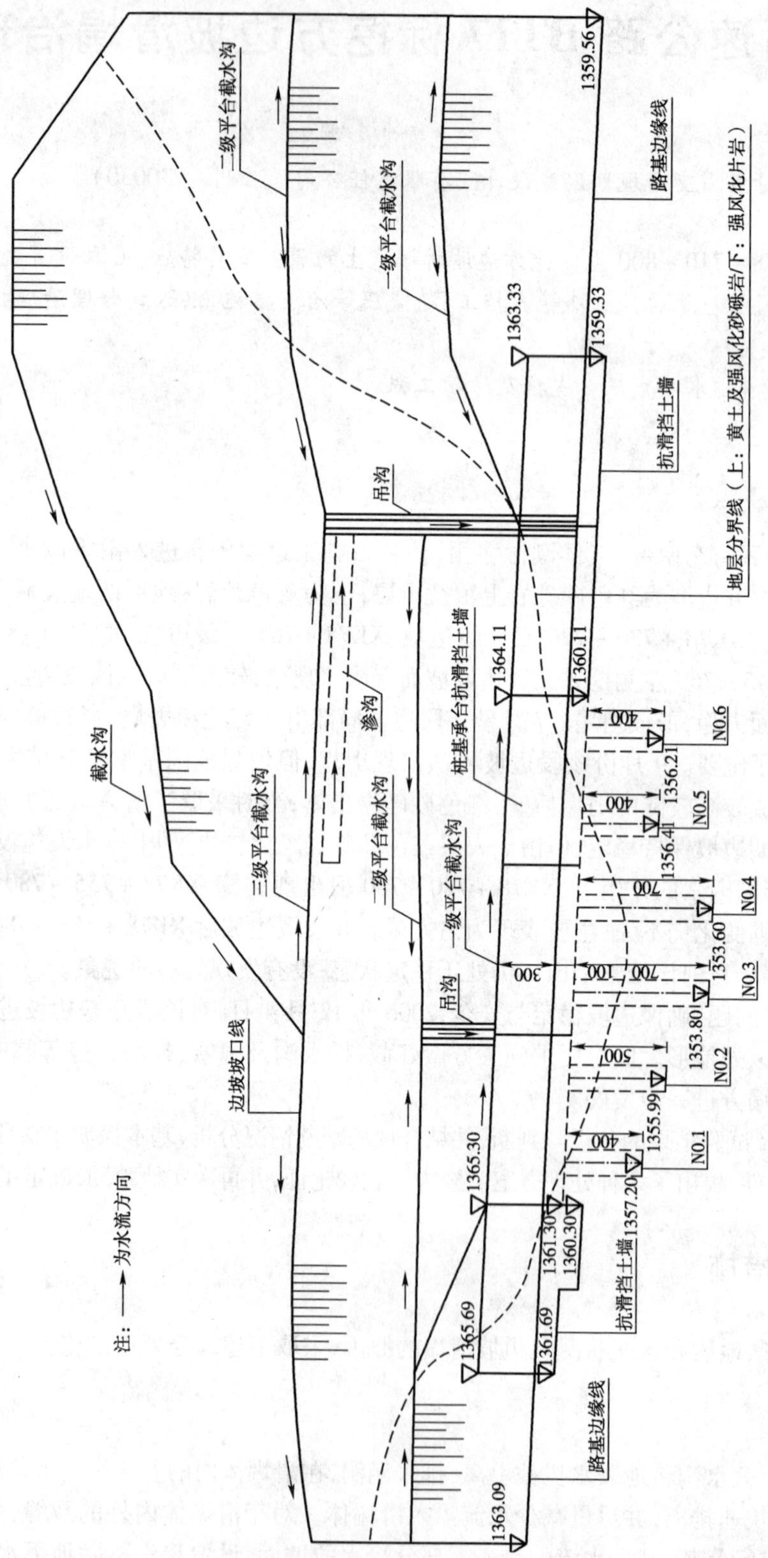

二级平台截水沟
一级平台截水沟
路基边缘线
1359.56
1363.33
1359.33
抗滑挡土墙
吊沟
地层分界线（上：黄土及强风化砂砾岩/下：强风化片岩）
渗沟
桩基承台抗滑挡土墙
1364.11
1360.11
截水沟
NO.6
NO.5
NO.4
NO.3
NO.2
NO.1
400
700
100
300
500
1356.21
1356.41
1353.60
1353.80
1355.99
1357.20
1365.30
1360.30
1361.30
1365.69
1361.69
1363.09
边坡坡口线
注：——→为水流方向

图 1　立面图（单位：cm）

2.2 减压

根据地质水文条件，适当放缓边坡，边坡放缓至1∶1.5，以清除部分滑塌体，减轻重量，减小支挡结构所承受的推力。

2.3 支挡及防护工程

由于XK78+720～730和XK78+760～780段基岩埋藏较浅，因此采用普通抗滑挡土墙，挡墙高4m，顶宽2m，其基础置于强风化片岩上，并嵌入新鲜岩面至少0.5m，XK78+730～760段基岩埋藏较深，最深处为4.9m，而黄土覆盖层承载力又较低（根据试验为140kPa），因此该段采用桩基承台抗滑挡土墙，桩径ϕ1.5m，桩间距5m，桩长采用4m、5m、7m。

本段坡面防护待边坡开挖和修整、挡土墙和渗沟等施工完毕后再另行确定。平台及坡率较缓的边坡可采用草灌结合的绿化方式，特别是一级平台的绿化，应考虑对后面坡面的遮掩，可适当种植一些高度合理的灌木。

综合处理措施见图1。

3 施工注意事项

3.1 排水

施工前应首先做好防排水设施，并组成有效完善的排水系统，使水流快速排离路基和边坡，严禁使水流直接冲刷边坡。对滑塌体外的裂缝应及时填塞夯实，并形成合理的坡度，严禁水流灌入。渗沟Ⅲ型施工时可根据开挖后的渗水情况适当调整，但应嵌入基岩，以保证渗沟排水效果，使地下水能快速排离。抗滑挡土墙后设置的渗沟从XK78+775处横向排入边沟，应保证出水口比边沟底部高20cm以上。

3.2 边坡开挖

施工时应首先清除XK78+770～785边坡最上部已坍塌的土体，然后自上而下依次开挖或修整各级边坡和平台，观测边坡稳定后再跳槽开挖设置渗沟和挡土墙。

3.3 抗滑桩

桩孔应从设计段落两端向主轴方向跳槽隔桩开挖，达到设计顶面高程并观测边坡稳定后再钻孔，钻孔前应先做好锁口。施工过程中，须根据钻孔的具体情况，及时核对原地质资料、设计参数的取值，如果变化较大，应马上进行四方踏勘协商。

3.4 承台

施工前应将其底部的土体夯实整平。

3.5 抗滑挡土墙

应分段跳槽开挖，并监测边坡和坍塌土体的稳定性。挡土墙段落的起终点应根据实际情况设置端头进行过渡，逐渐"隐"入岩石中，避免墙背外露，过渡段应自然、顺畅。

3.6 施工安全

施工前应编制施工组织计划，充分考虑到各种因素，采用多种综合措施，以保证施工安全。

4 结语

该项工程在设计中采用了排水设施设置与抗滑挡土墙、桩基承台挡土墙等支挡工程相结合的治理措施,达到合理治理挖方边坡滑塌的目的。该工程已建成一年有余,运营状况良好,边坡稳定性达到设计要求。

使用最小二乘法进行旧路平面线形拟合的研究

张　磊

（长沙理工大学　长沙　410076）

摘　要　本文分析了旧路平面线形拟合在当前社会中的意义，介绍了几种常用的拟合方法并分析了其优点和不足；对理想的拟合方法提出了个人的观点和要求；从曲线拟合的角度入手，利用已经成熟的曲线模型对旧路中线采样点坐标进行拟合；将数据计算与绘图软件结合起来，实现了数据计算和图形绘制的同步进行；以直线路段为例，给出了详细的拟合操作过程；对曲线段的拟合进行了理论探讨；通过工程数据检验，获得了理想的结果。

关键词　旧路改建　平面线形拟合　曲线拟合　最小二乘法

1　引言

1.1　研究背景

随着我国社会、经济的不断发展，区域间经济贸易活动的日益繁荣，公路运输在国民经济发展中的作用也日益重要。我国的公路建设通过多年的实践和探索，并借鉴国外先进经验，已经在新建公路工程方面形成了一套较为完善的设计、施工和管理体系，建设技术已日趋完善，有关的规范和法规也较为完备。然而我国人口众多、土地等不可再生资源紧缺的国情决定了一味的依靠建设新的道路来满足日益增长的交通运输需求是不完善的。从可持续性发展的观点出发，我们要在不断建设新公路的同时，对许多20世纪中、后期修建的一、二级公路以及二级以下公路进行改造扩建，使之能够发挥更好的社会经济效益。

公路项目立项初期，公路等级的确定是依据公路网的规划和远景交通量，从全局出发，结合公路的使用任务和性质综合确定的。一般高速公路和一级公路的远景设计年限为20年；二级公路为15年；三四级公路为10年；四级公路为10年甚至10年以下。但是由于交通量发展的不确定性，导致远景交通量的预测偏差往往很大，尤其对于经济热点地区和经济高速发展时期的交通量增长估计不足，这也要求对旧路进行必要的改扩建。旧路改建的另一个原因是由于交通量的迅速增长，重车超载以及路面设计、施工方面存在的缺陷，致使一些高级公路路面在未达到设计使用年限时就提前破坏。

随着我国大量高等级公路同时进入维修养护期，二三级公路的交通压力也越来越大，进一步提高低等级公路的服务质量也成为全面缓解交通压力的一个重要方面。旧路的改建已经成为一个紧迫的课题，旧路改建的里程正在逐年增加，并在公路建设中占相当大的份额，旧路的改造扩建工程将是我国现阶段公路建设所面临的非常重要和必须解决的问题。

1.2　旧路现状

旧路限于当时的建设条件，建设标准普遍比较低，难以满足当今交通发展的需要，多存在以下问题：

(1)旧路的建设标准低，不能满足《公路工程技术标准》(JT B01—2003)的要求。平面线形差，旧路沿线直线较少且短，平曲线设置多，半径小，缓和曲线短或不设缓和曲线，曲线间的直线长度往往不能满足规范要求；随着投入运营时间的增长，局部路段道路城镇化严重，线形指标低，通过城镇时路面障碍

多、路面狭窄,在集市时交通拥堵,交通事故频发;纵坡大,坡长、缓和坡度设置不足,地形较好的路段常存在“顺地爬”的现象;局部路段存在长直线、长陡坡接小半径曲线的组合而形成事故黑点,影响行车安全。

(2)路面多为低等级路面,往往超期服役,破坏严重,行车舒适性差。

(3)桥涵等构造物设计荷载标准低,桥面狭窄,桥头接线差;大多旧桥涵均存在不同程度的病害;由于历史的原因,旧桥涵的设计资料等均无资料可查。

(4)路基窄,视距差,防护、安保设施不健全,交通事故频发。

(5)路基填土高度小,排水设施不完善或水毁情况严重。

旧路改建过程中要协调好各个方面因素,妥善解决好上述问题。旧路的改扩建工程与新建道路工程有很大的差别,要考虑线形与原路线上的互通、桥梁等构造物的衔接、横穿城镇的公路扩建可能造成的拆迁、改扩建后路段与未改建路段的衔接等问题,所以用新建工程的思路和设计方法是不能有效、快速地解决好旧路的改扩建问题的。实际工程中,需要改造扩建的旧路往往存在多种病害,如路基沉陷、边坡滑移、路面破损等。有的道路曾经历过多次小规模的、局部的改建扩建,这些因素都造成旧路实际情况与初始设计资料相去甚远。实施公路的改扩建工程时,完全采用原有设计参数,显然是不符合实际情况的。而且,由于早期的公路设计、施工及管理不规范,公路相关设计资料往往已经缺失,甚至有些低等级的公路根本没有保留设计资料。因此,准确获取公路当前信息,尤其是工程最基础的公路平面线形数据资料,对实施改扩建工程设计及建立公路设计资料信息库等方面具有重要意义。

由于有些道路修建较早,且多数路段经过多次改建扩建,原有设计文件往往不易得到或已与实际情况不符,失去了参考价值,甚至有些道路修建时就是采用直接定线的方式,没有正规的设计资料。对于这类道路的改造工程,首要工作是恢复原道路的线形资料,即旧路平面线形拟合。

1.3 旧路平面线形拟合工作的主要内容

曲线拟合是指用连续曲线近似地刻画或比拟平面上离散点组所表示的坐标之间的函数关系的一种数据处理方法。是用解析表达式逼近离散数据的一种方法。它源于工业产品设计制造的自由曲线曲面造型技术,是根据实物模型测量数据,建立数学模型,得到其设计参数,从而进一步修改原有设计,用于产品分析、制造和加工生产的工程技术。随着数控测量技术的发展,曲线拟合已经被广泛应用于航空、航天、造船、汽车和模具等现代制造业领域。

旧路平面线形的拟合工作就是将曲线拟合的数学方法使用到旧路平面线形的拟合中,通过对从原道路上得到的线形数据进行分析处理,拟合出道路平面线形的相关数据资料,并通过技术手段将误差控制在允许范围内,为新的道路线形设计提供客观的依据。使用曲线拟合的方法,可以使旧路线形拟合工作规范化,使误差量化、可控,并可根据相关数学理论、路线设计原则制定一系列的误差控制手段以及精度评定指标,既要为拟合工作提供规范化的操作,又要保证拟合结果的精度。

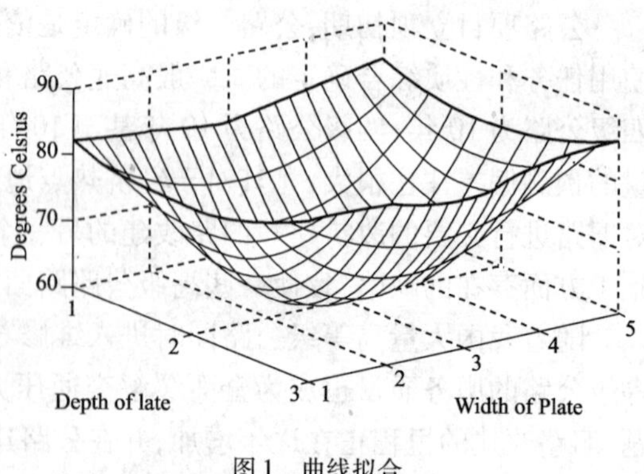

图1 曲线拟合

而从旧路中线采样点出发重建曲线模型过程中直线段曲线段各自适用的数学模型的选定、在计算机辅助下拟合的实现以及相应的误差控制措施的制订、精度评定指标的确定等等问题,目前还没有得到很好的解决,需要进行深入的研究探讨。

旧路平面线形的拟合工作主要包括以下工作:

(1)通过测量手段或地面数字模型以及GPS得到原道路中心的散点坐标;

(2)利用这些坐标中直线路段的坐标拟合得出直线方程并确定交点坐标;

(3)通过交点坐标、直线位置、散点分布等条件拟合公路曲线数据;

(4)在拟合结果的基础上进行新的路线设计和路基设计。

由此可见,拟合平曲线数据的最基本工作就是确定出路段交点,在交点确定的基础上才能进一步拟合曲线要素。

1.4 目前国内常用的旧路平面线形拟合方法

目前使用较多旧路平面线形拟合方法有以下两种:

1.4.1 综合法

综合法是利用曲率图将"拟合法"和"线元法"结合起来实现拟合曲线的曲率图向公路平面线形的曲率图的转化,进而实现拟合曲线向公路平面线形的转化。

首先,输入路线测设过程中所取的控制点,用数学曲线函数模型(最小二乘法、B 样条函数法等)对其进行拟合,生成一条满足约束条件的光滑曲线,然后沿曲线前进方向求算间隔点(间距为 1m 或更小)的曲率,并以此得到拟合曲线的曲线长度—曲率关系图。根据曲率图的形状,利用公路平面线形的三个基本要素(直线、圆、缓和曲线)相对应的曲率图式(与路线前进方向横轴 Z 重合、平行、斜交的直线段)对拟合曲线进行处理,生成与公路平面线形组合相一致的桩号—曲率图,最后反算出曲线单元要素,计算得出公路平面线位图。

此方法的优点是将拟合曲线在线位计算和施工放样中理论知识较为复杂的地方(如数学函数模型及其求解理论等较为复杂),转换为直线、缓和曲线、圆曲线的半径和长度等平面线形指标,并通过数据和图示直观形象地表达出来。"综合法"对个别控制较严格的地段比较实用,但大面积使用则有困难,主要是因为样条函数计算复杂,而且要进行二次拟合。二次拟合时完全靠设计人员的手工拟合,比较繁琐。

1.4.2 CAD 样条曲线法

在实际工程中,由于时间紧、任务重,为了节约时间,提高效率,还常常采用 CAD 样条曲线法,输入测设里程坐标排除误差较大点后,绘制样条曲线,粗略判断各曲线基本元素可能位置,绘制 CAD 直线、圆曲线对比样条曲线,得到拟合曲线参数(图2)。

目前,这是很常用的一种方法,但是 CAD 样条曲线法仅凭技术人员的经验来选取并绘制与样条曲线重合性较高的直线、圆曲线,主观因素太多,不利于平面线形拟合技术的理论研究。此交点确定方法还有以下缺点:

路线行进方向

图2 CAD 样条曲线法

(1)外业勘测不可避免会产生误差,而内业工作过多的人工参与会使误差进一步加剧;

(2)人工穿线受人为因素影响比较大,对误差控制缺乏有效的技术措施和理论依据;

(3)数据量大,人工穿线费时费力。

另外,国内外还有方位角法、最小二乘法、联合平差模型、三次样条曲线法、曲率判别法等拟合理论和方法,但是因对数据要求过于严格、可操作性不强或者精度不能满足要求等原因而没有在大范围内得到使用,还停留在研究阶段。而 CAD 样条曲线法虽然精度不高,但由于操作简单、工具常见,并且拟合思想与公路设计的曲线法思想比较接近,所以被很多技术人员采用。

可见,很有必要找到一种操作简便、精度高,而且使用技术人员常见的工具就能保质保量地完成拟合工作的方法。这种方法要既能克服研究对象理想化的限制,又能易于广大技术人员接受。笔者认为,这种方法需要满足以下要求:

(1)对采样点数据线形要求少。采样点数据的得到不可避免存在着误差,拟合方法要允许这种误差的存在,不能因为有这种误差而无法开展工作。

(2)拟合方法以曲线拟合理论为基础,对于不同的线元采用不同的曲线模型。避免急于求成,简单穿线的做法,使旧路线形的拟合借鉴新路设计的思想,确定线元的参数来控制拟合精度。

(3)拟合过程使用的工具应是常见的工具软件。如 Auto CAD、OFFICE、VB 语言等已经在公路工程中被广泛使用的工具软件,这样才利于方法的推广。

(4)要有标准的精度控制指标。统一的精度指标,一方面为工程经验的积累、技术的借鉴提供了便利,另一方面也为将来国家标准的制订提供了参考。

本文根据最小二乘法原理,分析了最小二乘法用于旧路拟合的优点,并以直线段坐标采样点数据为例,使用 Excel 实现对直线路段坐标数据的最小二乘拟合,自动确定直线方程和交点坐标的方法代替人工穿线。通过工程实践,将 Excel2003 与 Auto CAD2006 结合起来,实现了数据计算和图形绘制的同步进行,有效地控制了误差,为下一步曲线段的拟合打下了良好的基础,也为整个线形恢复工作的精度提供了初步保证。

2 最小二乘法拟合直线路段理论探讨及实现方法一例

2.1 理论依据

根据最小二乘法原理:数据在使各个误差平方和最小的意义下,拟合函数与观测值将达到最佳拟合效果。通过测量,测得位于道路同一直线路段中心线的一组坐标数据:

$$(x_i, y_i), i = 1,2,3,\cdots,n$$

由于 x、y 满足线性关系,设拟合直线公式为 $y = (f(x) = ax + b$,当所测各 y_i 值与拟合直线上各估计值 $f(x_i) = a + bx_i$ 之间偏差的平方和最小,即

$$\sum_{i=1}^{n}(\sigma_{yi})^2 = \sum_{i=1}^{n}(y_i - \overline{y_i})^2 = \sum_{i=1}^{n}[y_i - f(x_i)]^2 = \sum_{i=1}^{n}[y_i - (a + bx_i)]^2 \to \min$$

时,所得拟合公式即为最佳经验公式。

由上式可得到:

$$a = \frac{l_{xy}}{l_{xx}}, b = \overline{y} - a\overline{x}$$

其中,

$$l_{xx} = \sum_{i=1}^{n}(X_i - \overline{X})^2, l_{xy} = \sum_{i=1}^{n}(x_i - \overline{x})(y_i - \overline{y});$$

$$\overline{x} = \frac{1}{n}\sum_{i=1}^{n}x_i, \overline{y} = \frac{1}{n}\sum_{i=1}^{n}y_i$$

利用上述公式即可求出由散点得出的拟合直线方程:

$$y = ax + b$$

相邻两直线$\begin{cases} y = a_1x + b_1 \\ y = a_2x + b_2 \end{cases}$路段的交点坐标为:

$$x = \frac{b_2 - b_1}{a_1 - a_2}, y = a_1\frac{b_2 - b_1}{a_1 - a_2} + b_1$$

(x,y)即为相邻两直线的坐标。

拟合直线与原直线的吻合程度由相关系数 R^2 来检验:

$$R^2 = \frac{n\sum xy - \sum x\sum y}{\sqrt{\{n\sum x^2 - (\sum x)^2\}\{n\sum y^2 - (\sum y)^2\}}}$$

当 R^2 越接近 1,表明 y 与 x 相关性越理想。

从最小二乘法的原理可知,数据越接近线性,拟合结果就越精确。道路直线路段坐标数据符合这一要求,可以看出,旧路直线路段交点的确定,使用最小二乘法直线拟合是很合适的,而且拟合的精度可以由相关系数 R^2 来检验。

2.2 使用 Excel 实现直线路段最小二乘法拟合计算

旧路中线采样点坐标数据的拟合计算可以采用多种方式,比如使用专门的统计软件、使用 VB 语言编制的小程序等等,都能完成这项工作。笔者考虑到在实际工程中的易用性,选择常见的办公软件 Excel 来完成这项工作,读者可以根据自己的实际情况来选择工具。

作为 Microsoft 公司出品的 Office 家族中的一员,Excel 现已成为各个行业乃至人们日常生活中必不可少的工具。Excel 具有强大的数据处理功能,提供有 350 多个函数,涉及到工程、信息管理、市场营销、行政与人力资源、财务、统计等多个领域的行业应用。将 Excel 强大的数据存储、计算等功能应用于旧路平面线形拟合中,将很大程度上使工作人员从繁重的劳动中解脱出来,大大提高工作效率,并且其结果准确性也是人工劳动不可比拟的。

2.2.1 使用 Excel 进行直线段最小二乘拟合的原理

Excel 的强大函数运算能力可以快速实现最小二乘法拟合,而且操作简便、效率高、误差小。

Excel 中的 LINEST 函数就是使用最小二乘法对已知数据进行最佳直线拟合,并返回描述此直线的数组,即拟合直线的斜率和 Y 轴截距,因为此函数返回数值数组(系数 a 和常数 b),所以必须以数组公式的形式输入。

直线的公式为:

$$y = ax + b \text{ 或}$$

$$y = a_1x_1 + a_2x_2 + \cdots + a_nx_n + b\text{(如果有多个区域的 } x \text{ 值)}$$

式中,因变量 y 是自变量 x 的函数值;a 值是与每个 x 值相对应的系数;b 为常量。由于旧路平面线形交点确定研究的问题是简单直线的拟合,即只有一个 x,故采用 $y = ax + b$ 的直线形式。

LINEST 函数的语法为:

LINEST(known_y's,known_x's,const,stats)

其中,known_y's 是关系表达式 $y = ax + b$ 中已知的 y 值集合;known_x's 是关系表达式 $y = ax + b$ 中已知的可选 x 值集合。如果省略 known_x's,则假设该数组为{1,2,3,...},其大小与 known_y's 相同。

Const 为一逻辑值,用于指定是否将常量 b 强制设为 0。如果 const 为 TRUE 或省略,b 将按正常计算。如果 const 为 FALSE,b 将被设为 0,并同时调整 a 值使 $y = ax$。

Stats 为一逻辑值,指定是否返回附加回归统计值。如果 stats 为 TRUE,则 LINEST 函数返回附加回归统计值,如果 stats 为 FALSE 或省略,LINEST 函数只返回系数 a 和常量 b。

2.2.2 使用 Excel 实现直线段最小二乘拟合的操作

操作主要分数据计算部分和 Auto-CAD 绘图部分,数据计算部分步骤如下:

(1)数据存放。将要拟合路线的中心线坐标数据存放于一个 Excel 文档中,X、Y 坐标各占独立的一列,且保证同一点的两个坐标在同一行中,相互对应。

(2)直线拟合。由于在进行野外测量的时候就已经确定了直线段的起至点,所以只需找到这些坐标,使用最小二乘法对其进行拟合,求出该段直线的斜率和 Y 轴截距即可确定该直线。

选定直线起点后一个单元格输入最小二乘法直线拟合公式,假定第一个直线段上的点从第二行开始，到第 9 行结束，那么就输入“ = LINEST(C2 : C9 , B2 : B9 , 1)”，然后回车，即可在此单元格中输出拟合直线的斜率。然后选中斜率所在单元格及其右边的单元格，按 F2 键，再按 CTRL + SHIFT + ENTER 组合键，即可在这两列输出直线的斜率和 Y 轴截距。由此可得出拟合直线的方程。

Microsoft Excel - 自动结果.xls

G15

	A	B	C	D	E	F	G	H	I	J
1		桩号	X坐标	Y坐标		拟合直线斜率	Y轴截距	拟合纵坐标Y'	Y-Y'	
2	直线段1	170000	341461.040	2559653.931		0.189698164	2494879.343	2559653.875	0.056	
3		170020	341441.425	2559650.139						
4		170040	341421.772	2559646.414						
5		170060	341402.136	2559642.662						
6		170080	341382.486	2559638.931						
7		170100	341362.853	2559635.256						
8		170120	341343.176	2559631.554						
9		170140	341323.528	2559627.800						
10		170160	341303.798	2559624.462						

图 3　Excel 直线拟合操作界面

将该直线路段上各个 X 坐标分别代入拟合出来的直线方程，求出该直线上对应该每个 X 值的纵坐标值。见图 3，选中 H2 单元格，输入公式“ = C2 × F2 + G2”后回车，即可得到该直线上以 341 614.040 为 X 坐标的纵坐标值 Y' = 2 494 879.343，使用同样的方法或者使用 Excel 的填充柄再将该直线路段上其他 X 坐标代入拟合出来的直线方程，求出该拟合直线上其他横坐标对应的纵坐标。

如图 3 所示，在第 I2 单元格输入公式“ = D2-H2”，即可在此单元格中显示拟合直线上的纵坐标与道路纵坐标之间的差，可通过该差值的大小，直观地判断拟合直线与对应点的相关性。计算结果见表 1。

拟合数据及结果表　　　　表 1

路段及编号	已知数据			拟合结果		拟合纵坐标 Y'	两 Y 坐标之差（Y - Y'）
	桩号	X 坐标	Y 坐标	拟合直线斜率	拟合直线 Y 截距		
直线段 1	170000	341461.040	2559653.931	0.18969816	2494879.34	2559653.88	0.056
	170020	341441.425	2559650.139			2559650.15	-0.015
	170040	341421.772	2559646.414			2559646.43	-0.012
	170060	341402.136	2559642.662			2559642.7	-0.039
	170080	341382.486	2559638.931			2559638.97	-0.043
	170100	341362.853	2559635.256			2559635.25	0.007
	170120	341343.176	2559631.554			2559631.52	0.037
	170140	341323.528	2559627.800			2559627.79	0.010

使用计算结果生成图形，操作如下：

（1）将散点坐标导入 Auto-CAD 在 Excel 中选定一个空闲列，在这一列与第一对坐标同一行的单元格中输入公式“ = C：C&”，“&D：D”后回车，即可在该单元格里将坐标以“X，Y”坐标对的格式显示。利用填充柄拖拽该列至坐标数据最后一列，使所有坐标都显示为“X，Y”坐标对的格式。复制坐标对所在的列，在中新建图纸，选择“点”命令，在命令行中选择粘贴，等 Auto-CAD 将数据全部导入后，使用 zoom 命令找到散点所在位置，调至合适显示比例。

（2）确定第一段直线。复制求出的两个 Y' 坐标及其各自对应的 X 坐标，在 AutoCAD 中使用直线命令，利用两个已知坐标点做出直线的图形。结果参见图 4。

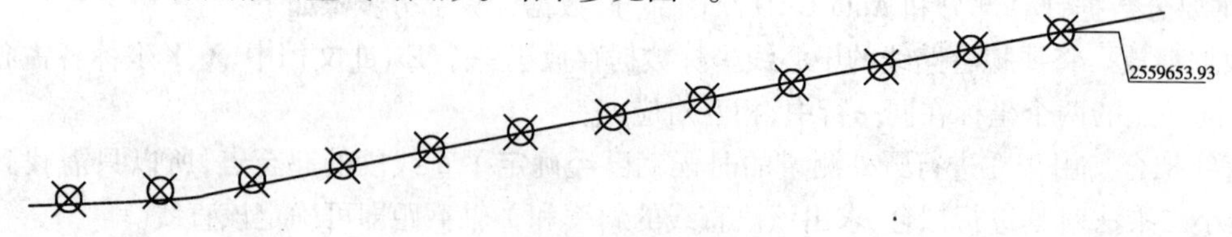

图 4　道路散点 CAD 图形

(3)确定第二段直线并求其与第一段直线的交点。对下一段直线段使用上述步骤,即可得第二段直线的图形,使用 Auto CAD 中的“延伸”工具,找到两直线的交点,此交点即为路线的第一个交点。

(4)按照上述方法,画出拟合路段的所有直线路段图形,确定出各个交点的坐标。

3 曲线路段拟合理论探讨

3.1 圆曲线拟合

如果点位 x,y 在圆曲线内,则可用$(x-a)^2+(y-b)^2=R^2$ 表示其关系,也可记为 $y^2=a+bx+cx^2$。设 $y=y^2$,则有 $y=a+bx+cx^2$,则系数 a,b,c 满足方程:

$$\begin{cases} a+b\overline{x}+c\overline{x^2}=\overline{y} \\ a\overline{x}+b\overline{x^2}+c\overline{x^3}=\overline{xy} \\ a\overline{x^2}+b\overline{x^3}+c\overline{x^4}=\overline{x^2y} \end{cases}$$

式中,$\overline{x^k}=\frac{1}{n}$。$\sum_{i-1}^{n}x_i^k(k=1,2,3,4)$,$\overline{x^ky}=\sum_{i-1}^{n}x_i^ky_i(k=1,2)$。

从而可以算出圆心(a,b)和半径 R。

3.2 缓和曲线的拟合

公路设计经常使用回旋曲线 $RL=A^2$ 作为缓和曲线。可近似解算为:

$$x\approx l-\frac{l^5}{40C^2}$$

$$y\approx\frac{l^3}{6C}-\frac{l^7}{336C^3}$$

式中,l 指起点至任意点的弧长,$c=RL$,R 指圆曲线的半径,L 指缓和曲线的长度。可用上式解算 A 值,也可根据步骤 2 中算出的 R 和划分曲线类型时解算的缓和曲线长 L 值,利用公式 $RL=A^2$,即可求出 A 值。

根据上面的数学理论和几组公式,即可根据一组道路中线采样点坐标数据拟合曲线路段的曲线半径 R 和缓和曲线参数 A 等数据成果,其计算机实现方法可通过 VB 语言编制的小程序进行计算,再结合 Auto-CAD 软件进行绘图,即可得到拟合结果。

4 结语

笔者通过此方法,对国道 321 某段近 80km 的旧路中线采样点数据进行了拟合。结果证明,此方法有以下优点:

(1)可以在保证精度的前提下,高效地进行旧路平面线形的拟合确定工作,既有充足的理论依据,又有很高的易用性和可操作性;

(2)计算软件和绘图软件的结合,使数据计算和图形生成同步进行,可以随时使用图形来检验数据计算结果,使错误在过程中能被及时地发现并纠正,进一步保证了结果的准确性;

在实际应用中,笔者也发现了此方法一些不足,比如曲线路段拟合操作的易用性、可操作性比直线路段有明显的下降,受人工干涉较大,对于拟合结果的精度控制,缺乏有效的评估措施和标准等问题,所以该课题还需要进行进一步更为深入的研究工作。

参考文献

[1] 颜庆津. 数值分析. 北京:北京航空航天大学出版社,2000
[2] 张雨化. 道路勘测设计. 北京:人民交通出版社,1997
[3] 盛聚,谢式迁,潘承毅. 概率论与数理统计. 北京:高等教育出版社,2001
[4] Paul Mcfedries. 巧学巧用 Excel 2003 公式与函数. 马树奇,金燕,译. 北京:电子工业出版社,2004
[5] 神龙工作室. Excel 函数应用 500 例. 北京:人民邮电出版社,2006
[6] 龙马工作室. Auto-CAD 2006 中文版入门与提高. 北京:人民邮电出版社,2006
[7] 资建民,陈宏志,孙贵清. 改扩建道路工程线型拟合设计. 中国市政工程
[8] 刘敏. 半幅公路扩建工程测量及线形拟合方法. 公路与汽运
[9] 陈德华,莫海鹰. 旧路改造中平面线形拟合的理论探讨[J]. 中南公路工程
[10] 贺志勇,张肖宁. 旧路改造中的定线测量[J]. 测绘通报
[11] 祁鹤,马咸利,孙霞. 公路设计中的线形拟合. 辽宁交通科技
[12] 张航,黄云,龚良甫. 基于三次样条函数拟合公路平面线形方法研究. 武汉理工大学学报

浅析预应力混凝土空心板外观质量控制

干其明　张　丰

（商丘市豫东公路勘察设计有限公司　商丘　476000）

摘　要　在空心板预制过程中，因原材料质量、施工工艺、混凝土自身应力、外界环境等原因，导致梁体表面产生裂缝、蜂窝、麻面等，虽不影响空心板的正常使用，但严重影响了其外观质量。

关键词　裂缝　蜂窝　麻面　防治

空心板预制浇筑完成后，发现沿梁体顶面产生长度为50～150mm、宽度为0.02～0.1mm的裂缝，拆模后倒角处出现50～100mm、宽度为0.02～0.05mm的裂缝。裂缝深度在0～5mm之间，判定为收缩裂缝或温度裂缝，不影响空心板的正常使用，但考虑预应力钢绞线放张后，有使混凝土顶面抗拉强度降低，致使裂缝长度、宽度和深度增长的可能。蜂窝体现了混凝土的均密性，反映了混凝土的强度。为此，分析它们产生的原因和改进措施对提高空心板的质量是完全必要的。

1　裂缝

混凝土在浇筑完成后2～5个小时，易产生收缩裂缝和温度裂缝。早期裂缝一旦发生，会增加混凝土的渗透性，并使混凝土暴露于外界环境的表面，这使混凝土早期老化。裂缝的产生使混凝土渗水性增大，严重降低混凝土的强度，从而影响其耐久性。

混凝土结构裂缝的成因复杂、繁多，有时多种因素互相影响，但每一条裂缝均有其产生的一种或几种主要因素。

1.1　裂缝产生的原因

1.1.1　施工工艺因素

（1）混凝土浇注。采用插入式振动器振密，振捣过程出现过振现象，致使混凝土表面粗细集料离析，靠近模板的混凝土表面细集料集中。

（2）混凝土养生。现场操作往往是等混凝土脱模后才开始养生，空心板顶面裸露在大气中，夏季最高气温达38℃，加快了水分的蒸发，致使表面干缩裂缝。在冬季因保温措施不到位，内外温差较大，致使表面形成温差裂缝。

1.1.2　混凝土内箍筋的影响因素

由于钢筋和混凝土膨胀率的差异，钢材的膨胀率大于混凝土的膨胀率，混凝土表面的拉应力小于钢筋膨胀所产生的应力，从而使混凝土表面拉裂。

1.1.3　混凝土自身应力形成的裂缝

（1）收缩裂缝。混凝土凝固时，一些水分与水泥颗粒结合，使体积减少，称为凝缩。另一些水分蒸发，使体积减小，称为干缩，凝缩和干缩合称为收缩。混凝土尚处于未完全硬化状态时，如果干燥过快，表层混凝土所产生的拉力超过其抗拉强度时，便产生收缩裂缝。

（2）温度裂缝。因养护方法以及保温措施不当，由于水泥水化热作用，使混凝土内部与外表面温差过大，这时内部混凝土受压应力，表面混凝土受拉应力。当表面拉应力达到并超过混凝土抗拉强度，就会产生间距大致相等的直线裂缝。

1.2 预防措施

(1)混凝土的浇注。在夏季混凝土浇注应选择一天中温度较低的时候进行,采用插入式振捣器振捣时,移动间距不应超过振捣器作用半径的1.5倍,对每一振捣部位必须振动到混凝土停止下沉,不再冒出气泡,表面呈现平坦、泛浆,边振动边徐徐提出振动棒,避免过振,造成混凝土离析。

(2)混凝土养护。不论是收缩裂缝还是温度裂缝,混凝土的养护最为关键。等混凝土脱模之后才开始洒水养护的方法是错误的。混凝土浇注收浆完成后,尽快草帘覆盖和洒水养护,使混凝土表面始终保持在湿润状态,不允许混凝土在高温下裸露暴晒。由于水泥在水化过程中产生很大的热量,混凝土浇注完成后必须在侧模外喷水散热,以免混凝土由于温度过高,体积膨胀过大,在冷却后体积收缩过大产生裂缝。养护时间不少于两周。

(3)芯模。充气胶囊在使用前应经过检查,不得漏气,有些空心板混凝土顶面裂缝就是由于混凝土在未达到2.5MPa时,芯模漏气,致使顶面混凝土开裂。因此,预制之前必须确保芯模完好。

2 蜂窝

蜂窝是指混凝土结构局部出现酥松,砂浆少、石子多,石子之间形成空隙类似蜂窝状的窟窿。

2.1 蜂窝产生的原因

(1)混凝土没有按照配合比,石子、水泥材料加水不准造成砂浆少,石子多。

(2)混凝土搅拌时间不够,未拌均匀,和易性差振捣不密实。

(3)混凝土未分层下料,振捣不实或漏振或振捣时间不够。

(4)模板缝隙不严密,水泥浆流失。

2.2 防治措施

严格控制混凝土配合比搅拌,经常检查做到计量准确,混凝土拌合均匀,坍落度控制在7~9cm,分层捣固,防止漏振,模板应堵塞严密。

3 麻面

麻面是指混凝土局部表面出现缺浆和许多小凹坑、麻点形成粗糙面。

3.1 麻面其产生的原因

(1)模板表面粗糙或黏附水泥浆渣等杂物未清理干净,拆模板时混凝土表面被粘坏。

(2)模板拼缝不严密,局部漏浆。

(3)模板隔离剂涂刷不匀,或局部漏刷或失效,混凝土表面与模板黏结造成麻面。

(4)混凝土振捣不实,气泡未排出停在模式板表面形成麻点。

3.2 防治措施

模板表面要清理干净,不得粘有干硬水泥砂浆等杂物浇灌混凝土前;模板缝隙应用胶带堵严,模板隔离剂应选用长效的涂刷均匀,不得漏刷,混凝土分层均匀振捣密实,并用木锤敲打模板外侧直至使气泡排出为止。

除此以外还要加强对预制台座底模质量控制,确保其在使用期间不产生因温度以及混凝土收缩所

产生的裂纹，以免影响梁底板外观质量。建议对于预制梁场周转次数较多的底模采用5mm厚的钢板，周遍用角钢固定。

4 结语

通过以上改进措施，混凝土表面的裂缝、蜂窝、麻面逐渐消失，确保了梁体的外观质量。预应力混凝土空心板是桥梁的主要承重结构，因此，在预制过程中，严格按照施工工艺规程，加强巡查和管理，及时发现问题，并采取措施加以解决，确保预应力混凝土空心板的预制质量。

参考文献

[1] 江正荣．简明施工工程师手册．北京：机械工业出版社，2004.6

乳化沥青厂拌冷再生工艺及应用

甘 华 李光立 耿 勇
（江苏镇江华晨华通路面机械有限公司 镇江 212003）

摘 要 本文分析了我国沥青路面寿命短的原因及解决办法，通过对几种沥青路面再生方法的分析、比较，提出了治理我国高等级沥青路面半刚性基层产生的结构性病害的治本之法——乳化沥青厂拌冷再生技术，并着重介绍了乳化沥青厂拌冷再生的施工工艺及国内几个比较成功的施工案例。

关键词 乳化沥青 厂拌冷再生技术 工艺 应用

1 现有沥青路面寿命短的主要原因及解决办法

我国高速公路通车里程已达4.5万公里，仅次于美国，居世界第二位。目前尚有大量一、二级公路组成的国、省道。高等级沥青混凝土路面寿命短（实际一般5年左右，远达不到国家标准15～20年的要求），是一个不争的事实。究其根源，我国高等级沥青混凝土路面大多采用两层共38～40cm的半刚性基层，沥青混凝土面层一般15～18cm，即所谓"强基薄面"。这种路面结构在沥青面层易产生反射裂缝；对于半刚性基层本身易产生干缩裂缝的致命结构性病害。这是造成高等级公路寿命短的主要原因，是矛盾的主要方面。要解决这个问题，治本之法是将现有的半刚性基层转换成柔性基层，即在处置半刚性基层病害时加铺一层柔性补强基层。对于上面的沥青混凝土面层可以极大地缓解、防止反射裂缝的产生；对于下面的半刚性基层干缩裂缝等病害有很好的防治作用。作出柔性补强基层有两种方法：一是用新的沥青混合料；二是用旧的沥青混合料进行乳化沥青厂拌冷再生。新料造价高，旧料形成的乳化沥青混合料既节约资源，成本又低，符合当前极力倡导的循环经济、建立资源节约型、环境友好型的和谐社会的要求。在刚刚结束的全国沥青路面再生会议上，业内专家极力倡导加速发展乳化沥青厂拌冷再生技术。

2 几种沥青混凝土再生方法的比较

2.1 厂拌热再生

主要用于沥青混凝土中、下面层，是最具经济效益的再生方法。

2.1.1 第二烘干筒旁路系统（或高架烘干筒）

国内自2004年开始尝试，有许多厂家生产此类设备，但由于旧料（存在30%的旧料再生设备）加热时产生大量的燃烟、水蒸气、刺激性气味，形成二次污染。长时间使用易糊堵、烧坏布袋除尘器，难以通过环保部门的认可，逐渐被摒弃。

2.1.2 连续式双套筒系统

旧料再生利用比例高，可达50%左右；级配精确，无窜料现象；产能大，成本低廉，非间歇式沥拌所能比拟；由于非接触式加热，不存在二次污染问题，是一种革命性的再生方式。但由于我国高等级公路不允许使用连续式沥拌，难以通过监理要求。

2.2 厂拌冷再生

一次性旧料投入比例高，主要用于基层。

2.2.1 乳化沥青厂拌冷再生

一次性旧料再生比例高，一般在94%左右。主要用于半刚性基层转换成柔性基层及用于沥青路面下面层，缓解反射裂缝产生。通过近4年的实践，特别是昌九高速公路的大规模运用，技术已经成熟。具备了大面积推广使用的条件。

一般通过旧路的铣刨、破碎、筛分，添加乳化沥青、矿粉、水泥等再生剂，搅拌形成半刚性基层改性增强层——柔性基层，能有效缓解、防止沥青面层反射裂缝的产生，同时对半刚性基层的干缩裂缝进行有效的防治。乳化沥青冷再生混合料适用范围广，具有很强的防水性能，特别适合南方高温多雨环境。

2.2.2 泡沫沥青厂拌冷再生

一次性旧料再生比例高，一般在80%左右。用于基层，形成的仍是接近于半刚性的基层或称之为"半柔性基层"，只适用于干旱，少雨地区。

2.3 就地冷再生

一种高效、简便易行的再生方法。因为是路拌法施工，无法做出严格的级配，不适于高速公路施工。

2.4 就地热再生

这种工艺在我国应用较早，通过近五六年的施工实践，已基本形成以下认识：

(1)影响深度浅，4cm以内；

(2)不能对改性沥青混凝土进行再生；

(3)属于预防性养护。

2.5 全深复拌再生

全深复拌再生与就地冷再生相似，作用的层位更深，适用于干线公路、农村公路。

3 乳化沥青厂拌冷再生施工工艺关键点

3.1 旧料的破碎筛分及料场管理

将铣刨或挖出的旧料运至料场，通过连续循环破碎筛分(一般两层筛网)作业，用装载机运至堆场。回收料堆应尽量避免在高温和重力作用下使材料重新粘接在一起，注意堆料高度，注意防水。

在破碎时有许多沥青与粉料混合形成的沥青块(假料)，这些旧沥青料在铺入路面中由于高温、载荷的交互作用，易被激活。产生油包、车辙等过油现象，在监测抽取样品分析时，应关注此现象并做好调整级配的准备。

3.2 乳化沥青再生混合料的拌和

(1)乳化沥青是由微小沥青颗粒悬浮在水介质中的乳状液，乳化沥青与回收料拌和时，由于乳化沥青颗粒表面电荷与RAP旧料表面电荷发生中和反应，沥青颗粒相互靠近形成沥青膜。但是此时沥青膜由于水分的存在、强度较差，经过压路机碾压，水分挤出，在路面形成一层薄薄的水膜。沥青膜强度增大，随着养生期的结束，水分的蒸发，沥青颗粒电荷完全中和，沥青膜强度进一步增强，此时，可以开放交通。在车辆载荷的交替作用和高温的影响下，形成完全坚实的沥青膜，混合料的劈裂强度达到最大值，这就是乳化沥青混合料的形成、破乳、强度增长变化的过程。养生期3~7d后可以开放交通，在3周左右劈裂强度离散性较小、趋于一致,1~2月强度达到最大值。

(2)搅拌技术是本项目的核心技术之一。由于乳化沥青的掺入量只有4%左右,水泥、矿粉掺量均在2%以下,要使之能均匀地裹覆在骨料上,必须解决低掺量元素的计量和搅拌技术,这是项目成败的关键。经过我们与澳大利亚阿伦公司多次试验、优化,决定采用“沸腾”搅拌技术。我们通过对不同搅拌区域的搅拌刀片的角度作一定的调整,得出最佳角度分布图。然后在不同的中心距下,分别试验不同的臂长,分析臂长的改变对成品料均匀性的影响,改变物料流动轨迹,用以加强混合料的搅拌强度,得出中心距与搅拌臂长的关系。并合理地安装乳化沥青喷洒管的位置。为了使得乳化沥青能够均匀地裹覆,在骨料与乳化沥青拌和前,先喷入一定量的水,使之达到一定湿度。我们改变了传统水槽的位置,采用漫出水帘加水技术。经实践证明,采取这一系列的措施后,搅拌出的成品料的均匀性很好,达到了预期的要求。

(3)根据我们的实践,乳化沥青混合料在成品料斗中25s内就可黏接、难以排除,因此搅拌必须在这个时间段内完成。远小于热沥青混合料搅拌时间,具体时间视混合料级配而定。要求拌和设备具有适应动态级配的能力。搅拌时间过长及强力过度搅拌会导致不稳定的乳化沥青膜从RAP料脱落、RAP料上的旧沥青的剥落、乳化沥青破乳过快等问题,如果搅拌时间过短,会造成再生料裹附性差,出现较严重的花白料。在具体的实践中,不要求再生料达到100%的裹附效果,在摊铺碾压时,混合料裹附还会有所提高。

3.3 乳化沥青再生混合料的摊铺、碾压

摊铺碾压时应注意,乳化沥青混合料是很蓬松的材料,所以摊铺系数较大,一般在1.3左右。由于是回收料,粒料强度有所下降,为防止RAP料细化,在选择压路机制定压实工艺时,应避免大吨位压路机强振施工,选择合理的压实工艺特别重要。乳化沥青混合料由于其特殊的小孔径、多孔的特性,孔隙率较沥青混合料大,不能参照热沥青混合料孔隙率制定压实工艺。

4 乳化沥青厂拌冷再生在国内高速公路及等级公路中的应用

4.1 在沪宁高速公路上的应用

2004年5月,沪宁高速公路扩建工程无锡段HN-LM4标采用的是柔性基层的沥青路面结构形式,将沥青面层铣刨料由乳化沥青冷厂拌再生后用于新路的下基层,这是国内首次将厂拌冷再生技术运用于高速公路,也是厂拌冷再生技术首次用于实际工程施工,之前类似活动大多是几百米的试验路段。

4.2 在昌九高速上的应用

2006年,江西第一路——昌九高速公路全线技术改造项目拉开序幕。赣粤高速工程公司于2006年购买一台ARC300型沥青混合料冷再生搅拌设备,在成功完成25.255km技改任务的基础上,又于2007年购买了三台ARC300E型沥青混合料冷再生搅拌设备在昌九高速技改任务中全线施工。旧沥青混合料的回收利用——厂拌冷再生技术首次跨入江西的大门,且用于高等级路面半刚性基层转换成柔性基层,治理反射裂缝、车辙等结构性病害,在全国尚属首次。在此之前的2005年,昌九高速曾进行过就地冷再生试验,因此可以说,厂拌冷再生技术能在昌九高速技术改造项目中大面积推广应用,充分说明厂拌冷再生技术的成熟,具有很高的科研价值和示范作用。

4.3 在江苏省S340省道赵庄至后阳干线公路上的应用

S340省道赵庄至后阳段全长11km,路段内重载车辆较多,采用冷再生技术对省道进行技术改造在江苏省属于首次。江苏省公路局拟将该路段利用冷再生技术进行改造项目向交通部申报科技项目,因

此意义重大。工程于2007年9月顺利完工。

4.4 在京沪高速沧州段上的应用

京沪高速沧州段冷再生应用是京沪高速全程改造的试验项目，全路段长100km，分I、II两个标段。工程于2007年7月开工，共使用两套ARC300E型乳化沥青冷再生搅拌设备。再生层用作上基层，目前施工已结束，达到预期目标。该工程主要目的，使用乳化沥青冷厂拌再生技术治理半刚性基层纵向裂缝及对沥青面层产生的反射裂缝的治理，使用效果良好。

参 考 文 献

[1] 拾方治.沥青路面再生技术手册.北京:人民交通出版社,2006

螺旋钢筋长度计算研究

王兴东　刘升泉

（山西省公路局运城分局勘测设计所　运城　044000）

摘　要　在设计上螺旋钢筋长度的精确计算，一直困扰着设计人员。本文以微积分为工具，通过对螺旋钢筋长度的计算公式推导，提出了螺旋钢筋长度的精确计算公式与精确计算方法。并介绍了螺旋钢筋长度近似计算的两个公式。

关键词　螺旋钢筋长度计算　圆柱　圆台　等差数列　等比数列

在桥梁、工矿建筑与地下工程的设计与施工中，经常会遇到螺旋钢筋长度的计算。因工程实例各不相同，螺旋钢筋长度的精确计算是一个很复杂的问题，本文将以圆柱与圆台为例，分别研究螺环间距呈常数、等差数列、等比数列三种情况的螺旋钢筋长度计算公式。前两种情况可以得到精确计算公式，等比数列虽没有精确计算公式，但介绍了一种在误差相求范围内的精确计算方法。后面又介绍了两种常用的近似计算公式。

1　为了推导螺旋钢筋长度的计算公式，先从求证一个积分公式开始

$$\int \sqrt{(ax+b)^2+(cx+d)^2}dx$$

$$=\int \sqrt{(a^2+c^2)x^2+2(ab+cd)x+(b^2+d^2)}dx \tag{1}$$

令式(1) $=\int \sqrt{(Ax+B)^2+D^2}dx$，展开后得到 $\int \sqrt{A^2x^2+2ABx+B^2+D^2}dx$，约定 a 与 c 不同时为0，且 A 取非负数后，

有 $A=\sqrt{a^2+c^2}, B=\dfrac{ab+cd}{\sqrt{a^2+c^2}}, D^2=(b^2+d^2)-B^2=\dfrac{(bc-ad)^2}{a^2+c^2}$。

$$\int \sqrt{(Ax+B)^2+D^2}dx$$

$$=\frac{1}{2A}[(Ax+B)\sqrt{(Ax+B)^2+D^2}+D^2\ln|(Ax+B)+\sqrt{(Ax+B)^2+D^2}|]$$

$$\int_0^\beta \sqrt{(Ax+B)^2+D^2}dx \tag{2}$$

$$=\frac{1}{2A}[(A\beta+B)\sqrt{(A\beta+B)^2+D^2}+D^2\ln|(A\beta+B)+\sqrt{(A\beta+B)^2+D^2})|]$$

$$-\frac{1}{2A}[B\sqrt{B^2+D^2}+D^2\ln|B+\sqrt{B^2+D^2}|]$$

设 $U=(A\beta+B)$ 则有

$$式(2)=\frac{1}{2A}\left[U\sqrt{U^2+D^2}-B\sqrt{B^2+D^2}+D^2\ln\frac{U+\sqrt{U^2+D^2}}{B+\sqrt{B^2+D^2}}\right] \tag{3}$$

2 符号说明

$r_{上}$、$C_{上}$ 为螺旋钢筋平面投影后的上底圆半径、周长；

$r_{下}$、$C_{下}$ 为螺旋钢筋平面投影后的下底圆半径、周长；

h 为螺旋钢筋缠绕高度。

3 螺环间距呈常数(等距螺环)的螺旋钢筋长度公式推导

螺环间距相等时,有以下各式：

$$e = \frac{h}{n} \quad dl = \left(r_{下} + \frac{w}{\alpha}\varphi\right)d\varphi \quad dy = \frac{d\varphi}{\alpha}\cdot h \quad dL = \sqrt{(dl)^2 + (dy)^2}$$

见图1,以下底圆的圆心为坐标圆点,以上下底圆圆心连线为 y 轴,规定从下底圆圆心至上底圆圆心为正方向,螺旋筋的微段长度 dL 的平方等于其平面投影长度 dl 的平方与铅直方向的高度 dy 的平方之和。

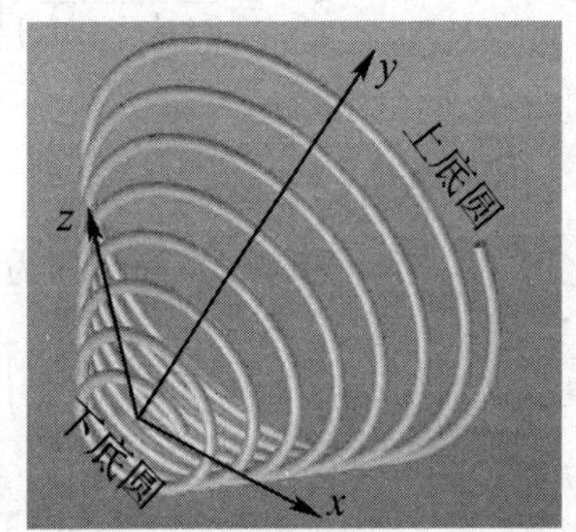

图 1

符号的补充说明：

e 为螺环间距；

n 为旋绕圈数,可取整数,也可取非整数；

dl 为微段长度；

$w = r_{上} - r_{下}$；

$d\varphi$ 为微段的旋绕角度；

α 为螺旋钢筋在 h 高度的旋绕角度。

(1)当 $w=0$ 时,$r_{下}=r_{上}=r$,螺旋钢筋为圆柱式,螺旋钢筋长度

$$L = \int_0^\alpha dL = \int_0^\alpha \sqrt{r^2 + \left(\frac{h}{\alpha}\right)^2}d\varphi$$

$$= \varphi\sqrt{r^2 + \left(\frac{h}{2n\pi}\right)^2}\Bigg|_0^{2n\pi} = n\sqrt{(2\pi r)^2 + \left(\frac{h}{n}\right)^2} = n\sqrt{C^2 + e^2} \tag{4}$$

其中,$C=2\pi r$ 为底圆周长(平面投影后的底圆周长,下类同,不再赘述),$e=\frac{h}{n}$。

(2)当 $w>0$ 时,螺旋钢筋为圆台式,螺旋钢筋长度

$$L = \int_0^\alpha dL = \int_0^\alpha \sqrt{\left(r_{下} + \frac{w}{\alpha}\varphi\right)^2 + \left(\frac{h}{\alpha}\right)^2}d\varphi = \frac{1}{\alpha}\int_0^\alpha \sqrt{(r_{下}\alpha + w\varphi)^2 + h^2 d\varphi} \tag{5}$$

这时有 $a=w, b=r_{下}\alpha, c=0, d=h$,得到

$$A = \sqrt{a^2 + c^2} = w, B = \frac{ab+cd}{\sqrt{a^2+c^2}} = r_{下}\alpha = 2n\pi r_{下}, D^2 = \frac{(bc-ad)^2}{a^2+c^2} = h^2,$$

$U=(A\beta+B)=(A\alpha+B)=2n\pi r_2$ 代入式(3),得到

$$式(5) = \frac{1}{\alpha}\cdot\frac{1}{2w}\left[2n\pi r_{上}\sqrt{(2\pi r_{上})^2+e^2} - 2n\pi r_{下}\sqrt{(2\pi r_{下})^2+e^2} + (ne)^2\ln\frac{2\pi r_{上}+\sqrt{(2\pi r_{上})^2+e^2}}{2\pi r_{下}+\sqrt{(2\pi r_{下})^2+e^2}}\right]$$

将 $\alpha=2n\pi, C_{上}=2\pi r_{上}, C_{下}=2\pi r_{下}$ 代入上式,整理后得到

$$\frac{n}{2(C_{上}-C_{下})}\left[C_{上}\sqrt{C_{上}^2+e^2} - C_{下}\sqrt{C_{下}^2+e^2} + e^2\ln\frac{C_{上}+\sqrt{C_{上}^2+e^2}}{C_{下}+\sqrt{C_{下}^2+e^2}}\right] \tag{6}$$

当 $w<0$ 时,螺旋钢筋长度公式同式(6)。

4 螺环间距呈等差数列的螺旋钢筋长度公式推导

$$\dot{W} = r_{上} - r_{下} \qquad r_{上} = r_{下} + ns \qquad d_{上} = d_{下} + t(n-1)$$

$$dl = \left(r_{下} + \frac{s}{2\pi}\varphi\right)d\varphi \qquad dy = \left(d_0 + \frac{t\varphi}{2\pi}\right)\cdot\frac{d\varphi}{2\pi} \qquad dL = \sqrt{(dl)^2 + (dy)^2}$$

说明:$d_{下}$ 为最下层螺环间距;$d_{上}$ 为最上层螺环间距;$d_0 = d_{下} - t$。

(1)当 $w=0$ 时,$r_{上} - r_{下} = r$,螺旋钢筋为圆柱式,螺旋钢筋长度

$$L = \int_0^{\alpha} dL = \int_0^{\alpha}\sqrt{r^2 + \left(\frac{d_0}{2\pi} + \frac{t\varphi}{4\pi^2}\right)^2}\,d\varphi$$

$$= \frac{n}{2(d_{上} - d_0)}\left[d_{上}\sqrt{d_{上}^2 + C^2} - d_0\sqrt{d_0^2 + C^2} + C^2\ln\frac{d_{上} + \sqrt{d_{上}^2 + C^2}}{d_0 + \sqrt{d_0^2 + C^2}}\right] \tag{7}$$

其中,$C = 2\pi r$;$d_0 = d_{下} - \dfrac{d_{上} - d_{下}}{n-1}$。

(2)当 $w>0$ 时,螺旋钢筋为圆台式,螺旋钢筋长度

$$L = \int_0^{\alpha} dL = \int_0^{\alpha}\sqrt{\left(r_{下} + \frac{s}{2\pi}\varphi\right)^2 + \left(\frac{d_0}{2\pi} + \frac{t\varphi}{4\pi^2}\right)^2}\,d\varphi$$

$$= \frac{1}{2\pi}\int_0^{\alpha}\sqrt{(C_{下} + s\varphi)^2 + \left(d_0 + \frac{t\varphi}{2\pi}\right)^2}\,d\varphi$$

其中,$C_{下} = 2\pi r_{下}$。

这时有 $a = s$;$b = C_{下}$;$c = \dfrac{t}{2\pi}$;$d = d_0$,得到相关参数

$$A = \sqrt{a^2 + c^2} = \sqrt{s^2 + \left(\frac{t}{2\pi}\right)^2} = \frac{1}{2n\pi}\sqrt{(C_{上} - C_{下})^2 + (d_{上} - d_0)^2}$$

$$B = \frac{ab + cd}{\sqrt{a^2 + c^2}} = \frac{(C_{上} - C_{下})C_{下} + (d_{上} - d_0)d_0}{\sqrt{(C_{上} - C_{下})^2 + (d_{上} - d_0)^2}}$$

$$D^2 = \frac{(bc - ad)^2}{a^2 + c^2} = \frac{(d_{上}C_{下} - d_0C_{上})^2}{(C_{上} - C_{下})^2 + (d_{上} - d_0)^2}$$

$$U = (A\beta + B) = (A\alpha + B) = \frac{(C_{上} - C_{下})C_{上} + (d_{上} - d_0)d_{上}}{\sqrt{(C_{上} - C_{下})^2 + (d_{上} - d_0)^2}}$$

另外要说明的是,$\sqrt{U^2 + D^2} = \sqrt{C_{上}^2 + d_{上}^2}$,$\sqrt{B^2 + D^2} = \sqrt{C_{下}^2 + d_0^2}$。因公式展开后过于复杂,具体计算时需要先求出 A、B、D^2、U,再代入式(3)方可求得螺旋钢筋长度。

当 $w<0$ 时,可以将圆台倒置后进行计算。

5 螺环间距呈等比数列的螺旋钢筋长度公式推导

$$w = r_{上} - r_{下} \qquad r_{上} = r_{下}\cdot p^{n} \qquad d_{上} = d_{下}\cdot q^{n-1}$$

$$dl = r_{下}\cdot p^{\frac{\varphi}{2\pi}}\cdot d\varphi \qquad dy = d_0\cdot q^{\frac{\varphi}{2\pi}}\cdot\frac{d\varphi}{2\pi} \qquad dL = \sqrt{(dl)^2 + (dy)^2}$$

说明:$d_{下}$ 为最下层螺环间距;$d_{上}$ 为最上层螺环间距,$d_0 = \dfrac{d_{下}}{q}$。

(1)当 $w=0$ 时,$r_{上}-r_{下}=r$,螺旋钢筋为圆柱式,螺旋钢筋长度

$$L=\int_0^\alpha dL=\int_0^\alpha\sqrt{r^2+\left(\frac{d_0\cdot q^{\frac{\varphi}{2\pi}}}{2\pi}\right)^2}d\varphi \tag{8}$$

当 $q\neq1$ 时,$\int\sqrt{r^2+\left(\frac{d_0\cdot q^{\frac{\varphi}{2\pi}}}{2\pi}\right)^2}d\varphi$ 积不出来。

虽然无法积分,但是可以通过其他途径计算 L。假设当长度单位为"m",且要求误差为0.01m时,我们可以这样计算:

$$L_1=\sum_{\varphi=0}^{2n\pi}\left(\sqrt{r^2+\left(\frac{d_0\cdot q^{\frac{\varphi}{2\pi}}}{2\pi}\right)^2}\cdot\Delta_1\right),L_2=\sum_{\varphi=0}^{2n\pi}\left(\sqrt{r^2+\left(\frac{d_0\cdot q^{\frac{\varphi}{2\pi}}}{2\pi}\right)^2}\cdot\Delta_2\right)$$

Δ_1 取很小的数,$\Delta_2=(\Delta_1)^2$,分别计算 L_1 与 L_2,当 $|L_1-L_2|<0.01$ 时,在要求的误差范围内,我们就可以肯定 $L=L_1$。进行计算时,关键在于如何确定 Δ_1,我们可以借助计算机,进行不断的试算,最终求得 L。

(2)当 $w\neq0$ 时,螺旋钢筋为圆台式,螺旋钢筋长度

$$L=\int_0^\alpha dL=\int_0^\alpha\sqrt{(r_{下}\cdot p^{\frac{\varphi}{2\pi}})^2+\left(\frac{d_0\cdot q^{\frac{\varphi}{2\pi}}}{2\pi}\right)^2}d\varphi \tag{9}$$

当 p、q 不同时为1时,$\int\sqrt{(r_{下}\cdot p^{\frac{\varphi}{2\pi}})^2+\left(\frac{d_0\cdot q^{\frac{\varphi}{2\pi}}}{2\pi}\right)^2}d\varphi$ 积不出来。

虽然无法积分,但是可以采用前述方法进行计算。

6 螺旋钢筋长度的近似计算

(1)第一种近似计算办法,将螺旋钢筋转化为等距螺环圆柱式

$$L=n\sqrt{l^2+d^2}$$

其中,$l=\pi(r_{上}+r_{下})$;$d=\frac{d_{上}+d_{下}}{n}$。

(2)第二种近似计算办法,当 n 取整数时,将螺旋钢筋分成 n 段,将各段转化为等距螺环圆柱式,再进行分段累加。

$$L=\sum_{i=1}^{n}\sqrt{[\pi(r_{i上}+r_{i下})]^2+d_i^2}$$

式中,$r_{i上}$、$r_{i下}$、d_i 分别为第 i 段圆台(柱)的上底圆半径、下底圆半径、高度。

当 n 取非整数时,经计算研究发现第二种近似计算结果误差太大,不可采用。当 n 取整数时,第二种近似计算结果比第一种近似计算结果更接近精确计算结果。

7 结语

上面介绍的精确计算公式,对于设计上来说是非常有必要的,但在施工上因为可以通过钢筋的焊接来达到工程的要求,可以通过近似计算公式来校核设计。对于螺环间距呈等比数列的螺旋钢筋,需要通过编程来计算其长度。如果不是圆柱或圆台,譬如在电厂有一种常见的双曲线建筑,这时候可以将每一个螺环处理成圆台,利用上述的"精确计算公式"来近似计算,仍可以达到工程要求的精度。

参 考 文 献

单沪军,等.高等数学上册.山东:山东科学技术出版社

农村公路养护工程实行招投标的适应性分析

吴　江

（张家口翰得交通公路勘察设计有限责任公司　张家口　075000）

摘　要　为了促进农村公路养护工程的市场化进程，本文通过对农村公路养护工程特点的分析，结合影响农村公路养护工程实行招投标的因素，对农村公路养护工程实行招投标的适应性进行了探讨，得出农村公路养护工程实行招投标工作的有利因素，并对农村公路养护工程实行招投标制度提出了注意要点。通过本文的研究，可以为我国农村公路实行招投标制度提供一定的理论支持。

关键词　农村公路　养护工程　市场化　招投标

1　引言

据统计，从2003年到2007年五年间，全国新改建农村公路130.7万km。但随着农村公路建设步伐的加快，养护薄弱的问题日益突出。中部某省农村公路12.6万km，能保证常年养护的仅占总里程的10%左右。为解决农村公路“失养”突出的问题，实现“建一条、成一条、养一条、管一条”，有的学者根据农村公路养护与管理中存在的问题[1]，提出构建新的农村公路养护管理模式[2]，按市场化的规律建立农村公路管养体制[3]等一系列的走市场化道路的措施和建议。

公路养护走市场化的道路，实行招投标是一个关键的环节。赵安军对312国道蓝田—小商塬的公路养护工程管理改革进行了研究[4]，田兴亮提出实施公路养护招投标势在必行的观点[5]，周湘林指出了在公路养护工程招投标中应注意的问题[6]，柴环宇就如何完善公路养护招投标工作，提出了建议[7]，王明月就公路养护的招投标改革提出了看法[8]。以上学者的研究，重点分析了如何开展公路养护工程招投标，这对于开展养护招投标工作无疑是有较大的帮助，但对公路养护工程，特别是农村公路养护工程实行招投标的适应性缺乏必要的分析。本文将基于农村公路养护工程特点分析的基础上，结合影响农村公路养护工程实行招投标的因素，对农村公路养护工程实行招投标的适应性进行阐述。

2　农村公路养护特点

根据交通部2006年出台的《农村公路建设管理办法》，农村公路指的是指县道、乡道和村道。需要特别说明的是，本文所讨论的农村公路不包括经济比较发达地区的技术等级达到二级以上的县道、乡道和村道。技术等级为三级或三级以下农村公路的养护呈现出如下特点：

（1）养护管理游离于国、省干道养护管理体系之外，基本上是由基层乡镇政府和村委会负责养护管理工作，养护管理的制度化和规范化程度不高。

（2）养护技术低，质量不高。农村公路养护大多属于非专业性的养护，基本上是由沿线村民、农户兼职进行季节性养护或统一组织村民进行集中养护，其养护效果不理想，公路路况差。养护管理的非规范化，养护工作实施的非专业化导致已建好的公路损坏严重，继续下去将会形成新的“行路难”局面。

（3）养护项目繁多，工作开展困难多，养护任务重。农村公路技术等级一般比较低，且数目多，分布广。截止2005年底，全国未铺装路面农村公路达到86.6万km，约占全国未铺装路面公路总量的89%，占农村公路里程的61%；简易铺装路面26.6万km，占农村公路里程19%；两者合计113.2万km，占农

村公路里程80%[9]，这些道路路面要清扫、坑槽要填补、路肩要整修，还有很多路段弯道多、路基窄、缺桥少涵；地处自然地质条件复杂地区的农村公路，滑坡、塌方、泥石流等公路自然灾害更是家常便饭，这些都凸显出农村公路养护任务之重。

(4)养护资金匮乏，来源渠道少且不稳定。虽然“十一五”期间国家拨付大量养护资金，但由于农村路量大面广，仍然存在着巨大的资金缺口。各级政府虽然多方开辟筹资渠道，采取“上头补一点，财政挤一点，社会各界捐一点，受益群众出一点”的办法，但是仍存在着养护资金来源不稳定的问题，尤其是未来取消养路费之后，农村公路的养护资金来源渠道更加困难。

农村公路是直接服务于广大群众生产生活的“生命线”和“致富线”，根据以上农村公路养护特点分析，农村公路迫切地需要制度化和规范化的养护管理工作为其保驾护航，更需要专业化的养护，延长其为大众服务的寿命，更需要公平高效的利用养护资金。推行公路养护市场化，是大势所趋、势在必行。

3 农村公路养护工程实行招投标与市场化进程的关系

农村公路养护工程市场化的目标是建立符合我国社会主义市场经济要求、公平竞争、规范有序的公路养护工程市场。真正实现农村公路养护的市场化，需要将计划经济条件下养护作业从政府管理中分离出来，公路管理机构根据法律、法规授权和主管部门的委托，对公路行业进行具体的行政事务管理，原来从事具体养护作业的养护机构则按照《公司法》等相关法规的要求组建成养护作业企业进行市场化运作。新组建的养护企业必须和管理机构彻底脱钩。在此基础上，路段由指定养护改为招标养护，通过招投标的开展实现养护工作的市场化。

从上面的分析我们可以看出养护工程招投标与市场化的关系：进行养护管理体制改革，实现养护单位企业化，按市场化的要求在养护企业间展开养护工程自由竞争是养护工程招投标工作开展的前提和基础；养护工程招投标制度则是推行养护工程市场化的一个重要手段和促进措施，同时也是一种重要的实现方法。政府管理部门可以通过制定“养护工程招投标管理办法”和“养护工程招投标文件范本”从管理和法律的角度来规范养护工程招投标活动，同时也能促使农村公路养护市场化向着健康、有序的方向发展。其关系如图1所示。

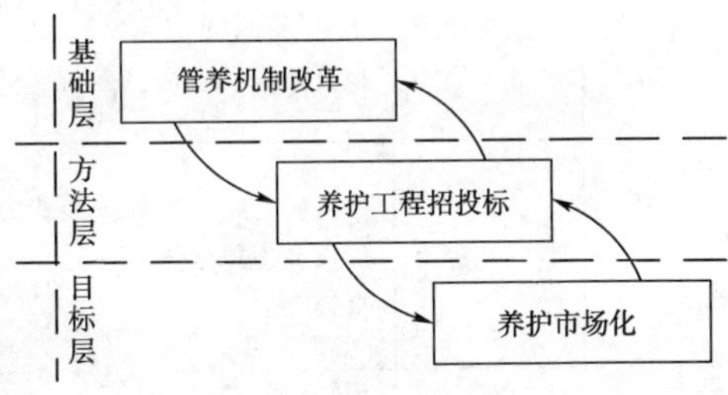

图1 农村公路养护工程招投标工作与市场化进程关系

4 农村公路养护工程实行招投标适应性分析

我国农村公路养护工程实行招投标制度具有多方面的有利因素，具体如下。

4.1 政府高度重视

2005年9月29日国务院办公厅颁布的《农村公路管理养护体制改革方案》指出：农村公路所有等级公路的大中修等养护工程向社会开放，逐步采取向社会公开招投标的方式，择优选定养护作业单位。此后，各级政府充分重视农村公路养护工程市场化，开展养护招投标的探索之路。在广东省各地展开的农村公路养护招投标试点工作中，当地主管交通的领导都在工作中担任了主要职位。该省还开展了农村公路养护体制管理改革示范点工作，示范工作时间为2006年12月至2007年12月。其中重要工作之一就是“探索如何推进农村公路养护市场化”及如何结合本地实际采取什么方式推进农村公路养护的市场化，以及符合实际的其他养护模式。各级政府的高度重视无疑为农村公路养护工程实行招投标提供了宏观环境。

4.2 养护资金投入逐年增加，来源日趋稳定

《公路养护工程施工招标投标管理暂行规定》(2003年6月1日)指出，实施招标的养护工程项目，应具备的重要条件之一就是资金来源已落实。养护资金匮乏曾是农村公路养护的一大难题，但随着中央和各省交通厅及各级政府共同的努力，多年来始终制约农村公路养护发展的瓶颈问题——养护资金的落实有望得到破解。表1以地理区域方向为代表列举了各地对保障农村公路养护资金的探索。农村公路养护资金的落实，不但解决了制约农村公路养护发展的瓶颈问题，也为农村公路养护工程开展招投标制度铺平了道路。

我国各地农村公路养护资金筹集方式

表1

地理区域	省、市	养护资金筹集方式	备　注
东	江苏淮安市	省补和市配套资金均为市道每年每公里10 000元，镇道每年每公里4 000元，村道每年每公里1 000元；镇补足部分管养资金镇道不低于4 000元/公里·年，村道不低于1000元/公里·年[10]	省补助、市配套、镇补足、多元筹资的原则；实行专款专用
西	四川阿坝州	省、市养护专项资金；县级地方财政按一定比例支出；“五小”车辆养路费；社会捐助等形式[11]	随着农村公路里程的增加和地方财力的增长，用于农村公路养护的各县财政资金要逐年逐步增加
南	广东梅州市	县道7 000元、乡道3 500元、村道1 000元；市财政每年安排不低于全年预算的3%～5%，县财政安排不低于全年预算的1%作为农村公路养护资金；每年每公里养护资金达到1500元[12]	养护体制、养护资金筹集方式正在试点，已经取得明显成效
北	吉林九台市	乡村公路日常养护经费为每公里420元，其中市政府投入日常养护资金为每公里210元，其余资金由乡(镇)人民政府、街道办事处自筹[13]	2007年县级公路养护资金150万元，乡村公路养护资金200万元，;公路养护资金投入将根据农村公路建设里程的增加逐年递增
中	安徽芜湖市	由省交通主管部门汽车养路费补助日常养护资金由县区、镇、村三级负责筹集，市财政按县、乡道每年每公里1 000元、村道每年每公里500元实行以奖代补[14]	通过养护体制、养护资金筹集方式的试点，已经取得明显成效，形成“芜湖经验”

4.3 相关的学术与法规的研究已高效的展开

农村公路养护以前处于“村养”、“乡镇养”或“失养”状态，现在如果实行招投标，怎样进行招投标，以什么方式进行？怎样编制招投标文件？单就一个省而言，其辖区内的农村公路所在的区域，养护工程特点，影响开展招投标的因素等都会有很大的差别。实行养护工程招投标，其招投标文件的内容、形式及格式，又做怎样的要求？是参照交通部《公路工程国内招标文件范本》，编制统一的招投标文件范本，还是结合现行的一些办法、规程进行招投标文件的编制？如果农村公路养护工程实习招投标，以上问题不能回避。

为回答上述问题，也为使农村公路养护工程招投标顺利的开展，全国各地纷纷开展了围绕农村公路养护实行招投标的相关研究。南方某省，从2006年9月至2007年2月与某高校科研机构开展农村公路养护工程技术经济研究，如表2所示。该研究制定了与该省情况相适应的农村公路养护招投标管理办法及范本，为农村公路养护招标文件的编写提供依据；同时开展的研究还包括农村公路养护工程施工招标投标管理办法等相关法律法规的研究。相关的学术与法规的研究为农村公路养护工程施工招标投标的管理，规范农村公路养护工程施工招标投标活动，提高投资效益提供了法规平台。

关于农村公路管理养护的相关研究　表2

课题名称	主要内容
农村公路养护工程造价管理现状与评价	确定科学的养护工程造价管理的流程,构建了农村公路养护工程造价管理体系
农村公路管养中的政府职能与养护工程造价市场化方法理论研究	从市场经济的角度出发,提出公路养护管理造价市场化改革的措施、实施办法;在农村公路养护管理分工中,明确职责,分析农村公路养护市场化管理中政府职能
农村公路养护工程造价管理制度与管理程序理论研究	分析影响农村公路造价的波动因素;确定科学的养护工程造价管理内容和养护工程造价管理的标准与准则及农村公路养护造价管理机构
农村公路养护工程招投标管理理论研究	提出农村公路养护工程招标文件内容、招标组织方法、评标办法;制定相关法规对农村公路养护工程施工招标投标活动进行管理
农村公路养护工程造价文件体系编制理论研究	分析农村公路养护造价文件体系的需求和编制准则,构建农村公路养护造价文件体系的内容
农村公路养护工程定额的编制理论研究	分析农村公路养护及其影响因素;农村公路小修保养定额的编制方案
农村公路建设与养护技术标准理论研究	确定农村公路建设与养护的关键技术标准影响因素以及指标的;制定农村公路建设与养护技术标准

4.4　农村公路养护招标试点已见成效

其实,全国各地区已经在开展探寻农村公路养护市场化,走招投标之路的试点工作。在开展试点的地区,出现了众多单位、个人积极参加竞标的现象。参加投标的单位既有原养护单位转制后的企业,也有当地的企业;参与投标的个人中,即有原养护单位专制干部,还有在公路部门多个岗位上工作过的资深技术干部。

2004年底,山东某县展开了日常养护、保洁权招标承包责任制试点的实施。得益于日常养护、保洁权招标承包责任制,辖区公路平均综合好路率超过98%,较好地完成了上级下达指标[15];湖南省桃源进行的桃凌公路招标养护试点工作,不仅取得了社会效益、经济效益和竞争效应的丰收,并实现了养护体制改革平稳过渡和养护成本下降的效应[16];唐山市遵化对其境内的两段农村公路以招标形式,竞争选择日常养护队伍,并专门制定了详细、具体、操作性强的养护考核评分标准来保障养护质量。该举措不但保证了养护质量,还使养护成本下降约30%左右。

全国各地区开展的农村公路养护工程招投标改革试点工作必将指导和促进农村公路养护工程招投标管理工作,为全面开展农村公路养护工程招投标活动提供了宝贵的经验。

5　结语

农村公路开展招投标还有些制约因素,如旧机制传统思想观念太深,少数职工认识不足,一时不能适应;公路管理部门用人上不能脱离原有人员,走向社会招投标等。开展招投标工作有以下几点建议:

(1)加强对投标单位的资格审查,保证养护质量。由于现阶段的农村公路养护工程招标多采用内部招标的形式,投标人是系统内部单位或个体,存在养护人员参差不齐的现象。在招投标过程中,必须对投标人的资格进行审查。如养护管理单位具有提高养护质量和管理效率,调动职工生产积极性规范化管理的能力;具有协助联系相关机构能力;具有组织开展养护内部招投标管理的能力;养护单位主要岗位责任人要从技术职称、经验等与养护实际工作相关的方面进行考核和审查,熟悉养护中心辖区内的公路基本情况:技术等级、里程、公路病害等。

(2)在养护市场发育成熟的地区对社会公开招标。在养护市场发育成熟的地区充分引入社会竞争机制，通过制定投标人资格审查文件保证养护单位的水平。通过社会公开招标择优选择养护单位。

(3)公路养护工程招标路段的划分要以养护中心或养护道班为基础，本着便于管理，减少开支的原则划分标段。

(4)公路养护周期长。小修保养工程的养护周期一般要一年以上，中修工程则视其实际工程量而确定。

参考文献

[1] 樊桦. 我国农村公路养护管理体制改革刍议[J]. 交通管理，2005(2)

[2] 李纯，何兆仪，李益民. 农村公路管理养护模式的研究. 公路，2007(6)

[3] 杜丽华. 农村公路养护管理市场化的探讨. 山东交通科技，2006(12)

[4] 赵安军. 蓝小公路养护招标的几点体会. 公路，2005(2)

[5] 田兴亮. 浅谈公路养护招投标制. 山西交通科技，2003(4)

[6] 周湘林. 关于养护工程实行招投标的思考. 湖南交通科技，2003(3)

[7] 柴环宇. 如何完善公路养护招投标工作. 内蒙古公路与运输，2003(3)

[8] 王明月. 论公路养护的招投标改革. 煤炭经济研究，2003(3)

[9] 曲鹏. 浅谈农村公路养护资金问题. 黑龙江交通科技，2008(4)

[10] 关于加强农村公路管理养护的实施意见. 2007

[11] 阿坝州人民政府办公室关于公路管理养护体制改革的具体实施意见. 2007

[12] 广东省农村公路管理养护体制改革示范点方案. 2006

[13] 九台市乡村公路养护管理实施意见. 2007

[14] 农村公路管养体制改革继续领跑安徽省. 中国公路网新闻，2008

[15] 杜秀华. 农村公路养护管理市场化的探讨. 山东交通科技，2006(12)

[16] 郭法霞，王玉勤. 我国农村公路养护管理初探. 河北交通科技，2006(4)

关于县乡道路设计的相关内容探讨

夏 清 薛朝辉 李艳丽
(平顶山市公路交通勘察设计院 平顶山 467000)

摘 要 近年来我国公路建设规模巨大,在国家的便民、利民政策推动下,县乡公路的建设工作也在蓬勃开展,我国的县乡公路里程快速攀升,在这种前提背景下,本文针对在县乡公路设计过程中涉及到的一些相关问题,以及由于某些不合理设计造成工程质量较低、工程设计浪费的现象,结合近年河南省县乡公路建设的实际情况,对县乡道路设计中的相关内容进行探讨,以求完善县乡道路设计,达到控制县乡公路成本,建设和谐道路的最终目的。

关键词 县乡道路 设计理念 设计原则 工程量控制

随着近几年我国经济的迅猛发展,我国的基础设施建设也在紧锣密鼓地进行,而公路行业的快速发展显得尤为突出。县乡公路的建设在基础设施建设中占有非常重要的位置,县乡公路的建设畅通,势必促进一方经济的快速发展,使当地的现有人力、物力、旅游等资源得到充分的利用和开发,对地方经济的发展起到积极的推动作用。特别是中国“7918”高速路网的规划建设,以及国家农村公路“千亿元工程”、交通部“通乡油路”工程的实施,到2007年年底,我国公路通车总里程已经达到358万km,其中,农村公路总里程达到313万km,已经有99%的乡镇和88.2%的建制村通了公路。在国家拉动内需措施的推动下,2009年交通固定资产投资规模预计达到1万亿元,其中有2000亿元将投入农村公路的建设,确保到2010年,全国乡镇基本实现通油路、水泥路,未来几年的农村县乡公路建设前景良好。河南省地处中原,全省土地面积16.7万km^2,2007年底河南总人口为9869万人,是我国城镇平均密度最大的省份,平顶山市为河南省的中部城市,公路四通八达,这几年县乡公路建设投入的力度非常大,笔者结合近年来对平顶山地区的县乡道路的新建、改建设计,就县乡道路设计方面的一些问题进行简单的探讨。

在进行公路设计时,作为县乡道路的设计者,我们首先应该建立一套合理、科学的设计理念和设计原则,并在设计过程中认真的去遵循,借鉴以前的成熟设计经验,总结如下:

(1)以人为本,树立全面协调、可持续的科学发展观。以人为本,就是便民、利民,这是公路建设的出发点,也是公路建设的最终目的,只有以人为本,设计中充分考虑人的因素,做到人性化设计,才能使设计达到一个相当的高度。同时树立全面协调、可持续的科学发展观,发挥公路建成后的可持续利用性,全面规划,分期实施,确保前期工程可为后期发展做前提。

(2)以自然为本,增强环保意识,树立“安全、环保、舒适、和谐”的设计理念。以自然为本,尽量减少工程建设造成环境的破坏,对工程实施完成后的沿线环境进行最大限度的恢复,创造自然环境和人文环境的和谐统一。

进行路线设计时我们应遵循安全性、服务性、地区特性、整体协调性、自然性等各方面的设计原则。安全性原则指根据路线规范,进行科学合理的设计;服务性原则指进行公路服务配套设计,使公路在建成后发挥最大的服务功能;地区特性原则指遵循地方的人文、自然特征进行设计;整体协调性原则指道路设计与原有环境的融合;自然性原则指以自然为本,加强环保意识。这些原则可以概括为在设计规范的指导下,充分结合地方人文、自然特征,设计出和谐、自然的道路。

只有遵循以上的设计理念和原则,认真的体会其深在内涵,并将这些思想贯彻到设计的始终,在设计中灵活地掌握运用,才能让县乡道路设计的水准更上一层楼。

针对以上提出的设计思想理念,以及主要的设计原则,下面就不同地区的县乡道路设计的有关内容分别进行分析。

1 山区县乡道路

当公路设计里程较长时,路线地理区域跨度较大,路线所经地区的地形、地质、气候、土壤等自然条件差异很大,情况也较为复杂,特别是在山岭地区。路线设计前,认真调查研究和掌握路线所经地区的自然特征是各项设计工作开展的前提和基础,因此,选择地质条件良好的地段,对公路路基的稳定性、整体性、安全性、经济性等进行前期评价和分析非常重要。绝不能因为公路工程建设规模的大小而忽视这些基础性工作。

1.1 山区影响路线工程的因素

(1)地形对路线工程的影响。山区地形特点是山脉相连,高低起伏,坡大沟深,山崖陡峭。伴随着大小水系分布着大小河流及山间谷地,山体冲沟遍布。山区河流具有河床纵坡大、流量小、流速快,形成山区地形山高谷深垂直切割明显的特点,路线布设在平、纵、横三个方面受到限制,迫使路线平面和纵断面转折频繁。因此在选定路线时,应首先调查清楚路线所经地区的地形特征,选定好路线的总体走向和主要控制点。结合地形特点,选定利用和改建的实施方案,反复比较统筹安排。

(2)地质条件对路线工程的影响。山区地表坡度大,土壤层厚浅薄,植被稀少。强风化的土石易被雨水冲走。长期的外界自然条件作用下岩石直露,岩体破碎,产状多变,褶曲断裂。裂隙水和地下水的长期作用对地质稳定有很大影响,加之气候变化,地表存在着一些不良地质情况,如岩堆、碎落、滑塌、岩溶、泥石流等。而路基的稳定性取决于所处地段地质构造的稳定性,故岩石的种类,岩层走向和倾斜度,有无软土夹层及地下水均会对地质构造的稳定性产生影响,在路线设计时,必须从地质构造上正确判断岩层的稳定性,对不良地质的影响范围做出认真研究与分析,对地质不稳定问题采取防治结合的有效措施予以根除。

(3)水文、气候特征对路线工程的影响。山区一般温度较低,昼夜温差较大,温度垂直性差异非常明显。夏季多暴雨,往往会伴随着山洪暴发。由于地形、地貌特征雨水的作用显著,沿河路基易冲刷。应充分调查了解降雨量、汇水面积、洪水位的情况,合理地选择路线线位高度或采取措施确保路基的使用安全。

(4)自然环境对路线工程的影响。很多山区道路的建设实施目的都是为了开发利用当地的自然旅游资源,然而道路的建设势必对沿线的原始生态环境造成一定程度上的破坏,新建道路尤为严重。生态环境一旦遭到破坏后,要恢复到最初的状态难度非常大,而且还可能因为某些环境破坏诱发其他的自然灾害和地质灾害,因此在考虑其他因素对路线工程影响的同时,注重自然环境的保护非常重要。从自然环境保护的角度出发,应尽量做到避免高填深挖,选择植被稀少的路线,这从工程角度考虑也大大降低了道路的造价成本,达到一个双赢的局面。因此,在县乡道路的山区路段设计时必须考虑自然环境的保护,尽量减小修建道路而带来的环境破坏。

1.2 山区道路设计应注意的事项

(1)加强调查研究。现场勘察是县乡公路设计的重要环节,其目的主要是对拟定的路线方案进行核实,以确定总体方案和主要控制点。从而进一步了解路线所处的地理环境,摸清原有道路的使用、养护情况及存在的病害。掌握所经地区的自然环境条件,特别是与地形条件的矛盾。如发现拟定的方案确实存在问题时,应本着实事求是的原则和认真科学的态度,通过实地考察比较后,做出合理修改,以达到既能利用有利地形,又能满足使用要求、节省工程投资的目的。

(2)正确选用技术指标。对于山区道路而言,应根据地形特点正确划分设计段落。在满足使用要求的前提下,一定要从实际出发,因地制宜地灵活采用各项技术指标。确保线形的匀衡性、连续性及与周围环境的协调性,既不盲目地追求高标准,也不轻率地采用低指标。应多在技术方案上下工夫,力求选择路线短、工程量小的最佳方案。避免以降低技术指标作为减少投资的作法,不盲目追求长直线,力求弯道半径要大。严格控制最大纵坡和最大纵坡长度,适当加大缓坡段长度,直曲组合协调,平纵配合适当,确保使用功能的发挥。

(3)重视地质问题。公路作为建造在大地表面的人工构造物,直接暴露在自然环境中,所经地区的地形、地质、气候、土壤等自然条件差异很大,会遇到各种不同类型的工程地质问题,这些都与路基、桥涵和人工构造物的强度和稳定性有着密切关系。由于山区地形、地质、气候条件变化急剧,不良地质现象突出。路线通过这样的地段将会造成长期的路基病害,给以后带来繁重的养护工作。在过去的勘察设计中,只注意路线的线形标准,而对路线地质调查重视不够,往往只从解决路基边坡、确定土石成分,以及寻找筑路材料等方面着手,而不从路线布置上研究地质问题,即使做了一些调查亦不够深入,只是简单的目估判断,致使一些项目破土动工后即发现地质情况很坏,不仅加大了工程投资,而且也加大了后期使用的养护费用,甚至造成交通断行和影响使用安全。事实上,提高标准只是解决通行能力大小的问题,而防治清除路基病害才能保证道路的畅通。

在山区公路设计时,一定要从实际出发,因地制宜地灵活采用各项技术指标,确保线形的匀衡性、连续性及与周围环境的协调性。

1.3 山区道路工程量控制

我国县乡道路建设规模巨大,所需资金也是一个庞大的数目,这就要求设计时对道路工程量进行控制,来减少工程的资金投入,降低工程造价。综合考虑前面介绍的各种情况下影响县乡道路路线设计的因素,就不难对县乡道路设计中的工程量进行控制。从大的设计前提出发,合理利用设计理念和设计原则,灵活掌握运用设计规范,最终找到理想路线设计与工程造价合理设计的最佳结合点。

影响山区道路工程量的主要方面包括路基土石方数量、路基防排水数量、树木砍伐以及林地占地赔偿。

(1)对于土石方数量的控制,山区道路设计平面线形应选择合理的曲线组合,不盲目地追求线形高标准,并且做到纵断设计与平面设计相结合,尽量做到少填少挖,在减少工程量的同时也减少了对环境的破坏。现在道路设计计算机辅助系统很多,如果过分地依赖软件程序而忽略了人的因素,往往造成与实际不符的道路设计。目前很多设计对路基标准横断面死搬硬套,有些设计从头到尾均采用同一个模型,完全脱离了现实。在进行路基设计时必须对路线逐段分析计算,根据前期的勘察资料选择边沟类型,边坡坡率,建立合理的路基模型,来减少并控制土石方数量。

(2)路基防排水工程数量的控制应从实际出发,根据各种不同的自然特征,包括地形条件、地质状况、水文气候特征等因素,综合考虑路基防排水工程的设置,在确保路基的稳定性的同时,适当、适量地设置路基防排水。

(3)注重环保意识,加强对环境的保护,综合考虑自然环境条件,合理选择路线,减少树木砍伐和林地占有,降低环保成本,从而控制工程量。

2 平原县乡道路

与山岭地区的县乡道路设计比较,平原县乡道路设计相对比较简单,公路建设要求的设计周期也较短。但是路线设计前期的勘察,调查和研究掌握路线所经地区的自然社会条件等基础工作也不容忽视,不然会给后期设计带来相当多的困难和麻烦。

2.1 平原影响路线工程的因素

(1)现有道路线形对路线工程的影响。平原较之山区城镇化建设程度高的多,近年来各地市的县乡道路路网前期规划已基本完成,因此县乡道路设计多为旧路改造或升级,而这些旧路线形很多不满足路线规范要求,但设计时路线选择往往需要参照已有道路,有非常大的局限性。也正是这些条件的限制,造成设计难度加大。设计前应该彻底地对路线大致所经过的区域的路网情况进行调查,从长远的眼光出发进行路线设计。

(2)建筑物对路线工程的影响。城镇化建设快速发展,农村面貌日新月异,加之农村资源的大量开发,许多地区兴办工厂,城镇、农村建筑物也急剧增多,路线选择时往往会受到这些建筑物的限制,所以外业勘察时应详细了解各建筑物的类别和权属,综合考虑路线方案。

(3)政府长期规划对路线工程的影响。随着我国城镇化建设步伐的加快,各级政府对城镇、农村未来发展都有着长期的建设规划,政府部门的长期规划对现在的县乡道路设计有着很强的指导作用,路线选择时不能单纯地从设计角度出发,不与政府规划相结合而盲目地开展设计工作,只会徒劳无功。充分领悟政府修建道路的意图和目的,与政府规划协调考虑对县乡道路设计十分必要。

(4)自然环境对路线工程的影响。在我国大力提倡退耕还林的环境保护政策的推动下,平原地区很多道路两侧的退耕林地已具有相当大的规模,路线设计时要尽量避免对这些自然环境的破坏。

2.2 平原公路设计应注意的事项

(1)以人为本。这是所有道路设计的根本出发点,同样也适用于平原地区县乡道路的设计。县乡道路级别相对较低,其主要目的是服务于当地群众,设计时应注意这些细节的把握,从群众的实际利益出发,遵循安全性、服务性和地区特性设计原则。

(2)少占耕地、少拆迁。平原地区人口密度较大,土地资源有限,人均土地面积较少,可利用的土地资源非常珍贵,在路线设计时应处理好道路与农业、农村、农民的关系,注意与农业基本建设的配合,做到少占田地并尽量不要占高产田地和经济作物田地,避免穿越经济林园,并注意与修路造田,农田水利设施,土地规划相结合。而房屋自古以来在群众的心目中都占有非常重要的地位,沿用老百姓的话:"宁拆十座庙,不毁一间屋",可见其重要性非同一般。减少拆迁,既降低了道路工程造价,也大大降低了因拆迁带来的政府工作的困难度。减少占地拆迁,真正地做到便民、利民,这也是以人为本设计理念的另一个方面。

(3)整体协调原则。道路设计时尽量减少对原路环境的改变,让道路融入到已有环境中去,使道路设计与沿线的自然环境、建筑物、人工构造物等相协调。

(4)保护环境。在国家经济繁荣发展的大环境下,现有县乡道路的数量及规模已远远不能够满足交通需求,在这种情况下,县乡道路的新建项目也随之增多。与山区道路建设相同,平原地区新建道路的实施,也势必会造成自然环境的破坏,进行道路设计时要注重这方面的考虑。

2.3 平原道路工程量控制

影响平原道路工程量的主要方面包括路面工程数量和占地拆迁。

对路面工程数量的控制,也是山区道路设计必须注意的问题,应做到结合业主要求,调查预测未来交通量,并根据当地筑路材料资源,设计选择经济合理的路面结构方案,不能完全凭借经验行事,杜绝套用、搬用已有的路面结构设计。设计还应该根据实际情况分段设计,特别是旧路改建项目,路线较长时各路段的旧路状况均不相同,因此设计时应针对不同路段进行分类设计,避免造成设计浪费。

应尽量做到少占地、少拆迁。占地拆迁不仅提高公路造价,还给工程实施和政府工作带来困难,降低工程项目的可行性。

县乡道路工程量控制的各个方面都是相辅相成、共同制约的,遵循设计原则和设计理念,工程量控

制就不是一句空谈。

3 县乡道路设计应深化以人为本的设计理念

深化以人为本的设计理念，就必须强调前面提到的路线设计原则中的安全性、服务性，深刻体会道路设计的出发点和落脚点。

以人为本，应该首先确保人对道路的使用安全。现在许多县乡道路在设计时，路线设计均能达到很高的设计水准，但还是经常在县乡道路上发生不必要的交通事故，这就要做到路线的“引”、“透”。“引”即设置必要的交通标识和交通安全设施，引导车辆安全行驶，必须按规范设置齐全。为保证公路的使用安全，除线形指标满足技术标准要求外，交通安全设施是最基本的安全保障系统，涉及标志、标线、护栏、轮廓标等设施，用于提供道路交通信息、控制车辆行使、保护人车安全、指示线形轮廓等。长距离的陡坡路段，除设置交通标志外，还应设置避险车道，遇有紧急情况及时脱险，以降低事故的严重程度。另外“透”在道路设计中也非常重要，由于山区道路弯多、坡陡，外侧弯道视距经常不满足要求，这就要求开辟视距台；平原地区道路弯道处过度种植林木，或者违规修建建筑物，导致视线受阻，这就必须加强道路的后期管理，开阔弯道视野以确保行车安全。

总之，只有重视以人为本的设计理念，才能充分体现道路的人性化设计，有利于道路工程的使用安全，完全发挥道路的使用功能，真正做到路为民所修，路为民所用。

综上所述，归纳起来县乡道路设计时必须注意以下问题：

(1)县乡道路设计的核心是设计，然而科学的设计理念才是设计的灵魂，注重设计理念的创新和贯彻，灵活把握设计原则。以人为本，自始至终将人的因素放在设计的第一位。

(2)加强环保意识，减少因修建道路而带来的环境破坏，最大限度的保护道路沿线的自然环境。

(3)注重前期外业勘察工作，综合的考虑自然地理环境、人文社会环境等各方面因素，随时发现问题并进行修正改进，不放过任何一个细节问题，以免前期工作产生包袱，而影响后期设计工作的顺利开展，造成不必要的重复工作。

(4)合理选择并灵活运用技术规范指标，在安全设计的前提下不盲目追求高标准，减少道路工程造价，以设计规范为根本，突破规范，做到合理科学的道路设计。

4 结语

遵循科学的设计理念和严谨的设计原则，综合考虑各方面因素，降低县乡道路造价，减少道路工程的设计浪费，县乡道路设计质量将会得到很大的提高。

参考文献

[1] 中华人民共和国交通部. JTG D20—2006 公路路线设计规范. 北京：人民交通出版社，2006

[2] 中华人民共和国交通部. JTG B01—2003 公路工程技术标准. 北京：人民交通出版社，2004

[3] 最新县乡公路设计施工与养护管理实用手册. 香港：香港天马出版有限公司，2004

[4] 科学设置道路标志，提高道路安全性. 北京：人民交通出版社，2004

[5] 马华堂，孙建豪，张新旺. 公路工程病害分析与防治. 郑州：黄河水利出版社，2008

关于公路养护管理模式的回顾与思考

焦广岳[1]　陈颖颖[1]　朱忠鲁[1]　卢秀丽[2]
(1.济南市平阴县公路管理局;2.平阴黄河河务局)

摘　要　探讨不断增强养护实力提高养护质量和服务水平,建立效率高、机制灵的新型公路养护生产运行机制,逐步向社会化、专业化、机械化方向发展。

关键词　公路养护改革　发展

公路养护是指为保持公路经常处于完好状态,防止其使用质量下降,并向公路使用者提供良好的服务所进行的作业。随着我国政治、经济体制改革的逐步深入,公路作为振兴经济的硬环境已被世人公认,为建立符合市场经济规律的公路养护管理体制和管理模式,深化公路养护管理和运行机制的改革,是摆在我们面前的一项重要任务,也是我们亟待探讨和研究解决的主要课题。

目前各级公路管理机构基本上是以公益性为主导的事业单位,尽管近几年来各地都进行了较大的改革,但与整个国家的改革步伐相比,还有一定的差距。改革传统的养护模式,建立一套适应公路事业发展的养护新机制,是养护企业在新的公路养护形式下求生存、谋发展、不断增强养护实力,提高养护质量的必由之路,是加快公路建设的动力,又是公路事业发展的必要和先决条件。

1　公路养护管理现状与存在的问题

目前,在市场经济飞速发展的推动下,全国各地的公路建设出现了前所未有的新局面,但是在建设热潮背后却隐藏着养护难的问题。一些地方对公路养护管理工作的重要性认识不够,特别是公路建设任务比较重的情况下,养护资金投入不足,养护管理工作中出现的问题得不到及时解决导致路况水平逐年下降,有的地方甚至出现"高速公路通了,普通公路垮了"的现象。

"重建轻养"的问题由来已久,1995年,交通部在合肥召开公路工作会议,"建养并重"写进了二十四字公路养护管理方针之中。近年来,特别是加快公路建设步伐的几年,公路建设每年一个新台阶,投资几千个亿,到处都是工地。而建设热潮背后,却是养护工作艰难维持。为什么领导热衷于搞建设,而不自觉地忽视养护呢?说来再简单不过。因为建设容易出政绩,容易造成声势;而养护则是日常的,养好了谁也不会认为新鲜,是个周而复始的工作,很难引起注意,很难造成影响。因此,"建设"就自然是重头戏,"养护"就自然退到一边。

养护部门是交通系统较早形成的一个行业,半个世纪以来,公路养护经历了风风雨雨,除了体制上的几上几下,运行机制不断探索之外,用工制度,分配制度等也越来越显示出与市场经济不相适应的特征。传统的作业方式,管理模式保存下来的许多矛盾直接或间接地阻碍着养护队伍的发展,不得不引起广泛的关注。特别是近年来,随着市场经济的不断深入,社会的不断发展,科技水平的不断提高,路网水平的不断改善,养护部门运行机制和管理模式对内对外都有不同程度的滞后,有些问题还难以应对。更可惜的是,就目前的养护质量和干部队伍素质,还有相当一部分人没有意识到解决新问题的紧迫性和重要性。等待观望的多,研究问题的少,依靠上级的多,主动想办法的少。

1.1 养护机构设置不尽合理

政企不分、事企不分、缺乏活力。目前,我国的公路管理机构,既代表政府担负着公路管理的行政职能,同时又承担着公路养护、施工、设计等生产任务,是政事企合一的管理体制。这种体制的主要弊端是生产按计划安排,经费按人头划拨,大锅饭、铁饭碗,高投入、低产出现象十分严重,干部、职工的竞争意识、忧患意识比较淡薄。特别是各级公路管理机构在计划经济体制下形成的各种厂、站、库和设计、施工、养护等生产性单位,都依附于各级公路管理机构,长期依靠吃养路费过日子。

机构重叠、职能交叉、关系不顺。当前,就全国来讲,公路管理机构重复设置的问题比较突出,不少省(区)在公路管理局以外,又平行设置了高速公路管理局或高等级公路管理局、路政管理局、征费稽查局,有的还成立收费公路管理局等,致使在一个行政区域内出现了几个公路管理机构,形成政出多门,多头管理,职能交叉,不仅相互间的关系难以协调,而且造成工作上相互扯皮、推诿,政令不能通达。此外,公路管理机构的名称也不规范,省一级公路管理机构的名称基本都叫公路管理局,但也有叫公路管理处的,而地、市以下公路管理机构的名称则比较混乱,有称公路管理局或分局的,有称公路总段的,还有称公路管理处的,等等。这就形成了同样的机构、同样的职能,名称多种多样,极不规范。

1.2 没有建立起专业化的养护队伍

在公路局养护管理处和公路站,虽然是养护管理部门,但却一直没有设置专业养护机构(如路面队或养护队)。局下属的养护管理处是养护计划、养护技术主管部门,而公路站是执行部门,日常业务是养护巡查、统计与管理,日常小修保养部分是通过养护员实施的,工程量较大或技术性较强的养护作业项目,则完全依赖施工队去完成,由于没有专业养护队伍,因而无论从养护时效、技术质量和施工安全等方面都难以达到较好的水平。在养护经费等严重不足的情况下"养人"与"养"路的矛盾更显突出。

职工队伍整体素质不高,因此就难以适应现代信息社会发展的要求。公路养护系统算来也是"老单位",当年参加养路工作的同志大多数都是农村招工来的,文化程度普遍不高,由于长期过太平日子,缺乏紧迫感。加之对知识的积累与更新没有引起重视,就出现了对政策法规不能真正的理解,对新的设备不能操作,对新的形势不能接受,靠苦干苦熬,死守着传统不放的现象,这应该是公路养护发展缓慢的关键因素,也是今后一个时期制约公路养护发展的关键因素。

1.3 养护机械的进程缓慢

由于资金不足等原因,我市公路养护机械程度同全省其他兄弟市相比尚处于中等水平。考虑到各公路站规模较小,现有资金无力给每个公路站配齐养护机械,以及已配备的养护机械化需要发展……

从现有的养护状况来看,除沥青路面养护外,其他养护作业中的路面和设施,至今仍主要靠人工清扫、清洗。近几年来,全国已发生数起养护人员伤亡事件,给我们养护工作带来了很多不便,养护施工质量和施工安全问题已成为日常养护作业中亟待解决的问题。

1.4 养护一线职工的生活、福利待遇难以保障

公路站大部分地处偏僻,离县城较远,其职工生活十分不便,文化生活单调枯燥,家属上班,小孩入托、上学,生活采买等困难重重,洗澡、取暖等福利设施难以配套,即使设上也难以管好用好,严重影响了养护一级职工队伍的稳定,导致人员挤在机关里,一线人员少,形成不合理的倒三角结构,从而推迟了一线职工工作生活条件的改善。

社会保障体制不键全,一定程度上制约了养护管理改革向更深层次的推进。不要讲其他的,单就现有职工的养老生存问题,就是养护系统的沉重包袱,而且还卸不掉。当然从另一个角度来看,干了几十年的老职工,没有可靠的生存保障于情于理都说不过去。

1.5 科学管理手段相对滞后

虽然我省十分重视数据库统计工作,成立了公路检测中心,具体负责全省的公路、桥梁的检测。由于种种原因,数据库和计算机管理系统开展的还不够健全,科学管理和养护的步子还迈的不够大。科学管理手段的落后,严重制约了我市乃至全省公路事业的快速发展。

2 现行公路养护管理机制的设想和建议

针对现行公路管理体制存在的主要弊端,认真总结多年来公路管理体制和运行机制改革的成功经验,各地公路主管部门,要以十六大精神为指针,以“三个有利于”为标准,以《公路法》为依据,按照建立社会主义市场经济体制的要求,以及“精简机构,理顺关系,转变机制,事企分开,清除弊端,加强管理,限编减员,提高效率”的原则,努力构筑一个科学合理的公路管理体制,建设一支高素质的专业化养护队伍。

2.1 合理设置养护机构和队伍

2.1.1 合理设置公路养护队伍

合理设置机构,科学划分职能,培育公路养护发展市场。总结多年来我国公路管理的经验与教训,借鉴国外的管理模式,各级交通主管部门要按照《公路法》的规定,以交通部提出的“公路管理机构从中央到地方按四级设置,每一级设立一个公路管理机构,在政府交通部门的领导下,行使本辖区公路的规划、建设、养护、路政和收费公路等有关行政管理职责”的总体思路,特别是要结合“费改税”的实施,积极稳妥地推进公路管理体制改革。改革的基本思路是“事企分开,转变机制,生产与管理剥离,建立效率高、机制灵的新型公路养护生产运行机制”。

要实现这一改革思路,首先必须加快培育和发展公路养护工程市场,建立适应市场规律的运行机制。对现有的公路养护道班进行改革,根据道路状况和养护生产力发展情况,按照统筹规划、合理布点的要求,扩大现有道班的工作半径,在条件成熟的地方,允许和鼓励组建不同形式的养护工程专业队或公司,参与公路养护工程项目竞争。改变目前公路养护生产单位过于分散、效率低下的状况,实现规模化、专业化、机械化,以提高养护质量和投资效益,也有利于公路管理机构从生产型向管理型的转变。对公路改善、大中修、绿化、水毁专项修复等适宜于市场竞争的养护工程,要逐步推向市场,实行招投标,以促进养护工程市场的发展,降低工程造价,提高资金使用效益。

发展以承包养护为主要内容的改革,改变传统的靠工作热情,靠无私奉献精神,靠朴素的劳动态度和简单的工资关系维系的养护形态,将职工的劳动以用量化的形式表现出来。

这一些改革措施使公路管理机构得以从繁杂的具体生产事务中解脱出来,集中精力抓好行业管理工作,也有效地降低了养护成本,在提高工作效率的同时提高了投资效益,从而让职工增加了收入提高了生活水平。

2.1.2 组建一支精干高效的养护职工队伍

现阶段我国的养护市场还很难达到实现养护作业现代化,而且最基层单位的公路站仍然是公路养护管理的骨干队伍。据调查我国目前每20km左右设置一个养护公路站,具有设置得当、管养幅度适中、规模适度、设备齐全、用工制度合理等特点。由于其行业的特殊性,要求公路养护职工必须具有一定文化程度,有一定专业技术水平和一专多能的技术。要求他们经过几年的学习,不但要具有公路养护专业和桥梁专业的一般知识,能熟练进行养护施工操作,一般还应当学会驾驶汽车和操作施工机械,熟练使用常规的中小型养护机械,使其成为高业务素质的现代化管理人才。只有这样,才能体现公路养护工作技术含量高、养护机构精干、养护职工一专多能的特点,才能实现公路高速度、高质量、高效率、高效益的养护管理目标。

2.1.3 积极推进机械化进程，逐步实现养护机械化

目前公路机械正处于快速发展时期，要加强政策研究，大力提高机械的利用率，盘活这部分固定资产，使之成为公路建设的重要支撑力量和新的经济增长点。积极推进机械化进程，是实现公路养护管理现代化的重要途径。今后在机械发展上要集中资金发展大型筑路机械和先进的养护机械，提高在高速公路建设市场的竞争能力。彻底改善公路养护一把扫帚、一把铁锨、处处点火、处处冒烟的，落后的，原始的养护方式，逐步配备拌和、摊铺、压实设备，洗刨机、清扫车、洒水车、稀浆封层机、割刀机、多功能养护车等一大批适应高等级公路和现代化公路养护的专业养护机械，并有效提高其工作效率。

要建立科学合理的施工机械设备管理体系，充分发挥机械设备的效能和经济效益，有计划地选购新的机械设备。认真落实机务管理办法，克服重使用、轻维修的现象和拼设备的短期行为，切实抓好机械设备的保养和维修工作，提高设备完好率。除了部分引进国外先进的大型综合养护机械外，须不失时机地抢抓目前我国高等级公路大发展的机遇，立足养护机械的国产化，不断提高公路养护机械的装备率、配套率。具体措施有：

(1)学习、引进国外先进的机电液一体化技术、电子显微技术。

(2)养护机械向大功率、多用途的方向发展，提高机械的使用效益，适应高等级公路安全、快捷的作业要求。

(3)引进国外先进的CNC加工设备和工艺技术，提高养护机械的制造技术和工艺水平，提高产品质量及机械性能的可靠性，延长使用寿命。

(4)加强养护机械的组织管理，组建社会化的养护机械租赁公司。

2.2 实行合同化管理，专业化养护

为了保证干线公路完好畅通，改变过去完全由计划安排为养护工程投标承包，以合同形式确定业主与承包人的责任和权限。养护公司作为业主代表，其主要工作是抓好养护工程的合同管理，每年根据道路的使用功能、路面类型、路面宽度、交通流量、使用年限、维修的难易程度等因素，核定每公里正常维修费用，逐级签订合同。

2.2.1 合同化管理，按劳取酬

干线公路实行了业主代表负责制和招投标制后，工程监理和业主代表着重考察各合同负责人，责任路段的养护作业量和养护工段量，并据此支付养护费和工程费。各分段负责人把工作数量和质量与报酬挂钩，让职工明白，市场经济条件下劳动力就是商品，只有付出劳动才能取得报酬，拿不出像样的产品(即良好的路容路貌和好路率)，你就将面临待岗和下岗分流。

2.2.2 转变观念，爱岗敬业

国省道干线公路养护实施合同化管理就是要引入竞争机制，通过引入竞争机制，降低了养护成本，改革投资机制，打破铁饭碗、大锅饭，迫使广大职工转变观念。目前，不“爱岗就下岗”、“不敬业就失业”、“岗位靠竞争、竞争靠贡献、贡献比效益”，真正实现干部能上能下、能高能低，促进合理流动，提高整体素质之目的。

2.2.3 坚持企业化管理，向市场要效益

各养护公司在搞好养护生产任务的同时，走向市场，坚持企业化管理，充分发挥自身优势，承包工程，探索出一条由生产型向企业化管理转换的新路子。

2.3 在养护机制改革中不能忽视党的建设

当前公路养护机制改革正处于关键时期。说它关键，是因为改革已经接触到实际问题，如果松懈，或者是改革不配套，都可能激化矛盾。一个不容忽视的重要问题，就是在改革中必须加强党的组织建设。要认真开展保持共产党员先进性教育活动，充分认识开展先进性教育活动的重要性和必要性，以确保先进性教育活动的实效，着实把党员队伍建设好，提高党的执政能力，巩固党的执政地位。

抛开诸多主客观问题不谈,就养护机制改革过程中加强党的组织建设而言,我们认为要抓好以下几件事:

(1)艰苦的工作岗位一定要有党员在那里带领,或者是同职工群众一起团结奋斗。

(2)抓教育培训,把党员培养成业务骨干和改革的带头人。

(3)要注意在一线职工中发展党员。

(4)要把党员队伍建设好,用全体党员先锋模范作用的发挥,去影响和带动职工群众为生产中心工作服务,围绕生产中心工作抓党建,就要善于为生产建设创造一个安定、和谐、有序的内外部环境。用良好的党风密切党群关系,带出好段风、好站风、好班风,增强职工群众执行党的指示的坚定性,提高职工群众发展生产的积极性,与时俱进,形成同心同德抓好中心工作的局面,化不利因素为有利因素,为改革和建设铺平道路,使党员在工作中起到模范带头作用。

2.4 公路养护也要提高经济效益

公路的一个重要标志是公路养护的现代化"三分建设,七分养护"。对道路进行及时、合理的养护和维修。采用计量支付的办法支付养护资金,能充分调动养护单位的积极性,及时发现道路病害并及时进行维修保养,做到预防为主,防治结合,尽可能减少大的道路病害的发生。

牢固树立提高经济效益的意识,从领导决策到管理工作,公路养护和工程施工作业,都要强化全局观念改进和完善经济效益的考核内容,提高全员经济效益意识,彻底转变片面追求好路率,只强调完成生产任务而不讲究成本核算,不重视经济效益的观念。加强对每个职工的"路兴我荣、路损我耻"的集体主义思想教育,增强职工的主人翁意识,实行民主理财,逐步形成一个追求经济效益的内在机制和外部环境,使每个职工和经济活动的每个层次都树立起投入与产出的观念。同时还要把干部的选配,先进的评选,奖励晋升等纳入经济效益的轨道。以增加经济效益为中心,以信誉质量为生命,坚持两个文明一起抓,与时代同步、与文明同行。以坚持"服务人民,奉献社会"为宗旨,加强职业道德建设,规范行业行为,提高服务质量,树立行业新风,为社会经济提供了良好的道路交通条件。

总之,我国的公路养护管理工作正处于一个继往开来的关键时期,特别是国家费改税政策的实施,使延续了数十年的公路建设,养护管理等工作领域都发生了重大变化,在这场改革的大潮中我们一定把公路养护管理工作作为一项重要任务来进行研究,逐步建立适应社会主义市场经济运行规律的新型的公路养护管理机制。

日照市对外交通规划初探

李宜芬　丁元明　刘现斌

摘　要　本文根据日照市与环渤海经济圈及临沂、连云港等周边城市的联系，分析了日照市对外交通方式中的铁路、公路、水运以及航空的总体现状，进行整合、规划日照市对外交通方式，合理确定各种对外交通方式的相关线路布局，促使各种对外交通方式协调发展，更好地促进日照经济的发展。

关键词　环渤海经济圈　日照市对外交通　协调发展

1　引言

日照市地处中国沿海中段，山东半岛南翼，东临黄海，隔海与日本、韩国相望，北邻青岛，南接江苏连云港，西通中国内陆诸省区。日照因“日出初光先照”而得名。现辖东港区、岚山区、五莲县、莒县，设置日照经济开发区、山海天旅游度假区，面积5 310km^2，人口276万。

环渤海经济圈处于东北亚经济圈的中心地带，是中国欧亚大陆桥的东部起点之一。狭义上指辽东半岛、山东半岛、京津冀为主的环渤海经济带，同时也延伸辐射到山西、辽宁、山东及内蒙古中东部等地区。1996年3月通过的《中华人民共和国经济和社会发展“九五”计划和2010年远景目标纲要》明确规定，我国要“按照市场经济规律和经济内在联系以及地理自然持点，突破行政区域”，指出：“发挥交通发达、大中城市密集、科技人才集中、煤铁石油等资源丰富的优势，以支柱产业发展、能源基地和运输通道为动力，依托沿海大中城市，形成以辽东半岛、山东半岛、京津冀为主的环渤海综合经济圈”。随着我国对外开放步伐的逐步加快，我国经济发展重心开始由南向北梯次推进。环渤海地区第三轮引进的将以日本、韩国向外扩散的重化工业、轻工业为主体，并可能成为继“珠三角”和“长三角”之后我国经济发展的新的增长极。

2003年3月山东省十届人大一次会议正式提出，济南、青岛、淄博、烟台、潍坊、日照、威海、东营8市强强联合，共同打造山东半岛城市群，将其作为适应经济全球化和区域经济一体化的一项重要举措。这意味着山东将结束以往的各自为政的诸侯经济走向协作配套的“集群经济”。

日照市处于环太平洋经济圈和环黄(渤)海经济圈，是中国重点开发建设和生产力布局的沿海主轴线与新亚欧大陆桥的交汇处。随着国家西部大开发战略的实施，新亚欧大陆桥东方桥头堡——日照的国际开发价值日益倍增，2006、2007年举办的欧洲级帆船锦标赛和中国帆船锦标赛使日照市在国内外的知名度迅速提高，为日照市的发展提供了契机。

近几年，日照港口规模的扩大和港口吞吐量的增加，日照市高起点构筑具有多形式、多元化经济特征的临港工业体系，已经初步建成以钢铁、石化、机械制造等“重化”产业为核心的临港工业体系；随着日照市在国内、外的知名度的提高和日照市万平口景区、奥林匹克水上运动基地的建成和深化，日照的旅游经济也将成为日照新的经济增长点。临港工业体系和绝无仅有的3S(“沙滩”(Sandy-beach)、“阳光”(Sun)、“海水”(Sea))于一体港口旅游经济体系成为日照经济腾飞的“引擎”。

日照市是一个新兴沿海城市，有着巨大的发展潜力和条件，随着国家西部大开发战略的实施，新亚欧大陆桥东方桥头堡——日照的国际开发价值日益倍增和环渤海经济圈的迅速崛起，日照市步入了一个经济腾飞的时代，为了更好地配合经济的发展，引入先进的、系统的、科学的交通规划理念，制定城市对外交通发展的目标和策略，引导日照市对外交通向健康、良性的方向发展，以支持城市和经济的可持续发展。

2 对外交通的概念和意义

城市对外交通(Intercity Transportation),是指城市与城市范围以外地区之间采用各种运输方式运送旅客和货物的运输活动,是以城市为基点,联系城市及其外部空间以进行人与物运送和利通的各类交通运输系统的总称。对外交通运输方式主要有铁路运输、公路运输、水路运输和航空运输。

城市对外交通是城市形成和发展的重要条件,是构成城市的重要物质要素,它把城市与其周围的外部空间联系起来,促进城市对外的政治、经济、科技和文化的交流,从而带动城市的发展和进步。可以说,城市对外交通的发展直接影响着城市的产生、城市的规模和城市的发展。日照市正处于快速发展的时期,其与周围城市的联系和交流与日俱增,对外交通的发展尤为重要。

3 日照市对外交通现状

交通的目的在于人与物的转移,对外交通也是如此,日照对外交通主要实现日照与其城市外部空间的人与物的交通联系,日照市经过近20年的发展,铁路、公路、海运都有很大的发展,同时这些对外交通方式为日照经济的发展也做出巨大贡献,但随着日照经济的发展,现有的对外交通方式发展会滞后于经济的发展。日照市各种对外交通方式现状如下。

3.1 铁路

经过日照的铁路线主要有兖石铁路线,坪岚铁路,日荷铁路复线,兰新铁路;兖石铁路、坪岚铁路是主要疏港铁路线,兖石铁路穿越日照市主城南区和主城北区中间地段,接入日照港,为日照港的集疏货物做出巨大贡献。随着日照经济的发展,带动进出日照的货物和外来人口的增加,日照与外地的联系愈加频繁,这种大运量、较长距离的运输主要依靠铁路运输,这就要求铁路的发展应该适用地方经济的发展,同时随着城市规模的扩大,现状兖石铁路线对城市的阻隔也越来越明显。

3.2 公路

日照现已建成高速公路有日照—菏泽的日东高速、日照—竹泉(临沂)日竹高速和连接同三高速支线三条高速公路,现有国道1条、省道10条。随着日照临港工业和港口旅游经济的发展,来日照工作和旅游的人数增长迅速,导致“十一”国庆节期间出现高速路入口排队进入的拥堵现象,以及日照和外省市的联系通道较少和通道等级较低或交通舒适性较差,一些公路已经不能满足交通运输的快速化和舒适性要求。

3.3 水运

日照的水路运输主要是日照港的港口运输,日照港现有石臼港区和岚山港区两个港区,日照港主要是煤炭、矿石、集装箱、原油储运中心,目前港区间存在交叉作业,日照港的客运班次只有日照-平泽(韩国),货运方向可以通达世界各地港口。

经过近几年的建设,日照港口的吞吐能力逐年增加,这就要求对服务于港口的铁路运输和公路运输的各项要求也越来越高。由日照港运往国内外各大港口的货物和运进日照市的货物的集疏方式主要有铁路和公路。日照港正在建设,不断扩大港口面积,提高港口吞吐能力,但同时集疏港口的公路运输不够完善,缺少疏港通道、疏港道路与城市道路交叉,既影响城市发展,又阻碍了疏港的通畅性,一定程度上阻碍了国内重要集疏港口——日照港的发展,同时对日照临港工业和相关产业的发展产生消极影响。集疏港口铁路方式主要是兖石铁路线和坪岚铁路,兖石铁路线从城市中间穿越,虽然对港口货物集疏和

客流输送没有影响，但铁路线隔断了城市，使城市区域之间的联系受限，影响了区域间协调发展，制约着城市经济的发展。

3.4 航空

日照市目前没有建设飞机场，随着同三高速的建成通车，日照到青岛飞机场的时间1.5h左右，目前日照主要依托青岛飞机场进行日照市与外地城市的轻质、长距的人和货物的运输。因日照与连云港飞机场和青岛飞机场交通方便，时空距离较小，近期日照不建设飞机场，可在远期预留飞机场地。

4 日照市对外交通应对策略

(1)日照市对外交通应加强环渤海经济圈、山东半岛都市群区域统筹，结合日照经济发展的增长点，以科学的交通预测为依据，满足城市各发展阶段的建设要求，全面协调、规划、发展各种对外交通方式，使其为日照经济的提升提供交通物流保障。

(2)以规划为依据，加强基础设施合理布局和建设，完善日照市各种对外交通方式的基础设施(见附图《日照市对外交通图》)。

①建设日(照)黄(岛)沿海铁路，促进日照港、青岛港合理协调发展，加强日照与山东半岛其他城市轨道交通联系。远期铁路客运东站西移至日照市区西侧(西宁路以西)，港口货物集疏实行南进南出，废除隔断城市南北联系的部分兖石铁路，在保证集疏港口顺畅的同时，使日照市主城南区和北区联系通畅。预留日照、连云港港口联系铁路通道，保证未来日照港、连云港合理协调发展，满足中国东、中、西三大地域以及亚欧大陆铁路交通联系需要。

②建设岚山经莒南县、临沂罗庄区至枣庄的日枣高速公路，加强日照港口岚山港区与鲁西南经济腹地的联系；建设主城区向北经过两城、潮河两镇至潍坊的日潍高速公路，加强日照与半岛城市群的联系。远期构筑完善的以现状同三高速、日东高速、日竹高速和规划建设的日潍高速、日枣高速构成的高速公路网，与半岛城市群、港口各级经济腹地保持快速公路联系。

③建设集疏大型对外交通道路。随着日照港口扩建和吞吐量的增加，解决日照港主港区和岚山港区对外联系通道迫在眉睫。日照港口对外联系通道顺畅，才能使日照港与内地联系方便快捷，才能有利于内地城市借助日照港口运输货物，使日照港的吞吐量再创新高，进一步带动日照市相关港口经济的发展。

日照港石臼港区疏港道路：①疏港北路：保留和加强现状上海路疏港功能，作为石臼港区北部疏港路。上海路向西穿越兖石铁路与高速公路连接。②疏港中路：规划香港路作为石臼港区中部疏港路。香港路向西穿越兖石铁路和同三高速公路与日东高速公路连接。香港路以快速路标准建设，加强其疏港通过能力。③疏港南路：建设深圳路作为石臼港区南部疏港公路，跨傅疃河与同三高速公路连接。

日照港岚山港区的疏港道路除了疏港北路(龙王河口—虎山镇—S342)外，另外建设疏港中路和疏港南路，其中，疏港中路沿阿掖山北部山脚，于坪岚铁路南侧布置，是日枣高速公路连接线，与同三高速公路互通；疏港南路在岚山中路以北，避让岚山主要市区开辟东西向的岚山北路，岚山北路与岚山东路共同作为岚山港南部疏港道路。

(3)依托青岛、烟台、威海城际轨道交通，规划日照至青岛城际轨道交通线位，建设日照到青岛、烟台、威海的轨道交通，结合四通八达、层次分明的高速公路网，缩短日照与半岛都市群其他城市的时间距离，快速便捷地融入山东半岛都市群；同时，日照－青岛快速轨道交通的建设在时间上缩短日照和青岛的距离，使日照市与国内、国际其他城市的联系更加方便，增强青岛飞机场对日照发展的作用，更好促进日照经济的发展。

5 结语

现代城市对外交通的发展趋势表现为:交通工具的高速化、大型化、远程化;不同运输方式的结合和联运;城市内外交通的连接与渗透;城市交通组织的系统化和立体化。日照市在发展快速铁路、快速公路运输的同时,要充分考虑港口的发展对铁路、公路的要求,使铁路和公路为港口提供更好的服务,使三者协调发展,共同促进日照经济的发展。同时,加强城市内部交通和对外交通的衔接,使对外交通设施布局与市内交通密切配合,进而促使城市交通系统化。便利、快捷、安全的内外交通衔接有利于城市内外人流物流的输送和运转,更大发挥城市对外交通、对外联系作用,保证城市生产和生活的正常进行,促进城市经济快速发展。

6 附图

参考文献

[1] 焦双建,巍巍.城市对外交通.北京:化学工业出版社,2005.6

[2] 惠英.日照市综合交通规划.上海:上海同济大学出版社,2006

[3] 中国城市规划设计研究院.日照市城市总体规划,2006

[4] 城市对外交通规划规范(征求意见稿).2007.3

浅谈公路建设的可持续发展

麻淑红
（河北省邯郸市交通局城郊公路养护处　056002）

摘　要　公路建设的方案比选是公路建设项目前期工作中的一项很重要的内容。在可持续发展的要求下，公路建设必须实现对环境最小的破坏，对环境实现最大的恢复。在方案比选中应增加一个新的评价因子——对环境的影响，本文从两个方面分析了公路建设对环境的破坏，阐述了只有将经济发展与保护环境相统一，才能使公路建设走可持续发展的道路。

关键词　公路建设　环境资源　可持续发展

改革开放以来，我国公路建设有了长足发展，取得了显著成绩。大规模的公路建设促进了经济发展，带来很大的社会效益与经济效益，但同时也在一定程度上加剧了资源、环境和人类之间的矛盾，凸现出一系列严峻的生态环境问题：公路建设用地增加，耕地绿地减少，西北、华北的部分地区沙化现象十分严重，自然生态环境恶化。采石、取土、挖砂等造成水土流失，河流污染以及引发山体滑坡等地质灾害。公路所经地区将不可避免地占用和分隔土地，影响到生物种群的繁衍生息，危及生物的多样性。公路建设还会对沿线造成大气、水、声污染，致使环境质量下降。

近年来人们逐渐意识到，环境是一种资源，不仅具有价值，而且有使用价值。然而，通常情况下环境资源没有市场价格，亦即，它属于无价格的公共物品。其价值在量化上的困难，使之不易与工程经济评价的结果进行比较，往往造成决策者对其经济活动中环境资源的投入所付出的代价失去应有的关注，而较注重眼前或近期的直接经济效益。我们就从环境破坏的角度，对公路建设给国家资源带来的损失进行粗略估算，为我国公路建设的可持续发展做一些有益的探索。

对公路建设造成的环境破坏，我们将其分为两个部分，一部分是生态破坏，另一部分是环境污染。生态破坏主要表现为公路建设造成的占地毁林，沿线大面积的农田、经济作物、草地、森林被毁。环境污染主要表现为公路建设造成的沿线空气环境、水环境、声环境的质量下降。

1　公路建设对生态环境破坏的具体表现

(1)毁林占地。我国目前的国省道公路以四、六车道为主，其永久占地为5.3～6.7hm^2/km，还有大量的农村公路，虽然单位长度的占地面积不多，但在总里程的近120万km情况下，占地面积之大就可想而知。另外公路穿村镇时，企业和居民重新安置也要占用部分土地。这将使我国长期存在的人地矛盾更趋突出，形势必迫使人们开荒、毁林、种地，破坏原有的生态平衡。同时，施工期间还需临时占用部分土地，主要用作临时性道路、桥涵施工作业场地、料场、配料场等，也将破坏原有土壤和植被。

(2)水土流失严重。为保证公路的平直，需开挖山体将挖方段的土石方用于填筑附近路基；但当路基所需土石方在纵向供应不足时，需选择集中的取土点；还有施工中大面积未成形的路肩及边坡，这些原因将造成施工现场出现大片裸露、松散的土地。在这种情况下，尤其是降雨天气，水土流失的现象非常严重。

(3)施工及运营期车辆的扬尘降落到作物植株表面，将会堵塞毛孔，影响光合作用和植物生长。

(4)公路建设对沿线地区的局部分割，将产生廊道效应或形成岛屿效应，这可能会影响或改变动物的迁移路线与栖息环境。

公路建设对生态环境的直接损失,主要就是指公路建设对土地的占用而导致的生态环境的价值损失。这种土地占用可分为长期占用和短期占用。无论何种的土地占用,其表现形式主要为毁林占地。无植被条件下土壤侵蚀和土壤肥力丧失,从而导致土地沙漠化,这是公路建设对生态环境破坏的间接损失。

2 公路建设对大气、水环境和声环境产生的影响

2.1 公路建设对沿线大气环境的影响

公路建设对空气污染主要是由机动车辆排出的空气污染物所引起的。污染物的主要成分有:一氧化碳(CO)、碳氢化合物(HC)、氮氧化物(NOx)、二氧化硫(SO_2)、颗粒物质(铅化合物、碳烟、油雾)及恶臭物质。

除此之外,机动车在公路上行车所产生的大量扬尘,沥青混凝土在搅拌过程中产生的沥青烟尘,对公路沿线地区环境空气亦会产生污染。

在我国不同地区的空气监测所发现的污染中,车辆排放在空气污染物的总量中占有较高的比例,如CO为65%~80%,NOx为50%~60%,pb为80%~90%,成为我国空气质量的主要污染源之一。

这些空气污染物质主要对人体健康及公共环境产生如下的影响。

(1)一氧化碳(CO):CO经呼吸进入肺部被血液吸收后,将导致人体内各组织缺氧,引起中毒或死亡。

(2)碳氢化合物(HC):机动车辆排气中所含的碳氢化合物有百余种,对人体健康危害较大的碳氢化合物主要是醛类(甲醛、丙稀醛)和多环芳烃(苯并[a]芘等)。这些物质对鼻、眼和呼吸道粘膜有刺激作用,可引起结膜炎、鼻炎、支气管炎等症状。

(3)氮氧化合物(NO_x):NO是一种无色、无臭、无味的气体。如果NO侵入人体与血红蛋白结合,就会造成体内缺氧。对呼吸道亦有影响。

(4)NO_2是棕色气体,能与肺部的水分结合生成可溶性硝酸,严重时会引起肺气肿。

(5)二氧化硫(CO_2):CO_2是一种无色气体。由于CO_2的高度可溶性,大部分将被鼻腔和上呼吸道吸收,造成强烈的刺激及伤害。它对植物有严重危害,对农作物减产作用明显。

(6)尘土:大量的尘土将导致沿线居民居住环境的清洁程度下降。为此,居民将增加额外的清洗费用和清洗时间。

2.2 公路建设对沿线水环境的影响

2.2.1 施工期主要表现在三个方面

(1)来自于施工人员生活污水的排放。对施工人员的污水、生活垃圾若不加强管理,直接排入灌渠或鱼塘将会污染水体。如每个施工营地施工人员数量按200人计,生活污水量标准按50L/人·天计,则每天就要产生生活污水量大约为$10m^3$。可见,大量的污水对周围水体的影响不可忽略。

(2)公路建设中道路建筑材料(石料、砂、砂砾料、水泥等)数量较大,基本都是通过陆路运输,由于管理不严在运输和施工过程中也可能会对附近水体造成污染。

(3)桥梁施工过程中,成孔产生的渣土容易洒落到水中,施工机械的油料也可能对水体产生滴漏现象,其污染影响时间较长,且影响面较大。

2.2.2 营运期主要表现在两个方面

(1)汽车尾气排放物随路面径流对水体造成的污染。公路建成投入运行后,各种类型车辆排放尾气中所携带的污染物在路面沉积、汽车轮胎磨损的微粒、车架上粘带的泥土及人类活动残留物,车辆制

动时散落的污染物及车辆运行工况不佳时泄漏的油料等,都会随雨水径流进入水体,并对这些水域产生一定的污染。

(2)公路收费站的生活污水对水体的污染。由于收费站的配套设施较好,生活污水可通过化粪池等净水设施的处理,故相对施工期的废水排放而公路建设和运营期所产生的大量废气将严重影响公路沿线的空气质量。

这些被污染的大气对人体呼吸系统产生危害,使呼吸系统疾病增加,据国内外有关成果表明,涉及到的呼吸系统疾病包括慢性鼻炎,慢性支气管炎,支气管哮喘等。在水环境受污区,由于污水中含有大量的 COD、BOD、石油类物质,对人体健康也会产生损害。数据显示,在大气、水环境方面受污染的公路沿线,某些居民肠道系统方面的疾病发病率明显高于非公路沿线区域。大气污染使得家庭清洗时间增加,据调查,北京城郊每人每年家庭清洗和清扫时间较远郊对照区多了 9 天。空气污染还缩短了衣物的使用年限,增加了水、电、洗涤剂等的经济支出,上述两项的总和即为公路建设对沿线居民所产生的额外清洗费用。

2.2.3 公路建设对声环境影响

主要体现有两个阶段,即施工阶段和运营阶段。公路建设施工期的噪声主要来自车辆、机械及爆破,噪声水平及影响范围随施工阶段(清理线路、修筑路基、路面铺设)不同而存在差异,这些施工机械的噪声主要影响了附近村镇居民及野生动物,造成区域内声学环境质量的短期内恶化。

公路建设营运期噪声主要在车辆运行过程中产生,汽车噪声来自车体各部分的振动、撞击和摩擦。由于公路沿线经过许多城镇郊地,且公路上大中型车辆占很大比重,所以公路交通噪声污染严重。噪声的影响范围与车流量、风速、沿线植被高度、覆盖率等有关,机动车行驶的噪声主要是影响了附近居民日常生活的舒适性。

大量的公路建设已经对自然环境产生了较大的扰动,直接影响到人类的生存环境。为此,国家提出了要实现交通基础设施建设与环境保护协调发展的思想,即实现公路建设的可持续发展。面对环境问题的挑战及经济发展对公路建设的迫切需求,协调公路建设发展与环境资源供给制约的矛盾就成为公路建设可持续发展的重要研究内容。

公路建设的方案比选,应该将经济、技术、环境、社会影响四个因素共同纳入评价体系,从国民经济分析的角度,估算公路建设对生态环境、空气环境、水环境、声环境产生的价值损失,为工程决策者进行环境影响分析提供有利数据,使公路建设的优选方案变得可行与合理。

参 考 文 献

[1] 张玉芬.道路交通环境工程.北京:人民交通出版社,2001

[2] [美]迈里克·费里曼著.环境与资源价值评估——理论与方法.北京:中国人民大学出版社,2002

[3] 周伟,王选仓.道路经济与管理.北京:人民交通出版社,1998

[4] 朱茵,孟志勇.新建铁路方案比选的理论与方法.铁道工程学报,1999(2)

[5] 张凤毛.公路选线过程中的经济评价.山东工业大学学报,1997(6)

[6] 阮连法,熊鹰.模糊方法在设计方案比选中的应用.合肥工业大学学报,1999(5)

[7] 彭铁军.高填方路堤与高架桥方案之间选择的技术经济分析.中南公路工程,2001(9)

[8] 栗庆品.建设项目评估中方案比选的一种决策方法.管理世界,2000(2)

[9] 国家环境保护总局自然生态保护司.非污染生态影响评价技术导则.北京:中国环境科学出版社,1999

[10] 世界银行(1997).碧水蓝天:展望21世纪的中国环境.北京:中国财政经济出版社

[11] 郭思涛,杨晓清.公路工程环境影响评价经济损益分析初探.公路,2001(11)

高速公路早期水损害分析与防治措施

麻淑君

（邯郸市交通局公路工程质量监督处　056002）

摘　要　沥青路面早期水损害在我国具有普遍性，沥青路面早期水损害的影响因素极其复杂，我国高速公路沥青路面多采用强基薄面结构形式，即由半刚性基层作为汽车荷载的主要承重层，沥青面层只是作为结构层。在这种结构形式下，高速公路沥青路面中常见的水损害破坏形式有约5种形式，通过对早期水损害产生的机理分析，水损害的防治是一个综合的防治过程，要想从某一方面来防治水损害的发生是不现实的、也是不可能的。但混合料的级配、路面的压实性能和采用合适的抗剥落剂这些因素相对更重要些，如果在这三个方面处理得当，那么对水损害的防治效果是非常明显的。

关键词　高速公路　水损害　破坏形式　破坏机理　水损害防治

近年来我国高速公路得到了飞速发展，截止到2002年，我国的公路总里程达176万km，位居世界第四，其中高速公路总里程达2.52万km，仅次于美国，位居第二[42]。由于沥青路面具有无接缝、低噪声、易维修等优点，因此在已建成的高速公路中有90%以上采用的是沥青混凝土路面。尽管沥青路面都是按照规范进行设计施工的，但有一些高速公路在建成通车后不久，短则几个月，长则2～3年，就出现了水损害破坏。沥青路面的这种早期水损害已成为我国高速公路沥青路面最严重的病害之一。

所谓水损害是指沥青路面在水或冻融循环的作用下，由于汽车车轮动态荷载的作用，进入路面空隙中的水不断产生动水压力或真空负压抽吸的反复循环作用，水分逐渐渗入沥青与集料的界面上，使沥青黏附性降低并逐渐丧失黏结力，沥青膜从石料表面脱落（剥离），沥青混合料掉粒、松散，继而形成沥青路面的坑槽、推挤变形等损坏现象。

沥青路面早期水损害在我国具有普遍性。早期人们普遍认为沥青路面的早期水损害只发生在多雨炎热的南方，如今在东北地区如吉林、辽宁等地也出现了沥青路面早期的水损害现象，这使人们对沥青路面早期水损害有了新的认识，即无论在南方还是北方都会出现沥青路面早期水损害。由于沥青路面早期水损害来得比较快，对高速公路的服务水平产生较大的影响，而且直接间接经济损失巨大，社会影响严重，因此系统研究沥青路面早期水损害的防治和防止措施有着重大的经济和社会意义。

1　沥青路面常见的早期水损害破坏形式

经过多年的研究和生产实践，我国高速公路沥青路面多采用强基薄面结构形式，即由半刚性基层作为汽车荷载的主要承重层，沥青面层只是作为结构层。在这种结构形式下，高速公路沥青路面中常见的水损害破坏形式有以下几种。

1.1　唧浆

水透过沥青面层（两层或三层式）并滞留在半刚性基层的顶面，在大量快速行车作用下自由水产生很大压力，成为动水。在动水的冲刷作用下，基层表面的粉质部分如水泥、石灰、粉煤灰及土质变成为稀浆，在荷载的作用下稀浆通过路面的各种缝隙被挤出至路表，即产生唧浆破坏。这种破坏现象是水损害最为明显的标志，通常发生在雨后或雪融后且基层采用二灰类、水泥类半刚性基层上。

唧浆几乎在每条高速公路都有发生,在南方潮湿多雨地区尤为突出。

1.2 形变和网裂

滞留在表面层和中面层的水,在大量行车荷载的作用下,使得这两层中部分碎石上的沥青剥落。石料上的沥青一旦剥落,在荷载的作用下表面层就会产生形变和网裂。现场开挖也能看到,在网裂下面的沥青混合料中许多碎石上的沥青已经剥落或仅残留一点无黏接力的油膜。

1.3 松散

存留在面层的水分浸入到沥青与集料的界面,由于水的剥离作用使得沥青和集料之间的黏结力和黏附作用下降甚至完全丧失,导致强度急剧下降甚至完全丧失,混合料中的碎石成松散状。

1.4 坑洞

沥青混凝土一旦松散,在大量的快速行车荷载作用下松散的石料被车轮甩出或被雨水带走,就会产生坑洞。而且坑洞一旦产生,很快就从小坑洞发展成大的坑槽。

1.5 辙槽

自由水浸入沥青面层后,使沥青和集料的黏聚力和黏附性减弱,在行车荷载的作用下,粗集料碎石表面裹附的沥青膜逐渐剥落,使沥青混凝土的强度逐渐丧失,直至完全松散。在行车轮迹下不但产生压缩形变,而且产生剪切形变,轮下松散的沥青混凝土挤向两侧(主要是外侧),使轮迹下陷,两侧拥起,形成辙槽。这种破坏现象主要发生在行车道上。

以上的早期水损害现象有时是单独出现的,但大多数是组合出现的。比如产生唧浆的地方通常会出现网裂和形变,并随着时间的推移很快会出现松散和坑洞。

2 破坏机理分析

水损害的作用机理主要是黏附理论。黏附是指一种物体与另外一种物体黏结时的物理化学作用。对于沥青与集料间的黏附性有四种理论来解释。①力学理论。认为沥青与矿料之间的黏附性主要是由其间分子力作用的结果,分子力作用与集料表面的特性(如表面的空隙、粗糙度、比表面积、粒径等)有密切联系,由于吸附和毛细作用,沥青渗入到空隙中增加了沥青与集料之间总的接触面积,产生力学嵌锁。而这种力学嵌锁在沥青与集料之间提供了较强的黏结力,对表面粗糙且多孔隙的集料,这种力学嵌锁是非常强烈的。②化学反应理论。沥青与集料中含有不同的化学成分,当沥青中含有表面活性物质(如阳离子型的极性基团和阳离子的极性化合物)和一些含有重金属或碱土氧化物的石料接触时,在表面有可能生成皂类化合物。皂类化合物的化学吸附作用力很强,因而有较大的黏附性。当沥青与酸性石料接触时不能形成化学吸附,分子间的作用力只是由于物理吸附,且这种物理吸附是可逆的。③表面能理论。认为沥青与矿料的黏附性是由于能量作用原理即沥青湿润矿料表面而形成的。沥青的湿润作用使沥青与集料表面紧密结合,而这种湿润是通过沥青表面和集料表面之间的能量交换来实现的。由于水与集料的黏附力比沥青与集料的黏附力要大,因此水就可以浸入沥青-集料界面,形成水-沥青-集料的表面接触。④分子定向理论。现代表面分子物理的研究认为,沥青可视为表面活性物质在非极性碳氢化合物中的溶液,根据沥青所含表面活性物质的数量不同而具有不同的极性。沥青黏附于石料表面后,在石料表面发生极性分子定向排列而形成吸附层。与此同时,在极性场中的非极性分子由于得到极性的感应,也产生额外的定向能力,进而构成致密的表面吸附层。沥青的极性是黏附的本质,也是导致矿料吸附沥青的根本原因。以上四种理论从不同的角度对沥青与矿料的黏附机理进行了解释,但由于沥青与矿料之间的黏附极为复杂,因此每一种理论都不能完全概括说明其机理,只有综合应用才相得益彰。

沥青与矿料之间的黏附性产生问题有两个条件:水和交通荷载。①水是产出水损害的先决条件。在没有水的情况下,只要集料表面是洁净的,沥青就能裹覆在集料的表面,并逐渐浸润集料,这种过程完成后沥青与集料的黏结一般不会出现水损害问题。沥青混合料一旦长时间处于水的包围中,水分很容易浸润到沥青与矿料的界面,置换沥青和矿料的粘结力而使集料和沥青间的黏附作用变弱,甚至失效,最终导致水损害。②交通荷载是产生水损害的重要条件。一方面在交通荷载的反复作用下,沥青与矿料间的界面上要发生剪切作用、矿料间也要发生剪切作用,界面一旦造成剪切破坏,水分就很快浸入,使得黏结力丧失而产生水损害。另一方面在交通荷载的作用下,进入路面中的水变成动水,动水不但加速水分浸入沥青和矿料界面,而且加速界面间的剪切破坏,使路面出现唧浆、松散、掉粒、坑槽等病害。因此,水损害的产生是在水和荷载的共同作用下,裹覆在集料表面沥青膜的黏聚强度和劲度的损失以及集料和沥青间的黏附作用变弱失效造成的。

通过对早期水损害产生的机理分析可知,高速公路产生早期水损害主要是由于水和交通荷载共同作用的结果。对这种结果的影响因素有很多,如路面结构层的设置、级配的选择、材料质量、施工管理水平以及高速公路所在地区的气候状况等,其中任何一种因素的不当都可能导致水损害的发生。因此,从这个角度而言,水损害的防治是一个综合的防治过程,要想从某一方面来防治水损害的发生是不现实的、也是不可能的。但相比之下,混合料的级配、路面的压实性能和采用合适的抗剥落剂这些因素相对更重要些,如果在这三个方面处理得当,那么对水损害的防治效果是非常明显的。

3 良好混合料的级配是水损害防治的基石

混合料级配的设计是沥青路面设计重要的环节,混合料级配的好坏直接影响到混合料的路用性能。沥青路面的表面层不但直接面对各种汽车荷载的作用,而且直接和大气接触,承受雨水和气温变化的作用。这就对表面层混合料的要求提出了更高的要求,如更高的结构强度和稳定性,更优良的不透水性和抗滑性。对水损害防治而言,防止水分渗入沥青路面各结构层是至关重要的,这就首先要求所设计的表面层混合料的级配是致密的。要同时达到这些要求是很不容易的,间断级配也许是发展的一个方向。间断级配设计时有一个主导思想就是让沥青混合料尽量达到密实-骨架结构,理论上讲,密实-骨架结构中不但粗集料能形成骨架,而且细集料可填密骨架的空隙形成致密的结构,因而具有较高的抗水损害能力、抗高温变形能力和耐久性能。从工程实践来看,表面层混合料采用间断级配也显示出明显的优势,比如目前常采用SMA,既不透水,对表面层下面的沥青面层和基层起到很好的保护作用和隔水作用,又具有较高的高温稳定性和抗滑性能。然而,SMA也同样存在问题,其中不乏出现早期水损害现象,究其原因最主要的是SMA对压实性能要求很高,就我国目前的施工技术而言,一般的施工单位是很难达到的。这也从另一方面说明了仅级配一种方法是不可能解决早期水损害问题的。但无论如何,一种好的级配为水损害的综合防治打下了一个良好的基础。

在世界各国沥青路面表面层所采用的沥青混凝土通常有两种类型:一是密实式的沥青混凝土,另一个是采用多孔的沥青混凝土,其中又以密实式的沥青混凝土更为普遍些。就水损害防治而言,想方设法防止水分进入沥青面层结构是至关重要的,从这个层面上说表面层采用密实式的沥青混凝土要优于多孔的。从另一方面说,即使表面层采用大空隙沥青混凝土如OGFC,仍然要在其下面设置至少一层的密实式沥青混凝土来阻止水分进入结构层。所以为了减少高速公路沥青路面早期水损害的发生,宜采用沥青路面表面层密实式沥青混凝土。

4 良好的压实性能是水损害防治的重要保证

级配设计好后需要经过压实成型才能供汽车行驶,沥青路面的压实性能对沥青路面的物理力学性

质有着重要的影响。沥青混合料经充分压实可以明显增加路面材料的不透水性和强度,这对提高沥青路面的水稳定性有重要的意义。国内外的研究也表明沥青路面结构层压实不足是早期水损害与施工有关的最普遍的原因。

我国目前主要采用压实度来评价沥青混合料的压实性能,压实度越大说明压实性能越好。压实度实质上也是混合料密度的一个反映,它与混合料体积指标空隙率存在某种数学关系。一般说来,压实度越大,空隙率就越小。如果压实不足,势必造成沥青路面的空隙率增大,空隙率一旦增大又势必让水浸入路面结构层,这就很容易产生早期水损害。因此,提高沥青路面的压实肯定能减少甚至防止水损害的产生。但是,我国在采用为真正有效地提高沥青混合料的压实度,在采用压实度来评价和检验混合料压实性能时,标准密度应该采用最佳沥青用量所对应的混合料的理论密度。当沥青用量在最佳沥青用量的 ±0.3% 范围内波动时,理论密度值的变化很小,几乎可以忽略。由于理论密度可以在路面施工前就进行计算,且数值稳定,不容易变化,因此具备作为标准密度的条件,而且实际操作中通过压实度的大小就可以很直观看出路面实际孔隙率的大小,从而方便施工人员进行现场决策。

影响压实效果的因素很多,主要是材料的性能(包括集料性能、沥青性能及混合料性能)、碾压温度、压实机械、压实方式、碾压厚度、碾压速度与遍数等。在沥青路面施工时,往往对碾压温度、压实机械、碾压速度和遍数比较注重,而对碾压厚度则考虑不多。这主要是因为碾压厚度是根据各结构层的设计厚度确定的。结构层的设计厚度目前大都采用经验确定,如面层各结构层由上至下 4cm、5cm、6cm 的结构就广为使用,但从压实角度来看面层厚度与最大粒径(或公称最大粒径)有很大关系。相对于某一最大粒径而言,路面结构层厚度太薄或太厚都会产生压实问题,太薄容易过压,太厚容易压实不足。

检验路面结构层厚度是否合理的标准应该以设计级配为基础,以压实后的密度为准绳,压实后的密度越大,其压实性能越好,发生水损害的几率也就越少了。我国目前采用的沥青结构层的厚度有点偏薄,因此应该提高沥青路面结构层的厚度,从而进一步提高沥青路面的压实性能,以达到减少沥青路面早期水损害的发生。

5　采用消石灰作为抗剥落剂是最有效的手段之一

抗剥落剂主要用来改善沥青与石料的作用界面,使沥青更容易浸润到石料表面,从而提高沥青和石料的黏结力和黏附作用。而黏附力和黏附作用的提高能有效地提高沥青混合料的抗水损害能力。

目前市面上的抗剥落剂的种类很多,有胺类、金属皂类等液体抗剥落剂,也有水泥、消石灰等固体粉末状抗剥落剂。但不论如何,抗剥落性能的改善和提高主要还是在于抗剥落剂的碱性。消石灰能改善和提高沥青与矿料间的黏附性主要是两方面作用的结果:一方面是消石灰能降低沥青和水之间的表面张力,从而使黏性增加;另一方面是消石灰和沥青中羧基发生反应,即消石灰与羧酸和二个喹啉($C9H7N$)反应生成钙盐,而生成的钙盐不仅是难溶物且能轻易地吸附在矿料的表面,从而形成强的黏结。从这两者的作用机理可以看出,消石灰作为抗剥落剂掺入沥青中不但能降低表面张力而且生成了难溶的钙盐,从热稳定性及分子力的强弱上可看出消石灰相对于液体胺类抗剥落剂具有明显优势。

高速公路沥青路面早期水损害产生的诱因很多,因此防治的措施是综合的、系统的。要想从某一方面来防治水损害的发生是不现实的、也是不可能的。但混合料的级配、路面的压实性能和采用合适的抗剥落剂这些因素相对更重要些,如果在这三个方面处理得当,那么对水损害的防治效果是非常明显的。

参 考 文 献

[1] 沈金安. 沥青及沥青混合料路用性能. 北京:人民交通出版社,2001

[2] 胡伟. 高速公路路面水损害的防治. 东北公路,2000.2,14-15

[3] 沙庆林. 高速公路沥青路面早期破坏现象及预防. 北京:人民交通出版社,2001

[4] 贾渝,张全庚.沥青路面水损害的研究.石油沥青.V13(1),22-27
[5] 沈金安.沥青路面的水损害与抗剥落性能评价.石油沥青,V12(2),1998:1-8
[6] 王旭东,戴为民.水泥、消石灰在沥青混合料中的应用.公路交通科技,V18(4),2001:20-24
[7] 姜子龙,李英涛等.沥青混合料掺抗剥落剂、消石灰的路用性能简析.黑龙江交通科技,91(3),2001:31-32
[8] 贾渝,张全庚.沥青路面结构层厚度与沥青混合料类型选择.公路,2000.3,10-13
[9] 林绣贤.论Superpave组成配比的特色.华东公路,2002,134(1):3-7
[10] 马卫民,刘红,许志鸿.集料级配对沥青混合料空隙率的影响.华东公路,2000,125(4):3-4
[11] 洪显诚,谭积青,等.按材料体积设计沥青混合料方法的研究.中外公路,2001,21(4):61-

加强养护管理　保护建设成果

姚福林　石建平　崔　勇
（济南市交通局　济南　250100）

摘　要　本文作者结合济南市农村公路实际，对新形势下农村公路养护管理存在的体制不健全、养护资金不足、路政管理滞后等问题进行了分析；根据多年农村公路基层工作经验，从科学规划、健全制度，建立养护管理体系，加强路政管理和行业管理等方面，以及如何加强农村公路养护管理工作提出了具体措施和建议。

关键词　农村公路　养护　管理

1　前言

农村公路（包括县道、乡道和村道）是全国公路网的有机组成部分，是农村重要的公益性基础设施。近几年来，各级地方政府以及交通部门对农村公路建设的积极性较高，不断加大农村公路建设力度，农村公路通车里程成倍增加，建设成效显著；但对养护管理重视程度不够，导致农村公路特别是乡道、村道的养护管理工作滞后，直接影响农村公路的正常使用、行车安全和长远发展。如何巩固和扩大农村公路建设成果，保障农村公路安全畅通，更好地服务于农村经济和社会的发展，是当前各级政府特别是交通部门面临的重要问题。

本文作者结合济南市农村公路实际，根据多年农村公路基层工作经验，就如何加强农村公路养护管理工作提出了具体措施和建议。

2　济南市农村公路基本情况

自2003年济南市开始实施农村公路建设——“村村通沥青（水泥）路”工程以来，在济南市委、市政府和山东省交通厅的正确领导下，交通及各相关部门、各级地方政府和广大人民群众抢抓机遇、精心实施、密切协作、顽强拼搏，农村公路建设成效卓著。截止2007年底，全市建设农村公路7 877.1km，建设大中型桥梁97座，已有4471个行政村通了沥青（水泥）公路。全市农村沥青（水泥）公路里程9 038.2km，占全市公路总里程的88.2%，在解决“通达”和“畅通”问题的前提下，实现了公路技术标准的整体升级，增强了综合服务功能，基本形成了干支相连、快速便捷的农村公路网络。

实践证明，这几年大规模的农村公路建设带动了农村公路运输业迅速发展，农村经济较快增长，城乡流通不断扩大，农民收入大幅度增加，村容村貌明显改观，农村基层组织的凝聚力进一步增强，为社会主义新农村建设提供了强有力的支持。村村通沥青（水泥）路工程赢得了社会各界的广泛赞誉，农民群众称“村村通工程”是富民工程、民心工程、德政工程。

据测算，2003年至2007年的五年来，济南市农村公路建设累计完成投资20.48亿元。按照《公路沥青路面设计规范》和《公路水泥混凝土路面设计规范》规定，农村公路沥青路面和水泥混凝土路面设计年限分别8年、20年。但如果养护管理跟不上，不仅农村公路使用寿命将大大缩短，更造成每年约1.5亿元的经济损失；如果农村公路小的病害得不到及时修复，小洞就会变成大坑，小修就会变中修，甚至大修，就会造成恶劣的影响。面对如此大的资产，如何巩固和扩大农村公路建设成果，最大限度实现资产的保值增值,保障农村公路安全畅通,更好地服务于农村经济和社会的发展,是当前各级政府特别是交通部门面临的重要问题。要把这件惠及农民兄弟的实事办好,确保实现一次投资、长期受益,做好农村公路养护管理工作。

3 农村公路养护工作存在的主要问题

(1)农村公路养护组织机构不健全。目前,县(市)区、乡(镇)两级养护管理网络不健全,尤其是乡道、村道的管理机构设置和管理模式,还达不到建设社会主义新农村的要求。在机构设置方面,县级:一部分专门成立了养护科、路政科,未成立的由工程科代管;乡级:有的由建委、有的由交管所、有的由乡镇临时机构负责,相当一部分乡镇没有专人管理;村级:除个别村外,一般无专人管理。甚至已经成立养护机构的乡(镇),也因办公经费不足,无法开展工作,养护机构形同虚设,养护工作很难组织开展,公路失养和乱堆乱放现象突出,出现的水毁、塌方路段不能得到及时修复。

(2)农村公路养护资金严重不足。按照《公路养护技术规范》,结合济南市农村公路技术标准,参照交通部、山东省交通厅相关定额标准测算(不考虑材料价格上涨因素),目前全市每年养护费为19 860万元,包括每年日常养护和小修保养费5 152万元、养护大中修工程费14 708万元。在养护资金方面,全市县道和一部分重要乡道由交通部门列养和代养,养护资金唯一来源就是拖拉机养路费。由于运输结构的调整,营运拖拉机数量越来越少,拖拉机养路费收入逐年减少,而养护成本却逐年增加,资金缺口日益加剧,养路费征收与养护资金需求的矛盾日渐突出。乡道和全部村道应由当地政府筹资养护。但目前市级养护资金投入不足,除个别县(市)区财政对辖区县道养护列支了部分养护资金外,其余县(市)区均未按照规定落实财政养护预算资金,致使养护资金匮乏,日常养护工作无法全面开展。

(3)农村公路危桥改造、安全保障设施欠账大。目前,我市尚有46.7%的20世纪90年代初建设的县乡公路老油路急需要改造,还有124座六七十年代建设的大中型生产桥不同程度地存在承载能力低,基础、墩台损坏严重,上部构造混凝土裂缝,附属设施残缺不全等病害,存在重大安全隐患。目前部分县乡公路路况差,作为承上启下、公路网重要组成部分的县乡公路,建设速度相对滞后、路况较差,提升农村公路网整体服务水平必须加快县乡公路建设步伐。

由于县乡公路和大中桥设计标准高,投资较大,县级财政困难,资金短缺制约了改造步伐。尽管前几年多方筹措资金,对部分道路的急弯、陡坡、临水、易塌方和十字路口等特殊路段和危(窄)桥特殊部位设置了必要的安全设施和安全标志,但大多数道路的特殊路段和部位还缺乏必要的安全设施(标志),影响了农村公路安全畅通。

(4)农村公路路政管理严重缺位。按照《公路法》等有关规定,交通部门负责县道、乡道的路政管理。有的地方由于体制原因只管县道;村道是新生事物,路政管理主体有待进一步明确,农村公路量大面广,而路政执法人员少,交通、通信工具、取证设备等严重不足,造成路政巡查范围小、时效性差,对各种侵犯路产路权的路政事案不能及时发现、查处;由于农村公路用地未确权,查处各种侵占、损坏路产路权的行为阻力大、难度大。

近几年来,新建的农村公路多数是四级路,只能满足一般的生产生活用车的通行。然而许多超限运输车、大吨位载货汽车,为躲避检查站和收费站,专门绕行没有禁行标志、没有监控管理、没有稽查人员、没有治超管理的农村公路,从而造成毁灭性的损坏。目前,对这些车辆缺乏有效的遏制手段,新修的农村公路保证不了计划使用年限,给社会和群众造成无法估量的经济损失和负面影响。

4 如何加强农村公路养护管理工作

为解决上述问题,确保农村公路管理养护工作顺利进行,提出如下对策和建议。

4.1　建养并重，树立全面可持续发展的新理念

农村公路必须实现有路必养。如果说，农村公路建设是促进农村发展、农民增收的基本条件，那么确保农村公路有路必养就是为农村的可持续发展建立长效机制。农村公路特别是县道、乡道，不像过去那样仅满足于生产生活车辆的通行，除完善养护机制、加大管理力度外，更重要的是提高农村公路中特别是县道、乡道部分新建改建的设计标准，确保建一条、成一条，确保一次投资、长期受益。

首先，在农村公路养护管理工作中，通过加大宣传力度，把树立公路养护新观念当作一项重要任务来抓。牢固树立"建设是发展，养护管理也是发展"的理念，防止出现"一头重、一头轻"，真正做到"两手抓、两手硬"。在发展农村公路时，采取建、管、养三者并重的态度，以最大限度满足公路运输需求。其次在养护管理工作中，牢固树立"以人为本、以车为本"的服务观念。通过加强养护管理提高路网整体水平，把给人民群众提供安全、快捷、舒适的运输服务作为根本出发点，当好经济建设和人民群众致富奔小康的先行官，做到服务人民，回报社会。三是在推动农村公路管理体制和养护运行机制的改革方面，牢固树立以体制创新促进养护管理发展的观念。用改革的思路来解决发展中的问题，大胆探索，勇于实践，尽快解决影响农村公路事业发展的体制性障碍和运行机制上的弊端。还要牢固树立通过科技创新实现农村公路可持续发展的观念，大力推行养护作业方式的现代化和管理手段的科学化，全面提高农村公路养护水平。

4.2　科学规划，健全制度，实现养护管理规范化、法制化

科学制订养护管理规划，结合山东省交通"十一五"规划，依托农村公路专项调查结果，建立农村公路数据库，绘制农村公路电子地图，适度调整县、乡、村级公路网络，编制农村公路养护管理总体规划；在解决"通达"和"畅通"问题的前提下，对部分符合条件、基础好的县道、乡道及村道纳入升级规划，按照相应技术标准实施改造升级，实现农村公路路网结构均衡、协调发展。济南市已结合"十一五"交通发展规划，建立了全市农村公路和大中小桥梁数据库，编绘了电子地图。按照坚持"六个结合"、全力打造和提升国、省、县、乡、村五级公路网络综合使用功能的思路，编制了全市农村公路建设发展规划，细化了年度工作计划目标。

建立健全农村公路养护管理有关制度、办法。依据《农村公路养护管理暂行办法》、《农村公路管理养护体制改革方案》和《山东省农村公路管理养护办法》、《济南市农村公路管理条例》，结合我市实际，在广泛征求意见、进一步完善的基础上，出台《济南市农村公路管理实施意见》、《济南市农村公路养护管理资金管理办法》及《济南市农村公路养护管理考核办法》、《济南市农村公路路政管理办法》等，将农村公路养护管理逐步纳入制度化、规范化、法制化轨道。同时，建立健全各项管理制度，建立起一整套农村公路养护工程管理、评价办法和检查制度，如养护工程市场管理办法、养护工程招投标办法、养护定额编制办法、养护质量检查制度、评价标准等，减少管理中的人为因素，提高管理和决策水平。

4.3　责任明确，建立农村公路养护管理体系

(1)建立以县为主的农村公路养护管理体制。首先是明确和落实农村公路养护管理的责任主体。《国务院办公厅关于印发农村公路管理养护体制政策方案的通知》国办发[2005]49号文明确规定：农村公路的概念是县道、乡道、村道，县级人民政府是本地区农村公路管理养护的责任主体，负责贯彻执行农村公路的管理养护法规政策，编制农村公路发展规划和养护计划，筹集和安排农村公路养护资金，监督农村公路管理机构的养护工作。按照《济南市农村公路管理条例》规定，农村公路中县道、乡道和村道的养护主体分别是县级交通部门、乡镇人民政府和村民委员会，各级交通部门是路政管理的责任主体。

(2)健全养护管理机构。首先应该督导各县(市)区交通局和乡(镇)组建农村公路养护管理机构，落实人员，配备必需的设备、设施。特别是乡(镇、办事处)政府要按照精简、效能的要求，设立农村公路

养护管理专门机构或指定具体部门,配备业务相当的专职人员,落实相应办公地点、办公设施,落实养护人员,尽快实现有路必养,全面开展好农村公路养护管理工作。要按照精简、效能的原则,采用招标、承包以及合同管理等方式,落实养护人员。在日常养护上,要求按照交通主管部门确认的道路等级,原则上县道每1.5km 1人、乡道每2km 1人、村道每2.5km 1人配备,并按照责任路段设置公示牌,保障每一条列养公路都落实养护员,实现有路必养。

其次积极探索行之有效的养护管理模式。目前,济南市农村公路养护管理工作有三种组织模式。一是分级管理模式,即按照县道、乡道、村道分别由县(市)区交通局、乡镇政府、村委会养护,如章丘市、长清区、平阴县、商河县。二是区域管理模式,即乡镇辖区内所有的县道、乡道和村道均有当地乡镇政府负责养护,如历城区。三是委托管理模式。考虑到建设投资主体的多元化,农村公路作为一种资产其产权归属具有多向性。在自愿协商的前提下,乡道的养护管理乡镇政府可以委托当地县级交通局,村道的养护管理村委会也可委托乡镇政府,如济阳县。从济南市农村公路养护管理工作的三种组织运作模式看,应该说各有利弊。分级管理模式符合《公路法》和《济南市农村公路管理条例》的规定,能够更有利于建立依法管路的长效机制;区域管理模式和委托管理模式应该对农村公路点多、面广的特点而言,更具有针对性。但后两种模式是一种委托管理形式,对养护资金足额到位率的要求较高。目前,分级管理、区域管理和委托管理的三种养护管理模式已初步形成,养护管理工作正积极向前推进。

(3)建立健全养护管理监管、考核机制。在明确责任、建立机构的基础上,应逐步建立农村公路养护管理工作有关监管、考核机制。应该把公路养护管理纳入各级政府的工作职责,建立相应的协调、监管和考核机制,交通主管部门要加强行业管理,不断提高农村公路管理水平。济南市自2007年起,将农村公路养护管理工作列入市委、市政府对各县(市)区的考核指标。

4.4 加大资金投入,加强资金管理,保障养护需求

在一个辖区内,农村公路大约占到当地公路通车总里程的90%。因此,应把农村公路当作一大“资本”运营主渠道;应把农村公路当作一项资产确保“保值”;应把农村公路当作全民的一项重大公益事业呵护好。在农村公路管理养护资金的筹集上,千万不要步入误区,要让我们的农民兄弟逐步享受同等的国民待遇。按照有路必养,确保畅通、确保质量的原则,农村公路的养护资金必须纳入各级财政年度预算,并应随着农村公路里程的增加、技术标准的提高和财力的增长,逐步增加养护资金,确保农村公路得到正常养护管理。

(1)建立以市、县两级政府财政投入为主的农村公路养护管理长效机制,督导县(市)区落实养护资金投入。按照国务院《农村公路管理养护体制改革方案》、山东省《农村公路管理养护办法》、《济南市农村公路管理条例》规定,农村公路养护资金由市、县财政预算资金和国家、省补助资金组成,国家和省补助资金主要用于农村公路大中修工程。对此,必须积极运作建立以市、县两级财政投入为主的农村公路养护管理长效机制,县(市)区必须加大公共财政投入,积极落实养护资金。

(2)加强农村公路养护资金的落实与管理。下一步还要想方设法落实养护资金,在省交通厅明确对农村公路养护资金补助的基础上,积极争取市政府每年列支一定数量的财政预算资金或拿出一块通过“以奖代补”的方式来调动各县(市)区财政专项资金投入。一是合理确定市、县、乡三级地方政府财政资金的投入比例,从制度上保证地方财政资金在农村公路养护上的投入;积极争取地方财政支持,将市县的交通行政罚没款收入和公路施工企业上缴的公路建筑营业税,用于农村公路管理养护。二是农村公路养护资金实行统一管理,专户存储、专款专用;切实加强资金的监管和审计,提高资金的使用效益;资金拨付根据计划,实行计量支付。

例如:2008年济南市财政计划列支1 000万元补助资金,市交通局将依据确认的道路等级、里程及考核结果,按照县道每年每公里1 200元、乡道每年每公里900元、村道每年每公里720元的标准,全部用于全市农村公路的日常养护资金的补助。今后补助的标准随市财政的拨付金额给予相应的调整,要求县级财政按照同比例配套。省补助资金以及扣除合理征收成本后的拖拉机养路费重点用于农村公路

养护工程的补助。

4.5　加强路政管理,保障农村公路安全畅通

(1)建立乡镇设路政办公室的路政管理新模式。针对农村公路面大量广的新特点,对挖掘、占用、破坏、损坏或非法占用公路的行为难以制止和查处;面对许可超限运输,制止和查处违法超限运输行为,维护公路两侧建筑控制区等现状,在乡镇设立路政办公室,这样既拓展了路政管理的外延,又完善了路政管理的工作网络。更重要的是方便了群众,对办理群众需要办的事项和道路上发生的行为能够在第一时间出现,第一时间得到及时的处理。将路政管理工作真正由单纯的部门行为提升到政府行为。这样做的好处是有利于发现问题解决问题,彻底改变以往在路政管理上部门唱戏、政府看戏的局面。

(2)抓好路政管理机构、人员和职责的落实。目前,各县(市)区交通局均已成立了路政管理机构。各单位应尽快完善路政管理机构,充实路政执法人员,配置必要的取证设备,确保机构、人员和职责落实到位,积极开展路政管理工作,坚决消除管理盲区。其次切实抓好执法程序规范和规章制度落实,将进一步修改、完善《济南市农村公路路政管理办法》。各县(市)区交通局要尽快制订符合本地实际的农村公路路政管理的具体办法,认真学习关于路政执法依据、执法程序、执法文书、执法用语的相关法律法规。三是构建相应的运作机制,切实加强路政管理。各级路政管理机构要紧紧依靠和积极争取各级党委、政府,特别是乡镇和村委会的支持和参与,结合当地实际,积极探索有利于路政管理开展的运作模式,建立和完善长效的管理体系和运作机制,保障农村公路路政管理工作健康发展。

4.6　加强行业管理和市场运作,提高养护管理水平

(1)加强行业管理,保证农村公路良好的通行能力。首先加强预防性养护、周期性养护。积极争取沿路乡(镇)和村民利用农闲时节,发动沿线群众做好公路保洁,积极扩大日常养护范围,完善公路附属设施,实施公路绿化。着力实施道路病害整治、路容路貌、边沟疏通、路宅(田)分家、公路绿化、危(窄)桥整治、样板路和标准化养护站"八项工程"。努力推进有路必养、畅安舒美的农村公路养护管理工作目标。二是加强桥梁养护管理工作,在调查分析的基础上,全面掌握桥梁的使用状况,加强危窄桥梁的管护,加快危窄桥梁改造步伐,消除安全隐患。三是注重沿线配套设施建设,大力实施安保工程。对已竣工项目及时培整路肩和边坡,疏通边沟,水泥路同步完成割缝与灌缝;抓安保工程实施,针对农村公路的实际,提出钢筋混凝土标志设计方案,对农村公路的危(窄)桥梁和高填方、十字路口、急弯等特殊路段设置钢筋混凝土(金属)安全标志(设施);对公路沿线进行规划整治,通过村镇的路段,注重将公路沿线设施与小城镇建设改造结合起来,体现服务城镇化的要求。四是重视和加强公路绿化。依靠各级政府,动员全社会力量投入到公路绿色通道建设工程中去。对已有公路的绿化,可采取政府出苗、沿线群众承包造林管护、收益按比例分成的做法,调动各方面的积极性参与公路绿化工作,全面推进公路绿化工作向纵深发展。五是加强养护技术研究,大力推广应用"四新"成果,并逐步实现养护机械化。积极与大专院校、科研单位加强协作,增强科学养护意识,探究管理对象的客观规律,提高养护决策水平。大力推广路面管理系统和桥梁管理系统,实现农村公路养护决策的科学化,提高投资的使用效益。努力提高机械化养护的整体水平,全面提高公路养护技术水平和工作效率。

例如:近年来我们创新思路,制定《济南市农村公路安全保障工程实施方案》,依据国家标准 GB 5768—1999 和 GB T8416—87 规定的尺寸、颜色,提出了钢筋混凝土安全标志、警示桩的设计图纸和实施方案,对安保设施的安设提出了具体的技术要求和分阶段完成时限。截至目前,全市 60% 以上的农村公路的危(窄)桥梁和高填方、十字路口、急弯等特殊路段都设置了钢筋混凝土安全标志(设施)。就钢筋混凝土标志制作而言,每套仅为钢管铝板标志的 25%,从目前完成安设的 5821 块钢筋混凝土标志看,比设置钢管铝板标志节省 300 万元。不仅效果同等,关键是有效地防止了丢失现象的发生,并且养护简单、养护费也较低。

(2)逐步推行农村公路养护市场化。市场化是我国农村公路养护工程的发展方向,《方案》对此提

出了明确要求。由于组织管理所借助养护力量的程度不同,采取完全市场化、部分市场化两种养护模式。完全社会化的养护模式,是公路养护管理机构只负责行政管理,将包括小修保养在内的所有养护工程全部委托给社会力量养护。部分市场化的养护模式,是指正常的保养工作交由乡村负责,小修工程交由养护公司负责,将部分专项养护工程和大修养护工程承托给社会力量,是一种专业化养护管理与社会化养护相结合的养护模式。考虑到村道里程短、分布广的特点,和组织管理所借助养护力量的程度不同,以及"乡村配合"的体制要求。现阶段,村道的保养工作可交由行政村负责,县道、乡道的小修保养和村道的小修工作交由县(市)区交通局负责,大中修工程逐步实行市场化养护。

5 结语

农村公路建设是促进"三农"发展的一项基础工程,是一项公共产品和公益事业。加强农村公路养护管理工作,不仅是巩固多年建设成果的客观要求,更是保证农村群众出行条件的有效手段,还关乎全面建设小康社会的大局。做好农村公路养护管理工作是一项复杂的系统工程,需要各级政府、交通主管部门和有关单位的密切协作,落实责任、理顺体制、健全机制、保障投入、严格执法、强化管理,形成合力,共同推动农村公路养护管理工作全面开展,营造快速便捷、安全舒适、和谐优美的道路交通环境,为建设社会主义新农村、实现农村公路的可持续发展提供有力保障。

参考文献

[1] 国务院办公厅. 农村公路管理养护体制改革方案
[2] 交通部. 农村公路养护管理暂行办法
[3] 山东省农村公路管理养护办法
[4] 济南市农村公路管理条例

公路交通可持续发展研究与探索

焦广岳[1]　朱忠鲁[1]　卢秀丽[2]

(1.济南市平阴县公路管理局;2.济南市平阴县黄河河务局)

摘　要　当前我国公路交通正处在快速发展的历史机遇期,面对剧增的交通运输需求和资源、能源和环境等因素的制约,公路交通发展必然面临诸多重大挑战,通过对可持续发展战略的内涵与基本思想的阐释,引出了公路交通发展对资源和环境的影响,给出公路环境保护的若干想法和建议,提出交通科技发展对于我国公路交通可持续发展的重大意义。党的十七大提出了全面建设小康社会的奋斗目标,其中的一个重要目标是:"可持续发展能力不断增强,生态环境得到改善,资源利用效率显著提高,促进人与自然的和谐,推动社会走上生产发展、生活富裕、生态良好的文明发展道路。"要应对这些挑战,必须更多地依靠公路交通可持续发展的研究和探索。

关键词　公路交通　资源环境　交通科技　可持续发展　研究探索

当今世界,"可持续发展"已经成为许多国家的战略目标,我国亦将其作为重大战略加以实施。"可持续发展"是当今社会使用频率相当高的一个词汇,其基本定义可以表述为"既满足当代人的需求,又不危及后代人满足其需求的发展"。可持续发展是一种思想,意味着观念的转变;可持续发展是一种方向,意味着规划和目标的修正;可持续发展是一种宣言,意味着具体行动中的计划和贯彻。1992年李鹏总理率团出席了联合国环境与发展会议(UNCED),庄严承诺中国将认真履行会议所通过的文件,江泽民总书记在党的十四届五中全会和第四次全国环境保护会议上的讲话中强调:在现代化建设过程中,必须把实施可持续发展作为一项重大战略。面对剧增的交通运输需求和资源、能源和环境等因素的制约,公路交通发展必然面临诸多重大挑战,主要包括扩充能力、改善服务和缓解制约的挑战。扩充能力要求全面提高交通供给的数量和质量,改善服务要求保证交通安全、畅通和高效,缓解制约指交通要适应国家环保和节能的要求。党的十七大提出了全面建设小康社会的奋斗目标,其中的一个重要目标是:可持续发展能力不断增强,生态环境得到改善,资源利用效率显著提高,促进人与自然的和谐,推动社会走上生产发展、生活富裕、生态良好的文明发展道路。

1　可持续发展战略的内涵与基本思想

世界环境与发展委员会1987年对可持续发展的定义是:"既满足当代的需求,又不对后代满足其需求能力构成危害的发展"。1996年3月,江泽民同志指出:"所谓可持续发展,就是既要考虑当前发展的需要,又要考虑未来发展的需要,不要以牺牲后代人的利益为代价来满足当代人的利益。"

从系统论的角度来讲,人类与其赖以生存和发展的地球共同构成复杂的系统,即"社会－经济—自然融合生态系统"。从整体上把握和处理好社会、经济和环境的关系,实现人与自然和谐共处。从环境经济学的角度来说,可持续发展就是要正确处理自然资源利用与废弃物排放之间的关系,强化环境的价值观念、促进资源的有效利用、抑制环境污染的发生,实现经济效益、社会效益和环境效益的协调统一。

可持续发展的基本思想包括三个方面:

(1)强调发展。只有通过生产力的提高、经济的增长,才能提高人类的生活水平,增强国家实力和社会财富。但可持续发展不仅要重视经济增长的数量,更要追求经济增长的质量。我们必须改变传统

的以“高投入、高消耗、高污染”为特征的生产模式和消费模式，实施环保生产和文明消费。

(2)强调可持续。经济和社会发展不能超越资源和环境的承载能力，资源的永续利用和良好的生态环境是今后发展的前提。要实现可持续发展，必须避免资源破坏和环境退化。

(3)强调社会的全面进步。发展的目的是改善人类生活质量，提高人类身体的健康水平，单纯追求产值的经济增长不能体现发展的内涵。也就是说，经济发展是基础，环境保护是条件，社会进步才是目的。在新世纪里，人类共同追求的目标是以人为本的“社会 - 经济 - 自然融合系统”的持续、稳定、健康发展。

2 公路交通发展对资源和环境的影响

公路交通运输，是社会和经济发展的基础，是社会可持续发展的重要条件，但另一方面，交通运输发展，又会对生态环境产生不良的影响，也需要消耗大量的资源。这些影响主要包括：

(1)占用土地资源。交通基础设施能够提高沿线地区土地资源开发利用价值，可以诱导资金投入，形成沿线产业带，调整产业结构和人口分布。但公路基础设施建设是占用土地较多的交通运输方式，除公路本身长期占地外，在建设中的取土场、弃土场、施工临时道路、临时设施等也将在一定阶段内占用土地。

(2)生态影响。公路交通基础设施是长距离的带状人工构造物，它改变了所经区域的环境特征。尽管它们在沿线环境系统中所占面积比例并不大，但产生的影响却是非常大的。公路建设对生态系统最直接的影响始于场地清理，用地范围内的树木、灌丛等植被在施工前均被砍伐或移植清理。其中，临时用地及立交区、边坡、中央分隔带等地，在公路建设过程中可以通过人工绿化或建成后自然恢复等方式恢复植被；而路面及构造物等地，植被将永久不能恢复，导致公路沿线植被覆盖率和绿色生物量的降低。其次，为了开挖路堑、填筑路堤，就要取走表土。而表土是长期积累形成的、极其重要的自然资源，是绿色植物赖以生长的基础，形成1cm 厚的表土需要成千上万年。如果建设过程中，不注意保护表土，就会破坏表土资源，对植被繁衍和生态平衡不利。公路建设还把自然生态系统一分为二，致使动物原有的通道被切断，分离与阻隔使动物生活环境受限，甚至可能造成某些生物死亡，致使一些宝贵的野生生物遗传基因资源而丢失。

(3)景观改变。公路建设对景观的影响主要包括三个方面：一是在公路建设过程中，不可避免地要改变地形、地貌；二是由于公路的分割作用，导致景观的碎裂化；三是由于植被的破坏，造成地表的裸露，导致景观变差。如果选线和设计不当，还有可能破坏重要的景观资源(包括自然景观和人文景观)。

(4)消耗资源。公路建设需要消耗大量的原材料，如钢、铁、沙、石、水泥、沥青等资源。公路运输也需要消耗大量的能源，发达国家交通运输消耗的能源已占到能源消费总量的1/3 左右。随着经济的发展及人民生活水平的提高，我国家用轿车增长迅速，对能源的需求和消耗也将会持续增长。

(5)环境污染。公路运输还会带来噪声污染、水质污染、大气污染、土壤污染等，影响人类的生活环境和自然环境。其中，交通噪声危害，已成为居民投诉的热点问题；机动车的尾气则是城市空气污染的主要来源。

3 对于公路环境保护的若干想法和建议

要实现公路运输的可持续发展，一方面，公路运输的发展必须与我国的经济社会发展需求相适应，为我国经济社会的持续、健康、快速发展奠定物质基础；另一方面，公路运输的发展必须和资源环境容量相适应。

为此，对公路环境保护方面有以下想法和建议：

(1)完善公路环保的法律法规，进一步加强环保管理

为了加强交通环保管理，促进交通事业可持续发展，交通运输部先后出台了《交通建设项目环境保护管理办法》、《公路建设项目环境影响评价规范》、《公路环境保护设计规范》等法规制度。2004年6月，交通部又下发了“关于开展交通工程环境监理工作的通知”，使交通环保工作逐步法制化、规范化。但是，公路环境保护方面的标准规范还十分缺乏，公路绿化、景观保护、噪声治理等的设计、施工和验收还无章可循。在交通运输部公路司的领导下，在部公路科学研究院、科学研究所等单位的努力下，现已完成了一批公路环保标准办法。目前，应该尽快办理相关的审批手续，以便为公路环保、监督管理提供可靠的依据。

(2)进一步做好环境影响评价工作

①继续做好建设项目环境影响评价。交通部门积极开展交通建设项目的环境影响评价工作，现公路建设项目环境影响评价的执行率已达到95%以上，对于预防建设项目对环境的不利影响发挥了积极作用。

今后，应该按照国家法律法规的要求，继续做好项目环保评价工作，针对公路建设项目的特点，突出重点，关注生态环境影响、景观及交通噪声等问题，提出切实有效的环保对策。

②全面开展规划环保影响评价。自2003年9月1日起施行的《中华人民共和国环境影响评价法》要求：国务院有关部门、设区的市级以上地方人民政府及其有关部门，对其组织编制的工业、农业、畜牧业、林业、能源、水利、交通、城市建设、旅游、自然资源开发的有关专项规划，在该专项规划草案上报审批前，组织进行环境影响评价，并向审批该专项规划的机关提出环境影响报告书。

为了配合该法的实施，在交通运输部科技教育司的领导下，部科学研究院现已完成了《公路规划环境影响评价技术的研究》。今后，在公路规划的编制和决策过程中，应全面开展规划环评，对拟议的公路规划可能造成的不良环境影响，进行科学的预测、分析与评价，提出对规划的调整建议和环境影响减缓措施，预防因公路规划实施所造成的不良环境影响。

③试行政策环境影响评价。由于政策上的失误所导致的环境问题，比规划和建设项目的环境影响要严重得多。如我国20世纪50年代的大跃进、大炼钢铁、损林毁草开垦、围海围湖造田等一系列错误政策，导致了大面积破坏灾难性的生态后果。80年代中期提出的“大矿大开，小矿小开，有水快流，国家、集体、个人一起上”的政策，曾大大助长了乱采滥挖之风，造成了严重的资源浪费和环境破坏。

由于种种原因，现行的环评法未能将政策环境影响评价列入，是造成生态环境的重要原因。已逐步成为大家的共识。为此，建议交通运输部今后在出台新政策(如费改税)前，试行政策环评，为从源头上控制环境问题积累经验。

(3)组织编制和实施省(自治区、市)公路环境保护规划。交通部公路司曾组织编制了《我国“十五”公路交通环境保护规划》，提出了“十五”公路交通行业环境保护目标，制订了环境保护规划方案。此后，湖北、西藏等省区也组织编制了公路环境保护规划，有力地推动了公路环保工作。我国地域辽阔，自然环境差异很大，公路交通所面临的环境问题差别较大，而且不同地区路网密度和公路规划也不一样，因此各省(自治区、市)有必要分别编制和实施公路环境保护规划。

(4)用新理念新思路推行灵活设计。2003年交通部把四川省川九路作为示范工程，按照“安全、舒适、环保、示范”的建设方针，总结了“不破坏就是最好的保护”、“在设计上最大限度地保护生态，并尽可能与之相协调”等一系列先进理念。今后，应借鉴川九路的成功经验，采用就地取材因地制宜，灵活运用公路设计规范技术标准；推进公路标准化、规范化、集约化和人本化管理，最大限度地节约土地，少占耕地，避免大填大挖，努力做到挖填平衡，最大限度地保护自然和生态环境，保护和利用自然及人文景观。在做好主体工程设计的同时，应利用专业设计队伍，通过招投标，做好环境保护工程专项设计，以确保环保设施的正常、有效运行。

(5)广泛开展工程环境监理。按照交通部文件“关于开展交通工程环境监理工作的通知”要求，广泛开展环境监理工作。积极推行环保生产，在施工中最小程度地破坏和最大限度地恢复生态平衡，使工程施工符合环境保护的要求，噪声、废气、污水等排放达到规定的标准。保证环保工程的投入，使生态保护和恢复、噪声治理、水环境保护等环保设施与主体工程同时实施、同时运营。

(6)用新理念新举措加强运营管理。超限超载不仅对公路桥梁造成破坏,危害正常的运输秩序,而且会对环境造成严重影响,如:增加有害废气的排放量、加剧噪声污染、加大散装物品的撒漏和粉尘污染等。而且由于公路桥梁的加速损坏,致使大中修和养护频繁,同时间接导致资源消耗和环境破坏。因此,从环境保护的角度来说,国务院决定治理超限超载,加强运营管理是非常必要和及时的。

4 交通科技发展对于公路交通可持续发展的重大使命

未来交通发展的重点是扩充能力、优化结构、提高质量、改善服务、保障安全、保护环境,任务十分艰巨。科学技术是第一生产力,是交通发展的重要推动力量,对交通发展将产生重大影响。充分依靠科技进步,全面提升交通行业的科技含量,是走新型工业化道路、实现交通更快更好发展的必由之路。坚持以"三个代表"重要思想为指导,树立和落实科学发展观,按照"以人为本、需求引导、综合集成、强化创新、重点突破"的基本方针,全面实施"公路四化管理",推进交通科技发展的战略性调整,提升公路交通的总体科技水平,为实现全面建设小康社会公路交通跨越式发展,提供强有力的科技支撑。交通科技肩负着重大的使命,具体地讲,有以下几方面。

4.1 支撑交通基础设施建设,扩充运输能力

未来20年,运输能力扩充和基础设施建设,仍是公路交通发展的重心和主题。随着国家高速公路网规划,公路总里程将达到300万km,高速公路达到8.5万km;基础设施建设任务十分艰巨。其中,跨江跨海通道工程、特殊地质条件下的公路工程桥梁工程、隧道工程等重大项目建设环境恶劣,难度大,其中不乏世界级难题,所需的关键技术亟待攻克。

随着我国公路交通网络的逐步建成和扩大延伸公路,养护问题日渐突出,危旧桥改造工作更加繁重,保障路网畅通、降低养护成本是未来公路交通发展面临的重大挑战。因此,我们必须大力开发应用新技术、新材料、新工艺和新结构,依靠科技进步,保障公路交通基础设施建设发展,提高建养品质和耐久性,降低全寿命成本。养护管理是公路管理中的一项重要基础工作,是保证公路快捷、安全、舒适,达到"畅、安、舒、美"的行驶质量的重要手段。公路管理部门应通过对公路及其附属设施进行经常性、及时性、周期性的预防、养护与维修,保持其正常的使用质量、路容路貌。从目前来看,在养护管理过程中,主要存在以下几个方面的问题:一是如何保证快捷。关键在于对紧急事件处治的力度。除雪除冰、防洪抢险分别是冬季和夏季常规性的养护工作,从而实现预防为主、排查有效、反应迅速、快速畅通的目标,达到"下雪不封路"或"雪后快速开通"。二是如何提高公路桥梁等构造物二期检测频率和密度,以提高安全设施被损坏后的及时恢复。三是如何保证舒适。要保证公路路面质量、行驶指数达标及抛洒物清理及时,提高路面行驶的舒适度和车辆的行驶安全。四是如何保证畅通。在公路日常养护路面维修中,施工时应体现高效管理、快速施工、快速通车和热情服务,以确保行驶的车辆在施工路段不出现拥堵和安全隐患源,真正做到道路通畅安全。解决以上问题的根本,在于各级管理者把传统管理观念向"以人为本、以车为本"的现代管理理念彻底转变,真正实现从普通道路养护到高速公路养护,从被动养护到预防性养护,从经验养护到科学养护,由手工作业到机械化养护全方位的转变与提高。

4.2 提高公路网利用效率,保障运输供给

"5.12"四川大地震发生后一小时,胡锦涛总书记发出命令:"尽快抢救伤员,保证灾区人民生命安全",两小时左右温家保总理从北京赴四川灾区现场指导救灾工作,灾情就是命令,时间就是生命,同时全国各地区和社会各界各部门乃至世界各国都紧急行动起来,各种救灾物资通过各种交通运输方式,源源不断及时运到四川。而地震重灾区北川、绵阳等地由于各种运输道路的严重被毁,交通阻断,救援工

作只能靠人抬肩扛,大重型设备不能及时进入受灾现场实施救援。在广大人民子弟兵、武警官兵、公安干警、交通运输部等部门筑路铁军的密切配合下,他们冒着余震再次带来的生命危险,忘我工作,不畏艰险,顽强拼搏,及时快速修复了救灾的"生命通道",为抢救生命,重建家园,恢复生产发挥了积极的作用。

随着经济社会的快速发展,运输需求迅速增长,到2020年全国公路客货运输量将比2000年增长2倍左右、民用汽车保有量增长6倍左右。汽车保有量快速增长,其所产生的巨大交通需求与交通通行能力不足,是我国未来交通发展的主要矛盾。解决这一矛盾的关键,既要依靠扩充路网的规模,更要重视提高现有路网的利用效率。为此,必须依靠科技进步和创新,提高公路运营管理效率,包括采用现代管理、决策支持、信息网络技术等,全面提高公路运营管理水平,充分挖掘现有公路交通网络潜能,最大限度提高利用效率,增强交通网络的可靠性,保障交通运输供给,实现公路交通质量型、效益型的新的跨越式发展。

4.3 促进交通一体化运输,改善运输整体的服务质量和效率

发展综合运输体系,是提高运输整体服务效率和发挥各种运输方式优势的必然选择。改革开放以来,我国各种运输方式发展很快,但综合运输体系构建缓慢。在交通运输方面,主要表现公路、铁路、水路港口、汽车场站等大型运枢纽方面缺乏与其他运输方式的有效衔接,严重影响了经济增长的速度和效率及人们出行的方便性。

我国交通运输必须大力促进与其他方式的有效衔接和协调发展,为此,必须依靠科技进步和创新,大力研究开发和利用现代物流技术、集装箱多式联运技术和标准化规范化技术,优化网络枢纽场站节点布局,协调组织管理,完善标准体系,建立信息共享平台,实现各种不同运输方式之间的高效协同,逐步达到无缝衔接和零换乘。

4.4 增强交通出行安全保障,提高运输服务品质

随着"以人为本"理念的深化和公众生活品质的改善,时间价值和生命价值得到高度重视。但我国是公路交通事故最为严重的国家之一,道路交通事故死亡人数位居世界第一,至今,还缺乏足够的手段对这一趋势加以有效遏制。此外,由于国际形势的变化,各国非常重视关系国计民生和国防安全的运输设施和设备安全的防范及相应技术和设备的研究和应用,以预防和阻止恐怖分子的攻击和破坏。

面对居高不下和频繁发生的交通安全和运输事故,确保交通安全和运输设施安全成为我国交通实现新的跨越式发展面临的又一重大挑战。当前必须转变技术开发应用方面传统上以善后处理为主的研发模式,大力研究和采用主动安全技术、智能车辆、实时交通监控技术等现代交通安全技术,建立快速应急反应预案系统,改进交通系统的安全性和稳固性。

4.5 推动资源节约型和环境友好型交通发展模式,实现交通可持续发展

实现交通可持续发展,是新时期贯彻落实科学发展观的必然要求。我国资源相对短缺,环境比较脆弱。交通发展日益面临资源、能源和环境问题的严重制约:公路、铁路和港口建设需要占用大量沿线土地和岸线资源;目前,我国已成为世界第二大石油进口国,交通石油燃料消耗到2020年将占全国总量的一半左右。日益增长的交通石油燃料消耗对全球生态系统造成严重破坏,同时还是导致空气质量恶化的重要因素。燃料溢出和流出对土质和水质的影响也不容忽视。节约资源,降低能耗,保护环境,建立节约型交通行业,实现环保运输和绿色交通,已成为交通业必须解决的重大课题。所以我们必须贯彻循环经济理念,研究智能交通,发展高效低耗运输装备,开发交通环保新技术,实现交通与经济社会的和谐发展。

总之,要实现我国公路交通可持续发展,必须提高交通的技术含量,转变交通供给方式,扩充能力,

实现交通可持续发展；要实现我国公路交通可持续发展，必须缓解资源与环境压力，建立节约型交通行业，实现环保运输和绿色交通；要实现我国公路交通可持续发展，必须改善服务，抓安全永无止境，实现一体化运输，提高人民群众的生活水平和国民经济的竞争力。建设适应交通现代化要求和符合交通科技自身发展规律的创新体系，形成强大的自主创新能力。建立布局合理、资源共享、配置优化的交通科研基地和信息共享平台，形成一支高水平的交通科技队伍，突破一批关键技术，达到国际先进水平，全面提升公路交通的科技含量，为实现全面小康社会公路交通发展目标提供科技支撑，为交通全面协调可持续发展提供有力保障。

消除隐患珍爱生命
安保工程铸就“平安路”

焦广岳[1] 朱忠鲁[1] 卢秀丽[2]
（平阴县公路管理局）

摘 要 本文通过充分考虑沿线地理环境，道路线性及构造物特点等方面来分析济南市公路交通，目前存在的安全隐患，在结合安保工程中已取得的实际成果的基础上，提出适合济南市平阴公路现状的安保工程实施原则。

关键词 消除隐患 珍爱生命 安全保障

1 唱好“平安交通”主题歌

1.1 济南公路与时代同步与文明同行

行车在济南的国省干线公路上，整齐醒目的标志标线，安全美观的各种防护栏不时映入眼帘，一种安全感便会油然而生，为什么会有这样的感觉，这都要从充当“安全大使”的公路安全保障工程说起。济南市公路管理局自2005年以来，开始实施以“消除隐患，珍爱生命”为主题的公路安全保障工程，在全市国省道干线公路上的急弯、陡坡、视距不良、路面抗滑不足，危险路况等影响行车安全路段，逐步加快实施道路安全保障工程的进程，提出“济南公路与时代同步”、“与文明同行”的目标。

1.2 济南市公路安保工程实施现状

抓好试点，全面推进。济南市公路管理局在省道327线历城区公路局、省道242线、327线章丘市公路局，国道220线、省道104线长清区公路局G220线平阴公路局进行试点工作，根据《山东省公路安全保障工程实施细则》、《山东省公路安保工程管理办法》及时总结经验，制定办法，规范管理。继2005年，济南市公路局有针对性的对国省干线公路138km的77处隐患路段进行整治，在修建混凝土防撞护栏6 890延米的基础上，2007年又增加4 110延米46处的集中整治。

1.3 济南市平阴县公路安保工程实施情况

2007年平阴县公路局根据省、市公路局的要求，首先协助市公路局养护处、设计院对G220线平阴段38KM进行实地踏勘，对车辆事故多发路段、视距不良路段，上下坡及高填土路段进行原因分析，对此路段的基础数据调查准确、完整、详实，有了详实的基础数据才能有的放矢的制定设计方案，以现场设计为主，按照安全、环保、经济实用的总体要求，对设计方案进行了充分论证，确保工程实施效果。保证工程的实施不破坏生态环境，并尽可能与之相协调，此外在确定设计方案和实施过程中还广泛征求了社会各界，尤其是交警部门和过往司机的意见和建议，使设计更加合理，社会效益更加明显，也使所实施的安保工程更加科学化、人性化。截至2008年3月济南市公路局投资G220线平阴段安全保障工程费1 000余万元，完善安全设施38km，共设置混凝土护栏14处2 736延米，桥防撞护栏22处1 120延米，平交道路口硬化44处3 695.86m^2，震荡标线8处242.4m^2，道口标桩220个，示警桩350个，线形诱导标志36块，警告牌39块，禁令牌17块。

1.4 济南市平阴公路安保工程实施效果

开展"回头看"在该工程实施过程中，济南市公路局养护处、平阴公路局养护科，严格管理，确保质量，继抓好对设计方案，竣工验收、效果评价三个关键阶段的督查，实行定期质量通报制度，并加强检查监督。坚持质量第一的原则，贯穿于工程实施的过程，制定和完善了安保工程质量监管体系，一位参与安保工程建设的管理者曾经说过，"我是用保护我自己生命的心态来把好工程质量关的"。的确，安保工程是一项"生命工程"，某种意义上讲，也是"救命工程"。这项工程的项目、规模、投资不一定大，但对工程质量的要求绝对不能降低。

做好跟踪调查，注重后期评价。"设施损坏情况、交通事故起数"和"交通事故死亡率"等指标是评价安保工程。实施效果的量化指标。

自2007年10月至2008年3月G220线防撞护栏被撞坏就达4处58m，(296K+600左、右侧各8m、296K+800左侧16m的、298K+200左侧18m、305K+500左侧8m)已修复。

有人说，济南市平阴的公路都系上了"安全带"畅行在这些路上安全有保障，据公安交警部门提供2007年6月至2008年6月间平阴县共发生交通事故17起，造成10人死亡，28人受伤，直接经济损失104 901万元。分别比2006年6月至2007年6月下降32%，41.2%，22.2%，42.3%。比2005年6月至2006年6月下降45%，44.4%，28.2%，43.4%。公路安全防护设施的不断完善，对降低交通事故死亡率和重大事故的发生率，起到了不可忽视的作用，使公路安全状况得到明显改善，收到了良好的整治效果和社会反响，但由于安保工程的实施刚刚起步，仍有很多的措施有待进一步加强和改善。

2 调查摸底，统筹规划

济南市公路管理局管辖的历城区公路局、章丘市公路局、长清区公路局、平阴县公路局地貌多为山区和山岭微丘区，地面起伏较大，地形较复杂，路况的危险程度高，极易引发交通事故。

2.1 山陵微丘弯道的分析和安全改善

(1)山陵微丘公路安保工程的分析，是通过对事故资料的统计分析和事故多发路段点的现场调查，全面排查事故隐患，收集各类内业资料，如公路线形基本数据交通量，交通事故记录数据，公路巡查、桥梁巡查日记，沿线情况等进行总结分析，对安全隐患及对策进行分类讨论研究。

①单个急弯：单个急弯容易成为事故多发的原因主要是车速过快或视距不良，如果进入急弯前的车速没有及时降低到该路段所能提供的最大运行车速以下，就会发生侧滑倾覆，驶出路外等事故，同时如果平曲线半径过小，还会造成行驶视距大大缩短，转弯车辆行驶或超车占用对方车道，易与对面来车相撞，或是行驶车辆没有看见前面慢行车辆，容易发生追尾事故。

②连续急弯：连续急弯路段的事故率比单个急弯路段的要高，原因是连续急弯路段的线形较为复杂，且常常连续使用极限设计指标，这就要求驾驶员的反应更快，操作更为娴熟同时要求道路上每一点的实测通视距大于或等于安全车视距。

(2)针对以上两种急弯的路形特征及事故多发原因，可以在进入弯道之前设置急弯路警告标志，针对安全隐患进行分类实施。

①急弯路警告标志设在计算行车速度小于60km/h，平曲线半径等于或小于道路技术标准规定的一般最小半径，及停车视距小于规定的视距所要求的曲线起点的外面，但不得进入相邻的圆曲线内。

②设反向弯路标志应设在计算行车速度小于60km/h，两相邻反向平曲线半径均小于或有一个半径小于道路技术标准规定的一般最小半径，且圆曲线间的距离等于或小于规定的最短缓和曲线和长度超

高缓和段长度的两反向曲线段起点的外面，但不得进入相邻的圆曲线内。

③在连续弯道路段设连续弯路标志，计算行车速度小于60km/h，连续有三个或三个以上小于道路技术标准规定的一般最小半径的反向曲线，且各圆曲线间的距离等于或小于最短缓和曲线长度或超高缓和段长度的连续弯路起点的外面，当弯路总长度大于500m时应重复设置。

④在弯道起点设置限速标志、减速带、减速标线等其他减速设施，使车辆在驶入弯道之前提前引起驾驶员注意，充分做好心理和减速等准备。弯道路段还应根据平曲线情况设置诱导标、轮廓标等线性标示，在交通事故易发路段设置事故易发路段标志。根据需要可设置禁止(解除禁止)超车标志；根据平面曲线半径的大小，可适当采取路面打磨粗糙，薄层铺装等措施进行防滑处理；根据路段弯道外侧填土高度和危险程度不同设置高强度防撞护栏，以降低事故的危险系数。

2.2 山岭微丘坡道的分析和安全改善

(1)山岭微丘坡道一般可以分为陡坡和连续坡道两种类型。

陡坡：车速快是导致陡坡路段事故发生的关键因素。车辆在下坡路段的底部车速过快，当发现前方出现紧急情况时，驾驶员已经难以控制车辆。不少车辆在下坡行驶时存在脱档滑行，当发现前方有慢行车辆或障碍物采取制动措施时，过高的车速已经难以控制或刹车片压力不够导致制动失灵。

连续坡道：同样存在下坡车辆车速过快，不能有效制动安全隐患，其主要原因是车辆在连续下坡路段上行驶过程中制动操作频繁，使刹车片温度过高，降低了刹车片的摩擦系数而导致制动力不足，特别是超载超限车辆。

(2)针对以上两种路形特征及事故高发原因，可以采用类似于弯道的改善措施：在陡坡路段或连续陡坡的起、终点按具体路况设置“下陡坡”和“上陡坡”警告标志，根据需要可设置限速标志，禁止超车标线，减速设施。

在连续下坡路段中常伴随着小半径的平曲线，在这种路段常发生大型重载车辆冲出路侧事故，对于这种路段可以采取设置避险车道的措施，并在避险车道起点前设置“避险车道”标志和至少两处避险车道预告标志。

3 安保工程应在公路新建和改建中同步实施

在新建和改建公路工程中应充分考虑安全因素，总体规划，同步实施，突出工程设计，在工程实施前先组织设计单位进行实地勘察，在保证安全的同时又不失自然和谐，按照安全、环保、经济、实用的总体要求，对设计方案进行充分论证，确保工程的效果不破坏生态环境，并尽可能与之相协调。设置挡墙护坡，因地制宜，就地取材。

种植五叶地锦，播种野生花草，既与自然景观融合，护坡效果又好，还易于养护，用有限的资金建更经济、安全的安保工程，避免公路投入正常运营发生重特大事故后再实施安保工程。将安保工程实施列入到公路新建、改建的整体工程中，使有限的资金发挥最大的经济效益，收到最好的安全保障效果。

4 结语

安保工程的实施直接影响着公路的“畅、安、舒、美”功能的发挥以及经济效益的实现，安保工程取得的整治效果在不断减少事故发生的同时，还大大降低了事故的严重性。

下一步我们将进一步加强与公安、交警等相关部门的配合协作，掌握安保工程实施前后交通事故数据变化情况，尽快建立工程实施效果的评价体系，量化指标，及时总结经验教训，完善实施效果，提高实施效果。

随着安保工程力度的进一步加大,公路的安全保障能力将进一步提升,公路的基础设施,包括安全服务设施将进一步完善,“平安交通”的代名词——比较安全、便捷、舒适、美观的公路交通环境将会与你我长相伴。

参考文献

[1] GB 5768—1999 道路交通标志和标线

[2] 王松根,于庆雷,张玉宏,何勇.公路安全保障工程实施细则.北京:人民交通出版社,2006

论城市立交分期建设的问题

杨永腾　王　亮

（郑州市市政工程勘测设计研究院　郑州　450052）

摘　要　城市立交工程建设是一项系统性的工程,其对城市交通系统运营、建设用地布局等都有重大影响。本文就郑州市河医立交分期建设过程中出现的问题加以分析,同时寻求解决问题的对策,以期在今后的工程建设中加以借鉴。

关键词　立交　分期建设　成因　对策

城市立交建设是提高城市道路交叉口通行能力和服务水平的一种有效措施,随着我国经济水平的不断提高,国内大中城市的立交桥如雨后春笋般大量涌现。这些立交的建设加快了城市化进程,方便了交通出行,但同时,伴随着时间的推移,立交建设运营过程中的一些问题也开始出现,本文仅就郑州市郑州大学医学院立交桥(简称河医立交)分期建设过程中遇到的问题进行探讨,以寻求相关的经验和教训,为今后的工程建设积累经验。

1　河医立交及解放路高架桥概况

河医立交位于郑州市区西部,现状交叉口为五路交叉,东西向道路为棉纺路、建设东路(两入口),南北向道路为金水路、大学路。

河医立交地面层现状为环形交叉口,驶入车辆沿环岛行驶交织运行后离开交叉口。由于河医立交附近有郑州大学第一附属医院,建设路、大学路、金水路、棉纺路交汇于此,因此河医立交附近人流量很大,地面层受人流、非机动车流影响,交通现状较为混乱。

河医立交二层为中心环岛半径为40m 的环形立交,现状入口道 3 个,分别为大学路、金水路、建设路,出口道 4 个,分别为大学路、金水路、棉纺路、建设路。根据观测,现状交通流在高峰时段已趋于饱和。河医立交于 1994 年年底建成通车,立交二层环道东侧预留 16m 宽的接入车道,以备解放路高架桥建成后接入。

河医立交三层连接金水路、建设东路、大学路,整体形式成“Y”字型,金水路方向驶入车辆可通过三层驶向建设东路及大学路,大学路方向驶入车辆可经三层驶向金水路,建设东路方向禁止驶入。

解放路高架桥位于郑州市城市中心区域(图 1),向东连接解放路、东西大街;向西连接建设路,是横贯城市东西的城市主干路,同时又是城市西区与二七广场、火车站地区的一个重要联络通道。该项目自 2005 年 4 月开始可行性研究报告的编制,并先后完成了初步设计、施工图设计,于 2007 年年底开工建设,工期两年。高架桥全长 1 700m,由跨京广陇海两铁路的斜拉桥和两侧引桥组成,西侧引桥将与河医立交二层预留接口相接。

2　河医立交现状交通

河医立交地处金水路、建设东路、大学路、棉纺路交叉口,以上道路均为城市主次干路,车流人流集中,现状交通量已趋饱和。2007 年 12 月 12 日对河医立交地面层、二层、三层进行了现状交通量调查,

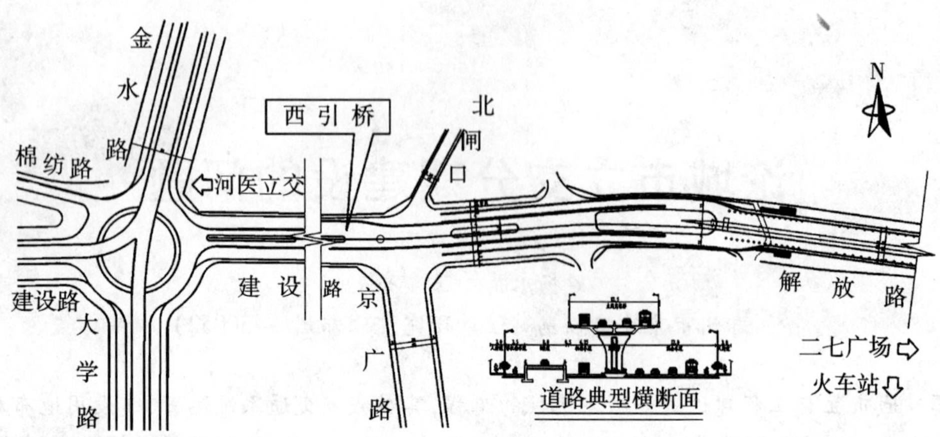

图1　解放路高架桥鸟瞰

经统计分析，河医立交高峰小时交通量如图2、图3、图4所示：

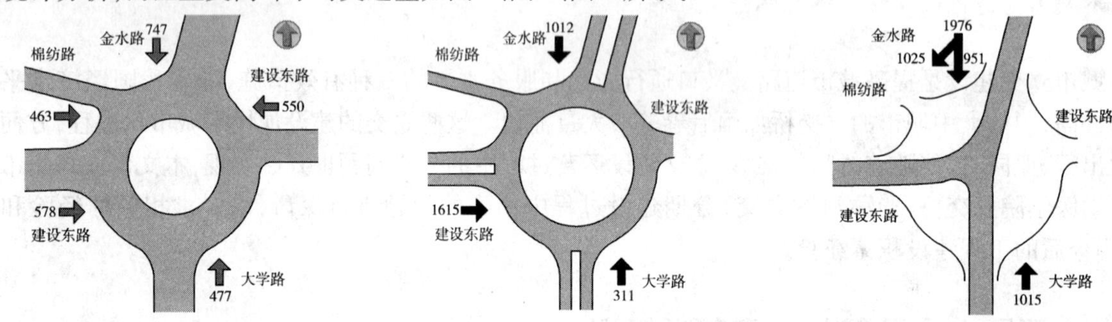

图2　河医立交地面层现状交通量　　图3　河医立交二层现状交通量　　图4　河医立交三层现状交通量

经调查，河医立交地面层高峰小时交通量为2 815pcu/h，二层高峰小时交通量为2 938pcu/h，三层高峰小时交通量为2 991pcu/h。而河医立交现状地面层、二层、三层设计通行能力分别约为4 000pcu/h，3 000pcu/h，5 400pcu/h。

3　解放路高架桥接入后的问题

解放路高架桥建成接入后，由解放路方向驶入的车辆无疑将加大河医立交二层环道的交通负荷，这将引起两方面的问题。

（1）解放路高架桥在一定程度上会吸引二七广场区域的部分交通流向河医立交的聚集，增加了河医立交的交通压力。

（2）大学路以西的部分交通流也将由河医立交进入解放路高架桥，向东进入市中心区。

根据预测，解放路高架桥2009年建成后由解放路方向驶向河医立交的交通量将达到4 200pcu/h，其中二层为2 520pcu/h；一层为1 680pcu/h。显而易见，即使忽略大学路以西交通流被吸引至河医立交以向东经解放路高架桥穿越京广铁路的交通量以及金水路、建设东路、大学路、棉纺路两年间交通量的自然增长，仅考虑解放路方向来车的影响，在解放路高架桥建成之初河医立交二层高峰小时交通量将达到5 458pcu/h，地面层高峰小时交通量将达到3 945pcu/h。

河医立交二层的通行能力约为3 000pcu/h左右，解放路高架桥接入后其饱和度将达到1.82，交通状况将拥堵不堪。而地面层受非机动车及行人影响，交通状况也将进一步恶化。

4　成因分析

通过以上分析，可以预见在解放路高架桥建成后河医立交将面临巨大的交通压力。一座新的高架

桥在刚刚建成之后即给周边交通节点造成巨大的交通压力以至造成拥堵，这是我们所不愿看到的，这一问题的出现，有着历史和机动车数量增长过快等多方面的原因，值得我们去总结和反思。

从历史原因分析，做为郑州市“四桥一路”工程的一个重要组成部分，河医立交建于 1994 年（当年建成通车）。20 世纪 90 年代中期，我国各大城市开始了城市立交建设的高潮，环形立交以其占地少，转向车辆行车条件好等优点在很多城市得以修建，同期建设的郑州市紫荆山路立交也采用了二层环形布置。但随着时间的检验，环形立交的先天性缺点也开始凸现，由于环形立交是通过环形车道来实现各向车辆的行驶，故环形车道存在着众多的交织段，这些交织段使得车辆间相互干扰严重，这也造成了环形立交设计通行能力普遍不高，当交通量大时，车辆间的相互干扰很容易出现拥堵的现象。

建于 20 世纪 90 年代中期的河医立交在二层采用环形立交的形式，且在解放路方向预留进出口。基于当时政府的财力、拆迁的难度、工期、交通量等因素，在这一历史条件下河医立交二层采用环形立交形式是无可非议的。时至今日，这座立交仍然在郑州市的道路交通网中发挥着重要作用。问题的关键在于当年这座立交在二层解放路方向预留了 16m 宽的接入车道，这样做的真正原因是，京广铁路车站咽喉区东西两侧的解放路和建设东路近在咫尺却因铁路及拆迁等原因一直不能畅通，给市民的生产生活造成极大不便，连通这两条道路一直是郑州市政府和市民的夙愿。早在河医立交修建之前，有关单位和个人就多次论证方案，下穿或上跨以及下穿与上跨相结合几种方案都在伯仲之间。如果当时这两条道路连接了，河医立交可能就不是目前的形式和规模。河医立交当年立项当年建成通车，规划者或建设者不可能同时兼顾考虑和完成向东与解放路打通这么沉重的历史课题，而仅仅是有意无意之间无可奈何的在二层留下一个向东的接口。之后，向东打通解放路的讨论就没有停顿过，但谁也无法痛下决心，因为此时打通对两端区域的负面作用大于正面作用，甚至遍请国内的专家都莫衷一是。事实上，对于无法确定的事情，将其搁置未必是一件坏事，这其实和考古发掘是一样的道理。由此看来，工程建设中的孰先孰后大不一样，分期建设大有讲究。2005 年初，郑州市有关部门向全国公开征集方案解决这一问题，这才又旧话重提。解放路高架桥 2007 年年底才开工建设，时间上的差异和历史原因等因素，直接造成了解放路高架桥建成后河医立交极有可能发生拥堵的状况。

从交通量增长方面分析。1984 年，郑州市机动车饱有量为 3.5 万辆；2000 年，郑州市机动车饱有量为 26 万辆；到 2006 年年底，这一数字上升到 100 万辆。短短的几年间，郑州市机动车数量翻了几翻。这一增速是惊人的，即使河医立交建成之初二层环道交通量很小，按照上述增长率，河医立交二层环道的通行能力也将很快达到饱和。显而易见，机动车数量的高速增长使得环形立交这一立交形式在时间的考验面前显得力不从心，郑州市紫荆山立交二层环道现状已陷入时常拥堵的局面，而做为同一类型的河医立交在机动车数量高速增长面前尽管幸运但其前景也令人担忧。

5 相关对策

预见到可能出现的问题的同时，我们必须面对现实，为解决解放路高架桥建成接入后河医立交的交通压力问题，努力寻求解决这一问题的办法。经过分析，提出如下解决方案：

（1）改造河医立交地面层。将河医立交地面层改造为信号控制交叉口，提高东西向车辆的通行能力，吸引部分经解放路由东向西方向的车辆改走地面层，以减小二层的交通压力。

（2）采取适当的交通管制措施。金水路至大学路、建设路方向，大学路至金水路方向禁止走地面层和二层；地面层设置专用右转车道，金水路右转至棉纺路、建设东路右转至大学路、大学路右转至建设东路、建设东路右转至金水路车辆均走地面层。

（3）分流公交线路、改造公交停靠站。河医立交现状共有 34 条公交线路从此处通过，公交运行及进停站对地面层交通影响较大，因此建议将交叉口附近的公交站点适当向外移，以减少公交进停站对其余车辆行驶的影响；同时将部分线路改线，减小地面层交通压力。

（4）二层环道增设信号灯。为减少二层环道交织运行车辆间的相互干扰，在二层进口道设置信号灯,根据解放路高架桥建成后各向驶入车辆数进行合理的信号配时,从而避免二层环道拥堵现象的出现。

(5)打通京广路与沙口间的交通联系。京广路与沙口路打通后,将形成一条南北向的交通通道,由南向北行驶的车辆将不必再绕行河医立交,从而减轻了河医立交的交通压力。

(6)修建一座立交不能解决所有的问题,只有通过区域性的交通整体规划,才能更有效地协调区域交通运行环境,提高路网服务水平。

6 结语

由于历史的原因,在我国城市建设过程中必然会出现如河医立交这样工程时间跨度大,前期规划与后期状况不符的情况,这种现象的出现有其历史必然性,但却值得我们深入研究以避免或减少在今后的工程中再次发生。

近些年来我国经济发展迅速,国内机动车饱有量迅速增长,这就要求我们在工程建设之初就要对工程今后的交通运行环境有个充分的预见,要做到超前规划,保证至少10年乃至20年内工程项目的良好运营。同时,工程规划设计时应考虑远期局部改造、优化工程运营环境的可能,通过适当的改造调整,使项目处于持续良好的服务水平。对于争议较多、影响较大而又确实一时拿不定主意的项目,最好的办法就是搁置,也许是5年、20年,但不要急。公用公共工程易建不易拆,影响太大,应避免恶性循环。

河医立交作为分期建设的代表,带给了我们一些值得思考的启示,在今后的工程建设中,我们应采取适当的超前规划、预留改造余地等方法以尽量避免问题的出现。

我国快速公交系统(BRT)发展综述

基金项目——建设部2006年科学技术项目:《巴士快速交通技术运营研究》(06-K4-38)

王少飞[1,2] 谢石明[1] 肖 鹏[1] 陶瑞岩[1] 李 单[1]
(1. 中兴智能交通系统(北京)有限公司 北京 100089;2. 长安大学信息工程学院 西安 710064)

摘 要 在世界诸多城市建设快速公交系统的大力影响和我国相关政策的有力推动下,国内交通界和各大城市开始把快速公交系统推到了缓解城市交通压力的前台。当前,我国快速公交系统建设还处于起步阶段,研究符合我国城市特色的快速公交系统理论迫在眉睫。本文系统总结了我国快速公交系统的研究现状和发展现状,指出积极开展快速公交系统的相关理论研究,是保证其充分发挥效益的关键环节,也是实现城市快速公交体系过程中最重要的一项基础性工作。

关键词 快速公交系统 公共交通 城市交通 公交优先

1 前言

城市是社会经济发展到一定阶段的产物,到20世纪30年代,现代意义上的城市已基本形成。1933年,城市规划的纲领性文件——《雅典宪章》明确提出了城市的四大基本功能:居住、劳动、休息和交通。交通是其他三项功能之间联系的纽带,体现着城市的动态功能关系[1]。

亚当斯(Anthony Downs)在深入研究西方国家城市交通现象的基础上提出了著名的亚当斯交通定律:交通需求总趋向于大于交通供给。这是因为,新的道路基础设施可以缩短居民的出行时间或出行距离,使其能快速达到目的地,在一定程度上暂时缓解了交通拥挤问题,但宽阔、舒适、便捷的道路条件将很快吸引新的交通量,使得道路交通经过一段时间后又恢复到原来的拥挤水平,甚至达到更为严重的拥挤程度,即所谓的城市交通"魔鬼循环"[2](图1)。一般来说,城市中心新的道路建设不会改变原有道路的拥挤水平,因为其诱发的交通量将很快占据新增的道路设施,这部分潜在的交通量是受原来交通供给短缺制约而没有实现的。因此,单纯通过增加道路基础设施建设以扩大交通供给是无法从根本上解决城市中心交通拥挤问题的;此外,城市交通引发的日趋严重的环境污染、能源浪费等问题也得到了社会的广泛关注。

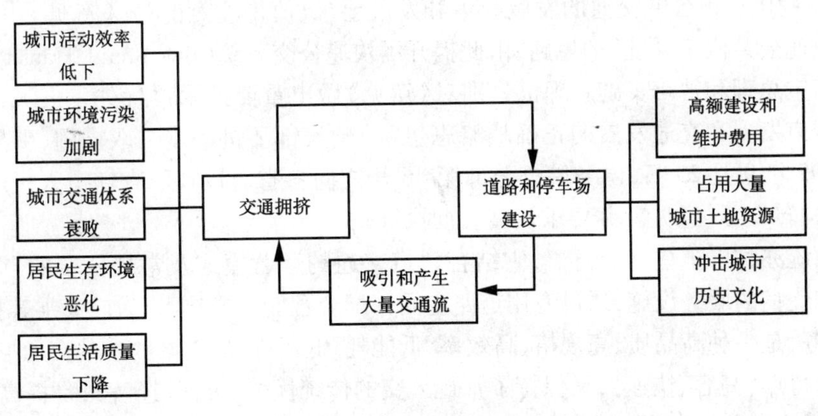

图1 城市交通"魔鬼循环"

长期以来,世界各大城市一直在寻求改善交通状况的途径和方略。自1980年公布的《世界自然保护大纲》首先提出"可持续发展"的概念后[3],研究人员通过探索和实践,指出优先发展公共交通是解决城市交通问题的根本出路,也是实现城市交通可持续发展的必然选择。即使是交通出行以小汽车为主的发达国家城市也逐渐意识到发展大众化运输的重要性。

2 我国城市公共交通发展政策

在城市化、机动化、老龄化等社会经济发展的大背景下,我国城市交通的供需矛盾日益尖锐,加快城市公共交通的建设与发展,调整和优化城市交通结构,是各大中城市近期所面临的迫切任务[4]。城市公共交通的可持续发展应尽量降低居民出行时间与费用,以合理的代价满足未来客运发展趋势。由于交通需求构成的多样性和复杂性,城市公共交通必须考虑动态资源的合理配置,确立多种运输方式结合的多元化、多层次、立体式的交通发展战略[5],城市公共交通系统构成如图2所示。

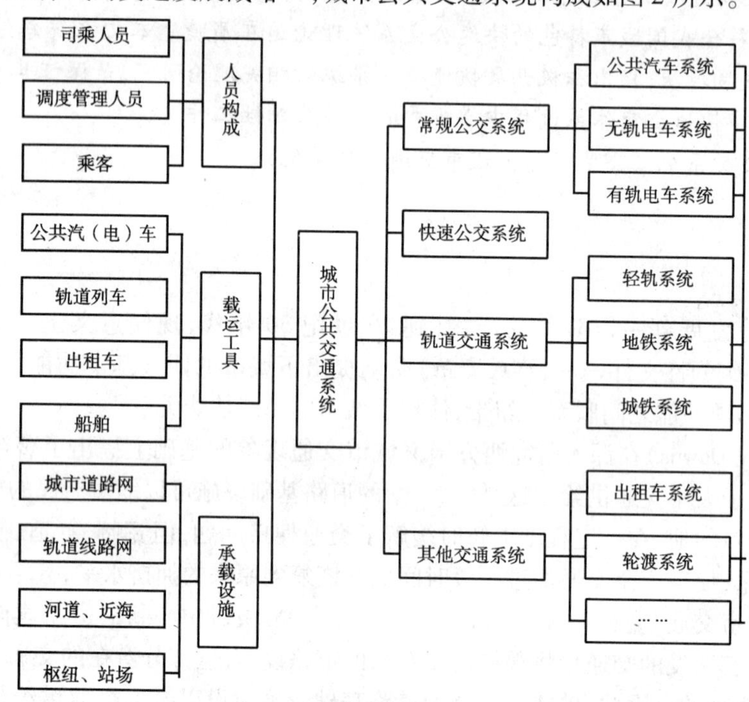

图2 城市公共交通系统构成

2004年3月6日,国家建设部等六部委联合发布《关于优先发展城市公共交通的意见》(以下简称《意见》),明确了我国城市公共交通的发展政策和发展要求,值得注意的是,《意见》中提出了"因地制宜发展大运量快速公共汽车系统"的思路,由此揭开了快速公交系统(Bus Rapid Transit,BRT)在国内发展的序幕。温家宝总理和曾培炎副总理也分别对《意见》做出重要批示:"优先发展城市公共交通是符合中国实际的城市发展和交通发展的正确战略思想"、"建设部要进一步采取措施,引导各地优先发展公共交通"。2005年9月23日,国务院办公厅第46号文向各省、自治区、直辖市人民政府及国务院各部委、各直属机构转发了《意见》,并要求认真贯彻执行。

快速公交系统亦称巴士快速交通[6],它结合轨道交通的运营模式及常规公交的自身特点,采用先进的公交车辆和优良的服务设施,通过专用道路空间并配合智能交通技术,为广大乘客提供舒适、便捷、高效、优质的服务,是一种高品质、高规格、高效率、低能耗、低污染、低成本的公共交通形式,它既具备了轨道交通的固有特点(高容、快速),又保持了常规公交的传统优势(灵活、经济),是提高交通运输效率、解决交通拥挤、减少交通污染、降低建设投资、缩短建设周期的有效途径,因此,很多国家称其为"轨道式的公共汽车交通"("Think rail,use bus")[7]或"地面上的地铁"。

3 我国快速公交系统研究现状

我国在20世纪90年代开始引入快速公交的概念,陆锡明、陈必壮于1994年提出通过设立封闭式快速公交运营系统来缓解市区乘车难的新设想[8];而直到2003年,BRT这个舶来词才第一次出现在《中国巴士与客车》年鉴图书(重庆电子音像出版社,2003)上;2003年第1期《城市交通》系统地阐述了BRT的基本思想和原则[9]。国内对快速公交系统的研究大体上可分为两个相互交错的阶段[4]。

3.1 1994年至2002年,快速公交系统的概念引入和理论研究的萌芽阶段

在这一时期,随着快速公交系统在世界范围内的发展和推广,引起了国内交通界的关注和重视,也有很多介绍国外快速公交系统发展历史与实践经验的文章公开发表[10]。在理论探索方面,国内首先开展的是对公交专用道的引入和研究工作。

1994年,昆明与苏黎士这两座城市开始交通规划合作,在国内最早明确提出"公交优先"的交通发展政策[11];杨晓光、马林(1997)提出新型公共汽车专用道(路)的概念,研究了城市公交专用道(路)的设计要点及优先控制管理系统[12];胡润洲认为城市公共交通专用道(路)是提高大城市公交运输水平的重要途径[13];1999年4月,昆明建成首条现代公交专用道,在中国最早开始了快速公交系统的实践[14]。

陈艳艳(2002)介绍了美洲7座城市的快速公交系统的运行现状,并分析了改善系统的不同措施[10];2002年11月,在中国土木工程学会城市公交学会六届四次理事扩大会议上,专题报告"巴士技术与城市公共交通系统的发展"介绍了BRT的概况,同期在上海召开的国际公共交通联会(UITP)亚太区大会上,介绍了澳大利亚的布里斯班和悉尼以及印度的班加罗尔发展BRT的成功经验[9]。

3.2 2003年至今,快速公交系统的深入研究和技术推广与实践阶段

2003年3月,北京市交通委员会在京举办了"北京快速公交发展战略研讨会",并邀请了包括有"快速公交之父"之称的巴西库里蒂巴前市长等国内外专家,探讨在北京实施快速公交项目的必要性和可行性,这是国内快速公交发展史上的一个重要里程碑[15];2003年12月,中国土木工程学会城市公共交通学会和昆明市人民政府在昆明联合召开了"中国巴士快速交通发展战略研讨会",并通过了《中国巴士快速交通系统行动纲要》(昆明宣言);2005年4月,中国土木工程学会、中国市长协会、建设部城市建设司、上海市建设和管理委员会在上海联合召开了"中国巴士快速交通行动大会",并通过了《BRT城市联盟合作协议》(上海协议);2006年11月,中国土木工程学会城市公共交通学会在济南召开了"中国巴士快速交通运营实践大会",并举行了《巴士快速交通技术运营研究》、《巴士快速交通自动导航系统》等两项课题开题会,这两项课题均被列入《建设部2006年科学技术项目计划》;2007年8月,由建设部城建司主办的城市快速公交系统发展研讨会在北京召开,来自北京、杭州、昆明、深圳、济南、合肥、西安、大连8城市为代表的公交集团领导以及各地规划研究院代表等参加了此次会议。国内外专家针对BRT在中国城市的发展进行了广泛的讨论,为其在国内的深入研究和推广实践奠定了坚实的基础。

2005年4月,民间非营利组织——宇恒可持续交通研究中心(CSTC)在北京注册成立,该中心由威廉与佛洛拉·休利特基金会、美国能源基金会提供支持,旨在帮助国内城市设计和实施可持续的、多元模式的城市交通系统,特别是快速公交系统;2006年9月,中国城市公共交通协会快速公交专业委员会成立,这标志着我国快速公交的发展步入了一个新的阶段;此外,国内很多高校如长安大学(原西安公路交通大学)、重庆交通大学(原重庆交通学院)等也纷纷成立了专门研究快速公交系统的机构。

在这一时期,国内对快速公交系统的理论研究可分为三个层面。

(1)在交通战略层面有关城市公共交通模式和快速公交发展对策的研究。陈雪明(2003)就BRT在中国的发展提出了初步建议[16];陈凌青(2004)对大城市发展高档快速公交进行了探讨[17];全永燊、

孙壮志(2005)对快速公交系统的功能定位及其与轨道交通系统、常规公交系统的关系进行了分析[18];宋炜、蒋葛夫等(2005)采用层次分析法,建立了快速公交系统建设决策综合评价模型[19];魏涛、金凡(2007)总结了雅加达快速公交发展的经验和遇到的问题,以期对中国城市的快速公交系统建设提供参考和借鉴[20]。

(2)在交通规划层面有关快速公交系统具体规划问题的研究。陈爱萍(2004)分析了快速公交规划工作的流程及主要内容的规划方法[1];陈钦水(2004)在快速公交网络结构规划方法上进行了一定的创新,提出了"分级规划、分区布线"的快速公交线网规划方法,并对网络结构中的换乘设施规划设计进行了研究,建立了一套公交线网规划的评价指标体系[21];于星涛(2006)提出和论述了快速公交系统整体化规划理论和三元构建体系[4]。

(3)在技术实施层面有关快速公交系统实施和建设的研究。陆锡明编著出版了国内第一部介绍BRT的理论著作——《快速公交系统》(同济大学出版社,2005)[7];张骏(2004)对快速公交票制进行了初步研究[22];罗大明、季晓京(2005)介绍了北京南中轴快速公交智能系统的设计目标和设计原则[23];高杨斌、李旭宏等(2005)论证了10种快速公交中央专用道的布置形式[24];马莹莹、杨晓光等(2006)提出了适合我国混合交通特性的快速公交站台形式及位置最佳布置方法[25];王海霞、宋瑞(2006)提出了基于预信号控制的快速公交信号优先方法[26];胡兴华、周广振等(2006)提出了基于运行图的快速公交运营系统的概念[27];柴毅、冯磊等(2006)提出了光学导航技术在快速公交系统的具体实现方法[28];孙传姣、王元庆等(2007)对快速公交系统的运营管理进行了研究[29]。

目前,国内对快速公交的认识逐步得到统一,并将其视为提供高效服务的"绿色交通"系统和缓解城市交通供需矛盾的有效手段,有关快速公交系统的理论研究正在深入展开。

4 我国快速公交系统发展现状

4.1 台湾

台湾在2002年开始大力推广BRT的规划观念。早在1996年,受捷运施工阶段的交通影响,台北市政府同时推动8条公交专用道建设,成效显著;台中、高雄于1999年也分别进行了BRT规划。

4.2 北京

2004年12月25日,前门至木樨园的南中轴路快速公交一期线(全长约5km)正式运营,它预示着一个新的公共交通发展理念开始正式进入中国;2005年12月30日,国内第一条真正意义上的快速公交线——北京南中轴路快速公交1号线全线通车并投入运营。作为中国交通拥堵最严重的城市之一,南中轴路快速公交系统的建设在于探索一种能改善北京公共交通系统的新型和高效方式。到2008年,北京快速公交线路总里程将达200km,并与轨道交通有机衔接,形成大容量快速公交网络。

4.3 杭州

国内第二条真正意义上的快速公交线——杭州快速公交B1线于2006年4月26日开通运营。到2020年,杭州将建成由11条线路总计183km的快速公交线网。

4.4 其他

2007年2月13日,天津市1路"快速公交"正式开通运营,这是规划新建220km快速公交网络上运行的第一条公交线路,象征着天津市酝酿规划多年的快速公交系统有了实质性的突破;根据《上海BRT项目概念性报告》的规划,到2010年,上海将建成100至150km的快速公交系统,到2020年,上海还将建设200至300km的快速公交系统;根据广州交通发展纲要(草案),广州将利用BRT实现公交车站与

地铁站的对接,2010年亚运会前可以建成;武汉将在“十一五”期间筹建4条快速公交线路,以缓解日趋严重的城市交通拥堵问题;2006年5月25日,《深圳市快速公交系统(BRT)规划》正式对外公示,按照规划目标,到2010年,深圳将建成5条BRT线路;济南是美国能源基金会在中国的第一个BRT推广项目示范合作城市,双方确定北园大街作为首条BRT线路,也是中国第一条“双快”公交系统,济南将在未来5年内,计划建设4~5条BRT快速公交线路,以解决目前交通拥堵问题;西安已完成了快速公交的近期发展规划;此外,重庆、大连、厦门、常州等城市的快速公交系统也正在建设之中。

5 我国快速公交系统研究重点

随着“公交优先”政策的深入落实以及对快速公交理念的深刻理解,当前我国交通界需要重点研究以下方面的内容:①快速公交系统与城市公共交通体系融合的研究;②快速公交专用通道及车站的研究;③快速公交运营规范的研究;④快速公交车辆技术的研究;⑤快速公交车辆导航技术的研究;⑥快速公交智能系统的研究;⑦国内外快速公交实践经验的研究;⑧快速公交系统综合评价研究。这些理论的研究将为我国快速公交系统规划和建设提供宏观指导和理论依据。

6 结语

(1)在过去的10年中,中国的公交优先战略首先体现在大力发展轨道交通上,并经历了从地铁到轻轨的逐步转变[16],在世界诸多城市建设快速公交系统的大力影响和我国相关政策的有力推动下,国内交通界和各大城市开始把快速公交系统推到了缓解城市交通压力的前台。当前,我国快速公交系统建设还处在起步阶段,研究符合我国城市特色的快速公交系统理论迫在眉睫。

(2)快速公交系统在我国的发展前景极为广阔,实施和推动符合我国城市特色的快速公交体系,提高公交服务水平,提高居民出行质量,对缓解当前城市交通问题,促进城市交通的可持续发展具有重要意义。

(3)积极开展快速公交系统的相关理论研究,是保证其充分发挥效益的关键环节,也是实现城市快速公交体系过程中最重要的一项基础性工作。

参考文献

[1] 陈爱萍.快速公交规划的基本问题研究[D].西安:长安大学,2004

[2] 林卫.公交优先理念与昆明BRT实践[J].城市交通,2005,3(4):19-23

[3] 陈任彪,苏奎,杨浩.ITS——交通运输可持续发展的关键[J].江苏交通,1998,(10):6-9

[4] 于星涛.快速公交系统规划研究[D].上海:同济大学,2006

[5] 华文静,王健.关于我国城市发展快速公交的思考[J].城市公共交通,2004,(6):34-35,37

[6] 王健.关于巴士快速交通的定义[J].城市公共交通,2004,(2):36-38

[7] 陆锡明.快速公交系统[M].上海:同济大学出版社,2005

[8] 陆锡明,陈必壮.显著缓解市区乘车难的新设想——封闭式快速公交运营系统的设计[J].上海建设科技,1994,(4):17-18

[9] 王健.缓解城市交通问题的革命性方案——关于巴士快速交通系统的探讨[J].城市车辆,2005,(1):52-54

[10] 陈艳艳.美洲快速公交技术概述[J].城市公共交通,2002,(1):33-35

[11] 唐翀.昆明城市发展与BRT规划建设[R].昆明市城市交通研究所,2006

[12] 杨晓光,马林.有关城市公交专用道(路)之设计要点及优选控制管理系统[J].城市规划,1997,

(3):36-37

[13] 胡润洲. 城市公共交通专用道(路)[J]. 城市规划,1997,(3):34-35

[14] 昆明市城市交通研究所. 昆明快速公交 BRT 系统研究[R]. 昆明市城市交通研究所,2004

[15] 郑长路,徐康明. 北京快速公交疏通"首堵"的良策(初稿)[R]. 北京畅达通客运股份有限公司,2007

[16] 陈雪明. 巴士快速交通和中国公交优先战略[J]. 城市规划,2003,27(10):28-33,38

[17] 陈凌青. 大城市发展高档快速公交的探讨[J]. 综合运输,2004,(4):64-67

[18] 全永燊,孙壮志. 关于 BRT 和轨道交通的理性思考[J]. 交通运输系统工程与信息,2006,6(1):111-117

[19] 宋炜,蒋葛夫,张锦. 用层次分析法对快速公交系统建设决策进行综合评价[J]. 城市公共交通,2005,(4):12-14,23

[20] 魏涛,金凡. 雅加达市快速公交系统发展经验及启示[J]. 城市交通,2007,5(2):55-59

[21] 陈钦水. 城市地面快速公交网络系统规划研究[D]. 西安建筑科技大学,2004

[22] 张骏. 快速公交票制初探[J]. 城市公共交通,2004,(5):13-14,17

[23] 罗大明,季晓京. 北京南中轴路快速公交(BRT)智能公交系统总体设计概要[J]. 交通运输系统工程与信息,2005,5(2):97-103,107

[24] 高杨斌,李旭宏,朱彦东. 快速公交中央专用道的适应性研究[J]. 城市交通,2005,3(1):9-14

[25] 马莹莹,杨晓光,马万经. 快速公交站台形式及位置最佳布置方法[J]. 城市交通,2006,4(4):50-54

[26] 王海霞,宋瑞. 基于预信号控制的十字路口快速公交优先通行研究[J]. 城市公共交通,2007,(2):24-28

[27] 胡兴华,周广振,杨继明. 基于运行图的快速公交运营系统研究[J]. 道路交通与安全,2006,6(11):8-10

[28] 柴毅,冯磊,刘宇. 快速公交系统中车辆的道路跟踪导航[J]. 重庆大学学报:自然科学版,2006,29(3):92-95

[29] 孙传姣,王元庆,周伟. 快速公交的运营管理研究[J]. 交通企业管理,2007,(4):33-34

3ds max 在公路设计中的应用

刘红杰[1]　何　晅[2]　高永红[1]

(1. 黄河勘测规划设计有限公司　郑州　450003;
2. 河南省交通规划勘察设计院有限责任公司　郑州　450052)

摘　要　本文对比了几种用于公路设计中建模的软件,详细介绍了一整套简便易行的在 3dsmax 中建模的方法。

关键词　公路设计　建模　3ds max　效果图　动画

在今天这个信息时代,运用电脑技术制作效果图已经成为公路勘察设计中必不可少的一项工作。通过效果图、三维动画等数字模拟手段,将互通式立交、桥梁、收费站等大型构造物展现于人们眼前,在工程方案的比选、投标、审核、汇报中起着重要作用。同时,在主管部门、业主、设计单位、施工单位等几方之间,效果图也起着表达和沟通的作用。(如图 1 所示为作者制作的效果图)

图 1　鄢陵互通式立交

作者在公路勘察设计工作中长期从事效果图、三维动画的制作,积累了不少经验和心得,希望与广大的设计人员、图形制作人员进行交流。

目前,公路工程效果图的渲染主要是使用一种软件,即 3ds max/viz 自带渲染器,它以速度快、操作简便的优点成为人们的首选。而公路三维建模的软件有很多,包括专业的路桥设计软件和非专业软件。专业软件如 HEAD(海德)、DICAD、Bridge3D、moss、CARD/1、InRoads 等等,运用这些软件进行建模的优点是:精确、人工调整少、可由设计数据生成;缺点是:生成大量的面,修改较复杂。非专业软件指的是通用的三维绘图软件,如:AutoCAD、Maya、3ds max/viz 等。其中,3ds max 最为常用,它的优点是:制作方便、修改灵活、生成的面少;而精度和准确度不如专业软件是它的缺点,然而这一点在效果图和动画制作中并不是主要矛盾。

本文根据京珠国道主干线—郑(州)许(昌)高速公路—鄢陵互通式立交的工程实例,分步骤描述了在 3d smax 中如何方便快捷地创建立交模型的方法。

1　简化及导入 DWG 图形

(1)打开 AutoCAD 图形,这是一处典型的单喇叭互通式立交,在公路设计中最为常见。如图 2 所示。

(2)为减少图形导入时间,首先要对 DWG 图形进行一些简化,将地形、桩号、尺寸标注等线条及文字删除,保留横断面图形(为了将来在 3ds max 中放样时参照),得到如图 3 所示的图形,将其另存为一个 DWG 文件(如 inport. dwg)。

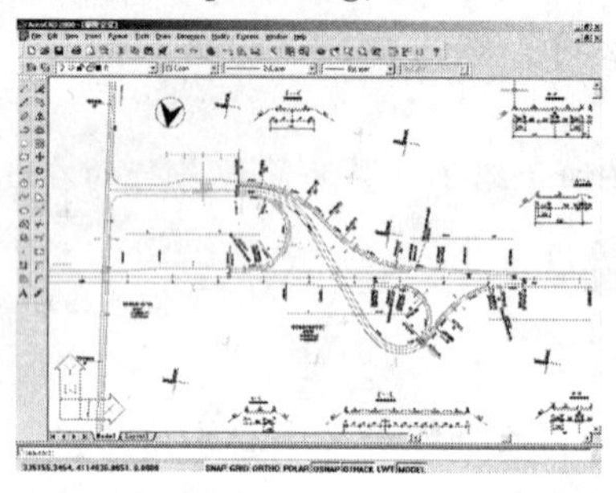

图 2

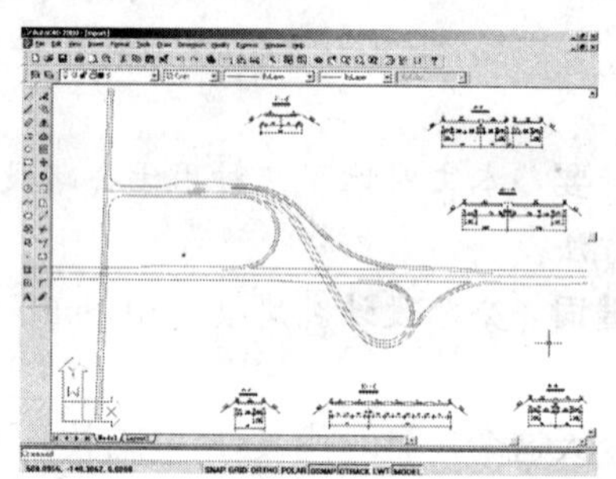

图 3

(3)打开 3ds max,选择菜单 Fle > Inport 命令,按照提示选择刚才保存的 DWG 文件(如 inport. dwg)。按照如下所示设定输入参数,注意:取消 Weld 的勾选,以提高输入速度。如图 4 所示。

(4)依据图形复杂程度不同,输入时间长短不等。十几秒钟的等待之后,得到输入的图形。选择菜单 Edit > Selet All,在 Display(显示)面板中选择 Freeze Selected,将其冻结,这样做是为了后面操作中的方便。如图 5 所示。

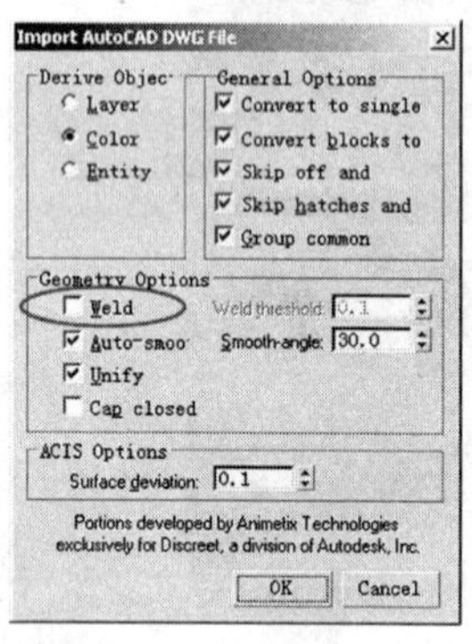

图 4

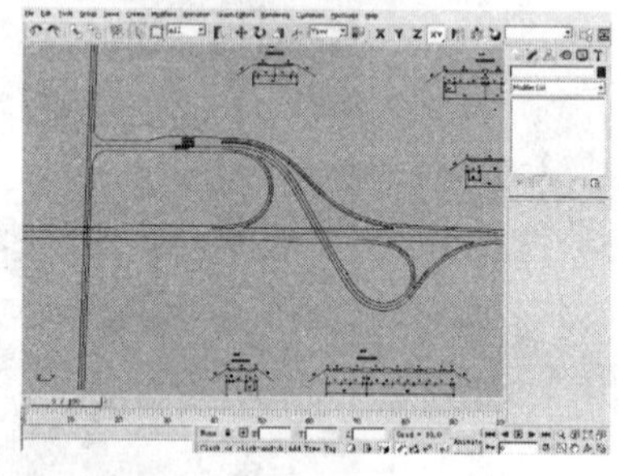

图 5

2　立交主体的放样

路基路面等立交主体由 3ds max 中的路径和剖面经放样得到。根据作者的经验,放样路径不直接采用导入的 Auto CAD 路线,而是在 3ds max 中描出。这是因为由路线设计程序生成的线形在缓和曲线上有大量的点,会造成模型面数太多和调整纵坡的麻烦。而用作者的方法可以得到便于调整的、简洁光滑的路线模型。

(1)在顶视图中,点取命令面板中的 Shape(图形)钮,点取 Line(线条)钮。依次分别描出主线、被交道、匝道的路面中心线,这些线条将被用作放样的路径。需要注意的是,在描的过程中尽量把控制点放在变坡点的位置,这样便于下一步对纵坡进行调整。如图 6 所示。

(2)创建的曲线若与道路中线没有重合或不够光滑,可分别选取每一根线条,点取 Modify(修改)命令面板,对每个点进行编辑。在点上按鼠标右键,将点的属性改为 Bezier Corner,调整该点的两个控制

杆,使其沿路中线光滑流畅。如图 7 所示。

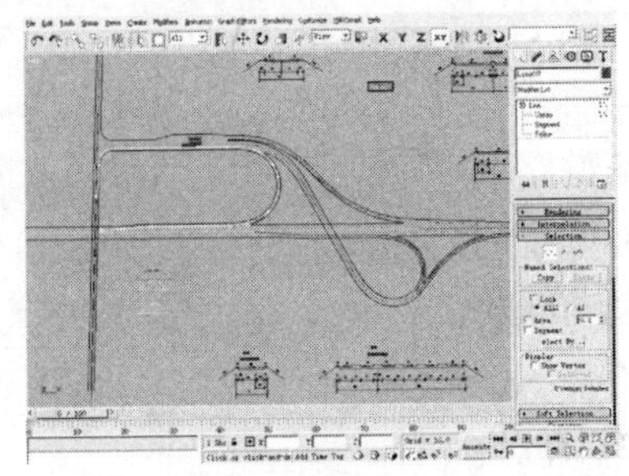

图 6

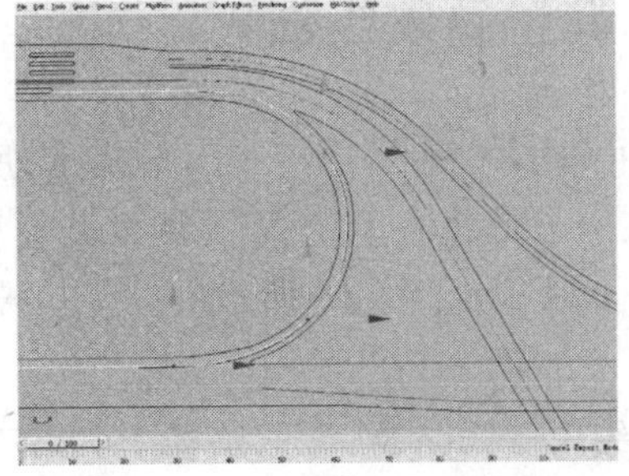

图 7

(3)根据被冻结图形上的横断面,按照设计的尺寸,分别针对主线、被交道、单车道匝道、双车道匝道各画出一个梯形作为路基剖面,和一条直线作为路面剖面。由于路线平面图中横断面比例尺一般较大,所以在创建剖面时要注意与路径采用相同的尺寸单位。如图 8 所示。

(4)分别选取各条路线,在 Creat(创建)命令面板的 Compound Objects(合成物体)子命令中选取 Loft(放样),点取 GetPath(拾取路径),然后选取该路线对应的路基剖面图形,得到路基的放样。如图 9 所示。

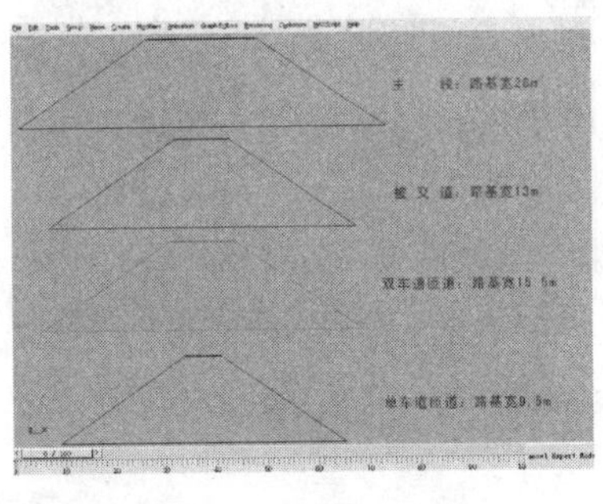

图 8

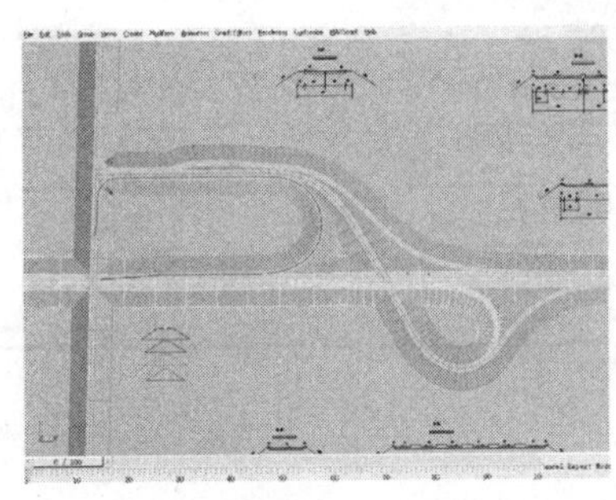

图 9

(5)放样中要注意的问题:Creat Method 面板中选取 Instance 选项,使放样路基与原图形相关联,这样可以方便后期路线纵坡和剖面的修改。在 SkinParameters 面板中 Shape 的数值可设为“0”,而 Path 的数值可根据路基表面光滑程度设为“5”至“15”之间。这样可以大大优化生成的模型。如图 10、图 11 所示。

(6)按照同样步骤可以得到路面的放样。地面用 Plane 命令生成,并给定合适的“Z”轴坐标。创建摄像机,调整到鸟瞰角度,得到如图 12 所示的相机视图。

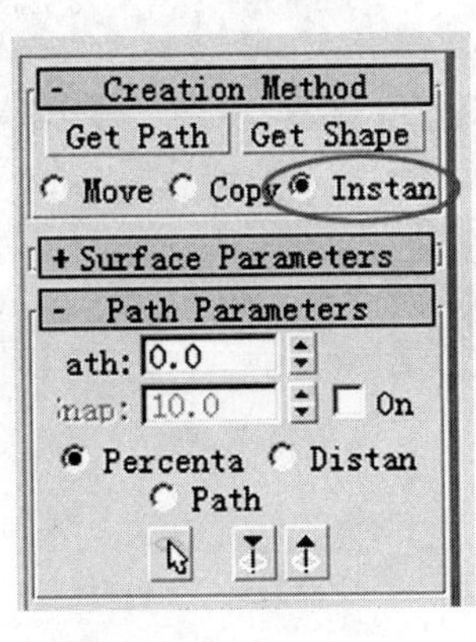

图 10

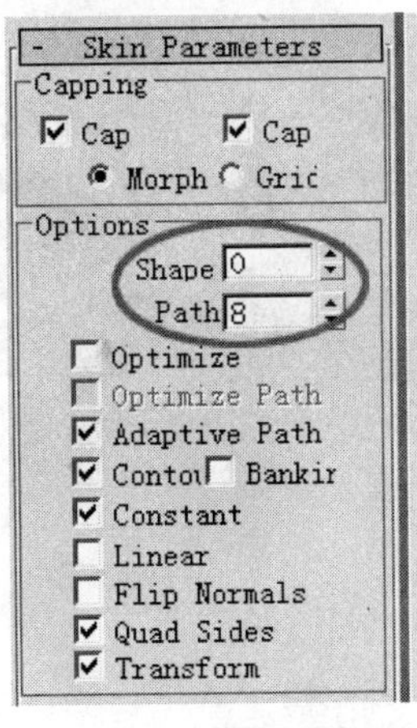

图 11

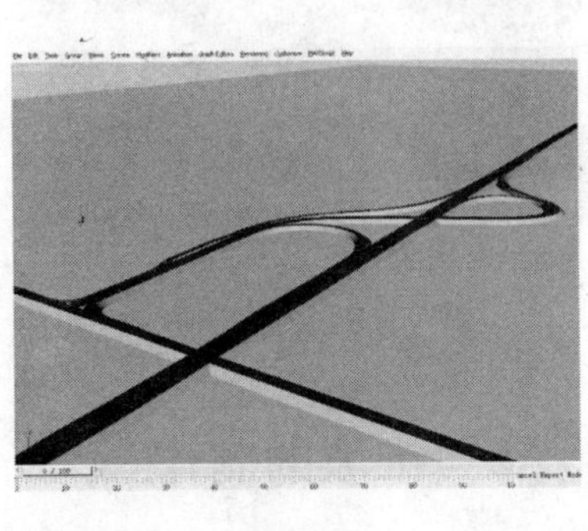

图 12

3 调整路线纵坡

(1)由于放样路径是在平面上描出,所以透视图中的各条道路的路面都在一个平面上,这就需要调整路径上控制点的纵坐标。调整时要参照设计图纸:如图13所示的立交拉坡图,尽量与设计的竖曲线相吻合。

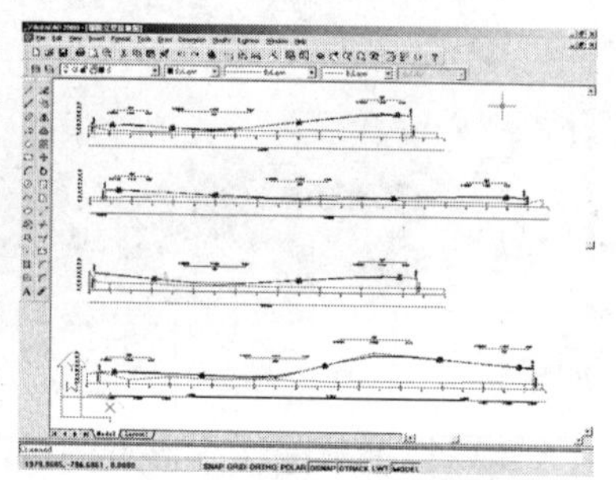

图 13

(2)编辑放样路径,点取路径上的各个控制点,按下✥(移动)按钮,并在其上按右键,在其后出现的对话框中"Z"轴坐标处输入该点对应的纵坡高程,如图14所示。

(3)依次调整各条路线的控制点"Z"轴高程,使其与设计高程相吻合,并使匝道的加减速车道与主线路面相平齐,光滑顺接,如图15所示。

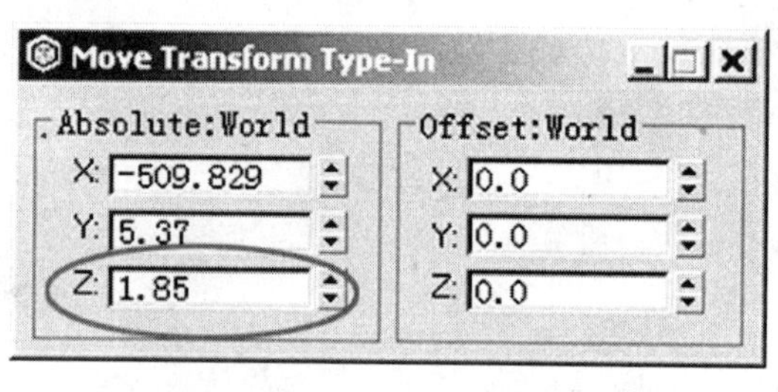

图 14

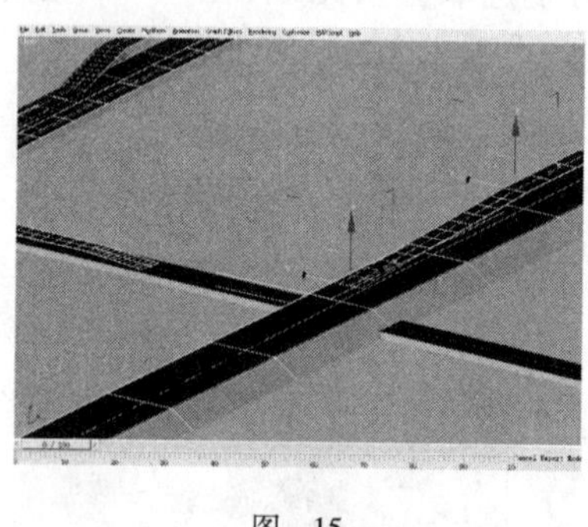

图 15

4 跨线桥桥洞

(1)现在的立交已经有了高低错落,但还需要在跨线桥的位置开设桥洞。我们可以采用Boolean(布尔)运算的方法,减去一个Box,从而挖开路基,如图16、图17所示。

(2)本文介绍一个更为简便的方法。选择主线路基,点取Modifier List(修改器列表),从中选择Edit Mesh(编辑网格)命令,编辑路基模型上的点,删除跨越被交道的点,从而得到了跨线桥的桥洞。同样可以得到其他跨线桥的桥洞。如要控制跨线桥的长度,可根据实际调整放样的段数,如图18所示。

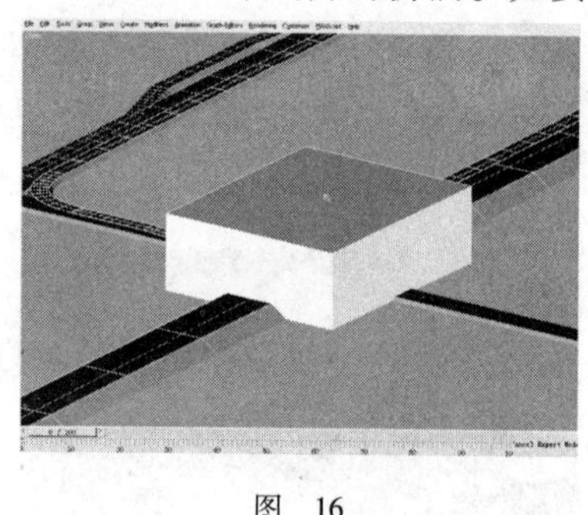

图 16

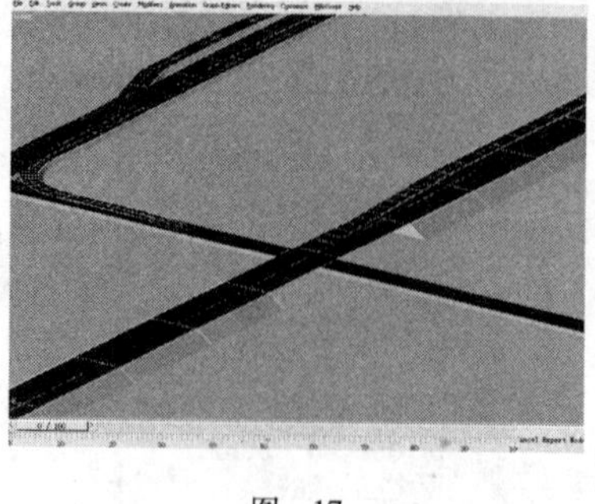

图 17

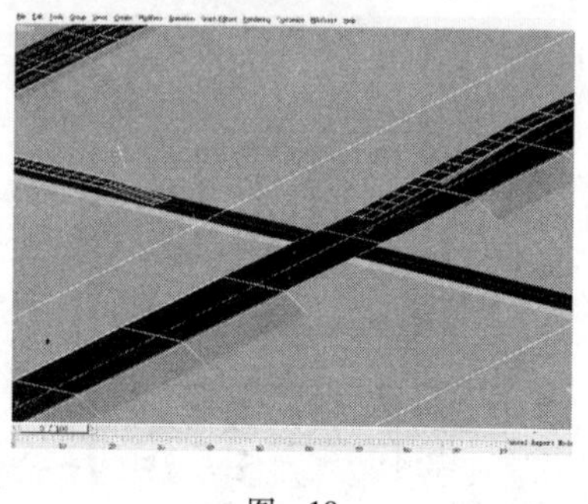

图 18

5 锥坡的制作

(1)选取路基,进入Edit Mesh(编辑网格),编辑点。

(2)首先制作单侧锥坡。分别选取梯形断面底部的两个点,各自在附近复制出三至五个点(要得到

表面更光滑的锥坡，可以增加复制点的个数），如图 19 所示。

（3）进入 Edit Mesh 下的 Face（面编辑）选项，点取面板下部的 Creat 按钮。分别选取路基脚下的两点与同侧路基上端的一点组成三角面，如图 20 所示。

注意：创建面的过程应该按逆时针方向依次选取三个点，这样新建三角面的法向才会朝外，否则渲染时将看不到新建的面。

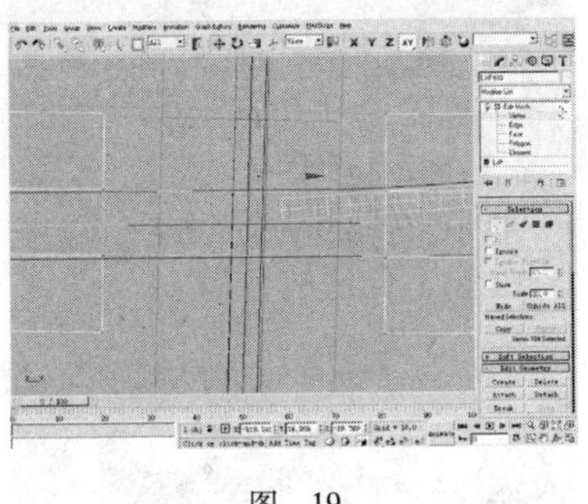

图 19

图 20

（4）有了锥坡的雏形，再次进入 Vertex 点编辑选项，调整锥坡脚下各点的位置，使之形成光滑的坡脚线。这样就得到了由两个 1/4 椭圆锥组成的单侧锥坡，如图 21 所示。

（5）按照同样步骤做出另一侧的锥坡，以及其他跨线桥的锥坡，如图 22 所示。

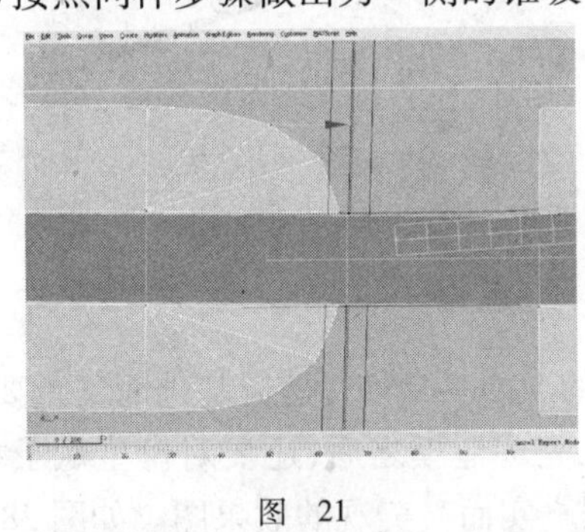

图 21

图 22

（6）点取 Face（面编辑）选项，选取新建的两对锥坡，按下 Detach 命令。在如图 23 所示的对话框中点 OK，这样将锥坡与路基分离，以便于将来分别赋予不同的材质。

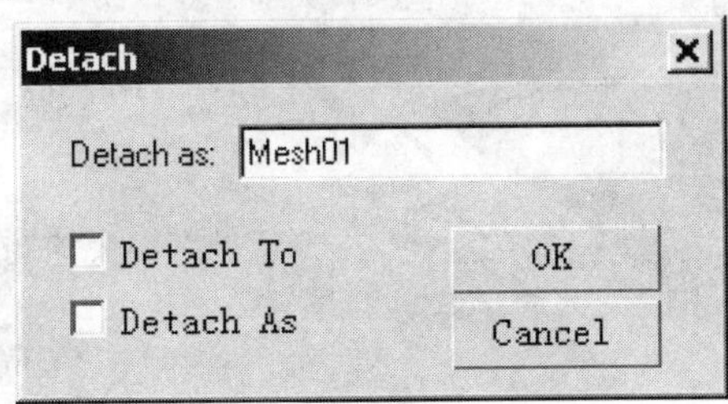

图 23

6 护栏等附属设施

（1）对于一座互通式立交，路基上有波形板护栏、中央分隔带，跨线桥上还有混凝土护栏、桥梁梁体，若要求更细致的建模，还要包括边沟等等。

首先在路基的放样剖面上分别画出他们的剖面形状，如图 24 所示。

（2）选择路线中线，通过 Loft 命令点取相应的剖面图形进行放样，再进入修改命令面板中 Edit Mesh 层级进行编辑，删去多余的面，得到如图 25 所示的模型。

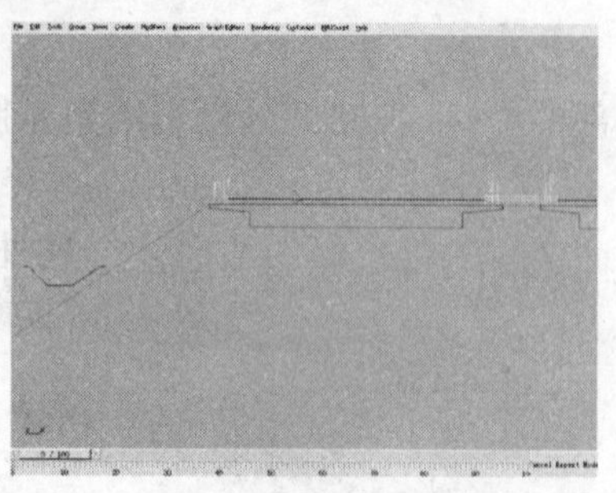

图 24

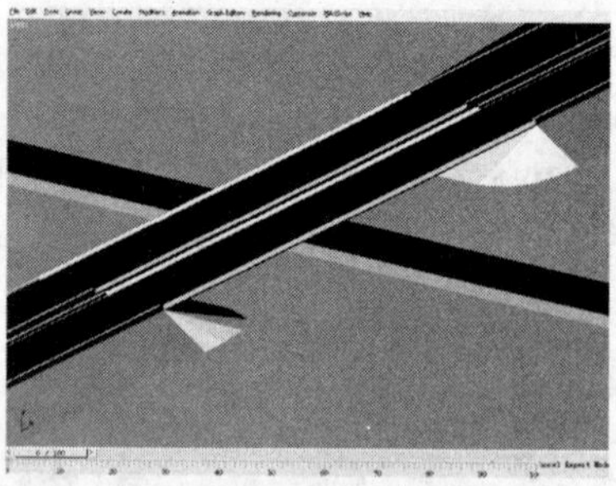

图 25

(3)单个桥墩由 Cylinder 命令生成,然后阵列复制出排列成行的桥墩,如图 26 所示。

(4)从模型库中调入收费站、高杆灯、汽车等模型,调整大小,放置于合适的位置。

这样,最终完成了互通式立交的建模工作,如图 27 所示。

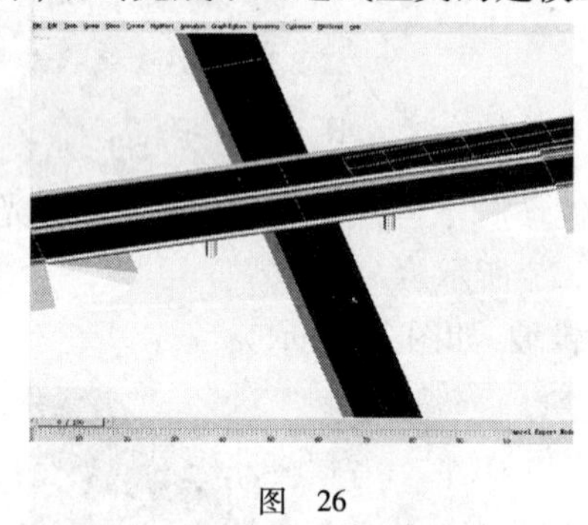

图 26

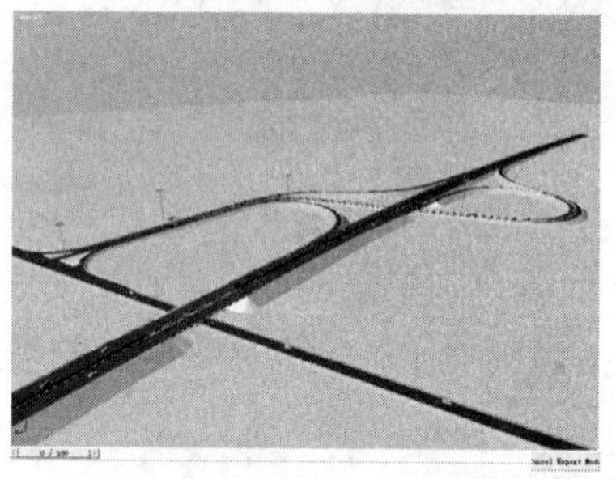

图 27

7 结语

互通式立交的建模工作大约要占整个效果图或动画制作的 50% ~75%,是最基础而又重要的一个环节。由于篇幅所限,本文仅就模型的创建进行详细叙述。在完成建模之后,还要对模型赋予材质,调整灯光,进行渲染。最后在 Photoshop 中作后期加工,完成一副真实而又美观的效果图。如图 28 所示。

图28 迎宾路互通式立交

参考文献

[1] JTJ 011—94 公路路线设计规范

[2] JTJ 013—95 公路路基设计规范

[3] 李宇宁. 3ds max 完全学习手册. 北京:希望电子出版社

基于 Visual LISP 的图纸批量有序打印程序开发与应用

陆华臻　谢　斌　李　焱
（天津市市政工程设计研究院　天津　300051）

摘　要　为减少打印图纸而产生的大量重复而费时费力的劳动，利用内嵌于 AutoCAD 的 Visual LISP 进行二次开发，编制了一个专用的优化打印软件。该软件直接在 AutoCAD 环境下运行，可自动识别并保存图纸类型、位置、比例等信息。大部分情况下只需运行三个命令，无需打开任何设置窗口便可在未经识别与设置的图纸上实现批量、有序打印，实际应用效果良好。

关键词　AutoCAD　二次开发　Visual LISP　批量　有序　打印

1　前言

Visual LISP 是一个使用 LISP 语言开发和定制 AutoCAD 的可视化开发环境。它扩展和增强了现有的 AutoLISP 语言，提供了程序的编写和调试环境，可将 LISP 程序编译成 ObjectARX，大大提高了 CAD 编程效率和性能，是一个崭新的一体化可视 CAD 编程环境。

市政设计由于其专业繁多（道路、桥梁、给排水、轨道与建筑等）及多阶段设计，使得图纸数量非常庞大，而由此带来的图纸打印工作量也很繁重。鉴于图纸打印工作具有极高的重复性和机械性，通过编程对 AutoCAD 进行二次开发以解决图纸打印问题是完全可行且很有必要的。

2　批量有序打印程序的功能和结构

图纸批量有序打印程序是以 Visual LISP 集成开发环境为平台，对 AutoCAD 进行二次开发而成的。其主要功能是打印一个 DWG 文件上的所有图纸（包括模型空间和各图纸空间），或由设计人选择的部分图纸。本程序总体上包含以下三个模块：

（1）图纸定位模块。作为本程序最基础的人机交互输入接口，它允许使用者手动精确定位图纸或由计算机在指定区域内通过自动识别来定位图纸。起到告诉程序哪些区域是可供打印图纸的。

（2）图纸排序模块。根据第一步定位时插入的打印标记（一个专用的块对象）的相应属性，本模块通过计算需打印图纸的几何相对关系，确定各图纸打印的先后顺序。

（3）图纸打印模块。根据前两步对图纸的定位和排序，本模块通过调用 AutoCAD 的系统打印命令依次打印图纸。

3　主要功能模块设计

3.1　图纸定位模块设计

本程序与同类批量打印程序相比，自动识别并通过插入打印标记来保存图纸信息是其一大优势。虽然打印标记可以随图纸保存，一经设置便可重复使用，但对于真正的批量图纸，若需要挨个地图纸设置打印标记，其工作量也是不可小视的。

3.1.1 打印标记设计

打印标记是本程序最基本的判断及执行依据，且设置后可重复利用，故必须具备构造简单、易于分辩、查找及操作的特点。

本模块使用专用的单个块对象作为打印标记，最大限度地减小了查找及操作的难度。

为了简化块的构造，设计中结合了块名及块的各项属性，实现了块中零对象即可保存各项打印属性。具体如下：块名以专用标识名字＋纸张类型（A2、A3、A4）来定义，既避免与别的图块名字冲突又可以区分开图纸的类型。通过图纸类型、块的插入点坐标及 x，y 方向的比例即可计算出图纸的位置、大小、边界及是否反向打印；通过块的旋转角度可以判断图纸是横向打印还是纵向打印。

块中仅包含一个闭合的矩形多段线对象，用于表示图纸的边界。同时该块在程序自动生成时会把多段线对象的颜色设为绿色，使块更容易区分图纸的边框。从而可以清晰辨认出打印标记的位置，有利于使用者判断待打印图纸是否已设置打印标记以及该标记设置是否正确。

3.1.2 图纸自动识别设计

图纸自动识别的基本原理是在指定的对象集合中查找符合图纸长宽比的矩形多段线对象（即图纸的外边框）。作为本程序中主要的图纸识别途径。自动识别必须具有高识别率、高容错性以及快速识别的特点。

(1)高识别率。鉴于实际操作中，设计人员为了便于统一修改，常常把图框做成块或使用外部参照（实质也是块对象），自动识别设计中特别加入对块对象图框的支持。只要块图框中有，甚至是它所包含的块对象中有符合要求的矩形多段线，均可正确识别，大大提高了识别范围。

(2)高容错性。首先，开始识别前，程序自动把当前坐标系改为世界坐标系，待识别完成并插入打印标志后再恢复到原来的坐标系，以避免系统当前坐标系与图形对象坐标系不一致引起识别错误。其次，当程序识别到某一图纸时，先判断该图纸是否已经被插入打印标志，以防在一张图纸上重复设置打印标志。最后，识别完成后插入打印标志前，程序将把 AutoCAD 的对象捕捉功能关闭，以防止因其导致的插入打印标志偏位现象。

(3)快速识别。程序在选择待分析对象时便对其进行筛选，把非本绘图空间的，类型不是多段线或块的对象从选择结果中排除，从源头上大大减少了待分析对象的数量。同时由于使用了 Visual LISP 提供的选择集函数 ssget 进行选择和筛选，使整个对象选择过程高效而准确。

3.1.3 图纸人工识别设计

虽然程序能自动识别大部分标准图纸，但对于图纸外边框不包含矩形多段线或为加长图纸的情况，只能采用人工识别的办法：①由使用者自已输入图纸类型、比例以及选择打印标志插入点；②把已被正确识别的图纸类型、比例（包括 x 方向和 y 方向）与待识别图纸均相同的图纸的打印标记直接复制到该图纸上。

3.2 图纸排序模块设计

3.2.1 排序原则

图纸识别完成后，尚需对其进行排序方能进入有序打印。排序原则与常规阅读顺序一样：从上往下、从左往右，即先行后列。

3.2.2 排序原理

从数学角度看，图纸排序可被概括为把一堆随机分布、大小不一、互不重叠的矩形划分为若干行和列的平面几何问题。按照排序原则，解题思路为：先按 y 坐标从上到下分行，然后按 x 坐标逐行从左往右排。

3.2.3 排序难点

本程序最大的难点是排序，而排序的难点在于如何根据相对关系把杂乱无章的矩形分行。通过分

析,其突破点就在于将二维排序一维化。方法如下:首先把所有矩形都投影到 y 轴上,得到一一对应的若干短直线;然后使这些直线互相叠加形成数根互不相连的长直线,每一根长直线就相当于一行;最后从组成长直线的短直线反推出对应的矩形,分行问题便得以解决。但值得注意的是,实际操作中,下一行图纸紧贴着上一行图纸的情况是有可能的。故上述方法中,应把"互不相连"修正为"互不重叠"。分行问题解决后,行的竖向排序及行内矩形的横向排序均为一维排序,相对简单,在此就不再赘述了。

3.3 图纸打印模块设计

3.3.1 基本原理

本模块通过直接调用 AutoCAD 系统命令 plot 进行打印,只要如同正常打印一样提前修改好相应绘图空间的打印设置即可。图纸比例、范围以及打印方向均由程序根据实际情况自动调整,故无需提前设置。

3.3.2 快速打印设置

实际操作中,用户常使用的打印机一般不超过两台,而同一批图纸使用的 ctb 打印样式表通常是一致的。故本程序添加了一个快速打印设置模块,把常用的打印机、默认打印样式表及一般打印默认设置预存起来。只需运行本模块并选择打印机即可完成常用的打印设置,快捷而方便。

3.3.3 超额视口打印

批量打印时,偶尔有同一绘图空间中图纸所包含的视口数量超过 AutoCAD 的最大活动视口数限制(64 个)的情况,超出限制的视口将不被显示,导致无法实现一次性批量打印。为此,本模块通过打印前保存各视口开关状态、打印中按需动态开关视口、打印后恢复各视口原开关状态的办法,有效地解决了视口超额的问题。此方法频繁开关视口,对打印速度有一定影响;但同时打开的视口较少,占用 Windows 系统资源较少,即使系统配置较差的机器也可以顺利运行,故此方法仅作为一种可选模式,由用户选择是否应用。

4 批量有序打印程序的应用

4.1 基本应用

第一次打印时,依次调用快速打印设置模块 fs、图纸自动识别模块 aib、批量打印模块 mp(包括排序模块和打印模块),便可实现批量有序打印,简单而快捷。第二次打印同一图纸时,直接调用批量打印模块 mp 即可。

4.2 进阶应用

4.2.1 分批选择图纸

在某一次批量打印中,选择待打印的图纸时,可以分批选择,即在每选择完一批图纸后按回车,然后再选择下一批。在这种情况下,每批图纸将严格按排序原则排序,然后按批号逐批打印,使打印顺序安排变得更加灵活。

4.2.2 批量转换 PDF 格式文件

PDF 文件具有兼容性好、体积小、可防修改等优点。只要安装一个 PDF 打印机软件,便可利用本程序像打印图纸一样批量把 DWG 文件转换为 PDF 文件。既可有效管理图纸,又可在真正打印前再检查一遍以减少纸张浪费。

4.2.3 图纸页码自动修改

图纸排序模块很好地解决了图纸打印的先后顺序问题。同理,它也能用于给图纸排页码。对于同种类型(A2、A3 或 A4)的标准图纸,其页码和总页数相对于图框的位置是一定的。根据这个规律,在排序模块基础上,成功编制了页码自动修改模块,使用者只需分别选择某一图纸中的页码和总页数,程序便能计算出它们与图框的相对关系,继而识别出表示其余图纸页码和总页数的文字对象。通过使用者输入起始页码及总页数后,各图纸的页码自动修改即可完成。这使图纸页数较多或者图纸中途需要增、减几页的情况变得尤为快捷。

5 结语

目前,AutoCAD 软件已经广泛地应用于工程设计的各个领域,成为了广大工程技术设计人员的一个重要绘图工具,因此开发 AutoCAD 图纸批量、有序打印程序,具有很高的实用价值,再加上自动排页码功能,它可以成为大家在图纸打印时的一个必备工具。

参 考 文 献

[1] 蓝屹生. AutoLISP 学习指导[M]. 北京:中国铁道出版社,2003
[2] AutoCAD2006 开发人员文档[C]. Autodesk, Inc. 1982-2005

浅析施工企业的目标成本管理

付森锋[1]　孔令晨[2]

（1.河南省大道路业有限公司　郑州　450008；2.焦作市公路管理局　焦作　454001）

摘　要　施工企业是国民经济的支柱行业，在国民经济和社会发展中发挥着先行和基础作用。随着世界经济的一体化，市场环境瞬息万变，经营条件日益复杂，施工企业面临着来自国内外的竞争压力。施工企业要求生存、谋发展，就必须强化成本管理，采取各种措施降低成本，以其成本优势参与市场竞争。实施目标成本管理是施工企业发展的必然选择，许多企业已经认识到成本管理的重要性，纷纷根据自己的管理实际，制定了目标成本管理办法、规章制度、承发包办法及操作细则，取得了一定的成绩；但从实行目标成本管理的效果来看，仍然存在着许多疏漏和弊端，因此有必要对目标成本管理制度、措施及方法进行更为深入、细致的探讨。

关键词　施工企业　目标成本管理　成本管理制度　原则　措施

企业在竞争激烈的市场经济条件下，由于竞争者之间的产品质量差异正在逐渐缩小，使得依靠质量差异化的竞争战略很难奏效。企业要想生存或谋求发展壮大，除了技术领先、资本雄厚之外，管理在其中起到越来越重要的作用。目标成本管理更是施工类企业管理活动中永恒的主题。成本管理的直接结果是降低成本，增加利润，从而提升企业管理水平，增强企业核心竞争力，打造成一流的施工企业，全面提升企业价值。

1　施工企业目标成本管理的内容和意义

1.1　施工企业目标成本管理的内容

工程项目施工是施工企业的主营业务。一个施工企业可能同时施工几个甚至十几个工程项目，但一个基层公司管理若干个项目施工是大致相同的。按照项目目标成本管理体系，并将工程成本中的制造成本进行目标分解，加强施工成本的控制，对工程项目单独进行核算、考核和奖惩。全面目标成本管理与控制，从时间上说，既包括对生产过程中成本的管理与控制，也包括工程项目前期的投入和后期的维护的成本管理与控制，它贯穿于施工企业工程项目的全过程；从内容上说，既包括项目人力、物资和机械成本的管理与控制，也包括工程项目设计及试制成本、资金筹集成本、材料采购成本、现场管理费用、财务费用、质量成本、使用寿命周期成本、人力资源成本、战略成本管理与控制。

1.2　加强项目成本管理的意义

加强成本管理和控制，对于企业的发展具有重要的意义。

首先，成本管理与控制是企业增加盈利的根本途径。因为，“利润 = 收入 - 成本”，所以降低成本是增加成本的一个重要手段。在收入不变的情况下，降低成本可使利润增加；在收入增加的情况下，降低成本可使利润更快增长；在收入下降的情况下，降低成本可抑制利润的下降。即使是不完全以盈利为目的的国有公用事业部门，如果成本很高，不断亏损，使其生存受到威胁，也难于在调控经济、扩大就业和改善公用事业等方面发挥作用，同时还会影响政府财政，加重纳税人负担，对国计民生不利，失去其存在的价值。

其次，成本管理与控制是企业抵御内外压力，求得生存的主要保障。企业在经营过程中，外有同业竞争、政府课税和经济环境逆转等不利因素；内有职工改善待遇和股东要求分红的压力。企业用以抵御内外压力的武器，主要是降低成本、提高产品质量、创新产品品种，其中，降低成本是最主要的。降低成本可以提高企业价格竞争能力；可以提高安全边际率，使企业在经济萎缩时继续生存下去；提高售价会引发经销商和供应商相应的提价要求和增加流转税负担，而降低成本可以避免这类外部压力；成本降低了，才有力量提高质量、创新设计，或者提高职工待遇和增加股利。

再次，成本管理与控制是企业发展的基础。把成本控制在同业的先进水平上，才有快速发展的基础。成本降低了，可以降低售价以扩大销售，销售扩大后经营基础稳固了，才有力量提高产品质量，创新产品设计，寻求新的发展。许多企业陷入困境的重要原因之一，是在成本失去控制的情况下盲目发展，一味在促销和开发新产品上冒险，一旦市场萎缩或决策失误，企业没有抵抗能力，很快就垮下去了。

2 施工企业目标成本管理实施原则

施工企业项目成本控制原则是企业目标成本管理的基础和核心，施工企业在对项目部实施目标成本控制时应遵循以下基本原则。

2.1 价格引导的成本管理

施工企业项目成本控制的根本目的，在于通过目标成本管理的各种手段，不断降低项目成本，以达到可能实现最低的目标成本的要求。一方面挖掘各种降低成本的能力，使可能性变为现实；另一方面从市场实际出发，通过竞争性的市场价格减去期望利润，并制定相应的措施和方案来确定成本目标，通过主观努力达到合理的最低成本水平。

2.2 全面成本控制原则

目标成本管理体系由市场驱动。全面目标成本管理是全企业、全员和全过程的管理，亦称“三全”管理。项目成本的全员控制有一个系统的实质性内容，包括各部门、各单位的责任网络和班组经济核算等，应防止成本控制人人无责，人人不管。顾客对质量、成本、时间的要求在产品及流程设计决策中得同时考虑，并以此引导成本分析。

2.3 动态控制原则

施工企业项目是一次性的，目标成本控制应强调项目的中间控制，即动态控制，因为施工准备阶段的成本控制只是根据施工组织设计的具体内容确定成本目标、编制成本计划、制订成本控制的方案，是为今后的成本控制做好准备的。

2.4 跨职能合作

目标成本管理体系下，产品与流程团队是由来自各个职能部门的成员组成，包括设计与制造部门、生产部门、销售部门、原材料采购部门、成本会计部门等。而一个工程项目是由许多个单项工程组成的，每个单项工程也应具有相应的成本目标，因此，应将一个工程项目的总成本目标逐个细化，落实到施工班组，签订成本管理责任书，使成本管理自上而下形成良性循环，从而达到参与工程施工的部门、个人从第一道工序起就注重成本管理的目的。跨职能团队要对整个产品负责，而不是各扫门前雪。

2.5 生命周期成本削减

目标成本管理关注产品整个生命周期的成本，包括购买价格、使用成本、维护与修理成本以及处置

成本。它的目标是生产者和联合双方的产品生命周期成本最小化。

2.6 价值链参与

目标成本管理过程有赖于价值链上全部成员的参与，包括主要材料供应商、机械批发商、部分材料零售商以及服务提供商。

以上六项原则是目标成本管理从市场价格考虑，结合目标利润率为某特定工程项目确定可接受的最高成本，之后的项目与流程设计都是为了保证成本控制在可接受范围之内。目标成本管理体现了“开放系统”方法。这种方法强调组织适应环境的重要性，更多地考虑影响系统运作的互动关系，在实际结果发生之前便采取预防措施，并且随着时间的推移不断提高标准。

3 健全目标成本管理制度

实行目标成本管理是现代施工企业提高经济效益必须采取的措施之一，目标成本管理的核心在于目标成本的制定和目标成本的分解。为确保目标成本管理工作的有效运行，必须建立健全施工项目成本管理体系，包括建立各级组织机构、设计成本管理流程和运行程序、明确各级各岗的成本职责和考核办法，用成本目标考核体系文件的形式予以表达。

(1)制定项目目标成本管理办法，对目标成本管理组织体系、职责，工作流程和原则，成本预算和控制方法，以及项目成本核算的内容和分析等都可做出明确规定，便于操作和执行。建立企业人工、材料、机械消耗定额库，完善企业市场预测制度。

(2)建立施工前的成本核算评估制。工程开工前，要依据工程中标价或工程预算，组织专业技术人员对人、机、料、管理费等支出进行核算评估，测算各项支出后，能够盈利多少，做到心中有数，然后按照各作业层，将工程成本目标合理分解后再组织施工。

(3)建立施工过程中的成本管理检查制。项目经理部每月召开一次成本分析会，结合工程进度、各施工机组施工情况及各项费用支出等进行分析、总结。公司每季度召开一次由专业管理人员参加的项目成本分析会，组织专业技术管理人员深入项目经理部进行查账对比分析，严格对项目经理部目标成本指标进行比较、分析、考评，查找成本节超原因，及时调整偏差，并总结成本管理经验，进行试点推行，确保项目成本总目标的实现。

(4)建立决算制。在施工过程中，要按月准确统计施工进度，定期做好预结算工作，使工程款及时回收。及时办理变更签证的报批手续，督促业主履行变更合同。工程竣工后项目经理部编制决算报告，公司组成决算审查小组，重点要考核完成工程产值总额、价款收入、成本开支、利润等，对项目经营业绩进行评价，分析目标成本指标的执行情况。

(5)建立激励机制。奖金分配必须与项目经理部的整体利益、各岗位人员的责任和贡献挂钩，对项目经理部的监控管理，建立起强有力的激励、约束机制和项目经理部全体员工利益共享、风险共担的责任体系，极大地调动了全员关心成本核算的积极性。

项目管理是施工企业经营管理的核心工作，成本控制是项目管理的主要内容。选择好的项目班子，建立行之有效的监控机制是确保实现成本目标的必要条件。强化全员的成本核算意识是实现项目经营目标的基础和保证。因此，项目成本管理和经营效益的取得还需要不断提高企业的整体管理水平。

4 强化施工企业项目成本控制的措施及对策

4.1 做好成本预测，加强前期成本控制

成本预测就是对影响成本的各种因素在采取相应降低成本措施做出充分分析的基础上，结合企业

施工技术条件和发展目标，运用一定的科学方法，对一定时期或一个成本项目的成本水平、成本目标进行测算、分析和预见。成本预测是一个完整的决策过程，通过预测可以为企业降低成本，指明方向和途径，为选择最优计划方案提供科学的依据。工程成本预测方法可以依据单项工程投资分割，测算出该项工程应收取的人工费、材料费、机械使用费等，然后再根据公司或项目经理部编制的施工技术组织方案和降低成本措施，对该单项工程逐一测算出实际需要各项成本费用和成本降低额。

4.2 加强成本中人、材、机控制

成本中，人材机的控制是加强成本管理，降低工程成本的关键环节。在人工费的控制方面重点是定额定员的控制。企业根据工程的实际情况制定劳动定额、工时定额，认真进行定员配备和劳动力安排，提高劳动生产力，彻底打破大锅饭的分配方式，做到按劳取酬。要合理配备民工，加强民工管理，杜绝民工使用上的浪费。在材料费的控制方面，在保质保量的前提下控制材料价格；按定额确定的材料消耗量，实行限额领料制度，各班组只能在规定限额内分期分批领用，如超出限额领料，要分析原因，及时采取纠正措施，低于定额用料，则可以提取一定比例的奖励；改进施工技术，推广使用降低消耗的各种新技术、新工艺、新材料。在机械使用费的控制方面，项目部根据自己的施工生产特点，从实际情况出发向公司申请配备合理、经济的施工机械，严格机械设备利用定额和油料消耗定额，开展单机、单车等多种形式的内部经济承包核算，从而达到增加机械设备的作业产量和进一步减少配件和油料的消耗；加强对机械设备的日常性管理工作，平时编制好机械设备运转、维修、维护计划，做好设备管理维护工作，保证机械设备正常运转；提高设备完好率、利用率和使用效果，减少大修费用的支出，并在设备维修维护过程中，加强审批与监控，避免“带水”修理。

4.3 建立一个完善的成本管理组织机构

建立以项目经理为主的成本控制体系，在成本管理依据上，要制定一套符合市场实际的内部施工定额，用来结合已签订的合同、施工组织设计或施工方案、材料市场价格等相关资料，编制成本计划和下达成本控制指标，同时用来作为成本责任指标考核的重要依据之一。在组织上，首先要确定公司层面成本管理的牵头部门和责任人，代表企业行使成本控制职权。其次要分别明确项目部、施工机组以及各专业成本管理的责任人，下达成本控制责任指标。因为施工项目成本还涉及到其他与施工项目有关的部门、单位及职工，所以要把成本指标分解到所有部门和个人，实行全员控制。要坚决克服责任不落实，成本只在口头上控制的现象。在政策上，要实行责、权、利相结合，这是成本控制目标得以实现的重要保证。在成本控制过程中，项目经理及各专业管理人员都负有成本责任感，相应地应享有一定的权限，包括用人权、财权等。如物质采购人员在采购材料时，在保证功能和质量的前提下，应享有选择供应商的权利，以确保材料成本相对较低。企业领导对项目经理，项目经理对各部门在成本控制中的业绩要进行定期检查和考评，发现问题及时采取纠正措施，要与工资、奖金挂钩，做到奖罚分明。制订和完善成本管理责任制，使成本控制的责任落实到施工管理的每一个角落和每一个人。

4.4 建立施工企业项目成本核算制是当前工程项目成本控制的中心任务

项目部用制度规定成本核算的内容并按规定程序进行核算，是成本控制取得良好效果的基础和手段。

工程项目成本核算是项目经理运用经济手段履行职责的前提条件，也是施工企业取得经济效益的直接来源。只有通过严肃认真、切实可行的项目成本核算，才能驱动各方面利益。所以，项目成本核算既是调动企业内部各方面积极性的动力，又是施工企业经济效益的直接源泉。

正确制定项目成本核算的考核目标。企业对项目经理部成本考核的目标应该是企业下达的计划成本。要逐步克服项目部粗放型的承包模式，依据企业的有关管理制度、费用核定的内容和范围，通过施工组织设计和施工预算，确定施工项目的计划成本。以计划成本作为对项目部成本降低和超支的考核、

控制依据。

准确把握项目成本核算的管理重点。项目成本核算的管理重点是项目成本的过程控制,它包括项目部本身为实现成本目标而进行的自我控制和企业为监督项目成本目标的实施情况而进行的跟踪控制。其主要管理点有:一是指导思想明确,建章立制,使项目成本控制有制可依,形成项目成本核算的制度体系。二是进一步落实项目成本目标责任制,使目标成本层层分解,横向要分解到单位工程、分部工程和分项工程等不同施工部位的费用控制,纵向要分解到施工准备、主体施工、收尾交付等不同阶段的费用控制。三是加大事中检查,事后审计的力度,保证项目成本控制落实到实处。企业必须定期对项目成本进行跟踪分析,无论盈亏,均应做到有理有据,对亏损因素必须找出原因,制定纠正和预防措施,防止项目成本的大起大落。项目完工交付后,必须进行债权债务清理和项目审计,确保项目经营成果的真实可靠。

4.5 规避客观因素引起项目成本增加的对策

客观因素引起施工企业项目成本增加并不是企业自身的原因,因此,承包商应合理规避风险损失,将风险转移。从施工一开始,就要认真研究设计文件、图纸、合同条款和现场条件等,找准索赔的切入点,抓住机会,及时编制索赔资料,据理力争,把索赔工作贯穿于施工的全过程,提高索赔效果。索赔是工程项目成本控制中一个不可忽视的内容。因此要强化索赔观念,加强索赔管理。

总之,对工程项目施工成本的控制是施工企业一直研究的问题。而施工企业项目成本控制,指在施工企业项目成本的形成过程中,对生产经营所消耗的人力资源、物质资源、机械费用及现场经费开支进行指导、监督、调节和限制,及时纠正将要发生和已经发生的偏差,把各项生产费用控制在计划成本的范围之内,保证成本目标的实现。由于工程项目的一次性,而项目成本由于其工程结构、规模和施工环境各不相同,各项目成本之间又缺乏具体的可比性,要对工程项目实施全面目标管理制度,提升企业管理水平,实现企业利润目标。

参 考 文 献

[1] 常林新.施工企业施工项目成本管理理论与方法研究[D].合肥工业大学,2005

[2] 成虎.工程项目管理.北京:中国工业出版社,1997

[3] 曹吉鸣,林知炎.工程施工组织与管理.上海:同济大学出版社,2002

[4] 张丽霞,叶世荣.成本企划的控制与管理.安徽工程科技学院学报(自然科学版),2004(1)

郑焦晋高速公路车辙的成因分析和处治措施

孔令晨
（焦作市公路管理局　焦作　454001）

摘　要　高速公路的车辙病害一直是缠绕在公路养护人心中的一个难题。车辙是如何形成的，它的存在有什么危害，面对车辙病害我们如何进行处置呢？本文以郑焦晋高速公路为例，从车辙的成因入手进行分析，从而提出了采用微表处法处理中度车辙，铣刨摊铺法处理严重车辙的养护方案，并对两种方法的施工要点进行了阐述。

关键词　病害　车辙　微表处　铣刨摊铺

1　前言

随着公路的建成和交付使用，在行车荷载和环境因素的作用下，道路的路面质量和服务能力逐渐下降。路面损坏的形式有很多种，对路面性能有不同程度影响。使用三年以上的道路出现水损坏、车辙的病害比较多，其中车辙损害已成为水损坏之后的又一主要路面病害类型。有资料统计表明：某地区在被调查的44条主要公路中有13条公路的破坏是由车辙引起的，占调查总数的29.5%；另一地区的高速公路路面维修、罩面的原因，80%以上是由于车辙引起的。但是车辙的成因是什么，它对道路究竟有何种危害，我们需要采取什么办法进行车辙处理呢？本文以河南省的一条晋煤外运的黄金通道——郑焦晋高速公路焦作段路面养护工程为例，就车辙的成因以及处理进行一些探讨。

2　工程概况

郑焦晋高速公路焦作段项目工程位于河南省西北部，起于河南省新乡市原阳县新庄村北的107国道上，止于晋焦高速公路（山西段）省界大桥，与国家规划的京珠、连霍、济东等高速公路主干线连接成网，是晋东南、豫西北地区交通运输和资源开发的黄金通道。路线全长72.836km，具体路线桩号为K13+000～K85+836。整个项目为双向四车道高速公路，沥青混凝土路面，于2002年12月份建成通车。

这是河南省第一条由地方自筹资金修建的高速公路，项目投资方河南省焦作市公路管理局对于工程的质量从一开始就严格要求。在1998年项目建设初期，市公路局就曾多次邀请中国工程院院士、交通部专家等对该项目进行专题研究。比如在路基压实度、SBS改性沥青路面等方面都超前实施了新的技术规范，因此运营五年来，路面状况的各项指标均较好。但是随着交通量的逐年增加，K13+000～K85+836路段出现了不同程度的车辙和部分桥头路段跳车等病害。为了保证行车安全和舒适性，控制路面病害的进一步发展，延长路面使用寿命，2007年6月，焦作市新时代高速公路有限公司作为项目管理方决定对郑焦晋高速公路进行路面养护处理，笔者作为高速公路养护的参建者，对养护处理方案的确定及实施进行了全过程参与。

本工程所处的环境的自然条件状况。

2.1　地形资料

项目所在区域地貌上主要处于黄河、沁河冲积平原内，全线总的地形特征为西北高、东南低，K66以

前极为平坦，地面纵坡0.36%，由南向北微倾，K66～K71地形平缓，地面纵坡1%～1.5%，由西北向东南缓倾。K71之后，进入太行山脉，山势陡峻，沟壑纵横，悬崖峭壁，地形复杂。本项目K13+000～K70+036段位于平原微丘区，K70+036～K85+836段位于山岭重丘区。

2.2 气象水文资料

本工程所在的气候区域属于II_5（豫鲁轻冻区），公路沿线位于北半球中纬度大陆性暖湿带季风气候区。四季分明，春干夏热，秋凉冬寒，春季多风，夏季多雨，日照时间长，属北方长日照区。沿线气象资料统计见表1：

豫鲁轻冻区气象资料　　表1

项　　目	山岭重丘区	平原微丘区
最冷月平均气温（℃）	-3.9	-0.3
最冷日极端气温（℃）	-17.4	-17.9
最热月平均气温（℃）	22.7	27.8
最热日极端气温（℃）	37.0	43.3
年平均气温（℃）	7.9～11.9	14.2～14.8
年平均降雨量（mm）	625～680	600～700
无霜期（d）	>180	>200
最大冻深（cm）	31	—
全年日照时数（h）	2 392.8～2 610.6	—

3 车辙病害的调查及芯样检测

郑焦晋高速公路通车后的前四年，各项路面的评价指标均较好见表2：

郑焦晋高速公路路面评价指标　　表2

评价指标	指标检测值	评价等级	评价指标	指标检测值	评价等级
结构强度指数PSSI	92～97	优	行驶质量指数RQI	9.6～9.8	优
路面强度指数SSI	1.00～1.20	优	国际平整度指数IRI	0.22～1.86	优

通过实际检测弯沉与路面设计弯沉值对比，本项目弯沉指标为优。路面状况数据显示，路面裂缝、沉陷以及网裂等各类病害较少，反映出路床、底基层、基层情况良好，满足使用要求。

根据收集的交通量资料，2006年郑焦晋高速公路焦作段双向的日平均交通量为27 726辆/昼夜，已经接近原项目设计时预测2020年27 790辆/昼夜的交通量，交通流量呈现出快速增加的趋势，再加上2006年7、8月份出现了罕见的连续高温，车辙病害明显发生恶化。

车辙检测统计结果见表3、表4：

上行行车道车辙统计表（郑州—晋城）　　表3

车辙深度（mm）	长度（m）	占路线全长的比例（%）	平均值（mm）
<10	15 295	22.0	6.9
10～15	34 455	47.4	12.4
15～20	13 020	17.9	17.8
20～25	5 935	8.2	22.3
25～40	3 295	4.5	28.9
>40	0	0	0
合计	72 000	100	13.6

下行行车道车辙统计表(晋城—郑州)　　表4

车辙深度(mm)	长度(m)	占路线全长的比例(%)	平均值(mm)
<10	11 130	15.8	6.4
10~15	21 575	30.2	12.7
15~20	19 795	27.2	17.8
20~25	12 855	17.7	22.7
25~40	6 630	9.1	28.2
>40	15	0.02	45.4
合计	72 000	100	17.3

注:检测长度扣除主线收费站长度

从统计情况可以看出,上行行车道车辙病害情况较轻,大于15mm的占30.6%,其中大于25mm的次差级路段占4.5%;下行行车道出现车辙病害的路段较多,大于15mm的占54%,其中大于25mm的次差级路段占9.1%。车辙病害主要集中在下行行车道上。

通过如上数据可以发现本项目工程有如下的特点:

(1)交通量大,交通组成以货车为主,养护施工难度大;

(2)路面整体结构承载能力满足要求;

(3)车辙普遍,是主要的路面病害。

基于本项目最主要病害是车辙的情况,通过车辙检测和现场取芯进行相关试验分析,可以明确车辙产生的原因,并据此采取针对性的处治措施。

3.1 芯样试验结果

按照不同的车辙严重程度随机进行钻芯取样,在试验室对芯样进行各类相关试验,试验结果显示:

(1)对现场芯样进行切割表明,面层各层之间结合均比较紧密,面层与基层结合较好。

(2)通过测量芯样厚度结果显示,大部分轮迹带芯样的中面层较车道中间处芯样的中面层薄,部分芯样实际厚度远大于设计厚度的断面。

(3)通过芯样密度试验结果显示:车道轮迹处芯样空隙率远小于车道中间处芯样空隙率。

(4)芯样的抽提试验结果表明:沥青含量过大,油石比偏高。

(5)抽提后集料筛分结果表明:粗集料偏少,细集料过多。

(6)对芯样进行马歇尔试验结果显示:芯样的稳定度较低,流值偏大。

(7)对所取芯样进行劈裂试验,结果表明:劈裂强度较高。

3.2 芯样分析

根据芯样试验结果,本项目车辙产生原因从材料方面分析主要有两点:

(1)沥青含量过大,油石比过高。

(2)粗集料偏少,细集料过多,尤其是小于0.075mm的填料用量过多。

从结构方面分析原因:

(1)中面层发生剪切推移破坏产生车辙。

(2)由于部分路段芯样实际厚度远大于设计厚度,可能造成施工压实时压实度未达到设计要求,在运营期间行车荷载作用下进一步压实,产生车辙。

3.3 车辙的分类

综合分析试验结果,本项目车辙病害成因主要有两种:

(1)失稳型车辙:在沥青混合料的高温稳定性不足时,在外力的作用下中面层产生剪切变形,向两

侧隆起的现象。

(2)压密型车辙:由于沥青面层实际施工厚度远大于原设计厚度,导致施工时未能充分压实,造成空隙率过大,运营过程中在行车荷载作用下上、中、下面层进一步压密,形成车辙。

4 车辙病害的成因分析

根据收集资料及试验检测数据结果分析,本路段车辙产生的原因主要有以下几方面:

(1)气候条件:本工程所处地带属暖温带－亚热带、湿润－半湿润季风气候,夏季炎热雨充沛。7月平均气温24~29℃,极端最高气温44.2℃,路面温度在夏季高达60℃。年平均降雨量600~700mm,其中50%集中在夏季,常有暴雨。路面在高温和水同时影响下,加速了车辙的发展。

(2)交通条件:沥青路面在车辆荷载的作用下,尤其是在重车较多、车流呈渠化行驶的高速公路,车辙病害比较明显。本路段是豫西北、晋东南交通运输和资源开发的黄金通道,是晋煤外运的快捷通道,交通等级属于特重交通。交通流的特点是,重载车多,行车速度小,即轮载对路面的作用时间较长,使沥青混合料在荷载的作用下的永久变形大大增加,特别是在上坡和弯道处更加明显;交通轴载上下行方向的分布明显不同,下行方向轴载明显大于上行(郑州往晋城)。

(3)施工变异性:部分路段由于存在施工变异性,面层中沥青混合料的沥青含量偏高、集料级配不当、花岗岩集料的黏附性较差、细集料含量过多等因素影响了沥青混凝土路面强度,并导致沥青混合料高温稳定性不足。

部分路段施工厚度远大于原设计厚度,造成施工压实时压实度未达到设计要求,在运营期间行车荷载作用下进一步压实,产生车辙。

(4)材料:《公路沥青路面设计规范》以及大量的试验研究表明,车辙主要产生在中面层,少数下面层也会产生流动。原设计中,仅K56+600~K85+836段上面层采用了SBS改性沥青,其余路段均采用普通AH-70沥青。

(5)线性:本项目路段K70+036~K85+836位于山岭重丘区,其中K70+036段开始进入太行山脉,一直到终点,纵坡最小为2.09%,特别是从K71+792以后,纵坡均大于3%。长大纵坡导致重车行车速度小,轮载对路面的作用时间长,加剧车辙病害的发生。

5 车辙的危害及处理方案

车辙主要有如下危害:

(1)轮迹处沥青层厚度减薄,削弱了面层及路面结构的整体强度,易于诱发其他病害;

(2)雨天车辙内积水导致车辆出现滑漂,影响了高速行驶的安全性;

(3)在冬季车辙槽内结冰,降低了路面的抗滑性能,行车产生冰滑现象;

(4)车辆在超车或变道时可能使方向失控,影响车辆的操纵稳定性。

车辙的出现,严重影响了路面的使用和服务质量。

本项目路段由于交通量组成中重车比例大,路段范围内车辙较严重。相应的车辙也多集中出现在行车道。

由于本项目路段强度较好,且路面破损较少,因此根据本路段车辙深度、产生原因等确定车辙处理具体措施如下:

5.1 双层微表处法填补行车道中度车辙

车辙深度15~25mm的路段,采用双层微表处填补车辙,填补位置为左右轮迹带处各1.4m宽。首先采用稀浆封层机挂专用的“V”字形车辙填补槽填补每道车辙,填补宽度约为1.0m。下层微表处经车辆碾压,个别粘结不牢的石料会脱落,次日需进行清扫。完毕后采用设定为1.4m宽度的摊铺箱调整预留拱度进行上层微表处摊铺,最终应该使填充层横断面的中部隆起3~5mm。

5.2 铣刨回填法处理行车道严重车辙

对于车辙深度大于25mm,采用双层微表处不能达到填补厚度的路段,要分层铣刨行车道上、中两层,宽度为3.75m,铣刨台阶要整齐,无松散,然后再分层回填沥青混凝土:4cmSMA-13SBS改性沥青玛蹄脂碎石+5cmAC-20SBS改性沥青混凝土,沥青层之间必须施工改性乳化沥青黏层,面层台阶侧面涂刷热沥青。

5.3 雾封层预养护

在路面车辙病害、桥头跳车等处理完毕后,对全线(采用热摊铺处理的路段以及隧道内路面除外)的行车道、超车道采用雾封层进行预养护。

6 车辙病害处置的施工控制要点

6.1 微表处法

微表处以施工方便、快捷、经济、环保以及优良的路用性能,极大地满足了规模化、快速化的养护工程需要,在国内外得到了迅速的发展。微表处施工前必须进行充分的试验研究,优化改性乳化沥青的生产工艺和混合料的最佳配方,以达到适宜的破乳时间和较好的早期强度。在施工过程中,要从以下几个方面加强对微表处的质量控制。

6.1.1 稠度

微表处混合料在进入摊铺箱后应保持良好的和易性。混合料过于黏稠,易造成破乳过早,影响摊铺层的平整度,还会在刮平器作用下留下刮痕。过稀则混合料会离析,影响路面的摩擦系数,并导致泛油、黏结力下降、铺层的厚薄不均。所以要及时进行检测混合料的稠度。

6.1.2 破乳时间

改性乳化沥青的破乳时间是影响施工质量的重要原因。微表处混合料在搅拌和摊铺过程中应保持必要的稳定性,过早地破乳易造成沥青结团,厚薄不均、刮痕等现象,而且对封层与原路面的黏结非常不利;破乳时间过长会影响成型时间,影响到行车道的开放时间。一般可以采用加入某些化学助剂的方法改变乳化沥青的破乳时间。

6.1.3 横向接缝

微表处填补车辙通常不用考虑到纵向接缝,但对横向接缝必须进行处理,横向接缝过多过密会影响外观和平整度,因此要尽可能减少横缝的数量,提高接缝的施工水平。施工时可在起点的摊铺箱下铺垫一块薄铁皮,当摊铺机前进后,将铁皮以及上面的混合料一道清扫走,这样可以保证一个非常平整的起点和良好的外观。

6.1.4 超径颗粒及细料凝块

石料中难免会有超径的颗粒,这些颗粒有可能会卡住搅拌轴,引起机械故障。更有可能卡在橡胶刮板下面,形成纵向划痕。矿料受潮时会产生细料凝块,特别是对于砂当量较低的矿料,这种凝块也容易造成纵向划痕有时也可能在摊铺箱下压碎,给封层表面留下一条松散的浅色痕迹、通车后这条痕迹很容易跑散而形成一条凹槽。为避免这种现象,应在矿料装入矿料箱前将矿料过筛。

6.1.5 摊铺箱

摊铺箱的清洁非常重要,如果在钢板的边缘堆积过多凝固的颗粒,会在摊铺时形成划痕。摊铺箱不应有漏浆现象,其侧面应安装橡胶板以使侧面保持整洁。摊铺箱橡胶刮板的宽度、厚度和硬度应满足理

想摊铺效果的需要。

摊铺箱的拖动应保持平稳无振动,机器的速度应一致,不能忽快忽慢。速度过快会造成摊铺箱振动或跳动,并在稀浆上留下横向的波纹。

6.1.6 刮板与拖布

合适的橡胶刮板可以保证封层所需要的厚度。如果刮板材料太厚太硬,就会使混合料分离并挡住大颗粒,使其不能摊铺出去,形成划痕;如果刮板太软太薄,就会造成多层稀浆通过刮板。拖布常用来使封层表面形成理想的纹理,可以使用粗麻布、帆布、毛毯等,只需能使稀浆表面形成一致的纹理即可。拖布的长度、重量、纹理和厚度必须随着集料的级配和稀浆系统进行调理,当拖布被磨损或沾满沥青变硬时就必须更换。

6.1.7 摊铺速度

微表处一个突出的优点是在摊铺过程中自动填充需要修补的路面,因此正确的摊铺速度对项目成功起着非常重要的作用。过快会引起波纹、推移和离析。摊铺的速度应根据路面的状况进行调理。在铺较薄的封层时,摊铺速度对封层的影响更加显著。摊铺速度主要取决于两大因素,一是集料的级配,二是原路面的表面纹理。

6.1.8 摊铺厚度

微表处摊铺厚度的控制也是微表处施工中的一个环节、不合理的厚度会减少微表处的寿命。在级配范围中的曲线如靠近粗的一侧,亦即集料中大颗粒的比例较大时,就必须铺得厚一点,否则大骨料就不能嵌入封层当中,并容易被刮板带起形成划痕。反之,级配靠近较细的一侧,即集料中细料比例较大时,就需要铺得薄一点。微表处的设计厚度为稀浆中最大颗粒的粒径,如果强行将封层铺厚或铺薄,将造成封层稳定性差,易出现松散、泛油和车辙等病害。现有路面的粗糙程度直接影响稀浆的摊铺厚度,表面的孔隙越多,需要填充的材料就越多。

6.1.9 遇到降雨及其他情况下

在尚未达到通车的黏聚力之前,突遇降雨冲刷微表处表面时,雨后应立即检查:局部轻度损坏的,可等路面干硬后进行人工修补;如普遍有损坏时,应将雨前摊铺的全部封层铲除,重新摊铺;另外还应注意路面过湿或有积水不可施工。

6.2 铣刨摊铺法

沥青混凝土上中面层混合料的拌和、运输、摊铺、碾压和接缝等各施工工序均直接影响到沥青面层的施工质量和使用品质,因此施工单位在进行车辙铣刨、混合料拌和、摊铺时必须制定一套详细的施工组织设计指导施工,确保安全施工,文明施工,保证工程质量。

6.2.1 施工前的准备

施工单位在施工前备齐各种不同规格的集料,同一种类的集料尽量产自同一料场,并一次运齐。全部材料在进场前应通过质检和相应的验收手续,经选择确定的材料在施工过程中应保持稳定,不得随意变更。

集料应堆放于清洁、干燥、地基稳定、排水良好、硬化的场地上,按种类和规格分别堆放,严禁混料现象。

采用分层堆放的方法,在整个堆放区逐层向上堆放,防止集料离析。

生产配合比的确定:针对所备集料进行生产配合比的设计和检验,生产配合比额设计和检查应依据目标配合比,按照《公路沥青路面施工技术规范》的规定进行。

施工机具的检查:施工前对各种施工机具做全面检查,应调试并使其处于良好的性能状态,保证机具在数量上和品种上与工程配套。

6.2.2 沥青混合料的拌和

首先考虑采用应采用间歇式拌和机进行拌和,在拌和过程中逐盘打印输出沥青和各种矿料的用量、拌和温度，拌和能力应该与摊铺能力和摊铺要求匹配。

拌和前根据级配和矿料的规格调整好适宜的振动筛匹配筛孔尺寸。混合料的拌和时间经试拌确定，以均匀一致、无花白料、无结块成团、无严重的粗细料分离、全部矿料颗粒被均匀裹敷为原则。每盘的生产周期要大于45s，SBS改性沥青玛蹄脂碎石混合料的时间应适当延长。

出厂的沥青混合料应逐车称量，检测运输车中混合料的温度，签发运料单。

6.2.3 沥青混合料的运输

采用大吨位的自卸汽车运输成品沥青混合料。车辆的数量和摊铺机的数量、摊铺能力和运距相适应，在摊铺机前形成一个不间断的供料车流。

为了确保改性沥青混合料在运输过程中的温度及不被雨淋，运料车辆必须加盖保温帆布或者防水棉被。

为保证路面的平整度，在卸料时，运输车辆不得撞击摊铺机。

6.2.4 沥青混合料的摊铺与碾压

摊铺机开工前应提前0.5~1h预热熨平板不低于100℃。

摊铺时，为减少离析和影响平整度，摊铺机要缓慢、均匀、连续不间断地摊铺，禁止随意变换速度或中途停顿。

在发生暂时性断料时，摊铺机应保持继续运转，停止振捣，并接通熨平板加热器，保证改性沥青混合料的摊铺与碾压符合高温条件要求。

SBS改性沥青玛蹄脂碎石混合料在高温状态下主要靠粗集料的嵌挤作用达到密实状态，因此可适当提高摊铺机夯锤的振捣频率，在摊铺机夯锤振捣与熨平板的共同作用下，一般可达到85%以上的预压效果。这样，剩余的压实系数极小，所以初压的痕迹也极小，进而保证了路面的最终平整度。

改性沥青混合料路面应采用钢轮压路机与轮胎压路机组合碾压，并在碾压过程中严格控制碾压温度。碾压改性沥青混合料路面要按照“紧跟、慢压、高频、低幅”碾压八字方针，均衡地进行碾压，对每一道碾压起点或终点可稍微扭弯碾压；消除碾压接头轮迹。压路机不允许在新铺混合料上转向、调头、左右移动位置、突然停车或停机休息，其他机械不能在未冷却结硬的路面上停留。

在桥梁、涵洞和通道等构造物的接头处，以及匝道、紧急停车带等摊铺机和压路机难以正常操作的部位，要辅以小型机械或人工操作快速进行，保证其施工温度。

7 结语

2007年6月，郑焦晋高速的项目管理方焦作市新时代高速公路有限公司最终确定了以上的养护方案。经过业主、设计、监理、施工等多家单位的共同努力，郑焦晋高速公路的车辙病害得以有效处置。截至目前，路面状况良好。通过微表处和铣刨摊铺法对车辙病害的处置，不仅有效地提高了公路的路面质量，延长了道路的使用寿命，而且经济效益和社会效益显著，达到了路面养护的目的。

参考文献

[1] 交通部公路科学研究所.公路沥青路面施工技术规范.北京:人民交通出版社,2004
[2] 上海市公路管理处.公路沥青路面养护技术规范.北京:人民交通出版社,2006
[3] 交通部公路科学研究院.微表处和稀浆封层技术指南.北京:人民交通出版社,2006
[4] 肖斌,宋挺,田小光.微表处在武黄高速公路养护中的应用.公路交通科技,2008(6)
[5] 毛利洪,章水清,朱红军.微表处技术的应用与研究.筑路机械与施工机械化,2007(3)

CS 液注浆技术在浅埋隧道围岩加固中的应用

孔令晨[1]　赵会霞[2]

(1. 焦作市公路管理局　焦作　454001;2. 河南省大道路业有限公司　郑州　450008)

摘　要　晋焦高速公路灵岩寺隧道出口浅埋段地表呈现沉陷、开裂、滑移状,整体性破坏严重、围岩易风化。通过采取 CS 液地表注浆技术加固地层,从而寻求一种改善岩体物理力学性能的方案,使得隧道的施工和运营更为安全。

关键词　隧道　围岩　CS 液　注浆　加固

1　工程地质概况

晋焦高速公路焦作段处于太行山脉中,地形起伏剧烈,山体陡峭,岩层节理发育变化大,属于典型的山岭重丘区地形,其中的灵岩寺隧道地质条件更差。灵岩寺隧道南出口端穿越的主要地层为铝土质黏土岩,单斜构造,层间结合差,软弱破碎,呈碎石状镶嵌结构,岩体易风化,遇水易软化,自稳能力极差,地质条件恶劣,且浅埋偏压。因铝土质黏土矿开采,山体受到扰动,围岩整体性破坏严重,隧道斜上方山体出现大面积地表沉陷、开裂、滑移,最长裂缝达 160m,裂缝方向与隧道走向夹角约 20°,离隧道中线距离最近处约 20m,最大裂缝宽度 90cm,裂缝两侧地表错位 30 ~ 50cm,地表坍塌沉陷规模较大的有六处,给隧道施工带来了很大的困难,如整治措施不当,将会对隧道初期支护和二次衬砌结构产生较大的危害,严重威胁隧道的施工安全和运营安全。

为了避免隧道开挖后坍方冒顶或变形产生的松驰区(破裂面)与既有裂缝或矿洞坍塌体连通贯穿,防止山体滑移和地表水下渗软化围岩,经多方论证,决定采取地表注浆技术加固地层,封堵地表水下渗通道,改善岩体物理力学性能。

以下是灵岩寺隧道南端出口的岩层地质情况,岩层从地表往下依次为:

(1)人工填土:为修建简易公路和矿洞开采弃碴,由碎石、块石组成,岩体呈松散状态,一般颗粒间无其他充填。

(2)残坡积层:由碎石混亚黏土组成,岩土体呈松散 ~ 中密或可塑状态。

(3)石炭系本溪组:岩性为铝土质黏土层,局部夹页岩、泥灰岩,属极软岩组。

(4)奥陶系上马家沟组:岩性为泥灰岩、灰岩,属软 ~ 硬相间岩组,节理、层理发育,为块状结构。

左右线之间为淤积土,由黄土状土组成,土体土质较均匀,含少量卵、砾石颗粒,微具湿陷性,可塑-硬塑状态,围岩稳定性极差。

2　地表注浆设计

2.1　方案设计

2.1.1　注浆范围

(1)隧道轴线方向:隧道出口左线 II、III 类浅埋段 K9 + 905 ~ K10 + 035 长 130m 及右线 III 类围岩浅埋段 K0 + 920 ~ K10 + 045 长 125m。

(2)隧道横截面方向:左右洞注浆宽度各22m,以隧道中线为对称,即左右洞各自隧道中线左右侧各挖11m,注浆深度:边墙外为隧底至地表,边墙内为开挖轮廓至地表。

2.1.2 注浆方式

采用注浆花管全孔压入式地表注浆,注浆材料为CS液,地表设钢筋混凝土止浆盘。为减小注浆对止浆盘的压力,防止止浆盘隆起破坏,保证注浆效果,注浆分两步,第一步,钻I序孔中低压渗透注浆;第二步,钻II序孔高压注浆。

2.2 注浆工艺设计

2.2.1 注浆孔布置

注浆孔分两类,I序孔、II序孔横距均为2m,排距1.7m,I序孔和相邻II序孔横距为1m,I序孔和II序孔隔孔交错布置,呈等边三角形梅花型布置,边长2m。钻孔密度:边墙开挖轮廓从地表至隧道底,边墙轮廓内从地表至开挖轮廓线外50cm。

2.2.2 钻孔

先钻I序孔,待I序孔注浆完毕后,再钻II序孔。钻孔采用潜孔钻机施钻,钻孔直径ϕ89mm。

2.2.3 注浆管

孔内采用注浆花管,孔外采用高压胶管。注浆花管采用ϕ60mm钢管,注浆管前端钻设花孔,孔径1cm,间距40cm梅花型布置,注浆花孔钻设范围根据孔深情况调整,I序注浆花管孔口2m范围不开花孔,II序注浆管表层土范围不开花孔。

2.2.4 止浆措施

由于隧道覆盖层厚度比较薄,注浆深度比较浅,在注浆过程中容易从地表冒浆,为了防止地表冒浆造成浆液损耗和影响注浆效果,在地表设止浆盘,止浆盘采用30cm厚层网喷射混凝土,采用ϕ8钢筋,网格间距30×30cm,止浆盘设置范围:注浆区域及周边孔外2m。为防止管孔缝隙往上返浆,对未开花孔部位的管孔缝隙进行糊缝处理,采用速凝砂浆塞实,并备用一些木楔,当管间串浆时急用。

2.2.5 注浆材料

注浆材料采用CS液,必要时掺加缓凝剂。

CS液即水泥-水玻璃浆液(C代表水泥,S代表水玻璃)是以水泥和水玻璃为主剂,按一定的比例,采用双液方式注入,必要时加入附加剂而形成的注浆材料。

CS液结石体抗压强度较高,特别是早期强度较高,并且增长速度很快,抗压强度与水泥浆的浓度、水玻璃的浓度、水泥浆与水玻璃体积比有关。

水泥:32.5号普通硅酸盐水泥。

水玻璃:浓度35°~40°Be′,模数:2.8~3.4。

缓凝剂:Na_2HPO_4。

2.2.6 注浆参数

(1)浆液配比

水泥浆水灰比:0.6∶1~1.1;

水泥浆与水玻璃体积比:1∶0.5~1.1;

缓凝剂掺量:根据试验确定,一般为水泥用量的2%~3%。

注浆时本着先稀后稠的原则注浆,遇到吸浆量很大,失浆严重,注浆压力不上升的情况下,采用较小的水灰比和水泥浆~水玻璃体积比。

(2)凝胶时间

I序孔注浆时:2~3min;

II序孔注浆时:10~20min。

根据试验情况调整确定。

(3)单孔注浆量(参考量)

$$Q = A\pi R^2 n\beta H$$

式中,Q 表示单孔注浆量,m^3;A 表示浆液损耗系数,取 1.2;R 表示浆液扩散半径,取孔距的 0.6 倍,为 1.2m;n 表示孔隙率,取各层岩土的平均值,I 序孔取 15%,II 序孔取 5%;βH 表示注浆段高(m),β 取 0.9。

I 序孔:$Q_1 = 1.2 \times \pi \times 1.2^2 \times 0.15 \times 0.9H = 0.73H$

II 序孔:$Q_2 = 1.2 \times \pi \times 1.2^2 \times 0.05 \times 0.9H = 0.24H$

(4)注浆压力

I 序孔:0.5 ~ 1MPa;

II 序孔:2 ~ 4MPa;

根据现场试验情况调整确定。

2.2.7 注浆顺序

为了满足洞内施工与地表注浆平行作业,采取分段分片注浆,总体注浆顺序为,由洞口向进口方向分段顺序进行,左右洞地表注浆平行作业,每段注浆按先外围后内部,先 I 序孔后 II 序孔顺序进行,并采取隔孔注浆方式,以防止孔间串浆。

2.2.8 注浆结束标准

注浆结束标准以注浆终压和注浆量进行综合判定,前期注浆孔宜采用单孔注浆量控制,当单孔注浆量满足设计单孔注浆时,即可换孔注浆,后期孔宜采用注浆终压控制,以保证注浆效果,达到设计注浆终压后,稳定 20 ~ 30min 即可停止注浆。

2.2.9 注浆效果检查

对注浆效果的检查,可采用以下方法:

(1)统计计算注浆量,对注浆效果进行判断。

(2)静力触探测试加固前后土体强度指标的变化,以确定加固效果。

(3)钻探取芯或根据隧道开挖周边围岩判断,看裂隙是否被浆液充填饱满,土体是否被压实,是否具有一定强度。

3 施工工艺流程

3.1 测量放点

按照设计图布孔要求测量确定注浆孔位置。

3.2 钻孔

钻机按现场测放点位置,准确就位,并校正钻杆的垂直度,按设计要求成孔到预定深度。

3.3 埋管

将注浆管插入已成的孔内,成孔深度较大时,先将逐根钢管焊连或丝扣连接后再插入孔内,第一节钢管为注浆花管,底端稍收敛,每节钢管 5 ~ 6m,其余各段不开花孔。

3.4 糊缝

为防止浆液沿管孔缝隙往地表冒浆,对孔口 2m 范围管孔缝隙进行糊缝处理,用速凝砂浆塞实。

3.5 施作止浆盘

注浆区域及区域周边外伸 2m 范围内喷混凝土 20cm 厚。

3.6 注浆

紧密连接注浆管路,用双液注浆泵先单管压注水泥单液稀浆(水灰比1.25:1)5~10min,再双管注CS液浆至设计注浆量或注浆终压,在注浆终压条件下(1.0MPa),保持20~30min,慢慢将CS浆液压入土体中。

3.7 冲洗并移位

单孔注浆完毕后,关闭返浆阀,拆卸混合器,注水冲洗注浆胶管和注浆泵,以防胶管堵塞和注浆活塞缸内胶体凝固,同时移位至另一注浆孔。

4 主要机具设备配置(表1)

主要施工机具设备配置表　　表1

序号	名称	规格型号	数量	备注
1	潜风钻机		2台	
2	双液注浆泵	KBY—50/70	2台	
3	制浆机	TBW—250/40	2台	
4	储浆筒	$1m^3$	2个	自制
5	混合器		3个	
6	压力表	10MPa	4个	备用2个
7	空压机	$20m^3/min$	2个	

5 浆液及其附加剂的配制

5.1 水泥浆的配制

注浆过程中,水泥浆的浓度和进浆量是不断变化的,所以要根据注浆情况配制不同水灰比的水泥浆。稀浆通常采用水灰比为2:1、1.5:1、1:1,浓浆为0.75:1、0.6:1、0.5:1等(表2)。

在浆液配制时,可按水泥浆现场配制表所给的数量加料。在配浆时,力求加料严格准确。加料顺序一定要加完水后,在搅拌的情况下方能加入水泥,以免搅拌机卡住。水量可用浮标式液面计或做记号进行计量(表2)。

水泥浆(不加附加剂)现场配制表　　表2

水灰比	水泥(袋)	水(L)	制成浆液(m^3)	水灰比	水泥(袋)	水(L)	制成浆液(m^3)
0.5:1	24	600	1.00	1.25:1	13	812	1.029
0.6:1	22	660	1.026	1.5:1	11	825	1.008
0.75:1	19	712	1.029	2:1	9	900	1.050
1:1	15	750	1.000				

5.2 水玻璃的配制

当购进的水玻璃浓度大于40°Be′时需加水配制注浆所需浓度,水玻璃配制可参考表3进行,配制完毕后可用玻美计进行实测调整。

配制 $1m^3$ 低浓度水玻璃的加水量和高浓度水玻璃用量表 表 3

配制水玻璃		原水玻璃			
		45°Be′		50°Be′	
浓度(°Be′)	比重	水玻璃用量(L)	加水量(L)	水玻璃用量(L)	加水量(L)
35	1.318	706	294	605	395
40	1.318	847	153	724	276

5.3 缓凝剂

缓凝剂采用 Na_2HPO_4，掺量为水泥重量的 2% ~2.5%。使用缓凝剂时，必须注意搅拌时间，加料顺序为：水、缓凝剂、水泥；搅拌时间应不少于 5min，放置时间不宜超过 30min。

6 胶凝时间

是指水泥浆与水玻璃相混合时起至浆液不能流动为止的时间。它与水泥的品种、水泥浆浓度、水泥浆与水玻璃体积比和浆液温度等有关。

水泥-水玻璃双浆液的胶凝时间比较短，且可在几秒钟到几十分钟内准确控制。胶凝时间与水泥品种、水泥浆水灰比、水玻璃溶液浓度、水玻璃溶液与水泥浆的体积比以及浆液温度有关。其主要规律表现为，在同一条件下，水泥中硅酸三钙含量越多，水泥浆水灰比越低，水玻璃溶液浓度越低，水玻璃溶液与水泥浆的比例越小、温度越高，浆液的胶凝时间就越短。

以下是一定温度条件下不同水灰比或者不同掺量情况下 CS 液和掺加缓凝剂的 CS 液的一组凝结时间数据。

6.1 CS 浆液

水 灰 比	水泥浆:水玻璃	凝胶时间(分~秒)	
		35°Be′	40°Be′
1.5:1	1:1	2′30″	3′20″
1:1	1:1	2′12″	3′0″
0.8:1	1:1	1′59″	3′27″
0.6:1	1:1	1′37″	2′22″

6.2 掺缓凝剂的 CS 浆液

水泥浆水灰比	磷酸氢二钠掺量(%)	凝胶时间	水泥浆水灰比	磷酸氢二钠掺量(%)	凝胶时间
0.75:1	2.0	6′08″	1:1	2.0	6′40″
0.75:1	2.5	15′42″	1:1	2.5	17′40″

注：1. 水玻璃浓度 40°Be′；

2. 水泥浆与水玻璃体积比为 1:1；

3. 磷酸氢二钠的用量为水泥重量的百分数。

7 注意事项及有关问题的处理

(1)注浆过程中，要经常观测和记录注浆压力的变化情况，掌握注浆量。特别要注意止浆盘的变形和跑浆情况。如果止浆盘发生变形，应停止注浆，及时处理。发生跑浆时，可用填塞棉纱、打木楔和糊塑胶泥或速凝砂浆的方法堵漏，必要时采用间歇式注浆来解决。采用间歇注浆时，停泵时间应比浆液初凝时间短，停泵前，要注入定量清水，以保持通道口不被堵塞。

(2)浆体必须经过搅拌机搅拌均匀后，才能开始注浆，并应在注浆过程中不停顿地缓慢搅拌，浆体倒入储浆筒时，应经过筛网过滤，严禁包装纸等杂物进入储浆筒。

(3)注浆开始前应充分做好准备工作，包括机械器具、仪表、管路、注浆材料、水、电等的检查及必要试验，注浆一经开始力求连续进行，避免中断。

(4)为使浆液在本孔一定范围内扩散，而不致串浆或冒浆，影响注浆效果，在进浆量很大而压力不上升的情况下，以注浆量控制注浆结束标准，而当进浆量很小时，以注浆压力来控制，前序孔1MPa，后序孔2~3MPa。

(5)注浆开泵，压力由小到大，注浆总量亦逐步增加，若遇注浆量超常增大时，说明该孔可能与裂隙连通，应改为间歇注浆，以免造成浆液损失。

(6)在注浆过程中，注浆管头连接处严禁站人，若需拆除高压管，则必须回浆降压力，在拨管过程中严禁管口对人，以保证人身安全。

参考文献

[1] DL/T 5148—2001 水工建筑物水泥灌浆施工技术规范. 北京:中国电力出版社,2001

[2] 蒋荣富. 注浆技术在岩溶隧道施工中的应用. 铁道建筑,1998(2)

[3] TJJ 042—94 公路隧道施工技术规范. 北京:人民交通出版社,1996

[4] 程新军,程炜. 浅埋偏压隧道施工技术. 铁道建筑技术,2004. z1